国家哲学社会科学成果文库

NATIONAL ACHIEVEMENTS LIBRARY
OF PHILOSOPHY AND SOCIAL SCIENCES

元代文人群体的地理分布与文学格局（上）

邱江宁　著

中华书局

邱江宁　　1973 年生，江西南城人。浙江师范大学古代文学硕士，复旦大学文学博士，中国社会科学院文学所访问学者、博士后，英国剑桥大学、北京大学访问学者，浙江师范大学教授，主要从事元代文学研究。在《文学评论》《文艺研究》《文学遗产》等期刊上发表论文数十篇，数篇论文被《新华文摘》《高校社科文摘》《人大复印资料》等刊物转载；出版《奎章阁文人群体与元代中期文学研究》《元代馆阁文人活动系年》等专著，主持国家社科基金项目多项，其中"13–14 世纪丝路纪行文学文献整理与研究"获得国家社科基金重大招标项目。多项学术成果获得省部级奖项。入选 2016 年度浙江省 151 重点资助人才，入选 2018 年度教育部长江学者·青年学者，《元代文人群体的地理分布与文学格局》入选 2019 年度国家哲学社会科学成果文库。

《国家哲学社会科学成果文库》
出版说明

为充分发挥哲学社会科学研究优秀成果和优秀人才的示范带动作用,促进我国哲学社会科学繁荣发展,全国哲学社会科学工作领导小组决定自 2010 年始,设立《国家哲学社会科学成果文库》,每年评审一次。入选成果经过了同行专家严格评审,代表当前相关领域学术研究的前沿水平,体现我国哲学社会科学界的学术创造力,按照"统一标识、统一封面、统一版式、统一标准"的总体要求组织出版。

全国哲学社会科学工作办公室
2021 年 3 月

目　　录

下 册

Contents

Part Three: The Change and Decline of Literary Pattern in Yuan Dynasty (1200-1368)

序

陈广宏

邱江宁教授的新著《元代文人群体的地理分布与文学格局》成功入选国家社科基金成果文库,闻问祝贺之际,她却以师出同门、年岁稍长为由,嘱我为序。我于元代文学是门外汉,实无资格代叙著意,然一想到业师章培恒先生离开我们已近十载,门弟子治学,不得当面开示既久,未免陡增感慨,不如师兄弟间常相切劘,互鉴相长,是以欣然从命。

元朝是中国历史上相当独特的一个朝代。蒙古统治集团近百年的四处征略和大一统王朝之建构,使得所谓"蒙古时代"成为世界史上的重要时刻。具有多重身份的蒙元统治者,在吸纳汉文化的同时,将游牧民族文化的草原制度融入中原汉制,应该说,这个进程深刻地影响了中国的历史面貌。作为这样的一种断代研究,史学界显然走在了前头。当蒙元史研究利用多语言文献,以欧亚乃至全球视角,重新探研元代政治、经济、学术、文化诸领域,构建新的历史叙事,其引发的震荡,迄今未见其止。对于元代文学研究而言,因为史学界的这一波冲击,亦带来学术范式更新的诉求与机遇,而令该领域研究在诸多方面呈开放之势,透出不少新的视角及空间。

在江宁兄身上,我们显然能够感受到她所受到的刺激,面对恰好遭遇的机遇与挑战,从她进入中国社科院文学所博士后流动站转向元代馆阁文人诗文研究开始,始终有相当的焦虑,也有较为自觉的担当意识。这些年来,我们看到她最为关注的,莫过于元朝在中国历史上的这种独特存在:"作为以游牧民族统治的大一统王朝,元代社会最独特、最核心的特征在于其多文明形态共存、多民族融合、与多个国家和地区广泛交流的全球性特征。"(《经典诗文的全球视野》,《文艺报》2014 年 7 月 14 日)这成为她重新思考元代文学诸特质并揭示其在中国文学史上独特价值的出发点:"13-14 世纪元代游牧文化统治下,东、西方海陆'丝路'全面贯通,前所未有的广阔疆域中多民族、多文化背景的人群杂处,实际形成了以中国为中心,东、西方多元文化主动交流的世界格局,不仅为元代诗文的创作、发展增添了许多复杂的文化和现实因素,也为中国传统诗文创作带来了诸多新异的题材、内容和审美特质。"(《海陆"丝路"的贯通与元代诗文的独特风貌》,《文学评论》2017年第5期)进而对整个元代诗文研究模式展开反省,认为以往的文学通史写作和元代文学专题研究中,惯常以中原王朝的特点和汉族中心立场来描述和评价这个时代的创作面貌,比较容易遮蔽诸多属于元代文学自身的独特性而令问题简单化,"而一旦有意识地从元王朝一统进程中所包含的多民族、多地域、多语言等视角来解读元代文本,那么元代诗文研究模式就需要改变,这样对元代诗文所具有的文学史价值,以及对它在诸如文化、历史、语言等学科方面的意义的理解就可能会有所不同","深入理解元王朝大一统的历史进程,不仅能有意识地去解读那些被氏族源流、地域文化、语言差异等因素遮蔽的元代诗文文本的意义,加深文本理解的深度,而且还能使许多被忽略、被边缘化的文本意义凸显出来。这个过程中,突破固有研究模式,运用其他学科研究成果,重新解读文本意义,并赋予作家不同的文学史定位,都显得势所必然。"(《视角·文本·研究模式——略论元代诗文研究模式的突破》,《浙江学刊》2017年第6期)

　　本书正是基于上述立场与视阈重新开掘元代文学研究多种可能性的一项成果。作者抓住空间性的文人群体之地理分布,来观照元代文学整体创作面貌与格局,无疑在体现元代文学上述独特性上特别具有意义。这种空间性,既是一种实体性的区域分布、衍化,同时又意味着一种拓新的文学研究方法。它当然试图反映,庞大的蒙元帝国内部不是铁板一块,各地方呈现不同的地域性差异,这是元代文学纷繁复杂性格的一个前提;从另一方面来看,这种区域分布、衍化的探讨,与我们择取以农耕文明为基础的中原王朝为案例,由相对稳定的郡县划分、既定的地域环境、人群结构分布,来探讨文学创作主体个性的形成以及在中央及地方文坛中的作为与互动影响,多少尚有所不同。作者的意图,是凸显在阔大的世界背景下,由多民族、多地域、多文明之历史现场聚焦元代文人群体的流动性。不仅其中如西域人的东迁以及海陆丝路的畅通,使得元代文人群体地理分布的探讨逸出了传统的格局;且更为关键的是,这种对于元代文人群体流动性的考察与描述,是与元王朝大一统的历史进程如影随形、密切相关的，关乎整个元代文学格局的构建。因此，在本书中，与元朝政治形势的发展演变相辅相成，元代文学格局总体上由西北向东南的转移，成为其构建历史叙述的主线，而南北融合及裂变则是核心内容，为此，作者更为细化地勾勒出元代文学这种南北融合及裂变的阶段性进程，力求动态还原其具体的历史语境。

在重视把握元朝自身政治文化特性的同时，江宁兄对如何开掘文学性分析亦有探索与思考。她视文学为涵容政治、宗教、学术、习俗以及其他诸多维度要素的立体结构，一方面观察元朝政治文化独特性对于元代文学研究路径的影响，一方面又通过像作家身份、社会场景、文化背景、文体特征等几大方面，作为探入文本阐释的抓手，考察元代文人群体不同的写作意图、写作情境、写作性质以及价值认同、审美倾向等，考察作家的空间流动、阶层流动对于个体创作可能产生的效应。而用以释证的文本，亦由她原来相对擅长处理的正统的诗文，扩展到了戏剧、散曲等文类文体。

全书有意识以一种时间性与空间性交错结合的结构方式，将元代文学史上一些看似个别的事象进行绾联整合，由此呈现元代文学发展演变的内在逻辑，显示了作者注重以宏观视野系统展开元代文学研究的企图心。这让我不禁想到章培恒先生的教诲。早在二十二年前，章先生在韩国中国语文研究会与高丽大学中语中文学科共同主办的一次国际学术会议上，曾作过"关于中国文学史的宏观与微观研究"的主题演讲，他在演讲中强调指出："在目前的情况下，要使中国文学史研究取得较大的进展，首先就必须在宏观研究方面有所突破。"而所谓文学史的宏观研究，先决条件是文学观念问题，又需有古今贯通意识，可以通过对各个文学时段的准确勾勒、不同文学体裁的细致考量来观照中国文学的总体发展。当然，"从事宏观研究必须尊重微观研究的成果，并不断据以修正自己的看法"（章培恒《关于中国文学史的宏观与微观研究》，《复旦学报》1999 年第 1 期）。时至今日，这样的看法仍具有相当的针对性，这些年学界常常呼吁的，显然在于如何避免研究的碎片化，而希望始终围绕长时段、全局性、本质性问题展开科研。江宁兄遵循章先生的指引，坚执文学史的宏观研究，同时微观研究亦不放松，本书确实很能体现她的学术追求。惟其如此，这项成果对于元明文学乃至整个近世文学的通贯性考察，亦有其重要价值。

　　去年12月，那还是在疫情前夕，江宁兄来沪公干，我们几位同门师兄弟有过小聚。让我印象深刻的是，虽然大家久未见面，然江宁兄席间所谈，却几无叙旧寒暄语，所论几乎都是她近期从事的学术课题与思考。记得谈得最多的，是有关元明政治制度及文学上的连续性问题，她说自己更多关注的是辽金元一体的北方生态，希望从实实在在的空间性影响路线，来把握这种内在联系。又举述江西在元代特别的发展，作为考察元代政区辐射力以及南人如何适应蒙元统治者统治的一个样例，而其中文学上的案例便是总集《元音遗响》。我想，对于我们从事明代文学研究的学者来说，这种元明文学的连续性同样是值得切入的一个思考角度。联想到处于大元史、新清史潮流中的大明史呼之欲出，借助史学界有关元明政权及社会在制度、习俗上某种连续性的探讨，在元代南北融合的延长线上重新审视明代前中期北方作家的身份、价值认同及其与东南文学的互动，包括对宗唐复古主张源流进行重新梳理与鉴别，那么，有关十五世纪的文学研究或许会有新的观感。

庚子年冬月初一改于肯堂

绪　言

元朝是中国传统时代由北方游牧民族建立的统一王朝,元王朝的这一背景深刻地影响和改变了中国的历史进程,对这个时期的社会生活面貌、作家群体、创作内容以及文学格局都有着不可磨灭的印记。20世纪以来,由王国维、陈垣等大师开启的元代文学研究,已经取得了非常不错的成绩,尤其是一些大型丛书《全元散曲》《全金元词》《全元文》《全元诗》《全元赋》《全元词》、"元代别集丛刊"的出版,更是推动了元代文学研究的欣欣向荣。不过,元朝作为游牧民族统治、疆域辽阔、多元文化共存的王朝,整个社会跨地域、跨文化、跨宗教交流、碰撞的情形非常普遍,这种社会文化背景多大程度影响到了元代文人群体的地理分布,又多大程度地改变着元代文学格局,影响到了元代文学独特面貌的形成,已经成为目前的元代文学研究学者努力呈现的重要任务和主要探寻方向。

文人群体的地理分布以及它对文学样貌和格局的影响一直是中国传统文学研究的重要内容。如所周知,中国传统文学气质的形成具有很浓郁的地域色彩,如《诗经》的编纂,以地理的区分为纲目,《楚辞》"书楚语、作楚声、纪楚地、名楚物"①,也有鲜明的地域文化色彩。基于"诗""骚"的地域色彩,后世的研究著作,也往往直接或间接地从地理角度来考察作家、作品的地理分布情形,以及他们可能对文学格局产生的影响。由诗、骚奠定的中国文学创作传统,使得中国古代文学批评也具有以地域论作家、从作家的地理分布来概括其创作流派的特征,或者以地域名称编辑作家作品总集的习惯。论作家的如曹丕说"徐幹时有齐气";论流派的如"江西派""江湖派""公安派""竟陵派"等;以地域名群体的如"岭南三大家""西泠十子""关中三李""辽东三老""毗陵

---

① 黄伯思《新校楚辞序》,吕祖谦《宋文鉴》卷九二,(北京)中华书局1992年,第1306页。

四子"等;名总集的如《河岳英灵集》《中州集》《河汾诸老诗集》《吴都文粹》《成都文类》等等①。

20世纪以来,受到国外文学理论的影响,人们对于文人群体的地理分布与创作关系的探讨逐步朝着理论的自觉与系统的方向深入。诸如梁启超《地理与文明之关系》(1902②)、《近代学风之地理的分布》(1924),王国维《屈子之文学精神》(1906)、丁文江《中国历史人物与地理的关系》(1923),陈寅恪《天师道与滨海地域之关系》(1931—1933),陈序经《南北文化观》(1934),汪辟疆《近代诗派与地域》(1934)等等著作的出现,都表明文人群体的地理分布与文学发展、文学格局关系的研究由传统进入现代。20世纪90年代以来,这种理论探究更为自觉,出现了一批理论与文献结合紧密的优秀著作,如曾大兴《中国历代文学家之地理分布》(1995)、戴伟华的《地域文化与唐代诗歌》(2006)等等。诸家中尤其是杨义、刘跃进、梅新林等氏,在充分梳理学术史的基础上,对于地理与文学之间关系的探讨尤其深入、广泛,杨义有《重绘中国文学地图》(2003)、《中国古典文学图志——宋、辽、西夏、金、回鹘、吐蕃、大理国、元代卷》(2006)、《重绘中国文学地图通释》(2007)等著。刘跃进著名的《秦汉文学地理与文人分布》(2012)一书,着眼于文学研究与地理学的相互渗透,运用自然地理学与历史地理学的理论与方法研究文学。梅新林有《中国文学地理形态与演变》(2006③)、《文学地理学原理》(2017)等,这些著作在推进地理与文学研究体系的建构方面贡献了丰富的思想与文献案例。

从文人群体的地理分布与文学格局的建构角度来观照元代文学,最早可以追溯到王国维的《宋元戏曲考》(1912④),该著关于元朝杂剧作家的地域分布、南北流动以及对文学格局的影响,往往被学者引为不刊之论。陈垣的《元西域人华化考》(1923)在资料丰富、考证精详的基础上,考察13世纪东迁中原的西域人的华化情形,认为西域作家取得了不小的成绩,一定程度揭示出西域作家群体对元代文学格局不同寻常的意义。王国维、陈垣二氏的研究可谓沾溉后人,厥功至伟,在研究领域、研究方向以及文献搜索等方面都给予后来者极大的启发。

---

① 黄霖《文学地理学的理论创新与体系建构——评梅新林新著〈中国古代文学地理形态与演变〉》,《文学评论》2007年第5期。

② 按:以下括号中不注明"年"的专指著作。

③ 梅新林《世纪之交文学地理研究的进展与趋势》,《浙江师范大学学报》2010年第3期。

④ 按:王国维的《宋元戏曲考》1912年完成,在1915年由商务印书馆出版时,改名为《宋元戏曲史》。

就地域文人群体与文学格局关系的探究而言,二氏之后,相关研究略有滞后,直到 90 年代末,情形颇有变化。邓绍基《元代文学史》(1991)、李修生《元杂剧史》(1996)等著有相关章节讨论地域文人群体对于文学格局的影响,而 90 年代末最有代表性的著作是杨镰的《元西域诗人群体研究》(1998)。该著从西域作家用汉语写作的预备期、成熟期、丰收期、元明易代之际四个阶段来讨论西域作家群体对于元代文学格局的深刻影响,不仅呼应了陈垣的研究,而且理论认识上颇有高度,诚如著作所指出的那样:"充分认识西域各族对中华民族文明所做出的共同贡献……是深刻理解历史发展过程和认识社会发展规律的需要。"①21 世纪以来,元代诗文研究取得较大进展,地域文人群体与文学创作格局研究逐步深入、细化②。讨论颇多,相对也较为细致的是江南尤其是吴中文人群体与元、明时期文学格局的关系,如何春根《元末明初吴中文人研究》(2003 年硕士论文)、晏选军《元明之际吴中地区士人群体与文学思想研究》(2004 年博士论文)、彭茵《元末江南文人风尚与文学》(2006 年博士论文)、朱传季《元末明初杭郡文人集群研究》(2007 年硕士论文)、谷春侠《玉山雅集研究》(2008 年博士论文)、顾世宝《元代江南文学家族研究》(2011 博士论文)、刘季《玉山雅集与元末诗坛》(2012 年博士论文)、董刚《元末明初浙东士大夫群体研究》(2004 年博士论文)、施贤明《元代江南士人群体研究》(2013 博士论文)、李茜茜《元末明初吴中文人群体研究》(2014 年博士论文)等著作;讨论浙东文人群体的著作也颇有影响,如徐永明《元代至明初婺州作家群研究》(2005)、杨亮《宋末元初四明文士及其诗文研究》(2009)、王魁星《元末明初的浙东文人群研究》(2011 年博士论文)、罗海燕《金华文派研究》(2015)等著作;江西文人群也颇受研究者关注,如刘建立《元代陆学与江西文坛——以刘壎、李存为研究》(2012 年博士论文)、李超《元代江西文人群体研究》(2015)、陈青松《游子·寓贤:元末明初流寓江南的江西文人研究》(2014 年博士论文);元初北方文人群体的研究也有些进展,有辛梦霞《元大都文坛前期诗文活动考论》(2010 年博士论文)、李献芳《元初东平地区文人文化活动研究》(2010 年国家社科基金课题)等研究;此外还有馆阁文人群体的研究,如邱江宁《奎章阁文人群体与元代中期文学研究》(2011 年国家社科基金后期资

---

① 杨镰《元西域诗人群体研究》,(乌鲁木齐)新疆人民出版社 1998 年,第 26 页。
② 杜春雷《元代地域文学研究综述与前瞻》,《社科纵横》2013 年第 1 期。

助）、杨亮《元代翰林国史院与元诗风尚研究》（2013 年国家社科基金课题）等；还有遗民群体研究如唐朝晖《元遗民诗人群研究》（2006）等。此外，还有关于文人群体的流寓与文学格局的关系研究也颇有关注，如黄二宁《元代知识精英流动与文学生成研究——以士人游历与干谒为中心》（2016 年博士论文）、翟朋《元代南士北上与南北文风融合研究》（2017 年国家社科基金课题）等等。总体而言，人们在文献与考证的基础上，对元初、元中叶、元末明初各个时期影响较大的作家群体，从人物生平、流寓到时代、制度，再到人群关系梳理以及他们对于文学格局的影响都有较为细致的探讨，彰显出元代文学地域群体与文学关系研究的活跃与活力。诸作者中，尤其是任红敏、饶龙隼，他们在相近的时间，研讨地域一南一北，关注时间一元初一元末，都对文人群体的流动与文学格局的变化有较为综合的探讨。任红敏《金莲川藩府文人群体之文学研究》（2016）以忽必烈金莲川藩府文人群体为中心进行研究。这个群体活跃于当时的政治舞台和北方文坛，对元初的政治文化以及文学创作都很有影响。基于强大的政治背景，金莲川藩府文人群体集结了包括北方金源精英以及蒙古、色目等氏族、地域的俊彦，该著的综合研究内容与探讨视角非常有启发意义[1]。饶龙隼《元末明初大转变时期东南文坛格局及文学走向研究》（2017）紧扣元末明初南北文化被割裂、东南文人呈地域群落分布这两大表征，仔细探究金华、吴中、岭南和闽中等地域，诸如西昌、江右等地的文学群落，通过地域文学个案，描述元末明初大转变时期东南文坛格局及文学走向。既深究区域内的文学活态，又关注与其他地域文学的互动消长，是研究文人群体与文学格局关系的力作[2]。

由以上基本罗列情形来看，尽管元代文人群体的地理分布与文学格局的探讨非常活跃，充满活力，但也存在总体上重南轻北，重元末轻元中、前期，重诗文研究轻元曲研究等问题。而尤其突出且亟待加强的问题更在于：其一是，时代独特性强调和重视不够，在探讨文人群体的创作情形以及他们对于文学格局的影响过程中，对于元代王朝特征的独特性之于元代文人群体流向和文学格局形成的内在且深刻的影响关注力度不够；其二是，整体性研究不足，较重视具体地域

---

[1]　查洪德《元代文学研究的新思路——略谈任洪敏博士〈忽必烈潜邸儒士与元代文学发展〉》，《内蒙古师范大学学报》2016 年第 4 期。

[2]　查清华《创通地域文学与主流文学研究的扛鼎之作——评〈元末明初大转变时期东南文坛格局及文学走向研究〉》，《文汇报》2018 年 4 月 23 日。

文人群体的文献爬梳与文学创作影响,对于文人群体的动态流动以及元代文学格局的整体观照颇为不够,这也是本书力图有所突破的两个主要方面。

其一,本书期望立足于元朝时代背景,努力发现和擦亮文献的意义,并由此获得对元代文人群体地理分布特点和元代文学格局研究的有效进展。与之前的其他中原王朝相比,元朝崛起西北,并且"并西域,平西夏,灭女真,臣高丽,定南诏,遂下江南"①,建立了中国传统历史第一个由北方游牧民族统治的大一统王朝。所谓"元世祖起自朔漠,以有天下,悉以胡俗变易中国之制"②,尽管这个表述有些夸张,但不可否认,理解元朝的一切创作活动或者标记这个时代的所有创作特征都不能豁离它的根本社会背景。如果再习惯于以往那种用中原王朝的特点和汉族中心立场来表述和评价这个时代的创作面貌,则可能较容易遮蔽和简单化许多属于元代文学自身的独特性。

与所有游牧民族一样,蒙古人以武功起家,试图将"日出日没"处,凡是"有星的天""有草皮的地"尽看作长生天对成吉思汗黄金家族和蒙古人的赐与。这种"无阃域藩篱之间"③、没有边界意识的愿景推动了蒙古人近百年的世界征略进程,使得13—14世纪的世界此疆彼域的障碍被极大程度地打破。而基于这样的现实背景来讨论元代文人群体的地理分布问题,或许不能像之前以农耕文明为基础的中原王朝的情形一样,由相对稳定的郡县划分、既定的地域环境、人群结构来纠讨文人群体的地域分布情形与地理环境所影响的人群性格,以及他们在文坛格局中的作为与影响。在蒙古人的影响下,元代文人群体的形成、地理分布以及对文学格局的影响等等方面都与中原王朝的情形有非常多不同的特点。

例如,对元初文学格局影响非常大的东平文人群。首先东平文人群的形成是由于蒙古人南下攻金行为所导致。它的群体成员也并非只是出生、生活于山东东平的人们,实际上,他们的灵魂成员是流寓到严实父子营建的东平世侯区的金源文人以及东平府学培养出来的精英文人群体。由于蒙古人征服天下那种"马首所向,蔑有能国"的肃杀气质,以及他们那种"天纲绝,地轴折,人

---

① 《元史》卷五八《地理志一》,第5册,第1345页。
② 陈建著,钱茂伟点校《皇明通纪·皇明启运录》卷四,中华书局2008年,第137页。
③ 虞集《可庭记》,虞集《可庭记》,王颋点校《虞集全集·道园学古录》卷八,下册,天津古籍出版社,第750页。

理灭"①行为带给文明社会的毁灭性影响,使得藉东平府学而安身立命的北方文人形成以儒家礼乐文明为核心,为保存和接续"中州元气"的东平学派。这个学派成员在蒙古人结束西征行动,加强中央集权,并取消世侯制度之后,逐渐聚拢到中央朝廷。对于代表着儒家礼乐文明的东平文人而言,不仅仅是出于对金朝被蒙古人灭亡的惨烈经历,使得他们在朝廷上"连汇以进,各以其所向,上有以挽之,下有以承之"②,形成了关系紧密的东平文人群。

就东平文人群所面对的政治与文化格局而言,并不是非常有利。蒙古人崛起西北,西征与东进犬牙交错地并行。和契丹人与北宋的对峙以及女真人灭宋的情形颇有不同的是,契丹人、女真人接触和学习的范本主要是北宋,而蒙古人平西域、灭西夏、女真、征高丽、下江南的征服过程中,面对着非常多元的文化文明、宗教思想以及各种技术,以此,本来就信奉萨满教的蒙古人,以萨满教"万物有灵"的包容态度对待其征服区域的各种宗教和思想文化,包括对待华夏文明,也以"教诸色人户各依本俗行者"③的原则加以对待。所以,现实形势使得东平文人必须在"南北之政,每每相戾,其出入用事者,又皆诸国之人"的蒙古朝廷,在言语不通、趣向不同的现实背景中④,以群体的力量发声,这样既推动他们致力于"用夏变夷"愿景的实现,又助力他们成为元初文坛的主持者。而且蒙古人灭金过程中对文明的毁灭也激生了东平文人强烈的文献保护意识和对自身文明正统性的维护意识,这些心理因素一方面使得他们在文学创作上努力"纂《李唐》之英华,续《中州》之元气"⑤,另一方面也使他们对其他文明和文人群体尤其是后来的南宋治下文人群的态度会非常复杂,这种复杂性显然会对元代文学格局的形成产生深刻影响。

再如元杂剧在大都的繁荣。大都是蒙古人建立的首都,它在地理位置上"南控江淮,北连朔漠"⑥,位处农业区与游牧区的交叉地带,且由于蒙古人的

---

① 宋子贞《中书令耶律公神道碑》,李修生主编《全元文》,(南京)凤凰出版社 2004 年,第 1 册,第 178 页。

② 袁桷著,李军、施贤明、张欣校点《袁桷集·清容居士集》卷二四《送程士安官南康序》,(长春)吉林文史出版社 2012 年,下册,第 380 页。

③ 陈高华、张帆、刘晓、党宝海校点《元典章·新集·刑部·回回诸色户结绝不得的有司归断》,中华书局、天津古籍出版社 2011 年,第 2217 页。

④ 宋子贞《中书令耶律公神道碑》,《全元文》,第 1 册,第 178 页。

⑤ 王恽《西岩赵君文集序》,杨亮、钟彦飞点校《王恽全集记校》卷第四十三,中华书局 2013 年,第五册,第 2049 页。

⑥ 《元史》卷一一九《木华黎传》,第 10 册,第 2942 页。

强大和强势,成为"四方之冠"①,受到四方的朝觐,"各民族、各个国家、不同语言系统与宗教信仰的人们远道而来"②,大都的国际性特征以及人们在日常跨文化、跨地域、跨宗教交往碰触中的不适,不能不让生活于大都的作家深有感触,并在以大都生活为反映对象,演给大都观众看的杂剧作品中体现。像关汉卿的《窦娥冤》,如果只解读作品是写善良的窦娥为保护年老的婆婆而屈打成招作了刀下冤魂,然后发下三桩誓愿,借助超自然的力量控诉其时官府和吏治的黑暗,最终冤情得到昭雪的故事。虽然剧情曲折离奇,反映和揭露了社会黑暗现实,有一定感染力和震撼力,但这些似乎不足以使它成为元曲经典。其中,令人颇富争议的是窦娥的三桩誓愿。明明窦娥是因善良而被屈打成招,做了刀下冤魂,为何窦娥的誓愿却要让楚州大旱三年来证明其冤屈?保护一个蔡婆之善,与楚州大旱三年造成的社会之恶,孰重孰轻?这个誓愿的设定大大有违窦娥的善良人设。但将这个情节放在蒙古人统治的元朝,则比较有意味。作为典型的多族群并存的王朝,蒙古人为维持其族群的特权和权威,往往强调其他族群对蒙古习俗的遵从,这在《元典章》《至正条格》等元代法律著述中有非常多的规定与体现。而如果可以的话,设想蒙古治下中国,身处其中的人们可能都需要面对和承受的"胡化"或"汉化"的焦灼与无奈,则作为深受儒家思想浸润的窦娥,当她发现她所认定的贞孝价值体系,不仅没有给她带来现世安稳,反而加速了她生命的消亡,使她成为耻辱柱上的冤魂时,她愤而发下三桩毒誓。窦娥的三桩毒誓是期望让悬离于世俗世界的湛湛青天来作出公正的判决,这与其说是要证明她的冤屈,还不如说,蒙古内亚特性③对于中原民众的胡化程度和影响,使得窦娥所坚守的道德与价值体系,变成一种孤立甚至是错误的存在。所以窦娥或者说关汉卿让楚州之地大旱三年,所要深刻追讨的恐怕是在蒙古人侵扰和统治下,汉地纪纲文章荡然无存,"蚩蚩之民,靡所趣向"④的社会问题与社会现象。应该

① 郝经《日观铭有序》,《全元文》卷一三一,第4册,第362页。
② 洪烛《马可·波罗与元大都》,《书屋》2004年第9期,第18—22页。
③ 按:所谓"内亚"一词,由英文"Inner Asia"而来,就其范围而言,包括东北、蒙古、新疆、西藏四大板块,但在实际讨论中逐渐缩小为以蒙古高原为中心的亚洲腹地。从内亚视角来看,蒙古人建立的一统王朝——元朝,它自身的那可儿——怯薛政治制度、主奴观念以及日常生活的风俗、宗教、规范等诸多层面都对中原汉地民众以及生活在中原汉地的民众产生了深远影响。
④ 元好问《紫微观记》,姚奠中主编、李正民增订《元好问全集》(增订本)卷第三十五,(太原)山西古籍出版社2004年,上册,第741页。

说元曲的典型作品,如关汉卿写窦娥之冤、马致远鸣汉元帝之悲、王实甫表现崔张之恋等等,虽然都是摹写作者胸中之感想,但时代之情状,真挚之理与秀杰之气,时常流露于其间①。也就是说,元代的蒙古人统治特征与时代情状在元曲中颇有表现,对元曲之所以成为元曲,并取得傲然杰立于其他诸代之上的成就,有着特别值得关注的影响。

其二,不同于大多数局部的、单一地域或某个文人群体的研究视角,本书努力以全局的立场,综合地观照元代文人群体迁变兴替的进程,期望藉由文人群体多元融合、次第繁荣的背景阐述,来展现元代的剧、曲、诗、文的创作情形,进而考察元代文学整体格局和创作风貌的形成。站在全局的立场,从元朝社会一统格局的形成以及元代文学格局自身独特性角度出发,观照文人群体流动的背景、流向区域以及可能造成的创作影响,这不仅可以使元代文学研究的系统性与整体性得到加强,而且可以在时空背景清晰的情况下,厘清元代文学发展的总体脉络,将许多看似个体的文学现象进行较准确的逻辑归位。应该说,元代崛起西北,疆域辽阔,最典型的特征是蒙古人统治下,多民族、多文明并存,就其政治格局、行政区划以及用人态度而言,总体上表现为以北制南、重北轻南的特点②。元代文坛与元朝形势始终相副,总体而言也体现出崛起于西北,终迄于东南,元中晚期之前的文人群体分布和文学格局体现出较明显的大一统、多民族、多文明碰撞交流的特征,末期则体现出裂变、东南地域性特征增强的倾向。

起初,由丘处机、耶律楚材等人追随蒙古人西征的步伐肇兴而起,到世侯辖下北方地域文人群,在守护金源文明的同时,力欲用夏变夷,致有元代文学的萌发。到江南一统之后,大都为南北多族文人荟萃之中心,再藉科举考试的推动,南北大融合,元代文学自身的特性颇有彰显,亦曾臻于极盛。其时虽有戴表元等人代表的南宋遗民群体,诸如周密、方回、刘辰翁、刘壎、刘克庄、仇远等等,他们虽然作品多,艺术水准高,但就元代文学格局的构建而言,他们总体上代表的是南宋余绪。到末期,由于"至正更化"背景,元代文学发展也一度

① 王国维《宋元戏曲史》,(上海)上海古籍出版社 1998 年,第 98 页。
② 按:例如元朝对江浙行省的建置理念:江浙行省辖区基本是宋代两浙东路、两浙西路、江南东路、福建路等拼合汇聚,版图疆域南北较长,南端到北端直线距离约 1500 里;东西较窄,东端到西端距离约 420—700 里。省治杭州路地处北部,距本省北界 300 里左右,与南部边界直线距离在 1000 里以上。这颇能体现出蒙古统治者以北制南国策的深层次原因。参考李治安、薛磊《中国行政区划通史·元代卷》,(上海)复旦大学出版社 2009 年,第 211—213 页。

呈现中兴局面,但形势逼人,"更化"失败,而东南豪杰蜂起,南北分裂。大量财富滞留南方,东南生活的富庶安逸,使得东南地域文人群体的文坛地位加重,俨然与一直占据主导地位的馆阁文人群体分庭抗礼,形势甚至强于前者。但东南文坛的创作加重了东南地域文化特征,这种特征与元朝作为游牧民族统治的疆域辽阔、多元文化共存、碰撞的情形有一定的距离,而在元末的割据状态中,东南地域与外界的关联度也相对降低,这种状态更加重了东南区域的作者对本域之外的文化表现出或轻或重的忽略乃至漠视的态度。站在这个角度而言,元代文坛也可谓迄于东南。元末的文坛,以吴中为盛,而吴中又基本就是杨维祯及其铁雅文人群体的天下。就其创作本身而言,杨维祯那样一种张扬抒情主体,奇崛独特且多姿多态的风格对于文学自身的发展很有意义,他在元末的巨大影响、并及于后世,在晚明、清初影响依旧巨大,也证明了其创作的重要意义。然而,在元代文坛,杨维祯沉沦地方的人生经历使得他的创作立场、创作视野和表现手法都相当程度地游离出元王朝作为游牧民族一统的王朝的独特气质,而且杨维祯自身的创作既缺乏也主动放弃了对这个王朝的多元性特质的深入表达。某种程度而言,杨维祯及其引领的铁雅文人群体在东南地域的崛起不仅是元代文坛裂变的重要标志,也是元代文学所具有的元朝特质逐渐褪去的重要表征。

立足元朝多民族、大一统的背景去综观元代文人群体各个阶段的地理分布情形,重心应该在北方、在元代中晚期之前,需要对一统背景下,文人群体分布与文学格局进行详细阐述,而元末至明初,东南形成割据后的文人群体与文学格局,创作非常活跃,但它的元朝多民族、大一统特征在削弱。这也是本书试图立足全局,按照世侯时期、一统时期、东南割据时期三个阶段,侧重前面世侯期和一统期,简省或略述南宋遗民及东南割据期文人群体创作的立意所在。

对于元代总体创作面貌和文学格局而言,还有与元王朝政权伴生的两大块内容非常值得注意:其一是,与蒙古人的政权共同进退的元西域作家群对于元代文学格局的影响;再就是,藉由蒙古人拓通的海、陆丝绸之路而带来的元代纪行创作的巨大繁荣以及中国形象的世界性影响。

蒙古人崛起西北,其征略进程的第一步是"平西域",在13—14世纪西域东迁入华人口的频繁程度和规模超过了以往任何时代。西域人对于元朝的影响极大,所谓"百汉人之言,不如一西域人之言"①,讨论元代文学的创作格局,随蒙古人三次西征而出现的西域人东迁高潮背景特别不容忽略。元末戴良有一段非常著名的评述:

> 我元受命,亦由西北而兴。西北诸国若回回、吐蕃、康里、畏吾儿、也里可温、唐兀之属,往往率先臣顺,奉职称蕃。其沐浴休光,沾被宠泽,与京国内臣无少异。积之既久,文轨日同,而子若孙,遂皆舍弓马而事诗书。至其以诗名世,则贯公云石、马公伯庸、萨公天锡、余公廷心其人也。论者以马公之诗似商隐,贯公、萨公之诗似长吉,而余公之诗则与阴铿、何逊齐驱而并驾。他如高公彦敬、嵘公子山、达公兼善、雅公正卿、聂公古柏、斡公克庄、鲁公至道、二公廷珪辈,亦皆清新俊拔,成一家言。②

戴良的话从各氏西域人大量东迁、入职中土的背景到西域人逐渐"学于中夏,慕周公、孔子之道"③,且于"所有中国之声明文物","羡慕之余,不觉事事为之仿效"④的过程,至于出现"皆舍弓马而事诗书"的普遍现象,进而有了西域作家群出现,优秀者以创作名世、人们见多不怪的结果,可以让人较为清晰地看到元代西域作家群的总体形成背景与影响概貌。元代西域作家群"出现在本来只属于汉族文人的中原文坛","成为一道特殊风景线"⑤,这不仅是讨论元代文人群体结构不能忽略的问题,也可以说是认知与评价元代文坛格局的重要维度。当然,意义不仅在于西域人"学于中夏",能用汉文写作,还在于,元代西域作家群体作为一个独特的创作群体,以其自身不可替代的独特性对于元代文学乃至传统文学生态所具有的意义与影响。可以说,元代西域作家群体的存在以及影响典型而著明地昭示,中华文明包括文学特征的形成,其实是多族文人藉由多元文明交流融汇形成的成果。

蒙古人的三次西征在推动 13—14 世纪西域人大举东迁的同时,他们对东、西方丝绸之路的拓通成绩尤其引人注目。在蒙古人的东拓西征以及密集

① 陈垣《元西域人华化考》,上海古籍出版社 2000 年,第 29 页。
② 戴良《鹤年先生诗集序》,《全元文》卷一六三〇,第 53 册,第 275—276 页。
③ 吴澄《玉元鼎字说》,《全元文》卷四九七,第 15 册,第 23 页。
④ 陈垣《元西域人华化考》"导读",第 3—4 页。
⑤ 杨镰《元代蒙古色目双语诗人新探》,《民族文学研究》2004 年第 2 期,第 6 页。

的驿站建设背景下,13—14 世纪的世界不再是铁板一块,人们在"南音北语惊叹奇"①的世界里深切地感慨道:"泊于世祖皇帝,四海为家,声教渐被,无此疆彼界。朔南名利之相往来,适千里者如在户庭,之万里者如出邻家。"②海、陆丝绸之路的便利不仅实现了人们的世界行走之梦,更让 13—14 世纪欧亚大陆包括以基督教文化圈、伊斯兰—阿拉伯文化圈、东南亚文化圈和印度文化圈在内的四大文化圈的相互交流与相互影响达到了一个空前的程度,所谓"鴂舌螺发,劗面雕题,献獒效马,贡象进犀",多元的风物与文化"络绎乎国门之道",让人们可以"不出户而八蛮九夷"③。正由于元朝时期中国与外邦的广泛交流,东、西方世界的密切往来,这个时期的中国文学并不能拘囿于中国范畴,它是世界性的,需要用"13—14 世纪时期的文学"才能指称清晰;这种世界性特质是围绕丝绸之路而展现的,它在创作上表现为纪行创作的巨大繁荣;它的创作群体包括走出中国腹地的中国作者和进入中国领域的人们;这些创作所带来的影响也具有相当程度的世界性。如果说,处于 13—14 世纪的元朝,它最不能被忽略的一部分内容是它与域外不可分割的关系的话,那么这些因素或许也不能被摒除在元朝文人群体的地理分布和文学格局的讨论范畴之外。

本书在总体框架上,按照世侯时期、一统时期、东南割据时期三个阶段,对不同阶段元代文人群体的地理分布进行梳理,力图从多民族、多地域、多文明的视角来观照元代文人群体的流动性及整体创作面貌,从而最终形成对元代文学格局的总体把握。

由"元代文人群体的地理分布与元代文学格局研究框架图"(见第 14 页)大致可以看到,元代文人群体的地理分布情形与文学格局的建构过程总体上可以分为三个时段,第一阶段是元代文学格局形成前期的准备阶段,第二阶段是元代一统文学格局的形成阶段,第三阶段是由东南割据势力对元代文学格局构成裂变的阶段。

本书基本以这三个阶段为时间顺序,以文人群体的流向为主要考察立场来观照元代文坛格局,分为三部分。

---

　　① 〔日〕释别源圆旨《送僧之江南》,王元明、〔日〕增田朋洲主编《中日友好千家诗》,(上海)学林出版社 1993 年,第 64—65 页。

　　② 王礼《义塚记》,《全元文》卷一八五五,第 60 册,第 654—655 页。

　　③ 黄文仲《大都赋》,《全元文》卷一四二一,第 46 册,第 136 页。

　　第一部分,元代文学格局形成的准备阶段,共四章。主要探讨蒙古国治下时期文人群体的流向与分布,讨论了全真教以及世侯统治对于蒙古国治下时期文人群体的流向和创作的影响。它肇兴于蒙古人入侵金朝时期,以贞祐之乱(1214)为界,一直到李璮之变(1263),大约五十年时间。在这期间,由于蒙古贵族阶层尚忙于征略世界,无暇也无力经营中原,以此,贞祐之乱后,一方面,在燕地,全真教借助与蒙古统治者的亲厚关系,获得绝佳的立教度人机遇,致使大量金源文人避入黄冠之列,所谓"士大夫之流寓于燕者,往往窜名道籍"①;另一方面蒙古人所占领的原金朝治下的华北区域由汉人世侯管理,而金源文人在战乱中纷纷趋避到各汉人世侯统辖区。形成真定、东平、保定、平阳、卫州、苏门山、河汾等地域文人群,他们不仅对其时的文学格局形成具有很大的影响,也对之后的元代文学格局的构建颇有影响,是构建元初文坛格局,影响元初文学面貌的主要人群。

　　第二部分,元代一统文学格局的形成阶段,共四章。主要从南北多族融合,渐趋平衡的现实背景出发讨论元代文学格局的形成过程,所讨论内容从金莲川幕府到大都、杭州等主要区域,依旧立足于文人群体的流动,从文人群体的流动来看到元代文坛创作主体与文坛格局的变化。元朝的一统文学格局开启于金莲川潜邸时期,以忽必烈于蒙哥汗元年(1251)授命总理漠南事务,驻跸金莲川时期,一直到至正八年(1348)方国珍据浙江黄岩而开始东南割据的时期为止,大约100年时间,这是元代文学形成一统格局的时期。在这个期间,又有几大重要背景深刻地影响到了元代的政治、文化以及其他各个领域。其一是,蒙哥汗九年(1259)蒙哥汗去世,蒙古国分裂,忽必烈肇建元王朝;其二是,至元十三年(1276)南宋被元朝一统;其三是,元朝海陆丝绸之路畅通。我们所讨论的元代文学格局,就其核心宗旨而言,总体上与元王朝命名之本意"大哉乾元",大一统格局相呼应。就文人群体的地理分布与文学格局形成情形而言,正统诗文领域的格局形成经过了由金莲川潜邸时期的文人群体到元初馆阁文人群体的基本构成,再经过南人北人、科举考试等环节,形成元代中期以馆阁文人群为代表的创作极盛局面。而通俗文学以元曲为主,在元初形成了以大都为中心的杂剧创作圈,南宋一统之后,由于北人南下,形成以杭州为中心的散曲创作群。

---

　　①　王鹗《玄门掌教大宗师真常真人道行碑铭》,《全元文》卷二四六,第 8 册,第 31 页。

　　第三部分,元一统文学格局分裂、东南割据文人群为主的阶段,共四章。立足点在于讨论元代文坛格局的变与衰。论其变,是讨论元代文学格局中的外来成分;论其衰,是讨论其走向末世以及它与下一个朝代的关系。就其变的一面看,在元代的文学格局中,有两个外来因素非常独特而引人注目:一是由蒙古人西征而推动的西域人东迁高潮,再是蒙古人对于海陆丝绸之路的大范围开拓。前者催生了元代西域作家群体的出现,后者带来了元代丝路纪行创作的大繁荣,这两者都使得元代文学格局具有一些世界性特征。就其衰的情形而言,元代晚期的文人群体分布情形来看,与中期的情形颇有不同的是,馆阁文人的影响与聚合力相对减弱,而东南地域文人群体的影响则颇为强劲。分开而言,晚期馆阁文人的作为主要在"至正更化"时期,大约在 1340—1352 年间,尽管这场来自蒙古最高统治者的政治改革以失败告终,但对于元末文学格局却有些中兴的意义。元晚期更主要的创作队伍在东南。元末各种社会矛盾大爆发,南方各路势力亦乘乱纷起,诸多大小割据势力对南北交通的阻隔使得原本需要大量供给北方的南方财富滞留在南方,这对东南地域文人群体的聚集以及元末文学格局的变化影响深远,从至正八年(1348)方国珍窜乱海上的时间到至正二十八年(1368),朱元璋建立明朝,元朝最后二十年的文学,东南地域为胜。不仅出现了以杨维祯为领袖的"铁雅诗派",而且东南地域文人群体的聚合主要以雅集吟咏的形式体现,出现了顾瑛组织的草堂雅集为代表的大小文人群体聚会,诗文创作颇为繁盛。另外,追随朱元璋的浙东文人群,在明初文坛颇有作为,他们基本沿袭元代中期馆阁文人秉持的雅正气习,对明代文坛的影响一直持续到"土木堡事变"发生之前。

　　附录"1200—1368 年大事系年",编撰的目的在于为本书提供具有补充和辅助意义的背景依据,由时间、条目与按语内容组成,从国家大事、重要人物活动事件、重大出版事件、重要人物去世四个方块进行编辑。尤其注重文集的完成与出版,重视按语内容的原典性,主要以序言、传记等原始文献内容作为按语内容的主要部分。每年的编撰以相关大事为主,并非每年都按照所拟四个板块进行编辑,有些年没有相关大事,便空白,不作编辑;大多数年份只有一个或几个块系的内容。另外,大汗和皇帝去世对整个国家各个方面都影响深远,因此大汗去世的条目和按语放在国家大事块系中编辑。尽管这部分内容的编辑为全书的完整性以及文献提供了一些非常有意义的序言,但篇幅与见识所限,难免挂一漏万。

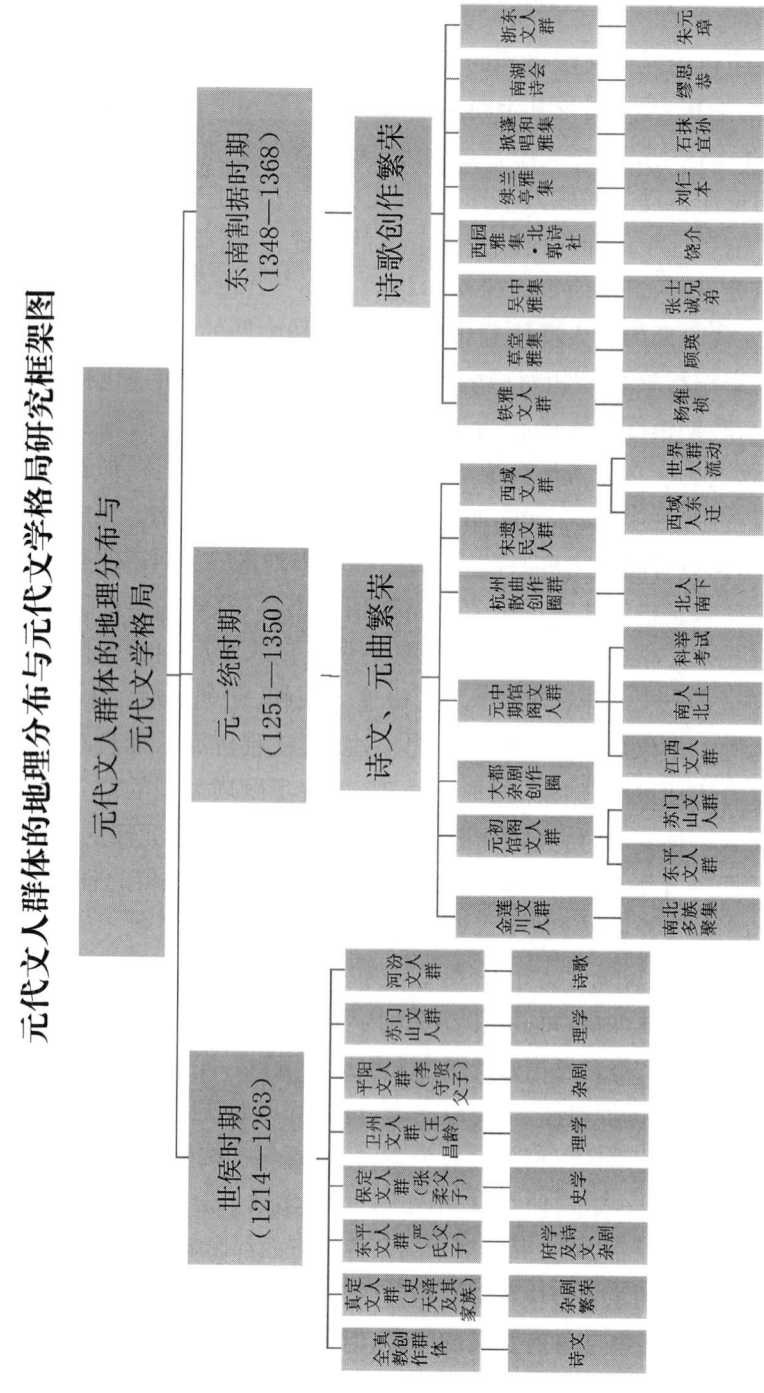

元代文人群体的地理分布与元代文学格局研究框架图

第一编 蒙古治下时期文人群体的分布（1220—1260）

　　从文人群体与文学格局之间关系的探究来看,最重要的环节是文人群体的流向问题。蒙古灭金的战争,致使金朝治下的北方地区陷入混乱,从政权角度看,当时主要有蒙古、金朝以及南方的南宋等政权分立;从地方割据角度看,又有各块"汉人世侯"势力。纷纭混乱的社会格局造成了文人群体流动的情况非常频繁。而归结起来看,其时文人群的流向又可以划归为宗教团体和世俗权力下辖机构两大流向。

　　值得指出的是,元朝作为蒙古人统治的一统王朝,在蒙古人征服西域之前,他们对于文字文明极其陌生,不过蒙古人对于宗教所具有的社会统摄力量却非常重视。从成吉思汗最初接触的汉地宗教领袖——全真教领袖丘处机这个角度而言,讨论蒙古时期的文人群体则可从当时极有社会影响力的宗教团体全真教开始。而更需要着重指出和关注的因素还在于,全真教大量吸纳儒者入道,领袖丘处机、尹志平、李志常等都颇擅长诗文创作,借助蒙古政权的支持,全真教主动吸纳文人,文人也选择趋避全真教,这种双向驱动致使全真教对于这个时期的文学格局影响深远。另外,金朝灭亡之后,蒙古人尚无意中原,北方地区的统治主要由汉人世侯掌控。其时势力较大的世侯有东平严氏、真定史氏以及保定张氏等,大量金源文人或往来于这些世侯,或专力于某世侯,形成了其时较有区域标识的文人群如东平文人群、真定文人群、保定文人群、卫辉·苏门山文人群、河汾文人群等。

将这一部分的时间断限划为 1220 至 1260 年,其原因也在于,1220 年,丘处机应召前往觐见成吉思汗,这件事不仅可以看作是全真教正式投靠蒙古的标志,更可以看作是探研元代文人群体与元代文学格局的初始。而中统元年(1260),忽必烈获得汗位,并在金源文人的辅佐和影响下,开启元王朝的一统进程。金亡而蒙古人又无暇也无力管理的情况下,大批金源文人活跃于河北、山东、山西等区域,在以元好问为领袖的精英文人的引领和教诲之下,一方面秉持"国亡史存,己所当为"的理念,对金源文献竭尽所能地保存与整理,另一方面,金源文人以孤臣孽子的心态面对现实,反映现实,金源文化精神反在其亡后迸发异样的光彩,文学创作取得了不容忽略的成就和令人瞩目的成绩。而且也正是在金源文人孤臣孽子的心态作用下,无论蒙古国治下时期还是一统后的元朝,金源文人积极作为的态度使得他们之于元代政坛、文坛所产生的影响都必须是引以为重的。

第一章　全真教与元代文学的开启

以全真教在蒙、元之际教众基础的深广、对蒙古统治初期北方文化资源的占据程度以及全真教所创导的"三教合一"思想之于其时宗教界、思想界、文化界的深远影响程度而言，全真教对于蒙、元之际的文学创作及元代文学创作格局的影响是一个非常值得关注和探究的话题。

第一节　全真教徒的文学创作及
交游情形概述

全真教以儒为教的创教性质，某种程度而言，决定或者说导致了全真教中文学创作群体的存在。全真教创教于金朝初年，它以陕西、山东为教派发展中心，是一个由儒生发起，也是由大量读书人参与，并以儒生为领袖，提倡"三教合一"的教派。全真教始祖王嚞（1113—1170）认为"儒门释户道相通，三教从来一祖风"①，丘处机（1148—1227）也认为"儒释道源三教祖，由来千圣古今同"②，清人指出"重阳到处立会，必以三教为名，因以重阳比之子思、达磨，似欲援儒、释为辅佐，使其教不孤立"③，而今人任继愈先生则指出："金、元时期的全真教把出家修仙与世俗的忠孝仁义相为表里，把道家社会化，实际上是儒教的一个支派。"④可以看到，全真教的创始人王嚞，"家世咸阳，最为右族"，"蚤通经史，晚习弓刀"，"当废齐阜昌间，献赋春官，忤意而黜。复试武举，遂

---

① 王嚞《孙公问三教》，《重阳全真集》卷一，正统道藏涵芬楼影印本 793—795 册，第 8 页。
② 丘处机《师鲁先生有宴息之所牓曰中室又从而索诗》，《全元诗》，第 1 册，第 13 页。
③ 王昶《金石萃编》卷一百五十八，《全真主教碑跋》，清嘉庆十年刻同治钱宝传等补修本。
④ 任继愈《道藏提要·序》，《念旧企新任继愈自述》，（北京）人民日报出版社 2011 年，第 268 页。

中甲科"①。王嚞出身儒士，虽以武举而中甲科，实际是位兼通经、史，颇有文采的文人。秦志安叙录王嚞的创作云"东海西秦，劝化道俗，长歌短咏，殆千余首，目之曰《全真前后集》，并《云中录》"，此外王嚞还有《韬光集》《分梨十化说》等，今由《道藏》辑出其诗有 340 题，共计 502 首诗，另有残诗二则②；《金文最》中收其文 2 篇③。陈垣先生曾指出"全真王重阳本士流，其弟子谭、马、邱、刘、王、郝，又皆读书种子，故能结纳士类，而士类亦乐就之。况其创教在靖康之后，河北之士正欲避金。不数十年，又遭贞祐之变，燕都亡覆，河北之士又欲避元"，"夫全真家之好与士流接者，必其兼通儒学者也，即不通儒学，而于士流末务，如文字之属，必有一长，方足与世接"④。从全真教的创教者到全真教所吸纳的教徒以及全真教所乐于结纳的人士都可以看出全真教中文学创作群体的存在，而今人唐圭璋所录《全金元词》共收金词 3572 首，这些词的作者又大致可分为两类，一类为文人词，一类为道士词。其中道士词有 13 家，计 2700 余首⑤，今人所编《全辽金诗》共辑录金诗 12066 首，其中道士诗约占三分之一，有 4000 余首。此外，蒙古国治下时期道仙传记创作的繁荣也是由全真教教徒一力推动形成。可以看到，《金莲正宗记》5 卷、《祖庭内传》3 卷、《七真人年谱》1 卷、《终南山记》30 卷、《甘水仙源录》10 卷外，《历世真仙体道通鉴》全书叙录由汉至宋末包括王嚞和北七真在内的宋末元初诸道士传记，共计七百四十五人。这些传记创作不仅为全真教鼎盛时期的道士规模提供重要史料，而且同样也能反映出全真道徒的创作参与程度。

蒙古国治下时期将全真教推向鼎盛的几任教主，他们又可谓推动蒙古治下时期全真教文学创作群体主体形成的重要引领者。可以看到，三任教主都是优秀的作者：第二代教主丘处机，字通密，号长春子，"家世栖霞（今山东登州），最为名族。敏而强记，博而高才"⑥，著有《大丹直指》2 卷、《摄身消息记》1 卷、《青天歌注释》1 卷、《磻溪集》6 卷以及《玄风庆会录》《鸣道集》等。现据

① 秦志安《金莲正宗记》卷二《重阳王真人》，林世田等编校《全真七子传记》，(北京)宗教文化出版社 1999 年，第 357 页。
② 阎凤梧、康金声主编《全辽金诗》，(太原)山西古籍出版社 1999 年版，上册，第 275—367 页。
③ 阎凤梧主编《全辽金文》，中册，(太原)山西古籍出版社 2002 年，第 1274—1275 页。
④ 陈垣《南宋初河北新道教考》卷一，《民国丛书》第一编，(上海)上海书店 1989 年，第 13 册，第 15、20 页。
⑤ 李闻《金代全真教道士词研究》，山东师范大学 2003 届古代文学硕士论文。
⑥ 秦志安《金莲正宗记》卷四《长春丘真人》，林世田等编校《全真七子传记》，第 376 页。

《道藏》《长春真人西游记》等著辑录丘处机诗作计 425 首①，词 170 余首。第三代教主尹志平(1169—1251)，字大和，号清和子，世称清和真人，山东莱州人。"三岁颖悟，善记事，五岁入学，日诵千余言，读书即玄解"②，"长读儒书、道经、庄、列等，若素有之"③，著有《葆光集》3 卷、《北游语录》4 卷、《应缘录》5 卷，现据《道藏》等著辑录尹志平诗作计 256 首④。第四代教主李志常(1193—1256)，字浩然，号真常子、真常道人，山东观城人，幼时即"颖悟不群，崭然出头角"，志常"通明中正，学问该洽"，且颇有文才，"平昔著述，多为人所持去，有《又玄集》二十卷、《西游记》二卷行于世"⑤。

蒙古国治下时期全真教中的骨干分子，亦多为文墨之士，"素善翰墨，尤工吟咏"⑥。诸如随侍丘处机前往觐见成吉思汗的十八弟子，除尹志平、李志常外，还有赵道坚、宋道安、孙志坚、夏志诚、宋德方、王志明、于志可、张志素、鞠志圆、郑志修、张志远、孟志稳、綦志清、何志清、杨志静、潘德冲⑦等等，《长春真人西游记》中叙录他们随丘处机一路西行，常有唱酬、吟咏。像其中的宋德方(1183—1247)，字广道，山东莱州掖城人，"仅能言，便好读书，不为童稚嬉戏事，颖悟强记，识者谓是夙性熏习故"，德方对于"儒道经书，如《春秋》《易》《中庸》《大学》《庄》《列》等，尤所酷好。外虽诗书子史，亦罔不涉猎。于中采其性命之学精粹中正者，涵泳履践，潜通默识，光明洞达，动与之会"⑧，著有《乐全前后二集》。对于全真教的事业而言，宋德方最大的贡献在于主持编修了《大元玄都宝藏》7800 余卷，宝藏内容包括儒、墨、名、法、史传、地志、医药、术数等，几乎无所不备，由此也能见出宋德方之学养。宋德方的弟子秦志安(1188—1244)，字彦容，号通真子，又号"樗栎道人"，山西陵川人。早岁志趣高雅。金后期四举进士，至廷试罢归。元好问(1190—1257)著其秉性云："记诵该洽，篇什敏捷，乐于提诲，不立崖岸。居玄都垂十稔，虽日课校雠，其参玄

---

① 杨镰主编《全元诗》第 1 册，中华书局 2013 年，第 1 页。
② 戈毅《清和妙道广化真人尹宗师碑铭》，见陈垣《道家金石略》，(北京)文物出版社 1988 年，第 568 页。
③ 李志全《清和演道玄德真人仙迹之碑》，《全元文》卷四六，第 2 册，第 9 页。
④ 《全元诗》，第 1 册，第 63 页。
⑤ 王鹗《玄门掌教大宗师真常真人道行碑铭》，《全元文》卷二四六，第 8 册，第 31 页。
⑥ 秦志安《金莲正宗记》卷五《清静散人》，林世田等编校《全真七子传记》，第 477 页。
⑦ 刘建虎《丘处机及其随侍十八士的西游文学创作》，《殷都学刊》2014 年第 2 期，第 80—82 页。
⑧ 李鼎《玄都至道披云真人宋天师祠堂碑铭并引》，《全元文》卷二八五，第 9 册，第 52、53 页。

学、受章句,自远方至者源源不绝。他主师席者,皆窃有望洋之叹。"著《林泉集》二十卷①。志安除了作为宋德方的主要助手帮助修成《大元玄都宝藏》外,又曾以王重阳及所收七真之事著成《金莲正宗记》5 卷。再如姬志真(1192—1267),原姓雍,避世宗讳改,山西泽州高平人。原名翼,字辅之,入道后,改名志真,号知常子。"年十三而能诗赋,甫弱冠,天文、地理、阴阳、律历之学,无不精究。"②著有《道德经总章》《周易直解》及《云山集》8 卷等。于道显(1168—1232),山东文登人,"日诵数百言,示之《老》《庄》,随读随讲,如迎刃而解,不数年遍通内外学。作为歌诗,伸纸引笔,初若不经意,皆切于事而合于理,学者至今传之"③。《全金诗》卷六一收其诗一首。此外还必须提及的是丘处机 18 名随行弟子中于志道的弟子李道谦(1219—1296),宋渤曾赞赏他道:"本儒家子,能读六经,及入道者门,辅之以清净性命之学,故蓄之胸臆者义理精深,溢为言议则英华粲发,非直枯中枯形而已者也",是全真教中学者型作者之典型。道谦字和甫,自号天乐道人,河南汴梁人,"资秀颖,能言便开敏知拟指。七岁,以六经童子贡礼部。天兴癸巳,金亡,朝廷遣使区别四民。凡衣冠道释之流寓者异籍之。公在儒者籍。时兵革方殷,遂改着道者服"。作为学者型道徒,李道谦热衷于辑录全真教史,著有《祖庭内传》3 卷、《七真人年谱》1 卷、《终南山记》30 卷、《甘水仙源录》10 卷,又有《筠溪笔录》10 卷、诗文 5 卷等④。

全真教除了在教内大力培养新人、广度弟子外,在教外更是积极参与政治活动、广结善缘,无论通都大邑还是穷乡海隅,都有全真教的影响。这其中,文人士子尤为全真教徒所结纳,这也相当程度地增强了全真教的文人化和文学群体色彩。据时人描述全真教传教的广泛程度云:"学者遍天下,无虑数千万人,而习其他教者为衰"⑤,"一时达官闻人,翕然归仰,四方学徒,不可胜数,故能名动阙庭"⑥,"天下翕然宗之。由一以化百,由百以化千,由千以化万,虽十

① 元好问《通真子墓碣铭》,姚奠中主编,李正民增订《元好问全集》(增订本),上册,山西古籍出版社 2004 年,第 648 页。

② 张好古《知常姬真人事迹》,《全元文》卷六九七,第 22 册,第 344、345 页。

③ 元好问《紫虚大师于公墓碑》,《元好问全集》(增订本)上册,第 644 页。

④ 宋渤《玄明子靖天乐真人李公道行碑铭并序》,《全元文》卷一○一六,第 32 册,第 23—25 页。

⑤ 张邦直《真常子李真人碑铭》,李道谦《甘水仙源录》卷三,明正统道藏本卷四。

⑥ 李庭《玄门弘教白云真人綦公本行碑》,《全元文》卷五六,第 2 册,第 183 页。

族之乡,百家之间,莫不有玄学以相师授,而况大都大邑者哉"①。尤其是蒙金战争对于北方社会秩序的摧毁性影响,致使全真教更成为包括文人士子在内的北方民众的庇护所,而全真教也以此为立教度人的绝佳时机。商挺曾评述全真教领袖的丘处机面对社会崩坏时节,着意立观度人,大力发展本教的高屋建瓴的格局写道:"己卯之岁,长春丘公来自海上,应太祖皇帝之聘越金山而入西域也……及南归至盖里泊,夜宣教语,谓众曰:'今大兵之后,人民涂炭,居无室,行无食者,皆是也。立观度人,时不可失。此修行之先务,人人当铭诸心'",也正由于丘处机的这种发展教派的理念,其时"长春既居燕,士庶之托迹,四方道侣之来归依者,不啻千数,宫中为之叹咽"②。姚燧就此曾赞赏丘处机于战乱时节对北方民众的救死扶伤功德写道:"河之北南已残,而首鼠未平,鼎鱼方急。(丘处机)乃大辟玄门,遣人招求俘杀于战伐之际。或一戴黄冠而持其署牒,奴者必民,死赖以生者,无虑二三钜万人。其推厚德、植深仁,致吾君于羲轩者,历古外臣,当受命之初,能为是乎!"③

　　且不论全真教如何立教度人,在金朝被蒙古灭亡后,当时的北方社会,阶层秩序混乱,大量士绅文人群体避入全真教,致使全真教势力极为壮大,所谓"为之教者独全真道而已","黄冠之人十分天下之二,声焰隆盛,鼓动海岳"④。其时有识之士对于社会这种崩坏格局中的转趋形式既忧伤也无奈。元好问颇为痛心地写道:"贞祐丧乱之后,荡然无纪纲文章,蚩蚩之民,靡所趋向,为之教者,独是家而已。今河朔之人,什二为所陷没。无渊静之习,无禅定之业,所谓举桑门以自例者,则兼有之。望宣政之季厌而去之之事且不可见,况附于黄老家数以为列仙者,其可得乎?呜呼!先哲王之道、中邦之正,扫地之日久矣!是家何为者,乃人敬而家事之?殆攻劫争夺之际,天以神道设教,以弭勇斗嗜杀者之心耶?抑三纲五常将遂湮灭,颠倒错乱,人与物胥而为一也?不然,则盛衰消长,有数存焉于其间,亦难于为言也已。"⑤这种源于纲纪坏乱,四民失序而道家者流竟得擅场的局面虽让元好问极为失望,但其时"窜名道籍"的士

---

① 宋子贞《顺德府通真观碑》,《全元文》卷八,第 1 册,第 168 页。
② 商挺《大都清逸观碑》,《全元文》卷七三,第 2 册,第 515—516 页。
③ 姚燧著,查洪德编辑点校《姚燧集·牧庵集》卷一一,《长春宫碑》,(北京)人民文学出版社 2011 年,第 156 页。
④ 元好问《清真观记》,《元好问全集》(增订本),上册,第 743、744 页。
⑤ 元好问《紫微观记》,《元好问全集》(增订本),上册,第 740—741 页。

绅却日益增多。元好问曾叙录金朝太学生孙伯英事迹云："伯英在太学时，所
与游皆一时之名士。故相程公日新判河南，伯英居门下，甚爱重之。贞祐初，
中原受兵，朝廷隔绝。府治中高庭玉献臣接纳奇士，号为'衣冠龙门'。"就是
这样一位士流英俊，当天下兵乱，无事可为之际，孙伯英也只能毁裂冠冕，投窜
山海，最终以黄冠师而高骞自便①。又如贞祐二年（1214）"中词赋高第"的张
本，他曾与李志常为同舍生。兵乱之前张本还规劝李志常作俗常士子，而兵乱
后，正大九年（1232），张本却"以翰林学士使北，见留"，张本人生的晚年也"隐
为黄冠，居燕京长春宫，仅十年。时真常掌教，兄事如昔，尽礼给养之"②。再
如"才高而学瞻"的王粹，本是"北平之巨族也"，在蒙金战乱中，以儒籍被掠至
燕京，幸依赖全真教的力量而获得平安，"遇真常大宗师，即北面事之，执弟子
礼，居长春宫，真常遇之甚厚"③。还有申志贞（1207—1282），字正之，泽州高
平县人。幼读书"中经童举"。后因战乱，"流寓太原，遂废干禄之学，易衣入
道"。由于许多名流避乱全真道观，申志贞竟以此而学业日进。张好古记其事
道："时恕斋王先生讷庵（王粹）、张内翰（张本）以宏才硕学，栖止道宫。公复
于暇日，就听讲论，由是德日进，而名亦彰矣"，著有诗文《濩泽蒙斋集》16 卷④。
蒙古国治下时期天下大乱的背景中，全真观可以算得上是为许多相对还算幸
运的士绅辟出的一方净土。南宋出使蒙古的使臣彭大雅以旁观却未尝不心有
戚戚的态度描述蒙古国治下时期士绅的生活状态写道："外有亡金之大夫，混
于杂役，堕于屠沽，去为黄冠，皆尚称旧官。王宣抚家有推车数人，呼'运使'，
呼'侍郎'。长春宫多有亡金朝士，既免跋焦，免贱役，又得衣食，最令人惨伤
也。"⑤一方面是天崩地裂的北方局势，使得全真教有机会利用自己的特权立
教度人；另一方面全真教自身文人气息非常浓郁、对文人极为优厚的真诚态
度，使得全真教成为金源士绅文人有以趋避的最佳所在，诚如时人所记："士大
夫之流寓于燕者，往往窜名道籍。公（李志常）委曲招延，饭于斋堂日数十人。
或者厌其烦，公不恤也，其待士之诚类如此。"⑥这就无怪于全真教在蒙古国治

---

① 元好问《孙伯英墓铭》，《元好问全集》（增订本），上册，第 642 页。
② 李道谦《讷庵张先生事迹》，《甘水仙源录》卷七，明正统道藏本。
③ 李道谦《恕斋王先生事迹》，《甘水仙源录》卷七，明正统道藏本。
④ 张好古《洞元虚静大师申公提点墓志铭》，《全元文》卷六九七，第 22 册，第 345、346 页。
⑤ 许全胜《黑鞑事略校注》，（兰州）兰州大学出版社 2014 年，第 88 页。
⑥ 王鹗《玄门掌教大宗师真常真人道行碑铭》，《全元文》卷二四六，第 8 册，第 31 页。

下时期不仅宗教影响力远甚其他教派,而且文学创作影响力也引人注目。

　　另外,全真教还善于且乐衷交结其时文化名流,并通过这些文化名流撰写碑记墓铭的方式来倍增其教派的影响度,而这种做法又相当程度地加强了全真派在文学领域的影响力。值得引以为例证的是至元二十五年(1288),全真教被朝廷打压不复当日风光之后,李道谦编成《甘水仙源录》,将此前时人所撰全真道士事略以及宫观的碑铭辑录成十卷之著。据李道谦门人张好古所撰《甘水仙源录后序》云:"(《甘水仙源录》)乃因所历,遇有当世名贤所修之文,亲手抄录,若道行,若宫观,其为碑记传赞,凡九十余篇,皆事迹超迈,辞章雄雅,足以取信于天下后世者,裒为一编,目之曰《甘水仙源录》。"①再按以篇中作者,可以说,《甘水仙源录》中所录碑记、传赞的作者确实将蒙古国治下之际的"当世名贤"括于囊中,诸如姚燧(4)、元好问(3)、商挺(3)、王鹗(3)、金源璹(3)、高鸣(3)、宋子贞(2)、陈时可(2)、王磐(2)、王博文(2)、杜仁杰(2)、李鼎(2)、王恽、杨奂、徐琰、孟祺、孟攀鳞、李庭、李冶等等。像元好问,"才雄学赡,金元之际,屹然为文章大宗……至古文绳尺严密,众体悉备,而碑版志铭诸作,尤为具有法度"②。姚燧,被时人誉作当朝水平最高的古文家,"为文闳肆该洽,豪而不宕,刚而不厉,舂容盛大,有西汉风。宋末弊习,为之一变。盖自延祐以前,文章大匠,莫能先之"③。而王鹗乃金正大元年(1224)状元。不论这些蒙古国治下时期的文坛大匠是出于与全真教怎样的关系,而与全真教颇有文事上的往来,他们为全真教所撰写的这些碑记、传赞,即能侧面地印证全真教对于这些文人的影响。而又以《甘水仙源录》卷后所附《题甘河遇仙宫》给予题跋的人员情况来看,其时正奉大夫参知政事商挺撰、陕西行中书省左右司郎中张徽、翰林待制孟攀鳞、京兆府学教授李庭、陕西汉中道提刑按察使王博文、宣授枢密院参议陈赓、翰林直学士中顺大夫王利用、翰林直学士知制诰姚燧、嘉议大夫安西路总管府尹李颎、安西路总管府同知王赟、安西路总管府判官寇元德、安西王府说书刘汾、陕西兴元等路教门捉点何道宁、夷门天乐道人李道谦、前诸路道教提举卫致夷、安西路道门提点孙德彧等等都有题跋。由上述这些人的署官、署名情况来看,则不仅《甘水仙源录》诚为"道学诸

<hr>

① 张好古《甘水仙源录后序》,《全元文》卷六九七,第22册,第343—344页。
② 《钦定四库全书总目》卷一六六"《遗山集》四十卷附录一卷"条,下册,第2201页。
③ 《元史》卷一七四《姚燧传》,第13册,第4059页。

公所著《伊洛渊源》之谓"[①],而且也真切地反映出全真教对于其时文学创作领域的深远影响。

第二节　全真教徒"西游"纪行诗文的元代文学史意义

由现今所整理的《全辽金诗》《全辽金文》《全元诗》《全元文》的内容来看,全真教众无论是在作者数量还是在作品数量上都至少占有三分之一强的规模。以其时全真教在蒙古国治下时期对北方地区文化领域的巨大影响力,这些创作数量远不足以说明问题。在蒙古国治下时期的北方,大量金源士绅连生命尚无法顾惜的背景中,全真教却能打着蒙古统治者圣旨的旗帜大肆扩张教派的势力,甚至能以一教之力在山西、陕西、河南等地设 27 局,负责收集、校勘、整理经文工作,涉及 3000 余人参与,刊成《大元玄都宝藏》7800 卷。仅此一项即能见出全真教在蒙古国治下时期北方文化界的巨大影响。而蒙古国治下时期全真教教众在创作上之于文学领域意义特出贡献在于,他们对元代纪行创作题材的开拓。而全真教徒之所以能做到这一点,又在于蒙古国治下时期,少数全真教徒有机会前往蒙古统治者活动的中亚及岭北区域,并留下了不少相关作品,这是其时绝大多数作者无法实现的。丘处机、尹志平、李志常等全真教徒的西游纪行创作与耶律楚材(1190—1244)父子等人的纪行创作共同翻开了蒙古国治下、元代文学创作的篇章,这或许是他们创作中独富时代意义的贡献所在。

如前文所述,1220 年丘处机接受成吉思汗派来的使者刘仲禄的诏请,决定率弟子北觐远在大雪山驻营的成吉思汗,丘处机的这一选择改变了全真教的命运,就元代文学史而言,也具有开启性意义。其门人弟子叙录丘处机当时选择的情形写道:

> 比及戊辰岁,道价鸿起,名满四方,天子嘉之,敕赐为太虚观,乃加赐
> 玄都宝藏六千余卷以为常住。居无何,兵革满河朔间,宋使泊金使,各持
> 诏来宣。同日,北方大蒙古亦使便宜刘仲禄来宣。人皆以为师当南行,盖

---

① 张好古《甘水仙源录后序》,《全元文》卷六九七,第 22 册,第 344 页。

南方奉道之意甚厚,而北方则杀戮大过,况复言语不通。而我师不言,但选门人之可与共行者得十八人,同宣差刘仲禄西行。①

戊辰年是指 1208 年,此时丘处机已经道价鸿起,名满四方,以此金朝廷方面对他有"天子嘉之"以及赐书之举。但是,不久,北方却"兵革满河朔间",对于丘处机所领导的全真教而言,却迎来了他们立教度人的绝佳时机,也正是因为全真教"道价鸿起,名满四方",金、宋、蒙三方同时都来诏请全真教。就选择而言,金朝政权虽日迫西山,毕竟是全真教发祥、发展的祖源地,而且诏请之前已给予全真教诸多特权;宋政权虽于全真教没有关联,但宋朝治下的南方"奉道之意甚厚",精神旨趣较一致,是全真教发展的极佳土壤;至于蒙古政权,虽气势如虹,但 1220 年的蒙古却又大举西征,且作为游牧统治的王朝,杀戮甚过,它对于中原北方的态度也尚不明朗,此外蒙古人与汉人言语不通、信仰颇异,而最终丘处机却默不发声地选择弟子跟随刘仲禄西行觐见蒙古大汗。李志常作为丘处机西行觐见的随行弟子之一,在《长春真人西游记》中细述其西行原委道:

> (己卯,1219)夏四月,河南提控边鄙使至,邀师同往。师不可。使者携所书诗颂归。继而复有使自大梁来,道闻山东为宋人所据,乃还。其年八月,江南大帅李公全、彭公义斌来请,不赴。尔后,随处往往邀请,莱之主者难其事。师言:"我之行止,天也。非若辈所及知。当有留不住时,去也。"居无何,成吉思皇帝遣侍臣刘仲禄悬虎头金牌,其文曰:"如朕亲行,便宜行事。"及蒙古人二十辈,传旨敦请。师踌躇间,仲禄曰:"师名重四海,皇帝特诏仲禄逾越山海,不限岁月,期必致之。"师曰:"兵革以来,此疆彼界。公冒险至此,可谓劳矣。"仲禄曰:"钦奉君命,敢不竭力。"②

蒙古人务实且恩威并施的态度是促使丘处机西行的根本原因,而丘处机对于金、宋政府犹豫拒绝的态度是丘处机西行的主观内因,之后的形势也证明了丘处机选择的高明。全真教因为丘处机的这次西行而迎来了此后 30 年空前绝

---

① 秦志安《金莲正宗记》卷四《长春丘真人》,林世田等编校《全真七子传记》,第 376 页。
② 李志常著《长春真人西游记》,上海书店 2013 年,第 42 页。

后的发展机会,并发展至巅峰状态。而就元代文学史而言,丘处机的这一西行选择也极具开启性意义。

值得注意的是,几乎是在差不多的时间,1220 年,耶律楚材(1190—1244)随成吉思汗的大军一同西征。此后"耶律楚材长期驻守在河中府(中亚撒马尔罕)。在异域几年间,耶律楚材与前来谒见成吉思汗的丘处机、丘处机的十几个随行弟子、汉人王君玉、前西辽郡王李世昌等,共同营造一个华夏文化'社区'"[①]。从现今留存的创作情况来看,这个时期,全真教众中有丘处机的西游纪行诗约 33 首[②]、李志常的《长春真人西游记》、尹志平的西游纪行诗约 7 首;耶律楚材有《西游录》(1227)、中亚纪行诗约 50 首,耶律楚材之子耶律铸有和林纪行诗约 80 余首,再副以其时宋朝使者有关蒙古的纪行创作如赵珙的《蒙鞑备录》(1221 年左右),则可以说丘处机、尹志平、李志常等全真教徒的西游纪行创作与耶律楚材、耶律铸(1221—1285)父子等人的纪行创作共同翻开了蒙古国治下、元代文学创作的篇章,就元代文学史而言,这或许是他们创作中独富时代意义的贡献所在。

首先,丘处机等人的纪行诗文对西行路线如实的描述在详实地揭示蒙古人活动区域和历史贡献的同时,对元代纪行诗文创作的兴起具有开启性意义。据李志常的《长春真人西游记》记载,辛巳年(1221)二月八日,丘处机等开始西行之路,直至次年(1222)四月五日才见到成吉思汗,历行 14 个月,行程约35000 余里,以下是根据游记所整理出来的路线和驿站:

> 二月十日宿翠屏口;二月十一日,过野狐岭,再北过抚州;二月十五
> 日,往东北过盖里泊;二月二十六、七日,过大沙坨。三月朔,过鱼儿泊;二
> 十余日后,到达沙河。四月朔,到达斡臣大王帐下;四月二十二日,渡陆局
> 河。五月朔,西北渡河;六月十三日,过长松岭;六月十四日过山,渡浅河、
> 石河;六月二十八日,泊窝里朵之东。七月九日,西南行,又三、二日,历一
> 山,又五六日,到达蒙古。中秋日,至金山东北;八月二十七日,至阴山。
> 九月四日,到达轮台之东;重九日,到达回纥昌八剌城、沙场,后西南行至

---

① 杨镰《元代文学编年史》,山西教育出版社 2005 年,第 53 页。
② 金传道《丘处机西游途中文学活动系年考略》,《内蒙古大学学报(哲学社会科学版)》2014 年第 3 期,第 29—35 页。

"天池";九月二十七日,到达阿里马城。十月一日(西行四日),渡答剌速没辇;十月六日,西南过板桥渡河,晚至南山下,即大石林牙;十月八日,至石城,度石桥,至塞蓝城;十一月八日,至一城;十一月九日,历一城;十一月十一日(复行二日),渡霍阐没辇,历一城。仲冬十八日,过大河至邪米思干大城之北;三月十九日(四日),到达碣石城;三月二十四日,至小河;三月二十六日,渡大河,即阿母没辇,晚泊古渠上。四月二日,到达成吉思汗行在(位于兴都库什山北麓的塔里寒);四月五日见到成吉思汗。①

以上所列远不及李志常对丘处机与十八弟子跟随成吉思汗使臣所走的具体路程那么丰富,但其悠远、繁难程度已颇令人诧异了。这些人西行的路线大致是:"从山东登州出发至燕京,出居庸关,北上至克鲁伦河畔。由此折向西行至镇海城,再向西南过阿尔泰山,越准噶尔盆地至赛里木湖东岸。南下穿经中亚到达兴都库什山西北坡之八鲁湾。"②而一行人所以能顺利到达,最重要的原因就在于成吉思汗所派的使臣刘仲禄"悬虎头金牌,其文曰:'如朕亲行,便宜行事。'"③由于这道金牌④,丘处机等人的西行得到了当时驿站以及沿途镇戍所能提供的最可靠的安全保障、物质供给和运力保障。这也是蒙古人改变13—14世纪历史的一个核心特点。在蒙古人征略天下的战争进程中,为保障军事信息的便利传达,也为了货物运转的便捷,从成吉思汗时代开始,蒙古人就非常重视驿站建设⑤。志费尼在《世界征服者史》记载成吉思汗时期对于驿站建设的重视程度以及法规规定写道:

　　他们的领土日广,重要事件时有发生,因此了解敌人的活动变得重要起来,而且把货物从西方运到东方,或从远东运到西方,也是必需的。为此,他们在国土上遍设驿站,给每处驿站的费用和供应作好安排,配给驿

---

① 按:以《长春真人西游记》为依据所列。
② 杨建新《古西行记选注》,(银川)宁夏人民出版社1987年,第187页。
③ 《长春真人西游记》卷上,第5页。
④ 按:元代牌符有金虎符、金符、银符(皆长牌)、海青符、圆符(皆圆牌),是驿站使用的牌符,以示官阶。圆牌的等级以"海青牌"为最高,"海青牌"是"海东青牌"的简称,又称"海青符""海青圆符"。海东青是蒙古人所最爱,此种牌符仅限于通报紧急军情,持有者往往有特别的权力。陈丽华《存在与想象:泉州元代涉海墓志碑刻的历史书写》,《元史及民族与边疆研究集刊》第三十辑,第49页。
⑤ 奥林胡《成吉思汗时期的驿站交通探析》,《内蒙古社会科学(汉文版)》2013年第4期,第59—61页。

站一定数量的人和兽,以及食物、饮料等必需品。这一切,他们都交给土绵①分摊,每两土绵供应一所驿站。如此一来,他们按户籍分摊、征索,使臣用不着为获得新骑乘而长途迂回;另一方面,农夫、军队免遭不时的干扰。尤有甚者,使臣有严厉的指令,命他爱惜马匹,等等;——叙述这些事会耽误我们太久。驿站每年要经过检查,如有缺损,必须由农民补偿。②

丘处机一行人由于刘仲禄身上悬挂的虎头金牌,享受到了与成吉思汗同样的出行待遇,这也可以说是那个时期,从中原穿越沙漠所能到达的最远、最安全、最便捷的驿站保障。以此,包括丘处机一行人在内的那个时期有机会获得这种出行特权的人们都对蒙古人的这一举措非常赞叹。所以,当丘处机等准备东归时,成吉思汗一再问他有何要求时,丘处机表示不需要,唯一的要求就是:"只得驿骑足矣"。丘处机在其西游纪行诗中也一再感慨蒙古人对于中原穿越沙漠到达中亚这一线路的驿站建设贡献:"东辞海上来,西望日边去。鸡犬不闻声,马牛更递铺。千山及万水,不知是何处","驿马程程送,云山处处罗"③,尤其是其诗歌《至阿里马城自金山至此以诗记其行》更是详述蒙古人在人迹罕至的地方搭桥修路,建设驿站的感触:

> 金山东畔阴山西,千岩万壑横深溪。溪边乱石当道卧,古今不许通轮蹄。前年军兴二太子,修道架桥彻溪水。今年吾道欲西行,车马喧阗复经此。银山铁壁千万重,争头竞角夸清雄。日出下观沧海近,月明上与天河通。参天松如笔管直,森森动有百余尺。万株相依郁苍苍,一鸟不鸣空寂寂。羊肠孟门压太行,比斯太略犹寻常。双车上下苦敦擞,百骑前后多惊惶。天池海在山头上,百里镜空含万象。县车束马西下山,四十八桥低万丈。河南海北山无穷,千变万化规模同。未若兹山太奇绝,磊落峭拔如神

---

① 按:据志费尼解释,蒙古人把"全部人马编成十人一小队,派其中一人为其余九人之长;又从每十个十夫长中任命一人为'百夫长',这一百人均归他指挥。每千人和每万人的情况相同,万人之上置一长官,称为'土绵'"。〔伊朗〕志费尼著,J. A. 波伊勒英译,何高济译《世界征服者史》第一部·第二章"成吉思汗制定的律令和他兴起后颁布的札撒",商务印书馆 2007 年,第 30 页。

② 《世界征服者史》第一部·第二章"成吉思汗制定的律令和他兴起后颁布的札撒",上册,第 34 页。

③ 《长春真人西游记》卷上,第 87、67、99 页。

功。我来时当八九月,半山已上皆为雪。山前草木暖如春,山后衣衾冷如铁。[1]

诗中所题"金山",是蒙古人对肯特山的泛称"不儿罕·合勒敦"(Burhan Kaldun)。"合勒敦",相当于突厥语 Altai(黄金)[2],乃位于新疆准噶尔盆地的东北侧,天山北出支脉的阿尔泰山,因其盛产黄金,民谚有云"阿尔泰山七十二道沟,沟沟有黄金",故名。尽管地下有黄金,但因气候恶劣,正如丘处机在诗中所云,八九月间,半山以上皆已覆盖大雪,而且山形陡峭逼仄,在丘处机觐见成吉思汗之前,金山自古与中原隔绝,少通人烟。1219 年,成吉思汗由阿尔泰山出发,率军对花剌子模国发动大规模军事行动,史称"蒙古第一次西征",中原与中亚之间的驿路由此拓通。李志常《长春真人西游记》在丘处机诗句"前年军兴二太子,修道架桥彻溪水"下有注释云:"三太子修金山,二太子修阴山",指出拓通金山至西域驿路的指挥者乃三太子窝阔台;而阴山搭桥的则是二太子察合台。而根据李志常游记的叙录则能更加清晰地感受到蒙古人开拓金山、阴山一带道路的伟大:

> 中秋日,抵金山东北,少驻复南行,其山高大,深谷长坂,车不可行。三太子出军始辟其路。乃命百骑挽绳悬辕以上,缚轮以下,约行四程,连度五岭,南出山前,临河止泊。从官连幕为营,因水草便,以待铺牛、驿骑。数日乃行。[3]

从李志常的描述来看,即使是经过修拓的金山驿路,实际依旧高大深险,需要用人力挽绳,上下牵拉而翻越,而且金山岭多,丘处机一行在有专人向导和护持的情况下,走了四天,连度五岭,才到达河岸边停息。如果说金山一带是山高岭深,那么阴山一带则有沙漠、雪山等恶劣的自然环境,艰险程度并不逊色金山:

---

① 丘处机《至阿里马城自金山至此以诗记其行》,《全元诗》,第 1 册,第 52 页。
② 林梅村《成吉思汗史迹调查》,《大朝春秋:蒙元考古与艺术》,(北京)故宫出版社 2014 年,第 74—75 页。
③ 《长春真人西游记》卷上,第 39—40 页。

　　翌日傍阴山而西，约十程。又度沙场。其沙细，遇风则流，状如惊涛，乍聚乍散，寸草不萌。车陷马滞，一昼夜方出。盖白骨甸大沙分流也。南际阴山之麓，逾沙又五日，宿阴山北。诘朝南行，长坂七八十里，抵暮乃宿。天甚寒，又无水。晨起西南行，约二十里，忽有大池，方圆几二百里，雪峰环之，倒影池中。师名之曰"天池"。沿池正南下，左右峰峦峭拔，松桦阴森，高逾百尺，自巅及麓，何啻万株。众流入峡，奔腾汹涌，曲折弯环可六七十里。二太子扈从西征，始凿石理道刊木为四十八桥，桥可并车。薄暮宿峡中。翌日方出……①

由阴山往西基本是沙漠。对于第一次见到沙漠的丘处机等中原汉人来说，细得遇风则流的沙能聚集成丘，而且能动，乍聚乍散，流动之际竟然能状如惊涛，甚至成为千军万马的死地，确实令人骇异。而在阴山一带，过了沙漠还有雪峰，还有大峡谷，等等，自然景观既迥异于中原，更重要的是不通人烟，绝无道路，而蒙古人能在这样的条件下，翻山越岭，且设路搭桥，建立驿站，令人叹服。曾伴随成吉思汗西征的耶律楚材即亲见二太子察合台凿石通道为48座桥的情景，而其《过阴山和人韵》诗对阴山人迹罕至、风景绝佳、天气极奇特的赞述之外，最突出的一点，也是对蒙古人西征过程中超越自然环境影响力的叹服：

　　阴山千里横东西，秋声浩浩鸣秋溪。猿猱鸿鹄不能过，天兵百万驰霜蹄。万顷松风落松子，郁郁苍苍映流水。天丁何事夸神威，天台罗浮移到此。云霞掩翳山重重，峰峦突兀何雄雄。古来天险阻西域，人烟不与中原通。细路萦纡斜复直，山角摩天不盈尺。溪风萧萧溪水寒，花落空山人影寂。四十八桥横雁行，胜游奇观真非常。临高俯视千万仞，令人凛凛生恐惶。百里镜湖山顶上，旦暮云烟浮气象。山南山北多幽绝，几派飞泉练千丈。大河西注波无穷，千溪万壑皆会同。君成绮语壮奇诞，造物缩手神无功。山高四更才吐月，八月山峰半埋雪。遥思山外屯边兵，西风冷彻征衣铁。②

---

①　《长春真人西游记》卷上，第50页。
②　耶律楚材《过阴山和人韵》，《全元诗》，第1册，第200页。

拓通的驿路在蒙古人的征略大军过去之后,"开放给商人、传教士",不仅"使东方和西方在经济上和精神上进行交流成为可能"①,也为元代写作空间的开拓提供了现实基础和环境。丘处机、李志常、耶律楚材等人藉此千载难逢的机会而得以超越时流,留下了其时最独特、也最具时代性的纪行文字。

不仅是令人骇异的西行路线、迥异于中原的自然环境,还有全然相异于中土的风土人情和思想信仰以及蒙古人的征略进程等,也成为丘处机等人纪行文字独具表现力的地方。丘处机一行人实际自出野狐岭后,所见风景就与中原绝异,人情土俗以及社会状况也迥出中原汉人意想之外。诚如孙锡在序言中所云:"师之是行也,崎岖数万里之远,际版图之所不载,雨露之所弗濡",故而其中"山川道里之险易,水土风气之差殊,与夫衣服、饮食,百果、草木、禽虫之别"②也往往成为人们叙录的对象。如蒙区的食物,丘处机诗云:"五谷不成资乳酪,皮裘毡帐亦开颜。"③蒙古人活动的区域五谷不殖,食物以牛羊肉及乳制品为主,李志常在游记中有交待说:"食黍米斗白金十两,满五十两可易面八十斤。盖面出阴山之后二千余里。西域贾胡以橐驼负至也。"如蒙古妇女的头饰,李志常游记写道:"妇人冠以桦皮,高二尺许,往往以皂褐笼之,富者以红绡。其末如鹅鸭,名曰'故故'。大忌人触,出入庐帐须低徊。"④宋朝出使蒙古的使者赵珙《蒙鞑备录》:"凡诸酋之妻则有顾姑冠,用铁丝结成,形如竹夫人,长三尺许,用红青锦绣或珠金饰之。"⑤徐霆、彭大雅在所撰《黑鞑事略》叙录姑姑冠云:"霆见其故姑之制,用画木为骨,包以红绢金帛,顶之上用四五尺长柳枝,或铁打成杖,包以青毡。其向上人,则用我朝翠花或五采帛饰之,令其飞动,以下人则用野鸡毛。"⑥

再如语言,李志常游记有记载:"邮人告曰:此雪山北是田镇海八剌喝孙也,'八剌喝孙',汉语为'城'","中伏,账房无蝇。窝里朵,汉语'行宫'也。其车舆、亭帐望之俨然,古之大单于未有若是之盛也"。"土人呼'果'为'阿里

①　〔英〕道森撰,吕浦译,周良霄注《出使蒙古记》,(北京)中国社会科学出版社1983年,第30页。

②　孙锡《长春真人西游记序》,《长春真人西游记》,第1页。

③　丘处机《出明昌界以诗纪实》,《全元诗》,第1册,第50页。

④　《长春真人西游记》卷上,第35、32页。

⑤　赵珙著,王国维笺证《蒙鞑备录》,内蒙古地方志编纂委员会《内蒙古史志资料选编》第三辑,1985年,第16页。

⑥　《黑鞑事略校注》,第43页。

马',盖多果实,以是名其城",阿里马城的西域人"及见中原汲器,喜曰:桃花石①诸事皆巧。桃花石,谓汉人也",而蒙古人称呼丘处机"腾吃利蒙古孔",意谓"长生的仙人",等等。还有迥异于中原地区的伊斯兰教的斋戒、祈祷仪式:"遇季冬设斋一月。比暮,其长自刲羊为食,与席者同享,自夜及旦。余月则设六斋。又于危舍上跳出大木如飞檐,长阔丈余。上构虚亭,四垂缨络。每朝夕,其长登之,礼西方,谓之告天。不奉佛,不奉道。大呼吟于其上,丁男、女闻之,皆趋拜其下。举国皆然,不尔则弃市"②等,难以枚举。

对于丘处机一行人来说,他们缘于蒙古人的邀请而到达成吉思汗活动的范围,从而也就罕有地触及到了其时可谓最前锋的蒙古人的征略进程。尹志平有诗写道:

> 辽因金破失家乡,西走番戎万里疆。十载经营无定止,却来此地务农桑。
> 群雄战力得农桑,大石林牙号国王。几帝聚兵成百万,到今衰落亦城荒。

在尹志平的诗下,还对大石林牙解释,文字写道:"'大石'是契丹语'学士'名,'林牙'是小名。中原呼'大石林牙'为国号"③;李志常在游记中也写道:"乃满失国,依大石士马复振,盗据其土,而算端西削其地。天兵至,乃满寻灭,算端亦亡。"④据史可知,1124年,金朝大臣耶律大石在辽国被金所灭之后西走中亚,于1132年建立西辽国。而蒙古国与乃蛮大战之后,乃蛮汗屈出律逃亡到西辽国,成为其驸马,后又于1210年篡夺了西辽帝位。这引起了蒙古人对西

---

① 按:关于桃花石的解释,穆罕默德·喀什噶里于1074年编撰成书的《突厥语大词典》中,对"桃花石"词条的解释是:桃花石。马秦,国之名。这个国家距秦有四个月的路程。秦原来分作三部分:第一,上秦,地处东方,被称之为桃花石;第二,中秦,被称之为契丹;第三,下秦,被称之为巴尔罕,这就在喀什噶尔。但是,现在认为桃花石就是马秦,契丹就是"秦"。马赫穆德·喀什噶里书中解释"凡是伟大而古老的东西均被称为'桃花石汗'",并且将其汗铸造的钱币名称前加上"桃花石汗"(可翻译成"中国之君"或"东方与中国之君"),田卫疆《〈突厥语大词典〉"秦(桃花石)"一词释读》,《新疆师范大学学报》2017年第3期,第98—103页。

② 《长春真人西游记》卷上,第38,35—36,51,70,72,76页。

③ 尹志平《过大石林牙契丹国》,《全元诗》,第1册,第63—64页。

④ 《长春真人西游记》卷上,第55页。

辽的注意，1218 年，成吉思汗遣哲别率军征讨西辽。西辽被蒙古灭亡之后，蒙古国的势力范围就与此时的穆斯林强国花剌子模国接壤了。1219 年，成吉思汗西征花剌子模国，史称蒙古第一次西征。在丘处机等西行前往觐见成吉思汗的 1221—1222 年间正是蒙古第一次西征的酣战期间：1221 年，成吉思汗命窝阔台为总指挥，术赤、察合台协同配合，率军继续攻打花剌子模国的首都玉龙杰赤，十月攻克。同年，失吉忽秃忽所率军三万蒙古军，在八鲁弯（今阿富汗喀布尔北、查里卡东北）被花剌子模国的新算端札兰丁大败。同年十月，成吉思汗亲自带兵追讨札兰丁，终致花剌子模国的军队全军覆没，札兰丁带少数人突围渡过辛河（今印度河）逃往印度。同年，拖雷占领呼罗珊全境。1222 年，成吉思汗率军渡过阿姆河回到撒马尔罕驻冬，任命花剌子模人牙剌瓦赤治理西域各地，并设置达鲁花赤行使监督职责。也就是在 1222 年四月，成吉思汗与丘处机会晤。当丘处机一行人到达中亚的重要交通枢纽城邦河中府（即邪米思干，今称撒马尔干），"由东北门入。其城因沟岸为之。秋、夏常无雨，国人疏二河入城，分绕巷陌，比屋得用。方算端氏之未败也，城中常十万余户。国破而来，存者四之一"①，蒙古人对城市的摧毁程度可见一斑。也不仅是丘处机等人对蒙古人的世界征略活动有所反映，其时，耶律楚材父子也因为追随蒙古人出征而亲见其征略进程，例如耶律铸对于蒙哥汗征蜀之战的实录。

述实录四十韵

修《征蜀实录》，每以二鼓为期方息。中夜闻笛，既觉，缅想《实录》事迹，亦如梦寐。怆然无以为怀，述此写之。

承天圣祖开天业，四海为家尽臣妾。规模宏远古无比，（太祖封诸亲王封域，东尽东海，西尽西海。自古未有如此规模之宏远也。）统绪岂唯垂万叶。揭来海水不扬波，向见灵河已清澈。（金大安元年〔1209〕，河清上下数百里。次年庚午〔1210〕，我太祖皇帝经略中原。《易乾鉴度》曰：圣人受命，瑞应先见于河水清。河清之征，太祖皇帝受命之符也。）际天所覆乐心戴，愈见人情皆感切。折冲猛锐竞陈力，骨鲠贞良咸就列。龚行天罚攘挽枪，著处鲸鲵殊前截。列圣未出无名师，历世弥光光圣烈。推亡固存

---

① 《长春真人西游记》卷上，第 59 页。

非一国，迷不知时非俊杰。世评青野食前言，（辛巳年〔1221〕，宋主宁宗遣国信使苟梦玉，通好乞和。太祖皇帝许之，敕宣差噶哈护送还其国。辛卯冬〔1231〕，太祖皇帝南征女真，遣信使绰布干等使宋。青野原宋沔州统制张宣诱苏巴尔罕杀之，此其伐宋之端也。）不若犬偷及鼠窃。诬天复敢拘行人，（后戊戌年〔1238〕七月，哩密什等百人使宋，竟拘留不遣。）妄专狙诈夸明哲。国犹摄生贵处顺，水背流时源易竭。即今日削尽疆场，其势得无忧迫胁。若然仍不畏天威，曷异螳螂怒当辙。未知其可将蛮触，相与区区较优劣。武皇问罪挥天戈，征发诸军自昆碣。翠华遥下五云来，辄报锦城氛祲灭。（方入蜀，使告云顶之捷。）扈跸貔貅三十万，争欲先驱扫妖孽。搏熊攫豹捷飞猱，（诸将缘蜀道搏熊豹，捷猿猱，输之和林。）赴险蹈虚矜胆决。纷驰传檄启途使，英簜辅之龙虎节。悬崖万仞入云端，前马不行应气摄。虹梁缥缈架层霄，（兴利州至三泉县，桥阁共一万九千三百十八间，护险偏栏共四万七千一百三十四间。）高兴动人殊可悦。若非由蜀道登天，岂与飞仙得相接。（飞仙岭，相传徐佐卿化鹤踜泊之地，故名飞仙。上有阁道百余间，即入蜀路。）腾倾湍瀑翻惊涛，怒震横流还逆折。千岩万壑殷晴雷，卷起千堆万堆雪。飞阁尤非地上行，剑门呀似天中裂。（剑州剑门县，在州东北五十里。郦元《水经注》曰：大剑戍至小剑戍三十里，飞阁相通，谓之阁道。）壁立千寻冷翠屏，碧霞城拥清都阙。振衣直上玉女台，下视烟尘望吴越。五丁碎徙青黛山，万簇巑丛乱堆叠。金城虽包裹全蜀，胜负莫非由勇怯。孰云无所骋骁骑，闭口势何劳捕舌。（时得宋蜡九书云云，虽骁骑万群，安所用之？）天衷应未诱虫萌，堪叹颛蒙与天绝。（剑门苦竹隘，招之不降，遂拔之。）宁知皇化如时雨，与济迷津作舟楫。会闻蓬阆朝真仙，（蓬阆等州，皆纳土降。）箪食壶浆尽迎谒。纷纭诸将无虚日，争奏归期争献捷。旌门敕树受降旌，（时旌门外敕树受降旌，凡降者于其下待诏优恤。）冀致穷民遂安帖。莫知天欲将如何，英猷一旦为虚设。无雷东隤孤山峰，（御营东山，无雷倾圮。）惊风西卷旗竿折。（御营西军，风折旗竿。）龙桥忽焉悉中圮，（攻钓鱼山，上下浮桥遽中圮。）鼙鼓謦然寻亦歇。（大驾战鼓，初闻数十里之外，后虽三数里不闻。）忍令飞驾鼎湖龙，持拔龙髯堕尘劫。（《列仙传》：丁约曰："儒谓之世，释谓之劫。"）笛声唤得梦回来,梅梢犹印西窗月。①

耶律铸(1221—1285),出生之际,耶律楚材已追随成吉思汗几年②。耶律铸"精敏绝伦",自幼跟随耶律楚材身边,在漠北长大,"能通诸国语"③,故其价值立场已基本站在蒙古人的这一边。他的这首述实诗,作于至元十三年(1276),实际是在回忆和感慨 1259 年蒙哥汗征略南宋蜀州的那段历史,全诗四十韵,五百六十字,是耶律铸诸多战争诗篇中最长、叙事最完整的一首。耶律铸曾于蒙哥汗八年(1258)率侍卫骁果随蒙哥征蜀④。引诗中括号内的内容,皆为作者的自注,由时间、地点的详细注释可以看出作者对自己亲历现场的自诩。就历史而言,蒙哥成为大汗之后,在清理过窝阔台系政敌之后,即着手攻宋。此前,蒙古曾以宋朝辛卯年(1231)拒绝蒙古借道灭金"彼昔遣苟梦玉来通好,遽自食言背盟乎"为借口,"分兵入宋",现在蒙哥又以戊戌年(1238)宋朝扣押蒙古使者为理由再次攻宋。以此,耶律铸诗云:"世评青野食前言,不若犬偷及鼠窃。诬天复敢拘行人,妄专狙诈夸明哲",并有注释揭示蒙古攻宋的历史与背景。而鉴于蒙古人不习水战以及南宋以长江上游以固其下游,守汉、淮以蔽长江的防御方针,蒙哥确立了蒙古人的迂回征宋战略,从翼侧及侧后攻宋。侧后为攻灭大理之战,侧翼则为从右翼攻东川、西川;左翼为攻荆襄。耶律铸诗云:"武皇问罪挥天戈,征发诸军自昆碣。"1258 年,蒙哥为大举攻下南宋,以建立超过父祖的开藩建汗大业,亲率大军攻四川,力图东出夔门,浮江而下,待三路会师鄂州后,合兵攻临安(今杭州)。七月,蒙哥率军入蜀。在攻拔苦竹隘、鹅顶堡后,又连取长宁山城、蓬州、阆州、渠州等城,所以耶律铸诗云"会闻蓬阆朝真仙,簞食壶浆尽迎谒。纷纶诸将无虚日,争奏归期争献捷。旌门敕树受降旌",并有注释云:"蓬阆等州,皆纳土降。"但是到 1259 年蒙哥大军进入合州之后,攻战开始不利,而最终蒙哥于 1259 年 7 月死于合州钓鱼山。耶律铸作为亲历战场者,特意写到蒙古军大败之前的种种不祥的

①　耶律铸《述实录(四十韵)》,《全元诗》,第 4 册,第 24—25 页。

②　按:耶律楚材于兴定二年(1218)受邀前往中亚谒见成吉思汗。

③　孙勐《北京出土耶律铸墓志及其世系、家族成员考略》,参见《中国国家博物馆馆刊》2012 年第 3 期,第 49—55 页。

④　李润平《元代契丹诗人耶律铸征战诗的思想价值》,《内蒙古民族大学学报》2012 年第 3 期,第 18—19 页。

征兆:"无雷东陟孤山峰,(御营东山,无雷倾圮。)惊风西卷旗竿折。(御营西军,风折旗竿。)龙桥忽焉悉中圮,(攻钓鱼山,上下浮桥遽中圮。)夔鼓鏊然寻亦歇。(大驾战鼓,初闻数十里之外,后虽三数里不闻。)忍令飞驾鼎湖龙,持扳龙髯堕尘劫",尽管从历史载记知道蒙古军在攻打合州之际,宋将余玠采取守点控面的防御措施,先后建立了以重庆为中心,以钓鱼城(今四川合川东钓鱼山上)为屏蔽和支柱,以长江为依托,以岷江、嘉陵江、涪江、渠江旁新建的山城为骨干的纵深梯次防御,从军事对垒的角度而言,蒙古人失败的可能性已经比较大。而蒙古人对于重庆闷热潮湿的天气也极不能适应,当蒙哥攻打钓鱼山的5月间,军中出现瘟疫,军心颇不振作,这也主观上造成了蒙古人失败的结果。但耶律铸对其时战地出现的各种不祥征兆的描述却以第一时间、第一现场的文学表述丰富了历史事件。就历史而言,蒙哥之死不仅使得蒙古人对世界的西征行动戛然而止,也使得南宋的灭亡时间被延后了近二十年,更重要的是,蒙古帝国因为蒙哥之死走向分裂,元王朝由此产生。

诚如丘处机、李志常以及赵珙、徐霆、彭大雅等到达蒙古人活动的区域之后,都惊讶地发现这个民族的人们不需要靠文字来记录事情。"今鞑之始起,并无文书,凡发命令,遣使往来,止是刻指以记之"[1],也正因此,在耶律铸的同时代人中,没有谁能像他这样用诗文如此切近地表现蒙哥征蜀的进程以及战争过程中的动态变化。丘处机、李志常、赵珙、徐霆、彭大雅以及耶律楚材、耶律铸父子等人作为最早能亲见亲闻蒙古人风俗及其征略事迹,且以汉文给予叙录,就这一点而言,他们的创作便足以称得上开启了蒙古国治下、元朝创作的先河。还有一点,同样也是这群人最早深切体会,而在以后蒙古人逐步建立起一统王朝之后,这个王朝的人们可能都或多或少、并以不同形式表现出来的,有着巨大文化差异,隔着母语的乡愁。

丘处机等人一入蒙古人活动区域之后就在诗里深切地感慨:"尽日不逢人过往,经年时有马回还","五谷不成资乳酪,皮裘毡帐亦开颜"[2],对于生活于文明开发较早、成熟程度较高且在战前人口也颇为稠密集中的中原区域的丘处机等人而言,蒙古人生活区域的山川广袤、人烟稀少以及文明的粗疏都让他们在非常诧异的同时,也深感不安和惆怅。这种情绪在最后把善于控制情绪,

---

① 《蒙鞑备录》,《内蒙古史志资料选编》第三辑,第5页。
② 丘处机《出明昌界以诗纪实》,《全元诗》,第1册,第50页。

道法修为深沉的丘处机也给折磨倒了，李志常在游记中叙述道：

> 十七日师不食，但时时饮汤。东南过大沙场，有草木。其间多蚊虻。夜宿河东。又数日，师或乘车。尹志平辈咨师曰："奚疾？"师曰："余疾非医可测。圣贤琢磨故也。卒未能愈，汝辈勿虑。"众愀然不释。是夕，尹志平梦神人曰："师之疾，公辈勿忧，至汉地当自愈。"行又经沙路三百余里，水草绝少，马夜进不息，再宿乃出，地临夏人之北陲。庐帐渐广，马易得。后行者乃及师。六月二十一日，宿渔阳关。师尚未食。明日度关而东五十里至丰州。元帅以下来迎。宣差俞公请泊其家，奉以汤饼。是日辄饱食。继而设斋，饮食乃如故。①

丘处机以年逾七旬的高龄，而历万水千山至漠北、西域，其意志力已然远超常人。但以血肉之躯，长达三年地颠沛转徙于迥异于自己平昔的生活环境，触目皆是不熟悉的风俗，入耳的都是自己不能理解的语言，触心的甚至是自己不能进入的信仰，这种隔着母语的乡愁或许不能让丘处机在意志上承认自己无力，但在肉体上把丘处机打倒了。所以他以不食的方式来表达自己的乡愁，直至回到自己熟悉的母语生活环境中，他才一切如常。李志常作为虔诚的弟子，用平实的语言叙录老师的一言一行的同时，不经意中刻画了一种在此前文学创作中较少触及的情绪。这种情绪被更有文人气质的耶律楚材表达得更具体、更生动而且更文学化。例如耶律楚材的组诗《西域河中十咏》：

> 寂寞河中府，连甍及万家。葡萄亲酿酒，杷榄看开花。饱啖鸡舌肉，分飡马首瓜。（土产瓜大如马首）人生惟口腹，何碍过流沙。
>
> 寂寞河中府，临流结草庐。开樽倾美酒，掷网得新鱼。有客同联句，无人独看书。天涯获此乐，终老又何如。
>
> 寂寞河中府，退荒僻一隅。葡萄垂马乳，杷榄灿牛酥。酿春无输课，耕田不纳租。西行万余里，谁谓乃良图。
>
> 寂寞河中府，生民屡有灾。避兵开邃穴，防水筑高台。六月常无雨，

---

① 《长春真人西游记》卷上，第92—93页。

三冬却有雷。偶思禅伯语,不觉笑颜开。

　　寂寞河中府,颓垣绕故城。园林无尽处,花木不知名。南岸独垂钓,西畴自省耕。为人但知足,何处不安生。

　　寂寞河中府,西流绿水倾。冲风磨旧麦,(西人作磨,风动机轴以磨麦)悬碓杵新粳。(西人皆悬杵以舂)春月花浑谢,冬天草再生。优游聊卒岁,更不望归程。

　　寂寞河中府,清欢且自寻。麻笺聊写字,苇笔亦供吟。伞柄学钻笛,宫门自斫琴。临风时适意,不负昔年心。(得故宫门坚木三尺许,斫为琴,有清声)

　　寂寞河中府,西来亦偶然。每春忘旧闰,随月出新年。强策浑心竹,难穿无眼钱。异同无定据,俯仰且随缘。(西人不计闰,以十二月为岁。有浑心竹,其金铜牙钱无孔郭)

　　寂寞河中府,声名昔日闻。城隍连畎亩,市井半丘坟。食饭秤斤卖,金银用麦分。生民怨来后,箪食谒吾君。

　　寂寞河中府,遗民自足粮。黄橙调蜜煎,白饼掺糖霜。漱旱河为雨,无衣垅种羊。一从西到此,更不忆吾乡。[①]

何谓"隔着母语的乡愁"?"乡愁"这个词眼并不陌生,而隔着母语的乡愁,它的滋生基础是语言障碍,是在多民族、多文化、多宗教、多阶层以及多元风土人情的交互融汇背景中,人们由于对其他民族语言、宗教、文化、风土、物俗等东西不能深入了解和融入而产生的寂寞孤独感或者被排挤、歧视的挫败感。这是13—14世纪,当蒙古人四方征略,打破东、西方此疆彼域的障碍之后,让不同语言、民族、肤色、信仰、文明程度、风俗习惯等的人们混同一处之后,产生的最普遍、最平常的情绪之一。耶律楚材的组诗每首皆以"寂寞河中府"起兴,中间详细描述异域风物,接着聊写独处状态,最后结以不再思蜀的断语。所有对异域风物饶有兴致的书写,其根本基础在于作者身处非母语环境的寂寞。这种寂寞还被巨大的现实环境所强化:城市被沙漠包围着,城市被战争摧残得破败萧条。所以在寂寞无聊,大把时间无处消遣的背景下,作者开始以他者的

---

① 耶律楚材《西域河中十咏》,《全元诗》,第1册,第245—246页。

眼光打量自己有可能要呆很长时间①，甚至老死的河中府——位处中亚交通枢纽位置的著名城市撒马尔罕。另外，整组诗的表达节奏也颇令人寻味。随着异域风物书写内容的逐渐细切，那种"隔着母语的乡愁"的表达逐步递深，变得越来越明显和焦灼，然后再转为更深入地体味和消化异域生活的不适感，最终在情绪上获得宽解，变得平静。

　　且细品一下耶律楚材的这组诗的情绪表达过程。第一层，初至异域，见异物品异味，基于旧有文化体验的新鲜与讶异感飒涌而生。作者首先是惊诧在中原千里之外、沙漠终端之处竟然"连甍及万家"，有座人口数万的城市；其次是感叹这座城里迥异于中原的饮食、气候等：中原人们认作奢侈物的葡萄酒、鸡舌肉，这里却"葡萄亲酿酒""酿酒无输课"，可以家家酿制，随餐享用；而且瓜大如马首，杷榄灿牛酥，绿水缘西流，六日常无雨，三冬却有雷，等等；再然后是体验到城中人们不同于中原的生活风俗：护城河连着畎亩，闹市中满是丘坟，钱币无孔，饭食论斤买卖，风磨碾着旧麦，悬碓杵新粳等等，诸般不一样；然后是深切领会到这座城市人民生活的艰难与自我调适"生民屡有灾""颓垣绕故城""避兵开邃穴，防水筑高台"，等等。组诗对异域的书写由外在的风物气候到日常生活的细节再及于对方生活状态的描述，基本循着由远及近，自外而内，缘浅入深的秩序，让人从时空上逐渐把摸到作者在异域生活上的渐行渐近过程。第二层，随着时间的推移，异域生活的外在新鲜感逐渐转换个人独处的内在情绪抒发，"隔着母语的乡愁"情绪溢于言表：先是为异域风物的独览尽赏而快意难当："人生唯问腹，何碍过流沙""有客同联句，无人独看书。天涯获此乐，终老又何如"。接着因不能融入异域的他者身份逐渐感到孤独：如许春色，却处处不是故园风光，"花木不知名"；美景处处，却无人共处，只能南岸独钓，西畴自耕；不禁对自己的身份和选择倍感焦虑，"西行万余里，谁谓乃良图"。但是，归期难期，作者唯有努力寻找宽解与缓释情绪的出口：先是在异域情境中寻找共鸣，"偶思禅伯语，不觉笑颜开"；再尝试以自己的故有文化经验

---

　　①　按：成吉思汗于1220年先是驻扎在撒麻耳干（即撒马尔罕），而后又于该年夏末秋初移军到那黑沙不（今乌兹别克斯坦共和国哈尔希）附近的草原，准备下一阶段的进攻。耶律楚材大概受命留驻撒麻耳干，没有随大军南行。1222年九月，成吉思汗决定东归蒙古，从河中府迁移四百余人到塔剌思（今哈萨克斯坦江布尔州首府）屯田，命耶律楚材管理此地。刘晓《耶律楚材评传》，（南京）南京大学出版社2001年，第69—71页。

来改变现状,所谓"清欢且自寻,不负昔年心"。于是乎,异域生活终于不再那么难耐:"异同何定据,俯仰且随缘";也有可心之处值得品味和欣赏:"黄橙调蜜煎,白饼糁糖霜";正是基于控制与隐忍,最终作者悠悠地感慨:"为人但知足,何处不安生""优游聊卒岁,更不望归程""一从西到此,更不忆吾乡"①。

应该说,耶律楚材的这组诗相当典型地表达出了蒙古国治下时期人们独自身在异域的那种"隔着母语的乡愁"情绪。与交通阻隔、不通音问时代里的乡愁相比,耶律楚材式的"隔着母语的乡愁"最让人无奈的是"西出阳关无故人"(王维《送元二使安西》),"我歌水调无人续"(萨都剌《过嘉兴》);人们几乎都有些忘记了那种固定环境中"天下谁人不识君"(高适《别董大》)、"落花时节又逢君"(杜甫《江南逢李龟年》)的淡定安稳感;更难体会诸如"何当共剪西窗烛,却话巴山夜雨时"(李商隐《夜雨寄北》)、"但愿人长久,千里共婵娟"(苏轼《水调歌头》),那些只在同质文化里才滋生且被反复咀嚼的满富慰藉的异乡清愁。

"隔着母语的乡愁"情绪不仅弥漫于像耶律楚材这样随军征略的文人谋士之间,也侵袭着那些制造了动荡、打破了隔阂的蒙古统治者,还有那些服务于异域的僧侣仕宦,以及藉梯航之便而逾越万里的商人旅客,甚至被迫流亡的芸芸民众。人们都在一种极大的疆域范围中,面对地理风土的差异,经受和体味隔着母语、遥望故土、思念自身文化意蕴的乡愁。值得特别指出的是,出于对草原生活的眷恋和对草原游牧统治的依赖,忽必烈开创元王朝,建都燕京,并取名大都之后,元朝历代皇帝一直都执行着上都、大都两都巡幸政策,时间持续近百年(从1263年,第一位皇帝元世祖忽必烈开始一直到1358年最后一个皇帝元顺帝妥欢帖木儿)。每年皇帝率领妃嫔、百官,从大都回到上都(元世祖的发祥地),进行4—6个月的狩猎、飨宴、祭祖等活动。这种高层统治者的大规模政治乡愁的抒发,既耗费了大量民力、物力,给元王朝的政局带来巨大动荡性;同时也给予了那个时期的人们非同寻常的体验和表达空间,相当程度地丰富了地域文化细节,留下了非常丰富的物质和非物质文化遗产。而就文学创作而言,以两都纪行为主题表达的上京纪行诗以及那些中外之士对上都的赞美与描述则是这种文化遗产中尤其令人瞩目的内容。明代馆臣金幼

---

① 耶律楚材《西域河中十咏》,《全元诗》,第1册,第245—246页。

孜曾慨然写道："登高怀古,览故宫之消歇,睇河山之悠邈,以追忆一代之兴废,因以著之篇什,固有不胜其感叹者矣。"①清代的乾隆皇帝也曾无比缅想地写道："山萦水抱势宽辽,烟堵荆闉迹未销。金椀潼香春正滟,玉盘冰碎暑全消。殿瑜不见天魔舞,冈药犹思诈马朝。日暮枌榆喧鸟散,寒蟾弄影自飘萧。"②可以说,那些蒙古国治下时期"隔着母语的乡愁"情绪借着文字与非文字的东西穿越时空,横亘古今。

总而言之,丘处机、李志常等全真教徒缘于特殊的机缘成为最早接触蒙古人的汉人群体,他们与其时同样"幸运"的耶律楚材父子一道以诗文形式表现和叙录了那些极具蒙古国治下时期特质和元朝文化色彩的内容,就这一视角而言,他们堪称开启元代文学的创作群体。

第三节　全真教对元曲创作的深远影响

全真教对于蒙古国治下时期的北方乃至元代文学创作文学格局的影响,不仅体现于其时作者与全真教有着千丝万缕、或轻或重的关系,全真教徒创作的作品占有相当的比重;全真教藉其特权表现了蒙古国治下时期最为贴近时代的主题;还体现于全真教所宣扬的思想是元曲创作中的重要主题。元曲作为元朝一代之文学,在蒙古国治下以及元朝时期的北方,曾达到了一个创作高潮。而综观现存元杂剧剧种及元散曲的创作,全真教对于元曲从主题到内容以及词风的影响痕迹都颇为浓重。

其一是反映全真教内容的"神仙道化剧"在现存元曲中占有相当的比重。么书仪认为"元杂剧中存在着相当数量的'神仙道化'戏,它们构成一种不可忽视的倾向。他们的出现与当时社会的政治、经济、风俗、世态有着密切的关系",如果联系全真教在蒙古国治下时期北方的普泛程度和深远影响,这个论断是非常有见识的。明人朱权《太和正音谱》将元杂剧分为十二科,实际上十二科中的"隐居乐道"和"神仙道化"两科,二者在元杂剧中常常混杂在一起,实际上都体现着全真教修真成仙的教旨。在钟嗣成《录鬼薄》记载的四百余本杂剧中,考其题目、正名,可以断定其内容属于上述神仙道化类的,至少有四

① 金幼孜《滦京百咏集序》,《四库全书》,(台北)台湾商务印书馆1983年,第1240册,第722页。
② 乾隆《上都怀古》,《御制诗集》初集卷二八,《四库全书》第1302册,第444页。

十本左右①,约占十分之一。而根据钟嗣成的《录鬼簿》、贾仲明的《录鬼簿续编》等书的记载,可以明确剧目的,约有 26 种:

马致远(5 部):《吕洞宾三醉岳阳楼》《王祖师三度马丹阳》《马丹阳三度任风子》《开坛阐教黄粱梦》《太华山陈抟高卧》(《录鬼簿》著录,存)

贾仲明(3 部):《丘长春三度碧桃花》《铁拐李度金童玉女》《吕洞宾桃柳升仙梦》(《录鬼簿续编》著录,佚)

谷子敬(2 部):《吕洞宾三度城南柳》《邯郸道卢生枕中记》(《录鬼簿续编》著录,存)

以下作者皆 1 部

郑廷玉《风月七真堂》(《录鬼簿》著录,佚)

赵文殷《张果老度脱哑观音》(《录鬼簿》著录,佚)

纪君祥《韩湘子三度韩退之》(《录鬼簿》著录,佚)

赵明道《韩湘子三赴牡丹亭》(《录鬼簿》著录,佚)

岳伯川《吕洞宾度铁拐李岳》(《录鬼簿》著录,存)

范康《陈季卿误上竹叶舟》(《录鬼簿》著录,存)

李寿卿《鼓盆歌庄子叹骷髅》(《录鬼簿》著录,佚)

史九散人《花间四友庄周梦》(《录鬼簿》著录,存)

张国宾《严子陵垂钓七里滩》(《录鬼簿》著录,佚)

宫天挺《严子陵钓鱼台》(《录鬼簿》著录,存)

吴昌龄《张天师夜祭辰钩月》(《录鬼簿》著录,存)

石君宝《张天师断岁寒三友》(《录鬼簿》著录,佚)

杨景贤《王祖师三化刘行首》(《录鬼簿续编》著录,存)

无名氏《汉钟离度脱蓝采和》(《今乐考证》著录,存)

无名氏《瘸李岳诗酒玩江亭》(《录鬼簿续编》著录,存)

由以上剧目的列举即能看出这些杂剧作品或直接以全真教人物为主角敷衍情节,或宣扬全真教度化成仙的教旨。需要指出的是,在全真教的宣教中,诸如

---

① 么书仪《元杂剧中的"神仙道化"戏》,《文学遗产》1980 年第 3 期,第 64 页。

《金莲正宗记》《金莲正宗仙缘像传》等全真教典籍中,八仙之首的钟离权、吕洞宾是王重阳创教的导师,而八仙中的其他诸仙亦为全真教道友。在上面所列的二十六种剧目中,八仙度世故事剧十三种,其中钟离权度世剧二种、吕洞宾度世剧六种、韩湘子度世剧二种、铁拐李度世剧二种、张果老度世剧一种①。实际上,这些杂剧的创作主题也非常直接明显表现出对全真教的服膺。像以上所列剧目中,马致远关于全真教的剧目就有五种。无怪贾仲明评述马致远云"万花丛里马神仙,百世集中说致远",指出马致远个人气质以及剧作都有浓郁的全真教的影响。而更重要的是,人们对马致远的这种道骨仙风气质非常欣赏,"四方海内皆谈羡"②,这也就确证了全真教对于包括杂剧创作在内的其时社会文化的巨大影响。

其二,全真教对于元曲在写作内容上也有很直接的影响。全真教的人物或事迹往往直接成为元散曲的表现内容。例如邓学可《正宫·端正好》中〔呆古朵〕〔太平年〕两支曲子写道:"〔呆古朵〕休言尧舜和桀纣。都不如郝孙谭马丘刘。他每是文中子门徒。亢仓子志友。休说为吏道的张平叔。做烟月的刘行首。若不是阐全真的王祖师。拿不着打轮的马半州。〔太平年〕汉钟离原是个帅首。蓝采和本是个俳优。悬壶翁本不曾去沽油。铁拐李险烧了尸首。贺兰仙引定曹国舅。韩湘子会造逡巡酒。吕洞宾三醉岳阳楼。度了数千年的绿柳。"③薛昂夫《〔中吕〕朝天曲》吟咏写道:"洞宾。道人。未到天仙分。岳阳三醉洞庭春。卖墨无人问。欲斩黄龙。青蛇犹钝。纯阳能几分? 养真。炼神。却被仙姑困。"④邓学可、薛昂夫两人的曲子都是直接演绎、评说全真教故事,而薛昂夫乃西戎贵种,这也就可见全真教的影响已不仅及于汉人创作群体,也深刻地影响到接受汉化的西域文人。

么书仪还指出"更值得注意的是元杂剧的'神仙道化'戏中,道化和隐逸常常混杂、结合在一起的这个特点",而戏中的神仙们"往往是文士、隐士、道士的三位一体"⑤。这样一种浑融的情形,使得元曲在内容上都有直接或间接地展示全真教淡看功名纷争、隐逸世外、明心见性的教派特征。藉由时人所著

---

① 王汉民《全真教与元代的神仙道化戏》,《世界宗教研究》2004 年第 1 期,第 70—76 页。
② 钟嗣成《录鬼簿》,《历代曲话汇编·唐宋元编》,第 325 页。
③ 邓学可《正宫·端正好》,隋树森《全元散曲》,中华书局 2018 年,中册,第 781—782 页。
④ 薛昂夫《〔中吕〕朝天曲》,《全元散曲》中册,第 791 页。
⑤ 么书仪《元杂剧中的"神仙道化"戏》,《文学遗产》1980 年第 3 期,第 64—73 页。

元代的全真教道士传记,尤其像李道谦辑录《甘水仙源录》中那些著名全真教道士的生平事迹来看,那些优秀的全真教道士已然逐渐形成一种典型的教派人物气质:如置身静僻处的茅庵或草庐中,植松柏,种药苗,"耕田凿井,自食其力",闲暇之时或读经赋诗、鼓琴而歌,或攀谈义理。无怪王恽说全真教道士"有古逸民之遗风焉"①,这种教派气质在元曲中得到非常普遍且生动的反映。如贯石屏这组套数《仙吕·村里迓鼓》:

> 我向这水边林下。盖一座竹篱茅舍。闲时节观山玩水。闷来和渔樵闲话。我将这绿柳栽。黄菊种。山林如画。闷来时看翠山。观绿水。指落花。呀。锁住我这心猿意马。
>
> 〔元和令〕将柴门掩落霞。明月向杖头挂。我则见青山影里钓鱼槎。慢腾腾闲潇洒。闷来独自对天涯。荡村醪饮兴加。
>
> 〔上马娇〕鱼旋拿。柴旋打。无事掩荆笆。醉时节卧在葫芦架。咱。睡起时节旋去烹茶。
>
> 〔胜葫芦〕药炉经卷作生涯。学种邵平瓜。渊明赏菊在东篱下。终日饮流霞。咱向炉内炼丹砂。〔游四门〕我则待散诞逍遥闲笑耍。左右种桑麻。闲看园林噪晚鸦。心无牵挂。蹇驴闲跨。游玩野人家。
>
> 〔后庭花〕我将这嫩蔓菁带叶煎。细芽穄油内煠。白酒磁杯咽。野花头上插。兴来时笑呷呷。村醪饮罢。绕柴扉水一洼。近山村看落花。是蓬莱天地家。
>
> 〔青歌儿〕呀。看一带云山云山如画。端的是景物景物堪夸。剩水残山向那答。心无牵挂。树林之下。椰瓢高挂。冷清清无是无非诵《南华》。就里乾坤大。(盛世新声)②

这组套数俨然一派全真教道士的生活气质。而若考这组套数的作者贯石屏,该名仅见于《词林摘艳》,隋树森先生认为,贯石屏可能就是贯云石。如果这组套数的作者是高昌贵族贯云石的话,那么以其民族背景、家族渊源以及个人

---

① 王恽著,杨亮、钟彦飞汇校《王恽全集汇校》卷五八,《大元奉圣州新建永昌观碑铭并序》,中华书局2013年,第6册,第2583页。

② 贯石屏《仙吕·村里迓鼓》,谢伯阳编撰《全明散曲》,(济南)齐鲁书社2016年,第6017—6018页。

学养而言,能以如此熟稔的笔致来叙写极具全真教修身养性的生活态度与生活方式,则既可侧见作者与全真教教徒往来之密切,也可知全真教对于元曲作者影响之普泛深切程度,不仅及于汉人作家,更及于那些随蒙古政权而入居中原的西域人。此外,全真教教徒往往在山林隐幽处筑草庵或茅庵,端坐蒲团藏身修行①,而元曲中则以庵、蒲团为个体栖止掩藏所在的描述枚不胜举:如马致远《任风子》所写马丹阳等全真祖师的居住环境是:"茅庵足可居,麋鹿獐犴放岩谷,狗彘鸡豚绕园圃,茶药琴棋尽得数,春夏秋冬总不负,春天园中赏花木,夏日山间避炎暑,秋月篱边玩松菊,冬雪岩前看梅竹,白叟黄童作宾主,皓月清风为伴侣。"②马致远的这个例子当然比较典型,因为他的表达对象就是全真教道士马丹阳。再看汉化程度较深的色目高层官员不忽木套曲《仙吕·点绛唇》中的〔寄生草〕吟咏写道:"但得黄鸡嫩。白酒熟。一任教疏篱墙缺茅庵漏。则要窗明炕暖蒲团厚。问甚身寒腹饱麻衣旧。饮仙家水酒两三瓯。强如看翰林风月三千首。"③不忽木的这支曲子就很清晰地表达出自己渴望具有融文士、隐士、道士三位融于一体的精神形象,而其茅庵、蒲团的物象更直接地与全真教教徒的修行气质关联起来。

其三,全真教对元曲曲词表现意象、风格的影响。全真教对隐逸生活方式的崇尚,以及全真教教徒融文士、隐士、道士三位融于一体的精神气质,还间接催生了元代创作尤其是元曲对陶渊明的广泛接受与频繁书写。与汉代以来天师道飞升炼化、祭醮攘禁、符箓烧炼等修道方式相比,由儒生创教,提倡三教合一的全真教强调以"忍辱含垢,苦己利人"为宗,在羽化登仙的信仰上,不再追求和强调"肉体不死"。他们认为,人的肉体是要死灭的,人的真性或阳神则可以长存。所以,创导修道者摒弃名利,"渊静以明志",从而到达"全真"的目的,保全自身高洁的操守,最终获得"真性"解脱和"阳神"升天的修炼结果。以此,陶渊明淡泊名利,亲自耕种,自然任真的生平形象以及创作追求也就成为全真教宗教趣旨的形象符号。《全元散曲》收有 50 余位作家言及陶渊明的作品,占 210 余位散曲家总数的四分之一,作品 200 余首,约占现存 4300 余首

---

①　任继愈《中国道教史》下卷,(北京)中国社会科学出版社 2001 年,第 692 页。

②　马致远《新刊关目马丹阳三度任风子·煞尾》,徐沁君校点《新校元刊杂剧三十种》,中华书局 1980 年,第 221 页。

③　不忽木《仙吕·点绛唇·辞朝》,《全元散曲》上册,第 85 页。

元散曲总数的二十分之一①。这既是陶渊明对元曲作家影响的直接表现,也一定程度上可以看作是全真教对于元曲创作的影响。像受全真教影响较深的马致远这首《〔南吕〕四块玉》〔恬退〕:

> 绿鬓衰。朱颜改。羞把尘容画麟台。故园风景依然在。三顷田。五亩宅。归去来。
>
> 绿水边。青山侧。二顷良田一区宅。闲身跳出红尘外。紫蟹肥。黄菊开。归去来。
>
> 翠竹边。青松侧。竹影松声两茅斋。太平幸得闲身在。三径修。五柳栽。归去来。
>
> 酒旋沽。鱼新买。满眼云山画图开。清风明月还诗债。本是个懒散人。又无甚经济才,归去来。②

全真教在中国传统文化精神的基础上提出了"跳出红尘外,好觅长生路"的创教宗旨,也不像传统道教那样以炼丹求符的方式而求得"登仙"之路。而是追求自我精神的内在修为,并以庄周、陶渊明之类中国传统文人中淡于名利,任真自我的典型代表作为教派精神的体现。这对于身处社会凋敝、前途无望、渴求逃避现实的北方文人来说,确为很有意义的精神良药。像马致远在这首曲中的核心意旨就是"闲身跳出红尘外",认为在有红尘的羁绊时,人便容易"绿鬓衰,朱颜改";一旦摆脱名利的纠葛,现实的挤压,则内心安静,人也因此能见出天地万物的可爱与真趣,也是从这意味上说,作者在曲中一再唱叹着要"归去来"。如马致远这种借陶渊明之杯酒而释自己胸中道家情怀的创作在元曲中已然被频繁累积成为一种表达无意识。又如关汉卿的这首《〔南吕〕四块玉》〔闲适〕

> 适意行。安心坐。渴时饮饥时餐醉时歌。困来时就向莎茵卧。日月长。天地阔。闲快活。
>
> 旧酒投。新醅泼。老瓦盆边笑呵呵。共山僧野叟闲吟和。他出一对

---

① 李毅《唐诗、元曲中陶渊明形象的书写》,《南昌教育学院学报》2011年第3期,第21页。
② 马致远《〔南吕〕四块玉·恬退》,《全元散曲》,上册,第262—263页。

鸡。我出一个鹅。闲快活。

意马收。心猿锁。跳出红尘恶风波。槐阴午梦谁惊破。离了利名场。钻入安乐窝。闲快活。

南亩耕。东山卧。世态人情经历多。闲将往事思量过。贤的是他。愚的是我。争甚么。①

关汉卿曲中的"老瓦盆"意象②很值得细究。早在杜甫诗《少年行》之一即有诗句云:"莫笑田家老瓦盆,自从盛酒长儿孙。"苏轼又有叙述云:"陈暄好饮,一日,贵客笑暄用陶器,暄曰:'莫笑此老瓦盆,多见兴废也。'客无语。"③杨万里《中途小歇》诗亦云:"寄下君家老瓦盆,他日重游却来取。"在杜甫、苏轼、杨万里等人的作品中,"老瓦盆"起初只是其实用意义——酒器而已,到后来被转喻为世事的转换、盛衰的象征。而在范成大《朝中措》的词中:"身闲身健是生涯。何况好年华。看了十分秋月,重阳更插黄花。消磨景物,瓦盆社酿,石鼎山茶。饱吃红莲香饭,侬家便是仙家。"④一定程度上,范成大把"瓦盆"的意象与文人、隐士及仙家三位一体的形象对接,既包含了田家生活气息,又有文人归隐旨趣,还有些道家得道成仙的意味。不过,元曲中频繁出现⑤的"老瓦盆"意象所表达的旨趣其实稍稍有别于唐、宋文人的意思,它应该是深受全真教教旨的影响。全真教创教教主王嚞《瓦盆歌》曾以"瓦盆"意象来说破证道过程:

你敲著得恁响声大。无祥瑞,没灾祸。元准知得那。外唇有口能发课。内虚有腹成因果。贵贱贤愚,细思量、人人放一个。这风狂、悟斯不肯争人我。除烦恼,灭心火。日日随缘过。逍遥自在任行坐。功成行满携云朵。带壳升腾,恁时节,方知不打破。⑥

① 关汉卿《〔南吕〕四块玉·闲适》,《全元散曲》,上册,第177—178页。
② 关于"老瓦盆"意象的分析,参考了姬茜《贯云石散曲研究》第三章第一节,河北师范大学2012届中国古代文学硕士论文。
③ 本注杜甫《少年行·其一》"平生老瓦盆"句,见〔朝鲜〕南龙翼编,赵季校注《箕雅校注》,中华书局2008年,第1247页。
④ 范成大著,富寿荪点校《范石湖集》,上海古籍出版社2006年,第464页。
⑤ 按:姬茜据《全元散曲》统计,约有20余首作品出现该"瓦盆"意象,姬茜《贯云石散曲研究》第三章第一节,河北师范大学2012级中国古代文学硕士论文,第27页。
⑥ 唐圭璋《全金元词》,上册,中华书局1979年,第253—254页。

可以看到，王嚞将"老瓦盆"意象喻为不打破，随缘，带壳升腾、修真成仙的历程，强调任本真而修内心的意旨。将关汉卿的曲意与王嚞的词意合读之后，即能看出关汉卿曲表达的是全真教在神仙道化剧中反复表达的主题——看破功名纷争，收纳起心猿和意马，随自己的心意，躲入陶渊明诗所表述的南亩中，躬耕隐居，证道自乐。这样再看贯云石这首散曲《〔双调〕水仙子·田家》：

> 绿阴茅屋两三间。院后溪流门外山。山桃野杏开无限。怕春光虚过眼。得浮生半日清闲。邀邻翁为伴。使家僮过盏。直喫的老瓦盆干。
> 满林红叶乱翩翩。醉尽秋霜锦树残。苍苔静拂题诗看。酒微温石鼎寒。瓦杯深洗尽愁烦。衣宽解。事不关。直喫的老瓦盆干。①

贯云石作为攻宋名将阿里海涯的孙子，乃西戎贵种，他对于农耕生活的喜爱和情感传递很大程度上可能是缘于全真教在元曲创作上的影响所致。贯云石创作诗歌《芦花诗》之后，曾自号"芦花道人"，这至少能侧面说明他与道教之间关系的密切。他在曲中云："直吃的老瓦盆干"，应当也是放过自己，跳出红尘，只一身闲地躲入世外，看云卷云舒。

另外，全真教对于元曲"清丽"派风格的形成也颇有影响。应该说元曲作者在进行隐逸情怀与环境的表达时，并不全然能看作是自己的情怀或者眼前的景状描述。以蒙古国治下至元初元曲盛行的北方区域而言，由蒙古人金源所辖的华北区域的杀戮和掠夺所导致的社会的凋敝与农村的残破程度，其实令人发指。丘处机曾表述可大力发展全真教的北方社会现状云："今大兵之后，人民涂炭，居无室，行无食者，皆是也。"②当日金兵入主中原，有记载云，"中原之祸，自书契以来，未之有也"③，金兵所过"皆残破""自京师至黄河，数百里间，井里萧然，无复烟爨，尸骸之属，不可胜数"④。但比起金人之祸，蒙古人之于北方的摧残程度尤极酷烈。据《建炎以来朝野杂记》卷十九"鞑靼款塞"条载：1213年秋至1214年春，蒙古军"凡破九十余郡，所过无不残灭。两

---

① 贯云石《〔双调〕水仙子·田家》，《全元散曲》，上册，第 421 页。
② 商挺《大都清逸观碑》，《全元文》卷七三，第 2 册，第 515—516 页。
③ 庄季裕《鸡肋编》，中华书局 1983 年，第 76 页。
④ 徐梦莘《三朝北盟会编》卷三六，上海古籍出版社 1987 年，第 271 页。

河、山东数千里,人民杀戮几尽,金帛、子女、牛羊、马畜皆席卷而去,屋庐焚毁,城郭丘墟矣"[1]。但就是在这样的中原社会背景中,却有了全真教的繁荣,还催生了大量摹写隐逸情状和农村生活的元曲。那些状如陶渊明式的隐逸表达往往以类同于戏剧画面的形式表达出来,如诗如画。而对较现实社会,相较蒙古国治下时期人们在诗歌中大量直面山河破碎的惨烈、直接书写不堪面对的黍离之悲,则不免让人意识到,元曲这类表达可能只是沿袭惯有的表达方式与手法而已。而这也更加能反映出全真教对于元曲作家的影响。

全真教对被誉为一代之文学的元曲影响固然最著,但对其他类型的创作也并非没有影响、以元代的诗文创作来看,除了前一节中论述的丘处机等人的西游纪行诗、李志常的《长春真人西游记》的创作意义之外,全真教还凭借其在蒙古治下时期的巨大社会影响,曾经在蒙古人统治的北方广建道观、庙宇,并立碑刻记,而这些碑记文往往又请其时最有声望的文人来撰写。之外全真教道士的道行录、墓志铭,也每每请其时文望甚高的文人或官员撰写。综观元代散文的创作,尤其是蒙古治下时期的散文,充斥其中的多为全真教道观记及传记,这些文字在扩大全真教的影响力的同时,也成为元代散文创作中的一笔巨大财富。由此而言,全真教对于元代文学格局尤其是蒙古治下时期文学格局的影响虽不能以居功甚伟来评论,但的确是影响甚大。

---

[1] 李心传著,徐规点校《建炎以来朝野杂记·乙集》卷一九《边防二》,中华书局 2000 年,第 850 页。

第二章　金源文人群的分布与元初北方文学格局·真定文人群

　　对于 1235 年至 1270 年之间北方文学,是否该特意辟出一个时段来讨论?是该划为金元文学、宋金文学,还是蒙元文学,是讨论这个时期文人群体流动与北方文学格局一个非常关键的前提性问题。如果不辟出一个时段来讨论,则实际上比较容易模糊金亡之后,金源作家以元好问等为首的作家群体在这个特殊时期创作上的瞩目影响和意义。如果将其划为金元文学,则稍有一些不准,因为金已亡,元未立,北方区域已经属于蒙古人的统辖范围,而元朝还没有从大蒙古国的分裂中产生;如果论为宋金文学,则颇为强调宋朝对金朝在文化上的输出性影响,而相对忽略金朝自身,尤其是金亡之后,处于蒙古人统治的北方区域的作家在创作上所表现出的独特性。用"蒙古治下时期文学"来命名讨论这个时段的北方文学,可能比较合适一些。就历史时间而言,其一,1235 年之后的北方金朝领地属于大蒙古国;其二,这些领地随着蒙古国的分裂,成为忽必烈的领地,是元王朝疆域的一部分,所以 1235 之后的北方区域文学创作其实就是元代文学的一部分。而从"元代文人群体的地理分布和文学格局研究"这一视角来看,金朝灭亡之后,1235—1260 年间,文人群体的流向与分布问题其实也就是这个时期北方文学格局形成或者说元初文学格局研究中的一个关键问题。而彼时,蒙古人的主要精力用于征略天下,尚无意也无力经营中原,北方地区的统治主要由汉人世侯掌控,以此,汉人世侯的统辖区成为金源文人群流动的主要方向,并进而对其时的文学格局形成构成重大影响。基于这样的社会因素,汉人世侯区的区划及其文学创作成绩,也就成为讨论蒙古治下时期北方文学格局或者说元初文学格局不能或缺的一部分内容。

可以看到,贞祐二年(1214),蒙古大举伐金,攻破河北、山东、山西 90 余州,"河北、河东(山西)、山东郡县尽废"①,金室被迫南迁汴京。而"河朔豪杰所在争起,倡纠义兵,完保其乡"②,金朝也期望借助这些地方武装力量去阻挡蒙古骑兵南下,并进而逐步收复失地。故对其中一些较强大武装力量实行裂土分封,赋予他们"总帅本路兵马,署置官吏,征敛赋税,赏罚号令得以便宜行之"③等特权。另一方面,蒙古人也对那些愿意归附的地方武装力量赋予较大的自主权,所谓"国家当肇造际,所在豪杰应期效顺,畀世侯迭将,镇据一方,父死子继,兄没弟及,蹈故步而执成规,固自若也"④。而随着战局向着有利于蒙古一方发展,尤其是壬辰(1232)三峰山之役后,金朝统治土崩瓦解,之前大小地方武装力量,或在战争中灭没,或投靠蒙古,最终这些地方武装力量基本都成为依托于蒙古政权卵翼下的汉人世侯。在完成纳质、贡献、从征等义务后,他们可在各自辖区内自由行使管辖权,集军、民大权于一身,世袭相传,专制一方。尽管蒙古人为加强对世侯的控制,也在其统辖区域普遍设立达鲁花赤,但实际上"诸侯制之,一摇手不得专,特拥虚位而已"⑤。世侯们各握重兵,"多者五七万,少者亦不下二三万"⑥,凭实力占据地盘,大者如东平行台严实,"公之所统,有全魏,有十分齐之三、鲁之九"⑦,小者则一府、一州之地或有二侯;各世侯辖境往往犬牙交错。从贞祐之乱(1214)金室南迁,直至中统三年(1262)李璮叛乱之后,忽必烈废除汉人世侯制,世侯对中原的统治才告结束,长达五十年之久。汉人世侯对当时中原地方安定社会、发展生产与保护文化,都起到了一定积极作用。这些北方的汉人世侯的统治地区大致为河北、河东(山西)、山东诸郡县。蒙古治下时期的大小汉人世侯不下百计,其中有六个典型的汉人世侯,他们分别是真定史天泽(1202—1275)、保定张柔(1190—1268)、

---

①　刘因《泽州长官段公墓碑铭》,《全元文》卷四六六,第 13 册,第 436 页。

②　姚燧《金故昭勇大将军行都统万户事荣公神道碑》,《全元文》卷三二一,第 9 册,第 686 页。

③　脱脱等《金史》卷一一八《苗道润传》,第 8 册,第 1521 页。

④　王恽《大元故昭勇大将军北京路总管兼本路诸军奥鲁总管王公神道碑铭并序》,《王恽全集汇校》卷五七,第 6 册,第 2559 页。

⑤　《史天泽行状》,转引自孟繁峰《谈新发现的史氏残谱及史氏元代墓群(续)》,《文物春秋》1999 年第 4 期。

⑥　郝经《上宋主请区处书》,田同旭《郝经集校勘笺注》卷三七,中华书局 2018 年,第 3082 页。

⑦　元好问《东平行台严公神道碑》,《元好问全集》(增订本),上册,第 549 页。

东平严实(1182—1240)、济南张宏、天成刘黑马、藁城董文炳(1217—1278)①。在这六大汉人世侯中,又以真定史氏、东平严氏、保定张氏几家尤为北方文人乐奔之地。诚如其时文人魏初所指出:"壬辰北渡后,诸侯各有分邑。开府忠武史公之于真定,鲁国武惠严公之于东平,蔡国武康张公之于保定,地方二三千里,胜兵合数万,如异时齐、晋、燕、赵、吴、楚之国,竞收纳贤俊,以系民望,以为雄夸。"②这些投奔各世侯统辖区的文人进而形成其时相对较有区域标识性的文人群,著名者亦即真定文人群、东平文人群、保定文人群等,真定文人群乃其中影响之大者。

真定地处冀中平原,所谓"天下根本在河北,河北根本在镇、定"③。它"地控燕蓟,路通河洛"④;"当南北襟喉之冲"⑤;"其地河漕易通,商贾四集,屯田潴水,限隔敌骑,进战退守,绰然有余,故常倚为北面之重"⑥;"滹沱经其南,恒山峙其北,东临瀛海,西拥太行,控扼三关,咽喉九省";"当燕赵之郊,雄于河朔"⑦,乃蒙古人南下攻打金、宋的必经之地,也是蒙古治下时期河北永清史氏家族的势力范围区。史氏是中原最早归附蒙古的地方武装势力之一,该家族统辖真定一带的时间,自贞祐元年(1213)至中统四年(1263)左右,长达50年。在金朝灭亡之初以及蒙元政府"画境之制"以前,史家所据有的地盘"领中山府,赵、邢、洺、磁、滑、相、浚、卫、祁、威、完十一州"⑧。作为河北大族,史氏在中原涂炭之际,即建家塾,招徕学者,藏活豪士,以侠义著称于河朔。金贞祐元年(癸酉,1213),成吉思汗派麾下骁将木华黎南下攻金,"所向残破"之际,史秉直得知蒙古人"降者皆得免"的攻伐原则,即"率里中老稚数千人",降附于其时驻兵于河北涿州的木华黎。木华黎遂以史秉直之子史天倪为万户,而命史秉直管领降人家属。秉直"拊循有方,远近闻而附者,十余万家"。次

① 按:此段参考董云飞《八十年代以来汉军万户研究述评》,《鸡西大学学报》2012年第11期,第145页;陈高华、张帆《元代文化史》,(广州)广东教育出版社2009年,第27—28页;陈得芝主编《中国通史》第八卷"中古时代·元时期"(上),(上海)上海人民出版社1997年,第384页。

② 魏初《故总管王公神道碑铭》,《全元文》卷二六七,第8册,第488页。

③ 脱脱等《宋史》卷二八四《宋祁传》,中华书局1985年,第9596页。

④ 吴廷翰著,容肇祖点校《吴廷翰集·甕记》卷上《乌承恩》,中华书局1984年,第95页。

⑤ 石珤《熊峰集》卷五《重修阳和楼记》,清文渊阁四库全书本。

⑥ 顾祖禹著,贺次君、施和金点校《读史方舆纪要》卷一四《北直五》,中华书局2010年,第589页。

⑦ 朱中敏记,见穆彰阿《(嘉庆)大清一统志》卷二十七,四部丛刊本。

⑧ 《元史》卷五八《地理志一》,第5册,第1356页。

年(贞祐二年,1214),史秉直"从木华黎攻北京。乙亥,北京降,木华黎承制,以乌野儿为北京路都元帅,秉直行尚书六部事,主馈饷,军中未尝乏绝"①。自此,史家得到蒙古统治者的信任与认可,在蒙元王朝的政治、军事地位开始确立。金兴定四年(庚辰,1220)金将武仙降附蒙古,木华黎遂以史天倪为河北西路兵马都元帅,驻帐真定,武仙副之。金正大二年(乙酉,1225),史天倪为武仙所杀。史天泽在兄长率旧部联合蒙古军及张柔部分军士,驱走武仙,占据真定。金正大六年(己丑,1229),窝阔台即位,加大对金朝的攻伐力度,对汉人世侯的依赖程度也进一步加强,遂议立三万户,分统汉兵。史天泽值此时机入觐和林,于是被命为"真定、河间、大名、东平、济南五路万户"②。此后史氏遂以真定为中心,逐步成为蒙古治下时期河北最大的一支地方武装势力,汉人世侯的首要代表③,并在蒙古灭金伐宋、败阿里不哥、平李璮等一系列战争中,屡建战功。

史氏世侯史天泽承乃父史秉直之遗风,宅心仁厚,体察民情,哀悯众生。"每过赵,迟迟而去,盖以郡甫离兵烬,经涂南北,环视千里间,野枯民旷,略无生意。公悯其如是,必为察民情之疾苦,吏治之得失,赋役偏而不均,狱讼冤而且滞"者,调解而疏浚之。而且史天泽深识远虑,颇具宰相之才,每每"自贬威重,告语约束,未尝以侯伯自居,其兴除宽假之力,又有大过人者"。在作为世侯,据有真定等地期间,史天泽非常注意休养生息,并采取了一系列措施以恢复社会正常秩序,推动生产发展和地方稳定,虽"付以全赵四十余城",却"俾抚而宁之"④。一言以概之,史天泽对于地方生产、生活秩序的恢复努力就是"休养生息"。为此,他"招集流散,存恤困穷"⑤。当战乱频仍之际,名流士绅多流寓失所,真定"治效高视他郡,四方为之训",人们"知公好贤乐善,偕来游依"⑥;减轻民力负担,史天泽"奏罢诸色占役五十余万户,均其赋税,以苏民力,天下欣然,咸有太平之望"⑦。《元史》载:"时政烦赋重,贷钱于西北贾人以

---

① 《元史》卷一四七《史天倪传》,第 11 册,第 3478—3479 页。
② 《元史》卷一五五《史天泽传》,第 12 册,第 3658 页。
③ 陈得芝主编《中国通史》第八卷"中古时代·元时期"(下),第 150 页。
④ 王恽《大元国赵州创建故开府仪同三司中书右丞相赠太尉忠武史公祠堂碑铭并序》,《王恽全集汇校》,第 6 册,第 2487—2488 页。
⑤ 王磐《中书右丞相史公神道碑》,《全元文》卷六二,第 2 册,第 275 页。
⑥ 王恽《开府仪同三司中书左丞相忠武史公家传》,《王恽全集汇校》,第 6 册,第 2281 页。
⑦ 王磐《中书右丞相史公神道碑》,《全元文》卷六二,第 2 册,第 274 页。

代输,累倍其息,谓之羊羔利,民不能给。天泽奏请官为偿一本息而止。继以岁饥,假贷充贡赋,积银至一万三千锭,天泽倾家赀,率族属官吏代偿之。又请以中户为军,上下户为民,著为定籍,境内以宁"①,以此真定"民生完实,而兵力富强,胜于他郡"②。也正因为史天泽对真定一带的苦心经营,"不数年,保障休息,恒襄间熙熙然一乐国也"③。真定缘此而成为北方大都,一方面荟萃了金朝大量乐籍子弟,成为戏剧演出和创作中心,从而锻造了元杂剧在蒙古治下时期的辉煌历史;另一方面,大量北方优秀文人也避难至真定,使得真定既保存了大量中原文化典籍,又为元初的社会稳定和发展储存不少人才。所以,为讨论的方便,对真定文人群的创作及影响可分民间俗文化和正统雅文化两大块来进行。

第一节　史氏与真定剧作家群及元杂剧的繁荣

就俗文化而言,真定曾经在史氏的推动和鼓励下,出现了元杂剧创作的繁荣,涌现出一批优秀的剧作家,创作出了一批优秀戏剧作品,并有一批优秀演员活跃其间。王国维曾根据《录鬼簿》中作家名录将元曲作家分为三期,认为尤其是第一期,即金亡至至元一统之初,北方元曲创作尤其繁荣,且指出:"曲家多限于一地。元初制杂剧者,不出燕、齐、晋、豫四省,而燕人又占十之八九。"④由王国维的议论来看,元杂剧创作之繁荣以河北一带尤其是史氏统辖区域为盛。应该说,戏剧创作繁荣的基本前提是需要有足够人口量的都市,而真定由于史氏的经营,在蒙古治下时期得到迅速发展,成为其时北方的大都市,这对于元初真定杂剧创作圈的形成非常重要。据《元史》记载,贞祐元年(癸酉,1213)蒙古骑兵南下,"是秋,分兵三道:命皇子术赤、察合台、窝阔台为右军,循太行而南,取保、遂、安肃、安、定、邢、洺、磁、相、卫、辉、怀、孟,掠泽、潞、辽、沁、平阳、太原、吉、隰,拔汾、石、岚、忻、代、武等州而还;皇弟哈撒儿及斡陈那颜、拙赤馣、薄刹为左军,遵海而东,取蓟州、平、滦、辽西诸郡而还;帝与

---

① 《元史》卷一五五《史天泽传》,第 12 册,第 3659 页。

② 王磐《中书右丞相史公神道碑》,《全元文》卷六二,第 2 册,第 275 页。

③ 王恽《大元国赵州创建故开府仪同三司中书右丞相赠太尉忠武史公祠堂碑铭并序》,《王恽全集汇校》卷五五,第 6 册,第 2488 页。

④ 王国维《录曲余论》,《王国维论剧》,(北京)中国戏剧出版社 2010 年,第 171 页。

皇子拖雷为中军,取雄、霸、莫、安、河间、沧、景、献、深、祁、蠡、冀、恩、濮、开、滑、博、济、泰安、济南、滨、棣、益都、淄、潍、登、莱、沂等郡。复命木华黎攻密州,屠之"①。攻破河北、山东、山西 90 余州,令"河北、河东(山西)、山东郡县尽废"矣②。而当此之际,史氏率众降附,于是"河北郡县尽拔,唯中都、通、顺、真定、清、沃、大名、东平、德、邳、海州十一城不下"③。残酷的史料记载表明,当华北一带遍地焦枯,民不聊生之际,史氏所管领的区域诸如真定、大名、东平等地稍稍太平。在史天泽成为世侯统辖真定为中心的河朔一带之后,真定区域更成乐国。迺贤在元末游历河朔一带,描述真定的城市景象这样写道:"真定路之南门曰阳和,其门颇完固,上建楼橹,以为真定帑藏之巨盈库也,下作双门而无枨臬,通过而已。左右挟二瓦市,优肆、倡门、酒垆、茶灶,豪商、大贾并集于此。大抵国朝与宋约同灭金,蔡城既破,遂以土地归宋,人民则国朝尽迁于北,故汴梁、郑州之人多居真定,于是有故都之遗风焉。"④由迺贤所记可以知道,金朝为蒙古破灭之后,大量汴梁、郑州的百姓即被蒙古人北迁至真定,而这些地方得汴河之滋养,曾是北宋政治、经济、文化发展中心。另外,真定作为南北襟喉之冲,大部分辖地是宽阔的平原,陆路交通极为便利;滹沱河也是重要的水上运输通道,交通便利,商贾四集,这也为真定戏剧创作的繁荣奠定了必要的基础条件。某种程度而言,真定因为蒙古人对华北的摧残而崛起,又由于史氏的经营反而人口剧增,真定发展成为天下之巨郡,四方之都会,这为其成为北方文化重镇奠定了基础。

　　除了城市繁荣、交通便利等物质条件外,真定成为蒙古治下时期杂剧创作发展重镇,很重要的原因是有史天泽父子对元曲创作的参与和鼓励,这对真定元曲创作繁荣良好氛围的营建和发展生态的良性循环意义甚大。根据钟嗣成《录鬼簿》所录前辈元曲作家情形来看,真定曲家就有十家,约占五分之一,他们是史天泽、史樟、白朴、侯正卿、尚仲贤、戴善甫、汪泽民、李文蔚、侯正卿、王嘉甫和董君瑞等⑤。史天泽、史樟父子都在钟嗣成《录鬼簿》中列为前辈名公。现今所存元曲文献虽未见史天泽相关曲作,从一些零星的载记来

---

① 《元史》卷一《太祖本纪一》,第 1 册,第 17 页。
② 刘因《泽州长官段公墓碑铭》,《全元文》卷四六六,第 13 册,第 436 页。
③ 《元史》卷一《太祖本纪一》,第 1 册,第 17 页。
④ 迺贤著,叶爱欣校注《迺贤集校注·河朔访古记》卷上,(郑州)河南大学出版社 2012 年,第 273 页。
⑤ 门岿《真定元曲十家》,《河北师范大学学报》1979 年第 4 期,第 51—53 页。

看,史天泽应该非常喜爱杂剧。《青楼集》载杂剧演员天然秀的母亲专门为史天泽表演之事,即可见史天泽对于元曲的喜爱。这其中史天泽与白朴的关系尤其值得注意。史天泽对白朴非常器重,结为忘年之交,曾在中统之初,向元廷力荐白朴,虽然白朴拒绝了史天泽的好意,但史天泽对他的欣赏和提携之意却不容置疑。白朴在史天泽去世之后,作《水调歌头》词序记载二人的交谊写道:

> 丙戌夏四月八日,夜梦有人以"三元秘秋水"五言谓予,予请三元之义,曰"上、中、下"也。恍惚玩味,可作《水调歌头》首句,恨"秘"字之义未详。后从相国史公欢游如平生,俾赋乐章,因道此句,但不知"秘"字何义? 公曰,"秘"即"封"也,甫一韵而寤,后三日成之,以识其异。①

史天泽比白朴年长25岁,丙戌是1286年,其时史天泽已去世八年多,而白朴犹然梦中与其"欢游如平生",以序中对话情形来看,仿佛父子、师友,不仅能见出当日白朴与史天泽之间忘年交谊之深,而且也可以侧知史天泽创作造诣之不俗,而史天泽与白朴之间的日常交往内容又往往以创作切磋为主题。白朴在1237年,11岁时,随父亲白华寓居真定,大约中统三年(1262)离开真定南下,在真定生活的时间大约二十六年。期间也曾南北奔走,每每都与史天泽的任职有关②,这更能印证他与史天泽之间关系的密切。而白朴的杂剧作品也基本创作于真定③,据曲目文献统计,有杂剧16种,如《唐明皇秋夜梧桐雨》《裴少俊墙头马上》《董秀英花月东墙记》《高祖归庄》《汉高祖斩白蛇》等,散曲小令33支,套曲4组,表现出极高的创作热情和创作才华。

倘若没有史家在真定一带所营建的戏曲创作氛围,白朴对于戏曲的创作热情,应该是很难激发的。据白朴的一首词写道:

---

① 白朴著,徐凌云校注《天籁集编年校注》,(合肥)安徽大学出版社2005年,第124页。
② 按:例如史天泽入觐燕京,白朴在燕京;史天泽任中书右丞相、河南宣抚使时,白朴在河南等地,见李修生《元杂剧史》第三章第三节"白仁甫及真定作家",(南京)江苏古籍出版社1996年,第163页。
③ 李修生《元杂剧史》第三章第三节"白仁甫及真定作家",第160—176页。

《风流子》丁亥秋,复得仲常书,有"楚星燕月,千里相望,

何时会合,以副旧游"之语,就谱此曲以寄之。

花月少年场,嬉游伴,底事不能忘。杨柳送歌,暗分春色,夭桃凝笑,烂赏天香。绮筵上,酒杯金潋滟,诗卷墨淋浪。闲袅玉鞭,管弦珂里,醉携红袖,灯火夜行。　　回首事堪伤。温柔竟处,流落江乡。惆怅鬓丝禅榻,眉黛吟窗。甚社燕秋鸿,十年无定,楚星燕月,千里相望。何日故园行乐,重会风光。[①]

丁亥年是 1287 年,其时白朴的行踪主要在江南,故其少年同学李文蔚、王仲常、侯克中等常常给他写信,白朴的这首词便是呼应同学,回忆当日少年光阴,在真定的花月往事。由词序以及词的内容知道,在史天泽家族的治理下,真定城市繁华太平,白朴等人常游乐一处,酒宴歌席,歌管繁弦,诗卷墨淋琅。而侯克中的《答白仁甫》诗也颇可印证白朴当日在真定取得杂剧创作上的巨大成绩,与真定的人文环境和社会氛围有密切的关系:

别后人空老,书来慰所思。溪塘连辔日,风雨对床时。我爱香山曲,君奇石鼎诗。何当湖上路,同赋鹧鸪词。[②]

从白朴、侯克中、王仲常等人的表述中可以看到,在真定,白朴确有一群志同道合的朋友,连辔游赏,对床唱和,在创作上也时有切磋。而真定的统治者,除了史天泽本人热爱戏曲,常与白朴切磋之外,其子侄也颇为热衷此道。史天泽的次子史樟(1240—1288)即为亲自参与创作和演出最积极的一个。史樟虽然位封真定顺天新军万户,武昌万户等职,却自号"史九散仙""史九散人"。钟嗣成为其所撰吊词曰:"武昌万户散仙公,开国元勋荫祖宗。双虎符三颗明珠重,受金吾,元帅封。碧油幢和气春风。编《胡蝶庄周梦》,上麒麟图画中,千古英雄。"[③]即深切感慨他虽为勋爵之后,却喜欢庄、列之学,能编撰杂剧,堪称千古英雄。除了参与杂剧创作,作有杂剧《破莺燕蜂蝶庄周梦》外,史樟还作有南

---

①　白朴《风流子》,《全金元词》,下册,第 636 页。

②　侯克中《答白仁甫》,《全元诗》,第 9 册,第 63 页。

③　钟嗣成《录鬼簿》,《历代曲话汇编·唐宋元编》,第 342 页。

戏《董秀英花月东墙记》，而白朴亦有杂剧《董秀英花月东墙记》，两部作品可能是同时而作①。史樟还与马致远合作南戏《风流李勉三负心记》。此外，还混迹书会才人、娼妓演员之中，在九山书会任捷讥（按：朱权《太和正音谱·词林须知》云："捷讥：古谓之滑稽。院本中便捷讥谑者是也"），表现出对戏曲创作和表演的极大热情②。《青楼集》又载史天泽之子史彬在大都时候与杂剧演员张怡云往来故事写道："张怡云，能诗词，善谈笑，艺绝流辈，名重京师。赵松雪、商正叔、高房山皆为写《怡云图》以赠，诸名公题诗殆遍。姚牧庵、阎静轩每于其家少酌。一日过钟楼街，遇史中丞。中丞下道笑而问曰：'二先生所往可容侍行否？'姚云：'中丞上马'，史于是屏驺从，速其归。携酒馔，因与造海子上之居。姚与阎呼曰：'怡云今日有侍客，此乃中丞史公子也。我辈当为尔作主人。'张便取酒先寿史，且歌：'云间贵公子，玉骨秀横秋'〔水调歌〕一阕，史甚喜。有顷酒馔至，史取银二定酬歌，席终，左右欲彻酒器，皆金玉者。史云：'休将去，留待二先生来此受用。'其赏音有如此者。"③史彬果然有乃父之风，而由他的言语态度可以想见当日史家在真定对于元杂剧创作繁荣的影响。

从白朴在真定的交游圈来看，除史天泽、史樟父子外，他的总角之交、同学好友都有杂剧作品存世，可以说，白朴在真定的朋友圈也是真定的戏曲文人圈。例如白朴的总角之交侯克中（1225—1315）。侯克中与史家的交谊不能同于史天泽与白朴，但也当是史家的座上常客。从他的交游诗作来看，他在史天泽被封为大将军时，赋诗《史丞相开府》以祝贺，并颂扬史天泽功业等同诸葛亮，而风流不逊谢安，所谓"三分功业归诸葛，两晋风流属谢安"，在史天泽去世时又将他比作郭子仪，功高盖世却忠勇绝伦"名重一时羊叔子，功高千古郭汾阳。历朝事业麒麟画，遗表精诚日月光"④。侯克中存有杂剧1种：《关盼盼春风燕子楼》。白朴的几位同学好友、真定人李文蔚、戴善甫等留下的杂剧作品更不少。钟嗣成的《录鬼簿》将李文蔚列名于关汉卿、高文秀、郑廷玉、白仁甫、庚吉甫、马致远之后，排第七位，有杂剧12种，如：《破苻坚蒋神灵验》《同乐院燕青博鱼》《张子房圯桥进

---

① 胡雪冈《史九敬先和〈董秀英花月东墙记〉小考》，《浙江学刊》1987年第3期，第51—54页。

② 耿光华《元代父子曲家史天泽和他的九公子——河北真定元曲作家探析》，《河北北方学院学报》2008年第5期，第10—11页。

③ 夏庭芝《青楼集》，《历代曲话汇编·唐宋元编》，第474—475页。

④ 侯克中《史丞相拜开府》《挽史丞相开府》，《全元诗》，第9册，第26、33页。

履》等,也称得上是真定剧作家中极为出挑的一个了①。戴善甫有杂剧 5 种,如《陶学士醉写风光好》《柳耆卿诗酒玩江楼》等。真定杂剧作家尚仲贤,虽无文献证明他与白朴的交往,但应该也有交集,其杂剧作品有 10 种,如《洞庭湖柳毅传书》《尉迟公三夺槊》等;汪泽民有《糊突包待制》②等等。

在史家的支持下,白朴的周围还活跃着大量优秀的演员。据夏庭芝《青楼集》载:"天然秀,姓高氏,行第二,人以'小二姐'呼之。母刘,尝侍史开府。高丰神艳雅,殊有林下风致,才艺尤度越流辈;闺怨杂剧,为当时第一手,花旦、驾头亦臻其妙。……尤为白仁甫、李溉之所爱赏云"③,文中的"史开府"即史天泽。而史天泽与天然秀母亲,以及天然秀与白朴等剧作家的联动可以看出,在真定的戏剧创作繁荣过程中还有一群优秀的演员活跃于其中,互生共荣。

第二节　元好问与真定正统文人群的诗文创作倾向

真定除了以白朴为中心所形成的戏剧创作群体之外,以元好问等为中心的正统文人群的活动也非常引人注目。史天泽对真定地方秩序的恢复使得金亡之后,真定成为金源名士奔赴的主要区域,而史天泽乐贤好士,士人也乐于趋赴。王恽云:"北渡后,名士多流寓失所,知公好贤乐善,偕来游依。"由王恽的记载知道,被史天泽妥为料理生业的名人就有:王若虚、元好问、李冶、白华、曹居一、刘伯熙、段继昌、徒单公履等等;还有些人诸如张德辉、陈之纲、杨果等在史天泽的荐举下,成为忽必烈帐下的重要汉人谋臣④。这其中,像真定藁城人王若虚(1174—1243),他是金承安二年(1197)的经义进士,曾历任金朝国史院编修官、应奉翰林文字著作佐郎,以文学、经学、史学、文献显称于世,所著《五经辨惑》《论语辨惑》《孟子辨惑》《史记辨惑》《谬误杂辨》等文章,对汉、宋儒者解经之附会迂谬,及史书、古文的字句疵病,颇有批评,代表了金代史学的

---

①　奚海《李文蔚和他的杂剧创作》,《邯郸师专学报》1993 年,第 38—41 页。

②　按:所录作家作品,未必是作家在真定时所创作。所具曲目文献以元至清前期元曲文献即钟嗣成《录鬼簿》、朱权《太和正音谱》、臧懋循《元曲选目》、姚燮《今乐考证》等为主;另又参以《永乐大典·杂剧目》、祁彪佳《远山堂剧品》、钱曾《也是园书目》等书目。

③　夏庭芝《青楼集》,《历代曲话汇编·唐宋元编》,第 479 页。

④　王恽《开府仪同三司中书左丞相忠武史公家传》,《王恽全集汇校》卷四八,第 6 册,第 2281 页。

最高成就①。王若虚在金朝"典贡举二十年,门生半天下,而不立崖岸,虽小书生登其门,亦殷重之",元好问认为"自公没,文章人物,公论遂绝"②,足见王若虚之人品、学问与见识。元好问是山西忻城人,金宣宗兴定五年(1221)进士,金哀宗正大元年(1224)中博学鸿词科,曾授儒林郎、权国史院编修、行尚书省左司员外郎等职。清人方戊昌认为:"宋自南渡后,疆宇分裂,文章、学术亦判为两途。程氏之学行于南,苏氏之学行于北。行于南者,朱子集其大成;行于北者,遗山先生衍其统绪"③,非常中肯地概述了元好问在金元文坛的主盟地位与影响力。李冶(1192—1279),河北栾城人,金正大七年(1230)进士,李冶不仅是文史学者,更精通数理,尤其他精思致力而完成的 12 卷《测圆海镜》,"皆精思妙义,足以开示数理之蕴奥者"④。李冶本人认为"吾平生著述,死后可尽燔去。独《测圆海镜》一书,虽九九小数,吾常精思致力焉,后世必有知者,庶可布广垂永乎?"⑤诚如李冶所预知的那样,他的书流入西域,又转而还入中原,中法、西法互相发明,不仅代表着元代数学的重要成就,且对后世数学的发展影响深远⑥。白华,山西陕州人。贞祐三年(1215)进士,初为应奉翰林文字。正大元年,累迁为枢密院经历官、枢密判官。白朴父亲,与元好问为世交。徒单公履,字云甫,号颙轩,河南嘉获人,金末登经义进士第,王恽称其文才云:"汉苑称多士,青云早致身。纵横苏氏学,英特贾生伦。盛德应如此,文章固有神"⑦,乃金末博学,善执论的翰苑名流。其他几位也多为金末著名文

---

① 葛兆光《金代史学与王若虚》,《扬州师院学报》1988 年第 4 期,第 123 页。

② 元好问《内翰王公墓表》,《元好问全集》(增订本),上册,第 444 页。

③ 方戊昌《元遗山先生集序》,周烈孙、王斌校注《元遗山文集校补》,(成都)巴蜀书社 2013 年,下卷,第 1378 页。

④ 李冶《测圆海镜细草》卷一,清文渊阁四库全书本。

⑤ 王德渊《测圆海镜后序》,《全元文》卷九八七,第 31 册,第 19 页。

⑥ 按:四库馆臣在李冶《测圆海镜》一书的提要中指出,"按立天元一法,见于宋秦九韶《九章》大衍数中,厥后《授时草》及《四元玉鉴》等书,皆屡见之。而此书言之独详,其关乎数学者甚大。然自元以来,畴人皆株守立成,习而不察,至明遂无知其法者……明万历,利玛窦与徐光启、李之藻等译为《同文算指》诸书,于古《九章》皆有辨订,独于立天元一法,阙而不言。徐光启于《勾股义序》中,引此书,又谓欲识其义而未遑。是此书已为利玛窦所见,而犹未得其解也。迨我国家醲化翔洽,梯航鳞萃,欧逻巴人始以借根方法进呈,圣祖仁皇帝授蒙养斋诸臣习之,梅珏成乃悟即古立天元一法,于'赤水遗珍'中详解之。且载西名阿尔热巴拉(案原作阿尔热巴达,谨据西洋借根法改正)即华言东来法。知即冶之遗书流入西域,又转而还入中原也。今用以勘验西法,一一吻合。珏成所说,信而有征。特录存之,以为算法之秘钥,且以见中法、西法互相发明,无容设畛域之见焉",《钦定四库全书总目》卷一〇七"测圆海镜十二卷"条,上册,第 1406 页。

⑦ 王恽《寿徒单颙轩》,《王恽全集汇集》,第 2 册,第 474 页。

士。而那几位被史天泽荐举的人,其实都是金末能吏干臣。张德辉(1195—1275),山西交城人。金贞祐间,供职御史台衙门。投靠史天泽后,成为其帐下经历官,掌管出纳文稿,跟随史天泽南征北战,出谋划策。《元史》评价张德辉为人云:"天资刚直,博学有经济器,毅然不可犯,望之知为端人。"①杨果(1195—1269),河北祁州蒲阴人。金哀宗正大元年(1224)进士,曾为偃师令,历任金朝蒲城、陕县县令。"外若沉默,内怀智用,善谐谑,闻者绝倒",追随史天泽之后,史天泽"经略河南,果为参议。时兵革之余,法度草创,果随宜赞画,民赖以安"②。

由上述几位的情况简述来看,史天泽的真定辖区或者帐下,的确吸引了一批金末极为优秀的文士能臣。而更关键的是,史氏家族对于前来投奔的金末文人和能吏都能尽其所能,曲为周全,这是真定为蒙古治下时期金源正统文人往往投奔,并推动真定成为文化中心的重要原因。史天泽虽武人,却在四十之后,折节读书,尤好《资治通鉴》,对于前来投奔的文人,"暇则与之讲究经史,推明治道"③。不仅如此,由于真定重要的地理位置,以及史天泽家族的苦心经营,李冶、元好问、张德辉等纷纷将真定视为安身之处。以1249年为界,真定在元好问、张德辉、李冶等人的影响之下,渐成金源文人群合集以及河朔一带文化、教育和诗文创作的中心。1249年,元好问客居于真定史天泽的参佐张德辉家。也是在这一年,元好问在真定获鹿购得吕氏园,命名为"鹿泉新居"。同年,从漠北归来的张德辉带回忽必烈的令旨,重建真定庙学。元好问作《令旨重修真定庙学碑记》记载道:

> 王以丁未之五月,召真定总府参佐张德辉北上。德辉既进见,王从容问及镇府庙学今废兴何如。德辉为言:"庙学废于兵久矣。征收官奉行故事,尝议完复,仅立一门而已。今正位虽存,日以颓圮。本路工匠总管赵振玉方营葺之,惟不取于官,不敛于民,故难为功耳。"于是令旨以振玉、德辉合力办集,所不足者,具以状闻。德辉奉命而南,连率史天泽而下,晓然知上意所向,罔不奔走从事。以赀以力,迭为佽助。实以己酉春二月,庀

---

① 《元史》卷一六三《张德辉传》,第13册,第3826页。
② 《元史》卷一六四《杨果传》,第13册,第3855、3854页。
③ 王恽《开府仪同三司中书左丞相忠武史公家传》,《王恽全集汇校》卷四八,第6册,第2281页。

徒藏事。亹勉朝夕，罅漏者补之，邪倾者壮之，腐败者新之，漫漶者饰之。裁正方隅，崇峻堂陛。庙则为礼殿，为贤庑，为经籍、祭器之库，为斋居之所，为牲荐之厨；而先圣、先师、七十子、二十四大儒像设在焉。学则为师资讲授之堂，为诸生结课之室，为藏庪庖湢者次焉。高明坚整，营建合制，起敬起慕，于是乎在。乃八月落成。弦诵洋洋，日就问学。①

元好问在这段话中所包含的信息非常值得探究。其一，真定总府史天泽的参佐张德辉为王召见北上，王即忽必烈。这可见忽必烈与汉地世侯的密切关系，而以后，忽必烈麾下的汉儒文臣即往往来自汉地世侯帐下。其二，真定在忽必烈的授意下，恢复庙学，而史天泽一方面迎合忽必烈的意旨，另一方面本人也热衷于襄助文化事业，于是真定颓圮欲坠的庙学得以半年即焕然一新。其三，主持庙学修建的总管赵振玉，为人正派，颇能成事。究由这些因素，可以说真定在史家的经营下，人文环境非常不错。自 1249 年之后，元好问主要待在真定，直至 1257 年逝于真定鹿泉的寓所。1251 年，性爱丘山的李冶于真定元氏，买田封龙山下，以供饘粥，由于学者、从游者日多，于是在乡人的筹措下，在封龙山建起封龙书院。

> 先生平生爱山嗜水，余无所好。晚家元氏，买田封龙山下以供饘粥，学者稍稍从之，岁久，从游者日益多，所居不能容。乡人相与言曰："封龙山中有李相昉读书堂故基，兵革以来荆棘湮废不治。若芟而葺之，令先生时憩杖履，而栖生徒，岂不为吾乡之盛事哉！"以告先生，先生欣然从之，则相与聚材鸠工，日增月积，讲堂斋舍以次成就。旧有大成殿敝漏倾敧，又重新之。②

封龙山又名飞龙山，位于真定鹿泉区与元氏县交界处，在浑源州西南四十五里处，西倚太行，东临平原，自唐以来一直是文人隐士修真讲道的上佳场所，曾有封龙、中溪、西溪等书院建造于此，自蒙元兵乱以来，书院皆为毁弃。据后来于此修养讲学三个月的安熙记载封龙山的自然景观和唐代以来的人文景观

---

① 元好问《令旨重修真定庙学碑记》，《元好问全集》（增订本），上册，第 664 页。
② 苏天爵《内翰李文正公》，《元朝名臣事略》卷一三，第 262 页。

写道：

> 是山形势，宛如伏龙欲飞举状，故名飞龙，至唐始改今名。龙首峰在山之阳，高二百丈，顶有立石，望之如龙角。熊耳峰，高五百丈，摩云插汉，峭出群峰，山之极高峰也。白云洞，在狮子峰后，华盖峰西，天欲雨，则云从洞出，霁则如归焉。修真观，在狮峰下，中央平坦，泉石甚盛，宋政和中赐敕额，迄今殿宇犹为山中之冠。中谿书院，在龙首峰下，宋初李文正公昉于此受业，山长张蟠叟等数人相与聚徒，常过百人。后废于兵，独存夫子遗像，及治平二年左周所撰《夫子堂记》。中统初，敬斋李公始为增葺，仍奏旨敦励，学者甚众。西谿废址，在玉石峰东北，龙首峰西，虾蟆石下，李唐隐士姚敬等栖遁之地。宋时有九经张著为山长，聚徒百人，咸平之后废于兵火。峰峦明秀，泉石清美，云烟奇丽，真群贤讲学进修之所，惜其无为兴复之者。蒙泉、书龛、吟台，皆在中谿书院，而敬斋置祠其间，今亦皆芜废，几为樵牧区矣。[①]

由安熙的描述知道，封龙山一带"峰峦明秀，泉石清美，云烟奇丽"，有龙首峰、熊耳峰、白云洞、华盖峰、修真观以及封龙、中溪、西溪等书院，山中的修真观还在宋代时候得到朝廷敕额，历来是文人隐士聚居的地方。因为战争，封龙山中的书院、道观逐渐湮弃无人。随着李冶的到来，也因为忽必烈的令旨，"奉旨敦励，学者甚众"，元好问、张德辉等常来书院讲学、探研不止，封龙书院不仅恢复往日弦诵，且逐渐形成以李冶、元好问、张德辉，也即"封龙三老"为中心，探研学问，研习创作的文人群。其时的封龙书院，不仅史家弟子诸如史杞、史杠等就读其中，白朴、李文蔚、戴善甫等也是书院弟子。此外，在1249年，真定附近的、住顺天的郝经（1223—1275）拜元好问为师，王恽其时乃史天泽副手王昌龄幕府成员，也是元好问的弟子，也时常往来期间、颇多唱和。封龙山的声誉在元好问人生的最后八年，即1249年到1257年间达到鼎盛。而查元好问的经历，这八年中，主要活动于真定一带，张德辉也常相诵和往来。尤值得一提的是，1249年，真定提举赵国宝刊刻元好问的《中州集》，张德辉作后序，元好问

---

① 安熙《封龙十咏序（大德十）》，《全元文》卷七六八，第24册，第527页。

作《自题中州集后五首》,诗歌写道:

> 邺下曹刘气尽豪,江东诸谢韵尤高。若从华实评诗品,未便吴侬得锦袍。
>
> 陶谢风流到百家,半山老眼净无花。北人不拾江西唾,未要曾郎借齿牙。
>
> 万古骚人呕肺肝,乾坤清气得来难。诗家亦有长沙帖,莫作宣和阁本看。
>
> 文章得失寸心知,千古朱弦属子期。爱杀溪南辛老子,相从何止十年迟。
>
> 平世何曾有稗官,乱来史笔亦烧残。百年遗稿天留在,抱向空山掩泪看。①

元好问《中州集》最终在真定刊刻这件事对于整个真定的文化气质和创作气质影响深远。《中州集》于天兴二年(1233)五月开始编纂,其时元好问被羁管于聊城,十月二十二日,书竣,元好问自作《〈中州集〉序》。蒙古海迷失后元年,也即 1249 年,在赵国宝的资助下得以板梓。全书收录 251 位金朝作者,2062 首诗作,计 10 卷十集。尽管元好问一生著述甚丰,但《中州集》无疑是其代表作,集中地体现了他的文学主张、诗学观念、选家思想、史学认识、文献识见等,后世因此评价极高,钱谦益曾引程嘉燧之语,认为该著"以诗系人,以人系传,中州之诗,亦金源之史"②,并仿照《中州集》作《列朝诗集小传》。四库馆臣也认为"借诗以存史""尤足存一代之公论""其选录诸诗,颇极精审"③。《中州集》的编纂完成实际是元好问诗学态度和诗史态度以及创作心法的重要体现,而《中州集》在真定的刊定,元好问本人又在此后八年,以真定为据地,以封龙书院为中心发现人才、培养后进,这意味着真定学子的创作成长面对的是具备成熟诗学理念的元好问,且有范本加以研习。诚如元好问本人在

---

① 元好问《自题中州集后五首》,《元好问全集》(增订本),上册,第 321 页。

② 钱谦益著,钱曾笺注,钱仲联标校《钱牧斋全集·牧斋有学集》卷一四,《列朝诗集序》,上海古籍出版社 2003 年,第 678 页。

③ 《钦定四库全书总目》卷一八七"《中州集》十卷附中州乐府一卷"条,下册,第 2629 页。

《中州集》中所指出：

> 士之有所立，必藉国家教养、父兄渊源、师友讲习三者，备而后可。喻如世之美妇，多出于膏腴甲族熏浓含浸之下，闾阎间非无名色，一旦作公夫人，则举步羞涩，曾大家婢不如，其理然也。故作新人材，言教育也；独学无友，言讲习也；生长见闻，言父兄也。[①]

元好问培养"士"的清晰理念及其无人能及的文坛影响力，使得真定士子的学习与成长可以在非常笃定、规范且有序的轨道中进行。某种程度而言，元好问携《中州集》坐镇真定封龙书院，其育化浸润的力量深刻地影响、甚至定格了元初的文坛格局。此外，隐居封龙期间，李冶潜心研习其著名数学，于1248年完成《测圆海镜》等数学著作。《测圆海镜》主要论述勾股容圆问题，同时在论述中系统地总结和介绍了当时的最新数学成就天元术。而据李冶的序言知道，他所以著成此书，正因为隐居封龙，而往往有好学者求教，于是反复演说，遂成系列，故著而成书：

> 老大以来，得洞渊九容之说，日夕玩绎，而乡之病我者，使爆（殆礧）然落去而无遗余。山中多暇，客有从余求其说者，于是乎又为衍之，遂累一百七十问，既成编，客复目之《测圆海镜》，盖取夫天临海镜之义也。[②]

由李冶的叙述可以知道，在他隐居的真定元氏、教学的封龙书院，实际聚集着一群热衷于探研的学子。而擅长算数的李冶，曾师事杨文献、赵秉文，与元好问并称"小元李"，据四库馆臣评价李冶的《敬斋古今黈》可以知道，有着文理兼通背景的李冶，在治该书时，"专精覃思，穿穴古今"，并"订正旧文，以考证佐其议论。词峰骏利，博辨不穷"。虽间或横生别解，有意翻新，而大致皆有根据，"异乎虚骋浮词，徒凭臆断者矣"[③]，所以李冶的治学理念与元好问文史相

---

① 元好问《中州集》卷一〇《溪南诗老辛愿》，《元好问全集》（增订本）下册，第956页。

② 李冶《测圆海镜序》，《全元文》卷四七，第2册，第18页。按：文中"始爆"二字存疑，据《宋元学案补遗》沈芝盈、梁运华点校，中华书局2012年，第234页卷二所引《测圆海镜自序》改作"殆礧"。

③ 《钦定四库全书总目》卷一二二"《敬斋古今黈》八卷"条，上册，第1627页。

融的创作理念颇为吻合,他们作为封龙书院的老师,也可谓真定学子的学术和创作导师,其影响力不言而喻。

另外,应该指出的是,更富于创作示范意义的是张德辉的《岭北纪行》。该文作于1248年,据张德辉文章记载,他"丁未夏六月初吉,赴召北上,发自镇阳","戊申夏六月望日太原"完成此纪。与丘处机、耶律楚材等人的西游记一样,《岭北纪行》非常详实地叙录了从镇阳到达和林的行程,其路线、见闻和感触,所录内容丰富而饶具异域风味,不仅是有关岭北、和林非常有价值的文献资料,更是元初纪行创作的重要代表作品。《岭北纪行》的创作完成,使得之前由丘处机师徒、耶律楚材父子等人所开创的反映蒙古人的生活、表现由蒙古人开拓的异域世界的元代纪行创作被推进了一大步。《岭北纪行》作为示范创作的意义还在于,它虽然和绝大多数纪行创作一样,主要是描摹风物,但立足点不在于搜奇猎异,而是努力于平实切近地表现见闻,较少吊亡怀旧、慨叹人生、天涯沦落、悲己嗟人,这在精神气质上与元、李二者非常相符。关于《岭北纪行》创作的具体分析还将后面的章节中详细论述。

可以看到,"封龙三老"影响下的真定文人群在创作上没有继续江西诗派的创作风格,也不以金末秾丽纤华的风格为模范,而是期望创作者和读者因其遭际而得诗之兴会,表现出写实纪事、以诗存史、平视夷夏之异,刚健深情的特征。例如1249年之后成为元好问弟子的郝经,刘秉忠认为其创作特征是"诗多奇崛,当时感其言、目其事,各为振励者甚多"①,应该说这个评价在点明郝经诗歌特征的同时,也比较能让人看到元好问等人的影响。例如郝经的古诗《渡江书事》就非常典型。

渡江书事

朔龙蜇冰天,瀚海开日月。万国入尺"箠",海外迄有截。东南天一隅,区宇独限越。我鞭莫及腹,我车莫通辙。阻山还据江,深远极亘绝。桓桓天策王,建旆秉铁钺。睿衷推深仁,不忍遽剪伐。弘儒纵俘囚,下令明不杀。威锐极晦蓄,庞恩肆沾洽。彼乃执信使(谓令旨所差张天铎也),徼鄙哄偷劫。本以礼义期,谁知重骄跋。王乃振师徒,扬旗祃太白。

---

① 刘秉忠《郝文忠公传》,《全元文》卷一一五,第3册,第461页。

东西两距海，百道相绾结。幹腹出大理，上流下开达。夔门势扼吭，通泰潜捣胁。万里常山蛇，首尾劲相接。八月马首南，王气快轩豁。千麾绕清霜，万蹄碎踏铁。高天四旁开，厚地一道裂。西风楚山空，豺虎皆遁迹。骥怒凭风嘶，一喷飞乱叶。罗洑觇江津，轻舟诘朝发。清波乃舒徐，大浪还妥帖。中流笑前人，浮梁与荻筏。白鱼入王舟，瑞气浮桂楫。曾莫一矢遗，诸军报鱷捷。谈笑过江东，兵刃浑不血。居民尽按堵，王师有成法。驻军武昌南，威声轰霹雳。申令仍缓师，天衷有余恤。彼昏还犯顺，投袂安可及。文物三百年，衣冠本无敌。误国不知罪，虚文犹论列。诬以败为功，负以胜为说。欺君还毒民，何以救破灭。右师满湖湘，左师溢巴峡。江浒连大屯，淮南拥骁甲。当朝大冠峨，于今有何策。外胜常以力，内强惟以德。乃今并弃掷，本拔原自塞。伊昔澶渊回，信誓始宁谧。贻谋燕翼子，海内日富实。中年或生虞，南北动疆场。郑公慷慨姿，开心见肝臆。辽主亦为动，相视指天日。竟无海上盟，二帝终失国。后来秦太师，始悟前王失。寻盟息干戈，好聘坚金石。百年享安荣，而反加罪罚。经术日穷奇，国论甚迂阔。贤王本宽仁，于彼欲存活。而乃极摈蔑，激怒尔何益？呜呼天王统，纪纲万世一。文物与礼乐，百代更累积。一朝遂涂地，吾民作何物。厉阶大江流，天地限南北。兵争无时休，血与江水赤。混一才四家，千年尽戈戟。何当断其流，舟车到南极。[①]

这首诗非常能体现郝经无夷夏之辨，以蒙古王朝为自家王朝的基础心底。他曾在《北风亭记》中发议论写道："国朝建武启运，北风长驱，肆其威灵，而余实生焉。天兴之末，北风吹雪，有金以灭，河断其流，万马蹀血，而余北首焉。故余生于是风，而长于是风，将从是风以徜徉此生也。从其所吹，遇止而止焉；从其所吹，遇行而行焉"[②]，郝经认为天意已归于蒙古人，所以他以蒙古人的统治为余生的追随方向。而郝经之所以不以个人生命为念毅然出使南宋，其实是希望蒙、宋之间不发生战争，和平统一。在诗中，郝经从开篇"万国入尺棰"到结尾"舟车到南极"，始终都贯彻着"匹马到处是吾疆"的愿景。正因为此，此诗诗意既指出元朝乃天意所衷、势不可挡的锐气："八月马首南，王气快轩豁。

---

① 郝经《渡江书事》，田同旭《郝经集校勘笺注》卷四，第351—352页。
② 郝经《北风亭记》，田同旭《郝经集校勘笺注》卷二六，第2038页。

千麾绕清霜,万蹄碎踏铁。高天四旁开,厚地一道裂。西风楚山空,豺虎皆遁迹。"又申明元军征略,行不杀政策之仁义:"谈笑过江东,兵刃浑不血。居民尽按堵,王师有成法。驻军武昌南,威声轰霹雳。申令仍缓师,天衷有余恤。"郝经对南宋欲据东南阻挠一统,务虚文而致文物衣冠不顾的想法和做法都深感忧愤,认为南宋当局太不审时势。郝经自 1260 年奉忽必烈之命出使南宋,以其时忽必烈刚刚称汗于开平,急于集中精力面对来自兄弟阿里不哥集团的挑战的形势而言,蒙古一方不希望蒙、宋发生战争,而贾似道主政的南宋则以为可趁蒙古内乱之际获得更多机会,所以郝经对此深深忧虑,以为"文物与礼乐,百代更累积。一朝遂涂地,吾民作何物。厉阶大江流,天地限南北。兵争无时休,血与江水赤。混一才四家,千年尽戈戟",既为不能一统的形势忧虑,更为生灵不能免于涂炭而感慨。郝经被南宋扣押 16 年,直至伯颜渡江平宋,才被送回元廷,之后不久即去世。其实,郝经出使南宋之前,即有人以艰危而劝他不要前行,但郝经却说:"自南北构难,江淮遗黎,弱者被俘略,壮者死原野,兵连祸结,斯亦久矣。圣上一视同仁,务通两国之好,虽以微躯蹈不测之渊,苟能弭兵靖乱,活百万生灵于锋镝之下,吾学为有用矣。"①饱经战乱从而极为务实的郝经用生命践行了他自己的人生追求,尽管最终"万言修好安南北,一片赤诚付东流",但就诗歌的创作而言,此诗的确非常明显地体现出郝经无夷夏之辨,因其遭际而得诗之兴会,写实纪事、刚健深情,同时也以诗存史的特征。元好问曾赠诗郝经云:"文阵自怜吾已老,名场谁与子争先? 撑肠正有五千卷,下笔须论二百年。莫把青春等闲了,蔡邕书籍待渠传。"②元好问的期许没有落空,四库馆臣称郝经的诗云:"神思深秀,天骨挺拔,与其师元好问可以雁行"③,元好问对郝经的影响以及郝经的人生和创作亦当得此评。

第三节　真定文人群在创作上的雅俗相融

关于真定文人群的讨论,还有一环需要说到的是,对于真定文化和文人群而言,元好问等人定居其间的影响力非常大,具有文化气质的提升意义,这一

---

①　刘秉忠《郝文忠公传》,《全元文》卷一一五,第 3 册,第 460 页。
②　元好问《赠答郝经伯常伯常之大父子少日从之学科举》,《元好问全集》(增订本),上册,第 216 页。
③　《钦定四库全书总目》卷一六六"《陵川集》三十卷附录一卷"条,下册,第 2202 页。

点尤其体现于真定剧作家创作上雅俗融合的倾向上。

　　真定剧作家创作上的雅俗融合倾向表现在,他们往往借助历史人物或历史故事或者历史典故来构建剧本,表达创作倾向与主体情感。由现今所存的杂剧曲目来看,例如白朴的代表作《唐明皇秋夜梧桐雨》,剧名来自白居易的《长恨歌》"秋雨梧桐叶落时",而唐代及唐以后的史料、诗词、野史、笔记、小说以及曲作又成为剧情推演的主要依据和来源,如新、旧《唐书》,唐代白居易的《长恨歌》、陈鸿的《长恨歌传》、李德裕的《明皇十七事》、郑处诲的《明皇杂录》等;五代时王仁裕的《开元天宝遗事》;宋金时乐史的笔记小说《杨太真外传》,皇都风月主人编的《绿窗新话·杨贵妃私安禄山》《明皇爱花奴羯鼓》《杨贵妃舞霓裳曲》等"说话",戏文《马践杨妃》,金院本《洗儿会》《击梧桐》等等,剧作从剧名到剧情推演都表现了作者深厚的历史文化基础,进而使得剧本化雅入俗,雅俗共融。白朴的另一部代表作《裴少俊墙头马上》,故事情节源于白居易诗《井底引银瓶》,诗云:"妾弄青梅凭短墙,君骑向马傍垂杨。墙头马上遥相顾,一见知君即断肠",而宋官本杂剧有《裴少俊伊州》一本;金院本有《鸳鸯简》及《墙头马(上)》各一本。而宋话本《西山一窟鬼》中有"如捻青梅窥小(少)俊,似骑红杏出墙头"的插词,也展现出创作者出入雅俗、雅俗共融的创作倾向。

　　正以真定作家良好的教育环境和文化基础,其创作中历史剧占有重要位置。现今所存真定作家剧目,50余种剧作中,历史剧有五分之一以上。如白朴的《楚庄王夜宴绝缨会》以春秋时期楚庄王"绝缨宴"典故为剧本创作基础。白朴的《高祖归庄》《汉高祖斩白蛇》《泗上亭长》,尚仲贤的《汉高皇濯足气英布》都以汉高祖故事为剧情基础;李文蔚的《张子房圯桥进履》,它以《史记·留侯世家》和《太平广记·张子房》等著作中的史料和传说为素材;李文蔚的《汉武帝死哭李夫人》讲述汉武帝事,还有尚仲贤《武成庙诸葛论功》以诸葛亮为剧情主线。李文蔚的《破符坚蒋神感应》,将《晋书·符坚传》和《资治通签·淝水之战》等有关符坚的史料作为剧本故事来源和抒情基础;李文蔚的《谢安东山高卧》以东晋谢安隐居东山典故为剧本创作基础,尚仲贤的《尉迟公三夺槊》剧情来自《新唐书·尉迟敬德传》;白朴的《李克用箭射双雕》本事出自《五代史·唐本纪》,等等。而且,良好的文化素养还使得一些诗文典故、传奇轶事也成为真定剧作家据以创作的重要基础,如戴善甫的《伯俞泣杖》来自汉代《说苑·建本》"伯俞泣杖"典故；尚仲贤的《洞庭湖柳毅传书》剧情来自唐传奇《柳毅传》，该故事在宋时被改编为戏剧，宋官本杂剧有《柳毅大圣乐》，金朝时有诸宫调；《柳耆卿诗酒玩江楼》以柳永的故事为原型；而唐代崔护《题都护南庄》诗被白朴和尚仲贤分别演绎成《十六曲崔护谒浆》和《崔护谒浆》；北宋刘斧《青琐高议》所记载的唐朝故事《流红记》故事则被白朴和李文蔚分别改为杂剧《韩翠苹御水流红叶》和《金水题红怨》，而《青琐高议》的另一个故事《越娘记》被尚仲贤改编为杂剧《凤凰坡越娘背灯》；白朴的《萧翼智赚兰亭记》演绎萧翼与王羲之故事，白朴《唐明皇游月宫》来自北宋道教书《云笈七签·神仙感遇传·罗公远》，此外，陶渊明作为全真教特别推崇的高洁文人，他的事迹也是真定作家热衷表现的题材，如戴善甫有《陶学士醉写风光好》，尚仲贤有《陶渊明归去来兮》等。

毫无疑问，真定剧作家以历史故事、文章典故以及传统名人轶事为创作基础，一方面说明真定剧作家文化素养高，另一方面也表明真定地方民众的欣赏素养高。而创作者与欣赏者的审美倾向也相当程度地展示出真定戏剧圈的文人气质。这一点，尤其反映在真定剧曲创作中以词入曲，以曲入词的雅俗共融倾向上，而这其中元好问、白朴的引领作用依旧关联密切。在隋树森的《全元散曲》中，将元好问视作首开文人创作散曲风气的作家，元好问的自制曲〔双调〕《小圣乐·骤雨打新荷》被公认为是古代散曲史上最早的北曲名篇之一，曾在蒙古治下时期广为人们所诵唱，其词写道：

> 绿叶阴浓。遍池塘水阁。偏趁凉多。海榴初绽。妖艳喷香罗。老燕携雏弄语，有高柳鸣蝉相和。骤雨过。珍珠乱糁。打遍新荷。
>
> 人生有几。念良辰美景。一梦初过。穷通前定。何用苦张罗。命友邀宾玩赏。对芳樽浅酌低歌。且酩酊。任他两轮日月。来往如梭。①

这首元好问的自制曲颇有开新之意义，四库馆臣认为："自宋赵彦肃以句字配协律吕，遂有《曲谱》，至元代，如《骤雨打新荷》之类，则愈出愈新，不拘字数，填以工尺。"②就元好问本人而言，他对曲的喜好与熟稔程度非常值得注意。

---

① 元好问《〔双调〕小圣乐·骤雨打新荷》，《元好问全集》（增订本），下册，第1112页。
② 《钦定四库全书总目》卷二〇〇"《碧山乐府》五卷"条，下册，第2823页。

其《闻歌怀京师旧游》诗云"楼前谁唱绿腰催,千里梁园首重回。记得杜家亭子上,信之钦用共听来";又有《杜生绝艺》诗云:"杜生绝艺两弦弹,穆护沙词不等闲。莫怪曲终双泪落,数声全似古阳关。"①两首诗中,〔绿腰〕〔穆护沙〕是金时民间散曲调,〔阳关〕是古曲调,信之、钦用乃指元好问的好友麻革、李献甫,而元好问等金朝上层文人对于民间曲调的喜好于此可见一斑。就写作而言,元好问此曲,其造境之法与词体相仿,隔句或三句一韵,亦是词韵之常格。不过,此曲中同时用了两个"罗"字为韵脚,此是作词之一忌,曲则不拘。② 与词相比,此曲"以俚语入词",如"穷通前定,何用苦张罗""任他两轮日月,来往如梭"之类的句子,通俗自然,似词非词,可谓以词入曲,雅俗兼具,颇有开新之意。诚如吴梅《顾曲麈谈》所云:"曲也者,为宋金词调之别体。当南宋词家慢、近盛行之时,即为北调榛莽胚胎之日。"③元好问留存至今的散曲有小令十首,残套曲一首。《全元散曲》所录之外,王文才《元曲纪事》中还录有〔双调〕《三奠子》一首数量上完全不能与元代中叶乔吉的 220 首,张可久的 864 首的数量相比,但其以词入曲的开创性影响却不容忽视。可以看到处处以元好问为模范对象的白朴在杂剧创作上就表现出戏文诗词化与通俗化相融合的典型特征。例如《梧桐雨》第四折中的一段:

> 〔三煞〕润蒙蒙杨柳雨,凄凄院宇侵帘幕。细丝丝梅子雨,装点江干满楼阁。杏花雨红湿阑干,梨花雨玉容寂寞;荷花雨翠盖翩翩,豆花雨绿叶萧条。都不似你惊魂破梦,助恨添愁,彻夜连宵。莫不是水仙弄娇,蘸杨柳撒风飘?

这一段曲词写得非常华艳细腻,在每种雨的勾勒中,都深深地浸润了传统诗词的审美意境和文人情致。但叠词、俗语以及整体表述上的通脱松弛感,又使得其表达比传统诗词更通俗流亮,可谓以诗词入曲,雅俗相融。朱权《太和正音谱》中将白朴排在元曲作家的第三位,仅次于马致远和张小山,评曰:"白仁甫之词,如鹏搏九霄。风骨磊魂,词源滂沛,若大鹏之起北溟,奋翼凌乎九霄,有

---

① 元好问《闻歌怀京师旧游》《杜生绝艺》,《元好问全集》(增订本),上册,第 298、315 页。
② 田同旭《论元好问对元散曲的开创之功》,《山西大学学报(哲学社会科学版)》1999 年第 2 期,第 62 页。
③ 吴梅《顾曲麈谈》,《中国戏曲概论》第一章"原曲",(南京)江苏文艺出版社 2008 年,第 3 页。

一举万里之志,宜冠于首。"①这个评语可从白朴杂剧立意的高远、落笔的悠游、用语的丰沛处看。这支曲子来自第四折,全剧收煞处,表达唐明皇在"秋夜梧桐雨"的环境下思念杨贵妃的主题。为了要描画出秋夜,雨打在梧桐叶上,倍增抒情主人公悲凉哀愁的情绪,作者用了初春的杨柳雨、初夏的梅子雨,仲春的杏花雨、阳春的梨花雨、仲夏的荷花雨、季夏的豆花雨来衬托秋季的梧桐雨,"雨滴人心碎"的感受,果然词源滂沛。诚如元好问对郝经说的那句诗"撑肠正有五千卷,下笔须论二百年"②,白朴以细致的时节为背景来比衬抒情主人公的心境,是古典诗词惯用的手法。而表述时节的雨浸渍着丰厚的诗词底蕴,人们可藉由那些诗词对应出丰富的意境与画面;与此同时,叠词的使用又让润泽风雅的诗词画面不那么拘谨,且多了些明白通脱的意味,诸如"都不似","莫不是"等北曲中常用口语的羼入,更使得曲词流亮明丽,不粘不滞,仿佛带出一些磊落的风骨。短短一段唱词即可见出作者的才情气质果然若大鹏之起北溟,奋翼凌乎九霄,的确给人一举万里之志的感觉。

再如白朴好友李文蔚。李文蔚是封龙书院的弟子,白朴有《夺锦标·得友人王仲常李文蔚书》词写道:

> 孤影长嗟,凭高眺远,落日新亭西北。幸有山河在眼,风景留人,楚囚何泣?尽纷争蜗角,算都输、林泉闲适。澹悠悠,流水行云,任我平生踪迹。谁念江州司马,沦落天涯,青衫未免沾湿。梦里封龙旧隐,经卷琴囊,酒樽诗笔。对中天凉月,且高歌、徘徊今夕。陇头人,应也相思、万里梅花消息。③

由白朴的词知道,江南风景甚好,令他乐不思蜀,但当日在真定的岁月也常令他梦牵魂绕,无他,只因在真定有封龙书院,有相好的友朋,曾共"经卷琴囊,酒樽诗笔",一道月下高歌徘徊。论创作功底,李文蔚固然不如得家学之厚、得元好问亲炙之深的白朴,但自有特长。他的杂剧《同乐楼燕青搏鱼》第三折中的唱词写道:

---

① 朱权著,姚品文点校、笺评《太和正音谱》卷上,中华书局2010年,第22—23页。
② 元好问《赠答郝经伯常伯常之大父子少日从之学科举》,《元好问全集》(增订本),上册,第216页。
③ 白朴《夺锦标》,《天籁集编年校注》,第100页。

　　〔沉醉东风〕你去这白草坡潜踪蹑脚,(燕大云)兄弟也,你呢?(正末唱)我在这黄叶林屈脊低腰。我曲躬躬的向地皮上伏,立钦钦把松枝来靠,直挺挺按定枷稍。我这里听沉了多时静悄悄,我则见火把和那灯笼可都去了。①

　　这段描写人物动作的唱词,写得很是生动、形象。《太和正音谱》评价李文蔚的唱词"如雪压苍松",这与评白朴词之"风骨磊魂","若大鹏之起北溟,奋翼凌乎九霄,有一举万里之志"的说法,其实略有异曲同工之相似处。它用语精准、到位,俗白的话语中透着坚厚的文字功底,自有一股精气神,磊落干净、颇见风骨。

　　在汉人世侯时代,真定史氏、东平严氏、保定张氏、藁城董氏四大家族之间实际结为同盟,这种同盟关系使得他们一方面在危急时刻相互呼应和救援;另一方面,他们的领地相互交叉,大多"跨州连郡",难断疆界。像真定史氏在封为汉军万户时,管领真定、河间、大名、东平、济南五路,领地"全赵四十余城"②;东平严氏在全盛时,"有全魏,有十分齐之三、鲁之九"③;保定张氏统辖区在全盛时"西尽常山,东出瀛博,南逾滹池,北负涿易,自为一道,统城三十,仍兼河南诸道"④;藁城董氏势力主要在藁城,该区"北邻新乐市,南接赵县境,东与晋州市、无极县接壤,西长安区、裕华区及正定县搭界,西南与栾城区毗邻",四大家族相互接应的关系令其时他们领地内的文人相互流动频繁。以此,元好问在金亡后,其活动范围往往在四大世侯区,而他的影响力不仅是真定的文人圈,整个北方文人群都广受他的影响。例如王恽、刘秉忠等都仿元好问《三奠子》作有同名词。而更富意味的是,元好问那首《〔双调〕小圣乐·骤雨打新荷》,据陶宗仪《南村辍耕录》记载,它在元初的北方依旧非常盛行:

　　京师城外万柳堂,亦一宴游处也。野云廉公,一日于中置酒,招疏斋卢公、松雪赵公同饮。时歌儿刘氏名解语花者,左手折荷花,右手执杯,歌

---

①　李文蔚《同乐楼燕青搏鱼》第四折,《全元戏曲》第三卷,第3册,第129页。
②　王恽《大元国赵州创建故开府仪同三司中书右丞相赠太尉忠武史公祠堂碑铭并序》,《王恽全集汇校》卷五五,第6册,第2487页。
③　元好问《东平行台严公神道碑(庚子,太宗十二年)》,《元好问全集》(增订本),上册,第549页。
④　郝经《顺天府孔子新庙碑》,《郝经集校勘笺注》卷三四,第2768页。

《小圣乐》云:绿叶阴浓,遍池亭水阁……①

陶宗仪的这则记录信息非常丰富。在色目高官廉希宪的万柳堂中,他邀请了卢挚、赵孟頫一道闲饮。而期间助兴的歌姬叫解语花,所唱曲子即元好问的这首《小圣乐》。赵孟頫到大都的时间在至元二十三年(1286)以后,元好问于1257 年去世,则元好问的这首《小圣乐》元好问死后三十年间依旧流行于元代南北高层文人间。有意思的是,三个人中,只有卢挚是中原人,廉希宪是色目人,赵孟頫来自南宋,元好问的《小圣乐》可谓南北多族文人融合的一个契合点。元朝之后,明清的曲家越来越强调曲创作的独特性,对于诗、词、曲的界限感,明人王骥德认为:"词之异于诗也,曲之异于词也,道迥不相侔也。诗人而以诗为曲也,文人而以词为曲也,误矣,必不可言曲也。"②清人李渔认为:"诗有诗之腔调,曲有曲之腔调,诗之腔调宜古雅,曲之腔调宜近俗,词之腔调,则在雅俗相和之间。"③但在元朝,有元好问在先,更兼其巨大影响力,元曲之以词入曲,雅俗相融的情形就可能比较平常了。

---

① 陶宗仪《辍耕录》卷九"万柳堂"条,中华书局 1985 年,第 138 页。
② 王骥德著,陈多、叶长海注译《曲律》卷四"杂论三十九下",(长沙)湖南人民出版社 1983 年,第 209 页。
③ 李渔《窥词管见》,唐圭璋编《词话丛编》,中华书局 2012 年,第 549 页。

第三章　金源文人群的分布与元初
北方文学格局·东平文人群

　　与真定文人群那种虽各有交集,但关系松散、不成体系的特征相比,东平文人群则表现出有规模、有体系、区域特征性强且持续影响力大的特点。诚如袁桷描述大德时候的馆阁文人格局所云:"朝廷清望官曰翰林、曰国子监,职诰令,授经籍,必遴选焉。始命,独东平之士什居六七……桷向为翰林属,所与交多东平,他郡仅二三焉,若南士则犹夫稊米矣。士乐得所依,连汇以进,各以其所向,上有以挽之,下有以承之,势使之然也。"①谈及蒙古治下时期的文学格局,不能忽略东平文人群;讨论世侯时期的文学,也不能略去东平文人群而进行;甚至于一统之后,元代南北馆阁文人群的交融格局中,东平文人群依旧是一个必须引为重视的群体。

　　东平在金朝时,属山东西路,辖须城、东阿、阳谷、汉上、寿张、平阴六县之地,是华北中部偏东的一个中心。其东面为山东东路,西边为大名府路、河北西路,北接河北东路,西南和南边是金朝的南京路(辖今河南、安徽、江苏的部分地区)。故按今天的省区建置,东平府地跨山东、河北、河南、安徽、江苏五省,南达淮河,为蒙古、南宋、金势力交汇处②,是蒙、宋、金三方政权反复角逐之地。1220年,严实"据上流之便,握劲峰之选,威望之著……晓然知天命所在","岁庚辰(1220)秋七月,东平严公籍彰德、大名、磁、洺、恩、博、滑、濬等州户三十万,归于有司"③。次年(1221),严实入据东平,以此地设行台。从此,

---

①　袁桷《送程士安官南康序》,《袁桷集校注》卷二四,第 4 册,第 1210 页。

②　常大群《元初东平府学的兴盛及其原因》,《齐鲁学刊》2000 年第 6 期,第 28 页。

③　元好问《东平行台严公神道碑(庚子,太宗十二)》,《元好问全集》(增订本),上册,第 547 页。

东平成为严实(1182—1240)父子的统辖区,统辖时间长达50余年。严氏所辖东平行台乃蒙古治下时期汉地世侯中境域最大者。"初,公之所统,有全魏,有十分齐之三,鲁之九",金亡之后,1234年,严实授东平路行军万户,辖域略有收缩,"公之地于魏,则别大名,又别为彰德;齐与鲁,则复以德、衮、济、单归于我"①。实际上,"虎符龙节,长魏、齐、鲁五十城者,逾二十年"②,占地两三千里,领兵数万。严实去世后,其子严忠济(?—1293),袭职。然而,随着忽必烈定鼎幽燕,中原地区成为蒙古统治的重心,蒙古人的亲临汉地,使汉人世侯原本充当的"间接统治者"的角色变得黯然失色。而"诸侯惟严忠济为强横难制"③,严氏遂成为蒙古人首先压制的汉人世侯④。1261年5月,严忠济突遭忽必烈罢免。李璮之乱后,1265年2月,严忠济的继任者严忠范被调离东平,严氏在东平的统治于此彻底结束⑤。

严氏父子在东平长达五十余年的统治中,以一方王侯之力,在军事储备、政治秩序、经济建设和社会文化发展诸多方面都颇有建树,谓为诸道第一。这些因素固然是导致整个汉人世侯势力遭致蒙古统治者高度警惕,并最终彻底终止汉人世侯统治的重要原因之一。但从蒙古治下时期的社会文化发展与元初文学格局角度而言,东平由于严氏父子的勤力经营,成为"四方之士闻义而来依"之乐地,"故东平人物视他镇为多"⑥,东平的重要意义却最不容略。概而言之,可从严氏父子与东平文化圈的构建、东平府学与东平学派的形成、东平文人群的创作及其对元初文坛格局的影响方面,来综观东平社会与东平文人群的构建及东平文学、文化特征的形成。

第一节　严氏父子与东平文化圈的建构

严氏父子对东平辖境的勤力经营,为构建东平文化圈奠定了坚实的基础。

---

① 元好问《东平行台严公神道碑(庚子,太宗十二)》,《元好问全集》(增订本),上册,第549页。
② 元好问《东平行台严公祠堂碑铭有序(壬子,宪宗二)》,《元好问全集》(增订本),上册,第553页。
③ 姚燧《中书左丞姚文献公神道碑》,《全元文》卷三一四,第9册,第579页。
④ 谢咏梅《蒙古札剌亦儿部与东平路沿革》,《内蒙古师范大学学报(哲学社会科学版)》2005年第4期,第24页。
⑤ 陈高华、张帆、刘晓《元代文化史》,第30—31页。
⑥ 苏天爵《平章宋公》,《元名臣事略》卷一〇,广东教育出版社2009年,第200页。

1217 年，蒙古骑兵南下攻金，"海宇震荡，雷霆迅击，无不糜灭"①，而天下豪杰则往往"乘乱而起"，严实即为其中豪杰之著者。严实本山东泰安长清人，父、祖皆以农为业，但严实"志节豪宕，若以生产为不足治者"，他"为人美仪观，喜交结，好施予，落魄里社间，不自顾藉。屡以事被系，侠少辈爱慕之，多为之出死力，以故得脱去"。"癸酉之秋，国兵破中夏，已而北归。东平行台调民为兵，以公为众所服，署百夫长"②，从此严实起家。严实所出之地，"山东，重地所在，天下莫与为比。杜牧以为：王者不得之，则不可以王；伯者不得之，则不可以伯。古之山东，今河朔燕、赵、魏。是以就三镇较之，魏常制燕、赵之生死，而悬河南之重轻，故又重焉"③，乃金、宋、蒙三家政权争夺的要冲之地。严实原是金朝东平行台部将，又曾投降宋成为济南治中，"分兵四出，所至无不下，于是太行之东皆公所节度矣"，知宋不足恃，"谒先太师（木华黎）于军门，挈所部以献"，并在庚辰（1220）七月，"籍彰德、大名、磁、洺、恩、博、滑、浚等州户三十万"，归于木华黎。而木华黎"时以王爵统诸道兵，承制封拜，乃授公金紫光禄大夫、行尚书省事"，严氏在东平的基业由此开启。此后，严实追随木华黎攻略宋、金，"凡公之功，所在皆为诸道之冠"。而此时，蒙古人尚忙于征略，无暇分地、分民，遂将守土监民的任务交付汉人世侯，以此严实统辖之境在全盛之际"有全魏，有十分齐之三、鲁之九"④。元好问的这一描述不算太确切，严实不可能占据全部上述州县，其辖境与其他军阀往往犬牙交错，而且在窝阔台汗实施"画境之制"后，严实所据的东平路实际管辖的州县有东平府、博州、德州、兖州、济州、单州、曹州、濮州、泰安州、恩州及冠氏、高唐等县。另外，缘于蒙古诸王勋贵封户所在，东平府曾在窝阔台汗、贵由汗二朝被酝酿剖分，到至元五年（1264），曾拥有五十四城的东平路终于被一分为十，下辖须城、东阿、阳谷、寿张、平阴、汶上六县⑤。

　　且不论属地区划变迁如何，在诸侯一方之际，严实对于所辖之境的治理诚可谓诸道第一。其治划之道，首要任务便是救民于生死，安民于危乱，努力恢

---

① 元好问《东平行台严公祠堂碑铭有序（壬子，宪宗二）》，《元好问全集》（增订本），上册，第 552 页。
② 元好问《东平行台严公神道碑（庚子，太宗十二）》，《元好问全集》（增订本），上册，第 548 页。
③ 元好问《东平行台严公祠堂碑铭有序（壬子，宪宗二）》，《元好问全集》（增订本），上册，第 552 页。
④ 元好问《东平行台严公神道碑（庚子，太宗十二）》，《元好问全集》（增订本），上册，第 548、549 页。
⑤ 李治安、薛磊《中国行政区划通史·元代卷》，第 42—43 页。

复生产。据委身严实幕下甚久的元好问所见,严实所以能诸侯一主壁方,深得民心,在于他能"严于军律","以仁民爱物为怀"①。如灵璧之战后,"降民方假息待命,公馈主兵者,下迨卒伍,亦沾膏润。一县老幼,皆被更生之赐,且纵遣之。计前后所活,无虑十数万人"②。对于那些"敝衣粝食、暴露风日。挈沟壑转徙之民"③,严实"披荆棘、扞豹虎",为之"辟四野,完保聚"④,"置之袵席之上,以勤耕稼,以丰委积"⑤。面对蒙古治下时期的中原之境,"创罢之人,新去汤火,独恃公为司命",而严实所至"延见父老,训饬子弟,教以农里之言,而勉之孝弟之本。恳切至到,如家人父子,初不以侯牧自居"⑥。不仅如此,严实还"公帑所积,尽于交聘、燕享、祭祀、宾客之奉,而未尝私贮之。辟置俊良,汰逐贪墨,颐指所及,竭蹶奉命"。所以,严实管理东平不到三四年,"由武城而南、新泰而西,行于野,则知其为乐岁;出于涂,则知其为善俗;观于政,则知其为太平官府",严实对于东平的经营可谓"心力亦已尽矣"⑦。严实在 1240 年去世,其子严忠济袭任其职,"初统千户十有七,乙卯,朝命括新军山东,益兵二万有奇。忠济弟忠嗣、忠范为万户,以次诸弟暨勋将之子为千户,城戍宿州、蕲县,而忠济皆统之"。严忠济统领方郡十一年,与其父严实的施政纲领一样,"开府布政,一法其父,养老尊贤,治为诸道第一",于是"领兵略地淮、汉,偏裨部曲,戮力用命","甲仗精锐,所向无前"⑧。

　　保境安民之后,严实父子对于东平的经营更体现于他们对于东平文化建设的重视。他们布置设立一系列文化措施,为构建蒙古治下时期的东平文化圈及以东平为中心的文化繁荣创造了条件。在严实父子构建东平文化圈的一系列措施中,核心的内容即在于对衣冠礼乐的保护与恢复,"凡四境之内,仙佛之所庐及祠庙之无文者,率完复之,故学舍亦兴焉"⑨。这其中最令人注目且

---

① 元好问《东平行台严公祠堂碑铭有序(壬子,宪宗二)》,《元好问全集》(增订本),上册,第552—553 页。
② 元好问《东平行台严公祠堂碑铭有序(壬子,宪宗二)》,《元好问全集》(增订本),上册,第 553 页。
③ 元好问《东平行台严公神道碑(庚子,太宗十二)》,同上,上册,第 549 页。
④ 元好问《东平行台严公祠堂碑铭有序(壬子,宪宗二)》,《元好问全集》(增订本),上册,第 549、553 页。
⑤ 元好问《东平行台严公神道碑(庚子,太宗十二)》,《元好问全集》(增订本),上册,第 549 页。
⑥ 元好问《东平行台严公祠堂碑铭有序(壬子,宪宗二)》,《元好问全集》(增订本),上册,第 553 页。
⑦ 元好问《东平行台严公神道碑(庚子,太宗十二)》,《元好问全集》(增订本),上册,第 549 页。
⑧ 《元史》卷一四八《严实传附传》,第 12 册,第 3507 页。
⑨ 元好问《博州重修学记》,《元好问全集》(增订本),上册,第 671 页。

功绩最大的是对东平府学的恢复。东平府学早在北宋时期即已兴建，称郓学，据元好问记载，东平府学由于代有名人，故"生长见闻，不替问学，尊师重道，习以成俗"，尤其是金朝泰和以来，平章政事张万公、侯挚，参知政事高霖都出自东阿，于是"郓学视他郡国为最盛"，这样东平府学直至贞祐兵乱（1214），已繁兴近百年。而严实任东平行台之后，"崇进开府之日，首以设学为事，行视故基，有兴复之渐"①。

　　为了兴复府学，严氏父子两代对东平作为儒家文化的故里努力经营。先是对儒家文化象征和代表、孔子后裔衍圣公孔元措及其家族极为礼遇。孔元措（1182—1251），字梦得，山东曲阜人。孔子五十一代孙，蒙古灭金之后，在耶律楚材建议下，窝阔台命孔元措回到曲阜，依然袭封衍圣公。严实父子对于孔元措及其家族，"其衣食所须，舍馆之安，皆行台严相资给之。亲族三百指，坐享温饱，咸其所赐也。以至岁时之祭祀，宾客之往来，闾里之庆吊，穷乏之赡济，莫不养庇而取足焉"②。在严实父子的资助下，孔元措整理失散的礼乐，不仅对东平府学的恢复意义甚大，也为元朝礼乐制度的开创打下坚实基础。

　　再是在保护和礼遇孔子后裔的同时，尽其所能维护金朝礼乐制度。衍圣公孔元措在金朝曾为太常卿，掌管国家礼乐之事，金亡失仕，窝阔台命孔元措代访前金太常礼乐官、乐工及其家属，并徙赴东平。而演习礼乐的服饰、器具也被寻访至东平，这使得东平府学的重建基础就强于他郡。"五十一代孙衍圣公元措尝仕为太常卿。癸巳之变，失爵北归。寻被诏搜索礼器之散逸者，仍访太常所隶礼直官、歌工之属，备钟磬之县，岁时阅习，以宿儒府参议宋子贞领之。故郓学视他郡国为独异"③。以此，东平作为其时中原板荡背景中尤为太平之境，为金源礼师、乐工辈所乐奔。"汴梁既下，太常乐师流寓东平"④，"自东都不守，大乐氏奉其乐器北入燕都。燕都丧乱，又徙汴、蔡。汴、蔡陷没，而东平严侯独得其故乐部人"⑤。《元史·礼乐志》载："太宗十年（1238）十一月，宣圣五十一代孙衍圣公元措来朝，言于帝曰：'今礼乐散失，燕京、南京等处，亡金太常故臣及礼册、乐器多存者，乞降旨收录。'于是降旨，令各处管民官，如有

　　① 元好问《东平府新学记（乙卯，宪宗五年九月一日）》，《元好问全集》（增订本），上册，第667页。
　　② 《续修曲阜县志》卷八《大朝褒崇祖庙之记》，转引自《元代文化史》第31页。
　　③ 元好问《东平府新学记（乙卯，宪宗五年九月一日）》，《元好问全集》（增订本），上册，第668页。
　　④ 《元史》卷一七四《张孔孙传》，第13册，第4067页。
　　⑤ 柯劭忞《新元史》卷九一《乐志一》，（长春）吉林人民出版社1995年，第1868页。

亡金知礼乐旧人,可并其家属徙赴东平,令元措领之,于本路税课所给其食。十一年(1239),元措奉旨至燕京,得金掌乐许政、掌礼王节及乐工翟刚等九十二人"①。这样严实父子携其善政,几乎将整个金源礼乐制度、器具与人员搬移至东平。

其三是,接迎寒素,致使士子不远千里来见。严氏父子当政期间,以养士著称,"四方之士闻义而来依者,馆无虚日,故东平人物视他镇为多"②。这些人或成为严氏父子的重要参谋,或被严氏父子延为教授,或为学助教于东平,实为东平文化圈构建与繁荣的最根本保证。

这些人中,尤其是宋子贞、王玉汝、商挺、赵天锡、徐世隆之流,他们一方面帮助严氏父子努力维护东平社会秩序的重建与稳定,另一方面也敦促和鼓动严实父子延纳和接迎更多的金源文士来往东平,对东平文化圈的建设意义甚大。像宋子贞(1185—1266),他是最早追随严氏父子者。宋子贞字周臣,山东潞州长子人。《元史·宋子贞传》载,"金末,潞州乱,子贞走赵、魏间。宋将彭义斌守大名,辟为安抚司计议官。义斌殁,子贞率众归东平行台严实。实素闻其名,招置幕府,用为详议官,兼提举学校"。由于宋子贞的策划与斡旋,严实与蒙古上级政府之间相对紧张的关系得到缓和,于是宋子贞深得严实信赖。"先是,实每令人请事于朝,托近侍奏决,不经中书,因与丞相耶律楚材有违言。子贞至,劝实致礼丞相,通殷勤,凡奏请,必先咨禀。丞相喜,自是交欢无间,实因此益委信子贞。"由于严实对宋子贞的信赖,以此在宋子贞的招致延纳之下,金源名士纷纷被罗致东平。《元史·宋子贞传》载:金朝首都汴梁被蒙古军攻陷之后,宋子贞一方面多方赈济,全活万人;另一方面"金士之流寓者,悉引见周给,且荐用之。拔名儒张特立、刘肃、李昶辈于羁旅,与之同列。四方之士闻风而至,故东平一时人材多于他镇",对于东平府学人才的援引上,宋子贞"延前进士康晔、王磐为教官,招致生徒几百人,出粟赡之,俾习经艺。每季程试,必亲临之。齐鲁儒风,为之一变"③。

再如王玉汝,他既受知于严实,又以实际行动回报严实父子,为维护严氏在东平一带的势力着力甚大。王玉汝(?—1252),字君璋,山东郓城人。"少

---

① 《元史》卷六八《礼乐志二》,第6册,第1691页。
② 苏天爵《平章宋公》,《元朝名臣事略》卷一〇,第200页。
③ 《元史》卷一五九《宋子贞传》,第12册,第3736页。

习吏事。金末迁民南渡,玉汝奉其亲从间道还。行台严实入据郓,署玉汝为掾史,稍迁,补行台令史。中书令耶律楚材过东平,奇之,版授东平路奏差官。以事至京师,游楚材门,待之若家人父子然。"窝阔台等蒙古统治集团,曾担忧世侯权力过大,各私其入,欲裁制世侯势力,且析分严实据地时,被王玉汝极力谏止。据《元史·王玉汝传》载,"戊戌(1238),以东平地分封诸勋贵,裂而为十,各私其入,与有司无相关。玉汝曰:'若是,则严公事业存者无几矣。'夜静,哭于楚材帐后。明日,召问其故,曰:'玉汝为严公之使,今严公之地分裂,而不能救止,无面目还报,将死此荒寒之野,是以哭耳。'楚才恻然良久,使诣帝前陈诉。玉汝进言曰:'严实以三十万户归朝廷,崎岖兵间,三弃其家室,卒无异志,岂与他降者同。今裂其土地,析其人民,非所以旌有功也。'帝嘉玉汝忠款,且以其言为直,由是得不分"①。之外,还有严实幕府成员商挺、徐世隆辈,极力赞划严实父子接迎金源寒素。

还有赵天锡,东平一带兴学养士风气的形成,他居功甚伟。赵天锡(1191—1240),字受之,冠氏人。属金季兵起,其祖以财雄乡里,为众所归。贞祐之乱,父林保冠氏有功,授冠氏丞,俄升为令。大安末,天锡入粟佐军,补修武校尉,监洺水县酒。太祖遣兵南下,防御使苏政以为冠氏令,乃挈县人壁桃源、天平诸山。岁辛巳春,归行台东平严实。实素知天锡名,遂擢隶帐下②。而赵天锡对于严实在东平兴学养士风气的形成又可谓居功甚伟。元好问云,赵天锡"在军旅中,日以文史自随,延致名儒,考论今古,穷日夕不少厌。时或投壶雅咏,挥麈清坐,倡优杂戏不得至其前。又子弟之可教者,薄其徭役,使得肄业,而邑文人亦随而化之。行台所统百城,比年以来,将佐令长皆兴学养士,骎骎乎齐鲁礼义之旧。推究原委,盖自侯发之"③。

此外,像商挺、徐世隆等作为严实父子幕府人员,往往力劝严氏父子接迎寒素。商挺(1209—1288),字孟卿,号左山,山东曹州济阴人。"父衡,金陕西行省员外郎,以战死。挺年二十四,汴京破,北走,依冠氏赵天锡,与元好问、杨奂游。东平严实聘为诸子师。"商挺在严实死后,被严忠济辟为经历,在严忠济

---

① 《元史》卷一五三《王玉汝传》,第12册,第3616页。
② 《元史》卷一五一《赵天锡传》,第12册,第3583页。
③ 元好问《千户赵侯神道碑铭》,《元好问全集》(增订本),上册,第616页。

兴学养士方略上划策甚多①。徐世隆（1206—1285），字威卿，河南陈州西华人。"弱冠，登金正大四年进士第，辟为县令。其父戒世隆曰：'汝年少，学未至，毋急仕进，更当读书，多识往事，以益智识，俟三十入官，未晚也。'世隆遂辞官，益笃于学。……癸巳，世隆奉母北渡河，严实招致东平幕府，俾掌书记。世隆劝实收养寒素，一时名士多归之。"②商挺、徐世隆外，张孔孙、杜仁杰、张昉等，亦多为金源名宦或名流，不仅对严实安顿一方及东平文化圈的构建赞划甚多，日后亦为元朝文化制度建设的重要参与者。张孔孙，"字梦符，其先出辽之乌若部，为金人所并，遂迁隆安。父之纯，为东平万户府参议，夜梦谒孔子庙，得赐嘉果，已而孔孙生，因丐名于衍圣公，遂名今名。既长，以文学名，辟万户府议事官"③。杜仁杰（约1201—1282），字仲梁，山东济南长清人。金正大年间，与麻革、张澄等以诗倡和，名声相埒。曾以道游齐鲁，客严实之门，"时中原甫定，公方握重权为外屏，先生从容其间，切磋磨琢之德，善谲不虐之道，卫人所以美武公者，武惠公有焉，则先生善甫之行其道也。故东平称杜氏，凡谱杜曲而系东平者，皆名其胤寿康老人，则先生之胤而武惠公之老"④。张特立，字文举，山东东明人。泰和进士，为偃师主簿，正大四年（1227）拜监察御史。特立通程氏《易》，晚教授诸生，东平严实每加礼焉⑤。张昉，字显卿，东平汶上人。父汝明，金大安元年经义进士，官至治书侍御史。昉性缜密，遇事敢言，确然有守，以任子试补吏部令史。金亡，还乡里。严实行台东平，辟为掾⑥。

在宋子贞等人的经营下，其时寓居和频繁往来的金源士绅、礼乐衣冠以及隐逸名士，诸如元好问、梁栋、康晔、王磐、李昶、张孔孙、杜仁杰、张昉、张澄等，他们以东平幕府、东平府学为据依，形成颇具规模的东平文化圈，在维护东平社会秩序稳定的同时，将几乎为蒙古人所摧毁的金朝所有的中原文化制度又努力、艰苦地拼贴回复，诚如虞集所总结的那样："我国家龙兴朔方，金源氏将就亡绝，干戈蜂起，生民涂炭。中州豪杰起于齐、鲁、燕、赵之间，据要害以御侮，立保障以生聚，以北向于王师。方是时，士大夫各趋所依以自存。若夫礼

---

① 《元史》卷一五九《商挺传》，第12册，第3738页。
② 《元史》卷一六〇《徐世隆传》，第12册，第3768—3769页。
③ 《元史》卷一七四《张孔孙传》，第13册，第4066—4067页。
④ 任士林《东平杜氏种德堂记》，《全元文》卷五八三，第18册，第423页。
⑤ 《元史》卷一九九《张特立传》，第15册，第4475—4476页。
⑥ 《元史》卷一七〇《张昉传》，第13册，第3999页。

乐之器,文艺之学,人材所归,未有过于东鲁者矣。"①元好问评价严实父子在东平对中原文化所作出的贡献云:"煌煌德星出虚危,扶伤合散倾复支"②,确为的评。

第二节　东平府学与东平学派的形成

东平府学在贞祐之乱(1214)时被毁弃,自严实任东平行台(1221)开始,即着意恢复,直至其子严忠济袭爵之后。"经始于壬子(1252)之六月,而落成于乙卯(1255)六月初五",尽管新府学的最终落成时间其实较晚,但围绕东平府学的筹备,其在人员、制度以及各个措施与环节的准备与夯实过程中,实际逐渐形成了以"金源遗风为主要特征的士林学派——东平学派"③。所谓"金源"即指金朝,《金史·地理志》云:"上京路,即海古之地,金之旧土也,国言'金'曰'按出虎'(即阿什河,位于今黑龙江省哈尔滨市阿城区),按出虎水源于此,故名金源,建国之号盖取诸此"④。那么包括文学、学术及制度等在内的金源文化到底体现为怎样的核心特征呢? 郝经曾评述金朝礼乐文化制度写道:

> 宋真尚书德秀云:"金国有天下,典章法度,文物声名,在元魏右"。经尝以是为不刊之论。盖金有天下,席辽、宋之盛,用夏变夷,拥八州而征南海。威既外振,政亦内修,立国安疆,徙都定鼎。至大定间,南北盟誓既定,好聘往来,甲兵不试,四鄙不警,天下晏然,大礼盛典,于是具举。泰和中,律书始成,凡在官者,一以新法从事,国无弊政,亦无冤民。粲粲一代之典,与唐、汉比隆,讵元魏、高齐之得厕其列也。⑤

在郝经看来,金朝承辽、宋之盛,拥八州之域,借着金、宋之间往来好聘的便利

---

① 虞集《曹文贞汉泉漫稿序二首》(其一),《虞集全集·道园类稿》卷一八,第496页。
② 元好问《东平行台严公祠堂碑铭有序(壬子,宪宗二)》,《元好问全集》(增订本),上册,第554页。
③ 《元代文化史》第107页。
④ 《金史》卷二四《地理志上》,第2册,第550页。
⑤ 郝经《删注刑统赋序》,《郝经集校勘笺注》卷三○,第2323页。

曾经是礼修法立、天下晏然的大朝。而且金朝自熙宗朝改制之后,就逐步弃用承辽而用的契丹制,全盘采用汉制。以儒家思想为核心统治思想,实行一元化的政治体制,在推动金朝汉化,使金朝更加强大的同时,也令金朝的文化与学术日益繁荣,所谓"粲粲一代之典,与唐、汉比隆"并非虚言。《剑桥中国辽西夏金元史》指出,金朝从熙宗朝开始,提倡崇儒,在金天眷三年(1140),孔子的第49代后裔被封为衍圣公,此后又借助科举制度的巨大推动作用,将儒家经典的教授与研习灌注到金源文人的思维意识中。"到12世纪末,在汉人、汉化的女真人和契丹人中间都有学者涌现,他们都是金朝科举制度的产物,都因世宗朝长期的和平而获益。当蒙古人入侵这个国家之后,这些人便在最广阔的意义上代表了中国的文化。在中国北方的蒙古统治者之所以能逐渐从野蛮状态中摆脱出来,正是这些在金朝时就曾使中国文化传统形成并且将其保持下来的人们的伟大成就。"①在这个意义上说,以金源遗风为核心内容的东平学派实质上也就是以儒家礼乐文明为主要内容的中原文化。

首先,东平府学的教官,他们作为金源优秀文人,他们对东平学派以金源遗风为主体特征的形成具有导引意义。东平府学的兴建固然有严实父子诸侯一方,期望藉以恢复社会秩序的主观因素。但对于大量寓居东平的金源官宦、士绅而言,东平府学是他们有以安身立命的所在。这种客观的诉求是东平府学得以最终落成的重要因素,而这也是东平学派形成以金源遗风为主要特征的重要背景。元好问在《东平府新学记》中直接提到的金源士绅有梁栋、王磐、康晔、宋子贞、孔元措等,"子弟秀民备举选而食廪饩者余六十人,在东序,隶教官梁栋;孔氏族姓之授章句者十有五人,在西序,隶教官王磐。署乡先生康晔儒林祭酒以主之。盖经始于壬子之六月,而落成于乙卯六月初。五十一代孙衍圣公元措尝仕为太常卿。癸巳(1233)之变,失爵北归。寻被诏搜索礼器之散逸者,仍访太常所隶礼直官、歌工之属,备钟磬之县,岁时阅习,以宿儒府参议宋子贞领之"②。除梁栋文献载记不明外,作为撰述者的元好问,是金兴定五年进士(1221),历尚书省掾、左司都事、尚书省左司员外郎。元好问初出茅庐之际,即得到其时文坛盟主、礼部赵秉文的欣赏,"以为近代无此作也,

① 《剑桥中国辽西夏金元史(907—1368)》,第315页。
② 元好问《东平府新学记(乙卯,宪宗五年九月一日)》,《元好问全集》(增订本),上册,第668页。

于是名震京师"①。赵秉文(1159—1232),字周臣,号闲闲老人,磁州滏阳人。金大定二十五年(1185)进士,官至礼部尚书,兼侍读学士,同修国史,知集贤院事。赵秉文"自幼至老未尝一日废书,著《易丛说》十卷,《中庸说》一卷,《扬子发微》一卷,《太玄笺赞》六卷,《文中子类说》一卷,《南华略释》一卷,《列子补注》一卷,删集《论语》《孟子解》各十卷,《资暇录》十五卷,所著文章号《滏水集》者三十卷","秉文之文长于辨析,极所欲言而止,不以绳墨自拘",《金史·赵秉文传》认为"杨云翼尝与秉文代掌文柄,时人号'杨赵'"乃"金士巨擘,其文墨论议以及政事皆有足传"②。元好问以天纵之才,得赵秉文之赏睐和推举,又勤奋刻苦,且遭遇时代巨变,故"为文有绳尺,备众体",为诗"奇崛而绝雕刿,巧缛而谢绮丽",在赵秉文等故老皆尽之后,"蔚为一代宗工"③。王磐,乃金正大四年(1227)中经义进士第,早年授业于偃城麻九畴。麻九畴(1183—1232),字知几,在金正大初,曾因侯挚、赵秉文等荐,特赐进士第,累官应奉翰林文字。《金史·麻九畴传》载九畴"博通《五经》,于《易》《春秋》为尤长","初因经义学《易》,后喜邵尧夫《皇极书》",是金末较早传授邵雍之学者,而且"为文精密奇健,诗尤工致"④。王磐得麻九畴之指授,"涵泳经史,渐浸百氏,发为歌诗古文,波澜闳放,浩无津涯,邈乎其不可穷已"⑤。康晔字显之,山东高唐人,尝学于阎咏。阎咏(1165—1215)字子秀,山东高唐人,金承安五年(1200)词赋科进士第一,"应奉翰林文字,居翰苑凡十年,终于洵南治中",著有《复轩集》⑥。康晔得阎咏指授,登金正大间(1224—1231)词赋科进士,与王鹗为同年进士,"试政畿郡,豪右敛迹,直声闻于朝",康晔平居论学,"以操行为先,文艺为末",乃金末名儒⑦。

　　元好问《东平府新学记》中没有提到的一些重要教官,还有李昶以及严氏私塾师张澄等人。李昶(1202—1289),字士都,东平须城人。"父世弼,从外家受孙明复《春秋》,得其宗旨。……兴定二年,父子廷试,昶果以《春秋》中第

---

① 《金史》卷一二六《元好问传》,第8册,第2742页。
② 《金史》卷一一○《赵秉文传》,第7册,第2428页。
③ 《金史》卷一二六《元好问传》,第8册,第2742、2743页。
④ 《金史》卷一二六《麻九畴传》,第8册,第2740页。
⑤ 苏天爵《内翰王文忠公》,《元朝名臣事略》卷一二,第241页。
⑥ 阎复《乡贤祠记》,《全元文》卷二九五,第9册,第249页。
⑦ 阎复《乡贤祠记》,《全元文》卷二九五,第9册,第250页。

二甲第二人,世弼第三甲第三人。"李昶"颖悟过人,读书如夙习,无故不出户外,邻里罕识其面。……释褐,授征事郎、孟州温县丞。正大改元,超授儒林郎、赐绯鱼袋、郑州河阴簿。三年,召试尚书省掾,再调漕运提举"。李昶在晚年以府学为归依,杜门教授,"一时名士,若李谦、马绍、吴衍辈,皆出其门"①。严府的私塾师张澄。张澄(1196—1246年后),字仲经,号橘轩,河北洺水人。出身辽东龙山贵族。少时随宦济南,从名士刘少宣问学。客居永宁,与赵元、辛愿、刘昂霄为师友,皆以诗文见称。正大四年,元好问为内乡令时,澄与杜仁杰、麻革、高永等携家来就,隐内乡山中。据元好问的评价,张澄的师友皆为其时"天下之选"②。像麻革,字信之,号贻溪,山西虞乡王官(今永济)人,乃金末著名诗人,七言古诗有李白之风,五言绝句与七律又有杜甫沉郁悲壮、凝重华茂的特色。同时代的诗人曹之谦评价麻革云:"中州人物一元龙,卓荦英才魂磊胸。浊酒数杯遗世虑,清诗千首傲侯封。"③房祺所编《河汾诸老诗集》中收录麻革诗作35首,列在集首。元好问认为张澄为诗,"仲经所得,雍容和缓,道所欲言者而止","得中和之气者",为人"资禀乐易,恬于进取,进退容止,皆有蕴藉可观。与人交,重然诺,敦分义,终始可以保任"。蒙古定宗元年(1246),张澄被授予万户府参议,而在元好问看来,如果让张澄"束带立朝,当言责之重",一定不会"轻负所学,忘礼谏之义"。北渡后,张澄"薄游东平,谒先行台严公,一见即被赏识,待以师宾之礼,授馆于长清之别墅"④。

由上述人物学脉及其师友交游情况来看,东平府学及严氏家塾聚集的教官不仅是金源上层文人,而且也是金源正统学脉的重要传承者和代表人物,他们在兵后故老皆尽的情况下,"蔚为一代宗工",极金源人物之选,这对于东平学派承金源之遗风的似为成型影响深远。

其次,东平府学的教育培养制度对于东平学派金源遗风特征的形成颇具规范意义。还是要先说到宋子贞的意义。子贞"性敏悟好学,工词赋"。在金源时期,"弱冠,领荐书试礼部,与族兄知柔同补太学生,俱有名于时,人以大小宋称之"⑤。宋子贞最早追随严实,深得严实父子信赖。严实死后,他一直以

① 《元史》卷一六○《李昶传》,第12册,第3761—3762页。
② 元好问《张仲经诗集序(甲寅,宪宗四)》,《元好问全集》(增订本),上册,第768页。
③ 曹之谦《麻信之为寿》,《全元诗》第2册,第361页。
④ 元好问《张仲经诗集序(甲寅,宪宗四)》,《元好问全集》(增订本),上册,第769、768页。
⑤ 《元史》卷一五九《宋子贞传》,第12册,第3735页。

恢复东平府学为己任,所以在延请教官、筹措学校、制定程序诸项事宜上,亲力亲为,使东平府学确立以儒家礼乐为核心的学习制度与风气,并恢复而再成礼乐衣冠之故地。"行台薨,子忠济袭爵。以公耆德宿望,表于朝,授参议东平路事,兼提举太常礼乐。公倡新庙学,敦命前进士康晔、王磐为教官,自先圣、颜、孟子孙至生徒几百人,咸继庖廪,俾肄艺业。"①元好问载记东平府学的礼殿写道:"首创礼殿,坚整高朗,视大邦君之居。夫子正南面,垂旒被衮。邹、兖两公及十哲列坐而侍,章施足征,像设如在。次为贤廊,七十子及二十四大儒绘像具焉。至于栖书之阁、笾豆之库、堂宇斋馆、庖湢庭庑,故事毕举,而崇饰倍之。"像设庄严、制度严整的同时,元好问又指出,东平府学的礼乐阅习事宜,由宋子贞本人负责。"五十一代孙衍圣公元措尝仕为太常卿。癸巳之变,失爵北归。寻被诏搜索礼器之散逸者,仍访太常所隶礼直官、歌工之属,备钟磬之县,岁时阅习,以宿儒府参议宋子贞领之。故郓学视他郡国为独异。乃八月丁卯,侯率僚属诸生舍菜于新宫。玄弁朱衣,佩玉舒徐。釁落之礼成,而飨献之仪具。八音洋洋,复盈于东人之耳。四方来观者皆大喜称叹,以为衣冠礼乐尽在是矣。"②而宋子贞本人"春秋释奠,随季程试,必亲临之",于是,"齐鲁儒风,为之一变"③。

不仅是宋子贞在重建东平府学上的方向性作为,还有元好问从学理上对重建东平府学的期待。在元好问看来,学校乃国家王政之大本,"夫风俗,国家之元气,而礼义由贤者出;学校所在,风俗之所在也"④。而且,"金源百年,由学校取士,化未纯而中原乱"⑤。现在藉东平诸侯一方的力量,重建府学,正可从学政上努力规避,进而达到治化。所以,在《东平府新学记》中,元好问非常清晰地表达了他重建以儒家思想为秩序核心的学政的立场和期待,文章写道:

去古既远,人不经见,知所以为教者,亦鲜矣,况能从政之所导,以率于教乎? 何谓政? 古者,井天下之田,党庠遂序,国学之法立乎其中。射乡饮酒、春秋合乐、养老劳农、尊贤使能、考艺选贤之政皆在。聚士于其

①　苏天爵《平章宋公》,《元朝名臣事略》卷一〇,第201页。
②　元好问《东平府新学记(乙卯,宪宗五年九月一日)》,《元好问全集》(增订本),上册,第668页。
③　苏天爵《平章宋公》,《元朝名臣事略》卷一〇,第201页。
④　元好问《寿阳县学记》,《元好问全集》(增订本),上册,第675页。
⑤　李俊民《重修庙学记》,《全元文》卷三,第1册,第54—55页。

中,以卿大夫尝见于设施而去焉者为之师,教以德、以行,而尽之以艺。淫言诐行,诡怪之术,不足以辅世者,无所容也。士生于斯时,揖让酬酢,升降出入于礼文之间,学成则为卿,为大夫,以佐王经邦国;虽未成而不害其能,至焉者,犹为士,犹作室者之养吾栋也。所以承之之庸者如此。庶顽谗说,若不在时,侯以明之,挞以记之。记之而又不从,是蔽陷畔逃,终不可与有言。然后弃之为匪民,不得齿于天下。所以威之者又如此。

在元好问的期待中,他期望以学校为中心,恢复儒家教育传统,令士人深明"揖让酬酢"之理,进而"升降出入于礼文",使那些凡不足以辅世道,厚风俗的"淫言诐行,诡怪之术",无所容于世。也正因为对重建新的学政的期待,元好问非常尖锐地历数和批判了金末以来,源于学政坏乱而士子失范的情形:

> 学政之坏久矣!人情苦于羁检,而乐于纵恣。中道而废,从恶若崩……为心失位,心失位不已,合谩疾而为圣癫,敢为大言,居之不疑。始则天地一我,既而古今一我,小疵在人,缩颈为危。怨谤薰天,泰山四维。吾术可售,无恶不可。宁我负人,无人负我。从则斯朋,违则斯攻。我必汝异,汝必我同。自我作古,孰为周孔?人以伏膺,我以发冢。凡此皆杀身之学,而未若自附于异端杂家者为尤甚也。居山林,木食涧饮,以德言之,则虽为人天师可也;以之治世则乱。九方皋之相马,得天机于灭没存亡之间,可以为有道之士,而不可以为天子之有司。今夫缓步阔视,以儒自名,至于徐行后长者,亦易为耳,乃羞之而不为。窃无根源之言,为不近人情之事,索隐行怪,欺世盗名,曰:"此曾、颜、子思子之学也!"不识曾、颜、子思子之学,固如是乎?夫动静交相养,是为弛张之道,一张一弛,游息存焉。而乃强自矫揉,以静自囚。未尝学而曰"绝学",不知所以言而曰"忘言"。静生忍,忍生敢,敢生狂。缚虎之急,一怒故在。宜其流入于申、韩而不自知也。古有之:"桀纣之恶,止于一时;浮虚之祸,烈于洪水。"夫以小人之中庸,欲为晋魏之《易》,与崇观之《周礼》,又何止杀其躯而已乎?①

---

① 元好问《东平府新学记(乙卯,宪宗五年九月一日)》,《元好问全集》(增订本),上册,第668—670页。

在元好问所历数与批判的内容中,应该说"窃无根源之言,为不近人情之事,索隐行怪,欺世盗名","强自矫揉,以静自囚,未尝学而曰'绝学',不知所以言而曰'忘言'"等毛病是金末学子因无典型教导而出现的最普遍也最令他忧虑的毛病。所以元好问更期望重建的府学能够"戒覆车之辙,以适改新之路",从而开道统,兴文治,作新地方与国家风俗。

在东平府学建设的一些更细致而微的具体事情上,商挺、徐世隆等也贡献甚多。史载,商挺在东平,"日与鲁诸贤为琴咏。会复官经历,赞忠济大兴学校,聘康晔说《书》,李昶说《春秋》,李祯说《大学》,学生百余人,养之优厚,督于课试,后皆通显。东州多士,公实作之"①。至于徐世隆,则辅助从臾之力居多,史载"中原板荡之后,郓学久废,严侯修复,以养生徒,公怂恿之力居多。又岁署题考试,等其甲乙,屡入高选者,擢用之"。与宋子贞、商挺相比,徐世隆除了熟稔金朝科举考试制度外,而且"生而颖悟,七岁入小学,对进退,辄异常儿。年十五,有赋声。二十二,登正大四年(1227)进士第"。所以,徐世隆在府学可以自为模范,教导诸生,"时自入学,亲为诸生讲说,其课试之文,有不中程者,辄自拟作,与为楷式。一时后进业精而行成,人才辈出焉"②。而东平府学的教官以劫后余生之幸,往往亹亹穆穆,诲人不倦。像王磐,"公师道尊严,望之若莫可梯接,及即之温然和怿,随问随答,亹亹忘倦,其辞约,其义明,学者于句读抑扬之间,已得之矣。受业者常数十百人,往往为名士"③。再如康晔,往往教导学生以圣贤为轨范,以操行为先,徐行渐进。在常驻教官之外,东平府学应该还时常延请金源名流来讲学衡文,元好问便是其中最著名者。《元史·阎复传》载:"时严实领东平行台,招诸生肄进士业,迎元好问校试其文,预选者四人,复为首,徐琰、李谦、孟祺次之。"④由于东平府学名流聚集,学规凛然,"四方来学者甚众",这既扩大了东平府学的影响,也促成了东平学派以东平府学为据地的形成⑤。

---

① 苏天爵《参政商文定公》,《元朝名臣事略》卷一一,第218页。

② 苏天爵《太常徐公》,《元朝名臣事略》卷一二,第251、250页。

③ 苏天爵《内翰王文忠公》,《元朝名臣事略》卷一二,第241—242页。

④ 《元史》卷一六〇《阎复传》,第12册,第3772页。

⑤ 按:论述中多有借鉴《元代文化史》第三章"东平学术",第106—110页;陶然《论金元之际庙学碑记文的文化内涵》,《浙江大学学报》2004年第5期,第109—117页;晏选军《严实父子与金元之交的东平文化》,《殷都学刊》2001年第4期,第54—58页。

　　第三，东平府学师生教学相长，使得东平学派得以声名昭著，影响及于新朝。可以说，东平府学在大批优秀金源文人的护持下，借助人才的培养与训导，在承护金源遗风的同时，又稳稳地将其递传到新朝。在苏天爵"名臣事略"所载宋子贞传记的注释中有记载：高唐阎公文集云："国初，严侯忠济首建郡学，延康先生晔为之师，四方来学者甚众。先生家高唐人，岁归拜扫先茔，学生王伯祥者，一夕梦与诸生郊迎先生于北郭外陈家桥，同辈方聚立桥南，遥望先过桥北者，皆衣金紫，梦中殊骇异，觉即语同舍。其后十余年，罢侯置守，始定朝仪，赐百官章服，凡梦中所见衣金紫者，果至通显，如翰林徐公琰、李公谦，总管孟侯祺，尚书张公孔孙、夹谷公之奇，右丞马公绍，中丞吴公衍，凡十余人，其立桥南者，皆泯没无闻焉。"①王伯祥梦中衣金紫者之首如阎复（1236—1312），字子静，号静轩，又号静斋、静山，山东高唐人。"幼入东平府学，蜚声炳著。操笔缀词赋，音节和畅。融液事理，率占为举首。幼从赠翰林学士康公，康大器之。"②《元史·阎复传》载："时严实领东平行台，招诸生肄进士业，迎元好问校试其文，预选者四人，复为首，徐琰、李谦、孟祺次之。"③由于东平府学所奠定的坚实基础，阎复成为元至元、大德年间的最著名的馆臣之一。夹谷之奇（？—1289），字士常，号书隐，女真加古（夹谷）部人，居山东滕州。早年到东平，受业于康晔。李谦（1234—1311），字受益，号野斋，山东恽州东阿人。"为赋有声"，王磐任元朝翰林学士后，即举荐李谦为应奉翰林文字，至元间的制诰多出其手④。马绍（1239—1300），字子卿，山东济州金乡人，曾从上党张播学。又得李谦指点。"丞相安童入侍世祖，奏言宜得儒士讲论经史，以资见闻。平章政事张启元以绍应诏，授左右司都事。"⑤还有与阎复、李谦齐名的徐琰（？—1301），字子方，号容斋，又号养斋，又自号汶叟，东平人。在东平府学为元好问所识拔之后，与阎复、李谦、孟祺四人号称"东平四杰"，至元、大德间，此四人成为重要馆臣。而徐琰在至元初，因王磐荐，为陕西行省郎中，累官至翰林承旨。孟祺（1231—1281），字德卿，安徽宿州人。从父迁居东平。在

①　苏天爵《平章宋公》，《元朝名臣事略》卷一〇，第 201 页。
②　袁桷《翰林学士承旨荣禄大夫遥授平章政事赠光禄大夫大司徒上柱国永国公谥号文康阎公神道碑铭》，《袁桷集校注》卷二七，第 4 册，第 1305 页。
③　《元史》卷一六〇《阎复传》，第 12 册，第 3772 页。
④　《元史》卷一六〇《李谦传》，第 12 册，第 3767 页。
⑤　《元史》卷一七三《马绍传》，第 13 册，第 4052 页。

元初,孟祺辟掌书记,为廉希宪等所器重,以荐擢国史院编修官,迁应奉翰林文字。一时典册,多出其手。此外,还有李之绍(1253—1326),字伯宗,东平平阴人。"从东平李谦学。家贫,教授乡里,学者咸集。至元三十一年(1294),纂修《世祖实录》,征名儒充史职,以马绍、李谦荐,授将仕佐郎、翰林国史院编修官。直学士姚燧欲试其才,凡翰林应酬之文,积十余事,并以付之。之绍援笔立成,并以稿进。燧惊喜曰:'可谓名下无虚士也。'"①曹伯启(1255—1333),字士开,济宁砀山人。弱冠从李谦游,笃于问学,仕至御史台仕御史,有诗文十卷,号《汉泉漫稿》,《续集》三卷,行世②。王构(1245—1310),字肯堂,东平人。幼岁肄业郡学,试词赋入等。杜仁杰深器之,贾居贞一见馆以教其子,载与来京师。"时太保刘文正公(刘秉忠)、王文康公(王鹗)、王文忠公(王磐)持荐士权,即辟为权国史院编修官。丞相史公(史天泽)、耶律公(耶律铸)在政府,听公上事言论,接以宾礼。耶律公复戒其子,以兄礼事焉。仕至翰林学士承旨。熟悉朝廷中诸事之变迁,谥议册文,多出其手③。申屠致远,字大用,其先汴人。金末从其父义徙居东平之寿张。致远肄业府学,与李谦、孟祺等齐名④。由于东平府学的成功,元初的馆阁文臣、内外要职人才多出自东平。胡祗遹在元初之际感慨道:"天下之治乱,系乎人材之贤不肖,人材之贤不肖,系乎学校之废兴",而东平府学的兴盛,使得"今内外要职之人材,半出于东原⑤府学之生徒",岂非明效大验欤!⑥

应该说,那些在东平府学教授或学习的人们又带着他们的师长传递给他们的金源礼乐制度以及金源的审美倾向在新朝继续作为,并影响新朝的文化风气。如中原文化之正脉元气。金朝自熙宗之后,即全面系统地接受中原传统文化,将自身纳入华夏王朝的体系,并以华夏正统而自居。有金一朝"设科取士,急于得贤,故文风振而人才辈出,治具张而纪纲不紊,有国虽余百年,典章文物至比隆唐宋之盛"⑦。当蒙古人以异常残酷的方式摧毁金朝,金源各族

---

① 《元史》卷一六四《李之绍传》,第 13 册,第 3862 页。

② 《元史》卷一七六《曹伯启传》,第 14 册,第 4101 页。

③ 袁桷《翰林承旨王公请谥事状》,《袁桷集校注》卷三二,第 4 册,第 1498 页。

④ 《元史》卷一七〇《申屠致远传》,第 13 册,第 3988 页。

⑤ 按:"东原"即东平。"东原"本指"汉东平郡地","东平"一名,因《尚书·禹贡》中的"东原底平"得名。

⑥ 胡祗遹著,魏崇武、周思成校点《胡祗遹集》卷一〇,《泗水县重建庙学记》,吉林文史出版社 2008年,第 272 页。

⑦ 王恽《浑源刘氏世德碑》,《王恽全集汇校·秋涧集》卷五八,第 6 册,第 2565 页。

士人在面临自身生存问题之际,更努力周全着中原文化的存亡问题。而所谓"中州元气"即成为其时金源文人的性命与精神之所托①。基于这样的背景,以元好问为代表的金源文人在努力著作记述,以存金源一代文献之际,更着意于呼吁兴建和恢复庙学,培养后进,试图力挽狂澜,将中原制度与文化再恢复、植生到新的王朝中去。所以,毫不意外,为何袁桷会深刻地感慨,东平士人之间"连汇以进,各以其所向,上有以挽之,下有以承之"②,如果明白他们以怎样衰婉的心情努力保持和恢复中原文化传统的话,那么也就能明白,东平文人群在元初的巨大影响力与其说是一个地域文人群的影响力,还不如说是一个亡灭的王朝的影响力。

再如金朝的礼乐制度,《元史》在评述元朝礼乐制度云:"元之有国,肇兴朔漠,朝会燕飨之礼,多从本俗……若其为乐,则自太祖征用旧乐于西夏,太宗征金太常遗乐于燕京,及宪宗始用登歌乐,祀天于日月山,而世祖命宋周臣典领乐工,又用登歌乐享祖宗于中书省。既又命王镛作《大成乐》,诏括民间所藏金之乐器。"③而元朝所用金朝礼乐中,东平府学所贡献者尤多。如前所述,宋子贞、徐世隆等在重建东平府学中,尤重礼乐制度的维护,岁时阅习,必亲临亲领。《元史·礼乐志》又载:"宪宗二年三月五日,命东平万户严忠济立局,制冠冕、法服、钟磬、笋虡、仪物肄习。五月十三日,召太常礼乐人赴日月山。"八月七日,徐世隆等在拜见忽必烈于行宫时,告之以儒家礼乐制作之始末,并当场表演,十一日,"始用登歌乐祀昊天上帝于日月山。祭毕,命驿送乐工还东平",这是蒙古政权首次使用汉族王朝宫廷礼乐进行祭祀活动。而蒙古人也接受东平文人的建议"帝中国,当行中国事"④,于是东平府学所保存的前金礼乐、朝仪在元朝不断丰富完善后,成为元朝礼乐制度的重要组成部分⑤。剑桥历史在评价这群保护了金源文化的人们的意义时写道:"即使他们中没有一个人能够达到与他们同时代的南宋学者那样的学术高度,但在这样一个史无前例的狂暴的、天翻地覆的时代,中国传统价值之所以得以存下来,这些金朝文

---

① 薛兆瑞《金代艺文叙录》,中华书局 2014 年,上册,第 34 页。
② 袁桷《送程士安官南康序》,《袁桷集校注》卷二四,第 4 册,第 1210 页。
③ 《元史》卷六七《礼乐志一》,第 6 册,第 1664 页。
④ 苏天爵《太常徐公》,《元朝名臣事略》卷一二,第 252 页。
⑤ 《元代文化史》,第 111 页。

人,不论他们是什么民族背景,都是功不可没的。"①这个评价比较中肯,而这也可谓东平学派在蒙古治下时期的重要意义。

第三节　东平文人群的创作及其对元初文坛格局的影响

由前面两节的叙述来看,东平文人群实由两部分人组成,一部分为以元好问、宋子贞、商挺、徐世隆、王磐、康晔、李昶、张澄、刘肃、杜仁杰等为主干的金源文人,他们或为严实父子的幕府成员,或为东平府学的教官、或寓居东平成为东平社会文化力量而存在并发生影响;还有一部分以阎复、李谦、徐琰、孟祺等为代表的东平府学学子以及东平本土学子为主体,在致力于将金源遗风完整保留的背景下,东平文人群在文学创作和学术理论等方面都取得了不俗的成绩,致使东平成为其时当之无愧的文化中心。也由于东平文人群视自己为金源文化的保护和传承者,所以他们在元初的政治格局与文学格局中也努力发挥着自己的影响力,他们的存在及其创作也相当程度地影响着元代的文学格局。而归结东平文人群的创作情形,主要表现为辞赋、诗文、曲等几个方面。

一、金源科考制度与东平文人群辞赋"以饰章绘句相高"的特征

缘于对金源遗风的传承与保护,所以考察承金源遗风最重的东平文人群的创作,须先从金源科考选拔制度来考察。在加速汉化的进程中,金朝尤其重视科举考试的推行,不仅"及第出身,视前代特重",而且程序之法也更为细密,也源于科举考试制度的快速完善,金朝借助科举制度的推行,文化与文学的发展曾经相当繁荣。据《金史·选举志一》载:"金承辽后,凡事欲轶辽世,故进士科目兼采唐、宋之法而增损之。其及第出身,视前代特重,而法亦密焉。若夫以策论进士取其国人,而用女直文字以为程文,斯盖就其所长以收其用,又欲行其国字,使人通习而不废耳。终金之代,科目得人为盛。"金朝科举考试在参考辽、宋科举考试制度的基础上,"有词赋、经义、策试、律科、经童之制。海陵天德三年,罢策试科。世宗大定十一年,创设女直进士科,初但试策,后增试论,所谓策论进士也。明昌初,又设制举宏词科,以待非常之士。故金取士

---

① 《剑桥中国辽西夏金元史(907—1368)》,第315页。

之目有七焉。其试词赋、经义、策论中选者,谓之进士。律科、经童中选者,曰举人"。可以看到,与辽、宋相比,词赋一科是金朝科考所特设,"宏词科试诏、诰、章、表、露布、檄书,则皆用四六;诫、谕、颂、箴、铭、序、记,则或依古今体,或参用四六。于每举赐第后进士及在官六品以下无公私罪者,在外官荐之,令试策官出题就考,通试四题,分二等迁擢之。二科皆章宗明昌元年所创者也"。宏词科对于金朝各族士子的刺激尤大,所谓"夫制举宏词,盖天子待非常之士,若设此科,不限进士,并选人试之,中选擢之台阁,则人自勉矣"①。由于科举制度的刺激和影响,金朝辞赋创作曾经蔚为大观,而金亡之后,辞赋作为金源文化制度的一部分,深深影响了东平文人群的创作。

可以看到,东平府学的教官康晔,他的老师阎咏是金承安五年(1200)词赋科状元,康晔本人也是金正大间(1224—1231)的词赋科进士;如前所述,徐世隆在东平府学的恢复过程,从臾辅助之功尤大。而与宋子贞、商挺相比,徐世隆除十分熟稔金朝科举考试制度外,他本人"生而颖悟,七岁入小学,应对进退,辄异常儿。年十五,有赋声。二十二,登正大四年(1227)进士第"。金朝科举中"其试词赋、经义、策论中选者,谓之进士",徐世隆精于词赋创作不待言也。所以,徐世隆在府学可以自为模范,教导诸生:"时自入学,亲为诸生讲说,其课试之文,有不中程者,辄自拟作,与为楷式。一时后进业精而行成,人才辈出焉。"②可以想见,东平府学中,律赋之学当为学子的必修课程。作为东平府学的"四杰"之一阎复,当元好问校试东平,阎复即试为第一。阎复"幼入东平府学,蜚声炳著,操笔缀词赋,音节和畅,融液事理,率占为举首。幼从赠翰林学士康公,康大器之。太常徐公道隆,年长有闻誉,不敢以后进待"③,肯定阎复创作的几位老师都是金源时期,以辞赋名家者。我们可以再来看看以后作为东平文人群的代表阎复的辞赋作品。如这篇《谢解启》:

> 芹宫角艺,初无黄绢之辞;藻鉴垂光,误中青钱之选。名非情称,感与愧并。窃惟辞赋之渊源,是乃古诗之糟粕。荀氏子发明其大概,宋大夫鼓

---

① 《金史》卷五一《选举志一》,第4册,第1150页。
② 苏天爵《太常徐公》,《元朝名臣事略》卷一二,第251、250页。
③ 袁桷《翰林学士承旨荣禄大夫遥授平章政事赠光禄大夫大司徒上柱国永国公谥号文康阎公神道碑铭》,《袁桷集校注》卷二七,第4册,第1305页。

舞乎后尘。英华秀发则洛阳少年,文彩风流则临邛词客。自兹以往,作者
浸多。摘章绘句者,往往有之;操纸染翰者,滔滔皆是。若孙绰擅声金之
美,子云韬吐凤之奇;二班父子卓冠一时,陆家弟兄独步当世。莫不振金
石铿锵之调,穷雾縠组丽之文。大而仁义讽谕之至言,细而鸟兽草木之多
识。禁逾侈则有《东京》《西京》之作,辨时事则有《吴都》《蜀都》之编。
或《上林》以讽其畋游,或《甘泉》以述其郊祀。升堂入室,然未窥孔氏之
门墙;宣德通情,亦庶几风人之旨趣。何此源流之降,演为科举之文。一
变唐宋,尚余作者之典刑;再变辽金,无复旧家之风骨。拘之以声律之调
畅,检之以对偶之重轻,以窘边幅为谨严,以黏皮骨为亲切。描题画影,但
知一字之工夫;抹东涂西,不觉六经之破碎。习非成是,以变为常。事驰
骤者,辄谓之荒唐;务雄赡者,例云乎唱叫。虽子建胸中之八斗,不得骋其
才;虽少陵笔阵之千军,无以施其勇。然有司之获选,亦壮夫所不为。何
承平历世而来,莫之敢指;盖侥幸一第之外,孰知其他。必待权衡至公之
流,庶展琴瑟更张之手。伏惟提学郎中先生,儒林冠冕,学海宗盟。悯斯
文重厄于秦灰,赞东国复修乎泮水。甄陶后进,殿最于春秋二季之间;鉴
视前车,洗涤乎场屋百年之弊。俾削拘挛之态,庶还丽则之风。格虽守而
必文辞之可观;辞虽尚而亦义理之为主。加程文律,度于古今骨格之内;
取古今气,艳于程文规矩之中。自非卓尔不群之才,曷起褎然举首之选。
如复者,青衿小子,白面书生。学浅鲜而不根,气葳蕤而易涸。文惭七步,
才愧八叉。仅知弄笔以作文,未免寻章而摘句。五音中度,敢论掷地之宫
商;八表神游,安有凌云之气象。聊作战蜗之两角,尚惭窥豹之一班。鼯
鼠之穷,顾将奈何;黔驴之技,盖止此耳。岂意不以菲葑之下体,遽令穗粃
以先扬。敢不益砺操修,重鞭鄙钝,进而不已,雄以当前。庶取百中之功,
不负千金之顾。铭心鹦路,谢九秋桂子之风;刮眼龙门,看三月桃花
之浪。①

尽管这篇"启"文立意在于抨击辞赋作为文体,自辽金以来"无复旧家之风
骨",人们为科举之一第,往往追求一字一句之工整,并不在意破碎六经之本

① 阎复《谢解启》,《全元文》卷二九四,第9册,第234—235页。

意,为追求声律的调畅,对偶的工整,可以"以窘边幅为谨严,以粘皮骨为亲切"。但统观阎复这篇文章,又何尝不是饰章绘句之典型呢? 全篇重章叠句,"穷雾縠组丽",罗织成文。而以阎复在蒙古治下时期文坛的影响来看,他不仅在世侯时代受到元好问、康晔、徐世隆等人的器重,而且"自至元至于大德,更进迭用,诰令典册,则皆阎公所独擅"。不仅如此,阎复的文章还是其时馆阁的规则与楷模,"公在翰林最久,赞书积几,高下轻重,拟议精切,传诵以为楷则"①。与阎复齐名的"四杰"中的李谦也是为赋有声,他在元初馆阁中"翰林十五载,中外无异词"②。另外,徐世隆在至元元年(1264)担任翰林侍讲学士,兼太常卿,"大政咨访而后行,诏命典册多出公手。公选前贤内外制可备馆阁用者,凡百卷曰《瀛洲集》,至今用之"③。至元元年,元朝馆阁初立,而徐世隆所选前贤馆阁文章则自然为金朝馆阁文章。金朝馆阁文章"相轧以辞章,相高以韵语,相夸以藻丽"④的习气自然不免。再如作为前金进士的徒单公履,在成为元朝馆臣之后,曾每每试图说服忽必烈朝恢复以辞赋为主的科举考试,徒单公履虽然不是东平士人,但他也是金源遗风的代表。所以,某种程度而言,当东平文人群作为金源遗风的代表,他们承金源文化之旧,在努力以恢复金源制度的态度来构建新朝的文化气质时,则元初的文坛在东平文人群的影响下普遍"踵金辞赋余习,以饰章绘句相高"⑤,应该是比较顺理成章的事。

二、金源文献的承传与东平文人群诗文创作上的"中州元气"特征

华夏文明在悠久的发展进程中,曾经历经劫难,屡濒生死存亡、种姓灭绝的危机,但或许没有一场劫难和危机能比得上蒙古灭金的惨烈和残酷。蒙古人那种"马首所向,蔑有能国"的肃杀气质以及其"天纲绝,地轴折,人理灭"⑥的灭绝情形,带给金源文化和金源士人以及承载文化内容的文献典籍的灾难程度,几乎是空前绝后的。基于这样的背景,劫后余生的金源文人在以元好问

① 袁桷《翰林学士承旨荣禄大夫遥授平章政事赠光禄大夫大司徒上柱国永国公谥号文康阎公神道碑铭》,《袁桷集校注》卷二七,第4册,第1305—1306页。
② 张之翰《鄮诗奉饯墅斋学士移疾归东平》,《全元诗》,第11册,第88页。
③ 苏天爵《太常徐公》,《元名臣事略》卷一二,第252页。
④ 郝经《上紫阳先生论学书》,《郝经集校勘笺注》卷二四,第1861页。
⑤ 苏天爵《右丞相耶律文正公神道碑铭有序》,《滋溪文稿》卷七,第102页。
⑥ 宋子贞《中书令耶律公神道碑》,《全元文》卷八,第1册,第178页。

为代表的人们的带领下,一方面努力保存和叙录一代文献,另一方面,也努力藉创作以留住"中州元气",东平文人群作为代表金源遗风的核心文人群,其诗文创作上也表现出典型的"中州元气"特征。

就保存金源一代文献的努力和影响而言,最有贡献,影响也最大的非元好问莫属。元好问在金亡之后,往来魏晋、燕赵、齐鲁间几三十年,游历故国山川,寻访遗逸,有所得辄以寸纸细字记录,积至百余万言,完成《壬辰杂编》《金源君臣言行录》。同时以为百年金诗往往可传,而"'兵火散亡,计所存者才什一耳。不总萃之,则将遂湮灭而无闻',乃编就《中州集》《中州乐府》"①。《金史·元好问传》载:元好问在金亡之后,"以金源氏有天下,典章法度几及汉、唐,国亡史作,己所当任。时金国实录在顺天张万户家,乃言于张,愿为撰述,既而为乐夔所沮而止。好问曰:'不可令一代之迹泯而不传。'乃构亭于家,著述其上,因名曰'野史'。凡金源君臣遗言往行,采摭所闻,有所得辄以寸纸细字为记录,至百余万言。今所传者有《中州集》及《壬辰杂编》若干卷"②。元好问之外,诸如刘祁、王若虚等金源优秀文人在存一代文献思想的影响下,也以著述为己任。

东平文人在元好问的带动与影响下,也体现出极为良好的保存文献意识。中统三年(1262)严实之子严忠杰在元好问死后,搜得元好问全集并加以刊刻。深深理解元好问存一代文献行为,并努力效仿遵行的徐世隆,借着为《遗山先生文集》作序的机会对文献典型及斯文正脉的传承意义加以表彰渲染:

> 文之为物,何物也?造物者实靳之,不轻畀人,何哉?盖天地间灵明英秀之气,萃聚之多,蕴蓄之久,挺而为人,则必富于才,敏于学,精于语言。能识天地万物之情,极其变而归之雅。故为诗、为歌、为赋、为颂、为传记、为志铭、为杂言、为乐府,兼诸家之长,成一代之典。使斯文正派,如洪河大江,滔滔不断,以接夫千百世之传,为造物者岂得而轻畀之哉!③

在徐世隆看来,文章乃造物者将天地间灵明英秀之气萃聚到人身,藉由语言表

---

① 薛兆瑞《金代艺文叙录》,上册,第191页。
② 《金史》卷一二六《元好问传》,第8册,第2742页。
③ 徐世隆《元遗山集序》,《全元文》卷六六,第2册,第388页。

达所得,而斯文正派,亦由此而得以千百世地传递。而就金朝的斯文正脉而言,北渡之后,也只有元好问可堪其任,"……金百年以来,得文派之正而主盟一时者,大定、明昌,则承旨党公;贞祐、正大,则礼部赵公;北渡则遗山先生一人而已"。而国家的沦亡,使得金源斯文一脉几乎绝灭,当此之际,起衰救坏之任,众望所在,也在元好问。而元好问"虽无位柄,亦自知天之所以畀付者为不轻,故力以斯文为己任。周流乎齐、鲁、燕、赵、晋、魏之间,几三十年。其迹益穷,其文益富,(而)其声名益大以肆"。在自己努力整理、保存金源文献之际,元好问还凭借个人巨大的人格魅力尽可能地影响最广大的人群,诚如徐世隆在序中所称颂的那样,元好问"且性乐易,好奖进后学,春风和气,隐然眉睫间,未尝以行辈自尊。故所在士子从之如市"①。元好问的努力得到了最有效的回报,至元十二年(1275),伯颜奉旨下江南平南宋,受到大量金源士人的左右影响,忽必烈命令东平文人王构等偕行,"俾搜择儒艺之士"。而王构此行不仅遵命搜择儒艺之士,更建议其时攻宋的董文炳等人保护宋朝文献典籍:

> 是岁渡江,世祖命翰林直学士李槃与公偕行,俾蒐择儒艺之士。明年春,次杭州,公见董寿公某,曰:"故宋图籍礼器具在,宜收其秘书省、天章阁、翰林、太常,考集目录,宋史异日必修纂。"遂悉辇归于朝。②

如果不是元好问等金源故老以劫后余生的巨大悲悯情怀努力裒搜金源文献的言行深深地影响了东平文人,又怎么能见几十年后,即将同样面临亡国灭种的南宋却没有重蹈金源之覆辙,文献与人民竟得以存完卵于覆巢之下?袁桷《翰林学士承旨赠大司徒鲁国王文肃公墓志铭》又记:"始天兵平宋,诏征贤能李学士槃同受旨。公至杭,首言宋三馆图籍、太常、天章礼器舆仗仪注,当悉辇归于朝。董赵公文炳从其言。今宋实录、正史藏史院,由公以完"③,南宋文献典籍,又何其幸哉!

元好问等人存文献的目的在于存一代之斯文,保存文献之外,存一代斯文更重要的意义在于藉创作以发扬、传承,而被元好问所认真保护力求传承的斯

---

① 徐世隆《元遗山集序》,《全元文》卷六六,第 2 册,第 388 页。
② 袁桷《翰林承旨王公请谥事状》,《袁桷集校注》卷三二,第 4 册,第 1499 页。
③ 袁桷《翰林学士承旨赠大司徒鲁国王文肃公墓志铭》,《袁桷集校注》卷二九,第 4 册,第 1388 页。

文特征又可以归结"中州元气"。所谓"中州元气"一说,由元好问对金末文坛盟主赵秉文的评价而来,元好问在《赵闲闲真赞》中写道:

> ……独能绍圣学之绝业,敛避于蔡无可、党竹溪之后,而竟推为斯文之主盟。不立崖岸之谓和,不置町畦之谓诚,不变燥湿之谓定,不污泥滓之谓清。蔼然粹温,见于丹青。虽无老成人,尚有典刑。凤衰无周,龙移启魏,殄瘁攸属,古为悲歟。人知为五朝之老臣,不知其为中国百年之元气。①

元好问推赵秉文为继蔡珪、党怀英之后当之无愧的斯文盟主。而赵秉文之所以能当之无愧地成为金末斯文盟主,在元好问的定义看来,又在于他独能绍圣学之绝业,在国家濒临灭亡、故老皆尽之后,独成典型。而且元好问将赵秉文的作为之典型意义上升到了"中国百年之元气"的高度,即所谓"中州元气"。与其他文坛盟主相比,元好问认为赵秉文身上具有"不立崖岸"之"和","不置町畦"之"诚","不变燥湿"之"定","不污泥滓"之"清"。这些气质使得赵秉文之为人、为文能够做到"不溺于时俗,不汩于利禄,慨然以道德、仁义、性命、祸福之学自任,沉潜乎六经,从容乎百家,幼而壮,壮而老,怡然涣然,之死而后已"。这才是他"自宋以后百年,辽以来三百年",岿然独为典型,成为"中国百年之元气"、"中州元气"的象征②。

"中州元气"灌注的诗文创作,体现为关注和表现时事,以苍生祸福为念,不立崖岸,感情充沛。例如元好问著名的《岐阳三首》:

> 突骑连营鸟不飞,北风浩浩发阴机。三秦形胜无今古,千里传闻果是非。偃蹇鲸鲵人海涸,分明蛇犬铁山围。穷途老阮无奇策,空望岐阳泪满衣。
> 百二关河草不横,十年戎马暗秦京。岐阳西望无来信,陇水东流闻哭声。野蔓有情萦战骨,残阳何意照空城。从谁细向苍苍问,争遣蚩尤作五兵。

---

① 元好问《赵闲闲真赞》,《元好问全集》(增订本),上册,第798页。
② 元好问《闲闲公墓铭》,《元好问全集》(增订本),上册,第400—401、400页。

眈眈九虎护秦关,懦楚孱齐机上看。禹贡土田推陆海,汉家封徼尽天山。北风猎猎悲笳发,渭水潇潇战骨寒。三十六峰长剑在,倚天仙掌惜空闲。①

金正大七年(1230),窝阔台确定了灭金战略,由其本人率中路军,攻金的河中府,直下洛阳,蒙将斡陈那颜率左路军直下济南,窝阔台的弟弟拖雷则率右路军由陕西宝鸡南下,借道南宋境内,沿汉水出唐州、邓州,次年春季全军会师汴京。正大八年(1231),拖雷所率大军越过秦岭,立炮 400 座攻破金朝要地凤翔,从而为蒙古绕道宋境、联宋而迂回攻金建立了基地,岐阳之陷是金朝亡灭的前奏。国家即将沦亡,生灵涂炭,山河改貌的情境令元好问忧心如焚。在描述岐阳沦陷的惨状,指斥蒙古军杀戮的残暴之际,诗人更痛苦的情绪在于,他深切地预感到,金朝大势已去,即将面临灭顶之灾,所以整组诗都笼罩着绝望、哀凉的情绪。因为时事逼人,元好问自《岐阳三首》之后,诗风陡变,多为丧乱诗,情感充沛,境界大开。元好问曾有诗评云:"子美之妙,释氏所谓'学至于无学'者耳。今观其诗,如元气淋漓,随物赋形;如三江五湖,合而为海,浩浩瀚瀚,无有涯涘;如祥光庆云,千变万化,不可名状,固学者之所以动心而骇目。及读之熟,求之深,含咀之久,则九经、百氏、古人之精华所以膏润其笔端者,犹可仿佛其余韵也。"②如果诗歌创作的"元气淋漓"需要有深切的时事感触为基础,甚至以国破山河碎的现实为代价的话,那么,或许包括元好问本人在内的任何人都宁愿只为太平犬,在国家繁荣富庶的环境中平庸地写作。清人赵翼评价元好问诗云:"七言律则更加沉挚悲凉,自成声调。唐以来律诗之可歌可泣者,少陵十数联外,绝无嗣响。遗山则往往有之。"诚所谓"感时触事,声泪俱下,千载后犹使读者低徊不能置。盖事关家国,尤易感人"③,确乎如此④。

所谓展现"中州元气""元气淋漓"的创作,最核心的精神应该是,在中原

---

① 元好问《岐阳三首》,《元好问全集》(增订本),上册,第 179 页。

② 元好问《杜诗学引(乙酉太祖二十年金正大二年六月十一日)》,《元好问全集》(增订本),上册,第750 页。

③ 赵翼《瓯北诗话》卷八"元遗山诗",凤凰出版社 2009 年,第 100、101 页。

④ 按:此段分析有参考李献芳《元好问的文艺思想与金元之交的文坛》,《中国文学研究》2003 年第 3 期,第 44—46 页,陈书龙《论元好问的"丧乱诗"》,《中南民族学院学报》1984 年第 4 期,第 83—90 页。

陆沉的时势背景中，"慨然以道德、仁义、性命、祸福之学自任"①。元人石民瞻在《续夷坚志》跋中说"乃遗山先生当中原陆沉之时，皆耳闻目见之事，非若洪景卢演史寓言也。其劝善戒恶不为无补。吾知起善推广之心，即遗山之心也"②。《续夷坚志》记载了自金世宗大定年间（1161—1189）至蒙古国蒙哥汗（元宪宗）元年（1251）之间的种种传闻故实，内容所涉，凡地理、历史、文物、医学、天文、艺术等，皆有载录，于人们了解金源时代不无裨益。而元好问之作《续夷坚志》之心亦在于此，他期望通过各种笔触，在努力叙录和反映现实之际，又竭尽所能，以不立崖岸的态度和精神，凡恶善惩劝，纤细必录，力图尽可能多地保留一个已被毁灭的时代良知与风俗面貌。

再如东平文人群的重要核心宋子贞的文章，他为耶律楚材所撰写的神道碑，既以耶律楚材的人生履历切实描述了何为天崩地坼时期的"中州元气"精神，又以文势的畅达、通透来呼应所谓"中州元气"的写作法度：

> 其学务为该洽。凡星历、医卜、杂算、内算、音律、儒释、异国之书，无不通究。尝言西域历五星密于中国，乃作《麻答把历》，盖回鹘历名也。又以日食躔度与中国不同，以《大明历》浸差故也，乃定文献公所著《乙未元历》行于世。……国家承大乱之后，天纲绝，地轴折，人理灭，所谓更造夫妇、肇有父子者，信有之矣。加以南北之政，每每相戾，其出入用事者，又皆诸国之人，言语之不通，趣向之不同，当是之时，而公以一书生孤立于庙堂之上，而欲行其所学，戛戛乎其难哉！幸赖明天子在上，谏行言听，故奋袂直前，力行而不顾。然而其见于设施者十不能二三，而天下之人固已钧受其赐矣！若此时非公，则人之类又不知其何如耳。③

就宋子贞这段对耶律楚材的评述内容来看，耶律楚材人生彰显"中州元气""不立崖岸"的行径在于他"学务该洽"，对于星历、医卜、杂算、内算、音律、儒释等方面的著述无不通究，尤其是耶律楚材对异国之书，也即其时被蒙古人所攻灭的波斯人的学术也努力究讨，这使得他比寻常精英仕宦更能在通晓时势

① 元好问《闲闲公墓铭》，《元好问全集》（增订本），上册，第400—401页。
② 王东《续夷坚志原跋》，姚奠中主编《元好问全集》卷四八，（太原）三晋出版社2013年，第939页。
③ 宋子贞《中书令耶律公神道碑》，《全元文》卷八，第1册，第178页。

的基础上，无夷夏之辨，不负所学，有用于时。不仅如此，耶律楚材为行其学，能挺身孤立于诸国之人所把持的朝堂，在言语不通、趣向不同的情形下，奋袂直前，力行而不顾，尽管所言所谏见于实施者十不二三，但已然令大乱之后的北方士民受益万方。在宋子贞或者元好问等金源文人看来，耶律楚材才是真正社会崩乱之际的希望，是有以真正支撑和肩负起拯救和保护华夏文明不至于绝灭的社会脊梁。再看宋子贞这段文字的写作，在文意晓畅、通达的同时，情感深邃悲慨。在内容充沛、文意晓畅的情境下，其凝练的辞藻不仅没有拖累文势，反而大大增强了文字的表现力度。文章中那段"国家承大乱之后，天纲绝，地轴折，人理灭，所谓更造夫妇、肇有父子者，信有之矣……然而其见于设施者十不能二三，而天下之人固已钧受其赐矣"，的确写得精彩，每于转掠处再出新意和深意，层有递进，顿挫深沉且又豪迈大气，令人感佩动容。这就是元好问等人身体力行、期为表率的"中州元气"灌注的文章写作法度，即据以时事，不立崖岸，情感充沛，元气淋漓，文意晓畅。徐世隆在《元遗山集序》中曾这样概括灌注"中州元气"的文章创作特质写道：

> 大较遗山诗祖李、杜，律切精深，而有豪放迈往之气；文宗韩、欧，正大明达，而无奇纤晦涩之语；乐府则清雄顿挫，闲婉浏亮，体制最备，又能用俗为雅，变故作新，得前辈不传之妙，东坡、稼轩而下不论也。①

从徐世隆的概括来看，元好问要努力保存且认真传承的中州元气须在继承唐宋诗文大家的基础上，律切精深的同时要大气豪迈；要正大明达的同时能用俗为雅，善于创新；在表现体裁上可以不拘一体，可诗、可文、可乐府，诸制皆备；表现风格上，可顿挫、可闲婉、可浏亮，然后成一家之言。同处东平的杜仁杰也指出元好问的创作平易透彻，别是一家，不仅顽艳者，即便牛童马走者亦读之感佩，而作者如欲追配元好问的创作法度和创作风格，则须积学饱览，经年锻炼：

> 今观遗山文集，又别是一副天生炉鞴，比古人转身处，更觉省力。不

---

① 徐世隆《元遗山集序》，《全元文》卷六六，第 2 册，第 388 页。

使奇字,新之又新;不用晦事,深之又深。但见其巧,不见其拙;但见其易,不见其难。如梓匠轮舆,各输技能,可谓极天下之工;如肥浓甘脆,叠为饾钉,可谓并天下之味。从此家跳出,便知籍、湜之汗流者多矣。必欲努力追配,当复积学数世,然后再议。曩在河南时,辛敬之先生尝为余言:"吾读元子诗,正如佛说法云:'吾言如蜜,中边皆甜。'"此论颇近之矣。虽倡优、驵侩、牛童、马走闻之,莫不以为此皆吾心上言也。若夫文之所以为文,亦安用艰辛奇涩为哉?敢以东坡之后,请元子继,其可乎?①

金朝自贞祐之乱(1214),国家崩乱,山河破碎,人民流离,这样的社会背景早不能令读书者大雨藏世,小雨藏身。所自沿袭的北宋创作气派,由读书而脱胎换骨,出奇翻新的创作基础已荡然无存。所以,赵秉文、元好问等为代表的金朝士人在南渡后的创作慨然以道德、仁义、性命、祸福之学自任,其反映时事,不立崖岸,力矫藻饰,平易深沉的风格亦得以超拔时流而异军突起。元好问的创作因为反映时事变乱,反而在"上下数千载间,何物不品题过,何事不论量了"的传统创作基础上实现了"别是一副天生炉鞴,比古人转身处,更觉省力",杜仁杰认为他的创作"并天下之味",既新且深,成就堪比苏轼。徐世隆也认为,元好问的创作为其时诗文确立了法度,从而也令"学者知所指归",进而"文体粹然为之一变"②。

三、金源院本的承传与东平文人群散曲创作上雅俗相融的特征

在蒙古人攻金的过程中,东平算得上受到战争影响最小的区域之一。由《元史》记载知道,贞祐元年(1213)在蒙古人以风雷之势攻金的进程中,攻破河北、山东、山西90余州,"河北、河东(山西)、山东,郡县尽废"③,其中"唯中都、通、顺、真定、清、沃、大名、东平、德、邳、海州十一城不下"④。拉施特在《史集》中记载:"他们没有侵犯东平府、大名府这两座大城,也没有在那里停顿"⑤,东平成为北方少数没有被蒙古人破坏的城池之一。东平的相对安定更

---

① 杜仁杰《遗山先生文集后序》,《全元文》卷六五,第2册,第369—370页。
② 徐世隆《元遗山集序》,《全元文》卷六六,第2册,第388页。
③ 刘因《泽州长官段公墓碑铭》,《全元文》卷四六六,第13册,第436页。
④ 《元史》卷一《太祖本纪》,第1册,第17页。
⑤ 〔波斯〕拉施特著,余大钧、周建奇译《史集》第一卷,商务印书馆1983年,第1册,第234页。

兼严实父子的妥善经营和恢复发展,遂成为蒙古治下时期北方最为重要的文化中心。据刘一清《钱塘遗事》载至元十三年(1276),南宋谢太后一行前往北都觐见忽必烈,途径东平时所见,"圣像雄伟,殿宇宏丽……此处风俗甚好,商旅辐辏,绢帛价极贱,一路经过,惟此为最"①。东平的稳定和繁荣使得东平临近区域、汴京的逃难民众以及四方文士、艺人都纷纷避难或寓居东平,致使东平无论在社会繁荣还是风俗面貌都堪称北方城市之最。

城市的繁荣、人口的富庶,为蒙古治下时期东平区域曲创作与表演的繁荣和发展奠定了良好的社会基础。这在当时人们的记录中有非常真切的表现。杜仁杰"〔般涉调〕耍孩儿　庄家不识构阑"就是其中反映和表述东平地区社会稳定以及杂剧表演和观看情形最详实的作品之一:

> 风调雨顺民安乐。都不似俺庄家快活。桑蚕五谷十分收。官司无甚差科。当村许下还心愿。来到城中买些纸火。正打街头过。见吊个花碌碌纸榜。不似那答儿闹穰穰人多。
>
> 〔六煞〕见一个人手撑着椽做的门。高声的叫请请。道迟来的满了无处停坐。说道前截儿院本《调风月》,背后幺末敷演《刘耍和》。高声叫赶散易得难得的妆哈。
>
> 〔五〕要了二百钱放过咱。入得门上个木坡。见层层叠叠团圝坐。抬头觑是个钟楼模样。往下觑却是人旋窝。见几个妇女向台儿上坐。又不是迎神赛社。不住的擂鼓筛锣。
>
> 〔四〕一个女孩儿转了几遭。不多时引出一伙。中间里一个央人货。裹着枚皂头巾顶门上插一管笔。满脸石灰更着些黑道儿抹。知他待是如何过。浑身上下。则穿领花布直裰。
>
> 〔三〕念了会诗共词。说了会赋与歌。无差错。唇天口地无高下。巧语花言记许多。临绝末。道了低头撮脚。爨罢将么拨。
>
> 〔二〕一个妆做张太公。他改做小二哥。行行行说向城中过。见个年少的妇女向帘儿下立。那老子用意铺谋待取做老婆。教小二哥相说合。但要的豆谷米麦。问甚布绢纱罗。

---

①　刘一清著,蒋光煦校补,周膺、吴晶点校《钱塘遗事校补》卷九,(北京)当代中国出版社 2014 年,第 140 页。

教太公往前那不敢往后那。抬左脚不敢抬右脚。翻来复去由他一个。太公心下实焦燥。把一个皮棒槌则一下打做两半个。我则道脑袋天灵破。则道兴词告状。划地大笑呵呵。

〔尾〕则被一胞尿。爆的我没奈何。刚挨刚忍更待看些儿个。枉被这驴颓笑杀我。①

由杜仁杰的这套曲所记录的内容，可以知道诸般信息。首先，乡下庄家来观剧的情形说明东平社会为其时杂剧创作和表演提供了广泛的民众基础，而民众观剧的热情也极为高涨；其次，专门的杂剧表演场地、表演班子以及表演剧目反映出东平地区杂剧创作和表演的日常化与相当繁荣的景象；其三，套曲中提到的两个剧目，是由副末和副净两个角色主演的滑稽戏，其中院本《调风月》是指金朝时非常流行的、经常演出的剧目；而刘耍和是在金朝教坊里担任过色长（领班之类）的著名演员，这相当程度地表明东平成为蒙金战争后承继金朝城市文化的重要区域；其四，剧本体制的完整和剧情的丰富紧凑性反映出东平的确是蒙古治下时期名副其实的剧曲创作表演中心。套曲〔三〕"念了会诗共词，说了会赋与歌，无差错。唇天口地无高下，巧语花言记许多。临绝末，道了低头撮脚，爨罢将么拨"，这段是写开场时的一段小演唱，当时叫作艳段，也就是套曲中说的"爨"。而所谓艳段的意思和形制，据《梦粱录》载："杂剧中末泥为长，每一场四人或五人，先做寻常熟事一段，名曰艳段，次做正杂剧，通名两段"，在进行完"爨"的过程之后就进入正剧表演了。杜仁杰在这段套曲中说，演员念了些诗词，说了些韵语，口齿伶俐没错句。要嘴皮有天没日，说不完的插科打趣。临末时低住了头，双脚并立，念了下场语。然后爨段结束，开始正剧表演。杜仁杰描述的完整详实表明其时表演形式的严整有序，从而也更清楚地表明金朝的院本表演形式被完整地搬到了东平。其五，最重要的是，作为正统文人的杜仁杰如此清晰、详实且诙谐、口语化地描述东平杂剧表演的流程，真切地反映出东平剧曲创作的雅俗共融倾向和特征。

东平作为蒙古治下时期四方文人聚合的中心，再加上东平府学的筹建与成立，以及金朝太常礼乐的恢复、乐工的聚合，等等，这些因素实际为东平剧曲

① 杜仁杰《〔般涉调〕耍孩儿·庄家不识构阑》，《全元散曲》，上册，第36—37页。

创作的雅俗融合创造了极好的氛围。而元好问等人历经国破家亡劫难之后，在创作和表现理念上也极欲以不立崖岸之精神态度来保存中州元气和中州面貌，这更在理论高度上为东平剧曲创作上雅俗融合的倾向奠定了基础。元好问《故帅阎侯墓表》曾这样记述蒙古治下时期东平上层文人的雅集写道：

> 辛丑（1241）元日，予方客东平。载之盛为具，召予及大兴张圣予、祁人宋文卿、东光句龙英孺、镇人刘子新、大原崔君卿、浑源刘文季、寿春田仲德辈，饮于家之养素斋。载之先病于酒，医者戒勿饮。然其所致客皆名士，乐籍又京国之旧，饮既洽，谈谑间作，坐客无不满引举白者。①

元好问所记的故帅阎侯，名珍，字载之，上党人，因为严实的举荐，授辅国上将军、左副元帅、昭义军节度使。据元好问的记载，在阎珍家的养素斋，聚集了来自各方的名士、精英，诸如张圣予、宋文卿、句龙瀛、刘子新、崔君卿、刘郁、田仲德等。而将欢会带向高潮更重要的原因是，宴席上的表演助兴者皆当日"京国之旧"，念国怀旧的共同情绪，使得人们不拘身份、不问出身的融合十分欢洽。而诸多"京国之旧"在东平的聚集，也说明金朝的戏曲演员和表演文化在东平得到了很好的保护与恢复。

由元好问的叙述可以知道国破家亡之后，人们在东平的日常相处和聚会已无崖岸和藩篱之感，不仅如此，人们还以实际的创作来彰显出他们雅俗共融的审美倾向。如前所引"〔般涉调〕耍孩儿"套曲的作者杜仁杰（约1201—1282），字仲梁，号善夫（"夫"也作"甫"），又号止轩，与严实为同乡，皆为济南长清（今属山东济南市）人。出生于诗书之家，在诗、词、曲、文诸方面具有良好素养，金亡之前，曾与麻革、张澄等隐居内乡山中，以诗文酬和。曾自称"负天下滑稽之名"，故南戏《宦门子弟错立身》有"你课牙比不得杜善甫"，足见其诙谐之名。胡祇遹曾有诗赞赏杜仁杰才华横溢、为人洒脱的态度：

> 胸中泾渭自清浑，舌颊春风笑语温。看破大方无畔岸，耻居小节作篱藩。百年放适诗千首，四海交游酒一尊。醉眼天风吹不醒，倒骑箕尾阅

---

① 元好问《故帅阎侯墓表（辛丑，太宗十三）》，《元好问全集》（增订本），上册，第618—619页。

乾坤。①

在胡祗遹的诗中也指出杜仁杰有诗作千首,但他更为人们尊奉和推崇的原因却在于他不立崖岸,耻有藩篱,平视雅俗,四海交游的人生态度和创作立场。王恽在杜仁杰死后曾作多首挽诗来评价杜仁杰的文坛影响:

王恽《挽杜止轩》

贫乐能安贵不淫,百年宦海寄浮沉。闲中今古资谈具,物外江山助醉吟。风义见来先急难,文章拈出更雄深。追攀逸驾嗟何及,时向逃空得苦心。

一代人文杜止轩,海翻鲸掣见诗仙。细吟风雅三千首,独擅才名四十年。剑在不沉冲斗气,神游多了住山缘。老天未觉斯文丧,齐鲁诸生有正传。②

王恽《挽杜止轩征君》

泰岱东蟠未了青,文章公独萃精英。赋方庾信才华壮,诗到樊川气格清。平日酒杯追散圣,一生高节见陈情。风流想在齐梁席,未让邹枚独擅名。③

从王恽的挽诗评价来看,杜仁杰一生著述甚丰,在诗、文、赋等领域都成就甚高,文风雄深,诗风清朗,曾独擅才名四十年,皆为时人所崇。而由前所引杜仁杰套曲"〔般涉调〕耍孩儿",以及他为元好问集子所作序言的写作情形来看,可以看出杜仁杰创作上非常明显的以俗入雅的特征。杜仁杰的作品大多已散佚,据山东长清档案馆 2006 年出版的《杜仁杰——文献与研究》,杜仁杰诗 27首、词 2 首、曲 7 首(包括残曲 2 首)、散文 17 篇,创作数量远不能与时人所描述相符,但曲却占有相当分量,足见其曲创作在当时的影响。

杜仁杰之外,其时在东平包括东平的统治者严忠济在内的金源文人如王磐、杨奂、商挺、徐琰,以及往来东平甚勤的元好问、王恽,曾寓居东平的胡祗遹

---

① 胡祗遹《赠杜止轩》,《胡祗遹集》卷六,第 135 页。
② 王恽《挽杜止轩》,《王恽全集汇校》卷一七,第 3 册,第 776 页。
③ 王恽《挽杜止轩征君》,《王恽全集汇校》卷一六,第 2 册,第 753 页。

等都以专精诗文者而兼及散曲创作,且影响较著。而东平文学创作上雅俗兼融表现最突出的还是东平杂剧作家高文秀的创作。据钟嗣成《录鬼簿》及明初贾仲明《录鬼簿续篇》所录,山东是元曲创作和表演的主要地区之一,山东籍戏曲作家共 28 人。最盛之地是东平,有高文秀、李好古、张寿卿、张时起、顾仲清、赵良弼、陈元妄、李显卿等,尤其是高文秀,以 32 部作品而位列关汉卿之后,排第二。高文秀与张时起都是以杂剧蜚声文坛的东平府学弟子,这不得不令人想到元好问、杜仁杰、徐世隆等人不立崖岸,以俗入雅,雅俗兼融的作文理念和创作立场对于东平弟子的深刻影响。

在元人看来,东平府学由于有元好问的参与和影响,于是"齐鲁缀文之士,云起风生","以词章相雄长"①,而高文秀的杂剧创作确实也是雅俗融合的很好典型。高文秀 32 种剧作中,水浒戏就有 8 种,是元代写水浒戏最多的作家。高文秀的水浒戏以黑旋风剧为主,其存世之作《黑旋风双献功(双献头)》与康进之的《梁山泊黑旋风负荆》,被称作元代水浒戏的双璧。《黑旋风双献功》之外,还有《黑旋风穷风月(黑秀才穷风月)》《黑旋风大闹牡丹园(牡丹园)》《乔教子(黑旋风乔教子)》《宋公明火伴梁山泊黑旋风诗酒丽春园(丽春园)》《黑旋风借尸还魂(借尸还魂)》《黑旋风敷衍刘耍和》《黑旋风斗鸡会(斗鸡会)》等。尽管以水浒戏作为自己写作的重要素材有着近水楼台的意思,因为山东是水浒故事的发祥地,但作为东平府学弟子,在颇有渊源依据的教育背景下,高文秀的写作不仅极富艺术技巧,而且还灌注了很深的道德情怀。以其存世之作《黑旋风双献功(双献头)》为例,作者在刻画李逵这一传统形象时,虽落笔于其粗豪,但却努力着眼于其粗中有细性格的刻画,增强了艺术的表现张力。而且,在剧情的进展中,作者强化了梁山好汉的正面形象,将水泊梁山为民作主、替天行道的主题延伸为在现实世界里,李逵伸张正义、扶弱济贫、诛恶锄奸的行为依据,从而获得民众的信任和爱戴②。这与其说是民间水浒故事本事的敷衍,还不如说是作者在借具有巨大生命力和民众基础的水浒故事和水浒人物来表达和灌注其被金源文人锻造过的人文视角和道德情怀。

高文秀杂剧创作中,历史剧和文人秀才剧占有的比重更大,就创作的雅俗融合程度而言,这类杂剧创作更加展现出其良好的文化教育背景以及了无雅

---

① 苏天爵《西林李先生诗集序》,《滋溪文稿》卷五,第 62—63 页。
② 辛一江《高文秀及其杂剧创作》,《湖北大学学报》1999 年第 4 期,第 56—59 页。

俗崖岸的写作立场对于其杂剧创作的深刻影响。高文秀的历史剧有《伍子胥弃子走樊城(走樊城)》《相如完璧廉颇负荆(廉颇负荆)》《禹王庙霸王举鼎》《须贾大夫谇范叔(谇范叔)》《志封侯班超投笔(班超投笔)》《刘先生襄阳会》《孙权娶大乔周瑜谒鲁肃(谒鲁肃)》《保成公经赴渑池会(渑池会)》《病樊哙打吕胥(打吕胥)》,文人秀才剧有《醉秀才戒酒论杜康》《不当事(朝子秀才不当事)》《张敞画眉(京兆尹张敞画眉)》《五凤楼潘安掷果》《穷秀才双弃瓢》等等。如所周知,金院本分属"和曲院本""上皇院本""题目院本""霸王院本""诸杂大小院本""院幺""诸杂院爨""冲撞引首""拴搐艳段""打略拴搐""诸杂砌"等十一类。前五类均冠以"院本",是根据题材及故事容量所作的概括。后六类比较复杂,多为院本所需要的各种表演技艺。而从高文秀的历史剧和文人秀才剧剧目来看,应该有不少剧目与金院本有密切关系,如《郑元和风雪打瓦罐(打瓦罐)》可能出自官本杂剧《病郑逍遥乐》,《禹王庙霸王举鼎》出自"霸王院本",另外《好酒赵元遇上皇(遇上皇)》可能出自"上皇院本"等等①。这可以让人看到在无雅俗崖岸的写作立场的支撑下,高文秀作为文人介入院本的改编和撰述,这本来就是创作上雅俗融合的重要表现。而就更深层的因素来看,则是他的文人素养和文人情怀借助剧本的编撰和表演得到深度体现。例如高文秀的历史剧《须贾大夫谇范叔》中的唱段:

〔混江龙〕若依着先王典教,贫而无谄富无骄,俺可甚一身流落,半世辛劳?常只是白首相知犹按剑,枉了也朱门先达有同袍。猛回头则落的纥地微微笑,倒不如痴呆懵懂,甘守着陋巷的这箪瓢。

(云)可早来到驿亭也。令人报复去,道有范雎在于门首。(张千做报科,云)报的大人得知,有范雎来了也。(邹衍云)道有请。(张千云)请进。(做见科)(邹衍云)贤士,小官奉主公命令,在此相候良久。贤士请坐。(正末云)量小生有何德能,劳大王如此重待。(邹衍云)贤士有如此大才,久后必有大用也。(正末唱)

〔油葫芦〕自古书生多命薄,端的可便成事的少。你看几人平步蹑云霄?便读得十年书,也只受的十年暴。便晓得十分事,也抵不得十分饱。

---

① 李修生《元杂剧史》,第 180 页。

至如俺学到老,越着俺穷到老。想诗书不是防身宝,划地着俺白屋教儿曹。

（邹衍云）贤士,如今这秀才每但读些书,便去求官应举。贤士有如此大才,何不进取功名也。（正末唱）

〔天下乐〕他每只是些躲避当差影身草,自古来文章,可便将人都误了。（邹衍云）我想古人都是靠着文章出身的,怎见得就误了人来?（正末唱）劝今人休将前辈学。（邹衍云）学便如何?（正末唱）学卞庄斩虎的入虎穴,学吕望钓鱼的近池沼,学太康放鹰鹘拿燕雀。

（邹衍云）贤士,你不学古人,待要怎生也?（正末唱）

〔那咤令〕我论着那斩虎的,则不如去斩蛟。（邹衍云）这钓鱼的,可是如何?（正末唱）钓鱼的,则不如去钓鳌。（邹衍云）这放鹰的,可是如何?（正末唱）放鹰的,则不如去放雕。调大谎往上趓,抱粗腿向前跳,倒能够禄重官高。

（邹衍云）贤士,如今世上都是只敬衣衫不敬人的时节,也须穿着那鲜明衣帽,打扮的齐整些才好。（正末唱）

〔鹊踏枝〕但有些个好穿着,好靴脚,出来的苦眼铺眉,一个个纳胯挪腰。说谎的今时可便使着,天那,则俺这诚实的管老死蓬蒿。①

这段唱词在整个元曲创作表现中非常典型,即它借古人杯酒浇个人胸中块垒,将文人情怀借杂剧人物的演唱表现出来,化雅入俗,既情绪悲慨、文采斐然,又鞺鞺鞳鞳、跌宕起伏,富于表现的张力。某种程度而言,传统文人的写作立场和写作情绪在国家崩坏、礼乐失据、文人无望的社会背景下,落入俗剧俗曲的创作和表现中,在增强剧曲艺术魅力和表现张力的同时,也使得文人情怀得到了一次痛快淋漓的释放,而这同样不失为元好问等人所谓的"中州元气"特质。

高文秀还有一些其他类型的剧作如《并头莲（儿女并头莲）》《不及父（养子不及父）》《锁水母（木叉行者降妖怪泗州大圣锁水母）》《干请俸（朝子令史干请俸）》《赵尧乱金》《四坐禅（志公和尚四坐禅）》《害夫人（狠鹘儿厌宅眷妆

---

① 高文秀《须贾大夫诔范叔》第一折,《全元戏曲》第一卷,第1册,第647—648页。

旦色害夫人)》《神诉冤(烟月心神诉冤)》。其他几位东平剧作家,高文秀的同学、同乡张时起,字才美,有杂剧作品《霸王垓下别虞姬》《出塞昭君胡马嘶》《牡丹事花月秋千记》;李好古有《镇凶宅(赵太祖镇凶宅)》《张生煮海(二本)》《劈华岳(巨灵神劈华岳)》;张寿卿有《红梨花(诗酒红梨花)》;顾仲清有《火焚纪信(楚霸王火焚纪信)》《陵母伏剑(知汉兴陵母伏剑)》等。这些剧目的存在相当程度地证明:东平即使不能算是杂剧创作的中心,至少它有以滋养和培养了大量杂剧的产生。而就高文秀、张时起两位同出自东平府学的创作情形而言,尽管从剧中的言语以及高文秀的经历来看,他的不少剧本是在他离开东平到大都后创作的,但就中所表达的主题和情绪,则金源正统文化以及元好问等人所努力期待保存和恢复的"中州元气"实际借院本与杂剧等俗文化形式得到了相当程度的推广和弘扬,并将以鲜活的生命力和表现力对元曲的繁荣以及元代文学创作格局产生深远影响。

第四章　金源文人群的分布与元初
北方文学格局·其他区域文人群

　　真定、东平作为史氏和严氏两个势力最大的世侯统辖区,是金源文人流动的主要区域,前者因为元杂剧的繁荣受到自王国维以来的文学研究者的关注,后者因为东平府学吸引了大批金源精英文人而为文史学者所注意。此外还有王国维《宋元戏曲史》中将其与真定、东平并称的平阳,"文化最盛之地,宜杂剧家之多","北人之中,大都之外,以平阳为最多"①,平阳文人也因此受到了一定的关注。不过,世侯统辖区中诸如保定、卫辉等区域文人群体的聚集与影响却没有得到相应的关注。事实上,保定张氏也有相当势力,在中原文化和士人保护方面,张氏也尽其所能,贡献颇多。尤其是张柔在战乱中,收图籍、寻访乡贤望族,护送他们北归的行为更是吸引了金朝状元王鹗、著名文人郝经父子等久居保定,这些人的作为对于元初馆阁文人群体的构建以及创作面貌颇有影响。另外,在卫辉区域,以苏门山为中心形成的程朱理学探研群体,邢州西太行山深处的紫金山,以刘秉忠为中心,讲求务实切用的刑州文人群等等,他们日后在忽必烈金莲川幕府所发挥的政治作用,使他们对元代文坛格局的影响实际不逊于真定、东平、平阳诸地域的文人群体。

第一节　保定文化中心与保定文人群的创作倾向及影响

　　河北保定世侯区由张柔所开创。"保定"一名,得自于元朝,至元十二年(1275),元廷将顺天府改名为保定府,意为"保卫大都,安定天下",由其含义

---

① 王国维《宋元戏曲史》第九章"元剧之时地",第77页。

即可知保定所处地理位置之重要。保定世侯张柔（1190—1268），字德刚，易州定兴河内人，原为金朝中都经略使苗道润部将。金兴定二年（戊寅，1218），蒙古人攻略紫荆口，张柔率所部迎战蒙古人于狼牙岭，"马蹶被执，遂以众降"，而成吉思汗却"还其旧职，得以便宜行事"。于是张柔招集部曲，"下雄、易、安、保诸州"，再"徙治满城"①。丁亥（1227）春，"以满城地隘不能容众，乃移镇于保"②。壬辰年（1232），跟随拖雷军队伐金，以屡立战功，被窝阔台赐金虎符，升军民万户③。窝阔台汗八年（1236），蒙古朝廷实行"画境之制"，即对犬牙交错的汉地世侯辖区按照金朝路州旧制划界。由于张柔辖区的中心满城和清苑，在金朝仅是中都路下属的顺天军，所占其他城邑也大多分属原先的金中都路及河北西路，所以"画境之制"使得张柔所辖三十余座城池按金朝旧制回归中都路及河北西路，剩下属于顺天保州的区域"居燕、赵之间，分隶无几"。窝阔台汗十三年（1239），鉴于张柔的卓著战功，蒙廷又将雄、易、保、遂、安肃五州置顺天路，隶属张柔④，置总管府⑤。至元初，元世祖再次对汉地路州设置归属进行调整，张柔辖区所领属州，在原先的雄、易、保、遂、安肃五州之外，增加祁州和完州。作为世侯，张柔统辖范围最盛时，据寓居当地的士人郝经的记载："今万户张公柔，自满城建牙于保，开斥土宇，西尽常山，东出瀛、博，南逾滹池，北负涿、易，自为一道，统城三十，仍兼河南诸道"，张柔所治被蒙古人"诏锡名曰'顺天'，开大帅府焉"⑥。中统二年（1261），张柔请求致仕，由第八子张弘略袭其职。中统三年（1262）发生李璮之乱，忽必烈朝廷"惩璮叛逆，务裁诸侯权"，张弘略兵职被解，"宿卫京师"⑦，至元元年（1264）张弘略之弟张弘范被忽必烈授顺天路管民总管，次年（1265），张弘范移守大名⑧，张氏在保定一带近五十年的统治即告结束。

①　《元史》卷一四七《张柔传》，第 11 册，第 3472 页。
②　苏天爵《万户张忠武王》，《元朝名臣事略》卷六，第 97 页。
③　《元史》卷一四七《张柔传》，第 11 册，第 3473—3474 页。
④　《中国行政区划通史·元代卷》，第 23 页。
⑤　《元史》卷五八《地理志一》，第 5 册，第 1354 页。
⑥　郝经《顺天府孔子新庙碑》，《郝经集校勘笺注》卷三四，第 2768 页。
⑦　《元史》卷一四七《张柔传》，第 11 册，第 3477 页。
⑧　《元史》卷一五六《张弘范传》，第 12 册，第 3680 页。

一、保定文化中心的建构及保定统治者的文献保护意识

与真定史天泽父子、东平严实父子一样，保定张氏身当国家崩亡之际，以军人之质，力求保聚一方。而与真定、东平没有受到蒙古人的巨大破坏情形非常不同的是，保定"当南北之冲"①，"北控三关，南通九省"，天下有变，保定即首当其冲，在"金元用兵之际，至有举城罹锋刃，老幼无孑遗"，城池及人民被摧残的程度可谓惨烈。蒙金战乱之后，保定"荒空者十余年"。自张柔接受蒙古统治者的授命而自行开设府署之后，"乃划荆榛，立市井，通商贩，招流亡。不数年，官府第舍，奂然一新"②。元好问高度评价张柔作为汉地世侯，在地方安定中所起到的积极意义："盖自板荡以来，我公为吾州披荆棘、立城市、完保聚、辟田野、复官府、举典制，摧伏强梗，拊存单弱，使暴骸之场重为乐国"，"公置行幕荒秽中，日以营建为事。继得计议官毛居节，共为经度。民居、官府，截然一新。遂引鸡距、一亩二泉，穴城而入，为亭榭、为池台。方山阳，则无蒸爨之酷；比历下，则无卑湿之患。此州遂为燕南一大都会，无复塞垣之旧矣"③。作为"燕赵界区，神京要地"④，在被战争毁灭之后又重建恢复成"燕南一大都会"，那么它吸引民众和士人避居、逃难其地也在所必然。

和真定史天泽、东平严实教育背景差不多，张柔"少倜傥不羁，读书略通大意，工骑射，尚气节，喜游侠"，相比较而言，张柔还有着非常清晰的"收纳贤俊"，"保存文献"的意识，这对于保定一带成为真定、东平之外，金源文人栖身的另一重要据地非常重要。据张柔的传记载，天兴二年（癸巳，1233），金朝都城被蒙古人攻破，汴京投降，"诸将争取金缯，公独入史馆，收《金实录》、秘府图书，仍访求乡曲耆旧、望族十余家，若高户部夔、李都运特立、赵礼部三子贽、克刚、克基、杨翰林子恕、婿贾庭扬，护送北归"⑤。天兴三年（甲午，1234），蔡州被攻陷，蒙古人肆意屠杀，而张柔听闻状元王鹗将被杀，遂救之，辇之北归。王鹗（1190—1273），字百一，曹州东明人。金正大元年中进士一甲第一人，授应奉翰林文字，著名文人王若虚的弟子。著有《论语集议》《汝南遗事》《应物

① 苏天爵《万户张忠武王》，《元朝名臣事略》卷六，第97页。
② 苏天爵《万户张忠武王》，《元朝名臣事略》卷六，第97页。
③ 元好问《顺天万户张公勋德第二碑》，《元好问全集》（增订本），上册，第555、556—557页。
④ 李廷宝《（嘉靖）清苑县志》卷一，明嘉靖刻本。
⑤ 苏天爵《万户张忠武王》，《元朝名臣事略》卷六，第95、98页。

集》四十卷。王鹗之外,在张柔的经营下,侨寓保定著名者还有郝思温、郝经父子。壬辰(1232)之乱,郝经跟随父亲郝思温北渡侨寓保定,郝经在保定读书成名之后,张柔闻其名,"延之家塾,教授诸子"①。郝经(1224—1276),字伯常,泽州陵川人。著有《易春秋外传》《续后汉书》九十卷、《原古录》《陵川集》三十九卷等。而魏初指出,张柔喜收养士类,在金亡之后,所保护和容留著名金源名人"如前状元王鹗、监察御史乐夔、进士敬铉皆在其门下,馆客则陵川郝经、掌经书记则公(王汝明)也"②。敬铉,字鼎臣,易州人,金兴定四年(1220)进士,曾授郏城主簿,又为白水县令,元初授中都提学,学者称大宁先生。此外,由于张柔在汴京城破之际,直入史馆,收走金《实录》以及秘府图志,这吸引了元好问的极大注意,《金史·元好问传》载"时金国实录在顺天张万户家,乃言于张,愿为撰述"③。

对于张柔维持保定一方安定,建设良好的社会风俗,使得保定成为北方一大文化中心的巨大贡献,郝经一段关于张柔副手贾辅的载记极能说明问题:

> ……迁左副元帅,副张公,开府于保州。筑垒以合南北军,两府诸城并为一道。张公将兵在外,侯常居守,故无巨细,一决于侯。乃鸠遗民,宽赋租,拔猾梗,剔奸蠹。资粮日富,士马日盛。春施秋杀,恩威并著。黠守豪帅,帖沮慑服。于是有城数十,地方千余里,节度之州二,刺史之州五,胜兵数万,而户不啻十余万。西尽常山之尾,缴出镇定,左转蜚狐之口,东包河间,出九河,南入冀野,北尽涿、易,横络上谷、卢龙之塞,而跨有燕、赵恒岳之镇,有滹沱、涞、易之浸,有桑麻鱼盐之利,枣栗五谷之饶,金铁纤纩之产。河朔诸道,车辙马足,皆出其间,四方之珍充羡,而货泉川流,遂为一大都会。汴梁亡,朝省名士五十余人会于保下,侯皆厚为资给,尽礼延待,擢其英俊而加任使,其耆德则事之,由是四方贤士,翕然来归,冠佩蔼然,有平原、稷下之盛。故好贤之誉日隆,事之利病日益闻,政化修明,人有生赖,既富而教,骎骎乎治平之世。④

① 苏天爵《国信使郝文忠公》,《元朝名臣事略》卷一五,第294页。
② 魏初《故总管王公神道碑铭》,《全元文》卷二六七,第8册,第486页。
③ 《金史》卷一二六《元好问传》,第8册,第2742页。
④ 郝经《左副元帅祁阳贾侯神道碑铭并序》,《郝经集校勘笺注》卷三五,第2874页。

从郝经这段关于贾辅的记录可以看到，在张柔的授意和安排下，保定州借助地理位置上的南北通衢之胜，管理上的宽赋富民、恩威并著，逐渐成为河朔诸道中，"四方之珍充羡，而货泉川流"的大都会。而更重要的是，保定州对于往来的英俊贤士广纳博收，"厚为资给，尽礼延待"，于是"四方贤士，翕然来归"，而人们生养其间，"既富而教"，也推动了保州"骎骎乎治平之世"，"蔼然而有平原稷下之盛"，无愧为北方一大文化中心。

在物质基础上营建北方文化中心的同时，张柔、贾辅等人的文献保护意识也是保定成为文人乐居之地的重要原因。由前述论知道，张柔作为习武之人，虽然本人教育背景平常，但却非常有仁义之心和礼贤重文之姿态，而尤其值得指出的是，张柔在汴京城破之际，不取金帛而取文书，将金实录及秘书图志收归、保存的行为更能看出张柔对于中原文献清晰的保护意识。张柔作为保定最高统治者，他的这种文献保护意识以及对待文士的亲重态度会相当程度地影响到保定文人群的文化和创作导向。就如其副手贾辅，可谓张柔行事之翻版。而如果说张柔在城破之际，不取子女玉帛，而独入金朝馆阁秘府，将其实录及秘府图志收聚，载而北渡，其所存者乃金源国家文献的话，那么，他的副手贾辅则在战乱之中，努力收取和保存私家藏书，贾辅的事迹与精神同样非常值得述论。据郝经《万卷楼记》载：

> 万卷楼，顺天贾侯藏书之所也。曰"万卷"，殆不啻万焉。不啻万而曰万者，举成数也。金源氏末，天造草昧，豪杰哄起，于是拥兵者万焉，建侯者万焉。甲者、戈者、骑者、徒者各万焉；鸠民者、保家者、聚而为盗贼者又各万焉；积粟帛金具子女以为己有者，断阡陌、占屋宅、跨连州郡以为己业者又各万焉。侯则独不然，息民保境，礼贤聚书，劝学事师而已。于是取众人之所弃以为己有，河朔之书尽往归之，故侯之万者独书焉。河南亡，众人之所取者，如金帛、子女复各万，侯之书又得万焉。淮南亡，众人之所取者如初，亦复各万，侯之书又得万焉。故南北之书，皆入侯府，不啻数万卷焉。

由郝经的记载可以知道，贾辅与张柔一样当天下大乱之际，并不像一般豪杰军阀或忙于拥兵自保，或忙于积财占宅，而独热衷于"息民保境，礼贤聚书，劝学事师"，这使得他能人弃我取，"切切于收览遗书为志"。于是，无论河朔、河南、淮南，南北各地之书，多入贾辅之手，而贾辅也可谓尽得其时北方私家书籍之所藏。而且，贾辅在筑楼藏书之际编门分类的意识，又可谓深得中原文献之传，对此郝经在文章中写道：

> 始贮于室，室则盈；贮于堂，堂则溢，乃作楼藏之。楼既成，尽以卷帙置其上，而为之第，别而为九。六经则居上上，尊经也；传注则居上中，后传也；诸子则居上下，经之余也。历代史居中上，亚六经也；杂传记居中中，次史也；诸儒史论居中下，史之余也。先正文集及诸著述居下上，经、史之余也；百家众流、阴阳图籍、山经地志、方伎术数则居下中，皆书之支流余裔也；其法书名画则居下下，艺成而下也。栉比鳞次，高切星汉，人之文与天文际。私家之藏，几逾秘监，故贾侯之书甲天下。方干戈坏乱，经籍委地，侯独力为捆拾，吾道赖以不亡，虽孔氏之壁，河间之府，不是过也。彼富贵者之楼，管弦樽俎，肴核几席，登览燕集之具充焉。侯之楼，则古圣今贤，大经格言，修身治世之典积焉。时顺天之治尝最诸道，推为钜公伟人，而又乐贤下士，切切于收览遗书为志，故天下之人益以此贤侯。

藉由郝经的描述，可以想见贾辅万卷楼藏书以"私家之藏"而"几逾秘监"的"甲天下之富"。而再由郝经文章对于书籍类目的编辑、归置，则又不能不慨叹贾辅以军人之资，其麾下、府中又该聚集和容纳多少金源文士。他们按照经、史、子、集的顺序将贾辅万卷楼所藏之典籍加以分门别类，其专业程度、严谨程度，又诚可谓传中原文献之遗意矣。而更令人敬佩的是，贾辅收书之目的并不在于满足一己之好恶，富一家之藏聚，其目的依旧在于以苍生天下为念，郝经作为深受其惠的读者，记述贾辅收书、藏书之初心写道：

> 侯既贮书于楼，谓其将佐曰："昔蔡中郎书籍畀之王粲，而粲卒名世；今吾之书若是，不有所畀，适足以为蠹鱼之食，不免堕檐之讥矣。吾闻郝氏子经，嗜书力学，吾将畀之。鞅掌之隙，亦得窃听焉。"时经寓居铁佛寺之南堂，坐彻明者五年矣，以书币邀致其府，于楼之侧，筑堂曰"中和"，尽以楼之书见付，使肆其观览。侯则时令讲解一编，辄曰："吾之书有归矣，

吾不为书肆矣。向吾之书贮于楼中，今则贮子之腹中。向者大圣人之道布于方策，今则布诸子之心矣。子其摛光揭耀，俾吾之书用于世，以济斯民，则子之腹乃万世之府也。不然，则亦蠹鱼之穴，堕檐之楼尔，子其勉之！"

金朝以极其迅疾且惨烈的方式灭亡，这对于劫后余生的人们，无论是作为读书略通大义的金源武将还是以文献保护和著作自任的金源文人来说，竭尽所能以略存其一二面貌也算是对逝去的王朝的深重哀悼。对贾辅来说，他竭尽其所能地藏万卷书，筑万卷楼以藏书的真正目的在于静候真正的读书人，使楼中之藏成为读者腹中之贮，使腹中之贮成为用世济民之万世府，则其存文献之意足矣。对于郝经这样的书香世家子弟而言，历经劫难而幸有余生，有感于金源制度、文献之辉煌，曾不逊于唐、宋，竟有机会饱览尽阅，则其感激涕零之意委实难以言表：

> 其不克负荷，每为流涕感刻曰："经举家之盘缶不能购一经，故每区区晨夜，叩人之门，藉书以为学。今侯以数十年之勤，数万卷之多，尽以见畀，虽侯之盛意，岂非天邪！如怠忽自弃，以多书而不能如无书之初心，业不能勤，而卒无有成，则非负侯，是负天也，复何以立于世哉！"故书侯聚书起楼及畀经为学之义以为记，以明侯之德，且以自警，庶几终不负侯云。①

正如包括元好问、郝经、王恽等一大批金源文人所认为的那样，"金源氏崛起海东，当天会间，方域甫定，即设科取士，急于得贤。故文风振而人材辈出，治具张而纪纲不紊"。尽管只享国120年，但也曾文物繁盛，别具风骚，诚所谓"典章文物，至比隆唐、宋之盛"②。最终竟在20年间被蒙古人以惨烈的方式毁灭，在极大多数的金源精英文人和仕宦官员看来，这或许是天意。在无法抗拒天意的残酷现实面前，劫后余生的金源精英们存文献之遗的意识和行动表现极为悲慨而无私。由郝经之述可以看到贾辅之悲慨无私，而郝经本人也将自己

———————

① 郝经《万卷楼记》，《郝经集校勘笺注》卷二五，第1906—1907页。
② 王恽《浑源刘氏世德碑铭并序》，《王恽全集汇校》卷五八，第6册，第2565页。

视作天降大任之斯人,恨不能粉身碎骨以报答、以成就天意之所钟。

如果说真定作为北方最大、最繁荣的世侯区而吸引众多金源文人寓居其地;东平凭借其得天独厚的文化背景容留最多数量的金源文人,并以重建东平府学而得以保存金源遗风的话;那么保定则由于张柔、贾辅等人大量聚集金源文献而得以存金源之旧,并使得王鹗、郝经这样的优秀文人长久地留在了保定。由于张柔将金《实录》、金朝秘府图志都带回了保定,这使得本来就对他的救命之恩深怀感激的王鹗"馆于保州者余十年,深自韬晦,若将终身焉"[①];而张柔、贾辅为郝经所提供的读书机会与环境,使得郝经感激涕零,自"壬辰春,北首渡河,居于保凡十一年,僦庐而徙者十。最后徙南里,自甲辰至于丁巳,凡十有四年,于居为最久"[②],也相当程度上将保定认作是自己的心灵家园,希望就此藏身藏世以终老。

三、保定文人群创作中的重史务实倾向及影响

粗豪如张柔、贾辅辈武夫尚且能竭一己之所能而力护金源之文献,努力为读书人创造读书环境以救苍生于水火,以全中原文献之传于乱世,又何况那些饱读经书的金源优秀文人呢? 由于王鹗、郝经、元好问等文人抱持"国亡史作,己所当为","不可令一代之迹泯而不传"的理念,以及他们以身作范的引领作用,保定文人群以较为明显的重史务实倾向,在蒙古治下时期以及之后的元朝的文化和文学格局中令人注意。

其一是王鹗存金源实录愿景及其重史务实创作倾向的影响。王鹗乃金正大元年(1224)状元,曾任应奉翰林文字,与金末文坛盟主诸如赵闲闲赵秉文、杨礼部杨云翼、王滹南王若虚等同事,又与其时文坛骁将雷渊、李献能等日夕相处,他在金末的文坛交游圈可谓极"天下之选"[③],其中王鹗又与王若虚的关系最为亲厚。金亡后,王若虚主要寓迹真定、藁城,而王鹗则遁迹保定,且深自韬晦,唯与王若虚有往来痕迹。1242年,王若虚特意到保定,将自己的文集交由王鹗保管:

---

① 苏天爵《内翰王文康公》,《元朝名臣事略》卷一二,第238页。

② 郝经《北风亭记》,《郝经集校勘笺注》卷二六,第2037页。

③ 王鹗《滹南遗老集引(海迷失后元)》,《全元文》卷二四五,第8册,第4页。

　　壬寅之春,先生归自范阳(今河北涿州),道顺天,为予作数日留。以手书四帙见示日:"吾平生颇好议论,向所杂著,往往为人窃去,今记忆止此,子其为我去取之。"予再拜谢不敏。明年春,先生亡矣。越四年,其子恕见予于燕京,予尽以其书付之。又二年,藁城令董君彦明益以所藏,厘为四十五卷,与其丞赵君寿卿,倡议募工,将镂诸板,以寿其传,嘱为引。

据引文知道,王若虚将其文集交付王鹗之后,次年即去世,而王鹗也在之后若干年,将王若虚的集子厘为 45 卷刊印,直至明清黄虞稷及四库馆臣们所见本子,亦卷帙无差,足见其集当日刊刻之精、流传之广远,终未因时序变换而淹没。这既说明王若虚所托得人,又说明王鹗对王若虚学问继承之无偏。而王鹗本人也承认,当日在金朝馆阁中,王若虚对他教诲最多:"玉堂东观侧耳高论,日夕获益实多,然爱予最深,诲予最切,愈久愈亲者,滹南先生一人而已"①。至于王若虚之学问,四库馆臣认为,"金元之间,学有根柢实无人出若虚右"②。那么王鹗在蒙古治下时期保定以及元朝时期馆阁的作为也切实地印证了他得王若虚"学有根柢"之真传。

　　王鹗在金朝灭亡之际,与金哀宗同在蔡州,也差点被杀,最终为张柔所救,卫送北还。在寓居保定的十余年间,王鹗深自韬晦,表面上似乎无所作为,期以终老于保定,实际上他对于金朝深切的哀婉情感和责不容贷的存史意识使他一直致力于撰述,力图存一代之事迹于笔端毫末③。寓居保定期间,王鹗以巨大的哀痛情感完成《汝南遗事》,迹由其总论所述,可以看到王鹗保存一代史事和记忆的努力,文章写道:

　　……属天开一统,地入大朝,遂至灭亡,犹足称颂。曷尝不亲驭六辔,抚巡三军,出器皿以旌战功,杀厩马以充犒赏。所以人百其勇,视死如归,父既受刃于前,子复操戈于后,大臣如仲德义所感者几千人,近侍如绛山气不夺者以万,卒死于社稷。上下一同,书之简编,古今无愧。某起由冷

　　①　王鹗《滹南遗老集引(海迷失后元)》,《全元文》卷二四五,第 8 册,第 4 页。
　　②　《钦定四库全书总目》卷一六六"《滹南遗老集》四十五卷",下册,第 2200 页。
　　③　赵梅春《王鹗〈汝南遗事〉成书年代辨》,《郑州大学学报》2013 年第 5 期,第 161—163 页;赵梅春《王鹗与元代〈金史〉撰述》,《史学集刊》2011 年第 6 期,第 75—78 页。

族,滥窃科名,始以词赋待罪于玉堂,终以奏官承乏乎兰省,厚颜腼面,诚为我辈之羞,镂骨铭心,惧泯吾君之善。况承都元帅之命,且惟大中书之言,敢不追思前编,直书实事? 某在蔡已有目录,谨以亲所见闻,撰成《汝南遗事》四卷,计一百七事。冗长不文,故不足取,庶几他日为史官采择。①

王鹗的《汝南遗事》是以纲目体的形式,逐日详细地记载天兴二年(1232)六月到天兴三年(1234)正月,不到半年的时间里,金哀宗由汴京迁至蔡州城,最终蔡州城被蒙宋联军攻破的历史。以所记乃金哀宗被困蔡州城之事,而蔡州在隋、唐之际被称作汝南郡,故该书命名为《汝南遗事》。从这段述论来看,王鹗撰述《汝南遗事》早在金朝尚未灭亡,蔡州未被攻陷之际已有目录。而完成的时间则应该在 1234 年之后,1255 年之前,因为杨奂曾见到《汝南遗事》的成稿,并作《读〈汝南遗事〉》绝句二首;而杨奂卒于 1255 年,则《汝南遗事》应该完成于 1255 年之前。尽管哀宗已死,金朝也已灭亡,但由王鹗所述,哀宗一生所言所行,国亡之前,君臣士民同仇敌忾、上下一同的情感和事迹确有无愧于青史之处,不容湮没。而且,王鹗既已受知于哀宗,哀宗之善政镂骨铭心,本不敢也不愿泯没;又苟活于保定,承张柔之命,故而极欲将"亲所见闻"之实事,秉笔直书。在王鹗的这段总论中,他虽不避其对前金的深切眷恋和哀婉之情,但却郑重强调其对于史事的直书,强调亲见亲闻,而且期望能于史官之述有所裨补,其重史务实的创作倾向溢于言表。

由于王鹗在元初的馆阁非常有影响,这使得他重史务实的创作倾向被更深广地延伸到元初的文坛,影响着其时的文坛格局。1260 年,王鹗被忽必烈特授为翰林学士承旨,而王鹗便举荐李冶、李昶、王磐、徒单公履、高鸣、徐世隆等同为学士,一时元初的馆阁皆为致力于存留金源遗风的金源文人。而且,在王鹗职任元朝文事之后,一直致力于推动元朝史馆的开辟。王鹗曾多次上书劝谏忽必烈,强调史馆存在的重要性:"自古帝王得失兴废,班班可考者,以有史在。我国家以威武定四方,天戈所临,罔不臣属,皆太祖庙谟雄断所致,若不乘时纪录,窃恐岁久渐至遗忘。金《实录》尚存,善政颇多;辽史散逸,尤为未

---

① 王鹗《汝南遗事总论》,《全辽金文》,下册,第 3492—3493 页。

备。宁可亡人之国,不可亡人之史。若史馆不立,后世亦不知有今日。"①在王
鹗的极力推动下,至元元年(1264)元朝翰林国史院成立。元朝《金史》的修
撰,王鹗的贡献也尤其大。对于《金史》的撰述工作,王鹗殚精竭虑,费尽心
力,这不仅是指他本人寓居保定十余年,得以最多时间地磨润张柔从汴京带回
的金实录及金朝秘府图志,又极有存金源掌故文献、典籍制度的愿景。故而元
末所修《金史》是以王鹗的初稿为底本而完成;更重要的是,王鹗还努力地栽
培扶植同道者:

> 初,公侍王邸,屡以史事为言,尝举杨奂、元好问、李冶,宜令秉笔。至
> 是,公申前请,命立翰林国史院。时元、杨已物故,又举李冶及李昶、王磐、
> 徐世隆、徒单公履、郝经、高鸣为学士,杨恕、孟攀麟为待制,王恽、雷膺为
> 修撰,周砥、胡祗遹、孟祺、阎复、刘元为应举。凡前金遗老,及当时鸿儒,
> 搜抉殆尽。②

看到王鹗的这份撰述《金史》的作者名单,它几乎将其时学有承传的优秀金源
文人及当时鸿儒都搜刮殆尽。无怪从元朝所修辽、金、宋三史的后世评价来,
《金史》"叙事最详核,文笔亦极老洁,迥出宋、元二史之上"③,"其首尾完密,条
例整齐,约而不疏,赡而不芜,在三史之中,独为最善"④。另外,上述名单中所
列举的人物,他们作为元初文坛的执牛耳者,在大量参与《金史》的撰修之后,
不仅会对他们自身重史务实的文风深有影响,而且也会对他们所影响的元初
文坛意义深远。

　　王鹗之外,是郝经务为有用之学、通经务实理念的形成以及影响。郝经的
人生观念、价值体系以及作文理念基本成型于保定生活的岁月。虽既承继于
家学渊源,更得自于元好问的熏陶教诲。但保定的安定环境和文化氛围还是
深刻地滋养了他,而他的为人作文教育理念也深切地影响了保定人。可以看
到,郝经家族在金朝时乃世代书香门第,其叔曾祖郝震,号东轩,曾授学于程颢

---

　①　苏天爵《元名臣事略》卷一二《内翰王文康公》,第239页。
　②　李恺《言行录》,苏天爵《元名臣事略》卷一二《内翰王文康公》,第239页。
　③　赵翼著,王树民校证《廿二史札记》,中华书局1984年,第597页。
　④　《钦定四库全书总目》卷四六"《金史》一百三十五卷"条,上册,第638页。

之门,郝经的祖父乃郝天挺,是元好问的老师。郝经父亲郝思温曾与元好问一同受教于郝天挺六年。"壬辰(1232)之变,始居于保",郝经十岁即跟随父亲北渡而居于保定。郝经在 16 岁之际,开始系统读书,乃托迹于保定满城的铁佛寺读书。寺僧、保州人张仲安给予了郝经很安静的读书环境,于是郝经得以"日诵二千言为课,夜则考其传注。始入夜,往庀家事,舂粟治菽。二鼓入于书堂,荧灯隐几,不解衣带,阅诵缀录,昏怠则仰就背枕以假寐。方五鼓,往庀家事,负薪汲水,黎明入于书堂。以是为常,虽盛暑大寒不替也"①。逐渐地,郝经的读书声名为保定的统治者张柔、贾辅所知,遂"延之家塾,教授诸子",张柔家"储书万卷,付公管钥,恣其搜览"②。而贾辅在听闻郝经刻苦读书事迹后,认为自己辛苦经营十余年的藏书大业终有可靠的承继者了。据郝经载,贾辅的万卷藏书楼建成于"丙申(1236)之秋",而他本人在"癸卯(1243)之冬"成为贾辅门下之士,并居保之南里约十四年,得以尽阅万卷楼之所藏③,可谓时代之至幸者!

就此而言,郝经虽有极好的家学渊源,但更重要的是他没有殒命于国亡世乱之中,而是托命寓居于保定,并且非常幸运地得到了安静的读书空间和读书机会,饱读经书,从而才识更加超迈于时流。对于保定人而言,作为金源著名书香世家的郝氏也将他们的读书为学理念很好地带到了保定。

郝经家族自其叔曾祖郝震开始闻名。郝震,号东轩,其为学授业为文,据郝经所述:"自知读书不为章句谀学……讲劘道艺,渊汇日邃,……以经旨授学者,折之以天理人情,而不专于传注,尤长于理学。赋诗多警句,晚年益趋平实淡如也。"④郝经的祖父郝天挺,据元好问对郝天挺教育思想的表述云:

　　先生尝教之曰:"学者,贵其有受学之器。器者何? 慈与孝也。今汝有志矣,器如之何?"又曰:"今人学词赋,以速售为功。六经百氏,分裂补缀外,或篇题、句读之不知。幸而得之,且不免为庸人,况一败涂地者乎!"又曰:"读书不为文艺,选官不为利养,唯知义者能之。今世仕宦多用贪墨

---

① 郝经《铁佛寺读书堂记》,《郝经集校勘笺注》卷二六,第 2059 页。
② 苏天爵《国信使郝文忠公》,《元朝名臣事略》卷一五,第 294 页。
③ 郝经《万卷楼记》,《郝经集校勘笺注》卷二五,第 1906—1907 页。
④ 郝经《先曾叔大父东轩老人墓铭》,《郝经集校勘笺注》卷三六,第 2947 页。

败官,皆苦于饥冻,不能自坚者耳。丈夫子处世不能饥寒,虽一小事亦不可立,况名节乎? 汝试以吾言求之。"①

元好问以及郝思温他们在青年时代由郝天挺培育而获得的器识不仅在金亡之后成为元好问本人"国亡史作,己所当为"的教育基础,而且也成为郝经为人为学理念的基石。又据郝经所记郝思温对他所传郝天挺的为学路径云:

> "尔祖所以命吾者,今其命汝。学所以为道,非为艺能也;所以修身,非为禄养也。今国家方以武治,未遑选举,汝其无为决科之文。今世以诗文事声誉者,记问以事吻颊者,皆艺能之学,汝其勿为。我先世有学之序焉:天人之际,道德之理,性命之原,经术之本,其先务也。诸子史典故,所以考先代之迹也,当次之。诸先正文集,艺能之薮也,又当次之。若夫阴阳术数,异端杂学,无妄费日力。慎勿慕人纷华,戚吾之穷也。尔祖有言:'士不能忍穷,一事不能立。'故忍穷为学之本,郝氏之家法也。"遂以《太极》《先天》二图,《通书》《西铭》二书付畀,且指授其义曰:"此尔曾叔父东轩老得诸程氏之门者,尔其勉之。"②

这段话很清楚地概述了一个极为有序且良好的学术路径。这一治学路径首先指明为学的目的在于求道、修身,不能以艺能、禄养非追求目的,所以在郝氏家法中特意强调"忍穷为学之本","士不能忍穷,一事不能立"。在这样的为学理念支撑下,才可以让治学之道循着天人之际→道德之理→性命之原→经术之本→正史→艺能,务本追源,规整有序地进行,断不能为求禄养而堕入研磨艺能,费心于异端杂学的地步。郝氏治学家法由郝经八世祖郝震开启,而郝震之学又传自北宋著名经学家程颢,再由郝天挺传至郝思温、元好问,又传给郝经,而由郝经努力光大之。从此,郝经为自己树立了"不学无用学,不读非圣书。不为忧患移,不为利欲拘。不务边幅事,不作章句儒。达必先天下之忧,穷必全一己之愚。贤则颜孟,圣则周孔。臣则伊吕,君则唐虞。毙而后已,谁

---

① 元好问《郝先生墓志铭》,《元好问全集》(增订本),上册,第517—518页。
② 郝经《铁佛寺读书堂记》,《郝经集校勘笺注》卷二六,第2058页。

毁谁誉。诇如韦如脂,趑趄嗫嚅,为碌碌之徒欤"①的座右铭。

　　除了得到家学之真传外,郝经还转益多师,精益求精。他曾求学于金源著名文人刘祁、元好问等人,得金源学问之正。刘祁(1203—1250),字京叔,号神川遁士,应州浑源人。"读书务穷远大,涵濡锻淬,一放意于古文间,出古赋杂说数篇。李屏山(李纯甫)、赵闲闲(赵秉文)、杨吏部(杨云翼)、雷御史(雷渊)、王滹南(王若虚)诸公见之曰:'异才也!'皆倒屣出迎,交口腾誉之。"刘祁后期文章在"讲明六经,直探圣贤心学,推于躬行践履"的基础上,"振落英华,收其真实,文章议论粹然,一出于正,士论咸谓得斯文命脉之传"②。金亡后,1234年,刘祁辗转千里回到家乡浑源(今山西大同),郝经则自1240年起,拜刘祁为师:

　　　　岁庚子,经甫逾童,获拜先生于馆舍,而遽南轫。阔越八九载,己酉春,先生往来燕赵间,始得奉杖屦。格言义训,虽屡得闻,而顽钝椎鲁之资,桿棘而不入,是以尘心槁思,渴而未沃也。庚戌春,方负笈南迈,以遂抠衣之问……③

由郝经记述可知,刘祁在金初亡之际,避入家乡浑源,郝经18岁时拜他为师后不久即南还保定。己酉(1249)以后,刘祁每每往来燕、赵之间,而郝经也每每执经叩问。刘祁为学为文既重史又务实通达。就重史一面而言,刘祁曾亲睹亲历蒙古军攻陷汴京肆意杀戮的景象,在辗转千里回到故乡浑源之后,特将书房取名"归潜",记录所见所闻,取名《归潜志》,共十四卷。卷一至卷六为金朝著名人物传记,卷七至卷十杂记遗事,卷十三为杂说,是元代纂修《金史》的重要史料。在务实通达一面来看,刘祁对金源时期取士重视辞赋的弊端深有反思,认为这对于人才的培育极为有害,期望能以通达的态度使读书人成为全才:

　　　　金朝取士,止以词赋为重,故士人往往不暇读书为他文。尝闻先进故老见子弟辈读苏、黄诗,辄怒斥,故学者止工于律赋。问之他文则懵然不

<hr/>

　　① 郝经《志箴》,《郝经集校勘笺注》卷二一,第1703页。
　　② 王恽《浑源刘氏世德碑铭并序》,《王恽全集汇校》卷五八,第6册,第2568页。
　　③ 郝经《浑源刘先生哀辞并引(先生讳祁,字京叔,号神川遁士,南山公曾孙,蓬门御史之子也。其弟郁,字文季)》,《郝经集校勘笺注》卷二〇,第1658页。

知。间有登第后始读书为文者,诸名士是也。南渡以来,士人多为古学,以著文作诗相高。然旧日专为科举之学者疾之为仇雠,若分为两途,互相诋讥。其作诗文者目举子为科举之学,为科举之学者指文士为任子弟,笑其不工科举。殊不知国家初设科举用四篇文字,本取全才,盖赋以择制诰之才;诗以取风骚之旨;策以究经济之业;论以考识鉴之方。四者俱工,其人材为何如也?而学者不知,狃于习俗,止力为律、赋。至于诗、策、论俱不留心,其弊基于为有司者止考赋,而不究诗、策、论也。①

刘祁基于对金源科考制度的反思,在为学为文的态度上非常通达,他期望学者既能致力于科举之学,又能擅长著文作诗。而国家取士制度也能给予士子良好的为学为文导向,使士子既有制诰之才又不乏风骚之旨,善于究经济之业又具识鉴之方,这样四者俱工,才可谓全才。刘祁于 1250 年去世。而郝经在己酉年(1249),拜定居于真定的元好问为老师,此后,郝经更"慨然以兴复斯文,道济天下为己任"②。所谓中原文献之传,最终未因天崩地裂而断绝,总有那么一群慷慨勇猛之士,取劫后之余烬而薪火相传。

藉由传文献之故的学术与创作理路,可以看到郝经的创作每每究天人之际,以道德经术为本,重史务实。前文所引《渡江书事》可以印证郝经的这种创作理念,而实际郝经的创作也都很典型地体现出这一特点。例如前所引郝经所作《万卷楼记》,郝经对于贾辅万卷楼藏书的分类归置方面以道德经术为本,艺能为末的特点非常赞赏。贾辅万卷楼藏书的分类理念与郝经家学的学习理念极为相似,这很大程度上表明金源学术之正传已转入保定的精英仕宦群体中。而郝经文章又详细叙述和强调,则又加深着这种以道德经术为本,重史务实理念的传播。而值得注意的一个表述细节是,《万卷楼记》最后一句的交代文字"楼成于丙申之秋,经之处侯之门,则癸卯之冬,文成之日则甲辰之春也。三月二十日门下士,陵川郝经谨记",这句话对于万卷楼的建成、郝经本人成为贾辅家门客,以及该文写作时间,郝经郡望等信息逐一交代,细致入微,具有非常突出的史家记述的特点。再引其弟子张弘范的作品来析论郝经为人为

---

① 刘祁著,崔文印点校《归潜志》卷八,中华书局 1983 年,第 80 页。
② 荀宗道《翰林侍读学士国信使郝公行状》,《山西通志》卷一八九,《山西通志》卷一八九,文渊阁四库全书本卷六八,史部地理类一,第 549 册,第 230 页。

文理念的影响：

述怀三首

　　飘零孤影寄天涯，梦断春风二鼓挝。闷上心来须赖酒，愁驱睡去胜如茶。龙潜北海收雷迹，豹隐南山养雾花。天产我材应有意，不成空使二毛华。

　　梅时又过牡丹期，昼掩重门坐似痴。为擘愁眉须赖酒，欲言雅志岂无诗。浮云暖日阴晴里，残梦春风富贵时。一片肝肠坚玉石，肯随风絮入狂吹。

　　思量闲里百优游，只得寻常两事忧。中酒未醒过似病，搜诗不得胜如愁。便教酒病凭诗解，纵有诗愁着酒酬。此外谁无名利念，红尘千丈尽悠悠。①

与乃父、乃师一样，郝经也以经师自任，慨然将家学所得的治学路径和哲学理论反哺于保定士子。早在铁佛寺读书期间，郝经即"聚童子数十辈，教之句读"②；壬子年（1252），郝经坐馆于张柔家，教授诸子，张柔之子张弘略、张弘范等都曾受业于郝经。因为曾经"从学于郝经"，张弘范"颇留心儒术"③。据张弘范的传记云："王素敏悟，喜读书，过目辄识大义，歌诗尤慷慨。"由这三首述怀诗来看，郝经所特传的"不学无用学"理念变成天涯飘零的张弘范"天产我材应有意，不成空使二毛华"的宽慰基础；郝经济世致用同时又一片忠肝义胆的情怀，成为张弘范"一片肝肠坚玉石，肯随风絮入狂吹"的人生信念；而郝经不务边幅事的洒落以及对张弘范文人诗心的灌注，对于一直处于生死鏖战和权力纷争风口的张弘范来说，又可以让他以诗酒而获得些许解脱。作为有着显耀家世背景和赫赫勋功的武将，张弘范为人"机明气锐，言辨捷出，勇略绝人。轻财下士，拔材于众，己不以为惠。尚气节，敦信义，与人交，久而益敬，刚直自将，不为势位所屈，虽临之以威，而辞气洒落，理辩愈明"④。再考以郝经

　　① 张弘范《述怀三首》，《全元诗》第9册，第185页。
　　② 郝经《铁佛寺读书堂记》，《郝经集校勘笺注》卷二六，第2058页。
　　③ 《钦定四库全书总目》卷一六六《淮阳集》一卷附录诗余一卷"，下册，第2202页。
　　④ 苏天爵《元帅张献武王》，《元朝名臣事略》卷六，第107页。

本人为全天下太平而不顾个人安危出使南宋的经历,则郝经慷慨磊落、务为有用之学的理念应该是在保定士人中得到了很好的承传。而张弘范可谓非常有效明达地践行了郝经的那段座右铭。这三首诗,张弘范自述情怀,颇能糅景于情,平实磊落中又略见文艺情怀,于粗武洒脱中也不乏个体情志的细腻,也可略见郝经的影响。

另外,张弘范的兄长张弘略在郝经的教诲下,在摄领顺天府帅职后致力于地方儒教的传播。戊午年(1258),张弘略修成顺天府孔子新庙,郝经在为新庙作记时,即赞赏张弘略本人"向学事师甚谨",且能以军人之职而"被服如诸生,尊礼先辈"①,实令人嘉叹。张弘范之子张珪(1264—1329),又在张弘范的影响教育下成为有元一代著名大臣。虞集在给张珪的神道碑中曾描述张珪去世之际,京中公卿大夫士的反应写道:"中外闻者莫不嗟叹,异口一辞,曰:'呜呼! 正人亡矣。'"对于张珪作为时代"正人"的定义,虞集给张珪盖棺定论写道:"公质本高明,又辅以学力,积世勋崇,期世其家,以经济自任。临事决议,侃侃正色。勇于敢言,千锉万折,人所不堪,公志不为少变,而气益昌。虽贵倖临之,奸黠侮之,公一以诚悫自处,久之而各失其所恃者多矣。究而论之,盖古所谓社稷之臣者乎……端重严劲无惭笔谏之臣,读书不尚章句,务求内圣外王之道。"②细究虞集对于张珪的评论,则张珪为人处世的立场原则与郝经的为人为学理路又可谓一脉相承。此外,据郝经云,他在保定还有门生苟宗道、赵泰、尚文等著名弟子。苟宗道本为河阳进士,曾跟随郝经一道出使南宋,并官至江南行台治书侍御史③;尚文,在元初任侍仪司左右直侍仪事,大德、至大之际官至中书左丞。

---

① 郝经《顺天府孔子新庙碑》,《郝经集校勘笺注》卷三四,第 2769 页。

② 虞集《中书平章政事蔡国张公墓志铭》,《虞集全集·道园类稿》卷四六,下册,第 522 页。

③ 按:据郝经《河阳遁士苟君墓铭有序》载:"中统元年持节使宋,馆仪贞者二年。河阳苟宗道以门生从行,为行府都事,治书状、都管二事,缱绻淹抑,日夕相从。"据郝经叙述:"(苟宗道父亲)君讳士忠,字信之,孟州河阳人。金源末,以赀食豪乡土。知世将乱,乃侠游京都,结纳豪右,以观时变。及归,而河朔已受兵矣。州募民团守,号义兵,推君为都统,保青龙山。时金迁汴,限河以国,流民南渡,为北兵所挤而阨于河。孟津渡尤为要塞,而津吏因缘为奸,名为守法,而控勒纳贿,积流民数十万,蹈藉以死。君谓其人曰:'是不可坐视。'于是列津吏罪状,请于机察使而闻诸朝,即诏不拘常例,命曰'海放',流民济以全活。岁壬辰,河南亡,君知不可为,乃散所保,各归乡里。兵锋方南,遂北首以辟之,居燕赵之间。""昔曾拔剑倚太行,种花酾酒家河阳。濡如裘马年少场,南入巩洛东汴梁。任侠尚气修髯张,四方有志歌慨慷。大河谁意忽褐裳,沉济一夜水满箱。沸鼎不敢还探汤,长材逸器都卷藏。九牛欲挽从尔强,欲我妄动君荒唐。落日倒景明榆桑,桑梓奕奕生辉光。始终全归计亦良,有子有禄君不亡。"(《郝经集校勘笺注》卷三五,第 2940—2941 页)。

这样看来，在保定，中原文献之传不仅有张柔、王鹗等人为撰修《金史》而孜孜努力在先，更有郝氏一家为传经授教而砣砣尽责在后。从郝氏家族几代人的经历来看，他们的行为实际还为乱世的中原文献之传提供了具体的路径和范本。北宋的程颢到金朝的郝震，本以师生门第相传；由郝震到郝天挺，再到郝思温、郝经，则又以家学家法相继；再由郝天挺到元好问、郝思温、郝经，又从郝经到张弘略、张弘范兄弟，张弘范、张珪父子，到荀宗道、赵泰、尚文等门人弟子；而张珪、荀宗道等又在元朝继续作为，则国亡家继，家破而个人承续，所谓师生父子，脉脉相承、薪火不断，中原文化之正脉、金源文明之典型、中州之元气最终没有因为朝代的更迭、因为蒙古人摧毁式的杀戮而断绝，而是借助一个个群体、个体的努力被逐渐拼接、补缀好而植生入新的王朝。

第二节　卫州文化中心与卫州文人群的创作及影响

卫州在今豫北境内，主要包括今河南新乡、鹤壁等地。因地处春秋古卫国地，故名卫州，王恽作为"生于斯，长于斯，宦学于斯，聚族属于斯"的卫州本地人，曾描述卫州的地理形势写道："卫得天中桑土之野，北通燕赵，南走京洛，太行峙其西，大河经其南，河山之间盘盘焉一都会也"[1]。卫州地属中原，由北与燕赵故地河北相通，向南与洛阳相连，黄河由其南而过，在春秋时期，卫、郑之间隔黄河相望，而太行山位处卫州西边，故而卫州处于太行、黄河之间，盘折曲扰，自古文明昌盛，《诗经》中所谓郑、卫桑间之地，确实不愧为一大都会。

在世侯时代，卫州属于史天泽的辖境，据《元史》载："己丑（1229），太宗即位，议立三万户，分统汉兵。天泽适入觐，命为真定、河间、大名、东平、济南五路万户。庚寅（1230）冬，武仙复屯兵于卫，天泽合诸军围之。金将完颜合达以众十万来援，战不利，诸将皆北，天泽独以千人绕出其后，败一都尉军，与大军合攻之，仙逸去，遂复卫州。"[2]1251年，蒙哥即位，重新划地封赏，以史天泽功绩甚著，将汲县、胙城、获嘉、共城、新中、山阳六县划为史天泽的封邑，之后又将汴、洛、荆、徐等地都划归史天泽经略，而史天泽以卫州无人管理，遂命沧州人王昌龄作为执事。对于卫州来说，这也意味着，史天泽建设真定的那套模

---

① 王恽《汲郡图志引》，《王恽全集汇校》卷四一，第 5 册，第 1967 页。
② 《元史》卷一五五《史天泽传》，第 12 册，第 3658 页。

式将被复制到卫州来,从而令卫州迎来其文化中心地位的复兴。

一、王昌龄与卫州文化中心的形成

王昌龄(1199—1262),字显之,河北沧州人,"少颖悟不凡,业儒学,崭然见头角"。王昌龄家本"世雄于财",但贞祐初,沧州、景州被蒙古人攻破,王昌龄以孤童子,间行归汴。正大末,史天泽抚镇河朔,开幕府,举良能,而王昌龄被荐举为史天泽幕府参议。作为幕府参议,王昌龄"悉心毕力,知无不为",故而与史天泽的关系"感同风云,合若符契"①。以此,王昌龄在执行史天泽的管理理论与措施上亦极为得力。由前述论史天泽经营真定府的情形可以知道,史天泽宅心仁厚,关心民生,非常注意休养生息,虽"付以全赵四十余城",却"俾抚而宁之"②。真定在史天泽的管理下,民富兵强,远胜他郡,这其中就有王昌龄的贡献。由王恽《行状》记载知道,王昌龄处事"每以生民休戚、军国利病为己任,而风雪冱寒、往返之劳略不之恤也",而史天泽也以王昌龄"伐谋制胜之略",往往在出征之际"留公居守",而王昌龄也能做到"附新附,安反侧,市肆不易,安堵如故",且能提出许多"良法善政"。基此种种,史天泽将自己封邑的管理托付给王昌龄。而事实上卫州"当四达之冲",在蒙金战争的摧残下,疮痍积弊,百废待兴,也确实需要王昌龄这样既忠诚又能干的副手。"辛亥(1251)秋七月,先皇帝即位,正封邑,锡勋旧,复以汲胙共获新中山阳六县之地,封户书大丞相,若古采地然,昭其功也。时朝廷以汴、洛、荆、徐界丞相经略之,以卫乏人为忧,且曰:'卫当四达之冲,民疲事剧,非得二千石循良者,无以铲夷积弊,涵养疮痍也。既难其人,特命公领其事。"而王昌龄果真按照他在真定惯行的那套治理与管理模式来铲夷积弊,涵养疮痍:

> 哀民之困于茧丝也,均徭平赋以畜其力;痛政之极于污染也,治官汰吏以清其源。并容细民,不扰市肆;懋迁有无,以通舟车。楗堤防以捍水灾,课农桑以抑游手;尊王人则修饰馆舍,免病涉则平治桥梁。励薄俗,扶

---

① 王恽《故真定五路万户府参议兼领卫州事王公行状(中统三年九月二十九日)》,《全元文》卷一八〇,第6册,第316、317页。

② 王恽《大元国赵州创建故开府仪同三司中书右丞相赠太尉忠武史公祠堂碑铭并序》,《王恽全集汇校》卷五五,第6册,第2487—2488页。

善良,礼贤俊,赡贫乏,衍郭郛,广居廛,通商惠工,兴滞补弊。民不见吏,
而无吠警之虞;士格所耻,咸有闻知之惧。

作为卫州本地人、又兼为王昌龄门客的王恽对王昌龄在卫州的治绩熟悉且有
切身体会。他指出王昌龄通过治理赋税、整顿吏治、规范市场、兴修水利、劝农
课桑、修饬馆驿学舍、修路搭桥等等方式兴滞补弊,且"恭以执事,巨细不遗"
"谨身帅先,居心廉平"。最终,王昌龄仅以八年时间,即使饱受战乱、凋敝不
堪的卫州"熙然而春,郁乎其文,乐国多士之风还旧观矣"①,恢复成为一个礼
贤乐士、文人乐奔的礼乐之邦。

卫州成为礼乐之乡,固然得益于王昌龄的悉心治理,但更得益于金源文士
们在寓居期间,努力振兴文业的行动。由王恽的《故真定五路万户府参议兼领
卫州事王公行状》可以知道,对卫州文化贡献最多的金源文士是徒单公履。徒
单公履字云甫,号颙轩。有关徒单公履的身世,所存文献载记并不详细。不过
徒单氏乃金源贵族,金朝皇室即有六位徒单氏皇后,徒单公履乃金末经义进
士,在元朝成为著名馆阁文人。由于王昌龄领卫州事,本来"肥遁邻邑"的徒
单公履在壬子(1252)秋②,"幡然来归"。而王昌龄"为治堂赍,极宾礼",且
"选子弟之开敏者,从而师之",卫州也在徒单公履的教导训诲之下,"自是郡
之文风,尤为熠兴"。再有曹居一,字通甫,北燕人,能诗文,善谈诣。曹居一曾
与杨弘道、王磐、姚枢、徒单公履、高鸣、张㪔、赵复、杨云鹏、阚举、刘百熙、平
玄、郭可畏、杨果、薛玄、杜仁杰、赵著、张朴、田文鼎(田师孟父亲)、史罂等被
田师孟辑入《先友翰墨录》,乃金末北方著名文人。曹居一由赵地前来依附王
昌龄,至卫州后,"疽发背,自病至终,公医拯殡送,曲尽友义"。而王昌龄本为
儒生,好学善诗,"余暇则阅书史,接文士。晚年尤喜作诗,歌咏风流,不知老之
将至。至雄章杰句,间见层出,兼善尺牍行书"。以此,其时与王昌龄往来相交
者,著名如:中山杨果、卢龙卢叔贤、河南郑子周、阳夏董瑞卿等,皆一时材大
夫。中统三年(1262),王昌龄去世,送丧者万余人,而其时贵官名士如阔阔、
姚枢、张德辉等皆来吊唁,亦可概见王昌龄之于卫州,之于其时社会、文化的影

---

① 王恽《故真定五路万户府参议兼领卫州事王公行状》,《王恽全集汇校》卷四七,第6册,第2227页。
② 按:王恽《哀友生季子辞并序》云:"壬子秋,颙轩徒单公自宁来居。"《王恽全集汇校》卷六五,第6
册,第2270页。

响力。王恽在为王昌龄所作《行状》中,特意借元好问的慨叹来评价卫州在王昌龄治理之下俨然金源文人归老之乡,"北渡后,元遗山号称一代士林之宗,爱慕高义,乃有'今而后,寒士知所归'之叹"①,可谓盛赞!

二、卫州对于王恽的教育背景、交游圈及其创作取向形成的深远影响

作为卫州人,同时也作为王昌龄门客的王恽,他青年时期的教育成长以及交游唱和情形非常典型且集中地折射出卫州作为文化中心的繁荣景象。王恽(1226—1304),字仲谋,别号秋涧,河南卫州汲县人。王恽对于元代文坛的影响力在王昌龄卒后若干年,借助元代馆阁的影响而大现光彩。不过,青年时代的王恽以卫州为中心,转益多师,广交金源遗老时贤,他的交游圈以及以卫州为中心而形成的学问理路和创作取向,深刻地受到了金源学问及创作风格的影响,金源遗风将藉由王恽本人及其创作而带入元代,并对元初文坛产生深远影响。

由王恽的教育背景可以看出,卫州作为文化中心对于聚合金源文人的影响力②。1234 年,金亡之际,王恽随父亲王天铎回到卫州。王天铎(1202—1257),字振之,金正大初以律学中首选,仕至户部主事。金亡后,曾在耶律买奴幕下署行台执事,1236 年回到卫州以经史自娱,曾集历代《易》说为《王氏纂玄》。王恽自幼好学善问,即得自王天铎的培养与鼓励。1241 年,王恽受学于金源词赋进士赵鹏。鹏字博霄,蒲之河东人,幼习举业,弱冠有声场屋间,擢贞祐三年(1215)词赋进士第。1243 年前后,王恽开始在卫州共城求学,得到了元好问、杨奂、王磐、刘祁等人的亲自指授和奖掖,王恽有诗自证"十九学苏门,遂亲经史筵。潜窥义理窟,弄笔势翩翩。遗山紫阳翁,鹿庵暨神川。四老铸颜手,诲我扣两端。腾口为奖藉,孺子有足观"③。据王恽交代云:"国朝甲辰(1244)、乙巳(1245)间,鹿庵先生教授共城,不肖亦忝侍几杖"④,鹿庵先生即王磐。而王恽《追挽归潜刘先生》又云:"我自髫髦屡拜公,执经亲为发颛蒙。道从伊洛传心学,文擅韩欧振古风。四海南山青未了,一丘洹水恨无穷。泫然

---

①　王恽《故真定五路万户府参议兼领卫州事王公行状》,《王恽全集汇校》卷四七,第 6 册,第 2228 页。

②　按:有关王恽生平出处多参考宋福利、杨亮《王恽年谱》,杨亮《王恽全集汇校》附录,第 9 册,第 3979—4140 页。

③　王恽《元日示孙阿鞔六十韵》,《王恽全集汇校》卷三,第 1 册,第 89 页。

④　王恽《提点彰德路道教事寂然子霍君道行碣铭并序》,《王恽全集汇校》卷六一,第 6 册,第 2668 页。

不为山阳笛,老屋吟看落月空"①,表明他与刘祁的师生情谊之深以及刘祁对
他的影响。王恽长子王长孺亦云,壬子(1250)岁,王磐、徒单公履相继教授于
卫辉路庙学,而王恽即为其中魁杰者②。此外,还有杨奂、杨果、曹居一,高鸣等
对王恽亦"爱其材器,折行辈与交,极口为延誉"③。杨奂(1186—1255),字焕
然,陕西奉天人。学者称紫阳先生。杨奂"博览强记,作文务去陈言,以蹈袭古
人为耻。朝廷诸老,皆折行辈与之交。关中虽号多士,名未有出奂右者"④。
元太宗十年(1238),参与戊戌选试,赋论第一,由耶律楚材荐,为河南路征收
课税所长官兼廉访使,故而生长卫州的王恽有幸得其指授。之外,诸如杨果
"为文无所不能,尤长于乐府",以曾任"河南课税及经略司幕官"⑤,王恽有以
接触,并得指授。

　　毋庸置疑,王恽的交游也体现出卫州及其周边人们在金源文人的指授下
形成颇具活力的文人群的情形。据王恽《碑阴先友记》载,当日王恽在卫州的
读书岁月里,围绕在他身边的金源前贤及卫州士绅有:曹居一(北燕人)、刘祁
(浑源人)、牛天祥(上党人)、孟道(琅琊人)、赵澄(共城人)、司之才(淇门
人)、卢武贤(燕人)、王之纲(汤阴人)、邢敏(秦人)、李祯(黎阳人)、释朗秀
(廪延人)、杨果(蒲阴人)、董瀛(廉台人)、董民誉(阳夏人)、刘方(陵川人)、
宰沂(洛阳人)、张矛(大相人)、赵鹏(蒲阴人)、石盏德玉(盖州人)、勾龙瀛
(河南人)、乌库里(古仑)贞(辽东人)、周惠(隰州人)、王昌龄(沧州人)、李瑞
(汲人)、王赞(登封人)、刘冲(太原人)、马寅(许州人)、丁居实(锦州人)、马
佐(沧州人)、完颜孟阳(辽东人)、沈侃(魏人)、张善渊(谯人)⑥。因为有这些
金源文人以及卫州士绅的教诲,卫州"文风大兴,人才辈出",有王博文、雷膺、
王复、傅爽、王持胜、周侦、李仪、周锴、季武、陶师渊、程文远等才俊涌现,声望
赫著,令郓学一时兴起,而人们也因此更相信"鲁多儒而卫多君子"⑦。而且卫

---

　　① 王恽《追挽归潜刘先生》,《王恽全集汇校》卷一六,第2册,第734页,"恨无"二字据《全元诗》补。
《全元诗》见第5册,第253页。
　　② 王公孺《卫辉路庙学兴建记(大德十一年六月)》,《全元文》卷四五八,第13册,第253页。
　　③ 王秉彝《大元故翰林学士中奉大夫知制诰同修国史赠学士承旨资善大夫追封太原郡公谥文定王公
神道碑铭》,杨亮《王恽全集汇校》附录"生平传记资料之属",第10册,第4442页。
　　④ 《元史》卷一五三《杨奂传》,第12册,第3622页。
　　⑤ 苏天爵《参政杨文献公》,《元朝名臣事略》卷一〇,第203页。
　　⑥ 王恽《碑阴先友记》,《王恽全集汇校》卷五九,第6册,第2603—2604页。
　　⑦ 王公孺《卫辉路庙学兴建记(大德十一年六月)》,《全元文》卷四五八,第13册,第253页。

州地处四达之冲的优势位置,使得卫州学子有机会得到往来期间的名人指授,像王恽一直不能忘怀、其实并没有在卫州寓居的恩师元好问。1254 年,元好问与张德辉由汴京北归,途经卫州,暂歇于当地旅馆,而王恽与雷膺即此获得元好问的悉心点拨和鼓励:

> 遗山先生向与颐斋张公(讳德辉,字耀卿,终河东宣抚使)自汴北归(时史相请为昔吉秃满作碑),过卫。先君命录近作一卷三十余首为贽,拜二公于宾馆,同志雷膺在焉。先生略叩所学,喜见颜间,酒数行,令张灯西夹曰:"吾有以示之。"先生凭几东向坐,予二人前侍,披所献狂斐,且读且窜。即其后,笔以数语攞其非是,且见循诱善意,而于体要工拙、音韵乖叶尤切致恳。每篇终,不肖踧受教,再拜起立。夜向深,先生虽被酒,神益爽,气益温,言益厉。觉泉蒙茅塞洒洒然顿释,如醉者之于醒,萎者之于起也。说既竟,先生复昌言曰:"千金之贵,莫逾于卿相,卿相者,一时之权。文章,千古事业,如日星昭回,经纬天度,不可少易。顾此握管铦锋虽微,其重也,可使纤埃化而为泰山,其轻也,可使泰山散而为微尘,其柄用有如此者。况老成渐远,斯文将在,后来汝等,其勖哉毋替。"坐客四悚,有惘然自失,不觉叹而发愧者。①

这篇《遗山先生口诲》写在事情发生三十五年之后。在这篇文字之前,中统五年(1264),王恽在梦中回味了元好问 1254 年那晚指授他作文的细节,作诗追述写道:"分明昨夜梦遗山,指授文衡履綯间。道必细论能出理,文徒相剽亦何颜。江流不废惊千古,雾管时窥得一班。落月满梁清境觉,紫桐花露湿吟冠。"②对照诗与文,可以想见年轻的王恽对于能得一代宗师亲炙的感激与震撼程度。当然王恽对于师长的教诲,总是感恩铭记。如对自己作文的启蒙师长赵鹏,王恽将自己能成为著名馆阁归功于赵鹏的有力指教:"某年方志学,受业门下。今老矣,凡两入翰林,三贰宪府,粗有所闻于时,先生之教有力焉。"③但元好问之于王恽的影响不一样。这也就意味着元好问感于金亡而发愤著

---

① 王恽《遗山先生口诲》,《王恽全集汇校》卷四五,第 6 册,第 2166 页。
② 王恽《五年六月初八夜梦遗山先生指授文格觉而赋之以纪其异》,《全元诗》第 5 册,第 222 页。
③ 王恽《金故朝请大夫泌阳县令赵公神道碑铭并序》,《王恽全集汇校》卷五二,第 6 册,第 2406 页。

述,力使一代文献不至于湮没无存的理念将深刻地感染和影响到年轻的王恽辈,王恽在回忆中接着写道:

　　既而鼓动客去,先生覆衾卧,予二人亦垂头倚壁熟睡。及觉,日上,先生与客已觞咏久矣。于是肢箧取一编书,皆金石杂著,授予曰:"可疾读,吾听。"惬其音节句读不忒,顾先君指而谓之曰:"孺子诚可教矣。老夫平昔问学颇得一二,岁累月积,针线稍多,但见其可者,欲付之耳。可令吾侄从予偕往,将一一示而畀之,庶文献之传,罔陨越于下。"先君起,拜谢不敏曰:"先生惠顾若耳,何幸之如! 王氏且有人矣,敢不唯命?"期以明年春,当见先生于西山,时岁甲寅春二月也。后三十五年戊子冬十二月腊节前三日,小子再拜追述。①

抛开这段文字中的那些颇带感情的描述,它最值得寻味的地方在于,当元好问特意用一篇金石杂著来考试王恽之后,发现孺子乃可造之才,即期望能将其带回真定,将自己一生文章事业全部传授于他,而之所以要这样做的目的即在于"庶文献之传,罔陨越于下"。所以,尽管王恽曾经受教于王磐、杨奂,也曾得到赵鹏、徒单公履等人的指授,也尽管元好问、王恽最终没能做成长久的师生,但王恽对于元好问著述理念的继承却恍如嫡传正脉。诚如四库馆臣所评:"恽文章源出元好问,故其波澜意度,皆不失前人矩矱。诗篇笔力坚浑,亦能嗣响其师。论事诸作有关时政者,尤为疏畅详明,瞭如指掌。"②就根本而言,王恽最得元好问嫡传的地方在于他对于中原文献之传使命的坚守。他深承元好问文献传述之遗意,在元朝刚成立国史院,意图修史之际,即要求朝廷能够不拘形式、不拘人员氏族、事无巨细,旁求备访,进而"备见一代之史":

　　然当间从征诸人所在尚有,旁求备访,所获必富。不然,此辈且老,将何所闻? 合无榜示中外,不以诸色等人,有曾扈从征进,凡有记忆事实,许所在条件,或口为陈说,及转相传闻,事无巨细,可以投献者,官给赏有差。如此庶望人效众美,国就成书,使鸿休盛烈晦而复明,备见一代之史,顾不

　　① 王恽《遗山先生口诲》,《王恽全集汇校》卷四五,第6册,第2166—2167页。
　　② 《钦定四库全书总目》卷一六六"《秋涧集》一百卷"条,下册,第2217页。

盛欤！①

在"备见一代之史"观念的支撑下，王恽一生"遇事论列，随时记载，未尝一日停笔"②，其一生所著有《相鉴》50卷、《汲郡志》15卷、《承华事略》2卷、《中堂事纪》3卷、《守成事鉴》15篇、《乌台笔补》10卷、《书画目录》1卷、《玉堂嘉话》8卷、《博古要览》，并杂著诗文合为《秋涧先生大全集》100卷。王恽曾云"北渡后，斯文命脉主盟而不绝者，赖遗老数公而已"③，那么他秉持"备见一代之史"的写作理念，努力著述的态度，又可谓真正嗣响遗山。

三、苏门山文人群与程朱理学的探研

苏门山在河南卫辉之北，亦称百门山，以山水明秀而成中州之江南，王恽在《总尹汤侯月台图诗序》中盛赞此地风光云："苏门山水明秀，为天下甲，盖有东南佳丽潇洒之胜，而无卑湿蒸炎之苦，诚中州之江南也。"④韩准《苏门山》诗亦云："谁谓江南好，苏门第一流。泉声竹林夜，山色稻花秋。扪石看题咏，临池忆钓游。何时卜归隐，明月载孤舟。"⑤苏门山因为风景秀丽，位置优越，早在晋代，孙登即在苏门席地讲学，从而吸引阮籍、嵇康辈问道山中，苏门山也由此成为读书讲学的圣地。北宋之际，邵雍讲学苏门山，并邀约同时期诸如周敦颐、程颢、程颐等著名理学家讲学，苏门山缘此成为北宋理学渊薮。所谓"始于晋，大于宋，而盛于元"⑥，即缘于此。而清人孙奇逢更认为"宋兴伊洛，元大苏门"⑦，宋代经学肇兴于伊洛，由伊洛二程（程颐、程颢）而奠定宋代理学基础，得朱熹而发展形成宋代程朱理学，又经元代苏门山文人群体而光大天下⑧，

---

① 王恽《论收访野史事状》，《王恽全集汇校》卷八四，第8册，第3477页。
② 王公孺《秋涧先生大全文集后序（延祐七年正月）》，《全元文》卷四五八，第13册，第252页。
③ 王恽《兑斋曹先生文集序》，《王恽全集汇校》卷四二，第5册，第2027页。
④ 王恽《总尹汤侯月台图诗序》，《王恽全集汇校》卷四一，第5册，第1975页。
⑤ 韩准《苏门山》，《全元诗》第41册，第223页。
⑥ 孙奇逢《夏峰先生集》卷九《元儒赵江汉太极书院考》，中华书局1985年版，第291页。
⑦ 《夏峰先生集》卷四《洛学编序》，第121页。
⑧ 《夏峰先生集》卷九《元儒赵江汉太极书院考》，第291页。

元代苏门山文人群体对程朱理学的推广以及元代经学体系建构的意义非凡①。

苏门山文人群得以形成于蒙古治下时期,与杨惟中、姚枢、许衡等一群北方文人在南方文人赵复指领下,探研程朱理学的系列活动有密切关系。首先,该群体的形成得力于杨惟中。杨惟中(1205—1259),字彦诚,河北西宁路弘州(今张家口阳原)人。苏天爵认为杨惟中对于其时北方"天下复见中国之治"关系甚大,"用公为相,与天下休息。公乃恢张规模,维系纲纪,诛锄凶渠,爱养黎献,整顿衣冠,收藏典籍,斯民得以迓续遗命,吾道赖以不亡,天下复见中国之治,繄公力焉"②。可以看到,蒙金战争中,杨惟中父母罹难,而杨惟中却被窝阔台收为养子。藉由大汗养子的身份,更兼本人读书而富胆略识见的气质,杨惟中既勇且仁,在辅助和影响蒙古人征略中原的进程中,"相三君,历事四朝,出入柄用者三十年",发挥了不可替代的作用,促使蒙古人"始用汉人",而"斯民有望"③。金壬辰年(1232),蒙古军攻破金朝的许州城,逃难中的姚枢,"闻太宗诏学士十八人,即长春宫教之,俾杨中书惟中监督,则往依焉",杨惟中较姚枢小两岁,即兄事之,并"与偕北觐"④。姚枢(1203—1280),字公茂,号敬斋,又号雪斋,原籍营州柳城(今辽宁朝阳),后迁洛阳。赠谥荣禄大夫少师文献公。对于程朱理学,姚枢"倡鸣斯道,使今天下乡校蒙童之师,犹知以《小学》《四书》为先,虽戴惠文身,为刀笔筐箧之行,与非华人,亦手披口诵是书,求厕士列者,往往多然","中土士夫,不知为庙。作主奉以天祀,自公始,辉人多化之,而祖考妥灵有所"⑤。金乙未年(1235),阔出受命南征,杨惟中受任随军行中书省事,征略过程中,杨惟中协同姚枢一方面尽力搜罗被征略之地儒、道、释、医、卜、酒工、乐人;另一方面,极力寻访各种典籍著作尤其是伊、洛理学经书,得名儒数十人,并搜集伊洛诸书8000余卷。如果说北方经学的发展包括苏门山文人群的形成过程中,杨惟中的意义在于发现了姚枢,那么姚枢的意

①　按:相关论文有:魏崇武的《封龙、苏门二山学者与蒙元初期的学术和政治》(《中国典籍与文化》2004年第2期);孙建平的《赵复和太极书院对元代理学发展的促进》(《湖南大学学报》2005年第3期);梁建功的《元初北方理学传布——以元代苏门山的文化地理为中心》(《河南科技学院学报》2016年第5期),等等。

②　苏天爵《中书杨忠肃公》,《元朝名臣事略》卷五,第86页。

③　郝经《故中书令江淮京湖南北等路宣抚大使杨公神道碑铭》,《郝经集校勘笺注》卷三五,第2930页。

④　姚燧著,查洪德编辑校点《姚燧集·牧庵集》卷一五,《中书左丞姚文献公神道碑》,人民出版社2011年,第215页。

⑤　姚燧《中书左丞姚文献公神道碑》,《姚燧集·牧庵集》卷一五,第224页。

义在于力救赵复于德安。乙未年（1235），蒙古大军继拔德安。按照蒙古军法，"凡城邑以兵得者，悉阮之"，德安由蒙古军激战而得，城中军民因此"斩刈首馘，动以十亿计"，值此千劫万祸之际，姚枢竟然获得江汉先生赵复。赵复（约1215—1306），字仁甫，宋荆湖北路德安府人。南宋乡贡进士。关于姚枢救赵复的场景，姚燧写道：

> 公戎服而髯，不以华人士子遇之。至帐中，见陈琴书，愕然曰："回纥亦知事此耶？"公为之一莞。与之言，信奇士。即出所为文若干篇。以九族殚残，不欲北，因与公诀，蕲死。公止共宿，实羁戒之。既觉，月色烂然，惟寝衣留故所。公遽鞍马周号于积尸间，无有也。行及水裔，见已被发脱履，仰天而祝。盖少须臾蹈水，未入也。公曰："果天不生君，与众已同祸。爱其全之，则上承千百年之统，而下垂千百世之绪者，将不在是身耶？徒死无义。可保君而北，无他也。"①

由于姚枢的感化规劝，赵复尽出程、朱性理之书交付姚枢，并跟随姚枢等人到达北方。之后，"学徒从者百人，北方经学自兹始"②。在杨惟中等人到达北方后，在杨惟中认为："传继道学之绪，必求人而为之，师聚书以求其学，如岳麓白鹿，建为书院，以为天下标准，使学者归往，相与讲明，庶乎其可。"元太宗八年（1236），在金朝灭亡，"淮、汉、巴、蜀相继破没"之际，杨惟中与姚枢谋建太极书院于燕京，"于燕都筑院，贮江淮书，立周子祠，刻《太极图》及《通书》《西铭》等于壁，请云梦赵复为师儒，右北平王粹佐之，选俊秀之有识度者为道学生。推本谨始，以'太极'为名，于是伊洛之学遍天下矣"③。王粹，字子正。右北平人。太极书院乃元代第一座书院，它的成立"使不传之绪，不独续于江、淮，又续于河朔者"，河朔之地始知道学，很显然，这其中杨惟中功不可没。

苏门山得以成为蒙古治下时期的程朱理学探研中心，姚枢的作用与影响非常大。辛丑年（1241），窝阔台久病而逝，乃马真皇后当政，政局混乱，姚枢"遂携家来辉，垦荒苏门"，读书期间，以道学自鸣。与此同时，姚枢又汲汲以化民成俗

---

①　姚燧《序江汉先生事实》，《姚燧集·牧庵集》卷四，第63页。

②　姚燧《中书左丞姚文献公神道碑》，《姚燧集·牧庵集》卷一五，第216页。

③　郝经《太极书院记》，《郝经集校勘笺注》卷二六，第2051页。

为务,除自行刊版《小学书》《语孟或问》《家礼》等经学著作外,又将"杨中书版《四书》,田和卿版《尚书》《诗折衷》《易程传》《书蔡传》《春秋胡传》"等燕地经著传布中州。姚枢还担忧《小学书》等著作流布未广,再令弟子杨古等运用沈括所载活字印刷术,与《近思录》《东莱经史说》等著作一同刊刻,散布四方。

姚枢读书传经、讲求性理的言行引起了其时正在魏地授学的许衡的注意。许衡造访苏门,尽录苏门所刊布数书回到魏地之后,对其生徒云:"曩所授受皆非,今始闻进学之序。若必欲相从,当尽弃前习,以从事于《小学》《四书》为进德基。不然,当求他师。"①可以说,姚枢的努力以及影响,使苏门山逐渐成为以程朱理学为核心的经学探研基地,而许衡的加入,苏门山文人群蔚然而成气候。许衡(1209—1281),字仲平,号鲁斋,河南怀州河内(今河南焦作、济源所辖地域)人,学者称鲁斋先生。忽必烈即位后,为集贤大学士兼国子祭酒,累拜中书左丞,封魏国公。卒追谥文正,乃元代唯一从祀孔庙者。著有《大学鲁斋直解》1卷、《鲁斋许先生直说大学要略》1卷、《小学大义》、《读易私言》、《孝经直说》1卷、《孟子标题》、《四箴说》、《中庸说》、《语录》、《鲁斋心法》等合为《鲁斋遗书》8卷、附录2卷、《撰蓍说》1卷、《阴阳消长论》、《鲁斋词》1卷等。

致使"元大苏门"得以真正实现的灵魂人物是苏门山文人群的精神导师许衡。毫无疑问,杨惟中、姚枢二人作为其时权力者而护持南方程朱理学有效北传,意义重大;但如何消化南方经学精神主旨,并将其内化为北方学者的学习依归,没有许衡的谆谆教导以及经义推阐,则苏门山文人群既无以张大其本,也终将难以为继。耶律有尚《考岁略》详载许衡对程朱理学的默契与膺服:

> 壬寅,雪斋(姚枢)隐苏门,传伊、洛之学于南士赵仁甫,先生即诣苏门访求之,得伊川《易传》,晦庵《论孟集注》《中庸》《大学章句》《或问》《小学》等书,读之深有默契于中,遂一一手写以还。聚学者,谓之曰:"昔者授受,殊孟浪也。今始闻进学之序。若必欲相从,当悉弃前日所学章句之习,从事于《小学》洒扫应对,以为进德之基。不然,当求他师。"众皆曰:"唯。"遂悉取向来简帙焚之,使无大小,皆自《小学》入。先生亦旦夕讲诵不辍,笃志力行,以身先之,虽隆冬盛暑不废也。诸生出入,惴栗惟

---

① 姚燧《中书左丞姚文献公神道碑》,《姚燧集·牧庵集》卷一五,第216页。

谨,客至则欢然延接,使之恻然动念,渐濡善意而后出。己酉,先生年四十
一。自得伊洛之学,冰释理顺,美如刍豢。尝谓:"终夜以思,不知手之舞
之,足之蹈之。"是岁,有《读易私言》。先生于《书》于《易》,尤多致力,然
每学者请问,则必从事于《小学》,卒未尝以此语也。庚戌春,先生力疾还
乡里。过卫,闻怀之政犹苛虐,遂止苏门,与雪斋相比,以便讲习,且为还
乡之渐。辛亥,雪斋赴征,先生独处苏门,便有任道之意。①

由所引内容知道,姚枢壬寅年(1242)隐居苏门山传播程朱理学,许衡尽弃之
前所学授的章句之学,开始研读程朱理学。己酉年(1249),许衡完全成为程
朱理学的忠实弟子,并在这年写成《读易私言》。庚戌(1250),感于家乡政事
苛虐,许衡举家迁入苏门山与姚枢并居论道,辛亥年(1251),姚枢被征离开苏
门山,而许衡继续留驻苏门山讲道授经。与姚枢传刻经书的事务性行为相比,
许衡慨然以道为己任,认为"纲常不可一日而亡于天下,苟在上者无以任之,则
在下之任也",在离乱危世之间,亹亹穆穆,读书不已,诲人不倦,"凡经传、子
史、礼乐、名物、星历兵刑、食货、水利之类,无所不讲"②。许衡认为"圣人教人
只是两字,从'学而时习'为始,便只是说'知'与'行'两字","凡为学之道,必
须一言一句,自求己事。如《六经》《语》《孟》中,我所未能,当勉而行之;或我
所行,不合于《六经》《语》《孟》中,便须改之。先务躬行,非止诵书、作文而
已"③,主张学者要"先务躬行",而他本人也致力于"真知力行,实见允蹈"④。
以此,藏身地方之际,许衡"凡丧祭娶嫁,必征于礼,以倡其乡人",于是"学者
浸盛"⑤。对于学者,许衡"察其诚至,乃留馆下。既留,诱掖忘倦,身教属属,
言教循循",于是,师道尊严⑥。元宪宗四年(1254),忽必烈经营秦中之际,任
许衡为京兆提学,彼时"秦人新脱于兵,欲学无师,闻衡来,人人莫不喜幸来学。
郡县皆建学校,民大化之"⑦。此外,还有窦默,他对于苏门山文人群在朝中影

---

① 耶律有尚《考岁略》,《鲁斋遗书》卷十三,毛瑞方、谢辉、周少川校点《许衡集》,吉林文史出版社
2010年版,第201—202页。
② 《元史》卷一五八《许衡传》,第12册,第3717页。
③ 许衡《鲁斋遗书》卷一,《许衡集》,第4页、第3页。
④ 欧阳玄《许先生神道碑》,《欧阳玄集·圭斋文集》卷九,第94页。
⑤ 《元史》卷一五八《许衡传》,第12册,第3717页。
⑥ 欧阳玄《许先生神道碑》,《欧阳玄全集·圭斋文集》卷九,第93页。
⑦ 《元史》卷一五八《许衡传》,第12册,第3717页。

响力的扩大也功不可没。窦默(1196—1280),字子声,初名杰,字汉卿,河北广平肥乡人。早在杨惟中奉旨招集儒、道、释之士之际,窦默即隐居大名,与姚枢、许衡朝暮讲习。窦默后位为翰林侍讲,晚年加至昭文馆大学士,累赐太师,谥文正。之外窦默又从名医李洁学铜人针法。著有《疮疡经验全书》12 卷、《针经指南》、《标幽赋》2 卷、《流注指要赋》及《六十六穴流注秘决》。相较姚枢、许衡等纯儒,窦默擅针灸的特长使其更易接近蒙古统治者,忽必烈曾对侍臣曰:"朕访求贤士几三十年,惟得李状元、窦汉卿二人。"又云"如窦汉卿之心,姚公茂之才,合而为一,始成完人矣"①,足见忽必烈对窦默之信任,而窦默也借此推动姚枢、许衡等人的汉法措施及程朱理学在蒙古朝廷的影响。

另外,非常值得一提的是,由至元八年(1271)许衡任国子学祭酒之际,奏请门生十二人为伴读,可知王梓、刘季伟、韩思永、耶律有尚、吕端善、姚燧、高凝、白栋、苏郁、姚炖、孙安、刘安中等人皆为许衡优秀弟子。据姚燧记载,"王梓自汴,韩思永、苏郁自大名,耶律有尚自东平,孙安与凝(高凝)、燧(姚燧)、燉(燧弟姚燉)自河内,刘季伟、吕端善、刘安中自秦,独公(白栋)自太原"②。弟子们不仅限于苏门山,涉及河南、河北、山东、陕西、山西诸省。这些弟子不仅壮大着苏门山文人群,致使其由极具地方色彩的文人群,上升为许衡为代表包括苏门山及其四方弟子在内的,探研与推阐程朱理学的北方精英文人群的象征;而且帮助许衡,推动着元代程朱理学的官学化进程。

元人认为许衡"自关、洛大儒倡绝学于数千载之后,门人诵传之,未能遍江左也。伊川殁二十余年而文公生焉,继程氏之学,集厥大成,未能遍中州也。文公殁十年而鲁斋先生生焉,圣朝道学一脉,乃自先生发之。至今学术正,人心一,不为邪论曲学所胜,先生力也。所以继往圣开来学,功不在文公下"③,此话也可用来概括许衡及其所引领的苏门山文人群的意义。"元大苏门"一说,不仅是苏门山文人群将伊、洛之学推阐天下行为的有力概述,更是中华文化未曾亡灭于生灵涂炭、文明倾覆之际,反而奋力向上,浸染顽蛮,意义深远的确切表达。相比于元代的苏门山影响力,中原沦亡背景中的苏门山对于北方文人甚至整个元王朝

---

①　苏天爵《内翰窦文正公》,《元朝名臣事略》卷八,第 154 页。

②　姚燧《河南道劝农副使白公墓碣》,《姚燧集·牧庵集》卷二六,第 406 页。

③　苏天爵《左丞许文正公》,《元朝名臣事略》卷八,第 179 页。

的初建都具有"斯文不丧,衣冠是赖"①的重要意义,而元代文学创作也因为苏门山文人群体的影响而有巨大变化,这一点在后文还要重点论及。

第三节　平阳文化中心与平阳文人群的创作及影响

平阳,在今山西临汾。就其地理位置而言,它"东连上党,西略黄河,南通汴洛,北阻晋阳",形势表里山河。战国时,魏有其地,商鞅言于秦孝公曰:"秦之与魏,譬若人有腹心之疾。"②郝经曾这样描述平阳的地势形胜道:"河东表里山河,形胜之区,控引夷夏,瞰临中原。古称冀州天府,南面以莅天下。而上党号称天下之脊,故尧舜禹三圣更帝迭王,互为都邑,以固鼎命,以临诸侯,为至治之极。降及叔世,五伯迭兴,晋独为诸侯盟主,百有余年。汉、晋以来,自刘元海而下,李唐、后唐、石晋、刘汉,皆由此以立国。金源氏亦以平阳一道甲天下。故河东者,九州之冠也。"③优越的地理位置既是平阳成为历来兵家必争之地的重要原因,也是平阳成为历代北方经济、商贸、文化中心的重要基础。蒙古治下时期的平阳依旧双方交战的锋镝所在,但战火之后,平阳依旧是北方重要的文化中心,无论是以杂剧为代表的俗文化,还是以精英、士绅主持的刻书业和著述文教事业都有显著的成绩。

一、平阳文化中心与平阳戏剧创作的繁荣

平阳府的地理位置,据清人顾祖禹《读史方舆纪要》考察,它"东至路安府三百九十里,又东南至泽州四百一十里,又南至黄可二百六十五里,又渡黄河至河南之陕州一百二十里,又西至黄河三百一十里,又渡黄河西北至陕四之延安府二百七十里,又北至汾州府三百九十里,又东北至沁州三百四十里,自府治至布政司五百九十里,至京师一千八百里"④。所谓尧都平阳,舜都蒲坂,禹都安邑⑤,处于中原文化区中心地带的平阳,基于优越重要的地理位置,自古以

---

① 郝经《故中书令江淮京湖南北等路宣抚大使杨公神道碑铭》,《郝经集校勘笺注》卷三五,第2930页。

② 顾祖禹《读史方舆纪要》卷四一"山西三",第4册,第1872页。

③ 郝经《河东罪言》,《郝经集校勘笺注》卷三二,第2589页。

④ 顾祖禹《读史方舆纪要》卷四一《山西三》,第4册,第1871页。

⑤ 按:据焦竑解释指出:"尧都平阳,舜都蒲坂,禹都安邑,三都蒲相去各二百里,俱在冀州。蒲坂在山西平阳蒲州,安邑在山西平阳夏县",焦竑《古今都会》,《焦氏笔乘》续集卷六,中华书局1985年版,第264页。

来各朝政权缘于对平阳倚重甚深而格外注意对它的统治与开发。在北宋时期,由于平阳地区地沃民勤,颇多积谷,且出产盐、铁、煤,乃铸钱业的重要基地,故北宋的军政费用颇赖平阳。而金朝"亦以平阳一道甲天下",不仅在金宋战争中由平阳而下,攻陷北宋,而且在与南宋的对峙中,也绕开山西,战争在陕西、河南、山东、安徽、江苏一线反复进行,对平阳地区的统治与开发却并没有停止①。地势兴胜的优势,经济、商贸的繁荣使得平阳一带也一直都是为北方著名的文化中心。

蒙金战争中,由于平阳"控引夷夏,瞰临中原"的位置原因,一开战即成为双方的锋镝所在。史载,成吉思汗八年(1213)秋,蒙古人分兵三道南下攻金,据《元史》载:"命皇子术赤、察合台、窝阔台为右军,循太行而南,取保、遂、安肃、安、定、邢、洺、磁、相、卫、辉、怀、孟,掠泽、潞、辽、沁、平阳、太原、吉、隰,拔汾、石、岚、忻、代、武等州而还……"②当然,也正因为地理位置的重要性,山西诸地域所属在蒙、金政权之间反复转换,直至金亡。

总体而言,平阳基本由李守贤父子管领。尽管蒙古攻金对河东一带造成巨大摧残,但藉由李氏父子的经营,平阳区域也逐渐恢复其社会生产秩序和昔日文化中心的地位。李守贤(1189—1234),字才叔,山西大宁义州人,而李守贤"暨兄庭植,弟守正、守忠,从兄伯通、伯温,归款于太师、国王木华黎,入朝太祖于行在所,即命庭植为龙虎卫上将军、右副元帅、崇义军节度使,守贤授锦州临海军节度观察使,弟守忠为都元帅,守河东。朝廷以全晋为要害之地,人心危疑未定,非守贤镇抚之不可,乃自锦州迁河东南路兵马都总管"。戊子岁(正大五年,1228),李守贤"朝于和林,加金紫光禄大夫,知平阳府事,兼本路兵马都总管"。李守贤卒后,其子李毅以随太师塔海征蜀有功,于1237年授河东道行军万户,兼总管。中统三年(1262),改河东路总管,不久,转洺磁路,李氏对平阳的管领时代告以结束③,父子相继,约35年。

早在蒙古人将李守贤由锦州临海军节度观察使之际,即以李守贤有威略,善治理,将其迁为河东南路兵马都总管,而河东人在李守贤至河东之后皆曰:"吾等可恃以生矣。"任平阳总管期间,李守贤对于涵养民力,恢复社会秩序,

①　张丽红《元代平阳杂剧研究》,华东师范大学2005届中国古代文学硕士论文,第3页。
②　《元史》卷一《太祖本纪一》,第1册,第17页。
③　《元史》卷一五〇《李守贤传》,第12册,第3547—3548页。

推动地方经济发展颇有用力。史载"庚寅,太宗南伐,道平阳,见田野不治,以问守贤,对曰:'民贫窭,乏耕具致然',诏给牛万头,仍徙关中生口垦地河东。辛卯,平阳当移粟万石输云中,守贤奏以'百姓疲敝,不任挽载',帝嘉纳之"①。由此可以侧见李守贤对于平阳恢复民生的努力,平阳亦由于李氏父子的经营而逐渐恢复一些当日北方文化中心的样貌②。

　　地方社会、生活秩序的恢复是以人口户的稳定增长来体现的,可以看到,到元代中期统计的平阳府(大德时改为晋宁路)人口户为"一十二万六百二十,口二十七万一百二十一"③。尽管这个数据不能确切反映蒙古治下时期平阳的情况,但如果对比以同时统计的其他州府的人口户,则可以得出大致的情形。到元代中期,东平路"户四万四千七百三十一,口五万一百四十七",真定路"户一十三万四千九百八十六,口二十四万六百七十"、保定路"户七万五千一百八十二,口一十三万九百四十"、卫州"户二万二千一百一十九,口一十二万七千二百四十七"④。比对之后,可以看到平阳府确实从战争中逐渐恢复,有着不逊于真定、东平、保定以及卫州的繁荣基础。兴定二年十二月以残破降为散府。有书籍。产解盐、隰州绿、卷子布、龙门椒、紫团参、甘草、苍术。

　　平阳地理位置的优越、人口的渐增以及平阳自古作为文化中心的历史积淀等等因素对于平阳成为蒙古治下时期与真定、东平齐名的戏剧中心颇具影响⑤。王国维认为,平阳地区是"文化最盛之地,宜杂剧家之多","北人之中,大都之外,以平阳为最多"⑥。王国维的判断有一定的可信度。在北宋时期,作为首都的汴京,杂剧的发展一度相当繁荣,据孟元老《东京梦华录》记载,崇宁(1102—1106)、大观(1107—1110)以后出现的以游冶、玩乐为主的著名瓦子就有八座,而像州西瓦子,"南自汴河岸,北抵梁门大街亚其里瓦,约一里有

---

① 《元史》卷一五〇《李守贤传》,第 12 册,第 3547 页。
② 李修生《元杂剧史》,第 191 页。
③ 按:此数据来自《元史·地理志一》,而明初所修《元史》因为时间仓促,有关地理、人口户的数据多依据元代中期修撰的《经世大典》。
④ 《元史》卷五八《地理志一》,第 5 册,第 1379、1365、1356、1354、1363 页。
⑤ 按:有学者对平阳、真定、东平等地为元代杂剧中心之说表示质疑,如张正学《平阳、真定、东平为早期元杂剧中心地说质疑》,《厦门教育学院学报》2005 年第 4 期。
⑥ 王国维《宋元戏曲史》第九章"元剧之时地",上海古籍出版社 1998 年,第 77 页。

余,过街北即旧宜城楼"①。瓦子中拥有多少不等的勾栏,"甚为士庶放荡不羁之所,亦为子弟流连破坏之地"②。而杂剧则是其中最为活跃的表演艺术之一,至有盛景如中元节之际"构肆乐人自过七夕,便般目连救母杂剧,直至十五日止,观者增倍"③。流风所浸,汴京城中涌现出大量的专业演员,城中的官籍乐人如教坊。在绍兴十四年时,"凡乐工四百六十人,以内侍充钤辖"。"乾道后,北使每岁两至,亦用乐,但呼市人使之,不置教坊,止令修内司先两旬教习。旧例用乐人三百人,百戏军百人,百禽鸣二人,小儿队七十一人,女童队百三十七人,筑球军三十二人,起立门行人三十二人,旗鼓四十人,以上并临安府差。相扑等子二十一人";"云韶部,黄门乐也。开宝中平岭表,择广州内臣之聪警者,得八十人,令于教坊习乐艺,赐名箫韶部";"钧容直,亦军乐也……(淳化)六年,增置四百三十四人,诏以为额,阙即补之";"东西班乐,亦太平兴国中选东西班习乐者","四夷乐者,元丰六年五月,召见米脂砦所降戎乐四十二人"④等,"共近千人"⑤,而民众亦常驱子女为"杂剧人"等。随着金军南下、北宋亡灭,蒙古南下,金朝沦亡,"北方一路随着金人将汴京伎艺人大批北掳而北上。金人撤离汴京时,曾搜括汴京工伎艺人数万人带至燕山和上京会宁府。金海陵王天德四年(1152)由会宁府迁都燕京后,这两部分伎艺人合为一处,形成燕京宫廷杂剧的主流。金人北撤时,沿途乐人纷纷逃亡,散在山西平阳一带,以后就发展起平阳的民间杂剧。在燕京和平阳这两处据点中,金代杂剧逐渐演变为院本形式,并向北曲杂剧过渡,成为后世北曲杂剧的滥觞"⑥。这些因素使得平阳为元杂剧的繁荣培养了一批优秀的作家。

可以看到,在《录鬼簿》所列前辈才人中,属于平阳籍的杂剧作家有石君宝、李潜夫、狄君厚、赵公辅、孔文卿、于伯渊等。石君宝(1191—1276),名德玉,字君宝,女真族,临汾人。著有杂剧10种,《鲁大夫秋胡戏妻》《李亚仙花

---

① 孟元老撰,伊永文笺注《东京梦华录笺注》卷三"大内西右掖门外街巷"条,中华书局2012年,第275页。

② 耐得翁《都城纪胜》"瓦舍众伎",《东京梦华录都城纪胜西湖老人繁胜录梦粱录武林旧事》,(北京)中国商业出版社1982年,第8页。

③ 孟元老撰,伊永文笺注《东京梦华录笺注》卷八"中元节"条,第795页。

④ 《宋史》卷一四二《乐志十七》,第3359、3361、3362页。

⑤ 陈旸《乐书》"俗部·杂乐·教坊乐",转引自廖奔《汴京杂剧兴衰录》,《河南大学学报》1987年第2期,第47页。

⑥ 廖奔《汴京杂剧兴衰录》,《河南大学学报》1987年第2期,第50页。

酒曲江池》《诸宫调风月紫云亭》《士女秋香怨》《吕太后醢彭越》《东吴小乔哭周瑜》《柳眉儿金钱记》《张天师断岁寒三友》《赵二世醉走雪香亭》《穷解子红绡驿》,现存前 3 种,后 7 种皆佚。李潜夫,字行道,一作行甫,绛州人(当时绛州治所在今新绛县东北,属晋宁路,即平阳),生卒年不详,著有《包待制智勘灰阑记》。孔文卿,平阳人,著有《地藏王证东窗事犯》一种。狄君厚,平阳人,著有《晋文公火烧介子推》。赵公辅,著有《晋谢安东山高卧》《栖凤堂倩女离魂》。于伯渊,著有《丁香回回鬼风月》《白门楼斩吕布》《狄梁公智斩武三思》《吕太后饿刘友》《莽和尚复夺珍珠旗》《尉迟公病立小秦王》等等①。

尽管从创作时间和创作地点的角度来落实《录鬼簿》中所提到的平阳杂剧作家推动平阳成为蒙古治下时期的杂剧创作中心,往往因为文献不充足而不容易成立,不过,平阳长期的杂剧表演基础对于平阳剧作家的杂剧创作还是有些影响。

与其他地域的杂剧创作相比,平阳剧作家的作品往往较注重剧情的表现张力。例如石君宝的那部著名剧作《鲁大夫秋胡戏妻》,剧本以刘向《列女传·秋胡戏妻》内容为剧本故事原型,围绕剧情的表现张力而加以创作。首先秋胡与妻子罗梅英新婚三日即离家参军,十年后归家,比较原文的新婚五日,五年后归家,时间张力加大,增强了剧情的表现力;其次,秋胡离家的十年中,罗梅英不仅苦苦支撑贫苦的夫家,侍奉生病的婆婆,而且还抢白父母的劝嫁,打走李大户的诱婚,苦苦等待夫君归来。较诸原文的留白,剧作在丰富情节的同时,也使得舞台表现力得以大大增强。而就剧情的张力而言,苦苦等待的夫君,相见不相识,这是一层张力,再是罗梅英与秋胡的周旋,是面对富与贵诱惑的坚贞,展现剧情张力的同时,增强了人性的张力;最后,夫妻相见,互相认清对方的面目,增加喜剧冲突效果的同时,又给剧情带上了悲剧的效果,更添一层剧情张力。剧本对于原文的运用和改编充分体现出剧作者对于剧本表现力和现场感的尊重。

相比较而言,在注重剧情的表现张力方面,李潜夫的《包待制智勘灰阑记》,甚至比《鲁大夫秋胡戏妻》更胜一筹,整个剧本都充满剧情冲突和表现张力。由剧情来看,第一层冲突与张力是,张海棠因穷而被迫为妓,造成与兄长的冲突;第二层,张海棠嫁与马员外为妾,撞破其正妻与赵令史的奸情,妻妾冲

---

① 张丽红《元代平阳杂剧研究》"元代平阳杂剧作家作品遗存表",华东师范大学 2005 届中国古代文学硕士论文,第 56—59 页。

突中更有通奸情节,剧情冲突和张力加大;第三层,张海棠兄长张林求助张海棠,马妻一面怂恿张海棠将其衣服头面赠给其兄长,另一方面又怂恿张林接受,而且还在马员外处诬陷张海棠养奸夫,引发人物矛盾加深,剧情张力又增一层;第四层,马员外生病,张海棠煮药,马氏趁机下毒,马员外被毒死抛尸野外,马氏独霸家产,且抢夺张海棠的儿子,将张海棠赶出家门,人物矛盾和剧情张力到达一个小高潮;第五层,张海棠与马氏公堂对簿,马氏奸夫赵令史作伪证,张海棠被屈打成招,押解开封府,剧情再掀悬疑和高潮;第六层,张林作为开封府衙役了解到张海棠冤情,剧情出现缓和,而马氏与奸夫又欲中途毒死张海棠,剧情再出波折,张林赶走马氏及奸夫,剧情再现缓和;而最后包拯判案,决定寿郎的归属,包拯画灰阑,令寿郎居其中,由张海棠与马氏来抢夺,以分生死胜负,全剧走向结局的同时也被推向剧情发展的最高潮。最后,包拯判断用力抢夺孩子者定非生母,从而使得张海棠的冤情得以全部昭雪。而全剧人物矛盾冲突之多层次性,剧情表现与推进的紧张程度,以及最后人物冤情得以昭雪所给予观众情绪的纾解程度,不仅令全剧富有观赏性,而且也大大增强了观众对作为智慧与公平化身的包拯的信任度。

由以上两部平阳剧作家的代表作品来看,它们在剧情设置上都充分注意到了人物冲突和剧情表现的张力,而且剧本虽以传统典故或历史为基础创作,实际多以夫妻、妻妾、婆媳关系为主要表现内容,借通奸、争夺家产、讼狱等民众相对熟悉的社会问题来增强剧情冲突,与民众生活的相似度非常高。这与真定剧、东平剧还是颇有区别的。像真定剧作家代表白朴等人,在元好问等金源优秀精英文人的培养和影响下,剧作尤其注重文词的典雅、华丽;而东平剧作家代表高文秀等人在东平府学教育影响下,倾向于从国家、社会层面来表达文人情怀,而且真定、东平剧作家都较具文人气质,其剧本表现内容普遍倾向于表现帝妃爱情、将相前程、文人趣味与情怀等,与民众生活有一定的距离。如此看来,平阳的民间杂剧表演基础以及平阳作为传统文化中心的背景还是深刻地影响了此地生养的杂剧作家,影响了他们的表达倾向和表现气质。

二、平阳文化中心与河汾文人群的出现

凭借地理位置的优越、物质文化资源的丰富,平阳不仅为元杂剧创作的繁

荣提供了深厚的社会文化基础,而且是自宋金以来一直都是著名的刻书中心,而蒙古治下时期平阳经籍所的设立即见证了这个时期平阳文化秩序由逐步恢复到井然有序。

据史载,平阳府"兴定二年十二月以残破降为散府。有书籍"①,意谓在平阳被蒙古人攻破之前,金朝曾专设"置局设官于此"②。众所周知,宋代自毕昇发明活字印刷后,宋代雕版印刷事业曾经十分繁荣,北宋为金朝所亡灭之后,金人以汴梁掳迁至平阳去的刻工与书版作为基础,使得这一带的印刷业得到较快发展,平阳也因此成为金代雕版印刷的中心。先是书坊私刻非常繁荣,之后官府亦在平阳专设出版机构,以管理民营书坊与书铺,致使平阳成为金朝著名的刻书中心。窝阔台汗八年(1236)"耶律楚材请立编修所于燕京,经籍所于平阳,编集经史",直至至元三年(1262),十月丁丑,"徙平阳经籍所于京师"③,平阳经籍所才告以结束。而经籍所在平阳的设立,使得平阳的文化秩序逐渐得到恢复,而金源文人也由此逐渐聚集到平阳。可以看到,1236年耶律楚材请旨在立编修所和经籍所之际,即在金源召儒士"梁陟充长官,以王万庆、赵著副之"④。1240年,曹之谦主持平阳经籍所;1253年,陈庚校雠平阳经籍所,领所事。平阳经籍所的存在对于平阳文化秩序的恢复影响甚大,这其中,全真教主持的《玄都宝藏》以平阳为总部进行刊刻,以及河汾文人诗群的形成等等现象最为著名。

全真教主持刊刻的《玄都宝藏》,即金朝时期全真教修成的《大金玄都宝藏》,计6455卷,经版藏于燕京天长观。泰和二年(1202),天长观遭火灾,经版毁于火。蒙古治下时期,得到巨大发展的全真教欲借助政治的力量以刻传本教经书的方式扩大教派的影响。于是,宋德方先向蒙古统治者申言宝藏经文"具系历代帝王安镇国祚,保天长存者也",奏请"合于诸路置局雕印《玄都宝藏》三洞四辅真经",获得支持,遂于山西、陕西、河南等地成立专门机构,共设27局,负责收集、校勘、整理经文工作。刊刻事宜自丁酉年(1237)开始,以平阳玄都观为总局,宋德方弟子秦志安为具体负责者,至甲辰年即元乃马真皇后称制三年

---

① 《金史》卷二六《地理志下》,第2册,第634页。
② 钱大昕《跋平水新刊韵略》,《潜研堂集》文集卷二十七,凤凰出版社2016年,第434页。
③ 《元史》卷六《世祖本纪三》,第1册,第112页。
④ 《元史》卷二《太宗本纪》,第1册,第34页。

(1244)完成。连同准备阶段，"始终十年，朝夕不倦，三洞灵文，号为完书"[1]，共计7800卷[2]，其刊印工程之浩大，可以让人想见平阳经籍所以及平阳当地刻书业在蒙古治下时期的活跃程度。

平阳经籍所的有效运行意味着其时平阳文化秩序的恢复，而平阳也逐渐成为许多金源文人聚集、寓居的所在。像几位与经籍所密切相关的金源文人。梁陟，良乡人，金进士，以名儒征领编修所事，卒谥通献先生。赵著，号虎岩，字光祖，渔阳人。曹之谦（1266年卒），字益甫，应州人。"幼知力学，早擢巍科，与元遗山同掾东曹。机务倥偬，商订文字，未尝少辍。北渡后，居平阳者三十年。与诸生讲学，一以伊洛为宗，众翕然从之。所著古文、杂诗三百首，曰《兑斋文集》。"[3]王恽评价曹之谦的创作云："先生之作，其析理知言，择之精，语之详，浑涵经旨，深尚体之工，刊落陈言，极自得之趣，而又抑扬有法，丰约得所，可谓常而知变，醇而不杂者也。"[4]陈赓（1193—1261），字子京，猗氏人（今山西临猗人）。与陈定、刘缙、张澄同学，号为四秀，又与兄陈赓、弟陈膺被元好问谓号为"三凤"，又号"三凤陈氏"。河东平，居洛西。1236年，耶律楚材奏置经籍所平阳。1237年，应平阳高雄飞之招，署郡教授。1253年，令陈赓校雠平阳经籍所，领所事。后世祖征至六盘山，与语，大悦。中统初（1260），以宣抚张德辉荐，授平阳路提举学校官。著有《经史要论》三十卷、《三代治本》五卷、《唐编年》二十卷、《澹轩文集》三十卷，《春秋解》（未成）。

除了曹之谦、陈赓等几位在经籍所任职的金源文人外，还有麻革、张宇、房皞、段成己、段克己、陈赓等几位先后在平阳一带居住或活动，从而形成房祺所

----

[1]　李蔚《纯成子李君墓志铭》，《全元文》卷三五六，第10册，第552页。

[2]　按：据李鼎《玄都至道披云真人宋天师祠堂碑铭并引》载，丘处机生前即有意复刻毁于蒙金战火的《大金玄都宝藏》，曾期望宋德方等弟子能主持其事。丁酉年（1237），宋德方前往平阳主醮事，乃与弟子秦志安等谋为"锓木流布之计"，而主事平阳的蒙古丞相胡天禄捐资资助。"胡相君闻而悦之，伙白金以两计一千五百。真人乃探道奥以定规模，稽天运以设方略，握真机以洞幽显，秉独断以齐众虑，审人材以叙任使，约囗程以限岁月，量费用以谨经度，权轻重以立要实。兹所素既定，即受之秦通真，令于平阳长春总其事。至事成之日，曾不慁于秦。若夫三洞三十六部之零章，四辅一十二义之奥典，仁卿藏经碑文，囗真人参校政和、明昌目录之始，至工墨装裱之毕手，其于规度旋斡，靡不编录，读之一过，见其间补完亡缺，搜罗遗逸，直至七千卷焉。况二十七局之经营，百二十藏之安置，或屡奉朝旨，或借力权贵，而海内数万里皆经亲历之地。"《全元文》卷二八五，第9册，第53—54页。

[3]　《御订全金诗增补中州集》五十五"兑斋曹之谦"，四库全书本。

[4]　王恽《兑斋曹先生文集序》，《王恽全集汇校》卷四二，第5册，第2027页。

谓的河汾文人诗群。麻革（1184 后—1261 前）①，字信之，号贻溪，山西虞乡王官（今永济）人，金正大四年、五年（1227—1228）从游元好问于河南内乡。天兴元年（1232）入为太学生。天兴二年（1233）五月被俘，押至漠北，滞留五年②。1238 年参加"戊戌选"儒士考试，入选，摆脱奴籍。之后居平阳教授以终。陈赓（1190—1274），字子飏，猗氏人（今山西临猗人）。陈赓风仪秀整，器量阔大，言论必本于理，喜怒不形于色，时称长者，与其弟陈庾、陈膺齐名，元好问称之三凤。入元后，由于山西解梁仪总帅荐为帅府经历，辟解场司判官。张德辉宣抚河东、张仲一建行省，皆署参议。又由于张仲一建议而授河东两路宣慰司参议。著有《默轩集》二十卷、《坞西漫录》十二卷、《嵩隐谈露》五卷、《弊帚集》十卷。段克己（1196—1251），字复之，人称遁庵先生。金正大二年（1224）登进士第，世居绛之稷山，赵秉文任主考官。段成己（1199—1282），字诚之，号菊轩，绛州稷山人。段克己之弟。金正大二年（1224）登进士第，授宜阳主簿。1233 年，段氏兄弟由汴京避居龙门山，于午芹村见芹溪精舍。1244年，段成己徙居平阳。房皞（1198—约 1282），字希白，号白云子，平阳或临汾（今山西临汾一带）人，在襄樊任教师，后试补府学，受知于南漳县令，著有《白云子集》。张宇，字彦升，号石泉，山西临汾人。

河汾文人群衔连的是蒙古治下时期以山西籍为主，在华北一带活动的金源文人关系网。可以看到，曹之谦、麻革等与元好问、刘祁、王若虚、张信之、杨宏道等都是天兴二年（1232）正月、金亡前夕卷入"崔立碑事"③的主要当

---

① 刘达科《海内名士文章钜公——金末元初文章家麻革考论》，《忻州师范学院学报》2003 年第 1 期，第 22—25 页。

② 索宝祥《河汾诸诗老合谱》，《文献》1997 年第 2 期，第 32—53 页。

③ 按："崔立碑事"大致原委是：金哀宗天兴元年（1232）正月，蒙古军南攻，蒙古大将速不台围攻金国的汴京（时称南京）。哀宗以侄儿曹王完颜讹可，出为人质求和。四月，蒙古退军河洛。十二月，汴京粮尽援绝，哀宗出奔河北，速不台再围汴京。天兴二年（1233）正月，哀宗渡黄河攻卫州惨败，复走归德。此时汴京原留守有完颜奴申、完颜习捏阿不二丞相及诸将。月底，诸将之一崔立发动叛变，杀二丞相，立卫王之子完颜从恪为梁王，监国，以汴京献于蒙古投降。四月二十日，蒙古军入汴京，大掠。二十二日，元好问在城中有书上蒙古中书令耶律楚材。二十九日，元好问同金室官员被蒙古军押送出城，羁管于山东聊城。天兴三年（1234）正月，金哀宗自缢于归德，金亡。六月崔立被刺身亡。崔立建碑事发生在天兴二年正月底崔立发动政变初期，其时，元好问正在围城中。崔立的党羽翟奕等召集城中著名文士，以崔立降蒙古拯救一城生命为词，命他们撰写功德碑，并拟将旧存宋徽宗所书甘露碑磨掉，重刻碑文，为崔立歌功颂德。

事人①。这其中,金亡后,1234 年刘祁辗转千里回到家乡山西应州浑源,立"归潜堂",作《归潜志》。值得关注的是,刘祁筑归潜堂后,诸如王官麻革、蒲城薛玄、渔阳赵著、太原元好问、仰山性英、东城李微、析津李惟演、金城兰光庭、河东张纬、太原高鸣、邢台刘德渊、洛水刘肃、龙江张澄、燕山张师鲁、东明张特立、山东勾龙瀛等等都为赋诗。这些人中著名者如薛玄。薛玄(? —1271),字微之,号庸斋,下邽(今陕西渭南)人。"国初,游大同,过应州,高、韩二帅喜而荐之中令耶律公,得应州教授,俾子弟学焉。"②再借助程钜夫描述薛玄在蒙古治下时期的交游情形,又可以看到,包括平阳文人群在内的金源文人往来的频繁。薛玄在 1238 年左右③又随杨奂到洛西,在洛西书院,与陈赓等人同时教授,与洛西一时英俊"若中山杨果、缙云李微、虞乡麻革、云中孟攀鳞、蒲城郭镐、李廷、河中窦献卿(窦默)、洛阳宰沂皆友也"。王文统掌政之际,征聘不起,"日与女几辛愿、柳城姚枢、稷山张德直、太原元好问、南阳吴杰、洛西刘绘、缁川李国维、济南杜仁杰、解梁刘好谦,讲贯古学,且以淑人,伊洛之间复蔚然矣"④。而程钜夫在给去世四十余年"河汾诸老"之一陈赓撰写墓铭时还特意强调其声名之著以及交游之贤:"公之游,在洛西则贾某损之、赵某庆之、麻某平甫、刘某光甫、薛继先曼卿、辛愿敬之、赵元宜之、和某献之;在汴则赵秉文周

---

① 按:据刘祁《录崔立碑事》述:"崔立既变,以南京降,自负其有救一城生灵功,谓左司员外郎元裕之(元好问)曰:'汝等何时立一石,书吾反状耶?'时立国柄在手,生杀在一言,省庭日流血,上下震悚,诸在位者畏之,于是乎有立碑颂功德议。数日,忽一省卒诣予(刘祁)家,赍尚书礼房小帖子云:'首领官召赴礼房。'……即往至省。门外遇麻信之(麻革),予因语之。信之曰:'昨日见左司郎中张信之言,郑王碑事欲属我辈作,岂其然耶?'即同入省礼房。省掾曹益甫(曹之谦)引见首领官张信之、元裕之二人曰:'今郑王以一身救百万生灵,其功德诚可嘉。今在京官吏、父老欲为立碑纪其事,众议属之二君,且已白郑王矣,二君其无让。'予即辞曰:'祁辈布衣无职,此非所当为。况有翰林诸公如王丈从之(王若虚)及裕之辈在,祁等不敢。'……于是裕之引纸落笔草其事。王丈又曰:'此文姑使裕之作,以为君作又何妨?且君集中不载亦可也。'……碑文既成,以示王丈及余。信之欲相商评,王丈为定数字。其铭词则王丈、裕之、信之及存予旧数言。其碑序全裕之笔也。然其文止实叙事,亦无褒称立言。……后闻求巨石不得,省门左旧有宋徽宗时《甘露碑》,有司取而磨之,工书人张君庸者求书。……今天下士议往往知裕之所为,且有曹通甫诗、杨叔能词在……"《全元文》卷六三,第 2 册,第 333—335 页。

② 程钜夫著,张文澍校点《程钜夫集》卷九,《薛庸斋先生墓碑》,吉林文史出版社 2009 年,第 92 页。

③ 按:程钜夫《薛庸斋先生墓碑》载"杨奂,秦中名士也。廉访河南,慕,欲与游,辟居幕府。先生从之,始定居洛西"(《程钜夫集》卷九,第 92 页)。而据《廉访使杨文宪公》载,杨奂"戊戌(1238),天朝开举选,特诏宣德课税使刘公用之试诸道进士。君试东平,两中赋论第一。俄从监试官北上,谒中书耶律公,力奏荐之,宣授河南路征收课税所长官,兼廉访使"(《元朝名臣事略》卷一三,第 257 页),故薛玄跟随杨奂前往河南的时间约在 1238 年。

④ 程钜夫《薛庸斋先生墓碑》,《程钜夫集》卷九,第 92 页。

臣、杨慥叔玉、麻九畴知几、雷渊希颜、李汾长源;北渡则元好问裕之、李献卿钦止、杨奂焕然、杨弘道叔能、赵著光甫之属,此其尤贤者。"①刘祁、麻革、薛玄、陈赓等人的交游情形正典型反映出"河汾诸老"在金末、蒙古治下时期的影响力。而借助人们对归潜堂题诗集咏的情形,可以细微地感知到山西境内生活与文化秩序的逐渐恢复:

麻革《归潜堂为刘京叔赋》

逃渊鱼深处,避弋鸿冥飞。古来贤达士,亦复歌采薇。南山先庐在,兵尘怅暌违。山空无人居,惟见草木肥。翩然千岁鹤,一朝复来归。新筑临浑水,行径窈以微。清流鸣前除,白云入晨扉。回顾陵谷迁,万事倏已非。著书入理奥,得句穷天机。前路政自迫,此道倘可几。殷勤抱中璧,黾勉留余辉。第恐遁世志,还负习隐讥。永怀泉上石,一觞与君挥。惜无凌风翰,远举非所希。②

如果联系"崔立碑事"中,麻革与刘祁二人同病相怜的处境来看麻革这首为刘祁"归潜堂"所赋咏的作品,会对诗中描述的刘祁千里归家的心情、归后潜心著述的心态颇有感喟。但更重要的是这首诗让人能隐隐看到战火余烬之后,山西境内虽凋零却依然能容士子读书著述的情景。可以再来看薛玄、赵著的归潜堂题诗:

薛玄《题刘京叔归潜堂》

独构茅堂养道真,满前俗事罢纷纭。磻溪夜钓波心月,汾曲春耕陇上云。长笑熊罴劳应梦,肯教猿鹤怨移文。近来传得安心法,万壑松风枕上闻。③

赵著《题刘京叔归潜堂》

万里烟埃气尚炎,秋风携手赋归潜。当时北望常劳梦,今日南山副具

---

① 程钜夫《故河东两路宣慰司参议陈公墓碑》,《程钜夫集》卷二一,第260页。
② 麻革《归潜堂为刘京叔赋》,《全元诗》第2册,第384—385页。
③ 薛玄《题刘京叔归潜堂》,《全元诗》第4册,第155页。

瞻。鸿雁不飞闲伴月,鹧鸪无语静依檐。遥思二陆犹如此,自愧区区未属厌。①

值得注意的依旧是薛玄、赵著二人诗歌对刘祁归潜故里,不理俗事纷纭,云淡风轻地吟咏著述生活状态的感慨与赞羡。诗人也并不否认,诗外世界其实依旧"万里烟埃气尚炎",但他们与刘祁所处的世界一隅却可以"独构茅堂养道真"。而下面一组挽诗则又可以看出平阳文人与外界的呼应和往来:

耶律楚材《和平阳张彦升见寄》

　　天兵出云中,一战平城破。居庸守将亡,京畿游骑逻。有客赴澶渊(予尝倅开州),无人送临贺。奸臣兴弑逆,时君远迁播。圣主得中原,明诏求王佐。胡然北海游,不得南阳卧。宠遇命前席,客星侵帝座。万里金山行,三经玉门过。于阗岁贡修,燉煌兵势挫。国维张礼义,民生重食货。黜陟九等分,幽明三载课。小人绝觊觎,贤才无坎坷。功名本忌盈,庙堂难久坐。老矣盍归来,归欤可重和。俯仰不心惭,宽弘从而睡。清浊自沙汰,精粗任扬簸。赋性嗜疏闲,高眠乐慵惰。苍鸡粗庖充,黄犊足犁拖。幼子事耕锄,老妻供碓磨。随分养余龄,虽饥而不饿。②

平阳张彦升应是指"河汾诸老"之一——张宇。耶律楚材还有一首诗,题《寄平阳润和尚》,其诗小序云:"张彦升寄平阳润和尚所著金盏儿十首,因作诗寄润公"③,略可侧见耶律楚材与平阳文人的往来唱和情形。而耶律楚材在诗中所表露出的对蒙古人的肯定以及自己辅佐蒙古人的坦然态度,让人看到的则不仅是耶律楚材的态度,还有金源精英文人对于耶律楚材的倾向。再如下面两首诗,表达的是河汾文人对耶律楚材去世的感受:

麻革《中书大丞相耶律公挽词(甲辰五月十四日)》

　　砥柱中流折,藏舟半夜移。世贤高允相,人叹叔孙仪。未拜荆州面,

①　赵著《题刘京叔归潜堂》,《全元诗》第 2 册,第 393 页。
②　耶律楚材《和平阳张彦升见寄》,《全元诗》第 1 册,第 284 页。
③　耶律楚材《寄平阳润和尚》,《全元诗》第 1 册,第 290 页。

尝蒙国士知。无阶陪引绋，万里望灵辒。

　　文献群公表，东丹八叶传。珪璋贻嗣德，兰藻蔼遗编。禁籍虚青琐，仲游定玉泉。太常千字诔，谁有笔如椽。①
　　　　　曹之谦《中书耶律公挽词》
　　虎啸龙兴际，乘时自有人。风云开惨淡，天地入经纶。忽报台星坼，仍传薤露新。斯民感无极，洒泪叫苍旻。②

耶律楚材卒于甲辰(1244)年，宋子贞《中书令耶律公神道碑》云："公以其年五月十有四日，以疾薨于位"③，麻革诗题《中书大丞相耶律公挽词(甲辰五月十四日)》，则可概见他与外界的关联程度。麻革曾与耶律楚材有往来，耶律楚材有诗题《信之和余酬贾非熊三字韵见寄因再赓元韵以复之》④，借助诗题以及诗歌内容可以知道麻革通过贾非熊，与耶律楚材有一些往来，但应该没有见面，所以麻革在诗里说"未拜荆州面"，不过耶律楚材的友好亲切态度还是令麻革印象非常深刻，这也使得耶律楚材去世的当天，麻革就作诗悼念。对于麻革来说，如果不是耶律楚材推动举行的"戊戌"考试，他或许难脱奴籍，他对耶律楚材的感念是深刻而动情的。相比较而言，曹之谦对耶律楚材的情感平和一些。不过，如果不是耶律楚材请求蒙古政府在平阳立经籍所，曹之谦与平阳的关系也许会有所不同。在曹之谦看来，耶律楚材就是虎啸龙兴之际的乘时运势者，也是因为耶律楚材的作用，才使得野蛮混乱的时代逐步遁入轨道。基于此，他对耶律楚材的去世才深感震惊和难过。而由麻革、曹之谦等人的诗作以及他们对于耶律楚材的态度又能看出，蒙古治下时期的金源文人，根于蒙金战争的极端酷烈以及对他们痛彻骨髓的伤害，所以蒙古政府的些小文明之举都可以让他们倍感松弛。站在这个角度看，则从眷恋旧朝，不与新朝合作的遗民视角来探查蒙古治下时期的金源文人心态，反倒可能是对他们处境的不理

---

① 麻革《中书大丞相耶律公挽词(甲辰五月十四日)》，《全元诗》第 2 册，第 388 页。
② 曹之谦《中书耶律公挽词》，《全元诗》第 2 册，第 366 页。
③ 宋子贞《中书令耶律公神道碑》，《全元文》卷八，第 1 册，第 177 页。
④ 按：耶律楚材诗有三首，内容写道："其一：鹓鸰徒羡大鹏南，驽马终须后裛骖。至理犹删万归一，庸儒刚说二生三。透关活眼嫌金屑，恋土痴人宿草庵。寄与云川贤太守，洗心涤虑请君参。其二：恼人捷径起终南，虚忝沙堤相国骖。幻术莫惊殷七七，真诠谁识后三三。家邻荆水宜栽竹，缘在香山好结庵。斫断葛藤窠已后，闲家破具不须参。其三：鸿雁翩翩自北南，归与何日驾归骖。潜龙在下宜初九，即鹿无虞戒六三。洛下好游白傅寺，济源重觅侍中庵。衰翁自撺何多幸，昨梦斋中得罢参"，《全元诗》第 1 册，第 325—326 页。

解和不同情了。

　　需要指出的是,临汾人房祺在元大德五年(1301)将麻革、张宇、陈赓、陈庾、房皞、段克己、段成己、曹之谦八人之诗编纂成《河汾诸老诗集》,"河汾诸老"一说实际源于房祺,并非这些诗人的自主定义,但由这八人蒙古治下时期基本活动于平阳一带,以及蒙古政府设经籍所于平阳,全真教将刻印《玄都宝藏》的总局也设于平阳可知,则平阳确为蒙古治下时期金源文人活动密集的文化中心。

三、河汾文人诗群的创作倾向及影响

　　由河汾诸老的生卒年情况来看,他们基本在元朝一统前后去世,最晚去世的大约在1282年左右,房祺在大德五年(1301)将其作品编辑成集,而直至延祐年初(1314—1315)他们的事迹还被朝廷和馆臣弘扬,这表明他们的影响并没有因为他们的去世而消失。作为金源精英文人,他们的作品与事迹继续在元朝发生影响,则这群人的诗文创作倾向和表达意旨便非常值得注意。

　　"河汾诸老"之说源出房祺,从其编辑《河汾诸老诗集》的意旨来看,所集河汾诸老多为元好问的弟子或私淑者,元好问对于河汾诸老的深远影响,以及河汾诸老作为传介者对于元代文坛的影响又可见一斑。这可从房祺的后序见其梗概:

　　　　近代诗人,遗山元先生为之冠。先生太原人。太原境与平阳接,河山胜概,地土所宜,习俗所尚,古今人物不殊。至如师友渊源,文章正脉,略与之等。故河汾间诸老,与天下人材无让。麻赆溪与元老诗学无慊,古文出其右,公言也。张石泉、房白云,与元老游从南北者。子飏、子京、二陈昆仲,与元老或诗或文,数相赠遗者。遁庵、菊轩,有"稷亭二段"之目,与元老相次登第者。曹兑斋与元老同为省掾,日以文诗讲议者。或曰:兑斋云中应人也,吾子列河汾之间,得无附会欤? 不然。兑斋之先诚应人,自客汴梁,北渡居平阳者三十余年。发明道学,为文楷式,指授后进,桃李光辉,盈溢其门。或教授乡里,或宦达四方。有二子:叔举、季行,文笔亦盛传。而况状元王公,赵城人,曹之外父也。兑斋生而隐德光辉汾晋,没而邱垄在焉,岂非吾乡先生欤? 夫诸老之诗,有渊深冲澹如陶、柳者,有豪放如李翰林、刘宾客者,有轻俗近雅如元、白者,有对属切当如许浑者,有骚雅奥义、古风大章,浸入于杜草堂之域者。往年吾友杨君仲德议成此集,不幸早世。仲德有云:"不观遗山之诗,无以知河汾之学;不观河汾之诗,无以知遗山之大;不观遗山、河汾之作,不知唐人诸作者之妙;不观唐人之作,不知三百篇六义之深意。"予今纂录,自贻溪至兑斋,凡八人,得古、律诗二百一首,号曰《河汾诸老诗集》。皞皞郝先生序文于前甚备;不肖继言于后,才识浅陋,不能尽其蕴。虽然,吾乡学者如林,有能慕河汾之派,观是集者,知所兴起云。大德辛丑岁二月望日,横汾隐者房祺序。①

房祺的这篇序言所涉及的问题:其一,"河汾诸老"与元好问的交往渊源甚深;其二,"河汾诸老"诗文创作倾向上深受元好问的影响,继承、发扬了元好问重唐学唐的诗歌审美倾向;其三,"河汾诸老"在元朝的影响依旧较大。大抵房祺的概括还是较为全面的。

　　一方面是"河汾诸老"与元好问的往来授受渊源。元好问在赵秉文等故老皆尽之后,"蔚为一代宗工"②。赵秉文卒于1232年,蒙古治下时期,北方文坛稍有作为的诗文作者基本都受到了元好问的影响,而"河汾诸老"则是山西作家群体的突出代表。像麻革与元好问,据元好问《张仲经诗集序》云,他曾在任内乡令时与麻革等诗酬往来甚密,"予官西南,仲经偕杜仲梁、麻信之、高信卿、康仲宁,挈家就予内乡。时刘内翰光甫方解邓州倅,日得相从文字间"③。元好问任河南内乡县令的时间在金哀宗正大四年、五年(1227—1228),这几年中,张澄(字仲经)偕同杜仁杰(字仲梁)、麻革(字信之)、高永(字信卿)以及康仲宁等,挈家依附元好问于河南内乡,而其时解职的刘光甫也在内乡,一群人日以研磨诗文为乐,所以房祺云"麻贻溪与元老诗学无慊",颇有道理。再如陈赓、陈庾、陈膺昆仲,他们被元好问誉为"三凤",是元好问喜爱且乐为提携者,故房祺云他们与元好问之间"或诗或文,数相赠遗者",关系颇亲厚;而段成己、段克己兄弟同时登第,与元好问后先相继。更重要的是登第的那年,主考官是赵秉文,如前所述,元好问曾深得赵秉文欣赏与提携。

① 房祺《河汾诗序一则》,《元好问全集》(增订本),下册,第1308—1309页。
② 《金史》卷一二六《元好问传》,第8册,第2742、2743页。
③ 元好问《张仲经诗集序(甲寅,宪宗四)》,《元好问全集》(增订本),上册,第768页。

而元好问之于金源前辈作家,尤重赵秉文,认为赵秉文"自宋以后百年,辽以来三百年"①,"中国百年之元气"②"中州元气"的象征,这层渊源关系的确颇值得注意;此外,曹之谦与元好问曾共事于礼部,"机务倥偬间,商订文字,未尝少辍",而元好问誉曹之谦为文章正脉,甚为推重③。此外,张宇、房暤乃追随元好问"游从南者",寻源"河汾诸老"的成长轨迹,他们可以说都是元好问影响覆盖下的金源文人。

另一方面,相比于与元好问的交游授受关系,更值得重视的是"河汾诸老"在诗文创作取向对元好问创作理论的依从和传播。就为学为文的一方面而言,诚如四库馆臣评价元好问的文章风格那样"才雄学赡","古文绳尺严密","具有法度","河汾诸老"在创作也表现出力求"浑涵经旨"以达到"刊落陈言"的特征。且引麻革著名的《游龙山记》以略观该群体古文创作倾向:

> 余生中条王官五老之下,尝侍先人西观太华,迤逦东游洛,因避地家焉。如女几、乌权、白马诸峰,固已厌登,饱经穷极幽深矣。革代以来,自雁门逾代岭之北,风壤陡异,多山而阻,色往往如死灰,凡草木亦无粹容。尝切慨叹南北之分,何限此一岭,地脉遽断,绝不相属如是耶?越既,留滞居延,吾友浑源刘京叔尝以诗来,盛称其乡泉石林麓之胜。浑源实居代北,余始而疑之。虽然,吾友著书立言薪信于天下后世者,必非夸言之也……自治城西南行十余里,抵山下。山无麓,乍入谷,未有奇。沿溪曲折行数里,草木渐秀润。山竦出,崭然露芒角,水声锵然鸣两峰间,心始异之。又盘山行十许里,四山忽合,若拱而提,环而卫者,嘉木奇卉被之,葱蒨馥郁,风自木杪起,纷披震荡,山与木若相顾而坠者,使人神骇目眩。又行数里,得泉之泓澄渟滀者焉,泆出石罅,激而为迅流者焉。阴木荫其巅,幽草缭其趾。宾欲休,咸曰:"莫此地为宜。"即下马,披草踞石列坐。……卧念兹游之富与夫昔所经见而不能寐。若太华之雄尊,五老之巧秀,女几之婉严,乌权、白马之端重,兹山固无之,至于奥密渊邃,树林荟蔚,繁阜不一览而得,则兹山亦曷可少哉?人之情,大抵得于此而遗于彼,

---

① 元好问《闲闲公墓铭》,《元好问全集》(增订本),上册,第 400 页。
② 元好问《赵闲闲真赞》,《元好问全集》(增订本),上册,第 798 页。
③ 王恽《兑斋曹先生文集序》,《王恽全集汇校》卷四二,第 5 册,第 2027 页。

用于所见而不用于所未见,此通患也。……不知天壤之间、六合之内复有
几龙山也。①

麻革这篇游记写于己亥(1239)七月十日,他从居延回到山西参加戊戌(1238)
选试之后。麻革的古文水平,房祺称其时公论以为在元好问之上,恐有夸誉之
嫌疑。不过,由这篇文章读来,麻革当确为其时佼佼者。文章法度颇为森严,
"其析理知言,择之精,语之详",往往"刊落陈言,极自得之趣"。尤其令人读
来不腻的地方又在于,文章"抑扬有法,丰约得所",能做到"常而知变,醇而不
杂",而且在文章最后卧而思想游历龙山的感慨,又可谓水到渠成,在浑涵经旨
的同时,深得文章工巧收放之法②。麻革的古文写作固然堪称其时翘楚,但
"河汾诸老"水平当都与其上下相当。房祺在序中称说曹之谦"发明道学,为
文楷式",王恽也称曹之谦寓居平阳期间,"闭户读书,屏去外物,嚅哜道真,及
与诸生讲学,一以伊洛为宗,众翕然从之,文风为一变"③。陈赓在为学"闳肆
演迤","不棘棘章句,不矜矜自道"的基础上,实现作文的"雄健雅丽,务极其
意"④。而像段成己、段克己昆仲的作品,在吴澄看来"心广而识超,气盛而才
雄。其蕴诸中者,参众德之妙;其发诸外者,综群言之美"⑤。所以由当时读者
的评价可以看出,河汾诸老在古文写作上,依循元好问的写作路径,基本是从
追求研读经旨,先在学问上实现"渊源有自,讲习有素",进而实现创作上的详
略合宜,变化自得且"刊落陈言"⑥。

不仅是古文写作方面,"河汾诸老"体现出对元好问写作路径的遵循,诚
可谓得其正脉,在诗歌创作方面,"河汾诸老"的审美倾向更与元好问反映现
实的诗学理论"无慊",保持高度的一致。贞祐之乱以后,包括赵秉文、王若
虚、李纯甫、元好问、刘祁等一批金源有识之士面对河山人民极度残破的景象,
在诗学倾向上开始反宋学唐,期望创新,走出北宋诗家尤其黄庭坚江西诗学的
影响,彰显质朴康健、反映现实、真切深沉的风格,这种倾向尤其集中地体现于

① 麻革《游龙山记》,《全元文》卷六○,第 2 册,第 233—235 页。
② 王恽《兑斋曹先生文集序》,《王恽全集汇校》卷四二,第 5 册,第 2027 页。
③ 王恽《兑斋曹先生文集序》,《王恽全集汇校》卷四二,第 5 册,第 2027 页。
④ 程钜夫《故河东两路宣慰司参议陈公墓碑》,《程钜夫集》卷二一,第 260 页。
⑤ 吴澄《二妙集序》,《全元文》卷四八七,第 14 册,第 426 页。
⑥ 王恽《兑斋曹先生文集序》,《王恽全集汇校》卷四二,第 5 册,第 2027 页。

元好问的诗学理论上。元好问在给杨弘道诗集所作序言中写道：

> 贞祐南渡后，诗学大行，初亦未知适从。溪南辛敬之、淄川杨叔能以唐人为指归。……唐诗所以绝出于《三百篇》之后者，知本焉尔矣。何谓本？诚是也。……故由心而诚，由诚而言，由言而诗也，三者相为一。情动于中而形于言，言发乎迩而见乎远。同声相应，同气相求。虽小夫贱妇、孤臣孽子之感讽，皆可以厚人伦，美教化，无他道也。故曰不诚无物。夫惟不诚，故言无所主，心口别为二物，物、我邈其千里。漠然而往，悠然而来，人之听之，若春风之过马耳。其欲动天地、感神鬼，难矣。其是之谓本。

元好问在序引中指出，贞祐南渡之后，金源文人在诗歌创作和创作理论上取得较大成绩，"诗学大兴"。而元好问也承认起初他也不明白诗歌创作方向该如何，但辛愿和杨弘道的创作指出了方向；尤其是后者，被赵秉文、杨云翼、李之纯等金末文坛盟主极为推重，以为"金膏水碧""物外自然""不时见之嘉瑞"。而元好问认为杨弘道所以被推重的根本原因在于其诗歌创作以唐人为指归，以诚为本。这所谓的"诚"，在元好问看来是"情动于中而形于言，言发乎迩而见乎远"[1]，反映现实，贴切本真，不由推敲琢磨而得，不拟强求声律，研磨技巧而致。而金末文人对唐诗的皈依，又根由于他们对之前金源诗歌一以北宋为指归，以苏、黄，尤其是对黄庭坚为代表的江西诗学追崇潮流的反拨。可以再回过来看元好问写在兴定元年（丁丑，1217）著名的《论诗三十首》中对黄庭坚及其所代表的江西诗学的批评：

> 心画心声总失真，文章宁复见为人。高情千古闲居赋，争信安仁拜路尘。
> 眼处心生句自神，暗中摸索总非真。画图临出秦川景，亲到长安有几人。
> 东野穷愁死不休，高天厚地一诗囚。江山万古潮阳笔，合在元龙百尺楼。

———————————

[1]　元好问《杨叔能小亨集引（己酉海迷失后称制元年八月）》，《元好问全集》（增订本），上册，第762—763页。

奇外无奇更出奇，一波才动万波随。只知诗到苏黄尽，沧海横流却是谁。

金入洪炉不厌频，精真那计受纤尘。苏门果有忠臣在，肯放坡诗百态新。

古雅难将子美亲，精纯全失义山真。论诗宁下涪翁拜，未作江西社里人。

池塘春草谢家春，万古千秋五字新。传语闭门陈正字，可怜无补费精神。①

站在对北宋诗学以及江西诗学的反动视角上来看，上所引的几首诗中，元好问的诗歌理论强调由现实的观照出发来创作诗歌，反对闭门苦吟，认为由眼见而入心写出的诗句才有神韵和奇妙之处。诚如久病的谢灵运，推窗而见园中春色，顿生诗句"池塘生春草"，其得天机之妙，诗思之新巧，感人之深刻，可谓"万古千秋"；相反黄庭坚由李商隐学杜甫，虽古雅，却失去杜甫由现实观照而作诗的真精神，"心画心声总失真"；而至江西后进陈师道辈，由闭门苦思苦斟酌而作诗，则更是"可怜无补费精神"，再多努力，也无非"高天厚地一诗囚"。就便达到苏轼、黄庭坚的成就，也成绩有限，不能百态出新、沧海横流②。迹由元好问南渡后的诗学理论，再来看房祺在序言中引用杨仲德那句对"河汾诸老"诗歌创作的评价："不观遗山之诗，无以知河汾之学；不观河汾之诗，无以知遗山之大；不观河汾、遗山之作，不知唐人诸作者之妙；不观唐人之作，不知三百篇六义之深意。"③则元好问与"河汾诸老"又可谓两相成就了。

另外，房祺在大德五年（1301）整理了《河汾诸老诗集》，同年又有蒲阴人吴弘道所编刻的《中州启札》四卷，收集有赵秉文（号闲闲老人）、许衡（号鲁斋）、元好问（号遗山）、姚枢（号雪斋）、窦默（字汉卿）、杨果（号西庵）、王磐（字文炳，号鹿庵）、杜仁杰（号止轩）、徐世隆（字威卿）、杨云鹏（字飞卿）、商挺（字孟卿）、郝经（泽州陵川人）、王庭筠、陈季渊、宰沂、勾龙瀛、胡德珪（胡祗遹父亲）、胡祗遹、徒单公履、王器之、陈之纲、吕鹏翼、王显之、乌古伦正卿、高

①　元好问《论诗三十首》，《元好问全集》（增订本），上册，第 269 页。
②　乔晓瑜《元好问南渡与其文学观念之形成研究》，山西大学中国古代文学 2012 届硕士论文。
③　房祺《河汾诗序一则》，姚奠中主编《元好问全集》卷五五"附录三"，第 1103 页。

胜举、鲜于纯叔、王博文、王旭、王恽、刘因、姚燧、刘伯宣、徐子方、许蒙泉、卢挚、张孔孙、宋斋彦、王构、李澍、张子良、晋汝贤、师颜、安镇海、唐显之等44位名人书札。田衍在大德七年（1303）辑录蒙古治下时期的文坛人物诸如杨弘道、王磐、姚枢、徒单公履、高鸣、张矛、赵复、杨云鹏、阚举、刘百熙、平玄、郭可畏、杨果、薛玄、曹居一、杜仁杰、赵著、张朴、田文鼎（田师孟父亲）、史噩等二十余人的诗文八十五篇编成《先友翰墨录》，请其时初展露文坛的江西人虞集作序①。段克己、段成己兄弟的诗集由于段成己之孙段辅任由应奉翰林文字的关系，被整理成《二妙集》予以刊示世人，并请其时作为翰林学士资德大夫知制诰同修国史的江西临川人吴澄作序②。此外，延祐元年（1314），在翰林学士承旨薛友谅的斡旋下，国子监、集贤院、翰林院联名请求，洛西书院被增建，下诏由翰林学士承旨刘赓书额，翰林学士程钜夫作洛西书院碑文③。河汾文人陈赓卒后四十年，延祐二年（1315）由于其从孙翰林修撰陈观的关系，他的生平事迹被其时著名馆臣、江西人程钜夫撰写刻碑④等等。河汾文人群的诗作以及事迹能在他们卒后若干年再被元朝文人整理和关注。这不仅可以让人侧知他们生年的不同寻常，更能看到金源文人在新朝恢复旧时文献的努力，这依旧是中州元气不散的典型体现。当然更重要的是，这深刻地意味着金源文人构成了元代文学格局极为重要的一环，而缘于他们在蒙古治下时期的积极作为，元代文学发展方向与创作理路也将处处呈现着金源文人影响的痕迹。

　　另外，还需稍作补充的是，蒙古治下时期，有一个小群体，他们在金源文人活跃之际隐而不显，却在元初举足轻重，他们是邢州文人群。邢州文人群主要活动于河北邢台、武安和山西左权交界的紫金山。据《元史·郭守敬传》载："郭守敬，字若思，顺德邢台人。生有异操，不为嬉戏事。大父荣，通五经，精于算数、水利。时刘秉忠、张文谦、张易、王恂同学于州西紫金山，荣使守敬从秉忠学。"⑤大约在1250—1252年间，紫金山曾聚集着刘秉忠、张文谦、张易、王恂、郭守敬等人读书其间，由于紫金山位于邢州西，故将这群人称作邢州文人

①　虞集《田氏先友翰墨序》，《虞集全集·道园学古录》卷五，上册，第565页。
②　吴澄《二妙集序》，《全元文》卷四八七，第14册，第426页。
③　程钜夫《洛西书院碑》，《程钜夫集》卷二二，第264页。
④　程钜夫《故河东两路宣慰司参议陈公墓碑》，《程钜夫集》卷二一，第260页。
⑤　《元史》卷一六四《郭守敬传》，第13册，第3845页。

群。这一群体的后继学者有张文谦之子张晏、刘肃之子刘赓、齐履谦、赵秉温、田忠良等。由于邢州文人群务实切用的治学理路,曾经在忽必烈获得大汗地位以及忽必烈一统进程中发挥过巨大作用,这也使得邢州文人群体在元代政坛的影响力自中统元年至延祐末(1260—1320)才告段落①,而他们之于元代文坛的意义也颇值得注意。在之后的金莲川幕府及元初馆阁的叙述中将有大量篇幅涉及,此不展开赘述。

---

① 谷志科、宋文主编《邢州学派》,(北京)中国文联出版社 2008 年,第 18—24 页。

第二编　南北多族文人群的融合与元代文学格局的形成(1261—1350)

　　在中国传统社会,统治者体系的改变往往也意味着文人流向区域的重大改变,这在元朝也没有例外。不过,与中原王朝统治下的地域文人群往往具有较强的本土色彩的特征稍有区别的是,元朝的地域文人群体直至元末的东南地域文人群才显现出较浓郁的本土文人群体气质。在此之前,从蒙古的世侯地域文人群体到元朝一统之后的文人群体,其实都体现为以某地域为中心的多地域文人群聚的特点。随着蒙古国汗系发生重大转换,由窝阔台家族转至拖雷家族,尤其是忽必烈思大有为于天下之后,蒙古人对中原的统治意识加强,世侯的特权被逐渐收回,这也就意味着世侯地域文人群时代的结束。随之而来的是元朝一统时代的到来,以及文人群体向新的政治中心聚趋的情形。首先是世侯区域文人向蒙古中央集权的中心聚集。在忽必烈没有获得汗位之前,由于他对汉法的信重,其潜邸所在的金莲川成为包括世侯区域文人以及追随他的色目、番僧群体聚趋的中心,元初馆阁文人的核心成员多从金莲川幕府群体中产生。随着元朝对南宋的一统,南人北进的步伐也越来越频密,不仅一步步地改变着向为金源文人所把持的元初文学创作格局,而且使得南北融合问题在元代文坛发展中的影响力越来越明显。这个过程中,江西文人群的表现非常突出。江西文人群对于整个时代多元融合精神的领会与把握,在他们推动元代社会多元融合文化特征更圆润清晰的同时,也使得诸如程钜夫、吴澄、虞集等为代表的江西文人站到了时代的潮头,并产生深远影响。另外,元代迟至延祐二年(1315),也即蒙古王朝建立一百多年后,才迎来的科考考试,它对南北多族人们共存的元代社会、元代文坛具有相当大的平衡意义。

第一章　元初馆阁文人群的构成与创作影响

　　元代正统文坛是由馆阁文人群而开启的,而元初的馆阁文人群,起初主要由金源文人所把持,这与他们在金莲川幕府时代所形成的固有影响密切相关。必须指出和承认的是,蒙古统治者在中原立足,由草原本位的大蒙古国逐步转变为汉地本位的元王朝,与金源文人的努力和影响分不开,而这也就给予了金源文人在元初文坛中绝对无争的主盟地位。而随着元一统江南进程的结束,程钜夫、赵孟頫等为代表的南方文人大举进入北都,不仅馆阁文人群由金源文人一统的局面被打破,而且南北融合的问题也逐渐上升为南北多族文人相处、元代文学格局形成的核心问题。应该说,蒙古统治者对宗教发展的宽松政策使得一些方外力量成为南北文人融合过程中的重要推助者。而以苏门山文人群为代表的北方文人在服膺于南方程朱理学之后,又借助蒙古、色目子弟的支持、推动,最终完成"程朱理学"的官学化进程,且对元代文坛产生深远影响。

第一节　金莲川幕府成员的构成与元初馆阁
文人的创作及影响

　　在中国传统社会,统治者体系的改变往往也意味着文人流向区域的重大改变,这在元朝也没有例外。随着蒙古国汗系发生重大转换,由窝阔台家族转至拖雷家族,尤其是忽必烈思大有为于天下之后,蒙古人对中原的统治意识加强。这一方面导致了全真教特权的丧失,还使得世侯的特权也被收回,许多世侯区的金源文人又聚趋于忽必烈潜邸所在的金莲川,形成金莲川幕府文人群。金莲川幕府文人不仅是元初汉法推行的主要力量,也是元初馆阁文人群的主体,他们的创作倾向很大程度主导着元初的北方正统文坛。而与蒙古治下时期金源文人分处于以世侯势力为主的区域不同的是,金莲川幕府不仅成为多地域金源文人聚合的一个核心,更成为多民族、多宗教、多势力群体聚合的核心地带。

一、忽必烈的作为与金莲川幕府成员的构成

忽必烈以及金莲川幕府群出现在元代政坛、文坛的中心,与蒙古国内部汗系递传的重大改变以及蒙古国向元王朝转变的历史背景密切相关。在讨论忽必烈以及金莲川幕府文人群之前,或许非常需要对这段历史背景稍作梳理。

从成吉思汗的黄金家族谱系来看,成吉思汗有长子术忽、次子察合台、三子窝阔台、四子拖雷;成吉思汗死前,将汗位递传给了他认为文韬武略上能光大自己"开藩建汗"事业的窝阔台[1]。这在某种程度上违背了蒙古族的"幼子守灶"制度[2],造成了窝阔台与拖雷之间的兄弟阋墙,并导致拖雷1232年死于窝阔台的阴谋[3]。1241年,窝阔台去世,其妻乃马真皇后监国(1242—1246),之后窝阔台子贵由(1247—1248)任大汗,再之后贵由妻海迷失监国(1249—1250)。而拖雷遗孀唆鲁禾帖尼隐忍十余年,抚养四子长大后,终于在1251年,在争取到术忽之子拔都以及部分蒙古诸王的支持后,在克鲁伦河上游曲雕阿兰[4]的大斡耳朵[5]举行忽里台选汗大会,并成功推举其长子蒙哥登基。从

---

① 按:成吉思汗在病重之际曾对儿子们说:"窝阔台继我登位,因为他雄才大略,足智多谋,在你们当中尤为出众;我意欲让他出谋划策,统帅军队和百姓,保卫帝国的疆域。因此,他立他当我的继承人,把帝国的权柄交给他的勇略和才智",《世界征服者史》上册,第201页。

② 按:所谓"幼子守灶"制度,也称"幼子继承制",是指其他儿子先分家立户,再由最小的儿子继承父亲剩余的财产及社会地位。《蒙古法基本原则》一书说:"成吉思汗的大札撒克规定,兄弟分家时财产按下列原则分配:年长者多得,年少者少得,末子继承父业。"

③ 按:拖雷因为喝了萨满巫师的药水而去世,拖雷家族的人都怀疑是窝阔台与萨满巫师商量的阴谋,药水被萨满巫师下了毒。朱耀廷《正说元朝十五帝》,中华书局2006年,第40页。

④ 按:曲雕阿兰(Khodoe-aral)是喀尔喀蒙古语 Аварга,是蒙古帝国第一个游牧首都,又称阔帖兀阿阑、阔迭额阿剌勒(Kodege-aral),即成吉思汗设立的大斡耳朵,在克鲁伦河和僧库尔河交汇处,今蒙古国肯特省。

⑤ 按:"斡耳朵"(orda),意为"宫帐""帐殿"。《黑鞑事略》载:"凡鞑主猎帐所主,皆曰窝里陀,其金帐柱以金制,故名。凡伪嫔妃与聚落群起,独曰大窝里陀者,其地卷阿,负坡阜以杀风势,犹汉移跸之所,亦无乏止,或一月或一季迁耳。"(《内蒙古史志资料选编》第三辑,第26—27页)。而1234—1236年间出使漠北的南宋使者彭大雅、徐霆,他们所谓的"大窝里陀",即指曲雕阿兰行宫。而"负坡阜",则指阿布拉加遗址北面肯特山余脉阿拉善乌尔山,史称"赤那思山",其名源于蒙古语 hynas ula(狼山)。林梅村《成吉思汗史迹调查》,《大朝春秋——蒙元考古与艺术》,第61页。

此,大蒙古国汗位由窝阔台系转移到拖雷系,汗位属系的改变导致了大蒙古国内部的巨大分裂①。而蒙哥为代表的拖雷汗系在对窝阔台一派势力的排挤清洗之后,在政策上大有调整。这其中的一大体现便是加强了中央集权,加强了对中原区域的管控,以便巩固其从窝阔台家族夺取来的汗位。而作为蒙哥弟弟的忽必烈即被蒙哥安排管理中原事务。这是忽必烈金莲川幕府出现与形成的历史前提和基础。

1251 年,蒙哥甫一登基,即命忽必烈总理漠南②事务,忽必烈由此开启其金莲川幕府时代。史载,"岁辛亥(1251),六月,宪宗即位,同母弟惟帝最长且贤,故宪宗尽属以漠南汉地军国庶事,遂南驻爪忽都之地","岁壬子(1252),帝驻桓、抚间"③。而《元史·郝经传》亦云:"宪宗二年(1252),世祖以皇弟开邸金莲川"④,句中所云"爪忽都之地""桓、抚之间"以及"开邸金莲川",三者互文,可确定忽必烈受任驻跸的地方在金莲川区域。据《金史·地理志》载:"桓州,下,威远军节度使。军兵隶西北路招讨司。明昌七年改置刺史。北至旧界一里半。户五百七十八。县一:曷里浒东川,更名金莲川,世宗曰:'莲者连也,取其金枝玉叶相连之义。'景明宫,避暑宫也,在凉陉,有殿、扬武殿,皆大定二十年命名。有查沙,有白泺,国言曰勺赤勒。"金莲川南边即辽代皇帝的夏捺钵之地炭山,隶属于金朝原桓州支郡的抚州,据《金史》记载道:"抚州,下,镇宁军节度使。辽秦国大长公主建为州,章宗昌三年复置刺史,为桓州支郡,治柔远。"⑤从忽必烈思大有为于天下,到1251 年左右忽必烈开藩邸于金莲川,再到忽必烈成为大汗,并在中统五年(1264)移都燕京为止,由于在金莲川的时间长,影响大,且将这个时期称作是忽必烈的金莲川幕府时代。之所以称时代,诚如那个时代人们的认知那样,"世祖始居潜邸,招集天下英俊,访问治道,一时贤士大夫,云合辐辏,争进所闻。迨中统、至元之间,布列台阁,分任岳牧,

---

① 周良霄、顾菊英《元代史》云:"蒙哥即大汗位,在大蒙古国历史上是一次划时代的转折。它是大汗位从窝阔台系转入拖雷系的开始。黄金家族内部,第一次为争夺汗位而互相残杀",上海人民出版社 1998年,第 230 页。

② 按:漠南蒙古,简称"漠南"。位于今蒙古国南部的东戈壁省、南戈壁省、戈壁阿尔泰省等省份,以及内蒙古自治区锡林郭勒盟的西部二连浩特一带以南,地域大致为今内蒙古自治区,历史上为历代中央政府牧马屯田的地方。

③ 《元史》卷四《世祖本纪一》,第 1 册,第 57—58 页。

④ 《元史》卷一五七《郝经传》,第 12 册,第 3698 页。

⑤ 脱脱等《金史》卷二四"地理志上",第 2 册,第 564、566 页。

蔚为一代名臣者,不可胜纪"①。在忽必烈思有为于天下愿景的引导下,天下英俊"云合辐辏,争进所闻"成为金莲川幕府精英②,他们与忽必烈共同进退,后来都成为元王朝的重要大臣,在国家的各个领域发挥重要作用,故称之为金莲川幕府时代,实不为过③。

　　首先要提到的是海云印简与刘秉忠。他们在 1244 年前,即已投靠忽必烈。忽必烈思大有为于天下的想法以及方略,应该有海云及刘秉忠的启蒙与开谕作用。海云(1202—1257),临济宗宗师。早在贞祐五年(1217)木华黎攻陷宁远之际,海云与师父中观被蒙古人所执,归顺蒙古,接受成吉思汗的赐号"寂照英悟大师",之后窝阔台汗赐以"称心自在行"封号。在贵由汗时期,海云授命统领天下僧,成为蒙古帝国时期,由僧官主持全国佛教事务的首位长官;蒙哥汗即位后,壬子(1252)夏,海云被授以银章,领天下宗教事。与之前的全真教或者说其时的所有宗教势力皆有用世之心一样,备受乱世倾轧的海云"言必语以辅国安民"之道。在与忽必烈谈佛论教之际,每每开谕忽必烈毋以探寻佛法之要为念,而要以天下苍生为先,"宜稽古,审得失,举贤错枉,以尊主庇民为务,佛法之要孰大于此"④。正以海云有用世之心,这使得他在己亥(1239)一见刘秉忠即奇其才,携其同往参见忽必烈。可以说忽必烈对汉儒的信任由刘秉忠而起,忽必烈在中原开拓之中渐入佳境有刘秉忠的赞划。邢州文人群在金莲川幕府、元初政坛大放异彩也因刘秉忠而致。刘秉忠(1216—

---

　　①　苏天爵《左丞张忠宣公》,《元朝名臣事略》卷七,第 147 页。

　　②　按:萧启庆《忽必烈潜邸旧侣考》(收入《元代史新探》,台北新文丰出版公司,1983)引徐世隆撰王鹗墓碑(《元朝名臣事略》卷一二《内翰王文康公》):"上之在潜邸也,好访问前代帝王事迹,闻唐文皇为秦王时广延文学四方之士,讲论治道,终始太平,喜而慕焉",据此可知忽必烈之集结幕府当是受唐太宗招致十八学士的启发。"藩府旧臣"指已是忽必烈侍臣者,如燕真、贾居贞、董文炳兄弟等。"四方文学之士"被召者最早为佛教领袖海云,1242 年召至漠北王府,问"佛法大意"及"安天下之法",海云劝以"宜求天下大贤硕儒,问以古今治乱兴亡之事"(《佛祖历代通载》卷二一);海云弟子刘秉忠随侍,"论天下事如指诸掌",忽必烈大喜,留为书记,时常顾问。按:1242 年被忽必烈召入王府者尚有赵璧,据张之翰《西岩集》卷一九《赵璧神道碑》:"年二十三,有荐闻于上,召至行宫",赵璧卒于至元十三年,寿五十七,二十三为 1242 年。赵璧习蒙古语,译《大学衍义》为忽必烈陈说。当是受海云师徒影响,忽必烈于 1244 年派赵璧"驰驿四方",指名招聘金状元王鹗等(见徐世隆撰王鹗墓碑)。这是忽必烈广泛延揽中原名士之始,王翰于忽必烈登基后即被任为翰林学士承旨(相当于蒙古的大必阇赤),故史特书之。参见洪学东、陈得芝《〈元史〉卷四〈世祖本纪〉会注考证(部分)》,《元史及民族与边疆研究集刊》第二十九辑,第 2 页。

　　③　按:有关金莲川幕府精英群的议论和文献以及人员数据多有参考任红敏《忽必烈潜邸儒士与元代文学发展》,(北京)中国社会科学出版社 2016 年。

　　④　程钜夫《海云简和尚塔碑》,《程钜夫集》卷六,第 70 页。

1275），字仲敏，初名侃，少时为僧，名子聪，自号藏春散人，邢州人。据刘秉忠的好友张文谦为其所撰行状记载：

> 生而秀异，丰骨不凡，在嬉戏中，便为群儿所推。长，或举之为帅，或拜之为师，居然受之不疑，随即教令挥斥之。性刚而有断，非理不屈于人。母马氏，严整有法度，凡起居饮食，必责公以正理，不为姑息之爱。八岁入学，诵书为诸生称首。年十三，以父为录事，为质于元帅府。元帅一见即云："此儿骨相非常，他日必贵。"命僚佐教之文艺，不使列质子班，置之幕司。公遂立志为学，诗文字画，与日俱进，同辈生莫得窥其涯际也。年十七，节使赵公引置幕下，甚爱重之。时方在贫乏中，一介不以取诸人，好贤乐善，而居常裕如也。丙申岁，丁母忧，毁瘠骨立，疏食水饮，哀思无穷。恒衣一绵裘，昼夜不解带者三年，见之者无不感叹也。戊戌春，遂决意逃避世事，遁居于武安之清化，迁滴水涧，苦形骸，甘澹泊，宅心物外，与全真道者居。复欲西游关陕，天宁虚照老师闻之，爱其才而不能舍，遣弟子辈诣清化，就为披剃，与之俱来。秋七月，大蝗，居人之乏食者十八九，虚照老因妹婿之请，就熟云中，挈公同往。己亥秋，虚照老还邢，公因留住南堂，讲习天文阴阳三式诸书。会海云大士至，一见奇其才。时上在藩邸，遣使召海云老北上，因携公偕行。[1]

与金源精英群体相比，刘秉忠得以极早接近蒙古人的重要原因在于他的宗教背景。上引张文谦对刘秉忠出身及青少年时期成长背景的交代，可以大致见出刘秉忠所以豹变中年的人生端倪。少年时代的刘秉忠在禀赋上即超迈于同龄同侪，兼之天时地利，时运相济，遂立志为学，令"同辈生莫得窥其涯际"。而这其中，其母马氏对刘秉忠人生的影响尤大，不仅令他行止讲究法度，更令他由俗世而入于方外，而这竟然也成为刘秉忠改变个人命运以及蒙元王朝运行轨迹的重要契机。刘秉忠在母亲去世后，欲遁世修行，为禅宗大师虚照（1195—1252）所关注，并吸收为弟子。之后，海云禅师于虚照禅堂发现刘秉忠之才，因携而同见忽必烈，从而成就一段旷世的君臣之会。张文谦行状记

---

① 张文谦《故光禄大夫太保赠太傅仪同三司谥文贞刘公行状（至元十二年正月）》，《全元文》卷六九三，第22册，第282—283页。

述道：

> 既至，见公洒落不凡，及通阴阳天文之书，甚喜。海云老南归，公遂见留。自是礼遇渐隆，因其顾问之际，遂辟用人之路。……丙午冬，其父录事公之哀闻至……丁未春，赙以黄金百两，遣使送还。……戊申冬十二月，上遣使召公。己酉春，至王府。庚戌夏，上万言策，所陈数十余条，皆尊主庇民之事。首言正朝廷，振纪纲，选相任贤，安民固本，执牍以奏，上皆嘉纳之。甲寅秋，上征云南，以神武不杀之心，所向克捷，算无遗策，其所全活者不可胜数。……己未秋，六军渡江，公潜赞神机，孜孜匪懈，一如云南之行。庚申春，上正位宸极，召公命之曰："凡天下之大经，养民之良法，卿其议拟以奏。"公即上采祖宗旧典，参以古制之宜于今者，条列以闻，深称上意。诏下之日，纲举目张，一时人材，咸见录用，文物粲然一新。①

忽必烈有用世中原之心，但缺乏辅佐者，而汉儒精英却又并不容易接近忽必烈等蒙古高层。刘秉忠凭借他的宗教关系，更凭借他学养中精通阴阳天文这一环，得以极大程度地感染了游牧民族出身、崇信"长生天"的忽必烈。忽必烈曾在刘秉忠去世后表达自己对他的哀思云："秉忠事朕三十余年，小心慎密，不避艰险，言无隐情，其阴阳术数之精，占事知来，若合符契，惟朕知之，他人莫得闻也。"②忽必烈这句话很清晰地表明，精通阴阳术数是刘秉忠与忽必烈沟通并实现君臣信任的重要基础。"圣天子邂近一见即挽而留之，待以心腹，契如鱼水，深谋密画，虽耆宿贵近不得与闻者，悉与公参决焉。"③而刘秉忠亦藉此在忽必烈身边开辟用人之路，从而为金莲川幕府文人群的形成奠定坚实基础。

可以看到，在刘秉忠的建议下，邢州学派文人得以进入金莲川幕府而最早成群④。丙午（1247），刘秉忠在回邢州办理过父亲丧事后再回到忽必烈身边，并向忽必烈举荐同学兼好友张文谦、张易，学生王恂等人。张文谦（1215—1282），字仲谦，顺德沙河人。与刘秉忠"同研席，年相若、志相得。刘秉忠向

---

① 张文谦《故光禄大夫太保赠太傅仪同三司谥文贞刘公行状（至元十二年正月）》，《全元文》卷六九三，第 22 册，第 283 页。
② 《元史》卷一五七《刘秉忠传》，第 12 册，第 3694 页。
③ 王磐《刘太保碑铭并序》，《全元文》卷六二，第 2 册，第 300 页。
④ 按：关于邢州文人群的研究及文献索引、人员数据多有参考谷志科、宋文主编《邢州学派》。

忽必烈荐举张文谦后,"岁丁未(1247),驿召北上","占对称旨,擢置侍从之列,命司王府教令、笺奏,日见信任"①。张易(?—1282),字仲一,太原交城人,为学驳杂,洞究术数,不仅学兼儒、佛、道三家,于天文地理、阴阳五行、律历等尤其精通。己酉年(1249),刘秉忠的弟子赵秉温进入藩府。赵秉温(1222—1293),字行直,河南蔚州人。"岁己酉,帝在和林西,公入见,仪观修整,应对详明。帝异之,命侍左右。"赵秉温颇有才干,在刘秉忠营建两都、创立大元朝仪等事项中都赞划有功②。庚戌年(1250),刘秉忠将马亨荐于忽必烈,忽必烈在潜邸召见马亨后,"甚器之"。马亨(1207—1277),字大用,邢州南和人。在成为忽必烈幕府成员后,"既而籍诸路户口,以亨副八春、忙哥抚谕西京、太原、平阳及陕西五路,俾民弗扰。既还,图山川形势以献,余使者多以贿败,惟亨等各赐衣九袭。癸丑,从世祖征云南,留亨为京兆榷课所长官。京兆,藩邸分地也,亨以宽简治之,不事掊克,凡五年,民安而课裕"③,是位极有才干的财政人才。癸丑(1253),刘秉忠又向忽必烈荐举了自己的学生王恂,遂被命"辅导裕宗",为太子伴读。中统二年(1261),擢太子赞善,中统三年(1262),裕宗封燕王,"敕两府大臣:凡有咨禀,必令王恂与闻"。王恂,"六岁就学,十三学九数,辄造其极",己酉(1249),刘秉忠北上,途经王恂家乡河北中山,"见而奇之,及南还,从秉忠学于磁之紫金山"④。中统三年(1262),张文谦向忽必烈荐举了习水利的郭守敬,郭守敬曾与刘秉忠、张文谦、张易、王恂皆同学于州西紫金山,其父特使"守敬从秉忠学"。郭守敬"巧思绝人。世祖召见,面陈水利六事","每奏一事,世祖叹曰:'任事者如此,人不为素餐矣',授提举诸路河渠"⑤。

除了邢州学派文人外,刘秉忠等人还向忽必烈进荐了一批有才干的人。丁未年(1247),刘秉忠荐举了李德辉,"岁丁未,用故太保刘公荐,征至潜藩,俾侍今皇太子讲读"。李德辉(1218—1280),字仲实,通州潞县人(今北京通州),"遇事谨敏,好谋善问,多不自用"。而李德辉又荐举了窦默、智迁贤"荐

---

① 李谦《中书左丞张公神道碑》,《全元文》卷二八七,第9册,第101页。
② 苏天爵《故昭文馆大学士中奉大夫知太史院侍仪事赵文昭公行状》,《滋溪文稿》卷二二,第366页。
③ 《元史》卷一六三《马亨传》,第13册,第3827页。
④ 《元史》卷一六四《王恂传》,第13册,第3844页。
⑤ 《元史》卷一六四《郭守敬传》,第13册,第3845、3846页。

故翰林侍读学士窦默、宣抚司参议智迁贤,皆就征"①。窦默(1196—1280),字
子声,初名杰,字汉卿,河北广平肥乡人。"壬子冬,赐以貂尾裘帽,时皇太子未
冠,上命公教之。及征大理,以玉带钩为赐,曰:'此金内府物也,汝老人佩服为
宜。且太子见之,与见朕无异,庶几知所儆畏。'"尽管窦默对忽必烈总是强调
三纲五常,俨然儒者气派。但他在"逃难之蔡"时,藉由金源儒医李浩,而习得
"铜人针法,能得其微妙"②的技能,才是他深得忽必烈等蒙古贵族信赖的重要
原因。戊午年(1258),刘秉忠与张易又向忽必烈推荐了王文统。史载:"昔攻
鄂时,贾似道作木栅环城,一夕而成,陛下顾扈从诸臣曰:'吾安得如似道者用
之?'刘秉忠、张易进曰:'山东王文统,才智士也。'"③王文统(？—1262),字以
道,益都人也,"少时读权谋书",极有才干。进入忽必烈幕府后,善于理财而
富谋略的王文统深受忽必烈信赖④。此外,还有尚文、程思廉、胡祇遹、田忠良、
靳德进等。像尚文,《元史》本传载其事云:"尚文,字周卿,世为祁州深泽
人……张文谦宣抚河东,参政王椅荐其才,遂辟掌书记"。在刘秉忠制定元朝
朝仪的过程中,尚文被刘秉忠举荐给忽必烈,"采唐《开元礼》及近代礼仪之可
行于今者,斟酌损益,凡文武仪仗、服色差等,皆令掌焉"⑤。

　　应该说,金莲川幕府得以形成的重要前提是忽必烈思有为于天下的愿景。
而刘秉忠则是汉儒进入统治集团,并对之后元王朝的建立,意义最为深远的人
物之一。张文谦在刘秉忠的行状中指出,刘秉忠在中统五年(1264)祝发而被
授以光禄大夫太保参领中书省事,更名秉忠后,"报国之心益切",帮助忽必烈
"建国号,定都邑,颁章服,举朝仪","事无巨细,有关时政之得失者",无不过
问,知无不言⑥。王磐在刘秉忠的碑铭中写道:

　　　　若夫辅佐圣天子,开文明之治,立太平之基,光守成之业者,实惟太傅
　　刘公为称首。圣天子方在潜邸,士之所以涉远道、冒风霜而至者,往往有

① 姚燧《中书左丞李忠宣公行状》,《姚燧集·牧庵集》卷三〇,第459页。
② 苏天爵《内翰窦文正公》,《元朝名臣事略》卷八,第152,151页。
③ 《元史》卷一二六《廉希宪传》,第10册,第3090页。
④ 《元史》卷二〇六《叛臣传》,第15册,第4594页。
⑤ 《元史》卷一七〇《尚文传》,第13册,第3985页。
⑥ 张文谦《故光禄大夫太保赠太傅仪同三司谥文贞刘公行状(至元十二年正月)》,《全元文》卷六九
三,第22册,第284页。

所陈诉,祈请干慕进用,惟公独无所求。闲燕之际,每承顾问,辄推荐南州人物可备器使者,宜见录用,由是弓旌之所招,蒲轮之所迓,耆儒硕德、奇才异能之士,茅拔茹连,致无虚月。逮今三十年间,扬历朝省,颁布郡县,赞维新之化,成治安之功者,皆公平昔推荐之余也。其识度之宏远,推此一节而论,亦可见其仿佛矣![1]

王磐的这段话是代表官方而发的,颇有高度且深刻地指出,元王朝由蒙昧而递升为开文明之治的王朝,刘秉忠的功劳最为称首,而这一功业的开启即源于金莲川幕府时期。

从刘秉忠本人受到忽必烈的重视以及他所推荐的人才来看,基本是颇有实际处理事务能力,且擅长理财、管理财务赋税的干才。像上述所具人才中,刘秉忠的弟子赵秉温,在协助刘秉忠营建两都时,赵秉温能"因图上山川形势城郭经纬,与夫祖社朝市之位,经营制作之方";在刘秉忠创建朝仪时,又能"颇采古礼,杂就金制,度时所能行者习之",无怪刘秉忠和忽必烈见其功效都极为快悦[2]。还有马亨和王文统。马亨在担任京兆榷课所长官,管理京兆赋税之际,"以宽简治之,不事掊克,凡五年,民安而课裕"[3]。至于王文统,更以凭借善于理财、敛财的能力,为忽必烈政府积累了大量财富,并因此深受忽必烈的欣赏。据《元史》载,中统初,"立中书省,以总内外百司之政,首擢文统为平章政事,委以更张庶务。建元为中统,诏谕天下,立十路宣抚司,示以条格,欲差发办而民不扰,盐课不失常额,交钞无致阻滞。寻诏行中书省造中统元宝交钞,立互市于颖州、涟水、光化军。是年冬,初行中统交钞,自十文至二贯文,凡十等,不限年月,诸路通行,税赋并听收受。……凡民间差发、宣课盐铁等事,一委文统等裁处"[4]。基于忽必烈藩府这样的"取材"背景,也就可以理解金源文人在金莲川幕府时期的影响力,实际远不能与邢州文人群相上下。不过,对于金源文人来说,由世侯区向金莲川幕府的进趋却是必然而且必须的。

与刘秉忠为核心的邢州文人群相比,世侯区金源文人服务潜邸的时间基

---

① 王磐《刘太保碑铭并序》,《全元文》卷六二,第 2 册,第 301 页。
② 苏天爵《故昭文馆大学士中奉大夫知太史院侍仪事赵文昭公行状》,《滋溪文稿》卷二二,第 366 页。
③ 《元史》卷一六三《马亨传》,第 13 册,第 3827 页。
④ 《元史》卷二〇六《叛臣传》,第 15 册,第 4594 页。

本要晚三到五年,他们的渐趋渐聚成为金莲川幕府文人群形成的重要前提。藉由最早被礼聘至潜邸的、保定世侯张柔府中的王鹗的情况来看,早期世侯区金源文人往往是被作为具有阐明治道意义的文学之士而被征聘至忽必烈潜邸的。据载,忽必烈在潜邸中,"好访问前代帝王事迹,闻唐文皇为秦王时,广延文学四方之士,讲论治道,终致太平,喜而慕焉",于是,王鹗成为众望所归的人选。甲辰年(1244),忽必烈"遣故平章政事赵璧、今礼部尚书许国祯首聘公(王鹗)于保州","既至,上一见喜甚,赐之坐,呼状元而不名。朝夕接见,问对非一,凡圣经所谓修身齐家、治国平天下之道,无不陈于前,上为耸动。尝谕公曰:'我今虽未能即行,安知他日不行之耶!'"①丁未年(1247),张德辉应忽必烈之邀北上。"上在王邸,岁丁未,遣使来召",既见,忽必烈即与张德辉讨论儒与国家治理的关系。在君臣问答中,忽必烈特意问道:"'或云辽以释废,金以儒亡,有诸?对曰:'辽事,臣未周知,金季乃所亲睹,宰执中虽用一二儒臣,余则武弁世爵,若论军国大计,又皆不预,其内外杂职,以儒进者三十之一,不过阅簿书,听讼理财而已。国之存亡,自有任其责者,儒何咎焉!'"在忽必烈心思松动的情况下,张德辉趁势向忽必烈荐举魏璠、元好问、李冶等二十余人。而令忽必烈更感有效的是,"公奉旨教胄子孛罗等,及修理镇之学宫,内外焕然一新。乃会生徒行祀礼,衣冠济济,有承平之旧。郡邑化之,文风翕然为振"。张德辉与忽必烈的交流沟通以及个人的教化魅力不仅大去忽必烈对儒士的怀疑之心,也开启了忽必烈藩府大举吸纳儒士的门径。壬子年(1252),张德辉与元好问一同北觐忽必烈,此行元好问"奉启请王为儒教大宗师",在忽必烈"悦而受之"的情况下,"继启:'累朝有旨蠲免儒户兵赋,乞令有司遵行'",忽必烈降旨颁行且命张德辉回真定后"提举真定学校"②,这些建议为北方普通儒士争取了一些最基本却非常必要的利益,极为可贵。

张德辉之后,庚戌年(1250),姚枢被窦默推荐,礼聘至邸。"遣托克托、故平章赵璧驿至彰德",忽必烈对姚枢备尽礼遇,"居卫从后列,惟不直宿,时召与语,随问而言,久之询及治道。公见上聪明神圣,才不世出,虚己受言,可大有为,感以一介见信之深,见问之切,乃许捐身驰驱宣力,尽其平生所学。敷心沥胆,为书数千百言,首以二帝三王为学之本,为治之序,与治国平天下之大

①　苏天爵《内翰王文康公》,《元朝名臣事略》卷一二,第238,239页。
②　苏天爵《宣慰张公》,《元朝名臣事略》卷一〇,第206,207页。

经,汇为八目"。而忽必烈对于姚枢的教谕,亦有所感。最著名的例子如姚燧所记的那段"世祖学曹彬不杀"事例:

> 公为陈宋祖遣曹彬取南唐,敕无效潘美伐蜀嗜杀。及克金陵,未尝戮一人,市不易肆,以其主归,明日早行,上据鞍呼曰:"汝昨夕言曹彬不杀者,吾能为之,吾能为之!"公马上贺曰:"圣人之心,仁明如此,生民之幸,有国福也。①

尽管姚燧的描述已经非常生动精彩,但关于忽必烈到底多深程度地受到姚枢所将曹彬故事的感染,还是历史记载比较有说服力。至元十一年(1274),伯颜等奉忽必烈之命平定江南,临行前陛辞忽必烈,"帝谕之曰:'古之善取江南者,唯曹彬一人。汝能不杀,是吾曹彬也。'"②而南宋宫廷琴师汪元量诗记载伯颜平定江南后,杭州城"市不易肆"的情景写道:"衣冠不改只如先,关会通行满尘廛。北客南人成买卖,京师依旧使铜钱。"③伯颜的执行结果可以说直接印证了姚枢等对于忽必烈教谕影响之深。对于姚枢而言,他作为中原儒士,从忽必烈身上看到了生民太平的希望;对于忽必烈而言,他在马上率性的呼喊表明,作为蒙古游牧统治者的他期望改变征伐嗜杀的习性,与中原儒士和民众和解。这既为他赢得以姚枢为代表的中原儒士的信任和期望,也深刻影响了中原民众对忽必烈的态度,为其一统天下奠定良好的思想基础。

随着姚枢在幕府的日见信任,忽必烈在儒士们的影响下,大有为于天下愿景的加强,他对金源儒士的渴慕程度也大有加强。于是,真定史氏、东平严氏、保定张氏以及卫辉等金源文人聚集的核心区域成为金莲川幕府文人群的重要来源。真定人张德辉在得到忽必烈赏识之后,趁势荐举了白文举、郑显之、赵元德、李进之、高鸣、李槃、李涛等人。像保定人王鹗在忽必烈中统元年(1260)即大汗位,被授任翰林学士承旨之后,举荐了李冶、李昶、王磐、徒单公履、高鸣、徐世隆同为学士④。而在壬子(1251)到中统年间(1260—1264),世

---

① 姚燧《中书左丞姚文献公神道碑》,《姚燧集·牧庵集》卷一五,第217、218页。
② 《元史》卷八《世祖本纪五》,第1册,第156页。
③ 汪元量《醉歌》第六首,孔凡礼辑校《增订湖山类稿》卷一,中华书局1984年,第13页。
④ 苏天爵《内翰王文康公》,《元朝名臣事略》卷一二,第238、239页。

侯区文人诸如许衡、郝经、宋子贞、徐世隆、商挺、杨果、刘肃、王磐、王博文、贾居贞、张础、周惠等，以及非世侯区文人如赵璧、李简、张耕、杨惟中、宋衜、李克忠、杜思敬、周定甫、陈思济、寇元德、王利用等有名于当时的金源文人，纷纷北进金莲川。而最早效力于忽必烈藩府的人员之一赵璧，他在忽必烈吸纳金源文人入幕的过程中，起到了非常良好的中介意义。赵璧（1220—1276），字宝臣，山西云中怀仁人，曾从金末名士九山李微、金城兰光庭学，朝诵暮课，一日千里。"年二十三有荐闻于上，召至行宫"，忽必烈"爱其精敏，但以秀才呼"。而自蒙古人掠地汉境之后，赵璧即协助忽必烈"征四方名士"，并以此参与到蒙古高层的事务与决策中，"自后王府事咸与焉。宪宗临御，总六部于燕，年少气锐，严而不苛，抹时善政，多从公出，由是天下知其名"①。

期待有为于天下的忽必烈，不仅对文韬之士求贤若渴，对武略之人以及有一材一艺者也同样大开门路。如忽必烈侍从中，像真定藁城董氏家族成员董文用、董文炳、董文忠等。而董文用还往往利用其忽必烈近侍的身份，为忽必烈四方罗致金源人才。董文用（1224—1297），字彦材，藁城人，董俊第三子。藉由忽必烈母亲唆鲁禾帖尼的汲引而入侍忽必烈藩府，"时以真定藁城奉庄圣太后汤沐，岁庚戌（1250），太后命择邑中子弟来上，文用始从忠献公（董文炳）谒太后于和林城。世祖皇帝在潜藩，命公主文书，讲说帐中，常见许重"。藉此，董文用开始为忽必烈"召遗老于四方"，窦默、姚枢外，又如金朝状元李俊民、进士李冶、魏璠等皆因董文用之荐入幕府。由于董文用身份超拔，又好贤乐善，在至元时期拜任御史中丞之际，又举胡祗遹、王恽、雷膺、荆干、许楫、孔从道、徐琰、魏初等金源文人，"当时以为极选"②。

在忽必烈的幕府，也不仅是金源文士大举北进，蒙古、色目中的才能之士，同样云合辐辏，争进所闻，如蒙古人阔阔、脱脱、秃忽鲁、乃燕、霸突鲁、塔儿、斡鲁不、察乞剌、忙哥、线真、安童等；色目人廉希宪、孟速思、阿里海牙、阿合马、赛典赤赡思丁、答禄乃蛮等。这其中著名如色目人廉希宪。廉希宪（1231—1280），一名忻都，字善甫，号野云，畏吾儿人。《元史·廉希宪传》载，"世祖为皇弟，希宪年十九，得入侍，见其容止议论，恩宠殊绝"。廉希宪深明忽必烈有

---

①　张之翰《大元故荣禄大夫中书平章政事赵公神道碑铭（至元二十九）》，《张之翰集》卷一九，第213页。

②　虞集《翰林学士承旨董公行状》，《虞集全集·道园类稿》卷五〇，下册，第856页。

志天下的心思,在为人处世、谋划方略上尤其注意拓展忽必烈与儒士的关系。史载,"世祖渡江取鄂州,命希宪入籍府库。希宪引儒生百余,拜伏军门,因言:'今王师渡江,凡军中俘获士人,宜官购遣还,以广异恩。'"①于此可以理解廉希宪作为色目子弟,却师从王鹗、许衡等儒士,与姚枢、智迁等往来交游,又曾荐金源儒士寇元德、张础等。

此外,毫不意外的是,宗教势力一直是蒙古统治者征略天下过程乐于接纳和借力的对象。在忽必烈的幕府中,前有海云印简、刘秉忠等宗教人士效贤于忽必烈,后更有萧辅道、八思巴等宗教人士尽忠于蒙古统治者。比如,八思巴及其所代表的藏传萨迦派佛教。早在贵由汗时期,藏传佛教萨迦派决定与蒙古人结盟,并在丁未年(1247),萨迦派第四代领袖班智达与蒙元代表、西路军统帅窝阔台汗之弟阔端在白塔寺达成"凉州会盟"。此举不仅使西藏从此被纳入蒙古人的统治版图,而且使藏传佛教逐渐进入蒙古人的统治区域,并在元朝成为国教。这其中八思巴对忽必烈的影响尤为重要。八思巴(1238—1280),吐蕃萨斯伽人,族款氏也。《元史·释老传》载,八思巴于癸丑岁(1253),"年十有五,谒世祖于潜邸",同样有着强烈的立教渡人心思②的八思巴与忽必烈在交流接触中"日见亲礼。中统元年,世祖即位,尊为国师"。所以八思巴不仅协助忽必烈管领藏区及全国释教事务,设置藏、汉之间的驿站等,还在忽必烈授意下,创制能"译写一切文字"的八思巴文。此外,八思巴还向忽必烈进荐桑哥、阿鲁浑萨理、阿尼哥等。可以说,八思巴个人之于忽必烈、之于元王朝文化、制度的影响力甚至超逸于一群金源汉儒所累加的意义。但无论是刘秉忠为首的邢州学派、姚枢等代表的金源汉儒还是廉希宪等集合的色目群体,以及八思巴等所展现的宗教力量,这些群体成员在忽必烈"思大有为于天下"的愿景下,各以一材一艺纷纷在金莲川幕府时代发挥了各不容湮的影响。金莲川幕府成员在帮助忽必烈如愿战胜阿里不哥获得大汗之位之后,又

---

① 《元史》卷一二六《廉希宪传》,第 10 册,第 3086 页。

② 按:据陈庆英《元朝帝师八思巴》载:当他(八思巴)走到今日喀则西面的纳塘寺时,该寺一个名叫觉丹热智的高僧献诗嘲讽说:"佛陀教法为衙署乌云所遮,众生幸福被官长一手夺去,浊世僧人正贪图官爵富贵,不懂这三条就不是圣者。"这里的"圣者"就是八思巴,因为"八思巴"的意思即是圣者。八思巴对此作诗回答说:"教法有兴衰是佛陀所言,众生的幸福是业缘所定,教化一切要按情势指导,不懂这三条就不是贤者。"八思巴的这一回答既见其机智,更见其入世且立教渡人的心思。(北京)中国藏学出版社 1992 年,第130—131 页。

推助他灭大理、下江南,一统南北,以此"中统、至元之间,布列台阁,分任岳牧,蔚为一代名臣",来自金莲川幕府的"不可胜纪"[1],可见他们不容忽略的影响力。

附:金莲川幕府精英群成员最早服务幕府时间表:

甲辰(1244)前后:孟速思(别失八里)、忽鲁不花、塔察儿、线真、赵璧(1220—1276)、海云印简(1242)、刘秉忠(1242)、王鹗(1244)、赵炳(1222—1280,1241)、许国祯(约1200—约1275,1243);

乙巳(1245):雪庭福裕(1203—1275);

丙午(1246):张特立、张易;

丁未(1247):李德辉、张文谦、窦默、智迁、张德辉

己酉(1249):廉希宪、赵秉温(1222—1293)、万安广恩

庚戌(1250):姚枢、马亨、魏璠(1201?—1270?)、董文用

辛亥(1251):塔儿、斡鲁不、察乞剌、赛典赤赡思丁、李简、赵良弼

壬子(1252):忙哥、史天泽、杨惟中、陈纪、杨果、刘肃、徐世隆、董文忠、李居寿、刘秉恕、杨奂、郑鼎

癸丑(1253):王恂、董文炳、董文用、宇得、商挺、李忽兰吉、八思巴、宋子贞、李克忠(1215—1276)、姚天福

甲寅(1254):答禄乃蛮、许衡

丙辰(1256):张础(1231—1294)、贾居贞(1217—1280)、郝经、周惠、王博文(1223—1288)

丁巳(1257):李冶

戊午(1258):王文统、华严至温

己未(1259):宋子贞、李昶、李俊民

中统初(1260):安童(年十三)、高鸣、徒单公履、

中统三年(1262):王磐、郭守敬、阿合马

时间不确定者:阿里海牙、霸突鲁、陈思济(1232—1301)、王利用、焦

---

① 苏天爵《左丞张忠宣公》,《元朝名臣事略》卷七,第147页。

德裕、寇元德、高良弼、崔斌、解诚、柴祯、周定甫①等。

二、忽必烈与金莲川幕府精英群的互动共进及深远影响

由上述金莲川幕府精英群体的构成情形来看，可以看到这个群体在忽必烈"思大有为于天下"的愿景引导下，以浑融、务实的总体特点而通力合作，帮助忽必烈渡过一道又一道难关，最终帮助忽必烈逐步由潜邸王子成长为"度量弘广，知人善任使，信用儒术，用能以夏变夷，立经陈纪"的一代雄主。这个过程中忽必烈与幕府精英群互动共进过程的几大历史事件，以及这些历史大事件对于元朝制度及文学独特性的深远影响，诚可谓"所以为一代之制者，规模宏远矣"②。

其一，忽必烈与佛道论争。由前叙述可以看到，忽必烈幕府中海云、刘秉忠是汉地临济宗佛教徒，雪庭福裕是汉地曹洞宗佛教徒，八思巴是藏传佛教萨迦派教主，萧辅道是道教太一教教主。而耐人寻味的是，成吉思汗时期极有影响力的全真教，在忽必烈幕府中的形象和影响力却显得有些不清晰。这与蒙古高层以及忽必烈本人对全真教的态度有密切关联，同时这也是元王朝平衡多种宗教力量的关键背景。全真教自丘处机大雪山谒见成吉思汗后，借着成吉思汗的圣旨之力，大肆扩张教派势力，这种做派早在丘处机时期，就引起了作为佛教徒的耶律楚材的反感与批判。而随着全真教在中原势力的不断扩大，蒙古高层也开始警惕。与此同时，蒙古统治者对佛教尤其藏传佛教普遍开始产生信仰——佛、道在蒙古高层的势力之争不可避免。可以看到，1227 年曹洞宗弟子耶律楚材在燕京刊行《西游录》，文中列举丘处机十大罪状，公开批评全真教，佛、道论争现出端倪。而真正掀起局面壮大的论争却是在忽必烈受命主持漠南汉地事务之后。先是壬子年（1251）前后，以张德辉等为代表的士人群体围绕燕京孔庙及赡学士土地的归属，首先向全真教发难，事件持续到1254 年，以忽必烈全力支持士人而全真教落败。再是 1254 年，由蒙古宫廷组

① 人员名单的列举多参考任红敏《忽必烈潜邸儒士与元代文学发展》附录"忽必烈藩府文人名单"，第 395—401 页。另亦参考杜改俊《跨文化视角下忽必烈幕僚群体形成研究》，北京外国语大学 2014 届中外文学比较博士论文。

② 《元史》卷一七《世祖本纪十四》，第 2 册，第 377 页。

织的基督教、伊斯兰教、全真教为主的宗教辩论,再以道教一方失败。此后又以乙卯年(1255),雪庭福裕等佛教徒围绕全真教刊行并散发《老子化胡经》①而掀起佛道的正面冲突,最终以全真教落败,被迫答应烧毁《老子化胡经》刊版、退还所侵占的佛寺土地而结束。到戊午年(1258),由蒙哥授命,忽必烈主持,佛道之间在忽必烈的藩府展开大辩论,参加者儒、释、道三教名流以及忽必烈藩府官吏七百余人。其中,佛教界除印度僧人那摩国师外,藏传和南传佛教两系的代表人物有萨迦派八思巴、白教教主噶玛拔稀、西蕃国师、河西国僧、外五路僧、大理国僧等,以及中原各地的名僧有从超、德享、祥迈、明津、至温、道玄、从伦、道寿、善朗等,共300余人;全真教一派为代表的道教界人物有燕京道士张志敬、樊志应、魏志阳、堆志融、周志立、申志贞、马志宁、张志柔以及中原各地道士赵志修、李志全、于志申等200余道人。而忽必烈藩府官吏则有:蒙速速、没鲁花赤、廉希宪、窦默、姚枢等200余众②。这场规格极高、规模极大、牵涉极广的佛、道论争真正使得全真教在中原的影响力由显而隐,而八思巴凭借在论争中的卓越表现,更兼蒙古高层的支持,藏传佛教开始在内地弘传。可以发现,这场绵延几十年,广涉儒、释、道各个教派力量的"佛道之争"中,忽必烈正好是论争的重要推动者,并促使论争结果朝着蒙古统治者所期望的方向发展。对于儒、释诸教而言,是借助蒙古统治者的力量,打压全真教的嚣张与霸道;对于蒙古统治者尤其是思大有为于天下的忽必烈而言,如何以数量极少的蒙古人来实现对人口数十倍于蒙古人的中原的统治,打压全真教并努力扶持其他宗教力量以制衡其实非常必要。忽必烈与金莲川幕府成员的通同合作是这场佛道论争结果最终如忽必烈为代表的蒙古统治高层所愿的重要基础。而这场大论争和结果也将深刻地影响到忽必烈所建立的元朝的宗教文化政策的制定与裁断。

其二,忽必烈与大理之征。作为游牧贵族领袖,最能证明其影响力的不在于他如何善于御下用人,而在于他是否有足够强大的征略能力。在忽必烈的潜邸生涯中,最重要的一段征战经历便是他作为主帅而进行的大理之征。

① 按:《老子化胡经》一卷,西晋惠帝时(290—306),天师道祭酒王浮所作,该著记述老子入天竺变化为佛陀,教化胡人之事。后人将此书陆续增广改编为10卷,不仅成为道教优于佛教的依据之一,更往往成为道、佛冲突的主要导火线。

② 按:此段论述多有参考《元代文化史》第二章"各种宗教的流行·佛道之争",第79—86页;另外又有参考邓丁三《藏传佛教的东渐及在北方地区的弘传》。

1251 年 6 月蒙哥即汗位之后，次年（1252）即命忽必烈率军远征大理。

就史而言，在蒙古与南宋合谋灭金之后，即"聚兵牧马，决意南来，一渡河洛，以窥江淮，一由唐、邓以窥襄、汉，一托秦、巩以窥四川。三道并入，众号百万。甚至修搭桥路，将带羊皮浮环，以为饮江之计"①，期望在打通川东后沿江而下突破南宋藉长江而形成的天堑。但因为南宋的严防死守，蒙古人虽在1235 至 1239 年间，对四川发动三次较大军事行动，均未能真正实现其军事突破。此后，蒙古人开始采取迂回战略，期望降服吐蕃，对西南大理国发动攻势，之后"借路云南"，从而形成对南宋的致命攻伐。诚如顾祖禹指出"吾以为云南所以可为者，不在黔而在蜀；亦不在蜀之东南，而在蜀之西北。元人取道泸，置驿于永宁、赤水之间，盖用蜀之东南"②，而此亦所谓蒙古人的"斡腹之谋"。忽必烈藩府精英郝经曾经概述蒙古人的攻伐特点及"斡腹之谋"云：

> 国家用兵，一以国俗为制，而不师古。不计师之众寡，地之险易，敌之强弱，必合围把槊，猎取之若禽兽然。聚如丘山，散如风雨，迅如雷电，捷如鹰鹘，鞭弭所属，指期约日，万里不忒，得兵家之诡道，而长于用奇。自浍河之战，乘胜下燕、云，遂遗兵而去，似无意于取者。既破回鹘，灭西夏，乃下兵关陕以败金师，然后知所以深取之，是长于用奇也。既而为斡腹之举，由金、房绕出潼关之背以攻汴；为捣虚之计，自西和径入石泉、威、茂以取蜀；为示远之谋，自临洮、吐番穿彻西南以平大理。皆用奇也。夫攻其无备，出其不意，而后可以用奇。③

郝经对蒙古人战略战术的清晰认知与描述也使得藩府精英们针对忽必烈孤军深入云南腹地的军事行动提出了许多有效的建议。顾祖禹就指出"吾观从古用兵，出没恍惚，不可端倪者，无如蒙古忽必烈之灭大理也。自临洮经行山谷二千余里，自金沙江济，降摩获，入大理，分兵收鄯阐（今昆明）诸部，又入吐蕃，悉降其众"④。而藩府精英们诸多建议中最重要的、被最多反复的建议便

---

① 吴昌裔《论三边备御状》，曾枣庄、刘琳主编《全宋文》卷七四一八，（上海）上海辞书出版社、（合肥）安徽教育出版社 2006 年，第 323 册，第 108 页。

② 顾祖禹《读史方舆纪要》卷一百十三《云南方舆纪要序》，第 10 册，第 5026 页。

③ 《元史》卷一五七《郝经传》，第 12 册，第 3700 页。

④ 顾祖禹《读史方舆纪要》卷一百十三《云南方舆纪要序》，第 10 册，第 5026 页。

是劝忽必烈改变以往蒙古军队的嗜杀和屠城政策,以减小平定云南的阻力。这可以由大德时期的馆臣程钜夫奉旨撰《平云南碑》的记述得到印证:

> (壬子)秋九月出师,冬十二月济河,明年春历盐夏。夏四月,出萧关,驻六盘。八月,绝洮,逾吐蕃,分军为三道。禁杀掠、焚庐舍,先遣使大理招之,道阻而还。十月,过大渡河。上率劲骑,由中道先进,十一月,渡泸,所过望风款附……①

这场出奇制胜的著名远征行动,最终为蒙古形成对南宋的南北夹击,奠定元王朝一统基业,发挥了关键作用,诚如元人王礼所云:"国家混一南方,自得云南始,是犹高祖之关中、光武之河内也"②,而元朝郡县制度的设置亦由得云南而始:"世祖皇帝之集大统也,实先自远外始。故亲服云南而郡县之。"③很显然,这其中幕府精英们所发挥的作用不容忽视,这场远征也可以看作是忽必烈执行幕府精英们提出的建议和理念,君臣相互信任、通力合作的重要历程。

其三,忽必烈与汗位之争④。1259 年 8 月,蒙哥汗在攻蜀过程中,于重庆合州钓鱼山突然去世,这不仅使得蒙古人正在进行的征略天下的军事行动被终止⑤,而且也将使帝国的格局发生深刻变化。忽必烈及其藩府精英们的作用对于后者的影响尤大。从事件的大致过程来看,忽必烈在 1259 年 9 月即收到其弟穆哥从合州传来的蒙哥死讯,但忽必烈并不愿无功而返,从攻宋前线撤军。直至 11 月,一方面忽必烈所率军队在湖南潭州久攻不下;一方面形势见紧,留驻和林的阿里不哥已开始为汗位的争夺有所行动。1260 年 3 月,忽必

---

① 程钜夫《平云南碑》,《程钜夫集》卷五,第 56 页。

② 王礼《罗泸州父子志节状》,《全元文》卷一八六一,第 60 册,第 743 页。

③ 虞集《送文子方之云南序》,《虞集全集·道园类稿》卷二〇,第 529 页。

④ 按:此段叙述多有参考陈得芝主编《中国通史》第八卷《中古时代·元时期(上)》第六章第一节"忽必烈建国及其与阿里不哥的争位战争",第 403—409 页。《剑桥中国辽西夏金元史 907—1368》第五章"忽必烈和阿里不哥的汗位争夺",第 435—437 页。

⑤ 按:蒙哥汗去世,大蒙古国汗位空虚,需要进行忽里勒台大会,推举出新的大汗。而按照蒙古忽里勒台的性质,无论规模大小,部落里的长老必须出席,而且他们也都必须是军事行动的负责人,所以这也往往会导致蒙古人的征略行动突然停止。像 1241 年,蒙古人的第二次西征行动在奥地利戛然而止,即因窝阔台汗去世;而 1259 年,蒙古人的第三次西征行动在马木留克突然撤军,对南宋的攻打也暂告段落,即因蒙哥汗去世。而对于整个世界格局而言,蒙哥汗的去世影响尤大。此后大蒙古国因为忽必烈与阿里不哥的争汗而走向分裂,元朝与四大汗国的建立,使得蒙古人再不能组织起大规模的军事行动来征略世界。

烈回到开平,举行忽里勒台大会,"亲王合丹、阿只吉率西道诸王,塔察儿、也先哥、忽剌忽儿、爪都率东道诸王,皆来会,与诸大臣劝进。帝三让,诸王大臣固请。辛卯,帝即皇帝位"①,而阿里不哥也在一个月内于和林宣布为大汗②,争汗之战不可避免。

就力量的对比情况而言,尽管忽必烈得到了东、西道诸王的拥戴而成为蒙古大汗,但实际上,支持阿里不哥为汗的西北宗王比忽必烈的多,而且成吉思汗直系各支宗王的政治态度对忽必烈颇为不利。面对宗王们的有限支持,忽必烈不得不更多地依靠他的藩府精英以及汉地臣民的支持。这可以由忽必烈称汗后颁布的《即位诏》内容得到印证:

> 朕惟祖宗肇造区宇,奄有四方,武功迭兴,文治多缺,五十余年于此矣。盖时有先后,事有缓急,天下大业,非一圣一朝所能兼备也。先皇帝即位之初,风飞雷厉,将大有为。忧国爱民之心虽切于己,尊贤使能之道未得其人。方董夔门之师,遽遗鼎湖之泣。岂期遗恨,竟勿克终。肆予冲人,渡江之后,盖将深入焉。乃闻国中重以签军之扰,黎民惊骇,若不能一朝居者。予为此惧,驲骑驰归。目前之急虽纾,境外之兵未戢。乃会群议,以集良规。不意宗盟,辄先推戴。左右万里,名王巨臣,不召而来者有之,不谋而同者皆是,咸谓国家之大统不可久旷,神人之重寄不可暂虚。求之今日,太祖嫡孙之中,先皇母弟之列,以贤以长,止予一人。虽在征伐之间,每存仁爱之念,博施济众,实可为天下主。天道助顺,人谟与能。祖训传国大典,于是乎在,孰敢不从。朕峻辞固让,至于再三,祈恳益坚,誓以死请。于是俯徇舆情,勉登大宝。自惟寡昧,属时多艰,若涉渊冰,罔知攸济。爰当临御之始,宜新弘远之规。祖述变通,正在今日。务施实德,不尚虚文。虽承平未易遽臻,而饥渴所当先务。呜呼!历数攸归,钦应上天之命;勋亲斯托,敢忘烈祖之规?建极体元,与民更始。朕所不逮,更赖我

---

① 《元史》卷四《世祖本纪一》,第1册,第63页。

② 按:《元史》谓四月"阿里不哥僭号于和林城西按坦河",《世祖本纪一》,第1册,第65页。而其时埃及史家乌马里的《眼历诸国纪行》则记述为"然后是贵由汗,然后是蒙哥汗(成吉思汗—拖雷—蒙哥),然后是阿里不哥,然后是忽必烈",转引于刘迎胜《蒙元帝国与13—15世纪的世界》"元初朝廷与西北诸王关系考略",(北京)生活·读书·新知三联书店,2013年,第40页。

远近宗族、中外文武，同心协力，献可替否之助也。诞告多方，体予至意！①

《即位诏》由幕府成员王鹗起草完成，而且在诏书发布几天后，忽必烈采用了汉制年号"中统"，而且按照汉制设立了中书省、宣慰使司等政府机构，这充分显示出他对汉地臣民的诚意。诏书代表忽必烈，承认蒙古人在崛起的 50 余年间"武功迭兴"而"文治多缺"；而且诏书也表示，忽必烈期望在渡江之后，统治汉地臣民之际可以有所修正；诏书还强调，忽必烈在作为皇弟治理汉地期间，即使是征伐之间，也能"每存仁爱之念，博施济众"，这是他"可为天下主"的重要基础。现在他在大臣们的再三请求下继承汗位，他将"祖述变通"，期望与包括汉地臣民在内的"远近宗族、中外文武"，"同心协力"，共兴天下大业。

忽必烈与阿里不哥间的争汗之战从中统元年（1260）五月开始，到中统四年（1263）七月，以阿里不哥的投降而结束。而这场战争的性质以及它所产生的结果却远非兄弟争汗位那么简单。正如《剑桥中国辽西夏金元史》所指出的那样：忽必烈与阿里不哥的争汗之战"不仅仅是一场两个人之间的争夺，因为他们各自代表着蒙古贵族中的主要派别。忽必烈受到被他征服的国家的文明的吸引并且寻求他的民众的建议和帮助，他代表着受到定居世界影响，并且希望同他们和解的蒙古人。而他的弟弟阿里不哥则作为传统的蒙古方式及准则的捍卫者出现。对于阿里不哥，草原世界比农耕世界更有吸引力"，而兄弟俩的这场争斗也最终改变了大蒙古国的方向②。辩证地看，忽必烈受到文明的吸引，试图有所变革，这使得他和身边的蒙古人以及色目人③越来越多地倾向于汉儒、汉法，并在依赖中原汉地物质与智慧的支持下战胜阿里不哥；另一方面，忽必烈对定居文明社会的向往，使得他与代表传统势力的蒙古贵族分歧越来越明显，从而导致他大汗地位的合法性一直受到西北宗王的怀疑。就事实结果而言，大蒙古国在兄弟争汗之战中走向分裂，忽必烈在获得汗位后，将征服与统治重心转向汉地及南宋。在创建大元王朝后，废除和林的首都地位，将

①　《元史》卷四《世祖本纪一》，第 1 册，第 64—65 页。

②　《剑桥中国辽西夏金元史 907—1368》第 434 页。

③　按：像忽必烈潜邸中颇受重视的蒙古人霸突鲁，他是木华黎之孙，曾建议忽必烈将都城建于燕京以图天下。"幽燕之地，龙蟠虎踞，形势雄伟，南控江淮，北连朔漠。且天子必居中以受四方朝觐。大王果欲经营天下，驻跸之所，非燕不可"，《元史》卷一一九《木华黎传》，第 10 册，第 2942 页；色目人廉希宪，好读儒家经书，被忽必烈目为"廉孟子"，往往与许衡、姚枢等汉儒"资访治道"，《元史》卷一二六，第 10 册，第 3085 页。

燕京立为首都,以便"南控江淮,北连朔漠",经营天下,成为拥有草原大汗和中原皇帝双重身份的帝王。同时,为了继续控制漠北,与西北宗王修好,在阿里不哥投降之后,忽必烈朝实行上都、大都两都巡幸制。这一制度不仅将深刻地影响着元朝的政局,同时也将对元朝文学的创作个性产生深远影响。

另外,趁着兄弟争汗,诸王们在选择支持不同阵营的同时,在自己的征服地区建立了钦察汗国、察合台汗国、伊儿汗国和窝阔台汗国等实际上独立的国家。而忽必烈既是大汗,又是元朝的君王,四大汗国的统治者同奉入主中原的元朝为宗主国,与元朝驿路相通,但经常爆发边界冲突。其中一直隐忍的窝阔台汗家族在忽必烈兄弟的争汗过程中趁势崛起,尤其是窝阔台的强悍优秀的孙子海都,在他的作用下,从至元五年(1268)直至大德十年(1306)左右的"海都之乱",给元朝造成巨大困扰。这些背景也成为元代文学尤其是馆阁诗文独特性生成的重要内容与背景。

最后,忽必烈与李璮之乱。中统三年(1262)初,趁忽必烈与阿里不哥争汗之乱,统领山东东部长达三十余年的李璮势力发动叛乱[①]。对于忽必烈而言,李璮作为世侯而称反,如果事成,将威胁到他在汉地的统治,甚至可能成为他全面失败的致命之伤。所以李璮一行乱,忽必烈即在姚枢的建议下,从山东、河南、河北诸路调集汉军攻打。尽管李璮与宋军取得联系,也曾试图联络各路世侯军一同叛乱,但是,一方面世侯们投靠蒙古已久,相互间已结成俱荣俱损的利益关系,另一方面,世侯汉军在蒙古连年征略天下的进程中实际已损兵折将,精锐尽失,并无真正对抗蒙古的实力,所以李璮所联系的宋军在北进与李璮汇合过程中遭到蒙古军队与汉军的阻击,不能有所作为,而李璮军在困守所部济南四个月余,即被攻陷。就个人而言,李璮之乱导致了他本人被史天泽等擅杀于军前[②],而受其叛乱牵连最直接的则是忽必烈甚为倚重的王文统。李璮乃王文统女婿,所以李璮乱后,王文统即被处死。李璮之乱的发生,使得

---

① 按:李璮有《水龙吟》词一首,写道:"腰刀帕首从军,戍楼独倚闲凝眺,中原气象,狐居兔穴,暮烟残照。投笔书怀,枕戈待旦,陇西年少。叹光阴掣电,易生髀肉,不如易腔改调。世变沧海成田,奈群生几番惊扰,干戈烂漫,无时休息,凭谁驱扫? 眼底山河,胸中事业,一声长啸。太平时相将近也,稳稳百年燕赵。"(冯金伯《词苑萃华》卷二三,清嘉庆刻本)从李璮的词可以看出他颇有建功立业之志向,但功利心重,不讲立场原则,格局有限,这恐怕也是他最终落败的重要原因。

② 按:此段叙述多有参考陈得芝主编《中国通史》第八卷《中古时代·元时期(上)》第六章第二节"李璮之乱与封建专制主义统治制度的完善",第410—412页。

忽必烈意识到,完全依靠汉人来夯实其政权,并大有为于天下的理路也不可靠,因此王文统死后,以阿合马为代表的西域回回势力受到重用,从而演化为汉儒与回回间的深刻矛盾,等等。

综上,金莲川幕府精英群体虽然体现出浑融、务实的总体特点,这是他们在非常时代里脱颖而出的重要素质,但更需要承认和指出的是,金莲川幕府精英时代是汉儒们与忽必烈互动频繁,通力合作,汉法得到大举推行的黄金时期。如果说,忽必烈对全真教的打压肇因于对金源儒士的偏重;大理之征中,接受汉儒的劝谏,努力改进蒙古人攻伐过程中嗜杀与屠城的癖习;与阿里不哥争汗过程中,依赖汉儒的建议和汉地的资源而最终建立大元王朝,成为中原皇帝,等等过程都能说明忽必烈与其金莲川幕府的成员尤其是汉儒的关系处于蜜月期的话,那么李璮之乱的发生则成为忽必烈对汉儒态度转变的分水岭。李璮之乱后,不仅是金莲川幕府精英的黄金时期、世侯世代都宣告结束,同时也宣告了蒙古统治时代的结束,崭新的一统元朝即将拉开序幕。元朝文学独特性的探研不仅需要注意到忽必烈与金莲川藩府精英们的互动背景,更需要注意到这一过程结束所带来的延续影响。

三、金莲川幕府文人与元代纪行创作的繁荣初景

由前所述,金莲川幕府实际吸纳了一大批金源优秀文人,而金源文人由其所活动的中原地区前往投靠忽必烈,或者追随忽必烈的行踪北上、南下,现实人文、风土的巨大差异使得幕府文人们的创作也颇显变化。有一类创作在幕府文人的创作中逐渐具有规模——即体现着元代文学特质,所谓"非复中原之风土"的创作。在前面的章节中,我们已指出丘处机、李志常、尹志平师徒和耶律楚材、耶律铸父子等人进入蒙古人活动区域,创作了系列"非中原风土"的纪行作品,开启了元代文学创作的先河,不过他们的这类创作无论数量还是规模都比较小。到金莲川幕府文人时期,作家、作品都可谓稍具规模。这其中,尤具代表性的是刘秉忠、张德辉、郝经、姚枢等人的纪行创作。切观他们这个时期的纪行创作,应该说,在未来将要蔚为大观的元代纪行创作所具有的特征诸如漫长的驿路行旅、迥异于中原的地理山川面貌、落差甚大的人文风土情形在幕府文人纪行创作中都颇有体现。而稍可注意的是,作为一群与明君肝胆相照的贤臣,他们内心的理想期待使得这些纪行创作每每在纪实叙事时热情

而生动,在表达情感和人生愿景时也往往格局甚大,境界甚高。这些纪行创作的总体特点可以归结如下:

第一个特点:描述前往"非复中原"区域的驿路。对于以征伐为能事的游牧民族统治下的元代文学,必须关注且不能忽略的应该是追随蒙古人脚程或者体现蒙古人行踪的纪行创作,这或许是探寻元代文学独特性的重要关节所在。而值得一再指出的是,出于战事的需要,从成吉思汗开始,蒙古贵族们便极为重视驿站的建设,这使得凡为蒙古人征伐之境,原先闭塞的区域逐渐洞开,而见诸幕府文人创作的相关作品即能依稀见到蒙古人开拓的驿路已将中原区域与非中原区域逐步连通,而作品所具有主要表现"非复中原之风土"的特点已开始初露雏形。1247 年,张德辉奉召北上,而其归至真定后写成的《岭北纪行》即描述他从镇阳到蒙古首都和林的行程。文章很详细地交代了作者一路北上的驿站,可以看出作者对于这些驿站的开拓非常关注和欣赏:

> 岁丁未夏六月初吉,赴召北上,发自镇阳。信宿过中山,……翌日,出保塞,过徐河桥……已而由良门、定兴抵涿郡……经良乡,渡卢沟桥以达于燕。居旬日而行,北过双塔堡、新店驿入南口,度居庸关。出关之北口,则西行。经榆林驿、雷家店,及于怀来县。……西过鸡鸣山之阳,有邸店曰平舆,……循山之西而北,沿桑干河以上,河有石桥。由桥而西,乃德兴府道也。北过一邸曰定防,水经石梯子至宣德州。复西北行,过沙岭子口,及宣平县驿。出得胜口,抵扼胡岭,下有驿曰孛落。自是以北,诸驿皆蒙古部族所分主也,每驿各以主者之名名之。由岭而上,则东北行,始见毳幕毡车,逐水草畜牧而已,非复中原之风土也。[①]

和林,据曾经生活于漠北多年的耶律铸云:"和林城,苾伽可汗之故地也。岁乙未(1235),圣朝太宗皇帝(窝阔台汗)城此,起万安宫。城西北七十里有苾伽可汗宫城遗址,城东北七十里,有唐明皇开元壬申御制御书阙特勤碑。"[②]苾伽可汗,是唐朝元和时期的回鹘毗迦可汗。和林,位于今蒙古国后杭爱省额尔德

---

① 张德辉《岭北纪行》,《全元文》卷六九四,第 22 册,第 289—290 页。
② 耶律铸《取和林》"自注",《全元诗》第 4 册,第 6 页。

尼召一带①。镇阳即真定。丁未年（1247）夏，张德辉应忽必烈之聘前往漠北，至后"游于王庭者凡十阅月"，戊申（1248）夏辞还。文章前半记由镇阳到燕京，再由燕京度居庸关，出扼胡岭，进入蒙古人主要活动的区域。上述所引是进入蒙古人区域的驿路，已经非常漫长。过宣平县驿之后，再往北行进，走的便是蒙古人在原金朝基础上拓展的驿路。由张德辉的记载知道，"诸驿皆蒙古部族所分主也，每驿各以主者之名名之"，结合这一叙录，再看之前所引到的志费尼描述蒙古人在自己的活动区建设驿站的情形："他们在国土上遍设驿站，给每处驿站的费用和供应作好安排，配给驿站一定数量的人和兽，以及食物、饮料等必需品。这一切，他们都交给土绵分摊，每两土绵供应一处驿站。"②《黑鞑事略》彭大雅也记载写道："置蘸（站）之法，则听诸酋头项（即投下）自定差使之久近"，徐霆补充云："霆所过沙漠，其地自鞑主、伪后、太子、公主、亲族而下，各有疆界。其民户皆出牛马、车仗、人夫、羊肉、马奶为差发，盖鞑人分管草地，各出差发，贵贱无一人得免者。又有一项各出差发为各地分蘸中之需，上下亦一体，此乃草地差发也。"③这样看来，蒙古人建设驿站的制度、完善与落实程度以及便利程度是中外人员都深有体会的事情，也是元代所有纪行写作中必然交代和描述的内容。一定程度而言，这其实也就是元代纪行创作表现"非复中原之风土"特点的一大方面。当然，有机会亲自经历蒙古人所开凿的"兀鲁思道"，所以撇开行程的艰苦和寂寞，从《岭北纪行》对这段联结中原与漠北的驿站的详细描写，能看出张德辉在写作情绪上的兴奋与激情：

> 由岭而上，则东北行，始见毳幕毡车，逐水草畜牧而已，非复中原之风土也。寻过抚州，惟荒城在焉。北入昌州，……州之北行百余里，有故垒隐然，连亘山谷。垒南有小废城，问之居者，云："此前朝所筑堡障也。"城有戍者之所居。自堡障行四驿，始入沙陀。……凡经六驿而出陀。复西北行一驿，过鱼儿泊。……自泊之西北行四驿，有长城颓址，望之绵延不尽，亦前朝所筑之外堡也。自外堡行一十五驿，抵一河，深广约什滹沱之三，北语云"龠陆连"，汉言"驴驹河"也。……自黑山之阳西南行九驿，复

---

① 林梅村《和林访古》，《大朝春秋：蒙元考古与艺术》第 83 页。
② 《世界征服者》第一部·第二章"成吉思汗制定的律令和他兴起后颁布的札撒"，第 32 页。
③ 《黑鞑事略校注》，第 75、80 页。

临一河，……其水始西流，深急不可涉。北语云"浑独刺"，汉言"兔儿"也。遵河而西行一驿，有契丹所筑故城，可方三里，背山面水。自是水北流矣。由故城西北行三驿，过毕里纥都，乃弓匠积养之地。又经一驿，过大泽泊，周广约六七十里，水极澄澈，北语谓"吾误竭脑儿"。自泊之南而西，分道入和林城（今蒙古国乌兰巴托西南额尔德尼召附近），……中即和林川①也。……由川之西北行一驿，过马头山，居者云："上有大马首，故名之。"自马头山之阴，转而复西南行，过忽兰赤斤，乃奉部曲民匠种艺之所。有水曰"塌米河"（今蒙古塔米尔河）注之。东北又经一驿，过石堠。……自堠之西南行三驿，过一河曰唐古，以其源出于西夏故也，其水亦东北流。水之西有峻岭，岭之石皆铁如也。岭阴多松林，其阳帐殿在焉，乃避夏之所也。②

由《岭北纪行》的描述知道，张德辉前往岭北的路线是：抚州—昌州—（北行）有堡障—经四驿—沙陀—经六驿出陀—经一驿—鱼儿泊（今内蒙古达赉诺尔）—（西北行）—经四驿—外堡—经十五驿—翕陆连（汉言驴驹河，今克鲁伦河）—（西南行）—经九驿—浑独刺（今蒙古国土剌河）—（西行）经一驿—（西北行）—经三驿—毕里纥都—经一驿—（经和林川）—（西北行）经一驿—马头山—忽兰赤斤—（东北行）—经一驿—石堠—（西南行）—经三驿—唐古河（今蒙古国哈绥河）—忽必烈避夏所，一路经停大约五十多个驿站。张德辉这段由燕京至和林的路线，是元代有名的"帖里干道"联结中原与漠北的"兀鲁思两道"之一。《元史·地理志》记载："北方立站：帖里干、木怜、纳怜等一百十九站"，文中的"北方"即指和林区域③，所谓"帖里干"是蒙古语"车"的音译，木怜道是马道，纳怜道是草道。"兀鲁思"在蒙古语中原意为"国家""人民"，"兀鲁思两道"是两条"官道"之一。张德辉的写作，从经行路线、行走方向以

---

① 按：张德辉文中所谓"和林川"，得名于鄂尔浑河一条支流——哈剌和林河。《元史》载："和宁路，上。始名和林，以西有哈剌和林河，因以名城。太祖十五年，定河北诸郡，建都于此。"（《元史》卷五八《地理志一》，第5册，第1382页）这片平川在今天蒙古国后杭爱省额尔德尼召一带，四周为群山环绕，东西长五十里，宽二十至三十里。鄂尔浑河从此山谷穿流而过。林梅村《和林访古》，《大朝春秋：蒙元考古与艺术》第83页。

② 张德辉《岭北纪行》，许全胜《沈曾植史地著作辑考》，中华书局2019年，第296—299页。

③ 《元史》卷五八《地理志一》，第5册，第1383页。

及大约距离上对所经停的驿站作较为清晰的指划,"使见者不异身履其地"①,这种写作态度让人不能不联想到,因为是朝圣之路,也因为是普通汉人难以行走的特殊路线,才使得他对所行之处特别留心。张德辉此行的目的地——和林在蒙古帝国的时代,曾具有世界中心的地位。王恽《范徽卿风雪和林图》描述和林在北方地理位置的独特性和重要性写道:"天策桓桓控上游,边庭都付晋藩筹。河山表带连中夏,风雪洪蒙戍北楼"②。但是,到元世祖中统元年(1260),确立新都开平,之后,又将都城迁址于大都,和林的重要性远不如前,关注度也大为降低,以此著作于1248年左右的《岭北纪行》,也成为极为珍贵的、有关13世纪中原与漠北交通情况的重要文献。

如果说,张德辉由中原奉召前往和林的岭北行程是充满期待的朝圣之旅的话,那么幕府文人们追随忽必烈的云南征略之旅则更富沉浸式的壮丽和神秘。而在共同愿景的期待下,幕府文人在对自己参与这场战争的历程情绪感慨之际,往往力求详尽切实,以期于史载有补。这些作品中,忽必烈一时也不能或缺的幕府干臣刘秉忠,他的征云南组诗尤值得一述。

借助人物传记的补充,可以知道忽必烈远征云南的行动乃蒙古人做大包围圈的"示远之谋",它"自临洮、吐番穿彻西南以平大理"③,依旧是蒙古人惯用的出奇兵致胜的手段。而说话容易,具体历程其实异乎寻常的艰苦和迂回。基于此,再来理解刘秉忠的"征云南组诗",不仅更富既视感,而且可以补充历史记载的许多空白。可以先看看刘秉忠组诗的题名:《西蕃道中》《乌蛮道中》《乌蛮》《过白蛮》《南诏》《下南诏》《灭高国主(即高祥)》《满坦北边》《九日满坦山》《驴湫道中》《玷食山前》《乌蛮江上》《过梅户》《过玲珑山》《云南北谷》《鹤州南川》《过鹤州》等等,循着诗题,即能想见忽必烈大军的征略进程,是由吐蕃,走乌蛮,过白蛮,再到大理,即从今天的甘肃迭部、四川若尔盖、红原、马尔康、满陀(今丹巴境)、色巫绒、九龙、木里、云南永宁、奉科、大具、丽江古城、鹤庆、邓川、上关而至于大理城下④。再来细读刘秉忠的下面两首纪行诗:

①　虞集《跋和林志》,《虞集全集·道园类稿》卷三三,上册,第405页。

②　王恽《范徽卿风雪和林图》,《王恽全集汇校》卷二三,第3册,第1108页。

③　《元史》卷一五七《郝经传》,第12册,第3700页。

④　石坚军《忽必烈征大理路线新考》,《中国历史地理论丛》2009年第1期,第146—158页。

乌蛮道中

稠林夹路冠依违，彪骑单行压众威。重劝小心防暗箭，深知老将识兵机。风号日落江声远，山锁寒烟树叶稀。鹦鹉喧啾似鸦雀，百千都作一群飞。

过白蛮

脊背沧江面对山，兵逾北险更无难。投亡置死虽能胜，履薄临深未敢安。赳赳一夫当入路，萧萧万马倒征鞍。已升虚邑如平地，应下诸蛮似激湍。①

刘秉忠所称的乌蛮之地，在九龙、木里②一带。据刘秉忠《木兰花慢》云："乌蛮瘴雾，即处林丘"③，所以走在乌蛮道中，稠密的树木遮蔽了道路，骑兵队伍很难行走，只能彪骑单行。不仅是树林、瘴疠之雾令蒙古军队格外不适，还有险峻的山形。在白蛮，即云南善巨郡（今永胜）、牛睒地区（今顺州）道中，它背脊金沙江，意谓金沙江对岸为善巨郡，地形极复杂，到处是山，故而刘秉忠诗感慨"履薄临深未敢安"。恶劣、陌生的自然环境使得蒙古人的战斗优势被消解殆尽，据姚燧为忽必烈宠臣贺仁杰所作神道碑记录远征道路之曲折难行情况写道：

经吐蕃曼沱，涉大泸水，入不毛瘴喘沮泽之乡，深林盲壑，绝崖狭蹊，马相縻以颠死，万里而至大理。归由来途，前行者雪行三尺，后至及丈，峻阪踏冰为梯，卫士多徒行，有远至千里外者。比饮至略畔，最诸军亡失马，几四十万匹。④

而相比于自然环境的诡异阴森，更可怕的是密林丛中暗藏的云南兵众，他们的冷箭没有任何征兆、任何方向地突然射出，所以刘秉忠诗云："重劝小心防

---

① 刘秉忠《乌蛮道中》《过白蛮》，《全元诗》第 3 册，第 144 页。

② 按：九龙在云南罗平。木里藏族自治县隶属四川省凉山彝族自治州，位于四川省西南边缘，东跨雅砻江，西抵贡嘎山，南临金沙江，北靠甘孜州，幅员面积 1.3 万平方公里。

③ 刘秉忠《木兰花慢》之三，唐圭璋《全金元词》，中华书局 1979 年，第 609 页。

④ 姚燧《光禄大夫平章政事商议陕西等处行中书省事赠恭勤竭力功臣仪同三司太保封雍国公谥忠贞贺公（贺仁杰）神道碑》，《姚燧集·牧庵集》卷一七，第 269 页。

暗箭",足见行进之艰难。当然,在人生宏愿还颇为遥远之际,忽必烈本人亦每每身历险境,以身作则。据《元史·郑鼎传》载忽必烈本人在战争中的表现云:

> 庚戌,从宪宗①征大理国,自六盘山经临洮,下西蕃诸城,抵雪山。山径盘屈,舍骑徒步,尝背负宪宗以行。敌据扼险要……至金沙河,波涛汹涌,帝临水傍危石,立马观之。②

忽必烈一生虽寿至 80 岁,乃蒙古人中的高龄而卒者,但却一直为脚病所困扰③。他在 43 岁之际率军绕吐蕃而远征云南瘴疬之地,也算是勉为其难。一路上,在不能骑行的地方,忽必烈常常需要借助身边武将侍臣的负载挽行,有君如此,刘秉忠等幕府人员在随行中的情绪坦然而温厚。需要指出的是,忽必烈率领的这场发生于 13 世纪中叶的远征云南的大型军事行动,其进军路线绝大部分位于今藏、彝走廊④,沿途地区乃元以前中原王朝版图之外的吐蕃地界,这在 13 世纪可谓史无前例⑤,所以顾祖禹才感慨说:"吾观从古用兵,出没恍惚,不可端倪者,无如蒙古忽必烈之灭大理也。"⑥这样追随忽必烈大军的刘秉忠,以亲见亲历而作成的"征云南组诗",其所叙述的路线以及创作内容的新意也就不言自明。

第二个特点:表现"非复中原之风土"的气候地理面貌。忽必烈的潜邸在

---

① 按:此处《元史》记述有误,元宪宗乃蒙哥,蒙古人征大理是在癸丑年,郑鼎追随出征的是忽必烈。

② 《元史》卷一五四《郑鼎传》,第 12 册,第 3635 页。

③ 按:忽必烈一生其实常常为痛风病所困扰,《元史》云:"世祖过饮马湩,得足疾。"宪宗八年(1258),蒙哥以忽必烈足疾为由,解除其兵权,令其赋闲。

④ 按:"藏彝走廊"是一个历史—民族区域概念,主要指今川、滇、藏三省区毗邻地区由一系列南北走向的山系、河流所构成的高山峡谷区域。在这个区域有三条主要河流(怒江、澜沧江及金沙江,也包括雅砻江、大渡河及岷江这三条长江主要的支流),这"六江并流"的区域称之为藏彝走廊。

⑤ 按:忽必烈南征大理时,四川仍是南宋辖区。自古以来从北部对云南用兵,都是经四川南部和中部向南推进,一是自川南经滇东北达滇池地区,再西进洱海地区;二是自四川中部沿今成昆铁路方向南下,过金沙江后,西向达于大理,东向达于昆明地区。诸葛亮征"南中"和唐朝攻打"南诏"都是这样进军的。忽必烈进军却不是这样,而是自甘肃南部经川、藏边区人烟稀少的高山峡谷,行军二千余里而抵达金沙江岸,"乘革囊及筏以渡",进抵大理国都城。何耀华主编《云南通史》第四卷"元、明、前清时期(公元 1254—1840)"第一章,中国社会科学出版社 2011 年,第 17 页。

⑥ 顾祖禹《读史方舆纪要》卷一百十三《云南方舆纪要序》,第 10 册,第 5026 页。

金莲川,宪宗六年(1256),忽必烈令刘秉忠、郭守敬等人在金莲川选址修建城池,用时三年建成,初名开平府。1260年,忽必烈在开平即蒙古大汗位,金莲川成为龙兴之地,名为开平,1264年忽必烈将开平府改名为上都①,实现两都巡幸制,上都此后成为元朝馆阁文人们书写的重要对象。幕府文人们出入金莲川一带,其作品自然会对其独特又独厚的地理地貌进行叙写,如郝经有《居庸行》《北岭行》《怀来醉歌》《鸡鸣山行》《沙陀行》《化城行》《铁堠行》《古长城吟》《白山行》《居庸关铭》等;刘秉忠有《过居庸关》《过也乎岭》《鸡鸣山》《桓抚道中》《桓州寄乡中友人》《大碛》《宿河西沙陀》《过界墙》等,又诚可谓元代"上京纪行诗"创作繁荣的先声。例如著名的居庸关、沙陀等地,每每借助其迥异于中原风土的气候地理面貌以及军事影响力而成为文人们频频叙写的对象。刘秉忠《大碛》描写其"非复中原之风土"的气候面貌特征写道:

> 漫川沙石地枯干,入夏无青雨露悭。人马数程饥渴里,风程一月往还间。侧横鳌背登高地,淡扫蛾眉见远山。安得司春生物诀,桑田也似海东湾。②

大碛为西突厥沙陀族人所居,因为聚居地有沙碛,这部分居沙陀的西突厥人又名为沙陀碛。顾祖禹《读史方舆纪要》云:"石漠在塞北,自阴山而北,皆大漠也。其间有白漠、黑漠及石漠之分。白、黑二漠,以色为名,石漠以地皆石碛而名。"③沙陀区起源于今新疆古尔班通古沙漠地带,汉人称为沙陀部。相对于刘秉忠那些颇多感喟内容的诗作而言,这首诗直接描述沙陀地区入夏无雨,漫川干枯,人行走其间极为焦渴困顿的感受,如果不是印象过于深刻,刘秉忠可能不至于如此细致地描述。而张德辉《岭北纪行》写到沙陀的气候地理地貌特征时,则比刘秉忠生动具体许多:

> 自堡障行四驿,始入沙陀。际陀所及,无块石寸壤。远而望之,若冈

---

① 按:《元史》云:"初,帝命秉忠相地于桓州东滦水北,建城郭于龙冈,三年而毕,名曰开平。继升为上都,而以燕为中都",《元史》卷一五七《刘秉忠传》,第12册,第3693页。

② 刘秉忠《大碛》,《全元诗》第3册,第162—163页。

③ 顾祖禹《读史方舆纪要》卷四四《云南方舆纪要序》,第4册,第2009页。

陵丘阜然。既至,则皆积沙也。所宜之木,榆、柳而已,又皆樗散而丛生。其水尽咸卤也。……自外堡行一十五驿,抵一河,深广约什滹沱之三,北语云"翁陆连",汉言"驴驹河"也。夹岸多丛柳。其水东注,甚湍猛。居人云:"中有鱼,长可三四尺,春、夏及秋捕之皆不行(不能得),至冬,可凿冰而捕也"……河之北有大山,曰"窟速吾",汉言"黑山"也。自一舍外望之,黯然若有茂林者,迫而视之,皆苍石也,盖常有阴霭之气覆其上焉。自黑山之阳西南行九驿,复临一河,深广如翁陆连三之一,鱼之大若前状,捕法亦如之。其水始西流,深急不可涉。……东北又经一驿,过石堠。石堠在驿道旁,高五尺许,下周四十余步,正方而隅,巍然特立于平地,形甚奇峻,遥望之若大堠然,由是名焉。自堠之西南行三驿,过一河曰"唐古",以其源出于西夏故也,其水亦东北流。水之西有峻岭,岭之石皆铁如也。

在张德辉的叙录中,沙漠上"无块石寸壤","水尽咸卤";驴驹河水很湍急,河中之鱼,冬天可凿冰而得;黑山的石头,因为常有阴霭之气覆其上,茂然、苍然若森林;黑山往南再走,水则开始西流,之后又北流,而唐古河水又东北流,蜿蜒曲转,流向不一;石堠之西,石头又如铁状等等。的确是种种自然状貌,皆迥然相异于中原之风土,打破了生长于中土的人们的定见,其气候地理环境的描述显得别具异域意味。

其三:表现非中原之风土的世俗人情。《岭北纪行》写道:

由岭而上,则东北行,始见毳幕毡车,逐水草畜牧而已,无复中原之风土也。寻过抚州,惟荒城在焉。……滨河之民,杂以番、汉,稍有屋室,皆以土冒之。亦颇有种艺,麻、麦而已。河之北有大山,曰"窟速吾",汉言"黑山"也。……自泊之南而西,分道入和林城,相去约百余里。泊之正西有小故城,亦契丹所筑也。由城四望,地甚平旷,可百里,外皆有山。山之阴多松林,濒水青杨、丛柳而已。中即和林川也。居人多事耕稼,悉引水灌之,间亦有蔬圃。时孟秋下旬,麻、麦皆槁,问之田者,云:"已三霜矣!"……至重九日,王师麾下会于大牙帐,洒白马湩,修时祀也。其什器皆用禾桦(木),不以金银为饰,尚质也。十月中旬,方至一山崦间避冬,林木甚盛,水皆坚凝,人竞积薪储水,以为御寒之计。其服非毳革则不可,食则以膻肉为常,粒米为珍。比岁除日,辄迁帐易地,以为贺正之所。日大宴所部于帐前,自王以下,皆衣纯白裘。……大率遇夏则就高寒之地,至冬则趋阳暖、薪水易得之处以避之。过此以往,则今日行而明日留,逐水草,便畜牧而已。此风土之所宜,习俗之大略也。①

张德辉的这段描述,根由和林"风土之所宜"而描述其区域从语言、饮食、器用审美、宗教祭祀品、服饰以及生活方式迥异于中原的地方。文中尤其令生长中原的张德辉深感讶异的是,"其服非毳革则不可,食则以膻肉为常,粒米为珍",而且还经常时常迁徙"遇夏则就高寒之地,至冬则趋阳暖、薪水易得之处以避之。过(此)以往,则今日行而明日留,逐水草,便畜牧而已",虽然张德辉明白这是蒙古人的生活习性使然,还是在内心底有他不解和不接受的地方。作为被蒙古人征服、且愿意归顺的中原上层文士,张德辉在创作中所表现出的包容态度却即将代表或者开启元代士人的创作态度,那就是,摒除华夷之辨,以包容的态度对待由"风土之所宜"而产生的各种人情物理的差异。相比较而言,郝经对于游牧民族凭借快马以及嗜血勇猛的性格而强悍地崛起于乱世的赞美情绪,则已非仅仅是"包容"的态度,而是认同和钦佩,所以他的文字也更能彰显和表现那些"非复中原之风土"的世俗人情:

> 风声鹤唳皆落胆,但言有马不问兵。既平西海复南海,马鸣萧萧回旆旌。归来罢战合长围,令如杀敌谁敢违。包山络海数千里,两稍把手隔年期。一朝围合密铁匝,马耳戢戢为藩篱。百兽拥起自冲蹙,骨牙挂角伤毛皮。先开一面放三日,然后共施弧矢威。……以战为猎国俗然,况乃万里皆鞭笞。马多地广兵力劲,将士能将马为命。终身骑射不离鞍,辛苦生狞殆天性。每将饥渴勒狂横,一饱一肥无复病。俊逸都无水草态,变化自有真龙性。鼓鞶声动便开张,人人据鞍皆王良。直入饮血啮头颅,查牙生人润枯肠。所向空阔都无敌,遂令四海皆天王。……天生此马为天下,敌尽兵穷亦当罢。五十年来不摘鞍,安得疲疲被王化。但愿沙陀马无数,会见

---

① 按:《岭北纪行》所引三段文字,皆出自许全胜《沈曾植史地著作辑考》,中华书局 2019 年版,第296—299 页。

中原有新户。深宫九重不动尘,永使骅骝脱羁絷。①

诗中所表现的沙陀人,是随着唐朝衰落而逐渐入居中原的游牧族群。起初他们作为沙陀兵而被唐朝统治者所利用。沙陀兵大多是马队,且一人常备 2—3 匹马,以是行军速率十分快,擅长远程奔袭。沙陀兵的这种特点几乎是游牧骑兵的基本特点,蒙古人较之更甚。据彭大雅的《黑鞑事略》载其在蒙古人活动的区域所见情形云:"往来草地,未尝见有一人步行者。其出军头目,人骑一马,又有五六匹或三四匹马自随,常以准备缓急,无者,亦须一二匹。"徐霆还借耶律楚材之口,指出快马带给蒙古人的军事优势云:"盖鞑人专求马蹄实路,又使命临发草地,楚材说与大使:你们只恃着大江,我朝马蹄所至,天上天上去,海里海里去。"事实上,那个时代的人们都深刻地感触到了蒙古人借助快马取得战争优势,并风一般崛起的威势,郝经的这段文字几乎是非常热情地描述沙陀马对于"以战为猎"的沙陀人的重要性,同时也稍事夸饰地表现沙陀人嗜血刚猛、所向披靡的气势。与其说郝经的文字是在描述沙陀马和沙陀兵,还不如说是在赞赏蒙古马与蒙古骑兵;与其说是赞美快马、骑兵,还不如说是在积极肯定一个新的时代气质,那就是凭借快马与无畏精神崛起且称霸于乱世的蒙古王朝。可再借彭大雅的描述来辅证蒙古人在战场上的强大与优势:"(他们)疾如飙至,劲如山压,左旋右折如飞翼,故能左顾而射右,不特抹鞦而已。"②就这一点而言,尽管忽必烈建立的大元王朝,依旧是汉人占据人口的绝大多数,但还有作为统治者的蒙古人,以及成分极为复杂的各色西域人。大家生活区域不同,语言不一,气质各异,信仰多元,倘若固守旧的视角和审美,则终不能理解和看到那个时代的新质和内容。就这一点而言,幕府精英们的纪行创作却已然导乎先路了。

第二节　苏门山文人与元初程朱理学官学化进程及影响

就思想与文学的深远影响而言,金莲川幕府中影响最大的是以姚枢、许衡等为代表引领的苏门山文人群体。在前文论述金源文人群的卫辉文人时,有

---

① 郝经《沙陀行》,《郝经集校勘笺注》卷一〇,第 796 页。
② 《黑鞑事略校注》,第 131、116 页。

关姚枢等人在苏门的活动已有论述，但苏门山文人群体作为对元代文章创作倾向影响深远的群体，他们借助在金莲川幕府时期所确立的政治影响力，加深且推动了其在文化、创作领域的影响力，确有值得再作细论的必要。与真定、东平、保定以及卫州的文人群体相比，苏门山文人群的意义有些不一样。如果说前面那些群体的意义主要在于如何继承和保存金源遗风的话，那么苏门山文人群体的意义在于将程朱理学引入北方，致使北方经学风气一变。有元一代，由于杨惟中、姚枢、许衡、窦默等人的推动，苏门山不仅成为程朱理学习读重镇，形成苏门山文人群体，而且由于这批文人在元王朝草创之际所发挥的重要作用，苏门山的学问体系被运用于元初治国方略与国家意识形态的建构中，"开有元一代之运，纲维世道，羽翼圣教"，致使天下人人皆知程朱理学而尊信之①，"元大苏门"之说得以张本②。

一、苏门山文人群的人员构成

苏门山文人群就其人群及地理渊源而言，是以许衡为精神领袖，起初以河南卫辉苏门山为中心，主要对赵复所传程朱理学进行讲授和研读的群体。之后，随着许衡讲授区域的扩大，苏门山文人群的意义有些泛化，京兆、大都国子学以及一些努力遵从许衡思想和教学理念的北方仕宦、弟子，诸如《宋元学案》《宋元学案补遗》中"鲁斋学案"中所录列的人员以及在《元史》列传中提及的一些许衡弟子，都可谓苏门山文人群人员。

就苏门山文人群的初源而言，是由赵复之学而起，而赵复乃由杨惟中、姚枢携领至北方，至于苏门山文人群的壮大以及在元代产生深远影响力，则颇赖许衡的作用。在《宋元学案》中，姚、窦乃许衡讲友，许衡的同调有刘德渊、张文谦。刘德渊，字道济，河北内丘人，许衡雅敬之。张文谦，字仲谦，刘秉忠同学，金莲川幕府重要文人。《元史》云："文谦蚤从刘秉忠，洞究术数；晚交许

---

① 孙奇逢《元儒赵江汉太极书院记》云"苏门一片地为古昔诸君子所徘徊临眺，称地灵人杰者，始于晋，大于宋，而盛于元。晋之有公和居士窟，啸声出林谷，答嵇康数语，见道甚明。考其生平，亦高蹈仙隐之流耳。宋之康节，其来也，受易于共城令李公之才安乐窝。盖不炉不扇之地，所称内圣外王之学也。至元，则可谓德星聚矣。耶律晋卿嗜邵学来居于此，若姚雪斋、许鲁斋、赵仁甫、窦肥乡诸公开有元一代之运，纲维世道，羽翼圣教，人皆知尊而信之矣"，《夏峰先生集》卷九，第291页。

② 《夏峰先生集》卷四《洛学编序》，第121页。

衡,尤粹于义理之学。"①苏天爵《左丞许文公》载,许衡奉旨教授怀孟路子弟,张文谦"由大名宣抚复入中书","自初见先生,屡请执弟子礼,先生拒之而止"②。许衡有子许师可、许师敬,"继承其学"。许师可,"行一,字可臣。由河东按察副使,历卫辉、襄阳、广平、怀孟路总管,终通议大夫,赠礼部尚书,谥文简。公志趣端正,惜未究用,有文集贻后"。许师敬,"行四,字敬臣。由监察御史,历治侍御史、吏部尚书、中书参知政事、国子祭酒、太子詹事、中书左右丞、翰林学士承旨知经筵事。由西台中丞拜御史中丞、光禄大夫。明经务诚,学尚节概,肖父风"③。

　　苏门山文人群中,首先颇为引人注意的是许衡的十二大弟子。这十二大弟子是至元八年(1271),许衡任职国子学之际,特驿请而致,以作为蒙古、色目子弟伴读的十二位。他们是:耶律有尚(1236—1320),字伯强,东平须城人。辽东丹王突欲十世孙,受业许衡。至元八年,召为太学斋长。在许衡致仕之后,嗣领其学事,成为许衡事业最好的继承者:"世祖皇帝既践天位,惇尚文化,爰命相臣许文正公衡典教成均,以育贤才,以兴治平,规模宏远矣。一时及门之士,嗣其师传,久而弥尊,海内共推之者,惟公一人而已。"耶律有尚"治家严肃,以身先之,诸子卓然有立。其教人也,师道尊崇,凛乎若不可犯。出言简而有法,庙堂论议,成均讲授,人皆耸听,恐不得卒闻。公教国子几三十年,始终如一,学规赖以不隳,作成后进居多"④。吕端善(1236—1314),字伯充,"笃信好学,既从许文正公游,专事践履,居家律身,养生送死,造次弗违于礼"。元仁宗时,仕至翰林侍读学士、中奉大夫知制诰、同修国史。"退居于里,日与韩公择、萧公斛、同公恕讲论道义,从容函丈,而关、陕学徒从者益盛。由是士知自重而不苟进,尚经学而后文艺,皆文正启之,诸公有以成之也。"⑤姚燧(1238—1313),字端甫,号牧庵,姚枢侄,杨奂婿。姚枢隐居苏门,"谓燧蒙暗,教督之甚急,燧不能堪。杨奂驰书止之曰:'燧,令器也,长自有成尔,何以急为!'且

---

① 《元史》卷一五七《张文谦传》,第 12 册,第 3697 页。

② 苏天爵《左丞许文公》,《元朝名臣事略》卷八,第 168 页。

③ 《鲁斋遗书》卷一二"鲁斋子",《许衡集》附录一,第 185 页。

④ 苏天爵《皇元故昭文馆大学士兼国子祭酒赠河南行省右丞相耶律文正公神道碑铭有序》,《滋溪文稿》卷七,第 101、104 页。

⑤ 苏天爵《元故翰林侍读学士赠陕西行省参政知事吕文穆公神道碑铭奉敕撰》,《滋溪文稿》卷七,第 95、96 页。

许醮以女。年十三,见许衡于苏门。十八,始受学于长安",仕至荣禄大夫、翰林学士承旨、知制诰兼修国史。在许衡的教导下,姚燧"由穷理致知,反躬实践,为世名儒",而且"文章以道轻重,道以文章轻重","为文闳肆该洽,豪而不宕,刚而不厉,春容盛大,有西汉风。宋末弊习为之一变。盖自延祐以前,文章大匠,莫能先之"[1],著有《国史离合志》《牧庵文集》50卷等。王梓,又名王遵礼,字安卿。来自汴京,据许衡为其改名为王遵礼的缘由云:"王氏子昔尝从予游,曾未阅岁,乃迁居燕然,于今盖十数年矣。顷来复过吾门,状貌加伟,而其礼节恭谨,无异平昔。予嘉其处心近厚也,思有以教之,因其求更前名,遂为说以命之"[2],可见王梓追随许衡之久,以及许衡对他的爱重。高凝,字道凝,河南河内(今沁阳)人。官至翰林侍读学士。白栋(1243—1289),字颜隆,太原人。许衡卒后,白栋以国史院编修、从仕郎仍国子助教,后擢奉训大夫、监察御史、陕西汉中道提刑按察司。姚燉,姚燧之弟,曾任江西湖东道提刑按察司事等职。刘季伟,秦人,号存斋,以后官任四川宪副。苏郁,大名人。韩思永,大名人。孙安,河内人。刘安中,秦人,事迹不详。

除上述十二人之外,还有一些世祖朝的官员,他们或在青少年时期就读于国子学,或为宦时期,努力追随许衡或许衡弟子。刘宣(1233?—1288),字伯宣,山西太原忻州人。"暇则从许衡讲明理学。"累官吏部尚书,后迁行台御史中丞,卒后追封彭城郡公,谥忠宪。贺胜(?—1321),字贞卿,陕西鄠(今户县)人,贺仁杰之子。"尝从许衡学,通经传大义。"年十六,入宿卫,"世祖甚器重之",官至光禄大夫、中书左丞相,仍行上都留守职,兼上都路总管府达鲁花赤达。卒后追赠为"推忠宣力保德功臣"、太傅、开府仪同三司、上柱国,封"秦国公"[3]。徐毅(1254—1314),字伯弘,山西平阳赵城人,少受业于许衡。世祖朝曾任监察御史,成宗时,曾入为刑部尚书,卒官陕西行台御史中丞[4]。王都中(1279—1341),字元俞,一字邦翰,号本斋,福宁州人。王积翁之子,幼尝执子

---

① 《元史》卷一七四《姚燧传》,第13册,第4059页。
② 许衡《王生名字说》,《许衡集·鲁斋遗书》卷八,第122页。
③ 《元史》卷一七九《贺胜传》,第14册,第4149页。
④ 黄溍《御史中丞赠资政大夫中书右丞上护军追封平阳郡公谥文靖徐公神道碑》,王颋点校《黄溍全集·金华黄先生文集》卷二七,(天津)天津古籍出版社2008年,下册,第689页。

礼于许衡门下①。年十七即以恩特授都中少中大夫、平江路总管府治中,位至河南行省参知政事(以疾改任江浙行省参知政事)。李文炳,许衡弟子,其死也,许衡哭之恸,有"丧予"之叹②。赵矩,字义臣,大都人,许衡弟子,任南乐县尹。孛怜吉𩮰,河南郡王。据黄溍为倪渊所作墓志铭载:"河南王孛怜吉𩮰尝受业魏国许文正公之门,方以平章政事行省江浙,闻公讲说,大契其意,即遣子从公受业。且移文中书,举公可教国子,而中书已定拟台章所荐五人各补郡文学,乃以公为杭州路学教授"③。畅师文(1247—1317),字纯甫,号泊然,南阳人,"甫十五,博览经史。弱冠,谒鲁斋许先生,先生宾遇之。高弟若姚公端甫、高公道凝,皆相推友善"④,畅师文仕至翰林学士、资善大夫、知制诰同修国史。王宽、王宾,河北唐县人,王恂之子,皆从许衡游。王宽历官保章正、兵部郎中,知蠡州;王宾,历官保章副,迁秘书监⑤。

《宋元学案》统计之外,又据《宋元学案补遗》元人相关记载及《元史》所录,还有以下诸人。坚童(1252—1291),字永叔,阔阔子,蒙古蔑里吉氏。"甫十岁,即从王鹗游。既长,奉命入国学,复从许衡游。弱冠入侍禁廷,授中顺大夫、侍仪奉御","至元二十八年(1291),授正议大夫、燕南河北道肃政廉访使,遂拜河南行省平章政事,驿召赴阙,未拜,以疾卒,年三十九"⑥。秃忽鲁(1256—1303),"字亲臣,康里亦纳之孙亚礼达石第九子也。自幼入侍世祖,命与也先铁木儿、不忽木从许衡学。帝一日问所学,秃忽鲁与不忽木对曰:'三代治平之法也'"。仕至枢密副使⑦。不忽木(1255—1300),一名时用,字用

---

① 按:据耶律有尚《考岁略》所记,许衡于至元十七年(1280)参与改历事,六月疾甚,八月还家怀孟,十八年(1281)春,卒。王都中1279年生于大都,欲执弟子礼于许衡门下,似不可能。而据黄溍所作《正奉大夫江浙等处行中书省参知政事王公墓志铭》载,"公髫龀时留京师,闻鲁斋许公以道学淑后进,即知敬慕",王都中于许衡,其实只能算是私淑。《黄溍全集·金华黄先生文集》卷三一,下册,第446页。

② 黄宗羲著,全祖望补修,陈金生、梁运华点校《宋元学案》卷九〇《鲁斋学案》,中华书局2013年版,第4册,第3013页。

③ 黄溍《承务郎杭州路富阳县尹致仕倪公墓志铭》,《黄溍全集·金华黄先生文集》卷三二,下册,第471页。

④ 许有壬《大元故翰林学士资善大夫知制诰同修国史赠推忠守正亮节功臣资政大夫河南江北等处中书省左丞上护军追封魏郡公谥文肃畅公神道碑铭》,《全元文》卷一一九六,第38册,第357页。

⑤ 韩松枝《许衡及其弟子与元代文化及政治》第一章"许衡弟子",山西大学2015届汉语国际教育硕士论文,第7—10页。

⑥ 《元史》卷一三四《阔阔传》,第11册,第3251页。

⑦ 《元史》卷一三四《秃忽鲁传》,第11册,第3251、3252页。

臣,号静得,康里氏。忽必烈侍从燕真仲子。"师事太子赞善王恂。恂从北征,乃受学于国子祭酒许衡。日记数千言,衡每称之,以为有公辅器。"官至昭文馆大学士、平章军国事,行御史中丞,领侍仪司事。"平居服儒,素不尚华饰",其学,先躬行而后文艺。居则简默,及帝前论事,吐辞洪畅,引义正大,以天下之重自任,知无不言",天下视其身进退为朝堂重轻①。刘容(1226?—1278?),字仲宽,其先西宁青海人,西夏平,为云京人。中统初,以国师荐,入侍皇太子于东宫,命专掌库藏。每退直,即诣国子祭酒许衡,衡亦与进之。历任太子司仪、广平路总管②。

此外,还有:冯善主(1246—1307),字君协,右北平石城(今属河北)人。"初学于张简之,闻许文正公以经学教胄子,徒步至京师从之,公叹其淳笃。公殁,千里赴吊于怀,欲庐其墓,诸生弗欲,怀人义之,遗布三百匹曰:'吾为许先生来,因利之,弗忍为也。'乃归服心丧三年,未尝御酒肉。至元二十五年,始以耶律祭酒荐,得平滦路儒学正,教授冀州、辽阳。所至,以君出许先生门,争从之游。"③董士珍(1255—1314),字周卿,河北真定藁城人,太师正献公董文忠之子。以世祖命侍裕宗东宫。幼从许文正公学,淹贯经史,通国言。仕至河南江北行省左丞④。王泰亨,字子通,号康庄,山西平阳人。陈旅为其文集作序云:"昔者许文正公以尧、舜、孔子之道,佐世祖皇帝基,大化于天下。上虑其道之载于其躬而止也,俾国人子弟之贵近者学焉而嗣用之。又虑人才之不尽出于贵近也,俾士之峻茂者得共学而并用之。至元、大德间,庞臣硕彦之能以其德业著见于世者,往往许氏之门人。故光禄大夫、中书平章政事王清宪公,盖当世之所谓峻茂者。其学以明经饬行为先,务以匡时泽物为已责。"⑤泰亨,成宗时,给事东宫,历太子宾客,累迁至中书平章,致仕封晋国公,卒谥清宪。

苏门山文人群体除了许衡弟子外,还有姚枢、郝经、杨奂以及郝经的弟子苟宗道、姚枢的弟子孛术鲁翀等人。苟宗道,字正甫,河北保定人。官至国子祭酒。孛术鲁翀(1279—1338),字子翚,女真人,其先隆安人,河南邓州顺阳人。起初拜萧斡为师,"游汉上,从翰林姚文公学古文。文公奇之,以书抵贞隐

---

① 《元史》卷一三〇《不忽木传》,第 10 册,第 3164,3172 页。
② 《元史》卷一三四《刘容传》,第 11 册,第 3259—3260 页。
③ 程钜夫《故登仕郎蔚州安定县主簿冯君墓碣》,《全元文》卷五四〇,第 16 册,第 449 页。
④ 欧阳玄《太傅赵国清献公董士珍神道碑》,《欧阳玄集·圭斋集补遗一卷》,第 215—216 页。
⑤ 陈旅《王平章文集序》,《全元文》卷一一七〇,第 37 册,第 271—272 页。

曰:'子翚谈论锋出,其践履一以仁义为准,文章不待师传而能,后进无是伦比'"①,历仕翰林国史院编修官、国子司业、江浙行省参知政事。

从以上所列的苏门山文人群体成员的简介情形来看,诚如陈旅所感慨,"至元、大德间,庞臣硕彦之能以其德业著见于世者,往往许氏之门人"②。其中作为文人最多聚集的地方国子学,"其居国学者久,论者谓自许衡之后,能以师道自任者,惟耶律有尚及翀而已"③,则在元初无论是仕宦群体还是文教资源,苏门山文人群都占据着主要位置,这将深刻地影响到元代的思想、文化体系,同时也包括元代文学创作的格局。

二、苏门山文人群与元代经学体系的形成

作为苏门山文人群的精神领袖,许衡之于元朝正统意识形态体系的形成,影响十分深远。这一点元人早有论定,"以其道入佐皇明,施于天下,卒能同文轨而致隆平","若昔儒先自伊洛、关辅以来,相望百年不绝,而续若朱子之立言,使圣人之道复明于简籍;许先生之立事,使圣人之道得见于设施"④。《宋元学案·鲁斋学案》中,全祖望认为"鲁斋其大宗也,元时实赖之"⑤,认为元代的经学体系实赖鲁斋一系的学人而形成。这话说得很对,但还有待细论。有元一代,伴随着王朝"并西域,平西夏,灭女真,臣高丽,定南诏,遂下江南"⑥的一统进程,元代经学体系实际经历而且也必须经历着不同力量的碰撞、交锋,从而最终形成自己的框架体系。其中以苏门山文人群为核心的鲁斋一系文人经历了与金源学统的交锋,与王文统势力的冲突,甚至于与北方静修(刘因)一派、南方草庐(吴澄)一派等为代表的思想体系的论争,从而最终确立苏门山文人群作为元代思想大宗的地位。

苏门山文人在元朝确立其大宗地位的过程中,首先遇到了来自金源传统学派的攻讦,二者之间的论争主要发生在元初。忽必烈经略天下,建立元王朝

---

① 苏天爵《元故中奉大夫江浙行中书省参知政事追封南阳郡公谥文靖字术鲁公神道碑铭并序》,《滋溪文稿》卷八,第123页。

② 陈旅《王平章文集序》,《全元文》卷一一七〇,第37册,第271—272页。

③ 《元史》卷一八三《字尤鲁翀传》,第14册,第4222页。

④ 程钜夫《鲁斋书院记》,《程钜夫集》卷一三,第151—152页。

⑤ 《宋元学案》卷九〇《鲁斋学案》,第4册,第2994页。

⑥ 《元史》卷五八《地理志一》,第5册,第1345页。

初期,曾大量任用金源文人。尽管人们都致力于让新朝推行汉法,但各自理念却有不同。就经学探研角度而言,在赵复等人将程朱理学传入北方之前,北方学问以章句学为主①;接受程朱理学之后,姚枢、许衡、窦默等苏门山文人成为其时朝廷的道学派,与依旧坚持前金学统的人们构成冲突。据姚燧记载,至元八年(1271),侍读徒单公履试图说服忽必烈推行贡举,知道忽必烈于释氏崇教而抑禅,遂乘间对忽必烈进言:"儒亦有是科,书生类教,道学类禅。"忽必烈非常不悦,遂令姚枢、许衡与一左相廷辩,最终这场信任危机为当时颇受忽必烈宠睐的董文忠所化解:

> 上曰:"汝日诵《四书》,亦道学者?"公对曰:"陛下每言:士不治经,究心孔孟,而为诗赋,何关修身? 何益治国? 由是海内之士,稍知从事实学。臣今所诵,皆孔孟言,乌知所谓道学哉? 而俗儒守亡国余习,求售己能,欲锢其说,恐非陛下上建皇极,下修人纪之赖也。"事为之止。②

从当时的情境以及董文忠的话语来看,董文忠很明显是站在姚枢、许衡等人一边,认为姚、许一派的学问是实学,对徒单公履的说法非常不屑,认为徒单公履那套正是忽必烈及其新朝最反感的,也是前金所以灭亡的诗赋章句之学,无关修身,更无益于国家治理。徒单公履,字云甫,号颙轩,金末登经义进士第。作为前金进士,徒单公履深受金源传统学术理路浸染,注重文章辞赋,纵横于苏轼风格,得其三昧,与其关系颇为亲密的王恽有诗可证:"汉苑称多士,青云早致身。纵横苏氏学,英特贾生伦。盛德应如此,文章固有神。"③需要指出的是,蒙金战争之际,由于东平世侯严实父子对文化及文人的保护,元好问等金源大家转徙东平,金源传统学术风格得以为东平文人所承继。而元初文官集团,诚如袁桷所云,"桷向为翰林属,所与交多东平,他郡仅二三焉,若南士则犹

---

① 据载,在接触程朱理学之前,许衡"七岁入学,授章句"(《宋元学案》卷九〇,第 4 册,第 2995 页),刘因"初为经学,究训诂疏释之说"(《元史》卷一七一《刘因传》,第 13 册,第 4008 页),许衡接触程朱理学前,教授弟子的内容也是章句学内容,"昔者授受,殊孟浪出,今始闻进学之序。若必欲相从,当悉弃前日所学章句之习"(耶律有尚《考岁略》,《许衡集》"附录一",第 201 页),所谓章句学,强调对儒家经典的章句训释;而程朱理学则倾向于对儒家学说的经义探研。
② 姚燧《董文忠神道碑》,《姚燧集·牧庵集》卷一五,第 230 页。
③ 王恽《寿徒单颙轩》,《全元诗》,第 5 册,第 163 页。

夫稀米矣"①,徒单公履的背后实际站着一群东平文人。而从其时朝廷及大臣的倾向来看,苏门山文人最终获得大多数官员(包括一些人有着金源学统)的肯定,最具代表性的是王磐。王磐在元初"夙有重名,持文柄、主盟吾道,余二十年"②,虽少有许可,却极尊重许衡。每每与许衡交流,则曰:"先生神明也,磐老矣,徒增愧缩尔"③,"程、朱性理之书,日夕玩味,手不释卷,老而弥笃。燕居则瞑目端坐,以义理养其心,世俗纷华,略不寓目"④。随着程朱理学被元廷确立为官方正统思想,金源学统也逐渐弥合到苏门山文人的学统之中,不再有分歧⑤。

　　苏门山文人在元王朝进一步扩大影响的过程中,还遭遇了与王文统势力的冲突,这场冲突的发生,实质上是由于中原儒士在推动忽必烈王朝推行汉法进程中关于"义""利"的不同立场所致。王文统虽是金末进士,但为学并不局限于儒家,少时喜读权谋书。忽必烈经营金莲川之际,思大有为于天下,访求天下才智之士以辅佐。王文统即作为才智之士由刘秉忠、张易等推荐给忽必烈⑥。在忽必烈与其弟阿里不哥争汗位的斗争中,忽必烈政府统领内外百司之政的中书省由王文统主持,而王文统在钞法、贸易、税收等方面务实的措施对于解决中统初年军费浩繁、国用不足的问题极为有效⑦。所以《元史》虽列王文统为叛臣,却也承认:"文统虽以反诛,而元之立国,其规模法度,世谓出于文统之功为多云。"⑧与王文统治国理念截然不同的苏门山文人群则期望忽必烈能按照儒家纲常伦理秩序推行文治王道。窦默等人常在忽必烈面前斥诉王文统是"唇吻小人",用功利之说向君王卖利献勤、乞怜取宠,不仅"不能定立国家基本",而且会祸害天下,认为只有许衡这样的人才能真正令国家长治久安。《元史·窦默传》载:

　　① 袁桷《送程士安官南康序》,《袁桷集校注》卷二四,第 1210 页。

　　② 苏天爵《内翰王文忠公》,《元朝名臣事略》卷一二,第 246 页。

　　③ 苏天爵《左丞许文正公》,《元朝名臣事略》卷八,第 179 页。

　　④ 苏天爵《内翰王文忠公》,《元朝名臣事略》卷一二,第 246 页。

　　⑤ 陈高华、张帆、刘晓《元代文化史》,第 112—113 页。

　　⑥ 《元史》卷一二六《廉希宪传》载:"昔攻鄂时,贾似道作木栅环城,一夕而成,陛下顾扈从诸臣曰:'吾安得如似道用之?'刘秉忠、张易进曰:'山东王文统,才智士也'",第 10 册,第 3090 页。

　　⑦ 参见欧阳琛《〈元史·王文统传〉书后——略论元初统治集团关于"采用汉法"的斗争》,《江西师院学报》1980 年第 2 期,第 75—85 页。

　　⑧ 《元史》卷二〇六《叛臣传》,第 15 册,第 4596 页。

　　他日，默与王鹗、姚枢俱在帝前，复面斥文统曰："此人学术不正，久居相位，必祸天下。"帝曰："然则谁可相者？"默曰："以臣观之，无如许衡。"帝不悦而罢。①

对于苏门山文人群，王文统忌惮姚枢的才华，对许衡"无惮也"，而窦默在忽必烈面前的这番话使得王文统"始疑先生唱和其说"②，所以便欲离间许衡等人与忽必烈的关系。最终，王文统将许衡派为国子祭酒，窦默授为翰林侍讲学士，姚枢则委任东平大司农③，这表明苏门山文人对王文统势力的无奈。但是中统三年（1262），王文统因李璮造反而被诛，此事是忽必烈与汉儒关系的分水岭。此后，忽必烈对汉人的信任程度大打折扣。另外，王文统当政之际，力阻回回势力，王文统被诛之后，回回人阿合马当政，汉法的推行受到诸多阻挠。某种程度而言，苏门山文人群体与王文统势力的争夺没有哪方获得了绝对的胜利。不过，元末发生在元顺帝与铁木儿塔识之间的一段对话却为苏门山文人挽回了一些颜面：

　　上尝问：为治何先？ 王对曰：莫先于法祖宗。上因称王文统为奇才，而有不同时之叹。王前奏曰：世祖皇帝行仁义，而文统辅以功利，此所以为世祖之罪人也。使文统复生于今，犹当远之，何足关圣念乎？

作为色目子弟的铁木儿塔识对元顺帝询问王文统事情的回答义正辞严，有当日窦默、许衡等人的道学风范。黄溍在这段话之后议论道："盖王于书无不读，尤喜闻儒先性理之说，而明于义利之辨。"④这应该归功于苏门山文人的深远影响，诚如黄百家在《宋元学案》中所云，"数十年彬彬号称名卿材大夫者，皆其门人，于是国人始知有圣贤之学"⑤。需要强调的是，这里所谓"国人"一般特指蒙古、色目人。由这段对话可以看到，元顺帝虽对王文统颇为怀念和渴求，但在深受儒学濡化的色目人铁木儿塔识面前却显得很心虚，让人看到了苏

---

① 《元史》卷一五八《窦默传》，第12册，第3731—3732页。
② 耶律有尚《考岁略》，《许衡集》附录，第202页。
③ 欧阳玄《许先生神道碑》，《欧阳玄全集·圭斋文集》卷九，第93页。
④ 黄溍《敕赐康里氏先茔碑（铭）》，《黄溍全集·金华黄先生文集》卷二八，下册，第708页。
⑤ 《宋元学案》卷九一《静修学案》，第4册，第3021页。

门山文人群对王文统力量的胜利。

苏门山文人在元代正统意识形态领域的尊崇地位,是他们在与北方静修及南方草庐学脉的不断论争中,逐步奠定的。客观而论,许衡(1209—1281)、刘因(1249—1293)和吴澄(1249—1333),他们生有先后,年寿各个不同,身份地位又颇有差异,且各处南北。就他们接受程朱理学的时间先后和程度深浅而言,许衡得程朱性理之书于南北未通之际,中年改弦更张,"嗜朱子学,不啻饥渴。凡指示学者,一以朱子为主,或质以他说,则曰:'贤且专主一家,则心不乱'"①。而刘因则在元朝南北一统、"其书捆载以来"的背景下,大量阅读儒家性理著作,对于朱学,刘因能够"取文公书会稡而甄别之"②,做到"上求周、邵、程、张所尝论著,始超然有见于义理之当然,发于人心而不容已者,故其辨异端,辟邪说,皆直有所据,而非掇拾于前闻。出处进退之间,高风振于天下,而未尝决意于长往,则得之朱子者深矣"③。至于吴澄,生在理学颇为发达的江西,对于经传的解读与阐释,能够做到"辩传注之得失,而达群经之会同;通儒先之户牖,以极先圣之阃奥。推鬼神之用,以穷物理之变;察天人之际,以知经纶之本。礼乐制作之具,政刑因革之文,考据援引,博极古今,各得其当,而非夸多以穿凿",既精深又博通,可谓得经学"归宿造诣之极"④。基于三家这样的学术背景,倘若得朱子学皮毛的苏门山文人群欲把持论议,且自以为得旨,则三家间的论争便在所难免。

许衡与刘因之间,严格意义来说不存在论争,只存在一些基于读书人对于仕进与退隐的态度比较⑤。许衡长刘因四十岁,对刘因未必留心,但刘因则对许衡颇有论议。刘因认为许衡屡进屡退的为官行为是老氏之术,对此深为鄙夷,"知而示之愚,辩而示之讷,巧而示之拙,雄而示之雌,荣而示之辱。虽出一言,而不令尽其言,事则未极而先止也"⑥。而许衡及其门人却凭其粗浅的程朱理学造诣把持朝中文化资源的现实,更令刘因愤懑,他作诗道:"抱膝长歌忆

①　耶律有尚《考岁略》,《许衡集》附录,第 205 页。

②　袁桷《真定安敬仲墓表》,《袁桷集校注》卷三〇,第 1437 页。

③　赵汸《滋溪文稿序》,《虞集全集·道园类稿》卷二,上册,第 539—540 页。

④　虞集《送李扩序》,《虞集全集·道园类稿》卷二,上册,第 539—540 页。

⑤　本段的观点多取自张帆《〈退斋记〉与许衡刘因的出处进退——元代儒士境遇心态之一斑》,《历史研究》2005 年第 3 期,第 69—84 页。

⑥　刘因《退斋记》,《全元文》卷四六五,第 13 册,第 404 页。

梁父,曲肱高卧著潜夫。朝廷别有真儒在,莫道斯文赖我扶。"①在刘因看来,
许衡及其门徒自以为是却又把持意识形态的危害甚大:"挟是术以往,则莫不
以一身之利害,而节量天下之休戚,其终必至于误国而害民,然而特立于万物
之表,而不受其责焉。而彼方以孔孟之时义,程朱之名理自居不疑,而人亦莫
知夺之也。"②许衡本人对自己"君召辄往,进辄思退"③的仕宦行为未尝不曾感
到愧悔,但是劫后余生,又幸得接触高明,倘若有一线机会实行教化,作为纯儒
的许衡又怎能不砭然奋进呢? 诚如其诗所叹:"莫厌风沙老不禁,斯民久已渴
商霖。愿推往古明伦学,用沃吾君济世心。甫治看将变长治,呻吟亦复化讴
吟。千年际会真难得,好要先生着意深。"④元末陶宗仪曾叙录一则许衡与刘
因的对话,或许也正能为许衡和刘因二人不同的选择给出较为恰切的解释:
"鲁斋许先生(衡)中统元年(1260),应召赴都日,道谒文靖公静修刘先生
(因),谓曰:'公一聘而起,毋乃太速乎?'答曰:'不如此,则道不行。'至元二十
年(1283),征刘先生至,以为赞善大夫,未几辞去。又召为集贤学士,复以疾
辞。或问之,乃曰:'不如此,则道不尊。'"⑤许衡与刘因,前者身处于乱世灰劫
之中,后者读书于南北一统之际,他们选择为道奔走和为道独行,皆令人赞佩。
孙奇逢《读许鲁斋集》写道:"我读公遗书,知公心最苦。乾坤值元运,民彝已
无主。公等二三辈,得君为之辅。伦理未全绝,此功非小补。不陈伐宋谋,天
日昭肺腑。题墓有遗言,公意有所取⑥。众以此诮公,未免儒而腐。道行与道
尊,两义各千古。"⑦确为公论。而就元代思想体系而言,许衡所引领的苏门山
文人"数十年彬彬号称名卿材大夫者,皆其门人,于是国人始知有圣贤之学",
让人赞叹;刘因读书于地方,又"享年不永,所及不远"⑧,令人惋惜。

　　如果说,许衡与刘因之间的比较还只能算是人物品评式的比较的话;那

---

① 刘因《次韵答石叔高》,《全元诗》,第 15 册,第 137 页。

② 刘因《退斋记》,《全元文》卷四六五,第 13 册,第 405 页。

③ 欧阳玄《许先生神道碑》,《欧阳玄全集·圭斋文集》卷九,第 94 页。

④ 许衡《赠窦先生行二首》(其二),《许衡集》卷一一,第 159 页。

⑤ 陶宗仪《辍耕录》卷二《征聘》,中华书局 1985 年版,第 37 页。按:中统元年,刘因才十二岁,既不至
于令许衡求见,更不可能有此对话。

⑥ 按:许衡曾对其子许师可云:"我平生虚名所累,竟不能辞官,死后慎勿请谥立碑,必不可也,但书
'许某之墓'四字,使子孙识其处足矣。贤耶不贤耶,碑于人何有?"《考岁略》,《许衡集》,第 205 页。

⑦ 孙奇逢《读许鲁斋集》,《夏峰先生集》卷一一,第 342 页。

⑧ 《宋元学案》卷九一《静修学案》,第 4 册,第 3021 页。

么,许衡派与吴澄派之间则是性质相对严重的论争,既涉及思想理路,也兼涉南北学人在政治与文化资源上的争锋。由前文论述可以看到,元初由于许衡及苏门山文人群"始终左右"的涵养育化之功,许衡生前身后数十年间,"彬彬号称名卿材大夫者,皆其门人"。这些人在究研性理学问的时候是苏门山文人群,在把控国家意识形态和教育文化资源的时候,则可能以许衡一派来代表北方正统文人群体的立场。当吴澄等南方文人北进京师,对这些早已把控上层教育、文化资源的许衡派构成威胁时,争锋就在所难免。至大元年(1308),吴澄为国子监丞。皇庆元年(1312),吴澄升为国子司业,有意对国子监教学内容进行改革,其改革综合程颢《学校奏疏》、胡瑗《六学教法》、朱熹《学校贡举私议》等著作的教学体系,厘为经学、行实、文艺、治事四块教学内容①。吴澄的教改方案一出台,即引发积分法与教养法之论争,"同列欲改课为试行大学积分法,公谓教之以争,非良法也,议论不合,遂有去意"②,教改未及实施。如果说教学理念不同的论争使得朝中一直存在的南北学者争端情形被推到前台,令吴澄萌生去意的话;那么真正让吴澄必去无疑的是,其思想理路受到了来自许衡派势力的攻讦,并掀起南北文人间更为尖锐的争锋。许衡派认为,吴澄在教学中曾对学生说:"朱子于道问学之功居多,而陆子静以尊德性为主。问学不本于德性,则其弊必偏于言语训释之末,故学必以德性为本,庶几得之。"③并以此攻击吴澄为陆氏之学,非许氏尊信朱子本意,吴澄莫辩其辞,于皇庆元年(1312)正月愤而离职。之后,国子祭酒刘赓、国子监丞齐履谦调任他职,有近臣提出让吴澄任国子祭酒,事不果后,虞集以病免。以国子司业出任国子祭酒的南方文人邓文原希望修改教法,再被质疑,最终投劾辞职。1313年虞集作《送李扩序》交代了事情原委:

> 未几,二公皆他除,近臣以先生荐于上,而议者曰:"吴幼清,陆氏之学也,非朱子之学也。不合于许氏之学,不得为国子师,是将率天下而为陆子静矣。"遂罢其事。呜呼!陆子岂易言哉?彼又安知朱、陆异同之所以

---

① 《元史》卷一七一《吴澄传》,第13册,第4012页。
② 危素《临川吴文正公年谱》,《北京图书馆藏珍本年谱丛刊》,(北京)北京图书馆出版社1999年,第36册,第342页。
③ 《元史》卷一七一《吴澄传》,第13册,第4012页。

然？直妄言以欺世拒人耳。是时，仆亦孤立不可留，未数月，移病自免去。邓文原善之以司业招至，会科诏行，善之请改学法，其言曰："今皇上责成成均至切也，而因循度日，不惟疲庸者无所劝，而英俊者摧败，无以见成效。"议不合，亦投劾去。于是纷然言吴先生不可，邓司业去而投劾为矫激，而仆之谤尤甚。①

文中，二公指刘赓、齐履谦，近臣指张留孙，虞集《河图仙坛碑》叙录云："公（吴全节）启于集贤贵人（张留孙）曰：'吴先生大儒、天下士，听其去，非朝廷美事。'"②但危素的《临川吴文正公年谱》记载，其时平章政事曾委婉表态云："吴司业高年而归，今问不还，是苦之也"③，于是吴澄回国子监之事作罢。值得交代的是吴全节、张留孙以及李孟的身份。吴全节、张留孙与吴澄、虞集皆为江西同乡，而吴全节、张留孙等所执掌的玄教，因善于道教法术，颇为灵验，深得自忽必烈以来的蒙古帝室的宠睐，敕两都各建崇真宫，其教主及教中高层往往享有朝夕从驾的特殊地位④。李孟则是元仁宗最为信重的老师，仁宗曾云："朕在位，必卿在中书，朕与卿相与终始。"⑤但是，无论张留孙、吴全节还是李孟，在这场许衡派与吴澄派的争锋中，都显得力量薄弱。在第一节的论述中我们已指出，许衡在元初作为国子祭酒教化过的蒙古、色目贵族子弟"已而分布省寺台阁，往往蔚为时望"⑥。而许衡的忠实弟子耶律有尚曾教授于太子学宫，至元二十四年（1287）成立国子监时这些太子学宫的子弟又追随耶律有尚进入国子监⑦，等等。可以想见，在蒙古、色目、汉人、南人共处的元王朝政治格局中，"百汉人之言，不如一西域人之言"⑧。代表南方思想体系的吴澄等人，即便能得到诸如刘赓、李孟等北方文人的同情，甚至有朝中颇具地位的南方道

---

① 虞集《送李扩序》，《虞集全集·道园类稿》卷二，上册，第540页。

② 虞集《河图仙坛碑》，《虞集全集·道园类稿》卷三六，下册，第1011页。

③ 危素《临川吴文正公年谱》，《北京图书馆藏珍本年谱丛刊》，第36册，第343—344页。

④ 袁桷《有元开府仪同三司上卿辅成赞化保运玄教大宗师张公家传》，《袁桷集校注》卷三四，第1565页。

⑤ 《元史》卷一七五《李孟传》，第13册，第4088页。

⑥ 李谦《中书左丞张公神道碑》，《全元文》卷二八七，第9册，第103页。

⑦ 按：苏天爵《耶律文正公神道碑铭》云："初，裕皇设学于春坊……公教之……二十四年，初置国子监学……诏春坊学徒从公赴监。"《滋溪文稿》卷七，第103页。

⑧ 《元西域人华化考》，第29页。

教势力——玄教的支持,但要与已然携蒙古、色目贵族子弟而强大的苏门山弟子相抗衡,显得无力。最终,吴澄的回归南方,虞集的病免,邓文原的投劾离职,宣告了许衡派与吴澄派争锋的结束。这场论争之后,皇庆二年(1313),许衡之子许师敬以参知政事领国子学[此前,至大四年(1311)李孟曾以平章政事领国子学],许衡与宋儒周敦颐、程颢、程颐、张载、邵雍、司马光、朱熹、张栻、吕祖谦等从祀孔庙。而且,这一年国子监开始大行积分法;同年进行的科举议法讨论确立,科举考试非程朱之学不试于有司;此外,官方为许衡建鲁斋书院①,这些事件基本宣告了许衡派的全面胜利。

综上所论,以苏门山文人群为核心的许衡派北方文人在经历了与金源学统的交锋,与王文统集团的冲突,以及与刘因、吴澄等思想派系的论争之后,最终推动元代官方确定以程朱理学为官方科考程试教材,形成以程朱理学为宗,学者遵信,不得疑二的意识形态格局。令人兴味不已的是,元王朝确立于群经猬集,意识形态多元的环境中,最终没有选择会同群经,灵明通变,和会朱陆的意识形态,却"非程、朱学不试于有司"②。由以上的讨论可以看到,元代这种经学体系的形成离不开许衡最初的教导规矩之功,更得益于那些成为元朝名卿大夫的苏门山弟子的强势护持,所谓"元大苏门"之意亦在于此。

三、苏门山文人群与元代文章"通经显文"创作取向的形成

如果说"元大苏门"一说为现今的人们考察元代经学体系指明了方向的话,那么《元史》在体例上,不设"文苑传"而列"儒学传"的做法以及他们的理由,则让人们意识到苏门山文人群还可能对元代正统文学典型特征的形成和发展取向意义深远。《元史·儒学传序》指出:元代文艺观总体上经学与文学是合为一体,不可分而为二,"前代史传,皆以儒学之士,分而为二,以经艺专门者为儒林,以文章名家者为文苑。然儒之为学一也,《六经》者斯道之所在,而文则所以载夫道者也。故经非文则无以发明其旨趣;而文不本于六艺,又乌足谓之文哉。由是而言,经艺文章,不可分而为二也明矣"。在《元史》撰修者看来,"元兴百年,上自朝廷内外名宦之臣,下及山林布衣之士",既非纯经学之

---

① 王建军《元代国子监研究》,(澳门)澳亚周刊出版有限公司 2003 年,第 262—268 页。
② 欧阳玄《赵忠简公祠堂记》,《欧阳玄全集·圭斋文集》卷五,第 52 页。

士,也非纯文艺之人,真正以文通显于世的人皆为"通经能文"者①,这其中苏门山文人群依旧与有力焉。可以看到,他们不仅从文章理论的批评和创作影响等方面来规范士子由通经而趋于能文,更从国家意识形态和教育资源的调控角度来引导士子通经能文。

必须承认,许衡作为苏门山文人群的导师,并不能算文坛大家,在论及许衡的创作成就时,四库馆臣认为,"衡之学主于笃实以化人","故世传《鲁斋遗书》仅寥寥数卷",而许衡文章也"无意修词",只求"自然明白醇正"。但是,许衡门人中却有姚燧这样的文坛大家。元宪宗六年(1256),姚燧受学于许衡,四库馆臣认为"燧虽受学于许衡,而文章则过衡远甚"②。姚燧在创作中致力于由通经而能文,并以自己的创作影响,有力地导引着元代士子在文章写作取向上进行转变。

姚燧在创作上主张经文合流,认为"文章以道轻重,道以文章轻重"③,这一创作理念对于元朝文章取向的转变意义非凡。元王朝未曾统一南北之际,"程学行于南,苏学行于北"④。上一节中提到的前金士子徒单公履即擅长苏学,其文风追求与金末文坛追求辞章、轻视理学的文风取向颇为一致。基于前金此习,姚燧文道并重的创作理念就富有革新之意。

再来看一段与徒单履本是同一阵营的王磐的文章:

> 十二年,我师驻瓜洲,分兵树栅,守护津要,扬州都统制姜才出兵二万犯扬子桥,公会都元帅阿术御之,与宋军夹水相望。公率百余骑径渡,直冲其阵,才所部多北人叛亡者,阵坚不动,公伴为退却以诱之,彼果来追,公旋辔挺枪桩其渠帅,殪之,敌众溃走,自相蹂践,追及城门而还。宋人知其国势必亡,不可支持,尽集诸道兵聚焦山,将致死于我,其气甚盛。我师合击,战少顷,公之一军从其左肋突入,横冲之,南阵乱,遂大败之,追奔至圌山之东,夺战舰八十艘,俘戮以千数。主帅上其功,改亳州万户,仍赐以

---

① 《元史》卷一八九《儒学传一》,第 14 册,第 4313 页。

② 《钦定四库全书总目》卷一六六《吴文正集》一百卷私录二卷"《鲁斋遗书》八卷附录二卷"《牧庵文集》三十六卷"条,下册,第 2210—2211、2213、2217 页。

③ 姚燧《送畅纯甫序》,《姚燧集·牧庵集》卷四,第 69 页。

④ 丘濬著,林冠群、周济夫校点《大学衍义补》卷六六,(北京)京华出版社 1999 年版,第 567 页。

> 拔都之号。拔都者,国朝译语,骁勇无敌之美名也。①

王磐与徒单公履同为金代科举出身的人物,也主张沿袭金代制度,拟以经义、词赋设科取士②。王磐曾大肆力于经史百氏,"文辞宏放,浩无涯涘"③。而这段文字就写作而言,叙事清晰,表述条畅,略无虚浮之气,但同时又节奏明快,果然"不取尖新以为奇,不尚隐僻以为高",确乎"冲粹典雅,得体裁之正"④。但将王磐与姚燧的文章稍作比较的话,会发现王磐笔势稍弱:

> 公戎服而髯,不以华人士子遇之。至帐中,见陈琴书,愕然曰:"回纥亦知事此耶!"公为之一莞。与之言,信奇士。即出所为文若干篇。以九族殚残,不欲北,因与公诀,蕲死。公止共宿,实羁戒之。既觉,月色烂然,惟寝衣留故所。公遽鞍马,周号于积尸间,无有也。行及水裔,见已被发脱履,仰天而祝。盖少须臾蹈水,未入也。公曰:"果天不生君,与众已同祸。爱其全之,则上承千百年之统,而下垂千百世之绪者,将不在是身耶?徒死无义。可保君而北,无他也。"⑤

姚燧的文章较诸王磐的优点,须从"通经显文"处着眼。上引姚燧这段文字出自他的《序江汉先生事实》,是为表彰元代南方程朱理学北传的关键人物赵复而写,但内容却是描述赵复北上传经的重要前提——姚枢在德安对赵复的搭救过程。需要指出的是,蒙古人攻城略地进程中有条不成文的军法,"凡城邑以兵得者,悉坑之",在蒙古人攻取德安时,由于遭到德安军民的反抗,所以蒙古人对德安民众"斩刈首馘,动以十亿计"⑥。值此之际,姚枢竟然救下赵复。文中,姚枢将赵复引入自己的营帐中,邀其品评自己的文章;又在月色烂然、积尸遍地的营帐周围寻找赵复的情境,就文学写作而言,非常嫣婉清丽,富有感染力,比起王磐仅以史家笔法叙述攻城破阵的场景多一分文采。而这段文字

---

① 王磐《张弘范墓碑》,《全元文》卷六二,第 2 册,第 298 页。
② 吴志坚《元代科举与士人文风研究》,南京大学 2009 年中国古代史博士论文,第 52 页。
③ 《元史》卷一六〇《王磐传》,第 12 册,第 3751 页。
④ 《元朝名臣事略》卷一二《内翰王文忠公》,第 246 页。
⑤ 姚燧《序江汉先生事实》,《姚燧集·牧庵集》卷四,第 63 页。
⑥ 姚燧《序江汉先生事实》,《姚燧集·牧庵集》卷四,第 63 页。

又被置放于南方城池破灭，赵复家九族殚残的现实语境中，由文学而入于史事，则语义深邃，令人悚然动容。明确体现姚燧"通经显文"创作取向的地方还在于姚燧写姚枢最后规劝赵复的话语。姚燧是许衡优秀的弟子，对许衡之学"式纂厥绪，以大其承"①，能"由穷理致知，反躬实践"②，经学造诣上堪称当世名儒。经学的训练和素养，使得姚燧的文学创作善于将经学之意涵咏内化。姚枢劝赵复北上的话语，经过姚燧的点染，个体的生死上升到国家、社会、彝伦的高度，提升了文字的高度，丰富了其表达的意义。元人称姚燧的文章能将许衡的经学结合得如"机钥之相须"，"殆不啻山鸣而谷应，云兴而龙翔"③。由这段文字看来，的确是"闳肆该洽"，是通达经旨取向影响下，创作上"豪而不宕，刚而不厉"④的文风体现。

延祐之前的元代文坛，姚燧具有"斯文之宗伯，旷百祀而一人"⑤的影响力，"文章大匠，莫能先之"⑥。姚燧之后，踵武其创作理念最著名者当推元明善和张养浩。元明善作文"出入秦汉之间，本之于六经，以涵泳其膏泽，参之于诸子百家，以骋其辨。刻而不见其迹，新而必自己出"。如果说"倡古学于当世，为一代之文宗者"⑦是姚燧的话，那么元明善则为"踵牧庵（姚燧）而奋者"。而姚燧本人对元明善亦十分欣赏，曾云："文有题者，吾能为之，无题者，复初亦能为。"在史馆修撰之际，姚燧对元明善文章只"略为窜易"，至于他人"则所留无几"⑧。张养浩与元明善同时，同样是追随姚燧创作理念而奋起的杰出者，"圣朝牧庵姚文公以古文雄天下，天下英才振奋而宗之，卓然有成，如云庄张公，其魁杰也"⑨。张养浩之后又有孛术鲁翀。可以来看一段孛术鲁翀的

① 柳贯著，魏崇武、钟彦飞点校《柳贯集》卷八《姚燧谥文》，（杭州）浙江古籍出版社 2014 年版，上册，第 223 页。

② 《元史》卷一七四《姚燧传》，第 13 册，第 4059 页。

③ 柳贯《姚燧谥文》，《柳贯集》卷八，上册，第 223 页。

④ 《元史》卷一七四《姚燧传》，第 13 册，第 4059 页。

⑤ 张养浩著，李鸣、马振奎校点《张养浩集》卷二四《祭姚牧庵先生文》，吉林文史出版社 2008 年版，第 201 页。

⑥ 《元史》卷一七四《姚燧传》，第 13 册，第 4059 页。

⑦ 马祖常著，王媛校点《马祖常集》卷一一《翰林学士元文敏公神道碑》，吉林文史出版社 2010 年版，第 220 页。

⑧ 张养浩《故翰林学士资善大夫知制诰同修国史赠具官谥文敏元公神道碑铭》，《张养浩集》卷二〇，第 172 页。

⑨ 孛术鲁翀《张文忠公归田类稿序（元统三）》，《全元文》卷一〇二九，第 32 册，第 292 页。

文字：

> 武平县民刘义讼其嫂与其所私同杀其兄成。县尹丁钦以成尸无伤，忧懑不食。其妻韩问之，钦告其故。韩曰："恐顶囟有钉，涂其迹耳。"视之，果然。狱定，上谳。公召钦，谛询之，钦因矜其妻之能。公曰："若妻处子耶？"曰："再醮。"令有司开其夫棺，毒与成类，并正其辜，钦悸卒。①

这段文字出自孛朮鲁翀的《大都路总管姚公神道碑铭》，是为元代名臣姚天福所作，而姚天福事迹还被另一位馆阁大家虞集所记载。《新元史》第184卷中评价："宋之包拯，元之姚天福，所谓邦之司直者也。"尤其著名的是，孛朮鲁翀、虞集在为姚天福所作碑铭中都记载了其所断的一桩奇案——"铁钉案"，此案早在《搜神记》卷一一的第三十六则记述汉朝庄遵破"铁钉案"已具雏形；之后陶宗仪的《南村辍耕录》卷五《勘钉案》，讲述姚天福探查此案之事；元代无名氏杂剧《包待制勘双钉事》又根据姚天福探案经过改编而成；之后清代唐英又据此改编为传奇《双钉案》（又名《梁上眼》，后来再进一步改编为京剧《钓金龟》）；荷兰人高罗佩《狄公案》系列中的《铁钉案》又高度浓缩了这一故事核心②，可见该故事的流行程度。抛开故事自身的传奇特征，孛朮鲁翀和虞集这两位元代中期的重要馆臣的写作重点很有必要探究一番。再来看虞集的相关叙述：

> 武平路武平县车坊寨刘义，军籍也。其兄成，暴死，诣官告其嫂阿李与建州王怀通，疑其为所杀。县令丁钦验尸，无死状，言诸府，府不能决，以告公。公曰："安得无死状，期三日，必如期复命。"府以责钦，钦忧不知所为。其妻韩，问之曰："何为忧若是？"曰："刘成之狱，有其情而无其迹，府期责甚迫，且姚公不可违，奈何？"韩问其事始末，曰："验尸时，曾分发观顶骨乎？""亦观之，无见焉。"曰："子不知，是顶中当有物以药涂之，泯其迹耳。"钦即往濯而求之，顶骨开，得铁三寸许。持告府，府诣公言。公曰："敏哉！令胡为前迷而今得也？"召钦来赏之，钦至具言得妻韩教事。

---

① 孛朮鲁翀《大都路总管姚公神道碑铭》，《全元文》卷一〇三一，第32册，第348页。
② 葛薇《高罗佩〈铁钉案〉及其中译本研究》，山西大学比较文学与世界文学2011届硕士论文。

公曰:"法当赏韩。"以他事苛留钦,而以钦言召韩于家。韩至,即引至公前。公曰:"汝能佐夫不及,甚善。汝归钦几何时?"曰:"妾莱州人,嫁广宁李汉卿为妻,汉卿死十月,贫无所依,适丁令半岁矣。"曰:"汉卿今葬何所?"曰:"寄殡广宁某寺中,贫未能还葬也。"乃以韩付有司曰:"是有事,当问。"即遣宪吏刘某,昼夜驰四百里至广宁,会官吏,即其寺,果得李汉卿棺启而视之,其顶则果如刘成也。取广宁文书,封顶铁以还。公以铁示韩,韩即欵服。而钦亦自缢。①

从两段文字的篇幅来看,孛术鲁翀 100 字,虞集 385 字,后者篇幅乃前者的近四倍。据孛术鲁翀交代姚天福云:"姓姚氏讳天福,字君祥,拜监察御史。弹击权臣,无所顾畏。世祖皇帝赐名巴尔斯,国言虎也。其系出唐贤相文献公元崇。"相比而言,虞集对姚天福背景以及自己写作原因的交代虽详细全面,却没有提及世祖赐喻姚天福巴尔斯一事。据虞集所交代,姚天福乃其好友柯九思的岳丈,以此,虞集可以详述姚天福探案细节理所当然。但二者写作上的详略依旧可以看出二者写作理念上的巨大差异。孛术鲁翀在经学上来自关辅一脉,而"关辅自许文正公(许衡)、杨文康公(杨恭懿)倡鸣理学,以淑多士"②。孛术鲁翀为学"务博而约,自六经、诸史传注,下至天文、地理、声音、律历、水利、算数,皆考其说"。孛术鲁翀跟随姚燧学作古文,为文追求"严重质实,不为浮靡,其词悉本诸经,如米粟布帛,皆有补于世教"③。从上所引孛术鲁翀文字来看,的确是一本于经,不为浮靡之词,确如米粟布帛,素朴有用。而虞集"以契家子从吴澄游,授受具有源委。……集学虽博洽,而究极本原,研精探微,心解神契,其经纬弥纶之妙,一寓诸文,蔼然庆历、乾淳风烈"④,对比孛术鲁翀与虞集的文字,可以看到虞集的文字则研精探微,细密生动,确有"经纬弥纶之妙",为文学剧本的敷衍创作留下极有参考意义的典型,而孛术鲁翀则有

①　虞集《故通奉大夫参知政事大兴府尹赠正奉大夫河南江北等处行中书省参知政事护军追封平阳郡公谥姚忠肃公神道碑并序》,《虞集全集·山右石刻丛编》卷三四,下册,第 1133—1134 页。

②　苏天爵《元故集贤学士国子祭酒太子右谕德萧贞敏公墓志铭》,《滋溪文稿》卷八,第 117 页。

③　苏天爵《元故中奉大夫江浙行中书省参知政事孛术鲁公神道碑铭(并序)》,《滋溪文稿》卷九,第 123、126 页。

④　《元史》卷一八一《虞集传》,第 14 册,第 4174、4181 页。

较浓郁的"文章以道轻重,道以文章轻重"①的气质,文学意味相当淡。

将姚燧"通经显文"创作取向推而广之、及于天下的关键力量是元代科举考试。延祐元年(1314),自金朝亡灭而废止八十年的科举考试终于在元王朝重新启动。此前,皇庆二年(1313),由李孟、许师敬和程钜夫三人主持,张养浩、元明善等参与的科举议法进行了紧张的讨论。前文已指出,许师敬是深得许衡师法的许衡之子,以参知政事领国子学。

由科举议法的讨论结果可以看到,议法所立规矩基本将苏门山文人群努力争取的内容很清晰地体现于其中,即尊崇程朱理学,文章以经学为主,弃辞章之学,不矜浮藻,惟务直述。具体而言:其一,取士之法,重经学而轻辞章。议法规定:"夫取士之法,经学实修己治人之道。……今臣等所拟将律赋省题诗小义皆不用,专立德行明经科,以此取士,庶可得人。"所以科考的第一场,无论南人、北人都须考经。其二,经学必须以朱子学为旨归。议法规定:"蒙古、色目人,第一场经问五条,《大学》《论语》《孟子》《中庸》内设问,用朱氏章句集注……汉人、南人,第一场明经、经疑二问,《大学》《论语》《孟子》《中庸》内出题,并用朱氏章句集注……经义一道,各治一经,《诗》以朱氏为主,《尚书》以蔡氏为主,《周易》以程氏、朱氏为主。"其三,文章以义理精明、直达旨意者为取录标准。议案规定:第一场:经义考试,蒙古、色目人的文章要求"义理精明,文辞典雅",汉人、南人的文章要求不拘格律。"第二场:古赋、诏诰、章表、内科一道,古赋、诏诰用古体,章表四六,参用古体。第三场:策一道,经史时务内出题,不矜浮藻,惟务直述。"②对于在上的统治阶层来说,开科取士的目的或在于能够"经明行修,庶得真儒之用;风移俗易,益臻至治之隆"③,对于久经战乱、读书无望的士子来说,"延祐癸丑(1313)诏下,天下耸动"④,其意义不啻于久旱甘霖,所以科举议行法案的执行不会受到疑议。

借助科考的力量,姚燧所倡导的文章风气得以通行天下。可以看到,延祐乙卯首科的考试官中,元明善、张养浩列于其中,考试分左、右榜取录,共取士五十六人,而马祖常、丁文苑、张起岩、许有壬、欧阳玄、黄溍、杨载等有元一代

① 姚燧《送畅纯甫序》,《姚燧集·牧庵集》卷四,第69页。
② 《元史》卷八一《选举志一》,第7册,第2019页。
③ 《程钜夫集》卷一《科举诏(皇庆二年十一月甲辰)》,第3页。
④ 许有壬《送冯照磨序》,《全元文》卷一一八五,第38册,第70页。

文坛著名者皆赫然在列。翻检这些著名进士的文风会发现,他们基本都通经能文,文风典厚古雅。如左、右两榜状元马祖常①的文风:马祖常未冠时即对经义研读甚悉,读书非三代两汉之书不读,他的文章"文词简而有法,丽而有章","务刮除近代南北文士习气,追慕古作者"②;张起岩"熟于金源典故,宋儒道学源委,尤多究心",为文"深厚醇雅,理致自足"③。其他人如:许有壬,其文"雄浑闳隽,涌入层澜","迫而求之,则渊靓深实","皆一本于理,而曲尽人情";欧阳玄"经史百家靡不研究,伊洛诸儒源委尤为淹贯"④;干文传"为文务雅正,不事浮藻"⑤;而黄溍即因为"词致渊永,绰然有古风"而被"特置前列"⑥,等等。延祐首科的考试官以及选中的进士在延祐之后基本执掌着衡文天下的权力,每每成为衡裁天下士子的座师盟主,像张养浩和元明善又在延祐五年(1318)同知贡举;孛朮鲁翀于泰定元年(1324)同知贡举、会试官,于至顺元年(1330)同知礼部贡举;而马祖常曾两知贡举,一为读卷官;欧阳玄曾"三任成均,而两为祭酒","屡主文衡,两知贡举及读卷官"⑦,干文传"江浙、江西乡闱,聘公同考试者三,主其文衡者四,所取士后多知名"⑧,等等。他们的好尚倾向又继续影响着元代的文坛风气。延祐之后,天下文章创作"文体一变,扫除俪偶,迂腐之语,不复置舌端,作者非简古不措笔,学者非简古不取法,读者非简古不属目"⑨。

另外,科举议案通过的同时,元廷还规定,从京师通都大府到海表穷乡下邑,皆要求建学立师,并规定群经、四书之说,讲诵授受,一律以朱子之说为准

①　苏天爵《元故资德大夫御史中丞赠摅忠宣宪协正功臣魏郡马文贞公墓志铭》载,马祖常与其弟马祖孝"俱荐于乡,公擢第一"。延祐二年(1315)兄弟俩"会试礼部,又俱中选,公仍第一。廷试则以国人居其首,公居第二甲第一人",《滋溪文稿》卷九,第139页。

②　王守诚《石田先生文集序》,《全元文》卷一二三七,第39册,第396页。

③　《元史》卷一八二《张起岩传》,第14册,第4195页。

④　宋濂著,黄灵庚编辑校点《宋濂全集·宋学士文粹》卷七《欧阳文公文集序》,人民文学出版社2014年版,第2册,第685页。

⑤　黄溍《嘉议大夫礼部尚书致仕干公神道碑(铭)》,《黄溍全集·金华黄先生文集》卷二七,下册,第697页。

⑥　宋濂《故翰林侍讲学士中奉大夫知制诰同修国史同知经筵事金华先生黄公行状》,《宋濂全集·潜溪后集》卷一〇,第4册,第1851页。

⑦　《元史》卷一八二《欧阳玄传》,第14册,第4198页。

⑧　黄溍《嘉议大夫礼部尚书致仕干公神道碑(铭)》,《黄溍全集·金华黄先生文集》卷二七,下册,第697页。

⑨　张翥《圭塘小稿序》,《全元文》,第48册,第586页。

则,于是"天下之学,皆朱子之书。书之所行,教之所行也;教之所行,道之所行也"①。再综观苏门山文人群自杨惟中、姚枢辈将南方程朱理学北传的历程:先经许衡等人推阐教诲而扩大到令"国人皆知圣贤之学",再上升成为官学,成为科举考试的必读书目,最后再使通都大邑、海表穷乡的学子都由程朱理学而入于经学探研与文章写作。这一经学与文章的迁转历程让人赫然明白,为何元朝文章家都毫不意外地表现出理学素养深厚的特征。而科举考试的意义还在于,苏门山文人所推崇的"通经显文"创作取向以科举考试制度的途径,再通过所选拔进士的榜样力量,被"天下学士复翕然而宗之"②。就这一视角而言,"元大苏门"的影响又不可不谓大矣。

最后,值得再稍作辨析的是,姚燧至大四年(1311)离开京师,皇庆二年(1313)在湖北郢城去世,期间并未再回京师。而延祐元年(1314)的京师,邓文原、袁桷、虞集、揭傒斯等聚集馆阁"以文墨议论与之相颉颃"③。吴梅在《辽金元文学史》中认为"有元之文,分南北二宗",姚燧为北宗大家,而南宗分两派,江右以吴澄为倡导者,虞集、揭傒斯、欧阳玄等接武,浙东鄞地以袁桷等为大家,婺州以黄溍、柳贯等为大宗,等等④。尽管吴澄、虞集、袁桷、黄溍等为代表的南方文人都以通经而显文,但这些大家所探研的程朱理学与姚燧所属苏门山文人所代表的许衡派经学背景深有区别。而且北方文学阵营中的元明善,曾求学南方,与吴澄亲厚,《元史·姚燧传》亦指出姚燧颇轻视赵孟頫、元明善辈⑤。这样看来,延祐之后的元代经学体系以及文学创作理路缘于大量南方文人的北进以及其时南北融合理念的影响,还须作更多细论。

第三节 南人北上与大都名流的日常生活及题画诗的繁荣

在现有的关于元代诗文的讨论中,元代文人雅集频繁、题画诗繁荣以及赵

---

① 虞集《(建阳县)考亭书院重建朱文公祠堂记》,《虞集全集·道园类稿》卷二五,上册,第658页。
② 宋濂《欧阳文公文集序》,《宋濂全集·宋学士文粹》卷七,第2册,第685页。
③ 黄溍《翰林侍讲学士中奉大夫知制诰同修国史同知经筵事追封豫章郡公谥文安揭公神道碑(铭)》,《黄溍全集·金华黄先生文集》卷二六,下册,第697页。
④ 吴梅《辽金元文学史》,(上海)上海书店出版社1996年版,第87页。
⑤ 《元史》卷一七四《姚燧传》,第13册,第4060页。

孟頫的个人成就与影响等等话题都备受关注。但关于南人文人群体北进、南北多族文人融合过程中所体现出来的跨地域、跨文化、跨民族交流的典型意味以及它对元代文学格局的独特影响可能还需要更多关注与讨论。

在元代文学格局中,元朝一统江南,南人北上这一背景的影响极大。与之前所有的时代相比,南宋治下区域、文明程度最高的文人儒士在元朝所获得的发展空间可谓最一般了。诚如戴表元所云:"大江之南,民齿多者,以约计之,郡不下三十万男子,幸而为儒者,居千之一。而幸能以名字自通于上、以取荣禄显仕者,居万之一。其选可谓至艰,而得之可谓劳矣。"①所以元廷在政策上稍有所松动,略略开放门禁,便能激起南人"囊粮秝骑,縢觚篋笔"②,前仆后继的北进风潮。而事实上,北进融入北廷的过程对于无数南士来说,是艰难而苦涩的。北都不仅有不通文墨、不懂汉语的蒙古统治者和西域人,还有虽文化程度高、降附更早的女真、契丹以及抢先获得文化资源的北方汉族文人等等;此外还有迥异于由农耕与定居生活而形成的思维模式以及风俗、气候,等等。如何融入,如何理解对方并被对方理解纳入,成为北进南士们的极大阻隔,而雅集以及由雅集而催生的题画诗可以说是大都南北多族士人群体日常生活中相互交流、沟通的重要媒介,诚可谓"真正的文人雅集直至元代才形成规模效应和深远影响"③。通观整个元代文化圈以及文坛生态,从元初到元末,从统治高层到藉藉无名之士,南北多族文人与宗教人士组织和参与不同层次、不同规模、不同形式的雅集活动可谓贯穿始终,深深地影响甚或改变着元代文学的创作形态和创作气质。

此节之前,我们所讨论的元代文学格局,很多意味上是在讨论蒙古人攻灭金朝前后,金源文人的创作活动及影响。这是因为南宋尚未为元朝所一统。而事实上,与蒙古人对南宋斡腹之谋的实现路径及其一统进程相呼应和伴生的是,南北之间的壁垒随着蒙古对南宋战争的推进而逐渐打破,南北之间因战争而导致的人员流动情形也相对频繁,这种背景影响和改变着元朝的思想文化以及文学创作格局。在上一节有关苏门山文人群体的讨论中,就可以发现,姚枢、许衡等人因为南宋乡贡进士、湖北荆州德阳的赵复的北进,致使程朱理

---

① 戴表元《送贡仲章序》,《戴表元集·剡源集》卷一四,第184页。
② 戴表元《送贡仲章序》,《戴表元集·剡源集》卷一四,第184页。
③ 黄仁生《论顾瑛在元末文坛的作为与贡献》,《湖南文理学院学报》2005年第1期,第30—36页。

学北传,北方之学郁起,诚如《宋元学案》所云:"自石晋燕、云十六州之割,北方之为异域也久矣,虽有宋诸儒迭出,声教不通。自赵江汉以南冠之囚,吾道入北,而姚枢、窦默、许衡、刘因之徒,得闻程、朱之学以广其传,由是北方之学郁起。"①孙奇逢《元儒赵江汉太极书院考》所云曰:"北人知有学,则枢得复之力也。呜呼,江汉之学不独有造于姚、许,而开北方之草昧,由是刘因、郝经、杨奂皆得其书而尊信之"②,可以说,蒙古人的征略改变了南北声教不通的格局,致使程朱理学北传,而程朱理学也因为北人的推崇和推动逐步上升为元代官学,进而改变着元代的思想、文化格局以及文学创作倾向。当然,随着蒙古人对南宋区域的进一步逼紧和吞噬,南人北进的步伐也越来越频密,从而一步步地改变着向为金源文人所把持的元代文学创作格局,并滋生出更多元的创作生态。毫不意外,南北文人交流情形频繁出现在权力机构最为集中的大都,而那些大都名流的日常生活侧影以及创作生态也正映照着南北文人交流初期的状态及其时的文学创作格局。

一、元初南人北进情形概述

众所周知,元蒙统治者按照主从以及征略降服的先后次序分出蒙古、色目、汉人、南人几大族群。所谓南人,钱大昕在《十驾斋养新录》中认为"汉人、南人之分,以宋金疆域为断,江浙、湖广、江西三行省为南人,河南省唯江北淮南诸路为南人"③;又按《元史》所载,元代的"河南省江北淮南诸路"为淮西江北道、江北淮东道、山南江北道三道。淮西江北道包括庐州路(含和州、无为州、六安州)、安丰路(含濠州)、安庆路,江北淮东道包括扬州路(含真州、滁州、泰州、通州、崇明州)、淮安路(含海州、泗州、安东州)、高邮府。山南江北道包括中兴路、峡州路、安陆府、沔阳府、荆门州、德安府(含随州)。综合而论,则今江苏省除徐州市和宿迁市区之外的全部地区、安徽省淮河以南地区、上海市、江西省、浙江省、福建省、广东省、广西壮族自治区、海南省、湖北省、湖南省等辖区的人皆被元蒙统治者划为"南人"范畴④。

---

① 《宋元学案》卷九〇"鲁斋学案序录",第4册,第2995页。

② 孙奇逢《夏峰先生集》卷九《元儒赵江汉太极书院考》,中华书局1985年版,第291—292页。

③ 钱大昕著,陈文和、孙显军校点《十驾斋养新录》卷九"赵世延杨朵儿只皆色目"条,江苏古籍出版社2000年,第188页。

④ 此段有参考黄二宁《元代南人北游述论》一文论述,《内蒙古大学学报》,2013年第5期,第70—76页。

　　关于元代南人的北进,始终都与元蒙统治者对南宋治下区域的态度密切相关。这其中存在着被动和主动两种动向。就被动的一面而言,则与自蒙古人对南宋存觊觎之心,围绕斡腹之谋而进行的军事行动密切相关。在蒙古人军事行动的侵袭之下,南宋区域的人民因战争被动地掳掠或者礼请、投降至北方。就主动的一面而言,则由于元朝一统江南之后,在迫切需要管理好原南宋治下区域的诉求下,元廷对南方士绅阶层颇多示好,致使大量南方士绅北进。尤其是后一种倾向,对于元代政局以及文坛格局影响深远。一般而言,南人被动北进的情况主要发生于至元十三年(1276)前后,蒙古人尚未统一江南之前;而南人大举主动北进的情形则主要发生于至元二十三(1286)后,程钜夫江南访贤之后。在1276—1286年间,虽然士绅的行动显得相对冷清,但江南正一教逐步获得北廷信任而扩大势力范围的进程却很值得究讨。

　　其一,至元十三年(1276)前后,元朝一统江南之前南人徙北的情形。这种情形可以结合蒙古人征略南宋的路线和进程以及南宋官、民的降附背景来展开。综观蒙古与南宋交战历史,从蒙古一统的进程,可以看到,蒙古人其实一步步地实现着对南宋的斡腹之谋:1227年,蒙古亡灭西夏,这意味着蒙古军队突破黄河上游防线,进入陕西北部地区。1234年蒙古灭金后,蒙古军队控制了陕西汉中,南宋四川地区的北部门户洞开。而南宋四川地区守将的投降,又意味着蒙古军队突破南宋军队秦岭防线(四川防线),控制长江上游,取得对宋作战的战略优势。1253年,蒙古灭大理,对南宋形成包围之势。1273年,蒙古军队突破南宋军队襄阳—樊城防线。南宋抵御蒙古的秦岭—襄樊—淮河防线已基本失守,南宋灭亡成为必然。1276年,伯颜率军进驻临安,接受南宋朝廷降表,南宋灭亡。1279年,崖山役后,元朝实现南北一统。在蒙古对南宋长达半个多世纪的战争中,以十余万人而崛起的蒙古国,其所发动的对大约5000余万人的南宋的征略行动,实质上是一场以少胜多的大型军事行动。这个蛇吞象的博弈过程,蒙古人能最终一统江南,倚靠的不仅仅是蒙古骑兵的快速袭击和反应,更是得到了大量南宋降将和兵民的推助。诚如《剑桥中国辽西夏金元史》所指出的事实那样,最终迫使南宋朝廷彻底投降的根本因素是蒙古人"鼓励和欢迎汉人背叛者","越来越多的有权势的臣僚投靠了蒙古人"[1]。

---

① 《剑桥中国辽西夏金元史(907—1368)》第五章"忽必烈汗的统治",第446页。

例如,中统二年(1261),南宋大将刘整率军民逾十万降附元朝。据《元史·刘整传》载:"刘整字武仲,先世京兆樊川人,徙邓州穰城。整沉毅有智谋,善骑射。金乱,入宋,隶荆湖制置使孟珙麾下。珙攻金信阳,整为前锋,夜纵骁勇十二人,渡堑登城,袭擒其守,还报。珙大惊,以为唐李存孝率十八骑拔洛阳,今整所将更寡,而取信阳,乃书其旗曰赛存孝。累迁潼川十五军州安抚使,知泸州军州事。整以北方人,捍西边有功,南方诸将皆出其下,吕文德忌之,所画策辄摈沮,有功辄掩而不白,以俞兴与整有隙,使之制置四川以图整。兴以军事召整,不行,遂诬构之,整遣使诉临安,又不得达。及向士璧、曹世雄二将见杀,整益危不自保,乃谋款附。中统二年夏,整籍泸州十五郡、户三十万入附。"①由这段历史载记可以知道,刘整曾是蒙宋战争中建构起南宋强大军事防御体系,致使蒙古骑兵无法实现快速攻击的著名大帅孟珙的手下,被孟珙誉为"赛存孝"。对于元朝的攻宋进程,刘整的意义不仅在于他提出了"先攻襄阳,撤其捍蔽"的著名战略,还在于他为元朝建立了一支可与宋军防御体系对抗的水军。这个过程中,又为蒙古括南宋军民约近十万人,如《元史》所载:"率兵五万,钞略沿江诸郡,皆婴城避其锐,俘人民八万。六年六月,擒都统唐永坚。七年三月,筑实心台于汉水中流,上置弩炮,下为石囤五,以扼敌船。且与阿术计曰:'我精兵突骑,所当者破,惟水战不如宋耳。夺彼所长,造战舰,习水军,则事济矣。'乘驿以闻,制可。既还,造船五千艘,日练水军,虽雨不能出,亦画地为船而习之,得练卒七万。"②《剑桥中国辽西夏金元史》还指出,在至元十二年,丁家洲战役③之后伯颜的军队包围扬州并且占领一个又一个的城市,多有宋军和居民不战而降。例如,十二年,唆都攻衢州,"亲率诸军

① 《元史》卷一六一《刘整传》,第12册,第3785—3786页。按:又据虞集《刘垓神道碑》载:"武敏先事宋,仕至右领军卫上将军、东川观察使、泸州安抚使,大有战功威名。画守江之策,上下数千里间,要害陁塞,深浅远近缓急之势,备御屯战之宜,舟骑粮草之数,纤悉不遗。而专制跋扈之臣,内外共为疑沮,发愤率所领十五州官吏、籍泸州户十数万,自归于我世祖皇帝。悉献其策,上受之",吴荣光《辛丑销夏记》卷三《元虞文靖书刘垓神道碑墨迹卷》,上海古籍出版社2015年,第168页。

② 《元史》卷一六一《刘整传》,第12册,第3786—3787页。

③ 按:丁家洲战役,发生于至元十二年(1275)安徽铜陵北的丁家洲,是在元军攻占湖北鄂州之后。由元军统帅、荆湖行省左丞相伯颜率水、步军10余万,以宋军将吕文焕为先锋,沿长江东进。宋沿江诸将,多为吕文焕旧部,及元军至,皆望风归降。正月十六日,至丁家洲,与宋军孙虎臣所率部对阵。伯颜故意扬言欲焚烧宋舟,令宋军昼夜严备而兵疲。最终,宋军虽系精锐之师,却被元军以少胜多,歼宋精锐,取得重大胜利。

鼓噪登城,拔之,宋丞相留梦炎降";建昌守程飞卿,以元军南下,奉建昌城内附①;十三年,宋以国降,燕公楠以赣州通判降附而授同知本州事;阿剌罕攻浙东及闽中诸郡,降其运使、提刑等 500 人;至泉州,蒲寿庚降;十四年,唆都"至福州,王积翁以城降"②,等等。

很显然,那些被元军裹挟或者随行至北方的南宋军民,会对当时的思想文化交流产生意义与影响。比如最著名的赵复,他的北上是元代思想史都必须书写的事件。据姚燧《序江汉先生事实》载:"某岁乙未,王师徇地汉上,军法:凡城邑以兵得者,悉阬之。德安由尝逆战,其斩刈首馘动以十亿计。先公受诏:凡儒服挂俘籍者,皆出之。得故江汉先生。"③据史可知,蒙古窝阔台汗七年(1235)夏,在灭金之后,蒙古窝阔台汗以宋背盟④为借口,遣军分两路大举攻宋。东路由其三子阔出(曲出)及宗王口温不花、国王塔思等统率,攻宋荆襄、江淮地区,由汉水出发。"冬十月,曲出围枣阳,拔之,遂徇襄、邓,入郢,虏人民牛马数万而还。"⑤而在阔出的东路军中,还有作为"军前行中书省事"的杨惟中及其副手姚枢。被窝阔台诏命"即军中求儒、道、释、医、卜者"⑥,阔出的军队"克宋枣阳、光化等军,光、随、郢、复等州,及襄阳、德安府"⑦,在元军破枣阳后,"主将将尽坑之,枢力辨非诏书意,他日何以复命,乃蘉数人逃入篁竹中脱死。拔德安,得名儒赵复,始得程颐、朱熹之书"⑧。除赵复外,杨惟中与姚枢"凡得名士数十人,收伊、洛诸书送燕都"⑨,因为赵复等人被挟持北上,南宋的程朱理学被传至北方,对北方思想界以及后来的元代整个思想体系产生深远的影响。

而早期降附蒙古的南宋官员对于元廷的政治格局尤其是一统后南方士绅

①　揭傒斯《元故翰林学士承旨光禄大夫知制诰兼修国史雪楼程公行状》,《程钜夫集》附录,第471页。

②　《元史》卷一二九,第 10 册,第 3151、3148、3152 页。

③　姚燧《序江汉先生事实》,《姚燧集·牧庵集》卷四,第 63 页。

④　按:1234年(宋端平元)六月,南宋朝廷想趁蒙古大军北归之机收复河南地,草率出兵占领了也已残破不堪的汴京、洛阳等城,结果遭到蒙古军的反击,大败而归。于是,蒙古以南宋"开衅渝盟"为借口,开始了攻宋战争。《中国通史》第八卷·中古时代·元时期(上),第 387 页。

⑤　《元史》卷二《太宗本纪》,第 1 册,第 34 页。

⑥　《元史》卷一五八《姚枢传》,第 12 册,第 3711 页。

⑦　《元史》卷一四六《杨惟中传》,第 11 册,第 3467 页。

⑧　《元史》卷一五八《姚枢传》,第 12 册,第 3711 页。

⑨　《元史》卷一四六《杨惟中传》,第 11 册,第 3467 页。

的北进也颇有意义和影响。如燕公楠以才干而被忽必烈召至上都问政,忽必烈在燕公楠的建议下,于两淮屯田。燕公楠又曾举荐伯颜帖哥、不忽木、阇里、阇里吉思、史弼、徐琰、赵琪、陈天祥等十余人,令元初"天下享和平清静之乐余十五年"[1]。再如,至元十二年(1275),建昌守将程飞卿奉城而降,第二年(1276),程飞卿与其侄程钜夫一道北觐忽必烈,程钜夫被留为宿卫,颇受信任,进而在忽必烈管理南宋治下区域以及对待南方士绅的政策上颇多建白。尤其是程钜夫至元二十三年(1286)有关南北官员公选的著名奏疏,它大大推动了南方士绅的大举北进。再如至元十四年福州以城降的王积翁,他对南方实际事务的熟稔使得元廷对他的建议也颇为重视,"用王积翁言,诏江南运粮,于阿八赤新开神山河及海道两道运之"[2]。至元二十一年(1284),元廷"遣王积翁赍诏使日本,赐锦衣、玉环、鞍辔。积翁由庆元航海至日本近境,为舟人所害"[3],其子王都中以父荫,"历仕四十余年,所至政誉辄暴著,而治郡之绩,虽古循吏无以尚之。当世南人以政事之名闻天下,而位登省宪者,惟都中而已"[4],等等。应该说,元朝统一江南初期到达北方的士绅、官宦,他们以及他们的子弟在北方的作为对于一统元朝的政治以及文化具有不小的意义。而这一意义最典型地体现为至元二十三年的程钜夫代表元廷下江南访搜遗佚的政治行为。

其二,江南一统(至元十三年,1276)前后,元廷对龙虎山道教的示好,致使江南道教地位迅速提升,这对于推动南方道士及士绅北上寻找机会非常有意义。藉由江南正一教与蒙古统治高层的密切往来,以及对于一些具体政治政策的建议与参与来看,正一教在与蒙古人接触并向蒙古人证验的过程中,一步步赢得了蒙古人的信任,从而在江南一统后确立了该教在蒙古统治阶层的不寻常地位,进而对江南宗教事务以及南人在北方政权中的作用产生深远影响。在江南即将统一前夕,至元十二年四月,据《世祖本纪四》载:元世祖"遣兵部郎中王世英、刑部郎中萧郁,持诏召嗣汉四十代天师张宗演赴阙";《世祖

---

① 程钜夫《资德大夫湖广等处行中书省右丞燕公神道碑铭》,《程钜夫集》卷二一,第254页。
② 《元史》卷一二《世祖本纪九》,第1册,第255页。
③ 《元史》卷一三《世祖本纪十》,第2册,第264页。
④ 《元史》卷一八四《王都中传》,第14册,第4232页。

本纪五》又载："至元十三年（四月）壬午，"召嗣汉天师张宗演赴阙"①，而《元史·释老传》解释元世祖何以召见张宗演的原因写道：

> 相传至三十六代宗演，当至元十三年，世祖已平江南，遣使召之。至则命廷臣郊劳，待以客礼。及见，语之曰："昔岁己未，朕次鄂渚，尝令王一清往访卿父，卿父使报朕曰：后二十年天下当混一。神仙之言验于今矣。"因命坐，锡宴，特赐玉芙蓉冠、组金无缝服，命主领江南道教，仍赐银印。②

这段话是理解正一教在元朝获得崇高地位的重要基础。对于崇奉宗教的蒙古人来说，没有什么东西比事实验证更具有说服力了，而正一教做到了，并且从形式上也赋予了蒙古人极强的信任感，《元史》载记张留孙获得蒙古统治者信重的事迹云：

> 世祖尝亲祠幄殿，皇太子侍。忽风雨暴至，众骇惧，留孙祷之立止。又尝次日月山，昭睿顺圣皇后得疾危甚，亟召留孙请祷。既而后梦有朱衣长髯，从甲士，导朱辇白兽行草间者。觉而异之，以问留孙，对曰："甲士导辇兽者，臣所佩法箓中将吏也；朱衣长髯者，汉祖天师也；行草间者，春时也。殿下之疾，其及春而瘳乎！"后命取所事画像以进，视之果梦中所见者。帝后大悦，即命留孙为天师，留孙固辞不敢当，乃号之上卿，命尚方铸宝剑以赐，建崇真官于两京，俾留孙居之，专掌祠事。十五年，授玄教宗师，锡银印。③

据史载，彪悍强大的蒙古人对于自然的暴风骤雨雷电极有敬畏感，《蒙鞑备录》"祭祀"条载："其俗最敬天地，每事必成天，闻雷声则恐惧不敢行师，曰：

---

　　① 按：《元史》卷八记张宗演为正一教第四十代天师，误，当为第三十六代，《元史·释老传》亦记为第三十六代。《元史》卷八、卷九《世祖本纪五》《世祖本纪六》，第 1 册，第 166、182 页。

　　② 《元史》卷二〇二《释老传》，第 15 册，第 4526 页。

　　③ 按：据虞集记载张留孙事迹，似乎并不如《元史》载记那般神秘，云："从行幸。上祠幄殿，裕宗皇帝以皇太子侍，风雨暴至，众骇惧。诏公祷之，立止。上幸日月山，昭睿顺圣皇后病甚，诏公祷之，即有奇征，病良愈，自宫禁邸第、大臣之家，皆事之如神明。"《张宗师墓志铭》，《全元文》第 27 册第 658—659 页。

'天叫也。'"①从这段内容来看,由于张留孙对于风雨的控制,以及对皇后危病的治愈,以及梦境的画影图形等等,在蒙古人看来都是极为有用的行为。蒙古统治者对他非常敬慕和喜欢,不仅将其尊为天师,敕两都各建崇真宫,朝夕从驾,而且引发整个统治高层对张留孙的敬重。从此,"自宫禁邸第,大臣之家,皆事之如神明"。虞集曾具体敷衍张留孙当时的影响为如下几个方面。其一,赋予张留孙及其所属教派应有的地位与实权:"号玄教宗师,佩银印","掌教江南,分集贤翰林为两院,以道教隶集贤,郡置道官,用五品印,宫观各置主掌,为其道者复之无所与"。其二,减轻政府对道教的打压与排挤:由前述知道,全真教在佛教等教派的合力攻击下,地位大大降低,道教经书也被毁弃甚多,即此,由于张留孙的影响,在真金太子的帮助和建议下,"存其(道经)不当焚者,而醮祈禁祝亦不废"。其三,大量召用张留孙荐举的人才,在元朝,山川岳渎的祭祀基本交由道士与文官执行,而忽必烈即令近臣跟随张留孙,在祭祀之际"访问遗逸","比还,所荐论,上皆以名召用"。其四,接受张留孙的治国方略,推动汉法的实施,虞集在给张留孙所写的传记中提到了两件大事,一件是推动开凿大运河以便漕运之事。起初此事一直未有决议,在得到张留孙的肯定之后,此事得以实施。就元朝运河开凿的成绩和意义而言,传统运河的开凿直至元朝运河的开凿完成才堪称京杭大运河,它不仅实现了海河、黄河、淮河、长江和钱塘江五大水系的连通,大大解决了北方物质匮乏的问题,而且作为古代南北交通的主干线,元朝运河的开凿大大方便和加强了南北之间的经济文化联系;另一件事是推动完泽任相之事。据虞集文章记载,"上将命相,召公以《周易》筮用完泽,得《同人》之豫。公曰:'同人,柔得位而应乎乾,君臣之合也。豫,利建侯,命相之事也,愿陛下勿疑。'完泽既相,遂受遗辅立身,系天下之托者十有余年"②。完泽(1246—1303),土别燕氏。据史评其作为云:"迎成宗即位,诏谕中外,罢征安南之师,建议加上祖宗尊谥庙号,致养皇太后,示天下为人子之礼。元贞以来,朝廷恪守成宪,诏书屡下散财发粟,不惜巨万,以颁赐百姓,当时以贤相称之。大德四年,加太傅、录军国重事。位望益崇,成宗倚任之意益重,而能处之以安静,不急于功利,故吏民守职乐业,世称贤相云。"③总体

---

① 《蒙鞑备录》,《内蒙古史志资料选编》第三辑,第16页。
② 虞集《张宗师墓志铭》,《虞集全集·道园学古录》卷五〇,下册,第976页。
③ 《元史》卷一三〇"完泽传",第10册,第3174页。

而言,完泽任相期间,辅助成宗即位,使得久披战事,饱经丧乱的民众得以休息,当然更重要的是,推动北方游牧民族所建立的一统政权由马上获取到马下安定的逐步过渡,而张留孙借助宗教以及占卜的影响力推动忽必烈最终确定完泽作为辅相的意义也诚可谓"一荐完泽,天下享和平清静之乐余十五年"①了。综上种种,可以想见,在张留孙的努力与推动下,江南玄教势力的增长以及南方士人北进信心的增强。

其三,至元二十三年(1286)后,南方士绅掀起大举北进的风潮。南人北进的情形以程钜夫江南访贤为节点,以赵孟頫等二十余名江南著名人物的北进而掀起南方士绅的北进高潮。至元二十三年,身任集贤直学士,进阶少中大夫的程钜夫在元世祖驳斥朝中官员反对南人任官的观点之后再次上疏要求朝廷要对南北一视同仁,让江南真正的贤才为元廷服务。

程钜夫在上疏中首先批评元廷对江南人士任职的现状,认为朝廷只知任用卜相、符药、工技之人,却忽略真正有才识的人,这不仅无益于国家的发展,而且令江南士大夫对朝廷失望、鄙视。这里需要特别提到的背景是:江南初定后,阿合马在江南区域肆意敛财用权的恶行。由史载可知,江南平定之后,作为主帅的伯颜遭到阿合马暗算而黯然释职。事件的经过是:起初是阿合马指陷伯颜平宋之际,窃宋之宝玉据为己有,使得忽必烈顿生疑窦,而追查伯颜,致使伯颜解职。据《元史·伯颜传》载:"伯颜之取宋而还也,诏百官郊迎以劳之,平章阿合马先百官半舍道谒,伯颜解所服玉钩绦遗之,且曰:'宋宝玉固多,吾实无所取,勿以此为薄也。'阿合马谓其轻己,思中伤之,乃诬以平宋时取其玉桃盏,帝命按之,无验,遂释之,复其任。阿合马既死,有献此盏者,帝愕然曰:'几陷我忠良!'"②《元史》所载阿合马诬告伯颜私占宋朝财宝之事,中间有颇多令人疑窦之处③,这些疑窦在《汉藏史集》的相关描述中能找到较为丰富

① 程钜夫《资德大夫湖广等处行中书省右丞燕公神道碑铭》,《程钜夫集》卷二一,第254页。

② 《元史》卷一二七《伯颜传》,第10册,第3113页。

③ 此段讨论多参考周思成《"看不见的手":元朝征服江南前后阿合马集团之动向探赜》,南京大学历史学院《"色目(回回)人与元代多元社会国际学术研讨会暨二〇一九年中国元史研究会年会"论文集》下册,第1402—1417页。

的补充①，其核心内容就在于阿合马巧妙地利用了忽必烈对伯颜平宋功绩的猜忌，顺利地将伯颜从权力中心拉下来。其次，阿合马趁机"威权日炽，恣为不法"，在江南区域广植势力。据史载，阿合马在江南地区推行"海放"选官法，诚如柳贯所云："中书平章政事阿合马既窃政柄，一视货财轻重，不问犷慓黠痴，皆署江南官，名'海放选'"②，致使其时"负贩屠沽之辈，臧获厮役之才，或受皇宣，或膺敕札，填街塞市，车载斗量。望江、淮而去者，皆怀劫掠之心"③。最后，阿合马在江南的这番"海放选"操作，导致江南地区吏治败坏，委任非人，民生凋敝。而这些背景也是程钜夫至元二十三（1286）一系列上奏的重要基础。

程钜夫认为江南以"百余州之广袤，数百余年之涵养"④，必有真正贤才以任元廷，为元世祖之统一大业出谋献策，而且南北风俗不一，如果朝廷只用北人，而不用南人，便不能"谙悉各处利害""周知远人情伪"，朝廷必须在江南设立行台、按察司，公选"南方晓事耆旧及清望有风力人员"，"与北方官员同共

---

①　按：《汉藏史集》载其事云："皇帝发送以丞相为首的蒙古大军，并下令说：'将蛮子国土取来！'此时，伯颜丞相奏请道：'我至蛮子地界后，大军之事务或有疑难，当遣人请旨，当我遣使往陛下请旨等候圣断之时，大军进止当如何决定？'皇帝道：'汝所言极是，除照我之命令行事外，其余汝可先自行决断，并可委派各执事官员。'伯颜领旨而行。因丞相熟知用兵，攻下蛮子国王之宫殿，取得其国土。伯颜一路之上任命各地官员。蛮子国王有一珍珠宝衣，伯颜丞相说：'此为我战胜之表证。'自取之，将其余财宝等遣人呈送给皇帝。此时，有几位相识请求担任城镇稠密、土地人民富庶之地的官职，伯颜丞相不允，并且说：'先前已有旨命我委任官员，如不使先已任命之官稳固，恐百姓产生变乱。'伯颜丞相诸小处理完毕回到皇帝驾前朝见时，此时丞相、怯薛等聚会，伯颜未能见到皇帝。他未回自己寓所，而在值宿殿中等候。此时皇帝想：'恐怕伯颜已过于骄傲。'于是派遣一名速古儿赤到伯颜处，传谕说：'伯颜你不过是一小根脚之人，混迹朝廷为官，朕给你大官职和名号，夺取蛮子国土，乃是尊迫、尚平章之功，名誉却为汝所占取，汝不可骄傲。'伯颜请速古儿赤代为转奏说：'我之事请陛下放心，小根脚之人应置于小根脚处，自然适宜。封给官职与撤去官职，俱是陛下之权力。"夺得蛮子国土，是尊迫与尚平章之功，名誉却为伯颜所占取"，此话乃是诸蛮子之人所说，难道为陛下建立功业，反而有罪？'速古儿赤将此话转奏后，皇帝说：'我的话过于严厉了，只是担心他成为那样的人。'此后，又有受皇帝圣旨派往蛮子地方而未得伯颜丞相用之人，指控伯颜丞相说：'伯颜将蛮子国王之财宝据为己有，未交国库。对圣旨委派之人，不与官职，将他自己之人尽封官职。'皇帝命令追查伯颜，乃将伯颜逮捕，置于狗圈之中'"，达仓宗巴·班觉桑布著，陈庆英译《汉藏史集》，（西宁）青海人民出版社2017年版，第148—149页。

②　柳贯《元赠中议大夫同签枢密院事骑都尉追封南阳郡伯宋公墓碑铭并序》，《柳贯集》卷一〇，上册，第285页。

③　赵天麟《慎名器》，《太平金镜策》卷三，陈得芝《元代奏议集录》（上），浙江古籍出版社1998年，第327页。

④　程钜夫《好人》，《程钜夫集》卷一〇，第109页。

讲论区画"①,而且国家从内台中丞至监察御史也应该参用南方官员以便咨询采访,从而使国家、江南一趋于治。此疏一上,立即被送入中书集议,而元世祖非常信赖的色目官员、集贤大学士阿鲁浑萨里等人也支持程钜夫的疏议,元世祖作为雄才大略之君,不仅准奏而且拜程钜夫为嘉议大夫。朝廷此举对于整个江南士大夫来说是一个非常明显的政治信号,既大开江南士大夫仕进之门,又极大地也给予了江南士大夫北上大都朝廷的信心。

　　至元二十三年(1286)四月,程钜夫拜集贤学士奉诏下江南访贤,最终请来了赵孟頫、万一鹗、余恁、张伯淳、凌时中、何梦桂、胡梦魁、包铸、曾冲子、孔洙、曾晞颜、杨应奎、范晞文、方逢振、杨伯大等二十余人,这一行人到达京城之后,都被元世祖安以清要之职。而由元人文集中大量的送人北游序、送人北上序、送人南归序可以知道,程钜夫江南访贤的行为对于南方士人大举北进风潮的掀起影响甚大,而其中戴表元送好友贡奎北上的序言尤其具有典型性,文章写道:

　　　　天之生材,犹地之产物,随其风气土性,虽穷崖僻谷、海远野陋之处,无不有焉。然而非常之珍,希有之玩,口不能自言,足不能自运,往往埋藏伏匿,积千百年而不得一日之遇。而罃丹绨漆,贝毛箘栝,寻常琐细之蓄,在于国容庭实,不尽得之,亦不足以备物,而况于秀人奇士,怀不可虚之艺,而逢不可失之时者乎?大江之南,民齿多者,以约计之,郡不下三十万男子,幸而为儒者,居千之一。而幸能以名字自通于上、以取荣禄显仕者,居万之一。其选可谓至艰,而得之可谓劳矣。于万一之中,钝惰惭惫自弃者,又所不算。贡君仲章,以儒隐宣城南漪湖上,余尝遇之。观其居家厚,待乡顺,怡亲悌长,隆师敬客,而余暇攻问学,治文词,种种不丽于流俗。然亦窃怪,其天资疏通爽迈,可以用世,而若未有所营者。既而有司次第其庠序岁月之劳,以名闻于中都,而将授之以郡博士之秩。前所谓甚艰且劳之选,既可以安坐而得。一日囊粮秣骑,滕舰篋笔,翩翩然告余以远役,曰:"奎生三十有一年矣。平居读古传记,见材名气焰士,必快慕之。今纵不得如洛贾生、蜀司马长卿、吴陆士衡,即取印绶节传,为左右侍从言论之

————————————
①　程钜夫《公选》,《程钜夫集》卷一〇,第109页。

臣,尚当赋《两都》《三大礼》,献《太平十二策》。遇则拱摩青霄,不遇则归耕白云,安能浮沈湴淩,为常流凡侪而已乎?"余闻其言而壮之。盖夜光明月,干将莫邪之气,将辞尘沙,脱垢壤,以发祥于时,腾骧闪烁,势不可止。如余之徒,则钝惰惭惫自弃,往愿为窖丹绨漆、贝毛笛栝,而亦不可得也。人之贤不肖,相去若是远哉。严装在途,酒酣气倾,书以为别。①

按照文中贡奎自述,他准备北上时,31 岁,是大德四年(1300),而 1287 年在程钜夫的诏请下到达京师的赵孟頫 32 岁。之外,元代文坛上著名的南士基本也在贡奎差不多的年纪先后到达京师。像陈孚,早在至元中即以布衣作《一统赋》,被江浙行省上报于朝廷,被授予上蔡书院山长,考满,谒选京师,至元二十九年(1292),陈孚 43 岁时,被元世祖任命为翰林国史院编修官随吏部尚书出使安南;袁桷在大德元年(1297)31 岁时,被程钜夫、阎复、王构等联名举荐入翰林,授为翰林国史院检阅官②;邓文原在大德二年(1298),40 岁时,以才名被朝廷征用;虞集在大德五年(1301),29 岁时跟随董士选到达京师;杨载 1310年,40 岁时以才华卓异被御史周景远强请至京师;黄溍在皇庆元年(1312)35岁时带着自己的文集上京谒见赵孟頫和李孟;揭傒斯在延祐元年(1314),40岁时以布衣而被程钜夫、卢挚等人荐举于朝廷,特授为翰林国史院编修官;范梈 1308 年,36 岁时到达京师,边卖卦谋生边寻求机会,在被董士选聘为家庭教师后,逐渐名动京师,然后由此荐为左卫教授,再晋升为翰林国史院编修官③,等等。以贡奎在南方的生活状态而言,"居家厚,待乡顺,怡亲悌长,隆师敬客,而余暇攻问学,治文词,种种不丽于流俗",可以说过得既得意自信又安适平顺。但在时势的影响下,他按捺不住成名立功的心意,毅然"囊粮秣骑,朕觚箧笔",意欲北行。而给他写序的戴表元这一年 56 岁,他对贡奎的北行既有溢于言表的羡慕,又有自己因年老衰朽而自弃于时的惭愧和不甘。在戴表元看来,人才处处都有,而江南尤夥,但处在这样一个南士机会极少、人才选拔异常艰难的时代中,既然有一线机会,无论如何都应该努力尝试一回,让自己"辞尘

---

① 戴表元《送贡仲章序》,《戴表元集·剡源集》卷一四,第 184 页。
② 按:据苏天爵《袁文清公墓志铭》、虞集《祭袁学士文》都指出袁桷在朝三十余年,而袁桷 1327 年去世,则他初任时间应该在 1297 年前后。
③ 按:参见吴澄《故承务郎湖南岭北道肃政廉访司经历范亨父墓志铭》、揭傒斯《范先生诗序》,《全元文》第 15 册,第 638 页;第 28 册,第 363 页。

沙,脱垢壤",以尽力"发祥于时"。戴表元的序言表明,十三世纪末、十四世纪初,无论是北行的贡奎之流还是留在南方的戴表元一类,南方文人在终于守得北方大都朝廷政策松动的背景下,前仆后继,掀开了大举北进的风潮。

二、大都日常生活侧影与南人北进的艰难

与以往时代相比,元朝给予南方士子的生存环境和发展空间的确很一般,甚至可以说较差,诚如上文所引戴表元的话"大江之南,民齿多者,以约计之,郡不下三十万男子,幸而为儒者,居千之一。而幸能以名字自通于上、以取荣禄显仕者,居万之一。其选可谓至艰,而得之可谓劳矣"①。与之前的朝代相比,元朝是游牧民族深入定居民族中心而形成的疆域辽阔的一统王朝,面对"天朝幅员倍前代,庶事之繁亦然"②的社会现实,以武功、军事起家的蒙古人却试图以"家天下"的思维模式加以管理③。按照降附先后,将人群分为蒙古人、色目人、汉人、南人四等,并将文化程度最高、人口最多、却降附最晚的南宋治下区域的民众归为最下一等,这对于南方士子的处境、心态以及创作等方面的影响诚可谓深刻。在包括蒙古、色目以及汉人、南人中的有识之士的积极推动之下,元廷对南方士子的出路略有关注,这也令南方士子毅然"囊粮秣骑,縢觚箧笔"④,前仆后继地奔赴北方寻找入仕的机会。然而北都不仅有不通文墨、不懂汉语的蒙古统治者和西域人,还有文化程度高、降附更早的女真人、契丹人以及抢先获得文化资源的北方汉族文人等等,此外还有迥异于由农耕与定居生活而形成的思维模式以及风俗、气候,等等。如何融入,如何理解对方并被对方理解纳入成为北进南士们的极大阻隔,基于此,大都南北多族士人群体相互交流、沟通的日常生活侧影实际是其时创作特色形成的底色与前提。

首先需要关注的是,来自人事上的争锋与融合。南人跃然北进,最大的期望是入仕于魏阙之上,侧身于朝堂之间,有所贡献。但事实却是,即便有忽必烈特意书汉字、敦请程钜夫江南访贤,南士们一入北都就不得不面对各种质疑和争锋,其融合的艰难程度可谓扑面而来。即以程钜夫援引赵孟頫入朝之事

---

① 戴表元《送贡仲章序》,《戴表元集·剡源集》卷一四,第184页。
② 宋褧《上都分省左司椽题名记(至正五年七月廿又七日)》,《全元文》卷一二三三,第39册,第341页。
③ 张帆《论蒙元王朝的"家天下"政治特征》,《北大史学》,北京大学出版社2001年,第50—75页。
④ 戴表元《送贡仲章序》,《戴表元集·剡源集》卷一四,第184页。

为例,杨载为赵孟頫所作行状中即记载了朝堂之上北人对赵孟頫公然的排挤:

> 至元丙戌十一月,行台治书侍御史程公钜夫,奉诏搜访江南遗佚,得廿余人,公居首选。又独引公入见,公神采秀异,珠明玉润,照耀殿庭。世祖皇帝一见称之,以为神仙中人,使坐于右丞叶公之上。耶律中丞□言:"赵某乃故宋宗室子,不宜荐之,使近之左右。"程公奏曰:"立贤无方,陛下盛德,今耶律乃以此劾臣,将陷臣于不测。"上曰:"彼竖子何知,顾遣侍臣传旨,立逐使出台,毋过今日。"立尚书省,命公草诏书,挥笔立成。上问知其大旨,喜曰:"卿得之矣,皆朕心所欲言者。"①

引文讲述的正是至元二十三年(丙戌)程钜夫下江南搜访遗佚事情的后续。当赵孟頫作为程钜夫所访遗佚人群的代表来到朝堂之上面见忽必烈时,尽管忽必烈本人为其风度所折服,却依旧遭到了耶律中丞②的排挤。耶律氏出自契丹族,13 世纪初,蒙古人崛起之际,成吉思汗出于进攻金朝的战略考虑,曾利用辽金之间的世仇,延揽和拉拢亡辽遗民,耶律楚材作为金朝的显贵世家以及辽朝的皇族,被延揽至蒙古统治者的账下:

> 太祖素有并吞天下之志,尝访辽宗室近族,至是征诣行在。入见,上谓公曰:"辽与金为世雠,吾与汝已报之矣。③

尽管契丹人在蒙古军大规模攻打金朝的过程中充当了急先锋的作用,但相比最早归附蒙古人的西域人,他们在蒙古人心目中的地位还是要逊色许多。当南宋治下的南方人显现出大举北进的苗头时,三维的权力格局有可能变为四维,不仅是契丹人,还有诸如女真人以及金朝治下的汉人等等人群的保守者都

---

① 杨载《大元故翰林学士承旨荣禄大夫知制诰兼修国史赵公行状》,《全元文》卷八一二,第 25 册,第 580 页。

② 按:文中耶律氏后恰有缺字,不能确定是谁,《元史·赵孟頫传》在述及此处,以"或言"略过。由史可知,耶律铸在耶律楚材之后"嗣领中书省事",并多次担任中书左丞,不过,耶律铸在至元二十二年(1285)去世;其子耶律希亮有可能嗣领其职,但耶律希亮在至元十七年(1280)后隐居二十年,直至至大二年(1309)特旨翰林学士承旨;另有耶律有尚,其时在朝,他作为许衡派弟子,很有可能对南人大举北进风潮的兴起有所警惕,并在忽必烈面前表达一些比较保守的看法,不过耶律有尚一直担任国子祭酒,并未任中丞。

③ 苏天爵《中书耶律文正王》,《元朝名臣事略》卷五之一,第 74 页。

有可能站出来排挤,所以这赵孟頫一入朝即遇见质疑。程钜夫当即站出来反驳,且得到忽必烈的当面支持,这场朝堂上的南北争锋算是勉强被平息下去。从赵孟頫之后在元朝的作为,可以发现他实际一直都比较介意南北之间的隔阂,这深刻地影响了他的政治作为和创作特色。赵孟頫在送同乡高仁卿回湖州时很清晰地表达了他辛苦北上后的万千不适与感慨:

> 昔年东吴望幽燕,长路北走如登天。捉来官府竟何补,还望故乡心惘然。江南冬暖花乱发,朔方苦寒气又偏。木皮三寸冰六尺,面颊欲裂冻折弦。卢沟强弩射不过,骑马径度不用船。宦游远客非所习,狐貉不具绨袍穿。京师宜富不宜薄,青衫骏马争腾骞。南邻吹笙厌梁肉,北里鼓瑟罗姝妍。凄凉朝士有何意,瘦童羸骑鸡鸣前。太仓粟陈未易籴,中都俸薄难裹缠。尔来方士颇向用,读书不若烧丹铅。故人闻之应见笑。如此不归殊可怜。长林丰草我所爱,羁靮未脱无由缘。高侯远来肯顾我,裹茗抱被来同眠。青灯耿耿照土屋,白酒薄薄无荤膻。破愁为笑出软语,寄书妻孥无一钱。江湖浩渺足春水,凫雁灭没横秋烟。何当乞身归故里,图书堆里消残年。①

藉由赵孟頫的这首诗,可以全面地感受南士北进的苦涩与乡愁。先是辛苦地北进,穿越如登天一般艰难的南北道路;真入北都,又面临无限不适:北都无论是气候还是风俗以及所奉,甚至言语都远非北进之前的想象,不适之感超乎想象;在无限失落中倍增思乡之感;在政治理想不能实现、生活环境极为不适的感触中,故乡日常的一切无论是风物还是生活方式都变得无限可爱,进而更令赵孟頫的乡愁喷涌而出,急欲由北归去②。也不仅是赵孟頫,应该说所有北进的南人都会面临类似的难堪境遇。作为人中龙凤的赵孟頫,初至北都时曾得到忽必烈的护佑,但依旧难免失落。像元代文坛另一位著名人物虞集,他初到北都的时候,曾因与北方著名文人的过节而引起两位高层的调停,《元史》记述其事写道:

---

① 赵孟頫《送高仁卿还湖州》,《全元诗》第 17 册,第 220 页。
② 邱江宁《元代多民族文化交融背景中的江南书写》(《文学评论》2013 年第 6 期)、《海陆"丝路"的贯通与元代诗文的独特风貌》(《文学评论》2017 第 5 期)。

　　初在江西、金陵,每与虞集剧论,以相切劘。明善言:"集治诸经,惟朱子所定者耳,自汉以来先儒所尝尽心者,考之殊未博。"集亦言:"凡为文辞,得所欲言而止,必如明善云'若雷霆之震惊,鬼神之灵变'然后可,非性情之正也。"二人初相得甚欢,至京师,乃复不能相下。董士选之自中台行省江浙也,二人者俱送出都门外,士选曰:"伯生以教导为职,当早还,复初宜更送我。"集还,明善送至二十里外,士选下马入邸舍中,为席,出囊中肴,酌酒同饮,乃举酒属明善曰:"士选以功臣子,出入台省,无补国家,惟求得佳士数人,为朝廷用之,如复初与伯生,他日必皆光显,然恐不免为人构间。复初中原人也,仕必当道;伯生南人,将为复初摧折。今为我饮此酒,慎勿如是。"明善受卮酒,跪而釂之。起立,言曰:"诚如公言,无论他日,今隙已开矣。请公再赐一卮,明善终身不敢忘公言!"乃再饮而别。真人吴全节,与明善交尤密,尝求明善作文。既成,明善谓全节曰:"伯生见吾文,必有讥弹,吾所欲知。成季为我治具,招伯生来观之,若已入石,则无及矣。"明日,集至,明善出其文,问何如,集曰:"公能从集言,去百有余字,则可传矣。"明善即泚笔属集,凡删百二十字,而文益精当。明善大喜,乃欢好如初。集每见明经之士,亦以明善之言告之。①

　　这段讲的是虞集、元明善以及董士选三人的一段郊外送别的事情,但饶有意味。元明善乃拓跋魏的后裔,曾在江西、金陵任职过,与虞集都作为吴澄的学生而有师门之谊。即便如此,分属南北的两人在思想和创作主张上却有极大的分歧,这种分歧在元明善客处南方的时候还能有所克制,从而达到相互包容,并相与切磋琢磨的地步。及至虞集到达京师之后,元明善在地域和氏族优势加持的情况下,便不太能够包容虞集对自己主张坚持的态度了。适时出面调停的是著名功臣之后董士选。由史可知,董士选出身的董家乃元朝著名汉人世侯家族,揭傒斯为董氏所作碑铭曾云:"自太祖皇帝应天启运,其将相大臣父子孙曾传百数十年,称名臣者数十人,或拥旄仗节,出谋发虑,佐定海宇;或安危靖乱,行政施化,藩屏国家于外;或献可替否,拾遗补过,匡辅政理于内;功

---

① 《元史》卷一八一《元明善传》,第 14 册,第 4173—4174 页。

不绝于信史,名不染于罪籍,天下庸人妇女皆能称说者,惟董氏而已"①,足见董氏在元朝政权格局中的不俗地位和社会影响。而董士选本人"静重识大体","平生以忠义自许"②。"处大事、决大议,色和而语壮,必断之以经术,惟以国之利病,民之休戚为心"③。对于元明善与虞集的过节,董士选站在国家大局的高度上,对元明善给予了既入情入理又严肃直接的劝诫,元明善幡然明悟。而元明善选择与虞集和解的途径,则是通过正一教高层吴全节的斡旋。吴全节(1269—1346),江西饶州岸仁人。由前文对张留孙事迹的叙述知道,玄教在元朝的地位十分超然崇高,而玄教经营到吴全节这一代,其在元朝统治高层中的影响更为突出,"总摄江淮荆襄等处道教都提点","知集贤院道教事、玄教大宗师"。吴全节尽管是方外人士,但却秉持"人以为仙,我以为儒"的做人原则,"平生勇于为善,不以方外自疑。故凡政令之得失,人才之当否,生民之利病,阴有以裨益于时者"④。吴全节与虞集乃同乡好友,无论是从个人情感还是时势大局出发,他都会努力运用自己的影响力去调停元明善与虞集的矛盾。某种程度而言,元明善与虞集两人之间的过节可能代表的是南北文人群在文化资源上的争夺和创作主张上的分野。所以他们的分歧、董士选和吴全节的介入以及他们最终的和解,与其说是私人关系的和解,还不如说是在国家总体格局上期望多元融合的背景中,统治阶层中有识之士努力作为后的平衡。

　　其次是来自日常宴饮娱乐的沟通与融合。在传统文学史的讨论中,言及元代曲家、艺人的地位及创作时,多不免带着旧观念认为他们地位低下,心怀巨大怨念和反抗想法,事实上,结合元代社会现实来看,这种认知很有可能失之毫厘。至少在多种族群、语言与信仰混杂的背景中,在脱离了农耕和定居的社会模式,读书未必就可以天经地义获得仕途的元代社会里,那些具有直观影响力的戏曲及其表演者,他们的地位可能并不像传统文学史书想象和表达的那么低⑤。据载,金陵佳丽杜妙隆,著名文人卢挚想见她,没有见到,遗憾之下,

———————

① 揭傒斯《大元敕赐正奉大夫江南湖北道肃政廉访使董公神道碑(元统元年十一月)》,李梦生标校《揭傒斯全集·文集》卷七,上海古籍出版社2012年版,第421—422页。

② 《元史》卷一五六《董文炳传附录》,第12册,第3676、3678页。

③ 吴澄《元荣禄大夫平章政事赵国董忠宣公神道碑》,《全元文》卷五一一,第15册,第387页。

④ 许有壬《特进大宗师闲闲吴公挽诗序》,《全元文》卷一一八七,第38册,第127、128页。

⑤ 查洪德《元代文人的赏曲之风》,《武汉大学学报》2016年第3期,第34—43页。

题《踏莎行》于壁写道:"雪暗山明,溪深花藻。行人马上诗成了。归来闻说妙隆歌,金陵却比蓬莱渺。宝镜慵窥,玉容空好。梁尘不动歌声悄。无人知我此时情,春风一枕松窗晓。"①卢挚在曲中言明自己马上诗成的才华,但对于著名曲艺表演者杜妙隆,却唯有感慨"归来闻说妙隆歌,金陵却比蓬莱渺",可以想见杜妙隆在其时的受尊敬和受欢迎程度。曲艺人员这种自由、超然的身份优势,在元朝南北多族文人的融合中实际具有非常微妙的润滑作用。可以看一段元初著名杂剧演员张怡云的轶事:

> ……能诗词,善谈笑,艺绝流辈,名重京师。赵松雪、商正叔、高房山皆为写《怡云图》以赠,诸名公题诗殆遍。姚牧庵、阎静轩每于其家小酌。一日,过钟楼街,遇史中丞。中丞下道笑而问曰:"二先生所往,可容侍行否?"姚云:"中丞上马",史于是屏驺从,速其归,携酒馔,因与造海子上之居。姚与阎呼曰:"怡云,今日有佳客,此乃中丞史公子也。我辈当为尔作主人。"张便取酒,先寿史,且歌:"云间贵公子,玉骨秀横秋",〔水调歌〕一阕,史甚喜。有顷,酒馔至,史取银二定酬歌,席终,左右欲彻酒器,皆金玉者。史云:"休将去,留待二先生来此受用。"其赏音有如此者。②

文中,张怡云作为京师著名演员,其住处位于大都非常著名的商业繁华地段——海子一带③,是大都名流往来聚集的地方。在这段话中提到的名流依次有赵孟頫、商衟、高克恭、姚燧、阎复以及史彬等。其中,赵孟頫是南宋宗室子弟;商衟出身金朝簪缨世家,是世侯时代、金莲川时期、元初位至参政的商挺的叔叔;高克恭是西域早期华化的著名人物;姚燧不仅是金莲川幕府著名政治家姚枢之侄、经学家许衡的重要弟子,而且本人也才华卓著,"自延祐以前,文章大匠,莫能先之"④,是至元、大德时期最有声望的翰林学士;阎复是世侯时代

① 卢挚《踏莎行》(《尧山堂外纪》记其本事云:杜妙隆、金陵佳丽人也,卢疏斋欲见不果,因题踏莎行于壁),唐圭璋《全金元词·元词》,中华书局1979年,下册,第725页。

② 夏庭芝《青楼集》,《历代曲话汇编·唐宋元编》,第474—475页。

③ 按:海子,《元史·河渠志》载:"海子一名积水潭,聚西北诸泉之水,流行入都城而汇于此,汪洋如海,都人因名焉"(《元史》卷六四,第6册,第1592页),海子位于大都的北城区,由于因郭守敬开通通惠河使海子(积水潭)成了南北大运河的终点码头,故而在大都,沿海子一带形成繁荣的商业区。

④ 《元史》卷一七四《姚燧传》,第13册,第4059页。

东平府学的代表人物之一，与徐琰、李谦、孟祺本誉为"东平四杰"，至元、大德时期著名翰林大学士；史彬，是蒙古治下时期最有权势的世侯史天泽之子，位至御史中丞、中书左丞。此段文字固然是在歌咏史彬为人的风雅，但他借助张怡云而努力与姚燧、阎复二位翰林学士攀援交情的情形可以看出，姚燧、阎复是其时京师文人圈中的重要主盟者，张怡云住所是京师文人圈聚合的重要场所，而赵孟頫、商衜、高克恭等人亦往来其间，并为张怡云题写书画。当然，夏庭芝的《青楼集》作于元末，而此处所记却为元初的事情，所涉人物未必能如文中所聚。但这段文字还是可以说明，张怡云之流的歌妓或艺伎以及她们的住所实际也是京外或圈外文人藉由融入的颇为有效的中介。再如京师著名杂剧演员珠帘秀、顺时秀等，《青楼集》叙其事道：

> 姓朱氏，行第四。杂剧为当今独步，驾头、花旦、软末泥等，悉造其妙。胡紫山宣慰尝以《沉醉东风》曲赠云："锦织江边翠竹，绒穿海上明珠。月淡时，风清处，都隔断落红尘土。一片闲情任卷舒，挂尽朝云暮雨。"冯海粟待制亦赠以《鹧鸪天》云："凭倚东风远映楼，流莺窥面燕低头。虾须瘦影纤纤织，龟背香纹细细浮。红雾敛，彩云收，海霞为带月为钩。夜来卷尽西山雨，不著人间半点愁。"盖朱背微偻，冯故以帘钩寓意。至今后辈，以"朱娘娘"称之者[①]。
>
> 姓郭氏，字顺卿，行第二，人称之曰"郭二姐"。姿态闲雅。杂剧为闺怨最高，驾头、诸旦本亦得体。刘时中待制尝以"金簧玉管，凤吟鸾鸣"拟其声韵。平生与王元鼎密。偶疾，思得马板肠，王即杀所骑骏马以啖之。阿鲁温参政在中书，欲瞩意于郭。一日戏曰："我何如王元鼎？"郭曰："参政，宰臣也；元鼎，文士也。经纶朝政，致君泽民，则元鼎不及参政；嘲风弄月，惜玉怜香，则参政不敢望元鼎。"阿鲁温一笑而罢。[②]

珠帘秀、顺时秀等人的演艺才华另当别论，值得注意的依旧是大都南北多族馆阁文人与她们的往来事迹。文中，胡紫山即胡祗遹，河北磁州武安人，宋亡后任荆湖北道宣慰副使，文中称"胡紫山宣慰"则所述轶事至早发生于至元十三

---

① 夏庭芝《青楼集》，《历代曲话汇编·唐宋元编》，第 475 页。
② 夏庭芝《青楼集》，《历代曲话汇编·唐宋元编》，第 476 页。

年(1276)年以后;冯海粟即冯子振,湖南湘乡人,"博洽经史","于书无所不记"①,是在程钜夫江南访贤之前即到达大都,并逐渐谋得官职的南人,在至元二十九年(1292)"桑哥事件"中曾遭到陈孚的弹劾,在大德二年(1298)再任集贤待制;刘时中即刘致,山西石州宁乡人,大德初为翰林待制时被姚燧欣赏,成为其得意弟子,《姚燧年谱》即由刘致整理撰写;王元鼎,又作玉元鼎,原名阿鲁丁,字元鼎。回回人。"学者阿鲁丁以玉氏,以元鼎字,其先西域人也。始祖玉速阿剌,从太祖皇帝出征,同饮黑河之水,为勋旧世臣,家名载国史。"②元鼎在元至大、皇庆年间(1308—1313)为国子监生,受业于名师吴澄。至治、天历间(1321—1330)为翰林兼国史院学士,著有《桃花马》《闺怨》等。阿鲁温,可能是回回人阿鲁温沙,他曾以南台中任福建行中书省平章政事。这样看来,来来往往于那些著名杂剧演员活动场所的著名馆臣们,他们的日常生活点滴,既揭示出元代文人职事之余赏曲风气颇盛的事实,也向人们暗示出,听曲之处也可能是南北多族文人之间相与融合的一个重要场所,而听曲、捧名伶等行为可能是他们增进交流与融合的方式。

当然,伶人、乐人还可以被请入私人庭园,以活跃气氛,而他们对于多元氏族人群的聚合意义依旧非常值得注意。再据前所引陶宗仪《南村辍耕录》记载:

> 京师城外万柳堂,亦一宴游处也。野云廉公,一日于中置酒,招疏斋卢公、松雪赵公同饮。时歌儿刘氏名解语花者,左手折荷花,右手执杯,歌《小圣乐》云……"③

万柳堂所在位置④,本是金朝时期王郡所构建的钓鱼台旧址,"野云廉公希宪

---

① 顾嗣立《元诗选》三集"冯子振小传",中华书局 2002 年,第 126 页。
② 吴澄《玉元鼎字说》,《全元文》卷四九七,第 15 册,第 23 页。
③ 陶宗仪《辍耕录》卷九"万柳堂"条,中华书局,1985 年,第 138—139 页。
④ 按:据孙冬虎《元清两代北京万柳堂园林的变迁》指出,"万柳堂"地址应该在今北京右安门外西南处。清康熙十一年(1672 年)刊刻的《天府广记》(孙承泽《天府广记》卷三七《名迹》,北京古籍出版社,1984 年,第 561—562 页)称:"万柳园,元廉希宪别墅,在城西南为最胜之地……今右安门外西南,泉(转下页注)

即钓鱼台为别墅,构堂池上,绕池植柳数百株,因题曰万柳堂"①。根据陶宗仪的这则记录,廉希宪在万柳堂中邀请当时著名的诗人卢挚(号疏斋)和赵孟頫(号松雪道人)来喝酒赏乐。这已经非常能体现出南北多族文人雅集的意味:廉希宪乃西域人,卢挚为北方文人,赵孟頫为南宋著名宗室子弟,而唱曲的解语花所唱曲子乃元好问的《小圣乐》,主客尽欢的背后更值得玩味的是廉希宪作为主人的一番请客苦心。它与前面忽必烈敦请程钜夫江南访贤并为赵孟頫面批耶律氏的做法其实相互呼应。

廉希宪本人一生功勋赫著,拜中书平章政事,死后追封魏国公。作为向忽必烈建议"早承大统"的得力干臣②,廉希宪也可谓决定蒙古帝国命运的重要推动者。如所周知,1260—1263 年间忽必烈与其弟阿里不哥之间的那场争汗大战决定了蒙古帝国的分化。诚如《剑桥中国辽西夏金元史》指出,"这不仅仅是一场两个人之间的争夺,因为他们各自代表着蒙古贵族中的主要派别。忽必烈受到被他征服的国家的文明的吸引并且寻找他的民众的建议和帮助,他代表着受到定居世界影响,并且希望同他们和解的蒙古人"③。最终,忽必烈对阿里不哥的胜利当然也包括大量西域色目人的支持,而廉希宪所代表的高昌廉氏家族就是其中之一。正是作为支持蒙古统治者定居的重要推动者,廉希宪在私家园林广邀南北多族文人聚合雅集的做法,某种程度而言,是他对元王朝如何立足中土所呈现的一种理念与行为的表率。而看到廉希宪这种"欲盖弥彰"的做法之后,再联系前面忽必烈对待赵孟頫与耶律氏的态度,董士选、吴全节对元明善与虞集进行调节的努力,等等,则可以或多或少地明白,元代南北多族文人的融合,不仅是南方文人努力融进北方的问题,也是北方高层、北方文坛努力调整姿态予以包容的问题。

其三,是雅集对于南北多族文人融合的意义。通观整个元代文化圈以及文坛生态,可以看到,从元初到元末,从统治高层到藉藉无名之士,南北多族文

(接上页注)源涌出,为草桥河,接连丰台,为京师养花之所。元人廉左丞之万柳园……皆在于此。"《中国历史地理论丛》2006 年第 2 辑,第 35—39 页。

① 蒋一葵《长安客话》卷三《郊垧杂记》"钓鱼台""万柳堂"条,北京古籍出版社,1994 年,第 63 页。

② 按:《元史·廉希宪传》载:"庚申,至开平,宗室诸王劝进,谦让未允,希宪复以天时人事进言。且曰:'阿里不哥于殿下为母弟,居守朔方,专制有年,或觊望神器,事不可测,宜早定大计。'世祖然之。明日即位,建元中统。"中华书局,1976 年,第 10 册,第 3086—3087 页。

③ 《剑桥中国辽西夏金元史 907—1368》,第 434 页。

人与宗教人士组织和参与不同层次、不同规模、不同形式的雅集活动可谓贯穿始终，深深地影响甚或改变着元代文学的创作形态和创作气质。之所以如此，很大程度上应该也是元王朝多元一统的社会背景和南北多族、不同信仰的人们沟通融合的需要所致，尤其是南方融入北方统治的需要所致。综观元朝的人群结构，13世纪初，蒙古人以十数万人口崛起西北，到13世纪末期一统南宋。期间虽然有西域人的大举东迁，西夏、金朝、高丽等王朝和区域被平定。而从至元末期（1290）的人口统计来看，其总人口大约6000万，其中被元蒙统治者视为内郡、腹心的北方人口有1999444户，不到200万户；而视为外方的南方人口（江淮和四川）有11430878户①，占据元朝总人口约五分之四。诚如程钜夫颇带愤慨的奏章所云："江南百余州之广袤，数百余年之涵养，岂无一二表表当世、不负陛下任使者？"②所以至元二十三年（1286）程钜夫南下访贤的行为，不仅可以看作是北廷力求对南方士绅阶层释放友好信息的破冰行为，也应该说是北廷一定程度上期望代表农耕文明最高水平的南方参与到管理的一环的标志信号。基于这样的认知，元王朝的南北融合情形有忽必烈、董士选、廉希宪等庙堂高层主持斡旋在前，更有各级各环的有识之士努力配合在其中，而元代社会中多元且丰富的雅集活动则可以说是不同阶层的人们对国家南北融合愿景的呼应。如果说早从东晋时候开始，文人即以"曲水流觞"的形式将文人热衷的雅集活动玩出花样的话，那么"真正的文人雅集直到元代才形成规模效应和深远影响"③，这个判断非常有道理。典型如程钜夫南方访贤之后的"雪堂雅集"。"雪堂"乃大都天庆寺住持僧普仁居室，在元初至元代中叶，临济宗主持雪堂上人的禅院天庆寺，一直都是馆阁高层聚会、唱和的场所。据姚燧所作《跋雪堂雅集后》载：

> 释统仁公见示《雪堂雅集》二帙，因最其目序四、诗十有九、跋一、真赞十七、送丰州行诗九，凡五十篇。有一人再三作者，去其繁复，得二十有七人：副枢左山商公讳挺，中书则平章张九思，右丞马绍、燕公楠，左丞杨

① 按：据《元史》卷一六《世祖本纪十三》载："（至元二十八年，1290）户部上天下户数，内郡百九十九万九千四百四十四，江淮、四川一千一百四十三万八百七十八，口五千九百八十四万八千九百六十四，游食者四十二万九千一百一十八"，第2册，第354页。
② 程钜夫《好人》，《程钜夫集》卷一〇，第109页。
③ 黄仁生《论顾瑛在元末文坛的作为与贡献》，《湖南文理学院学报》2005年第1期。

镇,参政张斯立,翰林承旨则麓菴王公讳磐、董文用、徐琰、李谦、阎复、王构,学士则东轩徐公讳世隆、李槃、王恽,集贤学士则苦斋雷君膺、周砥、宋渤、张孔孙、赵孟頫,御史中丞王博文、刘宣,吏曹尚书则谷之奇、刘好礼,郎中张之翰,太子宾客宋道,提刑使胡祗遹,廉访使崔瑄,皆咏歌其所志。①

在揭示文中提到人员的身份之前,关于天庆寺的来历很有必要交代一番。据王恽文章记载,天庆寺前身乃至元壬申(1272)释雪堂开始结庵居住之址,之后,驸马高唐郡主、皇孙甘麻剌为雪堂所点化,不断赐币,于丙戌年(1286)仲秋建成天庆寺,由大都留守段祯、詹事丞张九思主持建造完成。雪堂乃临济宗禅师,由于曾经点化驸马和皇孙,与蒙古皇族关系密切,而他所住持的天庆寺实乃蒙古皇族赞助的皇家寺庙。王恽曾评述雪堂为人云:"师喜儒学,有器识,所交皆藩维大臣、文武豪士,缓急于士大夫,周旋不荣悴间,解纷振乏,要有实效然",乃"儒释僧之特达者"②。在禅悦余暇,雪堂尤其"乐从贤士夫游",而"诸公亦赏其爽朗不凡,略去藩篱,与同形迹,以道义定交,文雅相接"③。雪堂本人与统治者的友好关系以及他超然的身份和不凡的器识,使得他特别适合作为往来于儒释道三界、进行斡旋的主角,他主持的天庆寺也尤其适合作为南北多族文人往来融合雅集的社交场所。

从姚燧的序跋列举的名单可以看到,至元、大德时期的馆阁高层几乎囊括其中,他们有:枢密院有副使商挺;中书省有平章张九思,右丞马绍、燕公楠,左丞杨镇,参政张斯立;翰林院有学士承旨王磐、董文用、徐琰、李谦、阎复、王构,学士徐世隆、李磐、王恽;集贤院有集贤学士雷膺、周砥、宋渤、张孔孙、赵孟頫;御史台有御史中丞王博文、刘宣;吏部有尚书夹谷之奇、刘好礼,郎中张之翰,太子宾客宋道,提刑使胡祗遹,廉访使崔瑄等等,共二十七人,皆有咏歌。就题咏留名的人群看,翰林院的人作品最多,这些多来自东平,这也是印证了袁桷所谓翰林、国子监的人员"独东平之士什居六七……他郡仅二三焉,若南士则犹夫稀米矣"④那句评判。在这群人中,仅燕公楠、杨镇、赵孟頫三位是南人,

---

① 姚燧《跋雪堂雅集后》,《全元文》卷三〇三,第9册,第406—407页。
② 王恽《大元国大都创建天庆寺碑铭并序》,《王恽全集汇校》卷五七,第6册,第2547页。
③ 王恽《雪堂上人集类诸名公雅制序》,《王恽全集汇校》卷四三,第5册,第2037页。
④ 袁桷《送程士安官南康序》,《袁桷集校注》卷二四,第1210页。

他们都不在翰林院。据王恽云,天庆寺的雅集前后维系三十年,上所列人群以及雅集诗文也并非同一时间聚合而吟成,而这或许更能说明,天庆寺进行的"雪堂雅集"一直在努力推动南北馆阁文人的融合。现今留下来的记录中,天庆寺的另一次顶级雅集或许也印证着雅集作为融合中介的功能:

> 　　至治三年三月甲寅,鲁国大长公主集中书议事,执政官、翰林、集贤、成均之在位者,悉会于南城之天庆寺,命秘书监丞李某为之主,其王府之寮寀,悉以佐执事。笾豆静嘉,尊罍絜清,酒不强饮,簪佩杂错,水陆毕凑,各执礼尽欢以承饫赐,而莫敢自恣。酒阑,出图画若干卷,命随其所能,俾识于后。礼成,复命能文词者,叙其岁月,以昭示来世。[①]

这场聚会的发起者鲁国大长公主(约 1283—1331),名祥哥剌吉,出身高贵,乃忽必烈太子真金的孙女,答剌麻八剌之女,又系元武宗海山之妹,元仁宗之姊,元文宗之岳母,曾多次受到丰厚赏赐,资财雄厚,超过元朝历代公主。从袁桷题跋的对象来看,作为汉文化的爱好者和书画大收藏家,鲁国大长公主以宴饮赏画为名组织的这场雅集的确是场高雅不俗的集会[②],即便没有高贵的身份来弹压中书省,主人也能以其所藏满足和吸引馆阁文人们悉数到场。站在南北多族文人融合的角度而言,鲁国大长公主出面组织的这场天庆寺雅集比起前面董士选借私人饯别的方式调停关系,文人们借杂剧演艺人员活动的公众场所匀润交谊,廉希宪在私家园林组织聚会以及雪堂雅集等等形式,更正式更高雅,与此同时,它亦庄亦雅亦谐,其所具有的正面积极的融合斡旋意义更是不言而喻。可以看到,鲁国大长公主凭借自己特殊的身份命令中书省执行,邀请到朝中馆阁包括执政官、翰林、集贤、成均之在位者都予以参加,且派出王府僚佐成员辅助雅集活动,雅集的规格之高、人员之齐整、氏族人群之多元、信仰包

---

①　袁桷《鲁国大长公主图画记》,《袁桷集校注》卷四五,第 1981 页。
②　按:鲁国大长公主的这批书画藏品有:宋徽宗的荷花扇面,《鹈鹕图》《桃核图》《琼兰殿》《梅雀图》,定武本王羲之兰亭序,吴元瑜《四时折枝图》、任仁发《九马图》、江贯道《烟雨图》、周增《水塘秋禽图》、王振鹏《狸奴》《天王供佛图》《墨幻角抵图》(亦称《王生鬼戏图》)等。

含情形之复杂可以想见①。在满足主人"叙其岁月,以昭示来世"的愿望的同时,雅集主持者让参加者留下文词的期望,实际也相当大程度地为南北多族的馆阁文人提供了足够宽松的交流和了解的时间和空间,所谓"居而殊方,出乃合辙,新知旧好,吻然靡间"②,甚矣!

作为大都多元文人交融的参与和见证者,胡祗遹也承认大都"雅集日相酬"③。所谓上有所行,下必有所效,元代文化圈、文坛浓郁的雅集风潮,其兴起之端在大都。它从最高统治者的政治性导向开始,逐渐向高层官员、馆阁文人和富贵食利阶层弥散,然后再向下不断渗透、变化,形成越来越多类型、规模、取向不同的雅集。诚如查洪德先生撰文指出:"元代文人雅集之盛,见于元人文集者,各种雅集(宴集)序(记),往往而有;雅集所赋诗,俯拾皆是。读元人文集,感到元人雅集风气之盛,超越往古。"④元代频繁多元的雅集不仅对南方文人为主体的人群融入北方政坛、文坛,并逐渐转客为主起到了重要的作用,而且对于元代南北多族文人群共同推动元代文化和文学创作形成自身特色也有着不同寻常且值得深入探究的意义。

三、南北融合背景中赵孟頫与元代题画诗繁荣的关系⑤

在元代南方文人北进大都的风潮中,赵孟頫之于南北多族文人的融合以及元代文化包括书画和文学创作的影响可以说具有标志性和旗帜性的意义。而从元代文人群体的流动和分布角度来看,赵孟頫的意义还在于,在他的影响和推动下,南方作家的力量在元代文坛整体格局中不仅占据了一翼,而且逐渐发挥着越来越主动的作用。

---

① 按:据刘嘉伟《元代天庆寺文艺雅集探析》认为,参与这次集会的至少有袁桷、魏必复、李洞、张珪、赵岩、杜禧、赵世延、王毅、冯子振、陈颢、柳贯、吴全节、王观、孛朮鲁翀等人。这些人中,袁桷、冯子振、陈颢、柳贯、吴全节、柳贯等为南人,赵世延为色目汪古人,张珪为北方汉人世侯张弘范之子,其余人皆为北方汉人;而吴全节又乃正一教教主,赵世延为聂思脱景教徒,其余人又多为儒士,《兰台世界》2015 年第 18 期,第 94—95 页。

② 揭傒斯《城南宴集诗后序》,《揭傒斯全集·文集》卷三,第 315 页。

③ 胡祗遹《寄李参政并序》,《全元诗》第 7 册,第 82 页。

④ 查洪德《元代诗坛的雅集之风》,《安徽师范大学学报》2013 年第 6 期,第 671 页。

⑤ 这一部分的撰写以邱江宁《元代文艺复古思潮论》(《文艺研究》2013 年第 5 期)、《元代多民族文化交融背景中的江南书写》(《文学评论》2013 年第 6 期)、《海、陆"丝路"的畅通与蒙古治下时期的异域书写》(《文艺研究》2017 年第 8 期)等论文为基础,有些调整和修改。

　　作为农耕文明教育和培养出来的最优秀的精英,赵孟頫在北方游牧朝廷
所获得的成功堪称时代之最。在入仕元廷的三十余年中,赵孟頫历仕五朝,从
元世祖将赵孟頫称作"神仙中人",力排众议,起用为信臣;到元仁宗对赵孟頫
近乎个人崇拜式的推崇与尊重,总结出赵孟頫人所不及的七大长处①,并用一
品例,推恩三代。表面看来,赵孟頫在大元王朝获得的肯定与尊崇甚至超过了
中原帝王对于知识分子的待遇。但赵孟頫的学生杨载还是非常委屈地认为:
"人知其书画而不知其文章,知其文章而不知其经济之学"②,这个评价很有道
理,但也有偏颇。毫无疑问,赵孟頫有经济之才,但面对元朝社会现实,或有诸
多无能为力之处。如所周知,元朝是北方游牧民族统治的一统王朝,在生产形
态上包含着游牧、渔猎、农耕、商贸等多种模式,且借海、陆丝绸之路的大面积
拓通而形成与邦外世界有着广泛往来的经济形态;另外在文化形态还有着迥
异于中原王朝的多元宗教、语言和文化并存不悖的特征。这些元代社会特质,
赵孟頫之前的知识储备实际并没有相应且合适的策略和方案,这是他没能凭
借他在农耕文明经验中所累积起来的满腹经纶,实现他治世经邦理想的重要
原因。另外,元朝多族人群、多元文明形态以及多语喧哗的社会文化背景,也
使得赵孟頫没能依靠相对抽象的文字实现他立言警世的意义。相对而言,直
观而美丽的书画在元代社会更具有打动人心、维系和联络不同语言文化背景
人群的功能。所以,赵孟頫最终得时代风气之助并凭借超凡绝伦的书画才华,
令整个元王朝从皇宫贵族到平常士子都无比倾倒,取得了"遂擅一代,学者澜
倒"③的成功。这不仅是他个人的成功,也是南方文人群体最终找到合适的方
式在整个元代文坛格局中实现其影响力的重要体现。

　　赵孟頫与元代文化艺术界复古思潮的兴起。在南方文人群没有大举北进
之前,元代文坛为金源文人所把持,他们作为元好问学脉的传承者,也表现出
许多力图创一代新声的努力,但应该说从创作和理论上没有形成富有涵盖度

---

　　①　按:元文宗曾对廷臣云:"'文学之士,世所难得。如唐李太白,宋苏子瞻,姓名彰彰然常在人耳目。
今朕有赵子昂,与士人何异?'有所撰述,辄传密旨,独使公为之。间与左右论公,人所不及者数事。帝王苗
裔,一也;状貌昳丽,二也;博学多闻知,三也;操履纯正,四也;文词高古,五也;书画绝伦,六也;旁通佛老之
旨,造诣玄微,七也",杨载《大元故翰林学士承旨荣禄大夫知制诰兼修国史赵公行状》,《全元文》卷八一二,
第25册,第585页。

　　②　杨载《大元故翰林学士承旨荣禄大夫知制诰兼修国史赵公行状》,《全元文》卷八一二,第25册,第
587页。

　　③　虞集《跋朱侯所临智永千文》,《虞集全集·道园类稿》卷三二,上册,第406页。

和反映时代气质的东西。诚如袁桷所谓："金之亡,一时儒先,犹秉旧闻于感慨穷困之际,不改其度,出语若一。故中统、至元间,皆昔时之绪余,一一能有以自见。"①值得一提的是,北方文人中并非没有杰出者,尤其是像郝经、姚燧这两位,他们的身世、才华虽不能强过但也不逊于赵孟頫,却没有适时地成为那位"天降大任"之"斯人"。由前所述知道,郝经是元好问的得意弟子,元好问也对他给予极高的期许,而郝经也确实有不立崖岸、不负所学的胸襟。最值得嘉赏的是,郝经对新的时代有着全面综合的判断和立场,然而天不假年,郝经在 1276 年去世,没有来得及见证和参与到元朝多元文人群体混融的局面。而姚燧作为姚枢的侄子、许衡的重要弟子,在学问上"由穷理致知,反躬实践,为世名儒",在文章成就上"为文闳肆该洽,豪而不宕,刚而不厉,春容盛大,有西汉风。宋末弊习为之一变"。在赵孟頫为代表的南方文人群北进风潮掀起之际,姚燧正是见证者,而他本人的文坛地位也可以说"盖自延祐以前,文章大匠,莫能先之"。但是,姚燧为人"慎许可",与前文中提到的当朝反对重用赵孟頫的耶律氏一样,姚燧不仅"轻视赵孟頫"等南人,连与吴澄、虞集等南人亲近的北人文人元明善辈也颇为轻视。以此,其时包括南人以及北方有识之士在内的君子都"以是少之"②。所以姚燧对南方文人群的排斥使得他并不适合也不具备领袖的资质,以完成一统王朝文艺思潮与文风新变的任务。

赵孟頫的北进入仕,尽管没有取得政治上的成功,但由南而北,得时代风气浸润之后的赵孟頫,名声大噪并挑起文艺复古的大旗,而他本人对于复古理论的有力实践以及他的个人影响最终使得元代文艺复古思潮得以全面兴起。也正是借助在文艺领域掀起的复古创作理念,赵孟頫以及南方文人得以真正融入北方,成为推动元代文坛多元发展的重要力量。

与唐、宋两个中原王朝背景不同,元代复古思潮的兴起是二百年割据战争结束之后,游牧民族统治包括中原地区在内的南北四境、多政体、多民族一统背景下的产物。它所牵涉的政治背景、意识形态、社会阶层以及所产生的影响比起唐、宋来说,还是要复杂、广远得多。除了与唐、宋古文运动文以载道、服务于现实的精神一致外,一统游牧民族与中原华夏民族的大元王朝在复古的宗旨上更加强调法度纲常的恢复,强调法度森严基础上的自由、通达与调和。

---

① 袁桷《乐侍郎诗集序》,《袁桷集校注》卷二一,第 1117 页。
② 《元史》卷一七四《姚燧传》,第 13 册,第 4060 页。

赵孟頫提出的复古主张是宗唐溯古,宗唐是为敷衍把持北方文坛的金源文人,目的是期望溯古。而本质实际是,以反映现实,表达现实的精神来扭转由于长期战乱、割据造成的声教不通所导致的偏安一隅、缺少法度、师心自用的创作弊习;同时也通过复古以创新的方式来适应新王朝多民族融合、多元文化交汇、多级地域环境并存的特征,实现吸收、调适并最终整合、消化,形成恢宏、融通、大气的创作风貌。大体说来,赵孟頫所提出的复古宗旨主要体现为法度、意韵、风格三方面:第一,学习古法,以去除南宋以来文艺界师心自用的创作弊习;第二,具有古意,即以幽远简率的古意、士大夫之气来摒除南宋以来文艺界弥漫的匠气俗气;第三,实现古雅,以古朴、雅正、大气的风格来展示新王朝的混融一统气象,从而驱除以往割据时代所形成的偏鄙、委琐、逼仄之气。

关于学习古法,赵孟頫在《阁帖跋》中写道:

> 书契以来远矣,中古以六艺为教,次五曰书。书有六义:象形、指事、谐声、会意、转注、假借。书由文兴,文以义起,学者世习之,四海之内罔不同也。秦灭典籍,废先王之教,李斯变古篆,程邈创隶书。隶之为言,徒隶之谓也,言贱者所用也。汉承秦弊,舍繁趣简,四百年间,六义存者无几。汉之末年,蔡邕以隶古定五经,洛阳辟邕,以为复古,观者车日数百两。其后隶法又变,而真行章草之说兴,言楷法则王次仲、师宜官、梁鹄、邯郸淳、毛宏,行书则刘德升、钟氏、胡氏,草则崔瑗、崔寔、张芝、张文舒、姜孟颖、梁孔达、田彦和、韦仲将、张超之徒,咸精其能。至晋而大盛,渡江后,右将军王羲之总百家之功,极众体之妙,传子献之,超轶特甚。故历代称善书者,必以王氏父子为称首,虽有善者,蔑以加矣。①

从这段赵孟頫对有关书法学习的古法理论来看,他所谓的学习古法是要求学者回到书法最开始的起点。而之所以最终以王羲之父子的书法为范式的根本原因又在于,王氏父子的书法创作代表了古法的一切表达方式和一切奥妙所在。"总百家之功,极众体之妙",后世虽有善于书法者,却没有谁能像王氏父子的作品一样有着总起百代、开启后世的作用,所以学习书法者必须以王氏父

---

① 赵孟頫《阁帖跋》,钱伟疆点校《赵孟頫集》卷一〇,浙江古籍出版社 2012 年,第 267 页。

子的书法为基本规范。对于元王朝的文化建设而言,历经战乱、分裂,同时又有着多元文明一统的格局,这种认知是非常合理的。

其实也不仅仅是书法创作,赵孟頫总的文艺复古精神宗旨就是要求回到文艺创作最初的原点。再如其绘画观点。赵孟頫自言:"仆所作者,虽未敢与古人比,然视近世画手,则自谓少异耳。"①由他的这句话,再联系赵孟頫在赏鉴卢楞伽《渡海罗汉像》的题跋中所提出的作画理论,可以获得更清晰直观的理解:

> 余尝见卢楞伽《罗汉像》,最得西域人情态,故优入圣域。盖唐时京师多有西域人,耳目所接,语言相通故也。至五代王齐翰辈,虽善画,要与汉僧何异。余仕京师久,颇尝与天竺僧游,故于罗汉像自谓有得。此卷余十七年前所作,粗有古意,未知观者何如也。②

在这段文字中,赵孟頫所认为的绘画古法,依旧是回到绘画对象本身,要求创作者对创作对象真切的揣摩与了解,要有现实生活基础和体验,然后才能创作。唐朝的卢楞伽能画活西域罗汉的情态在于唐朝的京师多有西域人,画家与他们耳目相接,语言沟通,非常了解;而五代时候王齐翰缺少了现实基础,就只能将西域僧人画成汉僧的模样。赵孟頫自己在大德八年的时候也创作了罗汉图,赵孟頫认为自己的画作"粗有古意"的根本就在于,他本人与天竺僧人多有接触,所以画起罗汉像来颇有心得。赵孟頫在绘画技艺方面工笔、写意、青绿、水墨无所不精,绘画题材上无论山水、竹石、花鸟、鞍马等无所不能。但在以强弓怒马征服世界的元王朝,赵孟頫最擅长、画得最多的是马,而赵孟頫为了画活马的形态、姿势,曾模仿马的姿势打滚、腾挪。所以,以古法为本开始创作,所谓的古意其实是主张创作理念和态度上尊重现实,注重写实的手法,这是赵孟頫复古思想的宗旨和根本,几乎渗透于他的文艺创作和文艺鉴赏的每个环节、每种体裁、每个审美过程。站在北方游牧民族统治阶层的立场,并正视元王朝海陆丝绸之路汇通之后,与世界多民族、多区域人们广泛接触和往来的现实情形,则必须承认,赵孟頫推重的写实态度和写实主张符合了时代的

---

① 赵孟頫《双松平远图自题》,《全元文》卷五九五,第19册,第171页。
② 赵孟頫著,任道斌辑集、点校《赵孟頫文集》,上海书画出版社2011年,第237页。

特征,也的确能推动元代文学和艺术创作的创新。

到底又该如何才能实现融汇古法、古意之后,创作风格上的古雅气质呢?赵孟頫在《宋宁宗书谱》的题跋中作了非常精准详细的描述:

> 先皇帝以天纵之精、秘府之博,集成书法,苍然之色、穆然之光,所谓超凡入圣、出于自然,有非学力所能及也。六传而至孟頫,虽童而习之,白首而不得其原。盖不难于巧,而难于拙;不难于媚,而难于老云耳。①

古雅风格的形成应该在天赋异禀的基础上,博见百代前贤之作,然后再融会贯通,形成超凡入圣却仿佛出于自然的风格。在赵孟頫看来,古雅风格的真正魅力在于它"不难于巧,而难于拙;不难于媚,而难于老"。有必要指出的是,这段话虽然是赵孟頫评价宋宁宗的书法成就的,但用以综合评价理解赵孟頫文艺复古理论以及他的文艺巨大创作成就的获得原因也非常恰切。如果说,刚到大都的三十来岁的赵孟頫,他本身的素养与教育为他成长为那个时代全面发展的大师做好了准备的话。那么,赵孟頫最终之所以会成为诗、书、画、印全面发展,面面精通的大家,他本人拥有绝世才华自不容置疑。而元王朝收集辽、金、宋所藏的百代佳作名品全供他把玩、揣摩的优越条件对于赵孟頫的成长则有着不可替代的意义。所以赵孟頫在文艺界打出复古旗帜,既顺应了变换了的时代思潮大背景,又眼界兼通南北,以晋、唐甚至汉、魏为法,去南宋"院体"机巧纤靡之弱,革北宋粗犷豪率之气,自成风气,圆润流转,清腴华润,既符合了时代审美风尚又开创了新的创作风气,遂冠绝一时,引领一代。赵孟頫的这种成就恐怕不是精致而格局偏小的南方农耕文明所能给予的,它必须是赵孟頫到达北方之后,才有以达成。自明以来,人们在评价赵孟頫书画创作的风格时,总不免稍稍遗憾或鄙夷地将它与赵孟頫的降元挂钩,而客观地看,元王朝海涵四境,文化多元,思想放松的社会大背景同样也给予和滋养了赵孟頫。为他打破地域限制、风格限制、题材限制创造了条件,使他终于以古朴、雅正、大气的风格冲破了南宋偏安一隅而导致的逼仄、委琐、小气局面。

赵孟頫的复古理论体现于文学批评,同样也是以古法为本,追求古韵,形

---

① 赵孟頫《跋宋宁宗书谱(大德十一年春)》,《赵孟頫集·补遗·题跋》,第400页。

成气韵丰沛、古朴雅正的创作风貌。赵孟頫认为南宋"文体大坏,治经者不以背于经旨为非,而以立说奇险为工;作赋者不以破碎纤靡为异,而以缀缉新巧为得"①;往往"夸诩以为富,剽疾以为快,诙诡以为戏,刻画以为工,而于理始远矣"②,所以南宋文章只能"作庾语棘人喉舌"③。而要改革诗文的时弊,赵孟頫认为必须以古为宗,转益多师,博取众长,从而形成雅正的风格。赵孟頫论作诗之法云:"盖今之诗虽非古之诗,而六义则不能尽废,由是推之,则今之诗犹古之诗也。夫鸟兽草木,皆所寄兴;风云月露,非止于咏物。又况由古及今,各自名家,或以清澹称,或以雄深著;或尚古怪,或贵丽密;或春容乎大篇,或收敛于短韵,不可悉举。而人之好恶不同,欲以一人之为求合于众,岂不诚难工哉! 必得其才于天,又充其学于己,然后能尽其道耳。"④赵孟頫曾与其子赵雍讨论赋文写作时说,他最推崇汉之司马相如、扬雄、班彪以及晋之潘岳四人的风格,之所以取此四人,赵孟頫说"汉自高祖起沛,去古未远,其气完而未散,其文质而不俚,而四子乃能崛起于中,敢为雄辞异说以倡之,则后士之所以能文者,皆取法于四子者也。"赵孟頫还说:"长卿之文,吾取其富而艳也;子云之文,吾取其博而洽也;叔皮之文,吾知其沉而静也;安仁之文,吾取其核而实也。于是乎四子之才见,而所谓泛应曲当者在我矣。"⑤而综观赵孟頫这一段文学批评,也的确能看出赵孟頫的文学理论与他的书画理论相当一致,都要求以质朴、实在的古法为基础,以渊深、丰沛的古韵为追求,转益多师,成就雍雅、古朴、正大,涵容丰富的创作风貌。就诗歌创作的复古,赵孟頫认为应该"本之于《国风》《雅》《颂》,深之以《离骚》《九歌》"⑥;对于文章之复古,赵孟頫要求以理为主,合于六经,赵孟頫认为"学为文者,皆当以六经为师,舍六经无师矣","文者所以明理也,自六经以来,何莫不然。其正者自正,奇者自奇,皆随其所发而合于理,非故为是平易险怪之别也"⑦。概括而言,赵孟頫对于诗文创作之复古是要求"以经为法","以理为本",导源汉、晋,去除机巧,返归朴素真

---

① 赵孟頫《第一山人文集叙》,《赵孟頫集》卷六,第172页。
② 赵孟頫《刘孟质文集序》,《赵孟頫集》卷六,第176页。
③ 赵孟頫《任叔实墓志铭》,《赵孟頫集》卷六,卷八,第225页。
④ 赵孟頫《南山樵吟序》,《赵孟頫集》卷六,卷六,第177页。
⑤ 赵孟頫《为阿雍书四子七赋题识》,《赵孟頫集》卷六,《补遗·题跋》,第387页。
⑥ 赵孟頫《南山樵吟序》,《赵孟頫集》卷六,第177页。
⑦ 赵孟頫《刘孟质文集序》,《赵孟頫集》卷六,第176页。

率,从而"追配古人"①,恢复古时文气盎然,言语丰沛适宜、该洽稳沉的风格,"含蓄顿挫,使人读之而有余味"②。

赵孟頫在诗、书、画、印等方面全都成就巨大,冠冕一代。综合赵孟頫的文艺成就和文艺复古精神及宗旨,可以看到,身处游牧民族统治的一统王朝,赵孟頫文艺复古精神中的学习古法基础、拥有古典意韵、实现古雅风度,从表面看来是对南宋创作敝习的革新,实质是新王朝复古精神的折射和集中反映。赵孟頫的古法意旨深刻地契合了迥异于传统中原王朝统治的新王朝从最初制定法度的原点开始的精神;赵孟頫的古意要求,尽管是要求恢复士大夫的人格精神与尊严,但这种要求在元王朝南北融合、游牧民族努力学习中原农耕民族的统治、管理经验的背景中,也包含着优秀农耕文明为迎合、适应新王朝需求而调整姿态的努力;赵孟頫的古雅追求,就其个人成就而言是诗、书、画、印,山水、竹石、人马、花鸟,水墨、傅彩等体裁、题材、技术等方面多元融合之后的古朴流利、雅正恢宏的气象格局,而这种成就的获得却是元王朝南北多民族、多文化一统之后的社会背景所给予和期待的。

以赵孟頫书画为题跋的创作在元朝达到高潮。在多元文化语境中,元代的书画创作和题跋异常繁荣。仅以元代题画诗而言,其数量之多令人震撼。据康熙时期陈邦彦所编辑的《御定历代题画诗》所统计,元代有题画诗 3639 首③,与唐题画诗 162,宋 976 首,明 3698 首④相比,就元代不到百年的历史而言,这个数据的确已经非常可观。事实上,陈邦彦的编辑、统计还有非常大的增补空间,例如,据陈邦彦的统计,虞集只有 151 首题画诗,而据今人整理的《虞集全集》统计至少有 400 首;揭傒斯只有 13 首作品,而据《揭傒斯全集》统计至少有 125 首题画诗;马祖常 70 首,据《石田先生文集》统计有 75 首;柳贯 29 首,《柳贯诗文集》67 首;黄潘 32 首,《黄潘全集》有 65 首;程钜夫 105 首,《程钜夫集》有 163 首;袁桷 126 首,《袁桷集》有 139 首;吴师道 55 首,《吴师道集》有 103 首;欧阳玄没有作品,而《欧阳玄全集》有 52 首,这些数据意味着陈

---

① 赵孟頫《刘孟质文集序》,《赵孟頫集》卷六。
② 赵孟頫《任叔实墓志铭》,《赵孟頫集》卷六,卷八,第 225 页。
③ 按:这个数据不包括元好问等一些被陈邦彦认为是元代而实际是金遗民的作品。
④ 按:据陈邦彦《御定历代题画诗》目录整理,《四库全书》第 1436 册。

邦彦编辑的 3700 余首题画诗的数字还有相当大的增补空间①。今人陈传席曾对此感慨道："元代几乎所有的画家都有诗文集存世；几乎所有的作家都有题画、议画的诗文存世，没有任何一个时代像元代这样，诗人和画家关系那样亲密"，"画上题诗、题文在元代空前高涨"②。这其中，围绕赵孟頫的书画创作和题跋，实际形成了堪称赵孟頫文化现象或者元代书画题跋现象的典型特征。像虞集常随从赵孟頫左右学习、观摩书画，他为赵孟頫书法、绘画作品题跋的作品就有五十余篇，占他所有题跋作品的八分之一。此外据各类诗文集、全集的文献统计，人们直接为赵孟頫作品赋咏、题跋的，张雨 21 篇、袁桷 18 篇、黄溍 11 篇、柯九思 10 篇、杨维祯 8 篇、倪瓒 7 篇、柳贯 6 篇、吴镇 6 篇、吴师道 5 篇、黄公望 5 篇、杨载 4 篇、许有壬 4 篇、欧阳玄 4 篇、郑元祐 4 篇、胡助 3 篇、陈旅 3 篇、张翥 3 篇、李孝光 3 篇、释大䜣 3 篇、贡奎 2 篇、马祖常 2 篇、吴澄 2 篇、程钜夫 2 篇、朱德润 2 篇、萨都剌 1 篇、范梈 1 篇、苏天爵 1 篇、揭傒斯 1 篇、宋褧 1 篇、王沂 1 篇、康里巙巙 1 篇，陈泰 1 篇等等。所列这些人中不仅有大量南方文人的题咏，还有许有壬、宋褧、王沂、苏天爵等北方汉族文人以及康里巙巙、萨都剌、马祖常等西域文人，足见赵孟頫之影响。也正是由于赵孟頫的引领和推动作用，在元代，自赵孟頫开始，画上题款逐渐普及而且开创一画复题、多题模式，往往题与款各得其宜，成为其时绘画不可缺少的内容③。很显然，这样一种形式特别有利于不同文化背景人群的交流和雅集。值得注意的是，"元以前多不用款，款或隐之石隙，恐书不精，有伤画局。后来书绘并工，附丽成观"④。诚如明人张丑所指出的那样"晋唐名迹流传于世者，绝无品题等项，宣和、绍兴间稍以标记，即跋语不过寥寥数言而已。独元人最尚题咏，而于画本尤甚，有多至三四十人者"⑤。频繁的雅集活动推动了元代南北多族文人群体的大融合，更推动了元人诗、书、画、印整合的趋势，"在画幅上题诗写字，借书法以点醒画中的笔法，借诗句以衬出画中的意境"⑥。再加上富于绘画、题跋者个性色彩的印章签名，诗、书、画、印四美合一，混融一体，这种同题创作、集

---

① 邱江宁《奎章阁文人群体与元代中期文学研究》，(北京)人民出版社 2013 年，第 116 页。
② 陈传席《中国山水画史》，(南京)江苏美术出版社 1996 年，第 409—410 页。
③ 贾银花《试论赵孟頫的文人画理论与实践》，山东大学 2005 级文艺学硕士论文。
④ 《佩文斋书画谱》卷一四，《四库全书》第 819 册，第 448 页。
⑤ 张丑著，徐德明校点《清河书画舫》卷十一，上海古籍出版社 2011 年，第 574 页。
⑥ 宗白华《论中西画法的渊源与基础》，《美学散步》，北京大学出版社 2005 年版，第 296—297 页。

咏行为不仅成为一时风尚,而且终于推动了中国传统文人画的定型。

另外,令人深深感喟和注意的是,赵孟𫖯在他的诗文、书画、印章中往往都喋喋不休地表达着自己的江南思念,这或许是赵孟𫖯创作的真正魅力,也是他真正能代表南方文人群体展现农耕文明独特且不容忽视和替代的内容。赵孟𫖯认为回归江南才是自己生命的王道,把拥有温静的农耕生活的江南视作自己生命的故乡:"我生悠悠者,何日遂归耕"(《桐庐道中》),"相思吴越动经年,一见情深重惘然"(《次韵王时观》)。在官至一品后,赵孟𫖯却恍然发现自己"沧洲白鸟时时梦,玉带金鱼念念非"(《和姚子敬韵》),明白自己的真正愿意是"江花江草诗千首,老尽平生用世心"(《题范蠡五湖杜陵浣花》二首之二)。其诗《罪出》写道:

> 在山为远志,出山为小草。古语已云然,见事苦不早。平生独往愿,
> 丘壑寄怀抱。图书时自娱,野性期自保。谁令堕尘罔,宛转受缠绕。昔为
> 水上鸥,今如笼中鸟。哀鸣谁复顾,毛羽日摧槁。向非亲友赠,蔬食常不
> 饱。病妻抱弱子,远去万里道。骨肉生别离,丘垅谁为扫。愁深无一语,
> 目断南云杳。恸哭悲风来,如何诉穹昊。[①]

大都对于赵孟𫖯为代表的南方文人群的最大意义在于其政治意义。初到北廷之际,赵孟𫖯曾经非常努力、积极地融入到北人政治和北方文化圈,以求得政治上的进展。他曾参与至元钞法改革,为搬倒把持朝政的桑哥用尽心力,等等。尤其是搬倒桑哥一事,赵孟𫖯用心非常缜密。据载:桑哥执政导致民怨颇大,京师发生地震,赵孟𫖯即以此谕告阿鲁浑萨理乃桑哥执政所致,"素与阿剌(鲁)浑撒(萨)里(理)公善,密告之曰:'今理算钱粮,民不聊生,地震之变,实由于此。宜引唐太宗故事,大赦天下,尽与蠲除,庶几天变可弭。'阿鲁浑萨理公奏如公言,上悦从之"。又载,赵孟𫖯见彻理乃元世祖身边近侍,遂欲借彻理来谏谕元世祖阻止桑哥用政,"告之曰:'上论贾似道误国之罪责留梦炎不能言之。桑哥误国之罪甚于似道,我辈不能言,他日何以色责。第我疏远之臣,言不必听,观侍臣中,读书知义理,慷慨有大节,又为上所亲信,无逾公者。夫

---

① 赵孟𫖯《罪出》,《赵孟𫖯集》卷二,第22页。

捐一旦之命,为万姓除去残贼,此仁人之事也,公必勉之。'彻理公曰:'……公幸教我以有机可乘,殆天为之。'遂径至上前,极数桑哥之恶,百倍似道,不亟诛之,必乱天下"①。由杨载的叙述来看,桑哥的倒台,赵孟𫖯与有力焉,但赵孟𫖯在其中所扮演的角色却非常有意思,他是作为策划者一直在背后鼓动元世祖爱重的回回高层阿鲁浑萨理以及蒙古近侍彻理等人去行动。赵孟𫖯搬倒桑哥事件中的行为,让人既能看出他的婉转手腕,也能看出他政治生涯的委屈。感到政治理想的实践非常委屈时,那么北方生活的艰难就变得特别难挨了。这首诗中,除去抱怨为官不自由的情绪外,"向非亲友赠,蔬食常不饱"这一句的意味特别值得推敲。由诗句的上下文来看,这句诗并非哭穷,而是抱怨北方游牧区域缺少蔬菜的生活条件。这个表达很切直。宋金元以来,随着游牧民族对中原区域的控制,大量南方人被迫到北方游牧民族活动的腹心区域任职,从而深切体验到游牧区域饮食、生活条件与农耕区域的巨大差异。这其中最直接的一个区别是,游牧族群以肉食、乳食为主,而南方农耕区域,人们多食菜蔬、鲜果,像滕茂实、朱弁等由宋入金的南人都曾因获得蔬菜而欣然为诗。滕茂实曾作诗题道"雨后蔬盘可喜偶成"②,而朱弁更是于饱食新鲜的𧅁菜之后,心情愉悦地作长诗抒情,诗题名道:"初春以蔓菁作𧅁,因忆往年避难大隗山,采蕨涧中为𧅁。𧅁成汁为粉红色而香美特异,乃信郑人所言为不诬矣。今食新𧅁,因成长韵。"在诗的最后,朱弁感慨地写道:"今来滞殊乡,白首家万里。犹能对荤膻,咀嚼出宫徵。回思十年梦,争夺殊未已。饱食但谋身,吾颡良有泚。"③某种程度而言,是气候环境与生活条件的巨大差异使他们滋生了更浓厚的思乡情绪,进而使他们在人生理想上产生偏离。赵孟𫖯的这种情绪表达非常精准地抓住了整个元代北进大都的南方文人的心。

例如虞集为赵孟𫖯的一幅并非代表作的画作《春江听雨图》题跋,借助虞集的题画诗,不仅可以深切地感触到二人内心的共鸣,甚至能触摸到那一个时代南方文人的心结:

① 杨载《大元故翰林学士承旨荣禄大夫知制诰兼修国史赵公行状》,《全元文》卷八一二,第 25 册,第582、583 页。

② 滕茂实《雨后蔬盘可喜偶成》,《全辽金诗》第 137 页。

③ 朱弁《初春以蔓菁作𧅁,因忆往年避难大隗山,采蕨涧中为𧅁。𧅁成汁为粉红色而香美特异,乃信郑人所言为不诬矣。今食新𧅁,因成长韵》,阎凤梧、唐金声《全辽金诗》,第 146 页。

《题吴兴公春江听雨图，并序》(序)越鸟巢南枝，所欲得于江湖之
上者，甚不多也。区区不余畀，睹此慨然。

忆昔江湖听雨眠，翩翩归雁度春前。数株古木依茅舍，老去何年踏
钓船。①

和赵孟頫一样，虞集算得上是北进的南人中最为成功的代表之一，是奎章阁学
士院的侍书大学士，曾担任《经世大典》的总裁官。但在虞集的许多诗文中也
念念不忘地表达着期望归返江南的意愿。虽然不像赵孟頫一样有着皇室宗族
的身份，但虞集也是南方世家子弟，在少年时代曾"于经传百氏之说、帝王之
制、有国家者兴衰得失之由与其为之之术，无不学焉，而典故沿革，世家爵里，
考核于近代者，尤精详矣"②，受过良好而有规模的学习和训练，对于国家政
治、经济、教育等大决策，虞集都有很好的理念。虞集曾对信重自己的文宗说，
若能让他治理一郡，则"三五年间，必有以报朝廷"，一定能使当地"封域既正，
友望相济，四面而至者均齐方一，截然有法"③，但最终虞集没有在任何实职中
发挥影响，基本沦为馆阁帮闲。这对他的教育背景来说或许是种较为难堪的
结果吧。这种难堪的现状在给赵孟頫画作题诗之际被适时地抒发出来。毫无
疑问，赵孟頫画中、虞集诗里的"踏钓船""听雨眠"可以被理解为赵孟頫和虞
集两人共有的江南印象和文化乡愁。对于辛苦北进的南方文人群体来说，儒
家文化浸渍深刻的他们都期望进用于朝廷，有功于世道苍生。但诚如叶子奇
所指出的那样，北廷对于南人的态度一直都"深闭固拒，曲为防护"，而且还
"自以为得亲疏之道"④，从来没有真正纳南人于自己的胸怀中，这对于辛苦北
来的南人来说，是非常无奈和失望的。赵孟頫曾给虞集题写篆书"道园"二
字，据虞集回忆其情景云：

昔从吴兴赵文敏公于集贤，赵公临池之际，顾谓仆曰："人皆求予书，

---

① 虞集《题吴兴公春江听雨图》，《虞集全集·道园类稿》卷一○，上册，第214页。
② 赵汸《邵庵先生虞公行状》，《全元文》卷一六六二，第54册，第353页。
③ 《元史》卷一八一《虞集传》，第14册，第4178页。
④ 叶子奇《草木子》卷三，《四库全书》第866册，第772页。

子独不求吾书,何也?"对曰:"不敢请耳! 固亦欲之。"因曰:"养亲东南,无躬耕之土。及来京师,僦隙宇以自容。尝读《黄庭经》,有曰:'寸田尺宅可治生',是则我固有之,其可为也。"又曰:"'恬淡无欲道之园',遂可居有哉。"赵公为书"道园"两古篆,自是,有"道园"之名。[1]

藉由虞集的文字可以知道赵孟頫为虞集书"道园"二字的心意,他对于作为后生晚进的虞集颇有同是天涯漂泊、惺惺相惜、相与共勉的感受。在赵孟頫和虞集他们看来,在不能实现理想和抱负的现实世界里,唯有居住道之园,方能得天地廓朗之自由与宁静。最优秀如赵孟頫、虞集等人尚且只能以文职终老,遑论那些普通而积极的南人。由此而言,虞集那句"杏花春雨江南",就像吴师道展述的那样"春深不见试轻衫,风土殊乡客未谙。蜡烛青烟出天上,杏花疏雨似江南"[2]。可以说,客里春深、风土殊异、春江听雨、雨中卧钓船等画境和诗意,几乎唤起和触动了整个时代北上南人共同的文化乡愁。

综合上论,元代文艺复古思潮的发生,有许多时代背景原因值得探研。但这其中,南方文人群体大举北进,元代文坛在增加了南方文人群之后,格局大变,南北大融合成为其时社会文化、文坛生态尤其值得注意的内容。赵孟頫作为南方文人的最优秀者,也作为农耕文明的顶级精英,在南北融合的背景和进程中,他对于时代风气的领悟和把握,使他以文艺复古理念为把手,在理论与实践双向推动下,借助雅集和书画题跋等形式,致使文艺复古理念成为风潮。这股风潮在推动南北多族文人大融合的同时,也推动了元代文人画、题画诗的繁荣,并使得江南的文化韵致得到极大程度的关注和提升。

---

[1]　虞集《道园天藻诗稿序》,《虞集全集·道园类稿》卷一八,上册,第 511 页。

[2]　吴师道《京城寒食雨中呈柳道传吴立夫》,邱居里、邢新欣校点《吴师道集》,吉林文史出版社 2008 年,第 117—118 页。

第二章 南北多民族融合背景与江西
文人群的崛起及影响

概　述

在整个元代文坛格局中,江西文人群体的意义需要作为单独的一翼而拎出来特别讨论。综观整个元代文坛,且不论元诗四大家中虞集、揭傒斯、范梈三位作为江西籍作家占了三席,如果论单独的大家,三大诗家外,江西作家有程钜夫、吴澄、周伯琦、危素、傅与砺、吴全节、朱思本、周德清等享誉元代文坛各个时期的著名作家和理论家。不仅如此,江西文人群体需要特意辟专章而讨论的重要意义还在于,除了程钜夫、虞集、揭傒斯以及危素、周伯琦等江西籍作家承接有序,代为元代文坛领袖之外;在有着金源文人群以及西域文人群、浙江文人群、姑苏文人群等多元力量的文化及文坛格局中,江西文人群体在政治领域有程钜夫,思想领域有吴澄,宗教领域有吴全节,地理领域有朱思本及其《舆地图》、汪大渊的地理纪行著作《岛夷志略》,语言领域有周德清及其《中原音韵》,艺术领域有江西地域及艺人贡献的青花瓷,无论是个体、大家的影响力还是整个群体的综合意义,江西文人群的意义在元代文化包括文学领域中都具有引领性。

元代江西文人群的重大影响与元王朝多元文化融合的社会大背景密切相关。在宋金、蒙宋长达两百余年的战争中,江西基本不在主战区,相对太平的环境使得江西成为东北流民、四川人东迁和江淮人南迁的主要区域,也是其他各区域移民迁入的中心。以数据而论,江西从北宋崇宁五年(1106)人口总数的 4487530 跃升到元代至顺元年(1330)的 14524190。宋、金、蒙之间将近 200

年的割据战争,竟然让江西实现了千万量人口的突破性增长,与之前和之后的时代相比,江西成为元代唯一一个超过千万,人口最多的一个省份,这在江西历史上前世未有,后世再无①。由于人口众多,财税丰厚,江西成为元王朝皇帝忽必烈一系宗王、勋旧的主要封赏区。元朝分拨给宗王、勋臣的民众计7999279户,江西地区有46200户,占总比58%;而且江西的封户主要是分拨给元朝最尊贵的宗主、勋臣,以忽必烈家族为主。江西封户总共有839250户,忽必烈家652250户,占总比78%,皇太子真金的封地就位于江西的核心地区隆兴(今江西丰城)。基于以上种种原因,不仅是战乱时期各地域的人们大量迁移江西,而且在元朝一统之后,大量蒙古、色目人通过管领封地而进入江西区域,此外其他为求官、求学、求商的人们亦由此大量涌入江西区域②,促使江西区域成为其时多元文化融合的中心区域。江西文人及其作品所以能在元代取得划时代意义和巨大影响力,又在于他们都能领会和把握时代多元融合的风气,在推动元代社会多元融合文化特征更圆润清晰的同时,也使他们本人以及江西文人群体站到了时代的潮头,产生深远的影响③。

第一节　程钜夫与元代文坛的南北融合④

对于元代文坛来说,由于程钜夫的作为,南方文人大举北进,元代文坛由金源文人独立主掌的局面被打破,而大量代表其时文明和创作成绩最高水平的南方文人参与到元代格局的形成进程中,成为重要的一翼,四海一统、南北融合的元代文学创作风气有以形成;而虞集、揭傒斯、危素等人提到的元代文

---

① 按:本文所采用的人口数据以袁祖亮《中国古代人口史专题研究》为依据,而袁氏统计的省域范围基本以今天的省域划分,包括台湾共27个区域。据袁氏统计,元代之前,隋朝时候的江西人口数为428362人,占全国总人口比为0.9%,排名第13位;唐朝时,江西人口数为1746139人,占比为2.9%,排名第11位;北宋时,江西人口数为4487530,占比为9.8%,排名第2位。元代之后,明代的江西人口数为6505232,占比为14.4%,排名第2位;清朝时,江西人口数为20085270,占比为5.8%,排名第9位。参见袁祖亮《中国古代人口史专题研究》,(郑州)中州古籍出版社1994年,第253—380页。

② 按:参考吴松弟《中国移民史》第四卷"辽金宋元卷",(福州)福建人民出版社1997年,第276—327页。吴小红《江西通史·元代卷》,(南昌)江西人民出版社,2008年。

③ 邱江宁《元代文坛:多元格局形成与地方力量推助——以江西乡贯为中心》,《上海大学学报》2017年第4期,第65—80页。

④ 邱江宁《程钜夫与元代文坛的南北融合》,《文学遗产》2013年第6期,第97—107页。

风建设,程钜夫的意义也不容低估。可以说,程钜夫是推动风气形成的重要推手,意义非同寻常。

程钜夫的江南访贤与元代文坛格局之变

程钜夫(1249—1318),初名栎之,字周翰,后改名文海,字钜夫,又因避元武宗海山名讳,以字行。号雪楼,又号远斋,郢州京山(今湖北京山东部)人,后迁居建昌(今江西南城)。受业于族叔程若庸,与吴澄同学。同门友人称为雪楼先生,因其所居为"雪楼",逝后追封为楚国公,谥文宪。著有《雪楼集》三十卷。

追溯程钜夫的出身及生平,应该说,他的人生以及他的作为来自于时代的巨大变换,而他不期成为时代巨变中的潮头者与弄潮儿。迹由程钜夫的仕宦生涯,可以看到,至元十三年(1276),程钜夫随叔父觐见于北廷,并以质子而入备宿卫。十五年(1278)以对南宋灭亡问题的见解超群,深得元世祖赏睐,被元世祖特命改直翰林,从此开始他操觚染翰、黼黻皇猷的馆阁文臣生涯。危素神道碑写道:

> 至元十三年,从季父朝于开平,遂留宿卫,授以宣武将军、管军千户。十五年十一月九日,召见香殿,世祖问:"宋何以亡?"对曰:"孟子有言,三代之得失天下也,以仁、不仁。宋非不仁,权臣贾似道误之也。"问:似道何如人? 对:"其为边臣,是一似道也;及为相,又一似道也。"天颜甚悦,命给笔札书其辞,即御前以银盆渍墨书廿余幅以进,深称上旨。问今何官,且谕近臣曰:"斯人相貌,应贵;听其言,聪明有识人也。"谕公曰:"国政得失、朝臣邪正,卿为朕悉言之。"公顿首谢曰:"臣疏远儒生,蒙被知遇,敢不竭驽钝以报。"明年,授应奉翰林文字、朝列大夫。[①]

再据揭傒斯对程钜夫相貌的描述,可以印证元世祖对他的好感:"公生有异质,仪状魁伟,神采峻毅,语音如钟,望而知其为大人君子也。即而亲之则温然如春,渊乎其有容,莫能际其涯也"[②],尽管这其中不乏赞誉和夸扬的成分,但也

---

① 危素《大元敕赐故翰林学士承旨光禄大夫知制诰兼修国史赠光禄大夫大司徒上柱国追封楚国公谥文宪程公神道碑铭》,《全元文》卷一四七八,第48册,第432页。

② 揭傒斯《元故翰林学士承旨程公行状》,《程钜夫集》附录,第474页。

可以实证程钜夫藉外表的不凡令元世祖亲近并任用。而这也是程钜夫有以发挥其独特的政治影响,并推动南人大举北进的重要前提。

从程钜夫现今留下的奏疏来看,最重要的便是推动蒙古统治者对文明程度最高的南宋人才的启用。至元十九年(1282),程钜夫以集贤直学士、中议大夫身份向元世祖条陈《吏治五事》,内容包括:"一曰取会江南仕籍,二曰通南北之选,三曰立考功历,四曰置贪赃籍,五曰给江南官吏俸"①,其中三事是针对江南人才的选用的。其一,程钜夫认为朝廷必须选拔合适的人员协同朝廷所派省部官员核实、勘对原先宋朝江南州县城郭、乡村邻甲官吏的姓名、三代、任职履历,这样既方便省部官员核查任职者的真伪,又方便对后来求仕者进行参照考核。其二,须通南北官吏之选。江南平定之后,元廷既不清楚南宋在职官吏的情况,也不在意自己派任官吏的情况,这在客观上造成了三个弊端,一者,朝中有能力、有德行的北方贤者认为江南乃朝廷孤立、冷淡区域,不愿任职江南;二者,被派往江南任职或者愿意任职江南者往往是"贩缯屠狗之流、贪污狼藉之辈",这些人利用朝廷政策的空档在江南胡作非为②;三者,江南大量真正有才能的士大夫被大量闲置,心灰意冷,有的甚至铤而走险。程氏在奏疏中提出,要登记南方才能之士入籍,让他们仕进北方,同时对不肯任职南方的北人进行严惩,令其安于就任。第三,必须支付江南官吏俸禄。北方官员之所以"视江南为孤远",不屑仕就,最根本的原因是,元政府竟然长期不支付江南州、县官吏俸钱③。程钜夫的奏疏正好触动了一统江南之后元廷的神经,程钜夫的建议多被朝廷采行之,而且为表彰其奏疏之力,还"赐地京师安贞门,以筑居室"④。安贞门始建于元朝,取《易经》中坤卦的象辞"安贞之吉,应地无疆"之义而得名,是元大都北城垣东面的城门。在元代,东城区是衙署、贵族住宅集中地,商市较多;北城区因郭守敬开通通惠河使海子(积水潭)成了南北大运河的终点码头,沿海子一带形成繁荣的商业区。安贞门地带处北而

---

① 《元史》卷一七二《程钜夫传》,第 13 册,第 4015—4016 页。

② 按:程钜夫所奏颇有深意。南宋被平定后,江南地区出现大量职官窠缺,权臣阿合马乘机将权势延伸至江南,在江南地区推行"海放选",科敛钱财,广植势力,给江南地区造成非常恶劣的影响。吴澄《故逸士游君建叔墓表》载:"南土初臣附,新官莅新民,官府数有重难之役,并缘侵渔,豪横吞噬之徒又乘间而出,短于支拄者,率身陨家毁",《全元文》卷五一四,第 15 册,第 470 页。

③ 程钜夫《吏治五事》,《程钜夫集》卷一〇,第 103—104 页。

④ 按:程钜夫之子程大本《年谱》载:"(至元十九)是年有旨,赐地十亩于安贞门、灞河之西乐道里,俾筑居室。公作远斋于室南,有斋记诗文。"程钜夫、吴澄以及阎复都有诗文记之。

靠东,地势甚佳,由此也可看出元廷对程钜夫建议的重视。

至元二十三年(1286),身任集贤直学士,进阶少中大夫的程钜夫进言:"省院诸司皆以南人参用,惟御史台按察司无之。江南风俗,南人所谙,宜参用之,便"①,在清晰了元祖的倾向之后,程钜夫再进奏那道著名的《好人》:

> 臣闻治天下者必尽天下之才,故曰立贤无方,曰旁招俊乂。若限以方所,征以技艺,虽曰用人,犹无人也。国家既已混一江南,南北人才所宜参用,而环视中外,何寥寥也。岂以其疏远而遂鄙之欤?此群臣之私意,非陛下至公之度也。臣何以知之?臣往在江南,屡闻明诏,一则曰求好秀才,二则曰求好秀才,而以好秀才致之陛下者几何人?江南非无士也,亦非陛下不喜士也,是群臣负陛下也。且陛下遣使江南,丁宁之曰:"求好人。"夫所谓好人者,大而可以用于时,细而可以验于事,盖无所不该矣。而凡出使者,皆昧陋愚浅,不达圣见之高明,止以卜相、符药、工伎为好人之尤,此何谓也?不惟不达圣见,且使远方有识之士或以浅窥朝廷,臣窃耻之。臣之愚陋,虽未足以为好人,然世所谓好人者倘无则已,有则臣必识之。江南百余州县之广衮,数百余年之涵养,岂无一二表表当世,不负陛下任使者?臣奉命而往,布宣德意,庶几遇之。如得其人以验臣言,则望陛下先试以一职任事使之。自卑而高,自难而易。小有益则小进之,大有功则大用之。磨以岁月,自见能否。且陛下如用若人,则不但愚臣得举所知而已,他时奉命出使者皆知陛下德意,将见异人辈出,不远数千里为朝廷用。得人之盛,视古无愧。②

所谓好人,是元世祖等蒙古统治者所谓的有实际才华的人,程氏推广其意,以儒家人才观念结合蒙古统治者实用人才观认为好人是"大而可以用于时,细而可以验于事"的人才。程钜夫的这封奏疏放在其时的背景中颇能看出他的胆识。从元朝的行省建置情形来看,诚如《经世大典序录·都邑》所载:"惟我太祖皇帝开创中土,而大业既定。世祖皇帝削平江南,而大统始一。舆地之广,古所未有。遂分天下为十一省,以山东、西、河北之地为腹里,隶都省。余则行

---

①　《元史》卷一四《世祖本纪十一》,第2册,第287页。

②　程钜夫《好人》,《程钜夫集》卷一〇,第108—109页。

中书省治之,下则以宣慰司辖路,路辖府,州若县,星罗棋布,粲然有条。"①元朝按照征服的先后,由北而南设定了内外之别。除腹里(包括河北、山西、山东之地)由中书省直接管辖之外,其他地方都被梯级而下对待。而在元朝人的意识中所谓"中州内地""河洛、山东,据为腹心",此外和林、云南、回回、畏吾、河西、辽东、扬州之类则为边徼之地,南宋所辖的"江南"区域在元人的意识中则常被叙述成"内附"的对象②。基于这样的背景,程钜夫尖锐地指出,由于元政府将江南视作内附、边徼之地,不能任命有见识的人去江南选拔人才,所以只能招致一些卜相、符药、工伎之流,这不仅不能真正贯彻元世祖的治世理念,而且使真正有识之士"浅窥朝廷",不愿与朝廷合作,为朝廷效命。在程钜夫的谏议下,至元二十三年四月,程钜夫拜集贤学士奉诏下江南访贤。在程氏出发下江南之前,元世祖特命用蒙古字、汉字书写访贤诏,临行前,元世祖还特意交代务必请来赵孟𫖯、叶李二人,种种细节,颇能昭示出他对访贤之行的重视和他对江南士大夫非常明显的示好意思。程氏的江南访贤之行,不仅请到了赵孟𫖯、叶李,而且还请来了赵孟頫、万一鹗、余恁、张伯淳、凌时中、何梦桂、胡梦魁、包铸、曾冲子、孔洙、曾晞颜、杨应奎、范晞文、方逢振、杨伯大等二十余人③。当时程钜夫一行到达京城时,"宫门已闭,叩阍莫见",而元世祖听说程钜夫回来,不觉起立,说"程秀才来矣"④,足见元世祖改变江南策略的决心。

　　江南访贤以及赵孟頫等入仕元廷诸事对江南士流的影响非同寻常,尤其是赵孟頫的出仕以及元廷对他的态度,深深牵动着江南士大夫的北进心态。据杨载记载赵孟頫刚到大都朝廷所引起的震撼说,赵孟頫"神采秀异,珠明玉润,照耀殿庭",元世祖一见称之,以为神仙中人。当时中丞耶律氏进言元世祖说:"赵某乃故宋宗室子,不宜荐之使近之左右",程钜夫一旁听到立刻启奏说:"立贤无方,陛下盛德,今耶律乃以此劾臣,将陷臣于不测",而元世祖则回

　　① 《经世大典序录·都邑》,《元文类》卷四〇《杂著》,清文渊阁四库全书本。

　　② 温海清《画境中州——金元之际华北行政建置考》,上海古籍出版社 2012 年,第 99—102 页。

　　③ 揭傒斯《元故翰林学士承旨程公行状》,《程钜夫集》附录,第 472 页。据程钜夫《故建昌路儒学教授蒋君墓志铭》载,"得二十四焉",《程钜夫集》卷一六,第 193 页。

　　④ 危素《大元敕赐故翰林学士承旨光禄大夫知制诰兼修国史赠光禄大夫大司徒上柱国追封楚国公谥文宪程公神道碑铭》,《全元文》卷一四七八,第 48 册,第 433 页。

答说:"彼竖子何知",然后转头让人传旨,要求立刻将耶律氏赶出尚书台①,还特封赵孟頫为尚书省草诏书者。无论是赵孟頫的个人魅力还是程钜夫的据理力争,元世祖的表态才是江南士大夫所关注的,很显然,元世祖批驳耶律氏的态度对于十余年被元廷冷落的江南士大夫来说非常必要。如果说赵孟頫的出仕是激起了江南士大夫的北进之愿的话,那么江南文人贡奎的一段话则很好地表达了江南士子在程钜夫访贤之后的北进决心:

> 平居读古传记,见才名气焰士,必快慕之。今纵不得如洛贾生、蜀司马长卿、吴陆士衡,即取印绶节传,为左右侍从言论之臣,尚当赋《两都》《三大礼》,献太平十二策,遇则拱摩青霄,不遇则归耕白云。安能浮沉泱忍,为常流凡侪而已乎。②

贡奎的这番话是在大德四年(1300)对戴表元说的并由戴表元转述而出。戴表元是赵孟頫的好友、袁桷的老师,《元史·戴表元传》云:"表元闵宋季文章气萎苶而辞骩骳,骪弊已甚,慨然以振起斯文为己任。时四明王应麟、天台舒岳祥并以文学师表一代,表元皆从而受业焉。故其学博而肆,其文清深雅洁,化陈腐为神奇,蓄而始发,间事摹画,而隅角不露,施于人者多,尤自秘重,不妄许与。至元、大德间,东南以文章大家名重一时者,唯表元而已。"③所以,贡奎裹粮秣骑的行动是十三世纪末、十四世纪初,南方文人在终于守得北方大都朝廷政策松动之后最具代表性的话语与行动,也是掀开整个元代南方文人大举进入北都的标志言行。那些元代文坛赫赫有名的大家们,他们几乎与贡奎的言行殊途同归。他们都像贡奎一样在儒家所谓的而立年纪,不甘埋没,在适当的时机不远千里到达大都,通过各种途径,寻求每一个可能的机会,然后也终于在大都获得了机会,立住脚跟,从而发生他们自己的时代影响④。

就程钜夫本人的贡献而言,江南访贤之外,他还借助自己的权力和影响,

---

① 杨载《大元故翰林学士承旨荣禄大夫知制诰兼修国史赵公行状》,《全元文》卷八一二,第25册,第580页。
② 戴表元《送贡仲章序》,《戴表元集·剡源文集》卷一四,第184页。
③ 《元史》卷一九〇《儒学传二》,第14册,第4336—4337页。
④ 《奎章阁文人群体与元代中期文学研究》第九章第一节"南人北上热情与元代中叶南方文人的'两都'书写",第317—340页。

不断提携和荐用南方有才华、有影响力的士大夫,"所荐士皆知名",甚至"多至大官"①。比如南方著名经学家吴澄。程钜夫与吴澄是同乡,曾同时受业于程钜夫的族叔程若庸。至元二十三年(1286)八月程钜夫回到家乡抚州时,想征请吴澄出仕,虽然吴澄以母老推辞,但对程钜夫发出的中原览胜之游的邀请,吴澄却答应起行。至元二十四年(1287)春,吴澄游历大都之后,婉拒程钜夫的出仕之邀,却与入仕北廷的南方士大夫以及部分北方士大夫唱酬甚洽。至元二十五年(1288),程钜夫又上疏朝廷,认为吴澄所考《易》《诗》《书》《春秋》《仪礼》《大戴记》《小戴记》有益,应置之国子监,令诸生习之以传天下,朝廷从之,并命有司优礼吴澄。这一切都为大德年间吴澄的出仕奠定了基础。再如南方著名世家子弟袁桷。在至元二十三年(1286)的访贤江南行程中,程钜夫曾到四明征袁桷之父袁洪出仕,袁洪拒绝了。大德元年(1297),袁桷在程钜夫联同阎复、王构荐举之下,授翰林国史院检阅官,开始了任职大都的仕宦生涯,一直到泰定元年(1324)致仕,一度为元廷的重要馆阁笔札之臣。

对于整个元王朝来说,没有程钜夫的努力,他们就不算真正拥有南方;对于元代的馆阁建设而言,没有程钜夫的努力,最直接的影响就是,不会有赵孟頫、袁桷、揭傒斯等一批南方精英的北进,元代多维政治与社会文化格局中会因此缺少代表着最高农耕文明水平的南宋治下区域文人的参与;对于南方社会而言,没有程钜夫的努力,或许南方文人群体的入仕进程,以及元代延祐二年(1315)的首次科举工作还要推后一些年。而没有这些前提,元王朝不能算真正的统一。而落实到元代文坛的格局而言,最重要的是,在南方文人群大举北进之前,元代文坛几乎是以金源文人所主导的天下,以至元二十三年(1286)程钜夫江南访贤为分界点,元代文坛才有了文明水平高度发达的南方文人的参与。不仅是元代文坛多了一翼力量,而且元代文坛才有以形成与王朝特性呼应的南北一统的文坛②,元代文化的独特魅力也将因为文明程度极高的南方文人的参与而绽放异彩。

程钜夫多元融合、观风务实的理念创作与元代创作新风气的开启

程钜夫生活的13—14世纪的大元王朝,其最典型的背景是前四汗时代,蒙古人以摧枯拉朽之势破灭西域诸国、西夏、西辽、花剌子模、金朝等王朝与氏

① 袁桷《师友渊源录》,《袁桷集校注》卷三三,第1531页。
② 邱江宁《程钜夫与元代文坛的南北融合》,《文学遗产》2013年,第6期。

族，忽必烈时代又锋镝指向大理、南宋，最终建立南北一统的大元王朝。作为元王朝第一代南人官员，程钜夫以一统王朝的理念为南方融入大元王朝而奔走呼告，也以南北一统的理念重塑新王朝的思考方式与思维视野。这种思维理念深刻地体现于程钜夫对新朝文风改革的期待。

在《李仲渊御史〈行斋漫稿〉序》中，程钜夫清晰地指出，朝廷和时代呼唤新的文章风气："我朝之盛，自古所未有，独于文若未及者，岂倡之者未至，而学之者未力耶？今天子方以复古为己任于上；弘其风，浚其流，懔焉而任于其下者，非我辈之责耶？"①新的文章风气应该迥异于前朝。在程钜夫看来，作文应该务实，以事功为主，力图从文风的务实、融合理念出发，逐步破除前朝清谈、虚文的弊习，要求开新大元创作风气。基于务实的创作理念，他主张诗文创作当具有"观民风"的作用，认为"诗所以观民风。凡五方、九州、十二野，如《禹贡》《职方》，司马迁《货殖》，班固《地理》之所载，其风不一也，而一于诗见之"②，其实不仅是诗歌创作，文章写作同样也需要立足时代，以务实观风的态度来记述。且以程钜夫的《拂林忠献王神道碑》的撰述来观照其作新大元创作风气的表率意义。

其一，程钜夫在文章创作内容上传达着对大元时代新气象的理解。《拂林忠献王神道碑》是程钜夫奉旨为西域拂林人爱薛撰述的碑文。翻检史籍，爱薛不仅是《元史》，也是二十四史中唯一一个有传记的拂林人，造成这种结果并非仅仅由于拂林人在中土较少、影响较不显的缘故，更缘于汉人作家对他们既缺乏了解，也囿于偏见不屑表述。尽管程钜夫为爱薛作碑传是奉旨而为，但程钜夫碑文中却强调指出效力于元王朝的人才是四海万国之士："窃谓古之有天下者，皆以得人为基。我朝以神武仁恕，定四海群方，万国忠良、亮直、雄伟、杰隽之士，莫不都俞庙堂之上，历数世而弥光。"③与之前的时代相比，元王朝崛起于西北朔漠之间，兼并西域诸氏、平灭西夏、金朝，使高丽臣服，统一大理南诏与南宋，没有哪个王朝像元朝一样在破灭了如此多王朝和部落之后，形成疆域如此辽阔的一统格局。在蒙古人毁家灭国，实现其大一统格局的同时，"将

---

① 程钜夫《李仲渊御史〈行斋漫稿〉序》，《程钜夫集》卷一五，第181—182页。
② 程钜夫《王寅夫诗序》，《程钜夫集》卷一四，第155页。
③ 程钜夫《拂林忠献王神道碑》，《程钜夫集》卷五，第58页。

以前闭塞之路途,完全洞开,将各民族集聚一处""使之互换迁徙"①。应该说,蒙古人以天下皆我朝的粗豪和包举宇内的胸襟,令其时"有一材一艺者,毕效于朝"②的统治态度是一统的元王朝维系近百年的重要基础,程钜夫为西域拂林人爱薛作传的前提也缘于此。但更重要的原因还在于,程钜夫能理解并领悟时代之风气,以务实观风的创作理念,平和雍雅地观照和书写之。不仅爱薛的传记,再如西域人安藏作为元初极其重要的翻译大臣,"始以佛法见知天子,至于忠言谠议,敷弘治化者孳孳焉、恓恓焉,悉本乎孔氏,孔、释之道克协于一"③。凭"金刿玉切,土木生辉""巧妙臻极"的工艺技术而获封凉国敏惠公的尼泊尔王室后裔阿尼哥④,程钜夫同样也浩然正大地表达书写之,"昭晰如青天白日,雍容如和风庆云"⑤。

多元人才毕效于一朝的现实既缘于多民族人群共存的时代背景,也提醒人们客观看待多氏族人群的多元思想文化共存的事实。根据程钜夫对爱薛的记述还能察知,正因为务实观风的创作理念,程钜夫在这篇碑传中平实地展示了大元时代多种宗教并存共荣的景象。据程钜夫的碑传记载,爱薛"己丑,领崇福使","长男,额哩叶,先禄大夫、秦国公、崇福使,领司天台事","次(婿)中顺大夫、同知崇福司事苏尔坦"⑥,这几句看似平常的描述却反映出元代多元平衡的宗教政策现实。马可波罗曾生动地描述元代宗教政策写道:

> 每逢基督教的主要节日,如复活节、圣诞节,他都照例行事。而在萨拉森人、犹太人或偶像信徒的节日,他也举行隆重的仪式。有人询问大汗,他这样做的目的是什么。他答道:"人类不同的种族分别敬仰和崇拜四大先知。基督徒视耶稣基督为他们的神,萨拉森人视穆罕默德为他们的先知,犹太人视摩西为他们的先知,偶像信徒视释迦牟尼佛为他们的神佛中境界最高的佛。朕对四位先知都表示尊崇和敬仰,因此朕祈求他们

---

① 龚书铎主编《白寿彝文集·中国交通史》,(开封)河南大学出版社 2008 年版,第 318—319 页。

② 赵孟頫《大元敕赐故荣禄大夫中书平章政事守司徒集贤院使领太史院事赠推忠佐理翊亮功臣太师开府仪同三司上柱国追封赵国公谥文定全公神道碑铭》,《赵孟頫文集》卷七,第 134—135 页。

③ 程钜夫《秦国文靖公神道碑》,《程钜夫集》卷九,第 93 页。

④ 程钜夫《凉国敏慧公神道碑》,《程钜夫集》卷七,第 80、79 页。

⑤ 熊钊《雪楼集明洪武刻本序》,《程钜夫集》附录,第 511 页。

⑥ 程钜夫《拂林忠献王神道碑》,《程钜夫集》卷五,第 58 页。

中真正的至高无上者给予朕以帮助。"①

蒙古人信萨满教,这一宗教除了它的原始程度之外,其"万物有灵"包容性使得蒙古人统治下的区域各种宗教以及思想文化并存的情形能够以"教诸色人户各依本俗行者"②的原则包容对待。更重要的是,出于统治的需要,蒙古人倾向于利用宗教和思想文化的力量来达到控制民众的效果,元代崇福司的设置正反映出蒙古统治者对待其时多种宗教和思想文化并存的情形兼容并蓄、都予接纳的政策。据《元史·百官志》载:"崇福司,秩(从)二品。掌领马儿哈昔列班也里可温十字寺祭享等事……至元二十六年置。"③《元史》所云"马儿哈昔"衍于景教叙利亚文 mar-hasia,意为"尊敬的主教","列班"音译自叙利亚语 räbbän,解作"长老",指教中高僧;"也里可温,ärkägtün,基督徒也,其或源于希腊文,后经亚美尼亚及回鹘等中介,为蒙古语所采入,义为"福分人",主要指基督教的聂斯脱里派;"列班也里可温"(räbbän-ärkägtün)可合译为"教士和僧侣",专指教内神职人员;"十字寺"是元代基督教堂的统称,缘其寺内咸悬挂十字标志。有学者指出,至元二十六年,元廷在爱薛的建议下设置掌管全国基督教事务的最高机构崇福司,崇福使则是该机构的最高行政长官④,而爱薛家族包括他本人有三位曾任元朝的崇福使。元代见载于史册的崇福使概有六人,而程钜夫的载记即将爱薛家族中的三位具列其中,占去一半,足见程钜夫的写作对于时代新内容的表述之切实。可以想见,倘若程钜夫的创作理念被整个时代的作者都追随效仿的话,则元代的创作风气必将以书写时代"奇怪物变,风俗嗜好,语言衣食,有绝异者"⑤为尚,从而改变前宋、金源等朝代囿于见识而标志自高,重于辞采,不务实用的士习文风。

　　其二,程钜夫在写作中以汉儒的态度努力表述着以南北一统的理念重塑新王朝的思考方式与思维视野。在程钜夫为爱薛的生平撰述中,文章对爱薛

　　① 马可波罗口述,鲁思梯谦笔录,余前帆译《马可·波罗游记》,(北京)中国书籍出版社,2010年,第169—170页。

　　② 陈高华、张帆、刘晓、党宝海校点《元典章·新集·刑部·回回诸色户结绝不得的有司归断》,中华书局、天津古籍出版社2011年版,第2217页。

　　③ 《元史》卷八九《百官志五》,第8册,第2273页。

　　④ 殷小平《元代崇福使爱薛史事补说》,《西域研究》2014年第3期,第95—103页。

　　⑤ 虞集《跋和林志》,《虞集全集·道园类稿》卷三二,上册,第405页。

进谏言论的大篇幅书写很值得讨论。程钜夫指出,爱薛因为"于西域诸国语、星历、医药,无不研习",被元定宗身边的僧侣列边·阿达举荐而侍从左右,但元世祖器重却是因为他"刚明忠信,能自致身立节","直言敢谏"。而程钜夫的碑文也是着力撰述爱薛的"直言敢谏"言行:

> 中统壬戌春,诏都城。二月八日,大建佛事,临通衢,结五采流苏楼观,集教坊百伎,以法驾迎导。公进言曰:"方今高丽新附,李璮复叛,淮海之壖,刁斗达旦,天下疲弊,疮痍未瘳,糜此无益之费,非所以为社稷计也。"上嘉纳之,是月望,上幸长春宫,欲因留宿。公趣入,谏曰:"国家调度方急,兵困民罢,陛下能安此乎?"上方食,愕然,尽以赐公,拊其背曰:"非卿,不闻斯言。"促驾还。自是日见亲近,公亦无所隐。至元戊辰春,大搜于保定之新安,日且久,公于上前语供给之民曰:"得无妨尔耕乎?"上即日罢。从幸上都,新凉亭成,大宴诸王,百官竞起行酒,公进曰:"此可饮乎?"上悟,抱公膝上,啐其顶,左手挽公髻,饮以酒,顾谓皇太子曰:"有臣如此,朕何忧焉?"癸未夏四月,择可使西北诸王所者,以公尝数使绝域,介丞相博罗以行。还,遇乱,使介相失,公冒矢石,出死地,两岁始达京师。以阿鲁辉吾所赠宝装束带进见,令陈往复状。上大悦,顾廷臣,叹曰:"博啰生吾土,食吾禄,而安于彼。爱绥(薛)生于彼,家于彼,而忠于我,相去何远耶!"拜平章政事,固辞。初,上登万岁山,瞻望四郊,恻然累累欲迁之,及将尽,徙南城居民实大都,皆弗果,赐宿卫士庐舍,禁杀胎夭坼,置西域星历医药之署,立广惠司,给在京疲癃残疾、穷而无告者,皆以公言罢(置)行之①。成宗即位,眷益隆,赐腰舆出入。大德癸卯,上弗豫,政出闱阃。秋八月,京师地震,中宫召谓公曰:"卿知天象,此非下民所致然耶?"公对曰:"天地示警戒耳,民何与? 愿熟虑之。"曰:"卿早何不言?"公曰:"臣奏事世祖及皇帝,虽寝食未尝不召见。今旷月日,不得一入侍,言何由达?"数年之间,灾异日起。公力陈弭变之道,辞多激切,弗纳。丁未,上弃臣民,公时在秘府,有秘文,非御览不启,中使奉内旨迫取,公厉色拒之。②

---

① 按:依行文来看,此处应该是"置"而非"罢"字,见殷小平《元代崇福使爱薛史事补说》,《西域研究》2014 年第 3 期,第 98 页。

② 程钜夫《拂林忠献王神道碑》,《程钜夫集》卷五,第 58 页。

从篇幅来看,程钜夫《拂林忠献王神道碑》全文约 1800 字,而这段文字有 700 余字,刨去铭文以及篇首一些官方客套语,则这段文字可谓程钜夫记述爱薛生平的主干内容。而从爱薛的进谏内容来看,无非要求皇帝勤政、止奢、爱民、养生以及完善朝廷制度等等;而就个人与皇帝的情感而言,则冒死以尽忠,竭力以摈私等等。如果忽略爱薛的西域氏族身份的话,则这些内容其实与正史中所记中原汉儒对待皇帝及国事的态度一般无二。但是,爱薛作为西域人,自 1246 年左右效事蒙古统治者,直至 1308 年去世,长达 60 余年。期间,凭借个人"于西域诸国语、星历、医药,无不研习"的知识背景,爱薛建议朝廷置西域星历、医药之署,并给在京疲癃残疾、穷而无告者,建立广惠司,还曾奉旨出使伊利尔汗国,等等。这些事迹固然强有力地揭示这样一个事实:基于"并西域,平西夏,灭女真,臣高丽,定南诏,遂下江南,而天下为一"的大元社会,其运转以及制度的完善是包括汉人在内的蒙古人、西域人以及其他氏族的人们共同推动的。但程钜夫的碑文更有意义的地方还在于,他用爱薛的许多进谏事实向人们证实陈垣先生所指出的那层内容,"百汉人之言,不如一西域人之言"①。作为最先内附于蒙古人的西域人,也是随蒙古人西征而大量东迁进入中原的群体,西域人一方面是蒙古人最信任的腹心,是蒙古人在中原统治意志的延伸,另一方面作为文明程度更高于蒙古人,同时又被蒙古人所信任的群体,汉人的思想及理念也需要通过西域人达于蒙古统治者。程钜夫的南北融合理念中实质包含着对整个时代多元文化相互包容融进的理解。再联系 1260 年,刚刚即位的忽必烈以蒙古大汗的身份第一次向汉地士民颁布的《即位诏》所云:新建的王朝将"祖述变通",致力于改变"武功迭兴,文治多缺"的局面,期望"远近宗族、中外文武,同心协力,献可替否之助"②。作为极早追随蒙古统治者的西域人,爱薛的进谏内容中勤政、止奢、爱民、养生等内容包含着他对《即位诏》内容的执行,也包含着他辅助蒙古人立足中原的良苦用心;而作为最早一批归附蒙古人的南人,程钜夫在努力适应北廷的政治格局过程中,铸就了"士生天地间,当以济人利物为事,奈何琐琐以自厚一身为哉"③的用世

---

① 陈垣《元西域人华化考》,第 29 页。
② 《元史》卷四《世祖本纪》,第 1 册,第 64—65 页。
③ 揭傒斯《元故翰林学士承旨程公行状》,《程钜夫集》附录,第 474 页。

哲学,这是他最终成为元朝"夫胸吞云梦者,所以为一代伟人也"①的不寻常之处,也是他文章革新的重要理念基础。某种程度而言,程钜夫能藉其政治地位和个人魅力发挥多大的影响,则其所倡导的新朝文章创作风气就有多大披靡力度。

程钜夫与科举的关系及对元代创作风气的影响

皇庆二年(1313),从1206年大蒙古国建立到1260年忽必烈成为大汗,并向汉代士民发布《即位诏》表示要祖述变通,大兴文治,到议行多次终未能成的科举考试终于进入正式讨论的环节。十月十一日,元仁宗敕中书省议行科举,十一月十八日,命令李孟、程钜夫和许师敬讨论科举事宜。

在李孟的科举取士建议中,他认为国家科举所取之士应该是懂得修己治人之道的明经之士,至于"词赋乃摘章绘句之学,自隋、唐以来,取人专尚词赋,故士习浮华",所以李孟建议废除宋代科考中"律赋、省题诗、小义"等考试内容,"专立德行明经科",并"以此取士"②。按照李孟的意思,辞赋之学不应成为国家选拔人才的依据,不过科举取士之法最终讨论的结果,据程钜夫所拟《科举诏》云:

> 若稽三代以来,取士各有科目。要其本末,举人宜以德行为首,试艺则以经术为先,词章次之。浮华过实,朕所不取。……经明行修,庶得真儒之用。风移俗易,益臻至治之隆。③

由所引内容来看,大臣们最终并没有完全废除人才选拔艺能之考,但必须以经术为先,词章靠后。在这次决定元朝南北士人命运的重大讨论中,程钜夫建言:"经学当主程颐、朱熹传注,文章宜革唐、宋宿弊"④,如前面关于苏门山文人群体对于元代科举影响的章节所讨论,程朱理学被纳入考试范畴实乃理出当然。许师敬是许衡之子,他支持考试以程朱理学为内容没有疑议,而此处程钜夫的建言还是值得注意。程钜夫本人即为程朱理学的重要传人,他曾受学

---

① 赵孟頫《雪楼先生画像赞》,《程钜夫集》附录,第499页。
② 《元史》卷八一《选举志一》,第7册,第2018页。
③ 《程钜夫集》卷一《科举诏(皇庆二年十一月甲辰)》,《程钜夫集》第3页。
④ 《元史》卷一七二《程钜夫传》,第13册,第4017页。

于族叔程若庸,程若庸乃朱熹的三传弟子,若庸师承双峰饶鲁,双峰又师承勉斋黄幹,勉斋乃朱熹正传弟子。而且程钜夫与元代大儒吴澄是同学,在吴澄入仕元廷之前,程钜夫曾上疏朝廷,认为宜将吴澄所考《易》《诗》《书》《春秋》《仪礼》《大戴记》《小戴记》有益,置之国子监,令诸生习之以传天下,可以看出他对于理学的关注与熟稔。

科举以程朱理学为核心内容这一点没有问题,而在文章写作风格上,程氏建言要革除唐宋宿弊,他所谓的唐宋宿弊与李孟建议中所谓"自隋、唐以来,取人专尚词赋,故士习浮华"①的说法相呼应,程钜夫代表南人,李孟、许师敬以及仁宗代表北人,由他们的言论看来,南北文风要在新王朝实现融合必须达成的一个最基本的共识就是,摒除唐宋以来士人尚文辞轻实用"浮华过实"的文风,这也正是程氏一直以来所努力摒弃的文风。

由上一节的讨论我们可以看到程钜夫本人在缔造元代作文新风气方面颇能起到表率作用。程钜夫的仕宦生涯从至元十五年(1278)一直到延祐三年(1316)因病致仕返乡,除去中间至元三十(1293)到大德元年冬(1298)任福建闽海道肃政廉访使;大德四年(1300)到大德八年(1304)任江南湖北道廉访使、至大三年(1310)九月出任山南江北道肃政廉访使,十一月召回、至大四年(1311)六月授浙东海右肃政廉访使,九月召回,之外其余时间皆在馆阁。作为资深的馆阁文臣主掌馆阁文事,凡国家"累朝实录、诏制、典册,纪之金石、垂之竹帛"的文字②,大多经过程钜夫认定后撰写。而诸如《顺宗实录》是程钜夫与元明善、邓文原、畅师文等人于皇庆元年(1312)十月修撰而成;《武宗实录》是皇庆元年完成,由程钜夫与元明善、杨载等共同修撰而成。其时最重大的事件或国家活动的叙录,往往由程钜夫主笔撰成,如关于元世祖一生最重要的军事活动征略云南之事,就是由程钜夫撰述写成《平云南碑》;延祐首科科举诏的发布等等以及《谕立鲁斋书院》等等,所谓"词章议论为海内所宗尚者四十年"③,确非虚言。在馆阁生涯中,程钜夫一直努力以务实平易且正大的作文风格来平衡南北文风差异,倡导新元风气。可以看到,诸如元明善、邓文原、畅

---

① 《元史》卷八一《选举志一》,第7册,第2018页。

② 揭傒斯《元故翰林学士承旨程公行状》,《程钜夫集》附录,第474页。

③ 危素《大元敕赐故翰林学士承旨光禄大夫知制诰兼修国史赠光禄大夫大司徒上柱国追封楚国公谥文宪程公神道碑铭》,《全元文》卷一四七八,第48册,第435页。

师文、杨载辈馆阁晚进者,在与程钜夫同事馆阁之后,文风颇有变化。像元明善早年"才高不肯少自谦",作文锋芒毕露,张养浩称之"山拔而形势峭,斗揭而光芒寒"①,出入馆阁之后,行文能"追古作者之遗","正矣而非易,奇矣而非艰;明而非浅,深而非晦;不狂亦不萎,不俚亦不靡"②,这恰与程氏所倡导践行的文风非常相近;邓文原,在大德戊戌(二年,1298)被征之前,曾被赵孟頫视作蕫蕫畏友,但出入馆阁之后,与人剧谈时,已变得"浑厚以和,沉潜以润",令人深感其"涵养之深而持守之纯"③,俨然程氏所规模刻画者,等等。尤其是揭傒斯,"获出门下,受知最深"④。大德初,程钜夫在湖北遇见二十来岁的揭傒斯,对揭傒斯的文笔非常欣赏。有程钜夫为揭傒斯文章所作题跋为证:

> 余识揭曼硕不四三年。初识,出其诗文,知于兹事必收汗马之功。自时厥后,屡见屡期,若王良、造父之御,骎骎然益远而益未止。何曼硕之敏且巧若此乎! 柳子有言:"吾之俯也,滋甚。"⑤

不仅收揭傒斯为门生,且将堂妹嫁与揭傒斯。或许是受到程钜夫的影响,元初著名作家卢挚也爱重揭傒斯之文,将揭傒斯推荐于朝廷。而朝中李孟、王约、赵孟頫、元明善等人由于程钜夫、卢挚对揭傒斯的器重,亦深赏揭傒斯之才,推荐不遗余力。延祐元年(1314),揭傒斯由布衣入翰林,为国史院编修官。对于程钜夫的文风开启意义,揭傒斯认为,元王朝统一之后,程氏开启且推动了整个元王朝文风"归于厚"。这所谓的厚,在揭傒斯看来便是以圣贤之学为底,博闻强识,诚一端庄,融会贯通,穷极蕴奥,是在躬践力行,措诸事业基础上的发为文章,进而在风格上雄浑典雅、厚重典实。也正是凭借这样一种厚重、典实的风格,程氏能在元王朝统一之初,金源名士故老充满朝廷的情形下,"挺立杰出",为元世祖所倾重⑥。为了报答程钜夫的知遇之恩,揭傒斯在他死后

---

① 张养浩《故翰林学士资善大夫知制诰同修国史赠具官谥文敏元公神道碑铭》,《张养浩集》卷二〇,第172页。
② 吴澄《元复初文集序》,《全元文》卷四八四,第14册,第325页。
③ 任士林《送邓善之修撰序》,《全元文》卷五八〇,第18册,第341页。
④ 揭傒斯《元故翰林学士承旨程公行状》,《程钜夫集》附录,第474页。
⑤ 程钜夫《跋揭曼硕文稿》,《雪楼集》卷二四,《程钜夫集》,第312—313页。
⑥ 揭傒斯《元故翰林学士承旨程公行状》,《程钜夫集》附录,第474页。

不仅亲作行状,而且亲自整理、校点其文集,期望将其文章理念推广至大;更重要的是,揭傒斯本人也在有生之年努力践行程氏平易、典厚的作文理念,且取得巨大成绩。揭傒斯的诗文在元代中叶与虞集、杨载、范梈、黄溍、柳贯等人一道代表了其时最高水平。李孟在读过揭傒斯所拟就的功臣列传之后,深深赞叹说:"是方可名史笔。若他人,直誊吏牍耳"①,而元文宗在看过揭傒斯所拟的《秋官宪典》之后,大为赞赏,说"兹非《唐律》乎?"②揭傒斯的文章成就既印证了程氏的识人之力,也表明揭傒斯在程氏的影响和鼓励下,文风在务实平易,高度反映现实的同时,更具有古雅、典厚的馆阁气质。且看一段揭傒斯的文字:

> 皇元受命,天降真儒;北有许衡,南有吴澄。所以恢宏至道,润色鸿业,有以知斯文未丧,景运方兴也。然金亡四十三年,宋始随之。许公居王畿之内,一时用事,皆金遗老,得早以圣贤之学佐圣天子开万世无穷之基,故其用也弘。吴公僻在江南,居阽危之中,及天下既定,又二十六年,始以大臣荐,强起而用之,则年已五十余矣。虽事上之日晚,而得以圣贤之学为四方学者之依归,为圣天子致明道敷教之实,故其及也深。③

揭傒斯这段文字是他为吴澄撰写的神道碑的首段,是代表官方对吴澄学术地位和思想贡献进行综合评价与论定的文字,这段文字也被后世人们反复引用以评价吴澄。文章站在经义的高度,从历史源流角度,条分缕析且该要深切地指出元代思想界的总体发展情形,以及吴澄在元代思想界的崇高地位,以及其思想在元代官方和民间的深远广泛影响。后人评价揭傒斯之文"如明珠在渊,光辉不露而自然,人知其为至宝"④,由这段文字来看,的确是立意高远宏肆,表述综观全面,用语精核古雅,风格精粹凝练,乃长年出入馆阁者的老到手笔所为,绝非屑小偏狭之辈所能概括。而揭傒斯在程钜夫之后负斯文之任十余

---

① 顾嗣立《揭侍讲傒斯》,《元诗选》初集中,第 1041 页。
② 欧阳玄《元翰林侍讲学士中奉大夫知制诰同修国史同知经筵事豫章揭公墓志铭》,《欧阳玄集·圭斋文集》卷一〇,第 141 页。
③ 揭傒斯《大元敕赐故翰林学士资善大夫知制诰同修国史赠江西等处行中书省左丞上护军追封临川郡公谥文正吴公神道碑》,《揭傒斯全集·辑遗》第 538 页。
④ 谢肃《长林先生文集序》,《程钜夫集》附录,第 507 页。

年,乃《辽》《金》《宋》三史的执行总裁官,"蔚为儒宗文师"①,确实不负程钜夫之识。

当然,除了在上层作者环节发生影响外,程钜夫对元代文章风气转变更大的作为在于藉科举力量而取得的成绩。由前所引《科举诏》知道,诏书还特意申明,期望通过科举的力量来实现"风移俗易",从而"益臻至治之隆"。事实上,程氏参加过商议科举之法的会议之后,第二年便生病。延祐三年(1316)他要求致仕回乡,仁宗不许,请御医为他治病,让近臣挽留,但无奈病灶已深,仁宗只好允许程钜夫回乡养病,但仍不许他致仕。延祐三年十月,程钜夫回到江西南城,延祐五年(1318)七月即去世。程钜夫或许不能深切体会到他提议的科举必用程朱之训诂所带来的深远影响。而从元代科举对于元代新作文风气所实际发挥的作用来看,由于苏门山文人群体以及程钜夫在其中的推动和建议,科举内容"程试之法,表章六经。至于《论语》《大学》《中庸》《孟子》,专以周、程、朱子之说为主,定为国是,而曲学异说,悉罢黜之"②。也由于元代科考的这一规定,从此群经、四书之说,自朱子折衷论定,学者传之。"我国家尊信其学,而讲诵授受,必以是为则,而天下之学,皆朱子之书",于是乎"书之所行,教之所行也;教之所行,道之所行也"③。不仅是内容,更重要的是文风,可以看到,第一届所取录的进士诸如马祖常、张起岩、许有壬、欧阳玄、干文传、黄溍、王沂等等,他们都在之后成为元代文坛尤其是正统文坛的核心人物,并每每成为科举主考官,衡裁天下士子。而其他像赵孟頫、虞集、揭傒斯等人,虽然没有经过科举考试,却是程钜夫一手提拔或者间接荐举的人,他们对程钜夫所倡导的时代新风气都非常服膺,诚如虞集所云:"公之在朝,以平易正大,振文风,作士气。变险怪为青天白日之舒徐,易腐烂为名山大川之浩荡。今代古文之盛,实自公倡之。"④

关于程钜夫的意义与影响,元代官方及其时著名文人极尽赞誉之能。赵孟頫称赞程钜夫:"凛然如白雪,蔼然如阳春。虽玉带金鱼,世以为公贵,孰知

---

① 黄溍《翰林侍讲学士中奉揭大夫知制诰同修国史同知经筵事追封豫章郡公谥文安揭公神道碑》,《黄溍全集·文献集》卷一〇上,下册,第685页。

② 苏天爵《伊洛渊源录序》,《滋溪文稿》卷五,第74页。

③ 虞集《(建阳县)考亭书院重建朱文公祠堂记》,《虞集全集·道园类稿》卷二五,上册,第658页。

④ 虞集《跋程文宪公遗墨诗集》,《虞集全集·道园类稿》卷三四,下册,第430页。

夫胸吞云梦者,所以为一代伟人也"①;揭傒斯说:"公生有异质,仪状魁伟,神采峻毅,语音如钟,望而知其为大人君子也。即而亲之则温然如春,渊乎其有容,莫能际其涯也……所为文章雄浑典雅,混一以来,文归于厚者,实自公发之。类朝实录、诏制、典册纪之金石、垂之竹帛者,多公所定撰。至于名山胜地、遐荒远裔,穷碑钜笔,亦必属之公焉"②;危素说:"公在朝,以平易正大之学振文风、作士气,词章议论为海内所宗尚者四十年,累朝实录、诏制、典册、纪功铭德之碑多出公定撰"③;李好文说:"公之文悉本于仁义,辅之以六经,陈之为轨范,措之为事业。滔滔汩汩,如有源之水,流而不穷,曲折变化,合自然之度,愈出愈伟,诚可谓一代之作者矣"④;刘壎、刘将孙等人称颂程钜夫"执文盟之牛耳""鸿名行乎中朝,盖南北人士倚以为吾道元气者"⑤;《元史》也将程钜夫列为与木华黎等同列的二十二大著名功臣之一⑥,等等。这些在元代有着赫赫声名的馆阁文人以及文坛耆宿们说的话固然有些冠冕堂皇且有过誉之嫌,但时至今日,从整个元代文坛格局的构建与形成来看,程钜夫的划时代意义依旧值得申论,且怎么评价都不过分。

第二节　吴澄与草庐学派及文坛影响

吴澄(1249—1333),字幼清,号草庐,江西崇仁人,与程钜夫是同学,与虞集父亲虞汲为讲友,虞集的老师。吴澄去世后,时任集贤学士的揭傒斯奉诏撰澄碑文曰:"皇元受命,天降真儒;北有许衡,南有吴澄;所以恢宏至道,润色鸿业,有以知斯文未丧,景运方兴也。然金亡四十三年,宋始随之。许公居王畿之内,一时用事,皆金遗老,得早以圣贤之学佐圣天子开万世无穷之基,故其用也弘。吴公僻在江南,居阽危之中,及天下既定,又二十六年,始以大臣荐,强

---

① 赵孟頫《雪楼先生画像赞》,《赵孟頫集》卷一〇,第262页。

② 揭傒斯《元故翰林学士承旨程公行状》,《程钜夫集》附录,第477页。

③ 危素《大元敕赐故翰林学士承旨光禄大夫知制诰兼修国史赠光禄大夫大司徒柱国追封楚国公谥文宪程公神道碑铭》,《全元文》卷一四七八,第48册,第435页。

④ 李好文《雪楼集原序》,《程钜夫集》附录,第509页。

⑤ 刘壎《与程学士书》,《程钜夫集》附录,第488页。

⑥ 按:此话在中华书局本《元史》中未见,《程钜夫集》校点底本中有,张文澍校点《程钜夫集》,吉林文史出版社2009年版,第480页。

起而用之,则年已五十余矣。虽事上之日晚,而得以圣贤之学为四方学者之依归,为圣天子致明道敷教之实,故其及也深。"①按《宋元学案》,元代思想体系被归为四家:鲁斋许衡、静修刘因、草庐吴澄、师山郑玉,就实际的影响而言,吴澄与许衡被推为南北学者之宗。许衡为学为教,力主笃实以化人,言传而身教。在元王朝开国之初,面对那些不同中原文化的蒙古和色目贵胄子弟,许衡的确起到"以圣贤之学佐圣天子开万世无穷之基"的启蒙作用;吴澄继许衡之后,虽然登仕较晚,但其为学为教"主于著作以立教"。而且诚如揭傒斯在为元代另一位著名的思想家陈栎作墓志铭时所指出,吴澄对于元代文人的影响不仅在于他以著述立身,影响深刻,更在于吴澄"多居通都大邑,又数登用于朝,天下学者四面而归之,故其学远而彰、尊而明"②。或者还有一个非常客观的事实,那就是,吴澄学问大且寿高,直至1333年,85岁时去世,所以,有元一代文人受吴澄的影响既广泛且深远。对于元代文学以及文坛格局而言,吴澄本人文集"哀然盈百卷",在创作上"词华典雅、往往斐然可观",文章"尤彬彬乎盛③。而其所领袖的"草庐派"讲友、门人除程钜夫、虞集之外,诸如元明善、贡奎、陈旅、王守诚、苏天爵、杜本、危素等,有元一代蜚声文坛之大家,又每在草庐縠中。《元史》云"元兴百年,上自朝廷内外名宦之臣,下及山林布衣之士,以通经能文显著当世者,彬彬焉众矣"④,这其中,吴澄及其草庐学派诚可谓其大宗,不可不论。

草庐学派的成员及创作

"草庐学派",以吴澄自号草庐而得名,《元史》云:"初,澄所居草屋数间,程钜夫题曰草庐,故学者称之为草庐先生"⑤。程钜夫诗云:"清时富贵亦易得,吴子甘心卧草庐"⑥,可谓点出吴澄自号"草庐"之深意。尽管如此,吴澄勤于著述与讲学,年寿又长,且居于通都大邑,屡登用于朝,故其门人弟子较诸虽携政治声势而大,然学养远所未达的许衡鲁斋学派以及本人不出故里、中年早

---

① 揭傒斯《大元敕赐故翰林学士资善大夫知制诰同修国史赠江西等处行中书省左丞上护军追封临川郡公谥文正吴公神道碑》,《揭傒斯全集·辑遗》第538页。

② 揭傒斯《定宇陈先生栎墓志铭》,《揭傒斯全集·辑遗》第556页。

③ 《钦定四库全书总目》卷一六六"《吴文正集》一百卷私录二卷"条,下册,第2210页。

④ 《元史》卷一八九《儒学传一》,第14册,第4313页。

⑤ 《元史》卷一七一《吴澄传》,第13册,第4014页。

⑥ 程钜夫《寿吴幼清母夫人(十一月廿五日)》,《雪楼集》卷二六,《全元诗》第15册,第204页。

折且门人弟子多隐逸的刘因静修学派则显得学养深邃、人数众多、影响面广大得多。按《宋元学案》《宋元学案补遗》，从吴澄开始，有草庐讲友、草庐同调、草庐学侣、草庐家学、草庐门人等。可按其线索以查考其骥，对草庐学派的成员及其学养成绩作基本描述。

草庐讲友：有虞汲、许文荐、刘辰翁、熊朋来、杜本、范椁等。

虞汲，虞集父亲，吴澄称其文"清而醇"，虞汲有识人之鉴，为潭州学正之际，于诸生中发现欧阳玄而深期之。欧阳玄后成为延祐首科进士，"历官四十余年，在朝之日居四之三，三任成均，两为祭酒，六入翰林，而三拜承旨。修实录、大典、三史，皆大制作。屡主文衡，两知贡举及读卷官。凡宗庙朝廷雄文大册，播告万方，国所用制诏，多出公手。海内名山大川释老之宫，王宫贵人墓隧碑铭，得公文词为荣。片文只字流传人间，咸知贵重。文章道德，卓然名世。引拔善类，赞化卫道，黼黻治具，与有功焉"①，确实不负虞汲之识鉴。刘辰翁（1233—1297），字会孟，别号须溪，庐陵人，南宋景定三年（1262）进士，著有《须溪先生全集》一百卷。吴澄非常欣赏刘辰翁、刘将孙父子，将其比附为眉山苏轼父子。熊朋来（1246—1323），字与可，豫章望族，南宋咸淳甲戌（1274）进士，曾任福建、庐陵（江西吉水县东北）两郡教授。"所至，考古篆籀文字，调律吕、协歌诗，以兴雅乐。制器定辞，必则古式，学者化焉。故其为教，有不止于词章记问云者"②，廉希宪之子廉惇、前进士曾翰受学于他。杜本（1276—1350），字伯原，号清碧。著有《诗经表义》《四经表义》《华夏同音》《十原》，《六书通编》10 卷，《清江碧嶂集》1 卷，并曾选宋、金遗民三十八人所作诗一百零一首为《谷音》2 卷。范椁（1272—1330），字亨父，一字德机，江西清江人，人称文白先生。"为文雄健，追慕先汉。古近体诗尤工，蔼然忠臣孝子之情，如杜子美"，"诗文有《燕然稿》《东方稿》《海康稿》《豫章稿》《候官稿》《江夏稿》《百文稿》总十二卷"。吴澄叙其事迹云："年三十六，始客京师，勋旧故家延致教其子，艺能操趣绷中彪外，流光浸浸以达中朝。荐举充翰林编修官。"③

---

① 危素《大元故翰林学士承旨光禄大夫知制诰兼修国史圭斋先生欧阳公行状》，《全元文》卷一四七七，第 48 册，第 406 页。

② 虞集《熊与可墓志铭》，《虞集全集·道园类稿》卷四八，下册，第 939 页。

③ 吴澄《故承务郎湖南岭北道肃政廉访司经历范亨父墓志铭》，《全元文》卷五二〇，第 15 册，第 638、639 页。

草庐学侣：有詹崇朴、何中等。

詹崇朴，江西乐安人，经义融贯，著有《奎光集》。吴澄门人夏友兰建鳌溪书院，延崇朴为山长，吴澄作启。何中（1265—1332），字太虚，一字养正，江西抚州乐安人。南宋末年进士，吴澄从祖弟。吴澄对何中以"文豪相许"，何中"以古学自任"，家有"藏书万卷，皆手自校雠"，故其学"弘肆深博"，著书"《易类象》二卷，《书传补遗》十卷，《通鉴纲目测海》二卷，《通书问》一卷，《韵补疑》一卷，《六书纲领》一卷，《补校六书故》三十一卷，《知非堂稿》十卷，《支颐录》二卷，《蓟丘述游录》一卷"①。

草庐同调：有贡奎、黄泽、武恪、熊复、余国辅等人。

贡奎（1269—1329），字仲章，安徽宣城人。贡奎"年十岁，辄能属文"，官至集贤直学士，"以文章重一时"，与马祖常、张养浩、元明善、王士熙、袁桷、邓文原、文矩等，"悉当世豪杰声名之士"②。吴澄大德六年（1302）以应奉翰林文字，登仕郎同知制诰兼国史院编修官的身份到达大都，之后，与贡奎、邓文原、袁桷等人切磋论文乃为常态③，吴澄非常欣赏贡奎的创作，认为"温然粹然，得典雅之体，视求工好奇而卒不工不奇者，相去万万也。读之竟，喜之深"④。

黄泽（1259—1346），字楚望，资州（今四川资中）人，曾任江州（今江西九江）景星书院山长、洪州（今江西南昌）东湖书院山长，秩满而归，不复言仕。著有《十翼举要》《忘象辩》《象略》《辩同论》《三传义例考》《笔削本旨》《元年春王正月辩》《诸侯娶女立子通考》《鲁隐公不书即位义》《殷周诸侯禘祫考》《周庙太庙单祭合食说》《丘甲辩》《易学滥觞》《春秋指要》《礼经复古正言》《六经补注》《翼经罪言》等。吴澄对黄泽经学造诣非常推重，曾序其书云："楚望贫而力学，读《易》《春秋》《周官礼》，起为之辨释补注，弘纲要义，昭揭大者而遗其小，究意谨审，灼有真见。先儒旧说可信者拳拳尊信，不敢轻肆臆说，以相是非，用工深，用意厚，以予所见明经之士，未有能及之者也。晚年见此，宁不为之大快乎？"⑤

草庐同调还有：武恪，字伯威，河北宣德府人，"初以神童游学江南，吴澄为

---

① 揭傒斯《何先生墓志铭》，《揭傒斯全集·文集》卷八，第453页。
② 马祖常《集贤直学士贡文靖公神道碑铭》，《全元文》卷一〇四〇，第32册，第485页。
③ 危素《吴文正公年谱》，《北京图书馆藏珍本年谱丛刊》第36册，第334页。
④ 吴澄《题贡仲章文稿后》，《全元文》卷四九〇，第14册，第502页。
⑤ 赵汸《黄楚望先生行状》，《全元文》卷一六六三，第54册，第380页。

江西儒学副提举,荐入国学肄业。明宗在潜邸,选恪为说书秀才,及出镇云南,恪在行。明宗欲起兵陕西,恪谏曰:'太子北行,于国有君命,于家有叔父之命,今若向京师发一箭,史官必书太子反。'左右恶恪言,乃曰:'武秀才有母在京,合遣其回。'恪遂还京师,居陋巷,教训子弟。文宗知其名,除秘书监典簿。秩满,丁内艰,再除中瑞司典簿,改汾西县尹,皆不起"。"著有《水云集》若干卷。其从之学者多有所成,佛家奴为太尉,完者不花金枢密院事,皆有贤名。"①熊复,字庶可,江西新建人,以五经教授乡里。四方来学者常数百人,门人称之曰西雨先生,著有《春秋会传》等。余国辅,金溪人,辑《经传考异》等。

草庐家学:最著者为吴当。吴当(1297—1361),字伯尚,吴澄孙。用荐为国子助教,预修《辽》《金》《宋》三史,书成,除翰林修撰,累迁国子司业,历礼部郎中、翰林直学士,出为江西廉访使。著有《周礼纂言》《学言诗稿》6卷等。四库馆臣认为"有元遗老,当其最矫矫乎! 其诗风格遒健,忠义之气凛凛如生,亦元季之翘楚"②。

草庐门人,据《宋元学案》《宋元学案补遗》所列,他们是:元明善、虞集、贡师泰、鲍恂、蓝光、夏友兰、袁明善、黄极、李本、李栋、朱夏、黎仲基、王彰、杨准、皮潜、解观、黄盅、王祁、李扩、包希鲁、熊本、许晋孙、饶敬仲、郑真、虞槃、皮濛、解蒙、董士选、曾坚、曾垫、曾钦、萧泉、黄常、吴尚志、周濂、王子清、苏天爵、周伯琦、陈禧、张恒、陈垚、曾仁、康震、吴皋、柳从龙、唐术、李路、李岳、邹志道、张达、吴浚、王起宗、郑世宗、郑教宗、郑保宗、王进德、焦位、陈澂、史世鲁、喻立、谭观、戴顺、乌达、范一汉、叶恒、明安达儿等。著名者及善于著述者如:

元明善(1269—1322),字复初,河北大名清河人。以父亲为江南某路经历,遂弱冠游吴中,师从元廷芳、王景初、吴澄等人。仕至翰林学士、资善大夫。尝参与修撰《成宗实录》,为仁宗译《尚书》节要,每讲一篇,仁宗必称善,又与修《武宗实录》,与修《仁宗实录》,马祖常云元明善有"有赋五,诗凡一百六十三,铭、赞、传记五十九,序三十,杂著十五,碑志一百三十"③,另著有《大学中庸日录》《清河集》《龙虎山志》3卷、《续修龙虎山志》6卷。

虞集(1272—1348),字伯生,江西崇仁人,虞汲子,自青少年时期即以契家

---

① 《元史》卷一九九《隐逸传》,第15册,第4480页。
② 《钦定四库全书总目》卷一六八"《学言诗稿》六卷"条,下册,第2249页。
③ 马祖常《翰林学士元文敏公神道碑》,《全元文》卷一○四○,第32册,第481页。

子为吴澄弟子。吴澄去世之际,虞集撰《祭吴先生伯清文》题"维元统元年,岁在癸酉,十二月辛卯朔,三日癸巳,奎章阁侍书学士、翰林侍讲学士、通奉大夫、知制诰同修国史,契家学生虞集,谨以清酌庶羞,祭于近故学士先生吴公之灵"①。虞集乃元代中叶文坛的"一代斗山",一生作文万篇,虽散佚甚多,所存之作仍数倍于寻常作者,"尝题文稿曰《道园学古录》,门人类而辑之,得应制稿十二卷,在朝稿二十四卷,归田稿三十六卷,方外稿八卷,余散逸者尚多存,其可得而编次者为拾遗若干卷"②。

贡师泰(1298—1362),字泰甫,安徽宣城人,贡奎之子。累官礼部尚书,参知政事,户部尚书等职。"少承其父家学,又从草庐受业",又与虞集、揭傒斯等游,揭汯《贡公神道碑铭》曰:"延祐之际,仁皇隆尚儒术,而清河元文敏公、四明袁文清公、蜀郡虞文靖公、巴西邓文肃公、宣城贡文靖公、先文安公相继登用,文明之盛焕然有光于前"③,杨维桢认为师泰文章"驰骋虞、揭、马、宋诸公之间,未知孰轩而孰轾也"④。著有《诗补注》20卷、《友于集》10卷、《玩斋集》3卷、《蠛窍集》2卷,《阁南集》3卷等。

袁明善,抚州临川人,字诚夫,号楼山。从吴澄学。晚年教授于虞集之门。著有《征赋定考》《四书日录》⑤等。

朱夏,字元会,金溪人。自游草庐先生门,杜门究心经史,草庐称其为文不及于古不止。"尝以《春秋》中延祐丁巳乡贡进士举,赴春官,不合,又两游京师,皆无所就而归,益穷研理学,涪湛乡里不复出。江西部使者吴君当,文正之孙也,以隐送荐元会于朝,不报","初,金溪以文章名家者,同时三人焉:危君太朴,曾君子白,及元会也"⑥。著有《鸣阳集》。

黎载,字仲基,以字行,临川人。"家三世治丧不用僧道。尝谒草庐于郡

---

① 虞集《祭吴先生伯清文》,《虞集全集·道园类稿》卷五〇,上册,第303页。

② 赵汸《邵庵先生虞公行状》,《全元文》卷一六六二,第54册,第365页。

③ 揭汯《有元故礼部尚书秘书卿贡公神道碑铭(至正二十三)》,《全元文》卷一五九二,第52册,第81页。

④ 杨维桢《贡尚书玩斋诗集序》,孙小力《杨维桢全集校笺》卷一〇三"铁崖佚文编之二序",上海古籍出版社2019年版,第9册,第3555页。

⑤ 按:詹烜《东山赵先生行状》载:"有袁诚夫者,文正公高第,缉师说为《四书日录》,旨意与朱子多殊,请商订。先生为条别是非数万言,袁公心服,多所更定",《全元文》卷一八〇〇,第59册,第209页。

⑥ 王祎《朱元会文集序》,颜庆余点校《王祎集·王忠文公文集》卷五,浙江古籍出版社2016年版,上册,第152页。

学,草庐喜曰:'期年所接,无如君者',郡以明经博学荐,湖广左丞章伯颜征为太平路儒学教授。蕲黄盗起,常以奇策佐伯颜取胜江上。归筑室瓜园。洪武初,再荐不起,卒。有《瓜园集》十卷、《语录》八卷"①。

王彰,字伯远,抚州金溪人。少学吴澄,至正二十年(1360)进士,仕至国子博士。与葛元喆、刘杰、朱夏、陈介、黄昇等六人在江西被称作六贤②。

王梁,字纯子,抚州乐安人,师事吴澄。尝筑汪陂,溉田千顷,邑长燮理普化,郡守杨友直,皆加礼敬。有《西斋稿》藏于家③。

李本,字伯宗,临川人。与从弟李栋(字伯高)皆从学于吴澄。"草庐殁,就学者皆依李氏,先生与从弟栋讲明濂、洛之学。"④

杨准,字公平,泰和人。从学于吴文正公,文章高古,甚为虞集、揭傒斯所推许,危素尤敬服之。号玉华居士。

解观,初名子尚,字观我,入试名观,吴文正公更字之曰伯中,江西吉水人。"天文地理兵刑历律靡不精究。尤深于易。考宋史如指掌。吴文正以宋书属之。"⑤中"天历乡举,预修《宋史》,有《四书大义》行于世"⑥。

黄昇(1307—1368),字殷士,金溪人。博学明经,善属文,尤长于诗。用左丞相太平奏,授淮南行省照磨,未行,除国子助教,迁太常博士,转国子博士,升监丞,擢翰林待制,兼国史院编修官。二十八年,京城既破,先生叹曰:"我以儒致身,累蒙国恩,为胄子师,代言禁林。今纵无我戮,何面目见天下士乎!"遂赴井而死⑦。

包希鲁,字鲁伯,进贤人。从学草庐。著有《点四书凡例》。

熊本(1277—1353),字万卿,一字万初,临川人。年十八,即下帷讲授,"一时名士如孙澹轩辙、熊天佣朋来、龙麟洲仁夫、揭文安傒斯皆交相推誉,或折辈行为忘年交"。吴澄倡道于崇仁山中,遂"负笈徒步往从",闲论古文尚书,亹亹数千言,援据精切,文正器之。宋季,刘须溪以文辞名一代,人争慕效,

---

① 《宋元学案》卷九二《草庐学案》,第 3074 页。

② 《宋元学案》卷九二《草庐学案》,第 3076 页。

③ 《宋元学案》卷九二《草庐学案》,第 3077 页。

④ 《宋元学案》卷九二《草庐学案》,第 3074 页。

⑤ 《宋元学案补遗》卷九二《草庐学案》,第 5538 页。

⑥ 《宋元学案》卷九二《草庐学案》,第 4 册,第 3077 页。

⑦ 《元史》卷一九六《忠义传四》,第 15 册,第 4433 页。

先生独疑其怪僻,因究极原委,质于虞文靖公,文靖亦器之。先生自此以讲学摛文为务。至正癸巳卒,年六十六。著有《读书记》二十五卷、《经问》四十卷、《读史衍义》若干卷、《旧雨集》五十卷,外有《朝野诗集》五百余卷、《吴山录》三十卷、《仁寿录》一百卷。《吴山》即记吴门问难所得者,《仁寿》则手录文靖之文也。①

丁俨,字主敬,新建人。游吴草庐之门,手编《金闺彝训》八卷、《小溪集》四卷、《寓兴》十卷。授龙兴酒务大使,值兵变未任,卒于家。

虞槃(1274—1327),字仲常。虞集之弟也。延祐五年(1318)第进士,虞集叙述其弟的学养以及对吴澄学术的习得写道:"仲常之家居也,无昼夜手不释卷。事亲之暇,内接亲戚,外交友朋,酬酢人事,有方有节,井井不紊。于《诗》,于《书》,考诸传注,常病其传习为说,而无以知古昔之意,皆定著其说,凡数十篇。其学尤粹于《春秋》,以为诸传不足以得圣人之旨,亦别著为书。尤病左氏之夸于辞,而谬于实也,遂并史、汉之谬而论之。其书具存,惜其平日慎重不发,故知之者鲜,而及其门者,不足以究其学之所至,未有以传之。每与吴公论其所学,必为所许可。读吴公所著诸经说,他人或未足尽知之,而仲常辄得其旨趣所在。盖其用力精深,而有以得之,非泛然也。"②

解蒙,字求我,江西吉水人。解观之弟。解氏以治《易》名于乡。著有《易精蕴大义十二卷》。

董士选(1252—1321),字舜卿,藁城人,忠献公董文炳次子。位至陕西行省平章政事。"在江西,以属掾元明善为宾友,既又得吴澄而师之,延虞汲于家塾以教其子。诸老儒及西蜀遗士,皆以书院之禄起之,使以所学教授。迁南行台,又招汲子集与俱,后又得范梈等数人,皆以文学大显于时。故世称求贤荐士,亦必以董氏为首。晚年好读《易》,……"③

曾坚,字子白,临川人。闻吴文正公讲学华盖山。裹粮往叩之。至正十四年(1354)进士,仕至翰林直学士。

周伯琦(1298—1369),字伯温,号玉雪坡真逸,饶州鄱阳(今江西省鄱阳县)人,补国子生。事吴文正公。"(至正)十七年,江浙行省丞相达识帖睦尔

① 《宋元学案》卷九二《草庐学案》,第4册,第3080页。
② 虞集《亡弟嘉鱼大夫仲常墓志铭》,《虞集全集·道园类稿》卷四七,下册,第924—925页。
③ 《元史》卷一五六《董文炳附传》,第12册,第3678—3679页。

承制假伯琦参知政事,招谕平江张士诚。士诚既降,江南行台监察御史亦辩释伯琦罪,除同知太常礼仪院事,士诚留之,未行,拜资政大夫、江浙行省左丞。于是留平江者十余年。士诚既灭,伯琦乃得归鄱阳,寻卒。"①著有《六书正伪》《说文字原》,诗文集《扈从集》《近光集》等。

由以上所列部分草庐讲友、学侣、家学、门人的简历及著述情形来看,草庐学派的成员不仅在经学的探研上成绩斐然,而且创作成绩也非常可观。吴澄认为"研经务学,以培其本。他日本亦深,理亦明,则其心声所发,理为之主,气为之辅,虽古之大诗人,何以尚兹! 虽然,学以充其才,理以长其气,必有事焉,当不但能诗而已"②。即此周鑫撰文认为,以草庐学派成员为核心的江西文人尤其是抚州文人"在精研经义的同时,能够而且愿意肆力于诗文"③。而就元代江西文人群体的大举北进情形而言,草庐派的这些成绩实际严重地冲击甚至改变了此前以金源文人为主的北方文坛格局。

草庐派文人的北进与大都南北文人群的冲突

由前叙论知道,由于程钜夫在北廷的斡旋和努力,推动了至元二十三年(1286)的江南访贤行动,此后,南方文人开始大举北进。这对于元代的文化以及文学格局都产生了深远的影响。李治安先生认为:在元代的政治体制以及多项制度中,儒学与科举是保留南制因素最多,同时也最能体现南制优长的方面。而南方儒士藉北游京师、充任家庭教师等方式,亲近蒙古贵族,在谋求利禄的同时又对蒙古贵族施加先进文化的影响。而仁宗恢复科举,应是南制因素滋长并冲破蒙古旧俗束缚,得以上升为全国文官选举通行制度的突出成绩④。这个观点非常有见地,但是在南方儒士大量北进并对蒙古统治者施加影响的过程中,关于南方文人特别是以草庐文人为中心的江西文人与北方尤其是以金源文人为主体的北方文人之间的冲突,实际更生动细致地影响着元代文化包括文学创作特质以及文学格局的形成。

应该说,关于草庐派文人的生平简历及由程钜夫大力推动的南方文人大举北进的过程中,草庐派文人的表现非常突出,之所以能如此突出,又是因为

---

① 《元史》卷一八七《周伯琦传》,第 14 册,第 4297 页。
② 吴澄《吴伯恭诗序》,《全元文》卷四八六,第 14 册,第 381 页。
③ 周鑫《元中后期科举与南方儒士之习学——以延祐复科为中心》,《南开学报》2016 年第 2 期,第 131—141 页。
④ 李治安《元和明前期南北差异的博弈与整合发展》,《历史研究》2011 年第 5 期,第 59—77 页。

草庐派文人在"人和"方面都有着其他南方区域不可比拟的优势。而这种"人和"优势又可以从外在和内在的因素来看。就其外在因素而言,自然不能脱去程钜夫的影响。据《元史》载,至元二十三年(1286)三月己巳,程钜夫以集贤直学士再拜侍御史,行御史台事,往江南博采知名之士,十一月以赵孟頫为代表的江南名士到达大都,而《吴澄年谱》载,程钜夫至元二十三年八月至抚州,欲征请自己的同学吴澄出仕,吴澄以母老谢辞,程钜夫遂邀吴澄作中原览胜之游,吴澄许行。至元二十四年春,吴澄由京师返回南方,与得旨南还的程钜夫同行。由吴澄当时的文章来看,此次中原之行应该动摇了他居乡一隅著书立说的想法,和程钜夫一样,他也期望在一统的时代中努力作为。可以看到吴澄在南归之际回复赵孟頫的送别诗写道:

> ……宋迁而南,气日以耗,而科举又重坏之。中人以下,沉溺不返。上下交际之文往往沽名钓利而作,文之日以卑陋也无怪。其间有能自拔者矣,则不丝麻、不谷粟,而氍毹是衣、蚬蛤是食,倡优百戏、山海万怪毕陈迭见,其归欲为一世所好而已。夫七子之为文也,为一世之人所不为,亦一世之人所不好。志乎古,遗乎今,自韩以下皆如是。噫!为文而欲一世之人好,吾悲其为文;为文而使一世之人不好,吾悲其为人。海内为一,北观中州文献之遗。是行也,识吴兴赵君子昂于广陵。子昂昔以诸王孙负异材,丰度类李太白,资质类张敬夫。心不挫于物,所养者完,其所学又知通经为本。与余论及书乐,识见复出流俗之表。所养、所学如此,必不变化于气。不变化于气而文不古者,未之有也。①

尽管这篇序言表达的是文章写作理念的问题,但在吴澄看来,"文者,士之一技耳,然其高下与世运相为盛衰"②,读书之意义在于成为儒士,而"通天地人曰儒。一物不知,一事不能,耻也"③。而且文章是写给作为宋宗室而出仕元廷的赵孟頫,并盛赞其"识见复出流俗",可见吴澄对赵孟頫出仕的肯定,而这种肯定中包含着对这个一统时代的认同且期望作为的心思。这可以从同一时期

---

① 吴澄《别赵子昂序并诗》,《全元文》卷四七六,第 14 册,第 93 页。
② 吴澄《送虞叔常北上序(皇庆二年十月)》,《全元文》卷四七七,第 14 册,第 131 页。
③ 吴澄《题杨氏志雅堂记后》,《全元文》卷四九一,第 14 册,第 523 页。

吴澄写给程钜夫的一篇题记看得更明显：

> 集贤学士程公十年于朝,日近清光,而亲舍乃数千里。今以行台侍御史得旨南还,庶几便养;而回望阙廷,又二千里外。日以近者,人子之乐;日以远者,人臣之忧,此远斋所为作也。夫忠臣孝子之眷眷于君亲者,一以朝夕左右为乐,然亦难乎两全矣。子之爱亲,不可解于心;臣之事君,无所逃于天地间。惟其所在而致其道,岂以远近间哉? 余既从公观光上国,又将从公而南。与公同其乐而不同其忧者,思有以纾公之忧焉,为是言也。或曰:"近多惧,远多誉。人所乐而公忧之,何也?"之言也,读《易》而未知《易》之所以《易》,何足以知公之心! ①

据程钜夫自己所作的《远斋记》的题尾所书知道该文作于"至元二十四年夏五甲寅",而吴澄题曰《题程侍御远斋记后》,基本与他回复赵孟頫送别诗的时间相近。而吴澄在给程钜夫的题记中更直接地表明,"臣之事君,无所逃于天地间",他期望为程钜夫纾解、分担其人臣之忧。吴澄的这层意愿对于草庐派文人大举北进的内在触动影响非常深远。如果说,在程钜夫江南访贤之前,北方文化圈几乎是金源文人的天下,他鹤立其间努力周旋的话,那么,在他南下访贤之后,南方文人大举北进,这种情况也因此大为改观。尽管这其中本来就有南方士人需要出仕的内在动机,但吴澄作为南方尤其江西士人的精神领袖,他的行动以及精神理念对于南方尤其是抚州籍士子们的引导作用却很不容忽略。元代抚州士子的科举成绩实际也沿承之前南宋的成绩名列前茅,甚至更加出众。据萧启庆先生统计,元代抚州进士数居江南诸路的第 2 名,比南宋时期的第 13 名足足提升 11 个位次。尽管数量上,宋代抚州进士高达 445 名,元代名姓可考者却只有 17 名②。实际上,由前面对草庐派成员出仕情况的列举情形来看,由于草庐派师友门人之间相互提携、带挈,他们的出仕优势也应该比江南诸路的情况要好得多,此中最可引为典型的是草庐门人中夏友兰。吴澄曾记其事云:

---

① 吴澄《题程侍御远斋记后》,《全元文》卷四八九,第 14 册,第 456 页。
② 萧启庆《元朝南人进士分布与近世区域人才升沉》,《元代族群文化与科举》第七章,(台北)联经出版事业股份有限公司 2008 年版,第 193、189 页。

予在国子监,幼安白慈观,愿观国光。亲许,遂趋京师,又趋上都,觐日表于潜邸,得旨从集贤大学士李公游,出入禁闼必从。明年,龙飞御极,李公秉政,奏授将仕佐郎、同知会昌州事。①

夏友兰,字幼安,初名九鼎,抚州乐安曾田人,曾在邑东门外创建书院,施田赡给,敦请名儒詹崇朴掌教。至大期间,吴澄被征请至国子监任教,而夏友兰即藉吴澄的关系观光上国。不仅如此,夏友兰还跟随官员们一同前往上都,并得以觐见时在潜邸的元仁宗,并得到仁宗的准许,跟随李孟游学,"出入禁闼必从",由此,仁宗登基,李孟执政,夏友兰奏授将仕佐郎、同知会昌州事。又如吴澄门人董士选,乃汉地世侯董文炳次子,位至陕西行台平章政事。"在江西,以属掾元明善为宾友,既又得吴澄而师之,延虞汲于家塾以教其子。诸老儒及西蜀遗士,皆以书院之禄起之,使以所学教授。迁南行台,又招汲子集与俱,后又得范梈等数人,皆以文学大显于时。"②再如,草庐讲友熊朋来,草庐门人元明善曾大力向朝廷举荐他:

英宗皇帝始采用古礼,亲御衮冕祠太庙,奋然制礼作乐之事。朝之大儒缙绅先生,凛然恐不足以当上意。而翰林学士元公明善飏言于朝,以先生为荐。③

案例远不止上述这些典型例子,充斥于草庐学派成员作品中的送行序、赠序往往都是他们的举荐信④。直接如范梈向虞集举荐自己的同乡兼爱徒傅若金的信:

山居乏江海之使,无由上记。即日伏想神相,台候起居万福,某株守碌碌耳。近来武昌,与乡友傅汝砺会。其人妙年力学,所为诗赋,警拔可爱;其为人,静慎又可尚。谓将北行,介之以见,无他。出门而瞻望泰山、

① 吴澄《元将仕佐郎赣州路同知会昌州事夏侯墓志铭》,《全元文》卷五一六,第15册,第507页。
② 《元史》卷一五六《董文炳附传》,第12册,第3678—3679页。
③ 虞集《熊与可墓志铭》,《虞集全集·道园类稿》卷四八,下册,第939页。
④ 李超《江西籍文臣与元代盛世文风的推阐——兼谈对江西文风的改造》,《文艺评论》2014年第2期,第53—57页。

黄河以洗穷乡之卑陋,此其志也。与语,当知仆之非妄,未由参侍,更冀以
斯文自爱。不宣。①

范梈是草庐讲友成员,吴澄非常推重他。由于吴澄的关系,范梈曾到董士选家
中任教,由此逐渐开启其翰林生涯,虞集、揭傒斯等人都非常欣赏范梈。而范
梈推介的同里兼学生傅若金颇有乃师之风,也因此迅速获得京师文人尤其是
江西文人的推重。据苏天爵给傅若金所作墓志铭载,"至顺三年(1332),新喻
傅君与砺挟其所作歌诗来游京师。不数月,公卿大人知其名,交口称誉之。蜀
郡虞公、广阳宋公方以斯文为任,以异材荐之。"②。而虞集也在给傅若金的序
言中说:"德机之里人傅君与砺,始以布衣至京师,数日之间,词章传诵,名胜之
士,无不倒屣而迎之,以为上客。台省馆阁以文名者,称之无异辞。"③藉由苏
天爵和虞集的载记可以拼贴出傅若金拿着范梈的信找到虞集,之后,借助虞集
的推介,傅若金在京师文坛获得接纳的完整信息,1333年,傅若金即作为群玉
内司丞、吏部尚书铁柱,礼部郎中智熙善的辅使出使安南。

从程钜夫开始,在京师文坛获得巨大声誉的江西文人,吴澄、虞集、揭傒
斯、范梈、傅若金以及之后的周伯琦、危素等等,都是草庐派文人。不仅如此,
江西玄教在京师的影响力也非常值得注意。《元史》载,龙虎山正一道教在忽
必烈己未年(1259)奉蒙哥汗旨意攻打鄂州之际即与蒙古人取得联系,其时,
张宗演告知忽必烈,说二十年后将混一天下,1279年南宋灭亡,元朝实现南北
一统。至元十三年(1276)南宋朝廷递降表之后,忽必烈即召请张宗演师徒直
京,待以客礼,并命"主领江南道教,仍赐银印"④,以此南方宗教以正一教在蒙
古朝廷略有说话余地。程钜夫江南访贤之后,正一教的掌教者是吴全节。与
乃师稍有不同的是,吴全节以儒士自任,"人以为仙,我以为儒","平生勇于为
善,不以方外自疑。故凡政令之得失,人才之当否,生民之利病,阴有以裨益于
时者,人不知也"⑤,吴全节与草庐门人交谊甚深,虞集、吴澄、范梈等人的文集

---

① 范梈《范德机与虞伯生书》,《虞集全集》附录,下册,第1220页。
② 苏天爵《元故广州路儒学教授傅君墓志铭》,《滋溪文稿》卷一三,第213页。
③ 虞集《傅与砺诗集序(辛巳,至正元年六月)》,史杰鹏、赵彧校点《傅若金全集》,吉林文史出版社2010年,第4页。
④ 《元史》卷二〇二《释老传》,第15册,第4526页。
⑤ 许有壬《特进大宗师闲闲吴公挽诗序》,《全元文》卷一一八七,第38册,第128页。

中颇有交往唱和载记。应该说，1287 年以后，"人和"的优势给予包括草庐派文人在内的南方文人京师谋得仕进机会极大的便利，以至于反因此而失利①，但这都多方面地证明草庐派文人在程钜夫以及吴澄的引领下大举北进的事实。

对于程钜夫、吴澄等人来说，力推南方士人北进，不仅仅只是期望个人出仕，更期望的是有以施加影响，从而使包括南方文人群体的利益，更包括他们所承载的文化能被蒙古统治者所关注并在政治体制中有所体现。典型如草庐学侣中的熊朋来，虞集载其事迹云：在其连任福建、庐陵两地提学教授之际，"所至考古篆籀文字，调律吕协歌诗以兴雅乐，制器定辞，必则古式，学者化焉。故其为教有不止于词章记问云者"；又载"初，先生以《周礼》首荐乡郡，而今制《周官》不与设科，治《戴记》者，又绝不见。先生屡以为言，后得周尚之以《礼经》擢第，习此经者渐广，由先生启之也"②，则南方文人身体力行，期以绵薄之力而撼顽主的心思隐约若现。而刘岳申《送吴草庐赴国子监丞序》则相对明白清晰地表达了南方士人的心意：

至大元年秋，临川吴幼清先生以国子监丞征，当之京师，郡县趣就道者接乎先生之门。明年三月，先生至洪，门生儿子从先生行与送先生而返者，咸相与言曰："先生有道之士，不求闻而达者也。监丞七品，其进退不为先生轻重加损也审矣。"或曰："官虽卑，以教则尊，教胄子又尊。"或曰："官无卑，君命也。以君命教胄子，先生之任不既重矣乎。方今出宰大藩，入为天子左右大臣者，皆世胄焉。以故中州之人虽有杰然者不在是任，然则南士愈不敢望矣。使先生以道教胄子，他日出宰大藩与为天子左右大臣者，皆出先生之门。是犹先生之志得而道行也。此世道生民之福也。先生不宜卑小官以弃斯道斯民之福也。"或曰先生出处进退有道，众人固不识也。先生尝以翰苑征至京而不就列，又当劝学江右至官而不终淹，今其久速未可知也，由此大任亦未可知也。临川自王氏以文学行谊显，过江陆氏以道显，至于今不可尚。先生出乎二氏之后，约其同而归于一，所谓

①　按：袁桷有记载云："桷在翰苑时，尝以君荐于承旨程公，程公曰：'吾固知之。得无以南士累乎？'相笑而止"，袁桷《龙兴路司狱潘君墓志铭》，《袁桷集校注》卷二九，第 1379 页。

②　虞集《熊与可墓志铭》，《虞集全集·道园类稿》卷四八，下册，第 939 页。

尊德性而道问学者,盖兼之矣。使先生之学行,岂复有遗憾哉。将天下有
无穷之休,而复临川有无穷之闻。以临川复显于天下,必将自今始。①

刘岳申的这篇序言既代表他本人,其实也深刻地传达着整个南方士人阶层的
意愿。他们对吴澄即将在国子监任职以及由此所可能带来的文化便利寄予了
殷切的期望②,人们无所谓这个席位是否有称于吴澄的学术地位和学术身份,
只殷殷地期待吴澄能够通过教授胄子的关系改变那些掌管和改变着元朝士民
命运的出宰大藩和天子左右大臣,令其学行彰显于南北天下。吴澄也的确不
孚众望,在其任职国子监期间,"且燃烛堂上,诸生以次受业,日昃,退燕居之
室,执经问难者,接踵而至。澄各因其材质,反覆训诱之,每至夜分,虽寒暑不
易也"③,比之当日许衡教授蒙古、色目子弟的认真执着有过而无不及之处。
南方士人殷切如此,那将令已然凭借时间优势而把持朝中文化资源的金源文
人怎么办? 早在程钜夫奉旨下江南访贤之际,金源文人中的有识之士魏初有
诗《送程侍御钜夫》写道:

> 一封丹诏九天来,御史青骢翰苑才。廊庙久劳思稷契,丘园初不望邹
> 枚。定知天下无双士,正在君侯此一回。自昔楚材为晋用,中原麟凤莫
> 深猜。④

魏初的诗在理解朝廷态度倾向的同时对程钜夫的南方访贤之行表示肯定和支
持,同时也期望中州士人不以此为猜,可以和衷共济。魏初的诗未尝没有表示
出中原文人对程钜夫江南访贤之行的隐然防猜意思。事实也的确是。由前所
述,以许衡派为中心的苏门山文人群与吴澄、虞集等所代表的南方文人群发生
了较为激烈的辩争,并最终以吴澄的辞职而宣告南方文人群的落败⑤。这也表
明,率先在蒙古朝廷获得文化资源的金源文人确实对北进的南方文人深感不

---

① 刘岳申《送吴草庐赴国子监丞序》,《全元文》卷六六二,第 21 册,第 416—417 页。

② 这部分论述有参考张欣《论元儒吴澄的五经之学——以〈四书〉独尊和南北抵触为背景》,《孔子研究》2015 年第 6 期,第 40—48 页。

③ 《元史》卷一七一《吴澄传》,第 13 册,第 4012 页。

④ 魏初《送程侍御钜夫》,《全元诗》第 7 册,第 378 页。

⑤ 有关讨论可再参证"苏门山文人群与元初程朱理学官学化进程以及对文章写作倾向的影响"一节。

安和排斥。吴澄在愤而辞职南归后,在给许师敬的信中即颇有辩述:

> 　　恭惟先文正,吾道之宗,家学渊源,今获展布,远方贱士,亦复窃被余光,至幸至幸。澄尸位三年,多厪钜公过爱……岂所敢当! 澄既非勋旧,又无劳绩,一旦滥叨重赐,为之惭怍惊悸,是用摅诚恳辞。……使澄于心得安,免致逾分愆义,荣莫大焉。相公以先文正之心为心,而澄亦愿以先文正之学为学。①

吴澄的这封给许师敬的信因为已然辞职,所以在意思的表达上便敢于直面事实。在吴澄看似客气的措辞中,实际已指明许师敬以许衡派自居,不仅不能算理解许衡的学术,而且也没有明白他的学术思想。信中吴澄还特意暗指许师敬借助他与蒙古勋旧、色目贵胄子弟的亲厚关系对他加以排挤。

　　表面上,吴澄在国子监的教学改革由于南北文人群对文化资源的争夺而失败,由南北文人所共同推动的蒙古朝廷的开科取士也以许衡所教授的朱子《四书》学为据,而没有纳入吴澄及草庐学派所推崇的和会朱陆,同时注重五经学习的理路。事实上,吴澄从至大三年(1310)到皇庆二年(1313),在国子监的时间有三年多。期间,草庐文人的作为值得注意。可以看到:范梈于至大元年开始在董家做家庭教师,至大二年(1309),吴澄为国子监丞,虞集为国子助教;至大四年,吴澄任国子司业虽然在北方文人的排挤中愤而回南方,但此后,延祐年间,拜集贤直学士,特授奉议大夫。行至中途,以疾辞。至治三年(1323),超拜翰林学士、知制诰、同修国史,进阶太中大夫(《神道碑》)。泰定元年(1324),任经筵讲官。二年,主持修撰《英宗实录》之后,南方文人中虞集曾任国子博士、祭酒;贡师泰曾任国子监司业;危素任国子助教、国子监丞;吴皋任国子助教、博士、监丞、司业;王彰任国子博士;陈旅任国子助教、监丞……草庐学派成员通过教授胄子的关系改变那些掌管和改变着元朝士民命运的出宰大藩和天子左右大臣的进程并没有因为吴澄的辞职而中断过②。而且随着南北融合的深入,以草庐派门人弟子为代表的大批南方士子的北进以及他们在创作上的巨大成绩,对北方文坛而言,"独东平之士什居六七……他郡仅二

---

① 吴澄《与许左丞书》,《全元文》卷四七四,第14册,第42页。
② 参考江南《草庐学派文学研究》,南京大学中国古代文学2011届硕士研究生论文,第16页。

三焉,若南士,则犹夫稊米矣"的局面不再,而伴随着南方文人在北方"上有以挽之,下有以承之"①,相互提携援引,由程钜夫所开启的元代文坛的南北融合其实已打开局面。

吴澄的文学理论与创作态度

按《宋元学案》黄百家的说法,"有元之学者,鲁斋、静修、草庐三人耳。草庐后,至鲁斋、静修,盖元之所借以立国者也",元代学术思想的建构赖此三家。诚如黄百家所认为的那样,"鲁斋之功甚大,数十年彬彬号称名卿材大夫者,皆其门人",由于许衡对蒙古、色目贵胄筚路蓝缕的近身教诲,"于是国人始知有圣贤之学",对元代的学术而言,这个功劳的确不可埋没;"静修享年不永,所及不远"②,再加上刘因出仕经历极为短暂,这更减损了他的影响度;只有吴澄享年既永,学问又大,且本人及门人弟子出仕者多,并有程钜夫、虞集、揭傒斯、贡师泰、危素、周伯琦等位列高层者,就元代学术实际影响而言,草庐派的影响可以说是既广远又深邃。对元代文学创作及其理论而言,比起鲁斋、静修二派,草庐学派成员的创作成绩又可谓最为斐然,元代诗文创作:从至元之际的"庞以蔚",到元贞、大德之间的"畅而腴",至大、延祐时期的"丽而贞",泰定、天历阶段的"赡以雄"③,尤其是后面两个阶段,草庐学派成员的贡献又诚可谓大,因此,吴澄的文学理论与创作态度非常值得重视。

与许衡、刘因两家相比,吴澄对于文学创作非常关注,虽然他一再表述"儒者以文章为小技"④,"诗虽小技"⑤,"夫文,小技也"⑥,但是,他却也再三强调,创作虽为小事,却不易为,乃难事,"夫一技一能虽甚鄙且贱,亦皆有所本,亦必疲精力、涉岁月乃能精,而况古者列六经之文乎?未可以一技一能小之"⑦。而且他更重要的一个态度是,他承认自己对文学创作"幼亦好之",且"好读诵,好评议"⑧,往往因诵读之欢喜而序跋之,以此,在吴澄的文集中留下近200

---

① 袁桷《送程士安官南康序》,《袁桷集校注》卷二四,第1210页。
② 《宋元学案》卷九一《静修学案》,第4册,第3021页。
③ 欧阳玄《潜溪后集序》,《欧阳玄集·圭斋文集》卷七,第78页。
④ 吴澄《元复初文集序》,《全元文》卷四八四,第14册,第325页。
⑤ 吴澄《朱元善诗序》,《全元文》卷四八四,第14册,第311页。
⑥ 吴澄《盛子渊撷稿序》,《全元文》卷四八六,第14册,第370页。
⑦ 吴澄《揭曼硕诗序》,《全元文》卷四八七,第14册,第427页。
⑧ 吴澄《盛子渊撷稿序》,《全元文》卷四八六,第14册,第370页。

篇的诗文评论①,其中虽有不免率易的篇章,但在与赵孟頫、贡奎、吴全节、元明善、揭傒斯、邓文原、刘辰翁等名家的文论对话中,却也颇能看出吴澄对于文学创作的见识与倾向。作为著名经学家,吴澄的文论批评固然可以从经学理论来申阐,但细论吴澄对于创作的基本态度,却可以发现他的创作观念与程钜夫的文章态度几乎如出一辙。作为同学,吴澄与程钜夫一样都非常现实地承认社会的重大变化,要求创作能关注现实,平易自然。

吴澄在许多的诗文评论中都强调创作须"有为而作",这点与程钜夫曾尖锐批评的宋季作文风气的观点很相似。程钜夫说:"数十年来,士大夫以标致自高,以文雅相尚,无意乎事功之实……滔滔晋清谈之风,颓靡坏烂,至于宋之季,极矣。"②吴澄则曰:

> 古之诗皆有为而作,训戒存焉,非徒修饰其辞、铿锵其声而已。是以可兴可观,可群可怨。汉、魏犹颇近古,齐、梁以后靡矣。流连光景,摹写物象,敝精竭神,而情性之所发、意义之所托蔑如也。唐宋诗人如山如海,其追蹑风骚者固已卓然名家,然有之靡益、无之靡损者,亦总总而是。③

在吴澄的这段评论中,他的核心观点是强调创作的有为而作,这种有为是基于对现实的观照而体现出的内容表达上的可观、可群、可怨。在吴澄看来,"当今天下一统,日月所照,悉为臣民,开辟以来之所未见。殊陬绝域,异服怪形,人所骇栗者时获目睹"④。对于自己所处的时代,吴澄曾有一段很长的议论:

> 今日之事,有书契以来之所未尝有者。自古殷周之长、秦隋之强、汉唐之盛,治之所逮,仅仅方三千里。今虽舟车所不至,人迹所不通,凡日月所照,霜露所队,靡不臣属,如齐州之九州者九而九,视前代所治,八十一之一尔。自古一统之世,车必同轨,书必同文,行必同伦。今则器用各有宜,不必同轨也;文字各有制,不必同文也;国土各有俗,不必同伦也。车

---

① 按:这个数据以《全元文》为统计基础。
② 程钜夫《送黄济川序》,《程钜夫集》,第157页。
③ 吴澄《刘复翁诗序》,《全元文》卷四八六,第14册,第378—379页。
④ 吴澄《题梁湘东王绎贡职图后》,《全元文》卷四九二,第14册,第546—547页。

不同轨,书不同文,行不同伦,而一统之大,未有如今日。睢盱万状,有目
者之所未尝睹;呋喁九译,有耳者之所未尝闻。财力之饶,兵威之鸷,又非
拘儒曲士之所能知。①

吴澄认为"宋不唐,唐不汉,汉不春秋、战国,春秋、战国不唐虞三代,如老者不
可复少"②,时代总在变化之中,元王朝所出现的人与事,可谓"有书契以来之
所未尝有者"。在阎立本所处的隋唐时代,看见番外进贡的狮子时即骇异无
比,故图画而形容之以示后来不见者,而在元代,"远方职贡,靡所不有,虽未观
画,已稔见之矣"③。古代强调"车同轨,书同文,行同伦",但对于多元文化和
信仰并存的元代而言,这种理念则未必可行,也不一定必须行。如果史家、作
者再拘于方册之所记载,而无视罔听于耳目之见闻,就是一种缺憾了。也正是
承认现实之变,强调现实变化对于创作的深刻影响,更承认元王朝赋予作家们
的现实是前所未有的多变且令人骇栗,对于包括绝大多数生长于南宋治下的
作家而言:"观山河之高深,土宇之绵亘,都邑之雄大,宫殿之壮丽,与夫中朝巨
公之恢廓严重。目识若为之增明,心量若为之加宽",则众不免生出"此身似
不生于江南遐僻之陬"④的感慨。所以吴澄特别强调创作对现实的关注,认为
这样"不但诗进,而学亦进矣"⑤,所谓"诗境诗物变,眼识心识变,诗与之俱变
也宜"⑥。因为强调对现实的兴观群怨,吴澄对于流连光景,镂心于物象、辞
藻、声腔的创作有些蔑如,以为这些创作实乃"有之靡益、无之靡损者"。他认
为"唐宋以来之为诗,出没变化以为新,雕镂绘画以为工,牛鬼蛇神以为奇,而
《周南·樛木》等篇何新之有? 何工之有? 何奇之有? ……辞达而已,不惟
新、惟工、惟奇之尚。大篇春容,短章参错"⑦。以其温柔敦厚的经学家身份而
论,吴澄的这个创作态度已经相当壁垒鲜明了,一如程钜夫在指陈宋季文风之
弊的激烈程度:"《六典》之经邦国,《大学》之平天下,于理财一事甚谆悉也",

① 吴澄《送萧九成北上序》,《全元文》卷四七七,第 14 册,第 115—116 页。
② 吴澄《别赵子昂序并诗》,《全元文》卷四七六,第 14 册,第 93 页。
③ 吴澄《题阎立本职贡师子图》,《全元文》卷四九二,第 14 册,第 554 页。
④ 吴澄《送徐则用北上序(至顺二)》,《全元文》卷四七六,第 14 册,第 104 页。
⑤ 吴澄《皮昭德北游杂咏跋》,《全元文》卷四八九,第 14 册,第 474 页。
⑥ 吴澄《皮昭德北游杂咏跋》,《全元文》卷四八九,第 14 册,第 474 页。
⑦ 吴澄《丁叔才诗序》,《全元文》卷四八六,第 14 册,第 382 页。

"士大夫顾不屑为,直度其不能而不敢耳,诡曰清流,以掩其不才之羞"①。

　　基于对现实兴观群怨的立场,吴澄在其诗文评论中尤其注重创作气运,认为创作与气运之盛衰密切相关,在吴澄的评价看来,一般所说的"辞达而已","自然而然",实质是寻常作者极难达到的创作境界。所谓"理到气昌,意精辞达;如星灿云烂,如风行水流,文之上也",要达到这种创作的境界,"实由气运之盛衰,关系又岂小小",并非随意"杂乱无纪",通过"缔构于思、选造其辞,而后笔之于简牍"②,或者"蹇涩其句,怪僻其字,隐晦其义而后工且奇"③,即为功成。在吴澄看来,要达到"辞达"而文如"风行水流"一样自然而然,"非学非识不足以厚其本也,非才非气不足以利其用也。四者有一之不备,文其能以纯备乎？或失则易,或失则艰;或失则浅,或失则晦;或失则狂,或失则萎;或失则俚,或失则靡"。所以,诗文创作其实"不易能也"④。与此同时,吴澄又恰时地指出,"古之作者"的创作即如此。他在评价元明善的创作时这样写道:

　　　　学士清河元复初,自少负才气。盖其得于天者异于人,而又浸淫乎群经,搜猎乎百家,以资益其学,增广其识,类不与世人同。既而仕于内外,应天下之务,接天下之人,其所资益增广者,又岂但纸上之陈言而已！故其文脱去时流畦径,而能追古作者之遗。正矣而非易,奇矣而非艰;明而非浅,深而非晦;不狂亦不萎,不俚亦不靡也。登昌黎韩子之堂者,不于斯人,而有望欤？⑤

看到这一段吴澄的批评,会发现基于对现实的热切关注,以及创作新变的愿景,他与程钜夫的创作态度又一致地指向复古。元明善作为终身服膺于吴澄的北方弟子,他的创作所以得到吴澄的由衷认可也在于:他的创作从学养上看,有浸淫于群经,搜猎于百家的基础;又有仕宦内外,见识非止于中原人物的"天下之务""天下之人",所以他才能真正脱去金宋以来的时流之弊,而追攀

①　程钜夫《送黄济川序》,《程钜夫集》卷一四,第157页。
②　吴澄《题何太虚近稿后》,《全元文》卷四九一,第14册,第533页。
③　吴澄《题贡仲章文稿后》,《全元文》卷四九〇,第14册,第502页。
④　吴澄《元复初文集序》,《全元文》卷四八四,第14册,第325页。
⑤　吴澄《元复初文集序》,《全元文》卷四八四,第14册,第325页。

古作者之创作遗风。这种创作风格表现为坦正而不率易,奇特而不艰涩,明畅而非浅淡,深邃却不晦暗。它不狂放也不萎缩,不俚俗也不淫靡。这是怎样的风格呢? 吴澄的诗文评论中就有典范,他这样写道:

> 物之有声而成文者,乐也;人之有声而成文者,诗也。诗、乐,声也,而本乎气。天地之气太和,而声寓于器,是为极盛之乐;人之气太和,而声发乎情,是为极盛之诗。自古及今,惟文、武、成、康之世有二南、雅、颂之声焉。汉魏以后诗人多矣,而成周之太和不再见。其间纵或小康,而诗人大率不遇,身之坎坷穷愁,则辞之凄凉哀怨宜也,何由而得闻治世之音乎? 玄教大宗师吴特进,当四海一统之时,际重熙累洽之治,出入禁闼,晨夕清光;历仕六朝,眷渥如一。一世亨嘉之会如此,一身希旷之遇又如此。醺酣唐虞三代之春,浓郁蓬瀛三岛之馥,太和之气贯彻于身,表里冲融,居天上人间第一福德,其发于声而为诗也,韵度何如哉? ……其诗如风雷振荡,如云霞绚烂,如精金良玉,如长江大河。盖其少也尝从硕师,博综群籍,早已窥闯唐宋二三大诗人之门户,况又遭逢圣时,涵泳变化,其气益昌,太和磅礴,可使畏垒之民大壤,可使藐姑射之物不疵,声诗特余事耳。偶然游戏,字字鸣国家之盛,谐于英茎咸韶之乐,固非寒陋困悴、拂郁愤闷者之所可同也。幸哉! 此生之在此时也;盛哉! 此时之有此诗也。①

吴澄所看重和盛赞的,具有古之作者遗风的创作,当然是有着尝从硕师,博综群籍的基础,但其实更是视野开阔、胸襟豁达、描述切实,可以令天下寒士"一览观焉,如身在辇毂之下,而睹熙朝之弥文"②的创作。它是人们身处"四海一统之时,际重熙累洽之治"的现实,不禁"太和之气贯彻于身,表里冲融",故表现于创作"如风雷振荡,如云霞绚烂,如精金良玉,如长江大河",虽涵泳变化,却"字字鸣国家之盛",迥异于那种寒涩固陋、困顿穷愁情形下的凄凉、愤懑甚至激烈。这样的创作"事核而辞达,不藉难识之字、难读之句为艰深"③,具有可以群、可以观、可以兴的特点,能够真正呼应元王朝疆域辽阔,多民族、多政

---

① 吴澄《吴闲闲宗师诗序》,《全元文》卷四八六,第 14 册,第 364—365 页。
② 黄溍《跋袁翰林卤簿诗》,《黄溍全集·金华黄先生文集》卷二一,上册,第 177—178 页。
③ 吴澄《题吴节妇传后》,《全元文》卷四八九,第 14 册,第 475 页。

体、多地域、多风俗，有着不同文化、不同语言背景的人们交流、联系、共鸣的
需要。

尽管吴澄自谦对于文事"用力多而见功寡"，在写作上只能"为今人语，以
达于意而已"，若欲"求一言之几乎古，不能也"①。事实上，在四库馆臣看来，
与许衡明白质朴，意达而已的文风相比，吴澄的创作"词华典雅，往往斐然可
观。据其文章论之，澄其尤彬彬乎"②。而且，对于吴澄来说，构架精致巧妙与
否、辞藻的典雅古朴与否并非文章评价的关键，最关键的是文章是否理到气
昌，太和磅礴，字字皆鸣国家之盛。在吴澄的诸多文章中，他针对蒙古朝廷发
布八思巴文字的表述就非常能说明问题：

> 皇元国音与中土异，则尤非旧字之所可该。帝师具大智慧，而多技
> 能，为皇朝制新字。字仅千余，凡人之言语，苟有其音者，无不有其字。盖
> 旧字或象其形，或指其事，或会其意，或谐其声，大率以形为主，人以手传
> 而目视者也。新字合平、上、去、入四声之韵，分唇、齿、舌、牙、喉七音之
> 母，一皆以声为主，人以口授而耳听者也。声音之学出自佛界，耳闻妙悟
> 多由于音，而中土之人未之知也。宇文周之时，有龟兹人来至，传其西域
> 七音之学于中土，有曰娑陀力，有曰鸡识，有曰沙识，有曰沙侯加滥，有曰
> 沙腊，有曰般赡，有曰侯利箑。其别有七，于乐为宫、商、角、征、羽、变宫、
> 变徵之七调，于字为喉、牙、舌、齿、唇、半齿、半舌之七音。此佛氏遗教声
> 学大原，而帝师悟此，以开皇朝一代同文之治者也。③

引文所展现出来的吴澄视野与胸襟的开阔很引人注目。他立足于现实，在承
认大元统治的基础上，深刻体认中原文化有所不及的地方。吴澄认为中土文
字主于形而忽于声，获取知识的渠道主要源于见，中土之人不能认知到声音之
学的玄奥，对音的辨识和理解非常有限。当大元王朝的疆域极为广泛，人员氏
族以及文化背景极其不同时，倘若用汉字来上传下达各方旨意时，汉字书写繁
难杂多，声读发音不够完备的弊端就非常明显，吴澄写道：

---

① 吴澄《盛子渊撷稿序》，《全元文》卷四八六，第 14 册，第 370 页。
② 《四库全书总目》卷一六六《吴文正集提要》，中华书局 1992 年版，下册，第 1428 页。
③ 吴澄《南安路帝师殿碑》，《全元文》卷五一〇，第 15 册，第 362—363 页。

　　　　五方之人言语不通,而通之者,曰译曰鞮,曰寄曰象,周之设官也,总
名象胥。皇元兴自漠北,光宅中土,欲达一方之音于日月所照之地,既有
如古之象胥通其言,犹以为未也。得异人制国字,假形体,别音声,俾四方
万里之人,因目学以济耳学之所不及,而其制字之法则与古异。古之字主
于形,今之字主于声。主于形,故字虽繁,而声不备;主于声,故声悉备,而
字不繁。有形者象其形,无形者指其事,以一合一而会其意,三者犹未足,
然后以一从一而龤其声,声龤,则字之生也曼衍无穷,而不可胜用矣。然
亦不足以尽天下之声也。有其声而无其字甚夥,此古之主于形者然也。
以今之字比之古,其多寡不逮十之一。七音分而为之经,四声合而为之
纬。经母纬子,经先纬从,字不盈千,而唇、齿、舌、牙、喉所出之音无不该,
于是乎无无字之音,无不可书之言。此今之主于声者然也。国字为国音
之舟车,载而至中州,以及极东极西极南之境,人人可得而通焉,盖又颉、
籀、斯、邈以来文字之一助也。皇风浩浩,无远弗被,建学立师,以宣其教。
内置学士,外提举官,而路、府、州各设教授与儒学等,敕国字在诸字之右,
示所尊也。①

吴澄对于八思巴文字意义的认知,的确是站在国家高度、社会广度和学术深度
上考察和认知后的表述。吴澄在另一篇文章还写道:

　　　　窃谓自有书契以来,为一代之文而通行乎天下者,逮及皇元凡四矣。
黄帝之时,仓颉始制字;行之数千年,周太史籀颇损益之;行之数百年,秦
丞相斯复损益之;秦又制为隶字,以便官府。仓颉古文、史籀大篆、李斯小
篆、程邈隶书,字体虽小不同,大抵皆因形而造字。蒙古字之大异前代者,
以声不以形也。故字甚简约,而唇、齿、舌、牙、喉之声一无所遗。②

首先凿去那些思想、理念的内容,吴澄的这几篇文章也算得上是内容丰实、平
易畅达的古文典范。但文章更值得注意的依旧是吴澄写作中所呈现的与程钜
夫非常相似的对现实的平视与拥抱态度。王磐在给八思巴的神道碑中曾用简

---

① 吴澄《送杜教授北归序》,《全元文》卷四七六,第14册,第100页。
② 吴澄《抚州路帝师殿碑》,《全元文》卷五一〇,第15册,第364页。

洁的语言一句带过八思巴文字创制的意义："师独运摹画,作成称旨,即颁行朝省,郡县遵用,迄为一代典章"①,但这种文字的独特性、时代意义到底如何,王磐其实并未详述。而由上所引吴澄的表述,则能清晰地感受到吴澄对于八思巴文字迥异于汉字的独特性认知的理论高度。与汉字最根本的不同点在于,汉字主形,八思巴字主声;汉字书写千变万化,但发声读音却不与之相应,而八思巴字则字形不繁,字数不多,发声完备。相比于汉字,八思巴字字不盈千,却唇、齿、舌、牙、喉所发出之读音无不包括,"于是乎无无字之音,无不可书之言",契合了忽必烈"译写一切文字"②的期望。从而作为国家意志传达的工具从中原中州一直到"极东极西极南之境","人人可得而通焉"。吴澄深深感慨,八思巴字的创制诚可谓文字创造发展史的一大助推。吴澄的这层感慨意义不仅在于承认八思巴文字的伟大,更在于他作为文字文明高度成熟、发达的华夏子弟,承认异质文明的独特性和对华夏文明的补充与推助意义。这种胸襟或许也是吴澄及其所引领的草庐学派子弟推动江西文人群在大元文化语境中大领风骚的重要基础。

历数江西人在元代社会的活动能量,可以看到,除了"元诗四大家"占去三席,有虞集、揭傒斯、范梈外,而且元代文坛的盟主,虞集之后有揭傒斯,揭傒斯之后还有危素、周伯琦等承接有序,代为领袖。江西力量不仅体现于元代文坛,在政治领域有程钜夫,哲学领域有吴澄,宗教领域有吴全节,艺术领域有青花瓷,地理领域有朱思本的《舆地图》,汪大渊的地理纪行著作《岛夷志略》,语言领域有周德清及其《中原音韵》,这些人及作品在当时甚至今天,依然不失其划时代的意义。不容置疑的是,在江西文人驰骋文坛之际,其他地域,北方如金源文人以及西域文人等;南方如浙江文人、姑苏文人同样成绩斐然,但与江西文人在京师文坛的影响力相比,则逊色一筹。尽管,江西作为南宋治下区域学术、文化的中心,诗文创作一直繁盛,但南宋治下文化的中心更在浙江③,而且若论政治优势,起初占有绝对优势的金源文人群或者更有政治优势的西域文人应该更有话语权。由上一节程钜夫的意义以及这一节对吴澄及其草庐

① 王磐《帝师发思八行状》,《全元文》卷六一,第 2 册,第 260 页。

② 《元史》卷二〇二《释老传》,第 15 册,第 4518 页。

③ 按:据徐永明、黄鹏程《〈全元文〉作者地理分布及其原因分析》指出,元季东南作家人数尤其以浙江为最多。即便以现今所留存诗文作品的绝对数量而言,东南作家作品依旧最多。《复旦学报》2017 年第 2 期,第 141—147 页。

学派的介绍分析,如果说程钜夫作为江西文人借助政治斡旋和政策的力量为江西文人群通向大都、进入元代文坛中心导夫先路的话,那么吴澄则从思想境界及创作理念上引领和指导一大批江西子弟放开心扉,不立崖岸,负笈北上,不负所学,吴澄及其草庐派子弟作为元代江西文化的代表能够以观风务实理念为创作和思想基础,以多元包举、雍容大气之态黼黻时代。与其说是从程钜夫或者说更早的江西龙虎山的正一道教开始,江西力量在多元融合文化背景中逐渐崛起,还不如说江西力量在推动元代社会多元融合特征的形成中确立了他们在元代文坛和文化领域的中坚意义①。

第三节　虞集的文坛地位与影响

既有程钜夫以其政治影响力而对元代文坛发生重大影响在先,又有吴澄所引领的草庐学派的大批江西子弟的仕进北方有以接续,江西文人群的崛起已不令人诧异。而吴澄的弟子、江西抚州崇仁文人虞集凭借他的出身、学养、地位、创作和批评以及人望等方方面面皆超拔绝伦的影响,而树立起他在元代文坛无人能及的崇高地位,才可谓真正确立江西文人群在元代文坛的影响高度。由于虞集的推动和影响,元代的诗文创作才真正摆脱金、宋的影响,粹然而成为"元代文学",诚如元人所云:"皇元混一之初,金、宋旧儒布列馆阁,然其文气高者崛强,下者委靡,时见旧习。承平日久,四方俊彦萃于京师,笙镛相宣,风雅迭唱,治世之音日益以盛矣。于时雍虞公方回翔胄监、容台间,吾党有识之士见其著作法度谨严,辞旨精核,即以他日斯文之任归之。至治、天历,公仕显融,文亦优裕,一时宗庙、朝廷之典册,公卿大夫之碑版,咸出公手,粹然自成一家之言"②,"皇元混一天下三十余年,虞雍公赫然以文鸣于朝著之间,天下之士翕然谓公之文当代之巨擘也"③。作为南北一统之后整个元代文坛的代表和典型,虞集的地位及影响力,固然其个人的地位、学养及创作和批评的作用甚大,但其幸运的成分也非常多,在整个元代文学格局中,虞集的这种幸

---

　　①　邱江宁《元代文坛:多元格局形成与地方力量推助——以江西乡贯为中心》,《上海大学学报》2017年第4期,第65—80页。

　　②　欧阳玄《雍虞公文集序》,《欧阳玄集·圭斋集补遗一卷》,第228页。

　　③　欧阳玄《元故奎章阁侍书学士翰林侍讲学士通奉大夫虞雍公神道碑》,《欧阳玄集·圭斋文集》卷九,第105页。

运具有深远的时代意义。

一、时代巨变背景中虞集的学养与际遇

虞集(1272—1348),是 13 世纪 70 年代生人。综观元代文学尤其是正统文学领域,可以说,13 世纪 70 年代的大家们书写和奠定了元代文学的创作特质。以文学史的评价而言,"元文四大家",虞集之外,柳贯(1270—1342)、揭傒斯(1274—1344)、黄溍(1277—1357);"元诗四大家",虞集、揭傒斯之外,杨载(1270—1323)、范椁(1272—1330);此外一批元代文学史上有着赫赫声名的作家、批评家如张可久(1270—?)、张养浩(1270—1329)、周德清(1277—1365)、胡助(1278—1362)、马祖常(1279—1338)、孛术鲁翀(1279—1338)、钟嗣成(1279—约 1360)等等也都是 70 后,而由元代的历史背景来看,虞集出生的七十年代正是元朝开始展现出其改变武功迭兴,渐兴文治的时期。可以看到,至元六年(1269)二月颁行由八思巴创制的蒙古新字,这套文字用于"译写一切文字","凡有玺书颁降,并用蒙古新字,仍以其国字副之",成为元代官方文字,"郡县遵用,迄为一代典章"①。至元七年(1270),由刘秉忠、孛罗、许衡及徐世隆等人依据金朝朝仪而制定的元朝朝仪完成;设立国子学,"命侍臣子弟十有一人入学,以长者四人从许衡,童子七人从王恂"②,而许衡即用程朱理学训教蒙古色目贵胄;至元八年(1271),以中都为大都,取《易经》"乾元"之义建国号大元,此后又确立一系列制度,如"颁章服,举朝仪,给俸禄,定官制",为"一代成宪"③。就时代大背景而言,或者更确切地说,就出身游牧民族的元蒙统治者而言,这可以算是他们对定居社会与文化的相当富有诚意的转变。某种程度而言,也正是这种转变以及它所能创造的条件和机会正呼唤类如虞集似的优秀作家应时而出,以黼黻时代。

尽管对于元廷所处的北方而言,已经展现出新王朝百废俱兴的局面,但对于虞集以及与他同时代前后的人们而言,实质也是他们备受磨砺的时期。就在 1268 年,元廷实现攻宋战略的重大转折,从而加快平定江南的步伐,并在未来的十年中实现对有着十余倍于北方人口的南宋的统一,成为中国历史上第

---

① 王磐《帝师发(八)思八(巴)行状》,《全元文》卷六一,第 2 册,第 260 页。
② 《元史》卷八一《选举志一》,第 7 册,第 2029 页。
③ 《元史》卷一五七《刘秉忠传》,第 12 册,第 3694 页。

一个,也是唯一一个由北方草原游牧民族建立的统一王朝①。在这场历史巨变中,虞集的学养又诚可谓是相当富有代表性,甚至也可以说是最突出的。1272年,虞集生于湖南衡州,据赵汸《邵庵先生虞公行状》载:

> 杨公守衡州,以参政从未有子,杨公为祷于南岳,俄梦客将启曰:"南岳主者来谒。"既觉而公生于馆,壬申岁二月二十二日也。乙亥,杨公守漳州。明年,趋岭外,参政亦在行。公三岁则知读书,干戈中无书册可携,母夫人口授《论语》《孟子》《左氏传》,欧、苏文,闻辄成诵。九岁北还,至长沙,就外傅,始得书之刻本,则已尽诵诸经,通其大义矣。又五岁,始来崇仁,吴公伯清见其所为文,谓参政曰:"贤郎后当有大名于世。"②

文中所指参政乃虞集父亲虞汲。汲之先祖虞允文为南宋左丞相,曾以1.8万兵力与15万金军决战于采石矶,大败金军,赢得的"采石大捷"的巨大声名;武略如此,作为绍兴甲戌(1154)进士,虞允文在史学上也颇有成就,其所创立的"材馆录"史料收集方法,深为当时及后世史家称道。虞集的曾祖虞刚简,学者称沧江先生,其学"由博致约,浩然独得"③,曾与南宋著名学者魏了翁、李心传等人在蜀地讲学,"非洙泗伊洛之道不言",蜀地之士"蜀士尽知周、程、张、朱传授之旨"④。虞汲夫人、虞集母亲杨氏乃南宋工部侍郎、国子祭酒杨文仲之女,文仲世以《春秋》名家,其堂弟杨栋则以濂、洛之道自任,而杨氏"夫人未笄时,即尽通其说,至近代典故亦贯穿不遗"⑤。据虞集《杨氏番禺茔域碑》叙杨文仲家事迹云:"宋之亡也,君臣走海岛以死。我外祖眉山杨公,讳文仲,以

---

① 按:1268年秋,元军在刘整的建议下调整战略"先攻襄阳,撤其捍蔽",把主攻目标从长江上游的蜀地转移到长江中游的荆襄,然后在兵临大江,顺流而东。对蒙古统治者而言,这是了不起的战略转移。自蒙古南下以后,六盘山一直是他们驻牧休养的一个大本营。对他们来说,从那里途经汉中,进入川地,甚为近便。于是攻蜀似乎变成了蒙古侵宋战略中的一种思维定式。接受刘整的建议后,1268年秋,元军开始实施包围襄樊的军事行动。1272年秋,元军因襄阳围久未下,决定先取樊城,以夺宋师军心。1273年2月樊城破,樊城失守极大地强化了襄阳守军因孤立而产生的绝望感。不足20日,元军用回回炮轰击襄阳,襄阳城破,宋朝从此失去天堑,亡在旦夕了。姚大力《"天马"南牧——元朝的社会与文化》,(长春)长春出版社2005年版,第92—94页。

② 赵汸《邵庵先生虞公行状》,《全元文》卷一六六二,第54册,第353页。

③ 《宋元学案》卷七二《二江诸儒学案》,第3册,第2415页。

④ 赵汸《邵庵先生虞公行状》,《全元文》卷一六六二,第54册,第352页。

⑤ 赵汸《邵庵先生虞公行状》,《全元文》卷一六六二,第54册,第352页。

工部侍郎给事中、集英殿修撰在行,而卒焉。……侍郎葬潭州。"①据《宋史》载"元兵渡江,畿甸震动,朝士多弃去者,侍从班惟文仲一人"②,虞集全家也跟在行中。杨文仲在追随小皇帝赵昺南海逃跑的过程中去世,而虞集家则由此迁入江西"宋亡,自海上还,隐于临川之崇仁"③。虞汲在到崇仁之后,与吴澄成为讲友,虞集与其兄弟虞槃也顺势成为吴澄的弟子。这样看来,在时代巨变中,虽经历颠沛流离、无书册可翻的岁月,虞集却还是依靠家学的渊源和父母、外祖、师长等人的敦促而获得了非常良好的教育。以此,青少年时期的虞集"入则受教家庭,出则从诸公游,于经传百氏之说、帝王之制、有国家者兴衰得失之由与其为之之术,无不学焉,而典故沿革,世家爵里,考核于近代者,尤精详矣"④。相比而言,虞集的同龄人有着与他或许相似的颠沛,或许相近的资质,却未必有他同等的教育资源。可以看到,像揭傒斯"生而颖悟,年十二三,读书已能窥见古人为学大意。家贫,不能负笈远游,父子自为师友,刻苦奋厉"⑤。比起虞集三岁即随母背诵习读经典,九岁"尽诵诸经,通其大义",十四岁出入名家,揭傒斯的学习经历显得相当平常;像字尤鲁翀"公之先女真贵族……至元己卯,郡公从故相贾公居贞掾江西宣阃,公生赣江舟中",虽天生颖悟,读书用功,但字尤鲁翀的教育背景则非常平淡⑥。再如晚虞集一辈的欧阳玄,"母冀国夫人李氏,贺州金书判官厅公事某之女,读书能文,亲授《孝经》《论语》,小学诸书,公八岁已能成诵"⑦,读书背景则未免清减。

　　学养方面的得天独厚固然是虞集优异于同侪的重要背景,而交游群的优秀和广泛更使得虞集的见识远过常俗。首先是吴澄对虞集的深远影响。由于父母的推动,少年虞集即以"契家子从吴澄游,授受具有源委"⑧。以吴澄在元

---

　　① 虞集《杨氏番禺茔域碑》,《虞集全集·道园类稿》卷四五,下册,第1150—1151页。

　　② 《宋史》卷四二五,第12687页。

　　③ 赵汸《邵庵先生虞公行状》,《全元文》卷一六六二,第54册,第352页。

　　④ 赵汸《邵庵先生虞公行状》,《全元文》卷一六六二,第54册,第353页。

　　⑤ 黄溍《翰林侍讲学士中奉揭大夫知制诰同修国史同知经筵事追封豫章郡公谥文安揭公神道碑》,《全元文》卷九六九,第30册,第177页。

　　⑥ 苏天爵《元故中奉大夫江浙行中书省参知政事追封南阳郡公谥文靖字术鲁公神道碑铭并序》,《滋溪文稿》卷八,第122页。

　　⑦ 危素《大元故翰林学士承旨光禄大夫知制诰兼修国史圭斋先生欧阳公行状》,《全元文》卷一四七七,第48册,第400页。

　　⑧ 《元史》卷一八一《虞集传》,第14册,第4174页。

代思想界的影响而言,当代人认为他是真儒,揭傒斯奉诏撰吴澄碑文云:"皇元受命,天降真儒;北有许衡,南有吴澄。所以恢宏至道,润色鸿业,有以知斯文未丧,景运方兴"①,以许衡、吴澄二人为南北学者之宗。《元史》亦云:"(澄)于《易》《春秋》《礼记》,各有纂言,尽破传注穿凿,以发其蕴,条归纪叙,精明简洁,卓然成一家言。"②虞集与吴澄的师从关系,如虞集所谓"自幼侍侧,以聆其绪余,晚仕于朝,尝从先生之后",有着长达几十年的师从生涯,所以虞集对吴澄在经学上的辨释,"悉能推类以达其意"③。

虞集从大德五年(1301)到达京师,交游各方名流,连欧阳玄等同时期的名人都承认虞集所交接的著名人物"不可悉数"。欧阳玄写道:

> 生平知己大臣藁城董宣公、保定张蔡公、陇西赵鲁公,皆国元老。赵之复相,尝面请召。柳城姚公、涿郡卢公、广平程公、吴兴赵公,每与公论文,辄以方采文柄属之。④

以上所列无一不是其时声名最为赫著的仕宦名流,其中藁城董宣公是董士选,乃董文炳之子。1253年,董文炳曾追随忽必烈南征大理,中统元年(1260)忽必烈即位大汗后,在立侍卫亲军时,就说"亲军非文炳难任",其时董文炳刚就任山东东路宣抚使,于是"遥授侍卫亲军都指挥使佩金虎符"⑤。李璮乱后,北方诸汉地世侯"并解兵柄,惟董氏不许"⑥,足见忽必烈对董文炳及董家之信重。董士选乃董文炳次子,在宋降元之际,曾"从文炳入宋宫,取宋主降表及收其文书图籍,静重识大体,秋毫无所取"。《元史》载董士选与虞集关系背景云:"其礼敬贤士尤至。在江西,以属掾元明善为宾友,既又得吴澄而师之,延

---

① 揭傒斯《大元敕赐故翰林学士资善大夫知制诰同修国史赠江西等处行中书省左丞上护军追封临川郡公谥文正吴公神道碑》,《揭傒斯全集·辑遗》,第538页。

② 《元史》卷一七一《吴澄传》,第13册,第4014页。

③ 赵汸《邵庵先生虞公行状》,《全元文》卷一六六二,第54册,第353页。

④ 欧阳玄《元故奎章阁侍书学士翰林侍讲学士通奉大夫虞雍公神道碑》,《欧阳玄集·圭斋文集》卷九,第108页。

⑤ 《元史》卷一五六《董文炳传》,第12册,第3669页。

⑥ 揭傒斯《大元敕赐正奉大夫江南湖北道肃政廉访使董公神道碑》,《揭傒斯全集·文集》卷七,第424页。

虞汲于家塾以教其子。"①保定张蔡公乃张珪,汉人世侯张柔之孙、淮阳献武王
张弘范之子,张珪仕至中书平章政事,封蔡国公,曾领国子学。虞集在为张珪
写墓志铭时,特意写到张珪去世之际人们的感受:"中外闻者,莫不嗟叹,异口
一辞,曰:'呜呼! 正人亡矣'"②,可知他对张珪人品的认可。陇西赵鲁公乃汪
古人赵世延,仕至奎章阁大学士、翰林学士承旨、中书平章政事、鲁国公,"历事
凡九朝,扬历省台五十余年,负经济之资,而将之以忠义,守之以清介,饰之以
文学,凡军国利病,生民休戚,知无不言,而于儒者名教尤拳拳焉"③。虞集在
赵世延死后曾作哀辞两首,尽管颇有冠冕的色彩,但由他对赵世延出身、为人、
为官、为学的综合评价以及哀婉情绪还是可以侧知二人关系的亲厚。"西北声
名世节旌,簪绅特起擅时髦。百年忧患神明相,世务频烦志虑劳。春雨归舟江
水定,秋风遗剑雪山高。东瞻松柏分茅重,盛德终闻有显褒。早岁江东接令
仪,中朝晚得近论思。永怀王母传经训,直保孤忠结主知。经济尚多遗策在,
勤劳空复大名垂。每翻翰墨神交远,惆怅西州鼓吹悲。"④柳城姚公是姚燧,是
姚枢的侄子,在虞集之前,元代"文章大匠,莫能先之"⑤,元人亦推姚燧之文
"蔚为宗匠"⑥,并非虚言。涿郡卢公是卢挚,在元初,卢挚文章与姚燧齐名,世
称"姚卢",诗与刘因齐名,世称"刘卢",散曲则名在徐子方、鲜于枢之上,乃翰
苑名流。广平程公是程钜夫,此自不必说,他与吴澄是同学,可谓虞集师叔。
吴兴赵公是赵孟頫。虞集认为赵孟頫的书画在本朝具有"学者澜倒"⑦的影响
力。而他的文集所以命名为"道园",也是赵孟頫所赐。赵孟頫曾为虞集题写
"道园"二字,并解释说:'养亲东南,无躬耕之土。及来京师,僦隙宇以自容。
尝读《黄庭经》,有曰:'寸田尺宅可治生。'是则我固有之,其可为也。又曰:
'恬淡无欲道之园',遂可居有哉?"⑧尽管虞集比赵孟頫小 18 岁,但赵孟頫为
虞集书"道园"二字的心意,却被虞集一直铭记,可见赵孟頫对虞集的器重和

① 《元史》卷一五六《董文炳附传》,第 12 册,第 3678 页。
② 虞集《中书平章政事蔡国张公墓志铭》,《虞集全集·道园类稿》卷四六,下册,第 887 页。
③ 《元史》卷一八〇《赵世延传》,第 14 册,第 4166—4167 页。
④ 虞集《鲁国赵公世延哀词二首》,《虞集全集·道园类稿》卷八,上册,第 151—152 页。
⑤ 《元史》卷一七四《姚燧传》,第 13 册,第 4059 页。
⑥ 《姚燧谥文》,《柳贯集》卷八,上册,第 223 页。
⑦ 虞集《跋朱侯所临智永千文》,《虞集全集·道园类稿》卷三二,上册,第 406 页。
⑧ 虞集《道园天藻诗稿序》,《虞集全集·道园类稿》卷一八,上册,第 511 页。

虞集对赵孟頫的敬重。而综上所叙论,这些被欧阳玄所列举的人的确都是有元一代彪炳史册的大人物,而所以被罗列出来的根本原因又在于,他们都对虞集非常看重,以"方来文柄属之"。

可以这样说,以元朝建国号为元的 1271 为始,到 1368 为止,百余年中,虞集基本相与首尾,却没有经历元朝临近崩溃的最后二十年。上所列者基本长他一辈,除了这些人以外,与他年龄相近或相仿的袁桷、吴全节、元明善、张养浩、贡奎、揭傒斯、黄溍、柳贯、吾衍、范梈、马祖常、孛朮鲁翀诸人,晚他一辈甚至两辈的宋本、欧阳玄、柯九思、苏天爵、康里巙巙、萨都剌、陈旅、傅若金等人,或与共事,或与平交,或常相唱和往来。总之,大凡元代政坛、文坛、艺苑的中坚人物,虞集无不有所接触往来。无怪其弟子李本在为他编撰文集时感慨地说:"先生前代世家,以道德文学,由成均、颂台、史馆、经筵,涪历清要,皆承平之日"[①],良好的出身、优秀的教养以及同时代最顶尖、最优秀的人物期许更兼相对太平富庶的时代氛围,虞集的人生诚可谓粹精集萃,应了其名"集"之意思了。

而上述这一切只不过是为他的巅峰际遇准备基础而已,虞集人生最好的际遇是他与元文宗共同缔造的奎章阁文人时代。这种表述看起来非常浮夸,但事实上的确是没有元文宗,就没有元代奎章阁学士院,也就不会出现像萨都剌所描绘的"当时济济夸多士,争进文章乞赐钱"[②]的美好景象;而奎章阁学士院如果没有虞集,奎章阁的文化层次以及代表着奎章阁文治结晶的大型政书《经世大典》的修撰与完成就可能要大打折扣。

从元朝的整体历史来看,元文宗朝实际是蒙古、色目上层人心离散,蒙古高层内部最躁动不安的时期。这与蒙古皇权的频繁更替背景密切相关。致和元年(1328)七月,泰定帝在上都去世,蓄谋已久的燕帖木儿八月即以迎立武宗"圣子"为号召在大都发动政变,于是拥立阿剌吉八的上都军与大都军发生战争。十一月,两都之战结束。然而武宗有二子,长子和世瓎,次子图帖睦尔,后者在 1328 年八月即到达大都,并在九月十三日在大都称帝,改元"天历"。出于对"推奉圣兄,谦居储贰"前例的尊崇,天历二年(1329)四月,图帖睦尔派遣燕帖木儿等人奉玉玺前往和世瓎的行帐,而和世瓎及其亲信对战争果实的

① 李本《道园学古录跋》,《全元文》卷一七六八,第 58 册,第 157 页。
② 萨都剌《奎章阁感兴》,《全元诗》第 30 册,第 160 页。

坦然接受态度令燕帖木儿等不能接受。天历二年八月初,和世㻋与图帖睦尔兄弟相会于旺忽都察行宫(在今河北张北县境),和世㻋暴卒,八月十五日在燕帖木儿等拥立下,图帖睦尔再次即位。这两次皇权更迭和政治变故,不仅使得一批蒙古、色目上层丧失性命,也对整个统治阶层内部造成极深刻的影响。另外,令天历朝政局雪上加霜的是,天历年间也是元朝气温偏低,自然灾害较为严重的时期①。由史书载记可知:陕西自泰定二年(1325)至是岁(1328)不雨,大饥,民相食;杭州、嘉兴、平江、湖州、镇江、建德、池州、太平、广德等路,水没民田万四千余顷②;天历二年(1329),"陕西大饥","大同路言,去年旱且遭兵,民多流殍","永平、大同二路,上都云需两府,贵赤卫,皆告饥","真定平山县、河间临津等县、大名魏县,有虫食桑,叶尽,虫俱死"③;至顺元年(1330),"海潮溢,漂没河间运司盐二万六千七百余引","铁里干、木邻等三十二驿,自夏秋不雨,牧畜多死,民大饥";"大都、大宁、保定、益都诸属县及京畿诸卫、大司农诸屯水,没田八十余顷。杭州、常州、庆元、绍兴、镇江、宁国诸路及常德、安庆、池州、荆门诸属县皆水,没田一万三千五百八十余顷。松江、平江、嘉兴、湖州等路水漂民庐,没田三万六千六百余顷,饥民四十万五千五百七十余户"④,等等,枚不胜举。当然,对于没有经过历练也没有任何政治经验的元文宗而言,帝位几乎是由燕帖木儿家族与集团浴血奋战之后奉送而得,所以文宗朝的一切权力几乎都由燕帖木儿操控,"凡号令、刑名、选法、钱粮、造作,一切中书政务,悉听总裁。诸王、公主、驸马、近侍人员,大小诸衙门官员人等,敢有隔越闻奏,以违制论"⑤。在政治与经济环境都很受限制的背景下,文宗朝颇为刻意地追求文治,而且立意成为"示治平之永则"⑥,这是奎章阁学士院成立的重要政治背景,也是文宗朝特组织奎章阁学士院文人纂修大型政书《经世大典》的现实基础。

元文宗复位之后,即命奎章阁学士院与翰林国史院采辑本朝典故仿唐宋会要修《经世大典》,命虞集与赵世延同任总裁。《经世大典》一书,"其目则

---

① 姚大力《"天马"南牧——元朝的社会与文化》,第23—26页。
② 《元史》卷三二《文宗本纪一》,第3册,第723—724页。
③ 《元史》卷三三《文宗本纪二》,第3册,第729、731页。
④ 《元史》卷三四《文宗本纪三》,第3册,第761、767、764页。
⑤ 《元史》卷一三八《燕铁木儿传》,第11册,第3332页。
⑥ 虞集《经世大典序录应制》,《全元文》卷八一七,第26册,第65页。

《周礼》之六典,其制则近代之《会要》,其事则今枢密院、御史台、六部,总治中外百有司之事务,而其牍藏于故府者不足,则采四方之来上者参之。祖宗之成宪、功臣之阀阅具存"①。《经世大典》分帝号、帝训、帝制、帝系、治典、赋典、礼典、政典、宪典、工典等10门,共880卷,另外还有目录12卷,公牍1卷,纂修通议1卷,乃元代自立国至1329年文宗时期近百年的典章制度、山川地理、文物礼乐等较为全面的概括和总结②。《经世大典》所参用的材料有元代中央政府部门的档案公文,主要包括元朝皇帝圣旨以及枢密院、御史台、中书六部的奏章档案以及当代人的许多著作、口头文献和前代文献。今人魏训田考察指出《经世大典》所用元代当代人文献有:黎崱的《安南志略》、刘敏中的《平宋录》,翰林国史院所修《平金录》《诸国臣服传记》《伯彦平宋录》、功臣列传及墓志行状、以及"国言所记典章"主要包括《大札撒》③、《圣训》④等蒙文典籍。前代文献有:《衣服令》《唐舆服志》(即《旧唐书·舆服志》)、刘熙的《谥法注》、蔡攸的《谥法》、沈约的《谥例》、贺琛的《谥法》、苏洵的《谥法》和北宋《六家谥法解》,以及《尚书》《诗经》《周礼》(含《礼记》)《易》《左传》《论语》《孟子》《老子》《庄子》《荀子》《扬子》《国语》《汲冢周书》等先秦著作十三种,《孝经》《列女传》《史记》《汉书》《孔子家语》等秦汉以后著作五种,由于《经世大典》原书早已散佚,人们只能根据《元史》诸志以及一些相关记载来推测它的采书情况。很显然,以上所列书籍远不能及于当时用书的全部,而这么一部煌煌大著,它的完成,虞集"任其劳居多"⑤。尽管这很大程度地损害了虞集个人的健康,但对于开阔其视野,令其形成多元包容的创作理念极有裨益。

虞集的学生赵汸曾无限感慨地写道:"公以绝人之资,承家世之远,自其亲庭传习已极渊微,又得一世大儒以端其轨辙,其于前哲之所发明者,汇别胪分,

---

① 欧阳玄《元故奎章阁侍书学士翰林侍讲学士通奉大夫虞雍公神道碑》,《欧阳玄集·圭斋文集》卷九,第107页。

② 魏训田《元代政书〈经世大典〉的史料来源》,《史学史研究》2010年第1期,第102—105页。

③ 按:《大札撒》是成吉思汗时期蒙古族习惯法汇编。"札撒"是蒙古语,意为法度,正式颁行于太宗元年(1229),魏训田《元代政书〈经世大典〉的史料来源》,《史学史研究》2010年第1期。

④ 按:《圣训》,全称《世祖圣训》。成宗元贞元年(1295),王恽"奉旨纂修《世祖实录》,因集《圣训》六卷上之"。泰定年间,朝廷又命翰林侍讲学士阿鲁威、直学士燕赤翻译此书,以备经筵选讲。魏训田《元代政书〈经世大典〉的史料来源》,《史学史研究》2010年第1期。

⑤ 欧阳玄《元故奎章阁侍书学士翰林侍讲学士通奉大夫虞雍公神道碑》,《欧阳玄集·圭斋文集》卷九,第107页。

凿如金石,因言见志,慨然有千载之思焉。遭遇盛时,以经筵胄监,翰苑延阁,历事圣君,名声振于当世。……吾党小子盖有不足以知之者矣。"①后进之辈甘复也感慨说:"四方魁奇贤俊之登其门者,皆天下士也。公益达其才,广其识,皆足以辅世而有为……有以惊世而动俗。"②的确如此,历朝历代读书人,成就过于虞集的或许不可计数,但论及际遇、论及所见所闻,以及虞集在奎章阁时代的创作广度,恐怕就屈指可数了。而这一切均将推动虞集以及他的著述成为元朝极为集中、最为典型地反映元王朝疆域辽阔、氏族多元复杂、社会文化丰富的最幸运的作家之一。

二、多元文化交汇背景中虞集的创作实践与理论批评

在努力开创元代创作风气,力矫旧弊的文风变化进程中,如果说程钜夫以及吴澄等人的努力在于推动南方文人的北进,进而为元代文坛的多元融合奠定坚实基础的话,那么虞集作为其接续者,他的创作实践和理论批评则代表江西文人群对元代文学多元融合的创作理念贡献了最典型、最具代表性的内容。

虞集作为元代中期朝中极为重要的著作之臣,"至大、延祐以来,诏告册文、四方碑板,多出乎(其)手"③;不仅如此,功臣、勋戚、诸侯世家事迹又往往以请托虞集执笔为荣;此外,天下著名之士,其著述、文集亦以得虞集品题为据。这些著述内容缘于元王朝自身的独特性以及涉及面的广远而使得虞集的创作自然而然地具有多元文化交汇的正大宏富气质,诚不愧四库馆臣所云:"有元一代,作者云兴,大德、延祐以还,尤为极盛。而词坛宿老,要必以集为大宗"④。

以元朝的一统进程来看:它"起朔漠,并西域,平西夏,灭女真,臣高丽,定南诏,遂下江南,而天下为一"⑤,这个过程中,蒙古国的建立、西域多氏族的并入,西夏、女真、高丽、大理以及南宋的被平灭不仅意味着蒙元帝国疆域的开拓,更意味着人口的大范围流动迁徙以及多氏族文化、多特质文明的交汇和碰

---

① 赵汸《邵庵先生虞公行状》,《全元文》卷一六六二,第54册,第364页。
② 甘复《艾仲庸文集序》,《全元文》卷一八三六,第60册,第262页。
③ 欧阳玄《元故奎章阁侍书学士翰林侍讲学士通奉大夫虞雍公神道碑》,《欧阳玄集·圭斋文集》卷九,第109页。
④ 《钦定四库全书》卷一六七"《道园学古录》五十卷"条,下册,第2228页。
⑤ 《元史》卷五八《地理志一》,第5册,第1345页。

撞。这其中那些千金之家的动荡变化尤其能见证和反映时代的特征,而虞集作为著作大宗又往往有机会见到而且书写这些千金之家的变迁史。比如虞集《题斡罗氏世谱》一则中所反映的蒙古大姓在中原的变迁情形:

> 集尝待罪著廷,勋臣诸侯王世家,未尝不得览焉。顺德忠献王,社稷大臣,勋业尤著。又尝亲见,而执笔记载其事,其族系则未之知也。其族孙燮理普化,举进士高科,有斯文之好。其仕于江右,始得见其世谱如此。古者众建诸侯,各有其国,传之子孙,则有大小宗以联络其族,有采地以食之,疏弱者盖鲜矣。忠献以王爵食顺德,实未始去朝廷。父子相继出镇,中外倚重,未尝就国而即安。是以一从之孙,已有困乏之叹。然而物不能两大,譬之木然,本固而封厚者,其枝之畅达,或在于彼,或在于此,岂有常乎?国家兴王之初,以武略著功,及夫危难之间,身任社稷之寄。承平之余,天下无事,则以文学政事显著而继之,固其宜哉。①

这篇题跋在虞集的著作中并不起眼,但所反映的元代社会现象却颇为典型而饶有意味。虞集开篇即云,他以职业的原因有机会尽见他的时代里那些勋臣、诸侯王及世家的传记、家谱等等;但对于顺德忠献王,虽然也亲见其行事,也曾执笔记载其事迹,却独未见其族系载记。由虞集这层表述可以知道,他对于元代社会丰富的氏族源流现象非常注意并愿意多见广记。顺德忠献王即元代著名大臣哈剌哈孙。哈剌哈孙乃斡剌纳儿氏,斡剌纳儿氏又作斡罗纳儿、斡耳那、斡罗那、斡鲁纳台、斡罗纳兀惕,所以虞集所写燮理普化的族谱为“斡罗氏”,也没有问题。哈剌哈孙的先祖启昔里在追随成吉思汗时即被封为达剌罕②。其父囊加台,曾从宪宗蒙哥伐蜀,卒于军。哈剌哈孙“至元九年,朝廷录勋臣后,拜宿卫官,袭号达尔罕。二十二年,拜大宗正。二十八年,拜湖广行省平章政事。大德二年,拜江浙行省左丞相,是年,入拜中书左丞相,七年拜右丞

---

① 虞集《题斡罗氏世谱》,《虞集全集·道园类稿》卷三四,上册,第431页。
② 按:达剌罕,又译答剌罕,陶宗仪《辍耕录》云:“答剌罕,译言一国之长,得自由之意,非勋戚不与焉。太祖龙飞日,朝廷草创,官制简古,惟左右万户,次及千户而已。丞相顺德忠献王哈剌哈孙之曾祖启昔礼,以英材见遇,擢任千户,锡号答剌罕。至元壬申,世祖录勋臣后,拜王宿卫官袭号答剌罕”,《辍耕录》卷一,第33页。

相。十一年夏,升和林宣慰司为行省,王以太傅行省事。至大元年,薨"①。哈剌哈孙乃元代推行汉法的著名大臣,在他的主政下,"选庶官,齐百度,罢斜封,汰冗员,绝宝货,约滥支,节淫费,量入制出。择民牧,屏世守,定赃律,除虐禁,明婚制,阜民生,纲正目举,有中统、至元之风"②。不仅在成宗朝推动"天下之事归于中书,中书之务统于宰相"③的制度渐成惯例,而且是促成元武宗、元仁宗即位的重要推手,对元朝的政局影响深远④。虞集所谓"社稷大臣,勋业尤著",可谓实评,而此又能见虞集创作所以卓著于时流者,是缘于他有机会见识那个多元时代复杂变化的最轴心的内容。哈剌哈孙一生基本在朝廷任职,并未到封地食邑而安,其子脱欢,按《元史》所记"由太子宾客拜御史中丞,袭号达剌罕,进御史大夫,行台江南,寻拜平章,行省江浙,进左丞相,兼领行宣政院"⑤,应该也没有到封地去经营势力。所以虞集说"父子相继出镇,中外倚重,未尝就国而即安",这样,作为其族孙辈的爕理普化家已露出窘困之态。探迹爕理普化的人生经历,他在泰定四年(1327)举进士,与萨都剌、杨维桢等一干著名文人同科,任庐陵舒城县达鲁花赤,历抚州路乐安县达鲁花赤、陕西行台御史等官。在任期间,"政尚清简,民用孚化,言色不动,患除利兴",最得虞集等人赞赏的是,注重斯文,贡献颇力。如元统元年(1333)任乐安县达鲁花赤后,作新当地庙学,并组织当地士绅纂修《乐安县志》;至元六年(1340)任陕西行台御史,在任上重修宣圣庙学,还作为揭傒斯的门人,编刊其集为《揭文安公集》50卷,等等,的确应了虞集所谓"有斯文之好"。站在那个时代多元氏族共存,不同文化交汇的视角来看,虞集的这篇短文四两拨千斤地表达出中原斯文未丧,不仅仅是一群汉儒在支撑,更有那些"皆舍弓马而事诗书"⑥的蒙古以及色目人的支持。而基由史实与表述的一一对应还能看出,虞集文章仅仅是立足于现实,如实呈现,就真切地体现出他对于自己所处时代多元文化的交融

---

① 苏天爵《丞相顺德忠献王》,《元名臣事略》卷四之二,第55页。

② 孛尤鲁翀《平章政事致仕尚公神道碑》,《全元文》卷一〇三一,第32册,第342页。

③ 何中《贺元参议明善书》,《全元文》卷六八八,第22册,第175页。

④ 班布日《哈剌哈孙与元代中后期政治》,内蒙古社科院历史所编《朔方论丛》第五辑,(呼和浩特)内蒙古大学出版社2016年。

⑤ 《元史》卷一三六《哈剌哈孙传》,第11册,第3295页。

⑥ 戴良著,李军、施贤明校点《鹤年先生诗集序》,《戴良集·九灵山房补编》(下),吉林文史出版社2009年,第347页。

现状的认可与包容。

如果说《题斡罗氏世谱》只是虞集用一篇随笔小品文的容量即侧面写出了元代政局中一位有着赫著声名与政绩的宰相，内容丰实，但表述却纡徐婉转，大家风范隐见的话。那么他奉旨写的《句容郡王世成碑》，则真切地展示了他作为大元承平之际的时代作手，丰沛春容，大气磅礴的风度。且看其中一段：

> 钦察之先，武平北折连川按答罕山部族也。后迁西北，即玉黎北里之山居焉。土风刚悍，其人勇而善战。有曲年者，乃号其国曰钦察，为之主而统之。曲年生唆末纳，唆末纳生亦纳思。太祖皇帝征乞思火都，火都奔亦纳思，遣使谕取之，弗从。及我师西征，亦纳思老，不能理其国。岁丁酉，亦纳思之子孙忽鲁速蛮，自归于太宗。而宪宗受命帅师，已及其国，忽鲁速蛮之子班都察举来归，从讨蔑乞思有功。世祖皇帝西征大理，南取宋，其种人以强勇见信用，掌刍牧之事，奉马湩以供玉食。马湩尚黑者，国人谓黑为哈剌，故别号其人哈剌赤。日见亲近，妻以哈纳郡王之女弟纳论。中统初元，讨阿里不哥之乱，班都察与其子土土哈皆有功。班都察卒，土土哈领其父事，是为句容郡武毅王。①

元王朝以武兴国，在其开疆拓土的过程中，由燕帖木儿家族为首的钦察氏的辅助翊戴之功尤其大。杨允孚《滦京杂咏》有诗云："撒道黄尘辇路过，香焚万室格天和。两行列金钱豹，钦察将军上马驼"②，即描写钦察军的特权。虞集在表彰土土哈之前，先概述其部族之来历，这种写法几乎是身处多元民族交汇背景中的元人尤其是馆阁们一般的程序，而且事实虞集这篇碑记的写作即受到他的前辈阎复为土土哈撰写的碑记的影响。可以看看阎复的写作：

> 公钦察人。其先系武平北折连川按答罕山部族，后徙西北绝域，有山

---

① 虞集《句容郡王世绩碑》，《虞集全集·道园类稿》卷三八，下册，第1018—1019页。

② 按：杨允孚《滦京杂咏》"太平天子重文曹，阁建奎章选俊髦。一自六龙天上去，至今黄帕御床高"下有注云："昔文宗建奎章阁于大内，年深洒扫，睹御榻之岿然，感而赋此"；"霜寒塞川青山瘦，草实平坡黄鼠肥。欲问前朝开宴处，白头宫使往还稀"，诗下有注云："文宗曾开宴于南坡，故云"，疑杨允孚诗中所云"钦察将军"即为燕帖木儿。

曰玉理伯里,襟带二河,左曰押亦,右曰也的里,遂定居焉,自号钦察。其
地去中国三万余里,夏夜极短,日暂没辄出。川原平衍,草木盛茂。土产
宜马,富者有马至万计。俗衹金革,勇猛刚烈,盖风土使然。公之始祖曲
年,高祖唆末纳,曾祖亦纳思,世为钦察国王。太祖征蔑乞国,其主火都奔
钦察,遣使谕亦纳思曰:"汝奚匿予负箭之麇,亟以相还,不然祸且及汝。"
亦纳思谓使者曰:"逃鹫之雀,鸎荟犹能生之,吾顾不如草木耶。"岁丁酉,
宪宗在潜邸,奉命薄伐,兵已抵境。公之父班都察,举族迎降,从征麦怯思
国。世祖征大理、伐宋渡江,率其种百人侍左右。以其俗善刍牧,俾掌尚
方马畜,岁时撞马湩以进,其色清彻,号黑马乳,因目其属曰哈剌赤,盖华
言黑也。中统初,同气有阋墙之衅,靖乱第功,赏银百两。公年逾弱冠,亦
以功受银五十两。班都察卒,乃袭父职,备宿卫。[①]

钦察氏是由突厥乌古思人及部分东胡(蒙古系后裔)构成。王族为玉里伯牙
吾氏,同蒙古、康里及女真诸部中的伯牙吾氏是同一个氏族的分支。借助虞
集、阎复的文章可以看到钦察氏族如何并入帝国的历程:钦察人的祖先居住于
武平(今内蒙古赤峰宁城),后来迁徙到西北玉黎北里,对照虞集、阎复的文章
以及《元史·土土哈传》来看,成吉思汗征略西征蔑乞国,钦察国保护了逃亡
的蔑乞国王火都等,从而受到蒙古人的攻打并逐渐衰弱,"太祖乃命将讨之。
亦纳思已老,国中大乱"[②]。窝阔台汗丁酉年(1237),第四代钦察国王忽鲁速
蛮前往蒙古朝见元太宗窝阔台,而其时拔都所率西征军中蒙哥之师已至其地,
于是忽鲁速蛮之子班都察举族投降。班都察即土土哈的父亲,从班都察开始,
钦察部汇入蒙古国。在接下来的蒙古人攻打蔑尔纥、大理、南宋的进程中,钦
察人凭借部落刚悍强勇的性格越来越被蒙古人所信任,遂被命令掌管刍牧之
事。由《元史·兵志三》"马政"的记载知道,"牧人曰哈赤、哈剌赤",蒙古人祭
祀以及黄金家族所饮用的马乳为细乳,也即黑马乳。据《元史》载:"太庙祀事
暨诸寺影堂用乳酪,则供牝马;驾仗及宫人出入,则供尚乘马。车驾行幸上都,
太仆卿以下皆从,先驱马出健德门外,取其肥可取乳者以行,汰其赢瘦不堪者
还于群。自天子以及诸王百官,各以脱罗毡置撒帐,为取乳室。车驾还京师,

---

① 阎复《枢密句容武毅王碑》,《全元文》卷二九五,第9册,第265页。
② 《元史》卷一二八《土土哈传》,第10册,第3131页。

太仆卿先期遣使征马五十酏都来京师。酏都者,承乳车之名也。既至,俾哈赤、哈剌赤之在朝为卿大夫者,亲秩饲之,日酿黑马乳以奉玉食,谓之细乳"①。马乳,指用马乳酿成的酒,即马奶酒、马湩,马奶对蒙古人的重要性,仿佛麦粟之于华北农人②。如引文蒙古统治者巡幸上都,沿途须预先准备可以取奶的马匹,马奶中的细乳、黑马乳是品质最佳者③。钦察人被称作"哈剌赤"正因为他们负责蒙古人特别看重的马政,而虞集、阎复都因为钦察人善撞黑马乳,误训"哈剌赤"为"黑色"了。

毫无疑问,阎复、虞集的这两段文字不仅简要地展示了蒙元帝国丰富的征略进程,更解释了元朝钦察部族的来历、迁徙以及钦察人与元蒙王朝的关系,其间还涉及民族语音、民族特色食物等内容,让人深刻感受到元王朝疆域广阔的特征背后所隐含的文化、人种、物产、语言等内容的多元性。但与阎复的文章相比,虞集文章基于多元一统的大理念,更具有外而"汪洋澹泊,不见涯涘";内而"深靓简洁,廉刿俱泯,造乎混成"④的特征。值得一提的是,在虞集的这段文字之前还有一段议论:

> 国家治平之业,所以奠安而久固者,礼乐刑政,一本于朝廷。而执干戈以卫社稷于四境之外者,则亦必有桓毅过人之勇,直亮不回之节,以兼爪牙腹心之任,而又世世祖父子孙,相承一志,然后可以内为天子之所信倚,外为强敌之所慑服,故处常则有不可犯之势,遭变则建非常之功。⑤

尽管虞集的文章是因为天历元年(1328),对元文宗即位具有翊戴之功的燕帖木儿希望将其祖父土土哈的事迹著成文字,刻为碑石,虞集奉旨作文。但阎复作为成宗时期最重要的馆阁大椽,他为土土哈这位成宗时期、功勋最为卓著的武将作碑文,未尝不是一种国家著述行为,但在写作过程,阎复一开篇即云:

---

① 《元史》卷一〇〇《兵志三》,第 9 册,第 2554 页。

② 罗新《从大都到上都:在古道上重新发现中国》,(北京)新星出版社 2018 年,第 39 页。

③ 按:据《黑鞑事略》载:"初到金帐,鞑主饮以马奶,色清而味甜,与寻常色白而浊、味酸而膻者大不同,名曰黑马奶。盖清则似黑,问之则云,此实撞之七八日,撞多则愈清,清则气不膻,只此一次得饮,他处更不曾见,玉食之奉如此。"《内蒙古史志资料选编》第三辑,第 13 页。

④ 欧阳玄《元故奎章阁侍书学士翰林侍讲学士通奉大夫虞雍公神道碑》,《欧阳玄集·圭斋文集》卷九,第 109 页。

⑤ 虞集《句容郡王世绩碑》,《虞集全集·道园类稿》卷三八,下册,第 1018 页。

"公钦察人"，着眼点在于个体的丰功伟绩上，而虞集的文章从国家奠安的角度出发，指出钦察家族发迹的根本原因。而且，在叙述土土哈事迹时，着眼点在于钦察部族并入蒙元王朝，并为王朝的一统以及长治久安而浴血疆场，从而"内为天子之所信倚，外为疆敌之所慑服"，并可以在突变之际建立非常之功。在虞集的笔下，个体、家族的事迹由于与民族的融合、国家的一统、社会的安稳联系在一起，进而变得恢弘壮阔。另外，尽管从细节的表述来看，阎复的文字诸如引述钦察国王与成吉思汗的对话等内容更生动细致且有趣，但从总体文章表述来说，则略显得格局局促。相比而言，虞集缘于格局高阔，表述概括而文意进展凌厉，确实做到了既"汪洋澹泊"又"深靓简洁"。

应该说，元朝疆域的广阔性、民族种群的多元性以及宗教信仰的多元性等等特征在虞集的诗文中体现得非常细密、频繁，几乎难以枚举。例如这首背景相对复杂的《送宋诚甫大监祀天妃》：

> 使者受节大明殿，候神海上非求仙。庙前水生客戾止，帷中灵语风泠然。丽牲有石载文字，沉璧用缫求渊泉。贾生何可久不见？海若率职君子还。①

诗歌写于天历二年（1329），题目中"宋诚甫大监"是指艺文监太监宋本。首先此诗涉及元王朝的宗教祭祀。蒙古人本是信崇萨满教，而在征略天下的进程中，亦每每利用当地宗教的力量获得最快捷的征服结果，所以对所有宗教及山川、海岳、百神祭祀都礼遇有加。由于元廷对海运的极度依赖，所以尤其重视海上祭祀。"天妃"，即海神，据《元史》载："惟南海女神灵惠夫人，至元中，以护海运有奇应，加封天妃神号"，而且随时间的推移元廷对于天妃的加封越来越重，并在直沽、平江、周泾、泉、福、兴化等海港处建筑海神庙，"皇庆以来，岁遣使赍香遍祭"②。不过，元朝统治者在情感上真正崇信的是藏传佛教，所以，祭祀的使者基本都是翰林院和集贤院的馆臣③，这是宋本作为文官祭祀天妃的

---

① 虞集《送宋诚甫大监祀天妃》，《虞集全集·道园类稿》卷六，上册，第99页。

② 《元史》卷七六《祭祀志五》，第6册，第1904页。

③ 按：《元史·祭祀志》载：至元二十八年，忽必烈对中书省臣说："五岳四渎祠事，朕宜亲往，道远不可。大臣如卿等又有国务，宜遣重臣代朕祀之，汉人选名儒及道士习祀事者"，《元史》第6册，第1900页。

背景。其次,宋本此次祭祀事非寻常。宋本奉命祭祀天妃的时间是元文宗天历二年(1329)十一月,此前却发生了元朝海运五十年来最严重的海难,更重要的是,这件事对于天历二年(1329)八月份用非常手段重新争得帝位的元文宗来说是一件非常不吉利的事。所以元文宗特"敕翰林直学士本雅实理、艺文大监宋本其行"①,虞集诗句"使者守节大明殿",正是点明元文宗对宋本等人此次海神祭祀的重视。宋本等人的祭祀从直沽至泉州,沿途历祭 15 座庙,头尾日程达半年,这也是历代皇帝特使第一次诣湄洲祖庙致祭,所以虞集在诗中特意强调祭祀的诚挚与端重。另外,虞集这首诗实际是与一群馆臣为宋本践行的集咏诗之一,作为这次践行活动的主持者,虞集还写有《送祠天妃两使序》,是一篇对元代社会、民生、经济等问题都思虑极深的文章。虞集在文章中写道,"京师之东,萑苇之泽,滨海而南者,广袤相乘可千数百里,潮淤肥沃,实甚宜稻。用浙、闽堤圩之法,则皆良田也。宜使清强有智术之吏,稍宽假之,量给牛种、农具,召募耕者,而疏部分之期,成功而后税,因重其吏秩,以为之长。又可收游惰、弭盗贼,而强实畿甸之东鄙。如此,则其便宜又不止如海运者。奈何独使东南之人竭力以耕,尽地而取,而使之岁蹈不测之渊于无穷乎?"②通过这次海难,虞集思考认为,国家一方面需要节用勤农,另一方面期望朝廷能鼓励民众在京师附近开垦荒地以充实京师的供给,不过分仰赖东南的供应,这样既免东南民众岁蹈不测之海运,又可令京师供给丰足。

当然,也正是站在多元文化并存的一统社会现实立场上,虞集继承程钜夫以及其老师吴澄等人的思想,在理论批评中也每每反复强调以务实的态度,深省顺处,去除逼仄忿厉的情绪,用涵容博取的态度来完善自己的创作修养,做到"与造物者同为变化不测于无穷焉"③,以"涵煦和顺之积,而发于咏歌"④,形成至清至和⑤的创作风格。正如虞集的一段评论所云:

> "月到天心",清之至也;"风来水面",和之至也。今夫月,未盈则不足于东,既亏则不足于西,非在天心,则何以见其全体? 譬诸人心,有丝毫

---

① 虞集《送祠天妃两使序》,《虞集全集·道园类稿》卷二〇,上册,第 530 页。
② 虞集《送祠天妃两使序》,《虞集全集·道园类稿》卷二〇,上册,第 530—531 页。
③ 虞集《易南甫诗序》,《虞集全集·道园类稿》卷一八,上册,第 499 页。
④ 虞集《李景山诗集序》,《虞集全集·道园类稿》卷一七,上册,第 490 页。
⑤ 查洪德《元人诗风追求"清和"论》,《文学与文化》2014 年第 4 期,第 62—74 页。

物欲之蔽,则无以为清;堕乎空寂则绝物,又非其至也。今夫水滔滔汩汩,一日千里,趋下而不争,渟而为渊,注而为海,何意于冲突? 一旦有风鼓之,则横奔怒激,拂性而害物,则亦何取乎水也? 必也,至平之水,而遇夫方动之风,其感也微,其应也溥,涣乎至文生焉,非至和乎? 譬诸人心,拂婴于物则不能和,流而忘返,又和之过,皆非其至也。是以君子有感于清和之至,而永歌之不足焉。①

尽管对于散文与诗的创作路径,虞集的主张其实各有区别。他认为散文应该以古文为宗,"主之以理,成之以学,即规矩准绳之则,以尽方圆平直之体,不因险以见奇也;因丝麻谷粟之用,以达经纬弥纶之妙,不临深以为高也";在诗歌、韵文创作方面,当以性情为主,"陶镕粹精,充极渊奥,时至而化,虽若无意于作为,而体制自成,音节自合,有莫知其所以然者"②。但归其宗,则无论诗、文的创作,虞集都认为要能呼应多元交融的时代,既不刻意作诡异之言来骇人视听,也不假作謇蹇逼仄之态来显得奇特古坳,更不恣肆放纵使得自己偏离情感的本原,仿佛以"至平之水"面对"方动之风",与造物者同其变化,"其感也微,其应也溥,涣乎至文生",从而最终做到"辞平和而意深长"③,在创作风格上清朗、平易、和顺。所以,这首《送宋诚甫大监祀天妃》,写实中有欲言又止的感喟,温婉端丽中有丰沛坚诚的诉求,确有虞集所追求的月到天心,风来水面的意致。

虞集一生所著《道园学古录》50 卷、《道园遗稿》6 卷、《新编翰林珠玉》6 卷以及《古字便览》1 卷等,"平生为文万篇",而实际"稿存者十二三"④,往往能站在元代社会多元融合的现实基础上,题材多元,内容丰富深邃,完全无愧于其"卓然为一代之所宗"⑤的文坛地位。由于虞集在馆阁的崇高地位以及创作和理论的共同驱动,他的文章风格"遂擅天下,学者风动从之,由是,国朝一代之文,蔼然先王之遗烈矣"⑥。作为南北一统之后整个元代文坛的代表和典

① 虞集《天心水面亭记》,《虞集全集・道园学古录》卷二二,下册,第 755 页
② 赵汸《邵庵先生虞公行状》,《全元文》卷一六六二,第 54 册,第 365 页。
③ 虞集《李仲渊诗稿序》,《虞集全集・道园学古录》卷六,上册,第 569 页。
④ 《元史》卷一八一《虞集传》,第 14 册,第 4181 页。
⑤ 王祎《赠陈伯柔序》,《王祎集・王忠文公文集》卷五,上册,第 149 页。
⑥ 赵汸《邵庵先生虞公行状》,《全元文》卷一六六二,第 54 册,第 365 页。

型,虞集"学虽博洽,而究极本原,研精探微,心解神契,其经纬弥纶之妙,一寓诸文,蔼然庆历乾淳风烈"①,推动了一代的文风变化。明代胡应麟说"虞奎章在元中叶,一代斗山"②,这个评价恰如其分。

以元人对虞集当日的影响描述而论,"先生绝学追千古,一树寒梅压众芳"③,"虞雍公赫然以文鸣于朝著之间,天下之士翕然谓公之文当代之巨擘也"④,即便虞集致仕回到江西后,朝廷若欲"欲考典礼之逸遗,以尽乎一代之制作",还是"必以公为归"⑤。顾嗣立曾经总结元代的创作风气云:"元兴,承金宋之季,遗山元裕之以鸿朗高华之作振起于中州,而郝伯常、刘梦吉之徒继之。故北方之学,至中统、至元而大盛。赵子昂以宋王孙入仕,风流儒雅,冠绝一时。邓善之、袁伯长辈从而和之,而诗学又为之一变。于是虞、杨、范、揭一时并起,至治、天历之盛,实开于大德、延祐之间"⑥,顾氏的这段话总结得非常有意思。从元代文坛的格局来看,元初是元好问影响下的金源文人的天下,随着程钜夫南下访贤,赵孟頫为代表的南方文人大举北进,元代文坛一方独掌的格局被打破。如果说以吴澄在国子学所遇到的来自许衡派的挑衅和攻击实质上也是北方文人群与南方文人群在思想、教育以及文坛影响上的一次非常直接且较激烈的交锋的话,那么,虞集本人在创作上的巨大成就以及他在天历朝的非常之遇,使得此后南北文人之争基本消于无形。

与虞集同时的还有揭傒斯、范梈,之后还有傅若金、危素、周伯琦等一批江西文人的杰出代表。值得一提的是,元统元年(1333)八月,虞集以目疾甚深回到江西临川,此后京师文坛的儒宗文师成为江西丰城人揭傒斯,他是程钜夫的亲厚门人。至正三年(1343),朝廷诏修《宋》《辽》《金》三史,以丞相脱脱为都总裁,中书平章政事铁睦尔达识以下凡六人为总裁,揭傒斯列名其中,实际是执笔总裁官。揭傒斯在至正四年(1344)去世,之后京师文坛"屹为大宗"⑦的是江西抚州金溪的危素,他是吴澄最信重的弟子。《辽》《金》《宋》三史的完

---

① 《元史》卷一八一《虞集传》,第14册,第4181页。
② 胡应麟《诗薮·外编》卷六,中华书局1958年,第232页。
③ 程文《题虞邵庵诗卷》,《全元诗》第35册,第338页。
④ 欧阳玄《元故奎章阁侍书学士翰林侍讲学士通奉大夫虞雍公神道碑》,《欧阳玄集·圭斋文集》卷九,第105页。
⑤ 赵汸《邵庵先生虞公行状》,《全元文》卷一六六二,第54册,第362页。
⑥ 顾嗣立《元诗选》初集"袁学士桷小传",第593页。
⑦ 《钦定四库全书总目》卷一六九"《说学斋稿》四卷"条,下册,第2265页。

成，他从江南访书到主笔撰写都是参与最多者。此外，还有诸如杨载、欧阳玄、黄溍、柳贯、贡师泰、陈旅、胡助等一批南方作家羽翼期间。某种程度而言，虞集在天历朝的幸运使得他代表江西文人群、南方文人群不仅在北方文坛立稳脚跟，而且使得元代的北方正统文坛格局基本由之前为金源文人群所独掌的局面转变为由南方文人群尤其是江西文人群所掌控。

第三章　南北多族文人群的平衡与元代中晚期正统文坛格局

概　述

南方文人群大举北进并在北方逐步获得认可之后,一定程度上也意味着,元代文坛南北多族文人群的格局基本形成。而南北多族文人群如何形成平衡,可能不仅是元代文坛所面临的问题,也可能是元朝政治文化格局所需要考虑的问题。在这个意义上说,元朝迟至延祐二年(1315)也即蒙元王朝建立一百多年后,才迎来的科考考试,它之于南北多族人们共存的元代社会、元代文坛其实具有相当大的平衡意义。元朝的科举考试在实施之后,中间曾有两届中止,一共举行十六届,基本将南北多种文人中的精英选拔出来,他们陆续又成为元代中、晚叶的文化和文坛的中坚与主导力量。也正是借助科举考试的推动左右,程朱理学在元代不仅被提升到官学的地位,而且"自京师通都大府,至于海表穷乡下邑",莫不建学立师,以程朱理学作为讲诵授受的核心内容①,程朱理学在元代中叶以后成为天下之学,这对于元代正统文学雅正风格的形成深具影响。另外,稳定、平衡后的元代文坛推动了元代上京纪行创作的繁荣。作为元代特殊政治制度——两都巡幸制的反映,上京纪行创作是元代文学创作风貌特征的典型,它的繁荣是元代文学创作特征形成的重要标志之一。

---

① 虞集《(建阳县)考亭书院重建朱文公祠堂记》,《虞集全集·道园类稿》卷二五,上册,第658页。

第一节　延祐科考的开启与南北多族文人力量的平衡

在传统的文学通史和文化通史中,人们诟病元朝的一大理由便是它立朝百年而不兴科举。元朝迟至延祐二年(1315)终于开启延祐首科,但中间还停了两届,也就是说,从成吉思汗 1206 年建立蒙古国到延祐首科的开启,元朝科举废止的时间长达 110 年,而从延祐首科到 1368 年元朝政权退出中原,除去 1336、1339 年两届停考外,元朝科举进行了 16 届,总共录取进士 1139 人。无论是科举举行的次数还是选拔的人才数,都颇令人唏嘘。客观而言,科举考试在元朝难以推行固然与其游牧民族作为统治者、以武功起家的社会背景有密切关系;更重要的原因可能还在于,对于多元生产模式、多民族人群和多元文明形态共存,且海陆丝绸之路大开,与包括四大汗国在内的世界多方往来,事物极为浩繁的元王朝来说,以按照农耕和定居文明形态而设置的科举考试来选拔管理元朝的人才,可能本身也存在许多不足的地方。但从元代文人群体的流动、馆阁文人群影响力的增强以及文坛格局的构建角度来看,元代科举考试的开展具有深远的影响。

一、元代科举开展的艰难背景

蒙元王朝自 1234 年灭掉金朝,收编入大量金源文人之后,统治阶层便不断地收到来自金源文人关于科举的建议,这个建议直到延祐初(1314),在南北多族文人的努力下才被推行,其过程之漫长和艰难也颇能见出蒙古统治者对于这一人才选拔形式之陌生和排斥。

早在窝阔台汗九年(1237),蒙古统治者曾经接受耶律楚材的建议,以儒术选士,这可以被认为是蒙古人对科举的最初尝试,由于考试是在次年进行,故史称"戊戌试"或"戊戌选"①。据《元史·选举志》记载:

> 九年秋八月,下诏命断事官术忽觯与山西东路课税所长官刘中,历诸路考试。以论及经义、词赋分为三科,作三日程,专治一科,能兼者听,但

---

① 陈高华、张帆、刘晓《元代文化史》,(广州)广东教育出版社 2009 年,第 25 页。

以不失文义为中选。其中选者,复其赋役,令与各处长官同署公事,得东平杨奂等凡若干人,皆一时名士,而当世或以为非便,事复中止。①

"戊戌试"在当时的文化意义和社会影响力非常大,由于考试要求"儒人被俘为奴者,亦令就试。其主匿弗遣者死",这对于在战乱中被掳为奴隶的读书人来说不啻重生的希望。这次选拔"得士凡四千三十人,免为奴者四之一"②。像杨奂、刘祁、徐之纲、张文谦、赵良弼等③一批后来在忽必烈帐下颇负声望的金源文人即在这次选拔中脱颖而出。王恽认为,"戊戌选"的举行对于"以神武戡定区宇""礼文之事有未遑暇者"的元王朝来说可谓"开太平之基者,固权舆于兹矣"④。张思敬描述其对于社会活力的激发意义云:"国朝戊戌初,父老甫袭科场之余,率子弟以事进取,或负粮从师,阅经就友,当是之时,英髦济济。⑤"这次考试不仅为儒学在蒙古族中的传播铺垫了基础,而且元代儒户制度的确立也大体发轫于此⑥。不过,"当世或以为非便",不仅那些被挑选出来的人没有得到实际的安排,而且藉科考选拔人才这一形式也没有进行下去。

中统四年(1263),时任翰林承旨的王鹗率众请行科举试法,《元史·选举志》载其请行内容及过程道:

四年九月,翰林学士承旨王鹗等,请行选举法,远述周制,次及汉、隋、唐取士科目,近举辽、金选举用人,与本朝太宗得人之效,以为:"贡举法废,士无入仕之阶,或习刀笔以为吏胥,或执仆役以事官僚,或作技巧贩鬻以为工匠商贾。以今论之,惟科举取士,最为切务,矧先朝故典,尤宜追述。"奏上,帝曰:"此良法也,其行之。"中书左三部与翰林学士议立程式,

① 《元史》卷八一《选举志一》,第7册,第2017页。
② 《元史》卷一四六《耶律楚材传》,第11册,第3461页。
③ 郭磊《元太宗丁酉、戊戌科举试辨析》,《晋中学院学报》2013年第2期,第105—108页。
④ 王恽《睢州仪封县创建庙学记》,《王恽全集汇校》卷三九,第5册,第1895页。
⑤ 张思敬《赡学田记》,《全元文》卷一一一五,第35册,第96页。
⑥ 按:据《庙学典礼》记载当时颁布的通过考试选拔儒生的诏令道:"自来精业儒人,二十年间学问方成。古昔张置学校,官为廪给,教育人才。今来名儒凋丧,文风不振。所据民间应有儒士,都收拾见数。若高业儒人,转相教授,攻习儒业,务要教育人材。其中选儒士,若有种田者,输纳地税;买卖者,出纳商税;开张门面营运者,依行例供出差发,除外,其余差发并行蠲免"。王颋点校《庙学典礼》卷一,浙江古籍出版社1992年,第9页。

又请:"依前代立国学,选蒙古人诸职官子孙百人,专命师儒教习经书,俟其艺成,然后试用,庶几勋旧之家,人材辈出,以备超擢。"①

王鹗等人认为国家不行贡举之法,导致读书之人无入仕之阶,而沦为吏胥、仆役或者工匠商贾,这是对人才的浪费,也于国家的治理无益。以科举取士可以为国家有效地选拔人才。至于科举的方式、科考的内容则不脱先朝旧例,依旧以读儒教经书、考试以备选拔。王鹗等人的这些建议对以农耕生产关系为主的社会秩序的稳定比较有意义,对中原民众也比较适合,但站在以武功征略天下的元朝统治阶层的立场,从多民族、多文化背景共存的社会现实出发,则显得有些迂阔、不具备足够动人的力量。王鹗等人的努力最终以失败告终,《元史·世祖本纪三》载:"鹗请立选举法,有旨令议举行,有司难之,事遂寝。"②不过,从这年以后,忽必烈开始请许衡等人教授蒙古皇孙、勋旧及怯薛子弟儒家典籍③。

至元八年(1271),侍讲学士徒单公履三月欲奏行贡举,未成。由其时文献载记猜测,徒单公履的这次建议无论是方式方法还是内容可能反而加深了蒙古统治者对科举试法的怀疑。据载:

　　时侍讲徒单公履欲行贡举,知上于释崇教抑禅,乘是隙言:儒亦有是科,书生类教,道学类禅。上怒。已。召姚文献枢及文正与一左相廷辨。先生自外入,上曰:"汝日诵四书,亦道学者?"先生曰:"陛下言:士不治经,究心孔孟之道。而为赋诗,何关修身,何益为国,由是海内之士稍知从事实学。臣今所诵皆孔孟言,乌知所谓道学哉?而俗儒守亡国余习,求售己能,欲锢其说,恐非陛下上建皇极,下修人纪之赖也。"事为之止。④

徒单公履的初心本拟推动贡举法的施行,但他的理念却不仅大逆蒙古统治者

---

① 《元史》卷八一《选举志一》,第7册,第2017页。
② 《元史》卷六《世祖本纪三》,第1册,第116页。
③ 按:《元史·百官志三》载:"至元初,以许衡为集贤馆大学士、国子祭酒,教国子与蒙古大姓四怯薛人员。选七品以上朝官子孙为国子生,随朝三品以上官得举凡民之俊秀者入学,为陪堂生伴读",《元史》卷八七,第7册,第2192—2193页。
④ 王梓材、冯云濠编《宋元学案》"补遗"《奉训董先生文忠》,第5350页。

的心思,也不符合新时期的需要。在忽必烈授意的这场廷辩中,徒单代表的是金源传统学派,以饰章绘句相高,而徒单攻击的姚枢、许衡等人代表的是北方以程朱理学的探研为核心的新理学派①。而董文忠的言辞某种程度而言,应该是戳中忽必烈等统治者的心声的。蒙古人南下进驻中原,所以迟迟不行科举,指责他们文明程度低,不能理解科举选拔人才的优长之处等,这都不是问题,但有可能金朝灭亡的前鉴也是蒙古人不行科举的重要原因。如所周知,金朝是推翻强大的辽朝而建立的政权,金朝强大之际,不仅契丹人还有包括蒙古在内的许多游牧氏族都是女真人压榨的对象。不过,金朝自熙宗朝后,全盘采用汉制。以儒家思想作为核心统治思想,在推动金朝在文化与学术上堪与汉、唐比隆的繁荣盛景的同时,也使得女真人的彪悍和勇猛气质大为削弱。成吉思汗在朝觐金朝卫王时曾当面唾弃道:"我谓中原皇帝是天上人做,此等庸懦亦为之耶,何以拜为!"②从成吉思汗开始,蒙古人认为,强大的金朝逐步衰弱的原因与他们定居下来,采取汉制,以辞赋之士作为人才的统治方式非常有关系。这样,董文忠那段平息忽必烈之怒的答话实际在回护许衡等新理学派:认为探研程朱理学的新理学派是实学,而徒单公履欲以词赋之学行科举之法,乃沿袭亡金弊习。事实上金源文化精英刘祁在《论科举取士与育材》反思金朝的科考选拔之弊,也认为注重词赋的科考不利于国家选拔人才:

> 金朝取士,止以词赋为重,故士人往往不暇读书为他文。尝闻先进故老见子弟辈读苏、黄诗,辄怒斥,故学者止工于律、赋,问之他文则懵然不知。间有登第后始读书为文者,诸名士是也。南渡以来,士人多为古学,以著文作诗相高。然旧日专为科举之学者疾之为仇雠,若分为两途,互相诋讥。其作诗文者目举子为科举之学,为科举之学者指文士为任子弟,笑其不工科举。殊不知国家初设科举用四篇文字,本取全才,盖赋以择制诰之才;诗以取风骚之旨;策以究经济之业;论以考识鉴之方。四者俱工,其人材为何如也?而学者不知,狃于习俗,止力为律、赋,至于诗、策、论俱不留心,其弊基于为有司者止考赋,而不究诗、策、论也。③

---

① 《元代文化史》第112页。
② 《元史》卷一《太祖本纪》,第1册,第15页。
③ 刘祁《归潜志》卷八,第80页。

徒单公履是在金源时期中经义进士第,刘祁在金源时期为太学生,但举进士不第,这是他们看问题角度会有不同的根本。但从徒单公履奏议不行的被动、董文忠的言行以及刘祁的思考可以明白,在元朝创建者看来,词赋之学既不益于修身也不利于国家,乃无用误国之学,科举考试即便施行也会有人对之大举反对的。

此后,至元十一年(1274),元廷又"命儒臣文正窦公默、文献姚公枢、文正许公衡、文康杨公恭懿集议贡举,条目之详,具载于策书"①,"准蒙古进士科及汉人进士科,参酌时宜,以立制度",但最终"事未施行"②。至元二十一年(1284),在吏治问题越来越明显的情形下,科举选拔人才的方案再次被提出,

> 丞相火鲁火孙(和礼霍孙)与留梦炎等言,十一月中书省臣奏,皆以为天下习儒者少,而由刀笔吏得官者多。帝曰:"将若之何?"对曰:"惟贡举取士为便。凡蒙古之士及儒吏、阴阳、医术,皆令试举,则用心为学矣。"③

在这一次的启用科考议程的讨论中,蒙古人和礼霍孙作为亲汉法派,极力推动贡举取士,而留梦炎作为南宋投奔来的官员。这些人的努力表明,朝中推动贡举取士的力量不仅有金源文人还有蒙古人以及早期入仕北廷的南人。在和礼霍孙与留梦炎的建议中,他们期望蒙古之士及儒吏、阴阳、医、术等等行业的人都来试举,从而令社会的风气走向正途,用心为学。比起之前耶律楚材、王鹗等人的贡举建议来,和礼霍孙等人的建议对社会问题弊端的考量,对多行业人群的争取以及对社会风气的扭转都有分析,思虑更成熟,打动统治者的层面也更丰富,不过还有未曾考虑的因素,所以此事虽已进入中书省议环节,最终还是未及施行。

张之翰曾在《议科举》中感慨云"自国家混一以来,凡言科举者,闻者莫不笑其迂阔,以为不急之务"④,可见科举取士之法在元朝推行的艰难。由上列

---

① 苏天爵《陕西乡贡进士题名记》,《滋溪文稿》卷三,第28—29页。
② 《元史》卷八一《选举志一》,第7册,第2017页。
③ 《元史》卷八一《选举志一》,第7册,第2017—2018页。
④ 张之翰《议科举》,《张之翰集》卷一三,第160页。

举材料的分析来看,元朝初期推行科举之难既有统治者的顾虑,也有非常多条件不成熟之处。

二、延祐科考开启的背景因素

诚如张之翰所云,在元初讨论科举取士的确是件非常迂阔的事,因为的确有几大因素的不成熟:其一,在元朝建朝初期,科举以儒家经典或者中华词赋之学作为选拔人才的内容,明显忽略了蒙古、色目两个地位更高的社会群体;其二,在一统南宋之前,没有大量南方士子大举北进之前,科举取士的问题并不迫切;其三,国家建国初期事务浩繁,需要大量实干的吏员,而非虽有理念和想法却不善实干、不解民情的儒士,吏治问题还不够突出;其四,没有合适的君臣努力推动科举取士的施行。而这几大因素综合起来考量,南北多族文人力量的综合平衡显得尤为重要。

先看第一个因素。由文献知道,皇庆二年(1313)十月十一日,元廷敕中书省议行科举,十月十八日即诏行科举,考试与取录分左右榜,蒙古人和色目人列为右榜,因为蒙古人以右为尊,汉人和南人列为左榜。如果蒙古、色目人,愿试汉人、南人科目,中选者加一等注授。站在汉人和南人的立场看,元朝这种分别出题,分开取录的科考方式有明显偏向于蒙古、色目人的成分,但就事实情形而言,蒙古、色目人比起汉人和南人来,他们必须先汉化程度非常深之后,才有能力参加科举考试。据《元史·选举志》载其考试程式道:

> 蒙古、色目人,第一场经问五条,《大学》《论语》《孟子》《中庸》内设问,用朱氏章句集注。其义理精明,文辞典雅者为中选。第二场策一道,以时务出题,限五百字以上。汉人、南人,第一场明经经疑二问,《大学》《论语》《孟子》《中庸》内出题,并用朱氏章句集注,复以己意结之,限三百字以上;经义一道,各治一经,《诗》以朱氏为主,《尚书》以蔡氏为主,《周易》以程氏、朱氏为主,已上三经,兼用古注疏,《春秋》许用《三传》及胡氏《传》,《礼记》用古注疏,限五百字以上,不拘格律。第二场古赋诏诰章表内科一道,古赋诏诰用古体,章表四六,参用古体。第三场策一道,经史时

务内出题,不矜浮藻,惟务直述,限一千字以上成。①

从以上考试要求来看,蒙古、色目人、汉人、南人的考试都是从《四书》里出题,要以朱子的章句集注来答题,而且都要求义理精明,文辞典雅者,汉人、南人可以有些自己的意思,但很显然,对于蒙古、色目人来说,他们的汉化程度必须非常高。基于这个原因,可以看到,王鹗在中统时期(1260—1264)提出科举试法,只能是一种针对金源文人的选拔考试。尽管王鹗提出可以先选蒙古皇室贵胄及勋旧子弟先学习儒家经书,然后再进行考试,但相对而言,这种理念的操作实施比较缺少普泛性。而从中统五年(1264)开始,元廷开始设置国子学,让贵族及怯薛子弟学习儒学经典,这可以称得上是蒙古、色目人的第一代汉化时期。到1313年国家推行科考时,经过50年、几代人的汉化累积,那么蒙古人的子孙可以与汉人、南人一样参加科举考试。以延祐首科入选的著名色目文人马祖常(1279—1338)为例,马家"公自先世皆事华学,号称衣冠闻族",马祖常的汉化水平经过马月合乃、马世昌、马润三代的沉淀积累,已水平非常高,他本人"年六七岁即知读书,岁时拜贺长者以钱赐之,他日行过市中悉以买书"②,所以一旦元朝施行科举,马祖常能够乡试、会试皆中第一,殿试第二,并非偶然。再如蒙古人燮理普化,他是元朝著名政治家哈剌哈孙(1246—1308)的族孙,虽然哈剌哈孙在成宗朝威望甚重,也是元武宗、元仁宗即位的主要推动者,但据虞集的记载知道,哈剌哈孙虽"以王爵食顺德,实未始去朝廷。父子相继出镇,中外倚重,未尝就国而即安",到其孙辈"已有困乏之叹",更何况是作为族孙的燮理普化,所以燮理普花以斯文为追求,高中泰定四年(1327)进士,以文学政事显著而继之③,从哈剌哈孙到燮理普化也基本经过了三到四代的汉化积累,也就是说蒙古、色目人的子弟要参加科举考试必须经过"积之既久,文轨日同,而子若孙,遂皆舍弓马而事诗书"的过程④。而金源汉儒过早提出科举取士的建议不能被采纳也就可以由此获得一些解释。

第二和第三个因素可以综合起来看。南宋没有被平定,南方儒士没有大

---

① 《元史》卷八一《选举志一》,第7册,第2019页。

② 苏天爵《元故资德大夫御史中丞赠摅忠宣宪协正功臣魏郡马文贞公墓志铭》,《滋溪文稿》卷九,第143、138页。

③ 虞集《题斡罗氏世谱》,《虞集全集·道园类稿》卷三四,上册,第431页。

④ 戴良《鹤年先生诗集序》,《戴良集·九灵山房补编》(下),第347页。

举北进之前,整个社会对于科举取士的迫切程度没有迫切到令元廷震动的地步。这个问题其实在前面的讨论中已有揭示。在前文论述中,我们已指出,元朝一统南宋之后的人口数约为 6000 万,其中五分之四的人口为南人。面对人口如此众多,且文明程度乃代表着 13 世纪全世界最高水平、读书人最多的区域,蒙古统治者的管理上捉襟见肘的情形应该是日见分明。这种问题又表现为蒙古人对于由吏入仕铨选制度的倾重。可以再看两段来自北方汉人精英对于蒙古用人体制的批评。姚燧叙述元代用人制度道:

> 大凡今仕惟三途:一由宿卫,一由儒,一由吏。由宿卫者,言出中禁,中书奉行,制敕而已,十之一。由儒者,则校官,及品者提举教授,出中书,未及者则正录,而下出行省宣慰,十分一之半。由吏者,省台院、中外庶司、郡县,十九有半焉。①

按姚燧所述,元朝入于流品官的途径有三条,由宿卫入,由儒官入,由吏职入,其比率大致为 10%、5%、85%,儒士入流品不仅少而且极为艰难②。对于南北一统后,人口结构和读书人比例颇有变化的元朝社会而言,其实会流弊百出。而且,就农耕文明长期积累的管理经验而言,科举取士是非常有效的激发社会活力、规范管理手段的途径,元朝弃而不取,不仅令南方士子失望,包括北方精英文人在内的广大儒士也极为焦虑。张之翰的《议科举》这样写道:

> 盖自古忠臣烈士、名卿贤大夫,未有不由此乎出。窃见比年老师宿儒,彫落殆尽,后生子弟,无所见闻。稍稍聪明者,不为贴书,必学主案。今年一主案贴书,明年一州胥府吏;今年一州胥府吏,明年一部掾省杂;不数年之间,内而省部台院,外而府州司县,出身一官人矣。习以成风,莫之能革。岂有煌煌大元,土地如此其广,人民如此其繁,官吏如此其众,专取人于此? 求其所谓经济之学,治安之策,果有耶? 无耶? 愚所不知也。为今之计,莫急于科举。科举之目,曰制策,曰明经,曰赋义,曰宏词,在议择

---

① 姚燧《送李茂卿序(大德三年八月上弦日)》,《全元文》卷三〇一,第 9 册,第 379 页。
② 白寿彝总主编,陈得芝主编《中国通史》第八卷"中古时代·元时期(上)",上海人民出版社 1997年,第 13 册,第 920 页。

而行之。果人知所学，将见贤才辈出，建立太平，可为圣朝万世之光也。①

张之翰的观点非常具有代表性。在他看来，科举取士是自古以来国家朝廷选拔精英人才的重要途径，忠臣烈士、名卿贤大夫皆由此路而出。现在国家用人制度主于吏部铨选，所谓"煌煌大元"，虽土地、人民号之为最，然所与共治者"出刀笔吏十九"②，这对社会风气的影响极大极坏："各路、府、州、司、县民家子弟，多不攻书。虽曾入学，方及十五以下，为父兄者多令废弃儒业，学习吏文，以求速进。"在司吏受到重用的社会现实里，人们"不揣其本而齐其末"，"于礼义之教懵然未知"，"孤陋寡闻、不知廉耻，放其良心，无所操守"③，长此以往，对国家机器、社会资源以及人际关系都会造成极大的损耗。所以，张之翰站在长远的角度，认为如果国家采取科举取士之法，将推动民众向学知义，从而使得整个社会贤才辈出，至于太平之世。

第四个因素，合适的君臣来推动科举取士的施行。国家一统，多族文人群体并存的局面、蒙古和色目群体的后代汉化程度也达到了相当的水平，国家在用人制度上也有着上下皆极为焦虑的问题，所以惩于吏弊，惩于大量南士无所施用、南方社会问题丛生等现状，必须要有所改变。其实早在至元二十一年（1284）发生在皇帝忽必烈与丞相和礼霍孙以及南宋状元留梦炎之间关于用儒还是用吏的讨论情形已经说明，吏治弊端现象有些严重，所以忽必烈才急于问策。不过，由于各种因素与阻力，科举考试没有在世祖朝、成宗朝、武宗朝推行，直到元仁宗即位后才开始实施，这与元仁宗及其老师李孟的关系极大。

李孟自少年时代起"每考论古今治乱盛衰之故"，即"慨然有志于当世"，其时北方著名人物诸如商挺、王博文、魏初等"往往折行辈与之交"。李孟曾"束书如京师"，其时"行中书右丞杨公吉丁一见，辄加器重，荐之裕宗皇帝，得召见于东宫"，但未及登用，而真金病死④。据黄溍给李孟的行状记载，成宗皇帝刚即位之际，"首命询访先朝圣政，以备史臣之纪述"，其时，李孟路过关中，

---

① 张之翰《议科举》，《张之翰集》卷一三，第 160 页。

② 揭傒斯《善余堂记》，《揭傒斯全集·文集》卷六，第 376 页。

③ 陈高华、张帆、刘晓、党宝海校注《元典章》卷一二《吏部》六《试补司吏》，天津古籍出版社 2011 年，第 1 册，第 480 页。

④ 黄溍《元故翰林学士承旨中书平章政事赠旧学同德翊戴辅治功臣太保仪同三司上柱国追封魏国公谥文忠李公行状》，《黄溍全集·金华黄先生文集》卷二三，上册，第 418 页。

陕西行省官员请李孟与诸儒讨论，并将讨论的内容"汇次成编，驰乘传以进"。而"武宗、仁宗俱未出阁，徽仁裕圣皇后求名儒职辅导"，李孟藉其前所讨论，"首当其选"。由行状还知道，"大德元年，武宗抚军北边，仁宗特留宫中，公（李孟）日陈善言正道，从容启沃，多所裨益"①。而史料又载，"大德九年冬十月，成宗不豫，中宫秉政，诏帝与太后出居怀州"②，在元成宗病重，其皇后秉政时，元仁宗与母亲被安排出居怀州，而李孟"以宫僚从"③，在怀州四年，李孟不仅"诚节如一，左右化之，皆有儒雅风"④，而且元仁宗对他的感情也"信任益专"⑤。由于李孟"久在民间，于间阎之幽隐，靡不究知，损益庶务，悉中其利病，远近无不悦服"⑥，仁宗常对身边近臣说："道复以道德相朕，致天下蒙泽。"⑦在李孟的影响下，元仁宗进而"素崇儒，且察见吏弊，欲痛铲除之"⑧。《元史·李孟传》特载李孟推动元仁宗下决心推行科举取士之法的情形写道：

> 帝每与孟论用人之方，孟曰："人材所出，固非一途，然汉、唐、宋、金，科举得人为盛。今欲兴天下之贤能，如以科举取之，犹胜于多门而进；然必先德行经术，而后文辞，乃可得真材也。"帝深然其言，决意行之。⑨

李孟认为科考的人才选拔"必先德行经术而后文辞"，认为"取士之法，经学实修己治人之道。词赋乃摘章绘句之学，自隋、唐以来，取人专尚词赋，故士习浮华。今臣等所拟，将律赋、省题诗、小义皆不用。专立德行明经科，以此取士，

---

① 黄溍《元故翰林学士承旨中书平章政事赠旧学同德翊戴辅治功臣太保仪同三司上柱国追封魏国公谥文忠李公行状》，引同上，第418—419页。
② 《元史》卷二四《仁宗本纪一》，第2册，第535页。
③ 黄溍《元故翰林学士承旨中书平章政事赠旧学同德翊戴辅治功臣太保仪同三司上柱国追封魏国公谥文忠李公行状》，《黄溍全集·金华黄先生文集》卷二三，上册，第419页。
④ 《元史》卷一七五《李孟传》，第13册，第4084页。
⑤ 黄溍《元故翰林学士承旨中书平章政事赠旧学同德翊戴辅治功臣太保仪同三司上柱国追封魏国公谥文忠李公行状》，《黄溍全集·金华黄先生文集》卷二三，上册，第419页。
⑥ 黄溍《元故翰林学士承旨中书平章政事赠旧学同德翊戴辅治功臣太保仪同三司上柱国追封魏国公谥文忠李公行状》，《黄溍全集·金华黄先生文集》卷二三，上册，第419页。
⑦ 《元史》卷一七五《李孟传》，第13册，第4088页。
⑧ 黄溍《元故翰林学士承旨中书平章政事赠旧学同德翊戴辅治功臣太保仪同三司上柱国追封魏国公谥文忠李公行状》，《黄溍全集·金华黄先生文集》卷二三，上册，第419页。
⑨ 《元史》卷一七五《李孟传》，第13册，第4089页。

庶可得人"①。在李孟的推动、建议和参与下,延祐元年十二月,李孟复拜平章政事。二年春,元仁宗命知贡举,及廷策进士。李孟对于元代科举考试的推动、元代馆阁制度的完善、文治盛业的缔造具有不可磨灭的功劳,元代士林往往有这样的认识:"皇庆、延祐之世,每一政之缪,人必以为铁木迭儿所为;一令之善,必归之于孟焉";而仁宗时代,"端拱以成太平之功,文物典章,号为极盛"②,人们也每每以为得自李孟的推动。这应该最大程度地归功于元仁宗与李孟之间的君臣相得。

三、科举考试对于南北多族文人融合的意义

就历史的中立态度而言,元仁宗推行科举,期望在用人体制上以儒治改变吏治,进而达到整顿的目的,"仁皇惩吏,百司胥史听儒生为,然而儒实者不屑为,为者率儒名也。承乏所寓,即扣实者,果无几。天机鼓动,盖欲一扫宿弊,且戛戛若是,则人材之难,不间于大小也"③,但实际的效果并不大,由于科举取录的人数过少,通过吏职进入仕途仍然不失为普通士人、民众的较好选择。但是从文化的发展和南北文人群体的融合而言,意义非常大。苏天爵曾热情地歌颂延祐开科的社会意义写道:

> 我国家龙奋朔土,四方豪杰咸起而为之用,百战始一亚夏。干戈既辑,治化斯兴,而勋臣世族之裔,皆知学乎诗书六艺之文,以求尽夫修身事亲致君泽民之术。是以列圣立极,屡降德音,兴崇庠序,敦延师儒,非徒为观美也。至于仁皇,始欲丕变其俗,以文化成天下,猗欤盛哉。④

科举考试的推行应该说相当程度地给予了汉人、南人入仕的机会和希望。与此同时,由于考试以程朱理学为主要内容,这大大提高了儒士的社会地位,增加了南北儒士授业的机会,而且科举考试的推行还大大刺激和推进了蒙古、色

---

① 《元史》卷八一《选举志一》,第7册,第2018页。
② 《元史》卷一七五《李孟传》,第13册,第4090页、第4085页。
③ 许有壬《跋高本斋诗稿》,《全元文》卷一一八八,第38册,第151页。
④ 苏天爵《御史中丞马公文集序》,陈高华、孟繁清点校《滋溪文稿》卷五·序一,中华书局2012年,第65页。

目的汉化进程。

元仁宗、李孟君臣惩于吏治的腐败混乱而兴科考，期望由重儒生而使得整个社会的风气一趋于正。在李孟对元仁宗的科举建议中，他指出人才的选拔"必先德行经术"，认为取士之法所以以经学为重，是因为"经学实修己治人之道"。在这个期许前提的导引下，元代科举考试的内容尤其值得注意，由前所引知道，包括蒙古、色目、汉人、南人考生都可以参加的科举考试，题目都来自"四书"，用的是朱熹章句集注：

> 蒙古、色目人，第一场经问五条，《大学》《论语》《孟子》《中庸》内设问，用朱氏章句集注。其义理精明，文辞典雅者为中选。第二场策一道，以时务出题，限五百字以上。汉人、南人，第一场明经经疑二问，《大学》《论语》《孟子》《中庸》内出题，并用朱氏章句集注，复以己意结之，限三百字以上；经义一道，各治一经，《诗》以朱氏为主，《尚书》以蔡氏为主，《周易》以程氏、朱氏为主，已上三经，兼用古注疏，《春秋》许用《三传》及胡氏《传》，《礼记》用古注疏。①

在这段反复引用的文字里，首先可以看到在元仁宗与李孟君臣的期待下，程朱理学被提到了极为重要的地位，无论汉人、南人还是蒙古、色目人，如果期望通过科举考试进入仕途都必须习读程朱理学。虞集描述其时国家对程朱理学的推重程度道："国家提封之广，前代所无。而自京师通都大府，至于海表穷乡下邑，莫不建学立师，授圣贤之书，以教乎其人。群经四书之说，自朱子折衷论定，学者传之。我国家尊信其学，而讲诵授受，必以是为则。而天下之学，皆朱子之书。书之所行，教之所行也，教之所行，道之所行也"②。如所周知，程朱理学注重道德，将儒家的社会、民族及伦理道德和个人生命信仰理念，构成更加完整的概念化和系统化的哲学及信仰体系，在强调通过道德自觉达到理想人格建树的同时，也特别强化了气节和德操、社会责任与历史使命等等内容。元仁宗、李孟君臣以程朱理学为考试核心内容，并要求全国所有的学校书院必须以朱子学为教授中心的这番努力也确实能让人想见他们力挽狂澜、拯救时

---

① 《元史》卷八一《选举志一》，第 7 册，第 2019 页。
② 虞集《(建阳县)考亭书院重建朱文公祠堂记》，《虞集全集·道园类稿》卷二五，上册，第 658 页。

弊的迫切愿望。

从南北多族文人群体的融合角度来看,整个社会实际由此找到了一个融合的支点。程朱理学的主要研习基地在南宋治下区域,广大南方儒士是程朱理学研习与传播的主要群体。比起赵孟頫等科考开启之前到达北都,依靠文艺手段,借助雅集题跋的方式推动南北多族人群的融合,以探研程朱理学为名,以科举考试为目的的南北多族融合虽然更加功利,却更具有普泛性和融合的动力。

在科举考试的推动下,程朱理学上升为官学,并成为"天下之学",这大大推动了南北多族人群研习程朱理学的热情,也进而推动了蒙古、色目人群体的汉化进程。作为科举入仕的色目人马祖常曾叙述当时的西北子弟由程朱理学的功利效果而激发的汉学热情道:"天子有意乎礼乐之事,则人人慕义向化矣。延祐初诏举进士三百人会试,春官五十人,或朔方、于阗、大食、康居诸土之士,咸囊书橐笔、联裳造庭而待问于有司,于时可谓盛矣。"[1]马祖常的曾祖马月合乃曾经资助过忽必烈,得到过忽必烈的铁券牌,而马祖常却以读书科举获取入仕机会;燮理普化乃蒙古名臣哈剌哈孙的族孙,却也由进士高中而获得品阶。尽管元代的科举考试来得这么迟,但是没有科举取士,则元代南北文化交流、融合的进程要更加缓慢,汉人、南人普通儒士的机会会更少。所以顾嗣立认为,元代自从中叶实施科举之后,包括蒙古、色目人在内的西北子弟才"类多感励奋发,以读书稽古为事"[2]。据萧启庆先生统计:"蒙古、色目汉学者增加的趋势,就人数而言,前期蒙古汉学者不过 17 人,占总人数(包括一人兼一门以上而致重见者)10.90%。在中、后期则持续增加,分别增至 28.21% 与58.97%。前期色目汉学者仅占总人数的 8.15%,在中、后期分别为 40% 与45.19%,显然是与日俱增。"[3]这其中科举的推动力量最大,而其背后,南北融合的程度之广泛和深刻可以想见。以燮理普化为例。他曾寓居潭州路湘潭,在湖广行省乡试中名列第一,是泰定四年(1327)的进士。他的老师是南人揭傒斯,又与虞集、吴澄等南方文人关系密切,雅好斯文。虞集《(抚州路)王文

---

① 马祖常《送李公敏之官序》,《石田先生文集》第 182 页。

② 顾嗣立《元诗选》初集下"忠介公泰不华小传",第 1729 页。

③ 萧启庆《元朝多族士人圈的形成初探》,载萧启庆《内北国而外中国:蒙元史研究》(下册),中华书局,2007 年,第 484 页。

公祠堂记》记载,燮理普化在至顺二年(1332)做江西乐安县达鲁花赤时,曾以私钱襄助抚州路王安石祠堂的修建①;虞集《奉元路重修宣圣庙学记》又载,燮理普化在至元六年(1340)任陕西行台御史时,曾主持修成奉元宣圣庙学。"六年,御史燮理普化司廙,以为学校之政既修,风纪之效为大,使学生姜硕以其事来征予为文以为记。"②由虞集此记还可以知道,燮理普化是汉族学生姜硕的老师。而燮理普化的事例可谓南北文人多元融合的典型,实际反映出元代科举与南北文人多元融合、相互推动的盛况:蒙古人在南方求学,由南方文人教导成为进士;再转而成为地方官员推动、振兴文教事业,而且蒙古进士还可能成为汉族学生的老师。诚如清人所论:"元代科举之议久矣,至延祐而后行之,何其难乎?夫元代文学之盛,亦不须科举也。然儒风以振矣。天下啧啧以盛事归之。仁宗不亦宜乎?"③确实如此。

就元代文坛格局而言,科举考试对于蒙古、色目人群汉化程度的加深,使得元代文坛区别于其他时代的最大特征在于,元代文坛再不是汉族作家一枝独秀的舞台,而是包括南北多族,尤其是西域作家群体大量参与的中华文学文坛。关于元代西域作家群体的影响和意义,我们在后文将专章探讨,而蒙古文人和作家的出现也深刻地反映出科举取士对于元代文坛格局的影响。蒙古进士泰不华就是一个典型。泰不华(1304—1352),字兼善,伯牙吾台部人④。泰不华父亲达不台因军功而入仕,授浙江台州录事判官,遂家于台州。泰不华曾师事台州儒师周仁荣,又曾拜温州文人李孝光学诗。至治元年(1321)赐右榜进士第一,时年十八岁,授集贤修撰。初名达普化,元文宗赐名泰不华。至正十二年(1352),在征讨方国珍的过程中,兵败被俘,临死前,泰不华语众曰:"吾以书生登显要,诚虑负所学。今守海隅,贼甫招徕又复为变,君辈助我击

---

① 虞集《(抚州路)王文公祠堂记》,《虞集全集·道园类稿》卷二五,上册,第659页。

② 虞集《奉元路重修宣圣庙学记》,《虞集全集·道园类稿》卷二二,上册,第613页。

③ 曾廉《元书》卷八,清宣统三年刻本。

④ 按:据达氏族谱载:泰不华"祖达不台,武将。元初来自西域,初居丽水,后迁台州,子名母把拉沙,文武双全,点中状元,帝赐蒙古姓名达不华,后裔遂以'达'为姓",是色目中的穆斯林(达应庚《元代泰不华族源初探》,《甘肃社会科学》1991年第2期,第68—70页),这个推断非常有道理。不过据苏天爵记载色目人马祖常在科考廷试中只能居居第二的事实云:"……公擢第一。明年会试礼部,又俱中选,公仍第一。廷试则以国人居其首,公居第二甲第一人。"(《滋溪文稿》卷九《元故资德大夫御史中丞赠摅忠宣(转下页注)

之,其克,则汝众功也,不克,则我尽死以报国耳"①。泰不华报效国家,以生命践行程朱理学之于他的滋养,算得上是不负元仁宗等统治者以程朱理学作为科举取士核心内容的初衷。而借助时人陈高的描述还可以知道,泰不华的文章在刚中科举之际云:"犹时时有浑朴敦庞之气,亦其一时诸老儒先知,所以造就之故也",但十数年后,经过南北多族文人的交融浸润,其文章"理明而词确,议论有余,格律高古,典雅而精深,一切屏去浮华偶俪之习",其诗歌"温靓和平,殊得唐调"②,而泰不华亦凭其诗文成绩俨然"负实学,擢于巍科,跻于膴仕,其文章,其节操,其政事,当世孰可与比者"③,堪任文衡的不二人选。泰不华的民族背景、教育背景以及德行、才华和文坛声誉,又再次典型地表明科举考试在推动元代多民族融合、推动理学发展以及元代文坛格局和文风变革方面有着深远的影响。

第二节 科举与馆阁文人主导的元代中晚期文坛格局

不循常例的元代科举对于元代文人群体的分布、创作风格以及文坛格局都产生了非常深远的影响。延祐科考之后,元代中晚期的文坛逐渐形成了以大都为中心、馆阁文人为主导,天下文人辐辏拱合的特色。观照元代中晚期的文坛,馆阁文人的影响非常大,倘若结合元朝各科的座师及所取进士的情形来看,则馆阁文人群其实又多为科举座师及名进士,他们逐渐主导了元代中晚期文坛④。

由前所述知道,元朝科举自 1315 年廷试到 1368 年元朝政权退出中原,53年间共施行 16 科,它们是:延祐乙卯科(1315)、延祐戊午科(1318)、至治辛酉科(1321)、泰定甲子科(1324)、泰定丁卯科(1327)、至顺庚午科(1330)、元统癸酉科(1333)、至正壬午科(1342)、至正乙酉科(1345)、至正戊子科(1348)、至正辛卯科(1351)、至正甲午科(1354)、至正丁酉科(1357)、至正庚子科

(接上页注)宪协正功臣魏郡马文贞公墓志铭》,第 139 页)元朝科考蒙古人、色目人被列为右榜,且蒙古人为尊,泰不华被录为至治元年(1321)的状元,则又应该是蒙古人才能获得的宠遇。

① 《元史》卷一四三《泰不华传》,第 11 册,第 3425 页。
② 胡应麟《诗薮·外编》卷六,第 233 页。
③ 陈高《上达秘卿书》,《全元文》卷一八六五,第 60 册,第 809 页。
④ 邱江宁《奎章阁文人群体与元代中期文学研究》"序言",人民出版社 2013 年。

（1360）、至正癸卯科（1363）、至正丙午科（1366），其中至元丙子（1336）、至元己卯（1339）这两科由于伯颜把持朝政而停试。

在元代 16 届的科考中，尤其值得述说的是延祐首科的选拔成绩。由于是迟延了近百年的科举考试，延祐首科不仅上下都非常关注，而且是由百年沉积下来的人才汇集参考，因此，这届科考的主考官以及被取录的进士一直为元代文人所称誉。先看延祐首科的主考官。会试主考官：中书省平章政事李孟、礼部侍郎张养浩知贡举，吴澄、杨刚中、元明善皆与焉。李孟作为延祐首科施行的重要推动者，"宇量闳廓，材略过人"，不仅是元代中叶杰出的政治家，也是优秀的文章家，他"博学强记，通贯经史，善论古今治乱"，"为文有奇气，其论必主于理"①。而礼部侍郎张养浩在文学上的成绩与声望更大，"早有能诗声，每一诗出，人传诵之"，"诗文浑厚雅正，气盛而辞达，善周折，能道人所欲言"，"晚生后进，经公指授者，作文皆有法"②。而另外三位参与会试的人员，吴澄作为元代中叶成绩最大的经学家，"于《易》《春秋》《礼记》，各有纂言，尽破传注穿凿，以发其蕴，条归纪叙，精明简洁，卓然成一家言"③，文学创作上不仅作品甚多，而且有甚高的批评鉴赏能力。元明善在经学上师从吴澄，文章方面则工于古文，张养浩认为元代古文创作，由姚燧开启，而踵武姚燧者只有元明善："天开皇元，由无科举，士多专心古文，而牧庵姚公倡之，骎骎乎与韩、柳抗衡矣。其踵牧庵而奋者，惟君一人。盖其天分既高，又济以经学，凡有所著，若不经人道，然字字皆有根据，阵列而戈矛森，乐悬而金石具，山拔而形势峭，斗揭而光芒寒"④，虽有夸誉成分，但也足见元明善在其时创作领域尤其是古文创作方面的声望。所以马祖常也认为元明善的古文成绩"出入秦汉之间，本之于六经，以涵泳以膏泽，参之于诸子百家，以骋其辨。刻而不见其迹，新而必自己出。蔚乎其华敷，锵乎其古声"，马祖常还认为元明善对元代古文创作的发展贡献其实堪与姚燧同列"为一代之文宗"⑤。会试官员中唯有杨刚中名声稍

---

① 《元史》卷一七五《李孟传》，第 13 册，第 4090，4084 页。

② 张起岩《大元敕赐故西台御史中丞赠摅诚宣惠功臣荣禄大夫陕西等处行中书省平章政事柱国追封滨国公谥文忠张公神道碑铭》，《张养浩集》附录，第 257 页。

③ 《元史》卷一七一《吴澄传》，第 13 册，第 4014 页。

④ 张养浩《故翰林学士资善大夫知制诰同修国史赠某官谥文敏元公神道碑铭》，《张养浩集》卷二〇，第 172 页。

⑤ 马祖常《翰林学士元文敏公神道碑》，《马祖常集》卷一一，第 220 页。

弱,但杨刚中作为中州人氏,文章创作也颇得中州"雄浑奇古"之气,南北文人大融合之后,杨刚中在经学上又颇得南方学者张达善指点,于儒先性理之说,亦"深造其阃域"①,其为文也"奇奥简涩","不屑为世俗平凡语"②,所以元明善、虞集等人都非常欣赏他。延祐首科的廷试官员乃李孟、赵世延、赵孟頫。赵孟頫的文坛影响自不必说,赵世延是元代汉化较早的色目汪古部人,"喜读书,究心儒者体用之学","于儒者名教尤拳拳焉,为文章波澜浩瀚,一根于理"③。可以说,延祐首科的主考官基本将其时南北多族中经学、文学、文艺最富声望、最具权威代表性的人物囊括其中,而这科进士的成就和影响之大,也堪称元代科举取录最盛。

这一科右榜状元是蒙古人护都答儿,而榜中有元代最著名的色目文人马祖常,还有马祖孝、偰哲笃、哈八石(汉名丁文苑)、张翔等。而偰哲笃,他将与他的兄弟子侄们成就元代西域家族中"一门九进士"的传奇;丁文苑曾与马祖常、宋褧、王沂等唱和往还,"作歌行,豪宕如其人,古诗清粹,皆可传也"④,等等。

延祐首科的左榜是对汉人、南人考生的选拔,这些被选拔出的进士,诚如这科进士许有壬所言:"延祐初,朝廷始以科举取士,天下之大,才五十六人"⑤,左榜进士更可谓万里挑一,人中龙凤。延祐首科的左榜状元是张起岩(1285—1353),《元史·张起岩传》载,张起岩在廷试中脱颖而出,成为元代第一位左榜状元,"论者以为非偶然也"。他"博学有文,善篆、隶,有《华峰漫稿》《华峰类稿》《金陵集》各若干卷","熟于金源典故,宋儒道学源委,尤多究心,史官有露才自是者,每立言未当,起岩据理审定,深厚醇雅,理致自足",此后"诏修辽、金、宋三史,复命入翰林为承旨,充总裁官,积阶至荣禄大夫"⑥,可谓名副其实的状元。再如著名进士许有壬(1287—1364)。他"历事七朝,垂五十年,遇国家大事,无不尽言,皆一根至理,而曲尽人情",有壬"善笔札,工辞章,欧阳玄序其文,谓其雄浑闳隽,涌如层澜,迫而求之,则渊靓深实",盖深许

①　虞集《佩玉斋类稿序》,《虞集全集·佩玉斋类稿》卷首,上册,第592页。

②　《元史》卷一九○《儒学传二》,第14册,第4341页。

③　《元史》卷一八○《赵世延传》,第14册,第4163、4167页。

④　许有壬《哈八石哀辞并序》,《全元文》卷一二○二,第38册,第500页。

⑤　许有壬《哈八石哀辞并序》,《全元文》卷一二○二,第38册,第500页。

⑥　《元史》卷一八二《张起岩传》,第14册,第4195页。

之。著有《至正集》若干卷①,乃元代馆阁钜手②。欧阳玄(1283—1357),"经史百家,靡不研究。伊洛诸儒源委,尤所淹贯"。在元至正年间官修的《辽》《金》《宋》三史的过程中,欧阳玄"召为总裁官,发凡举例,俾论撰者有所据依;史官中有悻悻露才、论议不公者,玄不以口舌争,俟其呈稿,援笔窜定之,统系自正。至于论、赞、表、奏,皆玄属笔",贡献尤大。此外,欧阳玄还有《圭斋文集》若干卷。他"历官四十余年,在朝之日,殆四之三。三任成均,而两为祭酒,六入翰林,而三拜承旨。修实录、大典、三史,皆大制作。屡主文衡,两知贡举及读卷官,凡宗庙朝廷雄文大册、播告万方制诰,多出玄手。金缯上尊之赐,几无虚岁。海内名山大川,释、老之宫,王公贵人墓隧之碑,得玄文辞以为荣。片言只字,流传人间,咸知宝重。文章道德,卓然名世。羽仪斯文,赞卫治具,与有功焉"③,无论是个人学养、著述成绩还是为国纳贤以及时代影响,欧阳玄都为其时中外所敬服。

欧阳玄外,又如赵篔翁、杨宗瑞、杨载、干文传、黄溍、陈泰等等元代中晚期文坛骁将都赫然榜中。王礼曾概述元代科考的成绩指出,"我朝科目得人之盛,无如延祐首榜。圣继神传,累朝参错。中外闻望之重,如张起岩、郭孝基;文章之懿,如马祖常、许有壬、欧阳玄、黄溍;政事之美,如汪泽民④、杨景行、干文传辈,不可枚举。大者深厚忠贞,小者精白卓荦。所以黼藻皇猷,裨益治道者,初科之士为多。虽曰一时光岳之气,钟为英杰,沛然莫之能御,然亦仁庙切于求贤之念,上格天心,当时硕德元老,足以风厉后进所致也"⑤,王礼所论非常有道理。就文坛意义而言,延祐首科选拔出来马祖常、许有壬、欧阳玄、黄溍等文坛宗主式的大家,意义甚大,另外,还值得一提的是,黄溍与虞集、揭傒斯、柳贯等被尊为"元文四大家",杨载与虞集、揭傒斯、范梈同列"元诗四家",则可见延祐首科对于文坛的贡献。

延祐首科之后,延祐戊午科(1318),元明善、张养浩知本年贡举,袁桷为

①　《元史》卷一八二《许有壬传》,第14册,第4203页。

②　《四库全书总目》卷一六七"《至正集》八十一卷"条,第2233页。

③　《元史》卷一八二《欧阳玄传》,第14册,第4197—4199页。

④　按:据《元史》载:"延祐初,以春秋中乡贡,上礼部,下第,授宁国路儒学正。五年,遂登进士第,授承事郎、同知岳州路平江州事"(《元史》卷一八五《汪泽民传》,第14册,第4252页),则汪泽民乃延祐戊午科(1318)年进士。

⑤　王礼《跋张文忠公帖》,《全元文》卷一八五三,第60册,第615页。

殿试读卷官,选拔出的优秀者如右榜进士有偰玉立,左榜进士有谢端、虞槃、冯福可、祝尧等。至治辛酉科(1321),袁桷担任会试考官,这一科右榜状元是泰不华,左榜状元是宋本(1281—1334),都是元代文坛赫赫有名的人物。而右榜中还有偰朝吾、廉惠山海牙等名人,左榜有李好文、王思诚、赵琏、吴师道、岑士贵、程端学等名进士。泰定甲子科(1324)会试知贡举、同知贡举有邓文原、虞集、曹元用、孛朮鲁翀,廷试读卷官有邓文原、王结。这一科的进士著名作家:右榜有雅琥;左榜有宋褧、王守诚、吕思诚、赵公谅、王理、费著、程端学等。比起取录的进士,泰定甲子科的考官们在元代文坛的声名影响更值得述论。其中虞集的成就及影响,前文已述。再如邓文原(1258—1328),"其辞章炳炳琅琅,追典诰命制之作,得颂雅风骚之遗,见推于同辈,传诵于人。人知与不知,莫不脍炙其文,金石其行。为儒者一洗见轻之耻,善之有力焉"[1]。孛朮鲁翀,"公之为学务博而约,自六经、诸史传注,下至天文、地理、声音、历律、水利、算数,皆考其说"[2],"其为学一本于性命道德,而记问宏博,异言僻语,无不淹贯。文章简奥典雅,深合古法。用是天下学者,仰为表仪。其居国学者久,论者谓自许衡之后,能以师道自任者,惟耶律有尚及翀而已。有文集六十卷"[3]。王结(1275—1336),"结立言制行,皆法古人,故相张珪曰:'王结,非圣贤之书不读,非仁义之言不谈',识者以为名言。晚邃于易,著《易说》一卷,临川吴澄读而善之"[4]。这科进士中,右榜进士雅琥,本名雅古,被元文宗请笔改名为"雅琥"。在元文宗奎章阁时代,雅琥"以文学才识遇知于天子"为奎章阁学士院参书[5],而兴于1329年的奎章阁学士院"非尝任省、台、翰林及名进士,不得居是官"[6],此亦可侧见雅琥之才学。左榜进士宋褧(1292—1346),文章与兄宋本齐名,人称"大宋、小宋",与修《天历实录》,参修《辽》《金》《宋》三史,分纂《宋高宗纪》及《选举志》,著有《燕石集》15 卷,又"集选本朝歌诗曰《妙品上

① 吴澄《送邓善之提举江浙儒学诗序》,《全元文》卷四六七,第 14 册,第 95 页。

② 苏天爵《元故中奉大夫江浙行中书省参知政事追封南阳郡公谥文靖孛朮鲁公神道碑铭》,《滋溪文稿》卷八,第 123 页。

③ 《元史》卷一八三《孛朮鲁翀传》,第 14 册,第 4222—4223 页。

④ 《元史》卷一七八《王结传》,第 14 册,第 4146 页。

⑤ 马祖常《送雅琥参书之官静江诗序》,《全元文》卷一〇三五,第 32 册,第 411 页。

⑥ 揭傒斯《送张都事序》,《揭傒斯全集·文集》卷四,第 333 页。

上》,曰《名家》,曰《赏音》,曰《情境超诣》,曰《才情》等集,又若干卷"①。欧阳玄序其《燕石集》云:"虽《大堤》之谣,《出塞》之曲,时或驰骋乎江文通、刘越石诸贤之间,而燕人凌云不羁之气,慷慨赴节之音,一转而为清新秀伟之作,吾知齐鲁老生之不能及是也"②,宋褧之作情兼南北,风格婉转清新,欧阳玄认为越出前辈作家,评价甚高。

　　就文坛影响力而言,泰定丁卯科(1327)尤值得一提,其人才选拔成绩堪比延祐首科。这年的虞集再为礼部考官考礼部进士,王士熙以治书侍御史任廷试监试官、马祖常以翰林直学士任读卷官,苏天爵掌廷试试卷。考官中,虞集、马祖常都是元代中叶著名文坛领袖,虞集代表南人的最高成就者,马祖常代表色目创作成就最高者,而王士熙作为北方汉人大家,他的创作成绩与他们相比其实不相伯仲。王士熙乃东平著名文人、元初著名馆臣王构之子,曾师事邓文原。至治初为翰林待制,至治三年(1323)为右司员外郎,泰定间为治书侍御史,泰定四年(1327)任中书参政。至正二年(1342)升南台中丞,卒于任,追封赵国公。博学工文,长于乐府歌行。与虞集、袁桷、马祖常、揭傒斯等时相唱和,被认为"如杜、王、岑、贾之在唐,杨、刘、钱、李之在宋,论者以为有元盛世之音也"③。这科掌廷试试卷的苏天爵(1294—1352),是虞集等人之后,最优秀的馆阁大家。《元史》云:"天爵为学,博而知要,长于纪载,尝著《国朝名臣事略》十五卷、《文类》七十卷。其为文,长于序事,平易温厚,成一家言,而诗尤得古法,有《诗稿》七卷、《文稿》三十卷。于是中原前辈,凋谢殆尽,天爵独身任一代文献之寄,讨论讲辩,虽老不倦。晚岁,复以释经为己任。学者因其所居,称之为滋溪先生。其所著文,有《松厅章疏》五卷、《春风亭笔记》2 卷;《辽金纪年》《黄河原委》未及脱稿云。"④作为虞集等中叶大家一一凋谢之后的承继者,苏天爵早年师从刘因私淑弟子安熙,又在国子学中得到吴澄、虞集、齐履谦等大家的训导。"故其清修笃志,足以潜心大业而不惑于他岐;深识博闻,足以折衷于百氏而非同于玩物。至于德已建而闲之愈严,行已尊而节之愈

　　① 苏天爵《元故翰林直学士赠国子祭酒范阳郡侯谥文清宋公墓志铭并序》,《滋溪文稿》卷一三,第206 页。
　　② 欧阳玄《燕石集序》,《欧阳玄集·辑佚》,第283—284 页。
　　③ 顾嗣立《元诗选·江亭集》二集"王中丞士熙",中华书局 2002 年,第 537 页。
　　④ 《元史》卷一八三《苏天爵传》,第 14 册,第 4226—4227 页。

密。"在赵汸看来,苏天爵"出入中外三十余年,嘉谟愈积,著于天下,而一诚对越,中立无朋",在元代后期"屹然颓波之砥柱"。而苏天爵之文章"明洁而粹温,谨严而敷畅,若珠璧之为辉,菽栗之为味"①,亦完全不负"一代文献之寄"的评价。

泰定丁卯科进士中,最值得提及的是,在右榜和左榜中各挑选出了元代文坛继"元诗四家"之后最优秀、最有天分的两位诗人萨都剌、杨维桢,此外张以宁、李黼、黄清老、赵期颐、爕理溥化、观音奴、索元岱、蒲理翰、郭嘉、李稷、贺据德等皆是元中晚期的文坛中坚分子。萨都剌(1307—1360后),有虎卧龙跳之才,人称燕门才子,在时人看来,萨都剌"凡所巡览,悉形诸咏歌,传诵士林,殊脍炙人口"②,无怪至今被誉为"有元一代词人之冠"③。其创作成绩和风格,我们在后文有专门讨论,此不赘论。杨维桢(1296—1370)一生著作宏富,有《春秋合题著说》《史义拾遗》《东维子文集》《铁崖古乐府》《丽则遗音》《复古诗集》等近二十部。杨维桢创作最有特色的是他的古乐府诗,既婉丽动人,又雄迈自然,史称"铁崖体"。宋濂曾云杨维桢创作于诗"尤号名家","元之中世,有文章钜公起于浙河之间曰'铁崖'君。声光殷殷,摩戛霄汉,吴越诸生多归之,殆犹山之宗岱,河之走海,如是者四十余年乃终"④。四库馆臣述其乐府的独特贡献云:"元之季年、多效温庭筠体。柔媚旖旎、全类小词。维桢以横绝一世之才、乘其弊而力矫之。根柢于青莲、昌谷,纵横排奡、自辟町畦。其高者或突过古人,其下者亦多堕入魔趣。故文采照映一时,而弹射者亦复四起"⑤,其创作才华和影响力可以概见。

至顺庚午科(1330)成绩不算突出,是虞集出的廷试题,马祖常、李尤鲁翀是会试主考官。录取的右榜著名者有金哈剌、偰列篪等,左榜有刘性、林泉生、刘耕孙等。像金哈剌,曾任工部郎中,又升参知政事。风流蕴藉,度量宽洪。笑谈吟咏,别成一家。尝有咏雪《塞鸿秋》,为世绝唱⑥。而林泉生(1299—1361)"为文设施驰骋,离合变化,拓而廓之,揉而顺之,涵而蓄之,闳深雅重,

---

① 赵汸《滋溪文稿序》,《全元文》卷一六六一,第54册,第330页。
② 干文传《雁门集序》,《全元文》卷一〇一九,第32册,第72页。
③ 林人中《雁门集跋》,殷孟伦、朱广祁校注《雁门集》,上海古籍出版社,1982年,第407页。
④ 宋濂《元故奉训大夫江西等处儒学提举杨君墓志铭有序》,《宋濂全集》卷五八,第2册,第1352页。
⑤ 《四库全书总目》卷一六八"铁崖古乐府十卷乐府补六卷"条,下册,第2259页。
⑥ 《贾仲明词话》,邓子勉主编《明词话全编》,凤凰出版社2012年,第71页。

优游奂衍,而归于理致","邃于《春秋》,为四方学者所宗,其著述有《春秋论断》,从子子琦克传其业而卒。杂著诗文凡若干卷"①。

元统癸酉科(1333),会试之际,宋本以礼部尚书知贡举,九月廷试充读卷官,王沂为礼部考试官,这一科,不仅"复增名额,以及百人之数",而且"稍异其制,左右榜各三人,皆赐进士及第,余赐出身有差",而且《元史》称"科举取士,莫盛于斯"②。这科的主考官宋本是至治元年(1321)的状元,而王沂乃延祐首科进士,曾历国子博士、翰林待制,以"总裁官"身份编定《辽》《金》《宋》三史,著有诗文集《伊滨集》24卷。刘基认为王沂诗文深受时代风气浸染,春容纡余,他写道:"有元世祖皇帝至元之初,天下犹未一也,时则有许、刘诸公以黄钟、大吕之音振而起之。天将昌其运,其气必先至焉,理固然矣。混一以来,七十余年,际天所覆,罔不同风,中和之气,流动无间,得之而发为言,安得而不雄且伟哉?公生至元间,自幼好学为文。仁宗皇帝首开科举,公即以其年登第。其涵濡渐渍,非一日矣,故其为文有中和正大之音,无纤巧萎靡之习。春容而纡余,衍迤而宏肆,不极于理不止,粹乎其为言也!后之览者,得以考其时焉。"③刘基的这段理论不仅是概述了元代中晚期馆阁文风的大致特点,而且还暗暗指出明初文风也要承时代之风气而致力于中和正大之音,表明明初继承元代馆阁文风的意图。此是后话。这科进士取录了两位日后的风云人物,一位是右榜进士余阙,一位是左榜进士刘基。余阙(1303—1358),他留意经术,五经皆有传注,文章气魄深厚,篆隶亦古雅。著有《易说》50卷、《青阳文集》9卷、《五经纂注》等。至于刘基之创作成绩,四库馆臣说得很到位,"其诗沉郁顿挫,自成一家,足与高启相抗;其文阂深肃括,亦宋濂、王祎之亚。杨守陈序谓:'子房之策,不见词章;元龄之文,仅办符檄,未见树开国之勋业而兼传世之文章,可谓千古文豪',斯言允矣。大抵其学问智略如耶律楚材、刘秉忠,而文章则非二人所及也"④。

元统科之后,元代科举停试两科,直至至正二年(1342)才复科,此后的五科进士选拔人才的情形不能与之前尤其是延祐首科、泰定己卯科的成绩相比。

① 吴海《元故翰林直学士林公墓志铭》,《全元文》卷一六五六,第54册,第280页。
② 《元史》卷八一《选举志一》,第7册,第2026页。
③ 刘基著,林家骊点校《刘伯温集》卷二,《王师鲁尚书文集序》,浙江古籍出版社2011年,上册,第125—126页。
④ 《四库全书总目》卷一六九"诚意伯文集二十卷",下册,第2263页。

值得一提的是,至正乙酉科(1345),主考官是翰林学士欧阳玄、礼部尚书王沂,考试官、崇文太监杨宗端,国子司业王思诚,翰林修撰余阙,太常博士李齐,监试御史宝哥(宝格)、赵时敏等,著名文人高明是这科的左榜进士。

至正甲午科(1354),主考官是张翥,取录的进士中有元末著名诗人林温、陈高等。张翥(1287—1368),是元末诗文大家,北方文坛的核心人物。初授业于李存,累官翰林侍读兼祭酒,以翰林承旨致仕,封潞国公。尝集兵兴以来死节死事之人为书,曰《忠义录》3 卷,著有《蜕岩集》,《蜕庵集》5 卷,《至正庚子国子监贡士题名记》1 卷。四库馆臣评价张翥的创作成绩认为:“其诗清圆稳贴,格调颇高,近体长短句极为当时所推。然其古体亦伉爽可诵,词多讽喻,往往得元、白、张、王之遗,亦非苟作。王士禛《居易录》曰:‘蜕庵,元末大家,古今诗皆有法度,无论子昂、伯庸辈,即范德机、揭曼硕,未知伯仲何如’,其论当矣”①。

另外,还需要再赘论的是,在元代各科的考生中,还有高丽最优秀的文人被选拔来参考。据《高丽史·选举志》载,高丽先后十次共选送 19 人参加元朝科举,其中有 9 位被取录为进士。他们是:安震,延祐戊午科(1318)进士;崔瀣,至治辛酉科(1321)进士;安轴,泰定甲子科进士(1324);赵廉,泰定乙卯科(1327)进士;李穀,元统癸酉科(1333 能)进士;李仁复,至正壬午科(1342)进士;安辅,至正乙酉科(1345)进士;尹安之,至正戊子科(1348)进士;李穑,至正甲午科(1354)进士。陈旅就指出高丽人认为能考上元朝的科举比本朝科仕更荣耀:“今高丽得自官人,而其秀民往往已用所设科仕其国矣,顾复不远数千里来试京师者,盖以得于其国者,不若得诸朝廷者之为荣。故虽得末第冗官,亦甚荣于其国,况擢高科、官华近,为天下之所共荣者乎?”②事实也证明这些元朝高丽进士在回到本朝后位至通显,其中有六人位至宰相,李仁复、李穑更是高丽末年的重臣。他们自身的汉文修养和文学创作以及与元朝文人的往来唱酬,也构成了元代文坛格局中独有的一块内容③。

综上叙述可以看到,元代科举推行的艰难与其游牧统治者的文明程度有重要关系,也与元朝多民族群体共存的社会现实有密切关联,在社会管理矛盾

① 《四库全书总目》卷一六七“蜕庵集五卷”条,下册,第 2240 页。

② 陈旅《送李中父使征东行省序》,《全元文》卷一一六七,第 37 册,第 231 页。

③ 桂栖鹏《元代进士研究》,(兰州)兰州大学出版社 2001 年,第 153—161 页。

日益突出的背景下,元朝最终以程朱理学作为考试核心内容实施科举。这对于元代南北多族文人共存的文化领域和文学创作而言,具有里程碑式的意义,是以馆阁文人群为主体的元代中晚叶文坛格局形成的重要现实基础。

第三节　馆阁文人群与元代中晚叶文学创作风气

关于元代多族士人共存共生的现象,历史领域的讨论较为深入,而台湾萧启庆的系列研究如《内北国而外中国》《九州四海风雅同——元代多族士人圈的形成与发展》《元代进士辑考》等著作则每为文学领域的研究者所借鉴。借助史学领域的研究开拓可以看到,元代科举对元代多族士人圈力量的相对平衡与融合,对于元代文人群体的分布、创作风格以及文坛格局都产生了非常深远的影响。

在科举要求的推动下,南北多族文人之间以程朱理学的教习与研读而找到了融合的支点,蒙古、色目人群在加速汉化的同时,儒士尤其是程朱理学发源的南方儒士地位得到大大提高,多族人群的南北流动也更为频繁。正像色目进士萨都剌在《芭鞋》诗所描述的那样,"东家西家卖芭屦,南州北州多岐路。严霜烈日太行坡,斜风猛雨瓜州渡。南人求利赴北都,北人徇利多南趋。朝朝迎送名利客,身身消薄非良图。人负屦,屦负人,草从土生复归土,人兮履兮不知所"[①]。在熙熙攘攘,看似纷乱、嘈杂的社会状态中,人们为着自己的名利愿景不计劳累,芭鞋踏破,但这也体现出元王朝从南北奔竞、交流走向真正的南北统一、混融,充满活力与生气的进程。而萨都剌所看到的和描述的社会现象中,自然也包括在科举推动下,南北多族文人求学、求功名的流动情形。家铉翁《题中州诗集后》曾有一段著名的议论就认为地有南北,而道学文章为世所宗,所以人无南北、道统文脉无南北之分:

　　世之治也,三光五岳之气,钟而为一代人物。其生乎中原,奋乎齐鲁汴洛之间者,固中州人物也。亦有生于四方,奋于遐外,而道学文章为世所宗,功化德业被于海内,虽谓之中州人物可也。盖天为斯世而生斯人,

---

① 萨都剌《芭鞋》,《全元诗》第30册,第248页。

气化之全,光岳之英,实萃于是,一方岂得而私其有哉? 迨夫宇县中分,南北异壤,而论道统之所自来,必曰宗于某;言文脉之所从出,必曰派于某。又莫非盛时人物范模宪度之所流衍。故壤地有南北而人物无南北,道统文脉无南北,虽在万里外,皆中州也,况于在中州者乎!①

在这个意义上,可以说,元代中叶开启的科举考试在推动南北多族文人群体大融合的进程中,文人的原生地域性被大大消解。取而代之的是,以科举考试为目的,以馆阁文人和名进士为主导的馆阁文人群体成为元代中晚叶文坛的核心。由他们所主导的道统文脉"自京师通都大府,至于海表穷乡下邑"②,贯穿于整个元朝,他们的创作风格和创作主题对整个元代中晚期文坛有着深远的影响力。

其一,自科考以后,在馆阁文人的引导和推动下,古文创作蔚然成风。如前所述,元代历届科举考试的主考官,他们本来就是其时馆阁中主张文章改革,并且自身也多擅长古文者。如延祐首科。它的主考官毋庸赘言,而这科进士的古文成绩也相当斐然。如延祐首科中右榜著名进士马祖常。他的古文素养和他对元代古文创作推动的成绩,诚如胡助为马祖常写的两首悼念诗所写:

> 稽古陈三策,穷源贯六经。文章宗馆阁,礼乐著朝廷。执法头先白,抡才眼更青。堂堂宁复见,老泪滴秋冥。
> 魁然成杰出,霄汉久翱翔。独秉代言笔,频修荐士章。苦心诗草在,雅志石田荒。梦冷淮南月,令人益惨伤。③

马祖常在学问上贯通六经,在著作风格上颇具馆阁风度,元文宗在读过马祖常的文章后也感叹道:"孰谓中原无硕儒乎。"④在元代中晚叶,马祖常是朝廷重要的著作大臣,陈垣认为"论西域文家,仍推马祖常"⑤,将马祖常视作元代西域作家群体中成就最高者。马祖常不仅本人古文成就高,而且与其他馆阁文

①　家铉翁《题中州诗集后》,《全元文》卷四〇七,第11册,第744—745页。
②　虞集《(建阳县)考亭书院重建朱文公祠堂记》,《虞集全集·道园类稿》卷二五,上册,第658页。
③　胡助《挽马伯庸中丞二首》,《全元诗》第29册,第51页。
④　苏天爵《元故资德大夫御史中丞赠摅忠宣宪协正功臣魏郡马文贞公墓志铭》,《滋溪文稿》第144页。
⑤　《元西域人华化考》,第76页。

人一起对元代古文创作的引导和推动成绩甚大,苏天爵认为"昔者仁宗皇帝临御天下,慨然悯习俗之弊于文法,思得儒臣以图治功,诏兴贡举,网罗俊彦。故御史中丞马公首应是选,入翰林为应奉文字,与会稽袁公、蜀郡虞公、东平王公,以学问相淬砺,更唱迭和,金石相宣,而文日益奇矣"①。

再如延祐首科中的著名进士黄溍(1277—1357),他官至翰林直学士、知制诰、同修国史、同知经筵事,进阶中奉大夫。《元史·黄溍传》载:"溍之学,博极天下之书,而约之于至精,剖析经史疑难,及古今因革制度名物之属,旁引曲证,多先儒所未发"②。黄溍不仅本人为学为文成绩巨大,而且由于"其文原本经术,应绳引墨动中法度,学者承其指授,多所成就",其中最著名的当属《元史》总裁官宋濂、王祎,他们皆尝受业于黄溍③。还有杨载,他"于书无所不读,而其文,益以气为主,毫端蠹蠹,纵横钜细,无不如其意之所欲出。譬如长风怒帆,一瞬千里,至于畸岸之萦折,舷欹柁侧,亦未始有所留碍也。凡所撰著,未及诠次以行,而人多传诵之"。作为同年,黄溍与杨载二人互相欣赏对方的文章,"溍尝评其文博而敏、直而不肆,仲弘亦谓溍曰:子之文,气有未充也,然已密矣",而黄溍亦"每叹服其言",《元史》记杨载诗文影响云:"吴兴赵孟頫在翰林,得载所为文,极推重之。由是载之文名,隐然动京师,凡所撰述,人多传诵之。其文章一以气为主,博而敏,直而不肆,自成一家言。而于诗尤有法,尝语学者曰:'诗当取材于汉、魏,而音节则以唐为宗。'自其诗出,一洗宋季之陋。"④

还有成名于大德之际,多次主持科考的袁桷(1266—1327)。据苏天爵为袁桷所作墓志铭记载,"仁宗皇帝自居潜宫,深厌吏弊。及其即位,乃出独断,设进士科以取士。贡举旧法时人无能知者,有司率谘于公而后行。及廷试,公为读卷官二,会试考官一,乡试考官二"⑤。如苏天爵所记,在元朝恢复科考之初,袁桷作为南宋著名学问家王应麟、胡三省、戴表元等人的弟子,对科举考试的各项章程制度颇多建议。不仅如此,在选拔人才过程中,袁桷取文"务求实

---

① 苏天爵《御史中丞马公文集序(后至元五年十一月)》,《全元文》卷一二五二,第40册,第54页。
② 《元史》卷一八一《黄溍传》,第14册,第4188—4189页。
③ 《四库全书总目》卷一六七"《黄文献集》十卷"条,第2231页。
④ 《元史》卷一九○《儒学传二》,第14册,第4341页。
⑤ 苏天爵《元故翰林侍讲学士知制诰同修国史赠江浙行中书省参知政事袁文清公墓志铭》,《滋溪文稿》卷九,第135页。

学,士论咸服"①,很好地呼应了李孟、程钜夫等人的文章改革主张。在袁桷的支持下,由他担任会试主考官的至治辛酉科(1321)中,取录泰不华、宋本为右榜和左榜状元,还有李好文、王思诚、赵琏、吴师道、岑士贵、程端学等名进士。泰不华作文,时人认为"早将心事同稷契,直以文章拟晁贾"②;宋本"善为古文,辞必己出,峻洁刻厉"③。值得一提的是,宋本后来在元统癸酉科(1333)的会试中以礼部尚书知贡举,这科进士中,右榜中的余阙和左榜的刘基都以古文成绩而著名于时。再如这科名进士李好文,曾除翰林侍讲学士,兼国子祭酒,又迁改集贤侍讲学士兼国子祭酒,礼部尚书,以翰林学士承旨一品禄终其身。李好文一生的著述成绩,除与修《辽》《金》《宋》三史外,更最重要的将其程朱理学教育理念贯注于对国家意识形态的建构中。曾编《太常集礼》五十卷,又为太子编辑《孝经》《大学》《论语》《孟子》《中庸》等儒家经典,"摘其要略,释以经义,又取史传,及先儒论说,有关治体而协经旨者,加以所见,仿真德秀《大学衍义》之例,为书十一卷,名曰《端本堂经训要义》,奉表以进,诏付端本堂,令太子习焉";又"集历代帝王故事,总百有六篇……以为太子问安余暇之助";又"取古史,自三皇迄金、宋,历代授受,国祚久速,治乱兴废为书,曰《大宝录》。又取前代帝王是非善恶之所当法当戒者为书,名曰《大宝龟鉴》》","皆录以进焉"④。由此可见,借助科举的强大动力,在马祖常和虞集、袁桷、王士熙以及他们所荐拔选取的进士的努力和推动下,士林咸以他们的创作为师法,古文创作亦由此而蔚然成风。

其二,在馆阁文人群体的引领和推动下,以程朱理学为指导,元代文学创作风格总体趋为雅正春容。苏天爵曾演绎程朱理学对于士林和社会风气的归正意义云:

> 昔我世祖皇帝既定天下,惇崇文化,首征覃怀许文正公为之辅相。文正之学,尊明孔、孟之遗经,以及伊、洛诸儒之训传,使夫道德之言,衣被四

---

① 苏天爵《元故翰林侍讲学士知制诰同修国史赠江浙行中书省参知政事袁文清公墓志铭》,《滋溪文稿》卷九,第135页。

② 傅若金《寄浙省郎中泰不华兼善□赵郎中》,《傅若金集·傅与砺诗集》卷三,第60页。

③ 《元史》卷一八二《宋本传》,第14册,第4204页。

④ 《元史》卷一八三《李好文传》,第14册,第4216、4218页。

海。故当时学术之正,人材之多,而文正之有功于圣世,盖有所不可及焉。
逮仁庙临御,肇兴贡举,网罗俊彦。其程试之法,表章六经。至于《论语》
《大学》《中庸》《孟子》,专以周、程、朱子之说为主,定为国是,而曲学异
说,悉罢黜之。是则列圣所以明道术以正人心、育贤材以兴治化者,其功
用顾不重且大欤。①

藉由苏天爵的这段话,程朱理学在元代上升为官学以及对社会人心的影响轨
迹逐渐浸出水面。程朱理学在许衡作为国子学祭酒的时期即为官方所引重,
也的确培养了一批人才。但直至元仁宗肇兴科举,以程朱理学为考试核心内
容,将程朱理学定为国是,一切曲学异说,悉罢黜之,才对整个社会的价值观念
发挥重大作用。可以引两位进士的事例作为辅证,他们是元统癸酉科(1333)
进士余阙和刘基。这两位都是元明之际的风云人物,而他们之所以成为时代
的风云人物,不仅在于他们的文学成就和影响,更在于他们以身殉国的气质与
精神。余阙的同年李祁在他城陷身死之后曾作文感慨写道:

> 廷心文章学问,政事名节,虽古之人,有不得而兼者,而廷心悉兼之,
> 世岂复有斯人哉。元统初元,余与廷心偕试艺京师,是科第一甲置三名,
> 三名皆得进士及第。已而廷心得右榜第二,余忝左榜亦然,唱名谢恩,余
> 二人同一班列,锡宴则接肘同席而坐,同赐绯服,同授七品官。当是时,余
> 与廷心无甚相远者……廷心以羸卒数千守孤城,屹然为江淮砥柱者五六
> 年,援绝城陷,竟秉节仗义,与妻子偕死。生为名臣,殁有美谥,于是余之
> 去廷心,又大相远矣。……余以为廷心虽死,而斯文固未丧也。廷心之孤
> 忠大节,足以照映千古,煜然为斯文之光,而何丧之有焉?使皆为世之贪
> 生畏死,甘就屈辱,而犹腼然以面目视人者,则斯文之丧,盖扫地尽矣,岂
> 非廷心之罪人哉?廷心诗尚古雅,其文温厚有典则,出入经传疏义,援引
> 百家,旨趣精深,而论议闳达,固可使家传而人诵之,凿凿乎其不可易也。②

据宋濂《余左丞传》记载余阙事迹云,余阙乃在至正壬辰(1352)以文官而权任

---

① 苏天爵《伊洛渊源录序》,《滋溪文稿》卷五,第 74 页。
② 李祁《青阳先生文集序》,《全元文》卷一四一○,第 45 册,第 411—412 页。

淮西宣慰副使,分治安庆。其时,元蒙政权崩坏难支的景况已全面浸出,苏天
爵以文官而任江浙行省参知政事,总兵于饶、信,竟以忧深病积而卒于军中。
其他如贡师泰、周伯琦等南人文官竟同日任兵部侍郎,此虽为元代南人参政史
上一大盛事,却颇能见出蒙古政权的支绌情境。余阙最终因城破而毅然就死,
李士瞻说,余阙就义之日,"帐中一时士大夫,无苟安以向贼者"①。就像李祁
的这篇文章所感慨的那样,"余以为廷心虽死,而斯文固未丧也。廷心之孤忠
大节,足以照映千古"。余阙之死与李祁、李士瞻的感慨激愤,都证明元代官方
树立程朱理学为官学,令天下士子习读,确实得到了回报,至少这些由研读程
朱理学而成为进士的社会精英们的确以他们的言行践履了他们的学问。

　　与余阙选择舍身报国以成就忠义的情形非常不同的是,他的同年进士刘
基最终却辅佐朱元璋推翻了元朝在中原的统治。而据刘基传记载,刘基曾经
坚定地维护元朝政权,镇压各路造反力量:

　　　　方国珍反海上,省宪复举公为浙东元帅府都事,公即与元帅纳邻哈剌
　　谋筑庆元等城,贼不敢犯。及帖里帖木耳左丞招谕方寇,复辟公为行省都
　　事,议收复。公建议招捕,以为方氏首乱,掠平民,杀官吏,是兄弟宜捕而
　　斩之,余党协从诖误,宜从招安议。方氏兄弟闻之惧,请重赂公,公悉却不
　　受,执前议益坚。帖里帖木耳左丞使其兄省都镇抚以公所议请于朝,方氏
　　乃悉其贿,使人浮海至燕京。省院台俱纳之,准招安,授国珍以官,乃驳公
　　所议,以为伤朝廷好生之仁,且擅作威福,罢帖里帖木耳左丞辈,羁管公于
　　绍兴。公发愤恸哭,呕血数升,欲自杀。家人叶性等力沮之。门人穆尔萨
　　曰:"今是非混淆,岂公自经于沟渎之时耶? 且太夫人在堂,将何依乎?"
　　遂抱持。公得不死。因有痰气疾。是后方氏遂横,莫能制。②

元朝政治在中原的倾覆与其海运有极大关联,而方国珍势力据海造反又可谓
影响极其重大者之一。刘基曾努力镇压方国珍势力,最终朝廷不能听其策,刘
基愤恨得要自杀,他与余阙的忠烈程度相比其实也并不逊色。钱谦益曾定刘
基为遗民,认为刘基"筹庆元、佐石末,誓驱驰,几用自杀。佐命之后,诗篇寂

---

　　① 李士瞻《题安庆余阙廷心左丞死节说》,《全元文》卷一五二八,第50册,第207—208页。
　　② 黄纪善《诚意伯刘公行状》,《刘伯温集》附录一,下册,第776页。

窦,彼其志之所存,与原吉何以异乎? 呜呼! 皋羽之于宋也,原吉之于元也,其为遗民一也"①。钱谦益的判断非常有意思,但这的确可以从刘基作为元朝的进士,从程朱理学是选拔进士的核心内容这些背景中获得一些启发。据萧启庆先生统计,元末可查的进士名单中,为元朝殉国守节者占总数的60.4%,归隐者占8.3%,相比之下,在已知的宋末进士中,以身殉国者占比为21.65%,退隐者为53.05%②。就绝对数据而言,这种宋、元比较没有很大的意义,但却还是可以间接地看到崇尚道德、节义的程朱理学对元代社会精神以及元代精英分子产生了深远的影响,这其中文学创作不能例外,应该说,程朱理学对于元代文学创作雅正春容风格的形成颇具影响。

作为国家意识形态代言人的馆阁文人群体,他们的主要使命是以文章制作黼黻一代。建构于国家疆域极度辽阔、民物交通非常便利的一统王朝,以程朱理学作为精神旨归的元朝创作则最终指向了雅正春容。赵孟頫认为南宋"文体大坏"的根本缘由在于"治经者不以背于经旨为非,而以立说奇险为工;作赋者不以破碎纤靡为异,而以缀辑新巧为得"③。在赵孟頫看来,当创作背离经旨,一味师心自用,则往往会陷入"夸诩以为富,剽疾以为快,谈诡以为戏,刻画以为工"④,最终只能"作庾语棘人喉舌",而于理始远矣⑤。元朝文学创作欲求得变化,则须反南宋作文之道,由经意的"涵濡渐渍",得时代气质之阔达,成雅正中和、春容纡余之风格。

元代中叶的进士们的情况往往如是:生于天下混一的时代,得时代中和之气,创作上有正大中和之音而无纤巧萎靡之习;源于时代的开阔自信,在创作风格上也春容而纡余,衍迤而宏肆,务必期于理充词粹,于时有补。元代科举肇兴以后,馆阁文人群所主导的元代中晚叶文坛总体推崇雅正春容的风格,所谓雅正,是儒家崇尚的"涵煦和顺之积,而发于咏歌,故其声气明畅而温柔,渊静而光泽"⑥,"其辞平和而意深长者,大抵皆盛世之音也"⑦。人生在世不可能

---

① 周松芳《论刘基的遗民心态》,《学术研究》2005年第4期,第112—117页。

② 萧启庆《元明之际士人的多元政治抉择:以各族进士为中心》,《台大历史学报》2003年第32期,第77—138页。

③ 赵孟頫《第一山人文集叙》,《全元文》卷五九三,第19册,第72页。

④ 赵孟頫《刘孟质文集序》,《全元文》卷五九三,第19册,第76页。

⑤ 赵孟頫《任叔实墓志铭》,《全元文》卷五九八,第19册,第263页。

⑥ 虞集《李景山诗集序》,《虞集全集·道园类稿》卷一七,上册,第490页。

⑦ 虞集《李仲渊诗稿序》,《虞集全集·道园学古录》卷六,上册,第569页。

不会遭际变化、挫折甚至不幸、磨难和痛苦,就情感的正常发泄而言不能不出"放臣、出子、斥妇、囚奴"之言:

> 气之所禀也有盈歉,时之所遇也有治否,而得丧利害、休戚吉凶,有顿不相似者焉。于是处顺者,则流连光景而不知返;不幸而有所婴拂,饥寒之迫,忧患之感,死丧疾威之至,则嗟痛号呼,随其意之所存,言之所发,盖有不能自掩者矣。①

如果站在理学的高度,从个体与环境、家国、时势等多元背景和格局中去思考处境,则人不能处于顺境则留连光景而不知返,处于逆境则随意嗟痛号呼,而应该时时"深省顺处",这样,其创作态度和创作格局才能真正平和春容,为君子所贵:

> 是故有知其然而思去之者,则必至于外其身以遗世,不与物接,求生息于彝伦之外,庶几以无累焉。然其为道,则亦人之所难者矣。盖必若圣贤之教,有以知其大本之所自出,而修其所当为也。事变之来,视乎义命而安之,则忧患利泽,举无足以动其心,则其为言也,舒迟而澹泊,暗然而成章,是以君子贵之。②

虞集认为人在深省顺处,视外在忧患利泽为无物之后,然后才能创作平易正大之作,从而长久地动人以深。而这也是古圣贤最初作诗的本来目的。古圣贤提倡作诗的目的在于诗教,是为了让学者"变化其气质,涵养其德性,优游厌饫,咏叹淫泆,使有得焉",然后"习与性成",通过作诗使人性情温雅敦厚,才可谓"庶几学诗之道也"③。欧阳玄曾给虞集的一位追随者的诗集作序认为,"京师近年诗体一变而趋古,奎章虞先生实为诸贤倡",而且欧阳玄还认为,人们只有理解虞集的创作理论,其诗歌创作才能"日进而未已也"④。馆阁文人

---

① 虞集《杨叔能诗序》,《虞集全集·道园学古录》卷三一,上册,第571页。
② 虞集《杨叔能诗序》,《虞集全集·道园学古录》卷三一,上册,第571页。
③ 虞集《郑氏毛诗序》,《虞集全集·道园类稿》卷一七,上册,第479页。
④ 欧阳玄《梅南诗序》,《欧阳玄集·圭斋文集》卷八,第81页。

群体所推崇的雅正春容风格正是借助科举巨大的影响力,借助馆阁文人所据有的文化资源而获得推广深入的力量,当然,馆阁文人群体作为文坛精英群体,他们的创作能力也不能忽略。

总体而言,自延祐开科之后,由考试官与进士为主形成的馆阁文人群体,他们以程朱理学为核心而形成的雅正春容的审美观在元代中晚叶的文坛有着深远的影响。在考量和解读元代中叶以来的文学创作并价值判断之际,不能脱离馆阁文人群体的影响,也不能忽略程朱理学在其中的作用。

其三,上京纪行诗文在元代中晚叶馆阁文人群体的推动下,由馆阁到山林,披及整个时代,成为一代之作。对于元代文人而言,国家疆域极为辽阔的社会现实,使得他们的职事生涯和创作生涯中,出行与纪行、赠行成为平常。许有壬为其同年、同僚哈八石(丁文苑)的哀辞中就感慨地叙述了这种生活现实:

> 南坡之变,枭獍党与,列据津要,文苑、康里子山暨予实同论列。迁户部员外郎,予在左司,计事率相见。俄佥浙西道廉访司事,遂间南北。予居武昌,适移湖北。新制,宪官各色止用一人。长宪者同出西域,即日引退,台报不允,文苑曰:"无例且退,持疑文冒进可乎?"坚卧不起。予跧居,绝人事,独相往来。鹄山楚观之绝顶,梵宫琳宇之僻地,荒城废垒,村居墅池,靡不至焉;时绝江登大别,宿郎官湖,赋诗谈论无虚日。一日,把酒相属曰:"人生离合有数,君闲我退,机适相投,但恐造物见妒,不终遂此。先子监祁阳县,有惠政,潜德未彰,子巫铭之。"予不获辞焉。未几,予除两淮转运使,文苑移山北,邸报同日至。山北置大宁,古白霫地,去京师东北尚八百里,陆不可挈家,水萦纡余五千里,扶病拥幼,殆不能为谋。予官扬州,崎岖来过,曰:"我非渎于进也,主上新政,不敢不行。而老幼累我,且都而杭,杭而鄂,鄂又山北,有力且疲,况贫乎?鄂不可留,扬米贵亦不可居,杭,吾乐之,谷又差贱,且其人德我,吾谋定矣。"乃命诸子买舟而东,独挈一小仆乘传而北。予留之饮,三昼夜而后去。酒中尝曰:"我作事素勇,今殊犹豫,何也?"予戏之曰:"人改常不佳,君岂厌世邪?"乃大笑曰:"昔温公记宋子才暴谑,其言偶验,我不信也。"因出臂示其坚实曰:"斧吾击亦不死也。"于虖,今乃真死矣。盖时方大疫,暑行至东平,主仆

皆病。归抵淮安,卒于舟中,至顺元年六月念三日也。①

许有壬这段话基本勾画出元代馆阁文人平常的奔波境况:一方面,频繁的政局动荡使得馆阁文人们的职官变动不居。终元之世,宗室内乱、宫廷政变、后妃干政、权臣用事等接连不断,令朝政混乱,而许有壬文中所云"南坡之变",是指至治三年(1323)元英宗及其重臣拜住被权臣铁失等谋杀的重大政变。许有壬、丁文苑都因此受到牵连,职务颇有变动,丁文苑不久被派任浙西道廉访司事,与任职户部员外郎的许有壬地分南北;另一方面,元代疆域辽阔,人们的任职地域跨度大,人们疲于羁旅奔波的情形非常平常且频繁。文中,丁文苑先任浙西道廉访司事,不久又到湖北,后又迁山北;许有壬先迁户部员外郎,官大都,再居武昌,之后又除两淮转运使,官扬州,正像丁文苑所抱怨的那样:"都而杭,杭而鄂,鄂又山北,有力且疲,况贫乎?"值得一提的是,丁文苑要去的山北,是指山北辽东道肃政廉访司,山北在元代是指燕山以北,所谓"燕山北望千峰尽,辽海东回一骑过"②,山北辽东道肃政廉访司置于大宁,在今内蒙古自治区宁城县西③,最终丁文苑竟因南北奔波而病死途中。也无怪萨都剌在《将入闽赵郡崔好德求题舆地图》中感慨写道:"月轮西转日生东,四海车书总会同。骑马出门天万里,山川长在别离中"④,南北一统的格局以及疆域辽阔的现实不仅使得人们生活与出行的范围场域大大增广,纪行也成为人们创作的主题,这大大推动了元代纪行创作的繁荣。与之前的时代相比,蒙元王朝所处的13—14世纪期间,纪行创作数量之丰富,远超自汉至宋9个多世纪的所有纪行创作数量的总和,仅纪行诗文约计三千余篇。

在元代的纪行创作中,最能反映元代社会特性、影响最大,同时也是元代馆阁文人群体作为创作主体贡献最多的是上京纪行诗文。上京又称滦京、上都,作为与馆阁文人职业密切相关的创作,上京纪行诗文是元代两都巡幸制的典型反映。元代自元世祖中统时期(1264)就开始正式实行两都制,"自世祖皇帝统一区夏,定都于燕,复采古者两京之制度,关而北即滦阳为上都,每岁大

---

① 许有壬《哈八石哀辞并序》,《全元文》卷一二〇二,第38册,第499页。
② 贡师道《送台典张子诚辟山北宪史》,《贡氏三家集·贡师泰集》卷四,第227页。
③ 薛磊《元代山北辽东道肃政廉访司述论》,《北方文物》2009年第2期,第96—99页。
④ 萨都剌《将入闽赵郡崔好德求题舆地图》,《全元诗》第30册,第154页。

驾巡幸"。直至至正十八年(1358),红巾军攻陷上都,"因上都宫阙尽废,大驾不复时巡"①,巡幸时间在忽必烈时代一般是夏历二三月从大都出发,八九月返回大都。以后各朝皇帝时间会稍后一些,在顺帝时期,则固定是每年夏历四月从大都出发,九月回大都。每次皇帝巡幸"后宫诸闱、宗藩戚畹、宰执从寮、百司庶府,皆扈从以行"②,所谓"侍从常向北方游,龙虎台前正麦秋。信是上京无暑气,行装五月载貂裘"③,即言明两都巡幸的扈从情形和地点、时间,是麦秋时节(四月下旬),皇帝一行从大都前往上都④。柯久思《宫词》曾记写这一浩大的盛事云:"黄金幄殿载前驱,象背驼峰尽宝珠。三十六宫齐上马,太平清暑幸滦都"⑤,由柯久思此诗可以想见其时蒙古统治者及官员前往上都的情形、风貌。

　　皇帝等人前往上都之后,只留中书平章政事、右丞或左丞数人居守大都。皇帝在上都期间,继续处理国家政事,所以,在上都一些重要衙门的分支机构,如中书省、御史台、翰林国史院、国子学都在上都设有分院,而在大都的重要政事、军情报告以及公文等都通过急递辅传到上都,在上都的皇帝也常向全国各地发布圣旨、诏令⑥。伴随大驾巡幸的扈从人员须"供亿万之计,壹统之留守","故为职最要焉","自非器钜而虑周,望孚而干固,明习国家典要,深为上所信向者,殆不足以胜其任也"⑦。

　　上京纪行诗文尽管是元代两都巡幸制的产物,但上都独特的异域风貌和人情物理还是使得它别具特色。应该说,有元一朝,"国家并包宇内,封畛之广袤,旷古所未有"也,这极大程度地改变着以往农耕时代安土重迁、封闭固守的习惯。而"山川形势,隁塞险要之处",不仅"史不胜书"⑧,也同样为诗文所不胜纪,元代诗文创作由此也开辟了新的增长点,上京纪行诗文又可谓其中最典型者。在元代上京纪行诗文中,所谓"国家之典故、乘舆之兴居,与夫盛代之服

①　《元史》卷四五《顺帝本纪八》,第 4 册,第 949 页。
②　王祎《上京大宴诗序》,《王祎集·王忠文公文集》卷六,上册,第 162 页。
③　朱有燉著,赵晓红整理《朱有燉集·元宫词》,齐鲁书社 2014 年,第 797 页。
④　罗新《从大都前往上都:在古道上重新发现中国》,第 5 页。
⑤　柯九思《宫词十首》之二,《全元诗》第 36 册,第 3 页。
⑥　薄音湖主编《蒙古史词典》(古代卷),内蒙古大学出版 2010 年,第 62 页。
⑦　虞集《贺忠贞公墓志铭》,《虞集全集·道园类稿》卷四六,下册,第 883 页。
⑧　虞集《跋和林志》,《虞集全集·道园类稿》卷三二,上册,第 405 页。

食、器用,神京之风俗、方言,以及四方宾客宦游之况味"[1],一应俱全,空前绝后,"足以使人心动神竦"[2]。

首先是对两都之间道里行程的表述。上都与大都之间不满千里,往来者有四道焉:曰驿路,曰中路二,曰西路。东路二者,一由黑谷,一由古北口,古北口路东道御史按行处也,驿道南段、北程与辇道相同,仅中段与辇道分途[3],周伯琦《扈从前集序》详细交代了大都到上都沿途所经地点与情形:

> (从大都出发)至大口,留信宿。历皇后店、皂角,至龙虎台,皆巴纳也。国语曰巴纳者,犹汉言宿顿所也。龙虎台在昌平县境又名新店,距京师仅百里。五月一日,过居庸关而北,遂自东路至瓮山。明日至鸡坊,在缙山县之东。缙山,轩辕缙云氏山,山下地沃衍宜粟,粒甚大,岁供内膳。今名龙庆州者,仁庙降诞其地故也。州前有涧,名芎水,风物可爱。又明日入黑谷,过色珍岭,其山高峻,曲折而上,凡十八盘而即平地。遂历龙门及黑石头,过黄土岭,至程子头。又过穆尔岭,至颉家营,历拜达勒,至沙岭。自车坊、黑谷至此,凡三百一十里,皆山路崎岖,两岸悬崖峭壁,深林复谷,中则乱石荦确,涧水合流,淙淙终日。关有桥,浅处马涉颇艱。人烟并村坞僻处,二三十家,各成聚落,种菽自养。山路将尽,两山尤奇,耸高出云表,如洞门然。林木茂郁,多巨材。近沙岭则土山连亘,堆阜连络,惟青草而已。地皆白沙,深没马足,故岭以是名。过此则朔漠,平川如掌,天气陡凉,风物大不同矣。遂历哈扎尔至什巴尔台,其地多泥淖,以国语名,又名牛群头。其地有驿,有邮亭,有巡检司,阛阓甚盛,居者三千余家。驿路至此相合而北,皆刍牧之地,无树木,遍生地椒、野茴香、葱、韭,芳气袭人。草多异花五色,有名金莲者,绝似荷花,而黄尤异。至察罕诺尔,云然者,犹汉言白海也。其地有水泺,汪洋而深不可测,下有灵物,气皆白雾。其地有行在官,曰亨嘉殿,阙廷如上京而杀焉。置云需总管府,秩三品,以掌之。沙井水甚甘洁,酿酒以供上用。居人可二百余家。又作土屋养鹰,

① 欧阳玄《渔家傲南词并序》,《欧阳玄集·圭斋文集》卷四,第44—45页。
② 柳贯《上京纪行诗序》,《柳贯集》卷一六,下册,第445页。
③ 袁冀《元代两京间驿道考释》,《政治学术期刊》三卷一期,叶新民、齐木德道尔吉《元上都研究文集》,(北京)中央民族大学出版社2004年版,第213—221页。

名鹰房,云需府官多鹰人也。驻跸于是,秋必猎校焉。此去巴纳曰郑谷店,曰明安驿泥河儿,曰李陵台驿双庙儿,遂至桓州,曰六十里店,桓州即乌丸地也。前至南坡店,去上京止一舍耳。以是月十九日抵上京,历巴纳凡十有八,为里七百五十有奇,为日二十四①。

对于从未经历过大都前往上都行程的人们而言,即使"往复次舍,所遇辄赋"②,依旧深感无法形容自己身临其境的惊诧与神奇感,"若睹夫巨丽,虽不能形容其万一"。江西文人周伯琦在其《扈从集前序》中用了七百余字来描述、指陈大都至上都沿途的新事物、新地点、新风俗、新名词以及奇特的天气状况,但这也只能略略表述"羁旅之思、鞍马之劳、山川之胜、风土之异"③。例如,文中提到的上都独有的金莲花,"绝似荷花,而黄尤异",只有去过上都的人们,才能感受到蓝天之下,川野之上,金莲花那种"幽香散秋风"的美妙气息。就像赵秉文描写的《金莲川》那样"一望天莲五色中,离宫风月满云龙。向来菡萏香销尽,何许蔷薇露染浓。秋水明边罗袜步,夕阳低处紫金容。长杨猎罢回天仗,万烛煌煌下翠峰"④,天高野旷,沁凉的空气中浸满花香,令人徘徊不已。再如文中描写的察罕诺尔。察罕诺尔是蒙古语,周伯琦在文中特意解释说,察罕诺尔"犹汉言白海",是汉人对蒙古语"Tsaghan Nuur"(囧囵淖儿)的译名。其实察罕诺尔只是被大片沼泽地包围着的湖泊。元人王充耘曾讨论"南北方言"写道:"南方流水通呼为江,北方流水通呼为河;南方止水深阔,通谓之湖,北方止水深阔通谓之海子"⑤。而蒙古统治者前往上都巡幸的夏、秋时节,察罕诺尔正好水天相连,一片汪洋,周伯琦赞美它"汪洋而深不可测,下有灵物,气皆白雾",不仅用一种非常陌生的南方视角来感触塞外湿地的惊艳,而且丝毫不掩饰自己那种借由流动生活而获得新体验的惊喜。13 世纪下半叶,马可·波罗也来到上都,察罕诺尔神秘而新奇的气息给他留下了深刻的印象,以至于他对察罕诺尔的描述毫不亚于周伯琦的热情:

---

① 周伯琦《扈从集前序》,《全元文》卷一三八七,第 44 册,第 530—531 页。

② 虞集《题胡助〈龙门行〉后》(题目为笔者自拟),顾瑛《草堂雅集》卷一四,中华书局 2008 年版,第1024 页。

③ 胡助《上京纪行诗序》,《全元文》卷一〇一三,第 31 册,第 501 页。

④ 赵秉文《金莲川》,阎凤梧、康金声主编《全辽金诗·全金诗》,山西古籍出版社 1999 年,第 1365 页。

⑤ 王充耘《读书管见》卷上,纪昀等编《四库全书》,商务印书馆 1986 年,第 62 册,第 459 页。

　　骑行三天路程,就到达一座称为察罕脑儿(Changanor)的城市,意思
是指白色的湖。大汗在这里建有一座富丽堂皇的行宫,因为他非常喜欢
来这里巡幸。这里被湖泊与溪流环绕,有很多天鹅在水中嬉戏、滑翔。此
外还有一片美丽的草甸,栖息着大量的鹤、雉、松鸡和其它飞禽。这里的
野味十分丰富,大汗常带着海青和猎鹰来这里享受行猎之乐。①

对于穿越海洋、渡过沙漠,远从欧洲而来的马可·波罗来说,草原上建起一座
如此美丽的宫殿,宫殿周围百鸟翔集,大汗在这里用鹰隼捕猎,其富丽奢华的
场景无疑是极其新鲜而刺激的。当巡幸要结束的时候,周伯琦有诗深情感慨
地写道:"侵晨离白海,辇路转西迈。野光散平芜,山容列修黛。秋风动地来,
曾波忽澎湃。戎马多惊嘶,寒声袭鞶带。逾冈览晴川,夷旷襟抱快。白花间紫
蕤,将将委珩珮。幽兴足目前,绝境疑方外。旌麾匝云屯,舆帐拟行在"②,巡
幸的行宫真恍如世外桃源一般安静、祥和,令人流连忘返。

　　再如周伯琦序文中提到的驿站,如龙虎台、居庸关、龙门等,也是馆阁文人
一再形之歌咏的对象。例如龙门峡,由于"绝壁之下,乱石林立,波漱其罅,风
水吞吐,其音澎湃"③,足令人心神竦动,略举其中几首如下:

黄潽《龙门》

　　竦身望龙门,缓辔行兀兀。溪回愁屡渡,雨横惊暴溢。两崖俨相向,
百水怒争出。人言马上郎,快意每多失。自非渥洼种,不得矜捷疾。飘飘
虬虺臣,凛凛鼋鼍窟。皇灵重覆冒,利涉用终吉。回睨向所经,千嶂隐朝
日。青林外盘纡,黄流中荡潏。后来未渠央,君子宜战栗。④

柳贯《龙门》

　　一溪瓜蔓流,渡者云可乱。屡涉途已穷,前临波始漫。严严龙门峡,
石破两崖半。沙浪深尺余,湾洄触垠岸。它山或澍雨,湍涨辄廉悍。顷刻
漂车轮,羁络不能绊。其源想非远,众水自兹滥。济浅抑何艰,虑盈疑及

---

① 《马可·波罗游记》,第139页。
② 周伯琦《怀秃脑儿作(汉言后海也)》,《全元诗》第40册,第393页。
③ 王沂《送徐德符序》,《全元文》卷一八二三,第60册,第59页。
④ 黄潽《龙门》,《黄潽全集·金华黄先生文集》卷四,上册,第17页。

患。峰阴转亭午,出险马蹄散。草路且勿驱,烟开望前馆。[1]

胡助《龙门行》

龙门山险马难越,龙门水深马难涉。矧当六月雷雨盛,洪流浩荡漂车辙。我行不敢过其下,引睇雄奇心悸慑。归途却喜秋泥干,飒飒山风吹帽寒。溪流曲折清可鉴,万丈苍崖立马看。[2]

龙门峡是大都去往上都的必经之路,此间"石壁对峙,高数百尺,望之若门,徼外诸河及沙漠潦水,皆于此趋海,雨则俄顷水逾十仞,晴则清浅可涉,实塞北控扼之冲要也"[3]。扈从大臣们去往上都的时间是夏季,此际暴雨频仍,龙门峡一带又峡深壁陡,溪水暴涨湍急,无怪诗人们都不免在作品中描述龙门峡"雨横惊暴溢",人力不能控制的情景:"矧当六月雷雨盛,洪流浩荡漂车辙","湍涨辄廉悍。顷刻漂车轮,羁络不能绊","暴雨忽倾注,淫潦怒奔决。人马多漂流,车轴尽摧折"。不难发现,在描绘龙门峡奇险的地形地貌以及极端的自然天气上,黄溍、柳贯、胡助三位同来自浙东婺州的文人,他们的意象与用语恍如一手,颇有意趣。

再如居庸关。据郝经《居庸关铭有序》记载,"居庸关在幽州之北,最为深阻,号天下四塞之一","大山中断,两岩峡束。石路盘肠,萦带隙罅。南曰南口,北曰北口。滴沥溅漫,常为冰霰。滑湿濡洒,侧轮跳足,殆六十里石穴。及出北口,则左转上谷之右,并长岭而西,阴湮枯沙,遗镞朽骨,凄风惨日,自为一天。中原能守,则为阳国北门,中原失守,则为阴国南门。故自汉、唐、辽、金以来,常宿重兵,以谨管钥。中统元年,皇帝即位于开平,则驻跸之南门。又将定都于燕都,则京师之北门。而屯壁之荒坯,恐启狡焉"[4]。虞集、袁桷、范梈、黄溍、柳贯、胡助、周伯琦、萨都剌等人也都屡屡用歌诗形容此处飞石走马,险隘异常的情形:"马蹴石子流弹丸"(袁桷《敬亭歌送郑子宴游敬亭》),"连山东北趋,中断忽如凿"(黄溍《居庸关》),"崇关天险控幽燕,万叠青山百道泉"(周伯琦《居庸关》),"行行转石角,细路萦涧冈。层壑倒天影,半林漏晨光"

---

① 柳贯《龙门》,《柳贯集》卷二,第29页。
② 胡助《龙门行》,《全元诗》,第29册,第30页。
③ 《辽史》卷四一《地理志五》,第510页。
④ 郝经《居庸关铭》,田同旭《郝经集校勘笺注》,中华书局2018年版,第1735页。

（柳贯《入居庸关》）；由于居庸关为中原与关外的分界，乃历来为兵家必争之地，其苍古、凄凉的情形也容易激起诗人们的喟叹："古来几度壮士死，草根白骨弃不收。"（萨都剌《过居庸关（至顺癸酉岁）》）当然，元朝四海一统之后，居庸关虽具有一夫当关万夫莫开之形势，却已无兵家争夺，倒成为强盗据险劫掠的依凭，这也为人们前往上京的道路增添了无数传奇意味，"年年骑去居庸关，圣朝谁信多盗贼。却虑骑气藏凶奸，驽骀尽从天上去"（虞集《刷马歌》）。对于多数馆阁文人们来说，龙门峡、居庸关等地所见是他们平生见所未见，令人惊骇的，他们为其风光所震慑，往往热衷描摹以与僚属及不能到达者分享。

其次，上京独特的风俗是上京纪行诗文表现的重要内容。上都完全保持蒙古旧俗，以联系蒙古宗王与贵族①。关于蒙古旧俗，如王恽所云："国朝大事，曰征伐、曰蒐狩、曰宴飨三者而已"②。"征伐"自不必云，而狩猎与宴飨是自忽必烈起，蒙古统治者们往来于上都的重要原因，王恽所谓"虽矢庙谟，定国论，亦在于樽俎餍饫之际"③，与此背景有关。如前所指出，忽必烈在当初争夺汗位时虽然打败了阿里不哥，成为全蒙古大汗，他的地位并没有得到全体宗亲的承认，所以每年的巡幸活动，清暑、狩猎之外，大肆宴飨、赏赐以联结诸王藩戚是最核心的内容，所谓"昭等威，均福庆，合君臣之欢，通上下之情者也"④。宴会主要有马奶子宴和诈马宴，马奶子宴基本在皇帝到达和离开上都时举行；诈马筵，又称"质孙（济逊）宴"，源于窝阔台时期的选汗大会，本是装饰名马的夸马表演⑤，是馆阁文人上京诗文书写中的重要主题。比如袁桷的《装马曲》就很细致地描写了人们夸马赴宴的情景：

> 彩丝络头百宝装，猩血入缨火齐光。钖铃交驱八风转，东西夹翼双龙冈。伏日翠裘不知重，珠帽齐肩颤金凤。绛阙葱昽旭日初，逐电回飙斗光动。宝刀羽箭鸣玲珑，雁趐却立朝重瞳。沉沉棕殿云五色，法曲初奏歌薰风。酮官庭前列千斛，万瓮蒲萄凝紫玉。驼峰熊掌翠釜珍，碧实冰盘行陆续。须臾玉卮黄帕覆，宝训传宣争颒首。黑河夜渡辛苦多，画戟雕闳总勋

---

① 陈高华、史卫民《元上都》，（长春）吉林教育出版社1988年，第28—31页。
② 王恽《大元故关西军储大使吕公神道碑铭》，《王恽全集汇校》卷五七，第6册，第2555页。
③ 王恽《大元故关西军储大使吕公神道碑铭》，《王恽全集汇校》卷五七，第6册，第2555页。
④ 王祎《上京大宴诗序》，《王祎集·王忠文公文集》卷六，上册，第162页。
⑤ 李军《"诈马"考》，《历史研究》2005年第5期。

旧。龙媒嘶风日将暮，宛转琵琶前起舞。鸣鞭静跸宫门闭，长跪齐声呼万岁。①

按李军先生的解释，"诈马"就是夸马，为马穿上盛装，袁桷的这首《装马曲》很好地圆了她的这一解释。但见马头缨着颜色深杂的彩络，两边挂着钖铃镲，而马上的人也盛装贵服，珠帽顶，镶金衣。赴宴的宗王、勋臣与贵戚作为起起武夫，最要展示的是快马宝刀雁翎箭，当然这些东西也无疑是要精中选优的。而举行大宴的棕殿，又称失剌斡耳朵，即黄色的营帐，装饰眩目，妙曲频奏。宴席上，精美的葡萄酒泛着紫玉般的光泽，熊掌驼峰那样稀罕的美味装在碧色的大冰盘中络绎而上。然后是开宴前郑重的开席训话致辞，接着是伴着琵琶、歌舞，酣然齐欢，一直到山呼万岁，谢宴而归。袁桷的诗履践了他那个时代创作反映民风的理念，藉着其诗，不能亲见者立刻明白了夸马的意思。

马尚且装饰以夸耀，何况是人，马上骑士也要求一色服饰，故而诈马宴又称"质孙（济逊、只逊）宴"，"只逊，华言一色衣也"，只有"宿卫大臣及近侍服所赐只孙，珠翠金宝、衣冠腰带、盛饰名马"②。质孙服本为戎服，便于乘骑等活动，后演变成为蒙古宫廷宴会的礼服，以青红锦制者为多。在衣的肩背胸间贯以大珠作饰，虞集云"贯大珠以饰其肩、背、膺、间，首服亦必如之。副以纳赤思衣等七袭。纳赤思者，缕皮傅金为织文者也"③。诈马宴一般是选六月的吉日进行，是规模巨大的宫廷宴会，其形式之隆重、场面之壮观、音乐歌舞之曼妙、人物之众多、物品之丰富，令观者叹止。可以这样说，尽管那些宴飨活动以蒙古风俗为主，展示的是"皇元典章文物之盛事"④，但活动参与的人、展示的物品、享用的食材等却是十三四世纪世界的精华，这种盛况不仅空前也同样绝后。连乾隆皇帝在《上都怀古》中也不免感慨叹羡地写道："山萦水抱势宽辽，烟堵荆闱迹未销。金椀潼香春正滟，玉盘冰碎暑全消。殿魤不见天魔舞，冈药犹思诈马朝。日暮枌榆喧鸟散，寒蟾弄影自飘萧"⑤，充满怀想和羡慕的情绪。

---

① 袁桷《装马曲》，《袁桷集校注》卷一五，第 855 页。
② 周伯琦《诈马行有序》，《全元诗》第 40 册，第 345 页。
③ 虞集《曹南王勋德碑》，《虞集全集·道园类稿》卷三二，下册，第 1027 页。
④ 胡助《滦阳十咏跋》，《草堂雅集》卷一四，第 1023 页。
⑤ 乾隆《上都怀古》，《御制诗集》初集卷二八，《四库全书》第 1302 册，第 444 页。

最后，上京纪行诗文不仅是馆阁文人群相互融合的载体，更是元朝繁荣的象征和记忆。

由于馆阁文臣们都有可能到上都分院去办公，一路上"沿途马上览观山水之盛也，日以吟诗为事"①，所以上京纪行诗文实际也成为馆阁文人群体相互理解、关系逐步融洽的载体。比如延祐三年（1316）马祖常扈从上京，袁桷、柳贯、胡助等来为他送行，袁桷有《送王继学修撰马伯庸应奉分院上都》二首、胡助有《和袁伯长韵送继学伯庸赴上都》四首、柳贯《次伯长待制韵送王继学修撰马伯庸应奉扈从上京》二首，这些作品既以上京风物为背景进行抒情，也成为馆阁文人借此加深情感的载体。也正是在馆阁文人群体集体创作的推动下，到元文宗的天历、至顺时期，上京纪行创作达到鼎盛。揭傒斯云："自天历、至顺以来，当天下文明之运，春秋扈从之臣，涵陶德化，苟能文词者，莫不抽情抒思，形之歌咏。"②在元代，几乎全部馆阁诗人、有一定影响的文臣都有上京纪行诗文③，诸如王恽、胡祗遹、郝经、刘敏中、陈孚、袁桷、贡奎、虞集、马祖常、王士熙、揭傒斯、宋本、胡助、黄溍、柳贯、许有壬、陈旅、王沂、宋褧、萨都剌、周伯琦、迺贤，以及杨允吉、张昱辈，其中最引人注目的是袁桷为代表的浙东文人群体对"开平纪行"集咏的贡献。由现在的统计可以看到，袁桷之外，其他浙东文人，其中柳贯有《上京纪行诗》一卷，共有作品 48 首，胡助有《上京纪行诗》集一卷计 50 首、黄溍有 18 首、吴师道有作品 15 首④、郑泳 1 篇，占据现今所存开平吟咏作品约三分之一。可以这样认为，以袁桷为代表的浙东文人与同僚师友围绕上都扈从而大量集咏作品的出现昭示着元代中叶上京纪行题材集咏热潮的掀起，而袁桷仅诗作就有 250 篇，以数量绝对值的超群出众成为其时开平纪行创作群体的佼佼者，为该题材集咏热潮的掀起贡献了最大力量。至顺元年（1330）八月，胡助将其上京感触而作成的五十首诗编辑成《上京纪行诗》一卷，请同僚题跋。而参与题跋者有吕思诚、王士点、虞集、王守诚、王士熙、苏天爵、王理、黄溍、孛术鲁翀、陈旅、曹鉴、吴师道、王沂、揭傒斯等馆阁名流。所以胡助《上京纪行诗》而推动的馆臣集咏、同跋，既可谓馆阁文人群体

①　胡助《上京纪行诗序（至顺元年八月）》，《全元文》卷一〇一三，第 31 册，第 501 页。
②　揭傒斯《跋上京纪行诗》，《揭傒斯全集·辑遗》第 504 页。
③　杨镰《元诗史》，人民文学出版社 2003 年版，第 649 页。
④　刘宏英《元代上京纪行诗研究》，（北京）中国经济出版社 2016 年，第 192—196 页。

的题咏盛事,又可谓元代上京纪行诗文创作中值得关注的大事。也正是由于馆阁文臣们对上京纪行诗文的热情,引发了大量元代文人参与到上京纪行诗文的写作、赋和、阅读、评价和传诵过程中。

具体例子如至治三年(1323),袁桷、虞集、马祖常三位馆阁文人领袖一同前往上京,在枪杆(一作竿)岭一带曾联句解闷:

> 有岭名枪竿,其上若栈阁。白云乱石齿,(袁桷)青峰转帘脚。积冰太古阴,(虞集)出矿无底壑。马饮沆瀣泉,(马祖常)鹰荡扶摇幕。辙迹委垂绅,(袁桷)人声发虚橐。乌飞接鸟背,(虞集)羽没疑虎鞹。雾松秋发长,(马祖常)霜果春频薄。升樵不知疲,(袁桷)独往端有愕。兢兢矛头渐,(虞集)抓抓井口索。凝睇见日观,(马祖常)引手探月廓。南下眇尘海,(袁桷)北广络沙漠。金桥群仙迎,(虞集)玉幢百神凿。禽鸣蜀帝魂,(马祖常)铁铸石郎错。钩铃挂阑干,(袁桷)挼枪敛锋锷。属车建前旄,(虞集)驰道徇严柝。载笔三人行,弭节半途却(马祖常)。①

枪杆岭在龙门县南,因为地势非常险隘,石笋直立如枪杆,故名枪杆岭。枪杆岭最高海拔 1930 米,长 26 公里,平均宽 9 米,与海陀山形成自然屏障,是长城内外的咽喉要道,也是历代兵家必争之地。在前往上都的驿路上,此山最高,因为俗传真龙天子不上枪杆岭,所以皇帝北赴上都时不从此岭过去②。针对枪杆山路的崇高、曲折、险峻、狭隘、地势地貌迥异于平原山林的特征,马祖常、袁桷、虞集都极力铺张描述,说其窄如栈阁、高入云霄、低无底壑;行状宽如鞋底、鸟背,山峰如挼枪敛峰、铁钩悬空、险如神凿,而且枪杆岭挡着关外塞漠,秋霜薄雾、人烟稀少,须结伴而行方不至恐惧。胡祗遹有诗《过枪竿岭》写道:"地形西北倚云端,枪岭危途更曲盘。马足不知高几许,回头井底瞰南山"③,说得更是直白。

作为前往上都必经的要道,再加上它险峻非凡的形势,馆阁文人都不免在经过时吟咏,更何况经过袁桷等几位馆阁领袖联吟,后面前往上都的馆阁文人

---

① 虞集《枪竿岭联句》,《虞集全集·清容居士集》卷八,上册,第 39 页。
② 陈高华《元上都》,第 35 页。
③ 胡祗遹《过枪竿岭》,《胡祗遹集》卷七,第 189 页。

都不免注意到它,并留下作品以向前辈致敬。像胡助就在诗里很坦诚地表达说:"长年见说枪竿岭,今日身亲到上头"①,枪杆岭也很自然地成为馆阁文人们的同题集咏对象。而他们在描写枪杆岭时都是用纪实的手法,将枪杆岭的层层面面细如剥笋般地展示出来。比如枪杆岭盘桓曲折、高与云齐的情形,贡奎的《枪竿岭》写道"百折回冈势欲迷,举头山市与云齐"②;胡助的《枪竿岭》写道"九折盘纡过客愁"③;周伯琦《过枪竿岭》写道"高岭薄青天,晨光暗蔼间。云中数十里,马上万重山"④;黄溍的《枪竿岭》写道:"兹山称最高,扬鞭入烟雾。矗矗多峭峰,濛濛饶杂树。崎岖共攀援,踯躅频返顾"⑤,这些诗句都非常能给人身临其境的感觉。当然,塞外不仅有奇崛险怪的特征,而且也不乏鲜亮明媚的色泽。在诗人的笔下,枪杆岭在峻拔的外表下也不乏妩媚细腻的一面,像贡奎写的那样,"经行绝似江南路,落日青林杜宇啼"。诗人生怕居住江南的读者不能想象枪杆岭的情景,以南方的景象来比附,既增强了诗歌的生动纪实性,又寄托了自己悠远的思乡情绪;马祖常描写枪杆岭顽强生长的红白花:"枪竿岭头红白花","仙佩屈曲纫兰芽",不仅颜色鲜亮而且姿态婉曲妩媚;而王沂的《枪竿岭紫菊》,更以绚烂的色彩写尽北方岭外秋天的迷人风光,令人憧憬:"山僧赠我丛丛菊,紫盖光涵翡翠明。青女何妨妒颜色,徐娘元自有风情。龙沙秋意晴偏好,雁岭寒香晚更清。回首故园人在否,花前樽酒共谁倾。"⑥对于上京的独特地形地貌,人们的写作重点在于如实地记述风景以给予读者非同寻常的感受,个人情志的内容比较淡漠,即使略有抒情,也深深地寄托于风景描写中,颇为泛泛,给人印象不深。

上京浓郁的民族风情也是馆阁文人们共同题咏的主题,像"诈马宴",就是上京纪行诗文中的代表主题,大多数留有上京吟咏之作者,像周伯琦、虞集、王士熙、宋褧、杨允孚、迺贤、郑泳等亲临现场者,都耐不住要或点或面地描述诈马宴的盛况,一赋再赋,每个人都努力附和、补充着已经相当细密的诈马宴描述。像贡师泰《上都诈马大燕五首》:

① 胡助《枪竿岭》二首之一,《全元诗》第29册,第109页。
② 贡奎《枪竿岭》,《贡氏三家集·贡奎集》卷六,第104页。
③ 胡助《枪竿岭》二首之一,《全元诗》第29册,第109页。
④ 周伯琦《过枪竿岭》二首之二,《全元诗》第40册,第347页。
⑤ 黄溍《枪竿岭》,《全元诗》第28册,第243页。
⑥ 王沂《枪竿岭紫菊》,《全元诗》第33册,第80页。

紫云扶日上璇题，万骑来朝队仗齐。织翠鬖长攒孔雀，镂金鞍重嵌文犀。行迎御辇争先避，立近天墀不敢嘶。十二街头人聚看，传言丞相过沙堤。

棕榈别殿拥仙曹，宝盖沉沉御坐高。丹凤衔珠装腰袅，玉龙蟠瓮注葡萄。百年典礼威仪盛，一代衣冠意气豪。中使传宣卷珠箔，日华偏照郁金袍。

卿云弄彩日重晖，一色金沙接翠微。野韭露肥黄鼠出，地椒风软白翎飞。水精殿上开珠扇，云母屏中见衮衣。走马何人偏醉甚，锦鞲赐得海青归。

箫韶九奏南风起，沙燕高低扑绣帘。醍醐酒多杯迭进，鹧鸪香少火重添。旧分宫锦缘衣褶，新赐宎珠簇帽檐。日午大官供异味，金盘更换水晶盐。

清凉上国胜瑶池，四海梯航燕一时。岂谓朝廷夸盛大？要同民物乐雍熙。当筵受几存周礼，拔剑论功陋汉仪。此日从官多献赋，何人为诵武公诗？[1]

之后迺贤又再赋和了五首：

迺贤《失剌斡耳朵观诈马宴奉次贡泰甫授经先生韵》：

诏下天门御墨题，龙冈开宴百官齐。路通禁御联文石，幔隔香尘镇水犀。象辇时从黄道出，龙驹牵向赤墀嘶。绣衣珠帽佳公子，千骑扬镳过柳堤。

珊瑚小带佩豪曹，压辔铃铛雉尾高。宫女侍筵歌芍药，内官当殿出蒲萄。柏梁竞喜诗先捷，羽猎争传赋最豪。一曲霓裳才舞罢，天香浮动翠云袍。

绣绮新裁云气帐，玉钩齐上水精帘。凤笙屡听伶官奏，马湩频烦太仆添。风动香烟飘阊殿，日扶花影上雕檐。金盘禁脔才供膳，阶下传呼索井盐。

上林宫阙净朝晖，宿雨清尘暑气微。玉斧照廊红日近，霓旌夹仗彩霞飞。锦翎山雉攒游骑，金翅云鹏织赐衣。宴罢天阶呼秉烛，千官争送翠华归。

滦河凉似九龙池，清暑年年六月时。孔雀御屏金簇簇，棕榈别殿日熙熙。青藜独喜颁刘向，黄阁重闻拜子仪。千载风云新际会，愿将金石播声诗。①

由于廼贤到过上京，所以能与贡师泰形成以诈马宴为主题的唱和，对于没有去过上京的王祎而言，自然是无比艳羡的。至正九年（1349），正在谋求馆职的王祎为贡师泰的上京纪行诗作序表达其读诗感受。借助王祎不乏夸誉却非常认真的笔触，可以明白上京纪行诗文由于上京独特的政治地位，由于馆阁文人群体对它的集体书写，它成为一个时代繁荣的共同印象：

上京大宴诗序

至正九年夏五月，天子时巡上京。乃六月二十有八日，大宴失剌斡尔朵，越三日而竣事，遵彝典也。盖自世祖皇帝统一区夏，定都于燕，复采古者两京之制度，关而北即滦阳为上都。每岁大驾巡幸，后宫诸闱、宗藩戚畹、宰执从寮、百司庶府，皆扈从以行。既驻跸，则张大宴，所以昭等威，均福庆，合君臣之欢，通上下之情者也。然而朝廷之礼主乎严肃，不严不肃则无以耸退迩之瞻视，故凡预宴者，必同冠服，异鞍马，穷极华丽，振耀仪采，而后就列。世因称曰"參马宴"，又曰"只孙宴"。"參马"者，俗言其马饰之矜衔也；"只孙"者，译言其服色之齐一也。于戏，盛哉！②

王祎没有去过上京，但在他的这篇序文中，他对诈马宴的进行时间、制度来历、参加人员、宴会意义以及名称等等都有详细的解释，可以见出上京纪行诗文的表述内容已不仅仅是馆阁文人群体的创作专属，它是一代文人共同书写的对象。而且贡师泰借自己的崇高地位，将自己的上京纪行诗文在僚属和求进的文人中传诵，并邀同唱和，这本身就是唤起人们参与创作的表现。在王祎看

---

① 廼贤《失剌斡耳朵观诈马宴奉次贡泰甫授经先生韵》，《廼贤集校注·金台集》，第160—161页。
② 王祎《上京大宴诗序》，《王祎集·王忠文公文集》卷六，上册，第162页。

来,朝廷的上京巡幸行为和馆阁文人群体的纪行诗文创作都是国家繁荣的象征,他对自己不能获忝其中,与有荣焉的情形深感遗憾:

> 岂非国家之茂宪,昭代之伟观欤! 列圣相承,是遵是式,肆今天子在位日久,文恬武嬉,礼顺乐畅,益用游精太平,润色丕业,于是彝典有光于前者矣。然则铺张扬厉,形诸颂歌,以焯其文物声容之烜赫,固有不可阙者,此一时馆阁诸公赓唱之诗所为作也。故观是诗,足以验今日太平极治之象,而人才之众,悉能鸣国家之盛,以协治世之音。祖宗作人之效,亦于斯见矣。祎尝于《诗》之《小雅》,如《鱼藻》三章,实天子宴诸侯而诸侯美天子之诗,然惟称王在镐京,以乐饮安居,他不复赞一辞者,诚以君德之盛非形容所能尽,而乐饮安居非盛德其孰能之? 今赓唱诸诗,其所铺张扬厉,亦不过模写瞻视之所及,而圣天子盛德之至,垂拱无为,所以致今日太平极治者,隐然自见,岂非《小雅》诗人之意欤! 顾祎微贱,不获奔奏厕诸公之列,窃推本作者之意,以为诗序。诗自宣文阁授经郎贡公为倡,赓者若干人,总凡若干首。①

正因为上都在元代超然的政治地位和它迥异于中原和江南区域的风俗人物,所以当上都夷为灰烬,元王朝终于亡灭之后,对元代尚存缅怀情绪的明初之人喜欢通过上京纪行诗来表达他们对那个王朝盛衰的复杂情感,元末明初人金幼孜为杨允孚的《滦京百咏》题序云:

> 海内分裂而滦京不守,遂为煨烬,数十年来,元之故老殆尽,无有能道其事者,独予幸得亲至滦河之上,窃从畸人迁客谘访当日之遗事,犹获闻其一二。登高怀古,览故宫之消歇,睇河山之悠邈,以追忆一代之兴废,因以著之篇什,固有不胜其感叹者矣,因观先生所着而征以予之所见,敢略述其概以冠诸篇端然,则后之君子欲求有元两京之故实,与夫一代兴亡盛衰之故,尚于先生之言有征乎?②

---

① 王祎《上京大宴诗序》,《王祎集·王忠文公文集》卷六,上册,第162—163页。
② 金幼孜《滦京百咏集序》,《四库全书》第1240册,第722页。

金幼孜是江西人,与虞集、揭傒斯、周伯琦、杨允孚等曾经亲见亲历上都生活的元代馆阁文人们是同乡。据金幼孜《滦京百咏集序》载:"予尝扈从北征,出居庸,历燕然,道兴和,逾阴山,度碛卤大漠以抵胪朐河,复缘流东行,经阔滦海子,过黑松林,观兵静虏镇。既又南行百折入淙流峡,望应昌而至滦河,又自滦河西行过乌桓,经李陵台趋独石,涉龙门出李老谷,迤逦迂徐度枪竿岭,遵怀来而归,往复七阅月,周回数万里,凡山川道路之险夷,风云气候之变化。銮舆早晚之次舍,车服仪卫之严整,甲兵旗旄之雄壮,军旅号令之宣,布裯师振武之仪容,破敌纳降之威烈,随其所见,辄记而录之,且又时时作为歌诗以述其所怀,虽音韵鄙陋不足以拟诸古作,然因其言以即其事,亦足以见当时儒臣遭遇之盛者矣。"①金氏也曾在明初时候随皇帝到达上都一带,对当地风俗、地貌有实地感受,在他看来,上京纪行诗中所描摹的风物与意象堪称整个元代国家盛世的记忆,代表着元代馆阁文人群体所主导的元代中晚叶文坛辉煌。

---

① 　金幼孜《滦京百咏集序》,《四库全书》第 1240 册,第 722 页。

第四章　多族文人群的南北平衡与元曲的繁荣

概　述

如所周知,以杂剧和散曲为主体的元曲乃有元一代文学之大宗。早从本朝开始,人们便已经着手编辑、整理和总结其创作与繁荣情形,足见其盛。可以看到,元代编选的散曲总集共 15 种,别集共 14 种,而 1947 年隋树森开始编校《全元散曲》,总共辑得曲家 215 人,小令 3853 首,套数 457 套;而北杂剧的数量,由《录鬼簿》著录的元人杂剧计 469 种,《录鬼簿续编》所述及的元代杂剧有 52 种,二者共计 521 种。此外,再据《永乐大典目录》《元曲选》《也是园藏书目》等文献和少数失载的元杂剧存本,推考元杂剧剧目较为可靠的数目大约在 600 种左右。不仅是元曲,元代南戏也非常繁荣,从沈璟《南九宫词谱》所录戏文名,钮少雅《汇纂元谱南曲九宫正始》所录的注明"元传奇"的戏文名目,《寒山堂新定九宫十三摄南曲谱》卷首的"谱选古今传奇散曲集总目",宝敦楼旧藏增补本《传奇汇考标目》所著录标明"元传奇"目录,《李氏海澄楼藏书目》之"元传奇"书目,以及宋周密《癸辛杂志》等书目中钩稽,除去重复戏目,共辑得剧目达 240 多种①。与创作繁荣相呼应的是,元曲创作具有作家群体庞大,经典和优秀的作品纷呈,作家作品文献和创作理论的系统性增强,演员参演且演艺水平精湛,受众广泛等特点。而这其中,关、马、郑、白四大家与

---

① 李舜华、陈妙丹《明代元曲学的兴起——以元曲本的流变为中心》,《明清文学与文献》(第七辑),第 261—289 页。

一大批代表作的出现以及上百位演艺名伶①的涌现,也典型地印证了元曲无愧于"一代之文学"的称号。

元曲的繁荣与元王朝自身的社会特性和文化特性有着密切的关联。元朝多民族浑融、南北多元文化相互交汇、相互影响的特征对于诸如大都、杭州等实为13—14世纪的国际大都市的影响尤其明显。而繁荣昌盛于其间的元曲,无论是作家队伍、演艺人群还是所运用的曲牌、唱腔,以及反映的生活、欣赏观看的人群也都体现出多元复杂且丰富耐读的意味。在大都和杭州为中心的创作与表演队伍中,不仅有以关汉卿、马致远、郑光祖、白朴四大家为首的汉人作家,还活跃着诸如不忽木、贯云石、萨都剌等西域作家;在元曲曲牌中,北地番曲曲牌的流行引人注目,诸如播海令、河西乐、女真乐、达达曲等②,诚所谓"自金、元入主中国,所用胡乐,嘈杂凄紧,缓急之间,词不能按,乃更为新声以媚之"③;演艺名伶中,西域演员米里哈等也著名其间;即便是元曲理论的探讨和总结,也有诸如琐非复初、贯云石等西域文人的参与;而观演和推动元曲繁荣的群众,也从蒙古、西域高层官员到南北多地文人、百姓;至于元曲所反映的日常生活百态,也同样传达着13—14世纪期间,元蒙统治者治下,国际性大都市生活的热闹和丰富以及它之于元曲繁荣的意义与影响。

自王国维以来有关元曲的讨论,人们从作家、版本到情节、人物设置、创作风格等等方面进行讨论,角度愈来愈趋于细切。但关于城市特质、创作演艺人员的流动与元曲发展变化三者间关系的讨论一直没有成为人们关注的重点。实际上,大都位处游牧地区与农耕地区交叉的地带,它的文化复杂性给予了元杂剧创作丰富的养分。而杭州位处农耕文明的核心地域,尽管江南一统之后,北方剧作家大批南下,却没有带来元杂剧在南方的辉煌,而是元散曲创作的兴盛。这其中的原因非常值得探究。

第一节　多元文化的活跃与以大都为中心的元杂剧的繁荣

元曲的繁荣不能离"元"而论,元人所谓"国初混一,北方诸俊新声一作,

---

① 按:夏庭芝《青楼集》著录的元代演艺名伶有121名。
② 时俊静《元曲中的北地番曲曲牌》,《民族文学研究》2012年第3期,第118—125页。
③ 王世贞《曲藻序》,《中国古典戏曲论著集成》(四),(北京)中国戏剧出版社1959年,第25页。

古未之有，实治世之音也"①，具体而言，可以说，以元大都为中心而活跃的元曲与元大都多元文化并存的繁荣景象互为表里。如果说，元代诗文或者其他文艺创作门类也受到了时代社会环境的深刻影响的话，那么，元曲的繁荣与元王朝社会现实背景的关联和依存程度则更为直接。作为13—14世纪全世界最具影响力的国际大都市，元大都的繁荣给予元杂剧创作圈、演艺圈以及他们的社交生活和演艺体会丰厚的土壤，也使得元杂剧光芒四射，富有经久不绝的魅力。

一、元大都的政治、商贸中心地位与以演艺名伶为中心的杂剧繁荣

13—14世纪的元朝中国，是一个大一统王朝。在疆域前所未有的辽阔的同时，蒙古人带给中国的巨大变化主要体现在几大方面：其一，之前南宋那种仅局限于农业区的典型的"内中国"或者说"小中国"情形被转变为包括游牧区的"外中国"或者说"大中国"；其二，元朝与蒙古黄金家族成员所统辖的四大汗国的密切往来，使得中国与世界的互联互通情形非常频繁密切；其三，大范围覆盖的海、陆、水驿路网络的建设使得中国被迫进入世界体系的同时，对世界的认知与反应也迥然异于以往与世界相对隔绝的情形。诚如日本学者研究指出，大中国的统治空间覆盖内、外中国，农耕与游牧两种生产方式和文化类型并存，为了更有效地同时控制这两个地区，王朝的都城必须设立在农业区与游牧区的交叉地带。在元朝，蒙古人的强大和强势，使得"东土为四方之冠"②，大都在地位上"南控江淮，北连朔漠"，而且是大汗和皇帝居住"以受四方朝觐"的中心③，实际扮演着王朝的都城和世界中心的角色。

大都城，蒙古语称为Dayidu，突厥语称为"汗八里"（Khanbaliq），意为"大汗之居处"。在其时中国文人的笔下，意义则非常丰富，包含着疆域辽阔、文化高贵、国家强大、四方来朝等多层面的意味，诚所谓"大之为义，无匹无伦"。元朝作为一个疆域非常辽阔的大一统王朝，与之前其他一统王朝诸如秦、汉、晋、隋、唐等朝相比，它"西至乎玉关，东至于辽水，北至于幽陵，南至于交趾"，与其他朝"得纵者失横，有此者无彼"的局限情形相比，在东西南北四个维度

---

① 罗宗信《中原音韵序》，《历代曲话汇编·唐宋元编》，第231页。
② 郝经《日观铭有序》，田同旭《郝经集校勘笺注》，第1729页。
③ 《元史》卷一一九《木华黎传》，第10册，第2942页。

的统辖区域都有突破。元朝疆域的辽阔成就了首都大都的雄强,所谓"前乎百世不得轧其步,后乎百世不得踵其踪。惟其有大德之大,故能成大元之功;惟其有大元之大,故能成大都之雄"①。在其时来到中国的意大利商人马可·波罗看来,在大都城中,"各民族、各个国家、不同语言系统与宗教信仰的人们远道而来"②,"所有稀世珍贵之物都能在这座城市里找到"③,人们在大都城中或宦或商,或居或游,各形各色,令大都仿佛一座人们合力建造的"通天的巴比塔",上帝也可能要为之惊叹。

城市的繁荣与人口流动的频繁为大都成为元杂剧的繁荣中心奠定了坚实的物质基础,不仅如此,统治者对歌舞和戏曲的偏好,对于元曲在大都城的发展与繁荣也起到了极大的推动作用。由《元史》"祭祀志"中对蒙古统治者出于对藏传佛教的礼敬行为,可以看到元代歌舞、杂剧在朝廷非常受重视:

> 世祖至元七年,以帝师八思巴之言,于大明殿御座上置白伞盖一,顶用素段,泥金书梵字于其上,谓镇伏邪魔护安国刹。自后每岁二月十五日,于大〔明〕殿启建白伞盖佛事,用诸色仪仗社直,迎引伞盖,周游皇城内外,云与众生被除不祥,导迎福祉。岁正月十五日,宣政院同中书省奏,请先期中书奉旨移文枢密院,八卫拨伞鼓手一百二十人,殿后军甲马五百人,抬舁监坛汉关羽神轿军及杂用五百人。宣政院所辖官寺三百六十所,掌供应佛像、坛面、幢幡、宝盖、车鼓、头旗三百六十坛,每坛擎执抬舁二十六人,钹鼓僧一十二人。大都路掌供各色金门大社一百二十队,教坊司云和署掌大乐鼓、板杖鼓、筚篥、龙笛、琵琶、筝、纂七色,凡四百人。兴和署掌妓女杂扮队戏一百五十人,祥和署掌杂把戏男女一百五十人,仪凤司掌汉人、回回、河西三色细乐,每色各三队,凡三百二十四人。凡执役者,皆官给铠甲袍服器仗,俱以鲜丽整齐为尚,珠玉金绣,装束奇巧,首尾排列三十余里。都城士女,间阎聚观。礼部官点视诸色队仗,刑部官巡绰喧闹,枢密院官分守城门,而中书省官一员总督视之。先二日,于西镇国寺迎太子游四门,舁高塑像,具仪仗入城。十四日,帝师率梵僧五百人,于大明殿

---

① 黄文仲《大都赋》,《全元文》卷一四二一,第 46 册,第 136—137 页。
② 洪烛《马可·波罗与元大都》,《书屋》2004 年第 9 期,第 18—22 页。
③ 《马可·波罗游记》,第 218 页。

内建佛事。至十五日,恭请伞盖于御座,奉置宝舆,诸仪卫队仗列于殿前,
诸色社直暨诸坛面列于崇天门外,迎引出宫。至庆寿寺,具素食,食罢起
行,从西宫门外垣海子南岸,入厚载红门,由东华门过延春门而西。帝及
后妃公主,于玉德殿门外,搭金脊吾殿彩楼而观览焉。及诸队仗社直送金
伞还宫,复恭置御榻上。帝师僧众作佛事,至十六日罢散。岁以为常,谓
之游皇城。或有因事而辍,寻复举行。夏六月中,上京亦如之。[①]

藉由这一段的记述略可知道,在帝师、藏传佛教萨斯迦派教主八思巴的建议
下,忽必烈在至元七年(1270)下令每年在大都和上都举行"游皇城"仪式,以
达到"镇伏邪魔"和"安国"的目的。透过文中那些关于元代宫廷典章制度、宗
教信仰、文化娱乐、音乐舞蹈等多方面的信息,其中关于娱神的歌舞、音乐和表
演内容与元曲的繁荣发生着密切的关联。引文中提到的"游皇城"活动中,
"大都路掌供各色金门大社一百二十队",指的是元朝政府从大都路辖区内征
调的民间秧歌队,在秧歌队的表演中,就有非常丰富的角色和表演内容[②]。而
教坊司的各色乐人有400余人,兴和署,所"掌妓女杂扮队"则多应是杂剧表演
和歌舞演员[③],有320人。在这段引文中还指出,娱神过程所用到的音乐、表演
糅合了多民族的元素,如音乐就有汉人、回回以及河西三色细乐,所谓河西乐

---

① 《元史》卷七七《祭祀志六》,第6册,第1926—1927页。

② 按:据彭恒礼《伞头秧歌考——兼论〈元史〉记载中的金门大社问题》一文考察指出:秧歌队的主要角
色包括:1.伞头。一人,穿戏服,手擎黄罗伞。行进时在队伍最前面,团场时站在圆心位置。2.打棒壮士。两
人,穿黑色衣裤,戴黑色英雄巾,腰扎红色丝绦,手持两根短棒,表演戏台上的武打动作。宋代秧歌队中有"夹
棒"和"交衮(棍)鲍老"不知与打棒壮士是否一回事。3.姜太公背妻。一人扮演姜太公,将姜太公的妻子做成
假人,穿戴在身上表演。4.鞑王。一人扮演成女真或蒙古兵的形象,在队伍中边走边舞,宋代秧歌队中有
"鞑靼舞",与此类似。5.傻妞。由一男性扮演村姑,穿一身红,随队伍行进,行进过程中,可以和任何人搭戏,
主要是表演调情和猥亵的动作。宋代秧歌中有"粗妲",也就是社会地位不高的青年妇女,不知与此有无关
系。6.丑公子。两人,扮相如戏台上的丑角,穿着戏台上秀才的衣服,手拿折扇,边走边舞。宋代秧歌中有
"乔学堂",也就是装扮成学堂里的书生,与此类似。7.县官出巡。三人,一人扮演县官,两人扮演衙役。衙
役手持水火棍,一前一后,将县官夹在中间,做巡视状。宋代秧歌队中有"瞎判官",扮演成官吏的形象,不
知与此有无关联。8.渔公渔婆。二人,一人扮演渔公,手持船桨在前面划船,一人扮演渔婆,手持钓钩模仿
在船上钓鱼。宋代秧歌中有"旱划船"与此类似。9.许仙、法海和白娘子。一人扮演法海,一人扮演许仙,
手中撑着油纸伞,一人扮演白素贞,一人扮演小青。10.二鬼摔跤。一人扮演两人,穿特制的道具,表演两个
小鬼摔跤撕扯的动作。宋代秧歌中有"装鬼"一角,与此类似。11.媒婆。一人扮演,手持长烟袋,边走边做
抽烟的动作。12.农夫。一人,手持锄头,跟随队伍行进。《民间文化论坛》2018年第6期,第110页。

③ 陈高华《元朝宫廷乐舞简论》,《学术探索》2005年第6期,第124—129页。

即西夏音乐,将其单列,足见其流行程度。皇帝每年六月到上都消夏时,上都城也要进行"游皇城"仪式,所以乐人和演艺人员有机会扈从前往上都,杨允孚就有诗描述其情形云:"又是宫车入御天,丽姝歌舞太平年。侍臣称贺天颜喜,寿酒诸王次第传。"在这首诗的下面,杨允孚还有注释云:"千官至御天门,俱下马徒行。独至尊骑马直入,前有教坊舞女引导,且歌且舞,舞出'天下太平'字样。至玉阶乃止。内门曰御天之门。"①《经世大典·礼典总序·乐》曾概括元朝朝廷的礼乐完备丰富情形云:"乐也者,声文之著者也。国家乐歌,雄伟宏大,足以见兴王之盛焉。郊社宗庙、孔子之庙、先农之坛用古乐,朝会燕飨用燕乐,于是古今之音备矣。"②这些国家层面的场景概述也相当程度地传达出其时人们对于歌舞杂剧表演的需求。

另外,一些政府层面出台的禁令也从反面折射出其时杂剧表演和观赏的繁兴程度。例如元朝政府曾下禁令,禁止大都街上师婆跳神、禁止跳十六天魔舞、禁祈神赛社等。像《十六天魔舞》,它本是个娱佛的女子群舞。初创时期"宫官受秘密戒者得入,余不得预"③,可能只在做佛事时演出,只有受过密宗戒的信奉者才可以看。但由于该舞蹈"十六天魔女,分行锦绣围。千花织步障,百宝帖仙衣。回雪纷难定,行云不肯归。舞心挑转急,一一欲空飞"④。乐声美妙惑人,舞态妩媚性感,从元初到元末,从宫内到宫外,迅速流传,广为民间杂剧、音乐舞蹈所吸收⑤。所以才导致元朝政府在至元十八年(1281)前后两次下禁令:"今后不拣甚么人,十六天魔休唱者,杂剧里休做者,休吹弹者,四天王休妆扮者,骷髅头休穿戴者。如有违反,要罪过者。"⑥而朝廷禁令的出现,既可看出《十六天魔舞》的盛行,也可见其时歌舞杂剧的兴盛程度。

在元廷对歌舞、杂剧等表演多方面的需求背景中,大都城吸引和聚集的四方演艺名伶,他们的素质水准、交际层面以及所具有的辐射影响力既深深地折射出大都多元文化和丰富财富对于元杂剧的滋养与渗润,又直观地呈现出大都戏曲的繁荣,正如夏庭芝所谓:"我朝混一区宇,殆将百年,天下歌舞之妓,何

① 杨允孚《滦京杂咏》第三十三首,《全元诗》第60册,第404页。
② 王福利《辽金元三史乐志研究》,(上海)上海音乐学院出版社2005年版,第248页。
③ 《元史》卷四三《顺帝本纪六》,第3册,第919页。
④ 张翥《宫中舞队歌词》,《全元诗》第34册,第18页。
⑤ 盛慧《从〈十六天魔舞〉管窥元代宫廷舞蹈》,《兰台世界》2014年第5期,第143—144页。
⑥ 《元典章》卷五七《刑部十九》"禁冶妆扮四天王等",第3册,第1939页。

啻百万。"①例如大都著名的杂剧名伶珠帘秀,夏庭芝《青楼志》记载:

珠帘秀

　　姓朱氏,行第四,杂剧为当今独步,驾头、花旦、软末泥等,悉造其妙。胡紫山宣慰尝以〔沉醉东风〕曲赠云:"锦织江边翠竹,绒穿海上明珠。月淡时,风清处,都隔断落红尘土。一片闲情任卷舒,挂尽朝云暮雨。"冯海粟待制亦赠以〔鹧鸪天〕云:"凭倚东风远映楼,流莺窥面燕低头。虾须瘦影纤纤织,龟背香纹细细浮。　红雾敛,彩云收。海霞为带月为钩。夜来卷尽西山雨,不着人间半点愁。"盖朱背微偻,冯故以帘钩寓意。至今后辈,以"朱娘娘"称之者。②

　　这段关于珠帘秀的书写,勾勒出了大都杂剧发展生态的基本面貌。首先是"珠帘秀"这一艺名的意味,诚如沈从文在《中国古代服饰研究》中所指出,"元代女乐伎多喜用'秀'字自称,有出人头地意,见于元人著《青楼集》中,即有'珠帘秀、赛帘秀、顺时秀、梁园秀、曹娥秀、小娥秀、天锡秀、李芝秀、翠荷秀'等等;在戏文中为主角,在同伙中是领袖,在群众心目中则为名演员"③。藉由沈从文的判断可以知道,珠帘秀是大都杂剧表演名伶,而她的弟子赛帘秀、燕山秀也"旦、末双全,杂剧无比"④。而珠帘秀师徒的脱颖而出意味着一个包含着创作、表演、器乐、服饰、舞台、观看等丰富环节的元曲生态圈的良性发展。在夏庭芝的《青楼志》中所列的名伶大都最多,有张怡云、刘燕歌、曹娥秀、解语花、南春宴、李心心、杨奈儿、袁当儿、于盼盼、于心心、燕雪梅、牛四姐、赵真真、杨玉娥、秦玉莲、秦小莲、周人爱、玉叶儿、瑶池景、贾岛春、王玉带、冯六六、王榭燕、王庭燕、周兽头、刘信香、国玉第、玉莲儿、樊事真、顺时秀、王巧儿等等,约占《青楼志》所列名伶的四分之一;这些名伶身边和背后应该有一大群优秀的和普通的演艺人员在琢磨和推动着元曲表演艺术的发展。

　　其次,珠帘秀的杂剧表演艺术推为时代最高水平,夏庭芝说她"驾头、花

<hr>

① 夏庭芝《青楼集志》,《历代曲话汇编·唐宋元编》,第470页。
② 夏庭芝《青楼集》,《历代曲话汇编·唐宋元编》,第475页。
③ 沈从文《中国古代服饰研究》,商务印书馆2011年版,第617页。
④ 夏庭芝《青楼集》,《历代曲话汇编·唐宋元编》,第496页。

旦、软末泥等,悉造其妙",是表示珠帘秀无论是"驾头杂剧""花旦戏"还是"书生戏",都能穷形尽相,臻于其妙。既然珠帘秀能擅长这些杂剧类型,则说明在她活跃的大都城中,各色杂剧的创作与表演都非常繁荣活跃。所谓驾头杂剧,其名得自皇帝出行的驾头①一词,指君臣戏;而软末泥,是与"武剧相对的一种文剧"②,等等。胡祗遹给珠帘秀写的一篇序文《朱氏诗卷序》,详细地表述了珠帘秀所以成为大都杂剧演艺名伶的才艺与原因,同时也很好地揭示出大都元曲繁荣的情形:

> 学业专攻,积久而能。老于一艺,尚莫能精。以一女子,众艺兼并:危冠而道,圆颅而僧,褒衣而儒,武弁而兵。短袂则骏奔走,鱼笏则贵公卿。卜言祸福,医决死生。为母则慈贤,为妇则孝贞。媒妁则雍容巧辨,闺门则旖旎娉婷。九夷八蛮,百神万灵。五方之风俗,诸路之音声,往古之事迹,历代之典刑。下吏污浊,官长公清。谈百货则行商坐贾,勤四体则女织男耕。居家则父子慈孝,立朝则君臣圣明。离筵绮席,别院闲庭。鼓春风之瑟,弄明月之筝。寒素则荆钗裙布,富艳则金屋银屏。九流百伎,众美群英。外则曲尽其态,内则详悉其情。心得三昧,天然老成。见一时之教养,乐百年之升平。惜乎吐林莺露兰之余韵,供终日之长鸣,虽可一唱而三叹,恐非所以惜芳年而保遐龄。老人言耄,醉墨欹倾。因冠群诗,以为写真之序,又庶几效欧阳文忠执史笔而传伶官也。③

更准确地说,胡祗遹作为与珠帘秀交往的朋友,他对珠帘秀表演剧作以及才艺的熟稔才使他能为珠帘秀写出这样一篇名伶佳传。这篇序言比夏庭芝的简省笔墨所透露的信息要丰富太多,而这篇文章也可以说是藉珠帘秀的演艺生涯粗粗地勾勒出大都元曲界的繁荣面貌。从胡祗遹的文章知道,珠帘秀所塑造的角色有道士、僧人、儒生、武士、公卿贵胄、占卜者、医生;在舞台上她既可以是慈贤的母亲,又可以是孝贞的少妇;既能扮作巧言善辩的媒人,又可以成为

---

　　①　按:驾头,一名宝床,正衙法坐也。香木为之,四足珠山,以龙卷之。坐面用藤织云龙,四围错采,绘走龙形,微曲。上加绯罗绣褥,裹以绯罗绣帕。每车驾出幸,则使老内臣马上拥之,为前驱焉。不设,则以朱匣韬之,《宋史》卷一四八《仪卫志六》,第3464页。

　　②　青木正儿著、隋树森译《元人杂剧概说》,中国戏剧出版社1957年版,第30页。

　　③　胡祗遹《朱氏诗卷序》,《胡祗遹集》卷八,第222页。

旖旎娉婷的闺阁少女；而她经演的剧情无论域外的九夷八蛮，还是方外的百神万灵，又或者各地的风俗，诸路的方音，或古代故事，或历代典范，其间官吏、百货、农夫、父子家居日常生活、朝廷君臣正式场景等等，都有涉及。人们的情感或者离情别绪，或者闲情雅兴；对于不同地位身份的人，寒素者用荆钗裙布表现；富艳者则饰以金屋银屏，等等。借助胡祗遹的表述，再副以夏庭芝的元曲发展情形概述，我们可以知道"（元代）杂剧则有旦、末。旦本女人为之，名妆旦色；末本男子为之，名末泥。其余供观者，悉为之外脚。有驾头、闺怨、鸨儿、花旦、披秉、破衫儿、绿林、公吏、神仙道化、家长里短之类"①。角色齐全、剧种繁多，可以想见在大都，诸如珠帘秀一类的名伶的大批出现，她们"色艺表表"的背后，庞大而高产的创作圈、竞争激烈的演艺圈、程序井然的舞台布景圈等等圈层风生水起，各呈其秀。正是这样一个良性循环的发展生态，共同推动着大都元曲中心的形成以及它的繁荣。

其三，珠帘秀的交游阶层暗示出大都城中从上到下赏曲观剧的浓厚风气。正如夏庭芝所述，有元一代戏曲之繁荣："内而京师，外而郡邑，皆有所谓构栏者，辟优萃而隶乐，观者挥金与之"②，时人作《构栏曲》概述元曲之盛云：

> 街头群儿昼聚嬉，吹箫挝鼓悬锦旗。粉面少年金缕衣，青鬓拥出双娥眉。骏翁前趋罴母诮，丑姬妒嗔狂客笑。虬髯奋戟武略雄，蜂腰束翠歌唇小。眼前幻作利名场，东驰西骛何苍惶。栖栖犹是蓬蒿客，须臾唤作薇垣郎。新欢未成愁已作，危涂堕马千寻壑。关山万里客心寒，妻子衰灯双泪落。纷然四座莫浪悲，是醒是梦俱堪疑。红铅洗尽歌管歇，认渠元是街头儿。③

有元不到百年的统治中，京师郡邑、君民上下对戏曲"挥金与之"的态度造就了赵半闲这首《构栏曲》所列举的各色剧曲的穷形尽态的表演，也成就了戏曲名伶们的中心地位。馆阁文人王恽曾指出，那些知名京华的名伶往往"为豪贵

---

① 夏庭芝《青楼集》，《历代曲话汇编·唐宋元编》，第475页。
② 夏庭芝《青楼集》，《历代曲话汇编·唐宋元编》，第475页。
③ 赵半闲《构栏曲》，《全元诗》第65册，第13页。

招致,逞妙艺而佐清欢,日弗暇及"①。像珠帘秀,与她往来的名流有胡祗遹、冯子振、卢挚、王恽、关汉卿等。再如张怡云,出入其寓所的名流有赵孟頫、商衜、高克恭、姚燧、阎复、史彬;曹娥秀,与之交往的有鲜于枢;解语花出入廉希宪宅邸,与赵孟頫、卢挚等交识;顺时秀与刘致、玉元鼎、阿鲁温等往来等等。名伶们的交际圈以及影响力让人们意识到,实际上,他们的地位并不像之前研究者所设定的那样是低下的、被人轻侮的对象,相反,他们有可能是比较受重视的。当然,名伶与文人的交往也有增重声名的意义,王恽的文章《乐籍曹氏诗引》借名伶曹锦秀的话说得很明白:

> 乐籍曹锦秀缓度清歌,一日来为余寿。因询之曰:"汝以故家人物,才色靓丽,风韵闲雅,知名京华,为豪贵招致,逞妙艺而佐清欢,日弗暇及,不知何取于予而得此哉?"曰:"妾虽不慧,请解之。无猥以薄技陈述古今兴亡、闺门劝戒,必探穷所载,记传诗咏,掇采端倪,曲尽意趣。久之,颇有感悟,欲为效颦。愿乞一言,为发越俾妾姓名,得见于当代名公才士题品之末,庶几接大雅之高风。一时增价,饮灵芝之瑞露;七窍生香,不同落花飞絮委迹于尘泥间耳。"②

从王恽的这段话来看,曹锦秀与豪贵交接,"日弗暇及",却在百忙之中特意来拜谒他,令他有些意外却又心知肚明。曹锦秀作为名伶也需要借助馆臣的点评来增价。也正因为名伶与馆阁名流的交往,所以藉由这些名伶们交往的名流的仕宦生活,大约可以查知元曲最盛时的时间断限。与珠帘秀交往的几位馆臣胡祗遹(1227—1295),字绍开,号紫山,又号少凯,磁州武安人(今属河北邯郸)。平宋后,转任湖北道宣慰副使,夏庭芝称胡祗遹为宣慰,则珠帘秀与他往来的时间可能在1276年以后;而冯子振(1257—约1314)被召为集贤待制的时间在大德二年(1298);关汉卿约卒于元成宗大德年间(1297—1307)、王恽(1226—1304)、卢挚(1235—约1314)。与张怡云交往的几位,赵孟頫在至元二十三年(1286)后来到京师,高克恭学画的时间大约在至元二十七年

---

① 王恽《乐籍曹氏诗引》,《王恽全集汇校》卷四三,第5册,第2038—2039页。
② 王恽《乐籍曹氏诗引》,《王恽全集汇校》卷四三,第5册,第2038—2039页。

（1290）以后①，张怡云有赵孟頫和高克恭为她题写的书画，时间大约在1290年以后，而姚燧至大四年（1311）离开京师，皇庆二年（1313）在湖北郢城去世，期间并未再回京师；史彬（1240—1286至1287间）②，阎复（1236—1312），廉希宪（1231—1280），刘致（1280—1334）。再由前面所引材料忽必烈于至元七年（1270）下令京师每年二月举行"游皇城"活动，到名伶们的蜂起以及馆阁文人与他们往来的情形和他们在京师的情况，则元曲繁盛、名家辈出的时代当在（1279—1320），或者更早，在延祐首科（1315）开始之前，也即元代中叶，国家文治繁兴之际，元曲创作已陷入窘境和颓势③。而令人倍觉兴味的是，那些在元代中叶文坛影响巨大的馆阁文人诸如袁桷、虞集、王士熙、马祖常、揭傒斯等等，他们鲜少戏曲方面的创作和批评作品，则所谓"一时人物出元贞，击壤讴歌贺太平，传奇乐府时新令，锦排场起玉京。《害夫人》《崔和担生》。白仁甫、关汉卿，《丽情集》天下流行"④，元杂剧在大都的繁盛情形在至元至大德间，此后逐渐有所衰变，取而代之的是元代中叶的诗文中兴⑤。

二、大都为中心的元杂剧创作群体的形成与繁荣

戏曲繁荣最重要的土壤在于城市的繁荣。对于13—14世纪的世界而言，大都可谓其时全世界最繁荣、最具有国际都市气质的城市。黄文仲在《大都赋》中描述这座城市的繁荣写道：

> 且以一统之大，四海之富，非不能穷美而极丽，固将昭恭俭之先谋，垂法则于后世也。于是东立太庙，昭孝敬焉；西建储宫，衍鸿庆焉。中书帝前，六官禀焉；枢府帝傍，六师听焉。百僚分职，一台正焉；国学崇化，四方景焉。王邸侯第，藩以屏焉；神州赤县，首承令焉。彬彬乎簪笏之林，古无此盛矣。迺辟东渠，登我漕运。凿潞河之垠堮，注天海之清润。延六十里，潴以九堰。自汴以北者挽河而输，自淮以南者帆海而进。国不知匮，

①　马明达《元代回回画家高克恭丛考》，《回族研究》2005年第2期，第140页。
②　据毛海明、张帆《史彬事迹钩沉》认为史彬生于庚子年（窝阔台十二年，1240年底），卒于至元二十二年（1286年底），或二十三年（1287年初），《中国史研究》2014年第1期，第125—147页。
③　陆林《元代戏剧学研究》，（合肥）安徽文艺出版社1999年，第37、39、46页。
④　钟嗣成《录鬼簿》卷上，《历代曲话汇编·唐宋元编》，第334页。
⑤　《奎章阁文人群体与元代中期文学研究》"绪论"，第1页。

民不知困。遂使天下之旅，重可轻而远可近。扬波之橹，多于东溟之鱼；驰风之樯，繁于南山之笋。一水既道，万货如粪。是惟圣泽之一端，已涵泳而无尽。论其市廛则通衢交错，列巷纷纭。大可以并百蹄，小可以方八轮。街东之望街西，髣而见，髴而闻；城南之走城北，出而晨，归而昏。华区锦市，聚四海之珍异；歌棚舞榭，选九州之秾芬。①

尽管黄文仲的赋文有很强的夸饰成分，但借助他的描述还是可以想见13—14世纪期间，大都的繁荣程度。在黄文仲笔下，大都正中为皇帝的宫殿，东边是太庙，西边是太子宫殿；在中书、六部、百司部门之外是王侯宅邸。而大都作为大运河上漂着的城市，它的一切供给实际来源于南方，正如《元史》所谓"元都于燕，去江南极远，而百司庶府之繁，卫士编民之众，无不仰给于江南"②，所以元朝运河水系非常发达。元代运河将大都与汴河、淮河、长江沿线的城市；河北的沧州、景州；山东临清、东平；江苏的彭城（徐州）、淮安、宝应、高邮、扬州、苏州；以及浙江的嘉兴、皂林，杭州穿连起来，形成海、江、河相互交织的庞大水运网络。因为大运河的运力，在大都，天下之帆樯"繁于南山之笋"；南北之货物，竟可以贱取如粪土。更兼大都雄伟开阔，"市廛则通衢交错，列巷纷纭。大可以并百蹄，小可以方八轮"，这为四方精英的萃集，元杂剧创作群体的形成以及它的巨大繁荣提供了丰厚的供给。黄文仲描述大都娱乐的繁荣景象说"华区锦市，聚四海之珍异；歌棚舞榭，选九州之秾芬"，而考察活跃于其间的元杂剧创作群体及其繁荣景象，也不能全算夸张，确有其据可依。

任何一种文体的繁荣，其体现形式不外乎，作家群体大，优秀作家成群而生；作品数量多，经典作品叠彩纷呈；作品形式丰富，包容和折射面多元，以及相应的创作机构或者组织、社团的活跃等等。如前所述，元杂剧在大都建都（1271）之后直到成宗元贞年（1297）左右，大约不到三十年间非常繁荣。这期间，就作家群体而言，以《录鬼簿》的统计数据来看，以关汉卿为中心，可以看到一群元杂剧作家活跃于大都戏曲圈。值得一提的是，在王国维以及许多研究者的认识中，都曾指出元杂剧的繁荣曾经有真定杂剧创作圈。东平杂剧创作圈、平阳杂剧创作圈，这很有道理，但大都戏曲圈的繁荣应该比这三者要稍

---

① 黄文仲《大都赋》，《全元文》卷一四二一，第46册，第133页。
② 《元史》卷九三《食货志一》，第8册，第2364页。

晚,而且很可能是以大都作家为中心又萃集了真定、东平、平阳的作家而形成的创作圈。这与元朝的政局有非常大的关联。戏曲的繁荣与城市的繁荣密切相关。在世侯时代,真定、东平、平阳等地由于史天泽父子兄弟、严实父子的经营,是金亡后蒙古统治时期北方的繁荣中心,故而戏曲一度相当繁荣。在中统四年(1263)后,随着忽必烈政府中央集权的加强,世侯制度的取消,史氏、严氏等地方世侯的权力收归中央,真定、东平、平阳等地作为戏曲繁荣中心的地位逐渐衰落。到1271年大都兴建之后,由于蒙古统治者对歌舞剧曲的喜好以及大都作为世界贸易和政治中心的地位,其巨大的人口流动量为大都逐渐成为杂剧繁荣中心奠定了坚实的基础。而大都杂剧创作和表演的繁盛程度较诸真定、东平、平阳等地区,也大有过而无不及之势。

首先是著名杂剧大家关汉卿(约1220—约1300),号一斋叟,一号乙斋,已斋,解州(今山西运城)人,主要活动于大都。在元末熊梦祥专门记写大都掌故的书籍《析津志》"名宦传"部分中就记载关汉卿事迹云:"生而倜傥,博学能文,滑稽多智,蕴藉风流,为一时之冠。"[1]关汉卿一生所撰杂剧约六十余种,存于世者十八种,还有散曲若干。其所存十八种杂剧是《感天动地窦娥冤》《赵盼儿风月救风尘》《杜蕊娘智赏金线池》《钱大尹智宠谢天香》《温太真玉镜台》《望江亭中秋切鲙旦》《钱大尹智勘绯衣梦》《包待制智斩鲁斋郎》《包待制三勘蝴蝶梦》《尉迟恭单鞭夺槊》《关大王单刀会》《闺怨佳人拜月亭》《诈妮子调风月》《关张双赴西蜀梦》《山神庙裴度还带》《状元堂陈母教子》《刘夫人庆赏五侯宴》《邓夫人苦痛哭存孝》[2],等等。钟嗣成评价关汉卿的杂剧成就与影响云:"珠玑语唾自然流,金玉词源即便有,玲珑肺腑天生就。风月情忔惯熟,姓名香四大神洲。驱梨园领袖,总编修帅首,捻杂剧班头"[3],承认并肯定了关汉卿在元代杂剧创作界的领袖地位。

与关汉卿同时且齐名的杂剧作家有白朴、马致远、郑光祖等人,他们被人称作"元曲四大家"。白朴的杂剧创作在前文已有论述,作有杂剧16种,现存《唐明皇秋夜梧桐雨》《董秀英花月东墙记》《裴少俊墙头马上》三种,其创作当多作于真定,在大都创作的可能性较小。再有马致远(约1251—约1321至

---

① 关汉卿著,马欣来辑校《关汉卿集》附录"元明有关资料辑录",三晋出版社2015年,第359页。

② 马欣来辑校《关汉卿集》"前言",第17页。

③ 钟嗣成《录鬼簿》卷上,《历代曲话汇编·唐宋元编》,第318页。

1324），字千里，晚号东篱，原籍河北省东光县马祠堂村，主要活动于大都，一生创作杂剧十五种，存世七种。所存七种杂剧分别是《江州司马青衫泪》《破幽梦孤雁汉宫秋》《吕洞宾三醉岳阳楼》《半夜雷轰荐福碑》《马丹阳三度任风子》《开坛阐教黄粱梦》《西华山陈抟高卧》等。钟嗣成给马致远的挽词写道："万花丛里马神仙，百世集中说致远，四方海内皆谈羡。战文场，曲状元，姓名香贯满梨园。《汉宫秋》《青衫泪》《戚夫人》《孟浩然》，共庾白关老齐肩"[1]，较为强调马致远杂剧创作中学道成仙主题与内容，同时也肯定了马致远曲词文雅，为一时翘楚的地位。郑光祖的活动主要在南方。在"关白马郑"四家之外，还有一家特别著名，即庾天锡，字吉甫，大都人。曾任中书省掾，除员外郎中山府判。著有杂剧作品十五种，今俱不存。其名目为：《玉女琵琶怨》《秋夜蕊珠宫》《隋炀帝江月锦帆舟》《孟尝君鸡鸣度关》《会稽山买臣负薪》《善盖厉周处三害》《杨太真霓裳怨》《杨太真浴罢华清宫》《中郎将常何荐马周》《薛昭误入兰昌宫》《封骘先生骂上元》《裴航遇云英》《列女青陵台》《秋夜凌波梦》《苏小卿丽春园》等。早在皇庆二年（1313）贯云石给杨朝英所编《阳春白雪》的序言中，即将庾吉甫与关汉卿并论，认为他们两个的曲文"造语妖娇，却如小女临怀，使人不忍对殢"[2]。钟嗣成也评价庾吉甫的文采云："语言脱洒不粗疏，翰墨清新果自如，胸怀倜傥多清楚。战文场，一大儒，上红笔没半点尘俗。寻章摘句，腾今换古，噀玉喷珠"[3]。

　　与关汉卿往来颇多的几位杂剧名家有杨显之、费君祥、梁进之等人。杨显之，大都人氏，作有杂剧9种，今存2种：《临江驿潇湘秋夜雨》《郑孔目风雪酷寒亭》；存目7种：《萧县君风雨酷寒亭》《报冤二世小刘屠》《借通县跳神师婆旦》《蒲鲁忽刘屠大拜门》《黑旋风乔断案》《丑驸马射金钱》《刘泉进瓜》。钟嗣成介绍其人其事云："显之前辈老先生，莫逆之交关汉卿。幺末中补缺加新令，皆号为杨补丁。有传奇乐府新声，王元鼎师叔敬，顺时秀伯父称。寰宇知名。"[4]朱权《太和正音谱》云："杨显之之词，如瑶台夜月。"[5]费君祥，大都人，所作杂剧惟知有《才子佳人菊花会》，钟嗣成云："君祥前辈效图南，关已相从

①　钟嗣成《录鬼簿》卷上，《历代曲话汇编·唐宋元编》，第325页。
②　贯云石《阳春白雪序（皇庆二）》，《全元文》卷一一四四，第36册，第191页。
③　钟嗣成《录鬼簿》卷上，《历代曲话汇编·唐宋元编》，第324页。
④　钟嗣成《录鬼簿》卷上，《历代曲话汇编·唐宋元编》，第331页。
⑤　朱权著，姚品文点校、笺评《太和正音谱笺评》卷上，中华书局2011年，第26页。

看老耽,将楚云湘雨亲把勘,《爱女论》语句严,《菊花会》大石调监咸。珊瑚檐,翡翠篮,风月轻担。"①其子费唐臣亦为杂剧家。钟嗣成《挽费唐臣》云:"双歌莺韵配鸳鸯,一曲鸾箫品凤凰,醉鞭误入平康巷,在佳人锦瑟傍。汉韦贤关目辉光,《斩邓通》文词亮,《贬黄州》肥普香,父是君祥。"②费唐臣,撰有杂剧三种,其中《斩邓通》《汉丞相韦贤篆金》已佚,现存《苏子瞻风雪贬黄州》一种。朱权认为:"费唐臣之词,如三峡波涛。神风耸秀,气势纵横,放则惊涛拍天,敛则山河倒影,自是一般气象,前列何疑。"③梁进之,大都人氏,警巡院判,除县尹,又除大兴府判,次除知和州,为元初散曲作家杜仁杰妹婿,与关汉卿为世交。其善医,为"医之翘楚",所撰杂剧 2 种:《赵光普进梅谏》《东海郡于公高门》。钟嗣成《挽梁进之》云:"警巡院职转知州,关叟相亲为故友。行文高古尊韩柳,诗宗李杜流,填词似苏柳秦周。翠群红里,挦羊糯酒,肥马轻裘。"④朱权誉进之曲词认为:"如花里啼莺。"⑤

而以关汉卿为领袖常活动的大都玉京书会作家还有赵公辅、岳伯川、赵子祥、孙仲章等。玉京书会,即在大都聚集的北方戏曲作家组织,该书会以关汉卿为领袖,人员多为燕赵才人,书会人员大约常一起编写杂剧、切磋句曲等。钟嗣成在《挽赵子祥》中说:"一时人物出元贞,击壤讴歌贺太平,传奇乐府时新令,锦排场起玉京。《害夫人》《崔和担生》。白仁甫、关汉卿,《丽情集》,天下流行。"⑥由钟嗣成的诗知道,玉京书会活跃的时候在元贞期间,所排演的剧目诸如赵子祥的《害夫人》《崔和担生》以及白朴、关汉卿的剧作等等,都非常时新,冠绝一时,为时人所仰。书会中人员赵公辅,平阳人,官儒举提举。作有《栖凤堂倩女离魂》《晋谢安东山高卧》等。岳伯川,山东济南人,作有《吕洞宾度铁拐李》《罗公远梦断杨贵妃》等。赵子祥,作有《石守信》《崔和担生》《风月害夫人》等三种剧。孙仲章,大都人,约元世祖至元中前后在世。曾为德安府判官,后迁耀州(今陕西耀县)知府。有杂剧三种,其中《卓文君白头吟》《金章宗端遗留文书》《河南府张仵勘头巾》,仅《勘头巾》一种传世。钟嗣成挽词

① 钟嗣成《录鬼簿》卷上,《历代曲话汇编·唐宋元编》,第 343 页。
② 钟嗣成《录鬼簿》卷上,《历代曲话汇编·唐宋元编》,第 334 页。
③ 朱权著,姚品文点校、笺评《太和正音谱笺评》卷上,中华书局 2011 年,第 23 页。
④ 钟嗣成《录鬼簿》卷上,《历代曲话汇编·唐宋元编》,第 338 页。
⑤ 《太和正音谱笺评》卷上,第 26 页。
⑥ 钟嗣成《录鬼簿》卷上,《历代曲话汇编·唐宋元编》,第 334 页。

云："只闻《鬼簿》姓名香,不识前贤李(孙)仲章。《白头吟》喧满鸣珂巷,咏诗
文胜汉唐,词林老笔轩昂。江湖量,锦绣肠,也有无常。"①朱权认为"赵公辅之
词,如空山清啸";"岳伯川之词,如云林樵响。赵子祥之词,如马嘶芳草"。
"孙仲章之词,如秋风铁笛。"②

　　与玉京书会齐名的还有元贞书会,马致远是其中的中坚人物,被誉为"曲
状元"。"元贞书会"一说,出现在钟嗣成的《挽李时中》中,词云:"元贞书会李
时中,马致远、花李郎、红字公,四高贤合捻《黄粱梦》。东篱翁头折冤,第二折
商调相从,第三折大石调,第四折是正宫,都一般愁雾悲风。"③词中提到元贞
书会包括马致远,以及李时中、花李郎、红字公四个人,他们共同合作了《开坛
阐教黄粱梦》一剧,由马致远起头作第一折,第二折由李时中作,第三折为花李
郎作,第四折为红字李二作④。李时中,大都人,官中书省除工部主事。花李
郎,据钟嗣成挽词云:"郑孔目《(栾)子酷寒亭》,《相府院曹公勘吉平》,判官
憨懆《钉一钉》,刘耍咮赘为壻卿,花李郎风月才纯。乐府词章性,传奇幺末
情,考(都)兴在大德元贞"⑤,知道花李郎乃大德、元贞时颇为活跃的剧作家,
也是戏曲演员刘耍和女婿,时人称"花李郎学士",《黄粱梦》之外,还作有《憨
燥判官钉一钉》《相府院曹公勘吉平》《象生孳子酷寒亭》《莽张飞大闹相府
院》等。红字李二,姓李,行二,以编演"绿林杂剧"而称著。京兆(今陕西西
安)人。据钟嗣成挽词云:"梁山泊壮士病杨雄,板达(踏)儿掐搜黑旋风,打虎
的英俊天生勇。窄袖儿猛武松,是京兆红字李二文风。才难尽,兴未穷,再编
一段《全(船)火儿张弘》"⑥,则知道李二一生所编杂剧六种,除《黄粱梦》外,
还有《梁山泊壮士病杨雄》《板踏儿黑旋风》《窄袖儿武松》《全火儿张弘》及
《折担儿武松打虎》等五种。

　　与马致远为好友的还有王伯成等。钟嗣成《挽王伯成》云:"伯成涿鹿俊
丰标,幺末文词善解嘲。《天宝遗事诸宫调》,世间无,天上少。《贬夜郎》关目

---

①　钟嗣成《录鬼簿》卷上,《历代曲话汇编·唐宋元编》,第 338 页。

②　《太和正音谱笺评》卷上,第 26 页。

③　钟嗣成《录鬼簿》卷上,《历代曲话汇编·唐宋元编》,第 346 页。

④　按:在贾仲明《录鬼簿》(《天一阁》本)曹本下注作:"第一折,马致远,第二折,李时中。第三折,花
李郎学士。第四折,红字李二",见戴申《折子戏的形成始末(上)》,《戏曲艺术》2001 年第 2 期,第 29 页。

⑤　钟嗣成《录鬼簿》卷上,《历代曲话汇编·唐宋元编》,第 337 页。

⑥　钟嗣成《录鬼簿》卷上,《历代曲话汇编·唐宋元编》,第 337 页。

风骚。马致远忘年友,张仁卿莫逆交,超群类一代英豪。"①由钟嗣成的挽词知道,王伯成是涿鹿人(今河北涿州),与马致远在年辈上有差,但却是忘年交,他还与画工张仁卿②是莫逆之交。所作剧本有《李太白贬夜郎》《天宝遗事》诸宫调、《兴刘灭项》等。

除以上所列剧作家之外,还有如狄君厚、高文秀、纪君祥、郑廷玉、孙仲章等著名作家活跃于大都剧坛。狄君厚,平阳(今山西临汾)人,兼工散曲,钟嗣成云:"元贞大德秀华夷,至大皇庆锦社稷,延祐至治承平世。养人才编传奇,一时气候云集。有平阳狄君厚,捻《火烧介子推》,只落得三尺何堆。"③从钟嗣成的挽词来看,狄君厚在元贞年间(一二九五至一二九七)开始出道,为宫廷编剧本,历仕成宗、武宗、仁宗、英宗四朝以杂剧《晋文公火烧介子推》而闻名于世④。高文秀,东平人,在前文中已有陈述,其剧作数量仅次于关汉卿,有杂剧 33 种,今存五种剧本,即《黑旋风敷演刘耍和》《好酒赵元遇上皇》《须贾大夫谇范叔(谇范叔)》《保成公径赴渑池会》《刘玄德独赴襄阳会》等。钟嗣成《挽高文秀》云:"花营锦阵统干戈,谢管秦楼列舞歌,诗坛酒社闲谈嗑。编敷演刘耍咊,早年卒不得登科。除汉卿一个,将前贤疏驳,比诸公幺末极多⑤,挽词指出高文秀才华横溢,擅长编剧,与演员刘耍咊颇有合作,其创作数量超越其他剧作家,只比关汉卿一人少些。纪君祥,大都人,著有杂剧 6 种:《赵氏孤儿冤报冤》(一作《赵氏孤儿大报仇》,简称《赵氏孤儿》)《信安王断复贩茶船》《驴皮记》《韩湘子三度韩退之》《曹伯明错勘赃》《陈文图悟道松阴梦》,现存《赵氏孤儿冤报冤》等。郑廷玉,河南彰德人,其"《楚昭王疏者下船》元刊本首尾俱题'大都新编',曲调连刊,科白全略,与关汉卿《关张双赴西蜀梦》元刊本

① 钟嗣成《录鬼簿》卷上,《历代曲话汇编·唐宋元编》,第 337 页。

② 按:王恽有诗题《秋涧著书图歌赠画工张仁卿》,诗歌写道:"张生写出秋涧图,先生胡为此游居。知余读书乐幽寂,况复野麋之性宜与水石俱。西风萧条秋气余,浮云身世将何如。江蓠托咏太哀怨,老松卧壑甘扶疏。逢时不作栋梁用,且须著论希潜夫。盘盘涧曲深几许,长吞远汛知攸徂。百川横障使东往,细大不择羞潢污。考槃有歌谁与伍,山鸟山花吾友于。张画师,王宰徒,云烟落唇何舒徐。吾今屏居日已久,为我作此真良谟。平生未常学,学焉于此初。古人尚友无老壮,要欲静泊,志可明而远可逾。嫛婗晚景几桑榆,不知此去澹泊得似画中无。目明神王骨相腥,一丘一壑着幼舆。毕此一事为成书,此外何有于余乎,此外何有于余乎",《王恽全集汇校》卷一〇,第 1 册,第 409 页。

③ 钟嗣成《录鬼簿》卷上,《历代曲话汇编·唐宋元编》,第 344 页。

④ 林梅村《瘦马非马——山西元代壁画墓出土散曲〈西江月〉名实辨》,《读书》2019 年第 2 期,第 54 页。

⑤ 钟嗣成《录鬼簿》卷上,《历代曲话汇编·唐宋元编》,第 321 页。

款式最近,可见他也是在大都编剧的戏曲家,时代跟关汉卿接近"①。一生创作约 23 种,作有剧本《看钱奴买冤家债主》《包待制智勘后庭花》《楚昭王疏者下船》《布袋和尚忍字记》《宋上皇御断金凤钗》以及疑似作品《崔府君断冤家债主》等。钟嗣成《挽郑廷玉》就点明其创作:"《金凤钗》《打李焕》《后庭花》。《忍字记》《栾城驿》《双教化》。《凤凰儿》《料到底》偷闲暇。《因祸致福》关目冷,《贬扬州》《债主冤家》。《渔父辞剑》才情壮,孙恪遇猿□节佳,《疏者下船》安顿精华②",其中有些篇目不能详悉。

由以上简列以关汉卿为中心的相关剧作家的创作情形可以看出,在关汉卿活跃的时代,大都戏剧呈现出极为繁荣的景象。不仅有诸如关汉卿、马致远、狄君厚等为代表的一批优秀的剧作家专注于戏剧创作和舞台表演,更有许多官员及其他领域的参与者。像身为"医之翘楚"的梁进之,身任知府的孙仲章等也是杂剧创作者;而且诸如玉京书会、元贞书会等围绕着创作、编剧、表演等内容而聚会的专业组织也应运而生。另外,在大都戏剧圈中,不仅有大都生长的作者蓬勃涌现,而且周边诸如东平、真定、平阳等地的才子也聚集大都,像东平的高文秀,平阳的狄君厚等人,他们都在大都戏曲圈繁荣的时候活跃于大都,壮大着大都戏曲的创作队伍。在钟嗣成《录鬼簿》所著录的元人杂剧 450余种中,大都杂剧作家群③大约贡献了一半甚至更多的作家、作品。这些作家作品,尝试着不同题材、调用着不同的曲调和表现形式,竭尽自己的才华和观察,努力展现了可能糅合着 13—14 世纪世界上最多元复杂且暗波涌起的大都社会生活与人生场景,从而将元曲推向了一代之创作的高峰。

三、元大都的"内亚"特性与元杂剧表达的巨大张力

与之前游牧民族占领中原部分区域进行统治的情形相比,元朝是中国传统社会唯一的由北方游牧统治的一统王朝,以此它的内亚特性对中国传统社会的影响程度也非常强劲有力。所谓"内亚"一词,由英文"Inner Asia"而来,就其范围而言,包括今天中国的东北、内蒙古、新疆、西藏四大板块,但在实际

---

① 《全元戏曲》第四卷"郑廷玉小传",第 1 页。
② 钟嗣成《录鬼簿》卷上,《历代曲话汇编·唐宋元编》,第 322 页。
③ 季国平《论元大都杂剧作家群》,《北京社会科学》1992 年第 4 期,第 97 页。

讨论中逐渐缩小为以蒙古高原为中心的亚洲腹地[①]。从内亚视角来看,蒙古人建立的一统王朝——元朝,它自身的那可儿——怯薛政治制度、主奴观念以及日常生活的风俗、宗教、规范等诸多层面都对生活在中原汉地的民众产生了深远影响。

对文学创作而言,大都作为元杂剧繁荣的中心,它的内亚特性,尤其是蒙古统治者在衣食住行、娱乐、艺术、宗教以及行为规范等社会生活方面的习性,可能会对元曲创作及其表达张力形成不同寻常的影响。且以最代表元曲成就的关汉卿的《感天动地窦娥冤》为中心来加以阐发。就戏曲本身的艺术创作水平而言,《感天动地窦娥冤》已然凭借其富于虹吸效应的主题表达、精彩到位的人物塑造和浓缩精炼的剧情构建获得了恒久的艺术魅力。长期以来,人们也的确将关注的焦点凝聚于该剧的人物形象塑造和人物阶级性反抗的主题意义上。如果仅及于此,那么细读剧作,则可能会让人产生许多疑窦,而窦娥这一人物设定以及她的命运悲剧所呈现的丰富时代性内容和难以复制的现实感染力也会无形中被抹平许多。

首先,造成窦娥冤屈就死的直接人物张驴儿的民族背景很有意味。从剧情安排来看,张孛老、张驴儿父子因为在野外从赛卢医手中救下了蔡婆,进而强行勒索蔡婆,父子二人要强娶蔡婆与窦娥。这一剧情成立的前提是张驴儿父子的强蛮。而再由剧情来看,蔡婆作为一个放高利贷的债主,且年逾六十,她对待窦天章的精悍以及对待赛卢医的强顽,颇能证明她不能算是一位软弱好欺的女人,但是在对待张驴儿父子的态度上却显得非常巴交没主意。所以这里很值得探究和推敲的是张驴儿父子的身份。他们有可能是蒙古人,或者可能是装成蒙古人的汉人或南人[②]。钱大昕在《蒙古语》一条中写道:

> 元人以本国语命名。或取颜色,如察罕者白也,哈剌者黑也,昔剌者黄也(亦作失剌)。忽兰者红也,孛罗者青也(亦作博罗)。阔阔者亦青也

---

① 钟焓《重释内亚史》"导言",(北京)社会科学文献出版社 2017 年,第 2—3 页。

② 按:据张帆、李鸣飞《郑介夫生平事迹考实》指出,大德时期的浙江开化人郑介夫,便用蒙古名字铁柯。铁柯乃辽、金、元时期阿尔泰语系人常用的名字,蒙古文为"tege",意思是"岩羊"。郑介夫在大德四年(1300)成为怯薛。怯薛作为元代宫廷宿卫组织,其成员一般由蒙古人、色目贵族子弟担任,而郑介夫竟以普通南人身份混入宫廷成为怯薛,这既反映出元政府这方面管理不严,也说明郑介夫这种以南人冒称蒙古人的情况在当时可能很普遍。姚大力、刘迎胜主编《清华元史》第 1 辑,第 92—123 页。

（亦作扩廓）。或取数目,如朵儿别者四也(亦作掇里班)。塔本者五也,只儿瓦歹者六也,朵罗者七也,乃蛮者八也,也孙者九也,哈儿班答者十也,忽陈者三十也(亦作急嗔)。乃颜者八十也,亦作乃燕。明安者千也,秃满者万也。或取珍宝,如按弹者金也(亦作阿勒坛)。速不台者珠也(亦作碎不斛)。纳失失者金锦也(亦作纳石失)。失列门者铜也(亦作昔剌门)。帖木儿者铁也(亦作铁木尔,又作帖睦尔)。或取形相,如你敦者眼也,赤斤者耳也。或取吉祥,如伯颜者富也,只儿哈朗者快乐也(亦作只儿哈郎)。阿木忽郎者安也,赛因者好也,也克者大也,莀儿干者多能也(一作默尔杰)。或取物类,如不花者牯牛也(亦作补化)。不忽者鹿也(作白忽)。巴而思者虎也,阿尔思兰者师子也,脱来者兔也(亦作讨来)。火你者羊也,昔宝者鹰也,昂吉儿者鸳鸯也。或取部族,如蒙古台、唐兀台、逊都台、瓮吉剌歹、兀良哈歹、塔塔儿歹、亦乞列歹、散术歹(亦作珊竹台)。肃良合,亦作琐郎哈,谓高丽人也。皆部族之名。亦有以畏吾语命名者,如也忒迷失者七十也,阿忒迷失者六十也,皆畏吾语。此外如文殊奴、普颜奴、观音奴、佛家奴、汪家奴、众家奴、百家奴、丑厮、丑驴、和尚、六哥、五哥、七十、八十之类,皆是俗语。或厌其鄙俚,代以同音之字,如"奴"之为"讷""驴"之为"闾""哥"之为"格",不过游戏调弄,非有别义也。[①]

根据钱大昕的这段探讨知道,蒙古人取名或取于颜色,或取于数目,或取于形相以及吉祥、物类、部族,以及外来语如畏吾语、俗语等,剧中张驴儿父子的称谓可能就是蒙古人名字的汉译[②]。另外,又据《元史·地理志》载大都的兴建情形云:"世祖至元元年,中书省臣言:'开平府阙庭所在,加号上都,燕京分立省部,亦乞正名。'遂改中都,其大兴府仍旧。四年,始于中都之东北置今城而迁都焉。九年,改大都。十九年,置留守司。二十一年,置大都路总管府。户一十四万七千五百九十,口四十万一千三百五十"[③],这里值得寻思的是,那些

①　钱大昕《十驾斋养新录》卷九"蒙古语"条,陈文和主编《嘉定钱大昕全集》(增订本),凤凰出版社2016年,第265页。

②　林宪亮《〈窦娥冤〉中"张驴儿"的名字问题琐议》,《江海学刊》2018年第6期,第171页。

③　《元史》卷五八《地理志一》,第5册,第1347页。

迁入大都的人群的成分。像张驴儿父子这种情形,他们可能是随蒙古统治者征战,并随之进入大都的蒙古军民。在政府不能很好安置,而他们也缺少适应城市生活的技能的情况下,便成为城市的流民,他们或附依豪强,或集结成群,不但小民受欺,甚至官府亦为所侮①。所以,如果认为关汉卿以张驴儿之名来表明他对反面人物的丑化态度的话或者忽略了这个名字的身份背景,则实际上反而看轻了或者忽略了关汉卿以及《窦娥冤》作为伟大的剧作家和伟大作品的意义;也不便于有效理解为何张驴儿父子可以强行进驻蔡婆家,并能在打官司的过程中,令官员偏袒偏信等等情节设置的合理性。

以蔡婆、窦娥为代表的汉地定居民众被以张驴儿父子为代表的蒙古游牧民的劫掠欺侮情形,其实是元朝典型的内亚特性的反映。比如无名氏的《包待制智斩鲁斋郎》中的鲁斋郎,他的身份应该是比张驴儿父子还要高许多阶层的蒙古势要,而剧本一开篇描写的鲁斋郎特征就是颇为典型的蒙古游牧民的特征:

> 花花太岁为第一,浪子丧门世无双;街市小民闻吾怕,则我是权豪势要鲁斋郎。小官鲁斋郎是也。方今圣人在位,四海晏然,八方无事。小官随朝数载,谢圣恩可怜,迁除授职。小官嫌官小不做,嫌马瘦不骑,但行处引的是花腿闲汉,弹弓粘竿、觑儿小鹞,每日价飞鹰走犬,街市闲行。但见人家好的玩器,怎么他到有,我到无,我则借三日玩看了,第四日便还他;人家有那骏马雕鞍,我使人牵来,则骑三日,第四日便还他,不坏了他的:我是个本分的人。②

引文中对鲁斋郎形象的描述可以说将蒙古权贵在城中生活的基本场景勾画出来。他们的出现对日常生活秩序有较大的扰乱性,像文中的鲁斋郎每日弹弓粘竿、飞鹰走犬,定居民众的日常生活状态不能不为其所扰。而对于定居民众更坏的影响是,蒙古人在恶劣的自然环境里,形成的民族特性是"遇食同享,难

---

① 王毅《元杂剧中反掠夺婚姻的思潮——兼及〈西厢记〉的"寺警"与"争换"》,《江汉论坛》1988年第7期,第55—59页。
② 关汉卿著、蓝立蕈校注《汇校详注关汉卿集》,《包待制智斩鲁斋郎》第一折,中华书局2006年,第1557页。

则争赴。有命则不辞,有言则不易"①,缺乏物权观念,所谓"番家无产业,弓矢是生涯"②,所以鲁斋郎认为,自己在人有我无的情况下,把别人的东西借来用用玩玩,不弄坏返还,其实是个本分的人。而这种被游牧民族认同的"本分"特征对于定居民族的民众来说,其实与掠夺、抢劫并无差异。蒙古人所具有的典型的内亚游牧特性,由于他们成为统治民族,从而对其治下和活动区域的民众尤其是城市定居的民众产生了巨大的社会影响力,这一点在蒙古人的统治中心——大都则尤为典型。某种程度而言,大都所呈现的内亚特征被大量地呈现于其时杂剧作家们的笔下,为元曲创作的繁荣提供了非常丰富的创作养分与内容泉源。诸如张驴儿、鲁斋郎之类人物的强占强抢特征,几乎成为元杂剧展开剧情的重要基础。再如关汉卿《望江亭中秋切鲙旦》中的杨衙内,武汉臣《包待制智赚生金阁》中的庞衙内,马致远《汉宫秋》中的单于,王实甫《西厢记》中的孙飞虎等等形象的出现,以及他们个性中的游牧民特征对于剧情的衍生、推展,以及人物矛盾的迸发等都有着非常关键的作用。元杂剧在大都的繁荣,一定程度而言,与大都作为蒙元王朝的都城,它位于农耕定居文明与草原游牧文明的交叉中心地位密切相关。大都所具有的文明丰富性与冲突情形既会导致社会生活无限可能,也会给予生活于其中的作家创作无限可能,元杂剧的活力很大程度来源于此。

其次是,造成窦娥杀人证据的是羊肚儿汤很具有蒙古民族特性。根据剧情,蔡婆在生病的情况下,只"思量些羊肚儿汤吃",这剧情细节再次鲜明地揭示出内亚特性对于中原民众的影响,即所谓"胡化"。"羊肚儿汤"是游牧民族的典型食物,在蒙古人成为统治者之后,这道具有内亚特征的食物也成为汉地定居民众日常生活的美食甚至财富的重要体现。从《析津志辑佚》《朴通事谚解》所记情况看,羊肉是上等美味佳肴,故而也只有上层人士或富人贵族享用得起。作为楚州食利阶层的蔡婆,在生病之际不思量别的食物,却要吃羊肚儿汤,这既可见出其家底的殷实,更可概见内亚习性对于汉地民众的影响。藉由元曲中对食物的表述,颇能看出13—14实际蒙古人统治下,蒙古人的内亚习性对汉地民众的胡化影响程度。例如高文秀《黑旋风双献功》中,"一罐子羊肉泡饭"是李逵药翻过牢子救出孙荣、记功一件的重要物据;再如马致远《破

---

① 李志常著,党宝海译注《长春真人西游记》卷上,第 32 页。
② 马致远《破幽梦孤雁汉宫秋》"楔子",《全元戏曲》第二卷,第 107 页。

幽梦孤雁汉宫秋》中"怕娘娘觉饥时一块淡淡盐烧肉,害渴时喝一杓儿酪和粥"①,所谓"盐烧肉",据无名氏《畋猎》中描写其做法:"盐烧肉钢签炭火上叉,答剌苏俺吃剌"②,实为游牧民族猎人、武士在野外以钢叉签肉烤熟即食,做法粗简,远不能与定居民族尤其是汉人宫廷美食的精致、细巧相比,所以汉文帝为王昭君远嫁单于的伤感与痛苦从她的衣着、饮食的胡化开始;再如郑廷玉《看钱奴买冤家债主》中普通民众对世道感叹中即蕴含着其时风俗中的胡化成分:

> 〔混江龙〕你休要虚贪声介,但存的那心田一寸是根芽。不肯道甘贫守分,都则待侥幸成家。自拿着杀子杀孙笑里刀,怎留的好儿好女眼前花。你则看那阳间之事,正和俺阴府无差,明明折挫,暗暗消乏。这等人动则是忘人恩、背人义、昧人心,管甚么败风俗、杀风景、伤风化!怎能够长享着肥羊法酒,异锦的这轻纱?③

这段唱词中,作者的感叹中很有意味地揭示出其时风俗中所谓的富贵与享受,即为"长享着肥羊法酒,异锦的这轻纱",而这一风俗特征颇能体现出蒙古人的人生愿景。肥羊可以理解,而法酒,本指宫廷内府酿制的酒,在元曲中当是指度数较高的白酒④。而文中所谓的"异锦",则应是蒙古贵族特别喜欢的波斯区域所独有的用金线(以金箔拈成的线)与丝线交织的织金锦纳失失。由底层汉人坌工贾仁的人生愿景来看,他的富贵梦想便是像蒙古贵族一样穿着织金锦的衣服,享受着肥羊、好酒,他的想法其实很直观地再现出蒙古风俗对于汉人的深刻影响。在中国传统士大夫眼中,"秦不师古。汉兴,三代时大法制概不能复,而文为之末存者,亦十无四五。爰及两晋,五胡乱华,汉家文物又复失之。元魏之后,中华从事胡服。金、元之后,齐民尽习胡语、胡俗"。在元朝,如明朝士人稍显夸张的描述所云:"元世祖起自朔漠,以有天下,悉以胡俗

---

① 马致远《破幽梦孤雁汉宫秋》"楔子",《全元戏曲》第二卷,第107页。

② 无名氏《畋猎》"四煞",谢伯阳《全明散曲》(增补版),第6285页。

③ 郑廷玉《看钱奴买冤家债主》第一折,《全元戏曲》第四卷,第134页。

④ 按:在波斯人的蒸馏法传入中国之前,中国的酒皆为酿造酒,度数皆在15度以下,宫廷中可能有域外进贡的白酒,直至元朝,与中亚、西亚区域的广泛交流之后,中国人才知道蒸馏法,而具有一定纯度的白酒才逐渐为富贵之家享用。

变易中国之制，士庶咸辫发椎髻，深檐胡帽，衣服则为绔褶窄袖及辫线腰褶，妇女衣窄袖短衣，下服裙裳，无复中国衣冠之旧。甚者，易其姓氏为胡语。俗化既久，恬不知怪[①]，进而言之，"胡风"侵袭中原大地，虽说滥觞于"五胡乱华"，然至蒙元之时，此风尤盛[②]。颇具"蒜酪味"[③]的元曲，与其说是元杂剧独有豪泼诙谐的俚俗色彩和民间风味，还不如说是元杂剧对于其时人们"胡化"情形的真切描述，就这一意味而言，"蒜酪味"几乎成为元杂剧创作的基本底色。

最后，窦娥冤死的根本原因在于她对张驴儿的反抗。根据剧情，窦娥之所以会被张驴儿诬害致死最根本的原因是她不愿意顺从张驴儿，与他结为夫妻。作为儒生窦天章的女儿，窦娥代表的是儒家伦理观念和价值体系。所以她无法接受张驴儿父子强行入住，甚至要借娶嫁的关系而成为蔡婆和她的家的主人。她的这一行为，不仅张驴儿不能接受，将她屈打成招的桃杌太守也是基于不理解而误判。对于蒙古人来说，强婚强娶并不算什么大事，像成吉思汗的妻子弘吉剌·孛儿帖曾经被篾儿奇惕人抢走，她带着身孕被救回的途中生下的孩子，被取名为"术赤"，乃"客人"之意，也就是说，这个孩子从他出生开始就被人怀疑他的身份，但成吉思汗却并不介意。所以，最终窦娥在张驴儿的狡辩之下走向刑场。

需要作仔细考量的是窦娥临死前发下的三桩誓愿。按照常情，血溅白练和六月飞雪便足以证明窦娥的冤屈，但窦娥却再加一码，要让楚州之地大旱三年，也就是说要通过惩罚楚州所有的官员及民众的方式让她的冤屈得以昭雪。这最后一桩似乎有违于窦娥的善良本性。从剧情的人物设定来看，窦娥是个极为贞孝善良的女子，她之所以会屈打成招，就是因为不愿意年迈的蔡婆受刑，才被桃杌太守利用而屈服。而且，即使是屈打成招的情况下，在去往法场的路上，窦娥也不愿意蔡婆看见自己一身刑具的样子而难受或者难堪，这些都是在表现窦娥的贞孝善良。但如此善良的窦娥为何却有那般毒誓呢？而更值得深思的是，剧名即题为《感天动地窦娥冤》，说明作者对于这一设定是认真

---

① 陈建著，钱茂伟点校《皇明通纪·皇明启运录》卷四，中华书局 2008 年，第 137 页。

② 陈宝良《蒙元遗俗与明人日常生活——兼论民族间物质与精神文化的双向交融》，《安徽史学》2016 年第 1 期，第 33—48 页。

③ 按：何良俊批评云："高则成才藻富丽。如《琵琶记·长空万里》是一篇好赋，岂词曲能尽之！然既谓之曲，须要有蒜酪，而此曲全无。正如王公大人之席，驼峰、熊掌、肥腯盈前，而无蔬、笋、蚬、蛤，所欠者风味耳"，《四友斋丛说》卷三七，中华书局 1997 年，第 342 页。

的。还需要再作一番细论的是,《窦娥冤》的故事原型东海孝妇,在《列女传》《汉书》的记载中都没有关汉卿剧中那么决绝的毒誓,尤其是最后一桩,尽管在原型故事中,东海孝妇之冤导致了当地大旱三年,但这并非出于孝妇的主动请求所致。由此可以看出,关汉卿设置窦娥在临死前发毒誓这个情节,是有意要彰显窦娥的意志;而且从剧情的展开情形来看,关汉卿是有意要借窦娥之誓愿来惩罚整个楚州包括张驴儿、桃杌太守以及蔡婆和其他麻木的民众。

根据剧情的演绎,窦娥之死其实是因为她对自己的价值理念和做人原则的坚守,某种程度而言,她对蔡婆的祖护、代蔡婆受罪的态度,与其说是她的善良本性,还不如说是她的价值理念所驱使。作为儒家伦理道德灌输长大的女孩,窦娥在夫死之后,虽在情欲上未尝不感到苦闷难熬,剧中描写窦娥的这种情绪写道:

〔仙吕·点绛唇〕满腹闲愁,数年生受,常相守,无了无休,朝暮依然有。

〔混江龙〕黄昏白昼,忘食废寝两般忧。夜来梦里,今日心头,地久天长难过遣,旧愁新恨几时休?则这业眼苦,愁眉皱,情怀冗冗心绪悠悠。

(云)似这等忧愁,不知几时是了也呵!(唱)

〔油葫芦〕莫不是八字儿该载着一世忧?谁似我无尽休!便做道人心难似水长流,我从三岁母亲身亡后,七岁与父分离久,嫁的个同住人,他可又拔着短筹。撇的俺婆妇每都把空房守,端的有谁问,有谁偢?

〔天下乐〕莫不是前世里烧香不到头?这前程事一笔勾。劝今世早将来世修,我将这婆侍养,再将这服孝守,我言词须应口①。

但她并不愿意顺从情欲而改嫁,只是将自己的美好生活愿景寄托于来世。而且她对蔡婆顺从张字老的态度也颇不以为然。但问题在于,窦娥所认定的价值理念,不仅给她本人带来了肉体的痛苦和折磨,加速着她生命的消亡,而且还成为她被整个她所处的楚州城中上自桃杌太守,下至包括张驴儿、蔡婆以及其他民众的蔑视、漠视和无视,甚至弃卒的原因。从剧情来看,蔡婆对窦娥坚

---

① 关汉卿《感天动地窦娥冤》,《关汉卿集》第5—6页。

决不肯再嫁的行为似乎并不算太理解，在窦娥行刑的时候，蔡婆的态度只有伤心，却并没有委屈与同情。不仅蔡婆对窦娥的冤屈是麻木的态度，周围的围观者也只有旁观而没有同情，即使是窦天章被派到楚州调查冤案的时候，也并没有对窦娥的冤情特别有感触。在关汉卿的笔下，窦娥发下三桩毒誓的根本原因在于，她要让湛湛青天作个公正的评判，是她坚守的价值理念错了，还是桃杌太守以及楚州民众们所依顺的风俗有问题。在窦娥或者说关汉卿看来，蒙古内亚特性对于中原民众的胡化程度和影响，使得窦娥所坚守的道德与价值体系，变成一种孤立甚至是错误的存在，所以窦娥或者说关汉卿让楚州之地大旱三年，所要深刻追讨的恐怕是在蒙古人侵扰和统治下，汉地"荡然无纪纲文章，蚩蚩之民靡所趣向"①的社会问题与价值取向。

　　与关汉卿同时的马致远，在其著名的《破幽梦孤雁汉宫秋》的主题中，也同样表达出创作者对于"胡风"在汉地深刻影响的观察和焦虑。如所周知，王昭君这一传统形象的广泛流传在于她远嫁匈奴，为番汉两地的和平做出了贡献。史书记载："时呼韩邪来朝，帝敕以宫女五人赐之。昭君入宫数岁，不得见御，积悲怨，乃请掖庭令求行。呼韩邪临辞大会，帝召五女以示之。昭君丰容靓饰，光明汉宫，顾景裴回，竦动左右。帝见大惊，意欲留之，而难于失信，遂与匈奴。生二子。及呼韩邪死，其前阏氏子代立，欲妻之，昭君上书求归，成帝敕令从胡俗，遂复为后单于阏氏焉。"②史书即已表明，王昭君不愿接受胡人"收继婚"制而在呼韩邪单于死后请求回朝，但成帝出于对匈奴的惧怕，敕令昭君遵从胡俗，再嫁呼韩邪单于之子。史书中的汉成帝是迫使王昭君接受胡化的直接命令者。而马致远对这一历史事实进行了全面的翻转，汉成帝深爱着王昭君，作者对他的孤独、伤感的表达，很大程度是基于昭君将要承受胡地风霜，就食盐烧肉、酪和粥，用"锦貂裘生改尽汉宫妆"③等等胡化情形的焦灼与无奈。所以，剧情的发展变成昭君在行嫁时，在胡汉交界的地方自杀而死，尽管有昭君与成帝的爱情作为掩护，但作者强调的实际是昭君"不肯入番"④的可贵。最终，由于昭君不肯入番跳江自杀，单于幡然愧悟，自愿与汉朝永为甥舅

---

① 元好问《紫微观记》，《全元文》卷二五，第 1 册，第 416 页。
② 范晔著，李贤等注《后汉书》卷八九《南匈奴列传》，中华书局 2003 年，第 2941 页。
③ 马致远《破幽梦孤雁汉宫秋》第三折，《全元戏曲》第二卷，第 120 页。
④ 马致远《破幽梦孤雁汉宫秋》第三折，《全元戏曲》第二卷，第 123 页。

之好。这种结局的处理在看似悲剧的情境中,某种程度而言,其实是作者能想到的最圆满结局与最美好期待,即以昭君之死来令胡人主动结束战争,从而令汉人无须被迫接受胡人统治和胡化过程,剧本主题与《窦娥冤》似有异曲同工之妙。

应该说,元朝由于其内亚特征,致使其时社会多民族文化与风俗、信仰碰撞中的矛盾非常突出,在大都这样一个游牧民族统治的政治中心,游牧文化与农耕文化交叉的中心地带,问题也表现得尤其突出和普遍,其时的作家、民众的感触也都非常深刻。就这一层意义而言,无论关汉卿的《感天动地窦娥冤》还是马致远的《破幽梦孤雁汉宫秋》以及其他诸如《西厢记》等等大量元杂剧作品,都程度不一地有所反映和揭示,元杂剧的魅力也因为能真正反映和揭示出社会现实矛盾而格外富有意义与张力。更重要的是关汉卿等人不仅能如此大胆地反映其时的社会矛盾与问题,且能因此而名声大噪,则不能不承认其时大都文化环境的宽松与自由,这对于元曲的繁荣十分重要,也是元曲可堪与汉赋、唐诗、宋词并驱而为一代文学之代表的内在独特性所在。

第二节 元运河的南北贯通与杂剧的南移及其渐衰

元朝一统江南之后,由于王朝建都于北,而给养又仰仗于江南,诚如《元史》所谓"元都于燕,去江南极远,而百司庶府之繁,卫士编民之众,无不仰给于江南"①。为了方便和满足"人烟百万"的大都、地处草原的上都以及漠北地区的物资供应,元代在前代运河的基础上开凿了通惠河,实现自战国以来修建的京杭运河的全线通航。运河的全线贯通,不仅方便了南北货物的流通,更给南北人员与思想的交流和融汇带来极大便利。而随着南宋都城杭州的战后恢复,北方的杂剧作家和演艺人员逐渐南移,黄仕忠先生在《南方戏剧圈的杂剧创作》中认为:"杂剧的南移路线,主要是沿着大运河和长江水路,除杭州外,扬州、建康、苏州、松江等江南各域,也成为杂剧汇聚之地。"杂剧重心南移离不开运河的开通②。不过,在南方农耕文明的浸润下,杂剧的创作与表演尽管依旧继有承传,却呈现出渐衰之势。

---

① 《元史》卷九三《食货志一》,第 8 册,第 2364 页。
② 陈京荣《元代大运河的开通与北杂剧重心的南移》,《文教资料》2013 年第 26 期,第 37—39 页。

　　考察元曲的发展时间,尽管作家的生平、活动是非常值得考量的基本因素,但更重要的元曲发展的土壤是否肥沃,即城市与人口的繁荣。基由元朝的发展情形而言,可以看到,在中统五年(1264)忽必烈取得对阿里不哥的胜利之前,元曲的发展中心在几个势力较为强劲的世侯区如真定、东平、平阳等地区;之后,至元八年(1271),大都兴建完成,成为13—14世纪世界上最繁荣的国际大都市,大都也凭借其政治、经济和文化中心的地位以及流动人口量巨大的优势,成为名副其实的元曲发展中心;至元十三年(1276),南宋投降,元朝实现南北一统,在大运河修建的过程中,南宋都城杭州也逐渐从战乱的创痛中恢复过来;到至元三十年(1293),南北运河全线贯通,从这以后,北杂剧顺着运河线路逐渐南移,江南以杭州为中心的杂剧中心有以形成。

　　首先是元代南北大运河的贯通与杭州城的繁荣。江南一统之前,元朝主要利用隋朝开凿的永济渠这一段。统一之后,永济渠的运力远不能满足元政府的需求。临清以北,直到通州的隋唐旧运河仍然可以使用,但临清以南与江南区域相连的通道却不畅通。以此,元廷另辟新河道,利用汶河水系,开凿安山渠,"起于须城安山之西南,止于临清之御河,其长二百五十余里,中建牐三十有一,度高低,分远迩,以节蓄泄"①。新开凿的安山渠,以其"开魏博之渠,通江淮之运,古所未有"②,被赐名为会通河。值得一提的是,伯颜在至元十三年(1276)平定江南之际,在将宋库藏图籍运送至大都时,藉由张瑄、朱清等人的海运力量,自崇明州从海道载入京师。至元二十九年(1292),在朱清等人的建议下,元廷海运路线由"刘家港开洋,至撑脚沙转沙嘴,至三沙、洋子江,过匾(檐)〔担〕沙、大洪,又过万里长滩,放大洋至青水洋,又经黑水洋至成山,过刘岛,至芝罘、沙门二岛,放莱州大洋,抵界河口,其道差为径直。明年,千户殷明略又开新道,从刘家港入海,至崇明州三沙放洋,向东行,入黑水大洋,取成山转西至刘家岛,又至登州沙门岛,于莱州大洋入界河。当舟行风信有时,自浙西至京师,不过旬日而已"③。由此,元代运河自元大都起,经河间沧州、景州、山东临清、东平、江苏彭城(徐州)、淮安、宝应、高邮、扬州、苏州,至浙江嘉兴、皂林,直达杭州,形成海、江、河相互交织的庞大水运网络。另外,为解决由

---

①　《元史》卷六四《河渠志一》,第6册,第1608页。

②　《元史》卷一五《世祖本纪十二》,第2册,第324页。

③　《元史》卷九三《食货志一》,第8册,2366页。

通州至大都的货运问题,至元二十八年(1291),郭守敬考察大都水利情形之后,建言:"大都运粮河,不用一亩泉旧原,别引北山白浮泉水,西折而南,经瓮山泊,自西水门入城,环汇于积水潭,复东折而南,出南水门,合入旧运粮河。每十里置一牐,比至通州,凡为牐七,距牐里许,上重置斗门,互为提阏,以过舟止水。"①郭守敬的建议得到忽必烈的赞许,至元二十九年(1292)通惠河开工,河道自昌平白浮村神山泉经瓮山泊(今昆明湖)至积水潭、中南海,自文明门(今崇文门)外向东,在今天的朝阳区杨闸村向东南折,至通州高丽庄(今张家湾村)入潞河(今北运河故道),全长82千米。工程在第二年,即至元三十年(1293)秋全部竣工。通惠河的开凿,在很大程度上减轻了通州各种物资堆积的压力。而且,从江南各地北上的船只,可以一直驶入京城的海子(今积水潭),使得元代大运河真正形成了南北贯通的格局②。就像日本僧人对杭州西兴渡的印象那样:"雪屋银山钱塘潮,百万人家回首顾。南音北语惊叹奇,吴越帆飞西兴渡"③,杭州作为元代运河南方的端点,在南来北往竞渡穿流的帆航中,操着南音北语的人们汇聚此间,令这座城市的影响力与活力不断被激发。

　　运河在元代实现南北贯通更重要的意义还在于,它将运河沿线的城市带入到13—14世纪海陆丝绸之路所拓通的国际场域之中。因为,凡是由海、陆丝路来华的外国商旅,京杭运河是其必经之路,尤其是本来富庶繁荣的杭州,在运河南北贯通、海陆丝绸多向度拓通的背景下,跃升为13—14世纪可与大都相比肩的国际大都市。关汉卿在到达杭州后,对杭州的繁兴情形赞述道:

〔南吕〕一枝花·杭州景

　　普天下锦绣乡,寰海内风流地。大元朝新附国,亡宋家旧华夷。水秀山奇,一到处堪游戏。这答儿忒富贵,满城中绣幕风帘,一哄地人烟凑集。

　　〔梁州〕百十里街衢整齐,万余家楼阁参差,并无半答儿闲田地。松轩竹径,药圃花蹊,茶园稻陌,竹坞梅溪。一陀儿一句诗题,行一步扇面屏帏。西盐场便似一带琼瑶,吴山色千叠翡翠,兀良、望钱塘江万顷玻璃。

---

①　《元史》卷一六四《郭守敬传》,第13册,第3852页。

②　张钰丛、陈晨《运河千古佑通州》,《北京档案》2017年第6期,第8—12页。

③　(日)释别源圆至《送僧之江南》,王元明、增田朋洲主编《中日友好千家诗》,学林出版社1993年版,第64—65页。

更有清溪、绿水,画船儿来往闲游戏。浙江亭紧相对,相对着险岭高峰长怪石,堪羡堪题。

〔尾〕家家掩映渠流水,楼阁峥嵘出翠微。遥望西湖暮山势,看了这壁,觑了那壁,纵有丹青下不得笔。①

在关汉卿的笔下,一统之后的杭州成为"普天下锦绣乡,寰海内风流地",这里人烟辐辏,街市繁荣,生活闲适美好,每处场景、每处庭院、每处人家都"堪羡堪题",却又美不胜收,令丹青无处下笔,文采不足形容。比起关汉卿的文人气,马可·波罗基本是穿越其时连接欧亚大陆的海、陆丝路,从丝绸之路最西端的热那亚,跨越海洋、穿行沙漠,到达位于最东端的中国,他眼中的杭州的美丽、富庶和繁荣同样无以言喻,而他的描述比关汉卿却更世俗、更日常化:

> 这座城市以它的完美久负盛名,它的宏伟和秀丽举世无双,它的魅力使人仿佛置身于天堂之中。按照一般估计,这座城市方圆约有一百英里,城中街道宽阔,河渠纵横,并且有许多广场或集贸市场。市场上经常人海如潮,摩肩接踵,景象十分壮观。这座城市介于一个清如明镜的湖泊和一条宽广无边的大河之间。水流通过许多大大小小的运河流经全城各坊,并将所有生活污水带入湖中,最终泻入大海,从而净化了空气。除了陆路交通外,这里的水路交通也很便利,可以通往城市各处。运河和街道都十分宽阔,为居民运送生活日用品的船只和车辆可以各自在运河中和街道上顺畅通行。
>
> 城里除了街道两旁密密麻麻的店铺外,还有十个大广场或集贸市场。这些广场每边长半英里,宽达四十步的城市的主干道从这些广场前通过,笔直地从城市的一端延伸到另一端,中间经过许多低矮的、便于通行的跨河桥梁。这些广场彼此之间相距四英里。在广场的对面,有一条方向与主干道平行的大运河,河岸附近有许多石头砌成的宽大的货栈,用来为那些从印度和其它地方来的商人储存货物和财物。由于这些货栈靠近集贸市场,所以便于往市场里上货。在每个市场一周三天的交易日里,都有

---

① 关汉卿《〔南吕〕一枝花·杭州景》,《汇校详注关汉卿集》第1698—1699页。

四、五万人来赶集,他们可以在市场里买到所有需要的商品。……这里不产葡萄,但是可以买到从外地贩来的优质葡萄干。这里也能买到外地的葡萄酒,但是本地人并不爱喝,因为他们喝惯了用大米配制香料酿成的米酒。……当你看见捕到的鱼数量如此多,也许会担心卖不出去。其实在几个小时之内,这些鱼就能销售一空。因为城里的人口实在太多……这十个集贸市场的四周环绕着高宅闳宇,楼宇的底层是店铺,经营各种产品,出售各种货物,包括香料、药材、小饰物和珍珠等。

在前面提到的贯穿全城的主干道两侧,有许多深宅大院和私家花园,在这些宅第附近住着在各种作坊中做活儿的各行各业的工匠。每时每刻你都能看到熙熙攘攘的人群,他们都在忙着各自的事务而来回奔波。你也许会认为,城市中供养如此多的人口,似乎是一件不可能的事。但是当你看到另一番景象,你就会改变想法。每逢集日,整个市场中就挤满了商贩,不留一点空间。他们用车和船运来各种货物,而所有货物都能很快卖光。单从胡椒这一种商品销售情况,就可以推算出杭州居民对粮食、肉类、酒、副食等这类食品的全部需求量了。马可·波罗从大汗的一位税务官那里得悉,每日的胡椒交易量就有 43 担,每担重 243 磅。[①]

在马可·波罗的描述中,杭州的魅力与运河的便利以及海、陆丝绸之路的畅通是衔连在一起的。因为城市宏伟、交通便利,街道宽阔畅通,人海如潮,市场上充满着远至印度以及其他地方的商品,而且由于城中的人口实在太多,以至于一周三天的大型交易日,总有四、五万人来参与交易,那些货物也从来都不愁销路,总是能很快卖光。在马可·波罗的观察中,杭州城的主干道两侧有许多深宅大院和私家花园,围绕这些深宅大院和私家花园,附近还住着各行各业的工匠。而陈旅在其诗《用吴彦晖韵送扬州张教授还汴梁》中还概要指出:"花边细马蹄轻尘,柳外移舟水满津。莫向春风动归兴,杭人半是汴京人"[②],因为美丽繁荣的杭州城中充满着也包容着移舟而来的流动人口,人们大可将杭城视作自己的故乡,而不必急于归去。

其次,北方戏曲的南移。运河的便利以及杭州的美丽、富庶和繁荣对于杂

---

① 《马可·波罗游记》,第 332 页。
② 陈旅《用吴彦晖韵送扬州张教授还汴梁》,《全元诗》第 35 册,第 26 页。

剧作家和演艺人员的南移构成很大的吸引力,这也相当大程度地推动了北杂剧的南移,而如前所述,杭州的人口量也为杂剧的南移准备了充足的观众。所以王国维说:"至中叶以后,则剧家悉为杭州人。中如宫天挺、郑光祖、曾瑞、乔吉、秦简夫、钟嗣成等,虽为北籍,亦均久居浙江。盖杂剧之根本地,已移而至南方,岂非以南宋旧都,文化颇盛之故欤!"①如前所引关汉卿曾作《〔南吕〕一枝花·杭州景》,表明他曾经南游杭州,并被杭州的繁荣、美丽与文明程度所深深吸引,赞不绝口。关汉卿的创作只是非常典型地反映出其时北人包括杂剧作家和演艺人员大举南下的情形。在关汉卿的作品中还有一首曲子《赠珠帘秀》写道:

〔南吕〕一枝花·赠珠帘秀

轻裁虾万须,巧织珠千串;金钩光错落,绣带舞蹁跹。似雾非烟,妆点就深闺院,不许那等闲人取次展。摇四壁翡翠浓阴,射万瓦琉璃色浅。

〔梁州〕富贵似侯家紫帐,风流如谢府红莲,锁春愁不放双飞燕。绮窗相近,翠户相连,雕枕相映,绣幕相牵。拂苔痕满砌榆钱,惹杨花飞点如绵。愁的是抹回廊暮雨萧萧,恨的是筛曲槛西风剪剪,爱的是透长门夜月娟娟。凌波殿前,碧玲珑掩映湘妃面,没福怎能够见? 十里扬州风物妍,出落着神仙。

〔尾〕恰便似一池秋水通宵展,一片朝云尽日悬。尔个守户的先生肯相恋,煞是可怜,则要你手掌儿里奇擎着耐心儿卷。②

关汉卿这支曲子所包含的最有意味的信息就在于作为大都名伶的珠帘秀出现在扬州,而且住在贵气如侯家的庭园之中,意态骄矜,等闲人并不能轻易见到。在前文中,我们已指出珠帘秀乃大都杂剧演艺界成就最高的名伶,"杂剧为当今独步,驾头、花旦、软末泥等,悉造其妙"③,她的南下,以及她与关汉卿在扬州的相见,都昭示出较为浓郁杂剧南移的意味。另外,王恽也有《浣溪沙·赠朱帘绣》写道:

① 王国维《宋元戏曲史》第九章"元剧之时地",第77页。
② 关汉卿《〔南吕〕一枝花·赠珠帘秀》,《汇校详注关汉卿集》第1695—1696页。
③ 夏庭芝《青楼集》,《历代曲话汇编·唐宋元编》,第475页。

满意苕华照乐棚。绿云红滟逐春生。卷帘一顾未忘情。
丝竹东山如有约,烟花南部旧知名。秋风吹醒惜离声。①

王恽词中所谓"南部",可能是指设在扬州的行教坊司。在《元史·世祖本纪》
中有载:"(至元二十七年九月,1290)丁卯,命江淮行省钩考行教坊司所总江
南乐工租赋"②,则珠帘秀很可能在江南一统后到了扬州,她与关汉卿相见的
时间大约在 13 世纪 80 年代左右③。关汉卿作为北杂剧创作的扛鼎大家,珠帘
秀作为杂剧表演的领军代表,他们对杭州的态度以及珠帘秀注籍南方的做法
都颇为明显地印证了王国维"盖杂剧之根本地,已移而至南方,岂非以南宋旧
都,文化颇盛之故欤"④的说法。关汉卿、珠帘秀仅是代表,实际上,诸如白朴、
马致远、郑光祖等人都在 13 世纪晚期到了杭州,为杭州成为 14 世纪上半叶的
杂剧中心贡献了力量。可以看到,白朴有词写西湖之景道:

白朴《永遇乐》
至元辛卯春二月三日,同李景安提举游杭州西湖。
二月西湖,四时烟景,谁暇游遍。红袖津楼,青旗柳市,几处帘争卷。
六桥相望,兰桡不断,十里水晶宫殿。夕阳下,笙歌人散,唱彻采菱新怨。
金明老眼,华胥春梦,肠断故都池苑。和靖祠前,苏公堤上,漫把梅花
捻。青衫尽耐,□□雨湿,更着小蛮针线。觉平生,扁舟归兴,此中不浅。⑤

至元辛卯是至元二十八(1291),从白朴的这首词来看,他对杭州的美丽风光、
文化氛围、精致生活非常喜爱,愿意在此间终老。而考白朴生平,自元军南下,
他便随史天泽的军队到了南方,之后卜居建康,再又移居平江,也就是说,元朝
一统江南之后,白朴没有回到北方。白朴在真定的杂剧创作好友李文蔚、侯克
中等也先后南下,李文蔚任江州瑞昌县尹,而侯克中晚年一直居住杭州。再如
马致远写西湖的套曲:

① 王恽《浣溪沙·赠珠帘秀》,杨亮《王恽全集汇校》卷七七,第 8 册,第 3237 页。
② 《元史》卷一六《世祖本纪十三》,第 2 册,第 340 页。
③ 李修生《元代杂剧南移寻踪》,《浙江艺术职业学院学报》2004 年第 1 期,第 1—6 页。
④ 王国维《宋元戏曲史》第九章"元剧之时地",上海古籍出版社 1998 年,第 77 页。
⑤ 白朴《永遇乐》,韩瑞、王博、韩小瑞编著《白朴全集·白朴词集》,三晋出版社 2013 年,第 229 页。

〔双调〕新水令·题西湖

　　四时湖水镜无瑕。布江山自然如画。雄宴赏。聚奢华。人不奢华。山景本无价。

　　〔庆东原〕暖日宜乘轿。春风堪信马。恰寒食有二百处秋千架。向人娇杏花。扑人衣柳花。迎人笑桃花。来往画船游。招飐青旗挂。

　　〔枣乡词〕纳凉时。波涨沙。满湖香芰荷兼葭。莹玉杯。青玉斝。恁般楼台正宜夏。都输他沉李浮瓜。

　　〔挂玉钩〕曲岸经霜落叶滑。谁道是秋潇洒。最好西湖卖酒家。黄菊绽东篱下。自立冬。将残腊。雪片似江梅。血点般山茶。

　　〔石竹子〕锦绣钱塘富贵家。簪缨画戟官宦衙。百岁能欢几时价。可惜韶华过了他。

　　〔山石榴〕橹摇摇。声嗟呀。繁华一梦天来大。风物逐人化。虚名争甚那。孤舟驾。功名已在渔樵话。更饮三杯罢。

　　〔醉娘子〕真箇醉也么沙。真箇醉也么沙。笑指南峰。却道西楼。真箇醉也么沙。

　　〔一锭银〕欲赋终焉力不加。囊箧更俱乏。自赛了儿婚女嫁。却归来林下。

　　〔驸马还朝〕想象间神仙宫类馆娃。俯仰间飞来峰胜巫峡。葛仙翁郭璞家。几点林樱似丹砂。

　　〔胡十八〕云外塔。日边霞。桥上客。树头鸦。水亭山阁日西斜。哎。老子。醉么。宜阆苑泛浮槎。

　　〔阿纳忽〕山上栽桑麻。湖内寻生涯。枕头上鼓吹鸣蛙。江上听甚琵琶。

　　〔尾〕渔村偏喜多鹅鸭。柴门一任绝车马。竹引山泉。鼎试雷芽。但得孤山寻梅处。苫间草厦。有林和靖是邻家。喝口水西湖上快活煞。①

马致远写西湖的细腻笔致可以见出他对西湖、对杭州是发自肺腑的喜爱。由马致远的生平事迹来看,他曾在江浙行省任职。关于元朝设立江浙行省的情

───────────

① 马致远《〔双调〕新水令·题西湖》,《全元散曲》上册,第300—301页。

形,《元史·百官志》记载写道:"至元十三年,初置江淮行省,治扬州。二十一年,以地理民事非便,迁于杭州。二十二年,割江北诸郡隶河南,改曰江浙行省,统有三十路、一府"①,则马致远最早到江浙行省任职的时间在至元二十二年(1286)。而再根据马致远、卢挚和刘致等几位北人在大德四、五年(1300、1301)以西湖四时风景为题,以《双调水仙子》进行同题唱和的情形来看,马致远大约在大德初年(1297)到江浙行省任职,此后一直寓居杭州②。马致远离开大都,寓居江南的情形其实也就意味着,他在大都所引领的元贞书会可能会因为缺少引领者而走向衰落。此外,再如郑光祖,本是平阳人,以补杭州路吏而南下;乔吉,本是太原人,南下之后,居于杭州太乙宫前,有题西湖《梧叶儿》百篇。曾瑞,本是大兴人,"自北来南,喜江、浙人才之多,羡钱塘景物之盛,因而家焉"③。

由白朴、关汉卿、珠帘秀、马致远等北方优秀剧作家的南移行踪来看,在江南一统之后,随着南北交通的便利,杭州作为京杭运河的南方端口的地理优势,以及南宋旧都的城市优势和文化优势逐渐发挥出来,杭州逐渐取代大都成为杂剧创作中心。在《录鬼簿》中所谓"方今已亡名公才人,与余相知者或不相知者",其人则南方为多,否则北人而侨寓南方者④,所记述的杂剧作家却多为南方作家,又以杭州人士为最多,如金仁杰、范康、沈和、鲍天佑、陈以仁、范居中、施惠、黄天泽、沈拱、吴本世等都是杭州本地人士。当然,北方杂剧的南移,不仅是因为杭州的地位优势,更由于元朝一统江南的政治背景。值得一提的是,蒙古人在平定南宋过程中,为求速胜而招降纳叛,给予宋降附官员以高官厚禄,随着江南的一统以及南方形势的渐趋稳定,元朝统治者对南人的猜忌情形逐渐明显。至元十五年(1278)八月,元廷以淘汰江南冗官为名,"追毁宋故官所受告身"⑤,于是南宋降官纷纷罢职,此后江南地方官亦多北人。像马致远、卢挚、戴善甫、赵天锡、姚守中、李文蔚、张寿卿、狄君厚、郑光祖、乔吉等北方剧作家纷纷南下就职,他们的南下,也带动着许多北方的演艺班子和演艺人员南下。刘大杰先生指出"杂剧的重心移于南方,造成了南盛北衰的局面。

---

① 《元史》卷九一《百官志七》,第 8 册,第 2306 页。
② 李修生《元代杂剧南移寻踪》,《浙江艺术职业学院学报》2004 年第 1 期,第 1—6 页。
③ 钟嗣成《录鬼簿》卷下,《历代曲话汇编·唐宋元编》,第 368 页。
④ 王国维《宋元戏曲史》第九章"元剧之时地",第 73 页。
⑤ 《元史》卷一〇《世祖本纪七》,第 1 册,第 203 页。

这一期的作家,虽大多数都是杭州人,但代表作家,如郑光祖、乔吉、宫天挺、秦简夫之流,都是侨寓江南的北客"[1],非常有道理。

第三,北杂剧在南方的渐衰。如果元杂剧可以按照王国维在《宋元戏曲史》中所描述,分为三期,在元杂剧南移到杭州为中心的江南之后,是第二期,在这个时期里,"除宫天挺、郑光祖、乔吉三家外"[2],还有杨梓、范康、曾瑞、金仁杰、陆登善、鲍吉甫、周文质等人,都是浙江人。

宫天挺(约1260—约1330),字大用,大名开州(今河南濮阳)人,他与钟嗣成父为莫逆交。嗣成小时,常随父拜访,见其吟咏、文章笔力,人莫能敌,乐章歌曲,特余事尔。钟嗣成《录鬼簿》著其事迹云:"历学官,除钓台书院山长,为权豪所中,事获辩明,亦不见用,卒于常州",一生所作剧作6种:《严子陵钓鱼台》《会稽山越王尝胆》《死生交范张鸡黍》《济饥民汲黯开仓》《宋仁宗御览托公书》《宋上皇御赏凤凰楼》,现存《死生交范张鸡黍》《严子陵钓鱼台》两种。钟嗣成说他:"豁然胸次扫尘埃,久矣声名播省台。先生志在乾坤外,敢嫌他天地窄。辞章压倒元白,凭心地,据手策。是无比英才。"[3]

郑光祖(1264—?),字德辉,平阳襄陵(今山西临汾市襄汾县)人,以儒补杭州路吏。一生作有杂剧十八种:《紫云娘》《齐景公哭晏婴》《周亚夫细柳营》《李太白醉写青楼月》《丑齐后无盐破连环》《陈后主玉树后庭花》《三落水鬼泛采莲船》《王太后摔印哭孺子》《放太甲伊尹扶汤》《秦赵高指鹿为马》《㑳梅香骗翰林风月》《醉思乡王粲登楼》《周公辅成王摄政》《迷青琐倩女离魂》《虎牢关三战吕布》《谢阿蛮梨园乐府》《崔怀宝月夜闻筝》《老君堂》等。全部保留至今的剧作有:《迷青琐倩女离魂》《㑳梅香骗翰林风月》《醉思乡王粲登楼》《周公辅成王摄政》《虎牢关三战吕布》《放太甲伊尹扶汤》《丑齐后无盐破连环》等。钟嗣成评价其创作认为。"公之所作,不待备述,名香天下,声振闺阁,伶伦辈称'郑老先生',皆知其为德辉也。惜乎所作,贪于俳谐,未免多于斧凿,此又别论焉"。由钟嗣成的评价知道郑光祖生前创作杂剧颇多公演,故而声震伶界与闺阁;而且郑光祖的唱词注意辞藻俳谐,所以,钟嗣成说他的唱词是经过精心打磨与雕琢的,"乾坤膏馥润肌肤,锦绣文章满肺腑,笔端写出惊

---

① 刘大杰《中国文学发展史》下卷,商务印书馆2015年,第880页。

② 王国维《宋元戏曲史》第九章"元剧之时地",第74页。

③ 钟嗣成《录鬼簿》卷下,《历代曲话汇编·唐宋元编》,第366页。

人句。解番腾今共古,占词场,老将伏输。《翰林风月》,《梨园乐府》,端的是,曾下工夫"①。

乔吉(约1280—1345),字梦符,号笙鹤翁,又号惺惺道人,太原(今属山西)人。钟嗣成评价他"美容仪,能辞章,以威严自饬,人敬畏之,居杭州太乙宫前",又作吊词云:"平生湖海少知音,几曲宫商大用心。百年光景还争甚?空赢得雪鬓侵,跨仙禽路绕云深。欲挂坟前剑,重听膝上琴,漫携秦载酒相寻",从中大略可见他的为人。剧作存目十一有:《怨风月娇云认玉钗》《杜牧之诗酒扬州梦》《玉箫女两世姻缘》《死生交托妻寄子》《马光祖勘风尘》《荆公遗妻》《唐明皇御断金钱记》《节妇牌》《贤孝妇》《九龙庙》《燕乐毅黄金台》②,只有《杜牧之诗酒扬州梦》《唐明皇御断金钱记》《玉箫女两世姻缘》三种传世。钟嗣成评价其曲云:"天风环珮玉敲金,抚掌文集花应锦,太平歌吹珠璀渗。《金钱记》,《扬州梦》,振士林。《荆公遗妾》,文意特深。《认玉钗》珊瑚沁。《黄金台》,翡翠林。《两世姻缘》,赏音协音。"③

除以上三家外,其余诸家,"殆无足观,而其剧存者亦罕"④。这之后的第三期,是至正时代,"则存者更罕,仅有秦简夫、萧德祥、朱凯、王晔五剧,其去蒙古时代之剧远矣"⑤,像秦简夫,大都人,钟嗣成《录鬼簿》中云:"见在都下擅名,近岁来杭",《录鬼簿》成书于至顺年间,可知他先在北方成名,后移居杭州,著有杂剧5种:《东堂老劝破家子弟》《天寿太子邢台记》《玉溪路》《义士死赵礼让肥》《陶贤母剪发待宾》,现存《东堂老劝破家子弟》《陶母剪发待宾》《孝义士赵礼让肥》三种。钟嗣成评价其曲云:"文章官样有绳规,乐府中和成墨迹,灯窗捻出新杂剧。《玉溪馆》,煞整齐,晋陶母剪发筵席。《破家子弟》,《赵礼让肥》,壮丽无敌"⑥,朱凯籍贯不详,但也都是寄寓江南的。

"这样看来,元朝一统以后,杂剧的发展,完全移到南方,北方几乎中绝了。"⑦北杂剧的南移并没有开启它的再度辉煌,而是逐渐走向衰落。正如刘

---

① 钟嗣成《录鬼簿》卷下,《历代曲话汇编·唐宋元编》,第367—368页。
② 钟嗣成《录鬼簿》卷下,《历代曲话汇编·唐宋元编》,第375页。
③ 钟嗣成《录鬼簿》卷下,《历代曲话汇编·唐宋元编》,第375—376页。
④ 王国维《宋元戏曲史》第九章"元剧之时地",第74页。
⑤ 王国维《宋元戏曲史》第九章"元剧之时地",第74页。
⑥ 钟嗣成《录鬼簿》卷下,《历代曲话汇编·唐宋元编》,第382页。
⑦ 刘大杰《中国文学发展史》下卷,商务印书馆2015年,第880页。

大杰所认为的那样,"元代的杂剧那一批杭州作家的作品,实在没有什么特色。可知杂剧这种文学,本是北方人的特长,言语是北方的,气质是北方的,音乐是北方的。一入南方人的掌握,便丧失了他本来的风度与精神,而步入了衰颓的机运"①,这非常有见地。而如果再联系关汉卿、马致远剧作中所反映的那种大都内亚统治与农耕文明之间的冲突矛盾,则以杭州为中心的江南作为农耕文明的典型区域并不具备这种特点,也不能为杂剧创作提供这种现实土壤,所以无论在形式上还是在内容上,北杂剧南移之后都有可能走向渐衰。

第三节　北人南下与杭州散曲作家群的形成

元曲分三种,王国维指出"杂剧之外,尚有小令、套数。小令只用一曲,与宋词略同。套数则合一官调中诸曲为一套,与杂剧之一折略同。但杂剧以代言为事,而套数则以自叙为事,此其所以异也。元人小令、套数之佳,亦不让于其杂剧"②。元曲之佳处与价值,再如王国维所云:"一言以蔽之,曰:自然而已矣。古今之大文学,无不以自然胜,而莫著于元曲。……彼但摹写其胸中之感想,与时代之情状,而真挚之理,与秀杰之气,时流露于其间。故谓元曲为中国最自然之文学,无不可也。若其文字之自然,则又为其必然之结果,抑其次也。"③据隋树森《全元散曲》的整理与统计,共有不包括残曲在内的,小令 3885首,套数 478 套④,其绝对数量虽不能与唐诗、宋词相比,但以其百余年的时长,数据也非常可观了,足以印证那个时代这种文体的兴盛程度。

南北一统之后,元杂剧中心逐渐南移,但之后却没有迎来它的兴盛繁荣,而是走向了渐衰;但这并不意味着北方剧作家们在南移之后无所作为。事实上,由于北方剧作家的大规模南移,元散曲在南方非常繁荣,可以说在南北融合的背景中,散曲取得了巨大成绩。如果说元杂剧在江南一统之前取得了巨大成绩的话,那么,一统之后,元曲主要以包括小令和套数的散曲而继续引人注目。元杂剧的发展以北方大都为中心,如前所述,大都所具有的游牧与农耕

---

① 刘大杰《中国文学发展史》下卷,第 881 页。
② 王国维《宋元戏曲史》第十二章"元剧之文章",第 102—104 页。
③ 王国维《宋元戏曲史》第十二章"元剧之文章",第 98 页。
④ 隋树森《全元散曲》"自序",第 9 页。

文明交叉的地域特质对"道人情,状物态","写当时政治及社会之情状",且"多用俗语"①的元杂剧的发展具有很大的推动意义;元散曲的发展更多以南方杭州为中心,一统之后的杭州,在大批北人南下的背景中,以"南北融合"为中心的话题一定程度上成为散曲创作以及理论探讨和突破的主要内容。

元代散曲在南方的兴盛,与元曲南移的背景密切相关。而造成元曲南移的因素,除了南北一统,运河的贯通,南宋治下以杭州为中心的区域逐渐恢复往日繁荣等原因外,还有一个非常重要的因素值得一提,那便是北方大都朝廷以淘汰江南冗官为名,大量淘汰南宋官员,并代之以北方官员,从而造成北人大举南下的风潮。在这股风潮中,诸如马致远、鲜于枢、徐琰、狄君厚、贯云石、胡祗遹、卢挚、乔吉、宫天挺、全普庵撒里等北方人都以任职江南而逐渐在南方停驻,而且官员们的南下连带着一些元曲作者和演艺人员也追随南下,或者自发南下。这不仅推动了元曲南移的进程,对于南方以杭州为中心的散曲创作群体的形成也颇具意义。关于北人南下风潮的背景,在一众南下官员的言行以及《元史》中皆有表述。如前文中所云,蒙古人在征服南宋过程中,为加速南宋的一统过程,曾恩威并施,对南宋各级地方官许以高官厚位,于是大批南宋官员或逃匿或投降,谢太后曾愤而揭榜朝堂陈述道:"我国家三百年,待士大夫不薄。吾与嗣君遭家多难,尔小大臣不能出一策以救时艰,内则畔官离次,外则委印弃城,避难偷生,尚何人为? 亦何以见先帝于地下乎?"②到至元十三年(1276)临安朝廷递送降表之际,朝中已基本无人,其时汪元量作为宫廷琴师,亲见其景,有诗记述写道:"伯颜丞相吕将军,收了江南不杀人。昨日太皇请茶饭,满朝朱紫尽降臣。"③南宋灭亡之后,元廷对南人的猜忌和不信任感以一场朝廷多方北方官员的进谏而展开:

> (四月)庚辰,以许衡言,遣使至杭州等处取在官书籍版刻至京师。壬午,立行中书省于建康府。中书左丞崔斌言:"比以江南官冗,委任非人,命阿里等沙汰之,而阿合马溺于私爱,一门子弟,立为要官。"诏并黜之。……追江南工匠官虎符。……(六月)丙寅,以江南防拓关隘一十三

---

① 王国维《宋元戏曲史》第十二章"元剧之文章",第104页。
② 《宋史》卷二四三《后妃传下》,第8660页。
③ 汪元量《醉歌(第十首)》,孔凡礼辑校《增订湖山类稿》卷一,第16页。

所设官太冗,选军民官廉能者各一人分领。……甲戌,诏汰江南冗官。江南元设淮东、湖南、隆兴、福建四省,以隆兴并入福建,其宣慰司十一道,除额设员数外,余并罢去,仍削去各官旧带相衔。……宋故官应入仕者,付吏部录用。以史塔剌浑、唐兀带骤升执政,忙古带任无为军达鲁花赤,复遥领黄州宣慰使,并罢之。时淮西宣慰使昂吉儿入觐,言江南官吏太冗,故有是命。帝谕昂吉儿曰:"宰相明天道、察地理、尽人事,能兼此三者,乃为称职。尔纵有功,宰相非可觊者。回回人中阿合马才任宰相,阿里年少亦精敏,南人如吕文焕、范文虎率众来归,或可以相位处之。"又顾谓左右曰:"汝可谕姚枢等,江南官吏太冗,此卿辈所知,而皆未尝言,昂吉儿乃为朕言之。"近侍刘铁木儿因言:"阿里海牙属吏张鼎,今亦参知政事。"诏即罢去。遂命平章政事哈伯等谕中书省、枢密院、御史台:"翰林院及诸南儒今为宰相、宣慰,及各路达鲁花赤佩虎符者,俱多谬滥,其议所以减汰之者。凡小大政事,顺民之心所欲者行之,所不欲者罢之。"……(七月)丙戌,以江南事繁,行省官未有知书者,恐于吏治非便,分命崔斌至扬州行省,张守智至潭州行省。丁亥,诏虎符旧用畏吾字,今易以国字。……定江南俸禄职田。……八月壬子朔,追毁宋故官所受告身。[①]

上所引文字出自《元史·世祖本纪》,一系列的人事变动都发生在至元十五(1278),所针对的也基本是南宋官员,这实际也真切地反映出江南一统局面已定的情况下,元廷全面接管江南事务的各种动作和举措。可以看到,至元十五年四月,首先指出问题的是崔斌,说阿合马已经利用国家准备淘汰江南官员的动向而趁机安插了自己的子弟,说明至早在至元十五年前已经有大量回回官员被安插到江南重要部门。许有壬就曾概述这种情况云:"我元始征西北诸国,而西域最先内附,故其国人柄用尤多,大贾擅水陆利,天下名城巨邑,必居其津要,专其膏腴。"[②]江南作为南宋治下区域,人口众多,物产丰饶,水陆交通便利,最便于西域人商贸其间。崔斌的进奏并非为江南人说话,而是欲与回回

---

① 《元史》卷一〇《世祖本纪七》,第1册,第200—203页。
② 许有壬《西域使者哈只哈心碑》,《全元文》卷一一九七,第38册,第390页。

人争锋①。之后，朝廷对江南的管控以及南宋降官的态度都越来越紧，六月，朝廷开始下诏淘汰江南冗官，而且取缔、兼并了战时在江南所设的一些机构，凡"宋故官应入仕者，付吏部录用"，可以看出元朝中央朝廷对宋朝官员的任用问题开始全部重新调整。而且，接着这股淘汰风潮，"翰林院及诸南儒今为宰相、宣慰，及各路达鲁花赤佩虎符者"，也被大举裁汰。最终，到八月，元廷下令"追毁宋故官所受告身"，告身即委任状，也就是说，元廷将南宋官员的委任状全部收回、毁弃。元廷这一番对南宋降官的重大变更举措，实际导致了南宋治下的江南地域大量缺少地方官员，所以张之翰在《送鲜于都事赴任杭州序》即云"朝廷更化，急于用人"②。于是，至元十五年（1278）前后，政治上的更化导致了一批北人南下。而南方散曲创作群体的形成即与这股北人南下风潮关系甚大。藉由隋树森所编辑的《全元散曲》来观照南方散曲创作群体，可以看到南方散曲主要由北来的作家与江南本土的作家构成。从创作情形来看，现今留下与南方相关散曲作品的北方作家有关汉卿、马致远、白朴、鲜于枢、徐琰、贯云石、胡祗遹、卢挚、乔吉、宫天挺、全普庵撒里、侯克中、阿里西瑛、阿里耀卿、曾瑞、薛昂夫、萨都剌、钟嗣成等，南方本土作家有：赵孟頫、张可久、徐再思、范康、范居中、施惠、虞集、赵雍、周德清、杨维桢、高明、夏庭芝等等，迹由他们的创作和理论批评，可以看到其时南北文人以杭州为中心的多元交流与融合。按照时间以及聚集人群的情形来看，散曲在南方的发展也可以约略分为三个阶段，第一个阶段是至元十五年（1278）到皇庆元年（1313）左右；第二阶段是皇庆元年（1313）到泰定元年（1324）；第三个阶段是泰定元年（1324）到至正初（1340）。

第一阶段，以至元十五年（1278）的更化为始，受到政策的影响，一批北人被迫南下任职，他们到南方之后，与南方精英文人互动唱和，不仅带动北方元曲创作中心的南移，也推动了南北文人的融合。最早因朝廷至元更化而南下

---

① 按：江南初定后，权臣阿合马趁机弄权，以"海放选"之法，恣意派遣培植私人，王恽曾上奏指实此事云："江南比至平定，谅为不易，凡所隶附，秋毫无犯，可为仁义之师。只以前省调官，贿而'海放'，行省注拟，尤为滥杂。侵渔掊克，惨于兵凶，至盗贼窃发，指此为名。"（王恽《上世祖皇帝论政事书》，《秋涧集》卷三五，《王恽全集汇校》，第 5 册，第 1728 页）由于阿合马在江南地区的"海放选"做法，也实质造成了江南地区冗官极多的现象。

② 张之翰《送鲜于都事赴任杭州序》，邓瑞全、孟祥静校点《张之翰集·西岩集》卷一四，吉林文史出版社 2009 年，第 174 页。

任职的是鲜于枢。张之翰《送鲜于都事赴任杭州序》载"朝廷更化，急于用人，吾友鲜于君伯机，由湖南宪幕召补内省掾，以家贫亲老，不能北，顺流而下，留寓淮海，读书考古外，百不事事。行台便其养，尝两荐为监察御史，意其命可立待。未几，改授浙西宣慰都事"①。据赵孟頫的《哀鲜于伯机》描述与鲜于枢初见情形云："我方二十余，君发黑如漆"②，赵孟頫生于 1254 年，鲜于枢生于 1246 年，至元十五（1278），赵孟頫正好二十余，而三十出头的鲜于枢的确可以用"头发黑如漆"来形容其精壮。鲜于枢（1246—1302），字伯机，号困学民、又号西溪子、直寄老人、虎林隐吏，渔阳人（今北京蓟县），后徙汴梁。在一众南下的北人中，鲜于枢是较早到南方任职的北人，至元间即以选材为浙东宣慰司经历，后改浙江行省都事，至元二十四年（1287），鲜于枢又任杭州三司史掾。由于一直在南方任职，鲜于枢与赵孟頫、邓文原、周密等南方精英文人相处甚厚，尤其与赵孟頫交好。赵孟頫在其死后五年作《哀鲜于伯机》写道：

> 生别有再逢，死别终古隔。君死已五年，追痛犹一日。我生大江南，君长淮水北。忆昨闻令名，官舍始相识。我方二十余，君发黑如漆。契合无间言，一见同宿昔。春游每挐舟，夜坐常促席。气豪声若钟，意愤髯屡戟。谈谐杂叫啸，议论造精核。巍煌商鼎制，驵骏汉马式。奇文既同赏，疑义或共析。锦囊装玉轴，妙绝晋唐迹。粲然极炫曜，观者咸辟易。非君有精鉴，畴能萃奇物。最后得玉钩，雕琢螭盘屈。握手传玩余，欢喜见颜色。刻意学古书，池水欲尽黑。书记往来间，彼此各有得。我时学锺法，写君先墓石。江南君所乐，地气苦下湿。安知从事衫，竟卒奉常职。至今屏障间，不忍睹遗墨。凄凉方井路，松竹荫真宅。乾坤清气少，人物世罕觌。绯袍俨画像，对之泪沾臆。宇宙一何悠，悲酸岂终极。③

从赵孟頫的追忆可以看出鲜于枢到了江南之后，为南方文化所熏，与南方精英文人以书画文玩的收藏、鉴赏和习练为中心，形成一个长相往来，每有唱和的南北文人交融的群体。在赵孟頫大量与鲜于枢有关的记载中，尤其值得一提

---

① 张之翰《送鲜于都事赴任杭州序》，《张之翰集·西岩集》卷一四，第 174 页。
② 赵孟頫《哀鲜于伯机》，《赵孟頫集》卷三，第 46 页。
③ 赵孟頫《哀鲜于伯机》，《赵孟頫集》卷三，第 46 页。

的是大德二年（1298），二月二十三日的南北文人雅集。在这次雅集中，赵孟
頫、周密、霍肃、郭天锡、张伯淳、廉希贡、马昫、乔篑成、杨肯堂、李衎、王芝等南
北多族文人，皆集于鲜于枢家池上，一道观赏王羲之的《思想帖》真迹①。正如
赵孟頫在诗中所记述的那样，鲜于枢在江南浓郁且精致的文化氛围中，精神备
为愉悦，常与南方文人们："奇文既同赏，疑义或共析"。当其时江南为北方统
一的背景，故家文物每每为北人所收，所以赵孟頫感慨写道"锦囊装玉轴，妙绝
晋唐迹。絜然极炫曜，观者咸辟易"，而鲜于枢作为精于赏鉴的高手，所以"畴
能萃奇物"。凡此种种，便有了南北多族文人的齐集共赏场景："最后得玉钩，
雕琢螭盘屈。握手传玩余，欢喜见颜色"，其情景不仅让赵孟頫追怀，也会令人
读之叹赏。鲜于枢于散曲也颇有涉足，留有套数1套：《〔仙吕〕八声甘州》：

> 江天暮雪。最可爱青帘摇曳长杠。生涯闲散。占断水国渔邦。烟浮
> 草屋梅近砌。水绕柴扉山对窗。时复竹篱旁。吠犬汪汪。
> 　〔幺〕向满目夕阳影里。见远浦归舟。帆力风降。山城欲闭。时听
> 戍鼓音夆（pāng）音夆。群鸦噪晚千万点。寒雁书空三四行。画向小屏
> 间。夜夜停釭。
> 　〔大安乐〕从人笑我愚和戆。潇湘影里且妆呆。不谈刘项与孙庞。
> 近小窗。谁羡碧油幢。
> 　〔元和令〕粳米炊长腰。鳊鱼煮缩项。闷携村酒饮空缸。是非一任
> 讲。恣情拍手棹渔歌。高低不论腔。
> 　〔尾〕浪滂滂。水茫茫。小舟斜缆坏桥桩。纶竿蓑笠。落梅风里钓
> 寒江。②

尽管鲜于枢留下的曲作仅有这一套，但由其写作内容来看，以江南风景和江南
生活为写作对象，甚至在用调上也力图展现南方声腔，可以想见鲜于枢在南方
生活期间，对于散曲的创作颇有介入。在与鲜于枢交游的这群人中，赵孟頫有
小令2首。

徐琰（？—1301），字子方，号容斋，又号养斋，又自号汶叟，山东东平人。

---

① 赵孟頫《题右军思想帖真迹（大德二年二月廿三日）》，《赵孟頫集·续集·题跋》，第301页。
② 鲜于枢《〔仙吕〕八声甘州》，《全元散曲》上册，第97—98页。

徐琰在东平府学时曾为元好问所识拔。与阎复、李谦、孟祺四人被号称为"四杰"。至元二十七年（1290）任江西参政，二十九年（1292）迁江南浙西廉访使①，《南村辍耕录》载："徐文献公为浙西廉使，时治所尚在平江。有旨迁置于杭。岁云暮矣。择日启行。"②至元三十一年（1294），徐琰作为地方官曾主持改建西湖书院③，"西湖之有书院，书院之有书库，实昉自徐公"④，徐琰有文学重望，在江南任职期间，东南文人学士，翕然宗之。牟巘《题徐容斋存稿》云："犹记丙申岁，予偶来杭，容斋首访寄邸，称仲实不置，且贺予得婿"，丙申是元贞二年（1296），仲实是牟巘女婿张模之字，而徐琰与牟巘之间谈话时间的厚洽以及内容的私人性，都表明徐琰与以牟巘为代表的南方士绅阶层关系的亲近。在徐琰去世时，戴表元作为至元、大德时期的东南文坛领袖⑤曾代表东南文人作《众祭徐子方承旨文》，文章云："惟我徐公，天性清真，闻一言之中于道，一材之适于用，则夸张赞诩，至自引其躬，以为如不可及。虽草茅侧陋，江海阻绝，内不度己之嫌疑，外不顾人之愿欲，而必将使之处屈而能伸。位近三台，仕逾五纪，衣冠之所楷则，中外之所警策。而谦容雅度，言笑恂恂，譬之大川乔岳，有来必容，无门不纳，人益见其浩荡而嶙峋。彼斗筲之夫，撞搪掉掷，岂不欲驱赢攻坚，扬秽溷洁，卒之力不给而先蹶，目既昧而徒瞋。夫惟在宠知让，居高能贫。故其忘怀出处，随时显晦；白首一节，愈久弥纯。四海之士，方期公之大用"⑥，很真切地表达出徐琰与江南文人关系的融洽以及在北廷猜忌南人的情境下，东南士子对徐琰的殷切期待。徐琰留有小令 12 首，套数 1 套。曾经得到徐琰荐拔的滕宾有小令 15 首。滕宾（1254—约 1329），一作斌，字玉霄，黄冈人，祖籍睢阳。至元二十七、八年间在庐陵与刘辰翁等交往，受知于时任江西省参政事的徐琰。大德二年（1298）正月，滕宾在杭州与张元朴押运地理书入都。大德三年（1299），徐琰以翰林学士承旨荐举滕宾任江西儒学副提举至大德五年（1301）四月。大德六年（1302）至延祐元年（1314）在翰林国史

---

① 彭万隆、张永红《元代文学家滕宾生平稽考——兼考徐琰》，《浙江工业大学学报》2015 年第 4 期，第 412 页。

② 陶宗仪《南村辍耕录》卷六"廉使长厚"，第 99 页。

③ 贡师泰《重修西湖书院记》，《贡氏三家集·贡师泰集》卷七，第 311 页。

④ 陈基《西湖书院书目序》，邱居里、李黎校点《陈基集》，吉林文史出版社 2009 年版，第 195 页。

⑤ 《元史》卷一九〇《儒学二》，第 14 册，第 4336—4337 页。

⑥ 戴表元《众祭徐子方承旨文》，《戴表元集·剡源集》卷二三，第 310 页。

院,应奉翰林文字同知制诰兼国史院编修。延祐二年(1315),被贬至江西会昌。约延祐五年(1318)到至治三年(1323),以文林郎,出任江西儒学提举。至治三年致仕,辞荣投老,在豫章以诗酒宾客自娱;其间,作为江西科举校文者,亦曾被朝廷安车召还。最晚卒于天历二年,享年约76岁。著有《万邦一览集》《滕玉霄文》等①。

卢挚(1235—约1314),字处道,又字莘老,号疏斋,又号嵩翁,河北涿郡人。至元十四年(1277)迄十八年(1281)曾在江南诸郡收集书版,姚燧《读史管见序》记载:"宋社既墟,诏令湖南宪使卢挚,以内翰籍江南诸郡在官四库精善书板,舟致京师,付兴文署。"②至元十九年(1282)任江东建康道提刑按察副使,大德九年(1305)末至十年(1306)为浙西道廉访使,十一年(1307)为江东道廉访使,至大二年秋退职,卜居宣城③。卢挚与南方文人吴澄、文矩、张可久等颇多往来。尤其是张可久,他的散曲作品中有多首描述出他与卢挚之间往来唱和的密切,如《〔双调〕水仙子·疏斋学士自长沙归》《〔双调〕水仙子·湖上怀古次疏斋学士韵》《〔双调〕水仙子·红梅次疏斋学士韵》《〔双调〕殿前欢·忆疏斋学士郊行》《〔双调〕折桂令·和疏斋学士韵》《〔南吕〕四块玉·怀古疏翁索题》《〔中吕〕红绣鞋·茅山疏翁索赋》等等。卢挚擅长小令,现今留有小令作品121首,而以其对江南非常熟悉,很多散曲以江南尤其是杭州为写作对象。值得一提的是,卢挚曾与刘时中、马致远等人提议以杭州西湖四时风景为对象而进行同题集咏。刘时中《〔双调〕水仙操》的"引"文写道:

若把西湖比西子。淡妆浓抹总相宜。玉局翁诗也。填词者窃其意。演作世所传唱水仙子四首。仍以西施二字为断章。盛行歌楼乐肆间。每恨其不能佳也。且意西湖西子。有秦无人之感。崧麓有樵者。闻而是之。即以春夏秋冬赋四章。命之曰西湖四时渔歌。其约。首句韵以儿字。时字为之次。西施二字为句绝。然后一洗而空之。邀同赋。谨如约。④

---

① 彭万隆、张永红《元代文学家滕宾生平稽考——兼考徐琰》,《浙江工业大学学报》2015年第4期,第418页。

② 姚燧《读史管见序》,《全元文》卷三〇二,第9册,第386页。

③ 彭万隆、张永红《卢挚生平几个疑难问题再考辨》,《浙江工业大学学报》2015年第2期,第150页。

④ 刘时中《〔双调〕水仙操》,《全元散曲》上册,第743—744页。

刘时中引文中提到的“崧麓有樵者”就是卢挚，由引文可以知道，是卢挚提出，题咏西湖，并“以春夏秋冬赋四章，命之曰西湖四时渔歌”。刘时中（1280—1334），名致，号逋斋，山西石州宁乡人（今山西中阳），后流寓长沙。曾就学于姚燧，大德二年（1298），被姚燧荐为湖南宪府吏，以江浙行省都事致仕。史籍中所载的“古洪刘时中”“河东刘致”“湘中刘致”，也是此人。卢挚与姚燧关系不错，大德五年（1301），卢挚为湖南宪使，与姚燧、程钜夫一道唱和：程钜夫有《摸鱼儿·次韵卢疏斋宪使题岁寒亭》，卢挚有《摸鱼子·奉题雪楼先生鄂宪公馆岁寒亭诗卷》，姚燧有《捧读雪楼宪使〈岁寒亭记〉，击节之余，扳疏斋例，亦赋乐章。姚燧再拜》，而程钜夫再赋《感皇恩·次韵姚牧庵题岁寒亭》，可见北官南下之后，之间每有联络唱和。而姚燧与刘致师生间情谊很深[①]，所以刘致与卢挚之间有这场同题集咏，在情理之中。在《全元散曲》中，收有刘致小令 74 首，套数 4 篇。此外刘致还著有《复古纠缪编》《遂昌山樵杂录》《牧庵年谱》1 卷等。刘致与江南文人诸如赵孟頫、杨载、王寿衍、钱惟善、张可久等人颇多往来、吟和。刘致去世时，钱惟善作挽词写道：“平生宝绘燎秦灰，有酒长教笑口开。中夜闻鸡曾起舞，晚年爱菊竟归来。圣贤欲献王褒颂，绛灌那知贾谊才。怅望龟溪埋玉后，湘江雨湿钓几苔”[②]，王寿衍为其主持后事。陶宗仪《南村辍耕录》曾载此事云：“王眉叟寿衍，号溪月，杭州人。出家为道士，受知晋邸。后以弘文辅道粹德真人管领郡之开元宫。浙省都事刘君时中致者，海内名士也。既卒，贫无以为葬，躬往吊哭，周其遗孤，举其柩葬于德清县，与己之寿穴相近，春秋祭扫不怠”[③]，由钱惟善、陶宗仪等人的文字，可以看出刘致与南方文人间关系之密厚。与卢挚、刘致一道作曲题咏西湖四时渔歌的还有马致远。马致远有小令《〔双调〕湘妃怨》四首，题为“和卢疏斋西湖”，尽管调与卢挚、刘致的有些不同，但从内容来看应该是唱和作品：

① 姚燧《武昌寄刘时中》对刘致突出的文采与才华、温和的品性以及他们的师生情谊颇有表述：“思君诵君诗，贤于对君颜。昔也坐我侧，守口如闭关。今兹言尽怀，翻宜隔湖山。文章灵奇气，赋与天所悭。古人游已遥，古风力孤攀。及肩曹刘垒，窥奥长信班。不取为贫仕，伤和賣清潸。仲尼且委吏，重耳尝险艰。丈夫无不为，大弨况能弯。入手无眼箭，安识邕容蛮。归来弄绿绮，九霄鸣佩环。挟是文武资，未忧身恫瘝。大路横至宝，谁不收裹还。报章因南鸿，灭影秋色间。转令感白发，羁思无由删”，《全元诗》第 9 册，第 155 页。

② 钱惟善《故翰林待制刘公时中挽词》，《全元诗》第 41 册，第 40 页。

③ 陶宗仪《南村辍耕录》卷九“王眉叟”条，第 144 页。

〔双调〕湘妃怨·和卢疏斋西湖

春风骄马五陵儿。暖日西湖三月时。管弦触水莺花市。不知音不到此。宜歌宜酒宜诗。山过雨颦眉黛。柳拖烟堆鬓丝。可喜杀睡足的西施。

采莲湖上画船儿。垂钓滩头白鹭鸶。雨中楼阁烟中寺。笑王维作画师。蓬莱倒影参差。薰风来至。荷香净时。清洁煞避暑的西施。

金卮满劝莫推辞。已是黄柑紫蟹时。鸳鸯不管伤心事。便白头湖上死。爱园林一抹胭脂。霜落在丹枫上。水飘着红叶儿。风流煞带酒的西施。

人家篱落酒旗儿。雪压寒梅老树枝。吟诗未稳推敲字。为西湖捻断髭。恨东坡对雪无诗。休道是苏学士。韩退之。难妆煞傅粉的西施。①

四只小令所写内容,正好以西湖四时精致为书写对象,符合刘致"引"文中的命题之意:"以春夏秋冬赋四章,命之曰西湖四时渔歌"②,而且也巧妙诙谐地表达了西湖若西子,淡妆浓抹总相宜的韵致。在前文中我们已指出,马致远是至元二十三(1286)南下任浙江行省务官,作为大都极为活跃的剧作家,马致远其实也算是北官南下风潮中较早到达江南的北人,而且此后,马致远没有回到北方。马致远除了杂剧作品之外,有小令 115 首,套曲 26 套(其中 4 套残曲)。此外,马致远《〔双调〕拨不断》15 首等作品也能看出作者对于江南生活的熟稔,并常以之作为写作对象的情形。

刘致的老师姚燧,也是江南一统后,较早到南方任职的北人。至元二十一年(1284),姚燧出任湖北宪副使,至元二十九年(1292)挈家寓湖北武昌,大德五年(1301)为江东廉访使③。大德九年(1305)拜江西行省参知政事。至大四年(1311),姚燧得告南归,中书以翰林承旨召,燧以病不赴,直至皇庆二年(1313)湖北郢城去世,没有回到北方。姚燧有小令 29 首,套数 1 套。此外留

---

① 马致远《〔双调〕湘妃怨·和卢疏斋西湖》,《全元散曲》上册,第 281—282 页。

② 刘时中《〔双调〕水仙操》,《全元散曲》上册,第 743—744 页。

③ 按:元朝平定南宋后,至元十四年(1277)七月于建康路设立江东建康道提刑按察司(以下简称"江东按察司"),设正使二人,副使二人,金事二人,经历一人,职掌刑狱、捕盗等事务。至元二十三年(1286),由于江南诸道行御史台自扬州迁至建康路,江东按察司遂至建康路迁至宁国路。至元十四(1277),元廷于建康置江东建康道提刑按察司,监宁国、徽州、饶州、集庆、太平、池州、信州、广德等路。

有散曲作品的南下北方官员王恽、胡祗遹、狄君厚等。还有王恽(1226—1304),字仲谋,别号秋涧,河南卫州汲县人。至元十九年(1282)三月,授中议大夫、治书侍御史,虽有赴任准备,但终未能到扬州上任,至元二十六(1289)王恽授少中大夫、升福建闽海道提刑按察使。王恽有诗《寄紫山宪使》:"去冬相从入台参,君任平江我更南。不惜残年趋海峤,拟将风义压烟岚。得时可进成虚步,纵说知难到强谈(颈联一作'碧云暮合人千里,白发愁多雪满簪')。归见紫山如有问,此身于世百无堪。"①王恽有小令41首,其中有《〔正宫〕黑漆弩·游金山寺》《〔越调〕平湖乐》等曲作写南方景致。胡祗遹(1227—1295),字绍开,号紫山,又号少凯,磁州武安人。至元十三年(1276)元廷置湖北道宣慰司,胡祗遹出为荆湖北道宣慰副使,胡祗遹有诗题为《至元十五年江陵重九》,写道:"荆南两重九,犹未见归期。有恨诗难写,无欢杯倦持。"②在至元十五年(1278)时,胡祗遹已在湖北江陵度过两次重阳节,可见元廷设置湖北道宣慰司时,胡祗遹即出任副使③。至元十九年(1282)任济宁路总管,后升任山东东西道提刑按察使,治绩显著。后召拜翰林学士,未赴,至元二十六年(1289)改任江南浙西提刑按察使。胡祗遹有小令11首。

狄君厚,在北人南下风潮中,也到了扬州任职,直至至大元年(1308)返回北方,在扬州任职、生活时间比较长,所以他对扬州的生活非常熟稔,《全元散曲》收有其套曲1套,题目即为《〔双调〕夜行船·扬州忆旧》:

忆昔扬州廿四桥。玉人何处也吹箫。绛烛烧春。金船吞月。良夜几番欢笑。

〔风入松〕东风杨柳舞长条。犹似学纤腰。牙樯锦缆无消耗。繁华去也难招。古渡渔歌隐隐。行宫烟草萧萧。

〔乔牌儿〕悲时空懊恼。抚景慢行乐。江山风物宜年少。散千金常醉倒。

〔新水令〕别来双鬓已刁骚。绮罗丛梦中频到。思前日。值今宵。

---

①　王恽《寄紫山宪使》,《全元诗》第5册,第320页。

②　胡祗遹《至元十五年江陵重九》"荆南两重九,犹未见归期。有恨诗难写,无欢杯倦持。遥怜故园菊,开彻水东篱。却恨江城雁,无书谩送悲",《胡祗遹集》卷五,第111页。

③　张艳《元初文臣胡祗遹行年考》,《古籍整理研究学刊》2013年第1期,第101—104页。

络纬芭蕉。偏恁感怀抱。

〔甜水令〕世态浮沉。年光迅速。人情颠倒。无计觅黄鹤。有一日旧迹重寻。兰舟再买。吴姬还约。安排着十万缠腰。

〔离亭宴煞〕珠帘十里春光早。梁尘满座歌声绕。形胜地须教玩饱。斜日汴隄行。暖风花市饮。细雨芜城眺。不拘束越锦袍。无言责乌纱帽。到处里疏狂落魄。知时务有谁如。揽风情似咱少。①

狄君厚的这首扬州忆旧的描述与马致远的西湖书写可以媲美，都反映出他们作为北人在南方生活日久之后，深受南方生活浸润，并在作品中体现出对江南生活的喜爱与眷恋。

此外，再如奥敦周卿也是在至元十五年（1278）前后南下任职，《全元散曲》中收有他的小令 2 首，套数 2 套。其两首小令都是写杭州景致：

〔双调〕蟾宫曲

西山雨退云收。缥缈楼台。隐隐汀洲。湖水湖烟。画船款棹。妙舞轻讴。野猿搦丹青画手。沙鸥看皓齿明眸。阆苑神州。谢安曾游。更比东山。倒大风流。

西湖烟水茫茫。百顷风潭。十里荷香。宜雨宜晴。宜西施淡抹浓妆。尾尾相衔画舫。尽欢声无日不笙簧。春暖花香。岁稔时康。真乃上有天堂。下有苏杭。②

这个时期，除了南下的北方官员之外，还有一批南下游历或寓居的北方剧作家，如白朴、关汉卿、乔吉、曾瑞等人。白朴在江南一统之后，便长期游历江南或寓居江南。至元十四年（1277），元廷置江南浙西道提刑按察司，驻杭州路，白朴的弟弟白格出任建台扬州的南台椽史，白朴即与弟弟在一起，并与南下的官员诸如卢挚、王恽、胡祗遹等人颇有交往。白朴有散曲 37 首，套数 4 套。关汉卿应该在一统之初便到江南游历，其曲《〔南吕〕一枝花·杭州景》云："普天

---

① 狄君厚《〔双调〕夜行船·扬州忆旧》，《全元散曲》上册，第 520—521 页。
② 奥敦周卿《〔双调〕蟾宫曲》，《全元散曲》上册，第 171 页。

下锦绣乡,寰海内风流地。大元朝新附国,亡宋家旧华夷"①,"新附"一词表明关汉卿在江南一统初期到杭州游历,关汉卿有下令 57 首,套数 15(含残套数 2)。曾瑞,在江南一统后南下,因喜欢杭州,遂寓居杭州,有小令 95 首,套数 17 套。侯克中,江南一统后,踪迹杭州等地,有套数 2 套。而江南本土作家,范康,杭州人,《全元散曲》收录其小令 4 首,套数 1 首。周文质,居杭州,有小令 43 首,套数 5 首。

第二阶段,以贯云石南下归隐开始直至去世为止。在第一阶段中,北方官员虽大举南下,但情绪上并不愉快,像王恽在至元二十六年(1288)《寄紫山宪使》写道:"去冬相从入台参,君任平江我更南。不惜残年趋海峤,拟将风义压烟岚。得时可进成虚步,纵说知难到强谈(颈联一作'碧云暮合人千里,白发愁多雪满簪')。归见紫山如有问,此身于世百无堪。"②这首诗点明胡祇遹与王恽两位翰林好友在差不多的时间南下任职,而从王恽诗歌的情绪中,能感觉到至元时候北方官员视南宋治下区域为朝廷孤远之地,并不情愿南下。与第一阶段受到政治动向影响而北人大举南下的情形颇为不同的是,江南在一统后数十年间,逐渐恢复活力与生气,杭州、扬州等江南著名都市成为北方仕宦、士子与商人乐于游从的地方。就散曲创作与南北融合的情形而言,到了第二阶段,江南地域成为元散曲创作的中心。这个时期南下的北人贯云石、乔吉、薛昂夫等人贡献了大量的散曲作品,而南方作家中出现了张可久、徐再思等高产作家,相关作品整理的集子诸如《阳春白雪》《今乐府》纷纷涌现。

南下的北人中,尤其值得一提的贯云石,他可以说是这个阶段的灵魂人物。贯云石(1286—1324),畏吾儿人。据欧阳玄《元故翰林学士中奉大夫知制诰同修国史贯公神道碑》载:"公家世北庭,云石其名,酸斋其号也。故湖广行省右丞相、赠宣威服远辅德翊运功臣、太师、开府仪同三司、上柱国、追封江陵王、谥武定阿里海涯之孙;故浙江行省平章政事、赠光禄大夫、河南行省平章政事、柱国、追封楚国公、谥忠惠贯只哥之子。母赵国夫人廉氏,故平章政事希闵之女"③,贯云石号酸斋,又号芦花道人,本名小云石海涯,因父名贯只哥,遂

---

① 关汉卿《〔南吕〕一枝花·杭州景》,《汇校详注关汉卿集》第 1698 页。

② 王恽《寄紫山宪使》,《全元诗》第 5 册,第 320 页。

③ 欧阳玄《元故翰林学士中奉大夫知制诰同修国史贯公神道碑》,《欧阳玄集·圭斋文集》卷九,上册,第 211 页。

以贯为姓。贯云石起初承袭父爵为宣武将军两淮万户府达鲁花赤,镇永州,皇庆元年(1312)仁宗即位后,官拜翰林侍读学士、中奉大夫、知制诰同修国史,从二品官员,后称疾辞官,定居杭州城南凤山门(又称正阳门)外,柳翠巷旁的海鲜巷内,元泰定元年(1324年)逝于杭州。贯云石在杭州有别业栖云庵(今称栖云寺),该庵位于南宋皇宫之地凤凰山区域,山门面对钱塘江。《全元散曲》中收有贯云石小令79首,套数8首,是西域作家中留存散曲数量最多者,不仅如此,贯云石与这个时期散曲创作的代表人物诸如张可久、乔吉、徐再思、杨朝英等人相处非常融洽,每以乐府唱和。张可久(约1270—1348以后),字小山(一说名伯远,字可久,号小山),庆元(今浙江宁波鄞县)人,张可久长期寓居杭州西湖一带。张可久擅长散曲,与乔吉并称"双璧",与张养浩合为"二张"。存世作品现存小令853首,套曲9首,数量为有元之冠,为元代传世散曲最多的作家,占现存全元散曲的五分之一。贯云石为张可久散曲集《今乐府》作序写道:

> 丝竹叶以宫征,视作诗尤为不易。予寓武林,小山以乐府示余。临风清玩,击节而不自知,何其神也!择矢弩于断枪朽戟之中,拣奇璧于破物乱石之场。抽青配白,奴苏隶黄;文丽而醇,音和而平,治世之音也。谓之《今乐府》,宜哉!小山以儒家读书万卷,四十犹未遇。昔饶州布衣姜夔,献《铙歌鼓吹曲》,赐免解出身。尝谓史邦卿为句如此,可以骄人矣。小山肯来京师,必遇赏音,不至老于海东,重为天下后世惜。延祐己未春,北庭贯云石序。①

据贯云石序言内容知道,序言写于延祐己未(延祐六年,1319),贯云石在皇庆元年(1312)辞官归隐武林,则作序时已在武林寓居6年了。序言中,贯云石对张可久的散曲称赏不已,认为它们"抽青配白,奴苏隶黄",在内容表述上,超过了苏轼、黄庭坚;形式上"文丽而醇,音和而平",称得上是"治世之音",所以贯云石很慨然地说,如果张可久愿意去京师,一定会遇到赏音之士,不至于沉沦海东而老,为天下识者惋惜。张可久散曲作品有9首与贯云石有关:《〔双

---

① 贯云石《今乐府序(延祐六)》,《全元文》卷一一四四,第36册,第192页。

调〕水仙子·酸斋学士席上》《〔中吕〕满庭芳·湖上酸斋索赋》《〔双调〕殿前欢·次韵酸斋》（2首）、《〔中吕〕朝天子·酸斋席上听胡琴》《〔南吕〕骂玉郎过感恩采茶歌·为酸斋解嘲》《〔双调〕折桂令·次酸斋韵》《〔正宫〕小梁州·秋思酸斋索赋》《〔中吕〕朝天子·和贯酸斋》，反映出他与贯云石的交情之密洽。

张可久在杭州生活的时间比较长，大量的散曲作品也以杭州景致及文化背景为书写对象，其中，尤其引人注目的是他的西湖书写：如《〔双调〕水仙子·西湖秋夜》《〔双调〕水仙子·吴山秋夜》《〔双调〕水仙子·重过西湖》《〔双调〕水仙子·湖上即事》《〔双调〕水仙子·西湖怀古》《〔双调〕水仙子·西湖废圃》《〔中吕〕满庭芳·湖上》《〔中吕〕普天乐·西湖即事》《〔中吕〕普天乐·重过西湖》《〔越调〕寨儿令·西湖秋夜》《〔越调〕寨儿令·西湖春晚》《〔越调〕寨儿令·游春即景》（2首）《〔越调〕寨儿令·湖上春行》《〔双调〕殿前欢·西湖晚晴》《〔双调〕殿前欢·春晚》《〔双调〕殿前欢·西湖晚晴》《〔双调〕殿前欢·湖上宴集》（2首）、《〔双调〕殿前欢·雪晴泛舟》《〔双调〕落梅风·西湖》《〔中吕〕红绣鞋·西湖雨》《〔越调〕天净沙·孤山雪夜》《〔越调〕天净沙·湖上送别》《〔越调〕天净沙·重游感旧》《〔越调〕天净沙·忆西湖》《〔双调〕落梅风·忆西湖》《〔商调〕梧叶儿·春晓堤上》《〔商调〕燕引雏·西湖春晚》《〔双调〕折桂令·西湖送别》《〔双调〕折桂回·钱塘即事》等等。张可久集中类似作品俯首可拾、枚不胜举，无怪冯子振就曾在《〔中吕〕红绣鞋·题小山苏堤渔唱》一曲中写道："东里先生酒兴，南州高士文声。玉龙嘶断彩鸾鸣，水空秋月冷。山小暮天青，苏公堤上景"[1]，说张可久写的都是西湖景致；而高栻《〔双调〕殿前欢·题小山苏隄渔唱》更是说张可久尽管"才华压尽香奁句，字字清殊。光生照殿珠，价等连城玉，名重长门赋"，但却有一个特点"无日不西湖"[2]；所以钟嗣成给张可久的挽词也写道："水光山色爱西湖，照耀乾坤《今乐府》。《苏堤渔唱》文相助，又《吴盐》，余意续"[3]。对于元代散曲的发展而言，张可久大量创作散曲，并以"西湖书写"作为散曲创作的主要主题，

---

① 冯子振《〔中吕〕红绣鞋·题小山苏堤渔唱》，王毅辑校《海粟集辑存》，（长沙）岳麓书社 2009 年，第66 页。

② 高栻《〔双调〕殿前欢·题小山苏隄渔唱》，《全元散曲》中册，第 1156—1157 页。

③ 钟嗣成《录鬼簿》卷下，《历代曲话汇编·唐宋元编》，第 383 页。

一定程度上标志着元代以杭州为中心的散曲创作中心的形成。

与张可久齐名的南下北人乔吉,他在中年以后主要寓居杭州,《全元散曲》收录其作品:小令 209 首,套数 11 套。乔吉的许多作品也是以江南,包括杭州或者西湖为写作对象的,如《〔双调〕折桂令·西湖忆黄氏所居》《〔双调〕折桂令·拜和靖祠双声叠韵》《〔双调〕水仙子·咏雪》。乔吉与贯云石、阿里西瑛等颇有唱和往来。如阿里西瑛的懒云窝,贯云石、乔吉、阿里西瑛都有题咏,乔吉题作《〔双调〕殿前欢·里西瑛号懒云窝自叙有作奉和》(6 首)等。乔吉对于散曲创作颇有心得,陶宗仪《南村辍耕录·作今乐府法》条载:

> 乔孟符吉博学多能,以乐府称。尝云:"作乐府亦有法:曰凤头、猪肚、豹尾六字是也。大概起要美丽,中要浩荡,结要响亮。尤贵在首尾贯穿,意思清新。苟能若是,斯可以言乐府矣。此所谓乐府,乃今乐府。如《折桂令》《水仙子》之类。①

陶宗仪这段记载非常有价值,第一,指出了乔吉作为元曲大家,不仅在创作有很多实践,而且在理论上也开始有所总结;第二,乔吉的六字创作心得"凤头、猪肚、豹尾"很有指导意义,不仅对作曲有意义,甚至用于作文也有价值;第三,这个时期常用的曲牌为《折桂令》《水仙子》之类。据载,折桂令是由唐宋词牌演变而来的一个曲牌,一名"秋风第一枝",又名"广寒秋""蟾宫引""蟾宫曲""步蟾宫""折桂回""天香引",是元曲中变化较多的曲牌,同时,它作为北曲双调"新水令"联套里第一支上板的过曲,也是这个联套里不可或缺的一支过曲。《折桂令》等曲牌在张可久等人的创作推动下,在元代中叶特别流行。张可久的散曲集取名为《今乐府》,而翻检其作品,大量以《折桂令》等曲牌进行创作。另外,从张可久给卢挚、贯云石题写的散曲作品来看,张可久可能善于创制新乐府,而且非常受欢迎,钟嗣成认为张可久的散曲创作"惊动林苏",称得上是"荆山玉,合浦珠",在当时可谓"压倒群儒"②。朱权认为张可久的作品"如瑶天笙鹤",并具体描述说,"其词清而且丽,华而不艳,有不吃烟火食气,

① 陶宗仪《南村辍耕录》卷八"作今乐府法",第 131 页。
② 钟嗣成《录鬼簿》卷下,《历代曲话汇编·唐宋元编》,第 383 页。

真可谓不羁之材。若被太华之仙风,招蓬莱之海月,诚词林之宗匠也"①。而李开先则将张可久与乔吉两人并称,认为"乐府之有乔、张,犹诗家之有李、杜"②,联系两人对于散曲创作的实践与推动意义以及影响,李开先的这个评价并不能算突兀。

张可久、乔吉外,与贯云石并称的有徐再思、薛昂夫、阿里西瑛等人。徐再思(约1280—1330),字德可,号甜斋,浙江嘉兴人。曾任嘉兴路吏。因喜食甘饴,故号甜斋,与贯云石一样擅长散曲,故世有酸甜乐府之称。《全元散曲》收录其小令103首,其散曲作品中也多以杭州生活、西湖景致为书写对象。薛昂夫,据孙楷第氏的考证,"本西域人,先世内徙,居怀孟路。祖某,官御史大夫,始居龙兴。卒谥清献。父某,官御史中丞。两世皆封覃国公"③,薛昂夫本人曾官三衢路达鲁花赤。赵孟頫评价薛昂夫的汉化学养及创作云:薛昂夫由"西戎贵种,服旃裘,食湩酪,居逐水草,驰骋猎射,饱肉勇决"一变而为"乃事笔砚,读书属文,学为儒生,发而为诗、乐府,皆激越慷慨,流丽闲婉,或累世为儒者有所不及"④。《全元散曲》收其小令66首(含残小令1首),套数3首,在这些作品中直接与西湖相关的作品如《〔中吕〕山坡羊》1首、《〔中吕〕山坡羊·西湖杂咏》(7首)》等,可见薛昂夫在杭生活的经历与深刻印记。

值得注意的是,在贯云石留下来的关于散曲序言中,为张可久所作《今乐府序》外,还有一篇是为杨朝英所编散曲集《阳春白雪》所作序言。序言写道:

盖士尝云:"东坡之后,便到稼轩。"兹评甚矣!然而北来徐子芳滑雅,杨西庵平熟,已有知者。近代疏斋媚妩,如仙女寻春,自然笑傲。冯海粟豪辣灏烂,不断古今,心事天与,疏翁不可同舌共谈。关汉卿、庾吉甫造语妖娇,却如小女临杯,使人不忍对殢。仆幼学词,辄知深度如此。年来职史,稍稍退顿,不能追前数士,愧已。澹斋杨朝英选百家词,谓《阳春白雪》,征仆为之一引。吁!"阳春白雪"久无音响,评中数士之词,岂非"阳

---

① 朱权著,姚品文笺评《太和正音谱笺评》卷上,中华书局2011年,第22页。
② 《全元散曲》"张可久小传",中册,第845页。
③ 杨镰、石晓奇、栾睿《元曲家薛昂夫》之孙楷第《元曲家考略·薛昂夫》,(乌鲁木齐)新疆人民出版社1992年,第247页。
④ 赵孟頫《薛昂夫诗集序》,《松雪斋集》卷六,第158页。

春白雪"也耶？客有审仆曰："适先生所评，未尽选中，谓他士何？"仆曰："西山朝来有爽气！"客笑，澹斋亦笑。酸斋贯云石序。"①

序言写作对象是杨朝英（约1265—约1352），字英甫，号澹斋，青城（今山东高青县）人。由张之翰《题杨英甫郎中澹斋》所云"贤哉吾英甫，学古亦已至。以澹名其斋，涉世良有为。……前年作郡守，今年署郎位"，"迹居喧扰中，兴在潇洒地。琴闲鹤长饥，竹瘦梅欲悴"②，知杨朝英曾官郡守、郎中，但性情疏淡，后来归隐，流寓江南，与贯云石、阿里西瑛、乔吉等相交好唱和③。在贯云石的这篇序言中，列举了六位其时著名的散曲家徐子芳、杨果、卢挚、冯子振、关汉卿、庾天锡，虽然指出他们或滑雅、平熟、妩媚、灏烂、妖娇，但实际都具有"阳春白雪"的共同气质，都洒脱、自然、爽利，这可能是杨朝英选曲的审美体现，更可能是贯云石散曲创作的审美标准与追求。《阳春白雪》乃杨朝英选辑元人小令、套数编成，《阳春白雪》前后集共十卷，前集五卷为小令，后集五卷为套数，共选七十余家散曲，还附有燕公楠的《唱论》。《阳春白雪》是元代最早一部曲选，而所附录燕公楠《唱论》一篇，为研究金、元声乐提供了资料。杨氏另又编《太平乐府》，人称《杨氏二选》，元人散曲多赖此二书保存和流传。在杨朝英的这两个散曲选本之外，诸如《江湖清思集》《中州元气》《诗酒余音》《乐府新声》《乐府群玉》《乐府群珠》等选本也应时出现，充分证明这个时期散曲创作的繁荣。

需要指出的是，我们认为贯云石是这个阶段的灵魂人物，是因为他作为西戎贵胄，主动南下归隐杭州，与其时在杭的北方作家以及本土作家关系密切。对于散曲创作，他除了本人大量参与创作，在西域作家中留下了最多散曲作品外，还关注其时散曲发展动向，他留下的两篇关于散曲的序言都非常具有典型意义。《今乐府序》是为张可久的散曲作品集写的序，而张可久代表的是其时散曲创作成就最高、成果最多者，《阳春白雪》是其时第一部散曲选本，可以说，贯云石的身份、才华以及影响力对于元散曲在这个阶段、在杭州为中心的地域的繁荣具有非常大的意义。

---

① 贯云石《阳春白雪序（皇庆二）》，《全元文》卷一一四四，第36册，第191—192页。
② 张之翰《题杨英甫郎中澹斋》，《张之翰集·西岩集》卷一，第3页。
③ 周礼丹《周德清和杨朝英关系探微》，《文教资料》2016年第35期，第179—181页。

　　第三个阶段，从泰定元年（1324）到至正中（1340—1355）。泰定元年
（1324），贯云石去世，也是在这一年，周德清完成《中原音韵》，标志着元曲理
论总结时代的到来。与第二阶段的创作繁荣、作品整理的繁荣相比，这个阶段
以《中原音韵》《录鬼簿》《青楼集》的完成，代表着在南北多族作家与演艺人员
的共同推动下，元曲理论走向成熟。

　　周德清（1277—1365），字日湛，号挺斋，江西高安人，主要活动于江南。
《全元散曲》收录其小令 31 首，套数 3 首，残句 6 句。不过周德清的成就主要
在于《中原音韵》的撰述。该著的出现不仅是元曲理论成熟的标志和总结，更
是南北多族语音曲调融合互渗的文化结晶。虞集在《中原音韵序》中写道：

　　　　乐府作而声律盛，自汉以来然矣。魏、晋、隋、唐体制不一，音调亦异，
　　往往于文虽工，于律则弊。宋代作者，如苏子瞻变化不测之才，犹不免"制
　　词如诗"之诮；若周邦彦、姜尧章辈，自制谱曲，稍称通律，而词气又不无卑
　　弱之憾。辛幼安自北而南，元裕之在金末国初，虽词多慷慨，而音节则为
　　中州之正，学者取之。我朝混一以来，朔南暨声教，士大夫歌咏，必求正
　　声，凡所制作，皆足以鸣国家气化之盛，自是北乐府出，一洗东南习俗之
　　陋。大抵雅乐之不作，声音之学不传也，久矣。五方言语又复不类，吴、楚
　　伤于轻浮，燕、冀失于重浊，秦、陇去声为入，梁、益平声似去，河北、河东取
　　韵尤远；吴人呼"饶"为"尧"，读"武"为"姥"，说"如"近"鱼"，切"珍"为
　　"丁心"之类，正音岂不误哉？高安周德清工乐府、善音律，自制《中原音
　　韵》一帙，分若干部，以为正语之本，变雅之端。其法以声之清、浊，定字为
　　阴阳，如高声从阳，低声从阴，使用字者随声高下，措字为词，各有攸当，则
　　清、浊得宜，而无凌犯之患矣；以声之上、下，分韵为平、仄，如入声直促，难
　　谐音调成韵之入声，悉派三声，志以黑白，使用韵者随字阴、阳，置韵成文，
　　各有所协，则上下中律，而无拘拗之病矣。是书既行于乐府之士，岂无补
　　哉？又自制乐府若干，调随时体制不失法度，属律必严，比事必切，审律必
　　当，择字必精，是以和于宫商，合于节奏，而无宿昔声律之弊矣。[①]

①　虞集《中原音韵序》，《历代曲话汇编·唐宋元编》，第 227—228 页。

由虞集的这段序言可以看出,他对周德清的《中原音韵》不仅读得认真,而且非常赞赏和肯定。这种赞赏和肯定的根本原因在于虞集不仅认为周德清的《中原音韵》解决了自汉代以来,不同区域的人们受到方言的困扰以至于在创作乐府时无法正音的根本问题;而且《中原音韵》以中原正声为标准音,"以声之清、浊,定字为阴、阳,如高声从阳,低声从阴,使用字者随声高下,措字为词,各有攸当,则清、浊得宜,而无凌犯之患矣;以声之上、下,分韵为平、仄,如入声直促,难谐音调成韵之入声,悉派三声,志以黑白,使用韵者随字阴、阳,置韵成文,各有所协,则上下中律,而无拘拗之病矣",这种正音理念符合国家南北一统的现实背景,为其时"国家一统气化之盛"提供了很好的理论范例。事实上周德清本人在《中原音韵》也一再指出:"余尝于天下都会之所,闻人间通济之言:'世之泥古非今,不达时变者众;呼吸之间,动引《广韵》为证,宁甘受鸪舌之诮而不悔,亦不思混一日久,四海同音,上自缙绅讲论治道及国语翻译,国学教授言语,下至讼庭理民,莫非中原之音。"[①]也正因为周德清的《中原音韵》是以中州之正音来为元王朝南北多族五方言语者求得正音正韵之法,所以作为西域人的琐非复初也认为:"《中原音韵》并诸《起例》,平分二义,入派三声,能使四方出语不偏","德清之韵,不独中原,乃天下之正音也。"[②]元代无名氏所撰《木天禁语》托西域著名作家马御史(马祖常)的口吻云:"东夷、西戎、南蛮、北狄,四方偏气之语,不相通晓,互相憎恶。惟中原汉音,四方可以通行,四方之人皆喜于习说。盖中原天地之中,得气之正,声音散布,各能相入,是以诗中宜用中原之韵"[③],《中原音韵》的出现也可以说符合了元朝南北多族人们交往、融合的共同愿望。

《中原音韵》写成之后六年,至顺元年(1330),钟嗣成的《录鬼簿》完成。钟嗣成(1279?—1360?),字继先,号丑斋,大梁人,寄居杭州。《全元散曲》收录其小令 59 首,套数 1 首。作为第一部戏曲论著,《录鬼簿》只取"高才博识"者,"传其本末,吊以乐章",平视富贵功名,也无所谓于南北多族之限,记录了自金末年到元朝中期的杂剧、散曲作者 80 余人,为后世留下极为宝贵的杂剧作家生平资料、作品目录以及代表他本人或者那个时代的元曲理论思考和审

---

① 周德清《中原音韵》,《历代曲话汇编·唐宋元编》,第 267 页。
② 琐非复初《中原音韵序》,《历代曲话汇编·唐宋元编》,第 232、233 页。
③ 无名氏《木天禁语》,何文焕《历代诗话》,中华书局 2011 年,第 752 页。

美评价。而成书于至正乙未（至正十五年，1355），吴淞夏庭芝的《青楼集》"纪南北诸伶之姓氏"①，甚至包括西域伶人。作者也力欲以诸伶生涯事迹见元曲创作、演艺之盛"非唐之传奇，宋之戏文，金之院本，所可同日语"②，人们由诸伶之事业与影响也可想象和概见有元一代"肇兴龙朔，混一文轨，乐典章，焕乎唐尧"，元曲的繁荣也一定程度地显示出其时"盛世芬华，元元同乐"③的社会面貌。

　　王国维认为"元代曲家，自明以来，称关、马、郑、白，然以其年代及造诣论之，宁称关、白、马、郑为妥也。关汉卿一空倚傍，自铸伟词，而其言曲尽人情，字字本色，故当为元人第一。白仁甫、马东篱，高华雄深，情深文明；郑德辉清丽芊绵，自成馨逸。均不失为第一流。其余曲家，均在四家范围内。唯宫大用瘦硬通神，独树一帜。以唐诗喻之：则汉卿似白乐天，仁甫似刘梦得，东篱似李义山，德辉似温飞卿，而大用则似韩昌黎。以宋词喻之：则汉卿似柳耆卿，仁甫似苏东坡，东篱似欧阳永叔，德辉似秦少游，大用似张子野。虽地位不必同，而品格则略相似也"④。王国维的评价很精彩，评价内容包括了杂剧和散曲，但只选取了他最认可的北方汉人大家加以评价。对于整个文学史而言，元曲的意义诚如周德清所总结"乐府之盛、之备、之难，莫如今时。其盛，则自缙绅及闾阎歌咏者众；其备则自关、郑、白、马一新制作，韵共守自然之音，字能通天下之语，字畅语俊，韵促音调，观其所述，曰忠曰孝，有补于世；其难，则有六字三韵，'忽听''一声''猛惊'，是也。诸公已矣，后学莫及"⑤。有元一代，参与元散曲创作的人们不仅有诸如关汉卿、马致远、白朴、郑光祖等，还有乔吉、张可久等一代曲家，此外"公卿大夫居要路者"⑥，亦于散曲创作颇为用心。与唐诗、宋词的成就相比，元曲同样贡献了优秀的作者和作品以及难以企及的创作成就；更值得指出的是，不仅是中土作家贡献甚大，诸如不忽木、贯云石、薛昂夫、阿里西瑛等汉化程度较高的西域人也颇有创作，诚所谓"文章政事，一代典

---

①　张择《青楼集叙》，《历代曲话汇编·唐宋元编》，第468页。
②　夏庭芝《青楼集志》，《历代曲话汇编·唐宋元编》，第469页。
③　张择《青楼集叙》，《历代曲话汇编·唐宋元编》，第468页。
④　王国维《宋元戏曲史》第十二章"元剧之文章"，第103—104页。
⑤　周德清《中原音韵自序》，《历代曲话汇编·唐宋元编》，第229页。
⑥　钟嗣成《录鬼簿》卷下，《历代曲话汇编·唐宋元编》，第318页。

型,乃平日之所学,而歌曲词章,由乎和顺积中,英华自然发外","风流蕴藉,自天性中来"①,元曲也因此成为"后世莫能继焉"的"一代之文学"②。而就散曲的发展中心和发展高潮以及它的理论总结而言,应该是一统之后的南方,尤其以杭州为中心的南北多族作家创作群体的形成为典型。

---

① 钟嗣成《录鬼簿》卷下,《历代曲话汇编·唐宋元编》,第318页。
② 王国维《宋元戏曲史》"自序",第1页。

第三编 元代文学格局的
变与衰(1200—1368)

　　探讨"元代文人群体的地理分布和文坛格局"或许从头至尾都需要首先尊重元代的社会现实基础。需要指出的是,元朝最独特的地方在于它是由北方游牧民族一统的王朝,这一王朝独特性使得元代文坛一定程度越出了传统中原王朝的内中国或者说小中国特质,而具有外中国或大中国的表现特征。"开放"一词放在本部分的题目中,须分两块论,特指与元王朝政权伴生的两大块内容:其一是,与蒙元政权共同进退的元代西域作家群对于元代文坛格局的影响;再一者是,藉由蒙古人拓通的海、陆丝绸之路而带来的元代纪行创作的巨大繁荣以及中国形象的世界性影响。此二者与元朝在中原的建立以及退出关系极为密切,所以就元代文坛格局开放性的一面而言,它的时间应该以蒙古人崛起到1347年左右,欧洲黑死病爆发,元朝海陆丝绸之路中断为止,时间断限大约为1200—1350年左右。

第一章　西域人东迁高潮与西域作家群 在元代文学格局中的影响

　　讨论元代文学的创作格局,13—14 世纪,随蒙古人三次西征而出现的西域人东迁高潮现象特别不容忽略。蒙古人的西征使得 13—14 世纪的东、西方,陆上及海上的交通都畅通无阻,而藉由东、西方道路的便利,13—14 世纪西域入华人口的频繁程度和规模超过了以往任何时代,他们地域来源广阔,民族构成复杂,包括葱岭以西的回回、哈剌鲁、阿儿浑、钦察、阿速、康里、斡罗思、术忽、也里可温等族类①,对于其时的中国而言,从岭北到云南,从新疆到江浙,西域人"几乎无处、无地不在"②。

　　诚如陈垣先生所指出,"百汉人之言,不如一西域人之言"③。作为最先内附于蒙古人的西域人,也是随蒙古人西征而大量东迁进入中原的群体,西域人一方面是蒙古人最信任的腹心,是蒙古人在中原统治意志的延伸;另一方面西域人之于中原文化包括元代文学格局的影响,始终都与蒙古人在中原统治力量的强弱密切相关。元代西域作家群体由萌发到走向高潮,再最终遁入退潮,其实也可谓 13—14 世纪东迁西域人在中原影响力的一个缩影。

　　元代西域作家群体的讨论,杨镰先生在上世纪 90 年代末就已写成《元西域诗人群体研究》,无论文献准备、研究格局以及历史定位都达到了相当的高度,是本章讨论的重要基础。但是在 13—14 世纪东迁西域人融入中国的时代背景下,西域作家群体如何一步一步融入元代文坛,并在元代文坛格局中发生

---

　　① 马建春《元代东迁西域人及其文化研究·导言》,第 2 页。
　　② 马建春《元代东迁西域人及其文化研究》,第 68 页。
　　③ 《元西域人华化考》,第 29 页。

影响,这在杨先生及其之后的研究中较少深入的涉及,而这些问题不仅是讨论西域作家群体的意义,更是深入讨论元代文学格局、元代文学特质不能绕开的问题。

根据现今留下的作品情况,本章基本划定元代西域作家群体人数大约50位左右,按照元代西域作家群体的创作活跃活动时间,分为萌发阶段(1280—1310)、高潮阶段(1310—1345)和退潮阶段(1345—1368)三个阶段。在具体探讨过程中,从代表作家的家世渊源、交游群体、创作活动以及文学影响等几方面来加以考察,力图侧重于考察元代西域文人群体在汉化过程中,与其定居区域、仕宦区域的中土文人之间交游、互动的情形,借助对西域文人与汉人的往来互动背景的描述,来推进对其创作上的南北交流、东西互动、雅俗转换情形的关注,进而期待更细致地探寻西域作家群体在元代文学格局中的意义,更切近地重现其时的创作历史场景。

第一节　西域人东迁高潮及其影响概述

13—14世纪的蒙元时代,"西域"这个概念几乎冲击到了其时的所有领域,上自政治、军事、经济、宗教、文学,下至语言、交通、饮食等,无所不及。而究其根本,在于13—14世纪期间,伴随着蒙古人的三次西征活动,西域人东迁情形达到前所未有的鼎盛这一背景密切相关。

"西域人"即蒙古时代所谓的"色目人",诚如陈垣在《元西域人华化考》中所指出:"西域人者色目人也。不曰色目而曰西域者,以元时分所治为蒙古、色目、汉人、南人四色,公牍上称色目,普通著述上多称西域也。"[1]可以说,蒙古人的西征活动最大程度地推动了西域人的大规模东迁。

从波斯时期的世界史书写开始,人们就承认,尽管蒙古人的西征活动给13—14世纪时期东、西各国人们和文明带来巨大灾难,但蒙古人的西征活动也致使以往建立在丝绸之路上的各类政治实体被扫荡殆尽,东、西陆上交通为之大开,历史上这次破坏性甚大的暴力交往,客观上起到了打破孤立闭塞局面的作用[2]。这一时期陆路交通的两大主要通道:波斯道和钦察道,也即沙漠绿

---

① 《元西域人华化考·绪论》,第1页。
② 贾宝维、张龙海《蒙古帝国的崛起对亚欧政治格局的影响》,《前沿》2012年第3期,第163—166页。

洲之路和草原之路,均置于蒙·元帝国的控制之下,中西陆路交通极一时之盛。与之前的所有时代相比,13—14世纪期间蒙古人第一次西征活动灭掉了中亚大国花剌子模国①,打通了波斯道;第二次西征活动,蒙古军经撒莱、里海和咸海北,征服了斡罗思和钦察人,开辟了钦察道,并连接了波斯道和钦察道。蒙古人不仅将波斯道和钦察道这两条道路建设成为当时重要的陆上国际干道,而且还在统治范围内建立完善的驿站制度。而除了陆路交通得到重大改善之外,海上交通与前代相比也获得了很大的发展,蒙古帝国时期,中国通过南洋地区、印度洋直达阿拉伯地区和东非海岸的海路已完全畅通②。"一向不曾处在统一控制之下的东西交通,到这时畅通无阻。陆路北穿南俄,南贯伊朗,海道则以波斯湾上的忽鲁谟斯为枢纽。从中国直到西欧,东西方商使往来不绝。"③西域人的东迁正是藉由东、西方道路的便利而在13—14世纪时期达到顶峰。

据元末陶宗仪《辍耕录》的统计,元代东迁中土的西域色目约有31种,他们是哈剌鲁、钦察、唐兀、阿速、秃八、康里、苦里鲁、剌乞歹、赤乞歹、畏兀儿、回回、乃蛮歹、阿儿浑、合鲁歹、火里剌、撒里哥、秃伯歹、雍古歹、蜜赤思、夯力、苦鲁丁、贵赤、匣剌鲁、秃鲁花、哈剌吉答歹、拙儿察歹、秃鲁八歹、火里剌、甘木鲁、彻儿哥、乞失迷儿等。由于译音的问题,陶宗仪的统计往往被人讥为重复,但元代大量各色西域人进驻的事实却无法否认④。长期关注西域人东迁及其

---

① 按:花剌子模国,位于中亚西部的地理区域,阿姆河下游、咸海南岸,今位于乌兹别克斯坦及土库曼斯坦两国的土地上。据《世界通史》载:"1219年秋,成吉思汗亲率大军二十万入中亚。……蒙古军对花剌子模的孤立城市实行各个击破,布哈拉、撒马尔罕、乌尔鞑赤、莫夫等相继失守。当蒙古进攻各城时,军民激烈抵抗。讹答剌被围五个月后才陷,蒙古军入城后城内堡寨还有三万人固守,又坚持战斗一个月。……撒马尔罕城陷时,也有一千人据清真寺死守。首都乌尔鞑赤坚守了半年多,城破后,巷战继续七昼夜。王子札阑丁退入阿富汗,随即重整军力,反击蒙古追兵;其后在印度河畔为蒙古军所败,但又逃至南高加索,继续战斗。中亚各城居民除工匠俘往蒙古、妇女儿童没为奴隶外,成年男子多遭杀戮。乌尔鞑赤受祸最惨,征服者于屠城之后,又决阿姆河堤,引水灌城。……中亚的肥沃地区,因灌溉设备和堤防破坏,变成一片荒土。"周成《世界通史·中古部分》,云南人民出版社2011年,第238页。

② 李巧茹《13—14世纪西亚蒙古人与元朝的文化交流初探》,《内蒙古农业大学学报(社会科学版)》,2011年第4期,第238—239页。

③ 周一良、吴于廑《世界通史·中古部分》,(北京)人民出版社,1972年,第242页。

④ 《辍耕录》卷一"氏族",第26—27页。按,清人钱大昕认为陶宗仪的统计重复舛讹,他统计的色目氏族有23种,而据今人核查,陶、钱二氏的统计既有重出,也有错漏。由于元人对色目人译名不划一,实际很难精确计出元代色目人的种数。常见于元人记载的色目人有唐兀、乃蛮、汪古、回回、畏兀儿、康里、钦察、阿速、哈剌鲁、吐蕃等。

影响问题的学者马建春在《元代东迁西域人及其文化研究》中指出,蒙·元时代的历史运动,导致了亚、欧民族大规模的迁移和流动。这一时期,大量居葱岭以西的回回人、钦察人、康里人、哈剌鲁人、阿儿浑人、阿速人、斡罗斯人、术忽、也里可温等,或因被俘、降附,以军士身份被签发东来;或以工匠、驱口(多妇女儿童)被掳掠而来;为技师、官员因招募、任职而来;或以商人、教士因贸易、传教而来。所谓"自辽、金、宋偏安后,南北隔绝者三百年,至元而门户洞开,西北拓地数万里,色目人杂居汉地无禁"①,"乃将昔日阻塞未通之道途,尽开辟之,而使一切民族种姓,聚首相见"②。而且,西域入华人口的频繁程度和规模超过了以往任何时代,他们地域来源广阔,民族构成复杂,包括葱岭以西的回回、哈剌鲁、阿儿浑、钦察、阿速、康里、斡罗思、术忽、也里可温等族类③。而就13—14世纪的中土民众而言,一时之间,甚至有"回回遍天下"④的普遍印象。这种印象的形成不仅是指西域人大量做官和经商,活动所涉及的地点极广,所造成的影响力极大;更是指13—14世纪时期,西域回回分布和聚居的情形远甚于之前的任何时代。

据杨志玖先生《回回人的东来和分布》一文指出,元代回回人的分布地点有:和林、大都、上都、荨麻林、弘州、天德军至宣德途中、平阳、太原、东平府路、中山府、南京(汴梁)、两淮、扬州、京兆府、汉中、亦集乃路、沙州、甘州、凉州、西宁州、四川、杭州、集庆路、镇江、庆元路、泉州、广州、建昌府、昆明、大理、建昌等地⑤。概而言之,大量东迁的西域人,使得13—14世纪时期西域人在中土的分布范围,"自岭北到云南,由畏兀儿地至江浙","几乎无处、无地不在"⑥。

毫无疑问,藉由蒙古人的军事征略活动而大量东来的西域人也必将通过参与蒙古人的军事活动而对13—14世纪时期的蒙、元政治格局以及其他等领域产生深远影响。诚如马建春在《元代东迁西域人及其文化研究》中所指出,"蒙·元时代西域人的大量东迁,不仅导致了西域人在中土聚合高潮的出现,而且大大影响了这一时期中国的民族构成,并促成了元朝多民族统一国家的

---

① 《元西域人华化考·导读》,第3—4页。
② 李思纯《元史学》,(上海)上海书店出版社1974年版,第8页。
③ 马建春《元代东迁西域人及其文化研究·导言》,第2页。
④ 张廷玉等《明史·西域传四》卷三三二,中华书局1974年,第28册,第8598页。
⑤ 杨志玖《回回人的东来和分布》,《回族研究》1993年第1期(第12—22页)、第2期(第4—21页)。
⑥ 马建春《元代东迁西域人及其文化研究》,第68页。

形成。西域人的东迁、定居,主要与这一时期参与蒙古军事活动有关。东来的西域军士几乎参加了讨金、并夏、降大理、灭南宋及征安南、日本的所有战争。元统一后,除镇戍、屯驻边疆及各地外,又参与平定北起吉利吉思、金山,南至畏兀儿、斡端(今和田)等地发生的海都、八剌之乱,以及辽阳境内的乃颜叛乱"[1]。以十余万人而崛起西北的蒙古人,在长期征略世界的进程中,已然将最先内附的西域人视若股肱,并肩共进,而这种在战争中结成的联盟也使得蒙古人对西域人的信任程度最深,就元朝的政治格局而言,西域人的影响举足轻重。据马建春的统计,仅在中央核心机构中书省出任宰臣的西域人,元世祖朝(1260—1294)有 12 位,元成宗朝(1295—1307)有 8 位,元武宗朝(1308—1311)9 位,元仁宗朝(1312—1320)5 位,泰定朝(1324—1327)3 位,元文宗朝(1328—1332)5 位,元顺帝朝(1332—1368)15 位。而作为元朝地方最高权力机构的元行中书省,西域人担任省臣者,仅以回回人为例,其中世祖朝 8 个行省 28 人,成宗朝 6 个行省 10 人,武宗朝 4 个行省 5 人,仁宗朝 3 个行省 3 人,英宗朝 6 个行省 7 人,泰定帝朝 3 个行省 3 人,文宗朝 2 个行省 2 人,顺帝朝 2 个行省 4 人。其中,回回人最多担任的也是元朝赋税最重的两个行省——江浙和江西两省,其中江浙行省 15 人,江西行省 12 人[2]。在元朝每朝君王最为信赖、引为腹心的大臣中,必有西域人,有些甚至权倾朝野、位极人臣,乃君王极为倚重者。例如忽必烈时期的阿合马,作为元王朝一统时期的宰相,阿合马中统三年(1262)领中书左右部,兼诸路都转运使,负责财赋,至元元年(1264)升中书平章政事,此后兼制国用使司,后又任尚书省平章政事,至元九年(1272)年,为中书平章政事,直至至元十九年(1282)被杀,执掌财政大权达 20 年之久。在"国家费用浩繁""世祖急于富国"的背景下,阿合马凭借其"多智巧言""以功利成效自负"的能力,得以行事,且颇有成绩,以至于忽必烈"奇其才"。在务实重利的忽必烈看来,能成为他的称职宰相者,须"明天道,察地理,尽人事",而阿合马正是这样的人才,所以对他"授以政柄,言无不从"。而阿合马也在忽必烈的支持下,大行其财政措施,致使"民力不屈,而国用充"[3],不仅为忽必烈的一统征略、伐宋进程以及一统期间的平李璮、平乃颜等内乱奠

---

① 马建春《元代东迁西域人及其文化研究》,第 68 页。
② 马建春《元代东迁西域人及其文化研究》,第 185—193 页。
③ 《元史》卷二〇五《奸臣传》,第 15 册,第 4558、4559、4561、4559、4560 页。

定了坚实的财货基础①,也为他与忽必烈之间君臣相得,个人风光一时无两的
社会地位夯实了基础。此外再如元成宗时期的阿鲁浑萨理,元仁宗时期的柏
铁木儿,元文宗时期的燕帖木儿,元顺帝时期的脱脱等。像钦察人燕铁木儿,
他在元文宗获得帝位以及与兄长明宗夺权的斗争中,"昼则率宿卫士以扈从,
夜则躬擐甲胄绕幄殿巡护",为元文宗最终获得帝位立下卓著功勋。以致于得
登宝位的元文宗特旨昭告天下曰:"燕铁木儿勋劳惟旧,忠勇多谋,奋大义以成
功,致治平于期月,宜专独运,以重秉钧。授以开府仪同三司、上柱国、太师、太
平王、答剌罕、中书右丞相、录军国重事、监修国史、提调燕王宫相府事、大都
督、领龙翊亲军都指挥使司事。"一切中书政务以及大小诸衙门官员人等事务、
人员,皆归燕铁木儿总裁,任何隔越燕铁木儿的闻奏,都以违制论处②。可以
说,钦察人燕铁木儿及其家族依靠其无比的忠勇获得了蒙古统治者所赋予的
无人能及的荣耀与权力。

　　大量东迁的西域人不仅改变着蒙元帝国的疆域版图以及帝国的政治格
局,而且也对元朝文化走向的变化意义深远。刘迎胜先生曾撰文指出,成吉思
汗西征后,大批西域人随蒙古军入华,使波斯语在汉地落脚生根。波斯语在
13—15世纪的中国不仅是入华回回人的族内共同语,也是最重要的官方行用
文字之一,同时还是元代和明初主要的外交语言之一,以及当时中国汲取域外
科学知识的最重要的学术语言③,足见东来西域人对于13—14世纪的蒙元时
代以及中国文化所具有的影响力。而所谓"百汉人之言,不如一西域人之
言"④,这句话既意味着大量东来的西域人将携他们自身所拥有的文明与信仰
来影响中土世界,同时也表明,蒙古治下时期,中土的文化需要借助西域人的
力量才能通向顶层,产生影响力。

　　就西域人影响中土文化这一面而言,首先需要承认的是,8—12世纪是阿
拉伯—伊斯兰文明发展的巅峰时期,尤其是公元9世纪阿拔斯—阿拉伯时代

---

　　① 李洁《理财二十载功过后人说——论阿合马理财》,兰州大学历史学、中国古代史·蒙元史方向
2009届硕士论文,第8—15页。
　　② 《元史》卷一三八《燕铁木儿传》,第11册,第3332页。
　　③ 刘迎胜《波斯语在东亚的黄金时代的开启及终结》,《新疆师范大学学报》2013年第1期,第70—
79页。
　　④ 《元西域人华化考》,第29页。

所掀起的"百年翻译运动"高潮①,更致使阿拉伯学者们在独立钻研的基础上,对异族文化采取兼容并蓄,进而推动了阿拉伯—伊斯兰文明的巨大发展。尽管 13—14 世纪蒙古人的西征,使得阿拉伯—伊斯兰文明遭到毁灭性的打击,但大量东迁的西域人携其文明之余绪,更借助其在中土的巨大影响力,对13—14 世纪中国文化气质与文化风格的变化有着不容忽略的意义,这其中又以宗教、天文学、地理学影响更为显著。宗教上,"伊斯兰精神正是中世纪阿拉伯翻译运动空前兴起的时代精神背景和精神渊薮"②,也正因此,西域人虽广布于中土之天下,"然而求其善变者则无几也。居中土也,服食中土也,而惟其国俗是泥也"③,以此,西域人为进行其宗教活动,遂在中土大兴寺庙、教堂等场所。正如志费尼所描写的那样,"在今天,许多真主的信徒已朝那边迈步,抵达极遥远的东方国家,定居下来,在那里成家,以致多不胜数……在偶像庙宇对面兴建伊斯兰寺院,并创办学校,其中学者讲述课程,求学者由此受教:这犹如圣传说'求学尤当在中国',指的正是这个时代和生活在这个时代的那些人④"。显然,这些遍布中土的西域宗教场所以及西域人不同的宗教习俗会不断地冲击和影响着中土人们的视野与文化评判,就像许有壬对他们居住且服食中土却不改其信仰、习俗的感慨一样。

其次是伊斯兰—阿拉伯天文学对中国的巨大影响。与之前的时代相比,中国的历学在元代有了长足的进步,这与伊斯兰—阿拉伯天文学的影响密切

---

① 按:阿拉伯"百年翻译运动",也叫翻译运动(Harakah al-Tarjamah),从 8 世纪中叶起,阿拔斯哈里发大力倡导和赞助将古希腊、罗马、波斯、印度等国的学术典籍译为阿拉伯语。实际上这场翻译活动最初源自倭马亚王朝(661—750),阿拔斯王朝(750—1258)是这场翻译运动的鼎盛时期。这场翻译运动不仅保存了古典文化,而且对阿拉伯—伊斯兰文化的定型、西欧文艺复兴的发展都作出了重大的贡献。这场翻译运动使得波斯、印度、希腊等地文化多元交融,文化的融合导致文化风格的改变,以往凭借天赋进行宗教活动的阿拉伯人,不再仅仅是操着变幻多端、词汇繁杂的阿拉伯语,吟咏豪情与爱情的游牧民族,而变成善于逻辑分析和哲学思辩的理性学者。而且,有着古老政治制度和文学传统的波斯文化,有着科学与哲学特点的希腊文化,以及有着精彩的神学和数学思想的印度文化在这场声势浩大的文化大潮中,通过翻译家们智慧的理解,娴熟的笔法,保存和传播了这种古老而精湛的东西方文明,它们滋养了阿拉伯—伊斯兰文化,产生了影响世界文明进程的著名哲学家和自然科学家(参见杨文炯、张嵘《伊斯兰教与中世纪阿拉伯翻译运动的兴起》,《西北民族学院学报》1993 年第 4 期,第 44—48 页;杨俊皎《中世纪阿拉伯百年翻译运动》,内蒙古大学世界史 2004 届硕士论文)。

② 杨文炯、张嵘《伊斯兰教与中世纪阿拉伯翻译运动的兴起》,《西北民族学院学报》1993 年第 4 期,第 46 页。

③ 许有壬《西域使者哈只哈心碑》,《全元文》卷一一九七,第 38 册,第 390 页。

④ 《世界征服者史·绪言》,上册,第 12 页。

相关。元明之际的王祎特别指出"天文之学,其出于西域者,约而能精。虽其术不与中国古法同,然以其多验,故近代多用之"①,而蒙古人对于伊斯兰—阿拉伯天文学成就的重视与吸收,也使得元代天文学有了长足的发展。据《元史》载,"世祖在潜邸时,有旨征回回为星学者,札马剌丁等以其艺进,未有官署。至元八年(1271),始置司天台,秩从五品。十七年(1280),置行监。皇庆元年(1313),改为监,秩正四品。延祐元年(1314),升正三品,置司天监。二年(1315),命秘书卿提调监事。四年(1317),复正四品"②。回回司天监共编制有 37 人,诸如札马鲁丁、爱薛、可马剌丁、苫思丁、赡思丁等优秀回回天文学家先后任职于回回司天监,这对元代天文学的发展影响尤大。至元十八年(1281),由郭守敬等人研制的《授时历》开始施用,它比以往任何一代的历法都要精确,是当时世界上最先进、在中国历法史上施行最久的一种历法,通行时间长达 364 年。郭守敬等人在历法上的卓著成绩不仅在于它直接参照了回回历法,而且参考了由回回人引入中国的《积尺诸家历四十八部》〔即阿拉伯《天文历表》(Zeej,又名 Taqweim Falakiyyn)〕、《速瓦里可瓦乞必星篡四部》〔(即阿拉伯文书《星象答问》(Suaal al-Kawakib)〕、《海牙剔穷历法段数七部》等众多的天文历法资料。诚如竺可桢所评价的那样:"元朝的时候,中国版图扩充到了东欧,把西域各国也包括在内。所以在这时期,我们的天文学和历学又从西域诸国吸取了不少经验。元世祖至元四年(1267)波斯人札马鲁丁进西域仪象,并造万年历。但不久郭守敬创立授时历……这可称为中国古代天文学极盛时代"③。这个评价不算过分,可以说,是优秀的伊斯兰—阿拉伯天文学与中国天文学及历学的融通结合缔造了元代天文学的极盛时代。

再是伊斯兰—阿拉伯舆地学对于元朝文化气质的影响。伊斯兰—阿拉伯舆地学与阿拉伯翻译运动的兴起同时,它从公元 8 世纪中叶开始发展,9—11世纪期间发展至鼎盛。对于中国的舆地学而言,大量东迁的西域人将伊斯兰—阿拉伯舆地学中的地图制作技术以及地球意识带进了中国④,这其中尤其值得提到的是西域人扎马剌丁的贡献。对于元代的舆地学而言,扎马剌丁最

---

① 王祎《阿都剌除回回司天少监诰》,《王祎集·王忠文公文集》卷一二,中册,第 358 页。
② 《元史》卷九〇《百官志六》,第 8 册,第 2297 页。
③ 竺可桢《中国古代在天文学上的伟大贡献》,《竺可桢文集》,(北京)科学出版社 1979 年版,第 265 页。
④ 牛汝辰《自秦至元中国地图测绘的辉煌及其遗憾》,《测绘科学》2007 年第 6 期,第 202—203 页。

大的意义在于作为主要发起人推动了元代《一统志》的撰修。许有壬《大一统志序》云："至元二十三岁丙戌,江南平而四海一者十年矣。集贤大学士、中奉大夫、行秘书监事扎马剌丁言:'方今尺地一民,尽入版籍,宜为书以明一统。'世皇嘉纳,命扎马剌丁暨奉直大夫、秘书少监虞应龙等搜集为志。"[1]据《秘书监志》中记录的几段扎马剌丁围绕《一统志》的撰修而上奏的内容,可以看出扎马剌丁特别重视和强调地图的绘制:

> 第一段奏书云:"如今日头出来处,日头没处都是咱每的,有的图子有也者,那远的他每怎生般哩会的? 回回图子我根底有,都总做一个图子呵,怎生?"
> 第二段奏书:"省里与文书来,随处城子里头有的地理图子文字每收拾将来者道来,至今不曾将来,勾当迟了有,如今疾忙教将来者么道,省里再与文书呵,怎生?"
> 第三段奏书:"地理图子勾当迟误了的一般有,我怕有。去年皇帝圣旨里阿剌浑撒里一处商量来,俺的勾当他也好理会的有。如今又在前省里有底圣旨每:秘书监底不拣那个勾当,合用着底勾当每有。阿剌浑撒里一处商量了,教行呵,地理图子底勾当疾忙成就也者。"[2]

由上述的几段引文可以看到,作为东来的西域学者,扎马剌丁对大元王朝自日出至日落处的广阔疆域具有深度的认同感,这种强烈的认同感使他非常期望将伊斯兰—阿拉伯舆地学的优秀理念灌注到大元王朝的舆地学建设中。所以他在向大元王朝提出撰修《一统志》的建议后,一方面很积极地收集、保存中亚、波斯以及阿拉伯地区的西域"回回图子",另一方面还期望借助政府的力量来实施他的舆地学理想——即让政府发布圣旨号令,使所有的地方,尤其是那些偏远、边鄙的地方也执行他的理念,收集、绘制地方地图,从而能最终成就一张世界总地图。扎马剌丁的地图绘制意识和绘制世界地图的雄心很值得注意。可以说,正是因为扎马剌丁借助政府力量而促使元王朝各级地方政府编著地方志、绘制地方地图的做法,使得他的舆地学理念在元王朝得到了较深的

---

① 许有壬《大一统志序》,《全元文》卷一一八七,第38册,第124页。
② 王士点、商企翁著,高荣盛点校《秘书监志》,浙江古籍出版社1992年版,第74、75页。

贯彻,产生了卓著的影响。①

　　与之前的时代相比,元王朝的一统志纂修和地方志纂修都达到了新的高度。就扎马剌丁主修的《元一统志》而言,它是我国古代由朝廷主持编纂的第一部规模较大的全国地理总志。而它所开创的体例,即以每路每府所辖之州为纲,分建置沿革、部坊乡镇、里至、风俗名胜等目进行修撰,块系清晰、涵盖面广,所谓"元人创始修《一统志》,明清继之,代有编纂"②,其名称和体例都被明清继续沿用。就元代地方志的修纂而言,由于扎马剌丁藉由元政府所发布的圣旨以及诏修《一统志》的影响,各级地方官员无论是蒙古、色目,还是汉人、南人,他们都在自己服务的地方积极修撰地方志,这使得元代各路府州县陆续编纂了不少方志③,这些方志体例齐全,内容详尽,从总体上推动了元代地方志对前代的超越。另外,由于扎马剌丁等西域学者所带来的阿拉伯地图绘制技术,元代的地图制作技术取得了划时代的进步,这又集中体现为朱思本、李泽民、释清浚等一批元代地理学家在绘图理念上对扎马剌丁地球意识的吸收上。据《元史》记载扎马剌丁制作的地球仪(苦来亦阿儿子④)云:"其制以木为圆球,七分为水,其色绿,三分为土地,其色白。画江河湖海,脉络贯串于其中。画作小方井,以计幅圆之广袤、道里之远近。"⑤尽管人们怀疑蒙古治下时期中国人对于东来西域人所传入的地理学理念和地球意识的理解程度,但朱思本以十年之功所成就的《舆地图》,后人还是认为"阿拉伯绘图之法传入。吾国地图因经一度改良,朱思本之《广舆图》(按应指《舆地图》)即利用新法而作成者"⑥。朱思本《舆地图》的绘制不仅受到《一统》撰修之"天下地图总图"的影

---

①　薄树人《回族先民札马鲁丁的科学贡献》,《科学》1986 年第 4 期,第 299—304 页。

②　顾颉刚、史念海《中国疆域沿革史》,商务印书馆 2000 年版,第 8 页。

③　按:元代各地方所修的地志,有于钦的《齐乘》(6 卷,1268),单庆、徐硕《至元嘉禾志》(32 卷,1288),骆天骧《类编长安志》(10 卷,1296),冯福京、郭荐等《大德昌国州图志》(7 卷,1298),李京《云南志略》(1 卷,1301),袁桷《延佑四明志》(20 卷,1320),脱因、俞希鲁《至顺镇江志》(21 卷,1332),燮理普化、李肃《乐安县志》(1338),杨譓《昆山郡志》(6 卷,1341),王元恭《至正四明续志》(12 卷,1342),李好文《长安志图》(3 卷,1342),张铉《至正金陵新志》(15 卷,1344),傅玉立、吴鉴等《清源续志》(20 卷,1351),黄溍、王祎等《义乌志》(1352),此外还有王约《高丽志》(4 卷),朱思本《九域志》(80 卷),佚名《河南志》(4 卷),赡思《东阳续志》,等等。

④　按:"苦来亦阿儿子"就是阿拉伯语 Kuraharz 的波斯读法 Kura-iarz,"苦来"意为"球,苍穹","亦"是标志属格,"阿儿子"意为"陆地,土地或国家"。

⑤　《元史》卷四八《天文志一》,第 4 册,第 999 页。

⑥　顾颉刚、史念海《中国疆域沿革史》,商务印书馆 2000 年版,第 8 页。

响,乃全国总图;而且吸收东来的阿拉伯地理知识,将地理经纬度概念引入地图绘制过程中,这一绘制地图的技术也将中国传统的地图绘制推向了一个新的阶段,以后,明代以及清初制作的全国地图多以朱氏舆图为范本,明、清一些地方舆图的绘制者也常称其画方技术源自朱思本①。至于李泽民、释清浚等人的地图绘制成绩,可引以为证的是,现存最早的世界地图——朝鲜人绘制于1402 年的《混一疆里历代国都之图》即是根据李泽民 1330 年的《声教广被图》和释清浚 1370 年的《混一疆理图》合绘而成。该图对欧洲、非洲名称及地形的标画都比较准确、规范②,他们的存世也昭示着,在蒙古人统治的 13—14 世纪时期,中国人借助西域东传来的地理知识,所获得的对世界和全球的理解深度③。

　　当然,作为承 8—12 世纪高度发达的伊斯兰—阿拉伯文明余绪、东迁而来的大量西域人,他们在中国所产生的影响不仅仅在于宗教、天文、地理等方面,诸如语言、医学、建筑、饮食等方面同样也对中国传统文化产生了不容忽略也不可磨灭的深远影响。更确切地说,这种深远影响力表现为,13—14 世纪期间,带着西域文明而大量东迁的西域人用他们的政治、经济以及文化甚至人口的影响力改变着其时中国文化的气质。尤其值得指出的一个事实是,由西域东传而来的伊斯兰—阿拉伯舆地学理念还相当程度地推动了 13—14 世纪期间纪行创作的极大风行。伊斯兰教《古兰经》教旨就倡导穆斯林在世界上旅行,通过旅行和游历来观察和认识世界,探索自己赖以生存的宇宙之真谛,这对阿拉伯天文学和地理学知识的发展具有巨大的意义④,而东传的西域文明又凭借其在蒙、元王朝的政治、文化影响力推动了其时纪行创作的发展。与之前

---

① 牛汝辰《自秦至元中国地图测绘的辉煌及其遗憾》,《测绘科学》2007 年第 6 期,第 202—203 页。

② 按:马建春在《元代东传之回回地理学——兼论札马剌丁对中国地理学的历史贡献》一文中指出:"图内中国城市名称和朱思本《舆图》完全相同,值得注意的是,此图的西方部分共有近 100 个欧洲地名和 35 个非洲地名,且非洲陆地形状很准确地绘成三角形。此外,非洲北部的撒哈拉,与中国地图上的戈壁沙漠一样被绘成黑色;在埃及亚历山大城所处位置上则绘有一个塔状物,以代表亚历山大城著名的灯塔;地中海的轮廓绘制得也很规范",《西北史地》1998 年第 2 期,第 69—74 页。

③ 葛兆光《谜一样的古地图》,《南方周末》2008 年 7 月 30 日。

④ 郭筠《中世纪阿拉伯伊斯兰地理学发展及其特点初探》文章中指出,"《古兰经》说:'难道他们没有在大地上旅行,因而有心可以了解,或者有耳可以听闻吗?''他们没有在大地上旅行,以观察前人的结局是怎样的吗?'伊斯兰教规定,每位穆斯林每天要面向麦加方向礼拜五次、每年伊历九月斋戒,一生当中要尽可能前往麦加朝觐一次",《宁夏社会科学》2014 年第 2 期,第 134—138 页。

的时代相比,13—14 世纪蒙古治下时期的纪行创作,其中专门成篇、成著的 13—14 世纪的"丝路"纪行文学纪行作品,汉文纪行作品 92 种(含高丽、安南著作 19 种),外文作品 36 种,另外,纪行诗文约计 3000 余篇,其数量之丰富,远超自汉至宋以来九个多世纪所有纪行创作数量的总和。尽管可以将这一创作现象归功于 13—14 世纪期间,蒙古人三次西征,东、西方之间的海、陆通道都被打通,东、西方经贸与文化交流臻于鼎盛的客观结果①,但是如果没有大量东迁的西域人携其灿烂的文明尤其是伊斯兰—阿拉伯天文学、地理学的积极推动与影响,元代文化气质很难有如此的变化,也很难想象这些作品群集出现的盛景。

此外,还须对前文提到一个说法作出呼应的是,"百汉人之言,不如一西域人之言"②,即便是中土优秀文化期望在蒙古治下时期产生和扩大影响的话,也可能需要借助西域人的力量。蒙古人作为统治者对汉学典籍以及汉人思想的了解与学习,往往借助那些通诸国语的西域色目的翻译。综观元朝官制,可以发现"译史"这一官职在元代百官中诸如吏部、户部、礼部、刑部、工部,都察院御史台及翰林国史院等,很是平常和普遍③。《元史·选举志》载"仁宗延祐元年四月,复置回回国子监……学之建置在于国都,凡百司庶府所设译史,皆从本学取以充焉"④,也就是说元王朝百司庶府中的译史都来自回回国子学。像户部下设各库又都有译史,如万亿宝源库、万亿广源库、万亿绮源库、万亿赋源库及富宁库等都设有译史。《元史·百官志》载"都提举万亿宝源库,掌宝钞、玉器。……译史二人","都提举万亿广源库,掌香药、纸札诸物。……译史一人","都提举万亿绮源库,掌诸色段匹。……译史一人","都提举万亿赋源库,掌丝绵、布帛诸物……译史一人"⑤。此外如"枢密院,秩从一品。掌天下兵甲机密之务……译史一十四人"⑥,"太仆寺,秩从二品。掌阿塔思马匹,

---

① 邱江宁《海、陆丝绸之路的拓通与蒙古治下时期的异域书写》,《文艺研究》2017 年第 8 期,第 66—75 页。

② 《元西域人华化考》,第 29 页。

③ 按:"译史",据《中国历史大辞典·辽夏金元史》解释,吏名,从事笔译,设于州以上官署。辽道宗大康九年(1083),定译史迁叙等级。(上海)上海辞书出版社,1986 年,第 229 页。而马祖毅《中国翻译史》上卷根据《元史·百官志》统计,译史约计 205 名。(武汉)湖北教育出版社 1999 年版。

④ 《元史》卷八一《选举志一》,第 7 册,第 2028—2029 页。

⑤ 《元史》卷八五《百官志一》,第 7 册,第 2127—2128 页。

⑥ 《元史》卷八六《百官志二》,第 7 册,第 2155—2156 页。

受给造作鞍辔之事。……译史、知印、通事各二人","尚乘寺,秩正三品,掌上御鞍辔舆辇……译史二人","长宁寺,秩正三品,掌英宗速哥八剌皇后位下户口钱粮营缮等事……译史、知印各二人"①,"太禧宗禋院,秩从一品。掌神御殿朔望岁时讳忌日辰禋享礼典。……译史四人"②,"承徽寺,秩正三品。掌答儿麻失里皇后位下钱粮营缮等事。……译史、知印各二人"③,等等。相比于辽、金两朝,元朝各司各府都设有不同数量的译史,则西域色目之于元朝朝政上下的运行与沟通意义不可不谓之大矣。而且,很多儒学典籍著作,往往也是藉由通诸国语的西域人进行翻译。像畏兀儿馆阁文人忽都鲁都儿迷失,即主译和参译多部儒学典籍,如他在 1314 年译《资治通鉴》章节进献给元仁宗,1317—1320 年奉诏译成真德秀本《大学衍义》以进,又奉诏与阿璘帖木儿 1326 年合译成《帝训》(《皇图大训》,纽璘、许师敬 1325 年编类完成)。1330 年,元文宗专命奎章阁阿邻帖木儿、忽都鲁都儿迷失等译国言所纪典章为汉语,以供奎章阁学士院编修《经世大典》所用。此外再如安藏、不忽木、察罕、巙巙、必兰纳识里等西域人都是蒙古人藉由沟通和了解包括中原文化在内的其他民族文化与思想的著名翻译者。

也正因此,元政府推行的儒学政策也同样是得到了西域色目人的大力推动。《元史·高智耀传》曾记载唐兀氏高智耀通过劝说阔端、蒙哥汗以及元世祖忽必烈等蒙古统治者,使得其时被驱使隶役的大量儒士由恢复人身自由到蠲免徭役而逐步获得尊严,功莫大焉:

> 皇子阔端镇西凉,儒者皆隶役,智耀谒藩邸,言儒者给复已久,一旦与厮养同役,非便,请除之。皇子从其言。欲奏官之,不就。宪宗即位,智耀入见,言:"儒者所学尧、舜、禹、汤、文、武之道,自古有国家者,用之则治,不用则否,养成其材,将以资其用也。宜蠲免徭役以教育之。"帝问:"儒家何如巫医?"对曰:"儒以纲常治天下,岂方技所得比。"帝曰:"善。前此未有以是告朕者。"诏复海内儒士徭役,无有所与。

> 世祖在潜邸已闻其贤,及即位,召见,又力言儒术有补治道,反复辩论,

---

① 《元史》卷九十《志第四十·百官六·太仆寺》,第 7 册,第 2288—2289 页。
② 《元史》卷八七《百官志三》,第 7 册,第 2207 页。
③ 《元史》卷九〇《百官志六》,第 8 册,第 2290—2291 页。

辞累千百。帝异其言,铸印授之,命凡免役儒户,皆从之给公文为左验。时淮、蜀士遭俘虏者,皆没为奴,智耀奏言:"以儒为驱,古无有也。陛下方以古道为治,宜除之,以风厉天下。"帝然之,即拜翰林学士,命循行郡县区别之,得数千人。贵臣或言其诡谲,帝诘之,对曰:"士,譬则金也,金色有浅深,谓之非金不可,才艺有浅深,谓之非士亦不可。"帝悦,更宠赉之。①

从高智耀的例子来看,如果没有他的挺身奔走,并累辞千百地辩论,则中原士子沉沦下僚、无复当日风光与尊严的情境可能要延续更长时日。高智耀的例子当然不是个例,中原文化最终没有倾覆在蒙古统治者的铁蹄之下,有许多类似于高智耀的西域子弟的维护,诸如阿鲁浑萨理、赛典赤·赡思丁、不忽木等等。非常值得寻味的一个事实是,元王朝确立于群经猬集,意识形态多元的环境中,最终没有选择会同群经,灵明通变,和会朱陆的意识形态,却"非程、朱学不试于有司"②,这固然有多种因素综合作用的结果,但没有人能否认许衡在其中的作用。"若昔儒先自伊洛、关辅以来,相望百年,不绝而续。若朱子之立言,使圣人之道复明于简籍;许先生之立事,使圣人之道得见于设施","以其道入佐皇明,施于天下,卒能同文轨而致隆平"③。诚如《宋元学案·鲁斋学案》所指出,元朝正统意识形态体系,"鲁斋其大宗也,元时实赖之"④。而许衡之所以能对元朝正统意识形态有此影响力,很有可能是极大程度地借助了西域人之言。可以看到,至元初,元王朝"以许衡为集贤馆大学士、国子祭酒,教国子与蒙古大姓四怯薛人员"⑤;至元八年(1271),元王朝成立国子学,"选随朝百官近侍蒙古、汉人子孙及俊秀者充生徒",许衡辞去中书机务,任国子监祭酒,"笃意教事"⑥。考虑到那些"贵游之子言语不通"⑦,许衡又请朝廷下旨,"驿致"其门生王梓、刘季伟、韩思永、耶律有尚、吕端善、姚燧、高凝、白栋、苏

① 《元史》卷一二五《高智耀传》,第10册,第3072—3073页。
② 欧阳玄《赵忠简公祠堂记》,《欧阳玄集·圭斋文集》卷五,第94页。
③ 程钜夫《鲁斋书院记》,《程钜夫集》卷一三,第151、152页。
④ 《宋元学案》卷九〇《鲁斋学案》,第4册,第2994页。
⑤ 《元史》卷八七《百官志三》,第7册,第2192页。四怯薛:怯薛,突厥语,番直宿卫之意。成吉思汗时,以木华黎、赤老温、博尔忽、博尔术为四怯薛。
⑥ 欧阳玄《许先生神道碑》,《欧阳玄集·圭斋文集》卷九,第181页。
⑦ 苏天爵《元故翰林侍读学士赠陕西行省参政知事吕文穆公神道碑铭(奉敕撰)》,《滋溪文稿》卷七,第93页。

郁、姚炖、孙安、刘安中等十二人为伴读。由于许衡为教"精粗有序,张弛有宜"①,"先之小学以端其本,次之群经以达诸用,勤之以洒扫应对以折其外,严之以出入游息以养其中",逾年,"勋伐世胄,变化气质"②,皆"涵养熏陶,周旋中礼,讲贯通适"③。而这些经过许衡涵养育化的蒙古、色目贵族子弟"已而分布省寺台阁,往往蔚为时望,达于从政",时人认为"皆出公始终左右之力"④。尽管,许衡所教授的人群是蒙古与色目子弟,但对于只知征略、宴飨、狩猎的蒙古人来说,可以想见,最终蒙元政府能做到"非程朱学不试于有司"⑤,这其间必有西域人的斡旋作用。赵孟頫曾记载忽必烈与不忽木的一段对话云:"曩与许仲平论治,仲平不及汝远甚。先许仲平有隐于朕耶,抑汝之贤过于师耶?"不忽木则回答说:"臣师见理甚明,臣之所闻知,何足以跂其万一! 第臣师起于布衣,君臣分严,进见有时,言不克究。臣赖先臣之力,陛下抚臣兄弟如家人、儿子,朝夕左右。陛下又幸听其言,故得尽言至此。"⑥从忽必烈对不忽木与许衡的评价即能看出蒙古人对于汉人与色目人态度上的明显区别,而且忽必烈对汉人思想的理解也往往需要色目人一旁的斡旋。

　　基于上述浩繁的论述,我们试图说明一个问题,形成于13—14世纪期间的元代文学格局,"西域人东迁"这个概念不能忽略。而如果能够正视:13—14世纪,蒙古人三次西征之后,西域人东迁情形达到高潮这一社会现实背景。那么,有关元代西域文人群的讨论,以及元代西域文人群的存在可能对元代文学格局所产生的影响就并非仅仅是罗列或介绍、评价元代文学史上诸如贯云石、马祖常、萨都剌、遒贤等一些创作成就较高、作品较多的西域作家而已;而需要更细致地考察这个人群的分布、聚合、成长以及变化,从而对他们所产生的意义与影响作出更客观、更历史性的还原与评价。

---

① 欧阳玄《许先生神道碑》,《欧阳玄集·圭斋文集》卷九,第181页。

② 苏天爵《皇元故昭文馆大学士兼国子祭酒赠河南行省右丞耶律文正公神道碑铭有序》,《滋溪文稿》卷七,第102页。

③ 欧阳玄《许先生神道碑》,《欧阳玄集·圭斋文集》卷九,第181页。

④ 李谦《中书左丞张公神道碑》,《全元文》卷二八七,第9册,第103页。

⑤ 欧阳玄《赵忠简公祠堂记》,《欧阳玄集·圭斋文集》卷五,第94页。

⑥ 赵孟頫《故昭文馆大学士荣禄大夫平章军国事行御史中丞领侍仪司事赠纯诚佐理功臣太傅开府仪同三司上柱国追封鲁国公谥文贞康里公碑》,《松雪斋集》卷七,第190页。

第二节　元代西域作家群概貌述论

以 13—14 世纪期间,西域人大量东迁的社会现实背景及其政治、文化影响力,更兼西域人乐于"以中原为家","不复回首故国"①,及其苗裔,认识到既已入乡,便须随俗以安顿的现实,"乃能学于中夏,慕周公、孔子之道"②,且于"所有中国之声明文物","羡慕之余,不觉事事为之仿效"③。这种入乡随俗、学于中夏的情形在西域人大量东迁至中原一、二世后变得普遍、平常。陈垣氏指出:"色目人之读书,大抵在入中国一二世以后。其初皆军人。宇内既平,武力无所用,而炫于中国之文物,视为乐土,不肯思归,则惟有读书入仕之一途而已。"④正是有了大量西域人读书的社会基础,元代西域作家群才有以形成,"出现在本来只属于汉族文人的中原文坛","成为一道特殊风景线"⑤。清人王士祯也认为:"元代文章极盛,色目人著名者尤多,如(马)祖常、赵世延、字尤鲁翀、康里巎巎、贯云石、辛文房、萨都剌辈皆是也。"⑥可以想见,也同样是因为有了大量西域作家的群体基础,才有了王士祯所列举的那些不仅闪耀于元代文坛,同时也不逊色其他时代的元代优秀西域作家。

关于元代西域作家群体,元末戴良有一段非常著名的评述:

> 我元受命,亦由西北而兴。西北诸国若回回、吐蕃、康里、畏吾儿、也里可温、唐兀之属,往往率先臣顺,奉职称蕃。其沐浴休光,沾被宠泽,与京国内臣无少异。积之既久,文轨日同,而子若孙,遂皆舍弓马而事诗书。至其以诗名世,则贯公云石、马公伯庸、萨公天锡、余公廷心其人也。论者以马公祖常之诗似商隐,贯公、萨公之诗似长吉,而余公阙之诗则与阴铿、何逊齐驱而并驾。他如高公彦敬、巎公子山、达公兼善、雅公正卿、聂公古

---

① 周密著,吴企明点校《癸辛杂识·续集上》"回回沙碛"条,中华书局 1988 年,第 138 页。
② 吴澄《玉元鼎字说》,《全元文》卷四九七,第 15 册,第 23 页。
③ 《元西域人华化考·导读》第 4 页。
④ 《元西域人华化考》第 17 页。
⑤ 杨镰《元代蒙古色目双语诗人新探》,《民族文学研究》2004 年第 2 期,第 5 页。
⑥ 王士祯著,袁世硕主编《王士祯全集·居易录》卷二,齐鲁书社,2007 年,第 3700 页。

柏、斡公克庄、鲁公至道、二公廷珪辈，亦皆清新俊拔，成一家言。①

戴良的话从各氏西域人大量东迁、入职中土的背景到西域人逐渐"学于中夏，慕周公、孔子之道"②，且于"所有中国之声明文物"，"羡慕之余，不觉事事为之仿效"③的过程，至于出现"皆舍弓马而事诗书"的普遍现象，进而有了西域作家群出现，优秀者以创作名世、人们见多不怪的结果，可以让人较为清晰地看到元代西域作家群的总体形成背景与影响概貌。元代之后，对元诗了解最多、阅读文本最广泛的人，当属清人顾嗣立④。今人对元诗的理解与研究可以说不能越过《元诗选》以及《元诗选癸集》⑤，而顾嗣立即将色目诗人作为一种特殊文学现象加以评述研究。他在萨都剌的小传中说："有元之兴，西北子弟，尽为横经涵养既深，异才并出。云石海涯、马伯庸以绮丽清新之派振起于前，而天锡继之，清而不佻，丽而不缛，真能于袁、赵、虞、杨之外，别开生面者也。于是雅正卿、达兼善、乃易之、余廷心诸人，各逞才华，标奇竞秀。亦可谓极一时之盛者欤！"⑥陈垣在述及元代西域作家时，分谓之为"西域之中国诗人""基督教

① 戴良《鹤年先生诗集序》，《戴良集·九灵山房集补编》（下），第 347 页。
② 吴澄《玉元鼎字说》，《全元文》卷四九七，第 15 册，第 23 页。
③ 陈垣《元西域人华化考》"导读"，上海古籍出版社 2000 年版，第 4 页。
④ 按：顾嗣立"尝以有元一代之诗未经论定为憾"，立志删述。顾嗣立《寒厅诗话》载："文与也、金亦陶皆名家子，善书画，以诗名，时号文金。与也隐居竹坞，亦陶居吴城霜林巷，无子，性好抄书，元人文集，抄至百种，余《元诗选》所收，半其藏本也"。又得徐乾学兄弟及东南一带藏书家所藏元人别集，共计百余种，于康熙三十二年（1693）编成《元百家诗》116 家，翌年刊于秀野草堂。全书以天干分为十集，前八集是采自专集的诗家，方外、闺秀编入壬集，凡据选本及方志、笔记、小说之类杂书采录的零星作品归于癸集，拟附于全书之后。三十八年，康熙帝南巡，顾嗣立以《元百家诗》进献。初集刊成以后，顾嗣立又经三十五年（1696）、三十八年（1699）两度进京应顺天乡试，南北访求，又借朱彝尊所藏元人小集，在康熙四十一年（1702）编成《元诗选》二集 107 家。四十四年（1705），顾嗣立参与编集《宋金元明四朝诗选》，得以接触内府藏书，因合历年访求所得，编成《元诗选》三集 117 家，于康熙五十九年（1720）刊行。别集以外零星搜集到的作品编为癸集，得三千余人，以卷帙过大，未曾刊刻。……癸集后来历经周折，到嘉庆三年才得梓行。（顾嗣立编刊《元诗选》的详细过程，可看顾廷龙《顾嗣立与元诗选》，《顾廷龙文集》，上海科学技术文献出版社 2002 年版。）蒋寅《顾嗣立的元诗研究》，《中国文化研究》2008 年第 2 期，第 44—54 页。
⑤ 按：四库馆臣认为顾嗣立所编选的《元诗选》："是选凡三集，每集之中，又以十干分为十集。而所谓癸集，实有录无书，故皆止于九集。盖其例以甲集至壬集分编有集之人，以癸集总收零章断什，不成卷帙之作。其事浩繁，故欲为之而未成也。所录自帝王别为卷首外，初集凡元好问以下凡一百家，二集所录段克己弟兄以下凡一百家，三集所录麻革以下凡一百家。每人各存原集之名，前列小传，兼品其诗。虽去取不必尽当，而网罗浩博，一一采自本书，具见崖略。非他家选本恒订缀合者可比。有元一代之诗，要以此本为巨观矣"，《钦定四库全书总目》卷一九〇《元诗选》一百一十一卷"，下册，第 2664 页。
⑥ 顾嗣立《元诗选·戊集》"萨经历都剌"小传，中华书局 1987 年版，中册，第 1185—1186 页。

世家之中国诗人""回回教世家之中国诗人""西域之中国文家""西域之中国曲家"①。1987 年门岿、石晓奇发表《元代西域人及其创作》及《西域作家的介入及其对应的文学的影响》,对元代西域作家之于元代文坛的影响力辟专论而探讨之。而杨镰先生则将西域作家作为一个群体研究,并出版专著《元西域作家群体研究》,他将元西域作家的写作定义为"用汉语写作"②,并界定其意义认为"元代西域人的华化,元代西域作家群体的出现,则体现了历史的自我调节的特点,在同一历史时期内,在对抗的同时,也存在着交流与融和的潜流。色目人作为征服者或其追随者进入中原的历史,而历史又经他们的后人(用汉语写作的元代西域作家群)改写,元代西域作家群体在人类文明史的光明面——进步、团结和发展——留下了自己的身影"③。杨镰先生将元代数量远逾其他时代的西域作家视作一个群体来考察其群体意义以及其在元代文学史乃至整个中国文学史的影响力非常有意义。而我们也试图先从现今留下的有关这个群体的作家数量、来源、活动时间、创作类型以及创作总量来考察其大致规模及影响。

从戴良的描述看,西域作家群来自于"回回、吐蕃、康里、畏吾儿、也里可温、唐兀之属",有贯云石、马祖常、萨都剌、余阙、高克恭、康里巎巎、泰不华、雅琥、聂古柏、斡克庄、伯笃鲁丁、三圭等约 12 家,顾嗣立《元诗选》中蒙古色目诗人 17 家,《元诗选癸集》72 家,将近 90 人。据杨镰先生统计,从成吉思汗时期开始计算,双语写作(汉语非母语的汉语写作)作家包括蒙古及色目作者约计200 余人④。现在根据《全元文》《全元诗》⑤、《全金元词》⑥、《全元散曲》⑦,以及《中国文学家大辞典·辽金元卷》⑧的作家对元代西域作家进行统计。根据

---

① 《元西域人华化考》卷四"文学篇",第 55—83 页。

② 按:之后,杨镰先生将这一定义内涵再细致化,称之为蒙古色目诗人的"双语写作(汉语非母语的汉语写作)",杨镰《元代蒙古色目双语诗人新探》,《民族文学研究》2004 年第 2 期,第 5—10 页。

③ 杨镰《元西域作家群体研究》,新疆人民出版社 1998 年版,第 15 页。

④ 杨镰《元代蒙古色目双语诗人新探》,《民族文学研究》2004 年第 2 期,第 5—10 页。

⑤ 杨镰主编《全元诗》,中华书局 2013 年版。

⑥ 唐圭璋编《全金元词》,收录金元词人 282 家,词作 7293 首。其中金词人 70 家,词 3572 首;元词人 212 家,词 3721 首,中华书局 1979 年版。

⑦ 按:关于曲作者及创作数量的统计根据《录鬼簿》《录鬼簿续编》《全元散曲》以及杨波《元代少数民族散曲家研究》(兰州大学中国古代文学元明清方向 2010 届硕士论文)。

⑧ 邓绍基、杨镰主编《中国文学家大辞典·辽金元卷》,中华书局 2006 年版。

表格统计情况可以看到,所统计的西域作者计146位,排除一些不能太确定族属的作者,则至少百余位,这百余名作者分别来自于:西域色目(34名)、畏兀氏(约计31名)、回回(约15名)、唐兀氏(11名)、雍古氏(3名)、葛逻禄氏(3名)、康里氏(3名)、吐蕃(3名)、拂林(2名)、阿鲁浑氏(2名)以及答失蛮氏、乃蛮氏、塔塔儿氏、克烈氏、龟兹、天竺、大食、河西、阿拉伯等民族或区域。这些作者创作的诗歌总数大约3585首①,其中诗歌数量百首以上者计8位,总诗歌数量3086首;诗歌数量10首以上者计13位,总诗歌数量339首;诗歌数量5首以上者计6位,总诗歌数量40首;诗歌数量1首以上,5首以下者计33位,89首;其余1首及以下的作者80名,诗歌数量31首。文章总数大约为433篇,作者人数为45名;散曲创作,小令约168首,套曲17套,作家人数为17名;词作22首,5位作家。从统计情况来看,马祖常的文章和诗歌现今留存数量最多,文章有141篇,比数量次之的余阙的76篇,多了近一半;诗歌有802首,比数量次之的萨都剌794首,多8首,是数量第三的金元素(368首)、第四的丁鹤年(357首)两倍多。曲的创作,以贯云石和薛昂夫两人作品现今留存数量最多,其中贯云石有小令80首,套曲8套;薛昂夫有小令68首,套曲3套;西域作家留下来的词作较少,仅22首,只有5位作家留下作品,最多的是萨都剌,有15首词作存世。另外,诸如安藏、必兰纳识里、忽都鲁都儿迷失、察罕、迦鲁纳答思等留下了翻译作品,而唐兀氏作家沙剌班(刘伯温)虽无作品存世,但据与同时往来较多的作家虞集、黄溍等人的序言可以知道,他应该创作不少数量的诗文,并结集请人题序。此外,还有八思巴、忽思慧等著有价值甚大的思想、学术著作等等。而各种体裁创作存世数量前十五名左右的作者加以罗列的话,他们是:

诗歌作者:

马祖常(1279—1338,雍古氏)、萨都剌(1307—1360后,答失蛮)、金元素(约1307—1378,拂林人)、丁鹤年(1335—1424,回回)、廉惇(约1278—1340,畏兀人)、迺贤(1310—1368,葛逻禄氏)、偰逊(1318—1360,畏兀人)、余阙(1303—1358,唐兀氏)、答禄与权(约1312—1386,乃蛮氏)、贯云石(1286—1324,畏兀人)、雅琥(约1284—1345,西域人)、高克恭(1243—1310,色目人)、

---

① 按:这个数据是据杨镰《全元诗》所作统计,但可能会有些出入。

昂吉（1317—1366 唐兀氏）、孟昉（唐兀氏）。

散文作者：

马祖常（雍古氏）、余阙（唐兀氏）、赵世延（1261—1336，雍古氏）、巙巙（1295—1345，康里人）、萨都刺（答失蛮）、迺贤（葛逻禄氏）、辛文房（1304 年写成《唐才子传》，西域人）、偰玉立（畏兀人）、蒲寿宬（阿拉伯人）、察罕（？—1319，西域板勒纥城人）、伯颜师圣（1295—1358，葛逻禄氏）。

曲剧作者：

贯云石、薛昂夫（1269 前后—1359，回鹘人）、兰楚芳（唐兀氏）、李屺（唐兀氏）、玉元鼎（西域）、丁野夫（西域回回）、阿里西瑛（西域）、不忽木（1255—1300，康里人）、萨都刺（答失蛮）、阿里耀卿（西域）。

词作者：

萨都刺（答失蛮）、贯云石（畏兀人）、薛昂夫（畏兀人）、偰玉立（畏兀人）、廉惇（畏兀人）。

以上诗、文、曲、词所列作者总共 30 名。此外，再据元人载记资料及现有资料①，西域作家们所著集子或作品存目情况如下：

萨班智达·贡噶坚赞（1181—1251）：著有《三律仪论》《正理藏论》《智者入门》《萨迦格言》等众多名著。

安藏（？—1293）：译《宝藏论》《玄演集》一十卷，又译《尚书·无逸篇》《贞观政要》《申鉴》等各一通，奉诏译《尚书》《资治通鉴》《难经》《本草》，著有歌诗、偈、赞、颂、杂文等数十卷。

八思巴（1238—1280）：著有《彰所知论》30 余种。

沙啰巴（1259—1314）：译有《彰所知论》2 卷。

高克恭（1243—1310）：著有诗集《房山集》，画作《云横秀岭图》《墨竹坡石图》《烟岚图》（见程钜夫《题高彦敬烟岚图》）、《夜山图》［赵孟頫《题彦敬郎中为（李）公略年兄所作夜山图》］、《山村隐居图》（见仇远《题高彦敬山村隐居图》）、《青山白云图》（见黄溍《题高房山青山白云图》）等。

不忽木（1255—1300）：套曲〔仙吕·点绛唇〕一套。

迦鲁纳答思（？—1312）：畏兀儿语译《西天、西番经论》。

①　按：所统计内容多依据邱江宁《元代馆阁文人活动系年》，人民文学出版社 2015 年版。

察罕(？—1319)：译《贞观政要》《帝范》为蒙古文。又命译《脱必赤颜》为汉文名曰《圣武开天纪》，著有《历代帝王纪年纂要》等。

必兰纳识里(？—1332)：其所译经，汉字则有《楞严经》，西天字则有《大乘庄严宝度经》《干陀般若经》《大般涅盘经》《称赞大乘功德经》，西番字则有《不思议禅观经》。

赵世延(1261—1336)：至顺元年(1330)奉诏与虞集等纂修《皇朝经世大典》，又尝较定律令，汇次《风宪宏纲》。

薛昂夫(1267—1359)：著有《薛昂夫诗集》(见赵孟𫖯《薛昂夫诗集序》)、《九皋诗集》及散曲集《扣舷余韵》。

赡思(1277—1351)：所著述有《四书阙疑》《五经思问》《奇偶阴阳消息图》《老庄精诣》《镇阳风土记》《续东阳志》《重订河防通议》2卷、《西国图经》《西域异人传》《金哀宗记》《正大诸臣列传》《审听要诀》，及文集三十卷。

廉惇(约1278—1340)：著有《廉文靖集》。

马祖常(1279—1338)：参与纂修《英宗实录》，译润《皇图大训》《承华事略》，编集《列后金鉴》《千秋记略》若干卷，著有《马祖常章疏》1卷(又作《马石田章疏》)、《石田文集》15卷。

雅琥(约1284—1345)：著有《雅正卿集》。

贯云石(1286—1324)：著有《新刊全像成斋孝经直解》1卷、《酸斋集》。

康里巎巎(1295—1345)：著有《述笔法》，书法作品有《谪龙说》，1345年主持翻译成《君臣政要》3卷。(按：参译者，据危素《君臣政要序》载："至正元年九月，皇帝御东宣文阁，出《君臣政要》三卷，召翰林学士承旨臣巎巎、学士臣朵尔质班、崇文少监老老，传敕翰林侍读学士臣锁南、直学士臣拔实、崇文太监臣别里不花、少监臣老老、宣文阁鉴书画博士臣王沂、授经郎臣不答实理、臣周伯琦等，译而成书。")

伯颜(1295—1358)：伯颜修辑《六经》，多所著述，皆毁于兵，著有《子中集》。

余阙：著有《易说》50卷、《五经纂注》《青阳文集》9卷(见李祁《青阳先生文集序》)。

海鲁丁(？—1359)：著有《澹游集》。

萨都剌(1307—1360后)：著有《雁门集》。

迺贤(1310—1368)：著有《金台集》2 卷、《海云清啸集》《铙歌集》,《河朔访古记》2 卷。

金元素(约 1310—1378)：著有《南游寓兴》。

答禄与权(约 1312—1386)：著有《答禄与权集》10 卷,《窥豹管》、《雅谈》1 卷。

昂吉(1317—1366)：著有《启文集》。

偰逊(1318—1360)：著有《近思斋逸稿》。

伯颜(1327—1379)：著有《伯颜子中诗集》。

丁鹤年(1335—1424)：著有《鹤年吟稿》(见戴良《鹤年吟稿序》)。

忽都鲁都儿迷失：1314 年译《资治通鉴》章节,1317—1320 年译成真德秀本《大学衍义》,与阿璘帖木儿 1326 年合译成《帝训》(《皇图大训》,纽璘、许师敬 1325 年编类完成),1330 年专命奎章阁阿邻帖木儿、忽都鲁都儿迷失等译国言所纪典章为汉语。

孟昉：著有《孟待制文集》(见陈基《孟待制文集序》)。

沙剌班①(汉名刘伯温)：参与修《金史》,著有《学斋吟稿》(见虞集 1344 年作《刘公伯温学斋吟稿序》)、《学圃诗》(见黄溍《学圃诗序》)。

辛文房：著有《唐才子传》10 卷(1304 年完成)。

盛熙明：著有《图画考》7 卷、《补陀洛迦山考》1 卷、《法书考》8 卷。

廉阿年八哈[(1320—1327)—?]：著有《甘棠集》(见戴良《甘棠集序》)。

鲁明善(1266—1281——1333—1348)②：《农桑衣食撮要》二卷。

忽思慧：《饮膳正要》3 卷。

丁野夫：杂剧六种:《俊憨子》《望仙亭》《月夜赏西湖》《写画清风领》《游赏浙江亭》《碧梧堂双鸾栖凤》。

沙剌班：高昌畏兀儿王朝重臣哈剌亦哈赤北鲁的后代,由翰林侍郎累迁荣禄大夫,翰林学士承旨。天历二年(1329)升光禄大夫知经筵事,成为元惠宗的老师。《金史·进金史表》中所列纂修官 14 人中,江西湖东道肃政廉访使沙剌班,即为此人。

---

① 按:此沙剌班为张掖唐兀氏,完泽之子。元朝还有另一畏兀儿人沙剌班,乃阿邻帖木儿之子。参考尚衍斌《沙剌班与〈金史〉》编修,《史学史研究》2011 年第 3 期,第 83—89 页。

② 高栋梁《鲁明善的家世及其生平事迹考述》,《新疆大学学报》2008 年第 3 期,第 56—62 页。

综上所述,在元代西域人大量东迁并定居中原、学于中夏的社会背景中,面对现存的有限的作家、作品资源,我们可以集中讨论的元代西域作家群体实际是一个大约 50 人左右的对象。再考察所附诸个表格,可以看到元代西域作家群体,最具影响力、创作数量最多的作家基本出现在 14 世纪上半叶左右。综合成吉思汗约于 1220 年左右开始西征,到 1260 年蒙古三次西征基本结束的时间背景来看,这也正好印证了陈垣氏所说的那句"色目人之读书,大抵在入中国一二世以后。其初皆军人,宇内既平,武力无所用,而炫于中国之文物,视为乐土,不肯思归,则惟有读书入仕之一途而已"[①]。

附表格[②]如下:

表格一(诗歌数量百首以上者):

序号	作家姓名	生卒年	族属	作品集及数量
1	马祖常	1279—1338	西域雍古人,也里可温	著有《石田先生文集》15 卷,《全元文》第 32 册第 363—526 页录 141 篇,《全元诗》第 29 册第 278—407 页录 802 首
2	萨都刺(字天锡,号直斋)	1307—约 1360 后	西域答失蛮氏,定居雁门(山西代县)	著有《雁门集》14 卷,《全元文》第 28 册第 318—324 页录文 9 篇;《全元诗》第 30 册第 108—300 页录 794 首;《全金元词》第 1089—1092 页录 15 首;《全元曲》录套数 1 套
3	金元素(字元素,号葵阳或葵阳老人)天历三年进士,文宗赐姓"金",又称金元素,金哈刺	约 1310—1378	西域拂林人,也里可温	著有《南游寓兴》,《全元诗》第 42 册第 334—397 页录 368 首
4	丁鹤年,本名不详	1335—1424	西域回回	著有《海巢集》诗集,分别题为《丁鹤年集》《鹤年诗集》《丁孝子集》,《全元诗》第 64 册第 343 页录 357 首

①　《元西域人华化考》,第 17 页。
②　按:本文以杨镰《全元诗》中诗歌作者和创作数量作为表格制作的依据,主要是以西域作家在诗歌创作数量上相对于文、词、曲等体裁更多得多,而《全元诗》亦为现今收录最全者。

序号	作家姓名	生卒年	族属	作品集及数量
5	廉惇(字公迈)	约1278—1340	西域畏兀人,祖籍北庭,占籍大都	著有《廉文靖集》,《全元文》第18册第507—510页录其文2篇,《全金元词》录其词1首,误署廉希宪名;《全元诗》第28册第95—134页,录273首
6	迺贤(字易之,号河朔外史,紫云山人,汉姓马,以字行,名为马易之,又以族为姓,称葛逻禄易之,合鲁易之)	1310—1368	西域葛逻禄,居庆元	著有《金台集》2卷、《海云清啸集》《饶歌集》、《河朔访古记》2卷,《全元文》第52册第531—534页录文5篇;《全元诗》第48册第1—63页录269首
7	傒逊(字公远,原名傒伯僚,又作傒百辽)	1318—1360	高昌畏兀儿,寓居江苏溧阳	著有《近思斋逸稿》,《全元诗》第59册第1—22页录120首
8	余阙(字廷心,一字天心)	1303—1358	河西唐兀氏,占籍合肥	著有《青阳先生集》4卷,《全元文》第49册第102—186页文76篇;《全元诗》第44册第244—266页录103首

表格二(诗歌数量10首以上者):

序号	作家姓名	生卒年	族属	作品集及数量
1	答禄与权(字道夫)	约1312—1380	西域乃蛮人,入明定居永宁(河南洛宁)	著有《答禄与权》集10卷,《窥豹管》,《雅谈》1卷,《全元诗》第49册第471—479页录56首
2	贯云石(小云石海涯,号疏仙,又号酸斋,疏懒野人,芦花道人)	1286—1324	高昌畏兀人,定居杭州	著有《酸斋集》,散曲小令80首左右,套曲8首,《全元文》第36册第190—196页录文5篇;《全元诗》第33册第305—316页录51首;《全金元词》第950页录2首
3	雅琥(字正卿,本名雅古Yakut)	约1284—1345	西域也里可温	著有《雅正卿集》,《全元诗》第37册第433—443页录诗47首
4	高克恭	1248—1310	西域人,占籍房山	著有《房山集》,《全元诗》第14册第170—176页录31首

序号	作家姓名	生卒年	族属	作品集及数量
5	昂吉(字启文,一作起文,汉姓高,名高起文)	1317—1366	河西唐兀氏,占籍太平(安徽当涂),久在吴中	著有《启文集》,《全元诗》第58册第341—345页录诗19首
6	孟昉(字天昐,一作天伟)	不详	河西唐兀人,占籍大都,又有说占籍太原	《全元诗》第54册第386—389页录诗18首,小令13首
7	聂古柏	不详,至大四年以吏部侍郎出使安南	色目人	《全元诗》第28册第137—141页录诗18首
8	偰玉立(字世玉,号止庵,偰文质之子)	约1294—?	高昌回鹘人	《全元文》第39册第644—647页录文4篇;《全元诗》第37册第332—336页录16首;《全金元词》第1058页录1首
9	赵世延(字子敬,号迁轩)	1260—1336	雍古人,也里可温	《全元文》第21册第682—704页录文17篇;《全元诗》第19册第338—341页录15首
10	伯颜(字子中,颜子中)	1327—1379	北庭畏兀人,定居江西进贤	《伯颜子中诗集》,《全元诗》第63册第94—97页录14首
11	脱脱木儿	不详,至正四年(1344)十二月任秘书监典簿	高昌畏兀人	《全元诗》第45册第305—306页录11首
12	买闾(字兼善)	不详	西域色目,占籍会稽,家上虞	《全元诗》第62册第290—292页录诗11首

表格三（诗歌数量 5 首以上者）：

序号	作家姓名	生卒年	族属	作品集及数量
1	察伋（字士安，号海东樵者，或东海樵者）	1305—1360 以后，元统元年（1333）年进士	西域塔塔儿氏，居山东莱州掖县	《全元诗》第 45 册第 294—296 页录 9 首
2	斡玉伦徒（字克庄，号海樵，或海樵子）	不详	河西唐兀人	《全元诗》第 42 册第 326—327 页录 8 首
3	巙巙（字子山，号正斋，又号恕叟、蓬累叟，又称康里巙巙，不忽木之子，回回之弟）	1295—1345	西域康里人，也里可温	《全元文》第 54 册第 594—599 录文 12 篇；《全元诗》第 37 册第 358—364 页录 8 首
4	全晋（字子仁，原名全普庵撒里，号静斋，阿鲁浑撒理之孙）	?—1358	高昌畏兀人，	《全元诗》第 46 册第 422—423 页录 5 首，小令 1 首
5	凯烈拔实（字彦卿）	1308—1350	色目克烈氏，占籍大都大兴县	《全元诗》第 46 册第 413 页录 5 首
6	答失蛮（字彦修，别号云松隐者）	不详，至正三年（1343）任南台御史，至正十四年（1354）尚在世	西域阿鲁浑氏	《全元诗》第 45 册，第 201—202 页，录 5 首

表格四（诗歌数量 1 首以上，5 首以下者）：

序号	作家姓名	生卒年	族属	作品集及数量
1	观音奴（字志能）	不详，泰定四年（1327）进士	色目唐兀氏（寓居新州，广东新兴）	《全元诗》第 40 册第 422—423 页录 4 首

续表

序号	作家姓名	生卒年	族属	作品集及数量
2	伯笃鲁丁(字至道,志道,鲁至道	不详	西域答失蛮氏	《全元文》第 48 册第 5—8 页录文 2 篇;《全元文》第 58 册 522—523 页录文 1 篇;《全元诗》第 37 册第 78—79 页录 4 首
3	蒲理翰(字子渊,蒲里翰,蒲哩翰)	不详,泰定四年进士	天竺(印度),流寓广东	《全元诗》第 40 册第 425—426 页录 4 首
4	仉机沙(字大用,汉名沙大用)	至正见,与徐达左游	西域回回	《全元诗》第 52 册第 120 页录 4 首
5	邬密执理(字本初)	不详	河西人,后居吴中,居室名为听雪斋	《全元诗》第 51 册第 318 页录 4 首
6	薛昂夫(字昂夫,号九皋,本名薛超吾,汉姓马)	约 1269—约 1359	回鹘人,定居南昌	《九皋诗集》及散曲集《扣舷余韵》皆佚,《全元诗》第 27 册第 32—33 页录 3 首;《全金元词》第 950—951 页录 3 首;《全元散曲》录小令 65 首,套曲 3 套,残句 1 则①
7	伯颜不花(号苍岩,伯颜不花的斤,的斤,高昌王族的称号)	？—1359,鲜于枢外孙	高昌回鹘王国王族	《全元诗》第 45 册第 301—302 页录 3 首
8	三宝柱(字廷珪)	不详(至治元年进士)	高昌畏兀人	《全元诗》第 40 册第 218 页录 3 首
9	不花帖木儿(字德新)	不详(杨维祯时期)	高昌西域畏兀人	《全元诗》第 46 册第 18 页录 3 首
10	偰哲笃(字世南)	约 1298—1358	高昌畏兀儿,寓居江苏溧阳	《全元文》第 31 册第 102—103 页录文 1 篇;《全元诗》第 37 册第 454 页录 3 首
11	爱理沙(字允中,丁鹤年表兄)	不详,至正年间登进士第	西域色目人	《全元诗》第 50 册第 339 页录 3 首

---

① 按:杨镰《元曲家薛昂夫》中又据清初夏煜选钞《张小山小令》(六卷)补入了 3 首小令,第 123 页。

序号	作家姓名	生卒年	族属	作品集及数量
12	别罗沙(字彦诚,本名罗沙,以别失八里为祖籍,故以别为汉姓)	不详,元统元年进士	高昌人,西域回回,占籍南昌	《全元诗》第51册第158页录3首
13	达实帖木儿	不详	蒙古色目人	《全元诗》第52册第392页录3首
14	达德越士(字仲达)	不详	西域拂林人,也里可温,长期生活在江浙	《全元诗》第65册第248页录3首
15	奚莫伯颜	不详	蒙古色目人	《全元诗》第66册第271页录3首
16	大食哲马	不详,至正二十年给赵孟頫之孙赵麟题画	西域色目人	《全元诗》第53册第226页录3首
17	观音实礼	不详,曾在奎章阁、宣文阁任职	蒙古色目人	《全元诗》第53册第278页录3首
18	马世德(字符臣)	不详(马祖常从弟)	西域雍古人,也里可温	《全元诗》第52册第496—497页录3首
19	不忽木	1254—1300	康里氏,也里可温	《全元文》第19册,第693—696页录文3篇;《全元散曲》散曲1套;《全元诗》第18册第30—31页录2首
20	回回(字子渊,号时斋)	1291—1341	康里氏,不忽木之子,巎巎之兄	《御选元诗》《元诗选》各有诗1首;《全元诗》第36册第217页录2首
21	观音奴(字鲁山)	不详	西夏诗人	《全元诗》第45册第312页录2首
22	伯颜(字九成)	不详	蒙古色目人	《全元诗》第66册第252页录2首
23	辛文房(字良史)	不详	西域人	《唐才子传》10卷,《全元文》第36册第265—270页录文5篇;《全元诗》第27册第121页录2首
24	廉惠山海牙(字公亮,廉希宪从子)	不详,至治元年(1321)进士	高昌畏兀人	《全元诗》第36册第446页录2首

续表

序号	作家姓名	生卒年	族属	作品集及数量
25	沙班(字子中)	不详,泰定四年进士	西域人(寓居杭州)	《全元诗》第43册第249页录2首
26	盛熙明(字熙明,号玄一山人)	不详,至正二十三(1363)尚在世	西域龟兹人,占籍豫章,后寄居四明	《图画考》7卷,《补陀洛迦山考》1卷,《法书考》8卷,《全元文》第58册第416—418页录文2篇;《全元诗》第41册第396页录2首
27	完泽(字兰石)	不详,参与杨维祯的西湖竹枝词集咏	西夏人,也里可温	《全元诗》第51册第147页录2首
28	定位(字子静)	?—1363	西域色目人	《全元诗》第52册第474—475页录2首
29	铁间(字充之)	不详,至治元年进士,授余姚州同知	色目合鲁氏(即葛逻禄氏),定居鄞县	《全元诗》第52册第487页录2首
30	雅理(字玉渊)	至正五年进士	西域人	《全元诗》第56册第520页录2首
31	海鲁丁(字东之)	?—1359,与兄长穆鲁丁、获独步丁以科第显,时称三凤	西域回回,居丽水	《澹游集》,《全元诗》第56册第518页录2首
32	美里吉台(字洪范)	不详,至顺元年进士	唐兀氏	《全元诗》第42册第319页录2首
33	沙可学(或疑与哈珊沙为同一人)	不详,至正中任江浙行省掾	色目人,居浙江永嘉	《全元诗》第52册第361页录2首

表格五(诗歌数量 1 首及其他):

序号	作家姓名	生卒年	族属	作品集及数量
1	王剌哈剌	不详	不详	《全元文》,第 39 册,第 454—456 页(按第 47 册,第 354—356,有同名同文者)
2	公哥儿监藏班藏卜		乌思藏萨斯迦(今西藏萨迦)人,族款氏	《全元文》第 54 册,第 94 页,1 篇
3	公哥罗古罗思监藏班藏卜	1299—1323	乌思藏萨斯迦(今西藏萨迦)人,款氏	《全元文》第 53 册,第 566—567 页,1 篇
4	丁文苑(哈八石)	1284—1330	回回世家,于阗人	《全元诗》第 32 册第 144 页录 1 首
5	丁野夫	不详	西域回回	题画诗 3 首,杂剧 6 种,《全元诗》不见收录
6	吉雅谟丁(字符德)	不详(丁鹤年从兄)	西域回回	《元诗选》收诗 7 首,《全元诗》不见收录
7	倚南海涯	不详	西域色目人	《御选元诗》卷三一、《元诗选·癸集》戊集下据《武夷山志》收录其《武夷山》诗;《全元诗》第 46 册第 183 页录 1 首
8	谢文质海牙(又译作小云石海涯)	不详,至元二十四年任南台御史	西域畏兀人	《全元诗》第 14 册,第 183 页,录 1 首
9	释沙啰巴(号雪岩)	1259—1314	吐蕃人	《全元诗》第 18 册第 421 页录 1 首
10	阔里吉思(字仲甫)	不详,至大元年任镇江路达鲁花赤	也里可温氏,居镇江	《全元诗》第 23 册第 36 页录 1 首
11	康里百花(字普修,即康里不花)	不详	康里氏,也里可温	《全元诗》第 24 册第 312 页录 1 首
12	聂古柏	不详	不详	《全元诗》第 28 册第 137—141 页录 1 首
13	纳加台教化	不详	西夏人	《全元诗》第 37 册第 372 页录 1 首

续表

序号	作家姓名	生卒年	族属	作品集及数量
14	纳璘不花（字文灿，一作文粲，号絅斋）	不详，泰定四年进士	北庭畏兀人	《全元诗》第 40 册第 419 页录 1 首
15	道童（字石岩）	？—1358	高昌畏兀人	《全元诗》第 43 册第 247 页录 1 首
16	月思帖木儿	不详	不详	《全元诗》第 46 册第 17 页录 1 首
17	掌机沙（字密卿）	不详，礼部尚书哈散之孙，至正初，参与杨维桢的西湖竹枝词集咏	西域阿鲁浑氏	《全元诗》第 51 册第 132 页录 1 首
18	燕不花（字孟初）	不详，参与杨维桢的西湖竹枝词集咏	唐兀氏	《全元诗》第 51 册第 133 页录 1 首
19	哈珊沙（字可学，以沙为姓，又名沙可学，燕山哈珊沙）	不详，至正二年拜住榜进士	西域人	《全元诗》第 51 册第 267 页录 1 首
20	哈珊沙（字子山）	不详	西域人，占籍燕山	《全元诗》第 53 册第 225 页录 1 首
21	阿鲁温沙（字守中）	不详	西域人，占籍燕山	《全元诗》第 51 册第 281 页录 1 首
22	阿鲁温沙（字仲德）	不详，至正八年进士		
23	迈里设（字伯施）	不详	于阗人	《全元诗》第 52 册第 203 页录 1 首
24	马合麻（字德卿）	不详，至正间曾任福建闽海道廉访副使	西域回回	《全元诗》第 52 册第 275 页录 1 首
25	帖木儿	不详，至正间为福建行省参政	不详	《全元诗》第 52 册第 470 页录 1 首
26	伯德正臣（又名高昌正臣）	不详，与柯九思交往	高昌人，久居江南	《全元诗》第 52 册第 474 页录 1 首

续表

序号	作家姓名	生卒年	族属	作品集及数量
27	盍志（四库全书译为和卓）	不详	西域回回	《全元诗》第 52 册第 488 页录 1 首
28	大都闾	不详，至正间为宁晋县达鲁花赤	北庭畏兀人，居大都	《全元诗》第 52 册第 509 页录 1 首
29	虎都鲁沙	不详	西域人	《全元诗》第 53 册第 253 页录 1 首
30	萨达道	至正八年进士	色目人	《全元诗》第 53 册第 331 页录 1 首
31	桓哲帖木儿	不详，至正十五年任吴江州判官	蒙古色目人	《全元诗》第 58 册第 11 页录 1 首
32	康里氏（女）	?—1365	西域古族康里氏	《全元诗》第 62 册第 497 页录 1 首
33	拜帖穆尔	不详	色目唐兀氏	《全元诗》第 65 册第 85 页录 1 首
34	别不花（字德成）	不详	不详	《全元诗》第 66 册第 228 页录 1 首
35	五十四	不详	高昌畏兀人	《全元诗》第 67 册第 353 页录 1 首
36	伯颜帖木儿（字符臣）	不详	色目畏兀人	《全元诗》第 67 册第 497 页录 1 首
37	夏拜不花	不详	蒙古色目人	《全元诗》第 67 册第 503 页录 1 首
38	帖里越实	不详	色目人	《全元诗》第 68 册第 100 页录 1 首
39	蒲寿宬（号心泉）	不详	阿拉伯人，一说占城人，居福建泉州	《全元文》第 8 册第 272—275 页录赋 3 篇
40	廉希宪（一名忻都，字善甫，号野云，布鲁海牙子）	1231—1280	畏兀人	《全元文》第 8 册第 285—289 页录文 3 篇
41	铁哥（又译帖可、帖哥、特尔格、铁柯，姓伽乃氏）	?—1313	伽叶弥儿，即西域筑干国人	《全元文》第 9 册第 135 页录文 1 篇

续表

序号	作家姓名	生卒年	族属	作品集及数量
42	八思巴(又译作发思巴,八合思八,本名罗古罗思斯坚藏)	1235—1280	吐蕃萨斯迦(今西藏萨迦)	著《彰所知论》30 余种,《全元文》第 11 册第 718—719 页录文 1篇
43	麦术丁	不详,至元二年(1265)授吏礼部尚书	回回	《全元文》第 19 册第 663—664 页录文 1 篇
44	察罕(初名益德,自号白云,人称白云老人)	不详,至元十四年(1287)从镇南王征安南	西域板勒纥城人	著有《帝王纪年纂要》,《全元文》第 31 册第 438—441 页录文 3 篇
45	赡思(即沙克什,字得之)	1278—1351	大食人,徙居真定(河北正定)	著有《重订河防通议》2 卷,《全元文》第 32 册第 231—236 页录文 4篇
46	偰文质(字仲彬,合剌普华长子)	不详,延祐二年(1314)任广德路总管	高昌人	《全元文》第 36 册第 188—190 页录文 1 篇
47	鄂而采图	不详	不详	《全元文》第 36 册第 280—281 页录文 1 篇(大德九)
48	边鲁(字至愚,号鲁生)	?—1356	高昌畏兀人,北庭人,居宣城	《全元文》第 37 册第 82—84 页录文 1 篇,《全元诗》第 52 册第 472页录文 1 首
49	锁咬儿哈的迷失	?—1321,英宗时监察御史	西域伊吾庐人	《全元文》第 37 册第 126—127 页录文 1 篇
50	伯颜(一名师圣,字宗道,号愚庵)	1292—1358	西域哈剌鲁(葛逻禄氏),居河南开州濮阳	《全元文》第 48 册第 8—12 页录文 3 篇
51	阿思兰海涯(字子素,贯云石之子)	不详,至顺二年(1331)任兰溪州达鲁花赤	畏兀人	《全元文》第 51 册第 424—426 页录文 1 篇
52	鲁明善(名铁柱)	不详,延祐元年(1314)为安丰路达鲁花赤	畏兀人	《农桑衣食撮要》二卷。《全元文》第 53 册第 595—596 页录文 1篇

序号	作家姓名	生卒年	族属	作品集及数量
53	毕申达儿	不详	不详	《全元文》第55册第96—97页录文2篇
54	典理弥实	不详，至正中官渭南县达鲁花赤	不详	《全元文》第56册第111页录文1篇
55	普达世理（字原理）	1308—？	畏兀人	《全元文》第58册第97—98页录文1篇
56	托克托穆尔	不详	不详	《全元文》第58册第308—309页录文2篇
57	海牙（字伯源）	不详，至正四年登进士第，授承事郎、进贤县达鲁花赤	高昌人	《全元文》第58册第440—442页录文2篇
58	纳速剌丁	不详，至正十一年曾官承直郎、宁国路太平县达鲁花赤	不详	《全元文》第58册第626—628页录文1篇
59	巴延特穆尔	不详，至正中官承务郎、扬州路同知崇明州事	不详	《全元文》第58册第707—708页录文1篇
60	颜怗穆尔	不详，至正十一年（1351）进士，官承事郎、益都路同知淮州事	不详	《全元文》第58册第708—709页录文1篇
61	哈散沙	不详，至正十五年（1355）为朝列大夫、松江府达鲁花赤	不详	《全元文》第59册第16—17页录文1篇
62	保巴（字公孟，号普庵）	不详	不详	《易源奥义》《周易原旨》《周易尚占》（统名《易体用》），《全元文》第59册第269—270页录文1篇
63	察罕帖木儿（字廷瑞）	？—1362	不详	《全元文》第59册第278—279页录文1篇

续表

序号	作家姓名	生卒年	族属	作品集及数量
64	寿同海牙（字弘毅）	1306—？元统元年（1333）年右榜进士第三，授翰林应奉，迁兴国路经历	畏兀人，居绍兴	《全元文》第59册第344—346页录文1篇
65	琐非复初（号拙斋）	不详	不详	《全元文》第59册第356—357页录文1篇
66	帖木儿不花	不详	不详	《全元文》第59册第433—434页录文1篇
67	阿里耀卿（又称里耀卿）	不详	西域	《全元曲》录1首
68	阿里西瑛（本名木八剌，字西瑛，又名"长西瑛"，阿里耀卿之子）	不详	西域	《全元散曲》录小令4首
69	玉元鼎	约1290—约1341	西域	小令7首，套曲2套
70	大食惟寅		大食	小令1首
71	兰楚芳	约1300—约1370	唐兀人？	小令9首，套曲3套
72	李屺（字伯瞻，号熙怡）		唐兀人	小令7首
73	沐仲易	约1315—约1380	西域回回	
74	金文石	约1330—约1370	拂林人	
75	吉诚甫	1340年前在世	西域人	
76	虎伯恭	不详	西域人，居杭州	
77	赛景初	约1320—约1370	西域人，居常熟	
78	月景辉	1368年前在世	也里可温，居京江	

第三节　元代西域作家群的创作表现·萌发阶段（1280 年左右—1300 年左右）

根据上节的数据统计,也根据现今留存作品的数量,我们基本划定元代西域作家群体大约 50 位左右。与其他朝代作家群体的讨论颇有不同的是,我们所讨论的元代西域作家群体的创作,在最初阶段实质是他们的外语写作①。元代西域作家群体的形成需要有汉化的前提,藉由这个前提和基础,才有了之后优秀作品和优秀作家的集群出现。而随着蒙古、色目统治者在中原统治力量的衰落与瓦解,元代西域作家群体也深受影响和打击,其影响力也逐渐消散。在前面的章节中我们已指出,尽管元代西域人东迁至中原有诸多因素,但尤其不能忽略的是其携中亚以及伊斯兰—阿拉伯灿烂文明背景而来这一因素;而且在西域人汉化学习过程,他们所处中原区域的文化气质以及他们所交往的中原文人圈子对他们的学习与创作影响深切;此外元代西域作家作为西域色目所处的政治、社会地位以及他们的异族特质会使他们的创作更容易产生影响。所以为本篇讨论的便利,根据元代西域作家群体的创作活动时间,我们将元代西域作家群体分为萌发阶段(1280—1310)、高潮阶段(1310—1345)和退潮阶段(1345—1368)三个阶段;且从他们的家世渊源、交游群体、创作活动以及文学影响等几方面来加以考察,侧重于考察元代西域文人群体在汉化过程中,与其定居区域、仕宦区域的中土文人之间交游、互动的情形,力求借助对西域文人与汉人的往来互动背景的描述来推进其创作上的南北交流、东西互动、雅俗转换,进而更细致、切近地重现其时的文学创作历史场景。

将元代西域作家群体萌发阶段的起始时间定在 1280 年左右,既考虑到上述表格中,西域作家开始有汉语作品出现的时间,也顾及到元代西征时间和西

---

①　按:杨镰先生将蒙古、色目的汉语写作称之为双语写作,颇有道理。杨镰《元代江浙双语文学家族研究》中指出:"所谓双语文学现象,特指文学家使用母语以外的语言进行文学创作。纵观整部中国文学史,元代以前,不存在普遍意义的双语文学现象。汉民族以外的文人用汉语写作不但罕见,而且往往带有偶然性。元代,定居中原的、母语并非汉语的蒙古、色目等民族人士,积极融入当地社会,纷纷采用汉语写作文学作品,使用汉语来作为家族或社区的交际语言。这一现象成为元代文学的显著特征。在元代,社会构成空前繁复,双语文学现象与双语文学家的出现,是和谐的因素和中华民族凝聚力的体现。作为新的视角,研究前景广阔,具有较强的应用性。"《江苏大学学报(社会科学版)》2009 年第 3 期,第 47—51 页。

域人东迁基本结束的时间点。这个时期,西域人经过一、二世的定居、创业过程,逐步融入到中土生活中,与中土以汉族人为主的其他民族人群的交往情形变得清晰可循。而以1300年左右作为第一阶段的截止期,主要原因是以这一年,代表第一阶段创作成绩最突出的不忽木(1255—1300)去世,而新的高峰时代也即将来临。之所以将元代西域作家群体的第一阶段定义为萌发期,固然由于这个阶段,西域作家群体人员不多,留下的作品相对不够齐整,但更重要的原因还在于,尽管这个阶段的作家、作品不算多,但是藉由一些汉族作家的题咏、唱和以及各种载记线索,可以知道这个阶段,大量西域人虽不能创作出汉语作品,但已经能组织或参与多族文人的聚会,并阅读汉语诗文,这是萌发阶段很重要的特质,是高峰阶段到来的必要准备期和基础。而综观1280年—1300年左右,元代西域作家群体的活动区域,主要集中在大都,作者有不忽木等。

　　对元代西域作家群体第一阶段情形的观照,必须要结合13—14世纪期间西域色目人迁中原的社会背景加以考察。某种程度而言,出现在第一阶段里的元代西域作家基本是蒙古治下时期的色目勋臣或干臣之后。元王朝定鼎中原,初期西域作家的父祖辈或者父兄在获得政治、经济资源的同时,也开始意识到既已安邦定基于中土,即须入乡随俗,学于中夏,所谓"自吾祖为使而入中国,委骨于是,若诗书礼乐,吾其可不从乎? 俗之不同,理之顿异,吾其可从乎!"①于是,他们中有些文化根基的即开始努力营建与其他民族优秀文人的联络关系。台湾萧启庆氏曾撰文指出,"这些异族士人群体并非孤立于汉族士大夫主流之外,而是与后者声气相通,紧密结纳,相互之间存有千丝万缕的关系,遂形成中国史上前所未见的多族士人圈"②。在西域早期华化的人群中,有几大西域色目家族:如廉氏、偰氏、康里氏等,他们的华化成绩非常显著,而迹由他们与中土文人的往来关系可以初步考察元代西域作家群体在第一阶段中的形成基础。

　　首先是高昌廉希宪家族。廉希宪家族在蒙古治下时期的发迹,由廉希宪的父亲布鲁海牙(1197—1265)开始。《元史·布鲁海牙传》载:"布鲁海牙,畏

---

①　许有壬《西域使者哈只哈心碑》,《全元文》卷一一九七,第38册,第390页。
②　萧启庆《元代蒙古色目人的汉化与士人化》,北京论坛(2006)《文明的和谐与共同繁荣——对人类文明方式的思考:"世界格局中的中华文明"国学分论坛论文或摘要集》,第128—167页。

吾人也。祖牙儿八海牙,父吉台海牙,俱以功为其国世臣。布鲁海牙幼孤,依舅氏家就学,未几,即善其国书,尤精骑射。年十八,随其主内附,充宿卫。太祖西征,布鲁海牙扈从,不避劳苦",布鲁海牙以理财廉谨、执法平允而深得忽必烈等蒙古统治者信任。布鲁海牙生子13个,有孙53个,而且很多仕进元王朝,曾有人奏议认为布鲁海牙家族在朝中任职者太多,"宜稍汰去",而元世祖则回复云:"布鲁海牙功多,子孙亦朕所知,非汝当预。"①正因为蒙古统治者对布鲁海牙家的这层信任关系,布鲁海牙家成为元代大都、原籍高昌的一个大家族。

布鲁海牙家族本来就是高昌回鹘王国居功甚高的"世臣",而布鲁海牙本人在崇尚武力的社会氛围中,虽"尤精骑射",但他作为畏兀儿世臣的后代,"善其国书",文化素养甚高。基于这层文化素养,可以看到布鲁海牙之子、元代著名政治家廉希宪身上迥异于其他功臣世家后代的气质。廉希宪所以得姓"廉",以其出生之际,布鲁海牙适拜廉使,布鲁海牙认为:"吾闻古以官为姓,天其以廉为吾宗之姓乎"②,所以自廉希宪之后,布鲁海牙的子孙皆姓廉氏。因为有意于入乡随俗,廉希宪曾通过广建"廉园""万柳堂""泉园"等园林与中土优秀文人往来结纳,陶宗仪《南村辍耕录》记载道:

> 京师城外万柳堂,亦一宴游处也。野云廉公,一日于中置酒,招疏斋卢公、松雪赵公同饮。时歌儿刘氏名解语花者,左手折荷花,右手执杯,歌《小圣乐》云:绿叶阴浓,遍池亭水阁,偏趁凉多。海榴初绽,朵朵蹙红罗。乳燕雏莺弄语,对高柳鸣蝉相和。骤雨过,似琼珠乱撒,打遍新荷。人生百年有几,念良辰美景,休放虚过。富贵前定,何用苦张罗。命友邀宾宴赏,饮芳醑,浅斟低歌,且酩酊,从教二轮,往来如梭。既而行酒,赵公喜,即席赋诗曰:"万柳堂前数亩池,平铺云锦盖涟漪。主人自有沧洲趣,游女仍歌白雪词。手把荷花来劝酒,步随芳草去寻诗。谁知咫尺京城外,便有无穷万里思。"③

---

① 《元史》卷一二五《布鲁海牙传》,第10册,第3070、3072页。
② 《元史》卷一二五《布鲁海牙传》,第10册,第3070、3072页。
③ 陶宗仪《辍耕录》卷九"万柳堂"条,中华书局1985年版,第138—139页。

引文中,赵孟頫的题诗非常有意味。据其诗意,赵孟頫除了描述万柳堂池中多莲,柳荫莲香,风景可爱之外,那句"主人自有沧州趣"颇引人注目。该句既点明万柳堂营建于钓鱼台那样的滨水之地,又赞赏和肯定了主人崇高的政治地位与高雅的隐士情怀,与谢朓那句"既欢怀禄情,复携沧州趣"确实有同功之妙①。据《元史·廉希宪传》对他的记载来看,廉希宪"笃好经史,手不释卷",能读《孟子》,元世祖都目之为"廉孟子",但他没有留下相应的诗文曲词作品②,很有可能他对于中土文化与思想的理解,并不是很深邃,可能比较喜爱但还没有到能够自如地运用和表达的地步,这可能也是他没有留下任何作品的重要原因。但是,作为一个优秀的政治家,廉希宪建园林以招徕、结纳多族士人的做法,实有种梧桐引凤凰之意。可以看到,京师万柳堂之外,廉希宪在担任行省长官的陕西也营建起泉园来招徕宾客,而其时陕西的优秀文士诸如姚枢、许衡、杨奂、商挺等名流都是他园中的座上宾③。而据元代文人的题咏留诗情形来看,如王恽有《秋日宴廉园清露堂》,张养浩有《廉园秋日即事》《廉园会饮》《寒食游廉园》,贡奎有《集廉园》,袁桷有《集廉园》《廉右丞园号为京城第一名花几万本右丞有诗次韵》《禊日与刚中待制至廉园闭门不内驻马久之复次韵》等等,则廉氏的园林不仅是廉家主人用以邀约、结纳友朋的所在,也被廉家开放为京城多族名流、士子游赏和雅集的佳胜所在。清代乾隆有诗《题赵孟頫万柳堂图》云"久闻城外有廉园,今日宛看图画存。求媚羞为右丞相,传真却赖昔王孙"④,乾隆倒是明白廉希宪以及廉家人粗通中土文化却又苦心结纳中土文士的心情。他们为了结交中土文士,不仅特意营建万柳堂之类的非常富有中国传统文人趣味的园林,邀约文士艺人雅集,而且很羞于自己的尊贵身份,而这也更能看出以廉希宪为首的廉氏家族结纳以求融入的良苦用心。

---

① 按:沧州是指滨水的地方,古时常用以称隐士的居处。阮籍《为郑冲劝晋王笺》:"然后临沧州而谢支伯,登箕山以揖许由",谢朓《之宣城郡出新林浦向板桥》:"既欢怀禄情,复携沧州趣",罗竹风主编《汉语大词典》,(上海)汉语大词典出版社1995年,第6册,第25页。

② 按:《全金元词》中录有一首廉希宪的词,但人们考证认为是其子廉惇之作。

③ 按:雍正《陕西通志》卷七三"古迹第二·廉相泉园"条载:"元至元中平章廉希宪行省陕右,爱秦中山水,遂于樊川杜曲林泉佳处葺治厅馆亭榭,导泉灌园,移植汉沔东洛奇花异卉,畦分棋布,松桧梅竹罗列成行,暇日同姚雪斋、许鲁斋、杨紫阳、商左山,前进士邱大用、来明之、郭周卿、张君美樽酒论文,弹琴煮茗,雅歌投壶,燕乐于此。教授李庭之为记,征西参军畸亭陈还题诗",参考张建伟《高昌廉氏与元代的多民族士人雅集》,《中央民族大学学报》2014年第4期,第113—117页。

④ 《御制诗集》三集卷二四,《四库全书》集部二四四,台湾商务印书馆1986年,第1305册,第626页。

　　廉希宪苦心结纳以融入中土的做法其实是元王朝欲立足中原、一统南北的政治理念的一个典型缩影。正以忽必烈为代表的一批蒙古、色目统治者期望定居下来,所以,在忽必烈获得对阿里不哥的胜利之后,初建立元王朝的蒙古、色目高层对待中原的态度有了巨大转变,不仅努力寻求与中土士绅的和解,而且也大力拧转蒙古早期攻城掠阵、大肆屠戮的做法。《元史》载,至元初,"以许衡为集贤馆大学士、国子祭酒,教国子与蒙古大姓四怯薛人员"①;至元八年(1271),成立国子学,"选随朝百官近侍蒙古、汉人子孙及俊秀者充生徒"②;1274 年伯颜等受命功宋前,与忽必烈来辞行,忽必烈告谕伯颜说:"古之善取江南者,唯曹彬一人。汝能不杀,是吾曹彬也"③;又载 1275 年,阿里海牙攻下江陵,请忽必烈命重臣开大府镇之。忽必烈急召廉希宪令其行省荆南,并告谕说:"荆南入我版籍,欲使新附者感恩、未来者向化,宋知我朝有臣如此,亦足以降其心。"④也正是由于"元廷为确立其统治中原的正当性及谋求其政权之永续性,深知部分统治菁英必须掌握汉族文化,以便统治,故采取种种措施,加以诱导"⑤,我们不仅对廉希宪建园林以媚文士的做法很容易理解,而且对元王朝一统前后,蒙古、色目高层的子弟员努力学于中夏以实现文化融入的潮流也可稍以了然。除廉希宪家在 1240 年左右即开始延师教子之外,行动最积极有效的是高昌偰氏家族。早从蒙哥汗时期(1250—1259)的合剌普华(1246—1284)开始,即"习畏兀儿书,及授《语》《孟》《史》《鉴》文字,记诵精敏"⑥。而合剌普华之子偰文质,藉由其给家族姓氏命为偰氏,并自行收集家族世系资料且请欧阳玄为其家族作传的行为来看,其本民族文化功底以及汉学修养都应该相当深厚。据欧阳玄在《高昌偰氏传》开篇的介绍知道

　　　　伟兀者,回鹘转声也。其地本在哈喇和林,即今之和宁路也。有三水焉,一并城南山东北流,曰斡耳汗;一经城西北流,曰和林河;一发西北东

---

①　《元史》卷八七《百官志三》,第 7 册,第 2192 页。四怯薛:怯薛,突厥语,番直宿卫之意。成吉思汗时,以木华黎、赤老温、博尔忽、博尔术为四怯薛。

②　《元史》卷七《世祖本纪四》,第 1 册,第 135 页。

③　《元史》卷八《世祖本纪五》,第 1 册,第 156 页。

④　《元史》卷一二六《廉希宪传》,第 10 册,第 3093—3094 页。

⑤　萧启庆《元代多族士人网络中的师生关系》,《历史研究》2005 年第 1 期,第 120 页。

⑥　《欧阳玄全集·圭斋文集》卷一一《高昌偰氏家传》,上册,第 328 页。

流,曰忽尔斑达弥尔。三水距城北三十里合流,曰偰辇杰河。回纥有普鞠可汗者,实始居之,后徙居北庭。北庭者,今之别失八里城也。①

这段文字尽管是欧阳玄所撰写,但由其所述内容却能看出它们完全根基于偰文质大量调查自己民族发迹的资料或者有意建构自己家族体系的意愿所致。而偰文质也正是根据自己的家族肇基于偰辇杰河,所以命家族之姓为偰氏:"吾宗肇基偰辇,今因以偰为氏,盖木本水源之意也",足见其见识之清明、睿智。而且偰文质认为自己的家族自高祖、曾祖以来,皆"勤瘁王家,翊兴大业",若不努力载记,则"俛仰陈迹",很可能湮没于历史的硝烟长河中,"无以示来者",所以"谨具世次履历"②,请更擅长文字表述的欧阳玄加以撰次,这种存史意识又可谓是中原渊源深厚的史家文化的体现。

再有不忽木(1255—1300)家族。不忽木本人小时候即凭借父亲燕真乃忽必烈侍从的关系随侍太子真金于东宫,并借此接近金源著名文人王恂和许衡,到至元初许衡被授命为元朝第一任国子祭酒时,不忽木虽刚过12岁,已然深通汉礼。其父知其不凡,遂送入国子学由许衡亲炙,而不忽木也以"性强记,日颂千余言,有问必及纲领",姚燧也称不忽木"诵说余力,纂记为帙,上起唐、虞,下讫辽、金,帝王名谥,统系岁年,在位久近,皆能暗诵。帝尝试之,其应无滞"③,不忽木的天分与勤奋使得许衡对他"亟称之"④,并以三公之任而期许之。不忽木没有辜负许衡的教诲,成为元代初期汉法推行的重要色目贵族。赵孟頫在不忽木死后,为其画像作赞,特推许其汉学修养及朝廷汉法推行的影响评价写道:

　　于维鲁公,万夫之雄。笃学力行,择乎中庸。夙遇世祖,明良相逢。以道事君,謇謇匪躬。无言不雠,无谏不从。举善若遗,疾恶如风。诛锄草莱,黍稷芃芃。夙夜匪懈,以成治功。维此治功,四方攸同。昔唐魏征,相于太宗。仁义之效,及于鳏痌。维公德业,千古齐踪。载瞻遗像,仿佛

---

① 欧阳玄《高昌偰氏家传》,《欧阳玄全集·圭斋文集》卷一一,上册,第321—322页。
② 《欧阳玄全集·圭斋文集》卷一一,上册,第331页。
③ 苏天爵《平章鲁国文贞公》,《元朝名臣事略》卷四,第61—62页。
④ 赵孟頫《故昭文馆大学士荣禄大夫平章军国事行御史中丞领侍仪司事赠纯诚佐理功臣太傅开府仪同三司上柱国追封鲁国公谥文贞康里公碑》,《赵孟頫集》卷七,第199页。

音容。式昭颂声,以播无穷。①

结合这一段的评价,再由赵孟頫为不忽木写的神道碑来观照不忽木一生行踪,他是基本站在汉儒立场,扼阻桑哥、阿合马等人的肆意敛财行径,多择通义理、经史之士人为官,主张勉励学校,议行科举,推行仁政等等,赵孟頫的评价也算是客观、平允。

在赵孟頫的评价中,还指出不忽木与元世祖之间,前者以道事君,后者无谏不从,可谓明良相逢,赵孟頫的这个评价也某种程度上揭示了一些事实,即作为元王朝建立初期的平章政事,不忽木理解和顺应忽必烈统治集团寻求融入中原社会的需求,努力汉化并大力推动整个社会多族群体的汉化进程。而综观廉希宪、偰文质、不忽木等人的汉学学养及其汉化作为,总体上创作成绩不大,只有不忽木留下一套曲、一首诗、一篇文章,但这个阶段却是非常必要的,是元代西域作家群体创作高潮到来的前提。由于这个阶段的人群基本是西域贵族,他们在理解和顺应忽必烈为代表的蒙古贵族统治者期望进驻中原、与中原士绅和文化和解的意愿的同时,一方面努力学习汉文化、与优秀汉人士绅往来,另一方面,更从政策和态度上推动元朝初期多族士子汉学学习的热情。就他们本家族的汉化情形而言,廉希宪之后,其子孙汉化程度和创作成绩大大提高,尤其第五子廉惇,著有《廉文靖集》,留下诗作273首,在元代文坛享誉一时。而偰氏子孙则在元代创造了“一门九进士”②的科举奇迹。至于不忽木,其子回回与巙巙都汉学功底颇深,尤其巙巙不仅“以文学雅望重当世”,而且“字画尤精”③,与赵孟頫齐名。

也由于元王朝初期的国政需要,值得一提的是这个阶段的翻译成绩。至

① 赵孟頫《昭文馆大学士荣禄大夫平章军国事行御史中丞领侍仪司事赠纯诚佐理功臣开府仪同三司太傅上柱国鲁国公谥文贞康里公不忽木画像赞》,《赵孟頫集》卷一〇,第262—263页。

② 按:合剌普华有子偰文质、越伦质,据欧阳玄的传记记载,偰文质有子“五人曰:偰玉立,登延祐戊午第,今翰林待制、朝请大夫、兼国史院编修官;曰偰直坚,登泰定甲子第,今承务郎、宿松县达鲁花赤;曰偰哲笃,登延祐乙卯第,今中顺大夫、金广东道肃政廉访司事;曰偰朝吾,登至治辛酉第,今承务郎同知济州事;曰偰列篪,登至顺庚午第,今从仕郎、河南府路经历。越伦质早岁警敏笃学,无子弟之过,未仕而殁,赠从仕郎、山东东西道宣慰使司都事。一子曰善著,登泰定丁卯第,今承务郎、天临路同知湘潭州事”(《欧阳玄全集·圭斋文集》卷一一《高昌偰氏家传》,上册,第331页)。另外,后偰哲笃子偰逊,著著子正宗、阿儿思兰也中进士,故偰氏一门两代共有九个进士,荣耀非常,时称“一门九桂”。

③ 徐一夔著,徐永恩校注《始丰稿》卷一四,浙江古籍出版社2008年,第369页。

元元年(1264),忽必烈即"敕选儒士编修国史,译写经书,起馆舍,给俸以赡之"①,这使得一批具有语言才能、通多国语的西域翻译人才非常活跃,像安藏(？—1293)就是这个时期最著名的翻译家。安藏,又名安藏札牙答思,字国宝,畏兀人,世家别失八里,自号龙宫老人。安藏"九岁,始从师力学,一目十行俱下,日记万言。十三,能默诵《俱舍论》三十卷。十五,孔、释之书皆贯穿矣"。忽必烈即位之后,安藏进《宝藏论》《玄演集》一十卷,令忽必烈嘉叹不已。而安藏则乘势劝忽必烈"宜亲经史,以知古今治乱之由,正心术,以示天下向背之道。遂译《尚书·无逸篇》《贞观政要》《申鉴》各一通以献"。忽必烈与阿里不哥争汗之战结束后,安藏更是将汉典中有关治国安邦的观点"敷绎详暇以谏",让忽必烈感到颇有裨益,于是安藏又奉诏译《尚书》《资治通鉴》《难经》《本草》等史学、医学著作以进②。此外,安藏还在至元年间曾以翻译检查官的身份参与了《至元法宝勘同总录》的编纂,组织人员翻译了《四十华严》经;根据藏文汉译《圣救度佛母二十一种礼赞经》一卷,又据藏文译之为回鹘文;译《文殊所说最胜名义经》为回鹘文;作为宗教徒,他创作和翻译了佛教长诗《十种善行赞》《普贤行愿赞》等,均为押头韵的四行诗或八行诗形式,以及诗歌、偈、赞、颂、杂文等数十卷③。安藏生前深得忽必烈嘉赏,死后被追封为秦国公。在安藏的安排下,他的弟子迦鲁纳答思、必兰纳识理亦成为蒙古统治集团优秀的翻译人员④。可以说,元代西域作家群体萌发阶段虽没有产生大量作家和作品,但翻译汉学典籍却是其中相当重要和必要的环节,它在客观和主观上都为元代西域作家群体创作高潮的到来准备了相当必要的社会文化基础和人员基础。

当然,在元代西域作家群体萌发阶段也并非无成绩可言,不忽木就是其时不能忽略的代表作家。就不忽木本人的汉语写作而言,他或许是遵从其师许衡的教诲,"其学先躬行而后文艺"⑤,不沉湎于文艺创作,所以他留下的文艺作品不多,只有一组名为〔仙侣·点绛唇〕《辞朝》的套曲和一首诗、一篇文章。

---

① 《元史》卷五《世祖本纪二》,第1册,第96页。
② 《程钜夫集》卷九《秦国文靖公神道碑》,第93—94页。
③ 阿依达尔·米尔卡马力《安藏与回鹘文〈华严经〉》,《西域研究》2013年第3期,第74—86页。
④ 王红梅《元代畏兀儿翻译家安藏考》,《敦煌学辑刊》2008年第4期,第75—83页。
⑤ 《元史》卷一三〇《不忽木传》,第10册,第3172页。

但那组套曲由 14 支曲牌组成,长达 700 余字,实为元散曲中罕见的体制庞大、曲牌众多、内蕴丰厚的长篇散曲之一。

〔仙吕〕点绛唇《辞朝》

宁可身卧糟丘,赛强如命悬君手。寻几个知心友,乐以忘忧,愿作林泉叟。

〔混江龙〕布袍宽袖,乐然何处谒王侯。但樽中有酒,身外无愁。数着残棋江月晓,一声长啸海门秋。山间深住,林下隐居,清泉濯足,强如闲事萦心。淡生涯一味谁参透,草衣木食,胜如肥马轻裘。

〔油葫芦〕虽住在洗耳溪边不饮牛,贫自守,乐闲身翻作抱官囚。布袍宽褪拿云手,玉箫占断谈天口。吹箫仿伍员,弃瓢学许由。野云不断深山岫,谁肯官路里半途休。

〔天下乐〕明放着伏事君王不到头,休、休,难措手,游鱼儿见食不见钩。都只为半纸功名一笔勾,急回头两鬓秋。

〔那咤令〕谁待似落花般莺朋燕友,谁待似转灯般龙争虎头,你看这迅指间乌飞兔走。假若名利成,至如田园就,都是些去马来牛。

〔鹊踏枝〕臣则待醉江楼,卧山丘,一任教谈笑虚名,小子封侯。臣向这仕路上为官倦首,枉尘埋了锦带吴钩。

〔寄生草〕但得黄鸡嫩,白酒熟,一任教疏篱墙缺茅庵漏。则要窗明炕暖蒲团厚,问甚身寒腹饱麻衣旧。饮仙家水酒两三瓯,强如看翰林风月三千首。

〔村里迓鼓〕臣离了九重宫阙,来到这八方宇宙。寻几个诗朋酒友,向尘世外消磨白昼。臣则待领着紫猿,携白鹿,跨苍虬。观着山色,听着水声,饮着玉瓯,倒大来省气力如诚惶顿首。

〔元和令〕臣向山林得自由,比朝市内不生受。玉堂金马间琼楼,控珠帘十二钩。臣向草庵门外瀛洲,看白云天尽头。

〔上马娇〕但得个月满舟,酒满瓯。则待雄饮醉时休,紫箫吹断三更后。畅好是休,孤鹤唳一声秋。

〔游四门〕世间闲事挂心头,唯酒可忘忧。非是微臣常恋酒,叹古今荣辱,看兴亡成败,则待一醉解千愁。

〔后庭花〕拣溪山好处游,向仙家酒旋篘。会三岛十洲客,强如宴公卿万户侯。不索你问缘由,把玄关泄漏。这箫声世间无,天上有,非微臣说强口。酒葫芦挂树头,打鱼船缆渡口。

〔柳叶儿〕则待看山明水秀,不恋您市曹中物穰人稠,想高官重职难消受。学耕耨,种田畴,倒大来无虑无忧。

〔赚尾〕既把世情疏,感谢君恩厚,臣怕饮的是黄封御酒。竹杖芒鞋任意留,拣溪山好处追游。就着这晓云收,冷落了深秋,饮遍金山月满舟。那其间潮来的正悠,船开在当溜,卧吹箫管到扬州。①

不忽木的曲词,《太和正音谱》评价认为"如闲云出岫"②,虽无心而自高,飘然有出尘脱俗之气,非常干净可爱。陈垣氏指出说"元之文学特色,尤在词曲,……西域贵介之擅名乐府,而在贯云石之先者,有不忽木",将不忽木拟为西域人参与元曲制作的先驱,且认为不忽木留下的作品"虽一爪一鳞,然流丽可喜"③。这些评价都是很不错的,很准确地揭示了不忽木曲作的特点。但是,这首曲子的主题和写作却很值得探究。先是这套曲子的曲牌和用语,乃至用典和所选取的意象,都非常的纯粹、准确,如果不点明作者是畏兀儿贵族,将其混入写作娴熟的汉人曲家作品中,没有人会怀疑它的艺术性。而从作者为早期华化的畏兀儿人这一视角去观照作品时,则一方面惊叹作者汉语写作的熟练和汉学修养的深厚,另一方面则不免感慨作者写作之际努力遮蔽自身文化气质的努力。据不忽木的传记知道,不忽木家世为康里人,"自祖父海蓝伯而上,世为康里部大人。海兰伯事王可汗,王可汗灭,帅麾下遁去。太祖皇帝虏其全部以归。"第十子燕真,即不忽木之父,"年十余岁分赐庄圣太后,唯恭谨,善为弓服,事世祖皇帝不离左右,配以高丽美人"④,这些身世、文化背景颇难从这套曲中看出端倪。当然这与不忽木作品留下极少有关。但是,更值得探究的是,这套曲子的主题与情感。整套曲子的主题与情感并不复杂,正如一开篇即表明的意思"宁可身卧糟丘,赛强如命悬君手。寻几个知心友,乐以忘

---

① 不忽木《仙吕·点绛唇·辞朝》,《全元散曲》上册,第75—77页。
② 朱权著,姚品文点校笺评《太和正音谱笺评》卷上,中华书局2010年,第25页。
③ 《元西域人华化考》卷四"文学篇",第80、82、83页。
④ 赵孟𫖯《故昭文馆大学士荣禄大夫平章军国事行御史中丞领侍仪司事赠纯诚佐理功臣太傅开府仪同三司上柱国追封鲁国公谥文贞康里公碑》,《松雪斋集》卷七,第188页。

忧,愿作林泉叟",表达了作者厌倦和害怕为官,期望辞去朝官,找个清净去处,与友朋自在逍遥的意愿。这一主题不仅在元散曲中非常普遍平常,而且在整个中国传统文学中也是被历代无数文人反复吟咏的主题。但是这组套曲成为不忽木留下来的主要汉语作品还是令人寻味。作为世祖朝、成宗朝的重臣,不忽木自至元十四年(1277),22 岁起即任利用少监,之后历任燕南河北道提刑按察副使(1278),提刑按察使(1282),吏部尚书(1285),工部尚书、刑部尚书(1286),翰林学士承旨、知制诰兼修国史(1290),中书平章政事(1292),昭文馆大学士、平章军国重事(1294、1296),行御史中丞(1298),行御史中丞兼领侍仪司事(1299)。大德四年(1300)卒,享年四十六岁。不忽木的仕宦生涯中,可谓十分平顺、得意,尽管这其中因为主张实行汉法而与桑哥等人的敛财政策颇有冲突,但这从未影响到世祖与成宗两代帝王对他的信赖与倚重。忽必烈在晚年曾对不忽木感慨道:"天既生汝为吾辅佐之臣,何不前三二十年,及吾未衰而用之也。"然后又对身边侍臣说:"此吾子孙之福也"[1],足见信重。至成宗即位后,"廷议大事多采不忽木之言",而不忽木因与朝臣意见不一而称疾不出时,成宗特意召不忽木至偏殿安抚说:"朕知卿疾之故,以卿不能从人,人亦不能从卿也"[2],又足见爱重。由以上种种史事罗列,可以看出不忽木为官并不失意,而就他为官的努力积极程度而言,他辞朝的理由也不是太充分。但是,迹由不忽木的老师许衡仕宦生涯"君召辄往,进辄思退"[3]的行踪来看,不忽木这套曲子的辞朝主题未尝不是受到许衡的深切影响[4],这当然也更进一步说明他的华化程度之深。同时,再探寻前文中廉希宪营建园林以招徕文士的行为来看,作为早期努力推进元王朝与中土文化及士绅融合的西域贵族代表和优秀政治家,不忽木和廉希宪等人一样,为获得更有效的融入,对自己的言行克谨克慎,努力靠近和贴合中土士绅文化精神。这套曲子从主题到曲牌,从情感意象到辞藻用典无不肖似中国典型的传统文人,这既是不忽木华化的深度体现,同时也可以看作是他对中土文人努力亲近的态度的集中表现。以蒙元王朝立朝百年而不兴科举,从而造成中原士子仕进无门的社会背景而言,

---

① 赵孟頫《故昭文馆大学士荣禄大夫平章军国事行御史中丞领侍仪司事赠纯诚佐理功臣太傅开府仪同三司上柱国追封鲁国公谥文贞康里公碑》,《赵孟頫集》卷七,第 200 页。

② 《元史》卷一三〇《不忽木传》第 10 册,第 3171、3172 页。

③ 欧阳玄《许先生神道碑》,《欧阳玄全集·圭斋文集》卷九,上册,第 182 页。

④ 杨镰《元西域诗人群体研究》,第 46 页。

廉希宪、不忽木等畏兀儿高层有识之士以热衷沧州趣,表达厌倦官场、乐归山林的形象来融入中土文化和士绅之中,更具有时代的合理性。

第四节　元代西域作家群的创作表现·高潮阶段(1300 年左右—1345 年左右)(上)

与第一阶段西域作家群体的萌发阶段相比,西域作家的大量出现与西域作家群体创作高潮的到来相伴共生。而所谓西域作家群体创作高潮应该同时具有以下诸多特征:首先作家数量暴增;其次,作品数量激增,创作体裁丰富多元;第三,优秀作家集体出现;第四,作家活跃度高,表现出较清晰的创作立场;第五,具有一定的阶段层递性,等等。具体而言,在 1300—1345 年,也就是 14 世纪的上半叶,元代西域现今留下的诗、词、曲、文等各类体裁的 60%以上的作品都产生于这个时期,而那些被世人津津乐道、闪耀元代文坛乃至整个中国传统文学史的著名西域作家诸如高克恭、廉惇、马祖常、雅琥、贯云石、余阙、萨都剌、金元素、迺贤、答禄与权、昂吉等等多是在这个阶段相当活跃。而这个时期除了产生相当数量的作家作品之外,西域作家与多族文人墨客之间的互动、雅集相当频繁,西域作家主动组织或积极参与雅集、唱和的情形非常多,引人注目。另外,在这近五十年的时间里,作家作品的产生呈现出一定的阶段层递性,反映出其时创作生态的平衡稳定,作家作品随时间的推移而稳步激增,表达形式由浅入深,由俗到雅,由具象到抽象,由作品创作到理论表述,逐步递深,而这也是第二阶段称之为高潮阶段极富探究意义的所在。我们在下面的讨论中,且将第二阶段再分初期(1310—1325)和盛期(1325—1345)两大块,根据其主要创作活动区域来论述。

与之前萌发阶段活动区域主要在大都的情形颇有不同的是,这个时期西域作家的创作活动集中在南方以钱塘为中心的区域,而这个区域西域作家创作情形的变化正可以呼应前面的萌发阶段,由统治阶层开启的与定居民族和解,努力营建汉化氛围,融入汉人生活的理念。相比较而言,14 世纪初的钱塘不仅是南宋的帝都,而且代表着那个时期中土文化乃至整个世界文化的最高水平,对于期望汉化并获得其深层次内容滋养的西域人们而言,下江南或者留在江南可谓其时上佳之选。诚如柳贯所云“方车书大同,弓旌四出,蔽遮江淮,无复限制,风流文献,盖交相景慕,惟恐不得一日睹也",而高克恭、贯云石、阿里耀卿父子等又可谓诸多"游仕于南而最爱钱塘山水"①的西域作家中的优秀代表。

首先是高克恭(1243—1310),就年龄而言,高克恭与不忽木是同一代人,但与不忽木一直位处中央高层的情形非常不一样的是,高克恭是一统之后最早一批到江南任职的色目官员。至元十四年(1277),元政府在扬州设置了江南行御史台,高克恭即被选充为江南行台回回掾史,任职大约一年左右。此后,至元二十六(1289),高克恭作为朝廷使者核江淮省簿书,至元二十七年(1290)返都;至元二十八年(1291)年至成宗元贞二年(1296)年,为江浙省左右司郎中;大德元年(1297)至大德三年(1299),为江南行台治书侍御史②,前前后后,高克恭在江南任职的时间约有八九年左右。综观高克恭在江南的任职,颇称顺利。究其原因,固然是高克恭平恕用法、"以文雅裨论其间"的缘故,但据邓文原《故大中大夫刑部尚书高公行状》记载知道,高克恭在江南任职顺利且得人的背后,实际因为他背后站着一大群江南著名士绅。邓文原的行状写道:

> ……遣使江淮省考核簿书。当时文法吏每多希旨,务从刻深,而公一用平恕。浙右风物繁会,众亦莫能浼以私。李仲方,公故人也,以两浙运司经历卒于杭。公为卜地葬之西溪,且为文志其墓,与郭佑之、李仲宾、鲜于伯机、王子庆等祭之,哭尽哀。③

邓文原的这段文字指出高克恭与其时吏员"务从刻深"以媚上希宠的做法颇为不同的是,他用法"平恕",而且不以浙右风物繁会而苟于私,这是高克恭在江南工作进展顺利的重要基础。邓文原的文字还透露,高克恭的身后还有诸如郭佑之、李仲宾、鲜于伯机、王子庆等一群好友;而据今人考察高克恭在江南的好友,除了上述几位之外,还有周密、仇远、赵孟頫、李公略、"江南五俊"(敖

---

① 柳贯《题鲜于伯几与仇彦中小帖》,《柳贯集》卷一八,下册,第485页。
② 邓文原《故大中大夫刑部尚书高公行状》,《全元文》卷六四九,第21册,第96—98页。
③ 邓文原《故大中大夫刑部尚书高公行状》,《全元文》卷六四九,第21册,第97页。

继翁、姚式、倪渊、陈康祖、邓文原）、张渊甫、张模、乔仲山等等①。到底高克恭怎样结交了这么一大群江南优秀士绅进而使他在江南的仕宦生涯风生水起、如鱼得水呢？邓文原指出，"其先西域人，后占籍大同"，尽管高克恭祖上族谱名牒不可考述，但高家应该是较早即有华化渊源的色目家族②。高克恭的父亲高亨，"以力学不苟媚事权贵，为六部尚书器重，归以其女，因奉母夫人翟氏居燕。时皆知名士，嘉甫朝夕讲肆，遂得大究于《易》《诗》《书》《春秋》及关洛诸先生绪言。缙绅交章论荐，世祖召见便殿，奏对皆经世要务"。受父亲的影响，高克恭"于经籍奥义，靡不口诵心研，务极源委，识悟弘深"③。应该说，高克恭的家世及汉学修养对于他能结交一大群江南士绅有非常密切的内在关联。但到底以怎样的方式呢？绘画，以画为媒，融入江南士绅群体，是高克恭在任职与创作上获得成功的关键。据赵孟頫给高克恭画作的题跋交代，高克恭下江南之前并不曾学画：

> 仆至元间为郎兵曹，秩满，彦敬与仆为代，情好至笃。是时犹未甚作画。后乃爱米氏山水，专意模仿，久而自成一家，遂能名世传后。④

高克恭学画的时间大约在至元二十七年（1290）以后⑤，也就是高克恭长期为官江南之后的事。对于高克恭来说，这是一段引发他绘画天机的重要时间，但更重要的是，借助绘画以及与之相关的媒介，高克恭与江南文人士绅频繁唱酬，这推动了他在江南工作的顺利进展，成就了元初文艺领域南北文人有效融合的佳话。据仇远在高克恭为其所作《山村图》题跋记载：

> 大德初元九月十九日，清河张渊甫贰车会高彦敬御史于泉月精舍。

---

① 马明达《元代回回画家高克恭丛考》，《回族研究》2005 年第 2 期，第 131—145 页。

② 按：从当时的角度来看，高克恭的祖先应该是西доп国人，其后入金入元……在元代，高克恭的祖先属于广义的回鹘人，但由于至元以后回鹘专指"畏吾儿"，而高克恭并不能确定自己是畏吾儿人，为了避免误解，所以干脆用了"西域"的概念。卫欣《西域画家高克恭民族问题研究》，《新西部》2006 年第 12 期，第 180 页。

③ 邓文原《故大中大夫刑部尚书高公行状》，《全元文》卷六四九，第 21 册，第 96 页。

④ 卞永誉《式古堂书画汇考》卷四七"赵孟頫《房山墨竹图》题跋"，《景印文渊阁四库全书》子部一三五，台湾商务印书馆 1983 年版，第 829 册，第 91 页。

⑤ 马明达《元代回回画家高克恭丛考》，《回族研究》2005 年第 2 期，第 140 页。

酒半,为余作《山村图》,顷刻而成。元气淋漓,天真烂漫,脱去画工笔墨畦町。①

据张翥指出,仇远文中所说的张渊甫是张雨的祖父,高克恭等人雅集的地方泉月精舍是故宋漳州金判张逢源渊甫的坟庵所在,而张翥在大德元年时十一岁,常出入诸公雅集。又据宋濂的题识,这幅《山村图》还有赵孟頫的题识,仇远、周密的题诗②,根据这些线索可以探见高克恭融入江南士绅群体的踪迹。张雨、张翥、宋濂几位晚辈实际都是元代中晚期极为活跃的、文坛宗主式的人物,而当时在场的张逢源、赵孟頫、仇远、周密等人实际就是代表了其时江南包括故宋官僚、故宋宗室、故宋遗民等群体的核心人物。而如果,联系其时北方朝廷所释放出来的对江南士绅的积极信号,以及至元二十三(1286)程钜夫奉命下江南访贤的举措③,再结合高克恭本人"尝举江南文学之士敖君、善姚子敬、陈无逸、倪仲深于朝,皆官郡博士"④等等行动来看,则高克恭在至元二十七年(1290)左右再次为官江南之际,开始学画,并借题画、赏鉴、雅集等活动广泛接触和融入到江南士绅群体中,实际很可能是其时南北融合的整体氛围和愿景所致。

对文学创作而言,高克恭等人借助绘画而促进这种南北多族文人之间的雅集,这种行为却不期而然地推动了元初江南题画诗的繁荣。就现今人们搜集到的有关高克恭画作的题跋作品,约有 125 余篇⑤,其中高克恭《夜山图》,参与题跋的南方文人有赵孟頫、邓文原、鲜于枢、仇远、戴表元、侯克中、陈康祖、牟应龙、薛玄曦、孟淳、张复亨、戴天锡、汤炳龙、林泉生等等。据赵孟頫的题为《题彦敬郎中为(李)公略年兄所作夜山图》,戴表元的题为《乐如新李公略坐中示高郎中画图援笔为赋》等诗题,可以知道,高克恭曾为好友李公略作《夜山图》,而李氏很可能又以高克恭的《夜山图》再组织大家雅集题跋。赵琦美说,当日题跋者有三十余人,"并称国士",则无论作画者、组织雅集者以及

---

① 陈高华《元代画家史料汇编》,杭州出版社 2004 年,第 8 页。
② 《元代画家史料汇编》,第 9 页。
③ 邱江宁《程钜夫与元代文坛的南北融合》,《文学遗产》2013 年第 6 期,第 97—107 页。
④ 邓文原《故大中大夫刑部尚书高公行状》,《全元文》卷六四九,第 21 册,第 100 页。
⑤ 按:数据由《元代画家史料汇编》统计而得,第 8—47 页。

题画者,他们所促成的结果的确"允为艺林神逸"①,堪称佳话。

基于上述背景,再来看高克恭的诗文创作。据文献记载,高克恭有诗文《房山集》七卷,明朝以后不存,现今见于杨镰先生《全元诗》收录有 31 首,另外还有一帧给江南著名士绅张模的私信。作为西域作家,高克恭既有深厚的汉学素养,又善绘事,且曾学诗于何失,并与一大群优秀的文学之士唱酬密切,其创作在一众江南文人眼里"不尚钩棘,自得天趣"②,这个评价很切实、到位。例如这首《过京口》:

> 北来朋友不如鸿,几个西飞几个东。多少登临旧楼观,栏杆闲在夕阳中。③

玩味高克恭这首诗,仿佛大观园中王熙凤与园中诸姐妹联诗所吟的那句"一夜北风紧",比起不通文墨的王熙凤的用劲,高克恭的诗更加俗白浅近。同时,高诗极自然真切,确实是"不尚钩棘,自得天趣",看不出技巧与雕饰,却天真有趣,别具机锋。值得注意的是邓文原对高克恭创作风格的评价用语是"不尚钩棘",也就是说高克恭并非不能,只是不喜欢。从现今留下的高克恭那封私信来看,高克恭的创作素养或许不能小觑:

> 克恭顿首再拜,仲实聘君先生阁下:别来伏想眠食安好为慰。区区辄有少渎。故乡刘光远先生饱学老成,今春留家兄子安处授徒,今江西何参政专书敦请到彼,拟廿四日卜行。特求大手作一序赠之,以见交谊。达望慨然,不胜感激,专容面谢。以既未间,仍冀为斯文自重。不备,克恭顿首再拜。九月廿二日董空。④

观克恭的私信,文笔雅驯老练,情感真切平实,可以想见作者文字功底之深厚,

① 张丑著,徐德明校点《清河书画舫》卷十一,上海古籍出版社 2011 年,第 533 页。
② 邓文原《故大中大夫刑部尚书高公行状》,《全元文》卷六四九,第 21 册,第 99 页。
③ 高克恭《过京口》,《全元诗》第 14 册,第 170 页。
④ 卞永誉《式古堂书画汇考》卷一七《高房山眠食安好帖(行楷书纸本)》,《四库全书》子部一三三,台湾商务印书馆 1983 年,第 827 册,第 758 页。

无怪时人认为高克恭除了其天生的体貌特征暗示了他的回鹘血缘外,从精神到气质已完全脱化为一位中原士子。所以,基于高克恭绘画来观照他的诗作,尤其是明白高克恭绘画多得旨于米芾、米友仁父子山水画那种"信笔作之,多以烟云掩映树石,意似便已",唯"自适其志","寄兴游心"的风格气质,则高克恭诗作所以流丽有趣,并非其不能繁华富丽,唯其不尚而已。再如下面几首:

《过信州》

二千里地佳山水,无数海棠官路旁。风送落花挽马过,春光更比路人忙。

《赠英上人》

为爱吟诗懒坐禅,五湖归买钓鱼船。他时如觅云踪迹,不是梅边即水边。

《寄赵子昂》

奇特江山着此身,一樽谁足张吾军。梅花又结青青子,几度思君不见君。

《松涛轩题画为邓善之》

春雨欲晴时,山光弄烟翠。林间有高人,笑语落天外。

《自题夜山图》

万松岭畔中秋夜,况是楼居最上方。一片江山果奇绝,却看明月似寻常。①

以上所引几首,有纪行、赠诗、寄怀还有题画诗等,每首看似清浅,实则流丽有趣而意度超凡脱俗,出人意表。柳贯认为,高克恭"画入能品,故其诗神超韵胜,如王摩诘在辋川庄、李伯时泊皖口舟中,思与境会,脱口成章,自有一种奇秀之气。人见其出藩入从,而不知其游戏人间,直其寓耳"②。的确,比起在熟烂的农耕文化氛围中培养起来的江南文人来说,高克恭藉由其自由自信、豁亮通透的视角,不玩弄技巧,不刻意辞藻,不琢磨意象,思与诗通,话语明白而能入画,反而更具独特的气质。而再观照高克恭在其时的文坛影响,则不能不令

---

① 《全元诗》第 14 册,第 171、172、174、175、173 页。
② 柳贯《题赵明仲所藏姚子敬书高彦敬尚书绝句诗后》,《柳贯集》卷一八,下册,第 480 页。

人相信,对于元代诗歌创作来说,高克恭"地位清高眼界宽"①,加上他作为画家的独特视角和笔致,他的诗歌有可能将形成对南宋诗歌的反拨,进而开启属于元代诗歌的新风气。

袁桷曾有诗序描述高克恭在江南文人群中的巨大影响写道:

> 今年春,房山高公彦敬,归休于旧隐。夏五月,延陵吴君成季,首为歌诗,以致其怀贤之思。于是,次于其后者,凡十余人矣。独清河张侯与成季,复肆奇逞敏,缅缅用韵不辍,笔未脱手,语未终舌,而两家使者,各踵户限。故其飞筹急置,如督饷道于剑阁栈道之险也;角形择利,如薄虎象于搜狩之野也。风恬而水涌,欲挂席而争进也;弓良而矢直,欲并发而连的也。至于夸豪竞富,金、张之靡,崇恺之侈焉。
>
> 噫!何其至多若是也。古之言倡酬者,曰元、白,其次莫若皮、陆。彼皆因其事物之偶然,有合于风云泉石之清适,故丽者流于情,羁者邻于怨。而今也,因房山之贤有以兴其思,复因其思以发其所养,异夫逐物而忘己者多矣!
>
> 房山笔精墨润,澹然丘壑,日见于游艺。此诗之作,其所以惓惓不忘者,难与俗子语。姑以见夫思贤之心,在于宽闲自得之后,不在于爵禄有列之时也。诗成,凡若干首云。②

借助袁桷生动的笔致,我们不仅可以想见至元末、大德初期间③高克恭与江南文人群之间雅集互动的精彩情景,而且还可以知道,他已然凭借其才艺与人品,跃升而成为其时江南的南北文人群中的核心人物,人们争相为其歌咏颂怀,欢会尽情。当然最值得关注的还是,人们对高克恭诗与画的题咏与赞叹。诚如袁桷在序中所指出,高克恭在江南文人群体中的影响甚至比唐朝中期元稹、白居易,晚唐时期的皮日休、陆龟蒙在诗人们中的影响还要大。那么在这个过程中,由高克恭诗、画所传导出来的、流丽而富于天趣的创作风格,不仅可

---

① 赵琦美《赵氏铁珊瑚网》卷一三《题高彦敬夜山图》(张逢源题),《四库全书》子部一二一,第 815 册,第 711 页。

② 袁桷《仰高倡酬诗卷序》,《袁桷集校注》卷二四,第 1224—1225 页。

③ 马明达《元代回回画家高克恭丛考》,《回族研究》2005 年第 2 期,第 140 页。

能借助这种雅集、题咏而扩散，更有可能由于高克恭以及这个群体的地位优势而影响至深，形成对久耽于颓靡绮媚的宋季创作风尚的反拨，从而开启元朝的创作新风。

毋庸置疑，仅仅一个高克恭不可能掀起元代对宋季文学创作风尚的转变，它需要一个群体，许多人共同参与，推动完成。作为西域作家群体，高克恭之后，薛昂夫、贯云石等为代表的西域作家以他们独特的创作风格，更深切地推动着元代创作风气的变化。

将薛昂夫、贯云石放在一起来进行论说，从他们作为西域作家之于元代文坛的影响来说，有些不公平，毕竟就绝大多数的研究和评论来看，贯云石、薛昂夫的文坛影响远大于高克恭。但从另一个方面来说，他们出现在差不多的时空里，年龄、家世以及学养乃至交游情形都颇为相近，则说明他们的出现具有某种时代因素的影响。确切说来，从至元后期到至顺时期，由于南北文化交融趋于繁盛，西域作家逐步涌现。与高克恭时期西域作家相对单弱，而江南作家对之也相对较有陌生感的情形相比，贯云石、薛昂夫等在差不多的时空里前后或同时出现，说明西域作家作为一个群体产生文坛影响，并非仅仅只靠他们的身份优势。

就家世教养来看，薛昂夫、贯云石等人基本是元代第三代色目，经过父、祖辈在中原基业的奠定，他们都受过相当良好的汉学教育和熏陶。薛昂夫，据孙楷第氏的考证，"本西域人，先世内徙，居怀孟路。祖某，官御史大夫，始居龙兴。卒谥清献。父某，官御史中丞。两世皆封郓国公"[1]。而贯云石的身世较诸薛昂夫家更是高贵，他的祖父阿里海涯是跟随伯颜一起攻宋的主将，功勋卓著，死后被追封为江陵王，父亲贯只哥曾任浙江行省平章政事，而其外祖父乃廉希宪的弟弟廉希闵，比起身为"西戎贵种"的薛昂夫来，贯云石家更是声名赫著。

家世尊显的背景投射到他们个人的学养尤其是他们的汉学学养上，即体现为他们都深得名师指授，进而对南北文化兼收并蓄。据赵孟頫为薛昂夫的诗集所作序言记载，"昂夫尝执弟子礼于须溪先生之门"[2]，须溪先生即江西刘辰翁（1233—1297），在宋末元初的南方文坛，刘辰翁披时誉而为继欧阳修之后的一代宗师。议者以为"庐陵自欧阳文忠公倡古文，为学者师，后百有余年，而

---

① 孙楷第《元曲家考略·薛昂夫》，杨镰、石晓奇、栾睿《元曲家薛昂夫》，新疆人民出版社1992年，第247页。

② 赵孟頫《薛昂夫诗集序》，《赵孟頫集》卷六，第174页。

殿讲巽斋先生、太博须溪先生，相继以雄文大笔拟于欧尽常、苏尽变，由是海内之推言文章者，必以庐陵为宗"①；刘辰翁诗歌在黄庭坚之后蔚为一大宗，欧阳玄认为"宋末须溪刘会孟出于庐陵，适科目废，士子专意学诗。会孟点校诸家甚精，而自作多奇崛，众翕然宗之，于是诗又一变矣"②；另外，刘辰翁诗论又为时流不及之大家，李东阳认为"刘会孟名能评诗，自杜子美下至王摩诘、李长吉诸家，皆有评，语简意切，别是一机轴，诸人评诗者皆不及及"③。在赵孟頫看来，薛昂夫"变化气质"，由"西戎贵种，服旃裘，食湩酪，居逐水草，驰骋猎射，饱肉勇决"一变而为"事笔砚，读书属文，学为儒生，发而为诗、乐府，皆激越慷慨，流丽闲婉，或累世为儒者有所不及"，则"其有得于须溪者"④，不仅仅是文章，还有更多其他的影响。赵孟頫的看法非常有见地，作为江南文坛宗师的刘辰翁代表的当然不是他个体本人，他集中体现的是宋末元初的江南文化精神与气质，而薛昂夫作为西戎贵种，在刘辰翁的指授熏染之下，变化气质，学为儒生，写诗作文，甚至有过于中原累世为文的士子。这并非赵孟頫的夸誉，而是薛昂夫兼得南北文化精神的结果。

　　身份地位的优势也为薛昂夫融入并成为文人群中的核心人物奠定了良好基础。最著名如，至顺三年（1330）冬至元统三年（1335）间，薛昂夫任衢州路达鲁花赤，这其间曾组织雅集文会，与大家游赏唱和。虞集有诗描写此次盛会云："闻道三衢守，年丰郡事稀。诗成花覆帽，酒列锦成围。鹤发明春雪，貂裘对夕晖。扁舟应载客，闲听洞箫归。"⑤据今人考索，这场花团锦簇、酒列成围的盛会，以衢州名胜烂柯山及周边景致为唱和中心，共完成作品20篇，诗、词、曲、文等体裁都有。虞集以身体原因没有到场，寄来贺诗，而到场人员有王都中、王士熙、刘致、李孝光、萨都剌、释大䜣、张雨以及主人薛昂夫和曹明善等等⑥。除了作为元代中叶最负盛名的文坛盟主虞集，还有名宦王积翁之子王都中，他"历仕四十余年，所至政誉辄暴著，而治郡之绩，虽古循吏无以尚之。当

---

　　① 鲁闻礼《刘将孙养吾斋集序》，吴洪泽《中华大典·宋文学部四》，江苏古籍出版社1999年，第823—824页。

　　② 欧阳玄《罗舜美诗序》，《欧阳玄全集·圭斋文集》卷八，上册，第160页。

　　③ 李东阳《麓堂诗话》，中华书局，1985年，第6页。

　　④ 赵孟頫《薛昂夫诗集序》，《赵孟頫集》卷六，第174页。

　　⑤ 虞集《寄三衢守马九皋》，《虞集全集·道园类稿》卷五，上册，第73页。

　　⑥ 陈定睿《诗成花覆帽酒列锦成围：薛昂夫和衢州元统雅集》，《渤海学刊》1992年第2期，第100—103页。

世南人以政事之名闻天下,而位登省宪者"①;王构之子王士熙,他博学工文,曾与虞集、袁桷、马祖常、揭傒斯等时相唱和,誉者以为"如杜、王、岑、贾之在唐,杨、刘、钱、李之在宋"②。张雨是故宋漳州金判张源渊之孙,交游极为广泛的道士,他早年及识赵孟頫,晚年犹及见倪瓒、顾瑛、杨维祯等,中间如虞集、范梈、袁桷、黄溍诸人皆与之深相投契。大䜣是元文宗时期政教界红人,在元文宗即位后,元文宗将其在南京的潜邸改建而成大龙翔集庆寺,并命大䜣作为第一代主持。大䜣精于佛学,为文宗、顺帝二代皇帝论说佛,"深契上旨",深得宠睐。大䜣曾奉旨修改禅苑清规,清规修订之后被颁行于中朝、西域、高昌、三韩、滇池、于阗,与湖、江、汉、关、蜀、闽、广之俊杰,四面而至,法席莫尚焉,其时"中朝、外藩、台阁、风纪、贵人名公卿"对大䜣无不"倾盖为礼"③。萨都剌,无须赘言,他有虎卧龙跳之才,是元代最优秀的西域作家;此外还有北方大儒、文坛盟主姚燧最信重的弟子,曾主持姚燧集子的出版,并为姚燧作年谱的刘致;以及风骨独具,被杨维祯誉为可与姚燧、吴澄、虞集并称的大家的李孝光④,等等。凡此总总,可以看出由薛昂夫发起的这场儒、释、道方高层人士兼有,南北多族名流汇聚的盛会规格之高,而薛昂夫在元代南北文坛中的超拔地位也可见一斑。

　　薛昂夫的文化优势,在贯云石身上体现得更明显。据欧阳玄为贯云石所撰神道碑记载,贯云石曾"北从承旨姚文公学"⑤。姚文公是北方大文豪姚燧,北方大儒许衡的弟子,政治家姚枢的侄子,在大德时期的元代文坛,北人认为姚燧具有"维斯文之宗伯,旷百祀而一人"⑥的影响力,"文章大匠,莫能先之"⑦;而东南之士也认为"姚夫子之文,今之韩子也",姚燧"进有班、马之贵,

　　① 《元史》卷一八四《王都中传》,第14册,第4232页。
　　② 顾嗣立编《元诗选》二集(上)卷一一"王中丞士熙",第537页。
　　③ 虞集《大元广智全悟大禅师太中大夫住大龙翔集庆寺释教宗主兼领五山寺笑隐䜣公行道碑》,《虞集全集》下册,第1048页。
　　④ 按:《钦定四库全书总目》卷一六七"《五峰集》六卷"条云:"杨维祯作《陈樵集序》,举元代作者四人,以孝光与姚燧、吴澄、虞集并称,亦不虚矣",下册,第2241页。
　　⑤ 《欧阳玄全集·圭斋文集》卷九《元故翰林侍读学士中奉大夫知制诰同修国史贯公神道碑》,上册,第212页。
　　⑥ 张养浩《祭姚牧庵先生文》,《张养浩集》卷二四,第201页。
　　⑦ 《元史》卷一七四《姚燧传》,第13册,第4059页。

退有韩、柳、欧、苏之才"①,无论南北士子,纷纷乐与之游。姚燧之外,贯云石自云"我师秋谷叟"②,秋谷叟乃元仁宗老师李孟。李孟"宇量闳廓,材略过人",虽"慨然有志于当世",但"为文跌宕有奇气,要其归,一主于理,诗尤清壮丽逸,人争传诵之"③。源于良好的学养与教育,贯云石"古文峭厉有法""歌行、古乐府慷慨激烈"④,一向于"当世文章士少许可"⑤的姚燧"大奇其才"⑥,"每称贯公妙龄,才气英迈,宜居代言之选"⑦。而除了师长为一时缙绅之首外,贯云石在至大元年(1308)到延祐元年(1314)年间,由地方到达大都之后⑧,是其时北方大都文坛、南北名流汇聚雅集中的相当活跃的成员。据贯云石所作《翰林寄友》诗写道:

> 兴来何所依,惟杖归而已。梦游白玉堂,神物撼青史。我师秋谷叟,秦楚可岂棰。中庵四海名,赢老久无齿。珍重白雪楼,涕唾若行水。北山已东山,高卧呼不起。泊然万卷怀,廉苦悉之比。诸孙赵子昂,挥遍长安纸。文郁老经学,阅义出明旨。复初执高节,须鬟备清美。希孟文气涩,道义沦于髓。垂雪公谅翁,字学贵穷理。诸公衮盛时,忝会总知己。浓头一杯外,相思各万里。⑨

根据贯云石此诗,能大概看到延祐初翰林院的南北名流的名字及各自的气质:诗中秋谷叟指李孟,中庵指刘敏中,雪楼指程钜夫,北山指陈俨,泊然是畅师文

①　王炎午《上参政姚牧庵》,《全元文》卷五五六,第 17 册,第 327 页。
②　贯云石《翰林寄友》,《全元诗》第 33 册,第 311 页。
③　黄溍《元故翰林学士承旨中书平章政事赠旧学同德翊戴辅治功臣太保仪同三司上柱国追封魏国公谥文忠李公行状》,《黄溍全集·金华黄先生文集》卷二三,上册,第 418、420、421 页。
④　欧阳玄《元故翰林侍读学士中奉大夫知制诰同修国史贯公神道碑》,《欧阳玄全集·圭斋文集》卷九,上册,第 212 页。
⑤　邓文原《翰林侍读学士贯公文集序》,《全元文》卷六四七,第 21 册,第 32 页。
⑥　欧阳玄《元故翰林侍读学士中奉大夫知制诰同修国史贯公神道碑》,《欧阳玄全集·圭斋文集》卷九,上册,第 212 页。
⑦　邓文原《翰林侍读学士贯公文集序》,《全元文》卷六四七,第 21 册,第 32 页。
⑧　按:贯云石约在大德七年(1303)左右,以督察专员的军职,驻守在江西吉州,大德九年(1305)时,则以两淮万户府达鲁花赤驻守永州,杨镰《元西域诗人群体研究》,第 115 页。
⑨　贯云石《翰林寄友》,《全元诗》第 33 册,第 311—312 页。

的号,赵孟頫为宋宗室子孙,文郁指尚野①,复初是元明善的字,张养浩字希孟,公谅指薛公谅②,等等。玩味贯云石诗戏谑亲昵的口吻,可以想见他当日与翰林院中南北同僚"忝会总知己"的融洽关系。而贯云石《桃花岩》诗序也再次印证他们相处的愉快,其序云:

> 白兆山桃花岩,太白有诗,近人建长庚书院。来京师时,中书平章白云相其成,求诗于词林臣,李秋谷、程雪楼、陈北山、元复初、赵子昂、张希孟与仆同赋。③

序中所提到的人员,多为《翰林寄友》中所提到的翰苑大臣,而中书平章白云即西域人察罕。贯云石与大都南北文人融洽的关系形成既与当时南北文人融合的社会大背景有关,也与于贯云石显赫的氏族身份和深厚的汉学修养等综合因素密切相关。正如欧阳玄在贯云石的传记中所说,贯云石初入翰苑,"一时馆阁之士,素闻公名,为之争先快睹"④。在深受北方文化浸渍之后,贯云石却选择辞官归隐江南,并在江南士绅中影响巨大,"所至缙绅之士、逢掖之子、方外奇人从之若云,得其词翰,片言尺牍,如获珙璧"⑤。无需讳言,贯云石的影响力,依然与他出身西域,身上南北文化兼具的独特气质有关。

薛昂夫、贯云石活跃的时期,他们只是非常典型的代表,却并非特例。像元曲家阿里耀卿、阿里西瑛父子、琐非复初也出现在这个时期。与高克恭时期可以凭借异域陌生感即获得江南士绅的认同的情形相比,薛昂夫、贯云石等西域苗裔以群体形象出现在其时文明水平最高的江南,并凭借他们南北文化兼具的独特气质引人注目、备受推重。这是西域作家群体取得的重要进步。而他们在曲创作上的独树一帜的成绩也彰显了他们所取得的创作进步。由之前的统计知道,西域作家中曲的创作,以贯云石和薛昂夫两人作品现今留存数量

---

① 按:杨镰先生认为"文郁"或系为"文蔚"之误,文蔚是尚野之字,《元西域诗人群体研究》,第194页。
② 杨镰《元代文学编年史》,第255页。
③ 贯云石《白兆山桃花岩》,《全元诗》第33册,第306页。
④ 欧阳玄《元故翰林侍读学士中奉大夫知制诰同修国史贯公神道碑》,《欧阳玄全集·圭斋文集》卷九,上册,第212页。
⑤ 欧阳玄《元故翰林侍读学士中奉大夫知制诰同修国史贯公神道碑》,《欧阳玄全集·圭斋文集》卷九,上册,第212—213页。

最多,贯云石有小令 80 首,套曲 8 套;薛昂夫有小令 68 首,套曲 3 套,约占现今所知元代西域作家小令的 83%,套曲的 70%,这个成绩虽在现今所知的全元散曲中①,有些可以忽略,但在西域作家群体中却是独占鳌头的。陈垣氏指出:"元人之文学特色,尤在词曲,而西域人之以曲名者,亦不乏人,贯云石其最著也……云石之曲,不独在西域人中有声,即在汉人中,亦可称绝唱也。"②值得究讨的是,薛、贯以及阿里父子、琐非复初和其他一些西域曲家活跃的时间和地点。他们大约活跃于元贞至泰定初期(1295—1324)左右,这个时间里,不仅西域作家在江南的活动相当频繁,而且元代散曲创作曾相当繁荣,所谓"一时人物出元贞,击壤讴歌贺太平;传奇乐府时新令,锦排场起玉京。《害夫人》《崔和担生》,白仁甫、关汉卿,《丽情集》天下流行"③。在这个时间段的江南,不仅出现了大量曲作家,而且催生了著名的戏曲作品集杨朝英的《太平乐府》《阳春白雪》,戏曲理论著作周德清的《中原音韵》等等。某种程度而言,元代西域群体与其时江南区域的南北文人们,共同参与和推动了元散曲的繁荣。西域作家除了贡献了相当数量的作品之外,与反映当时元曲综合水平的三大著作也颇有关联。

　　首先,贯云石与杨朝英的关系密切,并在皇庆二年(1313)为其《阳春白雪》作序。据邓文原《太平乐府序》记载,贯云石曾与杨朝英交游,贯云石称"我酸则子当澹",于是杨朝英就以澹斋自号④。杨朝英编成《阳春白雪》后,贯云石为作序言写道:

　　　　盖士尝云:"东坡之后,便到稼轩。"兹评甚矣! 然而北来徐子芳(徐琰)滑雅,杨西庵(杨果)平熟,已有知者。近代疏斋(卢挚)媚妩,如仙女寻春,自然笑傲。冯海粟(冯子振)豪辣灏烂,不断古今,心事天与,疏翁不可同舌共谈。关汉卿、庾吉甫造语妖娇,却如小女临杯,使人不忍对觞。仆幼学词,辄知深度如此。年来职史,稍稍退顿,不能追前数士,愧己。澹斋杨朝英选百家词,谓《阳春白雪》,征仆为之一引。吁!"阳春白雪"久

---

① 按:据隋树森《全元散曲》所录,共有 3885 首小令,套数 478 套,中华书局 2018 年版。
② 《元西域人华化考》卷四"文学篇五·西域之中国曲家",第 80 页。
③ 贾仲明《〔北双调凌波仙〕挽孙仲章》,《全明散曲》(增补版),第 200 页。
④ 邓文原《太平乐府序》,舒大刚《中华大典·元文学部》,江苏古籍出版社,1999 年,第 91 页。

无音响,评中数士之词,岂非"阳春白雪"也耶? 客有审仆曰:"适先生所评,未尽选中,谓他士何?"仆曰:"西山朝来有爽气!"客笑,澹斋亦笑。酸斋贯云石序。①

贯云石在序中虽遗憾自己不曾及于关汉卿、庚吉甫的时代,但因为从小学习作曲填词,对南北元曲界的基本发展态势颇能通观。在他的序言中,共论及元曲发展的三个时期的南北六位著名代表,可谓元代最早的南北曲作家风格论的文章。在序言,贯云石还对杨朝英《阳春白雪》的总体选曲风格有所论定,所谓"西山朝来有爽气",一语双关,既指出杨朝英所选散曲作品多有洒脱凌物、隐逸不朝的气质,又表明自己对杨朝英选曲审美取向的认可和欣赏。"西山朝来有爽气"一句,典出"西山朝来,致有爽气",而据其原文之意,可知贯云石评介之妙。这段原文写道:

> 徽之字子猷。性卓荦不羁,为大司马桓温参军,蓬首散带,不综府事。又为车骑桓冲骑兵参军,冲问:"卿署何曹?"对曰:"似是马曹。"又问:"管几马?"曰:"不知马,何由知数!"又问:"马比死多少?"曰:"未知生,焉知死!"尝从冲行,值暴雨,徽之因下马排入车中,谓曰:"公岂得独擅一车!"冲尝谓徽之曰:"卿在府日久,比当相料理。"徽之初不酬答,直高视,以手版柱颊云:"西山朝来致有爽气耳。"②

王子猷乃王羲之之子,出身高贵,性情卓荦不羁。《晋书》又云王子猷"后为黄门侍郎,弃官东归,与献之俱病笃,时有术人云:"人命应终,而有生人乐代者,则死者可生。"徽之谓曰:"吾才位不如弟,请以余年代之。③"试将上所引典故与此句以及贯云石让爵位于弟、归隐钱塘的生平联系起来看的话,则贯云石其实以洒落不羁、凌物傲俗的王子猷自况。那么他化用王子猷的名句来评价杨朝英《阳春白雪》所选曲作,则誉美与欣赏之意就溢于言外了。而贯云石对《阳春白雪》选作隐逸风格的概括与肯定,一方面表明其时创作的主要风格取

---

① 贯云石《阳春白雪序(皇庆二)》,《全元文》卷一一四四,第 36 册,第 191—192 页。
② 房玄龄等《晋书》卷八〇《王羲之传》,中华书局 1974 年版,第 7 册,第 2103 页。
③ 《晋书》卷八〇《王羲之传》,第 7 册,第 2104 页。

向,另一方面,以贯云石本人的身份优势、人格魅力以及创作影响力,又可能推动其时创作更趋向于对类似风格的追从。

其次,西域曲家琐非复初与《中原音韵》关系密切。琐非复初对《中原音韵》的推重与实证,不仅令作者周德清深受鼓舞,而且他与周德清切磋用字、用韵的情景,也可谓知音相得,共同谱写了南北文人融合的佳话。西域人琐非复初,号拙斋。周德清在《中原音韵后序》中叙述其与琐非复初等人一起辨析音韵的情景写道:

> 泰定甲子秋,予既作《中原音韵》并《起例》以遗青原萧存存。未几,访西域友人琐非复初,读书是邦,同志罗宗信见饷,携东山之妓,开北海之樽,英才若云,文笔如槊。复初举杯,讴者歌乐府《四块玉》,至"彩扇歌,青楼饮",宗信止其音而谓予曰:"'彩'字对'青'字,而歌'青'字为'晴'。吾揣其音,此字合用平字声,必欲扬其音,而'青'字乃抑之,非也。畴昔尝闻萧存存言,君所著《中原音韵》乃正语作词之法,以别阴、阳字义,其斯之谓欤? 细详其调,非歌者之责也。"予因大笑,越席捋其须而言曰:"信哉,吉之多士,而君又士之俊者也。尝游江海,歌台舞榭,观其称豪杰者,非富即贵,然能正其语之差,顾其曲之误,而以才动之之者,鲜矣哉!"语未迄,复初前驱红袖而白同调歌曰:"买笑金,缠头锦"则是矣,乃复叹曰:"予作乐府三十年,未有如今日之遇宗信知某曲之非,复初知某曲之是也。"举首四顾,螺山之色,鹭渚之波,为之改容。①

从周德清的描述中知道琐非复初与他往来频繁,而琐非复初作为深通音律、曲谱的专家,也借助曲调实践表达了他对《中原音韵》的肯定与推重。我们再看琐非复初为《中原音韵》所作序言,则更可以理解《中原音韵》作为元代划时代的戏曲理论著作,它的产生以及所具有的影响,实际是当时包括大量西域作家参与创作和切磋并推重的水到渠成的结果。

> 余勋业相门,貂蝉满座,列伶女之国色,歌名公之俊词,备尝见闻矣。

---

① 周德清《中原音韵后序》,《历代曲话汇编·唐宋元编》,第311页。

如《大德天寿贺词·普天乐》云:"凤凰朝,麒麟见。明君天下,大德元年。万乘尊,诸王宴,四海安然。朝金殿,五云楼瑞霭祥烟。群臣顿首,山呼万岁,洪福齐天。"音亮语熟,浑厚宫样,黄钟、大吕之音也,迹之江南,无一二焉。吾友高安挺斋周德清,以出类拔萃通济之才,为移宫换羽制作之具,所编《中原音韵》并诸《起例》,平分二义,入派三声,能使四方出语不偏,作词有法,皆发前人之所未尝发者;所作乐府、回文、集句、连环、简梅、雪花诸体,皆作今人之所不能作者。略举回文"画家名有数家,嗔人门闭却时来问",皆往复二意;《夏日》词"蝉自洁其身,萤不照他人",有古乐府之风;《红指甲》词"朱颜如退却,白首恐成空",有言外意;俊语有"合掌玉莲花未开,笑靥破香腮",切对有"残梅千片雪,爆竹一声雷。雪非雪,雷非雷",佳作也。长篇短章,悉可为人作词之定格。赠人黄钟云:"篇篇句句灵芝,字字与人为样子",其亦自道也。以余观京师之目,闻雅乐之耳,而公议曰:"德清之韵,不独中原,乃天下之正音也;德清之词,不惟江南,实当时之独步也。"然德清不欲衒名于世。青原友人罗宗信能以具眼识之,求锓诸梓,噫,后辈学词之福耳!西域拙斋琐非复初序。①

琐非复初这篇序言提供了非常多有关元曲创作及兴盛的信息。由这篇序言首先可以知道,元曲作为一代之文学,确为有因。就创作层面而言,由上至下,循迹南北,从宫廷风气到民间趋向,人们对于听曲、作曲、论曲的热情,诚可谓敷衍出了"击壤讴歌贺太平"的盛世景象;其次可以看到,南北曲在风格上颇有差异;第三,琐非复初本人对于元曲创作投入很多。基于琐非复初对南、北曲的了解,对周德清《中原音韵》内容的熟稔,以及对周德清本人曲作的熟悉,所以我们能对他最后得出的那个结论至为信服:"以余观京师之目、闻雅乐之耳,而公议曰:'德清之韵,不独中原,乃天下之正音也;德清之词,不惟江南,实当时之独步也。'"琐非复初的这个结论,其实也正是周德清撰写《中原音韵》所要表达的时代之音——在国家一统,南北融合的盛世背景推动下,锻炼出属于本时代的正音。周德清写道:

---

① 琐非复初《中原音韵序》,《全元文》卷一八〇八,第59册,第356—357页。

南宋都杭，吴兴与切邻，故其戏文如《乐昌分镜》等类，唱念呼吸，皆如约韵。昔陈之《后庭花》曲，未必无此声也，总亡国之音，奚足为明世法！惟我圣朝兴自北方，五十余年，言语之间，必以中原之音为正。鼓舞歌颂，治世之音，始自太保刘公（刘秉忠）、牧庵姚公（姚燧）、疏斋卢公（卢挚）辈，自成一家。今之所编，得非其意乎？彼之沈约不忍弱者，私意也，且一方之语，虽渠之南朝亦不可行，况四海乎？予生当混一之盛时，耻为亡国搬戏之呼吸，以中原为则，而又取四海同音而编之，实天下之公论也。①

在周德清看来，唱念呼吸反映着时代。而元朝兴自北方，四海一统五十余年，所用之音皆以中原为正，如果用故宋之音不能鼓舞歌颂时代治世之音，所以他取四海之同音而编撰《中原音韵》，这是其时天下之公论。周德清的音韵态度至少是反映了他所处的一统时代的正统之音，这是他能获得西域贵族琐非复初高度认可的原因，也是他的《中原音韵》被虞集、欧阳玄②等元代中叶馆阁高层赞许的基础。通过琐非复初勋业相门的社会关系网络，以及他对《中原音韵》的极力推崇，《中原音韵》不仅顺利刊刻，而且在元代中期产生了不可不谓大矣的影响力。可以说，琐非复初对《中原音韵》一锤定音式的论定深刻地反映着时人的判断与认知，诚不负元代中期的文坛盟主虞集在序言中对称《中原音韵》的赞誉："正语之本，变雅之端。"③与廉希宪、不忽木以及高克恭所处的时代相比，无论贯云石、薛昂夫、琐非复初等西域贵种还是杨朝英、周德清等南人，人们不仅习惯了南北浑融的社会环境，而且已然着力于共同寻找和锻造属于自己时代的声音。这是东迁的西域人合流到他们所迁居的地方，并与原住民们共同推动彼时彼域创作繁兴的开始。

就薛昂夫、贯云石等在其时文学创作尤其是元曲小令创作中的意义而言，他们又主要从用调、造境、主题、风格等方面给予了元曲创作颇为生鲜的影响。王世贞云"自金、元入主中国，所用胡乐，嘈杂凄紧，缓急之间，词不能按，乃更

---

① 周德清《中原音韵》，《历代曲话汇编·唐宋元编》，第273—274页。
② 按：虞集、欧阳玄等人也都为《中原音韵》作序，可见其所获得的认可度。
③ 虞集《中原音韵原序》，《历代曲话汇编·唐宋元编》，第227页。

为新声以媚之"①，说的便是他们在曲调上的影响力。而即使是用同种调，西域作家的创作依旧别于中土作家。

薛昂夫《〔双调〕殿前欢》

醉归来，入门下马笑盈腮。笙歌接至珠帘外，夜宴重开。十年前一秀才，黄齑菜。

打熬做文章伯，（施展出）江湖气概，（抖擞出）②风月情怀。③

贯云石《〔双调〕殿前欢》

隔帘听，几番风送卖花声。夜来微雨天阶净，小院闲庭，轻寒翠袖生。穿芳径，十二阑干凭。杏花疏影，杨柳新晴。④

楚怀王，忠臣跳入汨罗江。《离骚》读罢空惆怅，日月同光。伤心来笑一场，笑你个三闾强，为甚不身心放。沧浪污你，你污沧浪。⑤

张可久《〔双调〕殿前欢·次酸斋韵》二首

钓鱼台，十年不上野欧猜。白云来往青山在，对酒开怀。欠伊周济世才，犯刘伶贪杯戒，还李杜吟诗债。酸斋笑我，我笑酸斋。

唤归来，西湖山上野猿哀。二十年多少风流怪，花落花开。望云霄拜将台。袖星斗安邦策，破烟月迷魂寨。酸斋笑我，我笑酸斋。⑥

将薛昂夫、贯云石、张可久三人的同调小令放在一起来对读的话，能感觉到薛昂夫、贯云石都比张可久的作品要写得跳脱。这种跳脱感体现在薛昂夫的小令虽有些粗野不经，有些不合音韵、曲牌，就像《中原音韵》的评点所写："妙在'马'字上声，'笑'字去声，'一'字上声，'秀'字去声。歌至'才'字，音促，'黄'字急接，且要阳字，好。'气概'二字，若得去上尤妙。三对者，非也，自有

① 王世贞《弇州四部稿》卷一五二"说部"，见蔡毅《中国古典戏曲序跋汇编》，齐鲁书社，1989年，第1册，第121页。

② 按：此句《中原音韵》中为"江湖气概，风月情怀"，没有"施展出""抖擞出"二词，《全元散曲》有，而依韵看，应该没有。

③ 薛昂夫《〔双调〕殿前欢·醉归》，杨镰、石晓奇、栾睿《元曲家薛昂夫》，第177页。

④ 贯云石《〔双调〕殿前欢》，《全元散曲》，上册，第424页。

⑤ 贯云石《〔双调〕殿前欢》，《全元散曲》上册，第423页。

⑥ 张可久《〔双调〕殿前欢·次酸斋韵》二首，吕薇芬、杨镰《张可久集校注》，浙江古籍出版社2012年，第473页。

三对之调。'伯'字若得去声,尤妙。"①但是,也正如《中原音韵》所强调,造语有"可作",有"不可作":"可作"者,乐府语,经史语,天下通语,创作之际须"未造其语,先立其意;语、意俱高为上。短章辞既简,长篇要腰腹饱满,首尾相救,造语必俊,用字必熟,太文则迂,不文则俗;文而不文,俗而不俗,要耸观,又耸听,格调高,音律好,衬字无,平仄稳";"不可作"者,俗语,蛮语,谑语,嗑语,市语,方语(各处乡谈也),书生语(书之纸上,详解方晓;歌,则莫知所云)②,等等。而薛昂夫的小令胜就胜在用语文而不文,俗而不俗,用字的动态感非常强,每情每景,都动作有声,虽洒落不羁,却既耸观又耸听。贯云石的小令语与意俱高,造语俊,音律好,但他的小令最胜处在于,能出经入史,又可蛮顽市井,用字娴熟跳跃,令人叹赏。相比较而言,张可久的词无疑是非常精致、秀丽的,但美得不够媚,不灵动,少些脱跳动态感。再如与他们同时期,作品留存较少的西域人阿里西瑛也作有《殿前欢》三首写道:

> 懒云窝,醒时诗酒醉时歌,瑶琴不理抛书卧,无梦南柯,得清闲尽快活。日月似撺梭过,富贵比花开落,青春去也,不乐如何。
> 懒云窝,醒时诗酒醉时歌,瑶琴不理抛书卧,尽自磨陀,想人生待则么,富贵比花开落,日月似撺梭过,呵呵笑我,我笑呵呵。
> 懒云窝,客至待如何。懒云窝里和衣卧,尽自婆娑。想人生待则么,贵比我高些个,富比我松些个。呵呵笑我,我笑呵呵。③

对阿里西瑛的小令,贯云石和作三首以示赞赏:

> 懒云窝,阳台谁送与巫娥? 蟾光一任来穿破,遁迹由他,蔽一天星斗多。分半榻蒲团坐,尽万里鹏程挫。向烟霞笑傲,任世事蹉跎!
> 懒云窝,云窝客至欲如何? 懒云窝里和云卧,打会磨陀,想人生待怎么? 贵比我争些大,富比我争些个;呵呵笑我,我笑呵呵。
> 懒云窝,懒云窝里客来多,客来时伴我闲些个酒灶茶锅,且停杯听我

---

① 周德清《中原音韵》,《历代曲话汇编·唐宋元编》,第307页。
② 周德清《中原音韵》,《历代曲话汇编·唐宋元编》,第289页。
③ 阿里西瑛《〔双调〕殿前欢》,《全元散曲》上册,第383页。

歌。醒时节披衣坐,醉后也和衣卧,兴来时玉箫绿绮,问甚么天籁云和?①

比较以上薛昂夫等西域子弟的创作,张可久的创作或许在精神气质就无法跟他们浑然一体,诚如邓文原评价贯云石创作所云:

> 公之才气英迈……宜其词章驰骋上下,如天骥摆脱絷羁,一踔千里,而王良、造父犹为之愕眙却顾。吁!亦奇矣。儒先有言:古之名将,必出于奇,然后能胜,然非审于为计者不能奇,奇在速,速在果。此天下伟男子所为,非拘牵常格之士所知也。公袭其先大父丞相长沙王统师南伐,功在旗常。公袭其休泽,尝为万夫长,韬略固其素谙,词章变化,岂亦有得于此乎?汉李广、程不识俱称善将,广行无部曲行阵,不击刁斗自卫,幕府省文书,其事甚疏略,然声名常在不识右。如予者,自少好为文,仅仅守绳尺自程,终亦不能奇也,视公能不有愧哉?②

邓文原对于贯云石创作的这段评价与感慨,用来说明薛昂夫、贯云石等人小令相较于张可久的作品而独具特质这个问题,也很有说服力。薛昂夫、贯云石等人来自西域游牧民族,流动不羁的民族气质使他们的创作比起"谨守绳尺"的张可久、邓文原等出身农耕定居民族的读书人的创作多有一份动态感与跳跃感,如天骥摆脱絷羁,一踔千里,驰骋无忌。这也正是西域作家的创作赋予元曲创作不可替代的意义。

西域作家们迥异于中土士人的独特精神气质使他们的创作为元曲注入了非常生鲜的特质,这种独特的精神气质也使他们的创作能构建一些经典的意象而留驻元代文学殿堂中。这个时期中,最著名的莫过于贯云石的那首《芦花被》诗所构建的意象对于元代南北文人们创作的经久影响:

贯云石《芦花被》

采得芦花不浣尘,绿莎聊复藉为裀。西风刮梦秋无际,夜月生香雪满

---

① 贯云石《〔双调〕殿前欢·和阿里西瑛懒云窝》,隋树森《全元散曲》,中华书局 1964 年,上册,第375 页。

② 邓文原《翰林侍读学士贯公文集序》,《全元文》卷六四七,第 21 册,第 32—33 页。

身。毛骨已随天地老,声名不让古今贫。青绫莫为鸳鸯妒,欸乃声中别
有春。

据贯云石这首诗的自序云:"仆过梁山泊,有渔父以芦花为被。仆尚其清,欲易
之以绅者。渔父曰:君尚其清,愿以诗输之"①,有雅趣如此渔翁者,委实能成
就一段传奇。而耐人寻味且令人深思的是,在贯云石之前,中国传统诗文中并
无"芦花被"的表达意象②。贯云石何以对芦花被如此执念?这与他的西域民
族身份是否有关系?据李志常《长春真人西游记》载:"(阿里马)其地出帛,目
曰秃麻林,盖俗所谓种羊毛织成者。时得七束为御寒衣。其毛类中国柳花,鲜
洁细软,可为线,为绳,为帛,为绵。"③李志常所指的阿里马,在今新疆霍城,又
称阿里麻里,即西域古城,在唐代所谓高昌一带;而李志常在阿里马见到的如
柳花一样的秃麻林,可能是产于高昌一带的棉花。宋代内地的棉花种植仅限
于闽、广地区,在10—15世纪期间,西域回鹘人对五代及北宋的贡物中仍以棉
花织成的"白叠布""白叠"等物品为大宗④。贯云石作为高昌子孙,他的地域
文化种性使得他对与棉花相似的,汉地出产的芦花产生了强烈的认同与亲切
感,所以他笔下的芦花被就鲜活起来了。当然更重要的是,贯云石这首《芦花
被》诗赋予了"芦花被"非常新鲜灵动的气质,这种气质又与中国传统士大夫
高洁脱俗、不慕荣利的信仰紧密暗合。作为一首咏物诗,贯云石以西域贵种的
视角刻画芦花被的制作过程、使用时间以及它的独特物性,无不丝丝入扣:诗
歌以"不浣尘"来形容芦花被的洁白干净,"夜月生香雪满身"来形容芦花被的
松软、清香,以西风刮起的意象来表达芦花被使用的时节,以"毛骨已随天地
老"来比喻芦花被采尽只剩枯干的情形,以"古今贫""欸乃声"来比附形容贫
寒船家身盖芦花被的潇洒、舒适,整首诗每句都贴着物的本性而颂咏,"绮靡而
不伤于华,平淡而不流于俗"⑤。当然,咏物诗真正的精髓就如禅家所言必须
"不沾不脱,不即不离",物在诗中只是象,真正具有诗味的是咏物者的情感与

---

① 贯云石《芦花被》,《全元诗》第33册,第309页。
② 杨镰《元西域诗人群研究》,第124页。
③ 《长春真人西游记》第51页。
④ 参见尚衍斌《从茶、棉、葡萄酒、胡食的传播看古代西域与祖国内地的关系》,《元史及西域史丛
考》,中央民族大学出版社2013年,第393—416页。
⑤ 汪泽民《题谢宗可咏物诗》,顾嗣立《元诗选》初集·戊集,下册,第1500页。

灵魂。贯云石这首《芦花被》诗,借船家以芦花被作盖来抒写作者自己徜徉天地之间,平视富贵贫寒,潇洒浪漫却又自由快活的身心世界,而这种情感主旨也是中国传统士大夫一直崇尚和仰慕的。所以《芦花被》写成之后,"天下喧传",好事者以此题画成《芦花被图》,于是《芦花被图》与贯云石连同他的《芦花被诗》共同成为人们集咏的话题,在元代诸如贡师泰、王冕、吴景奎、张昱、谢宗可、吴子立、吴敬夫、孙彦举、成原常等诗人都有《芦花被》的和诗。对于散曲创作而言,由贯云石创制的"芦花被"意象不仅被他本人,也被其他曲家广泛运用到创作中,成为元曲创作中的一个非常典型的意象。

贯云石《清江引》

些儿名利争甚的,枉了着筋力。清风荷叶杯,明月芦花被。乾坤静中心似水。[1]

张可久《越调·寨儿令·小隐》

种药田,小壶天,伴陈抟野云闲处眠。学会神仙,老向林泉,今日是归年。芦花絮暖胜绒毡,木香亭大似渔船。曲栏边莺睨睆,小池上鹭婵娟。先,收拾下买山钱。[2]

张可久《〔中吕〕朝天子·湖上》

瘿杯,玉醅,梦冷芦花被。风清月白总相宜,乐在其中矣。寿过颜回,饱似伯夷闲如越范蠡。问谁,是非?且向西湖醉。[3]

张可久《〔双调〕落梅风·寒夜》

寒斋静,瑞雪多,冻吟诗起来孤坐。芦花絮衾江纸也似薄,问袁安怎生高卧。[4]

张可久《〔南吕〕金字经·湖上书事三首》之一

竹枕芦花被,草衣荷叶巾。一棹烟波湖上春,真,神仙身外身。蓬莱近,紫箫吹凤云。[5]

---

① 杨镰《元诗史》,第122—123页。
② 张可久《〔越调〕寨儿令·小隐》,《张可久集校注》,上册,第266页。
③ 张可久《〔中吕〕朝天子·湖上》,《张可久集校注》,上册,第106页。
④ 张可久《〔双调〕落梅风·寒夜》,《张可久集校注》,下册,第404页。
⑤ 张可久《〔南吕〕金字经·湖上书事三首》之一,《张可久集校注》,上册,第58页。

王举之《〔中吕〕红绣鞋·栖云吊贯酸斋》

　　芦花被西风香梦,玉楼才夜月云空。栖云山上小崆峒。蟠桃仙路种,诗句古苔封。教清名天地中。①

因为对芦花意象的喜爱,贯云石自号"芦花道人""芦花散人",在他死后,他在杭州久住过的栖云庵立有《芦花被》诗碑,足见《芦花被》写作的成功以及他本人和时人对"芦花被"意象的深度认可。贯云石的好友张可久也在自己的曲作中反复用"芦花被"这一意象,元末曲家王举之在特意到栖云庵《芦花被》诗碑前悼念后也写下曲子认为贯云石以"芦花被"的诗歌意象为天下士人留下了经典恒久的精神遗产和审美趣旨,而明清时期依旧能从人们的题咏中再见"芦花被"意象,则有效地印证了王举之的话:"教清名天地中。"

　　而值得寻味的是,"芦花被"作为江南非常典型的日常物事,却被一个西域子弟赋予了优美的诗意和高贵的灵魂。表层意象上,它贴合了芦花被的自然气质;深度意象上,它与中国传统士大夫清高自许、归隐玩世的精神气质相吻合;而在诗的最深处,应该还藏住着它的作者不可拘束、不沾不泥、脱略不羁的游牧子弟的灵魂。"芦花被"意象被广泛运用这一现象表明,在没有地位、身份等外在因素加持的背景下,贯云石已凭借其创作对中国传统文学创作贡献了属于他自己的内容,而这一点在马祖常、萨都剌等人的时代到来之后,会更加精彩、多元。

第五节　元代西域作家群的创作表现·高潮
阶段(1300 年左右—1345 年左右)(下)

　　纵观元代西域作家群体在元代文坛格局中的影响,如果说,在廉希宪、不忽木乃至高克恭、薛昂夫②、贯云石的时代,西域作家们可以凭借他们的氏族优

---

　　①　王举之《〔中吕〕红绣鞋·栖云吊贯酸斋》,《全元散曲》下册,第 1505—1506 页。

　　②　按:其实薛昂夫出生于 1269 年,卒于 1359 年左右,一生几乎与元代相始终,而且与元代中晚期的重要作家虞集、萨都剌、吴澄、释大䜣、张雨、李孝光等人都有往来唱酬。将他列入与贯云石同时的高潮前期的重要作家代表,最重要的原因是,薛昂夫、贯云石的时代,西域作家的身份优势与氏族特权还相当明显。而到了马祖常等人的时代,不能说他们完全与南北多族作家地位平等,但他们参与科举,凭借自己的创作产生影响,这是他们与薛昂夫等人本质不同的地方。

势和身份特权来扩大他们的影响力的话,那么到了马祖常、萨都刺、余阙、偰氏子弟等一大批西域作家涌入元代文坛的时候,随着元代社会格局的基本稳定,以及科举考试的到来,南北多族士人之间达到基本平衡,西域作家们的地位优势已不再如他们的前辈那么明显。但是,这个时期的西域作家人数却剧增于前。他们不仅在科举上没有逊色于其时的南北多族文人,而且在与南北文人交游、雅集、唱和、联吟的过程中,无论创作体裁、题材、数量以及质量等方面都有骄人的成绩,比起之前单个或少量作家闪耀于文坛的情形,他们对元代文坛格局的构建产生了更为深远的影响。

与之前的西域作家相比,这个阶段的西域作家群体除了人数明显更多之外,他们与同时期的南北士人,伴随着科举考试的举行而快速成长。检索元朝自延祐首科(延祐二年,1315),直至丙午末科(至正二十六年,1366)的科考情形,元朝共举行科举考试十六次,取录进士1139人。就西域士人而言,这其中最令人称奇赞叹的、也是前文中提到的——偰文质家族创造了"一门九进士"的奇迹。按科举时间次序看,偰哲笃为延祐首科(1315)进士;偰玉立为延祐戊午第(延祐五年,1318)进士;偰朝吾登至治辛酉第(至治元年,1321);偰直坚登泰定甲子(泰定元年,1324)进士第;善著登泰定四年(1327)进士第;偰列篪登至顺庚午(元年,1330)进士第;偰伯辽逊、正宗登至正五年(1345)进士第;阿儿思兰登至正八年(1348)进士第;在前五次的科举考试中,偰氏几乎每回必有中第者,确实是奇迹。之外,马祖常以会试右榜第一,廷试第二的成绩与他的弟弟马祖孝同中延祐首科进士,也颇令人称叹。这两例特殊现象说明,在南北多族士人相对平等,西域子弟特权不再像前期那么明显的背景下,西域子弟凭借自身的汉化努力,依然有相当的实力与其他各族士子分庭抗礼。

在文学领域,这个时期最优秀、最具代表性的几位西域大家都是进士出身。首先是马祖常,他是延祐首科(1315)进士;偰玉立是第二届、延祐五年(1318)进士;伯笃鲁丁、偰朝吾、廉惠山海牙等是第三届、至治元年(1321);雅琥、偰直坚等是第四届、泰定元年(1324)进士;萨都刺、善著等是第五届、泰定四年(1327)进士;金元素、偰列篪等为第六届、至顺元年(1330)进士;余阙等是第七届、元统元年(1333)进士;1336年、1339年两届停考;答禄与权是恢复科考后、至正二年(1342)进士;偰伯辽逊、正宗两位偰家子弟登至正五年

（1345）进士，等等。不仅是这些西域进士成绩斐然，他们的同年与座师多为当时文坛翘楚。

延祐首科（1315），廷试主考官是李孟、赵世延、赵孟頫，代表着汉人、色目、南人三方力量；同科的色目进士还有丁文苑、张雄飞等；这届的南北多族进士名者有状元张起岩、王沂（字师鲁）①、许有壬、梁宜、赵篔翁、杨宗瑞、杨载、干文传、黄溍、欧阳玄、杨景行等；

第二届延祐戊午科（1318），担任主考官的是元明善、张养浩，袁桷为殿试读卷官；同年的进士著名者还有左榜状元霍希贤、蒲机、谢端、岑良卿、周仔肩、汪泽民、雷机、虞盘、冯福可；

第三届至治辛酉科（1321），袁桷为会试考官；同年的进士著名者还有右榜状元泰不华，左榜状元宋本，以及李好文、王思诚、赵琏、吴师道、岑士贵、安震（高丽人）等；

第四届泰定甲子科（1324），会试知贡举、同知贡举有邓文原、虞集、曹元用、李尤鲁翀，廷试读卷官有邓文原、王结；同科著名者有宋褧、王守诚、吕思诚、王理、费著、安轴（高丽人）、程端学等；

第五届泰定丁卯科（1327），监试官为王士熙，读卷官为马祖常；同科著名者有燮理普化、纳麟不花、蒲理翰、索元岱、丑间、左榜状元李黼、郭嘉、赵期颐、杨维祯、黄清老、谢升孙、周镗、吴浩、樊执敬等；

第六届至顺庚午科（1330），廷试官为虞集等；同科著名者有归旸、许有孚、支渭兴、刘性、杨撝（字谦刚，吉安路吉水人）、林泉生、刘畊孙等；

第七届元统癸酉科（1333），宋本为廷试读卷官，中举著名者有同同、陈绎曾、王充耘、宇文公谅、许广大、张兑、庄文昭、聂柄、张桢、买住、月鲁不花、塔不台、丑间、成遵、明安达儿、叶岘、徐祖德、李毅、朱彬等。

第八届至正壬午科（1342），皇帝亲试；同科著名者有合珊沙（汉名沙可学）等；

第九届至正乙酉科（1345），知贡举为欧阳玄，同知贡举为王沂，考试官为杨宗端、王思诚、余阙、李齐、宝哥（宝格）、赵时敏等；同科著名者有安辅（高丽人）、刘环翁、李思齐、高明等②。

---

① 按：元代有两个王沂，一为真定人，字师鲁；一为江西人，字子与。

② 所列数据参考余来明《元代科举与文学》，（武汉）武汉大学出版社2013年。

　　由上所列可以看到,元代的前八科科举,从座师到所录进士,几乎囊括了元代中、晚期南北文坛的所有大家。这意味着,与廉希宪、不忽木、高克恭和薛昂夫、贯云石等人的时代相比,西域作家群体活动的平台和文坛环境已发生巨大变化,占据文坛主导地位的是那些在科举中具有话语权或者取得成功的南北多族士人,而不是像廉希宪、不忽木等人那样是社会的特权贵族阶层。而以之前的作家、作品数据的统计情形来看,这个时期西域作家群体创作的作品体裁也由早期的绘画、填曲转向诗、文创作。像马祖常,他不仅在科举考试中拔得头筹①,而且是现今留下最多数量诗、文作品的西域作家,但马祖常没有留下一首散曲作品;萨都剌留有诗作近 800 首,词作 15 首,套曲一套,其他作家像余阙有诗 100 余首,文章近 80 篇,也没有曲艺方面的作品存世等等。这些简单的数据罗列即已揭示一个事实,那就是,西域作家群体的创作已然由早期的、相对来说较为直观、通俗的诸如绘画、曲艺等表现形式向相对较为抽象、典雅的诗文创作转型。这既是西域作家群体深度汉化的外在表现,也是他们深度参与元代文学独特面貌的形成、构建元代文坛多元格局的重要环节。这可以通过这个时期马祖常、偰玉立、金元素、萨都剌、余阙等几位西域大家的交游、创作类型、创作风格以及影响力进行综合观照。

一、西域作家群体与元代中晚期南北多族文人的广泛交游

　　揽阅现今整理的《全元词》《全元散曲》《全元文》《全元诗》《全元赋》以及相当数量元人诗文别集,可以发现,在元代南北多族一统的社会大背景中,文学"可以群"的社交功能被元代多族士人发挥到极致,大量应邀而作的碑志之类的实用文以及唱酬、题赠、应和之类的包括诗、词、曲、文、赋等类型的创作,俯首可拾。这既见证着国家一统的繁荣与富庶以及交通的便利与畅达,又坐实了元代南北多族士人们期待增进了解、加强融通的现实愿望。某种程度而言,这也是元代社会的政治结构所决定的。作为游牧民族统治的一统王朝,元王朝除了在忽必烈时代还能注意到蒙古法、回回法、汉法等多方力量的平衡,诸如刘秉忠、姚枢、张文谦等汉人文臣还能有一些话语权力外,在其他各朝,两

---

① 按:马祖常在延佑元年(1314)的甲寅河南乡试中,举第一,延佑二年(1315)的乙卯会试中又举第一,接着在廷试中,"以尊国氏族,为第二",袁桷《漳州路同知朝列大夫赠汴梁路同知骑都尉开封郡伯马公神道碑铭》,《袁桷集校注》卷二六,第 1284 页。

都巡幸制所带来的政权的不稳定、频繁的宫廷政变以及后宫干政等大背景；又兼武宗、泰定帝常年戍守边廷漠北，汉学素养较低，而在文宗、顺宗期，燕铁木儿、伯颜等以军功起家的权臣几乎完全控制了朝中的一切权力。在这样的政治格局中，元朝的文人基本被悬置一边，没有话语权，这也是元代南北多族文人有以实现交融汇集的重要基础。对于这个时期的西域作家群体而言，他们已经不具备前期西域作家凭借自身的地位优势可以随意组织雅集或者轻易获得众星捧月的关注度。这个时期的西域作家群体在科举恢复的社会背景中，以师长、同学、同年、同僚为核心与元代中晚期南北多族文人广泛交游，在增进他们自身人脉网络的同时，也使得南北多族文人交融现象成为元代中、晚叶文坛的典型现象。

先看马祖常，作为延祐首科的著名进士，马祖常官运一直亨通，是元文宗最欣赏的作家。至顺元年（1330），元文宗恢复百年旷典，亲自祭奠南郊，马祖常担任读祝册官，参定典议。元文宗最喜欢马祖常的文章，读后，往往由衷地叹赏道"孰谓中原无硕儒乎"①，以此，陈垣在《元西域人华化考》中说"论西域文家，仍推马祖常"②，这个说法是有依据的。

依靠自己的才华与人格魅力，马祖常一方面与奎章阁文人群体来往密切，以文章相淬砺。翻捡马祖常以及元代中、晚期作家的别集，可以看到马祖常与其时以奎章阁文人为代表的南北作家唱酬相当密切。如与同僚袁桷、虞集、王士熙等人，以"以问学相淬砺，更唱迭和，金石相宣，而文日益奇矣"③，被认为"如杜、王、岑、贾之在唐，杨、刘、钱、李之在宋，论者以为有元盛世之音也"④。当然，值得指出的是袁桷、虞集、王士熙等人的家世，袁桷是浙江四明大姓袁氏子弟，其外祖为南宋名相史浩，妻子郑氏乃宋丞相郑清之后，袁桷与赵孟頫又为表兄弟；虞集乃宋代著名丞相虞允文后裔，母亲乃南宋国子祭酒杨文仲之女；而马祖常本人世出西域基督教聂思脱里派贵族，其家族后几经辗转迁居静州之天山，故为汪古部人。几人中马祖常尤其与王士熙唱酬最密。王士熙，字继学，乃元武宗时期翰林学士承旨、东平王构之子，曾师事蜀郡邓文原，为学兼

---

① 苏天爵《元故资德大夫御史中丞赠摅忠宣宪协正功臣魏郡马文贞公墓志铭》，《滋溪文稿》卷九，第144页。
② 《元西域人华化考》卷四"文学篇"，第76页。
③ 苏天爵《御史中丞马公文集序》，《滋溪文稿》卷五，第65页。
④ 顾嗣立《元诗选》二集"王中丞士熙小传"，第537页。

南北,以文学世其家,在马祖常的诗文集中,有四十余首乃直接唱和酬答王士熙①,虽多为职事之间的唱合,但由这首《戏答王继学》"金钱赌酒夜走马,玉带赠客春看花。山东少年贵公子,年年塞北惯风沙"②,颇可见出马祖常对王士熙为人的欣赏。此外,马祖常与座师元明善的交谊也颇深。延祐首科中,马祖常"以古文擢上第,声光煜如",元明善认为马祖常文章"可以被筦弦,荐郊庙,《天马》《宝鼎》之作,殆未之能优也"③;而马祖常对于元明善的文章也推崇备至,认为"出入秦汉之间,本之于六经,以涵泳其膏泽,参之于诸子百家,以骋其辨。刻而不见其迹,新而必自己出。蔚乎其华敷,锵乎其古声。倡古学于当世,为一代之文宗者,柳城姚燧暨公而已。信乎其必传也"④。同年当中,马祖常与张起岩、欧阳玄、王沂、许有壬、黄溍都唱和颇多。虞集曾称道云:"延祐初科进士张公起岩、马公祖常、欧阳公玄,及馆阁诸人,又一时文学之盛矣。"⑤

另一方面,马祖常也积极提携后进以张大影响。像宋本、黄溍、苏天爵、王守诚、陈旅几个奎章阁文人群体的核心成员就是由于马祖常的力荐而登上文坛中心位置的。值得一提的是,马祖常曾于泰定四年(1327)担任会试读卷官。如前文所述,元末最著名的南北两大作家萨都剌和杨维桢入选,此外同年中诸如黄清老、赵期颐、燮理普化、郭嘉、张以宁、李黼、观音奴、索元岱等等也都是元末文化界相当活跃的人物。在奎章阁时代,马祖常的影响极大,诚如四库馆臣下论所说:"大德、延祐以后,为元文之极盛,而主持风气,则祖常等数人为之巨擘云"⑥,概括得非常精要、准确。

而说到马祖常,谈及汪古部人以及延祐首科,还有必要捎带说及汪古部

---

① 按:如《王继学同张学士寿宁宫祠宿奉寄一首》《昌平道中次继学韵》《度居庸关次继学韵》《伯长内翰与继学内翰联句赋画松诗清壮伟丽备体诸家祖常实不能及后尘也仍作诗美之焉》《用韵赠王继学时祠祷天宝宫》《次韵继学(三首)》《再用韵奉继学(二首)》《寄王继学待制》《和继学郎中送友归越中》《用继学郎中韵再赋》《贡院忆继学治书》《奉陪荐食英宗神御用继学韵》《次韵继学桑干岭》《调继学左司》《寄王继学》《戏答王继学》《次韵王继学(继学前身,乃楚州僧)》《和王左司柳枝词(十首)》《和王左司柳枝词(十首)》《鹦鹉联句同王继学赋》《都城南有道者居名松鹤堂暇日同东平王继学为避暑之游因作松鹤联句》,《全元诗》,第29册,第297页、298页、298页、306—307页、308页、324页、327页、331页、336页、341页、352页、366页、379页、382页、384页、389—390页、390—391页、400页、400页。
② 马祖常《戏答王继学》,《全元诗》第29册,第382页。
③ 陈旅《马中丞文集序》,《全元文》卷一一七〇,第37册,第275页。
④ 马祖常《翰林学士元文敏公神道碑》,《马祖常集》卷一一,第220页。
⑤ 虞集《都漕运副使张公墓铭》,《虞集全集·道园类稿》卷四六,下册,第899页。
⑥ 《钦定四库全书总目》卷一六七"《石田集》十五卷"条,下册,第2227页。

人、著名政治家赵世延。赵世延,字子敬,祖父是按竺迩,因幼孤,育于外氏,因姓舅姓,转为赵姓。尽管从文学创作成绩来说,他远不如马祖常等人,但赵世延家世显赫,究心于儒者体用之学,是颇为倾向于元廷汉法派的色目政治家。虞集在《赵平章加官封制》中概述赵世延的政治态度写道:"方严而精明,果毅而详缜。卓以纂韠之胄,俨然韦布之风。始事世皇,即拜御史;多历年所,遍践台司。阅实简书,每先几而扶直;作新风纪,必正色以摧奸。常依日月之光,不改冰霜之操。洊在政府,蔚为名臣。"①以此赵世延不仅是延祐首科的主考官,而且与元代早、中、晚期一大批南北优秀文人诸如程钜夫、赵孟頫、虞集、许有壬、陈旅、程端礼等人的关系非常密切。在延祐首科的人才选拔中,赵世延一眼相中许有壬的文章,并为之与李孟争论,而之后在他与铁木迭儿的政治斗争中,许有壬坚定地站在他一派,为他多方辩护,以此许有壬与赵世延之女、元代著名才女赵鸾结为夫妻,成为其时佳话。作为集贤大学士,赵世延与早期的馆阁文臣交往甚多,南方文人程钜夫有《寄赵子敬治书二首》写道:"父老犹能记福星,煌煌今在太微庭。五年江汉烟生土,惟有甘棠一树青。南北参辰十五年,狂奴狂态故依然。何时握手平生事,夜夜南楼月满天。"②赵孟頫有《平章政事赵公子敬真赞》写道:"侃侃君子之德,謇謇王臣之风。黄阁霜台,夙夜在公,古所谓体国之忠。然而进退有道,弗磨弗涅。位廊庙则不忘于山林,在江湖则心存于魏阙。古所谓识时之杰。噫! 世之珙璧,国之蓍龟。微斯人,其谁与归?"③程、赵二人的文字虽然属于官面文字,但也颇可窥见赵世延与南方文人之间的亲密关系。在至治三年(1323)鲁国大长公主④组织的天庆寺雅集中,赵世延以集贤大学士的身份与王约、冯子振、李洞、邓文原、魏必复、张珪、袁桷、李源道、王毅、曹元用、杜禧等人共同参与了这场汇聚南北文人的馆阁高层盛会,并作题跋。在元代中期,由于坚决支持元文宗的即位,赵世延在元文宗顺利即位之后被加封为平章政事,曾与虞集等共同主持《经世大典》的修撰工作,是元文宗时代奎章阁文人群的核心文人,经常与奎章阁文人往还唱酬。最著名的是天历二年(1329)十一月,在元文宗的率领下,赵世延与奎章阁群

①　虞集《赵平章加官封制》,《虞集全集·道园类稿》卷一二,第380—381 页。
②　程钜夫《寄赵子敬治书二首》,《程钜夫集》卷二八,第383 页。
③　赵孟頫《平章政事赵公子敬真赞》,《松雪斋集》卷一〇,第268 页。
④　按:鲁国大长公主,名祥哥剌吉,乃元武宗之妹,元仁宗之姊,元文宗之岳母。

臣一道赏鉴宋代赵干的《江行初雪图》。其时到场的奎章阁馆臣还有：奎章阁大学士、光禄大夫、知经筵事忽都鲁都儿迷失，侍书学士、资善大夫、中书右丞撒迪，侍书学士、翰林直学士、中奉大夫、知制诰、同修国史、兼经筵官虞集，承制学士、朝散大夫、中书左司郎中朵来，奎章阁供奉学士、中议大夫沙剌班，承制学士、奉训大夫李泂，供奉学士、承德郎李讷，参书、奉训大夫雅琥，参书、文林郎柯九思，典签臣张景先等等①。在援引晚进后学方面，陈旅被赵世延推荐为国子助教，赵世延又曾为四明进士程端礼的《读书分年日程》题序，等等。

可以看出赵世延虽出生西域，却是元代率先华化的人士。在人生理想、审美情趣上与南方士子非常接近，顾嗣立曾概括元代文坛发展情形指出："元兴，承金宋之季，遗山元裕之以鸿朗高华之作振起于中州，而郝伯常、刘梦吉之徒继之。故北方之学，至中统、至元而大盛。赵子昂以宋王孙入仕，风流儒雅，冠绝一时。邓善之、袁伯长辈从而和之，而诗学又为之一变。于是虞、杨、范、揭一时并起，至治、天历之盛，实开于大德、延祐之间。"②在顾嗣立所列的南方士子中，尤其赵孟頫、邓文原、袁桷、虞集等几位代表大家，无不是赵世延所盛交者。也无怪虞集在给赵世延的挽诗里说："西北声名世节旄，簪绅特起擅时髦"③，可以想见赵世延的神采风华。

这个时期创作成绩值得关注的还有金哈刺，又称金元素。金元素是也里可温，以乃祖有功于国，被元文宗赐姓金氏，世居燕山。金元素是至顺庚午科（1330）进士，这年的科考主考官是虞集。作为元代中晚期重要的色目文人，金元素"能文辞，其书宗嵘正斋"，善散曲，"尝有《咏雪》塞鸿秋，为世绝唱"②。《全元诗》所录其诗作多是他大约结集于至正二十年（1360）以前的《南游寓兴集》，主要收录的是他任职江浙时的诗歌④，《南游寓兴集》有至正二十年刘仁本为之所作序言。考察金元素的诗歌吟咏，他有《咏余姚海堤》诗收在叶恒《余姚海堤集》中。至元五年（1339），国子生叶恒重修海堤，以御海潮，至正元年（1341）二月，海堤修成，上报朝廷。叶恒的老师欧阳玄作《余姚海堤诗有序》，对叶恒修筑海堤之事大为赞赏。同时赋咏此事的还有张翥、黄溍、柳贯、

① 《石渠宝笈》卷四三"宋赵干江行初雪图一卷（上等）"，《四库全书》子部一三一，第825册，第617页。
② 《元诗选》初集上"袁学士桷小传"，第593页。
③ 虞集《鲁国赵公世延哀词二首》之一，《虞集全集·道园类稿》卷八，上册，第151页。
④ 按：该集国内未见传本，有流传到日本的写本传世。

戴良、释昙噩等名流,而金元素与焉,则可略略想见其交游。此外,他与迺贤、王冕等元代晚期著名文人颇有唱和。

论及元代西域进士圈的人脉,赵世延是马祖常的座师、同族,而萨都剌作为元代最优秀的西域诗人,则是马祖常的门生。在元代的十六场科考中,除了延祐首科,被盛称得人外,就元代文学创作贡献而言,最值得称道的便是泰定丁卯科(1327)由马祖常、王士熙主考的这次。除了录取了元代中、晚期南、北两大文坛骁将萨都剌、杨维祯之外,黄清老、胡一中、刘沂、燮理普化、郭嘉、张以宁、李黼、蒲理翰、观音奴、索元岱等,一批元晚期重要文人都被笼络其中,马祖常的识人之力,确实令人叹服。比之于马祖常、虞集等前辈,后起的萨都剌、杨维祯等人更加注重经营自己的人脉网络。萨都剌现存的诗、词、曲作品约800余篇,其中直接在标题中题有友人名姓的作品200余首,南、北多向,从师长、同年到同僚,从文人学士到文武官员,从书画才艺之士到僧侣方外之友,从前辈贤达到晚进俊彦,都有交游唱酬。相比于仕途蹭蹬,长期身处江南的同年杨维祯以呼朋引伴的方式,高调地经营自己的文坛地位,萨都剌以往来唱和而获得认可,并不逊色。而根据萨都剌的集子以及同时代人的唱和呼应作品,综观萨都剌的交游唱和圈子,又大致按出道先后分前辈、平辈。前辈中人:诸如薛昂夫、刘致、石民瞻、赵世延、张雨、虞集、马祖常、王士熙、释大䜣、吴全节、阿鲁图、揭傒斯、李泂、干文传、许有壬、宋本、曹克明、王理、苏天爵、傅若金、陈旅等等。在前辈中,尤以文坛盟主虞集对萨都剌甚为推许,曾多次对其诗表示欣赏。虞集《寄丁卯进士萨都剌天锡》写道:"江上新诗好,亦知公事闲。投壶深竹里,系马古松间。夜月多临海,秋风或在山。玉堂萧爽地,思尔珊珊珊。"①虞集《与萨都剌进士》又写道:"当年荐士多材俊,忽见新诗实失惊。今日玉堂须倚马,几时上苑共听莺。贾生谁谓年犹少,庾信空惭老更成。唯有台中马侍御,金盘承露最多情"②,不仅以前辈口吻表达对后进的关切,而且对萨都剌诗才的惊叹与欣赏,也溢于言表。而之后虞集又在为溥仲渊《笙鹤清音》所作序言中说,"数年前,有萨君天锡仕于东南,与仲渊相好③,咏歌之士,盖并称

① 虞集《寄丁卯进士萨都剌天锡》,《虞集全集·道园类稿》卷五,上册,第68页。
② 虞集《与萨都剌进士》,《虞集全集·道园类稿》卷六,上册,第106页。
③ 按:据杨镰先生考证认为,溥仲渊乃西域人达溥化。

焉"①。在给傅若金的诗集所作序又提到萨都剌,虞集写道:"大德中,文章辈出,赫然鸣其治平,集所与游者亦众,而贫寒相望,发明斯事者,则浦城杨仲弘、江右范德机其人也。杨之合作,吴兴赵公最先知之,而德机之高古神妙,诸君子未有不许之者也。其后马伯庸中丞用意深刻、思致高远,亦自成一家,观者无间言。而进士萨天锡者,最长于情,流丽清婉,作者皆爱之。"②虞集对于萨都剌创作的频频关注,以及将萨都剌和傅若金算作继杨载、范梈、马祖常之后的第三代优秀诗人,都可以看出萨都剌作为年轻一代诗人在虞集心目中的位置。虞集之后,马祖常的同年干文传给萨都剌的《雁门集》作序称赞其创作云:"其豪放若天风海涛,鱼龙出没;险劲如泰华云门,苍翠孤耸。其刚健清丽,则如淮阴出师,百战不折,而洛神凌波,春花霁月之婳娟也。有诗人直陈之事,有援彼状此、托物兴词之义,可以颂美德而尽夫群情,可以感人心而裨乎时政。周人忠厚之意具,乃以一扫往宋委靡之弊矣"③,赞美、推许之意无以复加。与萨都剌交游的平辈人物则有其同年张以宁、索元岱、杨维祯、观志能、廉惠山海牙、善著、李质、张翥、李孝光、成廷珪、顾瑛、郑元佑、脱欢、朱舜咨、郭畀、陈基、吴克恭、郑原善、释来复等等④。而与他旗鼓相当的自然是杨维祯,他们两人也分别代表着其时南北文坛的两大标杆。自许才高的杨维祯曾这样评价其同年的创作:"宫词,诗家之大香奁也,不许村学究语。为本朝宫词者多矣,或拘于用典故,又或拘于用国语,皆损诗体。天历间,余同年萨天锡善为宫词。"⑤综观萨都剌的交游,以及人们对他的创作的评价,可以想见萨都剌的虎卧龙跳之才,也应无愧于人们所给予的"燕门才子"之谓,之后我们可以通过分析他的作品来探析。

赵世延、马祖常、萨都剌外,这个时期,在创作上成绩斐然的还有余阙。余阙是西夏唐兀氏,他自己曾叙述西夏人的气质写道:

①　虞集《笙鹤清音序》,《虞集全集·道园类稿》卷一九,上册,第522页。
②　虞集《傅与砺诗集序》,《虞集全集·傅与砺诗集》卷首,上册,591页。
③　干文传《雁门集序》,《全元文》卷一〇九,第32册,第72页。
④　按:这些数据参考杨光辉《萨都剌生平及著,作实证研究》第232—243页的表格内容,但在人员划分上认为,以儒释道的方式划分人群略有些不合适,因为元代宗教人士在朝中以及社会的地位与其他时代颇为不同,影响力非常大。(北京)高等教育出版社2005年。
⑤　杨维祯《宫词》,《杨维祯全集校笺》卷一二"铁雅先生复古诗集卷四·古乐府",第1册,第358页。

河西,本匈奴昆耶休屠王之地,三代之时,不通于中国,汉始取而有之,置五郡其间。自李唐以来,拓跋氏乃王其地,号为西夏。至于辽、宋,日事战伐,故其民多武勇而少文理。然以予观之:予家合淝,合淝之戍,一军皆夏人。人面多黎墨,善骑射,有长身至八九尺者。其性大抵质直而上义,平居相与,虽异姓如亲姻。凡有所得,虽箪食豆羹,不以自私,必召其朋友。朋友之间,有无相共,有余即以与人,无即以取诸人,亦不少以属意。百斛之粟,数千百缗之钱,可一语而致具也。岁时往来,以相劳问。少长相坐,以齿不以爵。献寿拜舞,上下之情怡然相欢。醉即相与道其乡邻亲戚,各相持涕泣以为常。予初以为此异乡相亲乃尔,及以问夏人,凡国中之俗,莫不皆然。其异姓之人乃如此,则其亲姻可知矣。宜其民皆亲上死长,而以弹丸黑子之地,抗二大国,传世五六百年而后亡,非偶然也。①

看过余阙这段对西夏人武勇善战、质直尚义、亲上死长特征的描述之后,很能理解他为何能最终在与陈友谅的对峙中,城破殉国,成为元末著名殉国忠臣。余阙的同年李祁曾这样评价其文、其人:"廷心文章学问,政事名节,虽古之人,有不得而兼者,而廷心悉兼之……廷心以羸卒数千守孤城,屹然为江淮砥柱者五六年,援绝城陷,竟秉节仗义,与妻子偕死"②,可见余阙为人颇重节义,这对其交游也影响颇大。余阙有《结交警语》云:"君子相亲,如兰将春。无夭色之媚目,有清香之袭人。小人相亲,如桃将春。有夭色之媚目,无幽香之袭人。"③又云:"人若近贤良,喻如纸一张。以纸包兰麝,因香而得香。人若近邪友,喻如一枝柳。以柳穿鱼鳖,因臭而得臭。"④查索余阙现今所存诗文,去除一些公文性质的上书以及集体性唱和作品,可以发现余阙与贡师泰、程文、危素、戴良等几位元代中晚期文坛中坚人物交情甚厚。尤其是与贡师泰,余阙在给贡师泰诗文集所作序言中描述二人相处的愉快情景写道:

时泰甫为应奉翰林文字,固多暇者,即与聚。盍有蔬一品,鱼一盘,饮

---

① 余阙《送归彦温赴河西廉使序》,《全元文》卷一四九五,第 49 册,第 120 页。
② 李祁《青阳先生文集序》,《全元文》卷一四一〇,第 45 册,第 411 页。
③ 余阙《结交警语》,《全元文》卷一四九六,第 49 册,第 167 页。
④ 余阙《染习寓语为苏友作》,《全元文》卷一四九六,第 49 册,第 166—167 页。

> 酒三行或五行,即相与赋诗论文,凡经史词章、古今上下治乱贤否、图书彝器,无不言者。意少适,即联镳过市,据鞍谈谑,信其所如而止。及暮,无所止,则相与问曰:"将何之?"皆曰:"无所之也",乃各策马还。①

人生最乐,莫过于有三观相近,性情相投者相与度过虽平常却有趣的岁月,这用来形容余阙与贡师泰之间默契无间的关系非常恰当。像余阙描写的那样,他们闲时则聚,聚则能畅谈,谈欢之余可以共同联镳过市,据鞍谈谑,在一起则仿佛时间停止,确实是君子挚交。余阙自己也承认,他性情迂直,不喜欢机灵善变者,故不易求得友朋,但贡师泰却是他最契密的朋友:

> 余天性素迂,常力矫治之,然终不能入绳墨。矫治或甚,则遂病,不能胜。因思,以为迂者亦圣贤以为美德,遂任之,一切从其所乐。常行四方,必迂者然后心爱之而与之合。凡捷机变者,虽强与之,然心终不乐也,故暂合而辄去。京师,天下声利之区也,迂非所宜有。尝阴以求之士大夫之间,得一人焉,曰贡泰父。②

贡师泰乃贡奎之子,少游太学,惯见京师各方大员名流,又有时名,"因自贵重,不妄为进去。有所不可交者,亦不妄与交",所以余阙与贡师泰两人欢然相得,"若鱼之泳于江,兽之走于林也"③。此外如戴良,作为其学生辈,与余阙关系较近,余阙曾对戴良尽授自己有关于诗文创作之心得。戴良与宋濂曾在余阙的帮助下编纂整理柳贯诗文集,在完成之后,余阙又为之作序,等等。总体而言,余阙虽为西夏唐兀氏,却家于合肥,与东南文人的交游较多。

此外是康里巎巙、傒氏等人的交游。在前文中,我们已指出不忽木、傒文质是元代早期较有华化意识的高昌贵族,而康里巎巙是不忽木之子,"以重望居高位,而雅爱儒士甚于饥渴,以故四方士大夫翕然宗之,萃于其门",以此杨维祯曾上书康里巎巙期望帮助补官。巎巙本人以书法著称于时,《元史》本传称他:"善真行草书,识者谓得晋人笔意,单牍片纸人争宝之,不翅金玉。"不过

---

① 余阙《贡泰父文集序》,《全元文》卷一四九五,第49册,第134页。
② 余阙《贡泰父文集序》,《全元文》卷一四九五,第49册,第133—134页。
③ 余阙《贡泰父文集序》,《全元文》卷一四九五,第49册,第134页。

巙巙"幼肄业国学,博通群书,其正心修身之要得诸许衡及父兄家传",制行峻洁,在哲学理念上为许衡一派①,在奎章阁时代,虽为奎章阁文人群体核心文人,唱酬皆与焉,但实际与虞集为代表的尊崇吴澄一派大批南方文人并不相同②。

　　偰氏家族在元代科举之后,创造了一门两代九进士的传奇,"一门世科之盛,当时所稀有"③。偰氏一家在科举上的成功印证了这个时期,西域人整体华化水平之高。偰氏自入居中原的第三代,即岳璘帖木儿之孙、合剌普华之子偰文质开始定居溧阳④,偰文质的 5 个儿子:偰玉立、偰直坚、偰哲笃、偰朝吾、偰列箎,"皆第进士","以文学政事称于时"⑤。子孙中,偰哲笃为首科进士,借助偰哲笃的关系,他的同年欧阳玄应偰文质之请而撰《高昌偰氏家传》,黄溍、许有任应偰哲笃之请又分别撰写了《合剌普华神道碑》《合剌普华墓志铭》,由此而知其与同年的交游情形。这个时期,偰氏子孙中关注文化、参与文学事业最突出的是中延祐五年进士的偰玉立。他与奎章阁文人群的交往非常多。据载,奎章阁学士院典瑞院都事柯九思藏有王羲之所书《曹娥碑》拓本,以元文宗与柯九思以及众多馆臣往来同观《曹娥碑》为标志,正式拉开奎章阁时代南北多族文人雅集的序幕,偰玉立也在其中。据宋本等人的记载:"天历二年(1329)春正月九日,吏部侍郎宋本、翰林修撰谢端、太常博士王守诚、太常奉礼郎简正理、著作佐郎偰玉立、侍仪舍人林宇、太常太祝赵期颐同观于典瑞院都事柯九思家。"⑥至正五年,偰玉立任职河东山西道廉访司时,组织发起了"绛守居园池"诗会。据偰玉立诗歌"被襫引流觞,宾筵闻鼓竽"的意思,以及

----

① 《元史》卷一四三《巙巙传》,第 11 册,第3413—3416 页。

② 按:奎章阁学士院中,奎章阁大学士蒙古人阿荣与巙巙忌虞集之见宠,曾合谋戏骗虞集,《元史·虞集传》载:"集以入侍燕闲,无益时政,且媢嫉者多,乃与大学士忽都鲁都儿迷失等进曰:'陛下出独见,建奎章阁,览书籍,置学士员,以备顾问。臣等备员,殊无补报,窃恐有累圣德,乞容臣等辞职。'……一日,命集草制封乳母夫为营都王,使贵近阿荣、巙巙传旨。二人者,素恶集,缪言制封营国公,集具稿,俄丞相自榻前来索制词甚急,集以稿进,丞相愕然回视,集知为所绐,即请易稿以进,终不自言,二人者愧之。"《元史》卷一八一,第 14 册,第4178—4179 页。

③ 《元史》卷一九三《合剌普华传》,第 14 册,第 4386 页。

④ 按:据杨镰先生指出,目前,聚居在江苏溧阳沙涨村(即沙溪村)等地的合剌普华族人,有偰、普两个姓氏,都来源于西域北庭,是岳璘帖木儿的后裔。《元代江浙双语文学家族研究》,《江苏大学学报》2009 年第 3 期,第 49 页。

⑤ 《元史》卷一九三《合剌普华传》,第 14 册,第 4386 页。

⑥ 《石渠宝笈》卷一三《晋王羲之书曹娥碑一卷》,《四库全书》子部一三〇,第 824 册,第 340 页。

序言所云"乙酉之秋,七月既望,余自河中谳狱还司,过绛,登守居园池。昔日亭墅,悉已埋没,独洄涟亭、花萼堂复构以还旧观。流泉莲沼,犹仍故焉"①;又王士元《绛州居园池和偰世玉韵》云"名池涵清泚,嘉燕丰文儒"②,可以猜测偰玉立是和一群朋友在"七月既望"时举行了诗会。虽然现今所存相关文献较少,但上述内容也还是能看出偰家子弟在这个时期的文坛活跃程度。

由上所述,可以看到,科考前,基于国家一统的社会大背景,西域贵族中的有识之士诸如廉希宪、不忽木、高克恭、薛昂夫、贯云石等人,努力汉化,并与中土南、北文人由逐步交往、结识,到初步展现出一些南北融合的熙然场景。科考之后,西域作家群以师长、同学、同年、同僚为核心,与元代中晚期南北多族文人广泛交游、深度融合,这个过程中,尽管从存世诗文中能看到西域作家们与南北文人颇多往还唱和,但与早期相对浅层的交往融合情形相比,基于哲学理念、审美情趣方面的差异已浸出水面。像余阙是从审美情趣与性情三观相契的层面而与南人贡师泰欢然相得;而虞集作为南方吴澄一派的文坛盟主与马祖常、康里巎巎等人虽然常有联吟、唱和的场面,但实际上,却在哲学理念、政治见解和审美倾向上颇为异趣③,这使得他们的相处、融合多少有些貌合神离。当然也正是存在这层差异,西域作家群体才可能在创作上真正展现出他们自己的风格,并在元代文坛格局中具有自己不可替代的地位。

二、西域作家群体的创作贡献

讨论西域作家群体在元代文坛格局中的独特意义,必须要等到西域作家以群体的面貌出现在元代文坛上方可展开。不可否认,不忽木、高克恭、薛昂夫、贯云石等人的创作成绩都非常突出,也的确给元代文坛带来了新鲜的气息。但如果从对国家复杂大事的表现、对时代性题材的参与、对创作风格定型的贡献等方面去考察前期作家的创作情形的话,则难免支绌。而基于这四个

① 偰玉立《绛守居园池并序》,《全元诗》第37册,第334页。
② 王士元《绛州居园池和偰世玉韵》,《全元诗》第32册,第259页。
③ 按:据《元史·虞集传》载:"光人龚伯璲,以才俊为马祖常所喜,祖常为御史中丞,伯璲游其门,祖常亟称之,欲集为荐引,集不可,曰:'是子虽小有才,然非适器,亦恐不得令终。'祖常犹未以为然。一日邀集过其家,设宴,酒半出荐牍求集署,集固拒之,祖常不乐而罢。文宗崩,集在告,欲谋南还,弗果。幼君崩,大臣将立妥欢帖穆尔太子,用至大故事,召诸老臣赴上都议政,集在召列。祖常使人告之曰:'御史有言。'乃谢病归临川。"《元史》卷一八一,第14册,第4180页。

层面来考察科考之后西域作家群体的创作情形,则确有话题不可绕开的必要性。

　　首先是西域作家群体对国家复杂事件的表现力度,真正体现了他们非母语写作的娴熟程度。对国家复杂事件进行表现,涉及许多层面的能力。这种能力综合体现为对国家复杂事件的知晓程度和如何使用非母语来表现国家复杂事件两方面的能力。由前文所述,开科之后活跃于元代文坛的西域作家,多为进士,他们本人或成长为朝廷重要馆阁文人或阁臣,或任职地方,独挡一面。作为其时的社会精英,他们在知晓国家事件以及用汉语叙述出来并表现自己的态度立场方面,本来就较普通士人具有优势。但作为西域作家,与前期作为高层官员的廉希宪、不忽木以及深入江南腹地、与江南士人广泛接触的高克恭、薛昂夫、贯云石等西域贵族相比,科考后的西域作家群体所留下的作品,展现出了他们与具有母语优势的中土精英作家同等卓著的表现力,这是贯云石等人的作品没有达到或者没有展现的。

　　且比较贯云石《万寿讲寺记》与马祖常的《圣清庙记》。贯云石《万寿讲寺记》乃为南翔镇释良珣所募修的南翔寺万寿讲寺所作,贯云石开篇论云"皇元有国,惟兹广福,在念在民。是以经教宏扬",以此南翔寺主持良珣得以募集善款,熏修万寿讲寺,令其"寺规宏修,镂栋彩椽,金璧绚灿,画垣朱壁,玉石栏砌,九檐流翠,万影参差"。虽然如此,但讲寺的熏修"不求施于众,不经劳于人,诸匠百工不邀而至",所以贯云石在文中抒发感慨写道"余尝观夫有宫或于廨第营诸仓库,指其匠而有刑,取诸工而有罪,尚或避役而不趋。使其不刑不罪,调诸掌握,来如腥蚁,其有望望然不舍去者,果何道而能若是哉!"正以释良珣以大德为心,布道有力,故而大德十一年南翔寺被赐额"大德万寿寺",武宗以及仁宗朝也都"悉优其刹"。作为北庭之子,贯云石虽"历方儒业"以文游东南,却对良珣的"精诚报本之意"非常赞赏,故慨然为其作序,欲其传之不泯①。藉由贯云石的叙述,人们可以揣测其作为北庭之子对于宗教式虔诚态度的推崇,而其文章写作叙议相合,叙述之笔生动简净,议论之笔言深意长,文章结构层递井然。果然"峭厉有法",也无怪乎令古文大家姚燧"大奇其才"②。而再

---

①　贯云石《万寿讲寺记》,《全元文》卷一一四四,第 36 册,第 195—196 页。
②　欧阳玄《元故翰林学士中奉大夫知制诰同修国史贯公神道碑》,《欧阳玄全集·圭斋文集》卷九,上册,第 212 页。

看马祖常的《清圣庙记》：

> 大元建国全燕，以御华夏。永平为甸服股肱之郡，至元十有八年，世祖皇帝甫平江南五岁矣。即裹干戈，放马牛而不用。大召名儒，修礼乐之事，敕有司咸秩无文。于是永平郡臣以其邦为孤竹旧壤，伯夷、叔齐兄弟让国之所逃者也，列文以请。大臣以闻，上曰："其命代言为书，命以褒之谥曰清惠、仁惠"，于今又五十年矣。郡臣前后凡不计几人，漫不兹省。某年某官等乃状，上尚书曰："郡境庙象清惠、仁惠之神，岁无牲牢，祭品不备，领祠无官，尚书秩宗伯，礼有仪，谨以告。"其日会太常议制，白丞相府。符下永平曰："夷、齐求仁得仁，庙食固宜。岁春秋蠲吉具仪，有司行事"，符且署矣。乃重白丞相府，以孟轲称"伯夷，圣之清者也"，孤竹其宗国也，今既象设而庙食之，宜以"圣清"名庙。丞相府佥曰："允哉。"[①]

元朝在以许衡为代表的苏门山文人群体的影响和推动下，对程朱理学给予了一定程度的尊重；一统江南后，元廷为令南方士子归心于大元王朝更对儒家表示了国家层面的礼仪尊崇。而伯夷、叔齐让国全仁、扣马谏伐、耻食周粟、独行其志、独善其身的思想行为，本是儒家思想形成的渊源，得到孔、孟对伯夷、叔齐的崇尚，他们被儒家子弟尊奉为圣贤。所以至元十八年（1281），忽必烈下诏，追封伯夷为"昭义清惠公"、叔齐为"崇让仁惠公"。布告天下，并建庙祭祀。至顺元年（1330），汉学修养最深的元文宗下诏，赐庙额"圣清"，并规定"春秋以太牢礼致祭"，形成定式。马祖常作为御史中丞、也是元文宗颇为欣赏的文臣，奉旨撰写《清圣庙记》，这本身即包含了朝廷的意识形态倾向，元代文学在文宗朝形成奎章阁文人群体为代表的创作高潮期也与此不无关系。观马祖常这段文字，它与贯云石的文字相比，包含了更丰富的国家意识形态内容，也叙述了更复杂的事件背景。再看马祖常就文宗下令对清圣庙以太牢致祭事宜发表的议论：

> 大道之郁也，则民乌得而知古。岂独民乌得而知古焉？士盖有一二

---

① 马祖常《圣清庙记》，《马祖常集》卷八，第191—192页。

世不知其传者。大道之彰也，则民不识金革战斗之暴，内则有父子夫妇，相与饰于礼节；外则有官师之教，朋友之交，相与讲于古，岂独知己之所传，又知当时之名世者而传之。是则永平之人遭逢国家之隆，而沐浴大道之彰也，吾将见行者让途，耕者让畔，学士相让于俎豆，工商相贷以器货而价不贰矣。推本我世祖皇帝教化之意，顾不由此欤？邦之人尚砺其志，而施于行哉，毋徒神之而已也。①

马祖常站在国家高度上认为，如果社会各个层面能够意识到国家尊号、加封伯夷、叔齐二人的意义，则儒家之道能够推行于天下，而儒家之道一旦真能令推行于天下，则天下之民熙熙而不知兵革之暴，"行者让途，耕者让畔，学士相让于俎豆，工商相贷以器货而价不贰"。相比较而言，同样是地方建祠庙而闻于上、政府予以褒崇的事件，贯云石的视角和表述最终落笔于个体，马祖常则代国家而言，大相径庭。当然，最重要的问题是，贯云石英年早逝，又极早退隐江南，虽天才过人，但其文章基本没有国家复杂事件的呈现。而马祖常辈作为科举进士，又多斡旋于朝廷政务与馆阁文人之间，同时也较深地受到儒家思想的浸染，其创作往往能更积极地表现国家复杂事件。再如天历元年（1328）元文宗前后的一系列政治、军事事件，马祖常即颇有表述，曾奉旨作《敕赐太师秦王佐命元勋之碑》《太师太平王定策元勋之碑》等碑记文，专为颂扬燕铁木儿的无上的忠勇与非常的功劳。例如这段：

> 乙亥宿三河，夜二鼓，侦者报王禅兵夺居庸关。略六口。丙子，裹粮趋榆河。未战，闻大驾出宫，亲督将士，亟请见上，奏事曰："凡军事一以付臣，愿陛下班师抚安黎庶。"上旋宫。②

史载，泰定五年（1328）七月庚午（十日），泰定帝在上都崩。丞相倒剌沙专政，试图谋立泰定帝幼子为帝。而早在泰定帝三月车驾上都之际，泰定帝已身染重病，燕铁木儿等一帮武将就已作好政变的准备，所以泰定帝崩于上都消息传到大都之后，留守大都的燕铁木儿即于八月甲午（三日）发动政变，进而引发

---

① 马祖常《圣清庙记》，《马祖常集》卷八，第 192 页。
② 马祖常《太师太平王定策元勋之碑》，《马祖常集》卷一四，第 252 页。

"两都之战"。与此同时,燕铁木儿派人通知武宗的两个儿子和世㻋、图帖睦尔回大都。八月丙辰(二十五日),处于江陵的弟弟图帖睦尔先到达大都城外,于是图帖睦尔被燕铁木儿等扶持成为元文宗。之后,在和世㻋、图帖睦尔争夺帝位过程中,燕铁木儿又坚定地支持图帖睦尔,并毒死和世㻋,再扶持元文宗即位。以此,燕铁木儿对于元文宗即位的翊戴之功无有能出其右者。以上所引一段即叙述"两都之战"极为激烈的居庸关一役。其时,元文宗曾自作主张、亲自出宫去慰问将士,燕铁木儿得知后,特意请求元文宗不要参与战事;而其本人则"每与敌战,亲冒矢石",元文宗担心他有不测,让他只"以大将旗鼓督战",但燕铁木儿则表示:"凡战,臣先之。敢后者,臣论以军法。"[①]正因为燕铁木儿在元文宗即位过程中无以复加的忠勇与功勋,所以文宗即位后,将中书政务、大小人事权力皆归于燕铁木儿[②],对他表现出无上的信任和依赖。倘若不是有马祖常作为元文宗深为欣赏的中原硕儒,及时叙述和表现燕铁木儿的功勋获得过程的话,则非常难以理解这段文宗即位后溺用燕铁木儿的政治逻辑。

马祖常的这类文章不少,诸如《大兴府学孔子碑》《敕赐弘济大行禅师创造福州南台石桥碑铭》《皇元敕赠翰林学士杜文献公神道碑》《察院题名记》《礼部合化堂题名记》《上都翰林分院记》等等,多为反映国家层面复杂事件,严肃端方,有较强的代表国家意识形态或导向内容的表达。马祖常外,像赵世延曾主持纂修《经世大典》880 卷,汇次《风宪宏纲》二十册,有《藏御服碑》《昭德殿碑记》《孔庙加封碑跋》等碑记古文;余阙有《送樊时中赴都水庸田使序》《上贺丞相书》(凡四上)等等;而像萨都剌以作诗见长,但以诗叙事写实,反映时事者,往往有之,如《丁卯年及第谢恩崇天门》《敕赐恩荣宴》《奎章阁感兴》(二首)、《题进士索士岩诗卷士岩与余同榜又同为燕南官由翰林编修为御史台掾兼经筵检讨除为燕南廉访经历》《偕侍御郭翰卿过钟山大崇禧万寿寺文皇潜邸所建御榻在焉侍御索诗因为赋此》《夜宿池阳石墨驿纳凉溪桥文皇南幸江陵驻跸所也徘徊久之赋诗未就忽雷电晦冥风雨大作急趋驿舍秉烛写东壁时至顺壬申五月》等等,也都体现出对国家复杂事件的表述力,而纵观科考前最优秀的西域作家如贯云石,他留下的几篇古文,《孝经直解序》《阳春白雪

---

①　马祖常《太师太平王定策元勋之碑》,《马祖常集》卷一四,第 252 页。
②　《元史》卷一三八《燕铁木儿传》,第 11 册,第 3332 页。

序》《今乐府序》《夏氏义塾记》《万寿讲寺记》,虽叙述简洁而有文采和章法,但所述对于国家复杂事件的涉及程度和表述力度则与马祖常辈颇有距离。而且,马祖常等人的这些文章在表现时事方面不仅远超前期西域作家,甚至与同时期的具有母语优势的中土精英作家相比也丝毫不逊色。

其次,是西域作家群体对于时代性创作体裁和题材的参与程度,展示了他们作为元代文坛一翼的影响力。综观元代文坛,较具时代性的创作体裁,可基本概括为两大类,一为题画诗文,一为纪行诗文。元代的题画诗文创作,沿袭前代、同时有大范围增进,今人陈传席认为:"元代几乎所有的画家都有诗文集存世;几乎所有的作家都有题画、议画的诗文存世,没有任何一个时代像元代这样,诗人和画家关系那样亲密","画上题诗、题文在元代空前高涨"①。如前文所统计,以康熙时期陈邦彦所编辑的《御定历代题画诗》为据,元代有题画诗 3639 首②,与唐代题画诗 162 首,宋代 976 首,明代 3698 首③的创作情形相比,元代题画诗数量的确非常可观。而西域作家的题画诗:赵世延有 4 首,马祖常有 75 首,萨都剌 36 首,余阙 12 首,金元素 68 首,雅琥 7 首,这在他们所留存下来的作品中也算比例较高的。与题画诗文的创作繁荣情形相比,更引人注目的是,元代中期以来盛行的纪行诗文的创作,其中上京纪行诗文的繁荣尤其值得注意。

元代的纪行诗文创作相当繁荣。据初步统计,在元朝所立的 13—14 世纪期间,独立成卷的有关丝绸之路纪行作品计有百余种,其中汉文作品 92 种〈含高丽、安南著作 19 种〉,外文作品 36 种,另外,纪行诗文约计 3000 余篇,其数量之丰富,远超自汉至宋以来九个多世纪所有纪行创作数量的总和④,此外元代人们在国家范围内有关南北东西行驿的作品也不可胜计。就客观物质条件而言,元朝的驿路极为便利发达,诚如《元史》所感慨"元有天下,薄海内外,人迹所及,皆置驿传"⑤,"四方往来之使,止则有馆舍,顿则有供帐,饥渴则有饮食,而梯航毕达,海宇会同,元之天下,视前代所以为极盛也"⑥。驿路的便利

---

① 陈传席《中国山水画史》,(南京)江苏美术出版社,1988 年,第 405—406 页。

② 按:这个数据没有包括元好问等一些金代作家的作品。

③ 按:据陈邦彦《御定历代题画诗》目录整理。

④ 按:主要以张星烺《中外交通史料汇编》、杨镰主编《全元诗》、李修生主编《全元文》为统计对象。

⑤ 《元史》卷六三《地理志六》,第 5 册,第 1563 页。

⑥ 《元史》卷一〇一《兵志四》,第 9 册,第 2583 页。

发达为元代纪行诗文创作的繁荣准备了充分的条件。而就时代主观条件而言,元代纪行诗文创作的繁荣也有其时代期许的成分。在前文中,我们已指出,西域人东迁中原的高潮,波斯文明也影响到了中土文化的发展,而纪行创作的繁荣即为这种影响在文学创作领域的最直接的体现。可以看到,由回回札马剌丁推动并主持纂修的《元一统志》被元蒙统治阶层高度关注和重视,这部费时十八年撰修完成的地志总书,全书共计 1300 卷,篇幅浩大,但政府还是以此书国用尤切,刊刻了两次。《大元一统志》的编撰与重刊也极大地推动了元代地方志修撰的发展,而其中西域人的贡献也必不可少。至正九年(1349),偰玉立任职泉州,命儒生考求图志、旧闻,至正十一年(1351)编成《清源续志》二十卷。

需要指出的是,《大元一统志》的修撰尤其注重行纪,并提出"四至八到"原则,即要求所修地志,务必注明从东、西、南、北、东南、西南、东北、西北八个方向到达上都、大都、本路、本州的里程[①]。另外,面对疆域辽阔,对外交流频繁,往来使者、商贾众多的情形,元朝政府还规定:"凡诸国朝贡使客,虽是经由行省,必须到都(即大都),于会同馆安下。除已令本馆将已起见在使客,询问本国国主姓名、土地广狭、城邑名号、至都里路、风俗衣服、贡献物件、珍禽异兽,具报本部,移关贵监,以备标录。其使客形状、衣冠令唐文质就往本馆摹写外,关请照验。"[②]政府的这种撰著倾向对于元代纪行诗文创作的发展具有直接的推动作用,对于西域作家群体而言,他们作为东迁入中土的群体,又往往有迁徙、流动的民族特性,他们积极参与到颇具元代中期诗文创作特质的纪行创作中有些理所当然。尤其以这个时期的代表作家萨都剌的创作更为明显。萨都剌曾有诗云:"月轮西转日生东,四海车书总会同。骑马出门天万里,山川长在别离中",这首诗的诗题曰《将入闽赵郡崔好德求题舆地图》,结合题目来看萨都剌的诗,就能察知作者对于自己时代特征的理解,并准确地概括其精神主旨。蒙元王朝作为疆域最为辽阔的王朝,"皇元混一声教,无远弗届,区宇之

---

① 按:大德五年(1301)八月,颁有《四至八到坊郭凡例》云:"某路某县、州同。里至:某方至上都几里,某方至大都几里,某方至本路里,某方至本州(并依上开里数,如直隶本路者,去此一行)。东至某处几里(至是各处界),西至、南至、北至。东到(到是各处城)、西到、南到、北到。东南到、西南到、东北到、西北到(并依上开里数)。坊郭乡镇:领几乡。"金毓黻《大元大一统志考证》,《辽海丛书》(五),(沈阳)辽海书社 1936 年刊,第 3613 页。

② 《秘书监志》卷五,第 98 页。

广,旷古所未闻。海外岛夷无虑数千国,莫不执玉贡琛,以修民职;梯山航海,以通互市。中国之往复商贩于殊庭异域之中者,如东西州焉"①。在萨都刺看来,"南人求利赴北都,北人徇利多南趋"②,身处元朝的人们在驿路便利的背景下,出行与送行既普遍又平常。这和之前的时代颇有差异,就像王安石这首《真州东园》,诗歌写道:"十年历遍人间事,却绕新花认故丛。南北此身知几日,山川长在泪痕中。"作为农耕定居民族的耕读子弟,王安石对于自己因政治生涯动荡而导致的漂泊深感倦怠和无助,故而诗歌抒写其南北行走的感受,就显得格外沉重而伤感。杨镰先生认为:"统一大江南北以后,南北方的人物就处于流动状态之中","到了后期,这已经是相当普遍的现象"。事实上,元蒙大军的征伐进程并没有随着国家的南北一统而随即停止,这使得元人的流动"贯穿了元代整个历史时期"③,因此,"纪行"可谓是元朝尤其是一统之后的中期文学的时代性创作主题,而萨都刺的诗歌尤其具有代表性。翻看萨都刺的诗集,诸如"积雨莓苔上壁青,晓寒山馆梦初醒。鹧鸪声里流年渡,自是行人不倾听"(《黄亭驿晓起》);"百年诗句里,三国酒杯间。自叹黄尘客,来消半日闲"(《题北固山无传上人小楼》);"莫笑风餐水宿,暂离马足车尘。两岸好山送客,一江细雨归人"(《次韵与德明小友》);"浙江潮似雪,闽土腊如春。孤客见明月,乱山愁远人"(《寄王御史》);"独怜江海客,樽酒夜阑珊"(《和学士伯生虞先生寄韵》)④,等等著名句子,可以发现萨都刺的诗歌创作果然是践行了其诗所谓的"山川长在别离中"的感喟主旨,无往不是在异乡,无往不是在别离,无往不是在驿站。正如萨都刺的这首著名和咏:

题鲁港驿和贯酸斋题壁

　　吴姬水调新腔改,马上郎君好风采。王孙一去春草深,谩有狂名满江海。歌诗呼酒江上亭,墨花飞雨江不晴。江风吹破蛾眉月,我亦东西南北客。⑤

---

① 汪大渊著,苏继颀校释《岛夷志略校释》,《岛夷志后序》,中华书局1981年版,第385页。
② 萨都刺《苴鞋》,《全元诗》第30册,第248页。
③ 杨镰《元诗史》,人民文学出版社2003年版,第308页。
④ 《全元诗》第30册,第156、111、111、120、112页。
⑤ 萨都刺《题鲁港驿和贯酸斋题壁》,《全元诗》第30册,第218页。

萨都剌诗是因贯云石题咏而兴,而再以贯云石此诗来对照看:

寄海粟

沧海归心绕薛萝,人间著处是行窝。花应有感娇先退,诗到无题料越多。明月遍山柔古木,夕阳到岸束沧波。一尊谨办红楼酒,唤起元龙听浩歌。①

对看萨都剌、贯云石的诗,可以看到他们都不以漂泊为念。既然国家疆域辽阔,交通便利,"山川长在别离中",人在其中,唯有顺应时代风气,而顺应的结果便是东西南北,四方为客,那么也唯有"人间著处是行窝",不以定居为常,以行处为安,方为正道。而这也其实正是游牧民族"逐水草而居"的典型生活态度和生活方式。只是这种游牧民族的典型生活态度和生活方式,在元朝,当游牧民族成为南北大一统国家的统治者,而且也不希望完全被农耕定居民族所同化的背景下,它便不期而然地成为整个时代的生活常态,并被折射在作家尤其是那些与时代关系更为紧密的作家笔下。

更深一步而言,元代政府实行"两都巡行制"以及由此而出现的上京纪行诗文又可谓是以游牧民族为统治者的元代创作典型。元朝在辽、金捺钵②制度的基础上,实行两都巡幸制,从元世祖中统四年(1263)开始一直到至正十九年(1359),上都宫殿被红巾军烧毁为止,每年皇帝皆率领"后宫诸闱、宗藩戚畹、宰执从寮、百司庶府"③到上都度过四到六个月时间。尽管这种以游牧贵族为核心的政府性特权行为,自辽、金创制以来,捺钵巡幸行为并不为南、北广大的文人所知悉。在辽只有一首反映捺钵的诗作,在金亦只有寥寥数首而已,元朝前期也作品甚少,但到了元朝中期,反映"两都巡幸"的诗文成为其时馆阁文人的典型创作,并在馆阁文人的影响下,成为元代中期诗文创作的一大兴

---

① 贯云石《寄海粟》,杨镰《全元诗》第33册,第312页。
② 按:所谓"捺钵",即辽帝出行时居住的帐幕,所谓"车驾行幸宿顿之所"(杨允孚《滦京杂咏》第二首注释,《全元诗》第60册第402页),"秋冬违寒,春夏避暑,随水草就畋渔,岁以为常。四时各有行在之所,谓之'捺钵'",因此"捺钵"制度在辽、金时期实际也相当于皇帝临时巡幸制度。脱脱等《辽史》卷三二"营卫志(中)",中华书局1974年,第373页。
③ 王祎《上京大宴诗序》,《王祎集·王忠文公文集》卷六,上册,第162页。

奋点,是元代诗歌独特风貌形成的一大标志①。与元朝其他区域不同,上都作为忽必烈潜邸据地,既是忽必烈"龙飞之地",又是"天下视为根本"②之地,它保留了蒙古传统的行宫和四时营地,乃是忽必烈联系蒙古本部的中心③,实际也是元王朝的精神家园与政治文化基地。对于绝大多数普通人来说,上都是神秘、崇高的所在,有关去往上京的道途、上京的风景、风物、风俗乃至一切琐碎的内容都对人们具有吸引力。吴师道在《题黄晋卿应奉上京纪行诗后》这样写道:"居庸北上一千里,供奉南归十二诗。纪实全依太史法,怀亲仍写使臣悲。牛羊野阔低风草,龙虎台高树羽旗。奇绝兹游陪禁从,不才能勿愧栖迟。"④在吴师道看来,尽管从居庸关北上到上都约有千里路程,但是,陪从皇帝上都巡幸的历程却是"奇绝"难逢的,没有资格没有机会去往上都则是让人深感不及时代盛况,不免丛生愧怍之感。而凡有机会参与上都巡幸的文人实际是有责任以太史笔法将其风貌如实地叙述呈现给世人的。马祖常、萨都剌作为元代中期两大优秀西域作家,对于上京纪行诗文的创作也颇有贡献,据刘宏英《元代上京纪行诗研究》统计,马祖常相关诗作有 55 首,萨都剌有 13 首。之外,迺贤有 31 首,则西域作家在上京纪行这一时代性创作题材中贡献了约占总数(1528 首)十五分之一⑤的作品。且选马祖常的一首诗和萨都剌一组诗来看他们对于"上京纪行"这一时代性大话题的参与程度和表现力度。

马祖常《上京翰苑书怀》其一

　　沙草山低叫白翎,松林春雨树青青。土房通火为长炕,毡屋疏凉启小棂。六月椒香驼贡乳,九秋雷隐菌收钉。谁知重见鳌峰客,飒飒临风鬓已星。⑥

首先题目中的"上京翰苑"即是元代中期馆阁作家们颇为津津乐道的所在。"两都巡幸制"的执行使得皇帝每年须在上都清暑期四至六个月,以此在元

---

①　邱江宁《元代上京纪行诗论》,《文学评论》2011 年第 3 期,第 135—143 页。

②　《元史》卷一二六《廉希宪传》,第 10 册,第 3095 页。

③　陈高华、史卫民《中国政治制度通史》第八卷·元代,人民出版社 1996 年版,第 141 页。

④　吴师道《题黄晋卿应奉上京纪行诗后》,《全元诗》第 32 册,第 86 页。

⑤　刘宏英《元代上京纪行诗研究》,中国经济出版社 2016 年,第 190—196 页。

⑥　马祖常《上京翰苑书怀(三首)》,《全元诗》第 29 册,第 334 页。

朝,"宰执大臣下至百司庶府,各以其职分官扈从","文武百司,扈从惟谨"。黄溍在《上都翰林国史院题名记》中指出"翰林国史职在代言以施命于四方,载事以传信于万世。天子出御经筵,则劝讲进读,启沃圣心,退则绅绎前闻,以待访问"①,自英宗至治(1321)起设立翰林院上都分院,这是马祖常"上京翰苑书怀"的起点。其次,马祖常在诗中自谓的"鳌峰客"其实是一个非常圈内化的称谓。刘敏中《次韵郑潜庵应奉鳌峰石往返十首》诗曾特意指出:"上都翰苑视草堂前,阶有石,号鳌峰"②;以此只有前往上都翰林分院的馆臣们才会体验到马祖常所说的"相对鳌峰日赋诗"的情境③。袁桷也曾题诗说:"昔年曾扈跸,宿直对鳌峰"④;虞集《别国史院鳌峰石》二首写道:"秋雨莓苔数尺身,文章曾见百年人。吁嗟一代兴王盛,付托诸公制作新。坰野有诗皆在鲁,泰山无刻更先秦。凤麟一去无消息,空使驽骀愧后尘。 执戟扬郎久不迁,频年从幸到甘泉。赐归特许先三日,作赋时令奏一篇。翠匀娱人花带露,貂裘倚马草横烟。殷勤为谢堂前石,何处来秋共月圆。"⑤作为上都翰林国史院分院的象征,鳌峰是元代中期奎章阁文人们常常题咏、相互沟通的特殊对象,仿佛用以出示或展现他们圈子的名片一般。作为不及亲临上都盛景的后生王祎即以艳慕的口吻表达了他对黄溍、柳贯、胡助等人的前辈同乡有以成为"鳌峰客"的羡慕:"壮游回首各成翁,犹忆当年共际逢。二老往来看鹤发,十年先后对鳌峰。由来元白名相并,归去疏杨迹更重。莫道山林足忘世,只今海内仰儒宗。"⑥再是马祖常此诗中提到的一些上都风物,也颇有意味。像第一句中提到的"白翎",是上都较为常见而他处却较少见到的白翎雀。杨允孚《滦京杂咏》诗曰:"白翎随马叫晴空",与马祖常此诗所谓"沙草山低叫白翎",描述的场景非常一致,而杨允孚诗下作注云:"白翎,草地所产是也。"陶宗仪《辍耕录》曰:"白翎雀生于乌桓朔漠之地,雄雌和鸣,自得其乐。"⑦另外,《元史·太祖本纪》载:"初,帝与汪罕合军攻乃蛮,约明日战。札木合言于汪罕曰:'我于君是白翎

---

① 黄溍《上都翰林国史院题名记》,《黄溍全集·金华黄先生文集》卷八,上册,第289页。
② 刘敏中《次韵郑潜庵应奉鳌峰石往返十首》,《全元诗》第11册,第408页。
③ 马祖常《闲题》,《全元诗》第29册,第382页。
④ 袁桷《上京杂咏再次韵》第六首,《袁桷集校注》卷一五,第826页。
⑤ 虞集《别国史院鳌峰石》二首,《虞集全集·道园类稿》卷六,上册,第105页。
⑥ 王祎《陪黄先生至东阳谒胡先生有诗次韵》,《王祎集·王忠文公文集》卷二,上册,第75页。
⑦ 陶宗仪《辍耕录》卷二〇,第294页。

雀,他人是鸿雁耳。'"①《蒙古秘史》有类似记载云"我是与你在一起的白翎雀,我的安答是离你而去的告天雀"②,都特意言明翎雀是朔漠的特产。对于元代的人们来说,由于忽必烈曾令伶人硕德间制成著名曲子《白翎雀》,以此,能亲至上都并见到沙地中鸣叫的白翎雀者,格外令人向往。虞集曾有《白翎雀歌》云:"乌桓城下白翎雀,雌雄相呼以为乐。平沙无树托营巢,八月雪深黄草薄"③;揭傒斯《题季安中白翎雀》"白翎雀,白翎雀,每见滦河河上飞。平生未识百禽性,不敢笼向江南归"④,此外王沂、萨都剌等都有题名《白翎雀》的诗。所以吟咏白翎雀,不仅是有机会到达上都的以馆阁文人为核心的人们的特殊话题,也是元代人们共同向往的主题。此外,马祖常此诗中提到的毡房、六月椒等等也是有机会前往上都的人们每每吟咏的内容。而仅由这一首上京诗,即能看出马祖常对于"上京纪行"题材的参与深度以及他对这一话题的驾驭能力。再看萨都剌的组诗《上京即事》。如果说马祖常用一首诗高度浓缩地描述了元代中期馆阁文人在上都翰苑的独特生活场景的话,那么萨都剌则是用一组诗来表现上都的蒙古风俗:

　　　　一派箫韶起半空,水晶行殿玉屏风。诸王舞蹈千官贺,齐捧蒲萄寿两宫。

　　　　上苑棕毛百尺楼,天风摇拽锦绒钩。内家宴罢无人到,面面珠帘夜不收。

　　　　行殿参差翡翠光,朱衣花帽宴亲王。绣帘齐卷熏风起,十六天魔舞袖长。

　　　　中官作队道宫车,小样红靴踏软沙。昨夜内家清暑宴,御罗凉帽插珠花。

　　　　大野连山沙作堆,白沙平处见楼台。行人禁地避芳草,尽向曲阑斜路来。

　　　　院院翻经有咒僧,垂帘白昼点酥灯。上京六月凉如水,酒渴天厨更

---

① 《元史》卷一《太祖本纪》,第1册,第9页。
② 余大钧译注《蒙古秘史》,河北人民出版社2001年版,第222页。
③ 虞集《白翎雀歌》,《虞集全集·道园类稿》卷四,上册,第44页。
④ 揭傒斯《题季安中白翎雀》,《揭傒斯全集·辑遗》第483页。

赐冰。

祭天马酒洒平野，沙际风来草亦香。白马如云向西北，紫驼银瓮赐诸王。

牛羊散漫落日下，野草生香乳酪酣。卷地朔风沙似雪，家家行帐下毡帘。

紫塞风高弓力强，王孙走马猎沙场。呼鹰腰箭归来晚，马上倒悬双白狼。

五更寒袭紫毛衫，睡起东窗酒尚酣。门外日高晴不得，满城湿露似江南。[①]

上都完全保持蒙古旧俗，这些风俗包括诈马宴、祭祀、狩猎等等。其中最重要的一环是诈马宴，"诈马"就是夸马，为马穿上盛装[②]，袁桷的《装马曲》描写蒙古宗王贵族们夸马赴宴的情景写道："彩丝络头百宝装，猩血入缨火齐光。锡铃交驱八风转，东西夹翼双龙冈。伏日翠裘不知重，珠帽齐肩颤金凤"[③]，与萨都剌诗中所谓"诸王舞蹈千官贺"，"行殿参差翡翠光，朱衣花帽宴亲王"异曲同工。诈马宴举行的地点在"水晶殿"，即棕殿[④]，又称失剌斡耳朵，即黄色的营帐。由于棕殿以竹作架，柱以金龙缠绕，劈竹成瓦，瓦以金泥通涂，周以彩绳牵固，珠帘晶莹，所以又被喻为水晶殿。周伯琦有诗云"金支滴露冰华浓，水晶殿阁摇瀛蓬"[⑤]，也是赞美棕殿的奢华精致。其次，宴会上表演的迎宾舞蹈"十六天魔舞"，乃元朝宫廷著名舞蹈，《元史》载："（一十六舞者）首垂发数辫，戴象牙佛冠，身被璎珞大红绡金长短裙，金杂袄，云肩，合袖天衣，绶带鞋袜，各执加巴剌班之器，内一人执铃杵奏乐。又宫女一十一人，练槌髻，勒帕，常服，或用唐帽、窄衫。所奏乐用龙笛、头管、小鼓、筝、纂、琵琶、笙、胡琴、响板、拍板。"[⑥]再是棕殿里的气氛。蒙古皇帝前往上都的目的主要有清暑，期间进行

①　萨都剌《上京即事》，《全元诗》第 30 册，第 148—149 页。

②　李军《"诈马"考》，《历史研究》2005 年第 5 期，第 179—183 页。

③　袁桷《装马曲》，《袁桷集校注》卷一五，第 855 页。

④　按：大蒙古国窝阔台时期，曾建契丹帐篷以供避暑之用，帐殿上部或全部覆以棕毛，故曰棕毛殿。大帐可容千人，并不拆卸收起，选汗大会即在帐中举行。忽必烈继承此传统，在上都城外建棕殿，凡诈马宴都在棕殿举行。陈高华、史卫民《元上都》，吉林教育出版社 1988 年版，第 122—124 页。

⑤　周伯琦《诈马行有序》，《全元诗》第 40 册，第 345 页。

⑥　《元史》卷四三《顺帝本纪六》，第 3 册，第 919 页。

宴飨、祭祀、狩猎等活动。诈马宴举行的时间一般在每年的六月,此时上都的天气已如初冬,周伯琦诗也说"是时阊阖含熏风,上京六月如初冬"①,与萨都剌"上京六月凉如水"诗意相近。但尽管天冷,因为棕殿里非常暖和,宴会气氛热烈高涨,所以还须"酒渴天厨更赐冰"。还有宴会礼仪,蒙古人本是信仰萨满教,自忽必烈时代开始,蒙古皇室即信仰藏传佛教,藏传佛教在元朝具有崇高的地位,该教教主往往被崇封为帝师,《元史》云"元兴,崇尚释氏,而帝师之盛,尤不可与古昔同语"②,指的就是藏传佛教的影响力。诈马宴开宴之前,要由帝师先念经祈祷,故萨都剌诗云"垂帘白昼点酥灯",点明了蒙古皇室的藏传佛教信仰,贡师泰《上都诈马大燕》有诗句云:"中使传宣卷珠箔"③,可以说是为萨都剌这句作了校注。此外,祭祀是皇室上都之行的重要环节,祭天环节往往"祀天于旧桓州之西北,洒马湩以为礼,皇族之外无得而与"④,所以萨都剌诗云"祭天马酒洒平野,沙际风来草亦香",应是较为切近的旁观所得的感受。还有狩猎,作为蒙古人看来已是非常平常,实际上在萨都剌看来,蒙古王孙走马围猎,呼鹰放箭,狩得猎物的场景也是非常激烈的,最重要的是像萨都剌这样的文官有机会在一旁观看,并写作叙录,这恐怕是捺钵制度虽传于辽代,但上京纪行诗却直至元朝中期才在馆阁文人的创作中蔚为大观的一个很不容忽视的因素,也是元代"两都巡幸制"对文学最直接的影响。

由上所述,将科考前与科考后最优秀的西域作家加以比较,就可以看出,在薛昂夫、贯云石等人的时代,他们虽汉化程度较高,才华横溢,所留下的诗文作品也颇朗朗上口,但与开科后马祖常、萨都剌辈相比,则差异甚大。马祖常辈参与到时代性大题材尤其是上京纪行书写之中,以精炼概括却又生动细致的笔触表现蒙古统治者的政治习俗,直接与汉人精英进行诗文互动和对话,令人再不能以西戎贵种,虽"变化气质",但终不免天趣难掩的态度而评价看待之,而须刮目相看,甚至逊让三尺。

第三,西域作家群体对于元代诗文创作风格定型的影响。科考之后的元代文学创作在馆阁文人的巨大影响和推动下,主要以诗文创作为主。由于馆

①　周伯琦《诈马行有序》,《全元诗》第 40 册,第 345 页。
②　《元史》卷二〇二《释老传》,第 15 册,第 4517 页。
③　贡师泰《上都诈马大燕五首》,《贡氏三家集·贡师泰集》卷四,吉林文史出版社 2010 年版,第 230 页。
④　《元史》卷七二《祭祀志一》,第 6 册,第 1781 页。

阁文人们的作用,元代诗文创作风格在中期有了相对稳定的审美取向和价值评判,总体上以写实为宗,为文以"通经显文"为导向,为诗则趋向于记述写实,流丽如画,这其中西域作家群体凭借其创作及社会地位所给予元代诗文风格定型的意义也非常不容忽略。

就文章的写作而言,赵世延、马祖常、余阙等几位藉由其创作、评价以及社会影响力对其时创作风格的定型颇有意义。由前文所述知道,赵世延乃延祐首科的主考官,并以文章风格的取向不同而与另一主考官李孟颇有争执。许有壬对这段争执有记录写道:

> 乙卯首科,得五十六人,而臣有壬忝其一。殿策复玷前列,中实骇怍。赐宴玉堂,知贡举乃读卷平章政事臣李孟,读卷参知政事臣赵世延,集贤学士臣赵孟頫皆坐,礼方洽,呼臣有壬前,平章指参政而语有壬曰:"始子策第,高下未定,参政言'观此策必能官,请置第二甲',吾不许,置上复援下者至于再三。"又指集贤曰:"学士见吾辈辩不已,乃立请曰:'宋东南一隅,每取尚数百人,国家疆宇如是,首科正七品取多一人,不多也。'乃从之。吾谓此卷何人,而使吾数老人争论终日,拆名后当观其面目。吾非市恩掠美也,使子知其难耳。子其勉之。"①

赵世延"喜读书,究心儒者体用之学","于儒者名教,尤拳拳焉。为文章波澜浩瀚,一根于理"②,李孟"倜傥有大志,博学强记,通贯经史,善论古今治乱","为文有奇气,其论必主于理"③。而《元史》评价许有壬文风认为"雄浑闳隽,涌如层澜,迫而求之,则渊靓深实"④。四库馆臣称许有壬文章"雄浑闳肆,餍切事理,不为空言,称元代馆阁钜手"⑤,比较而言,许有壬与赵世延的风格更为一致。而值得注意的是,李孟在1315年,延祐首科之后不久就"以衰病不任事,乞解政权归田里,帝不得已从所请"⑥,并在1321年即去世。而赵世延于

---

① 许有壬《跋首科贴黄》,《全元文》卷一一八八,第38册,第161页。
② 《元史》卷一八〇《赵世延传》,第14册,第4163、4167页。
③ 《元史》卷一七五《李孟传》,第13册,第4084、4090页。
④ 《元史》卷一八二《许有壬传》,第14册,第4203页。
⑤ 《钦定四库全书总目》卷一六七"《至正集》八十一卷"条,下册,第2233页。
⑥ 《元史》卷一七五《李孟传》,第13册,第4089页。

1336年去世,许有壬历事七朝,活至1364年,元代中期的文坛风气多有赵世延与许有壬的影响,由通经而显文,主理而雄浑,较少李孟那种倜傥而有奇气的风格。

　　而马祖常,曾两知贡举,并担任读卷官,除了前文所述在泰定丁卯科(1327)选拔出著名如萨都剌、杨维桢以及黄清老、赵期颐、燮理普化、郭嘉、张以宁、李黼、观音奴、索元岱等一批元代中晚期文坛相当活跃的人物外,其他像宋本、苏天爵、王守诚、陈旅等人也由于马祖常的力荐而成为著名馆臣,并登上元代中期文坛的中心位置。马祖常也曾为文章风格而与同僚争辩。据马祖常自己记述云,延祐四年(1317),他以御史中丞的身份监试国子学学生,当时:

　　　　伯修试《碣石赋》,文雅驯美丽,考究详实。当时考试礼部尚书潘景良、集贤直学士李仲渊置伯修为第二名,巩弘为第一名。弘文气疏宕,才俊可喜。祖常独不然此,其人后必流于不学,升伯修为第一。今果然。而吾伯修方读经稽古,文皆有法度,当负斯文之任于十年后也。①

马祖常本人"少嗜学,非三代、两汉之书不观"②,"每叹魏、晋以降,文气卑弱",故"修辞立言,进古作者"③,其文章风格"富丽而有法,新奇而不凿"④。缘于这样的背景,读经稽古,由通经而致力于为文有法度的苏天爵,显然更能契合马祖常注重写实,典丽而有法度的文风取向。至于巩文,缺少经史的支撑,虽文气疏宕,文章俊丽可喜,却与马祖常的作文趣旨颇为相左。马祖常认为苏天爵将在十年之后,负斯文之任,果然。在马祖常的荐举下,苏天爵也迅速获得了袁桷、虞集、王士熙等馆阁大家的欣赏与奖掖,成长为继袁桷、虞集、马祖常、王士熙等人之后,终以"一代文献之寄"著名于世的馆阁巨手,而巩弘则淹没不闻。

　　至于余阙,他留意经术,对五经皆有传注,故其文章"温厚有典则,出入经传疏义,援引百家,旨趣精深,而论议阔达,固可使家传而人诵之,凿凿乎其不

① 马祖常《滋溪文稿跋》,《滋溪文稿》,第3页。
② 《滋溪文稿》卷五《御史中丞马公文集序》,第65页。
③ 《滋溪文稿》卷九《元故资德大夫御史中丞赠摅忠宣宪协正功臣魏郡马文贞公墓志铭》,第144页。
④ 《滋溪文稿》卷五《御史中丞马公文集序》,第65页。

可易也"①。他所留意的人除前文所述贡师泰以及程文等馆阁名流外,余阙对婺州文人的创作风格颇为认可。以此,至正庚寅,余阙作为浙东佥宪按行所部,即命柳贯弟子宋濂、戴良等汇次柳贯文集,令浦江学官刊行,并在序言中对柳贯文章一根于理,崇本实而去浮华的风格大加推举:

> 汉之盛也,则有董子、贾傅、太史公之文。东都而下,则敝而不足观也。唐之盛也,则有文中子、韩子之文,中叶而下,则敝而不足观也。宋之盛也,则有周子、二程子、张子、欧、曾之文,南迁而下,则敝而不足观也。夫何以异于虎豹之文,彪然炳也,及久而敝,则氄昧庞杂,曾不如狵狸之革而章者哉?文之敝,至宋亡而极矣,故我朝以质承之,涂彩以为素,琢雕以为朴。当是时,士大夫之习尚,论学则尊道德而卑文艺,论文则崇本实而去浮华。盖久而至于至大、延祐之间,文运方启,士大夫始稍稍切磨为辞章,此革之四而趋功之时也。浦江柳先生挟其所业北游京师,石田马公时为御史,一见称之,已而果以文显。由国子助教,四转而为翰林待制兼国史院编修官。盖先生早从仁山金先生学,其讲之有原,而淬砺之有素,故其为文缜而不繁、工而不镂,粹然粉米之章,而无少山林不则之态,惜其未显而已。②

观余阙在上所引述序言的文章倾向,可以较清晰地看出,他主张文章须由通经而走向为文,以此在由汉及唐至宋,道学发达时,则文亦足观,道学影响下的文章,讲之有原,淬砺有素,"崇本实而去浮华",缜而不繁、工而不镂,乃粹然粉米之章,而少山林不则之态。余阙还指出,柳贯的文章由于具有这种典雅正大的气象,不仅深得马祖常的欣赏,自己也非常喜欢,故而与柳贯"尝一再与之论文甚欢"③。余阙对婺州文人非常亲近,戴良、宋濂辈又颇为其所亲炙,纵观元、明之际的文坛,婺州文人群当属最活跃的文人群体之一,宋濂更成为明初文坛盟主,可谓求仁得仁。

《元史·儒学传》认为"经非文则无以发明其旨趣;而文不本于六艺,又乌足谓之文哉。由是而言,经艺文章,不可分而为二也明矣。元兴百年,上自朝

---

① 李祁《青阳先生文集序》,《全元文》卷一四一〇,第45册,第411—412页。
② 余阙《待制集序》,《全元文》卷一四九五,第49册,第137—138页。
③ 余阙《待制集序》,《全元文》卷一四九五,第49册,第138页。

廷内外名宦之臣,下及山林布衣之士,以通经能文显著当世者,彬彬焉众矣"①。尽管元朝文人没有提出"通经显文"的说法,但以馆阁文人们为核心的整个时代文章审美取向却基本可以概括为这四个字。而由上所述还可以看到,从赵世延、马祖常到余阙等,西域作家对于元代文章风格定型的推动意义不可谓小。

就诗歌创作而言,科考之后的元代中期诗歌创作风格趋向于记述写实,流丽如画,而马祖常、萨都剌、余阙等西域作家的创作,尤其是萨都剌,其创作无论是数量还是质量都为元诗写实且流丽的风格树立了典型。萨都剌对于元代文学尤具贡献的是他的纪实诗,首先是这首:

纪事

当年铁马游沙漠,万里归来会二龙。周氏君臣空守信,汉家兄弟不相容。只知奉玺传三让,岂料游魂隔九重。天上武皇亦洒泪,世间骨肉可相逢。②

这首诗相当直白地讲述了元文宗兄弟阋墙的事实。对照诗歌与史实,会发现二者扣合密实,确有以诗补史之效。由前述知道,燕帖木儿作为元武宗的亲信,在泰定帝病死后发动叛乱,并迎接先到大都的武宗次子图帖睦儿为皇帝,改元天历。与此同时,九月,泰定帝的权臣倒剌沙在上都拥立泰定帝的幼子阿剌吉八称帝,是为天顺帝,于是爆发两都之役,最终燕帖木儿一方胜利。天历二年(1329)正月,武宗长子周王和世㻋在和林即位称帝,史称元明宗。图帖睦尔派人给和世㻋送去传国玉玺,并派使臣前往漠北迎接和世㻋。《元史》载:

天历二年正月乙丑,文宗复遣中书左丞跃里帖木儿来迎。乙酉,撒迪等至,入见帝于行幄,以文宗命劝进。丙戌,帝即位于和宁之北,扈行诸王、大臣咸入贺。乃命撒迪遣人还报京师。③

---

① 《元史》卷一八九《儒学传一》,第 14 册,第 4313 页。
② 萨都剌《纪事》,《全元诗》第 30 册,第 295 页。
③ 《元史》卷三一《明宗本纪》,第 3 册,第 696 页。

元明宗也在漠北诸王的支持、劝谕下，从北出发，往南奔赴京师大都，这个历史背景应了萨都剌诗所谓"万里归来会二龙"的表述。《元史》又载，三月，元文宗再派燕铁木儿北上"奉皇帝宝于明宗行在所"①。天历二年（1329）八月乙酉（一日），明宗到达王忽察都②。八月丙戌（二日），图帖睦尔入见明宗，八月庚寅（六日）元明宗被燕帖木儿等人毒死。八月己亥（十五日），元文宗复即帝位于上都。所以萨都剌在诗的最后感慨地说，在天的武宗也会为兄弟的自相残杀而洒泪。史述的简净与诗的丰沛，意相得益彰文趣盎然。

再如这首《奎章阁观进皇朝经世大典》：

> 文章天子大一统，馆阁词臣日纂修。万丈奎光悬秘阁，九重春色满龙楼。门开玉钥芸香动，帘卷金钩砚影浮。圣览日长万几暇，墨花流出凤池头。③

对于元代中期的馆阁文人们来说，最津津乐道的莫过于文宗朝。而以杨镰先生所辑录的《全元诗》为索引来看，没有谁像萨都剌这样用诗歌如此及时且详实地记录了元文宗一生的重大事件、死讯以及作者的深切怀念之情。综观文宗短暂的五年在位时间，最显著的政绩是成立奎章阁学士院。在选拔学士院官员的要求上，"非尝任省、台、翰林及名进士"不得出任奎章阁官④，以此学士院聚集了虞集、揭傒斯、宋本、李洞、康里巙巙、赵世延、忽都鲁都尔迷失、阿邻帖木儿、铁睦尔塔识、欧阳玄、苏天爵、许有壬、柯九思、杨瑀、王守诚、泰不华、阿荣、朵来、朵尔质班、沙剌班等一批南北一统后成长起来的最优秀的各族文人精英。由于他们的聚集，奎章阁时期也堪称元代规模最齐整的馆阁文人群体的黄金时期⑤。奎章阁学士院成员在元文宗的敦促和主持下，修撰了 880 卷

---

① 《元史》卷三三《文宗本纪二》，第 3 册，第 731 页。
② 王忽察都：元中都所在地，又称旺兀察都。大德十一年（1307），元武宗海山下令，在隆兴路的旺兀察都之地建行宫并设立行工部，负责行宫宫殿建设，此即为中都行宫。1308 年七月，中都行宫完工。中都行宫建成之后，元政府便仿照大都、上都模式建立管理都城的官署，又调大批军人和民工修建中都城，至大四年（1311）正月初八武宗病逝，元仁宗即位，二月十二日，即宣布停止修建中都城。中都遗址在今河北省张北县西北 15 公里白城子古城。薄音湖《蒙古史词典》，（呼和浩特）内蒙古大学出版社 2010 年版，第 64 页。
③ 萨都剌《奎章阁观进皇朝经世大典》，《全元诗》第 30 册，第 203 页。
④ 揭傒斯《送张都事序》，《揭傒斯全集·文集》卷四，第 333 页。
⑤ 《奎章阁文人群体与元代中期文学研究》"绪论"，第 3 页。

的大型政书《经世大典》,而萨都剌竟有幸在奎章阁亲见学士们进呈《经世大典》的盛景,此诗即叙写文宗朝修撰、观览《经世大典》的情景。确为写实与表情流丽生动的代表作。

元文宗虽为蒙古贵族,却以曾经流放江陵的经历而与南方文士往来频繁,成为元朝汉学修养最高的皇帝。据明代王崇《(嘉靖)池州府志》载,萨都剌曾在至顺二年(1331)陪同文宗皇帝南幸江陵,在池州石墨驿一带有所停留①,并作《石墨(驿)》诗记载当时盛景云:"平地东风草木娇,也因曾识赭黄袍。九华云气随龙辇,万壑泉声奏凤韶。丞相高悬犀角带,将军斜插雁翎刀。汉江一日飞龙马,天上银河跨白桥。"②故而萨都剌在至顺壬申(1332)再至池阳石墨驿回想当日陪侍文宗南幸的情景,诗歌题目《夜宿池阳石墨驿纳凉溪桥文皇南幸江陵驻跸所也徘徊久之赋诗未就忽雷电晦冥风雨大作急趋驿舍秉烛写东壁时至顺壬申五月》即交代地点、事件、写作情景以及写作时间:

> 圣明天子南巡日,尚想溪桥洗马时。雷电神光犹警跸,草茅贱士敢言诗。山河夜黑鬼神护,雨露春深草木知。松柏如龙入霄汉,行人谓是万年枝。③

缘于文宗对文人的优待以及侍驾南巡的特殊经历,萨都剌在惊闻元文宗去世消息时,格外震惊和哀痛,颇有天崩地裂之感,其诗《宣政同知燕京间报国哀时文皇晏驾》描述他在听闻文宗时的感受写道:

> 雨倾盆,风掷瓦,白髯使者能骑马。相逢官长马不下,马上云云泪盈把。
> 天柱倾,天不晴,白髯使者东南行。东南山水失颜色,一夕秋风来上京。④

---

① 谭幼平《相逢桥上无非客行尽江南都是诗》,《池州日报》2016 年 7 月 8 日。

② 按:此诗不见于杨镰《全元诗》以及殷孟伦、朱广祁整理的《雁门集》,见录于王崇《(嘉靖)池州府志》卷三"建置篇",明嘉靖刻本,第 172 页。

③ 萨都剌《夜宿池阳石墨驿纳凉溪桥文皇南幸江陵驻跸所也徘徊久之赋诗未就忽雷电晦冥风雨大作急趋驿舍秉烛写东壁时至顺壬申五月》,《全元诗》第 30 册,第 166 页。

④ 萨都剌《宣政同知燕京间报国哀时文皇晏驾》,《全元诗》第 30 册,第 218—219 页。

在震惊之后,萨都剌又以诗歌《鼎湖哀》概要描述元文宗生平:

> 荆门一日雷电飞,平地竖起天王旗。翠华遥遥照江汉,八表响应风云随。千乘万骑到关下,京师复睹龙凤姿。三军卵破古北口,一箭血洗潼关尸。五年晏然草不动,百谷穰秭风雨时。修文偃武法古道,天阁万丈奎光垂。年年北狩循典礼,所在雨露天恩施。宫官留守扫禁阙,日望照夜回金羁。西风忽涌鼎湖浪,天下草木生号悲。吾皇骑龙上天去,地下赤子将焉依。吾皇想亦有遗诏,国有社稷燕太师。太师既有生死托,始终肝胆天地知。汉家一线系九鼎,安肯半路生狐疑。孤儿寡妇前日事,况复先生亲见之。①

结合史事,会发现此诗叙述的真切。诗歌的前三句写,元文宗由于燕铁木儿的扶持,从流放的江陵来到京师成为皇帝。而为了文宗的即位,燕帖木儿曾经与泰定帝朝的权臣倒剌沙集团发生"两都之战",并在古北口、潼关一带激战。诗歌接下来的一句对此事一带而过。元文宗自 1328 年即位,1332 年去世,在位五年,对于其时的文人而言,可谓最好的时代。所以萨都剌在诗里说"五年晏然",也说文宗突然去世,让天下草木号悲,赤子无依。但事实上,元文宗与其兄明宗无论是获得帝位还是因争夺帝位而死,其命运都被掌控在权臣燕帖木儿手中。元文宗重病之际,对自己当年毒死兄长而获得帝位之事深感恐惧和后悔,故临终要求将帝位传于其兄长、明宗之子以求得救赎。不过,明宗有二子:长为妥欢帖木儿,次为懿璘质班,燕铁木儿会如何处置此事,而且一旦帝位移入明宗一系,文宗皇后及皇子又将如何处置? 这是萨都剌等天下臣民所关切的。萨都剌这首诗的最后四句就表达了这层意思。据史可知,文宗死后,燕铁木儿本拟推文宗之子即位,无奈文宗皇后坚决拒绝,而燕铁木儿为继续控制权力,在至顺三年(1332 年)将明宗的次子、年仅七岁的懿璘质班推为皇帝,是为宁宗。不料宁宗即位不及两个月又病死,燕帖木儿无奈只好扶明宗长子妥欢帖木儿即位,是为顺帝。而燕帖木儿本人也在顺帝即位当年,纵欲而死,

---

① 萨都剌《鼎湖哀》,《全元诗》第 30 册,第 219 页。

萨都剌有诗《如梦曲哀燕将军》①即赋写此事。燕帖木儿去世后,顺帝对文宗一朝人与事的态度陡变,奎章阁作为文宗朝的标志性机构遭到冷遇也是必然,故萨都剌对此颇为伤感和惆怅,其《奎章阁感兴》诗既是写实,也是感兴:

> 奎章三月文书静,花落春深锁阁门。玉座不移天步远,石碑空有御书存。
> 花落春深似去年,无人再到阁门前。当时济济夸多士,争进文章乞赐钱。②

诗中,美好的三月,本是文宗君臣聚集奎章阁赏画、读文的好时节,文宗去后,则阁门深锁,妥欢帖木儿不可能移步奎章阁,而奎章阁前,当日文宗皇帝特意题名的石碑依旧静立。而且文宗才去世一年,奎章阁就变成门可罗雀的所在,回想当日文士纷纷进献文章的盛景,则只余叹息了。

以上所列不过萨都剌众多写实纪事诗的几首,唯片羽吉光而已。细读萨都剌诗作,大量作品都具有较强的写实特征,可以与史事对读。如作为丁卯科进士,萨都剌即有数首诗作叙写当时中举之情景,如题云《丁卯年及第谢恩崇天门》《敕赐恩荣宴》《殿试谢恩次韵》《题进士索士岩诗卷士岩与余同榜又同为燕南官由翰林编修为御史台掾兼经筵检讨除为燕南廉访经历》等等。与被誉为"诗史"的杜甫"三吏三别"之类的写实诗相比,萨都剌诗歌对于时政大事的反映力度和参与程度是杜甫未曾达到的。即便是同时代的其他诗人,马祖常、许有壬、虞集等人的诗歌虽也表现出较为清晰的写实意识,但与萨都剌写实诗的成绩相比,也没有谁达到他的高度。

一般而论,中国传统诗歌重抒情而轻写实,对现实事件的记述更是较少涉

---

①　萨都剌《如梦曲哀燕将军》:"芙蓉花,为谁好,洞房昨夜将军老。将军老去空铁衣,漆灯照室人不归。　宫锦袍,毡帐高,将军夜酌凉蒲萄。蒲萄力重醉不醒,美人犹在珊瑚枕。　海子头,谁家楼,绣帘半卷风悠悠。行人谓是将军府,将军不来罢歌舞。将军容,丹砂红,威风凛凛盖世雄。出门千骑塞行路,今日萧萧去何处。　平村曲,春水绿,将军猎回曾此宿。将军一去成荒丘,依旧平村春水流。　皂雕鹰,紫骝马,将军围猎平沙罅。朔风萧萧吹野寒,将军战马还不还。　将军功,世莫比,皇都甲第连云起。将军一去空锁门,上马台边无一人。　皓齿歌,细腰舞,绿窗朱户将军府。将军老去无少年,为野草兮为荒田。　如花人,樱桃唇,傍人近前丞相嗔。繁华日日笙歌动,世事悠悠总如梦。　朝作乐,暮作乐,朝暮杯盘金错落。日出欲尽东方明,欢乐未已悲哀生",《全元诗》第30册,第213页。

②　萨都剌《奎章阁感兴》,《全元诗》第30册,第160页。

及。这种情形在元代中期的诗歌创作中大有改观,最明显的体现是元代中期在馆阁文人引领下,创作上蔚为大观的以上京纪行诗为代表的纪行诗歌创作。萨都剌不仅是上京纪行诗创作的有力参与者,其集中的纪行诗作也数量甚多。作为"有元一代词人之冠"①,萨都剌固因其人有虎卧龙跳之才,其诗"豪放若天风海涛,鱼龙出没;险劲如泰华云门,苍翠孤耸。其刚健清丽,则如淮阴出师,百战不折,而洛神凌波,春花霁月之婟娟也。有诗人直陈之事,有援彼状此、托物兴词之义,可以颂美德而尽夫群情,可以感人心而裨乎时政。周人忠厚之意具,乃以一扫往宋委靡之弊矣"②。而就文学史意义而言,萨都剌诗显著的写实特征亦足以令他称冠于他的时代,无怪当虞集见到萨都剌的诗作时会有"忽见新诗实失惊"的感觉。对于虞集这样久居文坛峰顶的江南诗客来说,技巧的娴熟、意象的精致、情绪的把控与抒发等等,都不足让他有"实失惊"的感觉,只有他所未见,他也不善长表达的"新诗"方足以令他有些失态和吃惊。而萨都剌诗歌的写实性,则不仅可以令虞集"失惊",更可以令传统诗坛"失惊",这是萨都剌代表西域作家给予元代文坛乃至中国传统文坛最耀眼的贡献。

第六节　元代西域作家群的创作表现·退潮阶段(1345 年以后—1368)

观照西域作家群体的创作情形,有萌发阶段、有高潮阶段,也最终会有他的退潮阶段。所谓退潮阶段,是指随着元末西域人在国家层面及社会层面影响力的减弱,以及西域人特权的消失甚至成为被歧视、打压对象的背景下,他们在教育背景、交游状态以及创作上的表现。总体而言,借由西域人在中土的迁居情形,由初期备受重视、享有颇多特权到逐渐与中土民众取得相对权力平衡,再到最终西域人努力寻求在中土的本土感或被排斥、打压,再来观照西域作家群体的创作及影响力,也就有一个群体创作从萌发到高潮再至于退潮的情形。比起高潮阶段的作家数量、创作质量、影响力,落潮阶段的西域作家虽

---

① 林人中《雁门集跋》,殷孟伦、朱广祁校注《雁门集》,上海古籍出版社 1982 年版,第 407 页。
② 干文传《雁门集序》,《全元文》卷一○一九,第 32 册,第 72 页。

然还有金元素①、余阙②、迺贤、丁鹤年、偰逊、吉雅谟丁、答禄与权等一批作家撑住场面，但与萌发、高潮阶段作家不可拘执的意气风发相比，其创作却逐渐显现出无法挥去的落寞惶急情绪，这是将这个时期的西域作家创作情形划归为落潮阶段的主要原因。不过杨镰先生指出"不管我们愿意不愿意正视，这也是西域人华化的一个阶段，一个艰难困苦，但多姿多彩的阶段"③，的确可以藉由这个阶段西域作家群体在交游中地位的转变、创作中所表现出的情绪来考察他们与之前几个阶段作家的差异，进而对他们的创作情况及影响力给予客观中肯的评价。

元末的社会局势是西域作家群被迫进入退潮阶段的基础原因。综观元末的社会局势，可谓满目疮痍、积弊深重，最典型的体现是黄河泛滥，钞法混乱，赋役沉重不均而江南尤重等等。至正十一年（1351），元顺斋下召令贾鲁主持治理黄河。治河工程四月开始，动用汴梁、大名13路民15万人，庐州（今安徽合肥）等地戍军18翼2万人供役，故工程十一月即使"决河绝流，故道复通"④。但是，早在治河前，反对治河的一派认为"济宁、曹、郓，连岁饥馑，民不聊生，若聚二十万人于此地，恐后日之忧，又有重于河患者"⑤，其时黄河南北有谣谚云："石人一只眼，挑动黄河天下反"，果然，河北韩山童、刘福通等利用黄河开河机会发动起义。议者往往认为元末天下大乱，"皆由贾鲁治河之役，劳民动众之所致"，对此，《元史》有很清醒的辩驳："元之所以亡者，实基于上下因循，狃于宴安之习，纪纲废弛，风俗偷薄，其致乱之阶，非一朝一夕之故，所由来久矣。不此之察，乃独归咎于是役，是徒以成败论事，非通论也。"⑥当然开河之役的确掀动了元末各种社会矛盾的大爆发⑦，而南方各路割据势力亦乘此纷纷而起，其中较成气候的如长江中游的陈友谅；苏西、浙西、皖东的朱元

---

① 按：金元素是至顺元年的进士，比余阙还早一届，但现今留下的金元素的作品主要为《南游寓兴》所收诗作，而南游寓兴乃金元素至正十六年到至正二十三（1356—1363）年任职浙东期间的作品，他这个时期的创作情形也逐渐显露出西域作家群体落潮阶段的情绪特征。

② 按：余阙殉国于至正十八年（1358），其后期的诗歌也体现出较明显的焦灼、茫然的情绪。

③ 杨镰《元西域诗人群体研究》，第395页。

④ 《元史》卷六六《河渠志三》，第6册，第1652页。

⑤ 《元史》卷一八六《成遵传》，第14册，第4280页。

⑥ 《元史》卷六六《河渠志三》，第6册，第1654页。

⑦ 按：此段参考陈得芝主编《中国通史》第八卷《中古时代·元时期（上）》，上海人民出版社1997年版，第13册，第513—517页。

璋;苏东、浙北的张士诚;浙东的方国珍;四川的明玉珍;福建的陈友定;福建泉州一带的亦思巴奚穆斯林叛军;广东的何真;广东南海一带的邵宗愚;滇西北的大理段氏,等等。农民起义以及各路南方割据势力的纷争对于蒙古政权的统治造成了沉重的打击,在对整个社会造成巨大灾难的同时,对西域人的影响更其深重。对此,杨镰先生在《元西域诗人群体研究》的"西域诗人身处元明易代"章节中曾发议论道:"他们本来就是为蒙古前驱而进入了辽阔、富庶的中原地区;当蒙古宗主力有不逮时,起了缓冲或调节的作用。蒙元败北,西域人,也包括普通的蒙古人,就像被退却的潮水留在沙滩海涂的贝类鱼虾,进退失据,无枝可依。"①这种进退失据,无枝可依的心理状态应该说是蔓延于其时从统治高层到社会中低层所有西域人的心底,而借助其时西域作家群体的创作可得以一窥其详。例如余阙的这首:

《九日宴盛唐门》

今日良宴集,玉帐设金县。宾称此佳辰,令德应重乾。凄凄秋阳升,湛湛江景鲜。西驰三滟津,东瞻九华山。文湍带粉堞,卿云覆彩旒。清歌送银爵,泛此秋花妍。嗟予远征人,别家今四年。采薇夜归戍,操筑朝治垣。微此一日欢,苦辛良可怜。中筋感前牒,抚运当泰年。燔柴盛唐郡,泛舟枞江前。临川射长蛟,雄风振八埏。竖儒缪从役,任重力乃绵。武功既无成,文德何由宣。微勋倘有济,敢愧鲁仲连。②

余阙年仅三十即中元统元年进士(1333),在风华正茂的时节亲见亲历元朝的繁华盛景,度过许多与契友联镳过市,与同僚赏画看花,雅集联吟的美好岁月。但在这首诗中,难以挥去的压抑情绪和强颜欢笑,对前景缺乏信心的感触却非常令人注目。由余阙在诗中的意思知道,余阙已在军中四年,即至正十六年(1356),他最终城破殉国是在至正十八年(1358),此诗应该写在距离城破不到两年的重阳宴集上。由余阙在诗中的感喟可以看到,他对于现实的认知已非常清醒,他对自己以文官而任武事深感职重而力难任,只能勉力而支。又据宋濂所记,是时淮东、西皆陷,唯独余阙所驻守的安庆岿然,于是朝廷在至正十

① 杨镰《元西域诗人群体研究》,第395页。
② 余阙《九日宴盛唐门》,《全元诗》第44册,第254页。

七年(1357)将余阙由淮南行省参知政事擢任右丞并赐二品服,余阙因此也更是"自奋","誓以死报国,立旌忠祠以励将佐。时集祠下,他大声谓曰:'男儿生则为韦孝宽,死则为张巡、许远,不可为不义屈',意气慷慨甚"。但在至正十八年(1358)"正月七日,城陷。阙犹帅众血战,身中三矢,贼呼曰:'余将军何在? 吾将官之。有生致者,予百金!'阙戟手骂曰:'余恨不得嚼碎汝肉,吐喂乌鸢,宁复受汝官邪?'"遂自尽沉水而死,其妻及子女以及追随而死的将卒约千余人①。比起余阙意气慷慨的宣誓以及奋勇就死的情景,余阙在诗中所吐露的情绪才能更让人清晰地感触到他对于自己所处时代的悲观。不过余阙为人的刚简质直,使他能在进退失据,无枝可依的情境下,选择舍生就死。他死之后,元朝还苟延残喘了十年,而他的精神却感召了无数同道者,"元末殉难者多进士","元末仗节死义者,乃多在进士出身之人"②,余阙是最早殉难者之一。

余阙作为统治集团的西域高层官员,他在国家政局崩坏之始即已切身感触到了大厦将倾、无力回天的沉重,在退无可退的情境下,选择勉力呵护,以死相报,可谓方式最为激烈。与他身份相近的进士金元素与他的心情非常相似,对国家形势的焦灼以及期待向好的心情溢于言表。其诗《观海上灵异敬成近体一首》写道:

> 片帆高挂海门秋,满袖西风作壮游。神火现光诚有验,漕粮分运定无忧。夜深星月辉鲛室,波静云霾结蜃楼。一寸丹心千里月,日边春色望皇州。③

据杨镰先生记载金元素身世云,金元素本名哈剌,以祖先曾有功于国,被元文宗赐姓金氏,字元素,莆林人,至顺三年(1330)进士。至顺年间出任钟离县达鲁花赤,至正四年(1343)任刑部主事。曾任浙西道肃政廉访金事、江浙行省左丞、中台御史、东南海道防御都元帅,入朝任工部郎中、中政院使、枢密院

---

①　宋濂《余左丞传》,《宋濂全集》卷一七,第1册,第325页。

②　赵翼《廿二史札记》卷三〇,中华书局1984年版,第705—706页。

③　金元素《观海上灵异敬成近体一首》,《全元诗》第42册,第334—335页。

使①。据金元素的经历,至正十九年(1359),他出任福建海道防御,至正二十年(1360)任浙江行省参政,仍兼福建海道防御,这首诗应该写于任职海道防御期间②。至正十九年(1359)张士诚与北都达成和解,于是从至正二十年(1360)起恢复江南漕粮海运,京师饥荒情形为之缓解,北都政权亦因此延缓十年而亡。金元素此诗写漕粮在海上分运之际,海上有灵异光现,于是怀着兴奋而敬崇的心情赋诗,诗中对于北方政权关切的态度溢于言表,其期待北方政权日益向好、祈祷神灵护佑、奇迹出现的心情几近于惶急。金元素是最终随元顺帝弃大都北遁的重臣,而迹由金元素此诗中的情绪表达会明白他选择追随顺帝北遁,实为必然。

如果说余阙、金元素等作为统治高层中的成员,更清醒地了解时局的严峻性,也自觉地为维系元蒙政权而日以继夜、殚精竭虑的话,那么对于许多中下层西域官吏来说,在时局日益艰危、现实越来越逼仄的情境中,其进退失据,无枝可依的彷徨和茫然情状则较余阙、金元素辈更为突出。例如吉雅谟丁的这首《假日宴集呈席间诸老》:

> 半生辛苦独天知,十载乡关入梦思。作郡正逢多事日,挥毫不及少年时。青衫有泪多如雨,白发无情乱若丝。今日一樽诸老共,临风不醉复何辞。③

吉雅谟丁,汉名马元德,以马为汉姓,字符德(或原德),迁入中原后,家族居大都,又因父亲任职镇江,遂举家侨寓京口。至正八年(1348)中进士,任南御史台掾史,授定海县尹,至正十九年(1359)擢尹鄞郡,至正二十二年(1362)摄奉化州事,后又升浙东佥都元帅,最终死于兵燹④。以元朝至正八年以后的江南局势来看,吉雅谟丁作为地方官吏任职期间,实在危难。可以看到,方国珍于1348年左右以浙江黄岩为据,揭竿起事,势力范围曾"西据括苍,南兼瓯越"⑤。

---

① 杨镰《全元诗》"金元素小传",第42册,第334页。
② 刘嘉伟《元代辉林诗人金哈剌刍议》,《文学遗产》2016年第3期,第167页。
③ 吉雅谟丁《假日宴集呈席间诸老》,《全元诗》第60册,第77页。
④ 杨镰《全元诗》"马元德小传",第60册,第75页。
⑤ 谷应泰《明史纪事本末》卷五,中华书局2015年,第81页。

之后五年间,朱元璋起于濠城,张士诚起于高邮,则吉雅谟丁生活、职任所在范围正是元末江南割据力量最强的区域。据以方国珍深忌色目,朱元璋明朝政权建立前后对蒙古及色目人的酷烈态度,再读吉雅谟丁这首在宴集上的赋诗,便能明白他在江南处境的艰危与逼仄,所谓"青衫有泪多如雨,白发无情乱如丝",其中的伤感与零乱的情绪岂是能言说得清楚的!吉雅谟丁的表弟丁鹤年在他死后,于故箧之中获得其遗诗一卷,百感交集,涕泗横流,曾赋诗写道:

> 海国期年政化成,肩舆随处看春耕。正欣鸡犬无惊扰,讵意鲸鲵有斗争。遥岛月明虚燕寝,故人云冷失佳城。梦回佳句难重得,肠断池塘草又生。
>
> 黑风吹海浪如山,独跨长鲸去不还。身世云烟游物外,文章奎璧照人间。彤庭朝朔双凫远,绿野行春五马闲。老我急难余泪在,一回抚卷一潺湲。[1]

从丁鹤年的赋诗来看,吉雅谟丁或许是有志也有才令黎民安居乐业,得享太平,无奈他生在元末社会,又身处江南各种割据力量斗争的缝隙之中,无论如何辛苦,也是徒然。现实的进退无据使得他格外思念北方的家乡,怀念无所拘束的少年时期,但职责在身也无法退出,只能在樽酒醉乡中聊以忘忧。比起当日贯云石辈以"人间著处即行窝"的态度,无意青绫被,只愿放迹江南,于欸乃声中,有"清风荷叶杯,明月芦花被"相伴即可的洒脱自信,吉雅谟丁的态度可谓天壤之别,迥然不复当年,但吉雅谟丁的态度或许更典型地反映了元末西域人,尤其是置身江南的西域人的感受。这一点,吉雅谟丁的表弟丁鹤年的吟咏表现得更加深刻。当丁鹤年在旧书箱中发现吉雅谟丁的遗稿而涕泗横流时,与其说是在痛哭表兄的遗世,还不如说是在为自己被抛留在这个异常逼仄、痛苦的时代里而伤心。览观丁鹤年的诗,或许终元之世没有谁,尤其是西域作家中没有谁像他那么集中、深切地表达了自己进退无据、无枝可依、离群索居,苦苦地将自己深埋于禅室、世外的感觉。如其《岁宴百忧集》二首:

---

① 丁鹤年《题太守兄遗稿后二首》,《全元诗》第64册,第362页。

  岁宴百忧集,独坐弹鸣琴。琴声久不谐,何以怡我心。拂衣出门去,
荆棘当道深。还归茅屋底,抱膝梁父吟。

  岁宴百忧集,击筑发商歌。商歌未终调,泪下如悬河。故乡渺何许,
北斗南嵯峨。有家不可归,无家将奈何。①

丁鹤年,汉姓丁,以其曾祖名阿老瓦丁,祖父名苫思丁,父名职马禄丁,故以丁
为姓,鹤年为其字,以字行。阿老瓦丁乃西域巨商,曾以巨资资助过忽必烈,故
丁鹤年家在元代世为显宦。以父亲曾任武昌达鲁花赤,丁鹤年全家寓居武昌。
不过丁鹤年出生于1335年,12岁时,父亲去世,18岁之际,武昌陷于战乱,只
好往依浙东为官的吉雅谟丁。丁鹤年此诗是为避兵乱而作,其实不仅有兵乱,
还有民族歧视。瞿佑曾记载丁鹤年事迹云:"丁鹤年,回回人。至正末方氏据
浙东,深忌色目人。鹤年畏祸,迁避无常居,有句云'行踪不异枭东徙,心事惟
随雁北飞',识者怜之。"②以时人对丁鹤年的观照,再读上引鹤年的诗,可以感
触到丁鹤年岁宴之际,百忧丛生的心情。本已百忧的心情,再面对萧索的深山
茅屋,弹琴解忧既无奈也无用,但走出去也无非荆棘当道,只能回屋自求安慰。
可是,强自安慰也无用,于是击筑商歌以缓忧,但以心情难受而歌不终调,情绪
再归转回"岁宴百忧集"的起因。一切皆由故乡渺远,有家不可归,不仅不可
归而且还无可奈何,这种百转纠结,结茧自缚的情绪非常真切地摹画出丁鹤年
进退无据、无枝可依的情境。丁鹤年在另一首诗《逃禅室与苏伊举话旧有感》
曾怆然哀啼云:"茫茫东海皆鱼鳖,何处堪容鲁仲连"③,这真是对杨镰先生所
谓的西域子弟在蒙古政权败北之际,他们仿佛留在退潮后沙滩上的贝类鱼虾
这一议论相当诗意的表述。可是东海茫茫,足以容下无数鱼虾,但天地之大是
否能容下丁鹤年这样的西域子弟呢? 恐怕很难。丁鹤年《逃禅室述怀一十六
韵》这样写道:

  出处两茫然,低徊每自怜。本无经国术,仍乏买山钱。故邑三千里,
他乡二十年。力微归计杳,身远客心悬。桃李谁家树,禾麻傍舍田。鹑衣

---

① 丁鹤年《岁宴百忧集二首》,《全元诗》第64册,第355页。
② 瞿佑《归田诗话》下卷"梧竹轩",中华书局1985年,第43页。
③ 丁鹤年《逃禅室与苏伊举话旧有感》,《全元诗》第64册,第361页。

秋屡结,蜗室岁频迁。逝水终难复,寒灰更不然。久要成龃龉,多病复沉绵。俯仰衷情倦,栖迟野性便。延徐谁下榻,访戴独回船。耻洒穷途泣,闲修净土缘。谈玄分上下,味道悉中边。有相皆虚妄,无才幸苟全。栖云同白鹿,饮露效玄蝉。高蹈惭真隐,狂歌愧昔贤。惟余空念在,山寺日逃禅。①

造成丁鹤年进退无据、无枝可依情境的根本原因在于他失去了生活在中土的政治依据。他对元廷的依恋、他的畏祸离群、他的逃禅静修等等情感与行为,某种程度而言不是他的高节,而是他作为西域子弟在深浸中国文化之后,在内心深处已对之具有深切的认同感。他选择逃禅而不是他的血统以及氏族所带来的伊斯兰教,以求解脱,就深刻地表现了他的文化归属性;可是他的血统以及氏族却又成为他在元末生存在中土的原罪,这是他"出处两茫然,低徊每自怜",唯有"山寺日逃禅"的内在原因。其诗《逃禅室卧病柬诸禅侣》云:"高秋多病客,古寺寄黄昏。野迥常疑虎,天寒早闭门。离愁灯下影,乡泪枕边痕。赖有诸禅侣,情亲似弟昆"②。在逼仄窘迫的政治处境和世俗环境中,禅室成为丁鹤年藉以避祸求安的庇护场所,僧侣也成为他获得心灵安抚和世间温情的源泉。与杜甫"万里悲秋常作客,百年多病独登台"的异乡漂泊感和李清照"来相召、香车宝马,谢他酒朋诗侣","如今憔悴,风鬟霜鬓,怕见夜间出去。不如向、帘儿底下,听人笑语"的失国失侣自闭感相比,丁鹤年诗最独特的贡献在于,他抒发了作为定居中土的西域移民,在遇到政治迫害和民族歧视时又无力逃离、回返故土时的畏祸、彷徨的切身感受。这层感受中国传统诗、词、文章鲜少表现过,他之前包括贯云石、萨都剌等优秀西域作家也尚未触及过的内容,而且丁鹤年的切身感受和切肤体验更兼其创作上的"注意之深,用工之至",这使得他所表达的情绪与所抒发的主题格外深婉、哀切,可谓"入人之深,感人之妙,有非他诗人之所可及"③。陈垣先生在《元西域人华化考》中指出:"萨都剌而后,回回教诗人首推丁鹤年"④,的确非常有深意也有道理。

---

① 丁鹤年《逃禅室述怀十六韵》,《全元诗》第 64 册,第 357 页。
② 丁鹤年《逃禅室卧病柬诸禅侣》,《全元诗》第 64 册,第 348 页。
③ 戴良《鹤年先生诗集序》,《全元文》卷一六三〇,第 53 册,第 276 页。
④ 《元西域人华化考》卷四"文学篇",第 70 页。

有关西域作家群体的叙论到此,需要有个结束了,而所有西域作家中,也许没有谁比迺贤更适合作为元代西域作家群体的终结者了。这是因为迺贤正好卒于 1368 年,元蒙政权退出中原、明朝政权建立的那年。迺贤(1309—1368),字易之,西域葛逻禄人,汉姓马,以字行,名为马易之;又曾以族为姓,叫葛逻禄易之,合鲁易之,或简称为葛易之。诚如杨镰所认为:"葛逻禄氏之能诗者,自易之止;元西域诗人群体自易之止!"①而就元代西域作家群体这个话题的讨论而言,迺贤作为这一话题的结束对象,是因为他尤其典型地体现出作为末代西域作家的特征,表现出这一群体退出舞台的气质。不像第一代、二代迁居中土的西域人,如廉希宪辈,他们在国家初步一统的大背景中,作为各类资源链的上位者,他们虽努力与中土士人修好关系以求融入,但态度自信洒脱。迺贤作为元蒙政权退出中原的末代西域人的代表,他已然堕入社会资源链的下端。比起小他 16 岁的丁鹤年,寓居江南,避祸深藏,哀悯自怜的态度,迺贤积极北进,努力干谒其时掌控文化资源的南方文人,迺贤身上更典型完整地体现出,形势逆转背景下,末代西域作家的身份角色以及交往立场迥异于前辈作家的情形。从迺贤的教育背景,与中土士人的交游以及创作等方面观照来看,正可以看到他恍如元初处于社会资料链下端的南士如何努力干谒名流、参与雅集唱和以求取声名的典型特征,这是他最适合作为元代西域作家群体的终结者的主要原因。

首先是迺贤的教育背景与南方士人没有差异。迺贤家族进入中原后,起初定居河南南阳,后迁居浙江庆元。据迺贤的同学王祎云"合鲁实葛逻禄,本西域名国。而易之之先由南阳迁浙东已三世"②。青少年时期,迺贤即以鄞州乡贤郑觉民为师,深得其传,据《甬上耆旧诗传》记载:"既从兄宦游江浙间。吾乡郑以道先生师法甚严,乃赍粮从游门下,得传其学,遂卜居于鄞。已复与会稽韩与玉、金华王子充同至京师,与玉能书,子充善古文,易之以诗名,时称为江南三绝,而易之诗名尤重。每作一篇即传诵士大夫间。"③由王祎及《甬上耆旧诗传》的记载可以看到,迺贤除了祖先是西域人这一身份之外,已与江南士子没有差异,而他所受到的中原文化的教育程度之深,早已非"华化"二字

①　杨镰《元西域诗人群体研究》,新疆人民出版社 1998 年版,第 418、444 页。
②　王祎《河朔访古记序》,《王祎集·王忠文公文集》卷五,上册,第 135 页。
③　胡文学《甬上耆旧诗》卷三《编修马易之》,《四库全书》集部四一三,第 1474 册,第 44—45 页。

所能涵盖,其汉学修养水平甚至可能在江南精英士子水平之上。

受到浙东鄞州学术以文献考证风气的影响,逎贤虽肆志远游,并颇有载记,然其记述、表达更力求有考证的痕迹。这与高克恭、贯云石以及马祖常、萨都剌辈行游四方颇有记述的抒写颇有一些不同。王祎在《河朔访古记序》中写道:

> 既壮,肆志远游。乃绝淮入颍,经陈、蔡以抵南阳,由南阳浮临汝,而西至于洛阳。由洛阳过龙门,还许昌,而至于大梁。历郑、卫、赵、魏、中山之郊,而北达于幽、燕。于是大河南北,古今帝王之都邑,足迹几遍。凡河山、城郭、宫室、塔庙、陵墓、残碣、断碑、故基、遗迹,所至必低徊访问,或按诸图牒,或讯诸父老,考其盛衰兴废之故,而见之于纪载。至于抚时触物,悲喜感慨之意,则一皆形之于咏歌。既乃裒其所纪载,及咏歌之什,以成此书。夫古之言地理者,有图必有志,图以著山川形势所在,而志则以验言语土俗、博古久远之事。古之言《诗》者,有雅、颂,复有风。雅颂以道政事,美盛德,而风则以验风俗政治之得失。故成周之制,职方氏既掌天下之图,而邦国四方之志,则小史、外史实领之。太师既掌六诗,而列国之风,则观风之使实采之。所以然者,盖志之所见,王道存焉;风之所形,王化系焉。故设以官守,达诸朝廷,所以考一代之政教,岂徒取为虚文也哉!然则易之此书,其所纪载,犹古之志,其所咏歌,犹古之风欤。惜乎今日小史、外史之职阙,而观风之使不行,此书不得达于朝廷之上,以备纂录,广而传之,徒以资学士大夫之泛览而已。抑予闻之,古之志,领之固有其职;古之风,采之固有其官,而其为之者,类皆博闻多识、怀道秉德之士,故曰:"诵其诗,读其书,不知其人,可乎?"然则学士大夫观乎此书,其亦可以知吾易之之为人矣。①

需要指出的是,为逎贤作序的王祎来自浙江金华,是浙东学派中吕祖谦一脉,所以他对逎贤《河朔访古记》写法的评述非常贴切到位。王祎认为,《河朔访古记》的写作是古代职方氏的写作,作者的游历路线是清晰而又有所规划的:

---

① 王祎《河朔访古记序》,《王祎集·王忠文公文集》卷五,上册,第136页。

范围所涉"大河南北,古今帝王之都邑,足迹几遍";关注内容"凡河山城郭,宫室塔庙,陵墓残碣,断碑故基";探索方式"低徊访问,或按诸图牒,或讯诸父老";写作倾向"考其盛衰兴废之故,而见之于纪载"或者"抚时触物,悲喜感慨之意,则一皆形之于咏歌"。这种规范整齐的写作程序和缜密细致的表述方式已迥然相异于贯云石式的"人间著处是行窝""欸乃声中别有春"的随意疏宕,也不同于萨都剌"我亦东西南北客""山川长在别离中"的率易感性。而且在迺贤之前,马祖常也曾学司马迁壮游天下,并作《壮游八十韵》,但《河朔访古记》的歌咏也显然迥异于马祖常例程的自述。王祎还指出,迺贤之所以能作《河朔访古记》在于他是博闻多识、怀道秉德之士。作为一部地理考古的文史著作,《河朔访古记》在搜求古刻名碑的同时还结合以实地调查,尤其注重对古代城廓、宫苑、寺观、陵墓等遗迹的考察,寻访故老旧家的流风遗俗,核验图籍地志等文献,加以考订,突破了自宋代以来金石学家专门局限于考订铭刻文字的学风,是中国考古学史上一部较重要的著作。而它写作的方法与理念基本源自浙东学派,这也就更加表明迺贤在教育背景以及教育程度上与江南优秀士子已无差异。

其次是迺贤干谒京师名流而求得声名的方式,典型地体现出末代色目在中原的窘境。对比之前阶段,廉希宪家族营建万柳园、廉园等园林来招呼南北士林雅集;高克恭以画交友,一呼百应;贯云石被南北文人敬崇尊奉;薛昂夫在任上召集烂柯山诗会;康里巙巙、马祖常、萨都剌、余阙辈岿然而处于文坛顶层,拥有诸多特权等情形相比,迺贤的出师与求进却和元代南士多方奔竞于蒙古、色目的状况相似。至正三年(1343),迺贤与危素将其游学大都、交往名流的吟咏所得编成《金台前稿》,之后在至正十五年又编《金台后稿》,计二卷。该集颇为引人注目的是一众名流为题序作跋的现象。据统计,按时间先后,为《金台集》题序作跋的有危素、欧阳玄、李好文、贡师泰、揭傒斯、虞集①、黄溍、程文、杨彝、张起岩等馆阁名流。值得注意的是,所列举的这些馆阁文人,除李好文、张起岩是山东人外,其余都是南士,而迺贤请他们题序、题跋的目的就是为提高声名。欧阳玄曾在《金台集叙》中说:"(迺贤)近年来京师,因哀其作,题曰《金台集》,暇日袖以眡余,谒余题其帙端。顾余引年治归,欲诵佳句于百

---

① 按:虞集的题诗没有注明时间,但虞集卒于1348年,则至迟在1348年。

傲,恨已晚矣。"①迺贤的做法无可厚非,但颇有意味的是,迺贤的这一经历元初南士们北进京师干谒的情形一般无二,而且,助推迺贤荐引的人们基本是南方文士,其中尤其用力的是江西人危素。为了荐引机会更大,馆臣们在序言、题跋中往往强调迺贤的色目族系,如危素在《乃易之金台后稿跋》中说:

> 易之,葛逻禄氏也,彼其国在北庭西北,金山之西,去中国远甚。太祖皇帝取天下,其名王与回纥最先来附,至今已百余年。其人之散居四方者往往业诗书而工文章。易之伯氏既登进士第,易之乃泊然无意于仕进,退藏句章山水之间……然则葛逻禄氏之能诗者自易之始,此足以见我朝文化之洽,无远弗至,虽成周之盛,未之有也。②

危素是张罗荐举迺贤的主事者。作为久居台阁的官僚,危素或许认为强调迺贤的色目身份,再兼言他生长江南,良好的文化素养,这样双保险,有助于保举成功,所以受到危素暗示的人们都在序言或题跋中强调迺贤的色目血统。欧阳玄在《金台集叙》中说:"皇元混一以来,诸国人以诗文鸣者,前代罕有。葛逻禄迺贤易之,卓然继前修之后,以能文称,而尤长于诗"③;李好文在《金台集叙》中说:"诗,葛罗禄易之所作。易之,西北方人"④;贡师泰在《葛罗禄易之诗序》中说:"易之,葛罗禄氏也,少居江南……予闻葛罗禄氏在西北金山之西,与回纥壤相接,俗相类。"⑤此外,像黄溍《金台集题词》云"葛罗禄迺贤易之"⑥;揭傒斯《金台集序》说:"《金台集》者,友人合鲁易之之诗也"⑦,等等。

综合以上所引,会略略给人一些奇怪的感触,这些荐举者都是汉人,尤以南人为主,而迺贤以色目血统,却惶惶游走于他们的门庭之中,期以援引;他所以赢得这些人欣赏的原因却又是因为他深厚的江南文化素养。迺贤的这种境况让人深切地意识到,在元末,色目人特权的基本消失,而南人却相当程度地

---

① 欧阳玄《金台集叙》,《欧阳玄全集·圭斋文集补编》卷九,下册,第622页。
② 危素《乃易之金台后稿序》,《全元文》卷一四七一,第48册,第229页。
③ 欧阳玄《金台集叙》,《欧阳玄全集·圭斋文集补编》卷九,下册,第622页。
④ 李好文《金台集序》,《全元文》卷一四五九,第47册,第428页。
⑤ 《贡氏三家集·贡师泰集附录一》,第444页。
⑥ 黄溍《金台集题词》,《黄溍全集·金台集卷首》,上册,第218页。
⑦ 揭傒斯《金台集后序》,《揭傒斯全集·辑遗》,第501页。

主导着其时的文化资源。另外,更富有意味的是,迺贤曾几度游学京师①,直至至正二十二年(1362)才被荐举为翰林国史院编修,而在南方,以顾瑛、杨维祯等为首的江南文人群体却不间断地雅集唱和,不仅与北廷关系疏离,而且努力想要盖过京师文坛的势头。这种南北关系背景中的迺贤,却犹然舍近求远,期以进身于北廷,作为随蒙古人而进入中原的色目后裔,迺贤对北廷的依恋或许根于骨髓。但是,也正如杨镰所认为:"葛逻禄氏之能诗者,自易之止;元西域诗人群体自易之止!"②当西域色目们终于用几代的时间剔去自身的文化特性而达成对中原文化的内化融合之后,他们所期以存身的政治背景却在全面坍塌,所以,无论是文化上对灵魂与精神的消融还是政治上对特权和身份的抹噬,迺贤境遇的末代气质都非常具有典型性。

最后,使迺贤成为元代西域作家群体的终结者的内在原因在于他创作上清润粹丽的特色体现出他对西域色目身份的真正背离。由上面的述论可以看到,迺贤藉由危素的荐引和推举获得了京师一众馆臣尤其是南方馆臣的肯定和欣赏,而考察南方馆臣们对迺贤的肯定和欣赏,会发现,他们的评价都基本指向了他创作的清润粹丽;而且人们也认为尽管迺贤本来是葛逻禄氏,也尽管这个民族的气质本来是"便捷善射,又能相时居货,媒取富贵",但是迺贤却"心之所好独异焉,宜乎见于诗者,亦卓乎有以异于人也"③,所以他的创作也迥异于他的民族所赋予他的气质。且看迺贤那首著名的《三峰山歌》:

> 落日惨淡黄云低,悬崖古树攒幽溪。三峰山头独长啸,立马四顾风凄凄。溪边老翁行伛偻,劝我停骖为君语。山前今日耕种场,谁识当年战争苦。金源昔在贞祐间,边尘四起民凋残。燕京既失汴京破,区区恃此为河山。大元太子神且武,万里长驱若风雨。鏖兵大雪三将死,流血成河骨成堵。朱鸢应瑞黄河清,(金将亡,新乡河清,鼓山凤出,应国朝开基之兆。)圣人启运乾坤宁。当时流离别乡井,归来白发歌承平。旷野天寒霜簌簌,

① 按:迺贤在后至元三年(1337)去往大都,当年返回;又在至正五年(1345)至十二年(1352)间在京师游学近七年,至正二十二年(1362)被聘为翰林国史院编修,次年(1363)北上就职。星汉《迺贤生平考略》,《新疆大学学报》1988 年第 4 期,第 77—81 页。

② 杨镰《元西域诗人群体研究》,第 418、444 页。

③ 《贡氏三家集·贡师泰集附录一》,第 444 页。

夜静愁闻山鬼哭。至今陇上牧羊儿,犹向草根寻断镞。论功卫霍名先收,黄金铸印身封侯。英雄半死锋镝下,何人酹酒浇荒丘。^①

三峰山之役发生在1232年,是蒙、金战争中的关键一役,在这场战争中,金军精锐部队几乎丧失殆尽,强大的金朝在此后不到两年灭亡。1232年,蒙军拖雷部从秦岭而出走汉中,迂回而奔汴京。金将完颜合达率部前往拦截,双方在三峰山(河南禹州西南)展开会战。鏖战之际,"天大雨雪",比起来自更北方的蒙古军,"金人僵冻无人色,几不能军",最终兵败如溃。史载其时情景写道:"流血被道,资仗委积,金之精锐尽于此矣"^②,而遒贤诗句云"大元太子神且武,万里长驱若风雨。鏖兵大雪三将死,流血成河骨成堵",丰富了历史表述的细节,更是具体生动。遒贤这首诗是写于至正五年(1345),在这首诗前,遒贤作有序言写道:"钧州阳翟县南有山曰三峰。昔我睿宗在邸,尝统兵伐金,与其三将完颜哈达、移剌蒲兀、完颜斜烈等鏖战山下,败其军三十万,而金亡矣。今百余年,樵牧往往于沙砾中得断稍、遗镞、印章之类。至正五年嘉平第二日,予自郏城将上京师,道出阳翟,夜宿中书郎郭君彦通私馆,感父老之言,而作歌",由遒贤诗序再对照史书所载,可以更深切地领会遒贤作诗之笔力。《三峰山歌》后还有张翥所作题跋,写道:"余比修国史,睹三峰之役。金师三十五万来拒战,我师不敌,军于山之金沟,其军数重围三峰,而中夜大雪,金人戈戟弓矢冻缠莫能施,我师一鼓歼之。由(自)是,金人胆落,不复战矣。易之作歌辞,豪健激昂而奕奕有思致,殆与三峰长雄,置诸乐府铙歌间,扬厉无前之盛绩。良无愧也"^③,观此诗,遒贤笔力之"豪健""有思致"的确无愧于张翥题跋所给予的评价。李好文曾在遒贤《金台集》序言中比较地域南北差异,并指出遒贤的创作特质写道:

　　土域之大,山川人物风俗之异,气之所受,固不能齐也。尝爱贺六浑阴山《敕勒》之歌,语意浑然,不假雕剬,顾其雄伟质直,善于模写,政如东丹突欲画本土人物,笔迹超绝,论者以为不免有辽东风气之偏。惟吾易之

---

① 遒贤《三峰山歌》,《遒贤集校注》第5页。
② 《元史》卷一一五"睿宗传",第10册,第2887页。
③ 遒贤《三峰山歌》,《遒贤集校注》,第5页。

之作,粹然独有中和之气,上可以追媲昔贤,下可以鸣太平之治,温柔敦
厚,清新俊迈,使人读者隽永而不厌,兹非圣人之化仁义,渐被诗书礼乐之
教而致然耶?①

李好文认为迺贤诗歌创作的长处在于"粹然独有中和之气""温柔敦厚,清新
俊迈,使人读者隽永而不厌",这些看法,不独李好文有,欧阳玄也认为迺贤诗
"清新俊逸,而有温润缜粟之容,七言杰者拟盛唐焉"②,而最懂迺贤也最欣赏
迺贤的危素则概括认为迺贤诗"清丽而粹密",所以"学士大夫多传诵之"③,确
实很到位。但何谓"清丽而粹密"呢? 李好文指出其迺贤先辈们创作不粹然
的地方在于"语意浑然,不假雕列",虽然有"雄伟质直,善于模写","笔迹超
绝"的长处,却"不免有辽东风气之偏"。在前文论述中,我们看到,当南士们
在接触到高克恭、薛昂夫、贯云石甚至萨都剌的诗作,或云"不尚钩棘"④,或云
"激越慷慨"⑤,或形容如"天骥摆脱絷羁,一踔千里"⑥,或评价虎卧龙跳,"豪
放若天风海涛,鱼龙出没;险劲如泰华云门,苍翠孤耸。其刚健清丽,则如淮阴
出师,百战不折,而洛神凌波,春花霁月之婳娟也"⑦,其核心特征都在于西域
作家们基本还是保留了自己的特质,所以善于摹写、不假雕饰,不能入于绳墨
而刚健清新,自得天趣⑧。而到了迺贤,还是出身浙东的黄溍能清晰地理解和
描摹其创作理路。黄溍认为,迺贤一方面以"平生之学,悉资以为诗",另一方
面,他久留京师,"出入于英俊之林,而习闻于朝廷之典礼,台阁之仪章,至于众
大之区,纷华侈靡、宏丽可喜之观,亦有以开廓其心目",所以迺贤才能实现创
作上的粹然清润,中和敦厚。读这首《三峰山歌》,叙事的到位、结构的紧凑、
用字的精准,确实抵得住馆臣们共有的评价"清粹";它干净密丽、紧致有力,
而且表情中肯、态度谨慎,又确乎具有"温润""敦厚""中和"的意思,确实做到
了"言必发乎情,辞必称乎事,不规规焉务为刻雕、藻饰以追逐乎前人,而自不

---

① 李好文《金台集序》,《全元文》卷一四五九,第 47 册,第 428 页。
② 欧阳玄《金台集叙》,《欧阳玄全集·圭斋文集补编》卷九,下册,第 622 页。
③ 危素《乃易之金台后稿序》,《全元文》卷一四七一,第 48 册,第 229 页。
④ 邓文原《故大中大夫刑部尚书高公行状》,《全元文》卷六四九,第 21 册,第 99 页。
⑤ 赵孟頫《薛昂夫诗集序》,《松雪斋集》卷六,第 158 页。
⑥ 邓文原《翰林侍读学士贯公文集序》,《全元文》卷六四七,第 21 册,第 32—33 页。
⑦ 干文传《雁门集序》,《全元文》卷一〇一九,第 32 册,第 72 页。
⑧ 邓文原《故大中大夫刑部尚书高公行状》,《全元文》卷六四九,第 21 册,第 99 页。

能不与之合也"①。而以此我们也不得不指出，与前代西域作家最大、最本质的区别在于，迺贤浙东出身的背景以及浙东学术的浸润使他真正脱却了他的祖先身上的"居逐水草，驰骋猎射，饱肉勇决"②的游牧气质，变得规整、缜密、干净，这是他成为元代西域作家的终结者最根本的原因。

　　迺贤之后，金元素随元顺帝北遁，丁鹤年在新朝以隐逸的态度苦苦煎熬以终，答禄与权顺应形势，转仕新朝。对于元明之际定居或逃离中原的人们，时人各有表述。董纪有诗文记载马祖常后裔虽滞留于江南却怀想西域祖先的天山故土的情形，感叹写道："家世天山炬德辉，两朝阀阅古今稀。褒忠节义垂青史，礼部勋名起白衣。雪洒穹庐驼正乳，月明华表鹤应归。相望万里风尘隔，空羡年年雁北飞"③。而有意思的是，宋濂也有文章，同是对西域人的态度，却表达了与董纪文章相反的旨趣。宋文描述元明动荡中离开中原，回到西域的温迪罕的感触写道："右辖温迪罕公居于汴梁，资禀素美，尝从恕斋班先生学为词章，久游淮海。元季亦跻膴仕，随冢宰远行，遂留西域。今见天朝使者至，不胜乡土之思。旧尝赋绝句，以寄治书琐纳儿加。继作唐律一章，献丞相胡公。其忧深思远，若不能胜情者。想其亲属暌离，莽无一人，四顾萧条，与影为侣。极目之顷，但见猎猎胡沙，茫茫塞草而已。右辖必慨然曰：'吾昔居江淮锦绣城中，聚族共乐者为何如耶？'宾朋离索，谁可与接？语言不通，食饮异好，侧耳而听，但闻侏离羌音、啁哳之歌而已。右辖又必长叹曰：'吾昔在中州文物府中，更唱迭和者为何如耶？'此所以发于性情而形诸言者，凄怆寥落，读之令人泪下沾襟也。"④无论是滞留者望归西域还是逃离者愿回中原，他们的情绪都是深切惆怅和失落的，而造成这种惆怅和失落的深刻基础已经随风而逝了，同样，西域作家群体作为一种文学和历史的现象，因为没有了蒙元政权作为依托的存在基础，也不复存在⑤。

---

① 黄溍《金台集题词》，《黄溍全集·金台集卷首》，上册，第218页。

② 赵孟頫《薛昂夫诗集序》，《松雪斋集》卷六，第158页。

③ 董纪《西郊笑端集》卷一《怀静轩（并序）》，《四库明人文集丛刊·鸣盛集（外八种）》，上海古籍出版社1991年版，第748页。

④ 宋濂《寄和右丞温迪罕诗卷序》，《宋濂全集》卷二七，第2册，第574页。

⑤ 按：本段结束语基本参考杨镰《元西域诗人群体研究》"引论"的内容，而且整个这一章节的完成也颇受该著的指引和启发。

国家哲学社会科学成果文库

NATIONAL ACHIEVEMENTS LIBRARY
OF PHILOSOPHY AND SOCIAL SCIENCES

元代文人群体的地理分布与文学格局（下）

邱江宁　著

中华书局

第二章　13—14 世纪世界的互联互通与文学格局的开放情形

　　蒙古人的三次西征在推动 13—14 世纪西域人大举东迁的同时,对于东、西方丝绸之路的拓通成绩尤其令人瞩目。与之前汉唐时代凿空西域,远涉波斯;两宋时期开通海路,格局稍窘的开放情形相比,13—14 世纪的蒙元王朝,诚如许有壬在《大一统志序》中的概述:"《春秋》所以大一统者,六合同风,九州共贯也。然三代而下,统之一者可考焉。汉拓地虽远,而攻取有正谲,叛服有通塞,况师异道,人异论,百家殊方,指意不同,无以持一统,议者病之。唐腹心之地为异域而不能一者,动数十年。若夫宋之画于白沟,金之局于中土,又无以议为也。我元四极之远,载籍之所未闻,振古之所未属者,莫不涣其群而混于一。则是古之一统,皆名浮于实,而我则实协于名矣"①,是名副其实的"六合同风,九州共贯"。经过将近百年的三次西征及南征之后,蒙古人打通了整个东、西方的通道,亚、欧大陆首次被联结为一个整体,包括海上及陆上在内的整个丝绸之路第一次也是最后一次被一个国家——蒙古国所控制,正是在这个时期,海、陆丝绸之路为纽带的世界体系即此形成,以中国为中心的东、西方经贸与文化交流臻于鼎盛。也正是这场世界范围的人员频繁往来将蒙元时代以中国为中心的东、西方经贸与文化交流推向了巅峰,正如 14 世纪旅行家汪大渊在其《岛夷志略》中感慨所云:"海外岛夷无虑数千国,莫不执玉贡琛,以修民职;梯山航海,以通互市。中国之往复商贩于殊庭异域之中者,如东西州焉。"②海、陆丝路的大范围拓通以及中外交流的频繁使得臣属于蒙古统

---

① 许有壬《大一统志序》,《全元文》卷一一八七,第 38 册,第 124—125 页。
② 汪大渊《岛夷志后序》,《岛夷志略校释》第 385 页。

治的西域作家群之外,对于文学创作以及元代文坛的格局而言,还有值得注意的内容,那便是,一方面外邦文人进入中国并以中国为表述对象的作品,另一方面中土之人出入异域,将异邦风物纳入亲见亲闻之叙录,这些颇具世界性意味的文学创作方式成为元代文学值得注意和研究的现象。某种程度而言,13—14世纪蒙古人对海、陆丝路的拓通使得各民族人员的往来迁徙变得便宜直接,就如莱麦彻所指出的那样:"蒙古人西征,将以前闭塞之路途,完全洞开,将各民族集聚一处。西征最大结果,即使全体民族,使之互换迁徙。"①而元代文学格局在海陆丝路拓通的背景中,表现出创作人群参与的世界性特征、对异域风物的多向度包容性以及创作特性上的一些变化,非常值得注意。

第一节 蒙古人的世界征略与13—14世纪世界的互联互通

13—14世纪,蒙古人在成吉思汗及其子孙的率领下,对世界进行了近百年的征略战争,使得13—14世纪的世界,此疆彼域的障碍被极大程度地打破,世界格局也因此而发生直接明显的改变,"很多独立的公国、王国、汗国和苏丹国在蒙古帝国崩溃之后都消失了。在50年之内,欧亚版图无可挽回地改变了"②。

一、蒙古人的大型军事征略行动与13—14世界格局的改变

蒙古人的世界性征略,诚如《元史》那句著名的概述:"起朔漠,并西域,平西夏,灭女真,臣高丽,定南诏,遂下江南,而天下为一,故其地北逾阴山,西极流沙,东尽辽左,南越海表。"③这个过程中,从蒙古国的建立到分裂以及大元王朝和四大汗国所确立的成吉思汗黄金家族统治的世界格局,致使东、西方之间的通道被全面打通,从陆地到海上,亚、欧大陆以丝绸之路为纽带的互联互通体系得以逐步形成。

首先是,成吉思汗时代统一蒙古高原以及蒙古人对世界的征略。在成吉

---

① 《白寿彝文集·中国通史》,河南大学出版社2008年,第318—319页。
② 〔美〕梅天穆著,马晓林、求芝蓉译《世界历史上的蒙古征服》导言,(北京)民主与建设出版社2017年,第22页。
③ 《元史》卷五八《地理志一》,第5册,第1345页。

思统一蒙古高原各部之前,高原上分布着几个强大的游牧部落,如蒙古、塔塔儿、篾儿乞以及漠北中部的克烈部和西部的乃蛮部,各个部落各有各的势力范围,彼此为争夺领地、财富和属民而相互厮杀、争战,就如《蒙古秘史》中形容的那样"星空团团转旋,各部纷纷作乱。谁能在床上安睡!都去劫掠财源。大地滚滚腾翻,天下到处作乱。谁能在被窝里安睡!人们相杀相残"[①]。12 世纪末到 13 世纪初,铁木真先依附于中部的克烈部,打败篾儿乞人,在逐步扩大势力和影响之后,又于 1196 年,打败强大的塔塔儿部,统一蒙古草原东部,然后在 1203 年打败克烈部。之后,成吉思汗再凭借其超凡的军事领导能力和在草原征战过程中建立的训练有素的军队,于 1204 年左右打败西部最强劲的乃蛮部,从而完成对蒙古草原的控制。1206 年,他在克鲁伦河畔曲雕阿兰的大忽里勒台上[②]被尊为"成吉思汗"[③],建立蒙古国。对于 13 世纪的世界而言,蒙古高原的统一,意味着草原上的各部族融合形成全新的蒙古民族,在成吉思汗的领导下,"总是将被俘部众强行分散,拨与本部各将领管辖,用这种方式使他们与蒙古部众混融为一体,以蒙古本部为核心,如同滚雪球一般,塔塔儿、克烈、篾儿乞、乃蛮等部逐一被并入蒙古部中。蒙古逐渐成了混杂着众多"有毡帐百姓"的庞大群体,以此陶宗仪说"蒙古有七十二种",其实就说明,"蒙古一名即概括了众多的北方游牧部落"[④]。蒙古国的建立,使得"东起兴安岭,西达阿尔泰山约 1600 公里,北接贝加尔湖,南抵沿中国长城(应为金朝长城,陈得芝注)的戈壁沙漠南缘约 960 公里"的蒙古高原上的各个势力分裂的氏族联结成一个强大的整体。之后,帝国相继向东、向西扩张。向东:从 1205 年起对西夏发

---

① 何亚辉《中国全史大系》第一部《中国通史》,(北京)光明日报出版社 2011 年,第 310 页。

② 按:忽里勒台,Kurulmak 又译作库里尔台。塔塔儿语:Qorıltay;阿塞拜疆语:Qurultay。Kurulmak 在突厥语的意思是"聚集",蒙古语 Khural 可解作"会议"。它是古代蒙古的一个政治及军事议会,负责推举部落的首长及可汗。蒙古帝国的所有大汗,都是由忽里勒台所推选出来的。

③ 按:成吉思汗的祖先"渡过大湖(即腾汲思海)而来,来到斡难河源头的不儿罕·合勒敦山扎营住下"(余大钧译注《蒙古秘史》,第 3 页)。伯希和认为:"成吉思(ingiz)为突厥—畏兀儿语 tengiz 的鄂音化的读法,意为海,与蒙古语 dalai(海)意义相同。故"成吉思汗"意为"大海汗"。《蒙古秘史》第 280 节所载窝阔台(元太宗)的称号为"大海汗"(dalai-inqaan),1246 年贵由(元定宗)致教皇英诺森四世的国书中自称为"大海汗"(dalai-inqaan),十四世纪居庸关八思巴字石刻称蒙古皇帝为"大海君主、国之合罕"(talayineenulus-unqaan)。自成吉思汗以下,蒙古皇帝常有"大海汗"的尊号。故成吉思汗应即"大海汗"之意。余大钧《蒙古秘史译注》,河北人民出版社 2001 年,第 1 页。成吉思汗用"腾汲思"作为大汗称号不是偶然的,而是有其深远的历史渊源的。林梅村《从额尔古纳河到三河之源》,《大朝春秋——蒙元考古与艺术》,第 23 页。

④ 罗贤佑《元代民族史》,(成都)四川民族出版社 1996 年版,第 16、17 页。

动了五次攻战;从 1208 年起,对金朝发动 1211—1217、1212—1223 两个阶段的蚕食侵掠之战。向西:自 1211 年开始,逐步令蒙古西部的区域诸如哈剌鲁部、西辽(蒙古人称喀喇契丹)、花剌子模、吉利吉思、康里等地并入帝国的版图,进而形成以蒙古为中心,横贯中亚区域,包括黑海以东至印度河以及钦察草原的广大地区的帝国疆域格局。

其次是窝阔台时代蒙古人对世界的征略。在成吉思汗征略天下的进程中,窝阔台居功甚大,"太祖伐金、定西域,帝攻城略地之功居多"①,与父辈的功绩相比,窝阔台一生的征略主要体现于灭金和长子西征,同时还包括继承父亲未竟的灭西夏扫尾工作。1227 年,在成吉思汗去世不久,西夏灭亡;1234 年,金朝灭亡。灭金的结果使得蒙古人在中原和中亚建立了巩固的统治。1235—1236 年,窝阔台又组织发动由拔都率领的"长子西征"。战争从 1236 年春蒙古军队集结完毕,向西推进开始,直至 1241 年窝阔台去世,以 15 万之众横扫欧亚,从保加尔边境一直打到亚得里亚海东岸,一路战胜了保加尔、钦察、罗斯、波兰、匈牙利,并攻入了塞尔维亚、保加利亚、波希米亚、奥地利首都维也纳近郊。西征的结果,蒙古的版图从太平洋至亚得里亚海,从北冰洋到波斯湾,欧洲各国此疆彼界、相互隔膜的情形被大大改变②。

蒙古人大规模的世界征略进程在蒙哥汗去世后最终结束。在蒙哥汗的规模经略之下,发动了对南宋、大理以及西亚的征略活动。对于蒙哥汗来说,他作为拖雷系出身的大汗,之所以能获得汗位固然有诸多人力斡旋和政治斗争因素,但是,贵由汗去世那年"是岁大旱,河水尽涸,野草自焚,牛马十死八九,人不聊生。诸王及各部又遣使于燕京迤南诸郡,征求货财、弓矢、鞍辔之物,或于西域回鹘索取珠玑,或于海东楼取鹰鹘,驲骑络绎,昼夜不绝,民力益困。然自壬寅以来,法度不一,内外离心,而太宗之政衰矣"③,新任的大汗如何领导臣民获得新的财富来源,实质是蒙哥汗的核心任务。以此,在恢复蒙古国社会秩序、清除异己、巩固拖雷系力量以及继承先祖开蕃建汗大业等因素的作用下,蒙哥令其二弟忽必烈于 1252 年率大军远征大理,三弟旭烈兀于 1253 年率军攻打西亚地区。1258 年,蒙哥本人亲率大军攻打南宋,等等。到 1259 年蒙

① 《元史》卷二《太宗本纪》,第 1 册,第 29 页。
② 兰江《长子西征及其胜利原因探究》,《四川大学学报》2004 年增刊,第 38—41、47 页。
③ 《元史》卷二《太宗本纪》,第 1 册,第 39—40 页。

哥去世之际,蒙古人所征略的地域包括天山南北、中亚、西亚、印度、欧洲东部、伊朗高原至阿拉伯以及俄罗斯、波兰、匈牙利等①。帝国就疆域面积而言,东滨阿姆河,西临地中海,北界里海、黑海、高加索,南至波斯湾;所控制区域北起蒙古高原,南达东南亚,西至匈牙利平原,东濒日本海,亚欧大陆首次在一个游牧汗国的控制下被联结为一个整体。蒙古帝国控制区域与国家有:高丽,越南,缅甸大部,老挝大部,巴基斯坦东北部,印度北部,阿富汗,伊朗,伊拉克大部,哈萨克斯坦、乌兹别克斯坦、吉尔吉斯斯坦、塔吉克斯坦、土库曼斯坦、格鲁吉亚、阿塞拜疆、亚美尼亚、土耳其大部、俄罗斯、乌克兰、白俄罗斯、罗马尼亚、保加利亚等,总面积约 4500 万平方公里,诚可谓"征尘落尽即为家"。在元朝人看来,蒙元帝国疆域所至,的确是"尽日之所出与日之所没",而"往所谓勒燕然、封狼居胥,以为旷世稀有之遇者",在 13—14 世纪蒙古人的统治之下,却可以"单车掉臂,若在庭户"了②。

二、13—14 世纪东、西方世界互联互通的基础:驿路的拓通和建设

蒙古人的世界征略军事行动给世界人民和世界文明带来巨大灾难和毁灭的同时,也使得东、西方世界之间实现了极为广泛且密切的交流,"蒙古人西征,将以前闭塞之路途,完全洞开,将各民族集聚一处。西征最大结果,即使全体民族,使之互换迁徙"③,这不仅仅指蒙古人打破了各个政治统辖的疆界,更指蒙古人对于东、西道路拓通的贡献。在蒙古人的大型军事行动之前,东、西方世界的政权国家和区域长期处于"各有君长,兵众分弱,无所统一"④的割据之态;蒙古时代开启之后,"他们在国土上遍设驿站,给每个驿站的费用和供应作好安排,配给驿站一定数量的人和兽,以及食物、饮料等必需品"⑤,这些拓通的驿路在蒙古人的征略大军过去之后,"开放给商人、传教士","使东方和西方在经济上和精神上进行交流成为可能"⑥。

可以看到,从成吉思汗的征略时代开始,帝国的驿站即以漠北为中心由东

---

① 曾向吾《中国经营西域史》导言,商务印书馆 1936 年,第 8 页。
② 罗大己《滦京杂咏跋》,纪昀等编《四库全书》,第 1219 册,第 627 页。
③ 《白寿彝文集·中国通史》,(开封)河南大学出版社 2008 年,第 318—319 页。
④ 班固《汉书》卷九六下《西域传》,第 3930 页。
⑤ 《世界征服者史》上册,第 32 页。
⑥ 《出使蒙古记》,第 29—30 页。

北部向中亚区域密集地铺设开来。漠北交通线大体为:由中原北上,经漠北、和林,再趋金山,折而南下至别失八里,然后沿阴山(今天山)北麓抵阿力麻里。由此向塔剌思,向西北可达欧洲,向西南则入波斯,此路在13世纪上半叶是连接华北与西域的主要交通线路。在征服西夏和金并控制关中地区之后,自先秦至唐代中期东、西方世界间的交通干线,即由中原经河西至西域并向西延伸的交通线路被拓通①。1221年,丘处机接受成吉思汗的召请,率弟子前往觐见驻扎于大雪山(今阿富汗兴都库什山)的成吉思汗,对中原前往西域驿路的拓通情形颇有描述。其《至阿里马城自金山至此以诗记其行》诗写道:"前年军兴二太子,修道架桥彻溪水"一句下有注释云:"三太子修金山,二太子修阴山"。李志常《长春真人西游记》有记述云:"其山高大,深谷长坂,车不可行。三太子出军始辟其路"②,指出拓通金山至西域驿路的指挥者乃三太子窝阔台;而伴随成吉思汗西征的耶律楚材即亲见二太子察合台凿石通道为48座桥的情景,有诗赞述道:"古来天险阻西域,人烟不与中原通""四十八桥横雁行,胜游奇观真非常"③,也对蒙古人打通中原与西域道路的壮举深为感奋。

成吉思汗之后,其子孙不仅继续父辈的开藩建汗事业,更重要的是将成吉思汗时代开启的东、西方"丝路"拓通事业制度化、细密化。先是窝阔台汗,他不仅拓通了中原通往漠北以及东欧诸国的道路,而且第一次将驿路命名为站赤,并使其建设制度化。《元史·兵志》云:"元制站赤者,驿传之译名也。盖以通达边情,布宣号令",又载:"太宗元年十一月,敕:'诸牛铺马站,每一百户置汉车一十具。各站俱置米仓,站户每年一牌内纳米一石,令百户一人掌之。北使臣每日支肉一斤、面一斤、米一升、酒一瓶'";"四年五月,谕随路官员并站赤人等:'使臣无牌面文字,始给马之驿官及元差官,皆罪之。有文字牌面,而不给驿马者,亦论罪。若系军情急速,及送纳颜色、丝线、酒食、米粟、段匹、鹰隼,但系御用诸物,虽无牌面文字,亦验数应付车牛'"④。在窝阔台汗时代,由于灭金以及第二次西征的拓展,蒙古又增设了从蒙古本土通往察合台和拔都封地,从和林通往中原汉地的驿站。1245年4月,意大利主教普兰诺·加

① 闫国疆《蒙元初期的丝绸之路与国家治理》,《河海大学学报》2016年第2期,第81页。
② 《长春真人西游记》卷上,第40页。
③ 耶律楚材《过阴山和人韵》(其一),《全元诗》第1册,第200页。
④ 《元史》卷一〇一《兵志四》,第9册,第2583、2584页。

宾尼(John of Plano Carpini)从法国里昂启程,1247 年秋再回到里昂,加宾尼一行即体会到了驿站通达的便利。根据加宾尼的记述,他的行程经波希米亚、波兰到基辅,渡第聂伯河、顿河到伏尔加河畔的萨莱。正是依靠拔都建立的军事驿站,由拔都的骑兵一路引领过锡尔河下游的养吉干(今哈萨克斯坦卡札林斯克南),南下至讹答剌(今哈萨克斯坦奇姆肯特西北齐穆尔),过阿拉湖沿岸至叶密力,再经额尔齐斯河下游或乌伦古河,东越阿尔泰山到和林,参加贵由汗的即位典礼[①]。

在蒙哥汗时期,大理被灭,云贵高原并入帝国版图。西征军拓疆几万里,先后攻取波斯南部的卢尔人政权,再攻灭波斯西部的木剌夷国,再灭阿拔斯王朝,灭亡叙利亚的阿尤布王朝,攻占了小亚细亚大部分地区;在东路军与南宋的交战中,南宋辖下的四川北部大部分地区也被蒙古人攻占。西亚及西南丝绸之路得以拓通和兴盛。蒙哥汗去世后,由蒙古国分裂出来的元朝更加加强了驿站的布局。《元史》认为:蒙古人对驿站重要性的认知以及对驿站建设的重视程度前所未有,"凡站,陆则以马以牛,或以驴,或以车,而水则以舟。其给驿传玺书,谓之铺马圣旨。遇军务之急,则又以金字圆符为信,银字者次之;内则掌之天府,外则国人之为长官者主之。其官有驿令,有提领,又置脱脱禾孙于关会之地,以司辨诘,皆总之于通政院及中书兵部。而站户阙乏逃亡,则又以时签补,且加赈恤焉"。而元代驿站所发挥的作用也视前代为盛,"于是四方往来之使,止则有馆舍,顿则有供帐,饥渴则有饮食,而梯航毕达,海宇会同,元之天下,视前代所以为极盛也"[②]。马可·波罗在其行记中对元朝驿站之密集、便利、舒适给予了非常热情的描述:

> 其名曰站(Iamb),一如吾人所称供给马匹之驿传也。每驿有一大而富丽之邸,使臣居宿于此,其房舍满布极富丽之卧榻,上陈绸被,凡使臣需要之物皆备。设一国王莅此,将见居宿颇适。
>
> 此种驿站中备马,每站有多至四百匹者。有若干站仅备二百匹,视各站之需要而为增减。盖大汗常欲站中存有余马若干,以备其所遣使臣不时之用。应知诸道之上,每二十五哩或三十哩,必有此种驿站一所,设备

---

① 李云泉《蒙元时期驿站的设立与中西陆路交通的发展》,《兰州大学学报》1993 年第 3 期,第 89—94 页。
② 《元史》卷一○一《兵志四》,第 9 册,第 2583 页。

如上所述。由是诸要道之通诸州者,设备皆如此;赴大汗所辖之诸州者,经行之法如此。①

从驿路的铺设网络来看,在元代,东、西方之间以及元朝境内两都以及中书省与郡县的陆、海、水等各路都极为便利。驿站的便利不仅实现了人们的世界行走之梦,更让13—14世纪的元朝人们可以"不出户而八蛮九夷"②。

三、蒙古人对财货的渴慕与13—14世纪世界的互联互通

毫无疑问,蒙古人的世界征略行动对13—14世纪整个内陆欧亚世界来说是史无前例的大劫难,对其时的文明来说也是一场巨大的浩劫,但这种暴力的行为却也极大程度地把之前因地理、经济、政治等各种条件互相阻隔的文明地区,暂时联系起来。在蒙古人统治的这段时间,东、西交通与文化交流,达到历史上从未有过的高涨。对游牧民族而言,无论蒙古帝国还是元朝以及其他汗王政权,他们崛起的根源在于生存和财富,战争就是一种生产,战争的胜利即意味着成功与财富;而对于成吉思汗及其子孙而言,他们征略天下的目的在于试图将"日出日没"处,凡是"有星的天""有草皮的地"尽看作长生天对成吉思黄金家族的赐与。从成吉思汗时代开始,蒙古人便对被征服区域立下定制,"凡有归附之国,君长亲朝,子弟入质,编民数,出军役,输纳税赋,仍置达鲁花赤统治之"③,所以,蒙古人的开疆拓土以及建设驿站行为,从根本着眼点而言都是为了驱口(被俘获驱使之人)和财货。不过,这些驱口及财货的输入以及输入方式却间接地推动着13—14世纪世界的互联互通。

首先是蒙古人的征略行为推动了东、西方人员的大规模流动与迁徙。世界的互联互通,最根本、最核心的内容便是人口的流动。就东迁入中土的情形而言,随着蒙古远征军的东归,有大批中亚人、西亚人、斡罗斯人、钦察人,或作为投顺的王公、贵族,或作为被掳的工匠、奴隶,辗转东来,也将他们的文明带到东亚来。以位于今河北张家口万全区洗马林镇,蒙古时期名为"荨麻林"地

---

① 〔意〕马可波罗口述,〔法〕沙海昂注,冯承钧译,李金早主编《马可波罗行纪》,商务印书馆、中国旅游出版社2016年,第201页。

② 黄文仲《大都赋并序》,《全元文》卷一四二一,第46册,第136页。

③ 元世祖《谕安南诏(至元四年七月)》,《全元文》卷九九,第3册,第305页。

方为例,由于蒙古人的西征和蒙古人对其时名为"纳失失"织锦的喜好,大量中亚人被迁徙到荨麻林,并形成一个著名的小镇。荨麻林乃是波斯文 Nasij("纳失失")的译音,意为"织金锦"①。成吉思汗西征之后,从中亚等地带来了纳失失,并受到了蒙古贵族们的喜欢,马可·波罗在他的游记中说"家境富有的鞑靼人所穿的衣服是由镶有金丝的丝绸"②,而且纳失失作为裁制只孙服的必备材料,也导致了人们对纳失失的需求不断增大,于是蒙古统治者特设纳失失局以满足人们的需求。《元史》载"弘州、荨麻林纳失失局,秩从七品。二局各设大使一员、副使一员。至元十五年,招收析居放良等户,教习人匠织造纳失失,于弘州、荨麻林二处置局。十六年,并为一局。三十一年,徽政院以两局相去一百余里,管办非便,后为二局"③。《元史·哈散纳传》云:"太宗时,仍命领阿儿浑军,并回回人匠三千户驻于荨麻林"④,所谓阿儿浑军即由穆斯林阿儿浑人组成,军中集合了来自撒马尔罕以及不花剌(今布哈林)区域来的人们⑤,而为满足纳失失生产的需要,窝阔台汗时期,蒙古帝国从西域迁徙工匠3000 户至中国,驻住于荨麻林。拉施特的《史集》也指出,在大都(今北京)西北行赴上都(在今内蒙古锡林郭勒盟正蓝旗界内)的路上,有一座名叫"Symaly"的城市,"在此城(上都)附近,有另一城,名为荨麻林,此城大多数居民为撒麻耳干人,他们按撒麻耳干的习俗,建立起很多花园"⑥。马可·波罗也描述道,在他离开天德州(约今内蒙古土默特旗)之后,"由这个地区穿行七日,向东方的汉地前进,要经过许多居住着偶像信徒、穆斯林和聂斯托利派基督徒的城镇。这些人以商业和手工业为主,编织一种镶嵌着珍珠母的织金锦缎,称为纳石失和纳忽"⑦。拉施特和马可波罗的描述都指向了一个事实,那就是,住满撒马尔罕人的荨麻林在 13—14 世纪是一座人烟富庶的小城。当然"荨麻林"是一个典型现象,以 13—14 世纪人们不绝于书的"回回人遍天下"表述情

---

① 按:纳失失是元朝宫廷宴席缝制宴礼服"只孙服"的主要衣料(杨志玖《回回人的东来和分布》,《回族研究》1993 年第 1 期,第 18 页),是用金线(以金箔捻成的线)与丝线在丝织布上交织而成的一种以加金艺术为主要表现的丝织物,包括片金线或圆金线为经纬的织金锦或织金缎以及绣金锦缎。

② 《马可·波罗游记》,第 123 页。

③ 《元史》卷八九《百官志五》,第 8 册,第 2263 页。

④ 《元史》卷一二二《哈散纳传》,第 10 册,第 3016 页。

⑤ 邱树森《元初伊斯兰教在中国北方和西北的传播》,《回族研究》2001 年第 1 期,第 76—80 页。

⑥ 《史集》第二卷,第 324 页。

⑦ 《马可·波罗游记》,第 137 页。

形而言,可以想见其时东迁入中土的中亚、西亚人群的规模。

随着蒙古大军的西征以及蒙古人掳掠人口行径的蔓延,大批蒙古人、汉人以及中国西北与中亚各族的人群,从东向西迁徙,由中原内地到边塞异邦,进入中亚、西亚、东欧乃至西欧各地。如罗斯,自蒙古人1238年征服罗斯,罗斯作为金帐汗国的组成部分进入蒙古人的统治体系,直至1480年,蒙古人在东欧平原上对其维持了243年的统治,这给俄罗斯民族留下了极其浓重的印迹。因为蒙古的占领,罗斯成为欧洲基督教世界与蒙古帝国两个世界的共同边界区,并与东方的交往得到巨大的发展。俄罗斯文化中西亚部分和东亚部分发生了特殊变化。两者互相融合和相互学习,从而酝酿出俄罗斯的欧亚文化。所以萨维茨基认为,"没有'鞑靼人的统治'就没有俄罗斯"[1]。对于个体或者群体而言,由战争和社会秩序不稳定而带来的迁徙与流动是非常不幸的,但在一个大范围的层面而言,人口的流动和迁徙会使得东、西、南、北世界之间的互联互通程度相当幅度地增强。1246年贵由汗举行登基大典,出席大典的不仅有蒙古贵族和各汗国的使团,还有"中原地区的官员,突厥斯坦与河中的长官马忽惕,呼罗珊的异密阿儿浑,伊拉克、鲁尔、阿塞拜疆与设立汗等地的异密。罗姆素丹鲁克拉丁,格鲁吉亚的两个争王位者大卫·纳林与大卫·拉沙,俄罗斯大公雅罗斯拉夫,亚美尼亚王海屯一世之弟森帕德,毛夕里素丹巴得拉丁鲁罗之使者,巴格达哈里发派遣的大法官法赫鲁丁,法尔斯与起儿漫的使臣,阿剌模忒易司马仪派教主阿老丁和库希斯坦派来的使者,甚至还有法兰克的使者"[2],这充分印证了13—14世纪蒙古人征略背景下,世界人员的互联互通情形。

其次是,蒙古人对财货的渴羡和占据态度使得13—14世纪时期的东、西方贸易情形极为频繁。从成吉思汗开始,蒙古人便向世界的商人宣谕他们的和平贸易态度,曾颁布一条札撒(法令)云:"凡进入他的国土内的商人,应一律发给凭照,而值得汗受纳的货物,应连同物主一起遣送给汗。"[3]窝阔台时期,"合罕慷慨善良的名声四处传播,所以各国商人都争相来到他的宫廷。合

① 按:转引粟瑞雪《欧亚主义视野:萨维茨基论蒙古—鞑靼统治及其对俄罗斯历史的影响》,《俄罗斯中亚东欧研究》2010年第3期,第84—89页。
② 王治来《中亚史纲》,(长沙)湖南教育出版社1986年版,第461页。
③ 《世界征服者史》,上册,第85页。

罕吩咐收下他们的〔全部〕货物,不管好坏,全部如数付酬。多数情况是,未看〔货物〕就给了〔报酬〕,而且他们〔商人们〕定出了重利十倍的高价,因而获利甚巨。所有的商人都看清了这一点,因而不打开货物,两三天不露面,直到〔合罕〕来买,这时他们才来随意地定出一个价格。合罕有旨,无论要价多少,都按十〔加〕一付款"①。于是乎,从波斯湾东渡印度洋,经由东南亚诸国抵达中国东南沿海的远洋航行,借助阿拉伯航海技术与中国的针路(水罗盘导航)、牵星(根据恒星高度测定船舶所在位置)技术,以及蒙古人所提供的驿站便利,世界以经贸为中心的互联互通情形非常活跃②。志费尼写道:"成吉思汗统治后期,他造成一片和平安定的环境,实现繁荣富强;道路安全,骚乱止息:因此,凡有利可图之地,哪怕远在西极和东鄙,商人都向那里进发。"③意大利商人裴哥罗梯(Pegolotti)在《通商指南》中也说,"据商人曾至契丹者言,由塔那至契丹,全途皆平安无危险,日间与夜间相同"④。以此,美国学者卢格霍德认为:"蒙古人既没有打造具有战略性的贸易枢纽,也没有为世界经济提供独特的工业生产力,更没有发挥转运功能。然而,他们却营造了一个风险很少,保护费用低廉的有利环境"⑤,这非常有道理。而值得注意的是,在元朝,成为蒙古统治体系核心的中国也成为 13—14 世纪的世界贸易中心。如卢格霍德所云,当亚欧大陆首次在一个蒙古人的控制下被联结为一个整体后,借助驿路建设的密集、欧亚交通网络的恢复,从东北欧一直到中国,连接地中海、黑海、里海、红海、阿拉伯海、孟加拉湾、南海、东海等海道,世界形成了以热那亚、君士坦丁堡、开罗、巴格达、布哈拉、撒马儿罕、哈剌和林、坎贝、北京、杭州、泉州、广州等多个城市为贸易中心,同时又互有重叠的八大贸易圈⑥。

　　此外,还值得一提的是,蒙古黄金家族的分配制度以及蒙古人对其他区域和国家的强制朝贡行为也同样推动着 13—14 世纪世界的互联互通。蒙哥去世后,自 1260 年起,蒙古帝国分裂为元王朝之外,钦察汗国(又称金帐汗国)、

---

①　《史集》第二卷,第 95 页。

②　姚大力《"天马"南牧——元朝的社会与文化》,第 40—41 页。

③　《世界征服者史》,上册,第 85 页。

④　张星烺《中西交通史料汇编》,中华书局 1977 年版,第 1 册,第 314 页。

⑤　〔美〕珍妮特·L 阿布-卢格霍德著,杜宪兵、何美兰、武逸天译《欧洲霸权之前:1250—1350 年的世界体系》,商务印书馆 2015 年,第 151 页。

⑥　《欧洲霸权之前:1250—1350 年的世界体系》第一章。

察合台汗国、窝阔台汗国、伊利国等汗国，他们作为黄金家族成员，彼此血脉相连，至少在名义上奉忽必烈为大汗，称元朝为宗主国。更重要的是，这些汗国与元朝驿路相通、财富共享。总而言之，蒙古人对于世界的征略行动，他们在黄金家族统辖区大范围拓通驿路、加强驿站建设的作为，以及积极的财货获取态度使得13—14世纪的以中国为中心的世界互联互通的情形达到了鼎盛的状态。也正如美国学者卢格霍德所云："中国在13世纪世界体系中的地理位置十分重要。因为它连接着北方的陆上商路和同样重要（甚至更为重要）的印度洋海路。当这两条线路同时充分地发挥作用时，特别是当中国处于统一状态，因而成为连接两条线路的'畅通无阻的沟通媒介'时，世界贸易线路是完整的。其实，只有在13世纪和14世纪初期，世纪贸易线路处于完整状态时，我们才能说存在着前现代'世界体系'。"①我们也可以借此进一步认为，蒙古人推动了13—14世纪以中国为中心的世界范围的人员、物质以及文化思想的互联互通，元代文学的创作也因此而需要涉及那些频繁往来于中土的异邦人群的创作，以及中国作者踏出国门对于异域的载记，这些内容深刻地影响了元代文学创作的面貌和格局。

第二节　13—14世纪的丝绸之路与"丝路"纪行创作的大繁荣

所谓"丝路"即指"丝绸之路"，据19世纪（1877）德国地质地理学家李希霍芬著作《中国》一书对"丝绸之路"的定义，是指中国与中亚、印度等古代西域间以丝绸贸易为媒介的交通路线；之后20世纪德国历史学家郝尔曼的《中国与叙利亚之间的古代丝绸之路》将丝绸之路拓展，认为是中国古代经过中亚通往南亚、西亚以及欧洲、北非的陆上贸易通道；法国汉学家沙畹在其所著《西突厥史料》中提出，"丝路有海陆两道"；日本学者三杉隆敏在他1967年出版的《探索海上丝绸之路》初次提出"海上丝绸之路"；而人们又据之提出"丝瓷之路""草原丝绸之路""西南丝绸之路"等概念。综合而言，"丝绸之路"可以看作是古代中国与外邦在经济、政治、文化等诸多方面进行交流的主要区域与道路。从陆路到海洋、从戈壁瀚海到绿洲，途经无数城邦、商品集散地等社会

---

① 《欧洲霸权之前：1250—1350年的世界体系》，第336页。

区域,来往于这片交通网络的人们有士兵与海员、商队与僧侣、朝圣者与游客、学者与技艺家、奴婢和使节、得胜之师和败北将军等等,这些来往的人们赋予了"丝绸之路"丰富的意味。

由上一节的叙述可以看到,蒙古人征略世界的行为打破了之前由许多政权割据而形成的各种阃域藩篱,改变了世界格局,"将以前闭塞之路途,完全洞开,将各民族集聚一处。西征最大结果,即使全体民族,使之互换迁徙"①。站在中国的视角而言,蒙古人统治下的中国以主动、开放的姿态与周边世界往来交流的情形非常频繁,较诸之前3—9世纪的汉唐以陆路为主、10—12世纪的两宋偏重海上,以及之后15—19世纪的相对被动开放的明清时期;13—14世纪蒙古统治下的中国以海、陆丝绸之路为纽带,第一次实现了沙漠与海洋两大出口的全球性开放格局,其开放的主动程度和交流的繁荣程度都达到了一个旷古所未闻的巅峰状态。正以元朝所处的13—14世纪时期,中国与外邦广泛交流,东、西方世界密切往来,这个时期的中国文学并不能拘囿于中国范畴,它是世界性的,需要用"13—14世纪时期的文学"才能指称清晰;这种世界性特质是围绕丝绸之路而展现的,它在创作上表现为纪行创作的巨大繁荣;它的创作群体包括走出中国腹地的中国作者和进入中国领域的人们;这些创作所带来的影响也具有相当程度的世界性。如果处于13—14世纪的元朝最不能被忽略的一部分内容是它与域外不可分割的关系的话,那么这些因素应该被纳入到元朝文人群体的地理分布和文坛格局的讨论范畴中。

13—14世纪海、陆"丝路"的全面拓通,带来了其时"丝路"纪行文学创作前所未有的大繁荣。所谓"纪行",指记载旅游路上的所见所闻的创作,与最早见于南北朝之际"行记"的意思相近。沿承古代大文章学的概念,丝路纪行创作包括由"丝路"出行而产生的诗词、散文以及道里记、风俗记、游方记、异物志、杂传、地志等,凡僧人用来记西行求法,使臣用来记行程道里,奉命交聘者用以记外交通聘,从驾征行者用以记征途行役,以及商旅之士载记其道里行程、所见风物等多在其列。以作者的身份而论,有僧人纪行、聘使纪行、文臣纪行、个人纪行之类;以体式而论,常见的有纪传体、行录体、笔记体、综述体;内容上多述行程经见、山川道里、风俗民情、传奇述异,境界奇绝、异彩纷呈、内涵

① 《白寿彝文集·中国通史》,第318—319页。

丰厚;写法上常以第一或第三人称口气叙事写人,写景抒情,兼具地理志、人物记和游记、杂记等文体要素与著述的特征;以语言记述而论,主要有汉文创作、波斯—阿拉伯文创作,以及以意大利文、英文为主的其他语言创作等;其创作表现形态可以是整部的著述,也可以是单篇的文章,等等。以其中内涵丰富,富于文学色彩的作品进行统计,13—14世纪期间,独立成卷的"丝路"纪行作品约计百余种,其中汉文文献近80种,外文文献近30种,另有纪行诗文约计2000余篇,此外一些史籍的相关内容也值得注意。总之,其数量之丰富,远超自汉拓境西域至宋以来九个多世纪所有纪行创作数量的总和①。为讨论的方便,且按照写作语言来描述13—14世纪丝路纪行创作的繁荣情形。

首先是以汉文为主的纪行创作。在13—14世纪,汉文写作的主体不仅指全部中国作者,还应该包括高丽、安南、日本等区域和国家的作者。围绕朝贡、留学、贸易等目的而形成的"燕行录"之类的汉文创作是构成13—14世纪丝路纪行作品汉文写作的重要部分。按照路线、区域的相似度,又可以按照东、西、南、北四个方向将这些汉文纪行创作粗略地拆分为四个小系列。

东向纪行系列:主要是指中国腹心区域与其东北方向的高丽、日本之间往来的纪行文学创作②。

元朝与高丽之间的纪行创作,以高丽或朝鲜使臣的"燕行录"③为主要内容。13—14世纪蒙元政权与高丽的关系可以解释为宗藩关系,以高丽对蒙元王朝朝贡为主。从研究者的统计来看,蒙古自1229年太宗即位至1368年明朝建立,130余年间,高丽遣使朝觐达556次。大多数情况下,来华使臣需要前往上都和大都,一般他们由海路在山东登州下船,之后继续沿海路先到沙门岛(今山东长山列岛),进入莱州洋(今莱州湾),继而沿海岸至直沽(今天津),再到大都④。从现今留存的作品情况来看,主要存于有陈澕《燕行诗》、金坵《止浦集》、李承休《宾王录》《动安居士集》、金九容《金陵录》《流云南》、李齐贤《奉使录》、李崇仁《奉使录》、李穑《燕客录》、安轴《谨斋集》、郑梦周《金陵录》

---

① 按:主要以张星烺《中外交通史料汇编》、杨镰主编《全元诗》、李修生主编《全元文》为统计对象。

② 姜剑云、张敬钰《元代高丽"燕行录"研究平议》,《沈阳师范大学学报》2018年第3期,第49—53页。

③ 按:来华的高丽或朝鲜使臣将其使华途中的见闻用汉字著录成文,辑编成书,统称为"燕行录"。"燕行录"创作类型包括诗歌、日记、杂录、笔谈等体式,涉及政治、风物等内容的载记。

④ 颜培建《蒙元与高丽人员交往探讨——以高丽使臣身份为中心》,南京大学2011届中国古代史·中韩关系方向博士论文,第34、30页。

《赴南诗》、李詹《两朝金陵录》《观光录》、李仲学《麟斋遗稿》、权近《点马行录》《奉使录》、郑道传《朝京诗》、赵浚《辛未录》、崔瀣《农隐集》、僧一然《三国遗事》、申贤《华海师廷对录》、李穀《燕居录》、郑浦《燕京录》、无名氏《北征录》等著中。此外，释普愚《太古游学录》、释懒翁《大元访师录》、无名氏《朴事通谚解》、无名氏《老乞大》以及中国使臣前往高丽的纪行之作李至刚《耽罗志略》等约计 30 种，这些都可以反映出高丽与元朝之间频密的往来交流情形。

元朝与日本之间的纪行创作，以中日僧侣的汉文诗文为主要内容。由于1274、1281 年，元朝发动的永安之役和弘安之役都以元朝失败而告终，所以终元之朝，中、日之间并无官方的使节互通情况，但日本与元朝的民间商贸往来，以及藉由僧侣而进行的文化交流活动实际非常频繁。像吴莱所云"……自庆元航海而来，艨艟数十，戈矛剑戟莫不毕具，铦锋淬锷天下无利铁。出其重货，公然贸易。即不满所欲，燔爇城郭，抄掠居民"①，情况虽有些激烈，实际说明中、日之间这种不受官方保护和鼓励的贸易往来非常频繁，其情形甚至超过唐宋时期。而"入元僧名传至今的，实达二百二十余人之多，至于无名的入元僧更不知几百人了。而这些入元僧都是搭乘商船，三三两两，来来往往的，可见当时开往元朝的商船是如何之多"②。日本与元朝之间的路线主要依靠海路，从日本的博多跨越东海到达庆元港③。有关 13—14 世纪元日之间的纪行创作主要保留于中、日僧侣的作品中，如雪村友梅《岷峨集》《雪村大和尚行道记》、别源圆旨《南游集》《东归集》、清拙正澄《禅居集》、中岩圆月《藤荫琐纲集》、虎关师炼《济北集》等 7 种作品④。

---

① 吴莱《论倭》，《全元文》卷一三六八，第 44 册，第 96 页。

② 木宫泰彦认为："元末六七十年间，恐怕是日本各个时代中，商船开往中国最盛的时代"，木宫泰彦著，胡锡年译《日中文化交流史》，商务印书馆 1980 年版，第 394 页。

③ 按：1350 年代后，由于浙江周边海域比较危险，所以，中、日贸易路线暂时从福建出发，经台湾、冲绳、南九州，到熊本的高濑，但主要还是博多—庆元路线。参考访谈记录《榎本涉：元代曾是中日贸易的顶峰》，澎湃新闻 2016 年 3 月 11 日。

④ 按：此段叙述参考孙国珍《元代中日文化交流及宋学在日本的传播和研究》（《内蒙古师大学报》1984 年第 4 期，第 22—28 页），孟阳《论五山诗僧中岩圆月——以汉诗为中心》（《现代交际》2012 年 6 月刊，第 86 页），孙东临《日本来华五山僧侣与日本中世纪汉文学的繁荣》（《日本问题》1987 年第 6 期，第 47—55 页），唐千友《汉诗的东渐与流变——日本汉诗》（《学术界》2011 年第 7 期，第 170—178 页），李寅生《日本汉诗引证中国历史典故得失刍议》（2010 年青岛大学"东亚文学与文化研讨会"，《东亚文学与文化研究辑刊》，2012 年），许语《赴日元僧清拙正澄在日活动研究》（浙江工商大学 2017 届日语语言文学硕士论文）等。

西向纪行系列：主要是人们从中原区域前往曾属于蒙古、中亚、欧洲区域的纪行创作。十三世纪初蒙古国的崛起，打通了欧亚之间的通道。就陆上丝绸之路而言，其线路有：从大都出发往东北行，经过辽朝时期的驿站，可到达奴尔干城（今俄罗斯特林）；从大都出发北行，可到达和林（今蒙古喀剌和林）；从大都西行，经宣德（今河北宣化），经和林再经西北行可到达莫斯科、那窝果罗（俄罗斯的诺夫哥罗德）；从大都到和林后再西南行或西行，可到达阿里麻里（新疆旧霍城）。以上诸路在衔接汉唐以来的丝绸之路后，总汇于西辽故都虎思斡鲁朵（今吉尔吉斯斯坦托克马克东）和可失哈耳（今喀什市）。再西行，可达西亚名城撒麻耳干（撒马尔罕）、察赤（乌兹别克斯坦塔思干）、塔剌思（哈萨克斯坦南部江布尔）、巴里黑（阿富汗瓦齐拉巴德）。13—14世纪之间中土诸国使臣以及宗教人士沿着西夏、金、宋以及蒙古人拓通的驿道追谒蒙古大汗，出现大量西游纪行诗文。相关内容保留于：刘祁《〈乌古孙仲端〉北使记》、赵珙《蒙鞑备录》、耶律楚材《西游录》、彭大雅、徐霆《黑鞑事略》、李志常《长春真人西游记》、张德辉《岭北纪行》、刘郁《〈常德〉西使记》、刘敏中《诸国臣服传记》、列班·扫马《列班·扫马游记》、袁桷《拜住元帅出使事实》、察罕《圣武亲征录》、周致中《异域志》、廖莹中《江行杂录》、潘昂霄《河源志》、陈准《北风扬沙录》、廼贤《河朔访古记》、熊梦祥《析津志》、萧洵《元故宫遗录》、刘佶《北巡私记》、殷奎《关外纪行》等20种作品。

南向纪行系列：主要是人们往来等东南亚、安南、西南等区域的纪行文学创作。

东南向的纪行创作主要是沿南海而行所产生的东南亚海上丝路纪行创作。在13—14世纪期间，东南亚海上丝路所经停的港口有：泉州、杭州、广州、扬州、温州、庆元、三佛加（印尼巨港）、马八儿俱兰（印度奎隆）、僧伽那山（今斯里兰卡）、忽里模子（伊朗阿巴斯港附近）和波斯啰（伊拉克巴士拉）、祖法儿（阿拉伯半岛阿曼佐法尔）、默伽城（麦加）、密昔儿（今埃及）、层摇罗（今坦桑尼亚达累斯撒拉姆沿海岸地区）、马达伽思伽儿（马达加斯加）、威尼斯等。这些创作主要留存于赵汝适《诸蕃志》，陈大震、吕桂孙《大德南海志》，汪大渊《岛夷志略》等几种作品中。

西南向的纪行创作是沿西南方向而走的安南、云南等区域的陆上丝路纪行创作。自忽必烈括大理后，"其地，东至普安路之横山，西至缅地之江头城，凡三千九百里而远;南至临安之鹿沧江,北至罗罗斯之大渡河,凡四千里而近"①,所辖区域实际包括今云南全省,四川、贵州二省及缅甸、泰国、老挝、越南四个国家的各一部。自大都西南行,经冀宁(太原),至奉元(西安);转向西行,经兰洲和河源西北,南去达乌思藏(拉萨)。自大都西南行,经冀宁、奉元、成都至中庆(昆明);自大都南偏西行,经汴梁(开封市)、中兴(江陵)、贵州(贵阳),亦至中庆(昆明)。自中庆东南行,可达大越大罗城(越南河内);西南行,可达缅国蒲甘城(缅甸蒲甘)。现今有关其时的纪行创作的作品有黎崱《安南志略》、陈孚《交州稿》、徐明善《天南行记》、郝天挺《云南实录》、郭松年《大理行记》、周达观《真腊风土记》、张立道《云南风土记》、张立道《安南录》、李京《云南志略》《鸠巢漫稿》、文矩《安南行记》、傅与砺《南征稿》、智熙善《越南行稿》、萧泰登《使交录》、张以宁《安南纪行集》、无名氏《皇元征缅录》、段福《征行集》、阮忠彦《介轩诗集》等约计 18 种。

北向纪行系列:主要体现为中原区域沿着草原丝路前往上都的上京纪行诗文。1260 年以后,蒙古帝国分裂为元朝和其他汗国,元王朝为加强与西北宗王的联系,实行两都巡幸制,"草原丝路"畅通而且文化交流相当频繁。由于元朝实行"两都巡幸制",大量馆臣、僧侣、商贩穿行于大都和上都之间的"草原丝路",留下大量纪行创作。据周伯琦《扈从集前序》序言所载,大都到上都一路须经:昌平、龙虎台(新店)、居庸关,直到沙岭。以沙岭为界,之前一路为山路,之后则为朔漠。再经过牛群头,到察罕诺尔(汉语:白海),白海有行在宫,曰亨嘉殿,再到云需总管府所在地,鹰房,再是郑谷店,明安驿泥河儿,李陵台驿双庙儿等驿站,再到桓州,名为六十里店,再前至南坡店,到了南坡离上京就很近了。据今人考察②:南段:自大都,出健德门北行,经大口、龙虎台。逾南口、弹琴峡、八达岭,至岔道口,遂与东辇道分途。复折而西北,经榆林、怀来,至于统幕。中程:自统幕,舍西辇道,折而东北,越长安岭、李老谷、浩门岭,至于赤城,复逆沽河上源中支之白河北行,经沙岭、云州堡、龙门峡,遂与东辇道并出独石。更北度偏岭,经担子洼,至牛群头,乃与西路辇道,复合于斯。北段:自牛群头,复西北行,至察罕诺尔,更溯上都河左岸北上,经明安驿、李陵台、新桓州、南坡店,遂抵上都。元朝的馆阁文人是上京纪行诗文创作的主力

---

① 《元史》卷六一《地理志四》,第 5 册,第 1457 页。
② 袁冀《元代两京间驿道考释》,《元上都研究文集》第 213—221 页。

军,"几乎全部馆阁文人、有一定影响的文臣"都是上京纪行诗文的创作者。
这些作品有王恽《开平纪行》、陈孚《玉堂稿》、袁桷《开平四集》、杨允孚《滦京
杂咏》、周伯琦《扈从集》《近光集》、张昱《辇下曲》以及大量馆阁文人及其他
约近 80 名作者的上京纪行诗文,总共约计 2000 篇左右。

　　其次是波斯—阿拉伯文类的纪行创作。蒙古人的西征造成了大量中亚、
西亚人的东迁,波斯语成为其时蒙古官方通行的重要语言。13—14 世纪蒙元
王朝与中亚、西亚之间的驿路,是蒙古西征时固定下来的,并设立站赤以维护
管理的重要丝绸之路。值得注意的是,汉唐以来的丝绸之路,总汇于西辽故都
虎思斡鲁朵(吉尔吉斯斯坦托克马克东)和可失哈耳(喀什市)。蒙古人三次
西征之后,自西辽故都城和可失哈耳西行,可达西亚名城撒麻耳干(撒马尔
罕)、察赤(乌兹别克斯坦塔思干)、塔剌思(哈萨克斯坦南部江布尔)、巴里黑
(阿富汗瓦齐拉巴德)等地。另外,9—11 世纪期间,是阿拉伯—伊斯兰舆地学
大为繁荣的时期,纪行创作作为舆地学的主要表现形式曾经盛行一时,而且伊
斯兰教《古兰经》教旨本来就倡导通过旅行和游历来观察和认识世界,这对于
13—14 世纪驿路畅通背景下的中亚、西亚人纪行写作的繁荣非常有影响。粗
略统计来看,这些纪行内容存留于〔孟加拉〕阿布·奥玛尔·明哈吉·丁《纳
希尔贵人》、〔小亚美尼亚〕海屯《海屯行纪》、〔波斯〕赛甫《也里州志》、〔埃及〕
扎卡里雅·卡兹维尼《卡兹维尼的宇宙志》、〔埃及〕扎卡里雅·卡兹维尼《各
国建筑与人情志》、〔埃及〕扎卡里雅·卡兹维尼《世纪奇异物与珍品志》、〔波
斯〕萨姆斯·J·阿布·阿卜达拉赫·苏菲·迪马斯基《海陆奇迹荟萃》、〔埃
及〕乌马里《眼历诸国行记》、〔埃及〕阿布尔菲达·伊斯玛仪·本·阿里《地理
书》、〔阿拉伯〕阿布尔·艾哈迈德·努伟理《阿拉伯文苑》、〔波斯〕哈姆杜拉
赫·穆斯多菲《内心的喜悦》、〔摩洛哥〕伊本·白图泰《伊本·白图泰游记》、
〔叙利亚〕宰恩·丁·阿布·哈夫斯·奥玛尔·伊本·瓦尔迪《奇迹书》、〔突
尼斯〕伊本·哈勒敦《绪论》,以及〔波斯〕拉施特丁《史集》、〔波斯〕志费尼《世
界征服史》、〔波斯〕哈沙尼《完者都算端史》,《瓦撒夫史》等约计 18 种著作中。

　　另外,还有以拉丁文、意大利语、英语等语种为表述语言的西方纪行创作。
东、西方丝绸之路的拓通使得西方传教士沿着蒙古大军留下的道路进入中国,
留下了丰富的"东游"纪行作品。以其时反映了最全面的东西经行路线、且最
具影响力的马可波罗的行程来看:马可·波罗在 1271 年由意大利威尼斯出

发,渡越地中海、黑海、中东的两河流域,到达巴格达,由波斯湾经过霍尔木兹海峡上岸,再穿越伊朗大沙漠,走阿富汗,经帕米尔高原,由当时的西域,经敦煌、玉门关,走过河西走廊,终于在 1275 年到达上都;1292 年,在中国停留 17 年后的马可·波罗由泉州启航,由爪哇国经苏门答腊,再经马六甲海峡,由阿拉伯海进入波斯,终于在 1295 年回到威尼斯。马可·波罗来往中国的路线,跨越海洋、穿行沙漠,基本需要穿越其时连接欧亚大陆的海、陆丝路才能到达目的地。总体而言,由于其时留下纪行创作的作者主要是意大利传教士和商人,又往往以英文本流布,所以可以将这些创作含糊地称作以拉丁文、意大利语、英语种为主的西方纪行创作。这些作品有〔意大利〕约翰·普兰诺·加宾尼《蒙古行纪》、〔波兰〕本尼·迪克特《波兰人教友本尼迪克特的叙述》、〔法〕威廉·鲁布鲁克《东行纪》、〔西班牙〕阿布·哈桑·阿里·伊本·塞义德《马格里布》、〔意大利〕马可波罗《游记》、〔意大利〕鄂多立克《东游录》、〔意大利〕裴哥罗梯《通商指南》、〔英〕曼德维尔《曼德维尔游记》等约计 10 种著作。

由以上的描述与罗列情形来看,13—14 世纪蒙古治下的欧亚世界,道路的畅通为人员频繁往来提供了现实基础,而那些现今存文或者存目的载记则又血肉俱丰且细碎多元地印证着 13—14 世纪世界互联互通的情形。也正是藉着这些载记,外邦人士眼中的"中国形象"传播至世界,而中土作者笔底的"异域景象"也进入中国表达之中,这些人群和载记不期而然地改变着元朝的创作人群和创作格局,意义深远。

第三节　13—14 世纪的"丝路"纪行创作与"中国形象"的世界认知

藉着现今留存的纪行作品、信札以及一些物质遗迹可以知道,13—14 世纪东、西方之间以及中国与周边国家和区域交流极为频繁的背景中,为数不少的蒙古人、西域人、中亚人、西亚人和东欧人以军人、传教士、商人、学者以及旅行家、冒险家等等身份进入中国,在推动元朝社会文化异质多元的同时,也将他们眼中的"中国形象"推向了他们的家乡以及世界,使得他们的家乡父老倍感惊诧之际,思维和视野也深受冲击,甚至产生意所不及的反应与影响。值得区分的是,这些外邦人士由于他们地缘背景以及文化习俗的差异,他们眼中的"中国形象"表达实际很不同,这一定程度构建了外邦人士眼中"中国形象"的多元性,给 13—14 世纪的世界文化带来多层级的影响。以欧洲文化圈、伊斯兰文化圈以及和东亚、东南亚文化圈为基本坐标来看那个时期的纪行创作中的中国形象,以及所产生的综合影响。

一、13—14 世纪丝绸之路的大范围拓通与世界格局的变化和交流

13—14 世纪期间,蒙古人的世界性征略活动为他们创建了人类历史上疆域空前的蒙古帝国,其境土横跨欧亚,东起今太平洋之滨,西达东地中海,南邻印度,西接伊斯兰、基督教世界,欧亚大陆自东向西所并存的四个大文化圈:即东亚以中国为中心的汉文化圈、中亚和西亚的伊斯兰文化圈、南亚的印度文化圈以及东地中海与欧洲的基督教文化圈[①]。在开疆拓土的同时,蒙古人对海、陆丝绸之路的建设也功不可没。不同文化圈的人们藉由海、陆丝路的大范围拓通,来往于蒙古大汗驻跸和统治的区域,从而在相互交流与认知的深度和广度上都达到了一个前所未有的程度。

首先是成吉思汗时代的丝路拓展成绩与阿拉伯伊斯兰文化圈的交流。自1206 年,成吉思汗建立蒙古国之后,不仅蒙古高原上的分裂势力联结成一个强大的整体,13 世纪的世界,也成为蒙古人恣意征讨的世界。而在帝国相继向东、向西发动一系列扩张战争之后,蒙古国东部的西夏、金朝受到致命性的打击,而它的西部区域诸如哈剌鲁部、西辽、花剌子模、吉利吉思、康里等政权所辖之境相继并入蒙古国的版图。就丝绸之路的拓通而言,蒙古人的东拓西征使得波斯道与中国联通。蒙古国学者认为,"蒙古高原广阔的山地草原构成世界两大文明区,即中亚绿洲文明区和从多瑙河延伸至中国长城的欧亚草原文明带的一部分。很久以来,蒙古高原就处于世界交通的交叉口。两条大动脉,即伟大的丝绸之路和又叫草原丝绸之路的欧亚草原走廊,将蒙古高原与东西文明中心地区连接起来"。而且,由于蒙古对中亚区域的征服,使得中亚区域的回鹘、穆斯林成为伊斯兰文明和汉文明成就的中介者,这些人群也借助蒙

---

① 刘迎胜《有关元代回回人语言问题》,《华言与蕃音——中古时代后期东西交流的语言桥梁》,上海古籍出版社 2013 年,第 226 页。

古人的征略而在更广袤且不受阻碍的区域享受贸易与交通的便利①。更值得指出的是，蒙古人在灭掉位处中亚的西域大国花剌子模国后，最大程度地推动了13—14世纪的西域人东迁。马建春在《元代东迁西域人及其文化研究》中所指出，"蒙·元时代西域人的大量东迁，不仅导致了西域人在中土聚合高潮的出现，而且大大影响了这一时期中国的民族构成，并促成了元朝多民族统一国家的形成"②，就文化的交流而言，西域人的大规模东迁也极大地推动了阿拉伯伊斯兰文化圈与中国的交流与融汇。

其次，窝阔台汗时期的丝路拓展成绩及与基督教文化圈的交流。在成吉思汗征略天下的进程中，其第三子窝阔台居功甚大。与父辈的功绩相比，窝阔台一生的征略主要体现于灭金和长子西征，同时还包括继承父亲未竟的灭西夏扫尾工作。尤其是第二次西征，它使得蒙古国的版图从太平洋至亚得里亚海，从北冰洋到波斯湾。就丝路建设的情形而言，较之乃父的贡献，窝阔台时代发动的第二次西征，蒙古军经撒莱、里海和咸海北，征服了斡罗思和钦察人，开辟了钦察道，并连接了波斯道和钦察道。不仅将波斯道和钦察道这两条道路建设成为当时重要的陆上国际干道，而且还在统治范围内建立完善的驿站制度③。这些拓通的驿路在蒙古大军征略之后，又"开放给商人、传教士"④，使得基督教文化圈与东方世界相互隔膜的情形被大大改变⑤。从1245年意大利主教普兰诺·加宾尼（John of Plano Carpini）启程来到蒙古人活跃的东方之后，基督教文化占主流的西方与东方在经济上和精神上进行交流的情形越来越频繁。

其三，蒙哥汗时期的丝路拓通情形与印度文化圈的交流。在蒙哥汗的规模经略之下，发动了对南宋、大理以及西亚的征略活动。到1259年蒙哥去世之际，蒙古帝国的疆域由东滨于阿姆河，向西临于地中海，向北界至里海、黑

---

① 按：这段叙述多参用〔蒙〕Sh.比拉（Sh. Bira），编译陈波《12至13世纪的蒙古人及其政权》，《蒙古学信息》2004年第4期，第1、6、7页。

② 马建春《元代东迁西域人及其文化研究》，第68页。

③ 按：据《蒙古秘史》载，窝阔台汗下令："使臣往来，从沿途百姓处经过，往来使臣的行程迟延了，沿途住的百姓人民也受苦累。现在我们一律使它有一定的体例。由各处的千户，派出站户、马夫，在规定的地方设置驿站。使臣往来没有紧要的事情，不必沿途骚扰百姓，教他们按照各处所设的驿站，依程奔驰"，《元朝秘史》第279节，党宝海《蒙古察合台汗国的驿站交通》，《西域研究》2004年第4期，第15—22页。

④ 《出使蒙古记》，第29—30页。

⑤ 兰江《长子西征及其胜利原因探究》，《四川大学学报》2004年增刊，第38—47页。

海、高加索,往南至波斯湾,亚欧大陆首次在一个游牧汗国的控制下被联结为一个整体①。而就丝绸之路的拓通成绩而言,西亚及西南丝绸之路得以拓通和兴盛。值得一提的是,忽必烈远征大理的路线。1253 年,忽必烈亲率三路蒙古大军从甘肃六盘山出发,他没有沿承传统的蒙古人攻打南宋的路线,从成都平原,借道云南而进;而是绕过南宋防守严密的成都平原,大军借道吐蕃从川西地区进军大理。这个过程中,忽必烈与藏区的萨迦派领袖八思巴结下深厚的友谊。这层友谊在忽必烈建立元朝之后更被推进加深。对于元朝社会而言,最高统治阶层与萨迦派藏传佛教的密厚关系,一方面使得藏传佛教、印度文化在中原区域大肆滥觞,诚如《元史》所云:"元兴,崇尚释氏,而帝师之盛,尤不可与古昔同语"②,所谓"帝师"③即专指萨迦派藏传佛教的领袖④;另一方面,元廷也借助与藏传佛教领袖的密切关系,从而非常成功顺利地对西藏施加行政控制⑤。另外,需要指出的是,藏区文化属于印度文化体系⑥,西南丝绸之路的兴盛,元朝中国与印度文化圈得到了非常深入的交流和发展。

最后,元朝的丝路建设成绩与汉文化圈的影响。在蒙古帝国史以及包括中国在内的世界史进程中,1260 年蒙古帝国的分裂具有划时代的意义。1259

①　按:蒙古帝国控制区域与国家有:高丽、越南、缅甸大部、老挝大部、巴基斯坦东北部、印度北部、阿富汗、伊朗、伊拉克大部、哈萨克斯坦、乌兹别克斯坦、吉尔吉斯斯坦、塔吉克斯坦、土库曼斯坦、格鲁吉亚、阿塞拜疆、亚美尼亚、土耳其大部、俄罗斯、乌克兰、白俄罗斯、罗马尼亚、保加利亚等,总面积约 4500 万平方公里。

②　《元史》卷二〇二《释老传》,第 15 册,第 4517 页。

③　按:蒙古人对佛教的了解,从成吉思汗灭西夏国开始。据《黑鞑事略》载:"成吉思攻西夏。西夏国俗,自其主以下皆敬事国师,凡有女子,必先以荐国师,而后敢适人。成吉思既灭其国,先裔国师。国师者,比丘僧也。"《内蒙古史志资料选编》第三辑,第 51 页。

④　按:《元史》载:"岁癸丑,(八思巴)年十有五,谒世祖于潜邸,与语大悦,日见亲礼。中统元年,世祖即位,尊为国师,授以玉印。……十六年,八思巴卒,讣闻,赙赠有加,赐号皇天之下一人之开教宣文辅治大圣至德普觉真智佑国如意大宝法王、西天佛子、大元帝师。至治间,特诏郡县建庙通祀。泰定元年,又以绘像十一,颁各行省,为之塑像云。"《元史》卷二〇二《释老传》,第 15 册,第 4517—4518 页。

⑤　〔意〕伯戴克著,张云译《元代西藏史研究》,云南人民出版社 2002 年,第 148 页。

⑥　按:藏传佛教历史分前弘期和后弘期。7 世纪左右,佛教经由印度、尼泊尔,于阗及东部的大唐王朝传入当时的吐蕃,开藏传佛教前弘期的先河。后因与当地苯教冲突,在 9 世纪中叶遭到毁灭性打击。到 10 世纪,又分别由康多和阿里重新传入,藏传佛教于这个时期开始发端,正式形成具有西藏特色的藏传佛教,有包括萨迦派(花教)、噶举派(白教)、格鲁派(黄教)等十多个教派。13 世纪中期,由于八思巴受到忽必烈的信任,在忽必烈即位后,八思巴被封为国师,掌管天下释教及蕃地事务。1269 年,忽必烈又封八思巴为帝师、大宝法王,此后元朝历代一直奉藏传佛教为国教,设立帝师制,在朝廷的扶植下,以萨迦派为代表的藏传佛教在元朝统辖区内迅速传播。贾艳红《兼容并蓄》,(济南)山东大学出版社 2017 年,第 114 页。

年蒙哥在重庆合州钓鱼山去世。1260 年 3 月,忽必烈回到开平,举行忽里勒台大会,即皇帝位①;而阿里不哥也在一个月内于和林宣布为大汗②。此后,1260—1264 年间,忽必烈与阿里不哥之间发生持续近五年的争汗之战,尽管战争以忽必烈一方取胜而终结,但蒙古帝国却由此走向分裂。忽必烈在获得汗位后,将征服与统治重心转向汉地及南宋。1271 年,忽必烈朝廷取《易经》"大哉乾元"之义,建汉制国号谓"大元"③,成为具有双重身份的蒙古大汗和中原皇帝。"元"这一国号,不仅体现了世祖忽必烈的胸襟,也非常符合元朝疆域辽阔的显著特征④。到 1276 年统一南宋之后,元朝的疆域"北逾阴山,西极流沙,东尽辽左,南越海表"⑤,之前属于辽朝、西夏、金朝、吐蕃、大理以及南宋政权的领土都成为元朝疆域的一部分。此外,高丽、缅甸、安南、占城等国在元朝的征战下,成为元朝的藩属国。与之前蒙古国时期相比,在 13—14 世纪,东亚文化圈在两宋的基础上,延及面更广远。"东边是朝鲜、日本,东南是越南,及其以南、以东的东南亚国家……西南包括青藏高原和云贵高原,西面直达帕米尔高原以东,北面则越过内、外蒙古大草原直达西伯利亚大森林,东北到达外

① 按:《元史》卷四《世祖本纪一》载:"中统元年春三月戊辰朔,车驾至开平,亲王合丹、阿只吉率西道诸王塔察儿、也先哥、忽剌忽儿、爪都率东道诸王,皆来会,与诸大臣劝进。帝三让,诸王、大臣固请。辛卯,帝即皇帝位",第 1 册,第 63 页。

② 按:《元史》谓四月"阿里不哥僭号于和林城西按坦河",《世祖本纪一》,第 1 册,第 65 页。而其时埃及史家乌马里的《眼历诸国纪行》则记述为"然后是贵由汗,然后是蒙哥汗(成吉思汗—拖雷—蒙哥),然后是阿里不哥,然后是忽必烈",转引于刘迎胜《蒙元帝国与 13—15 世纪的世界》"元初朝廷与西北诸王关系考略",生活·读书·新知三联书店 2013 年,第 40 页。

③ 按:《元史》载:"乙亥,刘秉忠及王磐、徒单公履等言:'元正、朝会、圣节、诏赦及百官宣敕,具公服迎拜行礼。'从之。禁行金《泰和律》。建国号曰大元。"《元史》卷七《世祖本纪四》,第 1 册,第 138 页。

④ 按:据元世祖的即位诏书云:"我太祖圣武皇帝,握乾符而起朔土,以神武而膺许图,四震天声,大恢土宇,舆图之广,历古所无。顷者,耆宿诣庭,奏章申请,谓既成于大业,宜早定于鸿名。在古制以当然,于朕心乎何有。可建国号曰大元,盖取《易经》'乾元'之义。兹大冶流形于庶品,孰名资始之功;予一人底宁于万邦,尤切体仁之要。"(《元史》卷七《世祖本纪四》,第 1 册,第 138—139 页)在元朝以前,中国的各朝代名称,从秦、汉、魏、晋一直到隋、唐、宋等,无一不是具体的地名;即便是像辽、金这些北方政权,国名也指代着一种具体的东西("辽"的含义大概指代草原或沙漠)。"但蒙人在入主之后,却不愿再以地名蒙古名其朝,乃改用一个抽象的名称'元',以为朝代之名,以示其是一个真正的'四海之内,莫非王土;率土之滨,莫非王臣'的传统儒家思想里的宇宙大帝国,不自限于某一特定区域也。"著名史学家唐德刚这样写道,而且元朝的这一命名方式也直接影响了后来的明、清两代。周龙《朱元璋大传》,现代出版社 2016 年版,第 319 页。

⑤ 《元史》卷五八《地理志一》,第 5 册,第 1345 页。

兴安岭内外。"①汉语写作与习得者不仅包括汉族文人,还包括高丽、安南、日本等区域和国家的作者。在这些东南亚国家,习读汉语经典著作,用汉文交流和写作,尤其是高丽,某种程度而言是上层文化圈与平民及中下层百姓相区别的重要标志②。

另外,趁着忽必烈兄弟争汗,诸王们在选择支持不同阵营的同时,在自己的征服地区建立了钦察汗国、察合台汗国、伊利汗国和窝阔台汗国等实际上独立的政权。元朝中国与四大汗国,皆属于成吉思汗黄金家族成员的领辖地,四大汗国的统治者同奉入主中原的元朝为宗主国,与元朝驿路相通,尽管他们之间经常爆发边界冲突,但并不影响他们在经济和商贸上一直延承成吉思汗以来财富共享的模式。基于这样的政治背景与世界格局,忽必烈时代的丝路建设成绩可以说是达到了巅峰,欧亚大陆上四大文化圈的交流也臻于鼎盛。

二、世界各文化圈对"中国形象"的认知

13—14世纪的世界,由于海陆、丝绸之路的多方位拓通,"中世纪的世界并非一个凝固不动的世界"③,区域与人民之间互联互通的情形臻于鼎盛。值得注意的是,"中国"概念的内涵以及中国在世界的地位在13—14世纪世界剧变的过程中发生极大变化,对于传统以汉族为中心的中原国家而言,蒙古人的征略以及元朝治下中国的建立,使得传统小中国被强行带进世界格局的中心,不仅使传统小中国转变成为一个包含蒙古、西域、契丹、女真、吐蕃、西南、汉等多民族的、疆域辽阔的大中国,而且与世界的关联程度也前所未有的频繁密切。围绕名称定义、疆域范围、文明程度以及风物繁盛等内容,世界几大大文化圈对"中国形象"的认知由名到实,从传奇到现实,由官方的、宗教的意味走向民间的、世俗的意味,缘于与中国关系的亲疏、远近、依附程度的大小,世界对"中国形象"的认知呈现出立体、丰富而多元的情形。

---

① 仇发华《"东亚汉文化圈与中国关系"国际学术会议暨中国中外关系史学会2004年会综述》,《韩国研究论丛》2006年5月,第362—363页。

② 按:像高丽士人,"辈出许多豪杰之士,……至元朝,经宾贡科中制科,与中原才士抗衡上下",徐居正《东文选》序言,庆熙出版社。转见颜培建《蒙元与高丽人员交往探讨——以高丽使臣身份为中心》,南京大学2011届中国古代史·中韩关系方向博士论文,第41页。

③ 〔法〕让·韦尔东著,赵克非译《中世纪的旅行》,(北京)中国人民大学出版社2007年,第9页。

13—14 世纪世界对"中国"之"名"与"实"的认知与认同

由蒙古人征略世界以及丝绸之路逐步开拓的进程来看,在 13—14 世纪,"中国"进入世界的视域,是先由阿拉伯伊斯兰文化圈的精英们开启的。由于蒙古人对中亚、西亚的征服,并在两河区域建立了伊利汗国,缘于其创建者旭烈兀与元朝中国创建者忽必烈之间的兄弟同盟关系,伊利汗国与中国的关系在 13—14 世纪间史无前例的友好款切。而伊利汗国统辖区的人们对中国的熟悉程度也远过于之前的任何时期。这个时期,涉及蒙古人以及蒙古治下中国的相关著名作品有志费尼《世界征服者史》、拉施特丁的《史集》以及伊本·白图泰的《游记》等。

尤其值得注意的是伊利汗国以政府力量所编辑的正史著作《史集》对于"中国"的认知。《史集》是伊利汗国宰相拉施特丁(1247—1318)奉旨编撰的官方史著。在编修时,拉施特召集了由蒙古人、中国学者、克什米尔的喇嘛、法国天主教士和波斯人组成的编辑小组,广泛吸收波斯、阿拉伯著作如十三世纪的志费尼的《世界征服者史》,伊本·额昔儿的《全史》等,成书于 1311 年。从该书编撰思路来看,它以蒙古为宗,在叙述蒙古族源、成吉思汗及其后裔传记以及伊利汗国历史之外,其世界史部分,"中国"被称作"中华",《史集》的附篇有《阿拉伯、犹太、蒙古、拂朗、中华五民族世系谱》①。《史集》对中国的认知已比较细密,将中国北方边境地区华北称作"乞台",中国华南称作"摩至那"(又作"蛮子"),比如以下一段非常典型:

> 在成吉思汗时以及在此以前,汪古惕诸部属于乞台君主阿勒坛汗的军队和徒众之列。〔该〕部落〔q(a)ūm〕很特别,但与蒙古人相类似;他们有四千帐幕。尊号为阿勒坛汗的乞台君主们,〔为了〕保卫自己的国家以防御蒙古、克列亦惕、乃蛮以及附近地区的游牧人,筑了一道城墙,这道城墙在蒙古语中称为兀惕古〔atkū〕,突厥语则称为不儿忽儿合(būrqūrqeh)〔这道城墙从女真海岸开始,顺着乞台、至那和摩至那之间的哈剌—沐涟

---

① 按:《史集》在编撰中遵循一条原则:伊斯兰各族人民——阿拉伯人、波斯人和突厥人的历史,只不过是注入全世界历史海洋的一条河流;世界史应当是全世界的历史,包括当时已知的各族人民,从极西的"富浪人"(即西欧各族人)到极东的中国人的历史在内,在此之前,从未出现过如此的历史写作规划。《史集》"拉施特及其历史著作",第 60—61 页。

河岸(延伸出去);这条河的上源,则在唐兀惕和吐蕃地区内。(城墙的)任何一处都禁止通行。起初,这城墙被托付给这个汪古惕部,责成他们守卫城墙]。①

在这段话中,出现了乞台、至那和摩至那三个关于"中国"的称呼,由文章的上下文以及《元史》关于汪古部的记载:"阿剌兀思剔吉忽里,汪古部人,系出沙陀雁门之后。远祖卜国,世为部长。金源氏堑山为界,以限南北,阿剌兀思剔吉忽里以一军守其冲要。时西北有国曰乃蛮"②,可以知道,"乞台"是金朝统治的区域及人民,如女真、契丹人等;"至那"是指宋朝统治的汉人;"摩至那",又名"蛮子",则指南宋中国统辖区的南方中国人。而除了对南、北中国区分细致外,缘于阿拉伯伊斯兰舆地学的发达,《史集》对地理位置与人口氏族的分布以及道里、路线也力求表达准确③。文中的"女真海岸",从渤海湾起,即满洲海;哈剌—沐涟河岸指黄河,黄河的上源流在"唐兀惕和吐蕃地区",是蒙古人的说法,即西夏与西藏一带,而金朝让汪古部人所守卫的界墙,位于阴山以北,乃金朝用于防守蒙古人的城墙。《史集》不仅对于蒙古族源及形成历史的记述远远丰富于其时的汉籍记载外,它对蒙古崛起的周边区域,尤其是中国表现出浓厚的兴趣。在《史集》之外,拉施特还组织人员于1311年编撰了《伊利汗中国科技珍宝书》,大量介绍中国的医学、农学、造纸术、印刷术、指南针技术等。

相比于阿拉伯—伊斯兰文化圈与中国有密切的互动情形,基督教文化圈与中国的关联度要小很多,但也在13—14世纪通过海、陆丝绸之路,开启了"西方往东看"的丰富历程。

如所叙述,蒙古人的第二次西征对欧洲世界产生了巨大的震动。为了了解这个游牧民族的进一步战争打算,也期望能尽量阻止蒙古人对欧洲的进攻,从13世纪上半叶开始,西欧教皇开始派遣传教士前往蒙古人活动的区域。随着蒙古的分裂不能再组织大规模的世界征略行动以及海、陆丝绸之路的基本

① 《史集》"关于各有君长的突厥诸部落",第229—230页。
② 《元史》卷一一八《阿剌兀思剔吉忽里传》,第10册,第2923—2924页。
③ 按:在《史集》目录中,有这样的表述:"第三卷专载世界各地域的情况,通往各国的道路、途程,力求精审。"《史集》"拉施特及其历史著作",第101页。

稳定,欧洲的商人也开始源源不断地前往中国。据现今留下来关于 13—14 世纪"东游纪"作品来看,有〔意〕约翰·普兰诺·加宾尼《蒙古行纪》、〔波兰〕本尼·迪克特《波兰人教友本尼迪克特的叙述》、〔法〕威廉·鲁布鲁乞《东行纪》、〔西〕阿布·哈桑·阿里·伊本·塞义德《马格里布》、〔意〕马可·波罗《马可·波罗游记》、〔意〕鄂多立克《东游录》、〔西〕巴斯喀尔《巴斯喀尔遗札》、〔意〕约翰·阿拉《大可汗记》、〔意〕裴哥罗梯《通商指南》、〔英〕曼德维尔《曼德维尔游记》等约计 10 种著作[①],数量虽不算多,但实际却反映出这个时期欧洲与中国交流前所未有的频繁。传教士和商人们对"中国"之"名""实"的认知程度,与他们到达中国的区域和停留时间的长短成正比。

1245 年最早出发到达蒙古和林,并在 1247 年返回的意大利方济各会主教、贝鲁齐亚人柏朗嘉宾(Jean de Plan Carpini)(1182—1252),在没有任何东方语言知识,没有翻译,也没有地理图志之类的指南,且缺乏向导的情况下,完成旅行,并写成出使报告《蒙古史》。他交代中国与中国区域及人口分布情形写道:

> 于是,契丹(Kitai)的强大皇帝被击败了,这位成吉思汗便被拥立为帝。但一直到现在,他们尚未征服契丹国的另外半壁江山,因为它位于海面。[②]

在柏朗嘉宾的表达里,"中国"被他称作"契丹",包括北方的金朝政权,也包括南方的南宋政权。报告中还提到了"哈剌契丹(Kara-Kitai)",指的是西辽国的契丹人。柏朗嘉宾之后,传教士威廉·鲁布鲁乞(William of Rubruch)、约翰·孟特·戈维诺(John of Montecorvino)、鄂多立克(Ordoric of pordenone)、马黎诺里(John of Marignolli)、隆如美(Andrwe of Louginmeaua)、阿瑟努斯(Ascelinus)以及小亚美尼亚(今土耳其一带)国王海屯等等,都在不同时间由西方到达蒙古人统辖的区域,在形成基督宗教的第二次入华高潮的同时,也为时人及后人留下了丰富的"东游"纪行作品。在 1253 年出发来到中国的法国传教士鲁布鲁乞的《东游记》中,对"中国"名称与方位、范围的描述更具体了一些:

---

① 按:主要依据张星烺《中西交通资料汇编》,中华书局 1977 年版。
② 〔意〕柏朗嘉宾,耿昇、何高济译《柏朗嘉宾蒙古行纪》,中华书局 1985 年,第 48—49 页。

其次是大契丹（Grand Cathay），我相信，那里的居民在古代常被称为塞雷斯人（Seres）。他们那里出产最好的绸料，这种绸料依照这个民族的名称被称为塞里克（Seric），而这个民族是由于他们的一个城市的名称而获得塞雷斯这个名称的。我从可靠方面听到，在那个国家里，有一座城市，拥有银的城墙和金的城楼。那个国家有许多省，其中的若干省至今还没有降服蒙古人。在契丹和印度之间，隔着一片海。①

鲁布鲁克的这段对"中国"的表述，在基督教统领的西方文化圈中具有石破天惊的意义，因为"他第一个很准确地推测出古代地理学上所称的'塞里斯国'和'中国人'之间的关系，即一个国家和它的人民"②，"中国"从传奇回归到了现实。

在元朝一统中国之后来到中国的西方传教士以及商人，他们对"中国"在"名"与"实"的对应关系更加具体且明白。

关于杭州（Cansay）城，它是世上最大的城市

我来到杭州城，这个名字义为"天堂之城"。它是全世界最大的城市，〔确实大到我简直不敢谈它，若不是我在威尼斯遇见很多曾到过那里的人。〕它四周足有百英里，其中无寸地不住满人。那里有很多客栈，每栈内设有十或十二间房屋。也有大郊区，其人口甚至比该城本身的还多。城开十二座大门，而从每座门，城镇都伸延八英里左右远，每个都较威尼斯或帕都亚威大。所以你可在其中一个郊区一直旅行六、七天，而看来仅走了很少一段路。③

鄂多立克对于中国南方城市杭州的清晰描述完全得益于元代世界海、陆丝绸之路的拓通以及元朝中国境内大运河畅通的便利。1316 年，鄂多立克开始前往中国的旅行。1321 年他在游历了波斯、印度等地及后，乘船来广州登岸，旅游了泉州、福州，取道仙霞岭至金华，循钱塘江至杭州，又到南京、扬州，沿运河

---

① 《鲁布鲁乞东游记》，见《出使蒙古记》，第 161 页。
② 张西平《蒙古帝国时代西方对中国的认识》，《寻根》2008 年第 5 期，第 31 页。
③ 〔意〕鄂多立克《鄂多立克东游录》，中华书局 1981 年，第 67 页。

北抵大都。他在大都居住三年,1328 年他取道今内蒙古河套,经陕西、甘肃至西藏拉萨,又经阿富汗喀布尔到大不里士,沿原路回国。鄂多立克关于中国城市的建设规模、人口繁荣以及城市的具体结构,为基督教文化圈具象认知中国夯实了基础。

　　阿拉伯伊斯兰文化圈以及基督教文化圈这些异质文化圈对于“中国”的认知会存在“名”与“实”的不对应,但对于以汉文化为中心的东亚文化圈以及印度文化圈所辐射区域的人们来说,他们对“中国”的认知则主要存在认同程度的深浅。在 13—14 世纪间,东亚文化圈中对元朝认同程度最高的是高丽,这使得他们对中国的了解和表述恍如国人。除了那些高丽官员、士人、僧侣留存的大量往来元朝境内纪行诗文外,十四世纪中叶、流行于高丽的两种汉语教科书《老乞大》和《朴通事》更从侧面反映出当时高丽与元朝的密切关联程度。在朝鲜李朝成宗(1469—1494)时,朝廷下旨以谚文解《朴通事》,遂形成《朴通事谚解》。直到十六世纪初,朝鲜人依旧认为如果要通晓汉语,必须先读通《老乞大》《朴通事》,作为习得汉语的基础。“乞大”就“契丹”之意,“老乞大”即老契丹,“通事”是对翻译的称呼。而从《朴通事谚解》中的几段对话可见高丽与元朝之间海、陆交通的平常便利,以及高丽人对于元朝统治身份的认同:

　　　　　拜揖赵舍:“几时来了?”

　　　　　“昨日恰来到。”

　　　　　“你船路里来那,旱路里来?”

　　　　　“我只船上来了。”①

船路即海路。由高丽商人与老乡的对话中所涉及高丽与元朝的交通情形,可以看出,元朝与高丽之间海、陆交通非常便利,这种便利渗透于人们的日常认知,人们随口即来②。交通便利、交流频繁的情况下,自然就容易形成认同。再如以下一段:

---

　　① 《朴通事谚解》(中),《朝鲜时代汉语教科书丛刊》(一),中华书局 2005 年版,第 258 页。

　　② 按:关于高丽的讨论参考了陈高华《从〈老乞大〉〈朴通事〉看元与高丽的经济文化交流》,《历史研究》1995 年第 3 期,第 45—60 页。

……我在汉儿学堂里学文书来。

你学［甚］么文书来？

读《论语》《孟子》《小学》。

恁每日做［甚］么工课？

每日清早晨起来，到学里，师傅行受了生文书。下学到家，吃饭罢，却到学里写仿书。写仿书罢对句，对句罢吟诗，吟诗罢，师傅行讲书。

讲甚么文书？

讲《小学》《论语》《孟子》。

说书罢，更做［甚］么工课？

到晚，师傅行撤签背念书。背过的师傅与免［帖］一个；若背不过时，教当直学生背起，打三下。

怎的是撤签背念书？怎生是免帖？

每一个竹签上写着一个学生的姓名，众学生的姓名都这般写着，一个签筒儿里盛着。教当直的学生将签筒来摇撼动，内中撤一个。撤着［谁］的，便着那人背书。背念过的，师傅与免帖一个。那免帖［上］写着"免决三下"，师傅上头画着押字。若再撤签试不过，将出免帖来毁了，便将功折过免了打。若无免帖，定然吃打三下。

你是高丽人，学他汉儿文书怎么？

你说的也是，各自人都有主见。

你有甚么主见？你说我听着。

如今朝廷一统天下，世间用着的是汉儿言语。咱这高丽言语，只是高丽田地里行的。过的义州，汉儿地面来，都是汉儿言语。有人问着，一句话也说不得时，别人将咱每做甚么人看？[①]

这两位高丽人的对话来看，高丽普通民众不仅熟悉和参与汉语学习，而且还很能看出他们对于元王朝一统政权的认同以及对汉语文化的认同与归属感。

高丽之外，安南对于元朝中国的认同程度也非常高，尤其是1284年之后，安南成为元朝的宗藩国以后。作为认同元朝统治的标志性文化事件在于，曾

---

① 《老乞大》，《朝鲜时代汉语教科书丛刊》（一），中华书局2005年版，第6—7页。

任安南陈键幕静海军节度使的黎崱在1286年前后完成汉文《安南志略》,并进献给元廷,以作为《经世大典》修撰的补充。与黎崱共事的馆臣吴元德有诗记述黎崱叙录《安南志略》并被元廷选用的欣喜:"忆昔天历初,开阁修大典。四方贡书至,此志亦在选。词臣缓敷陈,天子动颜色。黎侯志获伸,彰宪功暴白。当其幕修际,小臣事供给……"①而元朝诸如程钜夫、许有壬、欧阳玄、揭傒斯、吴元德、范梈等馆臣也都对《安南志略》给予认同与肯定。另外,作为东亚文化圈的重要国家日本尽管由于元朝发动的几次侵日战争都未成功,两国之间在官方没有往来,但民间的贸易与往来依旧持续,而日本的僧侣及文化高层则继续沿承唐宋以来发展起来的对汉文化的高度认同感和研习热情。

此外,江南一统之后,元朝承继南宋的海外遗产,将南海、印度洋纳入王朝发展体系,再加上西域色目对元朝政权的高度依附和认同,到13世纪末,从中国到伊朗、阿拉伯方面的海域以及所经由的海路整体,就进入元朝政权的影响范围之中,推动了这一时期"环绕欧亚大陆和非洲北部及东海岸的交通体系,马八儿—马尔代夫—索科特拉岛—亚丁航线,经元朝时期东、西方海舶的开辟、经营,已成为印度洋东、西两岸地区海上联系的重要通道②,这使得印度文化圈所辐射的南亚、东南亚区域与中国的交往及认同感有以加深。《元史·世祖本纪十一》载,至元二十三年九月,"马八儿、须门那、僧急里、南无力、马兰丹、那旺、丁呵儿、来来、急阑亦带、苏木都剌十国,各遣子弟上表来觐,仍贡方物"③。其中,特别值得一提的是,地处印度半岛南部的著名岛国马八儿国,缘于其乃通往印度洋西岸两条海道的分航点,与元朝中国的关系尤其密切。马八儿国的王子孛哈里落户中国,马八儿国的宰相不阿里"尽捐其妻孥、宗戚、故业,独以百人自随,偕使入觐"④,最终定居于泉州。在大德三年(1299)以资德大夫、中书右丞、商议福建等处行中书省事薨于京师时,元朝政府不仅赐中统宝钞二万五千缗,以驿传负其槥归葬泉州,而且令翰林大臣刘敏中为其撰写墓碑,可谓在元朝极尽生荣死哀。

① 吴元德《题黎静乐所编安南志后》,《全元诗》,第30册,第384页。
② 按:此处多参考马建春、王巍《元代马八儿——亚丁新航线疏证》,《国家航海》第二十一辑,第84—105页。
③ 《元史》卷一四《世祖本纪十一》,第2册,第292页。
④ 刘敏中《敕赐资德大夫中书右丞商议福建等处行中书省事赠荣禄大夫司空景义公不阿里神道碑铭》,《全元文》卷三九七,第11册,第550页。

由上叙述可以看到,13—14 世纪海、陆丝绸之路的拓展与大范围开通,"中国在 13 世纪世界体系中的地理位置十分重要。因为它连接着北方的陆上商路和同样重要(甚至更为重要)的印度洋海路。当这两条线路同时充分地发挥作用时,特别是当中国处于统一状态,因而成为连接两条线路的'畅通无阻的沟通媒介'时,世界贸易线路是完整的"①。由于中国在整个世界体系中的重要位置和重要意义,它被其他文化圈的人们认知和认同的程度也大大提高。

13—14 世纪世界"中国形象"从官方的、宗教的到民间的、世俗的视角转变

缘于 13—14 世纪海、陆丝绸之路大范围的拓通,之前欧亚大陆四大文化圈相互隔阂的情形大为改观,这个时期留下来的纪行创作可以证明。而值得注意的是,13—14 世纪世界范围内的纪行创作达到了有史以来的最高峰,作品数量比自汉代张骞拓通西域,中国与域外往来,一直到宋代,九个世纪的纪行创作的总和还要多②。这些纪行作品的作者有传教士、使臣、商人、文士等等,身份各异,视角各有不同。

如前所述,13—14 世纪蒙古人对于海、陆丝绸之路的拓通就其初始目的而言,是因为战争、因为生存的需要,但战争过后,被拓通的道路即"开放给商人、传教士"③。具体而言,拓通之后的海、陆丝路沿线区域与人民之间相互的经济利益战胜了政治纷争,而频繁的共享物质的流动,使得蒙古人因战争而开辟的路线逐渐转变为商业干道,它们的商业影响范围要远大于它们的军事意义④。这个过程中,"中国形象"实质也缘于世界范围内人们之间往来的稀松、平常而在人们的表达视角中逐渐从官方的、宗教的视角向民间的、世俗的层面展开。这种展开可以借助其时人们留下的纪行创作,从道路的便利、市场的繁荣、货物的丰足、政府作为的有效以及人们生活的愉悦等方面来考察。

其一,对道路交通便利印象的感知由官方的层面走向了世俗的层面。由

---

① 《欧洲霸权之前:1250—1350 年的世界体系》,第 336 页。

② 按:这个说法主要以张星烺《中外交通史料汇编》、杨镰主编《全元诗》、李修生主编《全元文》作为统计依据,据初步统计,这一时期独立成卷的纪行作品计有百余种,其中汉文作品 92 种(含高丽、安南著作 19 种),外文作品 36 种,另外,纪行诗文约计 3000 余篇。

③ 兰江《长子西征及其胜利原因探究》,《四川大学学报》2004 年增刊,第 38—47 页。

④ 按:据 Brunei Gallery 在 2006 年 9 月撰文指出,蒙古黄金家族成员间尽管存在政治上的分歧,但在经济和商贸上却一直延承成吉思汗以来财富共享的模式。《Symposium Global trade before lobalization(VII-XVIII)》第 58 页。

前面论述可以看到,蒙古人特别重视道路和驿站的建设,《元史》于此曾有评价云:"四方往来之使,止则有馆舍,顿则有供帐,饥渴则有饮食,而梯航毕达,海宇会同,元之天下,视前代所以为极盛也。"①而世界人们的感知与表述则由道路交通所发生的意义由官方层面走向了世俗层面。

波斯史家志费尼在 1263 年左右写成的《世界征服者史》"成吉思汗制定的律令和颁布的札撒"一节中,以官方的视角,曾详细地交待了蒙古人为了解敌情、在东西方之间帮运货物遍设驿站的情形,对于蒙古人的道路和驿站建设情况,志费尼也从战争需要的急迫性、制度制订的合理性和执行的有效性等方面来表述和评估。而从威尼斯来的商人马可·波罗的表述就非常世俗化、个人化:

> 大汗又按照他所定的制度,赐给波罗兄弟一面刻有圣谕的金牌。凡持有这种金牌的信使和他的全部扈从,在帝国境内的一切地方,官吏都要保障他们的安全,从一个驿站到下一个驿站都必须妥善护送,所经过的城市、寨堡、市镇或乡村,都必须为他们提供一切装备、生活必要品和食宿。……大汗赐予的金牌为波罗兄弟的行程带来极大便利,为他们所到之处的安全提供了可靠保障,他们一路上所有费用均由地方担负,并派有卫队安全护送。尽管波罗兄弟一行有如此便利的条件,但由于自然环境的恶劣,天寒地冻、风霜雨雪、洪水泛滥等天气变化常使他们寸步难行、疲惫不堪。②

通过马可·波罗的这段描述,有关元朝时期的驿站制度和便利程度才真正从官方制度和文书层面落地到了人们日常生活的切身体验层面。即使没有大汗的金牌保障,元朝道路的便利也可从人们的日常生活中随便感知。与志费尼写作《世界征服者》之际,蒙古人尚征略不休的情形相比,马可·波罗一行人从当时海、陆丝路拓展的最西端到达位于最东端的中国,可谓路线最长者,却一路平安。这也恰恰印证了志费尼的那段话,"成吉思汗统治后期,他造成一片和平安定的环境,实现繁荣富强;道路安全,骚乱止息;因此,凡有利可图之

---

① 《元史》卷一〇一《兵志·站赤》,第 9 册,第 2583 页。
② 《马可·波罗游记》,第 9 页。

地,哪怕远在西极和东鄙,商人都向那里进发"①。应该说,蒙古人世界征略的行动停止之后,他们因战争需要而开拓的丝绸之路给世俗世界创造了频繁往来的现实基础与实际便利。

其二,市场繁荣、货物丰足是人们从宗教层面向世俗生活层面展开对"中国形象"表述的重要窗口。尽管 13—14 世纪海、陆丝绸之路的拓通为世界上的人们往来中国创造了极大的便利条件,也使得"中国形象"借此而通向以欧亚大陆为主的世界,但毫无疑问,不同信仰与宗教的人们在到达中国,并向他们的国人表达"中国形象"时尤其不能忽略的是浸淫于他们表达中的宗教态度和官方立场。尤其值得玩味的是摩洛哥旅行家伊本·白图泰对"中国形象"的表述:

> 中国地区尽管十分美丽,但不能引起我的兴趣,由于异教气味浓厚,反而使我心绪烦乱。只要出门,就看到许多不顺眼的事,使我惴惴不安,除非万不得已,我绝不外出。如在中国见一穆斯林,便像遇上亲骨肉一般。②

作为虔诚的伊斯兰教徒,当伊本·白图泰走在 13—14 世纪世界最繁荣的城市——杭州城里,他其实并不适应,满城的异教徒的气息令他压抑、烦闷。但尽管如此,中国热闹、繁荣的世俗生活还是引起了他的注意:

> 他还派他的儿子陪我们去港湾,搭乘游艇一艘,其状如火弹船。长官的公子搭乘另一只船,他携带歌手乐师,他们用中国文,用阿拉伯文,也用波斯文演唱。而公子嗜爱波斯音乐。歌手们演唱一首波斯诗,公子命他们重复多遍,使我于倾听之后,竟熟记无误了。这支歌曲极其委婉动听。港湾内船艇相接,帆樯蔽天。彩色风帆与绸伞,相映生辉。雕舫画艇,十分精致。游船相遇时,乘客多用柑桔、柠檬投报。③

---

① 《世界征服者史》,上册,第 85 页。
② 〔摩洛哥〕伊本·白图泰著,马金鹏译《伊本·白图泰游记》(本名《异域奇游胜览》),宁夏人民出版社 1985 年,第 556 页。
③ 《伊本·白图泰游记》,第 557—558 页。

伊本·白图泰的表达特别具有典型意义的地方在于,作为虔诚的伊斯兰教徒,中国人普遍缺少信仰的氛围令他很不适应,但即便如此,杭州西湖夜晚的繁荣景象和曼妙生活还是让他沉迷了。而实际上,13—14世纪带着不同诉求来到中国的人们,对中国的印象以及对中国的表述,就非常典型地表现出宗教的、官方的视角向世俗的生活的层面变化。比如同样写杭州,坚持苦修的鄂多立克对杭州的描述(参见566页引文)。作为方济各教士,鄂多立克和伊本·白图泰虽然信仰不同,但都是虔诚的教徒,他应该也非常不能适应中国城中满城的异教徒气息。所以鄂多立克在描述之际,常常要特意郑重地宣明立场"我,僧侣鄂多立克""鄂多立克僧侣""僧侣鄂多立克"等等,而即便如此,他对杭州城市生活的便利、城市的繁荣还是表达了溢于言表的肯定。正因为这样,作为商人的马可·波罗可以暂时放开他的宗教立场去观照和表述他眼中的中国城市,"中国形象"也以此显得更为平允且生动许多:

> 城里除了街道两旁密密麻麻的店铺外,还有十个大广场或集贸市场。这些广场每边长半英里,宽达四十步的城市的主干道从这些广场前通过,笔直地从城市的一端延伸到另一端,中间经过许多低矮的、便于通行的跨河桥梁。这些广场彼此之间相距四英里。在广场的对面,有一条方向与主干道平行的大运河,河岸附近有许多石头砌成的宽大的货栈,用来为那些从印度和其它地方来的商人储存货物和财物。由于这些货栈靠近集贸市场,所以便于往市场里上货。在每个市场一周三天的交易日里,都有四、五万人来赶集,他们可以在市场里买到所有需要的商品。

> 这里的各种禽畜、野味不计其数,如獐子、马鹿、梅花鹿、野兔、家兔,以及松鸡、雉鸡、鹧鸪、鹌鹑、家鸡、肉鸡,而且出产相当多的鸭和鹅,因为它们很容易在湖中饲养,相当于一个威尼斯银币的价格可以买一对鹅和两对鸭。城内有许多屠宰场,宰杀黄牛和牛犊、山羊和羊羔等各种家畜,为达官贵人的餐桌上提供上品。至于下层的人们,则不管什么肉,也不管干净不干净,一概通吃。

> 市场上一年四季都有种类繁多的香料蔬菜和瓜果。特别是梨,硕大无比,每个都有十磅重,果质嫩白,软滑如面,清香四溢。在蜜桃上市的季节,市场上销售的品种有黄桃和白桃,味道甜美可口。这里不产葡萄,但

是可以买到从外地贩来的优质葡萄干。这里也能买到外地的葡萄酒，但是本地人并不爱喝，因为他们喝惯了用大米配制香料酿成的米酒。

每天都有海里捕捞的大量海鱼从十五英里外的海边经过河道运至城中。这里的湖泊渔业资源也很丰富，供养了一批终年靠捕鱼为生的人。一年中，捕到的鱼的种类随季节的变化而不同，由于城中的生活食物垃圾排放到了湖中，使湖里的鱼群变得庞大而肥美。当你看见捕到的鱼数量如此多，也许会担心卖不出去。其实在几个小时之内，这些鱼就能销售一空。因为城里的人口实在太多，而且那些养尊处优的饕餮之士，每顿都是大鱼大肉。

这十个集贸市场的四周环绕着高宅闳宇，楼宇的底层是店铺，经营各种产品，出售各种货物，包括香料、药材、小饰物和珍珠等。有一些酒肆只卖当地产的酒，不卖别的东西，他们长年不断酿制美酒，将新鲜的佳酿按公平的价格供应给顾客。①

在海、陆丝路畅通的背景下，联通全国交通的运河对杭州城的运转意义非常关键，以此，市场上不仅流通着来自印度、中亚、南亚的货物，也将湖中、海里以及城外的各种时鲜带入人们的餐桌。同样是杭州，同样说到市场，说到人烟，马可·波罗站在交通便利、设施、物的流通速度与市场繁荣程度等角度来打量杭州，则眼中的杭州城人烟富庶，市场繁荣，尽管这些世俗、热闹的场景可能会让清修的教徒感到心绪烦乱，但却非常富有生活气息与活力。而在大都城中，关于高丽与汉族商人的描述及对话则更具体地展现着官方与宗教不在场的市井鲜活力：

> 俺将着几个马来，更有些人参、毛施、帖里布，如今价钱如何？
> 　　更店主人家引将几个买毛施、帖里布的客人来……〔买主〕：这帖里布好的多少价钱？低的多少价钱？〔卖主〕：帖里布这一等好的两锭，这一等较低的六十两。〔买主〕：怎休胡索价钱，这布如今见有行市……这毛施布高的三锭，低的两锭。这帖里布高的七十两，低的一锭。②

---

① 《马可·波罗游记》，第333—335页。
② 《原本老乞大》，汪维辉编《朝鲜时代汉语教科书丛刊》（一），中华书局2005年版，第30页、第45页。

马可·波罗在说到大都城中的繁荣时道:"所有稀世珍贵之物都能在这座城市里找到,尤其是印度的商品,如宝石、珍珠、药材和香料。汉地各区和帝国其他地方,凡是值钱的东西都被运到这里,以满足朝廷周边大量居民的需要。这里商品的销量之多超过其他任何地方,仅每天运送生丝到这里的马车和驮马的数量就不下千匹。这里还生产大量的金纱织物和各种丝绸。"①上所引文中提到的小毛施,又被称作氅丝布、苎麻布,用白色苎麻织成,高丽所产毛施布做工精细,品质优良,深受中国市场的欢迎,所以高丽商人带往中国的商品或者高丽士人赠送中国人的特产往往有小毛施。帖里布,也是高丽盛产的以大麻织成的布。高丽商人带着人参、毛施、帖里布在市场交易中的讨价还价情景不仅还原着13—14 世纪大都城中世界货物交易的场景,也还原着海、陆丝绸之路畅通背景下,人们物质生活的丰足与便利。

其三,政府作为的有效度和人们生活的平和度成为世界人们表达"中国形象"是否具有吸引力的标志。必须承认,蒙古人的世界征略给 13—14 世纪的世界文明造成了巨大的灾难和毁灭,但诚如书写《世界征服者史》的志费尼所表达的那样,起初"他们到来,他们破坏,他们焚烧,他们杀戮,他们抢劫,然后他们离去""城址变成平坦的原野"②,但在统治后期,尤其是征略行动停止之后,在政府作为的有效程度上,蒙古人给世界"造成一片和平安定的环境,实现繁荣富强;道路安全,骚乱止息"③,这使得世界上的人们缘海、陆丝绸之路踊跃进入中国,并将中国形象广泛推向世界的情形臻于巅峰。缘此,"中国形象"的文明程度以及对于世界的吸引力也大为提高。例如在《朴通事》有对话写到:

> "哥,你听的么,京都驾几时起?"
> "未里,且早里。把田禾都收割了时,八月初头起。"
> "今年钱钞艰难,京都也没甚么买卖。遭是我不去,往回二千里田地,到那里住三个月,纳房钱空费了。"④

① 《马可·波罗游记》,第 218 页。
② 《世界征服者史》,上册,第 123 页。
③ 《世界征服者史》,上册,第 85 页。
④ 《朴通事谚解》(上),《朝鲜时代汉语教科书丛刊》(一),第 241—242 页。

这段对话中所谓的"京都驾"涉及元代的两都巡行制度,指的是皇帝由上都回大都的车马队伍,"京都"指上都。元代自忽必烈中统四年(1263)开始实行大都、上都两都巡行制,皇帝每年三月间从大都出发前往上都,大约八、九月间回到大都。由于"后宫诸闱、宗藩戚畹、宰执从寮、百司庶府,皆扈从以行"①,两都巡幸行为对民众的滋扰甚大,后来政府便决定推迟回京,等稼穑之事结束后再回京。《元史》载英宗事云:"车驾驻跸兴和,左右以寒甚,请还京师,帝曰:'兵以牛马为重,民以稼穑为本。朕迟留,盖欲马得刍牧,民得刈获,一举两得,何计乎寒。'"②蒙古皇帝推迟了从上都回大都的时间,这对于其时世界上前往中国朝觐蒙古皇帝、到中国做生意的人们来说都是非常重要的信息,它意味着人们的行动、步趋可能要重新规划。引文中两位高丽商人的对话,蒙古皇帝回大都的时间就是他们对话的重要背景,这也可以看出蒙古皇帝的作为对于人们生活便宜和愉悦程度的影响。再如鄂多立克的《东游录》写道:"此邦的百姓都是商人和工匠。而且,不管怎么穷,只要还能靠双手为生,就没有人行乞。(但那些沦为贫乏穷困者受到很好的照顾,给以必要的供给。)"③鄂多立克的描述从侧面反映出 14 世纪时期中国人生活的安适。

　　特别值得探研的是世界人们对蒙古人统治和管理下,市场流通的纸币的描述。鲁布鲁克描述纸币写道:

　　　　通用之钱币为棉纸币,长宽约手掌,其上印有几行字,似蒙哥汗的印玺。④

在马可·波罗的描述中:

　　　　每张纸币不仅要有许多特命的官员的签名,而且还有他们的盖章。经过所有这些官员的手续后,最后由陛下委任的一名掌管玉玺的总管将玉玺沾上朱砂盖在纸币上,于是在纸币上印下一方朱红色的御印。经过

---

① 王袆《上京大宴诗序》,《王袆集·王忠文公文集》卷六,上册,第 162 页。
② 《元史》卷二七《英宗本纪一》,第 3 册,第 613 页。
③ 《鄂多立克东游录》,第 64 页。
④ 《鲁布鲁乞东游记》,见《出使蒙古记》第 190 页。

这么多道工序处理后,纸币便获得了流通货币的职能。任何伪造纸币的行为都是犯死罪。这种纸币大批印制后,便流通于大汗所有的领土上,没有任何人胆敢冒着身家性命拒绝使用这种纸币……对于这种货币,商人们不会拒收,因为大家已经看到,商人们也可以用这种纸币来购买商品,即便他们来自其他国家,在他们本国不流通这种纸币,他们也可以将它换成适合他们本国市场的各类商品。任何人手里的纸币如果因长久使用而破损了,他们可以将旧钞拿到造币厂,只需要支付百分之三的费用,就可以换取新钞……纸币和金银一样是有价值的。①

鄂多立克也在纪行中描述人们用纸币来交税:

> 人们从他们的君王那里得到诏旨称:每火每年要向大汗交纳一巴里失(balis),即五张像丝绸一样的纸币的赋税,款项相当于一个半佛洛林(florin)。他们的管理方式如下:十家或十二家组成一火,以此仅交一火的税。②

在 13—14 世纪,纸币发行的意义不仅在于它对于市场流通和缴税的便利,更在于它本身就体现着其时最高技术的结晶,它的制作与发行包含着其时只有中国才具有和设计出的造纸术、印刷术、防伪程序以及金融市场规律的运用,等等③。而在传教士与商人们的描述中,货币的制作、流通以及各个环节的机制保障等等,这其中,蒙古人统治和管理的政府作为的有效度被往来于元朝的人们每每记述,并在他们的纪行作品中留下深深的印记。如果说 13 世纪初,蒙古人在成吉思汗的率领下用非常野蛮、暴力的方式为东、西方世界的人们打通了相互认知的道路的话,那么,14 世纪中国社会的繁荣富庶、人们物质生活的丰足与便利以及文明程度也一定意义上弱化了世界对蒙古人粗莽野蛮、孔武不经形象的感知。就这个意义而言,还是前所引卢格霍德的那段话说得有道理:"蒙古人既没有打造具有战略性的贸易枢纽,也没有为世界经济提供独

---

① 《马可·波罗游记》,第 220—221 页。
② 《鄂多立克东游录》,第 68 页
③ 张跃飞《蒙元货币制度述论》,云南师范大学中国古代史·元史 2007 级硕士论文。

特的工业生产力,更没有发挥转运功能。然而,他们却营造了一个风险很少,保护费用低廉的有利环境"①,借助这个有利环境,中国成为当时世界体系的中心②,"中国形象"也在这个时期在世界人们的心中前所未有的饱满而富于活力。

就"中国形象"的传达成功程度和影响程度而言,在13—14世纪欧亚大陆文化圈中所有的纪行作品,或许《马可·波罗游记》最堪称经典。该著将他者视角的陌生化与对象世界的生动性非常有效地融合在一起,不仅使得"中国形象"由此风靡西方世界,而且也深刻地撼动了西方由上至下的所有民众,甚至推动了西方文明的转型。

与之前、之后或者同时期的传教士们极为不同的是,马可·波罗是来自于商业氛围非常浓厚的意大利威尼斯,他的家族世代都善于穿越国际贸易航线而获得巨大利润,基于这样的背景,马可·波罗能够以世故、圆滑的视角关注他所经历的路线、城市、人群以及存在于形形色色的人情物理中的各种差异。"马可·波罗留给后世的,除了他所提供的资料外,最主要的还是他所激发的好奇心。十五世纪时,西方印刷术逐渐发达,到了1480年代,马可·波罗早期的手稿开始印刷成册,传入读者手中。在这些早期版本的读者中,就包括克里斯托弗·哥伦布,他还在书中作了注解。到了1540年代,受哥伦布地理发现影响,葡萄牙人将触角伸到澳门,西班牙人则到了菲律宾"③,"他的书为西方人对完全是另一个世界的含浑、笼统的了解提供了一线光芒"④。诚如西方研究马可·波罗的学者莫里斯·科利思(Maurice Collis)所指出,《马可·波罗游记》"不是一部单纯的游记,而是启蒙式作品,对于闭塞的欧洲人来说,无疑是振聋发聩,为欧洲人展示了全新的知识领域和视野,这本书的意义在于它导致了欧洲人文的广泛复兴"⑤。很大程度而言,西方世界的文明觉醒缘起于对东方中国的好奇与探秘,或者更直接地说是缘起于对中国财富的热羡与觊觎,《马可·波罗游记》是其中非常重要的催化剂。

---

① 《欧洲霸权之前:1250—1350年的世界体系》,第151页。
② 《欧洲霸权之前:1250—1350年的世界体系》,第336页。
③ 史景迁《大汗之国》导论,广西师范大学出版社2013年,第2页。
④ 中国国际文化书院编《中西文化交流的先驱——马可·波罗》,商务印书馆1995年版,第8、223页。
⑤ 余前帆译注《马可·波罗游记》译者前言,第6页。

第三章 北方正统文坛的中兴与南方 割据及元末文人的流向

在目前的元代文学研究中,鲜有论著注意到元末文坛分化的几个关节点问题。在这一章的讨论中,文章认为以馆阁文人为主体的正统文坛,在"至正更化"的政治改革背景中虽一度呈现有中兴的局面,但与崛起于东南地域的以杨维祯为首的铁崖派,学者"靡靡"的影响度相比,则远不能呈现出元代中叶馆阁文人群体在创作上令"学者澜倒"的影响局面。相较于人们侧重于杨维祯创作上的独特个性以及他对于元末明初文坛、晚明乃至东瀛创作的影响,人们较少站在元代社会文化的独特特征以及元代文坛格局的立场,注意到铁崖派作为地域文人群体,它颇为强烈的地域视角和地域气质在相当程度上对元代文坛多元浑融的一统色彩有着离异和裂变的影响。

论及元代文坛,人们似乎多注意于延祐、天历之盛,对于虞集之后的元末文坛,又多将注意力落位于江南区域诸如杨维祯和他的铁崖诗派以及顾瑛所主持的玉山雅集。这似乎一定程度地表现为,元代文坛在延祐、天历之后,以京师为核心的馆阁文人群体的影响力在逐渐减弱,而南方割据势力的增强使得南方成为大量文人流动和寓居的区域,南方文人群体的文坛影响也大有增强。不过,具体情况还是需要细论。这表现为,在至正前期,以京师为核心的北方文坛,受"至正更化"政治改革的影响,南北多族精英文人在散文、诗歌、戏曲等方面都表现出较为强烈的批判革新意识,创作成绩并不像人们一般以为的那般衰落,反而在时人眼中有"中兴"之感。而杨维祯与铁崖派在东南地域的兴起,就其本质而言,应该是对元代一直以馆阁文人为主体的南北多族所致力的一统文坛的裂变。作为泰定己卯、李黼榜进士,杨维祯对自己的人生期许本是进驻馆阁,入职清要,但终其一生都没有实现这一愿景,生活范围没有出乎五湖三泖之间,这是他开创铁崖诗派的现实基础。而就铁崖派兴起的时间而言,基本在"三史"纂修结束后的至正六年(1346)左右,杨维桢再无进入馆阁的可能性使他彻底走向了领袖地域文坛的境地,而铁崖派及铁雅文人群的影响越大也意味着它对元代正统文坛裂变的影响力越大;在至正后半叶一直到至正二十七年(1367)张士诚割据势力被朱元璋攻破这个时间里,以东南之地财货的丰裕以及张士诚兄弟对斯文"闻下风而望余光,亦知有所兴起"①的尊敬之意,东南地域成为文人流寓的中心,在官宦与士绅的积极主持和召集下,东南地域文人雅集非常频繁,对文学创作的繁荣颇有推动作用。

第一节 "至正更化"与元末以精英为主的文坛中兴

对于元代文坛而言,延祐之际有文治与科举,天历、至顺时候有奎章阁学士院,这些政治背景都极大地推动了文学创作的繁荣。在袁桷、王士熙、马祖常、虞集等一批南北多族文人的代表人物的引领下,天下士子风从云合,文坛气象与文风都为之一变,这些时期堪称元代文学发展的黄金时期。与延祐、天历相比,元王朝政权崩溃之前,由脱脱主持进行,元顺帝等作为背后支撑的"至正更化",尽管算得上是蒙古统治阶层的一次断尾求生的变革行为,最终也以失败告终,但是,"至正更化"对于元末文坛的意义依旧非常值得肯定。在这场政治变革中,蒙古统治阶层努力调整自身统治行为,在对蒙古贵族特权进行限制的同时,也对儒士尤其是南方儒士表现出一定程度的重视,这不仅较大层面地推动了南北多族的文化融合,而且极大地刺激了元代精英阶层对元蒙政权的认同,淡薄华夷之辨。这种社会情绪和热情反映在创作中,表现为精英文人对国家和社会秩序有较为清晰的作为意识,而这种作为意识也令元末文坛呈现出中兴的局面。就"至正更化"之于元末文坛中兴的影响而言,其一,"三史修撰"对元末创作史学意识上的增强颇有影响;其二,元代纪行创作进一步发展,将之前的上京纪行创作推向高潮;其三,精英意识向民间通俗文体渗透和介入,表现出文体革新的强烈意向。综合而言,"至正更化"背景中的元末文学,在散文、诗歌和戏曲三大体裁块系都有着值得探究的变化。

---

① 尤义《陈基传》,钱榖《吴都文粹续集》卷四五,清文渊阁四库全书补配清文津阁四库全书本。

一、元末"至正更化"的社会背景与文化举措

所谓"至正更化"①是指后至元末到至正初的十余年间,大约从 1340 年到
1352 年左右,是元顺帝在社会矛盾尖锐,蒙元统治出现极大危机的背景下,重
用丞相脱脱,推行新政,对元代中期以来的弊政进行了一系列较为彻底的改
革;重视儒治,重用儒臣,鼓励儒化教育,作新风宪,使社会政治风气为之一新。
由于时间主要在至正前十余年,主要由丞相脱脱主持实行,所以史称"至正更
化",又称"脱脱更化"。这场基于整个社会"肌体日益败坏、社会动荡不安的"
的大背景,由统治者最高层自发进行,带有非常强烈的断尾求生、较为切急的
政治变革,最终以失败告终,也使得元王朝不可逆转地退出中原政治舞台,但
其围绕政治变革需要而出台的一系列的文化举措却有其不能忽略的重要
意义。

之所以强调"至正更化"这场政治变革具有断尾求生的气质,实际是基于
变革者的主动性而言的。就变革的支持者和保障者元顺帝妥欢帖木儿,以及
改革的主持者和积极推动者脱脱的政治处境而言,这场政治变革也与他们自
身安危休戚与共。先是元顺帝妥欢帖木儿,如史所详述,他是元明宗和世瓎的
长子,元明宗在天历二年(1329)八月被元文宗与其权臣燕铁木儿毒杀于上都
王忽都察(今河北张北一带)。"八月乙酉朔,次王忽察都之地。丙戌,皇太子
(即元文宗图帖睦尔)入见。是日,宴皇太子及诸王、大臣于行殿。庚寅,帝暴
崩。"②明宗去世后,妥欢帖木儿先是被元文宗流放于高丽"使居大青岛中,不
与人接",一年后,又云"明宗在朔漠之时,素谓非其己子"③,"移于广西之静
江"④。至顺三年(1332),元文宗重病去世,在燕铁木儿的操控下,明宗次子懿

---

① 按:关于"至正更化",研究者认为最早在文中指明的是黄溍,他在《集贤大学士荣禄大夫史公神道
碑》提到"更化之后,复以老人召拜集贤大学士、荣禄大夫"(《全元文》卷九七一,第 30 册,222 页)。郭军
《元末"至正更化"探究》,西北师范大学 2012 届中国古代史·宋元史硕士论文。

② 《元史》卷三一《明宗本纪》,第 3 册,第 701 页。

③ 按:据《元史》载妥欢帖木儿身世云:"母罕禄鲁氏,名迈来迪,郡王阿儿厮兰之裔孙也。初,太祖取
西北诸国,阿儿厮兰率其众来降,乃封为郡王,俾领其部族。及明宗北狩,过其地,纳罕禄鲁氏。延祐七年四
月丙寅,生帝于北方"(《元史》卷三八《顺帝本纪一》,第 3 册,第 815 页),元文宗一方持此言,是期望陷妥欢
帖木儿于死地,为自己的帝位合法性提供保障。

④ 《元史》卷三八《顺帝本纪一》,第 3 册,第 815 页。

璘质班即位①,而 6 岁的懿璘质班在位不及两个月病死,燕铁木儿在一时找不到合适人选的情况下迎立妥欢帖木儿。至顺四年(1333),燕铁木儿暴卒,妥欢帖木儿得以正式即位。这个过程中,伯颜又以"翊戴之功",代燕铁木儿之位而专权②。伯颜的专权令逐渐长大的妥欢帖木儿深感其患:"独秉国钧,专权自恣,变乱祖宗成宪,虐害天下,渐有奸谋,帝患之",期望有以变更。而伯颜的侄子脱脱,虽自幼养于伯颜家中,但伯颜"势焰薰灼,天下之人惟知有伯颜"③的情形还是令脱脱"深忧之",担忧终有一天伯颜之祸及于自身,曾私下对其父亲表达忧虑云:"伯父骄纵已甚,万一天子震怒,则吾族赤矣。曷若于未败图之"④,所以期望"忘家徇国"⑤,救国亦自救。最终妥欢帖木儿和脱脱等人达成一致,合谋将伯颜罢相,将其贬谪至死⑥,这种做法,从本质上来说,是断尾求生的做法,如果不除伯颜,恐怕最高统治阶层可能终将因伯颜而死。

而就伯颜本人而言,他的出现、他的特权以及他的一切作为并没有超出蒙古贵族的一般作为,也是蒙古游牧统治和军人政治所赋予的,在他之前会有燕铁木儿,在他之后会有另外的燕铁木儿或者伯颜。《元史》叙其能力与作为云:

> ……旧所赐河南田五千顷,以二千顷奉帝师祝厘,八百顷助给宿卫,

---

① 按:据《庚申外史》载:文宗临终前召集卜答失里皇后、燕帖古思太子、权臣燕铁木儿曰:"昔者晃忽叉(即王忽察都)之事,为朕平生大错。朕尝中夜思之,悔之无及。燕帖古思虽为朕子,朕固爱之。然今日大位,乃明宗之大位也,汝辈如爱朕,愿召明宗子妥欢帖木儿来,使登大位。如是,朕虽见明宗于地下,亦可以有所措词而塞责耳",权衡著,陈虎整理《庚申外史》,车吉心主编《中华野史》之辽夏金元卷,(济南)泰山出版社 2000 年,第 855 页。

② 按:《元史》载:"四年六月,顺帝至自南服,入践大位,嘉伯颜翊戴之功,拜中书右丞相、上柱国、监修国史。元统二年,进太师、奎章阁大学士,领太史院,兼领司天监、威武、阿速诸卫。奏复经筵,加知经筵事。十一月,进封秦王。继领太禧宗禋院、中政院、宣政院、隆祥使司、宫相诸内府,总领蒙古、钦察、斡罗思诸卫亲军都指挥使",《元史》卷一三八《伯颜传》,第 11 册,第 3337 页。

③ 《元史》卷一三八《伯颜传》,第 11 册,第 3338 页。

④ 《元史》卷一三八《脱脱传》,第 11 册,第 3342 页。

⑤ 《元史》卷一三八《伯颜传》,第 11 册,第 3338 页。

⑥ 《元史》载:"……出伯颜为河南行省左丞相。己亥,伯颜遣人来城下问故。脱脱倨城门上宣言,有旨黜丞相一人,诸从官无罪,可各还本卫。伯颜奏乞陛辞,不许,遂行。道出真定,父老奉觞酒以进。伯颜问曰:'尔曾见子杀父事耶?'父老曰:'不曾见子杀父,惟见臣杀君。'伯颜俛首有惭色。三月辛未,诏徙南恩州阳春县安置,病死于龙兴路驿舍",《元史》卷一三八《伯颜传》,第 11 册,第 3339 页。

自取不及其半。宿奸顽豪尝毒民者,必深治之。①

由伯颜此举可以看出,伯颜并不非贪婪枉取之辈,《元史》总评伯颜为人认为,他"弘毅深沉,明达果断",天历之战中,伯颜曾力赞燕铁木儿以成事,文章叙述伯颜之赞划情形云:

> 致和元年七月,泰定帝崩。八月,丞相燕铁木儿遣明里董阿迎立武宗子怀王于江陵,道过河南,使以谋密告伯颜。伯颜叹曰:"此吾君之子也。吾夙荷武皇厚恩,委以心膂,今爵位至此,非觊万一为己富贵计,大义所临,曷敢顾望。"即集僚属明告以故。于是会计仓廪、府库、谷粟、金帛之数,乘舆供御、牢饩膳羞、徒旅委积、士马刍糒供亿之须,以及赏赉犒劳之用,靡不备至。不足,则檄州县募民折输明年田租,及贷商人货赀,约倍息以偿。又不足,则邀东南常赋之经河南者,辄止之以给其费。征发民丁,增置驿马,补城橹,浚濠池,修战守之具,严徼逻斥堠,日被坚执锐,与僚佐曹掾筹其便宜。②

天历之战中,燕铁木儿本人披坚执锐,身先士卒,而此段写伯颜为燕铁木儿筹措驿路、粮草的种种措施与执行能力,可以看出伯颜的确"弘毅深沉",乃有以赞划大事件之人。史书又云,伯颜在帮助妥欢帖木儿登上帝位之后,

> 赞帝率遵旧章,奏寝妨农之务,停海内土木营造四年,息彰德、莱芜冶铁一年,蠲京圻漕户杂徭,减河间、两淮、福建盐额岁十八万五千有奇,赈沙漠贫户及南北饥民至千万计,帝允而行之。其知经筵日,当进讲,必与讲官敷陈格言,以尽启沃之道。太皇太后赐第时雍坊,有旨雄丽视诸王邸,伯颜力辞,制度务从损约。四年,求解政柄,三宫交勉留。五年十月,诏为大丞相,加号元德上辅,赐七宝玉书龙虎金符,镌刻如前。先数日,伯颜面奏请以赐田岁入所积钞一万锭,赈帖列坚、末邻、纳邻三道驿置,及关

---

① 《元史》卷一三八《伯颜传》,第 11 册,第 3335 页。
② 《元史》卷一三八《伯颜传》,第 11 册,第 3335—3336 页。

北十三驿之困乏者。①

站在务实、功利的统治立场,伯颜取消一切妨碍农业生产的措施、停止海内土木之事,停止彰德、莱芜区域的冶铁事业;蠲除京圻漕户杂徭,减免河间、两淮、福建盐税,赈济沙漠贫户及南北饥民;并重开经筵,在一切公务制度上都力求简约,并努力维护帖列坚、末邻、纳邻三道驿站的配置,等等,种种作为都能看出伯颜深沉、明达,有挽救时事危乱的愿景与能力。伯颜所以最终被妥欢帖木儿与脱脱联手贬谪而死,既在于他专权独断,影响到了元顺帝的统治安全,更在于他的所作所为是在努力维护以游牧贵族统治为核心的实用政权体系,他对以定居思维为中心的儒治和科举选拔方式表现出极大的质疑②,并力求罢废,这大大刺伤了数量极为庞大的南人、汉人以及逐渐在科举考试体系中深入汉化的普通蒙古、色目士人群体,所谓"科举若罢,天下人才觖望"③。台湾学者涂云清认为"就蒙元一代的政治史来看,顺帝朝伯颜执政期间,可以说是汉法儒治的谷底时期,自仁宗、英宗至文宗等朝所建立的'二期儒治'局面,在伯颜执政期间,为之中辍,究其原因,不外乎以伯颜为代表的蒙古、色目保守势力的全面反扑,这群保守顽固的蒙古、色目贵族,视汉法儒治为毒蛇猛兽,必欲去之而后快,因此停开科举,不过其中的一环而已"④。伯颜执政的根本问题就在于他试图令已经深处定居世界的蒙古统治继续维系其游牧特权统治思维和处理方式,这必然会招致很多举措的反弹;再加上灾异天气所带来的各种社会矛盾的激化,所以伯颜之贬死也就成为多因所致的必然结果了。

从伯颜执政的社会状况来看,在他执政的元统元年(1333)到至元五年

① 《元史》卷一三八《伯颜传》,第 11 册,第 3338 页。

② 按:《元史》载伯颜与许有壬对科举的争辩:"伯颜云:'举子多以赃败,又有假蒙古、色目名者',有壬曰:'科举未行之先,台中赃罚无算,岂尽出于举子? 举子不可谓无过,较之于彼则少矣。'伯颜因曰:'举子中可任用者唯参政耳。'有壬曰:'若张梦臣、马伯庸、丁文苑辈皆可任大事。又如欧阳元功之文章,岂易及邪?'伯颜曰:'科举虽罢,士之欲求美衣美食者,皆能自向学,岂有不至大官者邪?'有壬曰:'所谓士者,初不以衣食为事,其事在治国平天下耳。'伯颜又曰:'今科举取人,实妨选法。'有壬曰:'古人有言,立贤无方。科举取士,岂不愈于通事、知印等出身。今通事等天下凡三千三百二十五名,岁余四百五十六人。玉典赤、太医、控鹤,皆入流品。又路吏及任子其途非一。今岁自四月至九月,自身补官受宣者七十二人,而科举一岁仅三十余人。太师试思之,科举于选法果相妨邪?'"《元史》卷一四二《彻里帖木儿》,第 11 册,第 3405 页。

③ 《元史》卷一四二《彻里帖木儿》,第 11 册,第 3405 页。

④ 涂云清《蒙元统治下的士人及其经学发展》第三章,(台北)台大出版中心 2012 年,第 273 页。

(1339)年间,广西、山东、四川、江西、福建、河北、河南等地的起义连绵不断①,连元顺帝也自叹:"觊安黎庶,而和气未臻,灾眚时作,声教未洽,风俗未淳,吏弊未袪,民瘼滋甚"②,最高统治者都感觉到自己的统治似乎要被逼近崩溃的边缘。而且,伯颜在社会矛盾极端尖锐的现实中,采取的反应措施是努力退回到游牧统治思维模式中,保护蒙古和色目特权阶层;停止科举;打压汉人和南人群体参政;针对民乱,力图以暴止暴和制暴等等。所以,顺帝以及脱脱等人的改革,最简单切直的办法就是,站到伯颜措施的对立面去努力,这也就是所谓"至正更化"的断尾求生气质。

可以看到,在"至正更化"变革体现于文治的措施有:首先,恢复科举。如所叙论,伯颜执政的七年间,废止科举,1336、1339 两科没有进行。1342 年重开科举,当初与伯颜据理力争的许有壬被任命为会试主考官,许有壬赋诗表达其喜悦的心情写道:

《早起观诸公考卷》
闲门如井底,春事近如何。柳色寒犹浅,禽声晓渐多。三场严献纳,千卷困研磨。有幸逢今日,天开第八科。
《三场试罢小雨》
京国春难雨,沾濡忽有今。声连蓬岛近,寒入棘闱深。圣治无遗策,诸君待作霖。东君办花事,行欲宴琼林。③

许有壬的诗毫不掩饰地表达了他扬眉吐气的情绪,也很真切地表达了作为儒臣渴望为国分忧,选拔人才,以副圣君变革之意。对于重开科举之事,黄溍更是以事实来表达自己惊喜交加,如恐是梦的复杂感受,他的文章《纪梦诗序》写道:

自先王梦祲之法不传,后世史家所纪梦之奇验可征不诬者固多,而人莫不有梦,不必皆可验于事也。重纪至元之元年春,予忝以非材,备员国

① 邱树森《论妥欢帖睦尔》,《西北第二民族学院学报》1990 年第 4 期,第 4 页。
② 《元史》卷四一《顺帝本纪四》,第 3 册,第 873 页。
③ 许有壬《早起观诸公考卷》《三场试罢小雨》,《全元诗》第 34 册,第 300、301 页。

子学官。其年秋,校文上京。夜梦观新进士上谢恩表,襃然出班前立者,诸生逊都思其氏,拜术其名(即拜住),明善其字也。予既竣事而归,则闻明善已预在京荐。名既以上于春官,而科举事遽废。予颇疑梦之不足征。明善退自有司,归就弟子列。寻以忧去,服阕而来,私试数占首选。时予犹居国学,其梦如初。私试之法,以入学之先后,贡十人而止。明善适在十人之外,方待年而未及释褐。予益疑梦之不足征。及予请外南还,而中书用台臣之请,计奏被上旨,复以科举取天下士。予亦复梦如初,至正改纪之年也。是岁,明善果再荐于京师。二年春,以正奏召入,对大廷,遂为进士第一。予梦于是始验。其兆见于科举将废之初,其应在于科举复兴之后。天者素定久矣,夫岂人力也哉? 盖古者卜以三兆,筮以三易,必参之以三梦。夏曰致,殷曰觭,周曰咸陟。其术皆亡,粗可考者,独周有占梦之官。所掌六梦,一曰正,二曰噩,三曰思,四曰寤,五曰喜,六曰惧。而六梦之占有二,其善而吉,则以献,而归美于上;其恶而凶,则赠送而去之。予向之所梦,以为噩欤? 则明善族系之贵、学殖之富,涸以一第,不足惊愕也。以为思欤? 则六馆之士数百人,予所思者,不止明善也。以为寤欤? 则明善之氏名,非予觉时所尝道也。以为喜欤? 惧欤? 则予于明善,未尝喜其得而惧其失也。无所感动而自梦,殆正梦欤? 兆见于科举之将废,而梦固不恶;应在于科举之复兴,则梦可谓吉矣。时之文人才士,内交于明善者,闻予言,往往为诗以纪之。好事者因会萃成卷,求予志于卷首,以实其说。[1]

所引黄溍这篇序言非常有典型意义。这篇序言是由重开科举后的新科状元拜住之事而起。据黄溍的序言交代,在至元重元之年(1335),他作为国子学官校文上都,夜梦诸生拜住作为新进士代表入朝谢恩,而且事实也确实是拜住入选,名入春官,但是次年(1336)科举停试。拜住是蒙古逊都思氏,从黄溍的叙述中可以看到,拜住作为国子学诸生,在1335年入选春官后,因为科举停试,

① 黄溍《纪梦诗序》,《全元文》卷九四〇,第29册,第86—87页。

又回到国子学,此后还不停地参加私试①,成绩每为首选,可见蒙古人中非大跟脚者也努力汉化、学习,期望通过科举获得官品。对于拜住最终在重开的科举中获得状元之事,黄溍的感受却是惊喜中夹杂着惟恐有失的忧惧,这种忧惧的根本原因在于对科举重开之事的患得患失感。许有壬、黄溍作为延祐首科进士,也作为在官的汉文人精英,他们对于元廷恢复科举的态度尚且惊喜交加,惟恐或失,那普通士人甚至包括像拜住这样的蒙古、色目子弟,他们对于国家能够重开科举的欢欣与珍重程度更加可想而知。而藉此还可以想见,元末南北多族精英文人在科举考试的感召下所形成的对国家一统政权的认同感和归依感。

"至正更化"变革中反映在文治上的另一重要事件是开修辽、金、宋三史,它与复开科举有着同等意义。至正三年(1343),以丞相脱脱为都总裁,中书平章政事铁睦尔塔识以下张起岩、欧阳玄、揭傒斯凡六人为总裁,三月,辽史开始纂修;四月,宋史奉诏设局开修,金史开修。元王朝自元世祖平定江南之初就试图修撰辽、金、宋三史,虽因种种因素迁延,直到"至正更化"期间,"三史"终于开修。在"三史"修撰完毕之后,《元史·阿鲁图传》记其呈送御览的情形云:

> 五年,三史成。十月,阿鲁图等既以其书进,帝御宣文阁,阿鲁图复与平章政事帖木儿塔识、太平上奏:"太祖取金,世祖平宋,混一区宇,典章图籍皆归秘府。今陛下以三国事绩命儒士纂修,而臣阿鲁图总裁。臣素不读汉人文书,未解其义。今者进呈,万机之暇,乞以备乙览。"帝曰:"此事卿诚未解,史书所系甚重,非儒士泛作文字也。彼一国人君行善则国兴,朕为君者宜取以为法;彼一朝行恶则国废,朕当取以为戒。然岂止儆劝人君,其间亦有为宰相事,善则卿等宜仿效,恶则宜监戒。朕与卿等皆当取前代善恶为勉。朕或思有未至,卿等其言之。"阿鲁图顿首舞蹈而出。②

---

① 按:私试,《南部新书》载:"长安举子,自六月后落第不出京者,谓之过夏。酿率酒馔,请题目于知己朝达,谓之私试"(梁章钜等《称谓录》卷二五,中华书局1996年,第384页),黄溍此处所谓私试,可能是国子学中的选拔考试。

② 《元史》卷一三九《阿鲁图传》,第11册,第3361—3362页。

"三史"的修撰也可谓"至正更化"的一部分。藉由上所引文字可以知道,元顺帝所以特重"三史"修撰,在于他期望通过历史来了解仁君贤臣的治国良法,而且他也期望大臣们能够以前代善恶为勉,并将他未曾考虑到的问题和做法告诉他。而阿鲁图明白皇帝的修史意图后,顿首舞蹈而出,其跃然欣喜之态也可谓溢于言表。关于三史修撰对于元代文化以及文坛创作风气的影响,下文中还将详述。

另外,就"至正更化"的文治措施而言,重开经筵、开辟宣文阁以承接经筵进讲事务也是非常有意义和影响的。至正元年(1341)九月,顺帝改奎章阁为宣文阁,承接经筵进讲事务,汪克宽赋此事云:"皇帝九年,制作宣文阁于大明殿之西北。皇上万几之暇,御阁阅经史,以左右儒臣为经筵官,日侍讲读。兹阁深列紫御,杰出青霄。朝野传诵,瞻望踊跃。布衣微臣,欣幸睿圣崇文致治之隆,旷古莫及。"①对于元朝的文人而言,科考的重开、宣文阁的制作以及皇帝对文治的积极与热情,与伯颜的极端反汉作法形成鲜明的对比,所以他们欣欣雀跃、期望以最大的热诚来呵护与维系朝廷的这种文治。许有壬记述顺帝朝开宣文阁以推重经筵讲座之事写道:

> 今上皇帝法圣祖之宏规,考近制而损益之。开宣文阁,选中书、枢密、御史台、翰林国史之臣,以见职知兼经筵,丞相独署以领,重其事也。其下有兼经筵官,参赞官,译文官,率以中书翰林僚幕若阁属为之,而不常其员。又其下,译史三人,检讨四人,书写五人,宣使四人。有公移,翰林、国史知经筵者署之,仍用国史院印章,奏为著令。至正七年正月二十日,知经筵事、翰林学士承旨笃怜帖木儿暨领经筵事,中书右丞相别儿怯不花奏,经筵启沃圣心,裨益治道,甚盛事也。领知若兼之臣,宜立石以记其姓名。拟翰林学士承旨臣有壬为记,御史中丞臣朵尔直班为书,知枢密院事臣太平篆其额。制可。臣有壬窃闻,圣人之道为天地立心,为生民立极,为万世开太平之基。斯道之明,其本于学乎?……其讨论坟典,图维治平,皆经筵也。我世皇征用儒雅,开万世太平之基,薄汉唐而不居,一本圣人之道,垂裕后昆。皇上以天纵之圣,留心经籍,缉熙圣学,治效之隆,视

---

① 汪克宽《宣文阁赋》,《全元文》卷一五九三,第52册,第90页。

中统、至元无忝矣。臣有壬承乏经筵,前后且十有五年,每番直进说,天颜
怡悦,首肯再四。经旨渊奥,有契宸衷,圣德日新,宗社亿万年无疆之休,
此权舆也。讲文附经为辞,若古疏义而敷绎之,继以国语译本,覆诵于后,
终讲,合二本上之,万机之暇,以资披阅焉。夫官署题名,昉自近代,百司
且有之,况国家崇儒重道,讲求太平之大者乎? 凡与是选,莫不以为荣遇。
而列其姓名者,不特荣遇而已,抑将励其倾竭忠诚,以格天心,勿使后之观
者指而议曰:"某但荣遇耳。"则斯石也,不为观美文具矣。[①]

　　宣文阁是由奎章阁学士院改设的机构[②]。在许有壬的这段记述中,他特意指
出,脱脱非常重视宣文阁的开辟,"丞相独署以领,重其事也",宣文阁不设常
员,都是"选中书、枢密、御史台、翰林国史之臣"兼任,甚至参赞官、译文官,也
无不以"中书翰林僚幕若阁属"人员兼任。翻检相关记载,历任宣文阁经筵讲
师人员有朵儿直班(蒙古人)、铁木尔塔识(色目人)、巎巎(色目人)、黄溍(南
人)、欧阳玄(南人)、许有壬(汉人)、苏天爵(汉人)、李好文(汉人),归旸(汉
人)、贡师泰(南人)、周伯琦(南人)等。11 人中,汉人、南人各有 4 位,两位色
目人,一位蒙古人,可以看出宣文阁有着不逊于当年奎章阁学士院的南北多族
文人融合情形。对于皇帝和主政者重兴文治的做法和意愿,南北儒士以及主
张汉法的蒙古、色目贵族乐见其成,所以,许有壬说凡是有机会作为经筵师的
人们,"莫不以为荣遇"。事实上,宣文阁中的经筵讲师就是脱脱主持"至正更
化"改革的主要参谋。

　　此外,还有一项文治措施可以看到元廷试图断尾以求生的勇气和尝试。
如所周知,伯颜执政期间,为维护蒙古、色目贵族阶层的特权,颁行了许多针对
汉人、南人的措施与法案,如罢科举,"请杀张、王、刘、李、赵五姓汉人"[③];禁止
汉人、南人学习蒙古语,禁戏文、杂剧、评话等。针对伯颜的反对汉法,遏制汉
人、南人参政的做法,"至正更化"期间修订的法案、条格颇有调整。例如后至
元四年(1338),命中书平章政事阿吉敕监修《至正条格》,负责编纂的老臣者

---

　　① 许有壬《敕赐经筵题名碑》,《全元文》卷一一九五,第 38 册,第 315—316 页。
　　② 按:《元史·巎巎传》载:"大臣议罢先朝所置奎章阁学士院及艺文监诸属官。巎巎进曰:'民有千
金之产,犹设家塾,延馆客,岂有堂堂天朝富有四海,一学房乃不能容耶?'帝闻而深然之,即日改奎章阁为宣
文阁,艺文监为崇文监,存设如初,就命巎巎董治",《元史》卷一四三,第 11 册,第 3415 页。
　　③ 《元史》卷三九《顺帝本纪二》,第 3 册,第 843 页。

旧、文学法理之臣有苏天爵、许有壬、董守简等人。至正五年(1345)十一月书成,赐名《至正条格》六年四月颁行天下。修订过的《至正条格》,共有制诏 150条,条格 1700 条,断例 1519 条,欧阳玄在序言中云:"人君制法,奉天而行。臣知事君,即知事天。敬君敬天,敢不敬法"①,就条格制定的目的而言,主要是为整顿吏治,但条格在努力保障蒙古统治集团的利益,对权贵的不法行为却有所约束②,表现出尽量缓和调节各种社会矛盾,从而实现元朝长治久安的目的③。

诸多改革措施中,最令人关注的是元廷对南人参政态度的重大变化。史载:"十二年三月,有旨:'省院台不用南人,似有偏负。天下四海之内,莫非吾民,宜依世祖时用人之法,南人有才学者,皆令用之。'自是累科南方之进士,始有为御史,为宪司官,为尚书者矣。"④这在元朝自忽必烈以来的用人政策上是破天荒的,所以至正十二(1352)年,作为南人的周伯琦"由翰林直学士、兵部侍郎拜监察御史"⑤、贡师泰由吏部侍郎拜监察御史⑥,朝廷这种对世祖以来"内北人而外南人","深闭固拒,曲为防护"⑦的用人理念的重大更化,对南方儒士来说,不啻于至元二十三年(1287),程钜夫奉旨南下访贤的影响,这或许也是理解元末士人对元政府的认同与忠诚心态的重要依据。

总体而言,"至正更化"期间,由于皇帝用功读书,注意节俭,颇有励精图治之意,而主政者脱脱又治国有方,"中外翕然称为贤相"⑧,故汉儒们"知无不言,言无顾忌"⑨,令朝政为之一新,颇有中兴的面貌。但由于朝政积弊太深,内忧外患,皇帝失去耐心,改革仅维系十余年,最终以脱脱的不被信任被贬而失败。邱树森在《论妥欢帖睦尔》一文中叙述说,"妥欢贴睦尔登上皇帝宝座,从他自己掌权开始,近 30 年政治生涯中,似乎判若两人:第一个妥欢贴睦尔是与脱脱组合在一起的,给历史上留下了一度是有生气的、立志革除弊政的、有

① 欧阳玄《至正条格序》,《欧阳玄全集·圭斋文集》卷七,上册第 142 页。
② 陈高华《〈至正条格·条格〉初探》,《中国史研究》2008 年第 2 期,第 158 页。
③ 张帆《评韩国学中央研究院〈至正条格〉校注本》,《文史》2008 年第 1 期,第 238 页。
④ 《元史》卷九二《百官志四》,第 8 册,第 2345 页。
⑤ 周伯琦《扈从前集序(至正十二)》,《全元文》卷一三八七,第 44 册,第 530 页。
⑥ 《元史》卷一八七《贡师泰传》,第 14 册,第 4295 页。
⑦ 叶子奇《草木子》卷三,《四库全书》第 866 册,第 772 页。
⑧ 《元史》卷一三八《脱脱传》,第 11 册,第 3324 页。
⑨ 《元史》卷一八三《苏天爵传》,第 14 册,第 4226 页。

作为的年轻皇帝的形象;另一个妥欢贴睦尔是与哈麻、搠思监组合在一起的,这是一个荒淫无度、昏庸无能、制造内乱的昏君"①,这场"至正更化"的成败也可以说与妥欢帖睦尔的前后形象变化吻然一致。

二、以"三史"修撰为中心的南北文人融合

元代关于"三史"的修撰,也可以称得上是经营已久。早在世祖立朝未久的中统二年(1261),即成立翰林国史院,期望通过撰修辽、金二朝历史来获得统治教训。据《元史·世祖本纪》载"癸亥,初立翰林国史院。王鹗请修辽、金二史,又言:'唐太宗置弘文馆,宋太宗设内外学士院。今宜除拜学士院官,作养人才。乞以右丞相史天泽监修国史,左丞相耶律铸、平章政事王文统监修《辽》《金史》,仍采访遗事',并从之"②,元世祖颇重视王鹗的建言,也拟令翰林国史院修国史的同时,附修辽、金二史③。其时诸如王恽等承元好问之学而来的金源文人,亦都有修史抱负。至元十三年(1276),统一南宋之际,随从伯颜攻入临安的董文炳特意向其时奉诏接收宋士的翰林学士李磐建言:"国可灭,史不可没。宋十六主,有天下三百余年,其太史所记具在史馆,宜悉收以备典礼"④,不过,世祖朝最终因为战事倥偬,没能开修"三史"。到英宗时期,皇帝与主政大臣左丞相拜住锐意改革,期望修撰"三史"以获得历史经验。其时拜住尤其欣赏浙东文人袁桷的学识,故期望由袁桷主持撰述辽、宋、金史,而袁桷也曾"奋然自任,条具凡例及所当用典册陈之"⑤。可惜至治三年(1323)的"南坡之变",英宗与拜住同日罹难,"三史"修撰之事由此被搁置。仁宗时期,也屡议修史之事。据虞集记载"至仁宗时,屡尝以为言,是时予方在奉常,尝因会议廷中而言诸朝,曰:'三史文书阙略,辽、金为甚,故老且尽,后之贤者见闻亦且不及,不于今时为之,恐无以称上意'",此可见修史之事已进入讨论阶段,但最终依旧未果。泰定之际,张珪等人也曾上表期望朝廷开修三史"辽、宋、金史,累有圣旨修纂,旷日引年,莫肯当笔。使前代之得失无传,圣朝之著

---

① 邱树森《论妥欢帖睦尔》,《西北民族学院学报》1990 年第 4 期,第 10 页。
② 《元史》卷四《世祖本纪一》,第 1 册,第 71—72 页。
③ 苏天爵《内翰王文康公》,《元朝名臣事略》卷一二,第 239 页。
④ 《元史》卷一五六《董文炳传》,第 12 册,第 3672 页。
⑤ 苏天爵《元故翰林侍讲学士知制诰同修国史赠江浙行中书省参知政事袁文清公墓志铭》,《滋溪文稿》卷九,第 135 页。

述不立,恐贻讥议,君子耻之"①,请奏未果。天历、至顺之间,元文宗屡诏史馆开修三史,且令虞集"别领书局"②,最终还是未及成事。至元四年(1338),辽、金、宋三史的修撰事宜再次被大臣们提到议事日程,甚至有人提议再由虞集担任总裁官,未成。至正三年(1343),在"至正更化"的大背景下,皇帝期望有所作为,主事大臣力赞其事,三月,"诏修辽、金、宋三史,以中书右丞相脱脱为都总裁官,中书平章政事铁木儿塔识、中书右丞太平、御史中丞张起岩、翰林学士欧阳玄、侍御史吕思诚、翰林侍讲学士揭傒斯为总裁官"③,旷日引年的"三史"修撰大事终于进入正式开修的轨道。

而借助对"至正更化"政治背景的考察可以看到,"三史"修撰与脱脱的关系非小,是脱脱力主推动"三史"的开修;而脱脱作为顺帝意图的代言者,他的"三史"修撰立场深刻地关系到了其时国家一统和民族融合的问题,所以"三史"的修撰也相当程度地促进了南北多族文人的国家多民族一统的认同感;作为从元初一直迁延到元末的"三史"修撰事件,它吸引了大量精英文人的参与,对文坛而言,由"三史"修撰所推动的重史写实风气也藉此形成。

脱脱与"三史"修撰的关系及立场。 脱脱对于修史的重视很大程度是来源于他的汉化教育以及其师傅吴直方的影响。《元史·脱脱传》载:"及就学,请于其师浦江吴直方曰:'使脱脱终日危坐读书,不若日记古人嘉言善行服之终身耳。'"④对于吴直方,脱脱是非常尊重的。在脱脱的传记中,当脱脱正在为自己大义灭亲铲除伯颜而焦虑纠结之际,他咨询吴直方意见,史书写道:

> 复怀疑久未决。质之直方,直方曰:"《传》有之'大义灭亲',大夫但知忠于国家耳,余复何顾焉。"⑤

脱脱在问过吴直方的意见之后,便开始与顺帝密谋铲除伯颜之事。应该说,吴直方从精神与道义上给予了脱脱行动的力量,而从引文中吴直方表述的话语

① 虞集《代中书平章政事张珪辞职表》,《虞集全集·道园类稿》卷一四,上册,第386页。
② 虞集《送(墨庄)刘叔熙远游序》,《虞集全集·道园类稿》卷二一,上册,第549页。
③ 《元史》卷四一《顺帝本纪四》,第3册,第868页。
④ 《元史》卷一三八《脱脱传》,第11册,第3341页。
⑤ 《元史》卷一三八《脱脱传》,第11册,第3342页。

来看,他引用了《左传》中"大义灭亲"的意思来劝导脱脱,告诉他,如果所作所为是忠于国家的话,其他事情就不用顾虑了。如此事关个人、家国、社会休戚安危的大事,脱脱竟然来请教吴直方,而吴直方所用的方式是以史事劝谏,这不仅可以想见他们师徒之间关系的亲厚,也可以想见吴直方平日引谕史事教导脱脱的情形。吴直方(1275—1356),字行可,浙江婺州浦江人,吴莱父亲。曾与方凤、谢翱、吴思齐等名儒交游,至京师,任教于周王和世㻋(后为元明宗)藩邸,后任上都路学正。泰定间,脱脱父亲马札儿台对吴直方的学识、智谋大加赞赏,比之为诸葛孔明,并延入府中教脱脱及其弟弟也先帖木儿。

很有必要解释的是吴直方的学养背景。他来自浙东婺州,乃婺学一脉文人。婺学形成于吕祖谦之后,全祖望在《同谷三先生书院记》评论认为,"宋乾、淳以后,学派分为三:朱学也,吕学也,陆学也。三家同时,皆不甚合。朱学以格物致知,陆学以明心,吕学则兼取其长,而复以中原文献之统润色之。门庭径路虽别,要其归宿于圣人,则一也"①。诚如全祖望所云,婺州学派文人得吕祖谦涵养、训化,其不同于朱熹和陆九渊一派最突出的特征在于该派文人在注重理学的同时,得中原文献之统,往往注重史学修养,具有较强烈的史学意识。吴直方作为婺州精英文人也不会例外,他劝导脱脱的方式可见一斑。而脱脱从吴直方那里也获得了较为深厚的史学熏染,对历史所具有的垂谏意义也非常信重。而这也可以说为脱脱推动以"三史"修撰为中心的文治改革奠定了良好的教育背景。

在元代,"三史"一直延捱不开修的重要原因除了各种政治原因之外,还有一个较为突出的问题,即辽、金、宋三朝,谁为正统的问题。围绕这个问题,元朝文人自元初以来就争论不休。人们争论的观点可以大致分三派②:一为"宋正统论",其依据理论是朱熹《通鉴纲目》的正统理论,代表人物有姚燧、揭傒斯、杨维祯等。姚燧云,"至《纲目》书出","统斯正矣"③;揭傒斯的观点与姚燧的相似,主张辽、金、宋三史之修当依据《纲目》,以蜀汉、晋为正统而以魏、北魏为闰余的正统理论。采用《晋书》的编写义例,把宋立为帝纪,把辽、金列作载记,正如杨维祯所谓"挈大宋之编年,包辽金之纪载",认为这样才能

①　《宋元学案》卷五一《东莱学案》,第 2 册,第 1653 页。
②　叶建华《论元代史学的两股思潮》,《内蒙古社会科学》1991 年第 2 期,第 49 页。
③　姚燧《国统离合表序》,《全元文》卷三〇二,第 9 册,第 388 页。

"立于圣人之经,以扶万世之纲常"①。对于杨维桢的议论,欧阳玄也认为"百年后,公论定于此矣"②。再一派是辽、金与宋各有正统,主张以辽、金为《北史》,宋太祖至靖康(即北宋)为《宋史》,建炎以后(即南宋)为《南史》,持此论的著名者有王恽等。王恽认为:"辽自唐末保有北方,又非篡夺,复承晋统,加之世数名位远兼五季,与前宋相次而终,言《北史》(13)。宋太祖受周禅,平江南,收西川,白沟迆南悉臣大(有作"于")宋,传至靖康,当为《宋史》。金太祖破辽克宋,帝有中原百有余年,当为《北史》。自建炎之后,中国非宋所有,宜为《南宋史》。"③还有一派认为一统的才能称作正统,辽、金、宋都不能称作正统,持此论断著名者有王袆。他在《正统论》中写道:"正者,所以正天下之不正也;统者,所以合天下之不一也……宋有天下,居其正,合于一,而其统乃复续。故自建隆元年复得正其统。至于靖康之乱,南北分裂,金虽据有中原,不可谓居天下之正。宋既南渡,不可谓合天下于一,其事适类于魏、蜀、东晋、后魏之际,是非难明,而正统于是又绝矣。自辽并于金,而金又并于元,及元又并南宋,然后居天下之正,合天下于一,而复正其统。故元之绍正统,当自至元十三年始也。"④

　　由上述三派的立论点来看,"宋正统论"代表着绝大多数南方儒士的看法,而这派的有力武器是程朱理学;辽、金允为正统派,看到了12—13世纪间,辽、金、宋三朝犬牙更迭的现实,持论较为客观;而一统派则站在元朝立场,比较官方。而脱脱最终能够力排众议,下令"三史"各与正统,这既是因为脱脱作为蒙古政治家,没有根深蒂固的正统观,比较开通阔达,也是由于脱脱所以积极推动"三史"修撰,是期望能迅速被运用到社会改革中去,故而也能大刀阔斧,不纠缠于概念、玄谈。基于此,"三史"于至正三年(1343)四月同时开始修撰,四年(1344)三月完成《辽史》,十一月完成《金史》,五年(1345)十月完成《宋史》。前后二年半,成书所以如此迅速,最重要的原因是因为脱脱作为总裁官,他着力组织修史机构人员,又用江南三省原南宋官田中属于贡士庄的

---

① 杨维桢《三史正统辨》,《杨维桢全集校笺》卷一〇二"铁崖佚文编之一辩论说赋",第9册,第3508、3509页。
② 《明史》卷二八五《杨维桢传》,第7308页。
③ 王恽《玉堂嘉话》卷八,《王恽全集汇校》卷一〇〇,第9册,第3956—3957页。
④ 王袆《正统论》,《王袆集·王忠文公文集》卷四,上册,第106页。

钱粮充作修史经费,为修史人员的调拨以及后勤、经费提供了充分有利的条件。

"三史"修撰与南北多族文人的深度融合。 客观而言,脱脱最后裁定"三史"修撰"各与正统"的做法不仅推动了"三史"的顺利修撰,而且要求修史者以平等态度对待中原之外其他民族的政权,这符合蒙古人作为北方游牧民族一统南北的社会现实,更重要的是,它的修撰理念促进了南北多族文人的深度融合。这可以从"三史"的修撰人员构成来发见。

最先完成的《辽史》,就已体现出在"至正更化"改革愿景的推动下,南北多族文人之间的深度融合。据欧阳玄代脱脱所撰《进辽史表》知道,除了脱脱作为都总裁官外,《辽史》修撰的总裁官有:"中书平章政事臣铁睦尔达实、中书右丞今平章政事臣贺惟一、御史中丞今翰林学士承旨臣张起岩、翰林学士臣欧阳玄、翰林侍讲学士臣揭傒斯、侍御史今集贤侍讲学士兼国子祭酒臣吕思诚",之后"中书遴选儒臣崇文太监今兵部尚书臣廉惠山凯雅(即廉惠山海牙)、翰林直学士臣王沂、秘书著作佐郎臣徐昺、翰林监修臣陈绎曾为修史官",修撰时间"至正三年四月,迄四年三月"①。

总裁官中,中书平章政事铁睦尔达实(铁木儿塔识)乃元朝著名的康里家族康里脱脱之子,是汉化较早的色目贵族。黄溍载其事云:"于书无不读,尤喜闻儒先性理之说,而明于义利之辨。"在"至正更化"中,铁木儿塔识是科举重开的重要推动者,黄溍记载其实情况云:"上既总揽权纲,用脱脱为中书右丞相,王为右丞,以更新庶政。科举之废也,王在参议府,争之不得,讫不署其奏牍。至是,力为上言前代科举得人之盛,遂复行焉。"顺帝对铁木儿塔识非常信任,"上为御宣文阁,询以治道,往往至夜分乃退"。对于"至正更化"改革,铁木儿塔识用力甚勤,"入则告上以帝王之道,出则正纪纲、修法度,奏立内外通调之制。朝臣外补,许得陛辞,上亲临遣,责以成效"②。

贺惟一,乃元代著名汉族贵族贺胜之子。贺氏家族自忽必烈实行两都巡幸制之初即任职上都留守司这一重要职务。上都留守司职务的重要性,如虞集所指出:"供亿之计,一统之留守,故为职最要焉,自非器巨而虑周,望孚而干

---

① 欧阳玄《进辽史表(代右丞相脱脱撰)》,《欧阳玄集·圭斋文集》卷一三,上册,第355—356页。
② 黄溍《敕赐康里氏先茔碑》,《黄溍全集·金华黄先生文集》卷二八,下册,第707页。

固,明习国家典要,深为上所信向者,殆不足以胜其任也。"①这么重要的职守,贺氏家族却能"自世祖时,以属诸贺氏"。在元代"有两个官僚家族长期执掌着上都留守和虎贲司的主要职务。一个是蒙古开国元勋扎剌儿部木华黎家族,另一个是业已蒙古化了的汉人功臣贺氏家族"②,这充分证明贺氏家族的政治地位。而就贺家子孙的学养而言,贺胜"尝从许衡学,通经传大义"③,而贺惟一则曾经受业于赵孟𫖯,其文化素养应该很不错。从负责的事务重要程度来看,贺惟一应该是元顺帝非常倚重的干臣,据《顺帝本纪》中载,至正四年(1344)"以贺惟一为御史大夫,赐名太平"④,所以贺惟一在"三史"修撰过程中作为经费与后勤保障的负责人,也可以看出元顺帝对于"三史"修撰于必成的愿景。

此外,廉惠山凯雅,乃元代著名政治家廉希宪之从子,至治元年(1323)进士。其他南北汉人中,吕思诚"三为祭酒,一法许衡之旧,诸生从化,后多为名士"⑤,张起岩、欧阳玄、王沂为延祐首科(1315)进士,徐昺为至顺元年(1330)进士,陈绎曾,曾受学于戴表元。《辽史》的修撰,以廉惠山凯雅、徐昺、王沂、陈绎曾几位用力甚多,虽然《辽史》的修撰是"发故府之椟藏,辑遐方之瓯献,搜罗剔抉,删润研磨",修撰时间从"至正三年四月,迄四年三月"⑥,用时不到一年,却也是南北多族文人在一起努力研读契丹民族历史,并撰写成书的过程,这对于无论是色目还是汉人、南人,增进对其他民族的了解和理解都是非常有意义的过程。

《金史》的修撰,据《进金史表》云,早从王鹗开始就已努力编撰,所谓"张柔归《金史》于其先,王鹗集金事于其后。是以纂修之事,见诸敷遗之谋"⑦。而且当初张柔军在攻陷汴京之际,张柔"独入史馆",辇载《金实录》以及金朝秘府图书归于保定⑧,为此作为金朝状元的王鹗为存金史,曾"馆于保州者余

①　虞集《贺忠贞公墓志铭》,《虞集全集·道园类稿》卷四六,下册,第883页。

②　陈高华、史卫民《元大都上都研究》,中国人民大学出版社2010年版,第200—201页。

③　《元史》卷一七九《贺胜传》,第14册,第4149页。

④　魏源《元史新编》卷一四,《魏源全集》,岳麓书社2004年,第360页。

⑤　《元史》卷一八五《吕思诚传》,第14册,第4251页。

⑥　欧阳玄《进辽史表(代右丞相脱脱撰)》,《欧阳玄全集·圭斋文集》卷一三,上册,第356页。

⑦　欧阳玄《进金史表》,《欧阳玄全集·圭斋文集》卷一三,上册,第360页。

⑧　苏天爵《万户张忠武王》,《元朝名臣事略》卷六,第98页。

十年"①进行整理和研习。另外,王鹗将金源优秀文人诸如李治、李昶、王磐、徐世隆、徒单公履、郝经、高鸣、杨恕、孟攀鳞、王恽、雷膺、周砥、胡祗遹、孟祺、阎复、刘元等聚拢一处至翰林国史院,参与《金史》的修撰②。所以,至正时期来修《金史》时,即以王鹗等所修《金史》为依据,由于《金史》准备时间长,当初参与者又几乎是金源鸿儒,所以不仅不需要重新组织人马集体修撰,而且《金史》的修撰水平还"迥出宋、元二史之上"③。

最后完成的《宋史》,以宋代"享国二百一十九载,政刑日举,品式备具,盖有足尚者",所以是"三史"修撰时间中最长者,参与修撰及相关事务的人员也最多。据欧阳玄代阿鲁图所撰《进宋史表》云:"前右丞相臣脱脱为都总裁,平章政事臣铁木儿塔识、御史大夫臣惟一、翰林学士承旨臣起岩、臣玄、治书侍御史臣好文、礼部尚书臣沂、崇文太监臣宗瑞为总裁官,平章政事臣纳麟、臣伯颜、翰林学士承旨臣达实帖穆尔(达识帖睦迩)、左丞臣守简、参议臣岳柱、臣拜住、臣陈思谦、郎中臣斡栾、臣孔思立等协恭董治。"④这群人中,除了铁木儿塔识、贺惟一、张起岩、欧阳玄、王沂等几位在《辽史》修撰中担任总裁的人外,还增加了李好文(汉人,至治元年进士)、杨宗瑞(汉人,延祐首科进士)、高纳麟(西夏人,高智耀之孙)、伯颜(蒙古哈剌鲁氏,字宗道)、达识帖睦迩(康里脱脱之子,铁木儿塔识之弟)、董守简(汉人,董俊之后)、全岳柱(回鹘北庭人,阿鲁浑萨里之子)、拜住(蒙古人,至正二年右榜状元)、斡栾(高昌回鹘,西宁王忻都之子)、孔思立(汉人,孔子之后)。从这群人的族群和身份来看,他们基本将自世祖时代积累起来的、支持汉法的蒙古和色目人代表以及汉人贵族都覆盖到了。

至于《宋史》参与修撰的人员,欧阳玄写道:"史官工部侍郎臣斡玉伦徒、秘书卿臣泰不华、太常签院臣杜秉彝、翰林直学士臣宋褧、国子司业臣王思诚、臣汪泽民、集贤待制臣干文传、翰林待制臣张瑾、臣贡师道、宣文阁鉴书博士臣麦文贵、监察御史臣余阙、太常博士臣李齐、翰林修撰臣刘闻、太医院都事臣贾鲁、国子助教臣冯福可、太庙署令臣陈祖仁、西台御史臣赵中、翰林应奉臣王

①　苏天爵《内翰王文康公》,《元朝名臣事略》卷一二,第238页。
②　李恺《言行录》,苏天爵《元朝名臣事略》卷一二《内翰王文康公》,第239页。
③　赵翼著,王树民校证《廿二史札记》,中华书局1984年版,第597页。
④　欧阳玄《进宋史表(代丞相阿鲁图撰)》,《欧阳玄全集·圭斋文集》卷一三,上册,第364页。

仪、臣余贞、秘书著作佐郎臣谭愷、翰林编修臣张翥、国子助教臣吴当、经筵检讨臣危素编劂分局，汇萃为书。"①这支修撰队伍，堪称至正时期南北多族文人中的精英代表。其中斡玉伦徒，字克庄，西夏人，西夏宰相斡道冲之子，"西夏斡公克庄尝以《礼经》举进士，如左榜汉生者。考官见其博赡，疑不敢取，而朝廷知其为明经之士"②。泰不华，蒙古伯牙吾氏，至治元年（1323）状元。宋褧，汉人，泰定元年（1324）进士。王思诚，汉人，至治元年（1323）进士。汪泽民，南人，延祐五年（1318）进士。干文传，南人，延祐首科（1315）进士。贡师道，南人，贡奎侄子。余阙，唐兀人，元统元年（1333）进士。李齐，汉人，元统元年（1333）左榜状元。贾鲁，汉人，主领治黄河事。冯福可，南人，延祐五年（1318）进士。陈祖仁，汉人，至正二年（1342）左榜状元。张翥，汉人，学兼南北。吴当，南人，吴澄之孙。危素，南人，吴澄弟子。杜秉彝，字德常，安阳人。其曾祖乃金末著名隐士杜瑛。说明《宋史》的修撰以汉人、南人为主体，也有诸如斡玉伦徒、泰不华、余阙等蒙古、色目人中汉化程度极高的文人参与。

综合来看，元初时期南北多族文人以书画为媒介，以较为直观、形象的方式增进了解；元中叶，以程朱理学的研习为核心，以蒙古、色目人群的自觉汉化实现文化融合；他们所给予南北多族文人的融合影响都不如《辽》《金》《宋》三史修撰之于人们的影响。《辽》《金》《宋》三史，各与正统的修撰理念，使得南北多族精英文人不得不以平等的态度去观照和书写其他民族的历史，这不仅增强了他们对国家一统现实的认同感，而且也增强了他们对共处一个王朝的其他民族的认同感。如果说以书画为媒介的融合带给人们的是直观的、外在审美的融合的话，那么以程朱理学探研为核心的融合带给人们的是道德规范和思想价值层面的融合。而"三史"修撰以平等态度撰写其他民族历史的融合则是深刻意义上的一体性融合，它带给人们的是以蒙古统治为核心的、一统王朝和国家的认同式融合。《元史》曾为元末进士殉国情形感慨云："论者谓大科三魁，若泰不华没海上，李黼陨九江，泊齐之死，皆不负所学云"③，而这或许也是人们理解元王朝濒于崩溃、灭亡之际，南北多族大量知识分子竟然愿意与之共存亡的重要心理因素。

①　欧阳玄《进宋史表（代丞相阿鲁图撰）》，《欧阳玄全集·圭斋文集》卷一三，上册，第364—365页。
②　虞集《郑氏毛诗序》，《虞集全集·道园类稿》卷一七，上册，第480页。
③　《元史》卷一九四《忠义传》，第15册，第4395页。

　　"三史"修撰与元末重史写实且有补于风教特点的形成。对于元代文学领域而言,由"至正更化"而推动的"三史"修撰为中心的大型修史活动,对于元末以重史写实,且务有补风教特征的文风之变有较深远的意义。

　　首先值得一提的是《宋史》修撰中负责"编劘分局,汇萃为书"①工作的危素。宋濂为危素所作传记叙述其学养云,危素"十五即通《五经》大旨,据座为人师。与同郡葛君将、曾君坚、黄君㫼、葛君元哲更相策警,穷日夜不休。复徒步走临川吴文正公澄、清江范文白公梈之门,质而正之。二公皆折行辈,与之为礼。吴公至恨相见之晚,凡所著书,多与公参订之。虞文靖公集、孙先生辙,名德俱尊,其遇之一如吴公,由是公之名震动江右间。出游金陵,或以其文示南台中丞张文穆公起岩。张公以状元为显官,少所称许,独推服公曰:'危君为状元庶几相当,老夫有愧色矣。'张公入朝,遂挟公以行,达官贵人慕公声华,争欲出其门下,更相论荐,唯恐失之。公之检讨经筵也,经筵一月进讲者三,讲文皆属公手"②。宋濂与危素关系密切,对危素学养的叙述充满场景感,很切实。而据宋濂的叙述,危素天资甚高,曾得到吴澄的诸多训教,而吴澄弟子虞集、孙辙等对他的影响也颇多。而引导危素进入馆阁的是延祐首科状元张起岩,以张起岩的引荐,危素得以才华大展。危素进入馆阁后,也曾"请修《宋》《辽》《金》三史",并为《宋史》的修撰"乘传行宋两都,访摭阙遗",所以,"书成,公之力居多"③。

　　结合欧阳玄《进宋史表》与宋濂的陈述可以看出危素前后为《宋史》的修撰用力最多,这也使得危素的创作受史书撰写的影响更为直接明显。作为江西文人,危素出入吴澄、虞集等元代中叶文坛大家,其创作具有一本于经,言言辩辨,善于说理的特色。但也需要指出的是,比起金源文人诸如王鹗、王恽等金源一脉文人,又或者袁桷、黄溍、柳贯等浙东文人,江西文人群虽有揭傒斯,但并不以史见长。危素对于《宋史》修撰的努力无形中夯实了他写作上的小

　　①　欧阳玄《进宋史表(代丞相阿鲁图撰)》,《欧阳玄全集·圭斋文集》卷一三,上册,第365页。
　　②　宋濂《故翰林侍讲学士中顺大夫知制诰同修国史危公新墓碑铭》,《宋濂全集》卷五四,第3册,第1270页。
　　③　宋濂《故翰林侍讲学士中顺大夫知制诰同修国史危公新墓碑铭》,《宋濂全集》卷五四,第3册,第1270页。

短板,经过《宋史》修撰"访摭阙遗"①和"编劘分局,汇萃为书"②的工作,危素的文章极大地增强了史学特色。这表现为他的创作重视且善于叙述,并富有春秋笔法,以期有补于风教,所以宋濂称危素"乐善好义,若有督之者。凡事有关于名教可以励风俗者,必为之乃已③,这在他的创作中也体现得非常清晰。

例如危素的《上贺相公论史书》就比较全面地体现了他的文章特点。其一,出经入史。这篇文章的意旨在于请求权臣推动朝廷撰修《三史》。且看文章开首的一段:

> 素闻传曰"秉中为史",盖书其实事而昭示来世,过不可也,不及不可也。善善而不流于阿,恶恶而不伤于刻,若是者其庶几乎? 古之君子何贵于史哉? 以其君之创业于初,守成于中,失国于终,故后世之为君者考其所以兴,监其所以亡,其仁明可法,其昏乱可戒。其臣之忠良正直、奸险佞衰,故使后世之为臣者思以去彼就此焉。至父子、兄弟、夫妇、朋友之间,卓然有可称道者,史尝书之矣。若象纬之著明、水土之分画、历数之因革、礼乐之废举、食货之转输、名物之详略,无不载焉,将以备一代之事,后之经济天下者有所征之矣。④

在所引文字中,危素开宗明义,观点鲜明,阐述流利。作者从程朱理学的立场来表述其请求修史的主张。危素认为修史的目的是为从善弃恶的社会提供良好的事实借鉴,以便人们"善善而不流于阿,恶恶而不伤于刻",可以秉中行事。而自古以来君子所以重史,又是因为历史不仅能昭示天道循行的法则,而且也为君臣、父子、夫妇、友朋之间秩序的维系提供了可据依的实例,而且对于现实社会的运行来说,史书无论是象纬、水土、历数、礼乐、食货、名物等等一代之事,无不载记,其有补于时、有补于世的意义也非常大。围绕修史所具有的

---

① 宋濂《故翰林侍讲学士中顺大夫知制诰同修国史危公新墓碑铭》,《宋濂全集》卷五四,第 3 册,第 1270 页。

② 欧阳玄《进宋史表(代丞相阿鲁图撰)》,《欧阳玄全集·圭斋文集》卷一三,上册,第 365 页。

③ 宋濂《故翰林侍讲学士中顺大夫知制诰同修国史危公新墓碑铭》,《宋濂全集》卷五四,第 3 册,第 1274 页。

④ 危素《上贺相公论史书》,《全元文》卷一四六八,第 48 册,第 149—150 页。

理学依据、现实意义,作者的表述可谓"其理明,其言约"①。其二,善于叙述。在理已明的基础上,文章继续写道:

> 唐之失河北而契丹盛,其号曰辽。宋之失中原而女真强,其号曰金。及宋之南渡,立国于江表者,犹历数君。三国上下数百年间,其事泯然不见于简策,岂非圣朝之阙典欤?天眷神元,启土朔漠,发号若雷霆,驱兵若风雨,堕金于蔡城,掎宋于厓山,举四海而席卷之,开辟以来,未之有也。②

这段引文是承前面观点而进一步展开的论述。在这一段则展现出危素出色的叙事和概括能力。文中,危素叙述了辽、金、宋三朝的发展兴替过程,做到了"其言约,其事核"③,200余字的篇幅中,关于契丹强盛之因,辽朝兴邦之基;女真得势之初,建号金朝之业;南宋虽立国江表,偏于一隅,却历时不短,以及元朝起朔漠,灭金平宋,一统四海的历史发展线索捋得清楚且明白,而且观点鲜明。作者基于史实背景言辞凿凿地指出,三朝上下绵延数百年,其间事迹竟泯然不见载于史册,大元王朝作为一统四海的王朝,岂能不撰修前朝之史以昭示其恢弘气魄? 这段夹叙夹议的表述很好地承和了作者一开篇就提出的请求修"三史"的主题。之后,作者再从现实功用和紧迫性角度来阐明修"三史"的意义以及关于正统论的立场:

> 昔人有言:可以亡人之国,不可以亡人之史。盖记载其一国之政者,其事小;垂监于万世之人者,其功大故也。则三朝之史,不可以不修也审矣。世祖皇帝当混一天下之初,朝廷之制度未定,草野之创夷未瘳,三朝之史,累有明诏,虽设史官而未遑成书。自大德末年以来,国家多故,于兹事有倡之而无和者。于今又四十年,事迹灭磨,传记散轶,宿老凋零,无从而质问,故实荒忽,尤困于稽寻,非可惜哉? 素游京师最晚,颇闻议者曰:传天下者必有正统。今主宋者曰宋正统也,主金者曰金正统也。史官卢公挚、太常徐公世隆、集贤王公约以及张枢修端之说纷然而不一。或谓本

---

① 危素《与苏参议书》,《全元文》卷一四六八,第48册,第148—149页。
② 危素《上贺相公论史书》,《全元文》卷一四六八,第48册,第149—150页。
③ 危素《与苏参议书》,《全元文》卷一四六八,第48册,第148页。

朝不承金,则太祖、太宗非正统矣。此皆胶于常论者也。本朝立国于宋、金未亡之先,非承宋、金而有国者也。若是则宋之与金,国统之正否,自有定论矣。议者又曰:本朝之取金、宋,其战争攻取之际,当有所讳而不敢书。夫司马晋之时,尝修《三国志》矣。唐太宗尝修《隋书》矣,宋之时尝修《五代史》矣。其间固有战争攻取之事,据实而直书,史官之职,尚何讳之有? 议者又曰:耆硕之士尽矣,孰可以任其事哉? 古人有言:人才自足以周一世之用,未闻借才于异代也。患国家不为,为之则不患无其人。设谓今无其人,则待何时然后有当史笔者出邪? 诚能破其拘挛,公其举选,则作者云合矣。议者又曰:今有司之于钱谷细若蓬芒,必钩而取,其肯捐弃而为此邪? 我国家以四海为富,赐予近侍,崇奉异教,逼逼累千万而不爱,而岂靳于此哉? 凡此四者皆非有远见高识,乌足以论天下事哉! 今主上仁恕恭谨,言无不从,失今不为,则识者将有以议其后矣。素以职事从讲官之后,闻于承旨康里公曰:闲同今御史中丞阿鲁公侍上前,论及三史事,上亦恻然久之。其后御史台、国史院交请于中书,未见报可。伏惟阁下生于阀阅之门,而以才识卓异,德望渊重,进位凝丞,海内属望,宜于斯事留意久矣。今宰相好善尚贤,而左右前后无非吉人君子。阁下诚一言及于此,当无有拒而不纳者。素鄙贱士也,尝望阁下之门墙,阁下忘其势分之尊,待以礼意之厚,故不避僭逾,辄以史事私告于执事者,冀阁下少察纳焉。干冒尊严,不胜惶恐。素再拜。①

宋濂曾云危素"博学善文辞"②,危素这段文字据理说事,由普遍之理推及具体之事,由古及今,从元世祖朝述及当下,事繁言约,条理清晰,掷地有声。在论及导致"三史"一直悬而未修的原因时,危素善于捋清史实以说理的文章特点得到了很好的展示。在论述中,危素将撰修"三史"所面临的问题捋为四块:一,谁为正统;二,有所讳而不能书;三,缺乏任事之人;四,缺乏经费,等等。然后条分缕析,有史可参者据史而言;有理可据者,言言辩辨,述而驳之;有事实可指陈者,又一一落实,具体言明;至于宏富格局与大道理,危素也能晓以理、

---

① 危素《上贺相公论史书》,《全元文》卷一四六八,第48册,第150—151页。
② 宋濂《故翰林侍讲学士中顺大夫知制诰同修国史危公新墓碑铭》,《宋濂全集》卷五四,第3册,第1274页。

动以情,雅正廓落,凛然而不可犯。应该说,这篇文章很好地证明危素所以成为《宋史》撰修中"编劘分局,汇萃为书"①的承担者的实力,诚可谓实至名归。与他的同乡前辈虞集以及揭傒斯相比,虞集文集中鲜有上书以阐明主张的文章,揭傒斯有,但在表述风格上,还是有区别。例如揭傒斯的这篇《与尚书右丞书》:

　　傒斯再拜尚书右丞阁下:仆闻因众者可以显立功,忘己者可以广得贤。千尺之松,不蔽其根者,独立无辅也。森木之林,鸟兽群聚者,众材咸济也。是故自用无朋,专欲无成,得众者昌,寡助者亡,此贤愚同知,古今一轨也。《易》曰:"拔茅茹以其汇征,吉。"夫《泰》之为卦,君子道长之时也。君子当道长之时,其进犹必引其类则吉,是进而不引其类,虽当泰之时,犹凶也。人方安居暇食,若无事于贤,一旦风飞云会,加诸百官之上,立于庙堂之内,以数尺之身,任天下之责,方寸之心,关天下之虑,虽有周孔之智,贲育之勇,未闻能独成其功也。此仆于阁下不能无情。伏惟阁下聪明强毅,卓荦弘大。诵圣人之书,行古人之法。为政知王道之本,好贤有虚己之实,生民之所仰望,君子之所依归。又当天子锐精求治之时,身任鼎铉之寄。以求治之时,当鼎铉之地,而生民有仰望之情,君子有依归之心,诚阁下垂名立功、报国显亲之秋也。然方今进贤用能之当否在阁下,富民理财之能否在阁下,斟酌庶务之宜否在阁下,天子之所属寄、生民之所责望在阁下,其任亦甚重且难矣。夫上有宰相,下有参佐百官,而独责任于阁下者,以阁下明王道,识治体,知本末之所先后,经权之所异宜也。此《春秋》所以责备于贤者耳。由今观之,孰若一上下,齐彼己,旁罗俊乂,广揽英贤,因其材而分任之,而坐居其成功,则功可大,名可久,福可致而祸可消也。不然,一身且未知所计,况为朝廷计哉!然凤皇鸑鷟,非凡木可栖;绝奇异能,非常度可致。悬千金之赏,不患无徙木之人;市千里之骨,何忧无绝足之马。果能推诚折节,激昂鼓舞,则士必乐为用。士乐为用,何功不成?且进贤者,非所以市私恩也,将以佐天子,理万民也。忠以出之,信以行之,忠信之人,天必祐之,毋患乎贤之不为用,但尽其求贤

①　欧阳玄《进宋史表(代丞相阿鲁图撰)》,《欧阳玄全集·圭斋文集》卷一三,上册,第365页。

之道而已。牛之肯綮,逢庖丁之刃则解;木之盘错,遇匠石之斤则离。毋
患乎事之难行,但尽其用贤之道而已。然进一君子,则君子之类应;任一
小人,则小人之类应。此善败祸福之由,亦不可不审且慎也,惟阁下察焉。
俣斯再拜。①

揭傒斯这篇文章与危素的文章主意是相近的,都是向上方表达主张和建议。
虽然两者都秉承"文以载道"之精神,也都长于论辩。但比较危素文章,揭傒
斯的文章情感丰沛,有些恣纵而入于文人之笔。揭傒斯的文章体现出理清言
约,风格峻洁的特点,与危素创作风格的"不丰不约"②,实际"渊深精纯"③、
"动中矩度"④的平易相比,在由古及今,上下贯连,于平易之中"演迤澄泓"⑤,
通过对历史背景与现实情境条分缕析的演绎梳理以达到论述目的,揭傒斯的
文章似乎略于史事的推进,有不可及处。

　　经过"三史"修撰磨砺、训练的危素,其文章写作更是"气格雄伟,风骨遒
上"⑥,成为其时"独以文鸣天下"⑦,所谓"虞揭凋零玉署空,堂堂至正独推
公"⑧,在虞集、揭傒斯等著名馆臣纷纷去世之后,危素成为至正时期"陵轹一
时"⑨的文坛领袖,"凡朝廷制作皆自公出,四方欲显白先德者,皆造公门"⑩。
而危素的文章风格又再次成为天下士子追慕的对象,推动着至正时期的文风
之变。宋濂指出危素也像他的前辈虞集等人一样,借助自己的政治地位和文
坛影响培植同道者:"先后所引若翰林学士刘君献,待制黄君暐等七十余人,至

---

　　① 揭傒斯《与尚书右丞书》,《揭傒斯全集·文集》卷二,第296—297页。
　　② 徐一夔著,徐永恩校注《始丰稿校注》卷三,《通危大参书》,浙江古籍出版社2008年版,第58页。
　　③ 归有光《说学斋稿跋》,《说学斋稿》卷四,清文渊阁四库全书本集部二十二,别集类二十二,第1226
册,第753页。
　　④ 徐一夔《通危大参书》,《始丰稿》卷三,第58页。
　　⑤ 《钦定四库全书总目》卷一六九"《说学斋稿》四卷"条,下册,第2265页。
　　⑥ 《钦定四库全书总目》卷一六九"《云林集》二卷"条,下册,第2265页。
　　⑦ 宋濂《故翰林侍讲学士中顺大夫知制诰同修国史危公新墓碑铭》,《宋濂全集》卷五四,第3册,第
1274页。
　　⑧ 李昌祺《张舒州家观元承旨危素画像》,钱谦益《列朝诗集》乙集第五,第2401页。
　　⑨ 《钦定四库全书总目》卷一六九"《云林集》二卷"条,下册,第2265页。
　　⑩ 宋濂《故翰林侍讲学士中顺大夫知制诰同修国史危公新墓碑铭》,卷五四,第3册,第1274页。

通显者甚众。累持文衡,考试多士"①。清人严纹玺跋《危学士全集》亦称:"太朴危先生,博学多艺,当时颂其诗文者,至比之太音元酒。明初,宋公濂、王公祎,又且入其门而尸祝之"②,可以证见危素对于至正时期文章风气之变的影响。

应该说,至正时期文章风气之变,是基于"至正更化"的政治改革大背景,又有"三史"修撰这样的国家撰述活动,同时还有危素这样的得风力之劲者引领带动才逐渐形成的。但仅有危素显然不能完全推动文风之变,诸如苏天爵、黄溍等也对至正时期文风重史、重风教的转变颇有推动作用。

苏天爵在"至正更化"中是一员骁将。《元史》载,苏天爵在脱脱成为宰相,朝廷上下力图有所更化时,极为热诚投入,"朝廷更立宰相,庶务多所弛张,而天子图治之意甚切,天爵知无不言,言无顾忌,夙夜谋画,须发尽白"③。史书载苏天爵在"至正更化"中的作为写道:

> 至正二年,拜湖广行省参知政事,迁陕西行台侍御史。四年,召为集贤侍讲学士,兼国子祭酒。天爵自以起自诸生,进为师长,端己悉心,以范学者。明年,出为山东道肃政廉访使,寻召还集贤,充京畿奉使宣抚,究民所疾苦,察吏之奸贪,其兴除者七百八十有三事,其纠劾者九百四十有九人,都人有包、韩之誉,然以忤时相意,竟坐不称职罢归。七年,天子察其诬,乃复起为湖北道宣慰使、浙东道廉访使,俱未行。拜江浙行省参知政事。江浙财赋,居天下十七,事务最烦剧,天爵条分目别,细钜不遗。④

苏天爵以书生而投入到具体的案件审理和地方事务的处理中,虽然事务烦剧,但由《元史》所述可知,在"至正更化"期间,无论身任何职,无论个人仕途如何不畅,苏天爵都"端己悉心""细巨不遗",努力作为,力图有补于世道。正以苏天爵对"至正更化"改革充满热情,鞠躬尽瘁,他几乎成为改革期间的救火者,

---

① 宋濂《故翰林侍讲学士中顺大夫知制诰同修国史危公新墓碑铭》,《宋濂全集》卷五四,第3册,第1274页。

② 严纹玺《危学士全集跋》,危素《危学士全集》,《四库存目丛书》集部第24册卷首。

③ 《元史》卷一八三《苏天爵传》,第14册,第4226页。

④ 《元史》卷一八三《苏天爵传》,第14册,第4226页。

最终竟为国事病累而卒，"九年，召为大都路都总管，以疾归。俄复起为两浙都转运使，时盐法弊甚，天爵拯治有方，所办课为钞八十万锭，及期而足。十二年，妖寇自淮右蔓延及江东，诏仍江浙行省参知政事，总兵于饶、信，所克复者，一路六县。其方略之密，节制之严，虽老帅宿将不能过之"①。最终苏天爵以"忧深病积"，于至正十二年（1352）卒于军中，年五十九。可以看到，苏天爵政事上颇有作为的十年正是"至正更化"的十年，尽管苏天爵最终病卒于军中，但这个时间点于他而言也许正好，此后"至正更化"以脱脱的被贬卒而宣告失败，元顺帝再无治理的热情，国事日僵，直至灭亡。

苏天爵没有参加"三史"的修撰②，但他的学养以及为修史所作的各种准备，使得他成为元末"一代文献之寄"，其文风和审美取向与深得修史工作浸润的危素非常相近。苏天爵学术根基承刘因一脉，乃其私淑弟子安熙的弟子，而作为国子学弟子，苏天爵曾受学于吴澄、虞集、齐履谦，又得到袁桷的教诲，所以他学兼南北，"为学博而知要，长于纪载"③。1329 年，苏天爵完成《国朝名臣事略》，叙及元朝开国过程诸如木华黎、伯颜、阿术、阿里海涯、玉昔、月赤察儿、土土哈、完泽、哈剌哈孙、不忽木、彻理、耶律楚材、杨惟中、汪世显、严实、张柔、张弘范、刘秉忠、史天泽、廉希宪、张文谦、窦默、姚枢、许衡、王恂、郭守敬、刘肃、宋子贞、杨果、张德辉、李德辉、商挺、赵良弼、贾居贞、王鹗、王磐、李昶、徐世隆、杨奂、李冶、杨恭懿、董文炳、董文用、董文忠、郝经、刘因等 46 位推动元王朝一统和制度建设、思想文化建构的武将文臣及思想家事迹。而且，苏天爵的事略又从王鹗、李谦、元明善、姚燧等人的文集中引用了 132 篇原文，其撰写诚如四库馆臣所云："盖仿朱子《名臣言行录》例，而始末较详；又兼仿杜大珪《名臣碑传琬琰集》例，但有所弃取，不尽录全篇耳。"④可以看出苏天爵《国朝名臣事略》受到理学的影响，虽从记载上看是据史书事，但实际与他"平日论治道，必本三代，所谓明道术，正人心，育贤才，兴教化，盖拳拳焉"⑤，期望有补于世道的愿景密切相关。

除了《国朝名臣事略》外，苏天爵的文集曾被他的僚属葛元哲、高明编撰

---

① 《元史》卷一八三《苏天爵传》，第 14 册，第 4226 页。
② 按：其时，苏天爵身任湖广行省参知政事，未能参与。《滋溪文稿》前言，第 17 页。
③ 《元史》卷一八三《苏天爵传》，第 14 册，第 4226 页。
④ 《钦定四库全书总目》卷五八"《元朝名臣事略》十五卷"条，上册，第 810 页。
⑤ 赵汸《送江浙参政苏公赴大都路总管序》，《全元文》卷一六五八，第 54 册，第 297 页。

为《滋溪文稿》,该文稿大约成书于至正十一年(1351),计三十卷,其中碑铭传记有 17 卷,共 108 篇。这些作品在写作上诚如虞集所谓"简洁严重"①,往往于纪实中体现出作者对当代典章制度的熟习和深厚的史学修养,这种特点与危素写作上虽文笔干净,实际内涵丰富且蕴藉的风格有内在的相似性。马祖常曾断言苏天爵当"擅文章之柄于十年后"②,而赵汸在苏天爵的《滋溪文稿序》也慨然指出:苏天爵功业卓著"出入中外三十余年,嘉谟愈积,著于天下",其文章"明洁而粹温,谨严而敷畅,若珠璧之为辉,菽粟之为味",在元末正统文坛其实也称得上"屹然颓波之砥柱"③。

至于黄溍,作为延祐首科进士,他在地方任职二十年后,直至"至正更化"期间始入翰林,虽大器晚成,却当虞集、揭傒斯、欧阳玄等人之后,入侍天子,独任斯文之重,如其学生王祎所述"于是儒林宗工日就凋谢,国家思用老成,落致仕,以翰林直学士起公于家。寻升侍讲学士,兼知经筵,复总裁国史。其居经筵,每进讲,必陈仁义道德之说。在史馆,笔削无所阿。凡朝廷大诏令、大制行,皆以属于公。而公独任斯文之重,为海内所宗师"④。可以看到,黄溍在至顺二年(1331)才藉御史中丞马祖常的荐举进入馆阁,直到"至正更化"时期,才华才得到展示,在至正七年至至正十年(1347—1350)奉旨创作了一批传记,数量约有 21 篇,不仅超过长期职事馆阁的虞集奉旨撰写传记的数量,而且频繁程度远超于之前乃至之后的任何一位馆臣,诚如王祎所谓"凡朝廷大诏令、大制行,皆以属于公"。宋濂指出,"至正更化"期间,黄溍"在禁林,会修本朝后妃功臣传,先生为条陈义例,多所建明,士类服其精允。进经筵者三十有二。经筵无专官,曰领,曰知,咸宰执、近臣,讲文之述,率属先生订定,非有关于治道之大者,不敢上陈,其启沃之功为多"⑤,这也足见黄溍作文主张的受重视程度。

黄溍在至正时期的文坛宗主地位,固然是因为虞集等儒林宗工基本凋谢,更重要的原因还是黄溍本人的学养和文风与"至正更化"期间朝廷上下重视

①　赵汸《书苏参政所藏虞先生手帖后》,《全元文》卷一六六五,第 54 册,第 404 页。
②　赵汸《滋溪文稿序》,《全元文》卷一六六一,第 54 册,第 330 页。
③　赵汸《滋溪文稿序》,《全元文》卷一六六一,第 54 册,第 330 页。
④　王祎《黄文献公祠堂碑铭并序》,《王祎集·王忠文公文集》卷一六,中册,第 463 页。
⑤　宋濂《故翰林侍讲学士中奉大夫知制诰同修国史同知经筵事金华黄先生行状》,《宋濂全集》卷七六,第 4 册,第 1853—1854 页。

出经入史,以史为鉴的写实创作取向非常吻合。黄溍乃浙东婺州文人,其学养渊源,清人王廷曾概述云:比及成童"禀业主山南刘氏(刘应龟),凡十五年。随取征于故老。二十而执弟子礼于南岩方氏(方凤),垂四十年。先生故石氏(石一鳌)甥也,事晋卿(石一鳌)三十五年,接唐卿(王世杰)之绪。总角预南稜(王炎泽)弟子列,五十年续通斋(叶由庚)之宗……又因方氏,与吴思齐为忘年交,并溯龙川(陈亮)"①。作为浙东婺州文风的代表作家,宋濂认为黄溍作文由读书而来,能做到内容观点上"剖析经史疑难,及古今因革制度名物之属,旁引曲证,多先儒所未发",而且文辞用语方面也"布置谨严,援据精切,俯仰雍容,不大声色"②,黄溍的这种创作风格,与至正时期的代表作家如危素"渊深精纯",苏天爵"简洁严重"的特点其实颇有相似之处。

黄溍作兴于虞集、揭傒斯等人之后,在至正期间身任斯文之重,又携其政治地位和文坛影响,"为海内所宗师"③,有门人弟子:刘涓、王祎、宋濂、戴良、傅藻等著名于时。这些人尤其是王祎、宋濂、戴良等人,其写作成绩和影响,再将黄溍以及危素、苏天爵等馆阁之上所形成的文风特点和期待推广及民间地方,使元末文章风气总体以理学为本,要求作文有补于风教。对于作家写作素养上强调其渊深广博的史家气质,在创作中又注重其简洁严重的风格,要求文章能由史实渊源而文辞布置谨严,援据精切,同时也有着史家的中肯、客观气质,使文章做到俯仰雍容,不大声色。

三、"至正更化"对文坛风气的影响

"至正更化"推动了"三史"的修撰,在促进南北多族文人深度融合的同时,也使得其时的文章风气陡然一变。对于"至正更化"所带来的文坛风气变化,其时创作颇有体现,除了上述诸如危素、苏天爵、黄溍等馆阁文人的高文大制之外,尤其明显的是纪行诗文的写实性,以及通俗文体创作上以理学为本,善于剖分具体问题,重风教彝伦特点的出现。

就纪行诗文而言,"至正更化"期间及之后的创作都表现出更为严谨写实

---

① 王廷曾《补订黄文献公集序》,《黄文献公集》卷首,转引自慈波《黄溍评传》,浙江古籍出版社 2015 年版,第 19 页。

② 《元史》卷一八一《黄溍传》,第 14 册,第 4189 页。

③ 王祎《黄文献公祠堂碑铭并序》,《王祎集·王忠文公文集》卷一六,中册,第 463 页。

的倾向。如前所述,元代上京纪行诗文创作由于馆阁文人的参与而成为元代
文学的独特标识。而将不同时期馆阁文人的上京纪行诗文斟酌比较的话,还
是能看出"至正更化"期间及之后的创作在记述上努力贴合所见所闻的严谨
写实态度。

例如袁桷与周伯琦二人关于上京纪行诗文的序言表述。先看袁桷"开平
四集"的序言:

> 开平第一集甲寅:延祐改元五月三日分院,十五日始达开平,得诗数
> 篇,录示儿曹。
> 开平第二集己未。
> 开平第三集辛酉:至治元年二月庚戌至京城,壬子入礼闱考进士,三
> 月甲戌朔入集贤院供职,四月甲子扈跸开平。与东平王继学待制、陈景仁
> 都事同行,不任鞍马,八日始达。留开平一百有五日,继学同邸。八月甲
> 寅还大都。得诗凡六十二首。道涂良劳,心思凋落,姑录以记出处耳。是
> 岁八月袁桷序。
> 开平第四集壬戌:至治二年三月甲戌,改除翰林直学士。四月乙丑,
> 出健德门,买小车卧行。八日,至开平,舍于崇真宫。有旨:道士免扈从。
> 宫中阒无人声。车驾五月中旬始至,书诏简绝,仅为祝文十三道。已入内
> 制。悲愉感发,一寓于诗。而同院亦寡倡和,率意为题,得一百篇。闰五
> 月,上幸五台山,以实录未毕,趣史院官属咸还京。是月丁巳发,癸亥还寓
> 舍。五月,滦阳大寒。闰月,道中大暑,观是诗者,亦足知夫驰驱之为劳,
> 隐逸之为可慕也。六月丁卯朔桷叙。①

袁桷在英宗朝是十分受主政大臣拜住重视的馆阁文人,如果没有"南坡之
变",英宗与拜住同日罹难的话,袁桷将是《辽》《金》《宋》三史的总裁官,而且
他也为"三史"修撰作了较多准备,四库馆臣也称袁桷的文章"博赡","为一时
台阁之冠"。从上引袁桷为开平集咏所作几篇序文,其序对时间、地点及相随
人员甚至天气都有较为清晰的交代。但与周伯琦的《扈从前集序》相比,则风

格稍异：

至正十二年，岁次壬辰，四月，予由翰林直学士、兵部侍郎拜监察御史。视事之第三日，实四月二十六日，大驾北巡上京，例当扈从。是日启行，至大口，留信宿。历皇后店、皂角，至龙虎台，皆巴纳也。国语曰巴纳者，犹汉言宿顿所也。龙虎台在昌平县境，又名新店，距京师仅百里。五月一日，过居庸关而北，遂自东路至瓮山。明日至鸡坊，在缙山县之东。缙山，轩辕缙云氏山，山下地沃衍宜粟，粒甚大，岁供内膳。今名龙庆州者，仁庙降诞其地故也。州前有涧，名苓水，风物可爱。又明日入黑谷，过色珍岭，其山高峻，曲折而上，凡十八盘而即平地。遂历龙门及黑石头，过黄土岭，至程子头。又过穆尔岭，至颉家营，历拜达勒，至沙岭。自车坊、黑谷至此，凡三百一十里，皆山路崎岖，两岸悬崖峭壁，深林复谷，中则乱石荦确，涧水合流，淙淙终日。关有桥，浅处马涉颇艰。人烟并村坞僻处，二三十家，各成聚落，种莸自养。山路将尽，两山尤奇，耸高出云表，如洞门然。林木茂郁，多巨材。近沙岭则土山连亘，堆阜连络，惟青草而已。地皆白沙，深没马足，故岭以是名。过此则朔漠，平川如掌，天气陡凉，风物大不同矣。遂历哈扎尔至什巴尔台，其地多泥淖，以国语名，又名牛群头。其地有驿，有邮亭，有巡检司，阛阓甚盛，居者三千余家。驿路至此相合而北，皆刍牧之地，无树木，遍生地椒、野茴香、葱、韭，芳气袭人。草多异花五色，有名金莲者，绝似荷花，而黄尤异。至察罕诺尔，云然者，犹汉言白海也。其地有水泺，汪洋而深不可测，下有灵物，气皆白雾。其地有行在官，曰亨嘉殿，阙廷如上京而杀焉。置云需总管府，秩三品，以掌之。沙井水甚甘洁，酿酒以供上用。居人可二百余家。又作土屋养鹰，名鹰房，云需府官多鹰人也。驻跸于是，秋必猎校焉。此去巴纳曰郑谷店，曰明安驿泥河儿，曰李陵台驿双庙儿，遂至桓州，曰六十里店，桓州即乌丸地也。前至南坡店，去上京止一舍耳。以是月十九日抵上京，历巴纳凡十有八，为里七百五十有奇，为日二十四。大抵两都相望，不满千里，往来者有四道焉：曰驿路，曰东路二，曰西路。东路二者，一由黑谷，一由古北口。古北口路东道御史按行处也。予往年职馆阁，虽屡分署上京，但由驿路而已，黑谷荦路未之前行也。因忝法曹，肃清毂下，遂得乘驿，行所未行，见所未见,每岁扈从,皆国族、大臣,及环卫有执事者。若文臣,仕至白首,或终身不能至其地也,实为旷遇。所至赋诗,以纪风物,得二十四首。惜笔力拙弱,不能尽述也。虽然,观此亦大略可知矣。鄱阳周伯琦自叙。①

站在写实的谨严程度而言,周伯琦的这段序言从时间、地点路线、创作情况等方面都较袁桷要谨严详实许多。其一是时间,周伯琦的序言交代了出发的具体时间,具体到了年号时序、干支及月份。而且因为是对特殊事件背景的表述,所以具体到了日子。据周伯琦序言交代,他以南人而拜监察御史,跟随皇帝由辇路出发前往上都,这是元朝史上南人所未曾享有的殊遇,所以他能非常清楚地记得任职的日子以及扈从前往上都的时间。其次是地点路线,袁桷对时间、地点的交代比较疏落,读者只能大致知道和推测他用了多长时间到达大致的地点,至于其线路及所见则交代比较少。而周伯琦以扈从行走御道的宠遇,故对线路及沿途的驿站和距离都交代得至为详悉,以至于人们可以沿着他的描述而重走当日的路线,并进行风物情况的今昔对比②。对于一些具有非常独特的名物,如云需府鹰房、察罕诺尔、金莲花等,周伯琦还有专门的解释。即便是天气,袁桷序言虽也有交代,但与周伯琦的序言相比,还是略显得有些情绪化,因而在严谨程度上与周伯琦的有差别。在"开平第四集"的序言中,袁桷云:"五月,滦阳大寒。闰月,道中大暑,观是诗者,亦足知夫驰驱之为劳,隐逸之可慕也";而周伯琦关于道路天气的交代文字是:"过此则朔漠,平川如掌,天气陡凉,风物大不同矣",袁桷的表述体现的是自己的体感与情绪,而周伯琦的表述则强调的是天气与风物的变化,二者在内外上稍稍有别。最后关于此行的创作情况,袁桷在序中提到,"得诗凡六十二首""仅为祝文十三道。已入内制。悲愉感发,一寓于诗。而同院亦寡倡和,率意为题,得一百篇",周伯琦云"所至赋诗,以纪风物,得二十四首",相比而言,两人的创作目的与表述,一文一史,也是有些区别。

如果说周伯琦写《扈从前集序》是因为他作为南人得以扈从皇帝走御道前往上都,故而详细纪实,那么可以再比较袁桷与周伯琦两人同时皆以诗歌描

---

① 周伯琦《扈从集前序(至正十二)》,《全元文》卷一三八七,第44册,第530—531页。

② 按:今人傅乐淑注释《元宫词百章笺注》,罗新写作《从大都到上都》,以及研究两都巡幸的学者,都反复借鉴和引证周伯琦的这篇《扈从集前序》。

述上京著名的诈马宴的情形。最直观的不同是,二者篇幅有不同,而且周伯琦的诗比袁桷的多有一段序言。周伯琦诗歌序言写道:

> 国家之制,乘舆北幸上京,岁以六月吉日,命宿卫大臣及近侍服所赐只孙,珠翠金宝、衣冠腰带、盛饰名马。清晨,自城外各持彩杖,列队驰入禁中。于是,上盛服御殿临观,乃大张宴为乐。惟宗王戚里、宿卫大臣,前列行酒。余各以所职叙坐合饮。诸坊奏大乐,陈百戏,如是者凡三日而罢。其佩服,日一易。太官用羊二千,嗷马三百匹,它费称是。名之曰只孙宴。只孙,华言一色衣也,俗呼曰诈马筵。至元六年岁庚辰,忝职翰林,扈从至上京。六月廿一日,与国子助教罗君叔亨得纵观焉。因赋《诈马行》,以记所见。①

序言中,周伯琦从制度、时间、名称、参加者身份、宴会所备以及自己记载的时间等等,尤其是关于宴会名称的解释,足以备史所阙。具体到诗歌对诈马宴会的表述,也可以看出两人对宴会的熟悉和关注以及描述的细致程度的差异。可以将二者所描述的内容举例对应来看:

袁桷诗第1—3句描述赴宴者的装束:

> 彩丝络头百宝装,猩血入缨火齐光。锡铃交驱八风转,东西夹翼双龙冈。伏日翠裘不知重,珠帽齐肩颤金凤。②

周伯琦诗第1—7句描述赴宴者的云集:

> 华鞍镂玉连钱骢,彩罿簇镪朱英重。钩膺障颅鞶镜丛,星铃彩校声珑珑。高冠艳服皆王公,良辰盛会如云从。明珠络翠光芃葱,文缯缕金纤晴虹。犀毗万宝腰鞓红,扬镳迅策无留踪。一跃千里真游龙,渥洼奇种皆避锋。蔼如飞仙集崆峒,乘鸾跨凤来曾空。③

---

① 周伯琦《诈马行有序》,《全元诗》第40册,第345页。
② 袁桷《装马曲》,《袁桷集》卷一五,第855页。
③ 周伯琦《诈马行有序》,《全元诗》第40册,第345页。

两人对马的装饰、马铃铛、服饰等都有描述,相比而言,周伯琦的描述要更加具体、细微、全面一些。比如写马头上的装饰,袁桷的描述写了彩丝络头,写了猩红的缨子,看似具体,实际并不能体现出细致的内容,而周伯琦的描述写到了马头上的缨子是彩色的羽毛,这个表述就要实质很多。在写到马铃铛的声音时,袁桷的描述说是锡铃交驱,仿佛八风之转,回荡在双龙冈间;周伯琦的描述则写到了骑马者身上悬挂的钩膺(按:马额及胸上的革带,下垂缨饰)、障泥(帽盔)、鋬镜,这些骑马者身上的装备折射着光泽,相互碰撞发出珑珑的声响,这个就相对要具体写实些。在说到赴宴者的装束时,袁桷诗意地表述道,在伏日里,赴宴者竟然穿着翠裘,戴着珠帽,他们的衣服上绣有金凤般的花纹,诗的表述依旧还是看似写实,其实内容较虚,并不清晰。而周伯琦的诗写,赴宴的人都是王公,他们都戴着高高的帽子,穿着明艳的衣服,云集而来。具体而言,他们的服饰明珠络缨,闪着翠绿的光泽,夹织的金线反射着彩虹般的光彩。值得一提的是,周伯琦很准确地指出了王公们赴宴时穿的只孙服的特质。据载,自成吉思汗征服波斯区域之后,蒙古贵族们就特别喜欢波斯区域所独有的纳失失。这种织金锦,用金线(以金箔捻成的线)与丝线交织而成,上贴大小明珠,甚是精美,只孙服就是用织金锦做成。此外,周伯琦还描述了骑马者身上镶嵌着珠宝的犀牛皮制的红腰带,所骑的马皆为好马,等等,应该说周伯琦的仔细观察和对描述对象的熟悉程度使得其诗的写实程度远甚于袁桷。

尽管袁桷与周伯琦两人在描述详悉程度上的差异可以归结为周伯琦作为身份更高的大臣有机会看得更仔细,但从描述的细致程度和写实立场来看,周伯琦显然更注重将其表述落实到更具体、真切的细节。袁桷作为浙东鄞州文人,又曾作为"三史"撰修的预选总裁,周伯琦作为江西饶州文人,早随父亲周应极从虞集、袁桷等游,并在"至正更化"背景中脱颖而出,成为地位颇高的南人官员,虽然他没有参加"三史"的修撰,但从其精纯渊深的写实风格来看,他的创作特色应该是其时风气影响所致。不仅是周伯琦,诸如其时杨允孚、迺贤等人的上京纪行诗文在追求写真求实上也与"至正更化"前人们的创作颇有区别。

另外,在"至正更化"进行之后,精英文人以精英意识对通俗文体创作介入与改编的现象也非常值得探究,尤其可引为典范的是高明《琵琶记》的创作。

　　高明(约 1305—1359),工诗善曲,词章斐然,学博而深,才高而瞻。最著名的是他的南戏作品《琵琶记》,作为"南戏之祖",它的出现推动了地方戏种向全国的发展,诚如徐渭对《琵琶记》的评价:"用清丽之词,一洗作者之陋。于是村坊小伎,进与古法部相参,卓乎不可及已。"①高明对南戏地位提高的贡献固然在戏曲发展史上非常重要,但是,更富有意味的是,高明的政治出身及交游与"至正更化"背景的密切关联。

　　一方面,高明是"至正更化"期间,科举复科后的第二届进士,即至正五年(1345)的进士,就此而言,高明对民间南戏的改编和再创作目的其实并不单纯,其与"至正更化"的改革背景密切相关。从地域层面而言,高明是浙东温州文人,而他改编剧本所体现的是北方中央馆阁所推重和追求的以理学为本,强烈的维系社会秩序,有补风教的创作意识。高明的这种创作态度和做法更重要的意义在于他作为馆阁精英文人期望通过对地方剧种的改编来传达他强烈的风教意识,从上到下,将国家层面的秩序归化愿景传达到庸民庸妇的层面。另一方面,高明的政治态度与"至正更化"的核心人物苏天爵应该非常一致。高明与苏天爵关系颇为密切。据赵汸《滋溪文稿序》云:"《滋溪文稿》三十卷,江浙行中书省参知政事赵郡苏公之文,前进士永嘉高明、临川葛元哲为属掾时所类次也。"②苏天爵对于"至正更化"改革的热诚与投入,以及苏天爵本人"平日论治道必本三代,所谓明道术、正人心、育贤才、兴教化,盖拳拳焉"③的做人态度,高明作为其属掾必然深有感触和体会,另外,高明参与编撰《滋溪文稿》的过程,更是一次对苏天爵人格魅力的深刻熟悉过程。

　　基于以上两个重要背景再来观照高明的《琵琶记》创作。《琵琶记》改编自宋代戏文《赵贞女蔡二郎》。在宋代戏文中,赵贞女的坚贞哀苦,蔡二郎的负心阴狠以及最后"马践赵贞女,雷殛蔡伯喈"的惨酷结局,都相当程度地体现和反映出社会不平现实情境中人们的愤激情绪,这种情绪非常有利于人们在观戏过程中获得共鸣,并在情绪的发泄过程中深刻地记住剧情,从而将其传远。但在馆阁精英文人的角度或者说受到程朱理学思想束缚的人们看来,"忧

---

　　① 徐渭《南词叙录》,俞为民、孙蓉蓉《历代曲话汇编·明代编》第一集,(合肥)黄山书社 2009 年,第 486 页。

　　② 赵汸《滋溪文稿序》,《全元文》卷一六六一,第 54 册,第 329 页。

　　③ 赵汸《送江浙参政苏公赴大都路总管序》,《全元文》卷一六五八,第 54 册,第 297 页。

愤之言易工"的创作虽然对观众和读者具有"感之速"、"激之深"[①]的效果,但对于"变化其气质,涵养其德性"[②],使人性情温雅敦厚,令社会秩序走向温良的教育意义方面则有明显欠缺,实际是文体大坏、人心大坏的诱因。

藉由高明中进士于"至正更化"的改革背景中,以及他与苏天爵的关系来理解他创作《琵琶记》的匠心,就可以明白《琵琶记》创作的意义其实在于借群众耳熟能详的故事题材和表现形式来宣扬作者"明道术、正人心、育贤才、兴教化"的拳拳之心。戏的开篇表现了非常直切的匡扶人心,归正社会秩序的愿景:

> (末上白)〔水调歌头〕秋灯明翠幕,夜案览芸编。今来古往,其间故事几多般。少甚佳人才子,也有神仙幽怪,琐碎不堪观。正是:不关风化体,纵好也徒然。论传奇,乐人易,动人难。知音君子,这般另做眼儿看。休论插科打诨,也不寻宫数调,只看子孝与妻贤。骅骝方独步,万马敢争先?[③]

作者开篇就明言创作若不关风化教育,纵好也徒然,期望观众不要关注着才子佳人,想着插科打诨,他的剧本创作出来是要让人看到子孝与妻贤的内容,具有教化意义。不过,风化教育也须动人,所以作者才特意选择人们熟悉的题材、主题和故事、戏文来宣扬他作为精英阶层的价值观念,即以程朱理学为核心价值观,建构起以道德为核心,人人都能深省顺处、隐忍退让、温柔敦厚的和谐社会。

再看高明对于改编《琵琶记》的人物设定和情节设定,则可以发现每个人物、每个情节的设定都包含着隐忍与退让的成分。作者并不回避社会矛盾和残酷的社会现实,但让每个人物从牺牲自己,成全他人的角度出发来推动最终结局的完美。可以看到,蔡父不顾自己年高体弱,对蔡伯喈要求"强试",要他"顺时行道,济世安民"[④],有成全其忠的意思;牛丞相对蔡伯喈有"强赘"的成

---

① 虞集《李景山诗集序》,《虞集全集·道园学古录》卷五,上册,第490页。
② 虞集《郑氏毛诗序》,《虞集全集·道园类稿》卷一七,上册,第479页。
③ 高明《蔡伯喈琵琶记》第一出,《全元戏曲》第十卷,第10册,第133页。
④ 《蔡伯喈琵琶记》第四出,《全元戏曲》第十卷,第10册,第145页。

分,但其本意体现出一个贤德的父亲的期待,"我的女孩儿,性格温柔,是事实会,若教他嫁一个膏粱子弟,怕坏了他;只教他嫁个读书人,成就他做个贤妇"①,是要成全女儿做贤妇;皇帝对蔡伯喈"强官"的意思,却也有"孝道虽天,终于事君:王事多艰,岂遑报父"②的成分,"三被强"情节中包含着各自善意的述求。而主人公蔡伯喈作为自小攻书,从来知礼③的精英,本拟全忠全孝,结果却"辞试爹不从,辞官君主不从,辞婚牛太师不从",因"三不从"而被他人的各种善意推向"生不能养,死不能葬,葬不能祭""停妻再娶"的不耻境地,看似华耀显赫的奉旨成婚,做丞相家的乘龙快婿,实际内心里"好似和针吞却线,刺人肠肚系人心"④。最终藉由牛丞相的悔悟和成全、赵五娘的"有贞有烈"、牛小姐的贤惠等等,尤其是赵五娘的贞烈和牺牲,才使得所有情节和人物设定走向反转,推动实现主人公"一夫二妇,旌表门闾",成为全忠全孝的楷模的结局。剧中,值得分析的是并不起眼、不主要的蔡婆形象:

> (净白)老贼!抵死教孩儿出去赴选,今日没饭吃,他便做得状元,济你甚事?若是孩儿在家里,也会区处禅补,也不到得恁地狼狈。老贼,你死休!(外白)我是神仙,知道今日恁地饥荒!谁家不忍饥忍饿,谁似你这般埋冤?休休,我死,我死!今日饥荒也是死,我被你埋冤,吃不过也索死。(旦扯住介)公公婆婆且息怒,听奴家一句分剖:当初教孩儿出去时节,不道今日恁地饥荒,婆婆难埋冤公公。今日婆婆见这般荒歉,孩儿又不在眼前,心下焦燥,公公也休怪婆婆埋冤。请自宽心,奴家如今把些钗梳首饰之类,去典些粮米,以充公婆一时口食。宁可饿死奴家,决不将公婆落后了。(净白)媳妇,你说得好,我只恨这老贼。(净唱)
>
> 〔金索挂梧桐〕区区一个孩儿,两口相依倚。没事为着功名,不要他供甘旨。教他去做官,要改换门闾。他做得官时你做鬼,老贼!你图他三牲五鼎供朝夕,今日里要一口粥汤却教谁与你?相连累,我孩儿因你做不得好名儒。(合)空争着闲非闲是,空争着闲非闲是,只落得双垂

---

① 《蔡伯喈琵琶记》第六出,《全元戏曲》第十卷,第10册,第154页。
② 《蔡伯喈琵琶记》第十五出,《全元戏曲》第十卷,第10册,第181页。
③ 《蔡伯喈琵琶记》第十二出,《全元戏曲》第十卷,第10册,第173页。
④ 《蔡伯喈琵琶记》第十二出,《全元戏曲》第十卷,第10册,第172页。

泪。(外唱)

〔前腔〕养子教读书,只望他身荣贵。黄榜招贤,谁不去登科试?譬如范杞梁,差去筑城池,他的娘亲埋冤谁?合生合死都由命,少甚么孙子森森也忍饥。休聒絮,毕竟是咱每两口受孤恓。(合前)(旦唱)

〔前腔〕孩儿虽暂离,须有日回家里。奴自有些钗梳,解当充粮米。(白)公公、婆婆,休争么,(唱)教旁人道媳妇每,有甚差池,致使公婆争恁地。婆婆,他心中爱子只望功名就;公公,他眼下无儿必是埋冤语。难逃避,兀的不是从天降下这灾危?(合前)(外唱)

〔刘泼帽〕我每不久须倾弃,叹当初足我不是。苦!不如我死了到无他虑。(合)一度思量,一度也肝肠碎。(净唱)①

应该说,由于作者的道德期待,每个人物、每段情节都被设置得极富于表现张力,尤其是五娘与公婆相处的情节,上所引内容更是体现出作者设置的努力。在高明的笔下,蔡婆由于贫穷和饥饿而刁蛮悍厉,对丈夫强逼儿子科考的做法百般埋怨、辱骂,行为和个性早已越出了夫为妻纲的界限。不过,婆婆对媳妇的态度却比较平和,这可以由赵五娘稳稳地化解公婆争吵的情形来侧见赵五娘的退处自省和隐忍宽厚。让人无法忽略的细节是,婆婆如此平常恶劣的人设,却最终因发现赵五娘偷吃秕糠而悔悟以死——不是让恶人受到惩罚,而是让他出于自身的道德反省而受到惩戒或处罚。戏中另外一位"恶人"牛丞相,在调查发现蔡伯喈的纯孝、赵五娘的坚贞之后,不仅同意让自己的女儿作为蔡伯喈的妾,而且还上表请求皇上旌表蔡家,人物个性与结局都形成了鲜明对比,这反而促成了作者儒家人性本善的道德设定立场。

作者的三纲五常观,通过真实的生活场面、多重情节的反转、每个人物的隐忍牺牲、结局的完美团圆而完整地呈现其中。非常值得再琢磨的是,高明作为"至正更化"背景中的精英分子,他在对《琵琶记》的改编中,也折射着"至正更化"的改革情形。在全剧最后的旌表词中,作者写道:

朕惟风俗为教化之基,孝义者风俗之本。去圣逾远,淳风日漓。彝伦

---

① 《蔡伯喈琵琶记》第十出,《全元戏曲》第十卷,第 10 册,第 166—167 页。

攸斁,朕甚悯焉。其有克尽孝义,劝励风化者,可不奖劝,以勉四方?议郎蔡邕,笃于孝行。富贵不足以解忧,甘旨常关于想念。虽违素志,竟遂佳名。退官弃职,厥声尤著。其妻赵氏,独奉舅姑。服劳尽瘁,克终养生送死之情,允备贞洁韦柔之德。糟糠之妇,今已见之。牛氏善谏其亲,义相夫子。罔怀嫉妒之心,实有逊让之美。曰孝曰义,可谓兼全。斯三人者,朕实嘉之,使四海亿兆,皆能仪刑斯人,取法将来。风移俗易,教美化行,唐虞三代,诚可追配。是用宠赐,以彰孝义。蔡邕授中郎将,妻赵氏封陈留郡夫人,牛氏封河南郡夫人,限日下到京;父蔡从简赠十六勋,母秦氏赠秦国夫人。于戏!风木之情何深,允为孝化之本;霜露之思既极,宣沾雨露之恩。服此休嘉,慰汝悼念。①

回顾至正初期的历史,改革之初,顺帝针对天下冤案四起,民不聊生的社会现状,曾"作新风宪。在内之官有不法者,监察御史劾之;在外之官有不法者,行台监察御史劾之"②。而所谓风宪之义,诚如其时改革的重要参与者许有壬所言:"风主于教,宪主于法","风者,天地之使也,王者之声教也,故上行下效谓之风。宪者,法则也,《周礼》悬法示人曰宪法。则是风之与宪,二而一,一而二者也,可相有而不可相无者也","上之行,下有不能效者则继之以法,未始专主于法也。我正而后责人以正,我廉而后责人以廉,苟不是求,一以枉法,惠文从事,待若束湿,视若寇雠,不亦昧于风之为义乎?故必先之以风而后之以宪,二者不使偏废"③。《琵琶记》中,三位年轻辈主人公,蔡邕的笃孝而不贪富贵甘旨,赵五娘的服劳尽瘁,克终养生送死之情;牛小姐的善谏逊让之德,不仅感化了老一辈的执拗,也可以范式四海亿兆,使其仪刑斯人,作者让他们获得美好圆满的结局正是期望故事可以风移俗易,教美化行。

《琵琶记》接近生活现实,"具有中国传统伦理社会的'百科全书'的特征。从中可见夫妇、父子、婆媳、邻里、君臣等一系列复杂而微妙的关系,窥见家庭伦常生活的真相"④。作为富有责任感的士大夫,高明并非没有看到社会的尖

---

① 《蔡伯喈琵琶记》第四十三出,《全元戏曲》第十卷,第10册,第271—272页。
② 《元史》卷四一《顺帝本纪四》,第3册,第867—868页。
③ 许有壬《敕赐重修陕西诸道行御史台碑》,《全元文》卷一一九五,第38册,第319—320页。
④ 黄仕忠《〈琵琶记〉与中国伦理社会》,《文学遗产》1996年第3期,第96页。

锐矛盾,他在戏中对于天灾人祸以及贫富悬殊有许多描述,也指出这些社会问题造成了士子和民众道德坚守的难度,但作者还是峻切地表达了他的纲常秩序观,期望君臣、民众可以相互理解和谦让,令君可为臣纲,父可为子纲,夫可为妻纲,社会秩序一归于正。毋庸置疑,高明《琵琶记》有很多值得肯定和挖掘的意义,而如果将元代科考之后,程朱理学的影响力,以及高明乃"至正更化"背景中的科举进士的创作立场和创作背景等等因素综合考量的话,其意义会更加丰富。

综而论之,"至正更化"虽发生于元朝统治者上层,主体参与者也是身处京师或者与京师文坛保持一致的南北多族精英文人,但它借助科举复科、"三史"修撰等一系列国家政治举措和作为,对其时南北多族文人的深度融合的意义却不容小觑。就文学创作而言,"至正更化"对文坛创作风气的影响也非常大。可以这样认为,元王朝作为一个南北多族混杂的一统王朝,南北融合问题可谓贯穿于整个王朝,元王朝也在方方面面体现、折射和渗透着不同层次、多向度的南北融合。就文风变化而言,围绕南北融合,应该说元代创作风气发生过三次大转型。第一次是,至元二十三年(1287)程钜夫下江南,之后赵孟頫等大批南士北上,这次南北融合推动了以题画诗的繁荣为中心,总体风气上表现为文艺的融合;第二次是,延祐二年(1315)进行会试的科举考试,这一国家重大文化举措推动了南北多族文人的大融合,由于确立以程朱理学为考试核心内容,无论蒙古人、色目人、汉人、南人都必须遵从,这推动了元代创作风气的文道融合;第三次是,"至正更化",以"三史"修撰为重要内容,国家自上而下兴起以史为鉴、创作力期有补风教的潮流,这推动了包括文章创作在内的元代创作风气上,以理学为本,以史为据,情感平易的文史融合。

第二节　杨维桢与铁雅文人群①的出现及元代文坛的裂变

对于元代文坛而言,杨维桢及其铁雅文人群的崛起具有标志性的意义。与其他朝代相比,元代文坛一直存在着南北融合的问题和话题,以南北融合问题和话题为中心,元代文坛可以分成蒙古治下时期,元朝一统时期和南方割据

---

① 按:本章写作以黄仁生《杨维桢与元末明初文学思潮》为研究基础,(上海)东方出版中心 2005 年。

时期。在蒙古治下时期,元代文学主要表现为由汉地世侯统辖区而划分出的北方金源文人群;从忽必烈幕府时期的金莲川文人群开始,元朝一统时期的文学则基本由南北多族馆阁文人所主导;而以杨维桢及其所引领的铁雅文人群在江南区域的壮大,则南方文人以及创作倾向开始与以京师为核心的馆阁文坛抗衡。就元代文坛的发展情形而言,杨维桢及其所引领的铁雅文人群的崛起相当程度地意味着元代文坛的裂变。自此以后,元代文坛以江南为重,与之前致力于融合的文坛形象相比,以江南为重的元末文坛在杨维桢等人的努力下经营出偏重一隅的地方文坛的个性与独特性。

一、杨维桢的学养出身及其庙堂正统心态

在估衡杨维桢的文坛影响与文学史意义之际,考察杨维桢的学养及其生平尤为重要,这可以算得上是探究杨维桢心态与文坛作为的根本性前提。

杨维桢(1296 — 1370),字廉夫,初号梅花道人①,又号铁崖、铁雅、铁史、铁笛道人、铁心道人、铁龙道人、铁冠道人、抱遗道人、梦外梦道人、桃花梦叟、锦窠老人、东维子等,浙江山阴(今浙江诸暨)人②。《明史》载其生平事迹云:"少时,日记书数千言。父宏,筑楼铁崖山中,绕楼植梅百株,聚书数万卷,去其梯,俾诵读楼上者五年,因自号铁崖。元泰定四年成进士,署天台尹,改钱清场盐司令。狷直忤物,十年不调。会修辽、金、宋三史成,维桢著正统辩千余言,总裁官欧阳元功读且叹曰:'百年后,公论定于此矣。'将荐之而不果,转建德路总管府推官。擢江西儒学提举,未上,会兵乱,避地富春山,徙钱塘。张士诚累招之,不赴,遣其弟士信咨访之,因撰五论,具书复士诚,反覆告以顺逆成败之说,士诚不能用也。"③

从《明史》对杨维桢生平事迹的载述内容来看,有几条非常重要的信息。其一,杨维桢少年时代,在父亲杨宏的安排下,刻苦研习经书,以备科考。杨维桢在《先考山阴公实录》载其科考前的学养准备写道:

---

① 杨维桢《铁笛道人自传》,《杨维桢全集校笺》卷八七"铁崖文集卷三",第7册,第2849页。

② 黄仁生《杨维桢与元末明初文学思潮》,第13页。

③ 《明史》卷二八五《杨维桢传》,第7308页。

子四人:长维植,次维鲁、维祯、维柢①。各遣从师授经学,公必躬课其成,不成者易艺。维植授《易》不成,俾转蒙古学。维鲁授《书》勿成,俾长事。维祯授《春秋》,维柢在幼亦习《春秋》。尝谓人曰:"成吾志者,维祯欤?"俾终业,至弱冠不为娶。维祯游学四明,公鬻马寄赀,而维祯以赀得明人新书曰《黄氏日抄》及《黄氏纪闻》凡若干卷以归。公喜动颜色,曰:"所获不多于马乎?"亲自讐正装褫不少劳。后贡举法行,里将推上其子维祯。公敕子:"经不明,不得举。"人以为有张知謇家法。方建书楼,闭置维祯,研精《春秋》经传,博收其说凡百十家。维祯遂以《春秋》学泰定四年举进士中第。②

由杨维祯的自述可以知道,其父明辨宏达,对子弟教育极为用心且得法,而杨维祯是父亲正统教育最成功的例子。杨维祯的学养也于其青少年时期的经历得见一斑。杨维祯少年习读《春秋》,青年时候游学四明,购得黄震的《黄氏日抄》《黄氏纪闻》而归。关于黄震之学,全祖望指出其学对于朱熹学问的继承特征云:"朱徽公之学统,累传至双峰、北溪诸子,流入训诂派。迨至咸淳而后,北山、鲁斋、仁山起于婺,先生起于明,所造博大精深,徽公瓣香为之重振。……先生则独得之遗籍,默识而冥搜,其功尤巨。试读其《日钞》,诸经说间,或不尽主建安旧讲,大抵求其心之所安而止,斯其所以为功臣也。西山为建安大宗,先生独深惜其晚节之玷,其严密如此。……先生独与其子弟唱叹于海隅,传之者少,遂稍暗淡。"③杨维祯得以顺利考中进士,当与他自少研习《春秋》并深受黄震经学影响启发有密切关系。其二,杨维祯是泰定四年(1327)丁卯科进士。由前文论述知道,泰定丁卯科在元代科举和文坛贡献中成绩非常突出。在这一科中,最终共录86进士,其中右榜状元为阿察赤,左榜状元为李黼。

---

① 按:由杨维祯家四兄弟取名情形来看,杨维祯的"祯",起初应该从"木",是"桢",但据藏于故宫博物院的杨维祯行书《鬻字窝铭》写作"祯",黄仁生、孙小力诸杨维祯研究专家亦作"祯",孙小力还指出,"维柢"之"柢",《杨铁崖先生文集全录本》作"柢"。

② 杨维祯《先考山阴公实录》,《杨维祯全集校笺》卷八六"铁崖文集卷三",第7册,第2817页。

③ 《宋元学案》卷八六《东发学案》,第4册,第2886页。

　　右榜进士:蒙古:阿察赤、哈剌台、燮理溥化、笃列图、答禄守礼;色目:萨都剌、善著、教化、沙班、观音奴、安庆、孛颜忽都、纳麟不花、蒲理翰、马仲皋、索元岱、丑闾、彦智杰、米思泰。

　　左榜进士:汉人:郭嘉、刘沂、王士元、李稷、康若泰、贺据德、赵期颐、王士元、杨惠、罗学升、朱显文、张敏、董守中、镏思诚、逯鲁曾、杨维祯、张以宁、黄清老、汪英、李质、方回孙、俞焯、卢端智、胡一中、赵宜浩、徐容、江存礼、余贞、谢升孙、龚善翁、何槐孙、周镗、刘文德、卜友曾、张异。①

这科进士得人之盛,堪比延祐首科。尤其著名者,萨都剌、杨维祯之外,像左榜状元李齹(1298—1352),中状元之后授翰林国史院修撰。曾任国子监丞,升宣文阁鉴书博士兼经筵官,后历任秘书太监,礼部侍郎,外调授江州路总管。至正十二年(1352)以守江州而败于红巾军,与从子李秉昭俱战死,其事迹赫著于当时,见载于《元史》"忠义传"。而这科进士材质之优,有欧阳玄文章为证:

　　　　泰定丁卯八月十二日,崇天门传胪赐进士,右榜第一人阿察赤(阿恰齐)、左榜第一人李齹,皆肄业国学日新斋,余西厅授业生也。是日,京尹备鼓乐、旗帜、麾盖甚都,导二状元入学谢师,拜余明伦堂。榜眼镏思诚、探花郎徐容,尝因同年黄晋卿、彭幼元从予游,亦拜其侧。其余进士以门生礼来拜谢,杂还不记姓名。圜桥门而观者万计,都人以为斯文盛事,昔未有也"。②

由欧阳玄的记述知道,丁卯科的两榜状元都出自国子学,而欧阳玄本人曾担任国子学祭酒,此外左榜的榜眼、探花也是欧阳玄和他的同年黄溍、彭幼元的弟子。而丁卯科的考官,虞集为礼部考官考礼部进士,王士熙以治书侍御史任廷试监试官,马祖常以翰林直学士任读卷官,苏天爵掌廷试试卷。这些背景一定程度地证明了丁卯科进士与其时文坛的主盟者们之间的师承关系。另外,萨都剌有诗描述当日殿试谢恩的场景:

---

　　① 余来明《元代科举与文学》,武汉大学出版社 2013 年,第 375—391 页。
　　② 欧阳玄《喜门生中状元》,《全元诗》第 31 册,第 232 页。

《殿试谢恩次韵》

　　御柳青青白玉桥,无端春色暖宫袍。蓬莱云气红楼近,阊阖天风紫殿飘。士子拜恩文物盛,舍人赞礼旺声高。小臣虽出江湖远,马上听莺梦早朝。①

《敕赐恩荣宴》

　　内侍传宣下玉京,四方多士预恩荣。宫花压帽金牌重,舞妓当筵翠袖轻。银瓮春分官寺酒,玉杯香赐御厨羹。小臣涓滴皆君泽,惟有丹心答圣明。②

　　萨都剌的诗以参与者的身份描述出当日殿试谢恩与谢恩宴的场景。春和日暖的天气里,进士们感慨着国家文物之盛,虽对自己卑微的出身略感惭愧,但当他们头戴宫花,腰悬金牌,进入朝堂,品着御赐的美酒佳肴,观看着宫廷舞姬的表演,感受着皇恩浩荡,他们内心对未来的美好憧憬,以及渴望将自己融入国家体制之内,奉献自己的情感也是赤热的、真诚的。尽管这两首诗是萨都剌的作品,但诗中所表达的进士个体对国家的归属感与认同感,却代表了所有进士的感受,颇具有典型性。而这也是理解杨维祯对元廷以及他与馆阁文坛互动中值得注意的背景。其三,《明史》对杨维祯个人生平的叙述中还有一块非常值得注意,那就是杨维祯虽为泰定乙卯科进士,却一生却沉沦下僚,直至元王朝退出中原,也没有真正仕进于朝。就杨维祯所受到的理学训练和浙东学术的影响而论,他将自己定位为"郎官博士,洋洋簪缨。名儒硕学,于于缙绅。丁、楼、成、桓之徒,班固、贾逵之伦"③,所以杨维祯一直都努力于从地方到达中央,然后致位清要。在不中进士之前,他"望玉堂兮天上,粲冠珮兮群仙。烂彩笔其如虹,烛文明于八埏",他的诉求与期待是:"吾将瞻大明,谒崇天。扣龙犀而虎拜,呈披腹之琅玕。倘见收于虎榜,当不逊于汉庭之直言也"④;中进士后沉沦于地方,他的耿耿与焦灼也溢于言表。虽然"仕赤城令,转钱清海盐,皆不信其素志"⑤,但依旧恪守职责。在杨维祯看来,"今之守令,古之诸侯职

---

①　萨都剌《殿试谢恩次韵》,《全元诗》第30册,第196页。

②　萨都剌《敕赐恩荣宴》,《全元诗》第30册,第179页。

③　杨维祯《白虎观赋》,《杨维祯全集校笺》卷五四"铁崖赋稿卷下之下",第5册,第1833页。

④　杨维祯《白虎观赋》,《杨维祯全集校笺》卷五四"铁崖赋稿卷下之下",第5册,第1833页。

⑤　杨维祯《铁笛道人自传》,《杨维祯全集校笺》卷八七"铁崖文集卷三",第7册,第2850页。

也。今之肃政使,古之州伯职也。守令之在位者,恣揞尵也,贤者失也,老者遗也,土地者不治也,而朝廷不知,肃政者不察;间有一二自强于职,上之所当庆者,不得誉于左右,则覆得所让,是非皂白,颠乱其真。于是民有诉其冤者,如诉于天,不得已而谒其所欲者,如谒之于鬼神,遂致民气郁而不伸。小则乖于一邑,大则乖于天下。长虑君子其不为之懔懔哉?"①杨维祯作为志气甚高的文人虽然看不上守令之类的俗职,却站在国家高度对守令之于国家的意义给予理性的肯定。

正以杨维祯的学养出身以及他的仕途经历,他其实一直与朝中动向保持密切互动。这从他的创作可以窥见一二。在杨维祯的创作中,他与朝中"至正更化"改革的呼应很值得探究。由前文论述知道,元顺帝正式掌权之初,于至正初十余年间,为拯救统治危机,曾经与脱脱等发动"至正更化"改革。在这场改革中,元顺帝与脱脱等支持改革的大臣们做了几件大事,一是恢复科考,一是正式纂修《辽》《金》《宋》三史,还有派奉使出京宣抚地方等。对于自元统二年(1334)弃官退居地方的杨维祯而言,朝中"至正更化"的政治改革也许是他的一次机会,这些在杨维祯的创作中颇有反映。

首先,杨维祯所参与编撰的《丽则遗音》应该与至正初朝廷恢复科考的背景密切相关。至正初,顺帝与脱脱即谋划更化,而恢复科考是朝廷更化、大获人心的重要举措。杨维祯的学生陈存礼即在至正初以元代自延祐首科以来的所有赋文为对象,精选《丽则遗音》三十二篇,杨维祯为《丽则遗音》作序。序言写道:

> 皇朝设科取赋,以古为名,故求今科文于古者,盖无出于赋矣。然赋之古者,岂易言哉? 扬子云曰:"诗人之赋丽以则,词人之赋丽以淫。"子云知古赋矣,至其所自为赋,又蹈词人之淫,而乖风雅之则,何也? 岂非赋之古者,自景差、唐勒、宋玉、枚乘、司马相如以来,违则为已远,矧其下者乎? 余蚤年学赋,尝私拟数十百题,不过应场屋一日之敌尔,敢望古诗人之则哉! 既而误为有司所采,则筐箧所有,悉为好事者持去。近至钱塘,又有以旧所制梓于书坊,卒然见之,盖不异房桐卢之见故物于破瓮中也。

---

① 杨维祯《与同年索廉使书》,《杨维祯全集校笺》卷八一"东维子文集卷二十七",第 7 册,第 2644 页。

且过以"则"名,而吾同年黄子肃君又赘以评语,益表刻画之过,读之使人惶焉不自胜也。因述赋之比义古诗而不易于则者,引于编首,且用谢不敏云。至正二年壬午春正月会稽杨维桢撰。①

杨维桢在序言中所表达的观点相当中正而有些理学气息。他认为朝廷"设科取赋,以古为名",而所谓的古法、古风,应该是丽以则,杨维桢反对词人之赋丽以淫,认为这样有乖风雅之正途。杨维桢的观点直接呼应赋文创作与科考取试的关系,如前所述,至正年间恢复科考的首科即在至正二年(1342)三月,而《丽则遗音》是杨维桢的弟子陈存礼在至正元年(1341)左右基本编选好,杨维桢的序作于至正二年春,其对应朝中复科的情形颇为明显。尽管这是杨维桢弟子陈存礼的作为,却也能看到杨维桢站在朝廷和正统的角度表达的审美倾向。

其次,杨维桢对"三史"开修之事高度关注,且极其期望参与到其中。这以杨维桢在至正四年(1343)作《正统辨》上表进呈,期望表达自己的修史观点而得到朝廷采纳,进而实现自己入职清要的愿望。杨维桢在章篇首写道:"至正三年五月日,伏睹皇帝诏旨,起大梁张瑾、京兆杜本等,爵某官职,专修《宋》《辽》《金》三史。越明年,史有成书而正统未有所归,臣维桢谨撰《三史正统辨》凡二千六百余言,谨表以上者右。伏以历代离合之殊,固系乎天数盛衰之变,万年正闰之统,实出于人心是非之公。盖统正而例可兴,犹纲举而目可备。前代异史,今日兼修,是非之论既明,正闰之统可定。奈三史虽云有作,而一统犹未有归。"②杨维桢这段文字很明显地表达了自己期待参与修史的热望。而且杨维桢对自己的史才和史观非常自信和认可,在其《铁笛道人自传》中云:"及其文有惊世者,有《三史统论》五千言,《太平纲目》二十策,《历代史铖》二百卷,诗有《琼台曲》《洞庭杂吟》五十卷,藏于铁崖山云"③,杨维桢在自述中,先说自己的史才,再说自己的诗才,而述及史才,又先云《三史统论》,可见他对自己的期待。而杨维桢的这种修史热情如果结合朝廷"至正更化"背景来

① 杨维桢《丽则遗音序》,《杨维桢全集校笺》卷四七"丽则遗音古赋程式卷一",第4册,第1612页。

② 杨维桢《三史正统辨》,《杨维桢全集校笺》卷一〇二"铁崖佚文文编之一辩论说赋",第9册,第3506—3507页。

③ 杨维桢《铁笛道人自传》,《杨维桢全集校笺》卷八七"铁崖文集卷三",第7册,第2850页。

考察的话,则不仅仅是杨维桢对自己才华的认可,更可能是杨维桢对自己进阶朝堂、馆阁的期待。

其三,杨维桢对"至正更化"中的重要举措——奉使宣抚地方的举措也颇为关注,且颇有赞颂。非常有代表性的是杨维桢的诗歌《奉使歌美答理麻氏也》,即直接表述和赞美朝中派奉使宣抚地方之事,这在同时期的其他地方文人中反映并不明显。文章的序言写道:

> 至正乙酉,天子遣天下奉使,凡十二道三十有六人。伟兀氏答理麻在选中。巡察西川,司臬吏舞法,首击治之。方面贵臣有骄而弗諟者,亦纠诘之。时政梗民,必思痛豁去,如鲠在咽,必吐乃已。彼不答理如者,如工尹商阳之兵杀三人,以为不如是不足以反命。事不幸类此,而况生杀者皆不当法乎?此西川使者之可歌也。[①]

至正五年(1345)十月辛酉,为了整顿地方吏治,顺帝特命"奉使宣抚巡行天下"[②],凡两浙江东、江西福建、江南湖广、河南江北、燕南山东、河东陕西、山北辽东、甘肃永昌、海北海南广东与京畿等十道,及云南、四川两行省,共十二道,史称奉使宣抚。奉使大臣如此之多,宣抚地区如此之广,这在元朝历史上是少见的。杨维桢这首诗歌题目直接题"奉使歌美答理麻氏也",赞颂与溢美之意非常直接。而从元顺帝颁布奉使宣抚任务的诏书也可以看出这是"至正更化"改革过程中的一项重要政治措施:

> 朕自践祚以来,至今十有余年,托身亿兆之上,端居九重之中,耳目所及,岂能周知。故虽夙夜忧勤,觊安黎庶,而和气未臻,灾眚时作,声教未洽,风俗未淳,吏弊未祛,民瘼滋甚。岂承宣之寄,纠劾之司,奉行有所未

----

① 杨维桢《奉使歌美答理麻氏也》,《杨维桢全集校笺》卷六"铁崖先生古乐府卷六",第 1 册,第 187 页。

② 按:《元史》载:诏命奉使宣抚巡行天下:命江西行省左丞忽都不丁、吏部尚书何执礼巡两浙江东道,前云南行省右丞散散,将作院使王士弘巡江西福建道,大都路达鲁花赤拔实、江浙行省参知政事秦从德巡江南湖广道,吏部尚书定僧、宣政金院魏景道巡河南江北道,资政院使蛮子、兵部尚书李献巡燕南山东道,兵部尚书不花、枢密院判官靳义巡河东陕西道,宣政院同知伯家奴、宣徽金院王也速迭儿巡山北辽东道,荆湖北道宣慰使阿乞剌、两淮运使杜德远巡云南省,上都留守阿牙赤、陕西行省左丞王绅巡甘肃永昌道,大都留守答尔麻失里、河南行省参知政事王守诚巡四川省,前西台中丞定定、集贤侍讲学士苏天爵巡京畿道,平江路达鲁花赤左答纳失里、都水监贾惟贞巡海北海南广东道。《元史》卷四一,第 3 册,第 873 页。

至欤？若稽先朝成宪，遣官分道奉使宣抚，布朕德意，询民疾苦，疏涤冤滞，蠲除烦苛。体察官吏贤否，明加黜陟，有罪者，四品以上停职申请，五品以下就便处决。民间一切兴利除害之事，悉听举行。①

藉由元顺帝的奉使出行诏书，再来看杨维桢的《奉使歌美答理麻氏也》诗歌内容：

> 皇帝五年秋，皇华遣使行九州。皇明明见万里外，犹恐阴晴生蚌蟆。奉使代天明四目，达九幽。假天喜怒私恩仇，欺皇明，是非一逆海倒流。其中答理子，西边托周游。西边有鸟，其名曰休留，复有老狐九尾而九头，扇妖作怪呼匹俦。朘我赤子血，上蔽十二旒。力大泰山不可拔，答理子，一触泰山折之如不周。乌乎！汉有张纲，卫有史鳝。元有答理，足追前猷。太史笔，不贬褒，我作歌诗继《春秋》。②

顺帝在诏书中说自己即位十余年来，身居九重，耳目有所不接，以致"灾眚时作，声教未洽，风俗未淳，吏弊未祛，民瘼滋甚"，杨维桢在诗歌里也说奉使出行，是代天子明四目、达九幽。由顺帝的诏书还能看到，皇帝要求奉旨出行的使者能够布达圣意，"疏涤冤滞，蠲除烦苛"，杨维桢在序言以及诗中也明确指出民间吏病极为突出，所谓"西边有鸟其名曰休留，复有老狐九尾而九头，扇妖作怪呼匹俦。朘我赤子血，上蔽十二旒"，虽然用的是譬喻，但"时政梗民，必思痛豁去，如鲠在咽，必吐乃已"的情形还是被杨维桢指明了。在顺帝的诏书中，还赋予奉使的"黜陟""停职""处决"以及当地行权的特权，所以杨维桢在诗中云地方官吏虽然"力大泰山不可拔"，但奉使在携有皇帝特旨的情况，也可以做到"一触泰山折之如不周"。而诗歌的最后，杨维桢还特意言明，他的写作类同太史，不贬褒，可以继写孔子的《春秋》，这既见他对自己史才的期许与自诩，也可侧见他对答理麻氏含蓄的赞颂，还能见出杨维桢对于朝中事务的关心。

此外，杨维桢对于朝中大事的关心和题咏也能看出他作为精英文人的庙

---

① 《元史》卷四一《顺帝本纪四》，第 3 册，第 873 页。

② 杨维桢《奉使歌美答理麻氏也》，《杨维桢全集校笺》卷六"铁崖先生古乐府卷六"，第 1 册，第 187 页。

堂意识,例如杨维祯作《孤愤一章和梦庵韵》哭悼为国捐躯的文人等:

> 杨子哭停云,历数死生友。首哭台州帅,再哭江州守,三哭天水头,四哭淮涡口,五哭六哭余,英风复何有?确山截骂舌,宛湖沉斫首。嗟嗟徇国臣,培养百年久。①

在杨维祯的诗中,列举了台州帅,即在征剿方国珍的战斗中,兵败而死的台州州路达鲁花赤泰不华;江州守,以守江州而败于红巾军,战死的李黼;天水头,督海运于平江,于余杭为张士诚军所杀的樊执敬;以及张桓、星吉等六位朋友②。值得注意的还是杨维祯对这些人的赞赏是从正统庙堂的角度来看待,认为这些人所以能为国捐躯,恰是国家建朝近百年的培养所得。

除了努力关注国家大事,并积极做出反应之外,杨维祯也与朝中馆臣诸如康里巎巎、揭傒斯、黄溍、杨瑀、贡师泰、庆童、李孝光、胡助以及活跃于馆臣之间的方外人士张雨等人唱和往来非常密切。事实上,杨维祯也曾试图通过同年、馆臣的门路获得仕途境遇的改变。像元统二年(1334),杨维祯转官清盐场司令,因性情狷直,为官不甚开心,又在父亲的教导下上诉省府,指斥上官逼索盐民逋赋,竟将自己逼致弃官相争的境地。弃官后,杨维祯以教书撰文为业,曾上书时任平章的康里巎巎,期望能予以补官,而杨维祯的《三史正统辩》,还被康里巎巎具表举荐,等等。总体而言,杨维祯作为元朝早期的进士,他的学养背景以及他的精英意识使他从根本上期望自己与庙堂保持高度同步性,也期望自己能侧身期间,而确实不能跻身期间,那么杨维祯被迫退居地方,并在地方获得盛名,他的作为与影响或者也需要从他对馆阁文坛的一份不甘中获得一些理解的路径。

二、作为地方文人的杨维祯及其创作

踪迹杨维祯的生平,他虽然是泰定己卯科进士,但却只是间断地担任过地方官员。中进士之初,署天台县尹,阶承事郎,但仅三年即免官,隐居四年后,

---

① 杨维祯《孤愤一章和梦庵韵》,《杨维祯全集校笺》卷四五"铁崖逸编注八卷杨铁崖咏史一卷",第4册,第1540页。

② 按:此处参考黄仁生《杨维祯与元末明初文学思潮》,第260—261页。

改官绍兴路钱清场盐司令,历时五年,因丁父忧而去官。至正十年(1350)补杭州四务提举;至正十六年(1356)七月以淮吴兵攻陷杭城,转建德路总管府推官;至正十八年(1358)三月,朱元璋部队攻克建德,这年冬,杨维祯虽除奉训大夫、江西等处儒学提举,但因兵乱未上,此后基本没有再正式出任官职。洪武三年(1370)正月,杨维祯应诏至京师修礼乐书,"仅百日而肺疾作",五月去世,享年75岁。

非常值得注意的是,杨维祯一生无论游学还是历官或者浪迹、隐居,基本没有离开江南,这种人生状态反映到他的创作中,他不仅没能像他的同年们诸如萨都剌那样深切地体会到国家疆域辽阔,驿站便利,人们往来南北的社会总体情形,或慨叹吟诵:"月轮西转日生东,四海车书总会同。骑马出门天万里,山川长在别离中"①,或无奈抱怨"都而杭,杭而鄂,鄂又山北,有力且疲"②;也没能像杨维祯本人再三肯定的诸如姚燧、虞集乃至危素、黄溍等馆阁大家们一样,切实地触及到了元王朝作为北方游牧民族一统的王朝,那样一种多民族来源、多思想价值体系的社会独特性;甚至都没有像诸如汪大渊、杨允孚之类的平民一样,深入漠北、海外去领略元王朝作为蒙古人建立的王朝,它自身的民族独特性以及与域外世界的广泛关联,感受它的王朝气势声威。也就是说,一方面,杨维祯的人生履历令其最终陷入了地方文人的视角,且始终没有摆脱和跳出;另一方面,他本人的学养与期许,使得他自始至终都不曾放弃自己,这既是他诗文观念中总是贯穿着庙堂正统心态的核心原因,也是他创立铁崖派,并不断鼓煽声威,令其成为俨然堪与馆阁文人所主导的元代北方文坛抗衡,且独领风骚的内在动力。对于元代文坛而言,铁雅文人群体在元末声势的壮大,不仅意味着地方文人群体主体性的增强,更意味着元代文坛的深刻裂变。尽管这一切与元末江南地方割据势力增强、战乱频仍的社会背景有很大的关系,但更与杨维祯的创作倾向和努力作为有着直接且密切的关联。

地方境遇与心态对于杨维祯创作的影响主要在于三方面,其一,他的创作与思维立场的地方性视角;其二,他的创作内容中地方性内容成为主体;其三,他的创作总体倾向是知识密度的下降,情感力度和自我张扬的成分增强。最大程度地反映杨维祯地方性视角的是他的《三史正统辨》。这篇文章是杨维

---

① 萨都剌《将入闽赵郡崔好德求题舆地图》,《全元诗》第30册,第154页。
② 许有壬《哈八石哀辞并序》,《全元文》卷一二〇二,第38册,第499页。

祯本人非常看重的文章,也是他自认为可以得到朝廷认可,让他藉以进入馆阁的一篇重要文章①。贝琼的《铁崖先生传》将其全文收入,可见文章写作之精彩动人。

但览观杨维祯的《三史正统辨》,虽长达"二千六百余言",也尽管杨维祯承认元王朝一统的现实,但文章却是为表明"元承宋统,而排斥辽、金"的主旨。在文章中,杨维祯先从程朱理学的正统角度来言明,修史必须有正统,所谓"正统之义,立于圣人之经,以扶万世之纲常"。而正统的源流可以从孔子的《春秋》中获得其始源,"圣人之经,《春秋》是也。《春秋》,万代史宗也"。在历史变迁过程中,人们的叙述渐有偏离《春秋》本宗,幸有朱熹《资治通鉴纲目》,"朱氏述《纲目》主意,曰:在正统。故《纲目》之挈统者在蜀、晋,而抑统者则秦昭襄,唐武氏也"②。既然朱熹认为史家正统首先在于一统王朝,王朝不一统的时候,则在汉室正宗,那么由程朱理学的观点顺推,杨维祯认为元王朝一统南北自然是正统,而元朝没有一统之前的辽、金、宋,宋乃汉室延传而下之理所当然的正统。杨维祯的立论非常有气势,因为他站在程朱理学的立场,也是从《春秋》笔法来开始立论,这很符合元代程朱理学立为官学,而他本人以《春秋》经而中乡试的背景。

至于辽、金,杨维祯先阐述辽朝之兴,文章写道:

> 吾尝究契丹之有国矣,自"灰牛"氏之部落始广。其初枯骨化形,戴猪服豕,荒唐怪诞,中国之人所不道也。八部之雄,至于阿保机披其党而自尊,迨耶律光而其势浸盛。契丹之号,立于梁贞明之初;大辽之号,复改于汉天福之日。自阿保机讫于天祚,凡九主,历二百一十有五年。夫辽,固唐之边夷也,乘唐之衰,草窃而起。石晋氏通之,且割幽、燕以与之,遂得窥衅中夏,而石晋氏不得不亡矣。而议者以辽乘晋统,吾不知其何

---

① 按:据《明史》"杨维祯传"记载:"维祯著《正统辨》千余言,总裁官欧阳元功读且叹曰:'百年后,公论定于此矣。'"(《明史》卷二八五,第7308页)《明史》对杨维祯事迹记载来源于贝琼的《铁崖先生传》、宋濂的《元故奉训大夫江西等处儒学提举杨君墓志铭有序》,但关键是,欧阳玄的文集阙佚较多,文中关于欧阳玄的话却不知出自欧阳玄哪篇,不能确定欧阳玄的话是正式具文肯定,还是只在私下揄扬。

② 杨维祯《三史正统辨》,《杨维祯全集校笺》卷一〇二"铁崖佚文文编之一辩论说赋",第9册,第3509页。

统也?①

杨维桢的这段对辽朝的概述,在义正辞严之间,不得不说其价值立场和评价模式基本代表着汉人或者更确切地说是南宋治下的汉人也即元朝所谓的南人的立场,其实充满着对其他民族不了解也不屑于知道的封闭自大的观念。这种视自己不理解或没有追踪其始末源流,即露鄙夷不屑的文化心态,某种程度而言,其实就是一种较为典型的地方心态。就如杨维桢第一句所云,指契丹有国之初,不过是灰牛氏部落扩充而来,在杨维桢看来,其民族起源"枯骨化形,戴猪服豕",极为"荒唐怪诞"。但在作为一统的统治者就如乾隆皇帝看来,每个民族的起源都不免有些神秘与原始色彩,并没有什么高低之分,契丹的民族起源与华夏民族的起源也没有什么差异。乾隆四十六年(1781)十月下诏改纂《契丹国志》时,乾隆针对其中的契丹先祖传说故事谈了他的看法:"其《志》中之事迹,如祭用白马、灰牛,毡中枯骨变形视事,及戴野猪头披皮之类,虽迹涉荒诞,然与《诗》《书》所载简狄吞卵,姜嫄履武,复何以异!盖神道设教,古今胥然,义正如此,又何必信远而疑近乎?"②而辽朝在立国之后,"尽有大漠,浸包长城之境"。面对"长城以南,多雨多暑,其人耕稼以食,桑麻以衣,宫室以居,城郭以治。大漠之间,多寒多风,畜牧畋渔以食,皮毛以衣,转徙随时,车马为家",以天时地利而形成的南北限制,辽朝曾经"因宜为治"③,且广泛吸收渤海国、五代、北宋、西夏以及西域各国的文化,其军事力量与影响力曾经涵盖西域地区,在唐之后,由契丹族所建立的辽朝一直被中亚、西亚与东欧等地区视作中国的代表称谓。而在杨维桢看来,辽朝不过是唐之边夷,乘唐衰而兴,草窃而起,乃强盗式民族,何有正统可言。尽管杨维桢的观点可能代表了许多汉人的正统想法,尤其代表了那些不曾立身朝堂、广泛接触多民族人们共事一朝的南人的想法,但他的观点和说法很可能会抹去契丹的民族历史以及它二百一十五年的辉煌王朝史。杨维桢的汉族正统中心主义观点也同样用于他对金朝的鄙夷概述:

① 杨维桢《三史正统辨》,《杨维桢全集校笺》卷一〇二"铁崖佚文文编之一辩论说赋",第9册,第3510页。

② 《钦定四库全书总目》"乾隆四十六年十月十六日奉上谕",上册,第9页。

③ 《辽史》卷三二《营卫志一》,第1册,第373页。

再考金之有国，始于完颜氏，实又臣属于契丹者也。至阿骨打苟逃性命于道宗之世，遂敢萌人臣之将而篡有其国，僭称国号于宋重和之元，相传九主，凡历一百一十有七年。而议者又以金之平辽克宋，帝有中原，而谓接辽、宋之统，吾又不知其何统也！议者又谓完颜氏世为君长，保有肃慎。至太祖时，南北为敌国，素非君臣；辽祖神册之际，宋祖未生，辽祖比宋前兴五十余年。而宋尝遣使卑辞以告和，结为兄弟，晚年且辽为翁而宋为孙矣，此又其说之曲而陋也。汉之匈奴，唐之突厥，不皆兴于汉、唐之前乎？而汉、唐又与之通和矣；吴、魏之于蜀也，亦一时角立而不相统摄者也。而秉史笔者，必以匈奴、突厥为纪传，而以汉、唐为正统；必以吴、魏为分系，而以蜀汉为正统，何也？天理人心之公，阅万世而不可泯者也。[①]

尽管杨维桢承认元王朝一统的现实，该文写作的最终目的是为表明"元承宋统，而排斥辽金"的主旨，所以在杨维桢的文字中，咻咻不已的是他难以掩盖的华夷之辨。就杨维桢撰写《三史正统辨》的背景来看，至正二年（1342）三月中书右丞相脱脱等奏告纂修宋、辽、金三史，起初儒臣们围绕三史谁为正统论辩不休，其时，总裁官脱脱"独断曰：'三国各与正统，各系其年号'，议者遂息"[②]，于是《辽》《金》《宋》三史的修撰工作立即开始。就善于文字书写的作者人数而论，或者就文章当日支持杨维桢"宋为正统"言论的人们必定超过支持"三国各与正统，各系其年号"的人们。尽管这种情况也确实代表着元朝之前的中原王朝的总体倾向，但就元王朝立国的多民族融合基础，就其时多元文化融合的现实，或者就每个民族自身的丰富性而言，成长于一统的元王朝的杨维桢还是以鼻息之态傲视辽、金，这种缺乏多民族间相互尊重的胸襟与格局，不能完全算杨维桢的问题，这只不过是真实地展现出杨维桢长期身处地方，比较典型的地方视角。相比较而言，像杨维桢所认可的姚燧、虞集，以及虞集等认同的程钜夫、吴澄等人，他们源于立身朝堂，广见本朝民族多元性，民族自身的多源性，他们的写作立场和胸襟就颇富庙堂高度。例如虞集的《高鲁公神道碑》，即叙录了女真族的复杂族源与姓氏情形。文章写道：

① 杨维桢《三史正统辨》，《杨维桢全集校笺》卷一○二"铁崖佚文编之一辩论说赋"，第 9 册，第 3511—3512 页。

② 《庚申外史笺证》卷上，第 44 页。

公系出女真,以高为氏。奎章阁艺文监丞纥石烈希元,与公同出女真,亦以高为氏,状公世家、岁月、子孙尤备。臣又得考而载焉。女真之地,东接高句丽,西迄燕云之北。分族此石居之,各为部落,非郡县,无市井杂处者。故其为氏,或以名,或以爵,或以官,或以里。而称高氏者,曰渤海,曰女希烈,曰纥石烈,曰孛述鲁,亦或为高氏。公盖渤海部之高也,先茔在辽东凤凰山,金时碑刻俱在,多贵爵,位太师者一人,节度使者十人。①

元朝对女真族的政策施行“若女直、契丹生西北不通汉语者,同蒙古人;女直生长汉地,同汉人”②的政策,成为汉人的女真多改女真姓氏为汉姓。虞集笔下的纥石烈,源出唐朝时期“靺鞨三十姓”之一的“纥石列”,到金朝时称“纥石烈”,在女真族中属于“白号之姓”,即贵族之姓。据《金史·百官志》记载,纥石烈在金朝73个白号贵族姓氏中位列第十三位。纥石烈,汉语语义为“高”,所以纥石烈在元朝时大多改为高姓。由虞集的文章可以知道,元朝时期女真人的活动区域东接高丽,西近燕云之北,即今天的北京、天津北部。人们分族而居,同族中,人们又根据自己的名字、爵号、官职、故里来别以姓氏。以高为姓氏的女真族有渤海、女希烈(钮祜禄)、曰纥石烈(赫舍哩),曰孛术鲁(富珠哩),还有些本来姓高的人氏。虞集笔下的传主高觿来自渤海高氏。另外,纥石烈姓氏以辽东为郡望,高觿家的先茔在辽东凤凰山,则高觿家在金朝应该是位望甚高的贵族,所以虞集在文中交代高觿家族在金朝多贵爵,有太师一人,节度使十人。上引这段文章虽然不长,却是作为南方文人的虞集通过同事、女真文人纥石烈希元才弄清楚写成的,所涉内容极为复杂。如果以杨维祯的汉族正统和中心主义视角与立场来看的话,则很难将知识的触角延伸到女真族的氏姓源流,而忽略这种氏姓源流的变迁,自然也很容易地抹去许多关于女真民族发展和变迁的细节。

其二,长期身处地方的境遇带给杨维祯地方性的创作立场和写作视角的同时,也让他的写作内容非常地方化。以《全元文》对杨维祯编录的文章③的

①　虞集《高庄僖公神道碑》,《虞集全集·道园类稿》卷四〇,下册,第1050—1051页。
②　《元史》卷一三《世祖本纪十》,第2册,第268页。
③　按:据《全元文》关于杨维祯著述和收录文章的介绍,杨维祯的赋文及散文基本都收录了,其介绍云:“(杨维祯)一生著述宏富,今存者尚有《铁崖先生古乐府》十卷、《铁崖先生复古诗集》六卷、《铁崖古乐府补》六卷、《杨铁崖咏史古乐府》(有明成化刻本一卷和清乾隆刻本四卷二种)、《铁崖先生诗(转下页注)

写作情形而言,在《全元文》所收录的文章中,赋文之类的91篇,散文类的930篇,在这1000余篇作品中,除《正统辩》《余阙传》《玩斋集序》等少数篇什是站在综览全局的视角写作,再《会通河赋》《重建海道都漕运万户府碑》《吏部侍郎贡公平籴记》《江浙平章三旦八公勋德碑》《元故中奉大夫浙东尉杨公神道碑》《历代史要序》等数篇基于地方视角而牵连到国家视角的写作;文章大量的沉埋于地方性的送往迎来,诸如《云林散人传》《巢云子传》《玉海生小传》《有元文静先生倪公墓碑铭》《送李景昭掾史考满诗序》《送嘉兴学吏徐德明考满序》《送理问所掾史王安正考满序》《送李仲常之江阴知事序》《送彭彦温直学满代序》《送邹生奕会试京师序》之类,或者一些不出地方的议论、写物、咏志之文如《莲花漏赋》《春水船记》《野政堂记》,即便是一些关于文章的理论序言依旧不出地方诸如《鹿皮子文集序》《两浙作者序》《香奁集序》《续奁集序》《雅集志》《丽则遗音序》《西湖竹枝集序》《游昆山联句诗序》等等,这固然与杨维桢授学卖文的生涯以及他与地方富绅往来颇多的背景有密切关系①,但也的确反映出杨维桢创作所体现出来的典型的地方视角。例如杨维桢所撰《云

(接上页注)集》十集、《杨铁崖先生文集》十一卷、《丽则遗音》四卷、《铁崖赋稿》二卷、《东维子文集》三十卷、《铁崖文集》五卷、《杨铁崖先生文集》五卷、《杨铁崖先生文集全录》四卷、《铁崖漫稿》五卷、《铁崖先生集》四卷、《史义拾遗》二卷等若干种。但由于其作品以往从未编刊全集,以致在传播过程中形成了较为纷繁复杂的版本状况,不仅同一文集系统的几种刻本或抄本间存在差异,而且不同文集之间也互有重复。故本书所收杨维桢文,基本上按原集(包括刻本、抄本)分卷次序在去其重复的前提下作整体迻录:凡出《丽则遗音》者,以明末毛氏汲古阁刻本《丽则遗音》四卷为底本,校以元刻本《新刊丽则遗音古赋程式》(简称元刻本,藏于国家图书馆)、文渊阁四库全书本《丽则遗音》(简称文渊阁四库本);凡出《铁崖赋稿》二卷者,以清仁和劳氏据何元锡编定本影抄的《铁崖赋稿》二卷(藏于上海图书馆)为底本,校以清无名氏抄《杨铁崖先生文集》一卷本(简称清抄一卷本,藏于国家图书馆);凡出《东维子文集》者,以明正德、嘉靖间刻本《东维子文集》三十卷(简称明正嘉刻本,藏于北京大学图书馆)为底本,校以四部丛刊影印鸣野山房钞本《东维子文集》(简称四部丛刊本)、文渊阁四库全书本《东维子集》(简称文渊阁四库本)以及明弘治刻本《铁崖文集》五卷(简称明弘治刻本)、明末诸暨陈于京漱云楼刻本《杨铁崖文集》五卷(简称明末陈于京刻本)、清抄本《杨铁崖先生文集全录》四卷(简称清抄全录本);凡出《铁崖文集》者,以明弘治冯允中刻本《铁崖文集》五卷为底本(简称明弘治刻本),校以明末诸暨陈于京漱云楼刻本《杨铁崖文集》五卷(简称明末陈于京刻本)、清抄本《杨铁崖先生文集全录》四卷(简称清抄全录本);凡出《杨铁崖先生文集全录》者,以清抄本《杨铁崖先生文集全录》四卷(藏于国家图书馆)为底本,校以清张月霄爱日精庐抄本《铁崖漫稿》五卷(简称清抄漫稿本,藏于南京图书馆);凡出《铁崖漫稿》五卷者,以清张月霄爱日精庐抄本《铁崖漫稿》为底本,校以清新旧抄配本《铁崖漫稿》五卷及明抄本《铁崖先生集》(简称明抄四卷本);凡出《史义拾遗》者,以明嘉靖十九年任辙刻本《史义拾遗》二卷为底本,校以明末诸暨陈于京漱云楼刻本《史义拾遗》二卷、崇祯五年可竹居刻本《史义拾遗》二卷。另从赋集之外的文集中共辑得辞赋九篇,编为一卷,补入赋集之后;又辑得单篇散文八十余篇,编为四卷,补入文集之后",《全元文》卷一二八三,第41册,第1—3页。

① 黄仁生《杨维桢与元末明初文学思潮》,第13页。

林散人传》即以地方视角非常贴切地展示出其时吴中地域文人淡泊功名,安于
地方,注重地方与家族利益,追求个人精致生活,无所谓于家国之急难的情形:

> 云林散人者,云间人,姓任氏,名士质,元朴其字也。散人之曾王父,
> 某官,王父某,浙东道宣慰使。性淡泊,气量博大,与物未尝有忤。幼时与
> 群从兄弟在宣慰公前各言志,诸志在功名,或在富贵,散人独曰:"予所愿
> 不夷不惠,为江上丈人流耳。"人颇惜其才,多劝之仕。时平章康里公巙,
> 闻其人,抵其家请见,以丘园高逸荐辟某官,散人力却辟,至桴海以遁。晚
> 年莳竹树成行,筑室其间,凿池垒岛,日与高人胜士玩弄云物为事,遂自号
> "云林散人"。予至云间,尝交其人,识其履行最纯。孝于母,母殁,至庐
> 墓者六年。时鬻爵令行,官劝其出私粟。散人曰:"余亲族贫而饥者不少,
> 周之恐不赡,而暇远输江淮以及人人乎? 且出粟贸名,是有为为善。予,
> 逃名者也。恶用粟而易诸?"于是,族岁有赈,负责不能偿者,焚其券舍之。
> 儒黉舍弊,不枝柱,散人力撤而新之。士欲纪绩,辄却曰:"吾心尽于先圣
> 师耳,岂为名设哉?"凡施劳辄自隐其德类此。[①]

云间即松江府的别称。由杨维祯的记述知道,松江人任士质为人淡泊,无所谓
于儒家所倡扬的功名,愿做一个既非伯夷也非柳下惠的闲逸散人。以此,当平
章政事康里巙巙想请他出仕,他力辞;当京师有粮荒之急,有鬻爵之策施行,他
并不肯合作,以为入粟鬻爵不过是贸名之举,刻意为善而已,宁愿散家财以赈
族人或地方文教事业。尽管任士质的做法可以被看作是他散淡而不着眼于名
的人品所致,但回顾江南一统之后的元代中叶,江南士人急于货书艺于帝王家
的仕进心态,以及他们那种胸襟天下,无畏于西东南北,愿意"遇则拱摩青霄,
不遇则归耕白云",但绝不容忍自己"浮沉漹涩,为常流凡侪"[②]的大气伟岸,任
士质身上所反映的包括杨维祯在内的吴中文人心态,非常具有典型性,它隐隐
然透露出,吴中文人们实际更钟情于地方、家族之利害,对家国、天下之格局、
大事则稍所疏淡、漠然。

---

① 杨维祯《云林散人传》,《杨维祯全集校笺》卷九五"杨铁崖先生文集全录卷三",第 8 册,第 3071—
3072 页。

② 戴表元《送贡仲章序》,李军、辛梦霞校点《戴表元集》,吉林文史出版社 2008 年版,第 184 页。

作为优秀的文人，杨维桢的地方文人立场和地方视野的局限，使得他的文章所包含的知识密度、描述精确度以及价值判断的客观程度都比较有限，诚如胡应麟遗憾地感慨"余每读未尝不惜其大器小成也"①。例如杨维桢作《角端赋》，文章开篇写主客对话云：

> 客有东印度生，问于北京先生曰："盖闻我圣祖皇帝之驻师于我竟也，貔貅百万，虎贲三千。神武不杀，休征开先。曰有奇兽，扣开而前。耸一角之异状，通四夷之方言。以为麟耶，未闻其善语之琅然。以为猩耶，未闻其一角之拳焉。以为豸耶，又未闻其形麇而尾马。以为驳吾耶，又未闻其奉异书而达幽玄。故吾将以为瑞耶，则旷万世而未睹；以为非瑞耶，则适符我圣祖皇帝膺天运之年。某也，东夷陋生，耳所未闻，目所未睹，幸先生有以启予之井智也。"先生哑尔而笑曰："子边夷也，亦知天开帝王之瑞乎？昔我太祖皇帝之有天下也，肇迹和宁，拓基祈连。广禹之甸，大尧之天。叱风云于紫塞，揭日月于中原。肃王师之赫赫，示王道之平平。于是东征而西怨，南征而北怨。当铁关之既辟，振神兵而欲班。奇兽来格，万人拥观。祚陈八百之历，暴戒独夫之残。其率兽也，若虎拜而稽首。其解语也，若鞮译而进言。问之耶律之侍臣，稽之驺虞之兽官。则知是兽也，在星为旄首，而在物为角端者也。②

杨维桢的这段文章，由成吉思汗西征至东印度铁门关而班师之事而起。据《元史·太祖纪》载："（十九年甲申），帝（成吉思汗）至东印度国，角端见，班师"③，而关于角端的传说，又与耶律楚材有关。杨维桢在文章中以颇轻蔑的态度嘲东印度国人为"边夷"，全文以东印度生叩问中国之瑞兽"角端"而起兴。关于"角端"的传说与记载，早在《史记·司马相如列传》中有记载云："兽则麒麟、角𬵩"，《史记集解》中云："角𬵩，音端，似猪，角在鼻上，堪作弓。李陵曾以此弓十张遗苏武也"，角端并没有奇异功能和祥瑞特征。但到南朝以后，在梁代沈约所撰《宋书》有所谓"角端，日行万八千里，又晓四夷之语，明君圣

---

① 胡应麟《诗薮·外编》卷六，第232页。
② 杨维桢《角端赋》，《杨维桢全集校笺》卷五三"铁崖赋稿卷下之上"，第5册，第1805—1806页。
③ 《元史》卷一《太祖本纪》，第1册，第23页。

主在位,明达方外幽远之事"①,角端神化的兆头开始出现。在元代,尤其是将成吉思汗西征班师与耶律楚材解释角端之现联系起来后,元儒对于角端的神化程度变得越来越高。据宋子贞为耶律楚材所作神道碑载:

> 行次东印度国铁门关,侍卫者见一兽,鹿形马尾,绿色而独角,能为人言,曰:"汝君宜早回。"上怪而问公。公曰:"此兽名角端,日行一万八千里,解四夷语,是恶杀之象,盖上天遣之以告陛下。愿承天心,宥此数国人命,实陛下无疆之福。"上即日下诏班师。②

有研究者考证认为,成吉思汗真正决定班师的时间与奇兽出现的时间、地点以及耶律楚材伴行成吉思汗军中的时间并不一致。而宋子贞与耶律楚材的孙子耶律希逸将成吉思汗驻跸铁门关,角端出现以及班师罢征三者同合于甲申年内,目的是凸显耶律楚材的止杀之功③,这非常符合汉儒的心理及期待,所以角端之现与耶律楚材之功在元代被汉儒们不断神化。如周密的《癸辛杂识》的"西征异闻"条中记载道:

> 陈刚中云:"成吉思皇帝常西征,渡流沙万余里,其地皆荒寂无人之境。忽有大兽,其高数十丈,一角如犀,能人言,忽云:'此非汝世界,宜速还。'左右皆震恐,耶律楚材楚字晋卿,辽人,博物无所不知,盖张华、郭璞辈。随进云:'此名角猯,音端。能日驰万里,灵异如神鬼,不可犯也。'帝为之回驭。"④

陈刚中即早期入仕元廷的南人陈孚,周密从他那里得到一些蒙古人西征的事迹,但事涉奇异,周密将其以异闻的方式载记出来。周密是南宋遗民,南宋亡后,一直隐居杭州。这样再看杨维桢的《角端赋》,则无论是写作立场还是知识点都是颇具南方儒士的色彩:

---

① 沈约《宋书》卷二九,中华书局 2003 年,第 865 页。
② 宋子贞《中书令耶律公神道碑》,《全元文》卷八,第 1 册,第 171 页。
③ 王平《对"角端"与成吉思汗西征退兵的探讨》,《黑龙江史志》2015 年第 5 期,第 39—40 页。
④ 周密著,吴企明点校《癸辛杂识》续集上"西征异闻",中华书局 1997 年,第 153 页。

观其缟质绿章，珠姿玉趾。性闲而神静，体环而貌诡。映流彩于花骢，散飞光于绿耳。蹶沧海而洪涛不惊，超天驷而红云四起。朝刷乎阊风之圃，夕洗乎天河之水。若乃光生华夏，魄夺戎羌。鹿间荐彩，虎台呈祥。目散电以彪驳，尾流星而蛟骧。或龙仪而若鲞，或鸾盼而欲翔。日行三万，不减于神禹之飞菟；背长特角，岂让于轩辕之飞黄？奉书而至，盖将比负图之献瑞；鞮译而语，又岂徒服皂之珍良？尔其尘清海寓，春满天埠。与麒麟以坌入，偕凤鸟以来仪。增瑞牒之德色，发史笔之光辉。皇猷以之归美，帝德以之博施。彼林邑之象拜起周章而随乎人意者，何足贵？九贞之骝鹿角驹形而字于外圉者，无足奇。又岂知天下平，则一角之兽来？盖圣人间五百年而生，则斯兽亦间五百年而出，所以符一统之宏规。彼其九尾兽应，而海宇未一。并角兽获，而海内已耗。又岂可与今日角端之应，同日而论一统之兆也？

杨维祯的赋文描述角端的出现以及角端的特征，与宋子贞在耶律楚材神道碑的描述虽然无论是文体还是修饰的繁密和夸张程度很不一样，但核心内容却非常相近，而杨维祯最后得出的结论也比较普泛：当东印度生听了北京先生关于角端的特征以及角端出现的祥瑞意义，不由得心生崇慕之情，乃再拜稽首，起忭而为之歌曰："德及蠢走兮，泽洞幽明。凤鸟在陬兮，麒麟在坰。迈四灵兮，应千龄。呜呼，瑞之至兮，四方来庭"，角端的出现不仅平息了蒙古对印度的征战，而且让天下四方的人们感慕而来朝拜中国，而文章中代表杨维祯的北京先生也感慨地唱道"似豸非豸兮，其形至神。似猩非猩兮，其言至仁。天下将一兮有开必先。呜呼，瑞之至兮国有圣人"[1]，角端的出现象征天下之一统，也是圣人出世的象征。尽管《角端赋》的写作可能是为应试而作的练习文章，但问题可能在于作者的夸饰之中大有不切实际之处。蒙元王朝作为以征战为能事，历百年而一统南北的王朝，杨维祯力以汉儒之止杀立场来夸饰王朝之盛业与成吉思汗之伟大，则略有盛名难副之意。作者所藉以描绘的辞藻虽然华丽，却实际上多为书本知识，与时代背景、现实内容关系较疏离。相比较而言，例如黄文仲所作《大都赋》也是夸饰，却切实而高华许多：

---

[1] 杨维祯《角端赋》，《杨维祯全集校笺》卷五三"铁崖赋稿卷下之上"，第5册，第1806页。

　　我太祖皇帝之龙兴也,乘乾位,王水德,耀玄武,抚璇极。铁骑长驱,
金烬奄熄。控扼南邦,于焉驻跸。列圣相承,有事疆场。顾官室其未遑,
日饬厉乎兵革。世祖皇帝神圣武文,既传国以建号,复纪元而书春……因
沧海以为池,即琼岛而为囿。近则东有潞河之饶,西有香山之阜,南有柳
林之区,北有居庸之口。远则易河滱水带其前,龙门狐岭屏其后。混同鸭
绿浮其左,五台常山阻其右。所谓子孙万世帝王之业,与海岳相为长久者
也。……辟门十一,四达憧憧。盖体之而立象,允合乎五六天地之中。前
则五门骈启,双阙对耸。灵兽翔题而若飞,怒猊负柱而欲动。东华西华翼
其傍,左掖右掖夹而拱。……延六十里,潴以九堰。自汴以北者挽河而
输,自淮以南者帆海而进。国不知匮,民不知困。遂使天下之旅,重可轻
而远可近。扬波之橹,多于东溟之鱼;驰风之樯,繁于南山之笋。一水既
道,万货如粪。[1]

　　在上所引内容中涉及三方面的描述,其一是,太祖成吉思汗有事疆场,未遑官
室都城之建,直至世祖忽必烈才不仅开创元王朝,而且兴建了大都。这既言明
元朝之前身来历,也述清大都兴建之源起。其二是,描述大都城的方位。文中
诸如琼华岛、潞河、香山、柳林、居庸关、龙门、野狐岭等地名及方位以及它们与
大都的关系,作者在注意辞藻文饰的同时,对事实的描述也颇为准确清晰。将
黄文仲这段描述与《元史·地理志》的描述进行比对:"京城右拥太行,左挹沧
海,枕居庸,奠朔方",黄文仲的描述甚至比《元史·地理志》的表述更准确、精
实。其三是,以大都的十一重门来描述其结构,再核以史料相关载记:"城方六
十里,十一门:正南曰丽正,南之右曰顺承,南之左曰文明,北之东曰安贞,北之
西曰健德,正东曰崇仁,东之右曰齐化,东之左曰光熙,正西曰和义,西之右曰
肃清,西之左曰平则"[2],则黄文仲的描述在准确、密实的同时也兼顾了赋文的
辞华意美。与杨维祯的文章比较之后,黄文仲的文章更为突出的特点在于他
对于大都的描述建立在亲历亲闻基础上的采实,而杨维祯的文章则有一些想
象和意念的表述成分,多有不切实之处。这可能就是他作为地方文人的局限
性所在。正因为出身地方,也基本没有走出地方,杨维祯对于地方之外事件表

---

① 黄文仲《大都赋》,《全元文》卷一四二一,第 46 册,第 132—133 页。
② 《元史》卷五八《地理志一》,第 5 册,第 1347 页。

述的准确性也可能会有些出入。

例如这首杨维桢悼念泰不华的诗。

挽达兼善御史（辛卯八月殁于南洋）

黑风吹雨海冥冥，被甲船头夜点兵。报国岂知身有死，誓天不与贼俱生。神游碧落青骡远，气挟洪涛白马迎。金匮正修忠义传，史官执笔泪先倾。①

对照《元史·泰不华传》来解读杨维桢的这首挽泰不华战死的诗，在时间上略有出入。《元史》记泰不华死于至正十二年三月庚子，杨维桢记泰不华辛卯（至正十一年，1351）八月殁于南洋，《元史》又载，泰不华死后三年，朝廷"追赠荣禄大夫、江浙行省平章政事、柱国，封魏国公，谥忠介，立庙台州，赐额崇节"，由杨维桢诗歌对泰不华死事的描述和最后的议论来看，疑杨维桢这首诗是作于朝廷为表彰泰不华在台州立庙之际。由《元史·泰不华传》所记：

泰不华自分以死报国，发兵扼黄岩之澄江，而遣义士王大用抵国珍，示约信，使之来归，国珍益疑，拘大用不遣，以小舸二百突海门，入州港，犯马鞍诸山。泰不华语众曰："吾以书生登显要，诚虑负所学。今守海隅，贼甫招徕又复为变，君辈助我击之，其克则汝众功也，不克则我尽死以报国耳。"众皆踊跃愿行。时国珍戚党陈仲达往来计议，陈其可降状。泰不华率部众，张受降旗乘潮而前，船触沙不能行，垂与国珍遇，呼仲达申前议，仲达目动气索，泰不华觉其心异，手斩之。即前搏贼船，射死五人，贼跃入船，复斫死二人，贼举槊来刺，辄斫折之。贼群至，欲抱持过国珍船，泰不华嗔目叱之，脱起，夺贼刀，又杀二人。贼攒槊刺之，中颈死，犹植立不仆，投其尸海中。②

比对史料，再看杨维桢的诗歌所记，则泰不华殉国时间、生死细节以及个人感

---

① 杨维桢《挽达兼善御史（辛卯八月殁于南洋）》，《杨维桢全集校笺》卷三四"铁崖先生诗集癸集"，第3册，第1152页。

② 《元史》卷一四三《泰不华传》，第11册，第3425页。

慨,似乎都有不清楚实情而泛论的可能。虽然,诗尾也说执笔而泪先倾,但情感的抒发略有些生硬、夸张,作者都没有就泰不华殉国的那种作为书生而不负所学的慷慨表达看法。可能杨维祯作为地方文人,他要准确、详实地获知整个事件的具体过程、细节并不太方便和容易。

　　也正是杨维祯作为地方文人的视角和立场限制,他的创作在知识密度、叙述广度或者立场的综合兼顾情形都相当程度地缩小的情况下,情感表达与自我的张扬程度却颇有放大的倾向。这首先与他的学养背景密切相关。由前所述,杨维祯的思想基础实由浙东黄震一脉而出。关于黄震之学,全祖望指出它"博大精深",朱熹之学得黄震而"瓣香为之重振",与此同时,全祖望也指出,黄震为学"默识而冥搜",虽于朱熹之学"其功尤钜",但其《黄氏日钞》"诸经说间,或不尽主建安旧讲"①。黄百家认为,黄震之学在"折衷诸儒","上接考亭"的同时,实际"于考亭亦不肯苟同,其所自得者深也"②,也即全祖望所谓"大抵求其心之所安而止"③。杨维祯青年之际游学四明之后,其父认为最有价值的事情就在于购得黄震著作,而黄震之学对于杨维祯的深刻影响又在于,当他兢兢于天下事业而不能之后,他理所当然地转而"求心之所安",由朱入陆,这使得他在张狂、放达,自放自得地表现自己的人格精神时,显得流利自然。诚如他在《五湖宅记》中自阐心志:

　　"然物莫大于宇宙,而尤莫大于心。善论心者,谓之寸宅。拓寸而大,天地不能容。太虚,吾室也;八荒,吾庭也;日月,吾扃牖也。视子之宅,五湖一粟而已耳;子之四海,一沤而已耳。能由五湖以卒返斯宅也,居其居,如钧天广居,下睇地间渠渠夏屋,真蜗壳哉,况湖之一粟乎!"仲素怳然若有所得,酾酒临风,起而自歌曰:"水之国兮秋秋,水之宅兮浮浮。招玄真以友兮,鸱夷之与游。"又歌曰:"太虚兮吾序,八荒兮吾隅。居丹台之广居兮,吾不知宅之所如。"并录为记。④

────────────

① 《宋元学案》卷八六《东发学案》,第4册,第2886页。
② 《宋元学案》卷八六《东发学案》,第4册,第2886页。
③ 《宋元学案》卷八六《东发学案》,第4册,第2886页。
④ 杨维祯《五湖宅记》,《杨维祯全集校笺》卷七五"东维子文集卷二一",第6册,第2464页。

在这段引文之前,杨维祯阐扬了人生物象之宅第,哪怕是"王侯邸第之相甲",欲求其安如磐石泰山则基本不可得,人生的真正安稳,只在自身之心安,它可以让人"若动而能静,若危而能安,若迩而能远"。所以善于论心者,会真正体悟到"宇宙便是吾心,吾心即宇宙",将我之身心融入天地、太虚、八荒、日月之中,则无宅无第,随处皆是吾心,随处皆可安心。可以说杨维祯的学养为他创立铁崖派奠定了思想基础。例如杨维祯的自传性写作《大人词》《铁笛道人自传》等作品,就非常典型。

大人词

　　有大人,曰铁牛。绛人甲子不能记,曾识庖牺兽尾而蓬头。见炼石之女补天漏,涿鹿之帝杀蚩尤。上与伊周相幼主,下与孔孟游列侯。衣不异,粮不休。男女欲不绝,黄白术不修。其身备万物,成春秋。故能后天不老,挥斥八极隘九州。太上君,西化人,自谓出于无始劫,荡乎宇宙如虚舟,其生为浮死为休。安知大人自消息,天子不能子,王公不能俦,下顾二子真蜉蝣。①

这篇《大人词》最早见于至正六年(1346)三月吴复编成的《铁崖先生古乐府》,这个时间非常有意思。对于杨维祯来说,他的人生或许可以分成三个主要阶段,第一阶段是努力读书求学以应举,这在泰定四年(1327),他31岁的时候完成;第二阶段是他入仕出仕,地方为官在元统二年(1334)弃官归隐钱塘时期结束;第三阶段的开始便是他努力寻求复官,进入朝廷,最终失败,转而自放自得的阶段。严格说来,第三阶段可以分为前后两段,前段从后至元末到至正六年(1346)为止,这个时期是朝中"至正更化"的时期。如前所述,元廷的"至正更化"改革失败大约在至正十二年(1352)左右,而杨维祯在至正六年(1346)即基本放弃进入朝堂的梦想,最大的原因在于"三史"在至正五年(1345)完成,杨维祯再无希望藉修史而实现自己入职清要的人生梦想。所以以至正六年(1346)为分界点来看杨维祯的创作,会发现自此以后,他创作中那种彰显自我,力求情之所达、心之所安的情绪变得越来越明显。诚如他自己在《铁笛

---

① 杨维祯《大人词》,《杨维祯全集校笺》卷三"铁崖先生古乐府卷三",第1册,第83—84页。

道人自传》中所描述的那样："仕赤城令,转钱清海盐,皆不信其素志。辄弃官,将妻子游天目山,放于宛陵、毗陵间。闻雪中、云间山水最清远,又自九龙山涉太湖,南泝大、小雷之泽,访缥缈七十二峰;东抵海,登小金山,脱乌巾,冠铁叶冠,服褐毛宽博,手持铁笛一枝,自称铁笛道人。"①既然为官不能成就所追所求,那就自放于天地宇宙之间,求得自我的心安与圆满,在这篇《大人词》中,作者那种傲视天地王侯,自满自得的形象,与他之前兢兢于仕,以程朱理学为把柄指斥天下的情形似乎判若两人。在杨维桢的内心是否愿意如此,喜欢如此,或许要存疑问。因为在杨维桢的《道人歌》中有所谓"手持女娲百炼笛,笛中吹破天地心。天地心,何高深。八千岁,无知音"②,《铁笛道人自传》中有所谓"至名山川,必登高遐眺,想见古人风节旷迈,非常人所能测也"③,放达、狂纵或许只是一种姿态或者就是表达不甘和失落的方式。

而且,杨维桢的这种表达方式一方面与他的哲学路径非常合拍,一方面也有前贤树立了榜样。杨维桢的《大人词》与陆九渊作品的风格和情绪非常相似:

> 从来胆大胸膈宽,虎豹亿万虬龙千,从头收拾一口吞。有时此辈未妥帖,哮吼大嚼无毫全。朝饮渤澥水,暮宿崑仑巅,连山以为琴,长河为之弦,万古不传音,吾当为君宣。④

比对陆九渊此诗与杨维桢的《大人词》以及他在至正六年之后创作的许多作品,都能读出他们的核心情绪以及夸张、狂放表达的相似度。对于杨维桢来说,当思想和哲学上不再执拗于仕进,期期于天下家国以及朝堂事业之后,杨维桢的表达就安于一隅天地,以自放自安为准,诚如他自己在《铁笛道人自传》中所道:

> 铁笛得洞庭湖中,冶人缑氏子尝掘地得古莫耶,无所用,镕为铁叶。

---

① 杨维桢《铁笛道人自传》,《杨维桢全集校笺》卷八七"铁崖文集卷三",第 7 册,第 2850 页。
② 杨维桢《道人歌》,《杨维桢全集校笺》卷三"铁崖先生古乐府卷三",第 1 册,第 85 页。
③ 杨维桢《铁笛道人自传》,《杨维桢全集校笺》卷八七"铁崖文集卷三",第 7 册,第 2850 页。
④ 陆九渊著,钟哲点校《陆九渊集》卷二五《少时作》,中华书局 2010 年版,第 299 页。

筒之长二尺有九寸,又辄窍其九,进于道人。道人吹之,窍皆应律,奇声绝
人世。江上老渔狌道人,时时唱《清江》《欸乃》,道人为作《迴波引》和之。
笛罢,仍自歌曰:"小江秋,大江秋,美人不来生远愁,吹笛海西流。"又歌
曰:"东飞乌,西飞乌,美人手弄双明珠,九见乌生雏。"城中贵富人闻道人
名,多载酒道人所,幸闻铁笛。道人为一弄毕,便卧,遣客。即客不去,卧
吹笛自如也。尝对客云:"笛有君山古弄,海可卷,蛟龙可呼,非钧天大人
不发也。"晚岁有同年者以遗才白于上,用玄纁物色道人于五湖之间,道人
终不一起。道人性疏豁,与人交无疑二。虽病凶危坐,不披文则弄札翰,
或理音乐。素不善弈画,谓弈损闲心,画为人役,见即屏去。①

借助这段文字,可以看到,杨维祯本来自期自拟为"古之莫邪",岂料无所用于
世,只能用以自娱自乐,既然堕入娱乐,则不欲有任何限制和刻意的努力了,所
以在文章中,杨维祯自云"不善弈画",只因此二者,辛苦费力,扰乱闲心,压抑
性情,所以"见即屏去"。从文学抒情性的角度而言,杨维祯的这种自放自得,
使得他的创作别具手眼,独有风格。而另一方面也须指出的是,杨维祯的人生
包括他的仕职生涯,出生会稽(属绍兴)"仕赤城令(今浙江天台县赤城区),转
钱清海盐(属绍兴路)","游天目山,放于宛陵、毗陵间。闻雪中、云间山水最
清远,又自九龙山涉太湖,南泝大、小雷之泽,访缥缈七十二峰;东抵海,登小金
山"②,轨迹不出东南尤其长江三角洲;其所表彰吟诵无论主题、意象、典故、历
史、地理、名物等,绝大多数不出江南,显现出很强烈的地域化尤其是江南地域
色彩。这不仅与朝中馆阁文人的吟咏对象及范围很不同,即便与那个时代一
些生长江南,却走向通都大邑、塞北域外者诸如汪大渊、杨允孚、迺贤等人的表
现对象也颇具差异。

　　例如杨维祯的《五湖游》:

　　　　鸱夷湖上水仙舟,舟中仙人十二楼。桃花春水连天浮,七十二黛吹落
天外如青沤。道人谪世三千秋,手把一枝青玉虬。东扶海日红桑樛,海风
约住吴王洲。吴王洲前校水战,水犀十万如浮沤。水声一夜入台沼,麇鹿

---

① 杨维祯《铁笛道人自传》,《杨维祯全集校笺》卷八七"铁崖文集卷三",第 7 册,第 2850 页。
② 杨维祯《铁笛道人自传》,《杨维祯全集校笺》卷八七"铁崖文集卷三",第 7 册,第 2850 页。

已无台上游。歌吴歈,舞吴剑,招鸱夷兮狎阳侯。楼船不须到蓬丘,西施郑旦坐两头。道人卧舟吹铁笛,仰看青天天倒流。商老人,橘几奕。东方生,桃几偷。精卫塞海成瓯窭,海荡邛山漂髑髅,胡为不饮成春愁。①

五湖即太湖,杨维桢此诗逸气横生,其情其景与眼前景、意中景、情中景恣意贯连,文笔纵横于古代神话与现实情境之间,抒情主体的情绪夸张而狂放,意象也变窘奇幻,极富表现力和想象力,仿佛"妙意俄同鬼神会"②,抒情主体突破眼前情境,得到了最大程度的彰显。胡应麟指出杨维桢"其才纵横豪丽,亶堪作者",不过,胡应麟也指出杨维桢的创作"躭嗜瑰奇,沉沦绮藻,虽复含筇吐贺,要非全盛典刑"③,评价得非常到位。再比较在朝得意的馆阁文人周伯琦的作品,如其《野狐岭岭界南北甚寒,南下平地则暄矣》:

> 高岭出云表,白昼生虚寒。冰霜四时凛,星斗只尺攀。其阴控朔部,其阳接燕关。涧谷深巨测,梯磴纡百盘。坳垤草披拂,崎岖石巉岏。轮蹄纷杂沓,我马习以安。怳然九天上,熙熙俯人寰。连冈束重隘,拱揖犹城垣。停鞭履平地,回首势望尊。縓衣遂顿减,长途污流辀。亭柳荫古道,园果登御筵。境虽居庸北,物色幽蓟前。始悟一岭隔,气候殊寒暄。小邑名宣平,相距两舍间。牛羊岁蕃息,土沃农事专。野人敬上官,柴门暮款延。休养嘉承平,禹迹迈古先。汉唐所羁縻,今则同中原。大哉舆地图,垂创何其艰。张皇我六师,金汤永深坚。④

将杨维桢与周伯琦的诗歌对比来看,则能看到周伯琦诗歌在情绪处理上的冷静、克制,作者将所有的注意力都贯注于写实,努力对眼前之景,地理物象、历史渊源等内容考镜源流,名实相应,以诗写史,诗可作史看。

由上所述,将杨维桢和与他同时期、水平相当的馆阁文人的创作进行比较的话,他的创作在叙述的密度、观察的广度、知识的深度以及情感的表现度方

---

① 杨维桢《五湖游》,《杨维桢全集校笺》卷三"铁崖先生古乐府卷三",第1册,第95—96页。
② 高启《青丘子歌》,朱彝尊《明诗综》卷八,中华书局2007年,第331页。
③ 胡应麟《诗薮·外编》卷六,第232页。
④ 周伯琦《野狐岭》,《全元诗》第40册,第394页。

面与馆阁文人的写作有着非常大的差异,这种差异决定了他与馆阁文人在创作上的分野。而杨维桢又凭借着他的创作影响力形成铁崖派和铁雅文人群,这也就直接或者无意识地推动和导致了元代文坛的深刻裂变。

三、铁雅文人群在东南地域的影响及元代文坛的裂变

杨维桢作为精英文人,虽一生位处地方,但他的精英意识却又推动他在很多行事理念与态度上,表现为即便不能仕进于朝堂魏阙之上,也心存魏阙,且始终不能放弃作为精英文人须"立德、立功、立言",垂名于史的愿景。正以这一愿景,所以杨维桢在仕进无望的现实背景下,由朱入陆,由正入邪,力图以迥然相异于传统士大夫的途径而实现自己垂名于史的愿望。在杨维桢的努力作为之下,元末的东南文坛几乎是杨维桢及其铁雅文人群体的天下。诚如宋濂所云:"吴越诸生多归之,殆犹山之宗岱,河之走海",且"如是者四十余年乃终。"① 对于元代文坛来说,不仅是杨维桢及其铁雅文人群体在东南地域的崛起使得文坛的地域性特征增强,更在于杨维桢所倡导的彰显自我情性,形制豪健而夸张陆离的创作理念与一直以来占据文坛主导地位的馆阁文人注重典实、情感中和、文风雅正的创作倾向形同殊途,这极大程度地导致了元代文坛的裂变。这个过程表现为两个侧面。

一方面是,杨维桢与铁雅文人群体在东南地域的崛起

铁崖创作流派以及该文人群体的形成,杨维桢是有意识地主导和扩大其影响的。杨维桢本人在《玉笥集叙》中针对本朝的写作风气、流派和人情宗尚进行总结的同时,也颇为直接地指出他所引领的铁崖创作流派的贡献和意义,文章写道:

> 《三百篇》后有骚,骚之流有古乐府。《三百篇》本情性,一出于礼义。骚本情性,亦不离于忠。古乐府,《雅》之流、《风》之派也,情性近也。汉魏人本兴象,晋人本室度,情性尚未远也。南北人本体裁,本偶对声病,情性遂远矣。盛唐高者追汉魏,晚唐律之弊极。宋人或本事实,或本道学、禅唱,而性情益远矣。我朝习古诗如虞、范、马、揭、宋、泰(两状元)。吴

---

① 宋濂《元故奉训大夫江西等处儒学提举杨君墓志铭有序》,《宋濂全集》卷五八,第 3 册,第 1352 页。

（正传）、黄（清老）而下，合数十家，诸体兼备，独于古乐府犹缺。泰定、天历来，予与睦州夏溥、金华陈樵、永嘉李孝光、方外张天雨为古乐府，史官黄溍、陈绎曾遂选于禁林，以为有古情性，梓行于南北，以补本朝诗人之缺。一时学者过为推，名余以"铁雅"宗派。派之有其人曰昆山顾瑛、郭翼、吴兴郯韶、钱塘张暎、嘉禾叶广居、桐庐章木、余姚宋禧、天台陈基，继起者曰会稽张宪也。宪通《春秋经》学，尝以文墨议论从余断史，余推在木、禧之上，其乐府歌诗，与夏、李、张、陈辈相颉颃，而顿挫警拔者过之。今年春，其友吴远氏持其乐府及歌行谣引经余删选者三百余首，将梓行于时，求余叙首。余闻唐镏驾作《唐乐府》，自恨不得贡升宗庙，独与耕稼陶渔者歌于田野江湖间，以为一快。然其诗仅胜苏□，未能窥门墙于韩琴操、柳铙歌也，而世犹传之不废，矧宪词出其右者乎？其有传而先光余雅，不佝余言矣。恨余且老矣，□□□□朝，而采风又以丧乱废职，徒使余在山颠水涯，与一二老隐者考槃而歌之。□□□□□□中兴，选用文雅，乌知宪词不被金石、荐郊庙，与古乐府同传也？吁，宪乐府岂终（下阙）。至正戊戌冬，奉训大夫、江西等处儒学提举杨维祯叙。①

这段话写在至正十八年（1358），此时杨维祯被朝廷补官为奉训大夫、江西等处儒学提举，心中再次稍稍燃起终生于庙堂的愿景。所以这段话颇能解读出杨维祯倡导铁崖派并推动该派文人群体发生影响的深衷所在。在杨维祯的这篇文章中，尽管是在推扬铁崖派及其创作群体，但更重要的还是杨维祯的贡升宗庙、立言入史意识。文章的第一层意思是，诗歌创作主于情性，无论是《诗》《骚》还是古乐府，莫不如此。第二层意思是，本朝以古诗为习作风尚，诸如虞集、范梈、马祖常、揭傒斯、宋本、泰不华等，此外再如吴师道、黄清老等，他们对于古诗的范式，诸体皆备，唯独阙古乐府的创作。就补本朝创作之阙而言，倡导古乐府之创作，其实是填补阙漏的有意义的作为。第三层意思是，杨维祯本人自泰定、天历以来即与夏溥、陈樵、李孝光、张雨等人进行古乐府创作，也曾得到了馆阁文人黄溍、陈绎曾等人的鼓励，选推于禁林，并梓行南北，则古乐府之抒写情性的创作情形是得到了朝廷和正统的认可的。第四层意思是，铁崖

---

① 杨维祯《玉笥集叙》，《杨维祯全集校笺》卷九六"杨铁崖先生文集全录卷四"，第 8 册，第 3111—3112 页。

派是以古乐府创作为中心的流派,由于得到了朝廷的认可而一时学者甚众,这导致了铁雅文人群体的形成。而据杨维祯的叙写,诸如昆山的顾瑛、郭翼,吴兴的郯韶,钱塘的张暎,嘉禾的叶广居,桐庐的章木,余姚的宋禧,天台的陈基以及后起的会稽人张宪等等,无不出自东南,这也直接指明铁雅文人群活跃于东南地域的创作格局。在最后一层意思中,杨维祯还是认为古乐府之创作将被金石、荐郊庙,如古乐府一样,成为可与《诗》《骚》同等而并传于后世千秋的创作类型。由对杨维祯《玉笥集叙》的解读可以看出杨维祯对于以古乐府为中心的铁崖派的形成、文人群体的扩张都是一种非常有意识的扩大影响的行为。

据杨维祯、顾瑛等铁雅文人群体和其时不喜欢铁崖派人们的表述以及黄仁生等人的研究指出,杨维祯以及顾瑛等铁崖派文人通过文会、唱和以及刊刻宣传等形式,使得该派的影响披靡东南,"倾动一世"[1]。诸多文会中,最著名的应该是顾瑛主持的玉山雅集。正六年冬,杨维祯寓居吴门,时常参与玉山草堂文人雅集,铁崖诗派的影响得以扩大。杨维祯非常推重顾瑛的财富与人品,写道:"玉山主者,为昆山顾瑛氏,其人青年好学,通文史,好音律、钟鼎、古器、法书、名画品格之辨。性尤轻财喜客,海内文士未尝不造玉山所,其风流文采,出乎流辈者,尤为倾倒"[2],"余来吴,见吴之大姓家友于人者,往往市道耳,势要耳,声色货利耳。不好声利而好杂流者寡矣,矧好儒流乎! 不好儒流而好书数者寡矣,矧好文墨章句为不朽之事乎? 仲瑛嗜好既异于彼,故其取友亦异"[3]。在杨维祯看来,历代文人雅集,没有哪个时期的主客相融、清雅高华程度能与顾瑛的玉山雅集相与比肩。"夫主客交并,文酒宴赏,代有之矣,而称美于世者,仅山阴之兰亭,洛阳之西园耳,金谷、龙山而次,弗论也。然而兰亭过于清,则隘;西园过于华,则靡。清而不隘也,华而不靡也,若今玉山之集者,非欤?"[4]自杨维祯参与到玉山雅集之后,他成为雅集的精神领袖,在他的引领和参与下,在至正八年七月编成的《西湖竹枝集》收录 121 人的 184 篇诗作,至正九年编成的《玉山草堂雅集》则收有 70 人的诗作,诗作约 700 余首。而到至正

---

① 朱彝尊《明诗综》卷七"王彝"条,中华书局 2007 年,第 237—238 页。
② 杨维祯《雅集志》,《全元文》卷一三三六,第 42 册,第 500 页。
③ 杨维祯《玉山草堂雅集序》,《杨维祯全集校笺》卷六一"东维子文集卷七",第 5 册,第 2026 页。
④ 杨维祯《雅集志》,《全元文》卷一三三六,第 42 册,第 500 页。

二十年(1360)左右,玉山雅集举行的大小集会约有70余次,约有160余人唱和,形成《玉山名胜集》《玉山名胜外集》《草堂雅集》《玉山纪游》等唱和诗文集,虽然杨维祯不一定每一次都有参与,但却为铁雅派文人的稳固成群奠定了较为坚实的现实基础①。

而在玉山雅集之外,杨维祯还借助文会等形式扩大自己创作倾向的影响。据吕良佐作《应奎文会自序》叙其时杨维祯的影响云:

> 国朝设科举取士,以明经及古赋、诏、诰、表、策,兼其才者亦难矣。十一科之文,自延祐视至正末,其得失已大相远。呜呼,可独咎天下之士哉！良佐生文明时,窃慕乡举里选之盛,辄于大比之隙,创立应奎文会。邑大夫唐公世英(唐世英)、张公彦英(张彦英)明劝于上,移以公牒,聘海内知名士主文评者会稽杨公廉夫,公又与同评者云间陆公宅之。东南之士以文投者七百余卷,中程者四十卷。盖杨公早登高科,其文力追西汉、盛唐之作,而山林学者无不欲列名于其门,故视他会为独盛。不然,士之怀奇负气,不可以爵禄诱者,甘于自秘其学,况铢金尺币所能致哉！今所选高者,经正而文,赋奇而法,诏、诰、章、表,各通其体,策皆贯穿古今,而有经世之略者也,诚足为后代之绳尺已。选中之文,因锓诸梓,以传不朽。至正十年七月序。魁其选者,广信尹希颜也。②

这篇序言作于至正十年(1350),是吕良佐为其召集的应奎文会所作,文会请来杨维祯作为主评者,当时东南之士投文参会者数百人,以致文卷达到700余卷。而吕良佐的序文还指出,由于杨维祯曾经早登高科的身份以及他的文章颇具古风,于是乎山林学者无不欲列其门,所以应奎文会参加者的情形比其他文会更加繁盛。何良俊《四友斋丛说》也记松江吕氏应奎文会云:"吾松不但文物之盛可与苏州并称,虽富繁亦不减于苏。胜国时……吕巷有吕璜溪家……即开应奎文全者是也。走金帛聘四方能诗之士,请杨铁崖为主考。试毕,铁崖第甲乙。一时文士毕至,倾动三吴。"③而吕良佐其人,据杨维祯《故义

---

① 黄仁生《杨维祯与元末明初文学思潮》,第190—196、207页。
② 吕良佐《应奎文会自序(至正十年七月)》,《全元文》卷一二二九,第39册,第269页。
③ 何良俊《四友斋丛说》卷一六,明万历七年张仲颐刻本。

士吕公墓志铭》记载,"讳良佐,字辅之,姓吕氏,世居淞之吕港",官至廉访使,其所创建的应奎文会,杨维祯介绍云:"贡举法行,聘硕师教子,复出厚币为赏试,曰'应奎文会'"①,其实是以厚利诱士人聚集的作文大会。尽管吕良佐举行文会旨在附会风雅,以张声名,而杨维祯则确实藉文会而使其创作倾向披靡于东南士子之间。

除了应奎文会外,据杨维祯自云:"嘉禾濮君乐闲为聚桂文会于家塾,东南之士以文卷赴其会者凡五百余人",他和李一初作为主持文会者,评裁参会文章,等等。诚如王世贞《艺苑卮言》所记载:"当胜国时,法网宽,人不必仕官,浙中每岁有诗社,聘一二名宿如廉夫辈主之,刻其尤者为式",等等。在玉山雅集和各种东南文会的推动下,铁崖诗派的活动进入高潮,而一批铁崖派代表文人诸如李孝光、夏溥、张雨、陈樵、顾瑛、郯韶、陈基、倪瓒以及吴复、吕诚、郭翼、宋禧、袁华、张宪、章木、金信、贝琼、章琬、顾亮、钱惟善、张简、叶广居、王逢、刘炳、于立、陆仁、杨基、良震、行方、福报等人脱颖而出,活跃一时。由黄仁生的研究统计指出,这三十余位铁崖精英,有 27 位皆为元代江浙行省人,另外几位,杨基以其祖父官江左而生长吴中,陆仁为河南人却一直寓居昆山,只有于立是江西人,但常往来吴中,是杨维祯等人的唱和之友。

实际上藉由杨维祯曾经为泰定乙卯科进士的身份以及他的仕途经历,以及铁崖派文人李孝光、张雨等人实际与京师馆阁文人往来密切,所以铁崖派文人不仅在东南地域非常活跃,其实际影响远出乎东南。诸如萨都剌、黄清老、贡师泰、黄溍、张昱、戴良、胡助、张翥、泰不华等著名文人都与铁崖派文人有往来与唱和。由此而言,"元诗之兴,始自遗山(元好问)。中统、至元而后,时际承平,尽洗宋金余习,则松雪(赵孟頫)为之倡。延祐、天历间,文章鼎盛,希踪大家,则虞杨范揭为之最。至正改元,人才辈出,标新领异,则廉夫(杨维祯)为之雄。而元诗之变极矣。明初袁海叟(袁凯)、杨眉庵(杨基)辈皆出自'铁门'。钱牧斋(钱谦益)谓'铁体'靡靡,久而未艾。斯言未足以服铁崖矣"②。顾嗣立的这番评价也算道尽杨维祯为首的铁雅文人群体在元末整个文坛的深广影响了。

另一方面是,铁雅文人群体的创作对于元代馆阁文人所倡导的写作理念

---

① 杨维祯《故义士吕公墓志铭》,《杨维祯全集校笺》卷七八"东维子文集卷二十四",第 6 册,第 2566 页。
② 顾嗣立《寒厅诗话》,《清诗话》,上海古籍出版社 1963 年,第 84 页。

的背离

在杨维桢为首的铁雅文人群体的创作倾动于东南之际,正值元末时候,南方割据势力与地方叛乱力量的蜂起使得中央对地方的管控大大失效,尤其是海上方国珍势力的搅乱,使得南方割据势力的影响更加突出。可以看到,方国珍窜乱海上的时间起于至正八年(1348),徐寿辉为首的红巾军建国号为天完的时间在至正十一年(1351),而张士诚割据一方,在高邮自称"诚王",建国号"大周",年号"天佑"的时间在至正十三年(1353),等等。南方的这些大小割据势力对南北交通的阻隔使得原本需要大量供给北方的财富滞留在南方,而原本对整个社会价值体系非常具有导向力量的中央馆阁的影响力由于经济的窘迫而相对减小,这也就给予了铁雅文人群体在东南地域发展的巨大空间。

与大德、延祐、天历时期馆阁文人往往以多元浑融的胸襟,力求创作上能符合海涵四境的国势声威,以期黼黻盛世的情形相异的是,铁雅文人群的视野、胸襟多窘于江南地域,他们在元末几十年间"往来五湖三泖间"①,活动区域多不出江浙行省,对时势政局也缺乏远大格局与规模诉求,在创作上多追求对一地一景、小事细物的拟写。与馆阁文人们一直推重的清和、平顺创作理念有些出入的是,铁雅文人群体在情性的抒发,自我的张扬方面走得很远。这使得他们的创作风格也不再像馆阁文人那样辞气平易,强调雅正中和,典实而内敛,相反,他们在杨维桢的导引下,文风更趋恣肆放纵、夸张奇幻。王彝曾作《文妖》来批判杨维桢的文风,一定程度道出了铁雅文人群体在创作上对以儒家思想为核心的正统文风的背离:

> 天下所谓妖者,狐而已矣。俄而为女妇,而世之男子惑焉,则见其黛绿朱白,柔曼倾衍之容,无乎不至。虽然,以为人也则非人,以为妇女也则非妇女,而有室家之道焉,此狐之所以妖也。文者道之所在,曷为而妖哉?浙之西言文者,必曰杨先生。予观其文,以淫词谲语,裂仁义,反名实,浊乱先圣之道。顾乃柔曼倾衍,黛绿朱白,奄然以自媚,宜乎世之为男子者之惑之也,予故曰:会稽杨维桢之文狐也,文妖也。噫,狐之妖至于杀人之身,而文之妖往往后生小子群趋而竞习焉,其足为斯文祸非浅小也。文而

---

① 张端《云林倪先生墓表》,《全元文》卷一七〇六,第56册,第298页。

可妖哉,妖固非文也,世盖有男子而弗惑者何忧焉。①

在王彝看来,杨维桢的文风所以为文妖,是因为它具有妖媚惑众的力量,之所以具有这种妖媚惑众的力量,因为它具有为狐所化的妖一般的特征:其容貌"黛绿朱白",色艳气华;其气质"柔曼倾衍",妖媚婉转、多姿多态;其变化,转瞬、奄然之间,无所不至,无所不及,令人目眩神移。尽管这样的媚惑力令后生小子群趋而竞习,但是站在圣贤和理性的立场上看,这种以夸张过分的辞藻,奇异怪诞的意象创作出来的文章,会断裂仁义之意,违反现实世界的名实之理,最终也会深刻地淆乱、混浊先圣之道。这不仅有损于文章写作之意,也会酿造成为害不浅的斯文之祸。对于正统人士而言,这种斯文之祸才令人忧惧。

从文章创作的气质特征和感染力而言,王彝的批评其实恰切地道出杨维桢及其铁体靡靡的实质,且以杨维桢一首"和者甚众"的《花游曲》进行分析:

花游曲

至正戊子三月十日,偕茅山贞居老仙、玉山才子烟雨中游石湖诸山。老仙为妓者璚英赋《点绛唇》词。已而午霁,登湖上山,歇宝积寺行禅师西轩。老仙题名轩之壁,璚英折碧桃花。下山,予为璚英赋《花游曲》,而玉山和之。

三月十日春濛濛,满江花雨湿东风。美人盈盈烟雨里,唱彻湖烟与湖水。水天虹女忽当门,午光穿漏海霞裙。美人凌空蹑飞步,步上山头小真墓。华阳老仙海上来,五湖吐纳掌中杯。宝山枯禅开茗椀,木鲸吼罢催花板。老仙醉笔石阑西,一片飞花落粉题。蓬莱宫中花报使,花信明朝二十四。老仙更试蜀麻笺,写尽春愁子夜篇。②

就诗歌的内容而言,写江南烟雨蒙蒙的春天,男男女女、老老少少、亦俗亦仙的几位相得之友朋游山玩水、品茗唱曲、填词作赋的情景,诗歌辞藻华美明媚,仪态灵动,意象明丽,情感欢愉快畅,其实并无过分的淫词谲语。但问题可能在于,杨维桢诗歌所歌颂的这样一种生活方式和状态令理学之士和理性之人觉得过分而有逾常态。再如顾瑛的和诗:

① 朱彝尊《明诗综》卷七"王彝"条,中华书局 2007 年,第 227—228 页。
② 杨维桢《花游曲》,《杨维桢全集校笺》卷三"铁崖先生古乐府卷三",第 1 册,第 108 页。

花游曲

至正戊子春三月十日,偕杨廉夫、张伯雨烟雨中游石湖诸山。伯雨为妓璚英赋《点绛唇》。已而午霁,登湖上山,歇宝毛刻香。积寺,行禅师西轩。伯雨题名轩之壁。璚英折碧桃花下山,廉夫为璚英赋《花游曲》,因为次韵。

贞娘墓下花溟蒙,碧梢小鸟啼春风。舟兰摇摇落花里,唱彻吴歌弄吴水。十三女子杨柳门,青丝盘髻郁金裙。折花卖眼一回步,蛱蝶双飞上春墓。老仙醉弄铁笛来,琼花起作回风杯。兴酣鲸吸玛瑙椀,立按鸣筝促象板。午光小落行春西,碧桃花下题新题。西家忽遣青鸟使,致书殷勤招再四。当筵夺得凤头牋,大写仙人蹋踘篇。[1]

比起杨维桢的诗,顾瑛诗更写璚英的婉转多姿,媚好曼倩,她宛如春天的蝴蝶,穿梭于几位男性友人和恩客之间,令其情不能自抑,才思酣畅,兴致勃发。杨维桢、顾瑛的诗写于至正戊子,即 1348 年,此时的张伯雨已经 65 岁,杨维桢也有 52 岁,唯有顾瑛算年轻辈,38 岁。想其时游山的张雨应该是老态龙钟、步履蹒跚吧,因为两年之后他便去世。但张雨竟然还携妓游山,挥毫泼墨、逸兴横飞地为妓女填词作诗,表达自己情思涌动的感受。诗歌动人心魄的地方,或者说为道学家所批评的地方也许在于它突破道德禁忌,不辞声色,且穷形尽态地歌颂情欲、歌颂享乐的生活态度和写作内容。这种创作情形在中国整个文学发展过程中,出现得不多,但也不少,往往在王朝末年、礼乐制度颇有崩乱的时期就会出现,杨维桢等人的创作也不例外。

对于元代文坛而言,杨维桢的创作及其影响更大的裂变意义还在于,他的创作与自忽必烈开创元朝以来,人们所努力表达的一统与融合主题有着巨大的分野,他的创作回归到江南地域、回归到农耕文明中的士大夫特质中,尽管在表现形态上显得狂狷不羁、夸张怪诞,但在以往的创作中,诸如李白、李贺、李商隐等人的创作未尝没有类似的表达。问题在于,杨维桢所主导的创作风尚与他所处的 14 世纪中、后期的元朝,一个以游牧民族统治的、有着多元文化和民族类型的时代情形似乎有些距离,所以他的这种创作影响越大,就越游离于那个王朝和时代的独特性。且看杨维桢的一组宫词:

---

① 顾瑛《花游曲》,顾瑛著,杨镰整理《玉山璞稿》,中华书局 2008 年,第 205—206 页。

宫词一十有二首

　　鸡人报晓五门开,卤簿千官泊帝台。天上驾鹅先有信,(每岁此禽先驾往返。)九重鸾驾上都回。

　　开国遗音乐府传,白翎飞上十三弦。大金优谏关卿在,伊尹扶汤进剧编。

　　海内车书混一时,奎章御笔写乌丝。朝来中贵传宣急,南国宫娥拱凤池。

　　薰风殿阁日初长,南贡新来荔子香。西邸阿环方病齿,金笼分赐雪衣娘。

　　宫锦裁衣锡圣恩,朝来金榜揭天门。老娥元是南州女,私喜南人擢殿元。

　　北幸和林幄殿宽,钩丽女侍倢伃官。君王自赋昭君曲,敕赐琵琶马上弹。

　　后土璚仙属内家,扬州从此绝名花。君王题品容谁并,萼绿宫中萼绿华。

　　十二璚楼浸月华,桐花移影上窗纱。檐前不插盐枝竹,卧听金羊引小车。

　　金屋秋深露气凉,宫监久不到西厢。丁宁莫窃宁哥笛,鹦姆无情说短长。

　　露气夜生鶒鹊楼,井梧叶叶已知秋。君王只禁宫中蛊,不禁流红出御沟。

　　十三宫女善词章,长立君王玉几傍。阿婉有才还有累,宫中鹦鹉啄条桑。

　　蛾眉辇处不胜秋,长带芙蓉小苑愁。肯为君王通一笑,羽书烽火误诸侯。[①]

杨维桢的这组《宫词》据其序言云:乃因同年萨都剌善为宫词,且向其索和,所以和了二十章,但只留下十二章。而由杨维桢的序言还知道,他认为"《宫

<hr>

　　① 杨维桢《宫词一十有二首》,《杨维桢全集校笺》卷一二"铁雅先生复古诗集卷四",第1册,第358—364页。

词》,诗家之大香奁也,不许村学究语",所以读杨维祯的这组宫词,的确比较典丽。杨维祯认为"本朝宫词,自石田公(马祖常)而次,亡虑数十家,词之风格不下建(王建)者多,而求其善言史氏之所不知,则寡矣"①,而就杨维祯的这组宫词而言则恰有些村学究语,不能算善言史事者。诗中所描述内容与元代两都纪行、元代宫中的内容似多有出入,诗中除了乐府曲《白翎雀》可能符合元代宫词的内容,其他内容多是从书上得来的想当然的表述。像诗中所云"北幸和林",与事实有较大出入。元朝自忽必烈开国之后,和林便不再拥有首都的地位,元廷仅在和林置宣慰司都元帅府,元朝皇帝的两都巡幸是由大都出发北幸上都。另外,即使是诗中写"开国遗乐府传,白翎飞上十三弦"也不能说明杨维祯了解宫中情况,虽然《白翎雀》曲的起源应能追溯到辽金时代,但元人都说是忽必烈让一个叫硕德闾的乐师制作的。而《白翎雀曲》②在元明时期却受到南北各地的同等喜爱。杨维祯自己在《吴下竹枝词》中也说吴中教坊间颇流行《白翎雀》曲,所谓"白翎鹊操手双弹,舞罢胡笳十八般"③,即使是入明以后,教坊依旧有人弹奏《白翎雀》曲,如张羽所云:"莫更重弹白翎雀,如今座上北人稀。"④而且在杨维祯看来,他还认为元朝宫词的写作"言本朝史事为本朝宫词者多矣,或拘于用典故,又或拘于用国语,皆损诗体"⑤。对于以蒙古游牧民族统治的元朝而言,作其宫词竟然不能将蒙古语语音、语义作为关注点,而以有损诗体来贬斥,杨维祯的这种创作路径和理念与王彝所批评的"反名实"确有贴合处,也不能完全算王彝的诋毁了。

---

① 杨维祯《李庸宫词序》,《杨维祯全集校笺》卷六五"东维子文集卷十一",第 6 册,第 2145 页。

② 按:据陶宗仪《辍耕录》著录:"《白翎雀》者,国朝教坊大曲也。始其雍容和缓,终则急躁繁促,殊无有余不尽之意,窃尝病焉。后见陈云峤先生云:'白翎雀生于乌桓朔漠之地,雌雄和鸣,自得其乐,世皇因命伶人硕德闾制曲以名之。曲成。上曰:"何其末有怨怒哀褺之音乎?"时谱已传矣,故至今卒莫能改。'会稽张思廉宪作歌以咏之曰:'真人一统开正朝,马上鞚鞍手亲作。教坊国手硕德闾,传得开基太平乐。檀槽舒呀凤凰腭,十四银环挂冰索。摩诃不作兜勒声,听奏筵前白翎雀。霜啁曨,风壳壳,白草葱云日色薄。玲珑碎玉九天来,乱撒冰花洒毡幕。玉翎挣琤起盘磴,左旋右折入寥廓。崒崒孤高烂羊角,啾嗝百鸟纷参错。须臾力倦忽下跃,万点寒星坠丛薄。翥然一声震龙拨,一十四弦暗一抹。驾鹅飞起暮云平,鸷鸟东来海天阔。黄羊之尾文豹胎,玉液淋漓万寿杯。九龙殿角紫帐煖,踏歌声里懽如雷。白翎雀,乐极哀。节妇死,忠臣摧。八十一年生草莱,鼎湖龙去何时回。'"《辍耕录》卷二〇,第 294 页。

③ 杨维祯《吴下竹枝歌七首》,《杨维祯全集校笺》卷一〇"铁崖先生古乐府卷十",第 1 册,第 308 页。

④ 张羽《听老人琵琶》,汤志波点校《张羽集·静庵张先生诗集》,上册,浙江古籍出版社 2018 年版,第 221 页。

⑤ 杨维祯《宫词一十有二首》,《杨维祯全集校笺》卷一二"铁雅先生复古诗集卷四",第 1 册,第 358 页。

综上所论,杨维桢在元末东南地域的崛起和巨大影响,诚如吴伟业所云:"吾吴诗人,以元末为最盛。其在云间者,莫如杨廉夫、袁海叟"①,元末的文坛,以吴中为盛,而吴中又基本就是杨维桢及其铁雅文人群体的天下。就其创作本身而言,杨维桢那样一种张扬抒情主体,奇崛独特且多姿多态的风格对于文学自身的发展而言极有意义,他在元末的巨大影响、并及于后世,在晚明、清初影响依旧巨大,这本身就证明了其创作的重要意义。然而,对于元代文坛而言,杨维桢的意义在于他以及他所引领主导的铁崖派和铁雅文人群体的地域性巨大影响相当程度地离异和分化了元代馆阁文人对于天下士子的主导力量。尽管杨维桢本人也是进士出身,在本质上也极期待融入到馆阁文人的阵营中去,但他沉沦地方的人生经历使得他的创作立场、创作视野和表现手法都相当程度地游离出元王朝作为游牧民族一统的王朝的独特气质,而且杨维桢自身的创作既缺乏也主动放弃了对这个王朝的多元性特质的深入表达。某种程度而言,杨维桢及其引领的铁雅文人群体在东南地域的崛起不仅是元代文坛裂变的重要标志,也是元代文学所具有的元朝特质逐渐褪去的重要表征。

第三节　南方割据势力与元末文人群的分布与唱酬

综观元朝历史的发展变化过程,会发现蒙元政权崛起于西北,却最终消亡于东南。就东南的形势而言,"东南有水陆江湖港,万派菱芦丛密中,惟一塘以贯南北。其外侧举足皆河,苟无舟楫,乡道则荒坼。侧岸细港深泥,一入其中,东西莫辨。其险要之处,盖陆路三而水路七焉。北之陆路曰夹浦桥,其从苏郡来者。由此东为吴淞江,西为太湖,中惟一径,百夫守之,万骑不能前也。南之陆路曰平望镇,此处现有张王荡,设敌楼于此。张士诚筑城于平望,以兵扼平望。西南陆路为震泽镇,其从湖州来者由此右通长漾稽五漾……此路虽稍宽而港蔚环绕亦无通达,百夫守之,万骑不能前也。此三者陆路之要。西北水陆曰石湖口,正东水陆曰同里。此松江之间道也……故吴江虽无极险之名而有极险之实"②。曾有人认为朱元璋"以江南而奄有中原",有以然也。顾祖禹分析东南形势之胜指出:"盖彭城、邳、泗,北连青、齐,西道梁、宋,与中原形援相及,呼吸相闻,自古及

---

① 吴伟业《宋辕生诗序》,《吴梅村全集》卷二九,上海古籍出版社 1990 年,中册,第 686 页。
② 《乾隆震泽县志》,载《中国地方志集成》第二十三册《江苏府县志辑》,江苏古籍出版社。

今要会之处也。圣人举动,一日而周百世之防,一方而通天下之势,其以此矣。"①

东南之地形势险要,历来北方枭雄少有藉兵强马壮而在东南获得便宜。地理优势之外,更重要的是东南之地自古富庶,所谓"吴东有海盐之饶,章山之铜,三江、五湖之利,江东一都会也","至于江、淮之间,五方之所聚也,百货之所集也,田畴沃衍之利,山川薮泽之富,远近不能及也"。东南可凭借海盐、铜业以及三江五湖之产以及便利的交通和发达的手工业而自成都会。正像顾祖禹所指出的那样,"自古未有不事民生而可以立国者",东南地域"扬州富庶常甲天下,自唐及五季称为'扬一益二'。今鱼盐谷粟布帛丝絮之饶,商贾百工技艺之众,及陂塘隄堰畊屯种植之宜,于古未有改也"。所以顾祖禹也认为"时之盛衰,大约以淮南北之存亡为断",五代十国时期的杨行密起事于淮南,兼有江南北数十州,遂成为其时群雄中最强盛者,而李氏唐朝"失淮南而国以弱,未几而国以亡矣"。

由以上东南地势及经济地位的分析,再联系元朝的经济结构来看,则东南经济对元朝整个国内经济格局的影响尤重。严格说来,"蒙古人既没有打造具有战略性的贸易枢纽,也没有为世界经济提供独特的工业生产力,更没有发挥转运功能"②。蒙古人生产力水平的相对低下和文明经验的缺乏使得元王朝的经济对藉海陆丝路而形成的对外贸易以及东南地域的生产非常倚重,所谓"贫极江南,富称塞北"③,即含蓄地指出了元朝政治、经济的畸形发展格局。另外,就元朝的对外经济格局而言,1348年开始,黑死病在欧洲的泛滥,导致海、陆丝绸之路的中断,元王朝与外界经济关联度大大降低,对东南经济的倚重加强。这样,当元末地方豪强倚东南之地"聚糗粮,厚资储"④,由分裂南北而始,最终竟将强大的元王朝逼得狼狈地退出中原。

元代文坛与元朝形势始终相副,起于西北,由丘处机、耶律楚材等人追随蒙古人西征的步伐初兴而起,到世侯辖下北方地域文人群,在守护金源文明的同时,力欲用夏变夷,致有元代文学的萌发。到江南一统之后,大都为南北多族文人荟萃之中心,再藉科举考试的推动,南北大融合,元代文学自身的特性

---

① 顾祖禹《南直方舆纪要序》,《读史方舆纪要》卷一九,第2册,第869—870页。
② 《欧洲霸权之前:1250—1350年的世界体系》,第151页。
③ 叶子奇《草木子》卷三,《四库全书》第866册,第772页。
④ 顾祖禹《南直方舆纪要序》,《读史方舆纪要》卷一九,第869—870页。

颇有彰显,亦曾臻于极盛。到末期,以"至正更化",元代文学一度中兴,但形势逼人,"更化"失败,而东南豪杰蜂起,南北分裂。大量财富滞留南方,东南生活的富庶安逸,使得东南地域文坛地位上升,俨然与一直占据主导地位的馆阁文人群体分庭抗礼,形势甚至强于前者。如赵翼《廿二史札记》所云:"元季士大夫好以文墨相尚,每岁必联诗社,四方名士毕集,宴赏穷日夜,诗胜者则有厚赠"①。但诚如前文所述,东南文坛的创作加重了东南地域文化特征,这种特征与元朝作为游牧民族统治的疆域辽阔、多元文化共存、碰撞的情形有一定的距离。而在元末的割据状态中,东南地域与外界的关联度也相对降低,这种状态更加重了东南区域的作者对本域之外的文化表现出或轻或重的忽略乃至漠视的态度。站在这个角度而言,元代文坛也可谓迄于东南。

就元末东南创作群体的活跃情形和主持者身份而言,根据赵翼在《廿二史札记》对元末东南的文人群体聚集情形主要分为官方和民间两种类型,一类为仕宦官员作为主持者召集提倡,著名的有饶介以任淮南行省参政的身份主持文人雅集,石抹宜孙作为浙东宣慰副使主持的雅集,刘仁本作为江浙枢密副使主持的雅集等;一类为民间富绅在私家园林进行的林下雅集,这类有吕良佐的应奎文会,顾瑛的玉山雅集,倪瓒的清閟阁雅集、杨谦的不碍云山楼雅集以及鲍仲孚的聚桂文会,高启与同乡组成的"北郭诗社"等。此外,其实张士诚从至正十三年(1353)起事到至正二十七年(1367)覆灭,凡14年,张士诚作为地方割据势力,盘踞吴中的时候,对元朝中央朝廷时叛时降,保持着既效忠元廷又极为独立的地位,故朝廷往往派使者来劝说,以此东南名士往往依之。这些不同类型雅集的人群有可能会交叉,但实际也互相往来,从而更加重了东南地域文人群体的综合影响力。

一、饶介及其醉樵歌文会

据赵翼的描述,饶介为淮南行省参政,"豪于诗,自号醉樵。尝大集诸名士,赋醉樵歌。张简诗第一,赠黄金一饼;高启次之,得白金三斤;杨基又次之,犹赠白金一镒"②。"饶介(? —1367),字介之,临川人。自号华盖山樵,亦号醉樵,亦称醉樵大参、醉翁、鲁阴先生、醉樵内史、浮丘公童子,亦曰介叟。或因

---

①　赵翼著,王树民校证《廿二史札记校证》卷三〇"元季风雅相尚",中华书局2001年,第705页。

②　《廿二史札记校证》卷三〇"元季风雅相尚",第705页。

其居第字号、仕职籍贯而称之为西园公、临川公、饶参政。以翰林应奉出自金江浙廉访司事,累升华南行省参政,分守吴中。"①饶介本人"爽畅博学",精于行草,是康里巎巎的弟子,且"尤嗜好吟咏",所以就藉自己的高贵身份,"日延儒绅,谈弄篇翰"。虽然这个时期"四方初俶扰",但饶介所分守的吴中"郡城犹晏然"②。正以饶介专注于与儒绅谈文弄艺,被张士诚的军队攻陷,"至正十六年三月九日,张士诚寇齐门,事起仓逐,介卒无所御。既入据,一城鼎沸,介无如之何,闭门高卧而已"。而张士诚欲借饶介之声望募集东南士子,"累使咨访以事,强起之。介往,士诚委以兵政,然操纵不由介"③。饶介在张士诚军中看似贵为上宾,被尊为淮南行省参政,实际并不能操纵事务,这一定程度上助推了饶介作为雅集的主持者和召集者的角色意识。正如王世贞所云:"元末张士诚窃吴自王,而其上佐饶介之,多罗致文学知名士为幕客,而第其篇咏,奉金帛为寿。先生恒首冠,然不肯臣士诚。"④至正二十七年,朱元璋的军队攻破吴中,俘获张士诚,并将饶介送至南京,饶介"遂死"⑤。高启《哭临川公》写道:"身用已时危,衰残况病欺。竟成黄犬叹,莫逐白鸥期。东阁图书散,西园草露垂。无因奠江上,应负十年知"⑥,可谓道尽饶介用事于乱世的行藏以及他在吴中引领的文人雅集的影响和影响时间。

由饶介生平以及高启诗可以知道,他所主持引领的雅集文人群体活跃于吴中,活跃的时间在至正十六年(1356)到至正二十七(1367)年,大约十年左右。藉由一些诗文往来可以看到,饶介曾经多次举行或赞助以"醉樵歌文会""西园雅集""北国诗社"等为名的诗歌雅集活动,氛围自由,讲究享乐,对吴中文人们的文艺创作繁荣有着深远的贡献⑦。在饶介的雅集上,最著名的文人除张简、高启、杨基外,还有"北郭诗社"的其他几位,如徐贲、高逊志、唐肃、宋克、余尧臣、张羽、吕敏、陈则以及周砥、陈基、陈惟寅、陈惟允、王行、张羽、倪瓒

　　① 《(正德)姑苏志》卷五十七"饶介"条,《天一阁藏明代方志选刊续编》影印原刊本,上海书店 1990年版,第 790—791 页。

　　② 《(正德)姑苏志》卷五十七"饶介"条,《天一阁藏明代方志选刊续编》,第 790—791 页。

　　③ 《(正德)姑苏志》卷五十七"饶介"条,《天一阁藏明代方志选刊续编》,第 790—791 页。

　　④ 王世贞《弇州山人续稿》卷一六四《吴中往哲像赞并序》,四库丛刊三编景印成化刊本,第 6703 页。

　　⑤ 《(正德)姑苏志》卷五十七"饶介"条,《天一阁藏明代方志选刊续编》,第 790—791 页。

　　⑥ 高启《哭临川公》,钱谦益《列朝诗集》甲集第四之中,中华书局 2007 年,第 990 页。

　　⑦ 张超瑾《饶介书法研究》,渤海大学美术学 2016 届硕士学位论文。

等人①,其中像高启、杨基、徐贲、张羽又被誉为"吴中四杰"。

据正德《姑苏志》卷二十二《公署》:"西园在郡圃之西隙地"②,西园雅集仿宋朝元祐年间的"西园雅集"而来。白居易曾就此问题诗云:"丘园共谁卜,山水共谁寻? 风月共谁赏,诗篇共谁吟? 花开共谁看,酒熟共谁斟? 惠死庄杜口,钟殁师废琴。道理使之然,从古非独今。吾道自此孤,我情安可任? 唯将病眼泪,一洒秋风襟"③,故饶介等人主持的"西园雅集"实乃有情知音、共赏人间风月的胜会。对于高启等以"北郭诗社"为主要雅集代表的人们来说,"西园"作为他们在国家和王朝风雨飘摇之际尚可饮酒赋诗、濡墨作画、挥麈清谈、登山临水的快乐之地,也是他们的心灵自由放松的美好所在。

需要努力揣摩的是作为西园雅集的主持者——饶介的心态。雅集的主要代表之一王行曾为饶介作《醉樵说》,这篇文章可以说既很好地表达了饶介的心态,也恰切地为饶介所主持的雅集唱和群体的思想、心境作了注解:

> 华盖山之樵,有好饮者,或目之曰醉。尝道置其薪,而寐,后之樵者盗其薪,同樵者见之呼醉樵而语之曰:"而樵以饮为事邪? 以薪为事邪?"醉樵谔谔而复唯唯。同樵者又曰:"而樵以饮为事邪? 以薪为事邪?"醉樵曰:"而以吾以饮为事,则以饮为事;而以吾以薪为事,则以薪为事。"同樵者曰:"而不知盗盗而薪邪?"醉樵曰:"薪则薪焉,盗则盗焉,夫奚庸知也?"同樵者曰:"醉乎,醉乎,世未有若而之不醒者也。盗而薪而弗知,告之知而弗悟,非蚩蚩邪?"醉樵乃辗尔而笑曰:"而何言之异邪,而以吾为醉,则以所谓盗吾薪者为醒邪? 而以醉为果醉,而醒为果醒邪? 而以醒为是,而醉为非邪? 而以彼为得,而我为失邪? 而以得为果得,而失为果失耶? 而以得为果得,而失为果失,宜以吾为蚩蚩者也?"同樵者怃然有问曰:"而将混其醒醉,而齐其失得乎? 而将逃于有为,而匿于无为乎? 无为则无事乎樵已乎?"醉樵曰:"噫嘻! 而知有为之为,而不知无为之为;而知而之为樵,而不知吾之为樵。吾为而言吾之樵。吾之樵也,以精神为斧斤,而发之于纯一,之研以叚,若木不足以当其铦,扶桑不足试其铤,而大造则吾

---

① 刘君若《饶介与元末吴中文坛》,《兰州学刊》2018 年第 12 期,第 184—187 页。

② 《(正德)姑苏志》卷二十二"官署中"条,《天一阁藏明代方志选刊续编》影印原刊本。

③ 白居易《哭崔常侍晦叔》,谢思炜校注《白居易诗集校注》,中华书局 2006 年,第 2259 页。

薪之根也。元气阴阳,吾薪之干也,日月列星风雨霜露,吾薪之柯条,而扰扰之生物,则吾薪之朽腐蠹蝎也。吾今剔其朽,抉其蠹,弃遗其柯干,而得其根矣。而以吾为醉而然邪?醒而然邪?是为有为邪?无为邪?彼亦能盗吾之有,而有之邪?将弗能盗之邪?"同樵者无以对,乃复颓然而就卧,撼之而不苏,呼之而不寤,同樵者若忘若遗若谕若悟,惝怳踟蹰,负薪而去。①

这篇文章写得非常有文采,有个性,在细密缠绕的语意之中展开了一场现实功利与心灵自由的寓言式辩论,颇为清晰地描述出饶介的处境、心态及主体精神状态。借助饶介的生平可以知道,文章一开篇即寓写饶介作为吴中主帅,因为耽溺于与儒绅谈文论艺,被张士诚军钻了空子,攻陷吴中,饶介深感羞惭,唯有高卧闭门不出。在这篇接下来的部分其实便是在为饶介误失吴中的现实事件进行辩论和剖析。文章先从现实功利的角度,以醉醒、得失、有为和无为,来看待饶介之失势;又从有为之为与无为之为的比较来指出精神和心灵的意义,将人生意义的进行比喻成砍柴。文章以精神为斧斤,自然天地为薪柴之根,元气阴阳为薪柴之干,自然天地之间的日月列星风雨霜露,乃薪柴之枝条,而天地之间的各种其他事物其实是摧坏朽腐薪柴的蠹蝎,所以为保存薪柴之根和干,则需要砍伐那些坏薪烂树的多余东西。这才是他为樵的目的和意义所在。外人不能理解其所为,以为樵者无所作为,笑叹其"为蚩蚩者",其实樵者内心自有其精神追求。并不意外的是,王行的文章解读和表达出了饶介以及他在吴中所主导和主持的雅集文人群的心态,人们面对残酷现实的无力和无奈,唯有藉精神上的自由以逃避和麻痹自己;但另一方面,文章对精神自由的渴求借助技巧上的闲婉流利表达得非常动人,人们颇能藉由此文而理解其时包括饶介主持的雅集文人群在创作上的追求与意义所在。

二、刘仁本及其"续兰亭会"雅集

"续兰亭会"雅集的召集和主持者是刘仁本。刘仁本(约 1308—1367),字德玄,号羽庭,浙江天台人,刘仁本以进士乙科历官温州路总管、江浙行省左右司郎中,驻守余姚。刘仁本是一个偏好玄学,非常欣赏晋人风度的官员。公事

---

① 　王行《醉樵说》,《半轩集》卷七,清文渊阁四库全书本。

之余,手不释卷,贡师泰曾序录自己对刘仁本的印象云:"赤城黄岩之境有山曰委羽,有士曰刘德玄,隐居自放,不求闻于人。独喜为歌诗,情有所感,辄形于言。尝读孙绰《天台山赋》,至'羽人丹丘,福庭不死'之句,欣然慕之,若将有所遇焉,遂名其稿曰《羽庭》。及领乡荐,就辟部使者,累官省署以安东诸侯,则其游历益广,造诣益深,而羽庭之积益富。往往传诵江海士人之口,政誉诗名,卓然并高"[1],刘仁本于诸史、百家、阴阳、卜技、名法,靡不研通,而尤工于诗歌[2]。

由刘仁本主持召集的"续兰亭会"在至正二十年(1360)举行,这个时间点值得注意的是,它发生于至正十九年(1359)元、明绍兴之役后。"绍兴之役"是发生于元军与明军之间的一场大战。其时守护城池的是投诚元廷的张士诚手下将领吕珍,而攻城的是明军大将胡大海。在吕珍的部署与防守之下,两军战争进行了三个月,最终胡大海所率领的明军没有攻下绍兴城,又因为粮食乏绝,不得不兵退。自从与胡大海一战之后,绍兴一直比较安定,没有受到大的战事滋扰,"保守八年",直到至正二十六年(1366),元王朝覆灭前两年,才归属明军,而吕珍也是在当年与明军大帅徐达的湖州之战后,败降明军。需要指出的是,绍兴一方面顶住了气势凶猛的明军的威胁,另一方面,大都朝廷由于江南割据力量的强大,粮道经常受堵,从而造成大都粮荒恐慌,无暇顾及诸如绍兴这样的江南小城,所以杨镰先生认为绍兴、余姚一带在元末成为元朝的"飞地"颇有道理[3]。正因为绍兴成为乱世中暂时安稳的"飞地",文人们才纷纷避乱绍兴,也正是由于文人们的避乱绍兴,才得以形成当时雅集规模甚大的"续兰亭会"。诚如刘仁本在《续兰亭诗序》表明自己追踪前贤雅韵的心境所云"东晋山阴兰亭之会,蔚然文物衣冠之盛,仪表后世,使人景慕不忘也"[4],所以他主持"续兰亭会",力图在形式、内容甚至精神气质上追摹东晋的"兰亭会"。刘仁本在序言中写道:

> 余有是志久矣,适以至正庚子春,治师会稽之余姚州。与山阴邻壤,

①　贡师泰《羽庭诗集序》,《贡氏三家集·贡师泰集》卷六,第284页。

②　朱右《羽庭稿序》,《全元文》卷一五四七,第50册,第528页。

③　杨镰《元代文学编年史》,第536页。

④　刘仁本《续兰亭诗序》,《全元文》卷一八三九,第60册,第319页。

望故迹之邱墟,而重为慨叹。于是相龙山之左麓,州署之后山,得神禹秘图之处,水出岩罅,潴为方沼,疏为流泉,卉木丛茂,行列紫薇,间以篁竹,彷佛乎兰亭景状,因作雩咏亭以表之。维时天气清淑,东风扇和,日景明丽,实三月初吉也。合瓯越来会之士,或以官为居,或以兵而戍,与夫避地而侨,暨游方之外者,若枢密都事谢理、元帅方永、邹阳朱右、天台僧白云以下得四十二人,同修禊事焉。著单袷之衣,浮羽觞于曲水,或饮或酢,或咏或歌,徜徉容与,咸适性情之正,而无舍己为人之意。仍按图取晋人所咏诗,率两篇。若阙一而不足者,若二篇皆不就者,第各占其次补之。总若干首,目曰续兰亭会,殊有得也。①

　　从刘仁本的序言可以知道,"续兰亭会"雅集召开于至正二十年(1360)三月初吉,聚会于雩咏亭,此亭由刘仁本所筹建,其距离兰亭之地不远,在"会稽之余姚州。与山阴邻壤",位于刘仁本办公的州署衙门后山,卧龙山左麓的秘图湖上。雩咏亭周围的环境,甚至雅集那天的天气也与王羲之等人聚会的"兰亭会"非常相似。永和九年三月暮春的天气"天朗气清,惠风和畅",而1008年后的"续兰亭会"召开时,"天气清淑,东风扇和,日景明丽",令人深有时光穿越,古今相似的感觉。而这场举行于偏僻的东南小城余姚的雅集,参加者"或以官为居,或以兵而戍,与夫避地而侨,暨游方之外者",某种程度而言,以战乱而成就。参与"续兰亭会"的42人,清初以来的学者从朱彝尊等人开始就努力想追索清楚,并没能获得非常满意的结果。朱彝尊根据他们留下来的诗以及对应王羲之兰亭会人物的补和关系,当时42人,除刘仁本外,还有谢理、赵俶、朱右、王霖、褚炯、徐昭文、郑彝、张溥、释自悦、释如卓、释僧福等人②。

　　诚如学界屡有指出的那样,兰亭会实际也是一场玄学大会,体现出非常浓郁的玄学精神主旨,强调人对自然物理的体悟、感喟,注重人与自然和谐适应。而刘仁本主持召开"续兰亭会"的意旨恐怕也正在于此,他在《续兰亭诗序》中感慨说"盖寓形宇内,即其平居有自然之乐者,天理流行,人与物共,而各得其所也",刘仁本认为要感念天地好生之德,随自然天理而得其所乐。东晋"兰亭会"起源于上古修禊之俗,而只有曾点能体会自然之意,所以他在游学孔子

① 刘仁本《续兰亭诗序》,《全元文》卷一八三九,第60册,第319—320页。
② 朱彝尊《静志居诗话》卷二四,人民文学出版社1998年,第772页。

之门,与诸弟子讨论理想时才能做到"胸次直与天地万物上下同流,故其言志,以暮春春服既成,童冠浴沂,舞雩咏归,有圣人气象",才能真正得到孔子的赞赏。而孔子、曾点之后,过了八百年,才有了兰亭风流。说到底刘仁本所认定的兰亭雅集的精神内蕴在于,是得天地好生之乐,享山川物理之趣,感同道咏叹、赋和之情,尽得山川人物风流的聚会,而非仅仅只是华服丽人,会于曲江,务为游观的行为。正是本于此种认知,刘仁本很自得地认为,兰亭之后,他的雩咏亭聚会才是真正的续兰亭之会,而唐、宋时候的那些聚会不过是游观而已,"曾不足以语此者"①。

以刘仁本的雅好吟诵,在这场"续兰亭会"之外,其实常有类似雅集,在绍兴以及周边区域进行,甚至京师名流贡师泰、危素、盛熙明、迺贤、金元素等,也颇有参加应和者。例如至正十九年(1360)冬董漕事于南海,"道由钱塘,经越绝,浮鄞舶,入闽广。门生故旧,散处外方者,凡若而人胥会,寻盟鄞海上,祖于白沙之浒。酒阑情洽,不能舍去,因宿留舟楫间,各出肺腑语,联句以饯别"②。当时聚吟者有天台郑蒙泉、韩谏行、毛彝仲,燕山马元德,会稽王好问,括苍王叔雨,四明舒汝临、僧朽石,上虞徐季章,华阴杨志中等等,刘仁本虽不曾预,却稔知其过程,并慨然作序。金元素曾任江浙行省左丞,所著《南游寓兴集》,刊行于至正二十年(1360),时任奉训大夫江浙等处行枢密院判官的刘仁本即为其作序,可以想见金元素在江浙行省任职期间与文人往来唱和的情形。

应该说"续兰亭会"以及类似的联吟等形式的文人雅集,其精神内涵都强调"从容文字之娱",不仅主持人特别强调人们的自适随意,而且参与者也期待自己的性情"徜徉容与",暂且在战乱的罅隙之间"著单袷之衣,浮羽觞于曲水,或饮或酢,或咏或歌",以慰藉心灵或逃避残酷的现实。

三、仕宦倡导的小规模雅集

在元末东南地域,还有一些规模不大,由当地仕宦主持或支持的雅集。如缪思恭主持的嘉兴南湖之会、石抹宜孙主持的处州"掀篷唱和"雅集等。

缪思恭(1321—1364),字德谦,号菊坡,吴县(今属江苏)人。至正间,为扬州路令史,张士诚陷平江,缪思恭亦随元军克复常熟,调嘉兴路同知。至正

---

① 刘仁本《续兰亭诗序》,《金元文》卷一八三九,第60册,第319页。
② 刘仁本《白沙联句序》,《全元文》卷一八三八,第60册,第290—291页。

十七年,张士诚遣其弟张士信来攻,缪思恭于杉青闸大败之。治郡三年,擢淮安总管。卒于任上。在任职嘉兴同知期间,缪思恭、曹睿曾召集嘉兴诸文士为诗会,分别在至正二十年庚子(一三六〇)、至正二十一年辛丑(一三六一)进行,据《檇李诗系》卷六《庚辛唱和诗》,两次诗会所作诗共二十八首,与会者二十六人,雅集所作被编成《至正庚辛唱和诗》一卷。

　　嘉兴南湖诗会,第一次由缪思恭主持,"分韵者一十有四人";次年,"曹教授睿新民复集诸公于景德寺",雅集由缪思恭与曹睿共同召集主持,"亦一十有四人"。参与者诸如仲圭居魏塘,贝琼廷琚居千金圩,鲍恂仲孚居郡城之西溪,郁遵子路居商陈村;四方避地者,温州陈秀民庶子居竹邻巷,闽人卓成大器之居甓川,江阴孙作大雅居南湖,崑山顾德辉仲瑛居合溪,天台徐一夔大章居白苎里,会稽江汉朝宗居濮院,桐庐姚桐寿乐年居海盐之峨溪,而河南高逊志士敏、东平牛谅士良、江都邱民克庄、钱唐陈世昌彦博、建德张翥翔南皆来侨居四明。周棐以陆宣公书院山长留居梨林,"日以文酒唱酬,诗成辄镂板铙壁,闻者传为胜事"[1]。南湖诗会也可谓是乱世之中,藉因各方文士避乱或隐居东南之便,逐渐形成的东南文人聚合胜会。

　　还有石抹宜孙在浙江处州(今浙江丽水)主持的"掀篷唱和"雅集。石抹宜孙(?—1360),字申之,其先出于梁萧氏。至辽为述律氏,仕辽多至显官。金灭辽,改命为石抹氏,曰库烈而者。从学于金华大儒王毅,"嗜学问,于书务博览,而长于诗歌"[2],"虽操生杀之柄,兼文武之才,然谦卑自牧,不以己长傲人。日延秀民与之执礼,商榷古今,出入经史。终日忘倦,宿儒新学莫不悦服"[3]。石抹宜孙的为人或与其家学有密切关联。其父明里帖木儿(1280—1347),别名继祖,字伯善。初以沿海军分镇台州,皇庆元年(1312),又移镇婺、处两州。师从史蒙卿,为学一本于朱子,务明体以达用,上自经传子史,下至名法纵横,天文地理、数术方技、异教外书,靡所不通。而韬钤之秘,则家庭所夙讲。商榷古今,亹亹忘倦;治法征谋,如指诸掌。所著《抱膝轩吟》若干卷,清新高古,有作者风[4]。据王祎的《少微倡和集序》记载,至正乙未(1355),

①　《明史文苑传笺证》,周祖譔主编《历代文苑传笺证》,凤凰出版社2012年,第344页。
②　顾嗣立《元诗选》癸集·癸之庚上,第926页。
③　王毅《诸君唱和诗序》,《木木讷斋文集》卷一,乾隆二十八年刻本。
④　黄溍《沿海上副万户石抹公神道碑》,《全元文》卷九七一,第30册,第226页。

石抹宜孙以沿海万户来镇处州。次年(1356)刘基作为江浙提学来辅助石抹宜孙。第三年(1357),以江浙建枢密行院,行中书丞相兼领枢密行院事,石抹宜孙担任枢密行院判官,刘基担任枢密行院经历,于处州设分院治事。又如王祎所云,处州之地"在浙东最左僻,其土俗简以质,其田赋薄以寡,自昔易为。然其四境大抵山谷溪洞,形势险绝,豪猾群党因据为窟穴,往往啸聚呼乱,相攻剽贼杀而其为害,比岁尤甚,于时号难治矣"。所以在石抹宜孙和刘基相与合作,"政通人和,州以无事"的情况下,处州又藉其形势"四境大抵山谷溪洞"的情境而成为一方静地①。这样的情况下:

> 石末公以元勋世臣,文武两全,夙负重望;而刘公起家进士,雄文直节,冠冕士林;及诸僚佐宾属,皆鸿生畯夫,极一时之选;东南人物,于斯为盛矣。惟其志同而道合,故其虽当多事之际,发号施令,日不暇给,而揽事触物,辄为诗歌,更唱迭和,殆无虚日。长句短韵,众制并作,蔼乎律吕之相应,粲乎经纬之相比,情之所至,肆笔成章。譬犹天机自动,天籁自鸣,有不可遏者。两年之间,总之凡三百余篇,名曰《少微倡和集》。诗作于是州,州以星名,故亦因星以名集也。②

借助王祎的序言知道,在至正十七年(1357)到至正十九年(1359)年间,石抹宜孙与刘基曾多次组织东南文人雅集聚会,期间吟咏作品集成《少微倡和集》。所谓"少微",是以处州"以星名州,其地多处士,而隋时处士星尝见,处士星盖少微也"③。又据顾嗣立云,石抹宜孙在处州时,用刘基、胡深、叶琛、章溢诸人居幕府。自引诸名士投壶赋诗,尝构掀篷于妙成观,何宗姚首倡雅集,除石抹宜孙、何宗姚、刘基、胡深、叶琛、章溢等人外,还有王毅、赵时叕、宁良、郭子奇、孙原贞、谢天与、陈东甫、吴立、廉公直、费世大等等,"一时和者数十人"④,两年之间,"更唱迭和,殆无虚日"共得300余篇唱和之作,编成《少微倡和集》。

---

① 王祎《少微倡和集序》,《全元文》卷一六八六,第55册,第303页。
② 王祎《少微倡和集序》,《全元文》卷一六八六,第55册,第303—304页。
③ 王祎《少微倡和集序》,《全元文》卷一六八六,第55册,第303页。
④ 顾嗣立《元诗选》癸集·癸之庚上,第926页。

　　在其时南北对峙，格局混乱的社会背景中，诸家雅集活动实际可能代表了
仕宦与士绅精英们的一种联合行动方式，展现出元末东南士流心系大都，期望
恢复秩序的愿景。综观元王朝的政治、经济格局背景，可以知道，作为游牧民
族统治的王朝，元朝统治者从根本上缺少定居的经验，更缺乏治理国家的能
力。作为曾经以非凡的武力令四海臣服、万众纳贡的王朝，强大彪悍的元王朝
有它致命的弱点——穷兵黩武、穷奢极欲却不善供给与生产。整个京师乃至
北方对于江南赋税与粮食的严重依赖已经造成了许多社会问题和经济问题。
可以说，元末东南草莽英雄张士诚兄弟、方国珍兄弟以及真正的乱世枭雄朱元
璋等人的起义叛乱就是抓住元王朝对江南经济力量、对漕运粮食极度依赖的
弱点，他们占据江南，切断大都以及北方的粮道命脉，最终陷大元王朝于覆灭
之境。像饶介曾力劝张士诚降元，为大都供给粮食；而刘仁本任职期间，割据
浙江叛乱的方国珍已为元廷效力，方国珍在招延诸郡士大夫为幕下参谋时，刘
仁本入其幕中参预谋议。方国珍每年从海上运江淮粮食到大都，而刘仁本实
际作为元政府官员参与、主管海运之事①；而主持嘉兴南湖之会的缪思恭也曾
极力游说张士诚降元，也正是诸如缪思恭之类的东南士人的努力，至正十九年
（1359）十月，张士诚等运粮十一万石至大都，暂缓了京师的粮荒。当张士信
兄弟再次反元，欲图兵略嘉兴时，作为嘉兴路同知的缪思恭组织军民纵火焚烧
植被，令张氏兄弟的船队无法上岸。此外，石抹宜孙在 1359 年与明军的处州
之战中，战败身死。从这些雅集的主持人的行为来看，他们实际代表了元末士
流的中坚，在国家苟延残喘的背景中，奔走呼号，致力于恢复。

　　总体而言，看似闲雅的雅集之中，更可能有对地方文化建设、维护地方社
会秩序竭尽力量的用心，所谓"其爱君忧国，伤世闵俗之情见于言辞者，何其惓
惓哉"②也。当乱世之际，东南书生们致力于奔走，为保证一方安定奉献了自
己全部的力量③。像刘仁本在 1367 年被朱元璋抓住时，朱元璋恨极刘仁本，终

---

　　① 按：方国珍世以贩盐浮海为业，至正八年（1348），方国珍率众数千入海，夺取官府漕粮、船只，攻打
浙东沿海。此后，方国珍对于元朝屡降屡叛，以要挟元廷，换取高官。与元朝合作时，方国珍多次为元廷海
运江淮粮食。（参考蔡美彪主编《中国历史大辞典·辽夏金元卷》"方国珍"条，上海辞书出版社 1986 年，第
84 页）刘仁本任职期间，应该也是方国珍与元廷合作的时期，故而作为元廷官员协助方国珍漕运粮食到
大都。

　　② 王祎《少微倡和集序》，《全元文》卷一六八六，第 55 册，第 304 页。

　　③ 卓说《淮扬路总管缪思恭墓志铭》，《全元文》卷一七七〇，第 58 册，第 201 页。

致其鞭背溃烂而死。而刘仁本以及缪思恭、吕珍等人前前后后的或死或降的情形或许也正表明,没有这群东南士流的奔走努力,元王朝根本拖不到 1368 年被朱明王朝所代替。

四、张士诚兄弟及其吴中雅集①

元末吴中地域文人群体频繁的雅集活动与张士诚兄弟的支持和推动分不开。张士诚(1321—1367),原名张九四,江苏泰州兴化白驹场人。至正十三年(1353),与弟士德、士信率盐丁起兵,攻下泰州、兴化、高邮等地。次年(1354),在高邮称诚王,国号周,年号天佑,之后再率军渡江攻取常熟、湖州、松江、常州等地。十六年,定都平江(今苏州),次年(1357),接受元廷诏封。所据地盘以平江为中心,南至浙江绍兴,北至山东济宁,西至安徽北部,东至松江。张士诚为人,"外迟重寡言,似有器量而实无远图。既据有吴中,吴承平久,户口殷实,士诚渐奢纵,怠于政事。又欲以得士要誉,士有至者,无问贤、不肖,辄重其赠遗,资以舆马,故士多往趋之"②。相比元末天下的纷扰骁悍,吴中富庶繁荣且文雅精致的生活令草莽出身的张士诚期望保境自守,致力于文明。至于张士信,较诸其兄,其骄奢、嬉游程度大有过而无不及,所以直至 1367 年被朱元璋军队攻陷之前,张士诚治下的区域颇为太平安定,天下士子往往避乱其间。而张士诚兄弟及其下属亦颇能礼遇优待文人,开弘文馆以致天下豪杰,故"海内文章技能之士,悉萃于吴"③,吴中、浙西也在元末成为文人麇集的乐土。

在张氏兄弟的鼓励与倡导之下,吴中官宦士绅"化家为国","大起第宅,饰园池,蓄声伎,购图画,民间奇石名木,必见豪夺"④,这自然也极大地鼓励和推动了吴中文人雅集的盛行。如倪瓒的清闷阁雅集、杨谦的不碍云山楼雅集以及鲍仲孚的聚桂文会,高启与同乡组成的"北郭诗社",听雨楼雅集等等,这些雅集相互联集往来,而他们的背后都有张氏兄弟的影子。且以其时较为著

---

① 此节多有参用廖可斌《明代文学思潮史》第二章"地域文人集团的兴替与元末明初文学思潮的变迁·元末吴中派",人民文学出版社 2016 年,第 62—75 页。

② 《明通鉴前编》卷四"前纪四",中华书局 2009 年,第 141 页。

③ 支伟成、任志远辑录,韩国钧审定,杨镰、张颐青整理《吴王张士诚载记》卷四"附编",中华书局 2013 年,第 194 页。

④ 钱谦益著,张德信、韩志远点校《国初群雄事略》卷七"周张士诚",中华书局 1982 年,第 184 页。

名的听雨楼雅集为例来看。周伯琦曾作《倪隐君索和张外史听雨楼诗走笔二
首答之》写道：

> 海气杂岚雾，听雨宜高处。风雨无时无，倏来复倏去。摇摇心悬幡，
> 胡为不自闲。世人曾听雪，无被不知寒。
> 头白尝不洗，听雨车屋底。两耳任喧聒，坐隐乌皮几。笔耕墨畦中，
> 自适如老农。二仙□今古，神交在阆风。①

这两首诗的作者是周伯琦，他在此题诗的事情非常值得一说。周伯琦乃朝廷
重臣，如前文所述，周伯琦在至正十二年（1352）"由翰林直学士、兵部侍郎拜
监察御史"②，曾扈从皇帝由御道而至上都，足见其为顺帝所重。至正十七年
（1357），周伯琦以江浙行省参知政事前往平江招谕张士诚，被张士诚扣留，拜
资政大夫，江浙行省左丞。被扣留期间，张士诚为周伯琦"造第宅于乘鱼桥北，
厚其廪给。伯琦日与诸文士以文墨流连，因亦忘归"③。这两首应和诗便是周
伯琦滞留平江生活的反映。由其诗题还知道，此诗乃由倪瓒而起，是要求周伯
琦和张雨的诗。张雨在至正十年（1350）即去世，所以听雨楼雅集与玉山雅集
等同时同地的雅集相比稍有区别的是，它具有异时、异地、同题题咏的特征。
所题"听雨楼"乃江南名士卢士恒所建，题诗者有张雨、倪瓒、王蒙、苏大年、饶
介、周伯温、钱惟善、张绅、马玉麟、鲍恂、赵俶、张羽、道衍、高启、王谦、王宥、陶
振、韩奕等，遂形成了《听雨楼图卷》。张雨为听雨楼作题的时间在至正八年，
而倪瓒"至正廿三年，岁在乙巳，卢士恒携至绮绿轩见示，趋走笔次贞居外史诗
韵以寄意"④，然后倪瓒又请周伯琦和其诗。对比周伯琦此诗与他之前扈从顺
帝前往上都的那种得意、写实的笔致，这两首诗写得更为灵动而细腻，非常贴
切地借景物动静之间的细微变化表达出内心的敏感、惶急与不踏实，这种情感
也是周伯琦在京师时所完全没有的。另一位被迫依于张士诚的饶介在元蒙至
正二十五年（1365）作《听雨楼图》后作《题听雨楼图卷》写道："城市不著耳，江

① 周伯琦《倪隐君索和张外史听雨楼诗走笔二首答之》，《全元诗》第 40 册，第 399 页。
② 周伯琦《扈从前集序（至正十二）》，《全元文》卷一三八七，第 44 册，第 530 页。
③ 吴宽《平吴录》，见《吴王张士诚载记》卷二"正编"，中华书局 2013 年，第 65 页。
④ 朱存理、赵琦美编《赵氏铁网珊瑚》卷一五，清文渊阁四库全书本。

湖留此心。楼高人更静,惟有夜怀深。"①所谓山雨欲来风满楼,面对即将覆灭的世界,敏感的文人们在他们的诗中表达着相似的愁苦、压抑甚至有些绝望的情绪。正如高启此诗:"春雨霭江郭,鸠鸣朝梦余。楼中风飒至,烦抱淡云除。历历树头乱,萧萧窗影虚。如何门外水,泥淖没行车"②,诗里那种杯弓蛇影的惊悸感以及意象的纷乱凄美,可以说反映出元末吴中文人的典型心态③。人们在听雨楼题诗中所表达的情绪,相当程度而言,与他们对于张氏割据政权的极大依附心理密切相关,而这一政权危立于元末风雨中的情形,文人们其实深有感触,所以越到张吴政权要覆灭的时刻,人们的题诗就越凄婉动人。

张氏兄弟对于文明风雅事业的支持和参与不仅体现于他们组织或召集文人雅集,还表现于他们对所辖之境文教事业的扶持与襄赞。尤值得一提的是张士信在任职江浙行省平章政事兼同知行枢密院事期间,他对西湖书院书籍的补刻事业的支持。西湖书院,又名孤山书院,其前身为南宋太学,在元朝改为西湖书院时,继承南宋国子监大量书板,其中包括经史子集四部之书122种,书板20万片。由于书院与"宪治实皆为岳王第,故来长风纪者,莫不以作兴为先务",至元二十八年,翰林学士承旨徐琰任浙西行部使者时,特于西湖书院建设尊经阁,且在阁之北建书库,专藏宋学旧板,且设司书者掌之。此后一直沿承其制。但是在元末由于"城燹于兵,书院亦废,象设侈剥,庭庑污秽,居人马迹,交集其中,书籍俎豆,狼藉弗禁",书籍之板"散失埋没,所得瓦砾中者,往往刊毁蠹朽"。张士信任职江浙行省平章政事兼同知行枢密院事期间,在陈基的建议下,由陈基、钱用壬董其事,于至正十九年至至正二十二年间,以官费补刻西湖书院书籍:

> 所重刊经史子集欠缺:以板计者,七千八百九十有三,以字计者三百四十三万六千三百五十有二。所缮补各书损毁漫灭,以板计者一千六百七十有一,以字计者二十万一千一百六十有二,用粟以石计者一千三百有

---

① 饶介《题听雨楼图卷》,《铁网珊瑚》,卢辅圣主编《中国书画全书》第3册,上海书画出版社2000年,第734页。
② 朱存理、赵琦美编《赵氏铁网珊瑚》卷一五,清文渊阁四库全书本。
③ 周海涛《元明之际吴中文人雅集方式与文人心态的变迁——以〈听雨楼图卷〉〈破窗风雨卷〉为例》,《山西师大学报》2010年第1期,第78—83页。

奇,木以株计者九百三十,书手、刊工以人计者九十有二。对读校正,则余
姚州判官宇文桂,山长沈裕,广德路学正马盛,绍兴路兰亭书院山长凌云
翰,布衣张庸,斋长宋良、陈景贤也。明年七月二十三日讫工。饬司书秋
德桂、杭府史周羽以次编类,庋之经阁、书库,秩如也。①

上述补板事业之外,据陈基载,在补修书籍期间,还将书库及库内书架缮为修
完。与文人雅集场合里,风雅、自由、情绪张扬情形或有不同的是,一群有志保
存斯文的人在乱世中努力保护书籍的集体行动可能更令他们有一种责任感和
使命感。而如果这种责任和使命还能通过感化"武夫悍卒",令其"闻下风而
望余光,亦知有所兴起"②的话,则文人们的感激之意则更无以言喻了。对于
以陈基为首的那些归附张氏兄弟的元朝官员和士人而言,他们的底线和理由
或许就在于张氏兄能对斯文之业存惜悯之意吧。正如陈基在《西湖书院书
目序》中所感慨:"海内兵兴,四方驿骚,天下简册所在,或存或亡,盖未可考",
而张士信竟然能于"兵戈抢攘之际"缮完宋学旧板,使得"斯文之绪,不绝如
线",诚可谓不拂天意。

　　时人誉张吴政权曰:"夫吴张创霸开国十余年,辟地二千里,礼贤下士,多
善政于吴。参之五代十国间何多让焉"③,此评价可见张士诚兄弟在其时文人
心目中的地位。而就元末东南文坛的发展而言,张士诚兄弟割据一方,并藉吴
中之财蓄富养士人,无怪其时东南文人往往以自由之精神而创作,所作每每给
人"文采风流,照映一世,数百年后,犹想见之"④的感触。

五、顾瑛及其玉山雅集

　　在元末吴中割据背景中,民间雅集以顾瑛组织和召集的玉山雅集最为著
名,可与东晋的兰亭雅集、北宋的西园雅集相提并论。而其延续时间之长、发
展规模之大、影响之卓著,又堪为元末文学发展之盛景。陈基⑤曾在《玉山名

　　①　陈基《西湖书院书目序(至正二十二年八月)》,《陈基集·夷白斋稿》卷二一,第195页。
　　②　尤义《陈基传》,钱穀《吴都文粹续集》卷四五,清文渊阁四库全书补配清文津阁四库全书本。
　　③　《吴王张士诚载记》卷二"正编",第44页。
　　④　《钦定四库全书总目》卷一八八"《玉山名胜集》十二卷"条,下册,第2636页。
　　⑤　按:此篇见于《全元文》,乃黄溍作,又再见于陈基《夷白斋稿》卷一三《玉山名胜集序》,就其时唱和
情形和参与情况而言,更可能是亲见亲历者陈基所作。

胜集原序》述及玉山雅集之胜写道："中吴多游宴之胜,而顾君仲瑛之玉山佳处其一也。"与其他雅集相比,"顾氏自辟疆以来,好治园池",其园林较他家为胜,"其凉台燠馆、华轩美榭,卉木秀而云日幽,皆足以发人之才趣";而"今仲瑛以世族贵介,雅有器局,不屑于进取,而力之所及,独喜与贤士大夫尽其欢,而其操觚弄翰,觞咏于此",殆无虚日。"而仲瑛又以能诗好礼乐,与四方贤士夫游"①,所谓"今之名卿大夫高人韵士,与夫仙人释氏之流,尽一时之选者,莫不与之游从","由是仲瑛名闻湖海间"②。玉山雅集之胜较诸王维的辋川别业宾客之"独称裴迪"的情形"或者过之",比之唐代杜牧的樊川别业雅集的"时召昵密往游"的情形"盖不多让"。所以陈基认为玉山雅集之创作不仅可以著称于时,而且也可使其吟咏的玉山草堂名胜与杜牧、王维的两川别墅一样,"并存于文字间"③,令人叹慕。

顾瑛(1310—1369),一名阿瑛,又名德辉,字仲瑛,号金粟道人,直隶昆山人。史载,他年近三十,始折节读书,与天下胜流相唱和。举茂才,署会稽教谕,辟行省属官,皆不就。年四十,即以家产尽付其子元臣,卜筑玉山草堂。池馆声伎,图画器玩,甲于江左。风流文采,倾动一时。后元臣仕为水军副都万户。元亡,随例徙临濠。瑛亦偕往,徙濠梁卒。顾瑛从 1340 年左右开始与天下胜流交往唱和,1350 年左右筑玉山草堂,而专注于私家园林之雅集。其参与人数,创作数量,综而述之,据杨维桢《玉山草堂雅集序》云:"《草堂雅集》之出于家而布于外也。集自余而次,凡五十余家,诗凡七百余首。"④此外,顾瑛在至正年间曾举行大小 70 余次雅集,《草堂雅集》外,还辑有《玉山璞稿》1 卷、《玉山名胜集》9 卷,杨镰先生指出:"至正年间,与顾瑛交游唱和,参与玉山雅集者,多达百人,今存诗篇,在 5000 首以上。"⑤这些参与雅集的人,所谓"今之名卿大夫高人韵士,与夫仙人释氏之流,尽一时之选者"⑥,其中可具姓名者有:顾瑛、顾衡、顾晋、顾元臣、杨维桢、袁华、陈基、张渥、张翥、姚文奂、郭翼、于立、郯韶、高智、高晋、张师贤、陆仁、吴克恭、刘起、张云、从序、郑元祐、熊梦祥、

---

① 陈基《玉山名胜集序》,《陈基集·夷白斋稿》卷一三,第 126 页。
② 吴克恭《玉山草堂诗序(至正九)》,《全元文》卷一二二〇,第 39 册,第 98 页。
③ 陈基《玉山名胜集序》,《陈基集·夷白斋稿》卷一三,第 126 页。
④ 杨维桢《玉山草堂雅集序》,《杨维桢全集校笺》卷六一"东维子文集卷七",第 5 册,第 2027 页。
⑤ 杨镰《顾瑛与玉山雅集》,《西南民族大学学报》2008 年第 9 期,第 136 页。
⑥ 吴克恭《玉山草堂诗序(至正九)》,《全元文》卷一二二〇,第 39 册,第 98 页。

陈惟义、陆逊、虞祥、章桂、王元程、释良琦、释来复、释自恢、释余泽、释那希颜、释宝月、释祖柏、释文信、释子贤、释楚石、张雨、还有聂镛、旃嘉闾、蔡俴、萨都刺、泰不华、达㬎曼、昂吉、郑经、斡玉伦徒、锁住、唐古德、刘廷杰、脱因、纳麟哈刺、达实贴睦迩、马九霄以及侍女素云、琴姬小璚英、翠屏、素真,等等,前后约计160余人。

玉山雅集对于元末的文人们而言,当"良辰美景,士友群集","四方之来、与朝士之能为文辞者,凡过苏必之焉","之则欢意浓浃。随兴所至,罗樽俎,陈砚席,列坐而赋,分题布韵,无问宾主。仙翁释子亦往往而在","歌行比兴,长短杂体,靡所不有"[1],且"未暇问姓字邑里、行李所从来,辄举酒相与献酬杂沓。亦不计年齿,貌苍者上坐,饮酣歌舞,各以所长自适"。它的自由自在、快乐随性、没有秩序、没有界限,确实让人即便数百年之后,读其所作而油然生出"想见"[2]的感触。也诚如四库馆臣藉《玉山名胜集》之述所慨叹:"考宴集唱和之盛,始于金谷、兰亭;园林题咏之多,肇于辋川、云溪;其宾客之佳,文词之富,则未有过于是集者。虽遭逢衰世,有托而逃",但"录存其书,亦千载艺林之佳话也"[3],确为的评。关于雅集的创作,"大篇小章,曰文曰诗,间见层出","凡气序之推迁,品汇之回薄,阴晴晦明之变幻叵测,悉牢笼摹状于赓唱迭和之顷。虽复体制不同,风格异致,然皆如文缯贝锦,各出机杼,无不纯丽莹缛,酷令人爱"[4],其创作对于天气、建筑以及个体感受的细致描摹,往往又藉雅集氛围的自由而各出机杼,辞藻富丽明媚,特别令人心动喜爱。

《四库全书总目提要》评价顾瑛的雅集意义云:"瑛早擅文章,又爱通宾客,四方名士无不延致于玉山草堂者,因仿段成式《汉上题襟集》例,编唱和之作为此集。自陈基至释自恢,凡七十人。又仿元好问《中州集》例,各为小传。亦有仅载字号、里居,不及文章、行谊者。盖各据其实,不虚标榜,犹前辈笃实之遗也。其与瑛赠答者,即附录己作于后。其与他人赠答而其人非与瑛游者,所作可取,亦附录焉,皆低书四格以别之。盖虽以《草堂雅集》为名,实简录其人平生之作。元季诗家,此数十人括其大凡。数十人之诗,此十余卷具其梗

① 李祁《草堂名胜集序》,杨镰、叶爱欣整理《玉山名胜集》,中华书局2008年,第7页。
② 《钦定四库全书总目》卷一八八"《玉山名胜集》十二卷"条,下册,第2636页。
③ 《钦定四库全书总目》卷一八八"《玉山名胜集》十二卷"条,下册,第2636页。
④ 陈基《玉山名胜集序》,《陈基集·夷白斋稿》卷一三,第126页。

概,一代精华,略备于是。视月泉吟社惟赋《田园杂兴》一题,惟限五七言律一体者,赅备多矣。"①则顾瑛藉其雅集以及创作和刊刻,不仅存元末文人风雅,更使元季诗家,笼盖其中,一代精华,略备其集。此外,雅集之作品不拘诗文、不限体式,又可谓赅备,则顾瑛雅集之深衷未尝不是如元好问之作《中州集》一般,其实欲竭一己之力,存一代之风骚。而就顾瑛本人而言,他"好事而能文",其所作可能"不逮诸客",但"词语流丽,亦时动人",所以他能藉财富之胜,"周旋骚坛之上"②,又不全凭财富而成为元末东南文坛之盟主,有以然也。

至正二十七年(1367),在苏州城终为朱元璋军所攻破之际,张士诚曾集城民谕之曰:"势急策竭,城破,若曹必无噍类。吾将自缚诣军门,以救若曹","民皆伏地长号,宁固守与王俱死。……己亦阖户缢,曰:'吾以谢吴民',故将赵世雄解之,以一盾荷送明军。吴民咸号哭送,声闻数十里。王在明营,终日瞑目,不言不食,卒自缢死,时至正二十七年七月七日,年四十六。吴民归其骨,葬于苏之荼山。家立庙祀王及王弟士德等,讳之曰'五圣'"③。张士信"张幕城上,踞银椅与参政谢节等会食,左右方进桃,未及尝,忽飞炮碎其首而死"④。张士诚兄弟亡后,朱元璋恨极苏松人为张吴王守城,抗拒二年余。所以对张士诚部属及吴中民众极为狠辣,籍录张氏陪臣、苏州富民及流寓之人共二十万,谪徙居于濠州,此后又移江南民十四万户于凤阳,其中大多苏、松、嘉、湖一带的地主,等等,迁民不许私自回原籍,往往家产荡然。如贝琼所谓"三吴巨姓,享农之利而不亲其劳,数年之中,既盈而覆,或死或徙,无一存者"⑤,由此,吴中的富庶与自由都在明初朱元璋的打击下,消磨殆尽,而依附和建立于其上的吴中文人雅集以及创作也由此而风流云散⑥。

---

① 《钦定四库全书总目》卷一八八"《草堂雅集》十三卷"条,下册,第 2636 页。
② 《钦定四库全书总目》卷一六八"《玉山璞稿》一卷"条,下册,第 2255 页。
③ 周宏燨《张吴王传》,《吴王张士诚载记》卷四"附编",第 209 页。
④ 谷应泰《明史纪事本末》卷四"太祖平吴",中华书局 2015 年,第 1 册,第 73—74 页。
⑤ 贝琼《横塘农诗序》,《清江贝先生文集》卷一九,李鸣校点《贝琼集》,吉林文史出版社 2010 年版,第 112 页。
⑥ 《明代文学思潮史》,第 71 页。

第四章　浙东文人群与元明之际的文坛格局

　　浙东文人群在元末明初文坛格局中的意义见诸于现有的论文、专著以及硕、博论文的讨论可谓相当繁复。值得注意的是,人们的讨论在向下行这个环节中,也就是对浙东文人群与明初以及之后明代文学创作关系的讨论中,用力甚多;在向上连的环节中,也即浙东文人群与元代文风尤其是与在元代影响广及天下的馆阁创作风气的关系,则关注稍少。研究者在指出浙东文人群创作理论中较为明显的理学倾向时,基本将注意力集中在他们的出生地——婺州浓郁的理学氛围上,却较少考虑朱明王朝初期确立的"元正统论"的影响,并联系"元正统论"来考量浙东文人群的创作取向及其影响力。事实上,浙东文人群除了具有与朱元璋战争时期建立的君臣信任关系之外,更由于他们在学养上与元代馆阁文人的密切关联,这使得他们在执行国家从政治层面确立的"元正统论"没有丝毫违和感;而且"元正统论"影响下的明初文坛,无论是浙东文人群以及之后兴起的江西派和台阁体,都并未对元季诗文风气进行有规模的批评,诚如明人所指出的事实:"国朝诗不甚盛,盖袭宋、元之弊,弘治、正德间,其风渐开"①。综观元末明初文坛格局,浙东文人群的影响与政治态势有较为明显的关联,这种关联以朱元璋的"元正统论"为背景,意义扩延出浙东文人群体,并将影响一直推至明代中叶"土木堡事变"之后。而由黄溍一带而起的元代馆阁作文风气,藉由宋濂等浙东文人,影响弥及明初至明代土木堡事变之前的正统文坛。

①　蔡羽《西原集序》,《明文海》卷二百三十六,中华书局 1987 年,第 3 册,第 2426 页。

第一节 元明之际浙东文人群谱系概述

从宋元之际到元明之际,百余年间,浙东文人群一直都比较活跃。但与东平文人群、江西文人群等地域标识较强的文人群体的影响力相比,浙东文人群真正发生重大影响的时候在元末明初。元末有黄溍为首,明初有宋濂为首,这其中有文坛的际遇,更有政治的因素。黄溍作为延祐首科进士,在袁桷、虞集、马祖常、揭傒斯辈至位光显之际,影响并不突出,到元末,大家凋零,而朝廷突然有更化之作,一时朝廷著作"国家大典册及元勋茂德当得铭者,必以命公"①,跃为文坛盟主;而黄溍的得意弟子宋濂在元明迭代之际,成为朱元璋的重要参谋,总裁《元史》等大著作,再为国朝第一作家,浙东文人群的影响由此推至顶峰。

清代杨复吉在其《元文选》序言中曾"有元之文,分南北二宗"②,姚燧为北宗大家,而南宗分两派,江右以吴澄为倡导者,虞集、揭傒斯、欧阳玄等接武,尤其对浙东文人群在元代的持续强劲发展给予肯定:

> 浙东之在鄞者戴帅初、任叔实、袁伯长,在婺者则有金吉甫、胡汲仲、许益之、吴立夫、张子长、黄晋卿、柳道传、吴正传、胡古愚。泊乎未造,北学久衰,江右之人材亦不振,惟浙东一派英英辈出,郁为后劲,有若陈君

---

① 黄溍《翰林侍讲学士中奉大夫知制诰同修国史同知经筵事追封豫章郡公谥文安揭公神道碑》,《黄溍全集·金华黄先生文集》卷二六,下册,第 697 页。

② 按:吴梅《辽金元文学史》关于元代文章的发展情形有议论写道:"予谓有元之文,分南北二宗。北宗以元裕之为圭臬,辅之者为郝伯常、杨焕然。其接武而兴者,则有刘梦吉、王仲谋、姚端甫、马伯庸、卢处道、许可用。南宗又分两派。在江右者倡于吴幼清,而其后虞伯生、揭曼硕、欧阳功功,卓然为大家。浙东之在鄞者,戴帅初、任叔实、袁伯常。在婺者则有许益之、吴立夫、黄晋卿、柳道传、吴正传。泊乎末造,北学久衰,江右之人才亦不振。唯浙东一派,英贤辈出,郁为后劲。有若李季和、陈子上、戴叔能、杨廉夫、陈敬初若干人,亦云盛矣。其中苍茫浑灏,或淳泓演迤,或崛强可喜,或潇洒不群。上足以嗣响唐宋,下亦无惭于有明。"(上海书店出版社 1996 年,第 87 页)又据王卫民《吴梅评传》载:"署名为吴梅的《辽金元文学史》实际上是顾巍成执笔写成的。为什么会出现这种情况呢? 吴梅日记里记录得相当清楚:商务印书馆于一九三〇年邀吴梅作《辽金元文学》一书。一九三二年"一·二八"事变中商务印书馆涵芬楼遭日机轰炸,烧毁了许多书稿,《辽金元文学》也在其中。一九三二年十月商务印书馆请吴梅重新撰写。当时他忙于教学,便委托好友顾巍成代笔。顾氏用一年又两个月的时间写毕,又经吴梅详细审阅修改后交商务出版。此书虽为顾氏代笔,而体例、写法、大致内容却是二人共同商定的,且完全以吴梅语气论述,署名也是吴梅。因此,我们把它视为吴梅的著作还是可以的",王卫民《吴梅评传》,河北教育出版社 2002 年,第 219—220 页。

采、李季和、刘德元、陈子上、戴叔能、金道原、杨廉夫、陈敬初、徐大章、郑季明、张孟兼、胡仲申、苏平仲、朱伯贤若干人,而宋景濂、王子充、吴溶仲、刘伯温、谢原功之显于明者尚不与焉,亦云盛矣。间尝取而浏览之,或苍茫浑灏,或淳泓演迤,或崛强可喜,或潇洒不群,实足嗣响唐宋,卑视有明,是岂可听其浮沉散佚,莫之荟萃,因慨然为是选。自诸家专集,以及史传杂录、山经地志、稗官野乘、书画题识,无不网罗搜采,露钞雪纂,几二十载而后就绪,凡为卷三十,为篇一千有奇。其本诸《文类》者仅百二十首,馀则皆从捃摭而得之,铢积寸累,颇极苦心。载考国朝康熙中,吴门顾侠君曾辑《元诗选》初、二、三集共三百家,最为繁富,其阐发幽微,表章前哲,洵乎不遗馀力,惜未并元文论次,寿诸梨枣,遂致日就湮灭。今余兹选,聊自附滋溪之后乘,亦所以步秀野草堂之后尘云尔。嘉庆十三年冬十月朔震泽杨复吉撰。"①

杨复吉的这段话非常值得重视,他基本将元代文章发展的格局、传承谱系尤其是浙东文人群的发展谱系粗略地描述出来。由杨复吉的议论可以知道,浙东文人群又被分为鄞地与婺地两条线。

就杨复吉所列鄞地三位著名文人而言,任士林(1253—1309,字叔实),年辈稍长,与赵孟頫同时,而赵孟頫对他肯定颇多,"凡诸子百家之言,靡不周览",故其文章"沉厚正大,一以理为主,不作庾语棘人喉舌,而含蓄顿挫,使人读之而有余味",为此,赵孟頫对任士林"敬之爱之","梦寐思见之"②。而戴表元是南宋末中进士,曾经受学于四明著名学者王应麟、文学家舒岳祥,所以戴表元"学博而肆",文章"清深雅洁"③,而且戴表元本人"欲以言语笔札为己任。尝曰:'科举取士,弊不复可改。幸得仕矣,宜濯然自异,斯可也'"④,以振起斯文为己任,所以戴表元的文章往往"化陈腐为神奇"。《元史》认为,在至元、大德间,"东南以文章大家名重一时者,唯表元而已",袁桷是戴表元最优秀、知名的弟子,"袁桷之文,其体裁议论,一取法于表元者也"⑤。

① 杨复吉《元文选序》,蒋光煦《东湖丛记》,(沈阳)辽宁教育出版社 2001 年,第 43—44 页。
② 赵孟頫《任叔实墓志铭》,《赵孟頫集》卷八,第 225、224 页。
③ 《元史》卷一九〇《儒学传二》,第 14 册,第 4336 页。
④ 袁桷《戴先生墓志铭》,《袁桷集校注》卷二八,第 1350 页。
⑤ 《元史》卷一九〇《儒学传二》,第 14 册,第 4336—4337 页。

尤其是袁桷，他"文章博赡"，乃延祐至至治时期，"台阁之冠"①。而且袁桷本人"日与虞公集、马公祖常、王公士熙作为古文，论议迭相师友，间为歌诗倡酬，遂以文章名海内。士咸以为师法，文体为之一变"②。四库馆臣评价袁桷的诗文创作及其文坛影响云："其文章博硕伟丽，有盛世之音。尤练习掌故，长于考据，集中如《南郊十议》《明堂郊天异制议》《祭天无闲岁议》《郊不当立从祀议》《郊非辛日议》诸篇，皆成宗初所上，其援引经训，原原本本，非空谈聚讼者所能。当时以其精博、并采用之。其诗格俊迈高华，造语亦多工练、卓然能自成一家。盖桷本旧家文献之遗，又当大德、延祐闲为元治极盛之际。故其著作宏富，气象光昌，蔚为承平雅颂之声。文采风流，遂为虞、杨、范、揭等先路之导。其承前启后、称一代文章之钜公、良无愧矣。"

总体而言，鄞地文人在元代中叶袁桷时代达到顶峰，"其在朝践历清华，再入集贤，八登翰苑，凡朝廷制册、勋臣碑板，多出其手"③。可惜袁桷既算生逢其时的典型，又算是生不逢时的代表。1320 年正月，仁宗去世，继位者乃仁宗之子硕德八剌，是为英宗。英宗自幼受儒学熏陶，登基后推行"以儒治国"政策，锐意改革。英宗的股肱之臣拜住，乃蒙元时代著名大将木华黎之孙，据许有壬《恭题至治御书》描述君臣相得情形云："英宗御极，练核图治，拔恶木深固之柢，取豫章大材以梁栋，一时世则有若东平忠献王，独运亭毒，君臣千载之遇，鱼水不足以喻之也。"④拜住对袁桷的才学尤为欣赏，并期望由袁桷主持修撰《辽》《金》《宋》三史，苏天爵叙述袁桷在至治时期独得拜住宠睐的情形云："至治中，郓王栢柱独秉国钧，作新宪度，号令宣布，公有力焉。诏绘王像，命公作赞赐之。公述君臣交修之义以励王。王尤重公学识，锐欲撰述辽、宋、金史，责成于公。公亦奋然自任，条具凡例及所当用典册陈之。"⑤可惜由于拜住锐

---

① 《钦定四库全书总目》卷六八"《延祐四明志》十七卷"条，上册，第 934 页。
② 苏天爵《元故翰林侍讲学士知制诰同修国史赠江浙行中书省参知政事袁文清公墓志铭》，《滋溪文稿》卷九，第 137 页。
③ 《钦定四库全书总目》卷一六七"《清容居士集》五十卷"条，第 2221 页。
④ 许有壬《恭题至治御书》，《全元文》卷一一八九，第 38 册，第 165 页。
⑤ 苏天爵《元故翰林侍讲学士知制诰同修国史赠江浙行中书省参知政事袁文清公墓志铭》，《滋溪文稿》卷九，第 135 页。

意改革,奸臣胆寒,最终导致了"南坡之变"①。至治三年(1323)八月,拜住与英宗同日罹难,元朝政局大变,袁桷失去了立朝的根基,次年(1324),袁桷致仕归里。泰定四年(1327)八月,袁桷在家乡去世,年仅62岁。《辽》《金》《宋》三史直到至正三年(1343)才开始修撰,此时袁桷已去世十六年。为修史之用,朝廷派遣使者到各地网罗遗文古事,而江南旧家以畏忌而秘其所藏不敢送官,唯有袁桷之孙袁曠将家藏的数千卷书送官。最终,《辽》《金》《宋》三史完成,袁家的赠书贡献颇多。顾嗣立总结袁桷文坛的地位云:"元兴,承金宋之季,遗山元裕之以鸿朗高华之作振起于中州,而郝伯常、刘梦吉之徒继之。故北方之学,至中统、至元而大盛。赵子昂以宋王孙入仕,风流儒雅,冠绝一时。邓善之、袁伯长辈从而和之,而诗学又为之一变。于是虞、杨、范、揭,一时并起,至治、天历之盛,实开于大德、延祐之间。伯长没后二十余年,会修《宋》《辽》《金》三史。遣使者求郡国遗文故事,惟袁氏所传为最多。故家文物,萃于东南,百年以来,流风未坠,论者以伯长实有功焉,良不诬也。"②如果天假英宗、拜住以时机,再假袁桷以年寿,则以三史的修撰为契机,以鄞地文人为核心的浙东文人群造势于元代中叶完全可能。但袁桷的文坛意义止时于至治三年(1323),此后鄞地文人,虽有栖身于鄞地的西域文人迺贤,但缺少优秀的主导者,影响平泛。至正四年(1344)危素为三史修撰而访书浙东,一段叙录他与鄞地文人交往的场景侧面反映出鄞地文人群龙无首、无所期依的情形:

> 至正四年,素奉使购求故翰林侍讲学士袁文清公所藏书于鄞,属其孙曠同知诸暨州事,方以事往海中,待之久而后还。鄞之士君子闻素至,甚喜,无贵贱长少,日候素于寓馆,所以慰藉奖予,无所不至。其退处山谷间者,亦褒衣博带,相携来见。馆名"涵虚",唐秘监贺公之故宅,下瞰月湖,后枕碧沚,方盛暑,清风时来,坐有嘉客。鄞,故文献之邦,距宋行都不远,

---

① 按:南坡之变是发生于元英宗时的一场大政变。政变起因于英宗硕德八剌即位后,锐意推行新政,起用拜住为中书右丞相,追查和处置铁木迭儿父子等贪赃枉法之事,并处死铁木迭儿子八思吉思等,从而激起了以御史大夫铁失为首的铁木迭儿余党的极大反感和极度震恐,于是密谋政变。至治三年(1323)八月五日,英宗自上都南返,途径南坡店(上都西南三十里)驻营。当夜,铁失与铁木迭儿儿子锁南、知枢密院事也先帖木儿、大司农失秃儿等十六人,以阿速卫兵为外应,杀英宗、拜住。随后,北迎晋王也孙铁木儿(即泰定帝)即位。《中国历史大辞典·辽夏金元史卷》,第354页。

② 《元诗选》初集·丙集"袁学士桷"小传,第593页。

往往能言前代故实。又各出其文章,如游琼林瑶圃,粲然可观。驿吏愕眙相语:"向使者之来,未尝有宾客如此之盛也。"及讫事而去,顾詹山川,为之徘回眷恋者久之。明年,史越王裔孙文可因葛逻禄(果啰罗)易之至京师,寄《鄞江送别图》以相遗,其士君子又为诗若文题其上。素何以得此哉!素,山林之鄙人,学未卒业,以贫干禄,无寸长以自见,且非有穹官峻爵以耸动当世,遡其先世,未尝宦游此邦而有遗爱在其人,何鄞之士君子待遇之隆一至于此,岂殆有宿缘耶?①

戴良曾感慨鄞地文化风气云:"以鄞一郡观之,其地环以大海,而四明、骠骑诸山,往往趋海而尽。土生其间者,率伟茂博洽,有古作者之遗风。"②而再从危素这段亲身感触来看,鄞地作为文献之邦,又距离南宋都城临安不远,其地士子往往读书作文确实"伟茂博洽","灿然可观",有古作者遗风。可是他们机会似乎太少,所以危素作为京师馆臣,一旦来到,人们无日不夜,无贵贱长少,即便"退处山谷间者,亦褒衣博带,相携来见",其欣然向慕和珍重之情溢于言表。至正十二年(1352),鄞地移民,葛逻禄氏子弟迺贤在危素的帮助下,将其诗文作品《金台集》邀请京师馆阁文人作序以提高影响力。尽管大家的序言有揄扬的成分,但人们纷纷肯定迺贤的创作"粹然独有中和之气,上可以追媲昔贤,下可以鸣太平之治,温柔敦厚,清新俊迈,使人读者隽永而不厌"③。迺贤作为鄞地移民,其创作如此可观,但他作为西域子弟尚且如此不易获得声名和机会,则其他鄞地士子缺乏援引和奖掖的几率或者更为渺茫。

当然,还有杨氏未数到的鄞地著名文人,如程端礼、程端学兄弟,他们不能算著名于文坛,而是扬声于经学和教育领域。程端礼(1270—1345),字敬叔,号畏斋,鄞县人。受业史蒙卿,学宗朱熹。黄溍评述程端礼的经学渊源云:"盖宋季之士,率务以记诵辞章为资身取宠之具,而言道学者,亦莫盛于此时。时四明之学,祖陆氏而宗杨、袁,其言朱子之学者,自黄氏震、史氏蒙卿始。始朱子之传,则颜氏渊、大阳先生枋、小阳先生岊,以至于史氏,而先生承之。黄氏主于躬行,而史氏务明体以达用。先生素有志于当世,惜其仕不大显,故平生

---

① 危素《鄞江送别图序(丙戌)》,《全元文》卷一四七〇,第48册,第204—205页。
② 戴良《求我斋文集序》,《全元文》卷一六三〇,第53册,第285页。
③ 李好文《金台集序》,《全元文》卷一四五九,第47册,第428页。

蕴蓄,未克究于设施,而私淑诸人者,不为无功于名教也。"①程端礼在至治、泰定间历稼轩、江东两书院山长。其说以闭门穷经为手段,以读书做官为号召,影响颇大。在江东书院,著有《集庆路江东书院讲义》《晦庵读书法》4卷、《读书分年日程》3卷、抄校《昌黎文式》2卷、《畏斋集》6卷。尤其《程氏家塾读书分年日程》,按照朱熹"明理达用"思想,纠正"失序无本,欲速不达"之弊,详载读经、学习史文等程序;注意教学程序,重视功底训练,强调经常复习、考查,成为家塾详细教学计划。时国子监颁此书于郡邑学校,明代诸儒也奉为读书准绳,清代陆陇其刊刻流播,对当时及后来家塾、书院、儒学均有影响。

程端学(1278—1334),字时叔,号积斋,程端礼之弟。通春秋。泰定元年(1324)进士,授仙居县丞,改国子助教,后迁翰林编修,出为瑞州路经历,授太常博士,未仕而卒。著有《春秋本义》30卷、《春秋或问》10卷、《春秋三传辨疑》20卷、《积斋集》5卷。欧阳玄墓志铭叙述程氏兄弟学术渊源及程端学学术成就写道:"宋乾、淳间,朱、陆之学并出,四明学者多宗陆氏,唯黄氏震、史氏蒙卿独宗朱氏。君与伯氏端礼敬叔师史先生,尽得朱子明体达用之指。于是二难自为师友,平居一举动必合礼法。……君早岁不屑为举子业,朋友力劝就试,及再战再捷,素习者不能过之。会试经义,策冠场,试官为惊叹,白于宰相曰:'此卷非三十年学问不能成。使举子得挟书入场屋,寸晷之下未必能作,请置通榜第一。'后格于旧制,以冠南士,置第二名。……君在翰林论撰,每为学士雍郡虞公伯生所推服。中书选考,随处乡试,号称得人。"②

虽然还有程氏兄弟影响越出鄞地,但缺乏一位像袁桷这样有才、德、名、实兼具的盟主,再加之史书的修撰事业,元代鄞地文人群由地方走向全国的机会也就少去许多,即此,再为袁桷的不幸扼腕叹息。

相比而言,浙东文人群的另一条线——婺地文人群则在黄溍、柳贯、胡助等人的引领、推动下,又有宋濂、王袆从元初直至元末,一直代有英才,影响及于明初乃至明代中叶。由杨复吉的叙述看,元代婺州文人群有金履祥、胡长孺、许谦、吴莱、张枢、黄溍、柳贯、吴师道、胡助、戴良、宋濂、王袆等,他们之间师友相承、又递为子弟,其实有影响的人员远不止杨氏所列举。

---

① 黄溍《将仕佐郎台州路儒学教授致仕程先生墓志铭》,《黄溍全集·金华黄先生文集》卷三三,下册,第481页。

② 欧阳玄《积斋程君端学墓志铭》,《欧阳玄全集·圭斋文集补编》卷一四,下册,第751—752页。

　　金履祥（1232—1303），字吉甫，婺州兰溪人。《元史》本传载，金履祥"凡天文、地形、礼乐、田乘、兵谋、阴阳、律历之书，靡不毕究。及壮，知向濂、洛之学"，金履祥曾"事同郡王柏，从登何基之门。基则学于黄榦，而榦亲承朱熹之传者也"①，故为朱熹三传弟子。宋德祐初以史馆编修召，未及任用而宋亡。金履祥在元代未曾出仕，基本隐居于婺州一带。著有《尚书表注》4 卷、《尚书注》12 卷、《尚书杂论》1 卷、《深衣小传》1 卷、《大学章句疏义》1 卷、《大学指义》1 卷、《论语集注考证》10 卷、《孟子集注考证》7 卷、《中庸标注》《通鉴前编》18 卷举要 3 卷、《仁山文集》6 卷，又纂有《濂洛风雅》6 卷等。金履祥学问渊深博通，柳贯叙述金履祥学问特征云："先生之学，以其绝禀济之精识，得于义理之涵濡，而成于践修之充阐。研究经义，以究窥圣贤心术之微；历考传注，以服袭儒先识鉴之确。无一理不致体验，参伍错综，所以约其变；无一书不加点勘，铅黄朱墨，所以发其凡。平其心，易其气，而不为浚恒之求深；钩其玄，探其赜，而不为臆决之无证。自其壮岁，韬英蓄锐，致其人十己百之功，固已深造自得乎优柔厌饫之域。迨夫晚暮，意笃见凝，心和体舒，所发皆晬盎，所趣皆宽平，于一动作语默之间，自然丕冒大和之内，而无回护掩覆之弊。学之成己，盖若此也。"②金履祥本人的文学成就不能算太高，但他的学问探求路径以及经学思想对于元代婺州文人群的文风影响颇深。而且，金履祥的弟子有许谦、郭子昭、柳贯、卫富益等，尤其许谦、柳贯在文学上的作为和影响更是著名深远。

　　胡长孺（1249—1323），一作艮儒，字汲仲，号石塘，婺州永康人。宋亡，退栖永康山中。"初师青田余学古，学古师王梦松，梦松亦青田人，传龙泉叶味道之学，味道则朱熹弟子也。渊源既正，长孺益行四方，访求其旨趣，始信涵养用敬为最切，默存静观，超然自得，故其为人，光明宏伟，专务明本心之学，慨然以孟子自许。唯恐斯道之失其传，诱引不倦，一时学者慕之，有如饥渴之于食饮。"③与从兄之纲、之纯皆以经术文学名，人称"三胡"，著有《瓦缶编》《南昌集》《宁海漫抄》《颜乐斋稿》《石塘文稿》等。

　　许谦（1269—1337），字益之，金华人，学者称白云先生。"闻金仁山履祥

　　① 《元史》卷一八九《儒学传一》，第 14 册，第 4316 页。
　　② 柳贯《故宋迪功郎史馆编校仁山先生金公行状》，《柳贯集》卷二〇，下册，第 532 页。
　　③ 《元史》卷一九〇《儒学传二》，第 14 册，第 4333 页。

讲道兰江,乃往就为弟子"①,"于书无不读,穷探圣微,虽残文羡语,皆不敢忽"②,著有《白云集》《观史治忽几微》《诗集传名物钞》8 卷等。黄百家云:"金华之学,自白云一辈而下,多流而为文人"③,全祖望也认为"婺中之学,至白云而所求于道者,疑若稍浅,渐流于章句训诂,未有深造自得之语,视仁山远逊之,婺中学统之一变也"④。至于许谦的创作成绩,四库馆臣认为:"其诗理趣之中颇含兴象,五言古体尤谐雅音,非《击壤集》一派惟涉理路者比。文亦醇古,无宋人语录之气,犹讲学家之兼擅文章者也。"⑤

　　柳贯(1270—1342),字道传,号乌蜀山人,婺州浦江人。柳贯曾受学于金履祥,柳贯"虽受经于金履祥,其文章轨度则出于方凤、谢翱、吴思齐、方回、龚开、仇远、戴表元、胡长孺;其史学及掌故、旧闻则出于牟应龙",总体而言,柳贯"学问渊源,悉有所受,故其文章原本经术,精湛闳肆,与金华黄溍相上下"⑥,"究其旨趣,又遍交故宋之遗老,故学问皆有本末"⑦。余阙认为"文之敝,至宋亡而极矣,故我朝以质承之,涂彩以为素,琢雕以为朴。当是时,士大夫之习尚,论学则尊道德而卑文艺,论文则崇本实而去浮华。盖久而至于至大、延祐之间,文运方启,士大夫始稍稍切磨为辞章,此革之四而趋功之时也。浦江柳先生挟其所业北游京师,石田马公时为御史,一见称之,已而果以文显。由国子助教,四转而为翰林待制兼国史院编修官。盖先生早从仁山金先生学,其讲之有原,而淬砺之有素,故其为文缜而不繁、工而不镂,粹然粉米之章,而无少山林不则之态"⑧,苏天爵认为柳贯之文"本诸圣贤之经,考求汉唐之史,凡天文、地理、井田、兵制、郊庙之礼乐,朝廷之官仪,下至族姓、方技,莫不稽其沿袭,究其异同,参谬误以质诸文,观会通以措诸用"⑨,之所以能如此,危素认为柳贯"少历游前代遗老之门,该综百氏,根极壶奥,故其文雄浑严整,长于议论,

①　《宋元学案》卷八二《北山四先生学案》,第 4 册,第 2756 页。

②　《元史》卷一八九《儒学传一》,第 14 册,第 4318 页。

③　《宋元学案》卷八二《北山四先生学案》,第 4 册,第 2801 页。

④　全祖望《宋文宪公画像记》,《宋元学案》卷八二《北山四先生学案》,第 4 册,第 2801 页。

⑤　《钦定四库全书总目》卷一六六"《白云集》四卷",下册,第 2216 页。

⑥　《钦定四库全书总目》卷一六七"《待制集》二十卷附录一卷",下册,第 2232 页。

⑦　《宋元学案》卷八二《北山四先生学案》,第 4 册,第 2759 页。

⑧　余阙《待制集序(至正十年八月)》,《全元文》卷一四九五,第 49 册,第 137—138 页。

⑨　苏天爵《柳待制文集叙》,《全元文》卷一二五三,第 40 册,第 79 页。

而无一语蹈陈袭故,盖杰然于当时者也"①。宋濂在柳贯的行状中指出,其在元代中晚叶与黄溍、虞集、揭傒斯齐名,称"儒林四杰",著有《柳待制文集》20卷、《字系》2卷、《近思录广辑》3卷、《金石竹帛遗文》10卷等。

叶谨翁(1272—1346),字审言,又号赘翁,晚号曲全道人,婺州金华人,江南名儒叶霖之子,"性明达,而益有知,于书无不读。由家传之端绪,溯儒先之原委,卓然自立"。黄溍云"里居之日,最所友善者,许文懿公谦、翰林待制柳公贯、太常博士胡君助、礼部郎中吴君师道、翰林修撰张君枢,而溍亦幸获陪诸公之末"②,所为诗文和易平实,无纤丽之态。著有《四勿斋稿》若干卷、《曲全集》若干卷。

黄溍,字晋卿,婺州义乌人,延祐首科(1315)进士。黄溍的学术渊源,清人王廷曾概述云:比及成童"禀业主山南刘氏(刘应龟),凡十五年。随取征于故老。二十而执弟子礼于南岩方氏(方凤),垂四十年。先生故石氏(石一鳌)甥也,事晋卿(石一鳌)三十五年,接唐卿(王世杰)之绪。总角预南稜(王炎泽)弟子列,五十年续通斋(叶由庚)之宗……又因方氏,与吴思齐为忘年交,并溯龙川(陈亮)"③。宋濂在黄溍行状中指出,黄溍"在禁林,会修本朝后妃功臣传,先生为条陈义例,多所建明,士类服其精允。进经筵者三十有二,经筵无专官,曰领、曰知,咸宰执、近臣,讲文之述,率属先生订定,非有关于治道之大者,不敢上陈,其启沃之功为多"④。杨维桢认为"我朝文章,雄唱推鲁姚公,再变推蜀虞公,三变而为金华两先生也……柳太常如东鲁社翁课闾阎子弟,言言有遗事;黄太史如独茧遗丝,初不谐众响,至趣柱缅弦,激绝之音出于天成者,亦非众音可谐也"⑤。诚如《元史》评述所认为的那样,黄溍的文章"俯仰雍容,不大声色,譬之澄湖不波,一碧万顷,鱼鳖蛟龙,潜伏不动,而渊然之光,自不可犯"⑥。著有《日损斋稿》33卷、《尚书标说》6卷、《春秋世变图》2卷、《春秋授

① 危素《柳待制文集序(庚寅,至正十)》,《全元文》卷一四七〇,第48册,第219页。

② 黄溍《叶审言墓志铭》,《黄溍全集·金华黄先生文集》卷三三,下册,第483—484页。

③ 王廷曾《补订黄文献公集序》,《黄文献公集》卷首,转引自慈波《黄溍评传》,第19页。

④ 宋濂《故翰林侍讲学士中奉大夫知制诰同修国史同知经筵事金华黄先生行状》,《宋濂全集》卷七六,第4册,第1853—1854页。

⑤ 杨维桢《故翰林侍讲学士金华先生墓志铭》,《杨维桢全集校笺》卷七八"东维子文集卷二十四",第7册,第2555页。

⑥ 《元史》卷一八一《黄溍传》,第14册,第4189页。

受谱》1卷、《古职方录》8卷、《孟子弟子列传》2卷、《义乌志》7卷、《义乌黄氏族谱图》、《日损斋笔记》2卷、《临池拾遗记》、《黄文献集》10卷等。有门人弟子:刘涓、王袆、宋濂、戴良、傅藻等著名于时。

胡助(1278—1362),字履信,一字古愚,自号纯白道人,婺州东阳人。虞集认为"通义有文学善书札者",胡助"褒然为之首"①,四库馆臣认为胡助"诗文皆平易近人,无深湛奇警之思,而亦无支离破碎之病,要不失为中声"②,著有《纯白斋类稿》30卷。

陈樵(1278—1365),字居采,婺州东阳人。与同郡黄溍友善,至正中,隐居,身着鹿皮,自号鹿皮子。终生不仕,专意著述。杨维祯作《鹿皮子文集序》云:"自今观之,孔孟而下,人乐传其文者,屈原、荀况、董仲舒、司马迁;又其次,王通、韩愈、欧阳修、周敦颐、苏洵父子。逮乎我朝,姚公燧、虞公集、吴公澄、李公孝光。凡此十数君子,其言皆高而当,其义皆奥而通也。虞、李之次,复有鹿皮子者焉,著书凡二百余卷。予殆读其诗,曰:'李长吉之流也。'又读其赋,曰:'刘禹锡之流也。'至读其所著书,而后知其可继李、虞,以达乎欧、韩、王、董,以羽仪乎孔、孟子。盖公生于盛时,不习训诂文,而抱道大山长谷之间。其精神坚完,足以立事。其志虑纯一,足以穷物;其考览博大,足以通乎典故;而其超然所得者,又足以达乎鬼神天地之化。宜其文之所就,可必行于人,为传世之器无疑也。"③著有《洪范传》1卷、《负暄野录》2卷、《鹿皮子集》4卷,以及《易象数新说》《四书本旨》《孝经新说》《太极图解》《通书解》《圣贤大意》《经解》《性理大明》《石室新语》《答客问》等。

吴师道(1283—1344),字正传,早岁"工辞章,才思涌溢,亹亹不已,时出为歌诗,尤俊逸清丽"。虽不及受业于金履祥之门,但曾"耳濡目染其微词奥义于遗编之中,间以质于许氏,而悉究其旨趣"④,《元史》指出吴师道"因读宋儒真德秀遗书,乃幡然有志于为己之学,刮摩淬砺,日长月益,尝以持敬致知之说质于同郡许谦,谦复之以理一分殊之旨,由是心志益广,造履益深,大抵务在发挥义理,而以辟异端为先务"⑤。就古文成绩而言,吴师道"既以道自任,晚

①　虞集《送胡士则序》,《虞集全集·道园类稿》卷二一,上册,第560页。

②　《钦定四库全书总目》卷一六七"纯白斋类稿二十卷、附录二卷",下册,第2239页。

③　杨维祯《鹿皮子文集序》,《杨维祯全集校笺》卷六〇"东维子文集卷六",第5册,第1984页。

④　黄溍《吴正传文集序》,《黄溍全集·金华黄先生文集》卷一八,上册,第259—260页。

⑤　《元史》卷一九〇《儒学传二》,第14册,第4344页。

益邃于文,剖悉之精,援据之博,议论之公,视古人可无愧"①。著有《兰阴山房类稿》(即今所传《吴礼部集》)20 卷、《春秋胡传附辨》《春秋胡传补说》《三经杂说》(《易杂说》《书经杂说》《诗杂说》)8 卷、《战国策校注》10 卷、《敬乡录》14 卷、《吴礼部诗话》1 卷,附录 1 卷、《绛守居园池记校注》1 卷。

张枢(1292—1348),字子长。父张观光,曾为婺州路教授。"肆笔成章,顷刻数千言。有问以古今沿革、政治得失、宇宙之分合、礼乐之废兴,以至帝号官名、岁月先后,历历如指诸掌。其为文,务推明经史,以扶翼教道,尤长于叙事。"著有《春秋三传归一义》30 卷,《刊定三国志》65 卷,《林下窃议》《曲江张公年谱》各 1 卷,《敝帚编》若干卷②。

吴莱(1297—1340),本名来凤,字立夫,婺州浦阳人。集贤大学士吴直方之子,"辈行稍后于贯、潨"。《元史》借柳贯、黄潨之语高度评述吴莱文章成就云:"贯平生极慎许与,每称莱为绝世之才。潨晚年谓人曰:'莱之文,崒绝雄深,类秦、汉间人所作,实非今世之士也。吾纵操觚一世,又安敢及之哉!'"③四库馆臣也认为,"莱与黄潨、柳贯并受业于宋方凤,再传而为宋濂,遂开明代文章之派,故年不登中寿,身未试一官,而在元人中屹然负词宗之目,与潨、贯相埒"。四库馆臣也借张纶之笔认为吴莱的议论文字"虽古之辨士莫能过也",歌赋之文,"皆雄深卓绝,真先秦两汉间作者",不过四库馆臣非常同意胡助对吴莱文章的评价:"'他人患其浅陋,而莱独患其宏博',斯为笃论矣。"④吴莱著有"《尚书标说》6 卷、《春秋世变图》2 卷、《春秋传授谱》1 卷、《古职方录》8 卷、《孟子弟子列传》2 卷、《楚汉正声》2 卷、《乐府类编》100 卷、《唐律删要》30 卷、文集 60 卷。他如《诗传科条》《春秋经说》《胡氏传证误》,皆未脱稿"⑤。

胡翰(1307—1381),字仲申,婺州金华人。"从礼部吴公学(吴师道)。公一见,即期以远器。继从吴先生(吴莱)于莆阳,博览经史,靡所不究。又登文懿许公(许谦)门,南北士在讲下者,皆愿与交。复以所著文进之文献黄公(黄潨)、待制柳公(柳贯),二公称赞不容口。翰撰张公(张枢)于文最少所许可,

---

① 黄潨《吴正传文集序》,《黄潨全集·金华黄先生文集》卷一八,上册,第 260 页。
② 《元史》卷一九九《隐逸传》,第 15 册,第 4477—4478 页。
③ 《元史》卷一八一《黄潨传附传》,第 14 册,第 4190 页。
④ 《钦定四库全书总目》卷一六七"渊颖集十二卷、附录一卷",下册,第 2231 页。
⑤ 《元史》卷一八一《黄潨传附传》,第 14 册,第 4189—4190 页。

见先生之文,无异辞也","于当世名公卿多所交接,惟武威余公阙、宣城贡公师泰号知己"①。胡翰曾与修《元史》,其文章"蓄德而著言,本乎六经,参乎史汉以及诸子,訇乎其有声,炳乎其有光。若明堂之朝,严阶陛,盛冠裳,而侯伯华戎之分截如也;若泰坛之祀,列陶匏,燔牲玉,而龙衮璪冕之容恪如也。先生恒不以为足,逮老而志不少衰,每片言之出,士林传诵,王公大臣争虚左延誉,以不得见为恨,而天下学士仰之如景星卿云,将谓再起蒲车,置于玉堂之署,黼黻皇猷,弥纶文化,而整饬一代之言"②;其诗歌,四库馆臣认为:"诗不多作,故卷帙寥寥,而格意特为高秀。朱彝尊《静志居诗话》曰:金华承黄文献溍、柳文肃贯、吴贞文莱之后,多以古文词鸣,诗非所好。以诗论,吾必以仲申为巨擘焉。"③钱谦益认为胡翰与宋濂、王祎互为友朋,在黄溍、柳贯之后,"而仲申继之,一时文誉大著,与宋、王不相上下"④。

宋濂(1310—1381),字景濂,婺州浦江人。"受业于闻人梦吉先生,授以《春秋》三《传》之学"⑤。"其友胡君翰曰:'举子业不足恩景濂,盍为古文辞乎?'遂与俱往莆阳,从吴莱先生学。吴先生博极经史,善为古章句,景濂学之悉得其蕴奥,久之,文章之名藉然著闻矣。"⑥"当是时,乡先生翰林待制柳公贯、翰林侍讲学士黄公溍,皆大儒天下所师仰,景濂又各及其门,执弟子礼。而此两公者,则皆礼之如朋友。柳公曰:'吾邦文献,浙水东号为极盛,吾老矣,不足负荷此事,后来继者,所望惟景濂。以绝伦之识,而济以精博之学,进之以不止,如驾风帆于大江中,其孰能御?'黄公曰:'吾乡得景濂,斯文不乏人矣!'景濂所为文,多经二公所指授。"⑦"于天下之书无不读,而析理精微,百氏之说,悉得其指要。至于佛老氏之学,尤所研究,用其义趣,制为经论,绝类其语言,置诸其书中,无辨也。青田刘君基谓其:'主圣经而奴百氏,驰骋之余,取老、佛语以资嬉剧,譬犹饫粱肉而茹苦荼、饮茗汁耳。'"⑧明初国家著述多宋濂记述,

---

① 吴沉《长山先生胡公墓铭》,程敏政《明文衡》卷八四,清文渊阁四库全书本。

② 刘刚《胡仲子集后序》,《胡仲子集》卷末,清文渊阁四库全书本。

③ 《钦定四库全书总目》卷一六九"胡仲子集十卷"条,下册,第2269页。

④ 钱谦益《列朝诗集甲集第十五》"胡教授翰"小传,第1579页。

⑤ 郑楷《翰林学士承旨嘉议大夫知制诰兼修国史兼太子赞善大夫致仕》,《宋濂全集》附录二,第5册,第2592页。

⑥ 王祎《宋太史传》,《宋濂全集》附录二,第5册,第2568页。

⑦ 王祎《宋太史传》,《宋濂全集》附录二,第5册,第2568页。

⑧ 王祎《宋太史传》,《宋濂全集》附录二,第5册,第2569页。

郑涛叙述云"先生在朝日久,若郊社、宗庙、山川、百神之典,朝享、宴庆、礼乐、律历、衣冠之制,四夷朝贡赏赍之仪,及勋臣名卿焯德耀功之文,承上旨意,论次纪述"①,总裁《元史》,主编《大明日历》,编成《洪武圣政记》《辨奸录》《孝慈录》等。王祎综合其时名人对宋濂文章的评价写道:"初若不经思,而用意极精密,浩浩乎莫窥其际,源源乎不知其所穷,洋洋乎不见其有所不足也……柳公谓其浑雄可喜,黄公谓其雄丽而温雅。莆田陈君旅,知言士也,为之序曰:'柳公之文,庞郁隆凝如泰山之云,层铺叠涌,杳莫穷其端倪;黄公之文,清圆密切,动中法度,如孙吴用兵,神出鬼没,而部伍不乱;景濂之文,其辞韵沉郁类柳公,体裁简严类黄公,大哉文乎,其不可无渊源乎?'盖以景濂为能兼二公之所长矣。翰林学士承旨庐陵欧阳公玄于二公为行辈,尝评景濂文:'气韵沉雄如淮阴出师,百战百胜,志不少慑;神思飘逸如列子御风,翩然骞举,不沾尘土;辞调尔雅如殷卣周彝,龙纹漫灭,古意独存;态度多变如晴跻终南,众皱前陈,应接不暇。非才具众长,识迈千古,安能与于斯?'其为当世所称许如此。于是二公相继即世,而景濂踵武而起,遂以文章家名海内。"②《明史》论定宋濂的文学史意义及影响云:"为文醇深演迤,与古作者并。在朝,郊社宗庙山川百神之典,朝会宴享律历衣冠之制,四裔贡赋赏劳之仪,旁及元勋巨卿碑记刻石之辞,咸以委濂,屡推为开国文臣之首。士大夫造门乞文者,后先相踵。外国贡使亦知其名,数问宋先生起居无恙否。高丽、安南、日本至出兼金购文集。四方学者悉称为'太史公',不以姓氏。虽白首侍从,其勋业爵位不逮基,而一代礼乐制作,濂所裁定者居多。"③"所著文有《潜溪集》40卷,《萝山集》5卷,《龙门子》3卷,《浦阳人物记》2卷,《翰苑集》40卷,《芝园集》,归田以后所著,计40卷"④。

戴良(1317—1383),字叔能,号九灵山人,婺州浦江人。"年逾弱冠,从乡先生柳翰林游,前后几十寒暑"⑤,"天文、地理、医卜、佛老之书,靡不精究其

---

① 郑楷《翰林学士承旨嘉议大夫知制诰兼修国史兼太子赞善大夫致仕》,《宋濂全集》附录二,第5册,第2596页。

② 王祎《宋太史传》,《宋濂全集》附录二,第5册,第2568页。

③ 张廷玉等《明史》卷一二八,第3788页。

④ 郑楷《翰林学士承旨嘉议大夫知制诰兼修国史兼太子赞善大夫致仕潜溪》,《宋濂全集》附录二,第5册,第2600页。

⑤ 戴良《倪仲权索予书所作诗文题其后》,《戴良集·九灵山房集》卷二二《鄞游稿》第八,第253页。

旨。初治经,习举子业,寻弃去,专力为古文。时柳文肃公贯、黄文献公溍、吴贞文公莱皆以文章鸣浙水东,先生往来受业门下,尽得其阃奥。与文肃公尤亲密,公之死,为经纪其家,持心丧三年始归。余忠宣公阙持宪节过婺州,闻先生善歌诗,数相过从,论古今作者词旨优劣。公欣然曰:'士不知诗久矣,非子,吾不敢相语。'乃尽授以平日得于师友者,而先生诗名遂雄视乎东南矣"①。揭汯评价戴良诗文成绩云:"先生以聪敏之资、笃诚之志,而学文于柳待制先生、黄文献公,又学诗于余忠宣公阙。故其文叙事有法,议论有原,不为刻深之辞,而亦无浅露之态;不为纤秾之体,而亦无矫亢之气。盖其典实严整则得之于柳先生者也,缜密明洁则得之于黄文献公者也,而又加之以春容丰润,故意无不达,味无不足。其诗则词深兴远,而有锵然之音、悠然之趣,清逸则类灵运、明远,沉蔚则类嗣宗、太冲,虽忠宣公发之,而自得者尤多。夫诗文之法具于六经,而得之者鲜,盖其说固在于方册,而口传心授之要实又在于师承也。不得其要,不惟自误,而又以误人,所以必就有道而正焉者此也。先生游于三先生之门,朝论夕讲,日探月索,故能得其得、有其有,而发之于外,纵横上下,无适而不合,可以黼黻,可以弦歌。"②鲍廷博也认为戴良诗文成绩可与宋濂并美:"诗文孤峭廉洁,一洗当时萎苶之习。生当元季末造,明祖龙兴,旁求遗彦,此正文章华国、千载一时之遇。使其稍自贬损,入仕帷幄,吾知朝廷诏诰铭颂大手笔,必有资其撰述者,宋文宪不得专美一时矣。"③所著有《和陶诗》1卷,《九灵山房集》30卷,《春秋经传考》32卷等。

王祎(1322—1374),字子充,号华川,婺州义乌人。祖父王炎泽,石峡书院山长,有学术。父王良玉为常山教谕,读书善辨,深于《春秋》之学。"师事侍讲黄文献公溍。是时文献为文章宗工,天下所师,仰然性介特,慎许可,见公所业,独深器之,即属以斯文之任"④,"与宋濂、胡翰为友,博通群书,究极奥窔,慕司马迁之文,探禹门,泛钱塘,涉江涛,沂震泽,久而有得"⑤。洪武二年(1369)诏修《元史》,"召宋公濂与公同为总裁官。二月入史局。公于史事雅

---

① 赵友同《故九灵先生戴公墓志铭》,《戴良集》卷三〇,第341页。
② 揭汯《九灵山房集原序(至正二十五年十月初一)》,《全元文》卷一五九二,第52册,第76—77页。
③ 鲍廷博《重刻九灵山房集序》,《戴良集》附录,第388页。
④ 郑济《翰林待制华川王公行状》,程敏政《皇明文衡》卷六三,任继愈主编《中华传世文选》,吉林人民出版社1998年,第612页。
⑤ 廖道南《殿阁词林记》卷六,文渊阁钦定四库全书本史部七,传记类三,第452册,第244页。

擅其长,力任笔削之劳,一无所诿。"①。宋濂评价王祎文章认为:"其幼时所为
文,幅程广而运化闳,光焰奕奕起诸公间,譬之构厦屋者揣材甚多而基绪亦以
广矣。及齿逾弱龄,辄出游浙东西,渡江涉淮,历齐鲁之墟,至燕代而休焉,所
见乔岳长河,摩日月而盘云烟,精神翕然与之冥会。故其为文波浪涌而鱼龙
张,风霆流而雨雹集,五采竞明,而十日并照。譬之台阁已建,楹础骈列,觚棱
高骞,而气象益以沉雄。荐绅之徒咸以为不可企仰,而子充自视则犹歉然也。
于是,退藏重山密林中,愈沉酣于古,而密体于方。今凡天人之理,性命之奥,
皆肆其玄览而养厥,灵淳其学,遂底于成,而年亦已逾四十矣。故其为文,浑然
天成而条理弗爽,使人挹之而逾深,味之而弗竭。其平日华绮豪放之习,至是
刊落殆尽。"②四库馆臣也认为"祎师黄溍,友宋濂,学有渊源,故其文醇朴闳
肆,有宋人轨范。濂序称其文凡三变,初年所作幅程广而运化宏;壮年出游之
后,气象益以沉雄,暨四十以后乃浑然天成,条理不爽,可谓知祎之深矣"③。
所著有《华川前后集》二十五卷,《玉堂杂著》二卷,诗五卷,《续东莱大事记》七
十九卷。

　　苏伯衡(1330—1388),字平仲,婺州金华人。"其先本眉州,九世祖宋尚
书、仆射文定公辙。辙长子徽猷阁待制、工部侍郎迟守金华,因家焉",少警敏
绝伦,诵说不劳而习。中岁大肆力于文词,精博敷腴,人谓有祖风致"④,"与刘
基、宋濂、魏观、胡翰相友善"⑤,"为人恬静寡欲,年四十始娶。容貌不逾中人,
而学问可以兼天下。平居正襟凝思,渊止山立,虽寒暑风雨,利欲纷华,皆不之
知,故能覃精于义理,名物典故事为之要,发为文词,俄顷数千言"⑥。洪武二
年(1369)与修《元史》。方孝孺评价苏伯衡文章认为"顿挫阖辟而不至于肆,
驰骤反复而不至于繁。崇之于天,深之于渊,无不探也;奥之于道德,著之于政
教,无不究也,而未尝用其智巧以为之也"⑦,认为得其先人苏轼、苏辙作文之

---

① 郑济《翰林待制华川王公行状》,程敏政《皇明文衡》卷六三,《中华传世文选》第612页。
② 宋濂《华川后集原序》,《宋濂全集》卷三四,第2册,第739—740页。
③ 《钦定四库全书总目》卷一六九"《王忠文公集》二十四卷",下册,第2264页。
④ 黄佐《国子监学正苏伯衡传》,黄佐《南雍志》卷二二,江苏省立国学图书馆据明本影印本,1930年。
⑤ 廖道南《编修苏伯衡》,廖道南《殿阁词林记》卷八,文渊阁四库全书本,史部七,传记类三,第452
册,第260页。
⑥ 黄佐《国子监学正苏伯衡传》,黄佐《南雍志》卷二二,江苏省立国学图书馆据明本影印本,1930年。
⑦ 方孝孺《苏太史文集序》,方孝孺《逊志斋集》卷一三,文渊阁四库全书本,集部六,别集类五,第
1235册,第370页。

法。著有《苏平仲文集》十六卷。

张丁(1338—1377),字孟兼,以字行,婺州浦江人。"为人侃侃自许,涉猎书史,颇有俊才,为乡里所称"①,与修《元史》。胡应麟《国朝上洪永成弘》云:"国初闻人率由越产,如宋景濂、王子充、刘伯温、方希古、苏平仲、张孟兼、唐处敬辈,诸方无抗衡者",将张丁与宋濂、王祎、刘基辈视为同列。四库馆臣也认为张丁诗文可与宋濂、刘基一列,"孟兼与宋濂同里,其被召也,濂实荐之。太祖与刘基论一时文人,基称宋濂第一,而己居其次,又其次即孟兼。今虽不睹其全集,而即二卷以观其诗文,温雅清丽,具有体裁,而龙骧虎步之气,亦隐然不可遏抑,接迹二人(宋濂、刘基),良足骖驾。基虽一时之论,即以为定评可矣"②。张丁著有《白石山房逸稿》六卷。

以上列举人员是元明之际婺州文人群中文学成就较为杰出的人选,而所以能一个时间内出现一大群优秀作家与文人,应该是时运与该地方文化特质互相成就的结果。胡翰《华川集序》历数婺州元初至明初时候著名文人以及他们层梯密集的关系这样写道:"吾乡以学术称者,在至元中,则金公吉甫、胡公汲仲为之倡。汲仲子后,则许公益之、柳公道传、黄公晋卿、吴公正传、胡公古愚,卓立并起,而张公子长、陈公君采、王公叔善,又皆彬彬和附于下。当南北混一,方地数万里,人物非可亿计,而言文献之绪者,以婺为称首","逮至正以后,黄公犹秉笔中朝,于是沦谢始尽,而得吾子充绍其声光"③。正如婺州文人所自诩,自金履祥、胡长孺至胡翰、宋濂、王祎辈,他们"皆以斯文羽翼其道者也",而论及师友承传渊源,则所谓"海内论乡学渊源之懿,师友继承之笃,盖莫如吾婺"④,确为的论。就地方文化特征而言,是因为金华乃程朱理学的研习重镇,全祖望指出:"北山一派,鲁斋、仁山、白云,即纯然得朱子之学髓,而柳道传、吴正传以逮戴叔能、宋潜溪一辈,又得朱子之文澜。蔚乎盛哉!是数紫阳之嫡子,端在金华也。"⑤而且,婺州文人承吕祖谦之训,不仅理学探研热情很高,而且也热衷于文学创作,从金履祥开始,尤其以许谦为发端,此后,婺州

① 方孝孺《张孟兼传》,方孝孺《逊志斋集》卷二一,文渊阁四库全书本,集部六、别集类五,第1235册,第609页。

② 《钦定四库全书总目》卷一六九"《白石山房逸稿》二卷"条,下册,第2270页。

③ 胡翰《华川集序》,《全元文》卷一五六四,第51册,第203页。

④ 陈相《白云集原序》,许谦《白云集》卷首,文渊阁四库全书本,集部五、别集类四。

⑤ 《宋元学案》卷八二《北山四先生学案》,第4册,第2727页。

学统渐流而为文统,多出文章之士。全祖望又指出:"婺中之学,至白云而所求于道者,疑若稍浅,渐流于章句训诂,未有深造自得之语,视仁山远逊之,婺中学统之一变也。义乌诸公师之,遂成文章之士,则再变也。至公而渐流于伈佛者流,则三变也。犹幸方文正公为公高弟,一振而有光于西河,几几乎可以复振徽公之绪,惜其以凶终,未见其止,而并不得其传。虽然,吾读文献、文肃、渊颖及公之文,爱其雅驯不佻,粹然有儒者气象,此则究其所得于经苑之坠言,不可诬也。词章虽君子之余事,然而心气由之以传,虽欲粉饰而卒不可得。公以开国巨公,首倡有明三百年钟吕之音,故尤有苍浑肃穆之神,旁魄于行墨之间,其一代之元化,所以鼓吹休明者欤!"[1]在全祖望看来,尽管婺州文人由经学之士渐流而为文学之士,但气象之间仍旧不失儒者苍浑肃穆之神。这种气象究其源头,又与元代馆阁文人的创作导向密切相关。从元代中叶科举考试以来,以程朱理学为创作核心,"文章以道轻重,道以文章轻重"[2],儒学与文艺合为一体的写作理念,藉由馆阁文人和进士们倡导和引领,成为一代文学风气。这种时代风气又几乎就是婺州地方创作风气,所以婺州文人群在时运相济的背景下,风声气习,影响风靡海内域外,也在情理之中了。

另外,值得一提的是,依据《元史·地理志》划分,浙东区域指浙东海右道肃政廉访司管辖区域,包括婺州路(含县六:金华、东阳、义乌、永康、武义、浦江;州一:兰溪州)、绍兴路(含县六:山阴、会稽、上虞、萧山、嵊县、新昌;州二:余姚州、诸暨州)、温州路(含县二:永嘉、乐清;州二:瑞安州、平阳州)、台州路(含县四:临海、仙居、宁海、天台;州一:黄岩州)、处州路(含县七:丽水、龙泉、松阳、遂昌、青田、缙云、庆元)[3]。在杨复吉看来,到元末,浙东文人群除了婺州文人英声震于一时之外,诸如温州文人李孝光、陈高,台州文人陈基、方孝孺,处州文人杨维桢、刘基等也矫矫不凡,郁为后劲。

郑元祐(1292—1364),字明德,处州遂昌人。"十五辄弄笔墨,作诗赋往往出奇语惊人","不出户庭者十年。于书无所不读,作为文章,滂沛豪宕有古作者风。时咸淳诸遗老犹在,君遍游其门,质疑稽隐,其见闻充然有得,侃侃以奇气自负,诸老皆折节下之。""君之学淹贯而博洽,君之行纯诚而笃实,君之

---

①《宋元学案》卷八二《北山四先生学案》,第4册,第2801页。

② 姚燧《送畅纯甫序》,《姚燧集·牧庵集》卷四,第69页。

③《元史》卷六二《地理志五》,第5册,第1497—1499页。

见高明而正大,君之文雄深而雅健,君之诗清峻而苍古,君之书严劲而端丽,其见之绪余,如清谈韵,依稀晋人。如君者,盖一代不数人也"①,著有《遂昌山樵杂录》1卷、《侨吴集》12卷。

杨维桢(1296—1370),字廉夫,号铁崖,晚号东维子。善吹铁笛,自称铁笛道人。元泰定四年(1327)进士。著有《礼经约》《四书一贯录》《春秋合题著说》3卷、《补正三史纲目》《史义拾遗》2卷、《宋辽金正统辨》1卷、《历代史钺》200卷、《东维子集》30卷、《铁崖古乐府》10卷、《乐府补》6卷,《丽则遗音》4卷等。其文坛成绩与影响前文已述。

李孝光(1297—1350),字季和,号五峰狂客,温州乐清人。著有《孝经图说》《孝经义疏》《五峰集》10卷、《雁山十记》1卷。四库馆臣评其诗云:"元诗绮靡者多,孝光独风骨遒上,力欲排击古人。乐府古体皆刻意奋厉,不作庸音。近体五言疏秀有唐调,七言颇出入江西派中,而俊伟之气自不可遏。……杂文凡二十首,皆矫矫无凡语。杨维桢作《陈樵集序》举元代作者四人,以孝光与姚燧、吴澄、虞集并称,亦不虚矣。"②

陈基(1314—1370),字敬初,台州路临海人。"从内翰金华黄文献公溍受业","至元仍纪元之元年,从文献游京师","授经筵检讨"。至正二十三年(1363),任张士诚官,超授内史,迁学士院学士,阶通奉大夫,覃恩二代,凡飞书、走檄、碑铭、传记多出于其手。洪武初,与修《元史》。陈基与陈旅、程文、危素并为元末文四家。戴良为陈基文集作序言评述云:"自天历以来,擅名于海内,惟蜀郡虞公、豫章揭公及金华柳公、黄公而已……故一时作者,率皆涵淳茹和,以鸣太平之盛治。其摛辞则拟诸汉、唐,说理则本诸宋氏,而学问则优柔于周之未衰,学者咸宗尚之,并称之曰虞、揭、柳、黄。而本朝之盛极矣。继是而后以文名家者,犹不下数人。如莆田陈公之俊迈,则有得于虞公;新安程公之古洁,则有得于揭公;而临川危公之浩博,则又兼得夫四公之指授者,郁郁彬彬,何可及哉!近年以来,独危公秉笔居中朝,自余数公,常想见其丰采,习闻其声欬,邈然其不可接者,久矣!于是沦谢殆尽而得先生以绍其声光。先生黄公之高第弟子,尝负其所有,涉涛江、游吴中。久之,又自吴逾淮,泝河而北达于燕、赵,留辇毂之下久之。于时虽未有所遇,然自京师及四方之士,不问识与

---

① 苏大年《遂昌先生郑君墓志铭》,《全元文》卷一二二九,第39册,第283—284页。
② 《钦定四库全书总目》卷一六七"《五峰集》六卷"条,下册,第2240页。

不识,见其文者,莫不称美之不置,则其得之黄公者,深矣。岂惟黄公,盖自虞、揭而下数公,亦皆得而师友之。故其为文,雍容纡馀,如冠冕珮玉之周旋堂陛之上;驰骋操纵,如风云蛇鸟之按行兵阵之间;而音节曲折,则与向之数公如出一律也。"①四库馆臣认为陈基受业于黄溍,其诗文"皆操纵驰骋,而自有雍容揖让之度,能不失其师传"②。

陈高(1315—1367),字子上,号不系舟渔者,温州平阳人,至正十四年(1354)进士。"先生为行,洁己而不同于俗,抗节而不屈于物意。所与,惓惓焉不能舍,赴其急水火不避也;所不与,欲其一语一字不可得;所至,合则留,不可则去。"揭汯评其诗文云:"先生为文上本迁固,下猎诸子;先生为诗,上遡汉魏,而齐梁以下勿论也"③,著有《不系舟渔集》15卷附录1卷、《子上存稿》。

刘基(1310—1375),字伯温,处州青田人,元统元年(1333)进士。"博通经史,于书无不窥,尤精象纬之学"④,"习举业,为文有奇气,决疑义,皆出人意表。凡天文、兵法诸书,过目洞识其要。讲性理于复初郑先生,闻濂洛心法,即得其旨意归"⑤,"太祖下金华,定括苍,闻基及宋濂等名,以币聘。基未应,总制孙炎再致书,固邀之,基始出。既至,陈时务十八策。太祖大喜,筑礼贤馆以处基等,宠礼甚至"⑥,"其后太祖取士诚,北伐中原,遂成帝业,略如基谋"⑦。"遗文《郁离子》十卷,《覆瓿集》二十四卷,《写情集》四卷。长子琏又集所遗文稿五卷,名曰《犁眉公集》。"⑧明廷认为:"刘基学贯天人,资兼文武,其气刚正,其才宏博。议论之顷,驰骋乎千古;扰攘之际,控御乎一方。慷慨见予,首陈远略;经邦纲目,用兵后先。卿能言之,朕能审而用之,式克至于今日。凡所建明,悉有成效。"⑨四库馆臣综述刘基诗文与功业成绩也认为:"基遭逢兴运,参预帷幄,秘计深谋,多所裨赞,世遂谬谓为'前知',凡谶纬术数之说,一切附会于基,神怪谬妄,无所不至。方技家递相荧惑,百无一真,惟此一集尚真出基

① 戴良《夷白斋稿序》,《戴良集·九灵山房集》卷一二,第138页。
② 《钦定四库全书总目》卷一六八"夷白斋稿"三十五卷外集一卷"条,下册,第2260页。
③ 揭汯《陈子上先生墓志铭》,《全元文》卷一五九二,第52册,第80—81页。
④ 《明史》卷一二八《刘基传》,第3777页。
⑤ 黄纪善《诚意伯刘公行状》,《刘伯温集》下册,第775页。
⑥ 《明史》卷一二八《刘基传》,第3778页。
⑦ 《明史》卷一二八《刘基传》,第3779页。
⑧ 黄纪善《诚意伯刘公行状》,《刘伯温集》下册,第782页。
⑨ 《诰诏御史中丞诰》,《刘伯温集》附录,下册,第816页。

手。其诗沉郁顿挫,自成一家,足与高启相抗。其文闳深肃括,亦宋濂、王袆之亚。杨守陈序谓'子房之策,不见词章,玄龄之文,仅办符檄,未见树开国之勋业,而兼传世之文章,可谓千古人豪'。斯言允矣。大抵其学问智略如耶律楚材、刘秉忠,而文章则非二人所及也"①,评价颇为中肯客观。

方孝孺(1357—1403),字希直,一字希古,号逊志,台州宁海人。"孝孺幼警敏,双眸炯炯,读书日盈寸,乡人目为'小韩子'"②,"孝孺从濂游,孝孺持所为文上谒濂,愿受业。濂一见大嘉赏异,谓孝孺曰:'吾备伍禁林,数年来阅天下之士亦多矣,而未有如子者。子之文非当时之文也,顾肯从我游乎?'即日馆置左右,日与讨论经史、为文辞。濂归金华,孝孺往来山中凡四年,尽得其所学。自是文章继濂而起,一时四方耆儒宿俊,无不倾心与交"③。"及惠帝即位,召为翰林侍讲。明年迁侍讲学士,国家大政事辄咨之。帝好读书,每有疑,即召使讲解。临朝奏事,臣僚面议可否,或命孝孺就扆前批答。时修《太祖实录》及《类要》诸书,孝孺皆为总裁。更定官制,孝孺改文学博士。燕兵起,廷议讨之,诏檄皆出其手。"④四库馆臣著方孝孺诗文事迹云:"史称孝孺殉节后,文禁甚严,其门人王稔藏其遗稿。宣德后始稍传播。故其中阙文脱简颇多。原本凡三十卷,《拾遗》十卷,乃黄孔昭、谢铎所编。此本并为二十四卷,则正德中顾璘守台州时所重刊也。孝孺学术醇正,而文章乃纵横豪放,颇出入于东坡、龙川之间,盖其志在于驾轶汉唐,锐复三代,故其毅然自命之气,发扬蹈厉,时露于笔墨之间。郑瑗《井观琐言》称其志高气锐,而词锋浩然足以发之。然圣人之道,与时偕行。周去唐虞仅千年,《周礼》一书已不全用唐虞之法,明去周几三千年,势移事变,不知凡几,而乃与惠帝讲求《六官》,改制定礼,即使燕兵不起,其所设施亦未见能致太平,正不必执讲学家门户之见,曲为之讳。惟是燕王篡立之初,齐、黄诸人为所切齿,即委蛇求活,亦势不能存。若孝孺则深欲藉其声名,俾草诏以欺天下。使稍稍迁就,未必不接迹三杨,而致命成仁,遂湛十族而不悔。语其气节可谓贯金石、动天地矣。文以人重,则斯集固悬诸日月不可磨灭之书也。"⑤

---

① 《钦定四库全书总目》卷一六九"《诚意伯文集》二十卷"条,下册,第2263页。
② 《明史》卷一四一《方孝孺传》,第4017页。
③ 过庭训《方孝孺》,《本朝分省人物考》卷五十四,《续修四库全书》,上海古籍出版社2014年版。
④ 《明史》卷一四一《方孝孺传》,第4018页。
⑤ 《钦定四库全书总目》卷一七〇"《逊志斋集》二十四卷"条,下册,第2284—2285页。

综合上述,诚如杨复吉所论述的元代文坛"有元之文分南、北二宗,北宗以元裕之为圭臬,辅之者为李仁卿、郝伯常、杨焕然,其接武而兴者则有刘梦吉、王仲谋、姚端甫、马伯庸、宋诚夫、卢处道、许可用。南宗又分两派,在江右者始于熊与可、吴幼清,而其后虞伯生、揭曼硕、欧阳原功卓然大家"。可是到元末明初,"北学久衰,江右之人材亦不振,惟浙东一派英英辈出,郁为后劲"①。而即便是浙东文人群,其剖而为鄞州文人、婺州文人以及温州、台州、处州文人等,最英挺矫健的是婺州文人群。比较浙东文人群中诸区域文人,又可看到,婺州文人从金履祥、许谦开启,到黄溍杰然而出,与马祖常、欧阳玄、许有壬等并为延祐首科进士,又与同郡柳贯,以文章而与虞集、揭傒斯并称元文四家,慨然振起斯文,令元代以馆阁文人所引领的文章风气弥于天下。黄溍、柳贯之后,更有宋濂、王祎、胡翰等弟子员,无不以文明经,由通经而显文,郁郁彬彬,乘时作势,竟将元代馆阁作文风气带至明代。其中原因固然有地域文化的重要作用,但更离不开时代的际遇。

第二节　朱元璋"元正统论"与浙东文人群的影响

浙东文人群在元明乃至明代中叶的文坛格局的重大影响,学者研究颇富②。人们在指明浙东文人群创作理论中较为明显的理学倾向时,较少联系朱明王朝初期基于政治考虑而奠定的"元正统论"来考量明初浙东文人群的创作倾向上与元代馆阁文人之间的密切关联。事实上,浙东文人群除了具有与朱元璋战争时期建立的君臣信任关系之外,更由于他们在学养上与元代馆阁文人的密切关联,这使得他们对于朱元璋订定"元正统论"的执行没有丝毫违和感。

朱元璋与浙东文人群的关系。元至正十八年(1358)十二月,朱元璋率军

---

① 杨复吉《元文选序》,蒋光煦《东湖丛记》,辽宁教育出版社 2001 年版,第 43—44 页。

② 按:关于明初文坛格局的讨论,像章培恒先生发表于 1989 年的《明代的文学与哲学》(《复旦学报》1989 年第 1 期),廖可斌先生 1991 年发表的《论元末明初的吴中派》(《苏州大学学报》1991 年第 4 期),1993 年的《地域文人集团的兴替与元末明初文学思潮的变迁》(《社会科学战线》1993 年第 4 期),再版于 2016 年的《明代文学思潮史》(人民文学出版社 2016 年),左东岭先生 2007 年的《朝代转折之际文学思想研究的价值与意义》(《光明日报》2007 年 4 月 3 日),再版于 2013 年的《明代文学思想研究》(商务印书馆 2013 年)等都是本篇立论的重要基础。

攻破婺州,并在婺州置中书分省,王袆、宋濂、胡翰、吴沉以及刘基、陶安、章溢、叶琛等为代表的浙东文人群于 1358 年前后逐一成为朱元璋身边的重要参谋①。如王袆与朱元璋,据郑济《翰林待制华川王公行状》载"岁戊戌(1358),大明太祖皇帝亲取婺。或以名闻,遣使征之。……即日诣行在,上见大喜,署中书省掾。每商略机务,悉契上衷,益加礼敬,语必称'子充'而不名。间与论文章,称善。因命采故实,韵为四言诗,以授皇太子"。宋濂与朱元璋,"太祖取婺州,召见濂。时已改宁越府,命知府王显宗开郡学,因以濂及叶仪为《五经》师。明年三月,以李善长荐,与刘基、章、溢、叶琛并征至应天,除江南儒学提举,命授太子经,寻改起居注。濂长基一岁,皆起东南,负重名。基雄迈有奇气,而濂自命儒者。基佐军中谋议,濂亦首用文学受知,恒侍左右,备顾问"。刘基与朱元璋,"及太祖下金华,定括苍,闻基及宋濂等名,以币聘。基未应,总制孙炎再致书,固邀之,基始出。既至,陈时务十八策。太祖大喜,筑礼贤馆以处基等,宠礼甚至","每召基,辄屏人密语移时。基亦自谓不世遇,知无不言。遇急难,勇气奋发,计画立定,人莫能测。暇则敷陈王道。帝每恭己以听,常呼为老先生而不名,曰:'吾子房也。'又曰:'数以孔子之言导予'"。由上述例子中时人对于朱元璋与浙东文人群在 1358—1368 年间关系的描述来看,君臣之间相处融洽,相互学习,共同缔造了簇新的大明王朝。

　　浙东文人群与兴起的新王朝之间深厚的关系,使得他们的影响力大著于其他诸地方文人群,尤其是元末之际活跃于张士诚辖区,影响甚大的吴中文人群。明初的文坛,据胡应麟的描述,至少存在五个比较有影响的地域文人群体,"国初吴诗派昉高季迪,越诗派昉刘伯温,闽诗派昉林子羽,岭南诗派昉于孙蕡仲衍,江右诗派昉于刘崧子高,五家才力,咸足雄据一方,先驱当代",但浙东文人群的影响力最为突出。又如胡应麟所云"国初闻人,率由越产,如宋景濂、王子充、刘伯温、方希古、苏平仲、张孟兼、唐处敬辈,诸方无抗衡者"②。

　　浙东文人群与《元史》的修撰。浙东文人群与朱明王朝的亲厚关系使他们在初明时期享受了大量政治资源,并因此主持撰修了包括《元史》在内的大量代表国家意识形态的著作,如洪武七年(1374),宋濂总裁纂修《大明日历》(又名《皇明宝训》)、《孝慈录》《明太祖文集》;洪武八年(1375)编成《洪武圣

---

① 参见徐永明《宋濂年谱》,浙江大学出版社 2011 年版,第 79—81 页。

② 胡应麟《诗薮·续编》卷一,第 327、326 页。

政记》《洪武正韵》等,抛开这些体现最高统治者意志的著述所可能发生的社会影响不论,浙东文人群秉国家意识形态之力而加诸于对明代文坛的建设意义和深远影响力则颇值得讨论,而《元史》修撰之事不失为最好的切入点。

从时间节点来看,初立的朱明王朝与即亡的元王朝关系颇为微妙。1368年正月,朱元璋在应天府即皇帝位,定有天下之号曰"明",建元洪武;而据《元史·顺帝本纪》记载,1368年7月丙寅,"帝(顺帝)御清宁殿,集三宫后妃、皇太子、皇太子妃,同议避兵北行","八月庚午,大明兵入京城,国亡"①。这说明朱元璋宣布大明朝成立的时间比元顺帝逃出北京的时间早半年多,而且顺帝逃出北京,回到蒙古本部之后,驻扎于应昌府,以元为国号,仍以元王朝的正统势力存在②。时间和形势使得初立明王朝的朱元璋比其他王朝更亟需通过修撰《元史》的方式来表明元统已亡,明缵而绍之,明王朝的建立具有合法合理性。所以,出于政权巩固的考虑,1368年冬,朱元璋即提出修《元史》之事,并于次年,洪武二年(1369)二月,在南京天界寺诏令儒臣修撰《元史》,"皇帝即位之明年,四方次第平,乃诏文学之士萃于南京,命官开局,纂修《元史》"③。在王朝草创之际,各方势力尚处于角逐状态的背景下,《元史》的修撰工作仓促开始。

如前所述,活跃于明初文坛的主要力量除浙东文人群之外,还有诸如吴中文人群以及江右文人群等,但只有浙东文人群在1369年初《元史》撰修之前,已与朱元璋的吴王政权结成十年之久、相互之间信赖有加的君臣关系。相比较而言,能与浙东文人群影响力相抗衡的,活跃于吴中一带的以顾瑛为中心的玉山草堂文人群和以"吴中四杰""北郭十友"为中心的平江文人群,则迷恋诗聚会,关注自我情怀,对国家与政治缺乏热情。而且这些群体又与朱元璋的死

①　《元史》卷四七《顺帝本纪十》,第4册,第986页。

②　按:1368年元惠宗迁都滦京,仍以"大元"为国号,因地处塞北,故称"北元",共二十八位大汗,享国二百六十七年。当时政治形势是除了元惠宗据有漠南漠北的蒙古本土,关中还有元将王保保驻守甘肃,此外元廷还有东北与云南行省。元昭宗宣光二年六月初三(1372年7月3日),明将领冯胜大败元军,明朝从元朝治下收取甘肃行省。宣光八年(1378)四月,元昭宗去世,继位的北元后主脱古思帖木儿在1379年六月改年号为天元,继续和明军对抗,屡次侵犯明境。1371年,元朝辽阳行省平章刘益降明,明朝控制今辽宁南部。1381年,明军的沐英和傅友德攻入云南,梁王把匝剌瓦尔密自杀,明军征服云南地区,元朝对云南的统治结束。1388年,阿里不哥的后裔也速迭儿弑杀脱古思帖木儿篡位,"大元"国号不再使用。1402年元臣鬼力赤篡位建国鞑靼,北元分裂成鞑靼和瓦剌。北元的疆域范围比明朝还大。

③　宋濂《送吕仲善使北平采史序》,《宋濂全集》卷二三,第2册,第456页。

对头张士诚集团有着或深或浅、千丝万缕的联系①。至于其他一些地域群体，则在创作成绩和影响力上都无法与浙东文人群相比。所以浙东文人群成为《元史》的撰修主力，是初立的朱明王朝必然的选择。可以看到，《元史》修撰分前后两个阶段，第一阶段，撰修人员共 16 名②，其中胡翰（婺州）、陶凯（天台）、陈基（临海）、宋禧（余姚）为浙东人；第二阶段的参修人员 15 人③，张孟兼（婺州）、朱右（临海）、朱世濂（婺州）为浙东文人，另外参与校对《元史》的苏伯衡亦为婺州文人，这样《元史》前后两个阶段，再加上两个阶段皆为总裁官的浙东婺州文人宋濂、王祎，共计 33 人，浙东文人群计 11 人，占三分之一，浙东文人群是名副其实的修撰主体④。

　　为迎合朱明王朝急于通过修撰《元史》以昭示新朝已然确立的需要，浙东文人为主体的撰修群体则以史上最快速度修成《元史》。《元史》第一个阶段的撰修，开始于 1369 年 2 月，当年 7 月告一段落，以徐达从元大都秘府缴获的元十三朝实录和虞集主修的《经世大典》为基础，修成元宁宗以前纪 37 卷、志 53 卷、表 6 卷、传 63 卷，共 159 卷，用时 188 天；第二阶段，因缺乏顺帝时代的资料，全书没有完成，于是派欧阳佑等人到全国各地调集顺帝一朝资料，于洪

---

　　①　左东岭《平江文人群体与玉山草堂文人群体关系研究》，《明代文学思潮研究》，商务印书馆 2013 年，第 79、87 页。

　　②　按：《元史》第一阶段的撰修人员共 16 名，雷礼《皇明大政纪》"二月丙寅诏修元史"条载："诏中书左丞相、宣国公李善长为监修，前起居注宋濂，漳州府通判王祎为总裁，征山林遗逸之士汪克宽、胡翰、宋禧、陶凯、陈基、赵壎、曾鲁、高启、赵汸、张文海、徐尊生、黄篪、傅忠（恕）、王錡、傅著、谢徽十六人同为纂修，开局于天界寺，取元《经世大典》诸书以资参考"，雷礼《皇明大政纪》卷二，明万历刻本。

　　③　按：《元史》第二阶段的撰修人员共 14 名，雷礼《皇明大政纪》"乙丑诏续修《元史》"条载"时儒士欧阳祐等采访故元元统以后事实还朝，仍命翰林学士宋濂、侍制王祎为总裁，儒士赵壎、朱右、贝琼、朱世濂、王彝、张孟兼、高逊士、李懋、李汶、张宣、张简、杜寅、殷弼、俞同十四人纂修之"，《皇明大政纪》卷二，明万历刻本。据宋濂《〈元史〉目录后记》载，共 15 人，雷礼所提名单中，少括苍人（今浙江丽水）王廉，洪武三年四月，王廉奉命出使安南，四年二月还。回国后作《南征录》，宋濂为之作序。而《元史》的第二次纂修在洪武三年的二月至七月之间，可以认为，王廉原来参加修史，但因奉命出使，中途退出。据陈高华《〈元史〉纂修考》，《历史研究》1990 年第 4 期。

　　④　按：陈高华指出：从已知 26 人的籍贯来看，其中浙东 9 人（胡翰、陶凯、陈基、张文海、王廉、傅恕、朱右、朱世濂、张孟兼），浙西 11 人（宋濂、徐尊生、傅著、谢徽、高启、贝琼、王彝、张宣、张简、杜寅、殷弼），江东 3 人（汪克宽、赵汸、李汶），江西 2 人（赵壎、曾鲁）。以上都是长江以南之人。两位总裁都是浙东人。唯一例外的是高逊志，他是萧县（今安徽萧县）人。萧县在淮河以北，元代属河南行省，因此高逊志在当时应属"北人"。但他长期寓居嘉兴、"吴门"（平江，即苏州）读书，实际上也可归入浙西之列。这就是说，《元史》的编辑班子实际上是由江南、特别是两浙（浙东、浙西）的文人儒生组成的。陈高华《〈元史〉纂修考》，《历史研究》1990 年第 4 期，第 117 页。

武三年(1370)二月六日重开史局,宋濂、王祎依旧为总裁官,增编顺帝纪 10卷,增补元统以后的《五行》《河渠》《祭祀》《百官》《食货志》各 1 卷,三公和宰相表的下卷,《列传》36 卷,共计 53 卷,计时 143 天。前后历时 331 天,共撰成《元史》210 卷,其中本纪 47 卷,志 58 卷,表 8 卷,列传 97 卷。比起前后历时九十多年,以严谨著称的《明史》,《元史》的完成确如钱大昕所称"古今史成之速,未有如《元史》者"[1],这也能看出浙东文人群率领的修史群体对于朱明王朝意志执行的得力和有效。

朱元璋的"元正统论"与《元史》的论调。而综观明初的文坛格局和社会形势,初立的明王朝虽然急于修《元史》,但针对以北元势力代表元王朝而存在的现实情形,朱明王朝实际还试图借助《元史》的撰修,通过承认元乃正统、王朝更迭实是天数的态度来招徕人心,奉劝北元势力归降明朝。至正二十六年(1366)十二月,朱元璋在应天确立次年(1367)为吴元年。1367 年十月,朱元璋令出征将士传檄文谕告齐、鲁、洛、河、燕、蓟、秦、晋等地之人说,元朝虽起于草野,勘定朔方,但却是天意所择,"自古帝王临御天下,中国居内以制夷狄,夷狄居外以奉中国,未闻以夷狄治天下者也。自宋祚倾移元,以北狄入主中国,四海内外,罔不臣服,此岂人力,实乃天授"[2]。但朱元璋也指出"古云:胡虏无百年之运,验之今日,信乎不谬。当此之时,天运循环,中原气盛,亿兆之中,当降生圣人,驱逐胡虏,恢复中华,立纲陈纪,救济斯民"[3]。檄文的表达逻辑是,由于天意所授,元君虽为北狄,却能顺利入主中华,令四海归服;但是,自古胡虏无百年之运,现在元朝在中华大地上统治过百年,天意不再护佑,所以需要有新朝来立纲陈纪,拯救天下,明朝遂代元而兴。

明王朝崇重故元的核心内容"元正统论",实际期望从天命的角度承认元乃正统这样一个切入点,过渡到天命已归明朝的事实,从而达到沟通北元势力,劝其归顺的目的:"昔者二百年前,华夷异统,势分南北。奈何宋君失政,金主不仁,天择元君,起于草野,戡定朔方,抚有中原,混一南北。逮其后嗣不君,于是天更元运,以付于朕。"[4]对于朱明王朝"元正统论"形成的这层复杂心理,

① 钱大昕《十驾斋养新录》卷九"元史",上海书店 1983 年版,第 195 页。
② 《太祖传檄中原檄》,孔贞运《皇明诏制》卷一,明崇祯七年刻本。
③ 《太祖传檄中原檄》,孔贞运《皇明诏制》卷一,明崇祯七年刻本。
④ 黄光昇《昭代典则》卷十,明万历二十八年周曰校万卷楼刻本。

《元史》虽成书极速,却颇有体现。例如《元史·地理志》卷一篇首对于元朝疆域面积辽阔情形的评述:

> 自封建变为郡县,有天下者,汉、隋、唐、宋为盛,然幅员之广,咸不逮元。汉梗于北狄,隋不能服东夷,唐患在西戎,宋患常在西北。若元,则起朔漠,并西域,平西夏,灭女真,臣高丽,定南诏,遂下江南,而天下为一,故其地北逾阴山,西极流沙,东尽辽左,南越海表。盖汉东西九千三百二里,南北一万三千三百六十八里,唐东西九千五百一十一里,南北一万六千九百一十八里,元东南所至不下汉、唐,而西北则过之,有难以里数限者矣。①

《元史》这段描述在内容上虽基本承袭元朝所撰修的《经世大典》,但在表达上则力加润色以突显元王朝混一南北、亘古未有的雄强。虽不能称不合适,但作为胜朝而如此夸美前朝,则令人颇感突兀。对比其他朝代史书的相关内容,例如,元人述辽代疆域云:

> 东朝高丽,西臣夏国,南子石晋而兄弟赵宋,吴越、南唐航海输贡。嘻,其盛矣!……总京五,府六,州、军、城百五十有六,县二百有九,部族五十有二,属国六十。东至于海,西至金山,暨于流沙,北至胪河,南至白沟,幅员万里。②

元人并非不感慨辽朝国力雄厚、疆域辽阔,但基本是站在中立的视角来描述辽朝的疆域。再如清人对于明朝江山的态度,鉴于康熙皇帝与史臣们再三申明《明史》修撰"关系甚大",务必使后人读之心服③,故其叙述与措辞力求客观中肯。在描述明朝疆域辽阔的事实方面:肯定其"禹迹所奄,尽入版图"的辽阔程度,但描述态度审慎,既不欲淹没其"近古以来,所未有也"的功业,也不夸

---

① 《元史》卷五八《地理志一》,第5册,第1345页。
② 《辽史》卷三七《地理志一》,第1册,第438页。
③ 按:康熙四十三年十一月上谕大学士等曰:"《明史》关系极大,必使后人心服乃佳。《宋史》成于元,其中是非失实者多,是以至今人心不服。有明二百余年,其流风善政,诚不可枚举。今之史官或执己见者有之,或据传闻者亦有之,或用稗史者亦有之,任意妄作此书,何能尽善",刘承乾《明史例案》卷一,民国嘉业堂刻本。

大其词而略失胜朝气势,"明太祖奋起淮右,首定金陵,西克湖、湘,东兼吴、会,然后遣将北伐,并山东,收河南,进取幽、燕,分军四出,芟除秦、晋,讫于岭表。最后削平巴、蜀,收复滇南"①,措辞与用语,《明史》克制的表达可谓精准而中立。而即使是清人自述本朝疆域,虽明明饱含赞誉,也还是努力表现得克制而中立,"有清崛起东方,历世五六。……自兹以来,东极三姓所属库页岛,西极新疆疏勒至于葱岭,北极外兴安岭,南极广东琼州之崖山,莫不稽颡内乡,诚系本朝。于皇铄哉! 汉、唐以来未之有也"②。就疆域的实际面积而言,清朝疆域所及,较诸元朝还胜,而即便如此,比较《清史稿》与《元史》的表述,也能看出二者措辞立意上的差异,前者虽语带夸耀,终不失为本朝自豪态度的体现,而后者赞美有加,不免略带谄谀而不似胜朝姿态。不过,参照朱元璋本人出于招徕人心而表现出来的对故元的崇重态度,则《元史》撰修的笔意立场不仅清晰,而且贴切。再如《元史·食货志一》篇首语中的这一段:

> 元初,取民未有定制。及世祖立法,一本于宽。其用之也,于宗戚则有岁赐,于凶荒则有赈恤,大率以亲亲爱民为重……自时厥后,国用浸广。除税粮、科差二者之外,凡课之入,日增月益。至于天历之际,视至元、大德之数,盖增二十倍矣,而朝廷未尝有一日之蓄,则以其不能量入为出故也。虽然,前代告缗、借商、经总等制,元皆无之,亦可谓宽矣。其能兼有四海,传及百年者,有以也夫。③

《元史·食货志》中的这段篇首语与朱元璋明初对元朝的一些赞慕表态相当贴合。朱元璋曾表述:"元虽夷狄入主中国,百年之内,生齿浩繁,家给人足。朕之祖父,亦预享其太平"④,"朕本布衣,生长君朝承平之时,混于民间,犹勺水之下沧海,一栗之在大仓"⑤。而据《明史·太祖本纪一》记载:"至正四年,旱蝗,大饥疫。太祖时年十七,父母兄相继殁,贫不克葬。里人刘继祖与之地,乃克葬,即凤阳陵也。太祖孤无所依,乃入皇觉寺为僧。逾月,游食合肥。道

---

① 《明史》卷四〇《地理志一》,第881页。
② 赵尔巽《清史稿》卷五四《地理志一》,中华书局2003年版,第1891页。
③ 《元史》卷九三《食货志一》,第8册,第2351—2352页。
④ 《明太祖实录》卷七十七,第1418页。

病,二紫衣人与俱,护视甚至。病已,失所在。"①朱元璋生在元朝中下层,明明在元季过着生无养,死无葬,居无所的生活,却如此虚伪地赞美元朝,只能说朱元璋试图以崇元之论来淡化明代元兴的事实。朱元璋如此呶呶不休地解释的目的又在于试图告诉天下,元朝乃承平之朝,自己以及父母皆赖元朝而生养,不过天意只佑元运百年,自己虽无意建立新朝,无奈天意难违,所以也就只能顺天意而为,诚如朱元璋所谓"元之兴亡,自是气运,于朕何预","岂有志于今日哉"②。尊为帝王的朱元璋出于政权巩固和招徕北元的需要,尚且如此虚伪地尊崇故元,那么,必须体现新朝意志的《元史》显然不能豁免于外。虽然,同样是为迎合初明王朝建立的需要,《元史》为快速成书,多以《经世大典》、十三朝实录以及元人成稿为基础抄撰而成,而且在体例上,各篇之后"不作论赞,但据事直书,具文见意,使其善恶自见"③,但在各志、各类传的篇首处,《元史》还是竭尽可能、深文周纳地体现出"元正统论"这层态度。

需要指出的是,《元史》的编撰,宋濂用力最多,尤其是发凡举例,笔记纲领处,则基本由宋濂通稿主笔,同列其他人唯有敛手承命而已,"时编摩之士,皆山林布衣,发凡举例,一俾于先生。先生通练故事,笔其纲领及纪传之大者,同列敛手承命而已。逾年书成,先生之功居多"④。作为修撰主体的浙东文人群,尤其是总裁官宋濂⑤对于那些体现了"元正统论"的言论负有极大的责任。宋濂与朱元璋相知甚深,对于初立的朱明王朝提出"元正统论"的复杂心理应该非常了然⑥。某种程度而言,"元正统论"虽在《元史》中被以宋濂为核心的

---

① 张廷玉《明史》卷一,第 1 册,第 1 页。

② 洪武三年诏,《皇明通纪集要》卷五,明崇祯刻本。

③ 宋濂等《纂修元史凡例》,《元史》第 15 册,第 4676 页。

④ 郑楷《翰林学士承旨嘉议大夫知制诰兼修国史兼太子赞善大夫致仕潜溪》,《宋濂全集》附录,第 5 册,第 2594 页。

⑤ 按:另一位总裁官王袆,据郑济为王袆所撰行状记载:"公于史事雅擅其长,力任笔削之劳,一无所诿。"(郑济《翰林待制华川王公行状》,程敏政《皇明文衡》卷六十三)从这些记载看来,全书体例及指导思想以及一切重大问题的决定,都出于宋濂,王袆的作用则是对初稿进行修改和加工。陈高华《〈元史〉纂修考》,《历史研究》1990 年第 4 期。

⑥ 按:朱元璋渡江后不久,宋濂即投奔于他,朱元璋的许多文告,都出于他的手笔。宋濂为人谨慎小心,对朱元璋的意图能够忠实贯彻。朱元璋急修《元史》的政治意图是宣传元朝气数已尽,明朝的建立是"天命"所归,他自己是应天顺命的正统君主。为了这一意图得到充分的实现,他需要不仅有学识和声望,而且必须能够忠实听命的人来主持编纂工作,宋濂正是符合这些条件的最合适人选。很可能,王袆成为《元史》总裁官,也是得力于宋濂的推荐。陈高华《〈元史〉纂修考》,《历史研究》1990 年第 4 期。

浙东文人群婉转而切意地表达出来，但实际却是朱元璋的意志在表达。与修者赵汸的一段感慨即直接地反映出朱元璋对于《元史》修撰论断的操控。赵汸在《送操公琬先生归番阳序》中曾针对朱元璋接见《元史》撰修人员的谈话而感慨云："士之在山林，与在朝廷异，其于述作亦然"，"今吾人挟其山林之学，以登于朝廷之上，则其茫然若失，凛然不敢自放者，岂无所惧而然哉？尚赖天子明圣，有旨即旧志为书，凡笔削悉取睿断，不以其不能为诸生罪，蒙德至渥也"，"如汸者，亦得以预闻纂修自诡，岂非其幸欤！"①。以此，"元正统论"势必要影响到明初及之后的国家意识形态，这既是切实理解浙东文人群卓立于明初其他地域文人群的根本原因，也是深入理解明初文学创作取向的关键。

第三节　浙东文人群的创作倾向与明代初期文坛的走向

"元正统论"影响下的明初文坛，无论是浙东文人群又或是吴中文人群，以及浙东派之后兴起的江西派和台阁体，都并未对元季诗文风气进行有规模的批评，诚如明人所指出的事实所云"国朝诗不甚盛，盖袭宋、元之弊，弘治、正德间，其风渐开"②。一定程度上，认真执行朱元璋订定的"元正统论"理念的浙东文人阻隔了明代文人对本朝文风的建设进程。明正统以后，随着精英阶层越来越清晰的反"元正统论"思想的深入，明代文坛开始讨论元季诗文流弊，反思和批评理学对文学的禁锢，大力以复古而创新，进而开启明代诗文风气形成之路。

一、浙东文人群与"通经显文"创作理念的概括提出

由于朱元璋倡导的"元正统论"，秉持国家意识形态的浙东文人群在创作取向上主要表现为承前元之旧而非大明之新，他们从《元史》修撰、科举考试内容以及文论批评几大方面概括提出"通经显文"的创作理念。这一创作理念不仅是对初明最高统治者"元正统论"的呼应，更是对元代以馆阁创作群体为核心而形成的总体创作取向的概括总结。伴随着政治意识形态的需

---

① 赵汸《送操公琬先生归番阳序》，《全元文》卷一六六六，第54册，第438页。
② 蔡羽《西原集序》，《明文海》卷二百三十六，四库全书本。

要和推助,在元朝形成、且具有广泛影响的"通经显文"创作取向在明朝被自上而下地强制贯通,直至"元正统论"的政治基础受到质疑而影响力逐渐消散。

细读《元史》会发现,仓促修成的《元史》在撰修体例上多承袭前朝,唯独"儒林传"的设置和前朝的意思大相径庭。《元史》不像前朝史传那样单列文苑传与儒林传,而是将儒林与艺文合为一体称"儒学传",在篇首语中,宋濂对这一体例设置作了解释,并用"通经显文"四个字来概括元代文章的成就与特色,议论写道:

> 前代史传,皆以儒学之士,分而为二,以经艺颛门者为儒林,以文章名家者为文苑。然儒之为学一也,《六经》者斯道之所在,而文则所以载夫道者也。故经非文则无以发明其旨趣;而文不本于六艺,又乌足谓之文哉。由是而言,经艺文章,不可分而为二也明矣。元兴百年,上自朝廷内外名宦之臣,下及山林布衣之士,以通经能文显著当世者,彬彬焉众矣。今皆不复为之分别,而采取其尤卓然成名、可以辅教传后者,合而录之,为《儒学传》。①

这段话既高度概括、准确提炼了元朝文章的创作特色,又基于"元正统论"为明初的创作定下方向。某种程度而言,这段话也可以看作是朱元璋文章态度的表达。作为最高统治者,朱元璋从攻取婺州之际就开始彰显出他以儒学治国,取经义而轻词章的态度。至正十八年(1358),朱元璋攻取婺州之后,与婺州文人范祖干讨论治国道理时认为:"圣人之道,所以为万世法,吾自起兵以来号令赏罚,一有不平,何以服众? 夫武定祸乱,文治太平,悉此道也。"②此论是朱元璋"以儒治国"的哲学基础。洪武二年(1369)四月,朱元璋命国子博士孔克仁教授诸皇子及功臣子弟时,特别表明师长教学之道"当以正心为本",而正心的基础在于"宜辅以实学,毋徒效文士记诵词章而已"③。朱元璋此处所谓的"实学"是指儒家经义之学,而朱元璋在此所表达的意思也很明确,即经

① 《元史》卷一八九《儒学传一》,第 14 册,第 4313 页。
② 雷礼《皇明大政纪》卷一,明万历刻本。
③ 朱睦㮮《圣典》卷三,明万历刻本。

义为本,词章次之。洪武三年(1370),朱元璋对翰林侍读学士詹同再次清晰地表达他经义为本,词章当明白简易地为经义服务的创作取向:"古人文章明道德、通世务。如典谟,皆明白简易,无深险怪僻之语。……自今翰林为文,但取通道术,达时务者,无事浮藻。"①根据朱元璋与大臣的谈话和圣谕来理解《元史·儒林传》的这段篇首语,则它的意思表达得相当简明扼要。首先这段话符合朱元璋要求文章"明白简易,无深险怪僻之语"的要求,也确如《元史》体例所云"文辞勿致于艰深"。其次,这段话呼应朱元璋经义须服务文章的评价取向,直斥历代史传将经艺与文章分而为二的做法不合适,认为经义不借文章无法阐明和表达其主旨意趣;而文章不依据经义六艺则不足为文。最后,这段话还恰切地遵循了"元正统论",指出元兴百年,"以通经能文显著当世者,彬彬焉众矣",《元史》撰修者的意思很明白,元所以堪称正统,是因为它一直行在正道。

而综观元代文章整体取向,尽管元季士林没有人提出过"通经显文"这一说法,但《元史》的这一概括却相当精准。元代创作风气的形成历程,实质上就是以馆阁文人为核心的元季士林,为去除前金故宋影响,通过经、文合流的方式,最终找到开新大元创作风气的文艺复古历程。起初,以姚燧为核心的北方优秀文人,不满于金源追求辞章,轻视理学,不务实用的文风习气,认为"文章以道轻重,道以文章轻重"②,慨然主张从经文合流的角度扭转文风,姚燧的创作主张得到了元明善、张养浩、孛术鲁翀等北方馆阁文人的追随与支持,从而基本奠定元朝文风转变的方向。元朝统一江南以后,南方士林大举北上,在程钜夫的引领下,馆阁中的南方士林对南宋末年文艺创作亦纷纷予以批评、反思,认为南宋文艺创作的深刻弊端在于经、文判为二端:"说理者鄙薄文辞之丧志,而经学、文艺判为专门。"③以此,在如何改正前朝创作弊端的问题上,南、北士林达成共识,认为只有消弭经学与文艺的壁垒,二者融合,才能真正摆脱金源、南宋以来文艺创作逼仄怨忿、萎靡卑下的创作格局。尤其是元代大德、

① 王兆云《皇明词林人物考》卷一,明万历刻本。
② 姚燧《送畅纯甫序》,《姚燧集·牧庵集》卷四,第69页。
③ 虞集《(庐陵)刘桂隐存稿序》,《虞集全集·道园类稿》卷一八,上册,第500页。

延祐之后,以奎章阁文人群体为核心代表的馆阁文人群①,对元代上至馆阁下及山林,以通经显文为主的文章风气的形成影响深远。奎章阁文人群基本是正宗正派、相当虔诚的儒家子弟,他们打着复古旗帜、努力弘扬的精神实质是在儒家中和思想影响下的"真率调畅,简散深至"②,既不以世变忧乐婴于心,更不恣肆放纵使得自己偏离情感的本原,从而最终形成与大元多种文化并存现实相呼应的,平易雅正的创作追求。由于馆阁文人的大力推举,元代文章确实如《元史》所云,自馆阁至山林,无论名宦之臣如姚燧、元明善、张养浩、孛术鲁翀、程钜夫、袁桷、虞集、揭傒斯、欧阳玄、黄溍、柳贯、吴师道、胡助、危素等,又或者布衣之士如戴表元、吴澄、刘岳申、刘诜等,基本具有以经为本,涵容百史百家,务实平和的"通经显文"风格。

"通经显文"创作观既契合了明初"元正统论",又精准恰切地概括了元代文章创作特点,这与元代馆阁的影响力有密切关系,更与以宋濂为代表的浙东文人群关系密切。与明初其他地域文人群相比,浙东文人群与元代奎章阁文人群的关系更密切。在元代奎章阁文人群的核心成员中,黄溍、柳贯、胡助、吴师道等人都是婺州人,他们都是宋濂、王袆、胡翰等人的老师。作为延祐首科进士,欧阳玄、黄溍是元代奎章阁文人群中年寿最长者,他们全程参与了元代"通经显文"创作风格形成并影响及于天下的过程。非常有意思的是,欧、黄在 1357 年去世,而宋濂从 1358 年开始出山辅佐朱元璋,真正开始他在元明之际的风云叱咤岁月,前后正好衔接。宋濂与黄溍关系至为密切,自认为是黄溍"老门人"③、侍从黄溍游学最久④;而黄溍也深深认可宋濂,认为斯文至于宋濂

---

① 按:这个群体聚合着南北多民族的馆阁优秀文人,奎章阁文人群的组成,除了奎章阁学士院担任职务的官员诸如虞集、宋本、许有壬、赵世延、忽都鲁都尔迷失、阿隣帖木儿、康里巙巙、沙剌班、朵尔质班、泰不华、揭傒斯、欧阳玄、杨瑀、王守诚、柯九思等人外,这些奎章阁文人与元代至元、大德时期的文臣姚燧、阎复、不忽木、程钜夫、赵孟頫、吴澄、阿鲁浑萨理、阿鲁威、畅师文等人或为子弟,或为门生、或堪堪相与同事;与延祐、至治、泰定时期的文臣李孟、张养浩、蒲道源、袁桷、贡奎、元明善、王士熙、曹伯启、邓文原、柳贯、杨载、范梈、王结、孛术鲁翀、谢瑞、李孝光以及进士马祖常、黄溍、宋褧、张起岩等人或为同僚,或为师友;而元代中晚叶的危素、周伯琦、杨维桢、萨都剌、陈旅、傅若金、余阙、赵汸等人则多为他们的学生或门人。甚至宗教界如吴全节、朱思本、薛玄卿、释大䜣、张雨等也与奎章阁文人关系密切。《奎章阁文人群体与元代中期文学研究》,第3—4页。

② 虞集《涧谷居愧稿序》,《虞集全集·道园类稿》卷一八,上册,第504页。

③ 宋濂《送黄伴读东还故里十四首,并序》,《黄溍全集》附录,下册,第782页。

④ 宋濂《日损斋笔记序》,《黄溍全集》附录,下册,第784页。

方可谓"不乏人矣"①,并经常让令宋濂代笔以应四方求文者,可见宋濂得黄溍浸润之深。宋濂对欧阳玄也至为推重,声言"自总角时即知诵公之文,屡欲裹粮相从而不可得"②,而欧阳玄也认为宋濂文章深得馆阁气质,能黼黻一代③。刘基是元朝元统元年进士(1333),当年的主考官是奎章阁重要文人宋本,刘基本人尤其敬重奎章阁文人苏天爵④。所以,浙东文人群他们在学养上贴合了明代"元正统论"影响下的通经显文创作主旨,并给予了它非常贴切的诠释。

二、明代对元代以程朱理学为考试核心的科考内容的继承

朱元璋以及浙东文人群所称说的"经",确切地说,是指从元朝起被尊奉为官学的程朱理学。这依旧是一个需要再结合朱元璋订定的"元正统论",由宋、元、明三朝的科举内容入手,而稍加讨论的问题。《明史·选举志二》叙录明代科举认为:"科目者,沿唐、宋之旧,而稍变其试士之法,专取四子书及《易》《书》《诗》《春秋》《礼记》五经命题试士。盖太祖与刘基所定。"⑤与刘基共同制定科举议程,这没有问题,但以哪朝旧制为基础则并不像《明史》所云"沿唐、宋之旧"。实际上,明代的科考在"元正统论"的主导下,基本承元制而定。可以对照元修《宋》、明修《元》、清修《明》史中有关科举程式的内容:

宋朝:

> 初,礼部贡举,设进士、《九经》《五经》《开元礼》《三史》《三礼》《三传》、学究、明经、明法等科,皆秋取解,冬集礼部,春考试。合格及第者,列名放榜于尚书省。凡进士,试诗、赋、论各一首,策五道,帖《论语》十帖,对《春秋》或《礼记》墨义十条。凡《九经》,帖书一百二十帖,对墨义六十条。凡《五经》,帖书八十帖,对墨义五十条。凡《三礼》,对墨义九十条。凡《三传》,一百一十条,凡《开元礼》,凡《三史》,各对三百条。凡学究,《毛诗》对墨义五十条,《论语》十条,《尔雅》《孝经》共十条,《周易》《尚

---

① 黄溍《与宋潜溪书》,《宋濂全集》第 4 册,第 2561 页。
② 宋濂《欧阳文公文集序》,《宋濂全集》卷三一,第 2 册,第 686 页。
③ 欧阳玄《潜溪集序》,《宋濂全集》4 册,第 2484—2485 页。
④ 刘基《书苏伯修御史断狱记后》云"夫以一湖北之地,公一巡历,而所平反者八事,所摘豪右之持吏而尼法者又数事,岂他道之无冤民耶? 无苏公而已矣",《刘伯温集》卷四,第 178 页。
⑤ 《明史》卷七〇《选举志二》,第 1693 页。

书》各二十五条。凡明法,对律令四十条,兼经并同《毛诗》之制。①

南宋时期,宋理宗公开称赞程朱理学为孔孟道统正脉,并在淳祐元年(1241)正月,亲临太学,诏将周敦颐、张载、程颢、程颐、朱熹进文庙,从祀孔子;黜王安石从祀,又亲书朱熹《白鹿洞学规》颁赐太学。宋理宗的这些举动对于程朱理学取得正式官学地位具有标志性意义,但由《宋史·选举志》可以看到,终宋一朝,程朱理学并未获得像元朝那样的借科举考试而令"学者澜倒"式的影响力。在元朝皇庆二年(1313),由李孟、程钜夫、许师敬等人组成的科考讨论中,确定元朝科考考试内容"经学当祖程颐、朱熹传注",确定文章风格须"革唐宋宿弊"。正如元朝时人所云"其程试之法,表章《六经》。至于《论语》、《大学》、《中庸》、《孟子》,专以周、程、朱子之说为主,定为国是,而曲学异说,悉罢黜之"②。由于元代科考的这一规定,从此元朝"群经四书之说,自朱子折衷论定,学者传之。我国家尊信其学,而讲诵授受,必以是为则,而天下之学,皆朱子之书"③,从而最终推动元朝形成以程朱理学为宗,学者遵信,不得疑二的官方意识形态格局。再看明朝关于科举内容的规定:

> 初设科举时,初场试经义二道,《四书》义一道;二场,论一道;三场,策一道。中式后十日,复以骑、射、书、算、律五事试之。后颁科举定式,初场试《四书》义三道,经义四道。《四书》主朱子《集注》,《易》主程《传》、朱子《本义》,《书》主蔡氏《传》及古注疏,《诗》主朱子《集传》,《春秋》主左氏、公羊、榖梁三传及胡安国、张洽传,《礼记》主古注疏。永乐间,颁《四书五经大全》,废注疏不用。其后,《春秋》亦不用张洽《传》,礼记止用陈澔《集说》。二场试论一道,判五道,诏、诰、表、内科一道。三场试经史时务策五道。

明朝承元朝之旧,也以程朱理学作为考试主要内容,只有《春秋》在胡传的基础上加上张洽传,但永乐后,也不再用张洽传。而明朝的《礼记》自永乐后,不

① 《宋史》卷一五五《选举志一》,第3604—3605页。
② 苏天爵《伊洛渊源录序》,《滋溪文稿》卷五,第74页。
③ 虞集《(建阳县)考亭书院重建朱文公祠堂记》,《虞集全集·道园类稿》卷二五,上册,第658页。

再袭用元朝用的古注疏,而是只用元朝大儒陈澔的《礼记集说》,据四库馆臣的评议认为:"延祐科举之制,《易》《书》《诗》《春秋》皆以宋儒新说与古注疏相参。惟《礼记》则专用古注疏。盖其时老师宿儒,犹有存者,知礼不可以空言解也。"①无论怎样,明朝承元之习却是无可争议的。再将元、明二朝首科科考的取录宗旨稍作比较,元仁宗皇庆二年(1313)首开科举前的诏书内容是:

> 若稽三代以来,取士各有科目。要其本末,举人宜以德行为首,试艺则以经术为先,词章次之。浮华过实,朕所不取。……经明行修,庶得真儒之用。风移俗易,益臻至治之隆。②

洪武三年(1370)五月一日,朱元璋谕告天下的科举诏云:

> 汉、唐及宋,取士各有定制,然但贵文学之学,而不求德艺之全。③
> 至于前元,依古设科,待士甚优。……洪武三年八月为始,特设科举以取怀材抱德之士,务在经明行修,博古通今,文质得中,名实相称。其中选者,朕将亲策于廷。④

对照元、明两朝的科举诏书,可以发现二者在主旨精神上高度一致。而且朱元璋的诏书很明确地指出,汉、唐、宋的科举制度只看重词章之学,未求六艺之全,只有元朝科考设置则能依循古制,对读书人颇为优待,这再次坐实了朱元璋时期对于"元正统论"的依循。

这样,被元朝定为官学的"程朱理学"在深刻地影响元代士林从馆阁到山林都努力"通经显文"之后,又由于朱元璋的原因,尤其是"元正统论"的背景,再次借助科举考试顺利地操控了明朝读书人的思维方式与创作取向。浙东文人群作为朱元璋亲信的文人群,又源于他们自身与元代中期馆阁文人的密切关系,所以他们最终能基于"元正统论",既贴切地概括出元朝自馆阁至山林

---

① 《钦定四库全书总目》卷二一"《云庄礼记集说》十卷"条,上册,第267页。
② 《程钜夫集》卷一《科举诏(皇庆二年十一月甲辰)》,第3页。
③ 谷应泰等《明史纪事本末》补编卷二"科举开设",中华书局2015年,第1523页。
④ 《明史》卷七〇《选举志二》,第1695页。

"通经显文"的总体创作倾向,又给明朝创作取向定下基调。

三、元、明两代文风的承继关系

《元史》"通经显文"观虽然是宋濂提出的,但实际却代表的是朱元璋"元正统论"影响下,整个《元史》撰修群体以及刘基等一批在朝浙东文人群基本认同的创作观,这一创作观表现为以经学为主,重馆阁雅正之气,务实轻文等一系列创作取向。由于浙东文人群的这些创作取向实际是朱元璋"元正统论"的折射,所以,尽管朱元璋高压政策下,浙东文人群的代表人物诸如宋濂、王祎、刘基、朱右等逐一以肉体的消亡而退出明代文坛,尤其是燕王篡位,方孝孺事件发生,更意味着浙东文人群在明代文坛的彻底退场。

不过,从明代文坛的发展情形来看,在"元正统论"没有退场的背景下,"通经显文"观依旧持续地发生影响。浙东文人群之后,主持明代正统文坛的江西文人群以及台阁体,他们继续以程朱理学经旨为创作依归,实际还是元代馆阁文人"通经显文"观的衣钵传承者。而以"土木堡事件"为转折点,更兼弘治以后,国家文治态度的总体宽松情境,明季士林开始对"元正统论"进行反思,具有反理学倾向的"茶陵派"出现;嘉靖中叶,随着嘉靖皇帝对北元政权反感情绪的加深,士林对"元正统论"的批判倾向逐渐加强,明代文坛才逐步以反程朱理学的复古运动掀开明季文风的锻造历程。

藉由浙东文人群在明初给同僚文集所作序言来综观他们的创作理论,可以看到他们基本主张以理为主,以气摅之,文风朴实有物,与时进退。典型如朱右对宋濂。朱右是台州临海人,明初著名文章理论家。在文章观念上,朱右推崇文道合一,以"辞严而理阐,气壮而文腴"①为文章标准,曾编选"韩、柳、欧阳、曾、王、三苏为《八先生文集》",所谓唐宋"'八家'之目,实权舆于此"②。朱右也非常推崇元代文章风格,又编辑元朝诸名家散文为《元朝文颖》。由于撰修《元史》,了解了宋濂的学问与才识,朱右对宋濂成为入明之后的文坛领袖地位极为认同,他在《潜溪大全集》的序言中评价宋濂的才学写道:"蕴乎中者富,发乎外者高厚而该博,其笔削之严,是非之公,褒贬劝惩,凡前代兴衰之故,善恶之实,甲兵、钱穀、军马之数,天文、地纪、灾祥、丰凶之变,了然简册,以

---

① 朱右《潜溪大全集序》,《全元文》卷一五四八,第50册,第552页。
② 《钦定四库全书总目》卷一百六十九"《白云稿》五卷",下册,第2267页。

垂传将来。则又若山川之出云雨,泽被万物,有非向者所见高广靡测而已。是宜为当代所宗也。"朱右相信文章与时代气运相关,"文章气运,与道污隆,物生而盛,盛而衰,衰而复盛,势之必至也",宋濂"生当文运肇开"之际,又"褎然司文衡之枋",所以正有以开启明代文章兴盛之业。①

再如刘基对苏伯衡文章的评述。刘基认为文章以理为核心,气运导之"文以理为主,而气以摅之。理不明,为虚文;气不足,则理无所驾",刘基的这一文章观点,几乎就是宋濂在《元史》中"通经显文"观的再现。在刘基看来"文之盛衰,实关时之泰否",国势昌隆之际,其文章必然理明气昌,所以"唐虞三代之文,诚于中而形为言,不矫揉以为工,不虚声而强聒也,故理明而气昌",其文辞也简直平易,妥帖明达,"汉兴,一扫衰周之文敝而返诸朴。丰沛之歌,雄伟不饰,移风易尚之机,实肇于此。而高祖、文帝制诏天下,咸用简直"。而诸如"贾疏、董策、韦传之诗",都能做到"妥帖不诡,语不惊人,而意自至",诚所谓"其理明而气足以摅之也"。元朝虽"仅逾百载",但缘于土宇最广,"气昌而国昌",遂"有刘、许、姚、吴、虞、黄、范、揭之俦,有诗有文,皆可垂后者"。在刘基看来,元朝文章之盛在于土宇辽阔,明朝尽有元之幅员,应该也会有元朝一样的文章繁荣气象。现在苏伯衡生当明朝,他的文章"辞达而义粹,识不凡而意不诡,盖明于理而昌于气者","他日必以文名于盛代,耀于前而光于后也"②。苏伯衡本人的创作理念与刘基的非常一致,认为"理到矣,气昌矣,意精矣,辞达矣。典则而严谨,温纯而整峻,该洽而非缀缉,明白而非浅近,不粉饰而华彩,不锻炼而光辉,古之有德必有言者盖如此,尚论文章,何以加诸。"③

而宋濂在为右丞汪广洋诗集写的序言中,更是发表了著名的关于馆阁山林风格之辨的言论。这段言论不能简单地看作是宋濂入仕馆阁之后的"忘本"之论,而应该视作宋濂对朱元璋倡导"元正统论"和台阁风格的呼应。宋濂给汪广洋诗集写序的时间在洪武三年(1370)四月,与《元史》撰修时间同时。在这篇序言中,宋濂还特意指出:"虽然,诗之体有三:曰《风》,曰《雅》,曰《颂》而已。《风》则里巷歌谣之辞,多出于氓隶女妇之手,仿佛有类乎山林;《雅》《颂》之制,则施之于朝会,施之于燕飨,非公卿大夫或不足以为,其亦近

---

① 朱右《潜溪大全集序》,《全元文》卷一五四八,第50册,第552页。
② 刘基《苏平仲文集序》,《刘伯温集》卷二,第117—118页。
③ 苏伯衡《洁庵集序》,孙怡让编辑《温州经籍志》卷二四,中华书局2006年,第1164页。

于台阁矣乎？……皇上方垂意礼乐之事，岂不有撰为《雅》《颂》以为一代之盛典乎？濂盖有望于公，他日与《鹿鸣》《清庙》诸什并传者，非公之诗而谁哉。"①而除了朱元璋的倡导之外，宋濂本人作为黄溍、柳贯等元代馆阁核心人物的学生，又与陈旅、欧阳玄、危素等馆阁文人互相欣赏，对于元代自馆阁而披靡山林的馆阁创作风格熟悉而且认同，这篇序言的内容与元代馆阁文人的创作观点有同声合气之似：

> 昔人之论文者，曰有山林之文，有台阁之文。山林之文，其气枯以槁；台阁之文，其气丽以雄，岂惟天之降才尔殊也，亦以所居之地不同，故其发于言辞之或异耳。濂尝以此而求诸家之诗，其见于山林者，无非风云月露之形，花木虫鱼之玩，山川原隰之胜而已。然其情也曲以畅，故其音也渺以幽。若夫处台阁则不然，览乎城观宫阙之壮，典章文物之懿，甲兵卒乘之雄，华夷会同之盛，所以恢廓其心胸，踔厉其志气者，无不厚也，无不硕也。故不发则已，发则其音淳庞而雍容，铿鍧而镗鞳，甚矣哉，所居之移人乎！②

宋濂的老师黄溍曾评价牟应龙的文章云："昔之善为品评者，谓有山林之文，有台阁之文，先生盖兼之矣。"③而元代馆臣张翥在给元代中叶著名馆臣许有壬的《圭塘小稿》作序，曾特意讨论文章的馆阁之气，指出所谓"馆阁之气"虽未必一定"捴藻于青琐石渠之上，挥翰于高文大册之间"，但它的创作风格必然是"尔雅深厚，金浑玉润，俨若声色之不动，而薰然以和，油然以长"，它与"滞涩怪僻、枯寒褊迫，至于刻画而细、放逸而豪，以为能事者"，大相径庭。张翥认为元代自至元、大德以后，人们就在馆阁文人的引领下，风声气习，努力追求并形成"牢笼万象，漱涤芳润，总揽山川之胜""尔雅深厚"的馆阁风格④。张翥生于1287年，卒于1368年，他的这篇讨论"馆阁之气"的《圭塘小稿序》作于1360年，比宋濂这篇辨析台阁、山林之文的《汪右丞诗集序》早了十年，而以宋

---

① 宋濂《汪右丞诗集序》，《宋濂全集》卷二三，第2册，第460页。
② 宋濂《汪右丞诗集序》，《宋濂全集》卷二三，第2册，第459页。
③ 黄溍《隆山牟先生文集序》，《黄溍全集·金华黄先生文集》卷一六，上册，第230页。
④ 张翥《圭塘小稿序》，《全元文》卷一四八三，第48册，第586页。

濂与张翥的关系,他应该是了解并知道张翥的观点。由山林之士升格为馆阁重臣,当宋濂切实体验到馆臣见识广远之便,更兼朱元璋"元正统论"以及对台阁雅正风格的倡导,宋濂由衷地指出,馆阁地位的根本优越性在于它能改变人的创作气象,创作时自然会"不发则已,发则其音淳庞而雍容,铿鍧而镗鞳",这就是能令天下学者风动从之的馆阁气象,宋濂的观点和张翥的观点几乎一致。当然,也正是基于朱元璋"元正统论"的态度以及朱元璋对台阁风格的肯定,所以宋濂在自己请老致仕时,向朱元璋举荐苏伯衡替代自己,认为苏伯衡自中年肆力于古文辞之后,"精博而不粗涩,敷腴而不苛缛,不求其似古人而未始不似也"①,这正是台阁雅正风格的典型体现,无怪乎刘基也对苏伯衡非常地肯定。

尽管浙东文人群努力贴合朱元璋的统治理路,但在朱元璋高度专制和集权的管控下,依旧难逃政治厄运。洪武八年(1375),刘基被毒死,其长子刘琏亦遇害;洪武十年(1377),张孟兼以刚直被逮至京城捶死;洪武十四年(1381),宋濂举家流放四川,中途自杀死于夔州,子宋璲、宋慎均被处死;洪武十九年(1386),吴沉以宫人谗言下狱死;洪武二十一年(1388),苏伯衡以表笺忤旨下狱而死,子苏恬、苏怡欲代父受刑,同被处死;等等。民国时期,金华文人王崇柄就朱元璋高压政治下文人披祸而死的情形议论道:"明初金华有魁儒者五人:曰宋景濂(宋濂),王子充(王祎),胡仲申(胡翰),苏平仲(苏伯衡),吴濬仲(吴沉)。惟仲申以不仕获全。子充杀身成仁,可谓克终,余则皆死于罪。拔茅汇征,胼首受戮,群儒之劫。适丁泰运,千古而下为之吁叹"②,此论用之于包括浙东文人群在内的所有明代文人恐怕也不为过。令人痛惜的是,建文四年(1402),浙东文人群的优秀代表、宋濂最得意的弟子方孝孺因为忤逆日后成为明成祖的燕王而"被磔于市",弟孝友,同时就戮,宗族亲友弟子十族数百人受牵连被杀。浙东文人群主宰明代文坛的时代遂告结束③。

浙东文人群对于明代文坛的影响并没有因为肉体的消亡而结束,之后接替主盟地位的文人群是江西文人群以及他们所倡导的台阁体。除了江西地域

---

① 宋濂《苏平仲文集序》,《宋濂全集》卷三〇,第2册,第648页。
② 王崇炳《金华征献略》卷十二"文学传",清雍正十年刻本。
③ 《明代文学思潮史》,第85页。

与浙东地域一样理学风气甚浓之外①,更重要的是,江西文人群和浙东文人群一样承元统之绪,秉持"通经显文"文学观,倡导平实典雅的创作风格。典型如被视作台阁体代表作家的刘崧。刘崧 1321 年生于江西泰和,早年曾与李叔正、周涻、辛敬、万石、杨士弘、刘原善、查和卿、郑大同、刘永之、练高等活跃于豫章文坛,被称作"十才子"。"十才子"中,尤其是郑大同、杨士弘和练高等,都深得元代中期馆阁文人虞集、范梈、揭傒斯等人雅正之气习,"温厚而丰丽","足以绍其声光,而踵其轨辙者"②。就诗歌成就而言,宋濂认为刘崧的创作由明经而显文,稽古而求新,扬搉风雅,"五美云备"③,四库馆臣认为刘崧作为江西派的代表人物,以清和婉约之音开启杨士奇为首的台阁博大之体,具有平正典雅实的风格。

站在明初"元正统观"的视角看,再对照洪武、永乐时代的元正统观,可以看出江西文人群在永乐时期的崛起与浙东文人群在洪武时代的显赫没有根本区别。在朱元璋时代,据载,所祭祀供奉的诸帝王,元世祖与汉高祖、唐高祖等历代建基帝王同等入祀:

> (洪武六年八月乙酉),作历代帝王庙于京师。殿五楹,中奉伏羲、神农、黄帝;左奉金天、高阳、高辛、尧、舜;右奉禹、汤、文,又左奉武王、汉光武、唐太宗;又右奉汉高祖、唐高祖、宋太祖、元世祖。④

与元世祖入祀宗庙背景相应的是,洪武三年(1370),中书省以李文忠所奏捷音榜谕天下。朱元璋看到榜谕,见其称元朝官为伪官,元兵为贼众,深责宰相道:"卿等为宰相当法古昔,致君于圣贤,何乃习为小吏之言,不知大体,岂可称为伪贼耶。元朝虽是戎狄,然主中国为正统之君将及百年,朕与卿等父母皆赖其生养。元之兴亡自是气运,于朕何预,岂宜以此称之。四方有识之士,口不敢言,其心决不以为是也。可即改之。"⑤与朱元璋元正统观相呼应的是,浙东

---

① 《明代文学思潮史》,第 100—111 页。
② 王袆《练伯上诗序》,《王袆集·王忠文公文集》卷五,上册,第 153 页。
③ 宋濂《刘兵部诗集序》,《宋濂全集》卷二四,第 2 册,第 496 页。
④ 谈迁《国榷》卷五,中华书局 2005 年,第 490 页。
⑤ 詹同、宋濂等《皇明宝训》卷三《礼前代》。《皇明修文备史》旧题为顾炎武所辑,收录了七十多种明代文献,《皇明宝训》是其中之一,收入《北京图书馆古籍珍本丛刊》第 8 册,书目文献出版社影印本,1998 年。

文人群作为《元史》撰修主体,对元正统观的极尽贴合,并在元正统观的指引下,以元代文章创作风格"通经显文"为明初文章取向定下基调。燕王篡位成为明成祖,出于掩饰与乃父本质上相似的得位不正心态,对朱元璋力主的元正统之说极力秉持,朱棣也从天命的角度提出"华夷本一家"观:"华夷本一家,朕奉天眷,命为天子。天之所覆,地之所载,皆朕赤子,岂有彼此尔?"①其时有大臣如洮州卫所镇抚大臣陈恭,不能理解朱棣的"华夷本一家"观,在永乐十年(1412)上疏认为"外夷异类之人,不宜置左右,玄宗几丧唐室,徽钦几绝宋祚,夷狄之患,可为明鉴"。朱棣将陈恭奏疏宣示群臣,并予以驳斥道:"天之生才何地无之,为君用人但当明其贤否,何必分别彼此?……若玄宗宠任安禄山,致播迁之祸,正是不明知人;宋徽宗自是宠任小人,以致夷狄之祸,不因用夷狄之人也。春秋之法,夷而入于中国则中国之,朕为天下主,覆载之内但有贤才,用之不弃,近世胡元分别彼此,柄用蒙古鞑靼而外汉人南人,以至灭亡,岂非明鉴!"礼部尚书吕震想顺承朱棣意思定陈恭妄言之罪,而朱棣又云:"恭之心,本是忠朝廷,但未深思耳,岂可罪之?朕尝语卿等,言事之人或有乖谬,亦当容之。若加之罪,则言路塞,而人君无由得闻善道矣,尔为大臣,有此言不忠。"②藉由朱棣这番令群臣左右为难的话语可以看出,元正统论在明成祖的时代依旧非常强势,基于这样的政治背景,江西派和台阁体继浙东文人群而成为明代文坛的主盟者就可以理解了。在永乐年间依旧强势的"元正统论"的主导下,江西文人群和台阁体又一次站到明代文坛的中心③。作为辅证的是,导致江西派和台阁体衰落的根本原因是"土木堡之变"。尽管作为明朝政治、军事和外交史上的奇耻大辱,土木堡之变对包括明季士林在内的朝野上下的震撼无异于晴天霹雳④,成为明代文坛由前期向中期过渡的标志性事件⑤。但动摇江西文人群和台阁体在明代文坛地位的根基却在于"土木堡之变",其造

---

① 娄性《皇明政要》卷二〇,明嘉靖五年戴金刻本。

② 陈建《皇明通纪集要》卷一四,明崇祯刻本。

③ 廖可斌认为:"我们可以毫不夸张地说,在很大程度上,台阁派就是江西派,台阁体就是'江西体'","永乐以后,文坛的领导权再次发生转移,又落到了江西派文人手中",《明代文学思潮史》第106、101页。

④ 按:明正统十四年(1449)七月,"瓦剌也先寇大同,参将吴浩战死,下诏亲征",八月辛酉,英宗被围于土木堡,"恭顺侯吴克忠、都督吴克勤战没,成国公朱勇、永顺伯薛绶救之,至鹞儿岭遇伏,全军尽覆"。死者数十万,明英宗本人亦"北狩",此即"土木堡之变"。"甲子,京师闻败,群臣聚哭于朝","土木堡之变"给予明朝开国以来前所未有的震动。《明史》卷一〇《英宗前纪》,第138页。

⑤ 《明代文学思潮史》第124页。

成明英宗北狩,死者数十万。数十名文武精英殉难的事件可以说是对明初君王"元正统论"最辛辣的讽刺。值得注意的是,土木堡之变后,以重撰宋元史为契机,出现了大量元史学著作,在这些著作中,明显增添了炽热的夷夏之防的气氛,士林隐忍许久的"民族主义"情怀日渐滋长①。在这种社会背景中,追随元代馆阁平实典雅风范的台阁体以及台阁体作家自身的人品亦逐渐为士林所针砭和厌烦②。

　　直至明代复古运动的掀起才使得浙东文人群和台阁体在明代文坛的影响彻底消失,而推阐明代复古运动掀起的原因,虽然因素众多,但是"土木堡之变"后,精英阶层驱除鞑虏,恢复中华的反"元正统"民族情绪日渐高涨却是非常值得注意的一个重要因素③,明代文学在精英文人们革除前元影响的复古更化进程亦由之开启。弘治年间,鞑靼屡扰,西北边境多有战事。可以看到,开创阳明心学的王阳明是弘治二年的进士,他自小即有"夷狄之防"意识。曾独自游访居庸三关,借对东汉大破匈奴的马援的敬慕而表达自己憎恶鞑靼,渴求经略四方的志向。虽然阳明心学产生的原因很多,但是,王阳明倡导的"心学"反对"程朱理学"的"先行后知"论提出"知行合一"论,不能不说以王阳明为代表的明代士人,其内在滋生的民族情绪以及当时的社会现实基础对于他们由怀疑元朝树立的官学——程朱理学的心学的产生具有一定的暗启意义。而明代复古运动"作为一种代表新的历史要求反对程朱理学的进步思潮",它与阳明心学和当时整个思想界的关系颇深。④　先是兴起于明成化、正德年间茶陵派,作为复古运动先声,力图以主性情,直以汉唐为师,把文学从程朱理学的统治中解放出来,进而荡涤台阁平正醇实的诗风。之后,第一次复古运动,追慕汉唐风范,期望通过向民歌学习的方式来摒除程朱理学对于文学创作的桎梏。囿于其时"元正统论"依旧有影响力的背景,茶陵派的理论批评中并没有否认元风,甚至肯定元诗,认为"元诗浅,去唐却近。顾元不可为法,所谓取法

---

① 琚小飞《明代元史观研究——以明人撰述为中心》,河北大学历史文献学 2015 年硕士学位论文。

② 按:"台阁体"代表作家杨士奇的文集在正统时期尚为士子追捧,"土木堡之变"后逐为士林所厌弃,其前后遭际,可视为文学思潮发生转变的一个标志,参考廖可斌《明代文学思潮史》第 128—129 页。

③ 参考廖可斌《明代文学思潮史》第 158—159 页,刘毓庆《"前后七子"的诗文复古与明代文化复古思潮》(《山西大学学报》2004 年第 5 期),郭万金《明诗文学生态研究》,中国社会科学院 2007 年博士学位论文。

④ 《明代文学思潮史》,第 166 页。

乎中,仅得其下耳。极元之选,惟刘静修、虞伯生二人,皆能名家,莫可轩轾"①。而前七子复古派主张学古,期望"以我之情,述今之事,尺寸古法,罔袭其辞"(《驳何氏论文书》),但其民歌的学习中也包括对元代民歌的学习,"元人小令,行于燕赵,后浸淫日盛。自宣正至成弘后,中原又行《锁南枝》《傍妆台》《山坡羊》之属。李崆峒先生初自庆阳徙居汴梁,闻之以为可继国风之后。何大复继至,亦酷爱之"②。

到嘉靖年间,明朝与北元的局势更为紧张,嘉靖皇帝对北元势力至为厌憎,士林的反元正统论也达到高潮。嘉靖九年(1530),嘉靖皇帝下令将孔子神位题为"至圣先师孔子",去其在元朝加封的王号及"大成文宣"之称;黜姚广孝太庙配享资格,"以其尝从胡教也";黜吴澄孔庙从祀资格,"以其尝仕胡君也"③;嘉靖十年(1531),翰林修撰姚涞上《论元世祖不当与古帝王同祀疏(罢元祖祀)》,请黜元世祖入帝王祀,以正祀典:

> 蒙鞑继兴,有所谓元世祖者,虐浮于犬戎,狡深于刘石,贪剧于契丹,暴过于女直,乘宋之弱而吞噬之,斁我彝伦,变我礼乐,而万古帝王之中国始尽胥而为夷矣。……我太祖高皇帝声罪而汛扫之,廓中国之妖气,雪中国之仇耻,天地始复有定位,君臣始复有定分,首足始复有定形,而古帝王之遗黎始得复归于人类,不然则生民之类泯灭久矣。故读史而至宋之将亡,未尝不为中国痛,至元之将灭,未尝不为中国快也。……伏望陛下断之以义,特罢其祀,以厘正大典。夫兴义旅而涤腥膻,圣祖行之于前,定祀法而黜僭伪,陛下行之于后,其道同,其功一也。④

尽管最终嘉靖以"太祖神谋睿断,必有所见,故载在祀典,百余年于兹矣。宜尊旧制",驳回了姚涞的奏疏,"庙祀如故"⑤,但姚涞的疏论内容却非常典型地反映出其时精英阶层长久以来对"元正统论"的反感,以及朝廷对于"元正统论"

---

① 李东阳《怀麓堂诗话》,周寅宾、钱振民校点《李东阳集》,岳麓书社 2008 年版,第 1503 页。
② 沈德符《万历野获编》卷二五"时尚小令",中华书局 2004 年版,第 647 页。
③ 陈棐《除胡邪正祀典以昭华夷大分疏》,《皇明两朝疏抄》卷一七,明万历刻本。
④ 姚涞《论元世祖不当与古帝王同祀疏罢元祖祀》,陈子龙《明经世文编》卷二百四十一,明崇祯平露堂刻本。
⑤ 徐学谟《世庙识余录》卷七,明徐光稷活字印本。

态度上的巨大松动。随着明朝廷在边境战争中未能取得令士人满意的"交代",尤其是嘉靖二十九年(1550)"庚戌之变",俺答大军攻掠大同,由密云陷怀柔、顺义直至通州,再至于京城东直门外,令京师大震,反"元正统论"更加激烈。礼官陈棐上《除胡邪正祀典以昭华夷大分疏》认为"第一莫急之务,尤自于严内夏外夷之辨,明万世之纲常,以正百代之典礼",强烈要求革除元世祖之祀历代帝王庙,认为只有借正祀典之名目才能令"内夏外夷"之大义明,而"是大义既明则士气自奋,士气既奋则兵威自扬斯,可以系不孝之颈,枭台吉之头,致之阙下,以奠中国万万年盘石之安"①。陈棐的奏疏与二十年前姚涞的奏疏意思非常一致。边患不断,更兼群臣的不断建言请求,最终世宗皇帝诏令"撤其塑像,革其祀"②,而这也预示着由明太祖朱元璋代表明代官方开启的"元正统论"在嘉靖朝完成了更张。

　　围绕政治领域"元正统论"的更张,较诸第一次复古运动声势更为浩大的第二次复古运动在嘉兴二十七年(1548)前后兴起。基于"元正统论"的更张,循沿"前七子"提出的"宋无诗"理论,"后七子"将"前七子"提出的"宋人似苍老而实疏卤,元人似秀峻而实浅俗"的评鉴理路强化,直斥"元无诗",彻底否认了依循追慕元代馆阁风雅的"台阁体"存在的依据。这种意识直接体现在后七子的领袖李攀龙编选的《古今诗删》的体例中。《古今诗删》在隆庆元年(1567)前后已成稿,共计三十四卷,收诗 2180 余首,卷一至卷二十二选录"古逸"及汉至唐代各体诗歌,卷二十三至三十四选录明代各体诗歌,中间尽略宋元两代之作。而且为了"诗规盛唐",该书宗尚唐音尤其是盛唐诗歌,其选编比例跃升至第一位。另外,为了强化"后七子"的意义,该书编纂明显包含了集中标榜七子集团成员诗歌创作的用意。二十三卷至三十四卷所选明诗,七子集团不仅个体选录的数量大多居先,而且总体占据较高比例③。毋庸置疑,李攀龙这种"独见而裁之",将选诗"遽命之曰'删'"④的做法具有很大的局限性。但是他"向外界提供了一部呈现鲜明立场的诗歌摹习范本,特别是取舍之际明晰的倾向性,以及为七子集团成员之作的张目之举,确立起诗歌领域学古

①　陈棐《除胡邪正祀典以昭华夷大分疏》,《皇明两朝疏抄》卷一七,明万历刻本。
②　徐学谟《世庙识余录》卷七,明徐光稷活字印本。
③　郑利华《前后七子研究》,上海古籍出版社 2015 年,第 375 页。
④　王世贞《古今诗删原序》,《弇州四部稿》卷六七,明万历刻本。

基准以引导风气的意图不言自明"①，而就彻底隔断与前元的瓜葛，重新锻造本朝创作风气而言，《古今诗删》实际具有标志性的意义。

结　语

　　叙论至此，关于元代文人群体以及文坛格局的问题或许可以稍告一个段落。诚如廖可斌先生所指出："元末明初，文学思潮曾发生重大转折。有明一代的文学思潮，就是直承这一转折而来的。因此我们考察明代文学思潮的演进过程，又不得不从元末明初的文学思潮谈起。"②与其他朝代急于区别于前朝，力主革新的态度相比，明朝从朱元璋时代开始就奠定了元正统论的基调，并且别别扭扭地维系到了嘉靖后期，这种政治层面的干预极大程度地阻隔了明代文人锻造本朝文风的进程，这期间元末明初活跃的浙东文人群扮演了极为重要的角色。在承元还是启明的态度上，浙东文人群以及之后的江西文人群在"元正统论"基调没有更张的背景下，其意义基本在于承元，尤其是对元代中期馆阁作文风气的继承。直至"土木堡事变"完全动摇了"元正统论"的合理性，明代文化界、思想界纷纷以质疑程朱理学、正明礼的方式反"元统论"，明代文坛由此才得以真正逐步开启本朝文风的锻造进程。

　　回溯有元一代文人群体的地理分布以及他们对于元代格局的构建意义，我们的探讨始终都不能脱离元朝独特的社会背景而进行。诚如文中每每引用的那句话"若元，则起朔漠，并西域，平西夏，灭女真，臣高丽，定南诏，遂下江南，而天下为一，故其地北逾阴山，西极流沙，东尽辽左，南越海表"③，在这句话中，地理的、民族的、疆域的、道里驿站、人口迁徙等等方面的内容尽含其中，在这句话的背后则是蒙古人近百年的世界征略和大一统王朝建构的进程。蒙古人的世界征略进程使得13—14世纪的世界"消失的国家超过20个，包括西夏、金、宋、哈剌契丹、花剌子模帝国、亦思马因王国、阿拔斯王朝、鲁木塞尔柱王朝、大马士革和阿勒颇的阿尤布王朝、弗拉基米尔—苏兹达里公国、钦察部落联盟、克烈汗国、乃蛮部落联盟以及蒙古草原上的塔塔儿部。这只是一些例

①　郑利华《前后七子研究》，第376—377页。
②　《明代文学思潮史》，第59页。
③　《元史》卷五八《地理志一》，第5册，第1345页。

子,很多独立的公国、王国、汗国和苏丹国在蒙古帝国崩溃之后都消失了。在50年之内,欧亚版图无可挽回地改变了"①。对于传统以汉族为中心的中国而言,蒙古人的征略以及大一统元王朝的建立,不仅使传统以汉族为中心的中原王朝转变成为一个包含蒙古、西域、契丹、女真、吐蕃、西南、汉族等多民族的、疆域辽阔的大一统王朝,而且还使得中国被推到了世界格局的中心。毋庸讳言的是,蒙古的扩张实际上也打破了东、西方间长期的政治壁垒,而统一完善的驿站系统,又使欧亚大陆的交往畅通无阻,这无形中缩短了东、西方的空间距离,以此,这一时期也成为前近代东、西方交流最为兴盛的一个时期,中国与世界的关联程度前所未有的频繁密切。

一

如果探查元代文学问题始终都没有忽略蒙古人作为统治者这一背景的影响的话,会发现全真教群体是讨论元代文人群体的地理分布与文学格局首先需要面对的群体。与其他时代的中原王朝统治者相比,蒙古人建立大蒙古国时既没有文字,也不使用文字表达:"鞑人无字书……虽无字书,自可立国"②,"今鞑之始起,并无文书,凡发命令,遣使往来,止是刻指以记之"③,蒙古人对世界的体认和判断多来自于宗教的启悟,他们对于文字文明极其陌生,但对宗教所具有的社会统摄力量却非常重视。以此,对于他们征服或治下的多族群体,蒙古人往往先选择接近和信任宗教人士。而全真教教主丘处机便是最早获得蒙古统治者信任的中原宗教领袖。全真教在蒙古治下时期北方社会的巨大影响,一直都是学界关注的重点,而全真教作为最早得到蒙古最高统治者认可的汉地宗教,它自身的文人气质以及它之于元代文学创作以及格局的影响,非常有讨论的意义。

1219年5月,成吉思汗派刘仲禄赴山东邀请丘处机。1220年末,丘处机接受成吉思汗的诏请,于1221年2月率弟子西行觐见远在大雪山(今阿富汗兴都库什山)驻营的成吉思汗。丘处机等人的西行改变了全真教的命运,"推

---

① 《世界历史上的蒙古征服》"导言",第22页。
② 《黑鞑事略》,《内蒙古史志资料选编》第三辑,第31页。
③ 《蒙鞑备录》,《内蒙古史志资料选编》第三辑,第5页。

动全真教走向全面兴盛,实现了教祖王重阳'四海教风为一家'的遗愿"[1]。就元代文学史而言,全真教对于蒙古治下时期的北方乃至元代文学创作、文学格局的影响,不仅体现于全真教徒创作的作品占有相当的比重,全真教所宣扬的思想是包括元曲在内的元代文学创作的重要主题;更值得指出的是,全真教作为较早与蒙古最高统治者密切往来的宗教教派,少数全真教徒有机会前往蒙古统治者活动的中亚及岭北区域,并留下了不少纪行作品,这是其时绝大多数作者无法实现的。在文学创作的时代独特性层面上,丘处机、尹志平、李志常等全真教徒的西游纪行创作与同时期的耶律楚材父子等人的相关纪行创作俨然"非复中原之风土"。这种表现"非中原风土"的创作,在蒙古人建立一统南北的元朝之后,更成为这个时代相当典型独特的内容。就这个意义而言,全真教的创作翻开了蒙元、元代文学创作的新篇章,而这或许是他们创作中最具时代意义的贡献所在。

蒙古人以武功起家,在他们近百年的世界征略进程中,政治壁垒和区域界限被极大程度地打破,这导致了13—14世纪文人群体的极大程度、极大范围的流动。元代文人群体的形成、流向、分布,可能要追溯到金贞祐元年(1213)蒙古南下攻金的时候。贞祐元年(1213)秋,蒙古人兵分三道南下攻金,攻破河北、山东、山西90余州,"所过无不残灭。两河、山东数千里,人民杀戮几尽,金帛、子女、牛羊、马畜皆席卷而去,屋庐焚毁,城郭丘墟矣"[2]。尽管如此,但对于主要精力尚用于征略天下的蒙古人来说,他们此时既无意也无力经营中原。以此,从贞祐之乱、金室南迁(1214),直至中统三年(1262)李璮叛乱之后,汉人世侯制结束。在这近五十年之久的时间里,河北、河东(山西)、山东诸郡县的统治主要由汉人世侯掌控。汉人世侯的统辖区成为金源文人群流动的主要地带,形成一个富有影响的文人群体,这些流动的文人群体不仅构建着蒙古治下时期的文坛格局,而且还深刻地影响到元初的文学创作局面。

以真定为例。"元初制杂剧者,不出燕、齐、晋、豫四省,而燕人又占十之八九"[3],王国维所谓的燕人主要出自史天泽家族统辖的真定一带。真定成为元曲发展中心很重要的原因就在于蒙古灭金过程中,真定成为北方文人流动的

---

[1] 钟海连《金元之际全真道兴盛研究——以丘处机为中心》,江苏人民出版社2018年,第65页。

[2] 《建炎以来朝野杂记·乙集》卷一九《边防二》,第850页。

[3] 王国维《录曲余论》,《王国维论剧》,中国戏剧出版社2010年,第171页。

重要区域。如史所载,在贞祐之乱中,由于史氏率众及早降附,于是"河北郡县尽拔,唯中都、通、顺、真定、清、沃、大名、东平、德、邳、海州十一城不下"[①],真定没有受到蒙古人的过分摧残。又据遂贤记载,"国朝与宋约同灭金,蔡城既破,遂以土地归宋,人民则国朝尽迁于北,故汴梁、郑州之人多居真定,于是有故都之遗风焉"[②]。也就是说,在蒙古与南宋朝联合灭金之后,原先金朝治下的经济、文化中心汴梁、郑州的民众都被迁居到真定,于是真定不仅保存了金朝故都的遗风,人口也大有增加。而且,真定作为南北襟喉之冲,交通便利,商贾四集,这也为真定戏剧创作的繁荣奠定了必要的基础条件。再加上史氏家族对真定一带的苦心经营,真定在蒙古治下时期发展成为天下之巨郡,四方之都会,这为真定成为其时北方文化重镇奠定了坚实的基础。根据钟嗣成《录鬼簿》所录前辈元曲作家情形来看,真定曲家有十家,约占五分之一,他们是史天泽、史樟、白朴、侯正卿、尚仲贤、戴善甫、汪泽民、李文蔚、侯正卿、王嘉甫和董君瑞等[③]。尤其是白朴,他从1237年,金亡之后便随父亲白华寓居真定,大约中统三年(1262)离开真定南下,在真定生活的时间大约二十六年,他的杂剧作品也基本创作于真定[④]。而从白朴在真定的交游圈来看,除史天泽、史樟父子外,他的总角之交、同学好友侯克中、李文蔚、戴善甫等都有杂剧作品存世,可以说,在真定统治者史天泽父子的支持与参与下,真定形成了以白朴等优秀作家为中心的真定杂剧创作圈。

不仅是真定,诸如东平、保定、卫辉、平阳、荆州等汉人世侯统辖区,由于汉人世侯的努力经营,都纷纷成为金亡后文人的重要流向区域。诚如其时文人魏初所指出:"壬辰北渡(1232)后,诸侯各有分邑。开府忠武史公之于真定,鲁国武惠严公之于东平,蔡国武康张公之于保定,地方二三千里,胜兵合数万,如异时齐、晋、燕、赵、吴、楚之国,竞收纳贤俊,以系民望,以为雄夸"[⑤]。这些投奔各世侯统辖区的文人进而在寓居地形成相对较有区域标识性的文人群,亦所谓真定文人群、东平文人群、保定文人群以及苏门山文人群、邢州文人群等等。虽然在蒙金战争那样酷烈的时代里承受了过多磨难与困厄,但金源文

①　《元史》卷一《太祖本纪一》,第1册,第17页。
②　《遂贤集校注·河朔访古记》卷上,第273页。
③　门岿《真定元曲十家》,《河北师范大学学报》1979年第4期,第51—53页。
④　李修生《元杂剧史》第三章第三节"白仁甫及真定作家",第160—176页。
⑤　魏初《故总管王公神道碑铭》,《全元文》卷二六七,第8册,第488页。

人群体仍多恪守天职,不仅为中原传统文化的延续和发展做出了不懈努力,也对蒙古人人主中原之后的制度与文化建设贡献甚大。对于元代文学的创作面貌和发展格局而言,在南北一统之前,蒙元文坛格局基本为金源文人所把持。

二

南宋被一统之后,南北融合成为元朝包括文坛、政坛、思想等多个领域的突出且颇为核心的问题,它深刻地影响到了朝廷的仕宦结构、社会资源的分配、文人群体的流动以及社会面貌和社会心态等等方面。就文学创作而言,元代南北融合问题对于作家心态、创作理念、文体之间的流动与渗透、创作生态、文坛格局等等方面都有影响,可以说南北融合问题是进入和讨论元代文学的一个重要切入点。而所谓"南北",实际是相对性的概念。蒙古人自然归为北人,追随他们而进入中原的西域人,也算北人。起初金朝相对于蒙古人而言,是南边。江南一统后,"南",一般都指南宋治下的区域和人民,但"北"的概念则需要重新框定。在现有的相关文学研究中,人们往往倾向于将其框限于指北方金源文人,这固然有一定的合理性,但对于元代文学的研究而言,忽略或屏蔽蒙古以及色目人的影响,也就相当程度地遮蔽了元代文学有以区别于其他时代文学的独特性。所以在元代所谓的"北",应该包括蒙古、色目以及北方汉人。

南宋作为被元朝最后被征服的王朝,其治下区域及人民被蒙古人颇有些刻意地排在最底层。但是作为13—14世纪期间,全世界文明程度最高、人口最多的区域,南宋治下区域无论从物质资源、人口资源到精神智慧等等方面又都是北方特别需要借重的。这样一种相对悖谬的复杂情形使得元代的政局与用人态度总体上表现为重北轻南,对南人的态度也都是"深闭固拒,曲为防护",而且还"自以为得亲疏之道"①。就元代整个历史阶段而言,蒙古统治者的政治举措、色目高层的有意作为、北方汉人的助推以及南方士绅的努力,其实都对南北多族的融合产生了不小的影响,这在元代文学的发展面貌中各自都有着不容忽视的意义。

元代第一轮南北大融合的政治背景应该算肇兴于忽必烈获得大汗的中统

①　叶子奇《草木子》卷三,《四库全书》第866册,第772页。

初年。忽必烈获得汗位之际,没有得到蒙古西北宗王的全面支持,面对蒙古西北宗王的有限支持,忽必烈不得不寻求汉地臣民更广泛的支持。所以忽必烈为核心的蒙古、色目贵族在思入主中原、大有为于天下之际,期望与中原臣民达成和解和沟通的愿景,这是元代蒙古、西域贵族第一次大规模汉化的重要背景,元代西域作家群体的兴起,与这一背景密切相关。

第二轮南北大融合发生于南宋平定之后。这轮南北大融合中包含了北人南下和南人北上两个过程。前半程北人南下的时间在至元十三年(1276)到至元十五年(1278)左右,这个时间点的背景原因主要在于蒙古人期望全面接管南宋治下区域的愿景,所以北方大都朝廷以淘汰江南冗官为名,大量淘汰南宋官员,并代之以北方官员,从而造成北人大举南下的风潮。在这股风潮中,诸如马致远、鲜于枢、徐琰、狄君厚、贯云石、胡祗遹、卢挚、乔吉、宫天挺、全普庵撒里等北方人都以任职江南而逐渐在南方停驻,而且官员们的南下连带着一些元曲作者和演艺人员也追随南下,或者自发南下。北人南下风潮不仅推动了元曲南移的进程,而且对南方散曲创作群体的形成也颇具意义。后半程是至元二十三年(1286),以程钜夫江南访贤为节点,随着赵孟頫等二十余名江南著名人物的北进而掀起南方士绅的北进高潮。有元一代那些立于文坛峰顶的南方文人诸如赵孟頫、贡奎、袁桷、虞集、邓文原、揭傒斯、范梈、黄溍等等基本都在三四十岁之际到达大都,在时代的风云际会中,他们不仅磨润和成就自己,也反哺时代,为"弥纶文化","整饬一代之言"①贡献他们的才华和力量,而元代中叶正统文坛的南北融合与南人北进风潮尤为密切。

第三轮南北大融合以延祐首科(1315)为标志。长期以来,人们诟病元朝的一大理由便是它立朝百年而不兴科举。客观而言,科举考试在元朝难以推行固然与其游牧民族作为统治者、以武功起家的社会背景有关,但元朝迟至中叶才推行科举考试也有一定的道理:其一,元王朝生产模式多元,有着跨文化、多族群共存的典型特征,且海陆丝绸之路大开,与包括四大汗国在内的世界多方往来,事物极为浩繁,以按照农耕和定居文明形态而设置的科举考试来选拔管理元朝的人才,可能本身也存在许多不足的地方;其二,科举以儒家经典或者中华词赋之学作为选拔人才的内容,如果建朝初期即推行科举,明显忽略了

---

① 刘刚《胡仲子集后序》,《胡仲子集》卷末,清文渊阁四库全书本。

蒙古、色目两个地位更高的社会群体；其三，在南宋没有一统之前，没有大量南方士子大举北进之前，科举取士的问题并不迫切；其四，元朝建国初期事务浩繁，需要大量实干的吏员，诚如虞集所指论："我国家初以干戈平定海内，所尚武力有功之臣，然钱毂转输期会，工作计最，刑赏伐阅，道里名物，非刀笔简牍，无以记载施行。而吏始见用，固未遑以他道进仕。"①所以虽有理念和想法却不善实干、不解民情的儒士，并非务实的元朝尤其是其建朝初期迫切需要的。但是到了元代中叶，当国家一统，多族文人群体并存的局面已然成型，蒙古和色目群体的后代的汉化程度也达到了相当的水平，而且国家在用人制度上也惩于吏弊，大量南士无所施用，拥有最多人口的南方社会问题丛生等社会矛盾日渐突出时，科举考试的推行也就在所必然。

　　元代科举考试的推行为元代中叶整个社会的南北多族融合找到了一个支点。可以看到，元代科举考试以程朱理学为考试核心内容，而探研程朱理学的重镇在南宋治下区域，广大南方儒士是程朱理学的主要研习群体，比起赵孟頫等科考开启之前到达北都，依靠文艺手段，借助雅集题跋的方式推动南北多族人群的融合，以探研程朱理学为名，以科举考试为目的的南北多族融合虽然更加功利，却更具有普泛性和融合的动力。在科举考试的推动下，程朱理学上升为官学，并成为"天下之学"②，这大大推动了南北多族人群研习程朱理学的热情，也进而推动了蒙古、色目群体的汉化进程。作为科举入仕的色目人马祖常曾叙述当时的西北子弟由程朱理学的功利效果而激发的汉学热情道："天子有意乎礼乐之事，则人人慕义向化矣。延祐初，诏举进士三百人会试，春官百五十人。或朔方、于阗、大食、康居诸土之士，咸囊书橐笔，联裳造庭而待问于有司，于时可谓盛矣。"③就元代文坛格局而言，科举考试在推动蒙古、色目人群汉化程度加深的同时，也使得元代文坛区别于其他时代的最大特征有以形成：元代文坛再不是汉族作家一枝独秀的舞台，而是包括南北多族，尤其是西域作家群体大量参与的中华文学文坛。

　　不循常例进行的元代科举对于元代文人群体的分布、创作风格以及文坛格局都产生了非常深远的影响。可以看到，延祐科考之后，元代中晚期的文坛

---

① 虞集《岭北行省左右司郎中苏公墓碑》，《虞集全集·道园类稿》卷四四，下册，第 868 页。
② 虞集《（建阳县）考亭书院重建朱文公祠堂记》，《虞集全集·道园类稿》卷二五，上册，第 658 页。
③ 马祖常《送李公敏之官序》，《全元文》卷一〇三五，第 32 册，第 403 页。

逐渐形成了以大都为中心、馆阁文人为主导,天下文人辐辏拱合的特色。观照元代中晚期的文坛,几乎不能越出馆阁文人的影响,倘若结合元朝各科的座师及所取进士的情形来看,则馆阁文人群其实又多为科考座师及名进士,他们逐渐主导了元代中晚期文坛。元代科举从延祐二年(1315)开启,到至正二十八年(1368)蒙古统治者退出中原为止,总共进行十六科,中间 1336、1339 年停了两届,无论是科举举行的次数还是选拔的人才数,都颇令人唏嘘。但对于整个元代文化、思想以及创作上的南北融合,文人群体的南北流动,馆阁文人群影响力的增强以及元代一统文坛格局的构建都具有深远的影响。

第四轮南北大融合的时间点在元末"至正更化"时期。尽管"至正更化",算得上是蒙古统治阶层的一次断尾求生的变革,最终也以失败告终。但在"更化"期间,由于皇帝用功读书,注意节俭,颇有励精图治之意,而主政者脱脱又治国有方,"中外翕然称为贤相"①,故汉儒们"知无不言,言无顾忌"②。而且元廷对汉儒、南人的重视与示好态度也深深地激起了士人对蒙元政府的认同与忠诚,令朝政为之一新,颇有中兴的面貌。对于文化界和文学创作领域而言,"至正更化"期间,恢复科考、开修《辽》《金》《宋》三史、重开经筵、开辟宣文阁等等文化举措给予了人们极大的中兴信心。尤其是三史的开修,对元代文人及创作的南北融合影响非小。

在元代,"三史"一直延捱不开修的重要原因除了各种政治因素之外,存在一个其他朝代不太明显而元朝较为突出的问题,即辽、金、宋三朝,谁为正统的问题。围绕这个问题,元朝文人自元初以来就争论不休,直至脱脱主持"三史"开修,提出"三国各与正统,各系其年号"的修史方案,承认了辽、金与宋同等的正统地位,争论才停止。而这场争论延续时间之长、争论程度之激烈及其对整个元代史学发展所产生的影响也是其他朝代所不曾有过的③。《辽》《金》《宋》三史,各与正统的修撰理念,使得南北多族精英文人被迫以平等的态度去观照和书写其他民族的历史。这也让人们得以前所未有地去深入了解其他民族的历史,这不仅增强了他们对国家一统现实的认同感,而且也增强了他们对共处一个王朝的其他民族的认同感。如果说元初以书画为媒介的融合带给

---

① 《元史》卷一三八《康里脱脱传》,第 11 册,第 3324 页。
② 《元史》卷一八三《苏天爵传》,第 14 册,第 4226 页。
③ 叶建华《论元代史学的两股思潮》,《内蒙古社会科学》1991 年第 2 期,第 48 页。

人们的是直观的、外在审美的融合的话,那么以程朱理学探研为核心的融合带给人们的是道德规范和思想价值层面的融合。而以"三史"修撰为中心,以平等态度撰写其他民族历史的融合则是深刻意义上的一体性融合,它带给人们的是以蒙古统治为核心的、一统王朝和国家的认同式融合。

三

元朝社会突出的民族性、世界性以及内陆亚洲性特征不仅使得元代文学自身的丰富程度与研究的独特意味得到极大程度的增强,而且藉由这些特征而产生的复杂文坛现象如:元朝文坛的西域作家群体,由海、陆丝绸之路的大范围拓通带来的元代纪行创作的巨大繁荣,以及中国形象的世界性传播与影响等等,也使得元代文人群体的地理分布与文学格局的讨论,不能仅仅立足于中原王朝视角进行。

西域文人群体在元朝的出现,很大程度而言,是成吉思汗及其子孙自1205 年第一次侵入西夏开始。直至 1260 年,蒙古第三次西征结束的成果,"西域"所涵盖的区域包括"唐兀、畏吾儿,历西北三藩所封地,以达于东欧"等区域,即天山南北、中亚、西亚、印度、欧洲东部、伊朗高原至阿拉伯以及俄罗斯、波兰、匈牙利等地[1]。这些地域的人族群构成复杂,有回回、哈剌鲁、阿儿浑、钦察、阿速、康里、斡罗思、术忽、也里可温等族类[2]。对于元代文学的创作格局,西域作家群的出现,其重要意义不仅在于西域人能用汉文写作,还在于,元代西域作家群体作为一个独特的创作群体,以其自身不可替代的独特性对于元代文学乃至传统文学生态所具有的意义与影响。可以说,元代西域作家群体的存在以及影响典型而著明地昭示,中华文明包括文学特征的形成,其实是多族文人藉由多元文明交流融汇形成的成果。

而蒙古人的三次西征在推动 13—14 世纪西域人大举东迁的同时,使中国成为名副其实的"六合同风,九州共贯"[3]的大一统王朝,而且在丝绸之路大范围拓通的背景下,13—14 世纪的世界不再凝固不动。一方面,13—14 世纪期间,疆域空前的蒙元帝国,其境土横跨欧亚,欧亚大陆自东向西所并存的四个

---

① 曾向吾《中国经营西域史》"导言",第 8 页。
② 马建春《元代东迁西域人及其文化研究》"导言",第 2 页。
③ 许有壬《大一统志序》,《全元文》卷一一八七,第 38 册,第 124—125 页。

大文化圈：即东亚以中国为中心的汉文化圈、中亚和西亚的伊斯兰文化圈、南亚的印度文化圈与东地中海与欧洲的基督教文化圈，都与中国发生关联。另一方面，"中国"概念的内涵以及"中国形象"在世界剧变的过程中发生极大变化。世界人们对"中国形象"的认知也因此前所未有的深入。这些变化被13—14世纪藉海陆丝绸之路而繁荣的纪行创作如实地记录和反映出来，这些纪行作品不仅是研究元朝社会的重要文献，对于元代文学格局而言，也是不能忽略的重要创作内容。

四

一代有一代之文学，那些能挺然秀出，在文学格局中具有不凡影响的文人群体或个体，他们的思想意识或者作品表达，要么能抓住时代的脉搏，要么能恰切地反映出时代的独特情绪。

比如江西文人，他们或许没有像东平文人群那样有着强烈的抱团成群的行为，但历数有元一代江西人的影响力，会骇然发现，除了"元诗四大家"，江西人占去三席，有虞集、揭傒斯、范梈之外，而且元代文坛的盟主，虞集之后，有揭傒斯，揭傒斯之后还有危素、周伯琦等等，承接有序，代为领袖。江西人的影响力不仅体现于元代文坛，在政治领域有程钜夫，哲学领域有吴澄，宗教领域有正一教以及张留孙、吴全节等，地理领域有朱思本及其《舆地图》、汪大渊的地理纪行著作《岛夷志略》，语言领域有周德清及其《中原音韵》等，这些人及作品在当时甚至当下都具有划时代的意义。在江西文人驰骋文坛之际，其他地域，北方如金源文人以及西域文人等；南方如浙江文人、姑苏文人同样成绩斐然，但与江西文人的影响力相比，则逊色一筹。为何大一统后，多元格局的元代文坛是江西力量占得头筹？尽管，江西作为南宋治下区域学术、文化的中心，诗文创作一直繁盛，但南宋治下文化的中心更在浙江，为何不是浙江？若论政治优势，为何起初占有绝对优势的金源文人群没有保持优势？又或者更有政治优势的西域文人，以及其他地域的文人群不能成为强势力量？这非常耐人寻味。而细论这些江西地域出来的代表人物和代表作品之所以影响不同于寻常，却会发现他们几乎非常一致地表现出对元朝多族群共处的开放文化精神的理解与认同。这其中尤其耐人寻味和思考的是吴澄针对蒙古朝廷发布八思巴文字的态度与评价。至元二年（1265），在忽必烈即将一统南北的前夕,或许有感于"元有天下,薄海内外,人迹所及,皆置驿传,使驿往来,如行国中"①的世界性广泛交流的背景,忽必烈期望能创造一种蒙古新字,它可以"译写一切文字"②,他把这一不能不说是伟大的设想交给小他 20 岁、年仅 31 岁的八思巴去完成。至元六年(1269),八思巴经过几年的探索和试验,在藏文字母的基础上,创制出一套方形竖写的拼音字母——八思巴字。与汉字最根本的不同点在于,汉字主形,八思巴字主声;汉字书写千变万化,但发声读音却不与之相应,而八思巴字则字形不繁,字数不多,发声完备。相比于汉字,八思巴字字不盈千,但"字甚简约,而唇、齿、舌、牙、喉之声一无所遗"③,"于是乎无无字之音,无不可书之言",这深刻地契合了元朝多族群共处的一统王朝忽必烈"译写一切文字"④的期望。从而作为国家意志传达的工具从中原中州一直到"极东极西极南之境","人人可得而通焉"⑤。吴澄深深感慨,八思巴字的创制诚可谓文字创造发展史的一大助推。吴澄的这层感慨意义不仅在于承认八思巴文字的伟大,更在于他作为文字文明高度成熟、发达的华夏子弟,承认异质文明的独特性和对华夏文明的补充与推助意义。吴澄作为元代哲学思想领域的代表人物,他的视野与胸襟以及哲学认知或许也是他及其所引领的草庐学派子弟推动江西文人在元代一统文化语境中大领风骚的重要精神基础。

元代文学中还有一种情绪特别需要挖掘和探究,这种情绪其实几乎是元王朝从上至下,普遍弥漫,用各种形式表现出来的,那便是跨文化、跨族群、跨地域交流碰撞中的乡愁情绪。李志常在《长春真人西游记》中描述丘处机旅途中不食少语的情节,便极为动人地触及到这一情绪。作为宗教领袖,丘处机为了立教度人,不顾年逾七旬的高龄,历万水千山,进入蒙古人活动的区域,其意志力已然远超常人。但以血肉之躯,又颠沛转徙于迥异于自己平昔的生活环境长达三年,触目皆是不熟悉的风俗,入耳的都是自己不能理解的语言,触心的甚至是自己不能进入的信仰。这种杂糅着地理的、民族的、语言的、饮食风俗等多重因素的乡愁或许不能让丘处机在意志上承认自己无力,但让丘处

---

① 《元史》卷六三《地理志六》,第 5 册,第 1563 页。
② 《元史》卷二〇二《释老传》,第 15 册,第 4518 页。
③ 吴澄《抚州路帝师殿碑》,《全元文》卷五一〇,第 15 册,第 365 页。
④ 《元史》卷二〇二《释老传》,第 15 册,第 4518 页。
⑤ 吴澄《送杜教授北归序》,《全元文》卷四七六,第 14 册,第 100 页。

机在肉体上被打倒了。所以他以不食的方式来表达自己的乡愁,直至回到自己熟悉的母语生活环境中,他才一切如常。李志常作为虔诚的弟子,用平实的语言叙录老师一言一行的同时,不经意中刻画出了那个时代很典型的跨地域空间、跨族群、跨文化碰触中的独特感受,虽然这种感受也可以命名为乡愁,但这种乡愁情绪在元代之前的文学创作中没有元朝这么多元、复杂,更不像在元朝那样,在自上而下、自中而外的人群中普遍存在。像耶律楚材在西域河中(中亚撒马尔罕)那种无边无际的"寂寞"感;赵孟頫、虞集等为代表的北上南人那种听雨藏身、读书藏世,缠绵委曲的"江南归思"之念;还有伊本·白图泰、鄂多立克、孟特·戈维诺等等身处中国的外邦人员,他们面对满城缺少宗教敬畏情绪的中国人的宗教不适感,甚至蒙古统治者们每年4—6月前往上都的清夏与祭祀活动,等等,都无不浸渍着这个时代非常富有意味的特殊体验与情绪。诚如萨都剌所感叹:"月轮西转日生东,四海车书总会同。骑马出门天万里,山川长在别离中。"[1]作为由北方游牧民族一统的王朝,与之前以农耕文明为主的中原王朝相比,元朝具有蒙古、色目、汉人、南人等多个族群、多种文明形态共存,疆域辽阔、交通便利等典型特征。对于元朝的人们来说,广袤空间背景中,跨族群、跨文明形态共存和交流过程中所产生的不适、碰撞、冲突、融合可能是日常生活常态。而在这种生活常态中所激发和表现出来的我族中心思想和包括地理、民族、文化、宗教、甚至政治愿景等多元层面的乡愁,其曲折之情、婉委之态,站在以农耕文明为主、族群相对单一的社会背景下所产生的文化审美立场,以古典、精致、温雅的标准来衡量和看待的话,其蒜酪之味或许不够经典,其相对粗糙平庸的形式也或许会给人大相径庭、并不以为好的感觉,但这或许可能是元代文学自己最该有的内容,也是它可以奉献给整个中国传统文学史最具自己时代意味的独特内容。

　　经济基础决定上层建筑,客观而言,"蒙古人既没有打造具有战略性的贸易枢纽,也没有为世界经济提供独特的工业生产力,更没有发挥转运功能"[2]。蒙古人生产力水平的相对低下和文明经验的缺乏使得元王朝的政治、经济、文

---

[1]　萨都剌《将入闽赵郡崔好德求题舆地图》,《全元诗》第30册,第154页。
[2]　《欧洲霸权之前:1250—1350年的世界体系》,第151页。

化所表现出来的对藉海陆丝路而形成的对外贸易以及东南地域的生产非常倚重,所谓"贫极江南,富称塞北"①,即含蓄地指出了元朝政治、经济的畸形发展格局。而就世界经济格局而言,1348 年开始,黑死病在欧洲的泛滥,导致海陆丝绸之路的中断,元王朝与外界经济关联度大大降低,对东南经济的倚重更加严重。这样,当元末时候,地方豪强倚东南之地"聚糇粮,厚资储"②,由分裂南北而始,最终竟将强大的元蒙王朝逼得狼狈地退出中原。

如果不抱持文化的绝对主义或者"清洁"的文化立场的话,可能会发现,在元朝即将灭亡,以及明朝已经更立的很长一段时间里,人们内心对这个王朝的眷念和哀愍之情实际绵绵不止。至少就实际情形而论,元明时期的人们并不像明代中后期以及许多明代文学的研究者所认为的那样,对元王朝的态度比较疏离、漠然。无论是《青楼集》以记述"色艺表表"③的歌舞之妓来展现元朝"混一文轨""元元同乐"的"盛世芬华"④,还是顾瑛竭尽家财组织进行的玉山雅集及其编撰的《玉山名胜集》《玉山名胜外集》《草堂雅集》《玉山纪游》等系列作品集,期望牢笼元季作家,以存一代之风骚的心思。元朝带给 13—14 世纪人们的感受,如张羽《听老者理琵琶》诗所写:"老来弦索久相违,心事虽存指力微。莫更重弹白翎雀⑤,如今座上北人稀"⑥,仿佛天宝盛世。直到永乐十七年(1419)的李昌祺那首《至正妓人行》,犹借妓女之口言"至正时繁华富贵事",诗歌中"胡元运祚俄然歇,远遁龙荒弃城阙"⑦,对元朝亡灭的叹喟情绪犹然溢于言表。也或许有这层心理,当元朝故老皆尽,明朝中期基于多

---

① 叶子奇《草木子》卷三,《四库全书》第 866 册,第 772 页。

② 《读史方舆纪要》卷一九《南直方舆纪要序》,第 869—870 页。

③ 夏庭芝《青楼集志》,《历代曲话汇编·唐宋元编》,第 470 页。

④ 张择《青楼集叙》,《历代曲话汇编·唐宋元编》,第 468 页。

⑤ 按:《白翎雀曲》,其起源很可能应追溯到辽金时代,但元人都认为是忽必烈让一个叫硕德间的乐师制作的,它源自朔漠,属于达达乐器,"与汉人曲调不同","双手弹"(陶宗仪《南村辍耕录》卷二八,中华书局 2007 年,第 349 页)。在元代受到了由上到下,南北多族人们的喜爱。罗新《从大都到上都:在古道上重新发现中国》,第 303 页。

⑥ 张羽《听老人琵琶》,《张羽集·静庵张先生诗集》,上册,第 221 页。

⑦ 李祯《至正妓人行并叙》,钱谦益撰集,许逸民、林淑敏点校《列朝诗集乙集第五》,中华书局 2007 年,第 5 册,第 2406、2407 页。

种因素和背景而掀起的,恢复中国古典审美理想的复古运动①,其中"胡运消沉汉道兴"②的快慰与悲慨情绪未尝不意味深长而引人注意③。

---

① 廖可斌《明代文学思潮史》"序言",第 24 页。

② 丘濬《座中有挡筝者作白翎雀曲因话及元事口占此诗》,钱谦益《列朝诗集丙集第三》第 5 册,第 2839 页。

③ 按:直到明晚期,王世懋(1536—1588)在《窥天外乘》中对明代元而兴,去除胡元夷气的振奋情绪依旧饱满激烈,"……鞑靼实生漠北,东扫完颜,西并西域,遂长驱江南,混一区宇,犬羊之祸,于兹烈焉。何者?夷狄乱华,自古未能一统。故石虎色忧于受命,苻坚寝废于饮江。而独元氏一统百年,幅员广于汉、唐,腥膻遍于寓内矣。又刘、石诸胡皆久住中国,窃效华风。魏文都洛,夷风丕变。即辽、金二氏崛起北庭,犹知杂用中华文物,以饰其蠢陋。而独胡元敢肆凭陵,以夷变夏。衣冠、官语、国书、官制多仍其俗。当斯时也,乾坤若为之倒置,人物或几乎销变,岂非佛氏所谓二劫之极,二《传》所谓'未济'之终耶?天若不生真主,生人祸乱安极?是用厚集于我太祖高皇帝,龙起濠上,鼎定金陵,铲汉剗吴,长驱关、洛;捣胡窟于幽、蓟,歼逋孽于应昌。衣冠文物,焕若神明。中原父老,宁当与汉官威仪同其涕泪哉!原夫自古开创之君,皆在中原。而我朝独自南混北,天意若曰元起汉北,阴之极也。今自南之北,明以阳而胜阴也。盖自骊山烽举之后,迄于洪武建元,而天地始为之位置,日月始为之开朗,山川始为之洗涤",《丛书集成初编》本《凤洲杂编》二附王世懋《窥天外乘》。

1200—1368 年大事系年

宋庆元六年　金承安五年　夏天庆七年　西辽天禧二十三年　庚申
1200 年

朱熹卒。

　　按：朱熹卒（1130—1200），字符晦，一字仲晦，号晦庵，别称紫阳，婺源人，侨寓建阳。建炎四年（1130）九月十五日午时，生南剑尤溪之寓舍，庆元六年（1200）三月甲子，终于正寝。十一月壬申，葬建阳县唐石里之大林谷。"朱氏为婺源著姓，以儒名家"，"幼颖悟，庄重能言"，"少长，厉志圣贤之学，于举子业初不经意。年十八，贡于乡，中绍兴十八年进士第"。"（宋孝宗，隆兴）十年，差主管台州崇道观。先生守南康、使浙东，始得行其所学，已试之效卓然，而卒不果用，退而奉崇道、云台、鸿庆之祠者五年，自是海内学者尊信益众。"嘉定元年（1208），诏赐谥与遗表恩泽。明年（1209），赐谥曰文。又明年，赠中大夫，特赠宝谟阁直学士。后以明堂恩，累赠通议大夫。所著书有《易本义》《启蒙》《蓍卦考误》《诗集传》《大学》《中庸章句》《或问》《论语》《孟子集注》《太极图》《通书》《西铭解》《楚词集注》《辨证》《韩文考异》，所编次有《语孟集义》《孟子指要》《中庸集略》《孝经刊误》《小学书》《通鉴纲目》《本朝名臣言行录》《古今家祭礼》《近思录》《河南程氏遗书》《伊洛渊源录》，皆行于世。事迹见黄榦《朝奉大夫华文阁待制赠宝谟阁直学士通议大夫谥文朱先生行状》，《宋史》卷四二九本传。

　　又按："（朱熹）为学也，穷理以致其知，反躬以践其实，居敬者所以成始成终也。谓致知不以敬，则昏惑纷扰，无以察义理之归；躬行不以敬，则怠惰放肆，无以致义理之实。持敬之方，莫先主一，既为之箴以自警，又笔之书,以为小学、大学皆本于此。终日俨然,端坐一室,讨论典训,未尝少辍。自吾一心一身,以至万事万物,莫不有理。存此心于齐庄静一之中,穷此理于学问思辨之际,皆有以见其所当然而不容已,与其所以然而不可易。然充其知而见于行者,未尝不反之于身也。不睹不闻之前,所以戒惧者愈严愈敬;隐微幽独之际,所以省察者愈精愈密。思虑未萌而知觉不昧,事物既接而品节不差。无所容乎人欲之私,而有以全乎天理之正。不安于偏见,不急于小成,而道之正统在是矣。其为道也,有太极而阴阳分,有阴阳而五行具,禀阴阳五行之气以生,则太极之理各具于其中。天所赋为命,人所受为性,感于物为情,统性情为心。根于性则为仁义礼智之德,发于情则为恻隐羞恶辞逊是非之端,形于身则为手足耳目口鼻之用,见于事则为君臣父子夫妇兄弟朋友之常。求诸人,则人之理不异于己;参诸物,则物之理不异于人。贯彻古今,充塞宇宙,无一息之间断,无一毫之空阙。莫不析之,极其精而不乱;然后合之,尽其大而无余。先生之于道,可谓建诸天地而不悖,质诸圣贤而无疑矣。故其得于己而为德也,以一心而穷造化之原,尽性情之妙,达圣贤之蕴;以一身而体天地之运,备事物之理,任纲常之责。明足以察其微,刚足以任其重,弘足以致其广,毅足以极其常。其存之也虚而静,其发之也果而确。其用之也应事接物而不穷,其守之也历变履险而不易。本末精粗不见其或遗,表里初终不见其或异。至其养深积厚,矜持者纯熟,严厉者和平,心不待操而存,义不待索而精。犹以为义理无穷,岁月有限,常慊然有不足之意,盖有日新又新、不能自已者,而非后学之所可拟议也。其可见之行,则修诸身者,其色庄,其言厉,其行舒而恭,其坐端而直。其闲居也,未明而起,深衣幅巾方履拜于家庙,以及先圣。退坐书室,几案必正,书籍器用必整。其饮食也,羹食行列有定位,匕箸举措有定所。倦而休也,瞑目端坐;休而起也,整步徐行。中夜而寝,既寝而寤,则拥衾而坐,或至达旦。威仪容止之则,自少至老,祁寒盛暑,造次颠沛,未尝有须臾之离也。行于家者,奉亲极其孝,抚下极其慈,闺庭之间,内外斩斩,恩义之笃,怡怡如也。其祭祀也,事无纤巨,必诚必敬,小不如仪,则终日不乐,已祭无违礼,则油然而喜。死丧之威,哀戚备至,饮食衰绖,各称其情。宾客往来,无不延遇,称家有无,常尽其欢。于亲故,虽疏远必致其爱;于乡闾,虽微贱必致其恭。吉凶庆吊,礼无所遗;赒卹问遗,恩无所阙。其自奉,则衣取蔽体,食取充腹,居止取足以障风雨,人不能堪,而处之裕如也。若其措诸事业,则州县之施设,立朝之言论,经纶规画,正大宏伟,亦可概见。虽达而行道,不能施之一时,然退而明道,足以传之万代。谓圣贤道统之传散在方册,圣经之旨不明,则道统之传始晦,于是竭其精力,以研穷圣贤之经训。于《大学》《中庸》则补其阙遗,别其次第,纲领条目,粲然复明。于《论语》《孟子》,则深原当时答问之意,使读而味之者如亲见圣贤而面命之。于《易》与《诗》,则求其本义,攻其末失,深得古人遗意于数千载之上。凡数经者见之传注,其关于天命之微、人心之奥、入德之门、造道之阈者,既已极深研几,探赜索隐,发其旨趣而无遗矣,至于一字未安,一词未备,亦必沉潜反覆,或达旦不寐,或累日不倦,必求至当而后已。故章旨字义,至微至细,莫不理明词顺,易知易行。于《书》则疑今文之艰涩,反不若古文之平易;于《春秋》则疑圣心之正大,决不类传注之穿凿;于《礼》则病王安石废罢《仪礼》,而传记独存;于乐则悯后世律尺既亡,而清浊无据。是数经者,亦尝讨论本末,虽未能著为成书,然其大旨固已独得之矣。若历代史记,则又考论西周以来至于五代,取司马公编年之书,绳以《春秋》纪事之法,纲举而不繁,目张而不紊,国家之理乱、君臣之得失如指诸掌。周、程、张、邵之书所以继孔孟道统之传,历时未久,微言大义郁而不章,为之裒集发明,而后得以盛行于世。太极、先天二图精微广博,不可涯涘,为之解剥条画,而后天地本原、圣贤蕴奥不至于混没。程张门人祖述其学,所得有浅深,所见有疏密,先生既为之区别,以悉取其所长,至或识见小偏、流于异端者,亦必研穷剖析,而不没其所短。南轩张公、东莱吕公同出其时,先生以其志同道合,乐与之友,至或识见少异,亦必讲磨辩难,以一其归。至若求道而过者,病传注诵习之烦,以为不立文字,可以识心见性,不假修为,可以造道入德,守虚灵之识而昧天理之真,借儒者之言以文老佛之说,学者利其简便,诋訾圣贤,捐弃经典,猖狂叫呶,侧僻固陋,自以为悟。立论愈下者,则又崇奖汉唐,比附三代,以便其计功谋利之私。二说并立,高者陷于空无,下者溺于卑陋,其害岂浅浅哉。先生力排之,俾不至乱吾道以惑天下,于是学者靡然向之。先生教人,以《大学》《语》《孟》《中庸》为入道之序,而后及诸经。以为不先乎《大学》,则无以提纲挈领,而尽《论》《孟》之精微;不参之以《论》《孟》，则无以融会贯通，而极《中庸》之旨趣；然不会其极于《中庸》，则又何以建立大本，经纶大经，而读天下之书，论天下之事哉？其于读书也，又必使之辨其音释，正其章句，玩其辞，求其义，研精覃思，以究其所难知，平心易气，以听其所自得。然为己务实、辨别义利、毋自欺、慎其独之戒，未尝不三致意焉，盖亦欲学者穷理反身而持之以敬也。从游之士迭诵所习，以质其疑，意有未谕，则委曲告之而未尝倦；问有未切，则反覆戒之而未尝隐。务学笃则喜见于言，进道难则忧形于色。讲论经典，商略古今，率至夜半。虽疾病支离，至诸生问辨，则脱然沉疴之去体。一日不讲学，则惕然常以为忧。抠衣而来，远自川蜀，文词之传，流及海外，至于夷虏，亦知慕其道，窃问其起居。穷乡晚出，家蓄其书，私淑诸人者不可胜数。先生既没，学者传其书、信其道者益众，亦足以见理义之感于人者深也。继往圣将微之绪，启前贤未发之机，辨诸儒之得失，辟异端之谬，明天理，正人心，事业之大，又孰有加于此者！至若天文地志、律历兵机，亦皆洞究渊微；文词字画，骚人才士疲精竭神，常病其难，至先生未尝用意，而亦皆动中规绳，可为世法。是非姿禀之异、学行之笃，安能事事物物各当其理，各造其极哉！学修而道立，德成而行尊，见之事业者又如此。秦汉以来，迂儒曲学，既皆不足以望其藩墙，而近代诸儒，有志乎孔、孟、周、程之学者，亦岂能以造其阃域哉！呜呼，是殆天所以相斯文，笃生哲人，以大斯道之传也。”（黄榦《朝奉大夫华文阁待制赠宝谟阁直学士通议大夫谥文朱先生行状》，《全宋文》卷六五五九，第 288 册，第 447—451 页）

再按：钱穆《朱子学提纲》云：“在中国历史上，前古有孔子，近古有朱子，此两人，皆在中国学术思想史及中国文化史上发出莫大声光，留下莫大影响。旷观全史，恐无第三人堪与伦比。孔子集前古学术思想之大成，开创儒学，成为中国和传统中一主要骨干。北宋理学兴起，乃儒学之重光。朱子崛起南宋，不仅能集北宋以来理学之大成，并亦可谓其乃集孔子以下学术思想之大成。此两人，先后矗立，皆能汇纳群流，归之一趋。自有朱子，而后孔子以下之儒学，乃重获生机，发挥新精神，直迄于今。然儒学亦仅为中国传统文化中一主干，除儒学外，尚有百家众流，其崇孔尊孔、述朱阐朱者可勿论，其他百家众流，莫不欲自辟蹊径，另启途辙，而孔子、朱子矗立中道，乃成为其他百家众流共同批评之对象与共同抨击之目标。

故此两人,实不仅为儒学传统之中心,乃亦为中国学术思想史上正反两面所共同集向之中心。不仅治儒学者,必先注意此两人,即治其他百家众流之学,亦必注意此两人,乃能如网在纲,如裘在领。不仅正反之兼尽,亦得全体之通贯。"[庞朴主编《20世纪儒学通志·学案卷》(上),第448页]

宋宁宗嘉泰元年　金章宗泰和元年　夏天庆八年　西辽天禧二十四年 辛酉　1201年

金《泰和律义》12篇,563条修成。

按:《金史·刑志》载:"金初,法制简易,无轻重贵贱之别,刑、赎并行,此可施诸新国,非经世久远之规也。天会以来,渐从吏议,皇统颁制,兼用古律。厥后,正隆又有《续降制书》。大定有《权宜条理》,有《重修制条》。明昌之世,《律义》《敕条》并修,品式浸备。既而《泰和律义》成书,宜无遗憾。然国脉纾戚,风俗醇醨,世道升降,君子观一代之刑法,每有以先知焉。"(《金史》卷四五,第3册,第1013页)

又按:《金史·刑志》载:"十二月,所修律成,凡十有二篇:一曰名例,二曰卫禁,三曰职制,四曰户婚,五曰厩库,六曰擅兴,七曰贼盗,八曰斗讼,九曰诈伪,十曰杂律,十一曰捕亡,十二曰断狱。实唐律也,但加赎铜皆倍之,增徒至四年、五年为七,削不宜于时者四十七条,增时用之制百四十九条,因而略有所损益者二百八十有二条,余百二十六条皆从其旧;又加以分其一为二、分其一为四者六条,凡五百六十三条,为三十卷,附注以明其事,疏义以释其疑,名曰泰和律义。自官品令、职员令之下,曰祠令四十八条,户令六十六条,学令十一条,选举令八十三条,封爵令九条,封赠令十条,宫卫令十条,军防令二十五条,仪制令二十三条,衣服令十条,公式令五十八条,禄令十七条,仓库令七条,厩牧令十二条,田令十七条,赋役令二十三条,关市令十三条,捕亡令二十条,赏令二十五条,医疾令五条,假宁令十四条,狱官令百有六条,杂令四十九条,释道令十条,营缮令十三条,河防令十一条,服制令十一条,附以年月之制,曰律令二十卷。又定制敕九十五条,榷货八十五条,蕃部三十九条,曰新定敕条三卷,六部格式三十卷。司空襄以进,诏以明年五月颁行之。"(《金史》卷四五,第3册,第1024页)

宋嘉泰二年　金泰和二年　夏天庆九年　西辽天禧二十五年　壬戌 1202 年

铁木真率蒙古军灭乃蛮,畏兀蒙文创立者塔塔统阿被蒙古人抓获。

　　按:畏兀蒙文创立者塔塔统阿在乃蛮灭亡之际被蒙古人抓获。据《元史·塔塔统阿》载其事迹云:"塔塔统阿,畏兀人也。性聪慧,善言论,深通本国文字。乃蛮大敭可汗尊之为傅,掌其金印及钱谷。太祖西征,乃蛮国亡,塔塔统阿怀印逃去,俄就擒。帝诘之曰:'大敭人民疆土,悉归于我矣,汝负印何之?'对曰:'臣职也,将以死守,欲求故主授之耳。安敢有他!'帝曰:'忠孝人也!'问是印何用,对曰:'出纳钱谷,委任人材,一切事皆用之,以为信验耳。'帝善之,命居左右。是后凡有制旨,始用印章,仍命掌之。帝曰:'汝深知本国文字乎?'塔塔统阿悉以所蕴对,称旨,遂命教太子诸王以畏兀字书国言。太宗即位,命司内府玉玺金帛。命其妻吾和利氏为皇子哈剌察儿乳母,时加赐予。塔塔统阿召诸子谕之曰:'上以汝母鞠育太子,赐予甚厚,汝等岂宜有之,当先供太子用,有余则可分受。'帝闻之,顾侍臣曰:'塔塔统阿以朕所赐先供太子,其廉介可知矣。'由是数加礼遇。以疾卒。至大三年(1310),赠中奉大夫,追封雁门郡公。"(《元史》卷一百二十四《塔塔统阿传》,第 10 册,第 3048—3049 页)

李心传《建炎以来朝野杂记·甲集》成书,自为序。

　　按:李心传《建炎以来朝野杂记·甲集序》写道:"心传年十四、五时,侍先君子官行都,颇得窃窥玉牒所藏金匮石室之副,退而过庭,则获剿闻名卿才大夫之议论。每念渡江以来,纪载未备,使明君、良臣、名儒、猛将之行事犹郁而未彰,至于七十年闲,兵戎财赋之源流,礼乐制度之因革,有司之传,往往失坠,甚可惜也。乃缉建炎至今朝野所闻之事,凡有涉一时之利害与诸人之得失者,分门著录,起丁未迄壬戌,以类相从,凡六百有五事,勒为二十卷。或谓心传曰:'子之是书,固学者之所宜究心也,况言人之善而不及其恶,记人之功而不录其过,是书之行于世也则宜。虽然,子以论著之余而记见闻之故,凡有所取则未及乎取者,必以为见遗;凡有所扬则不足乎扬者,必疑其见抑。吾惧夫两端之怨詈将不得免,子安用此以贾祸也,可不虑哉!'心传谢曰:'下国山野之人,上而名卿才大夫,下而岩穴幽栖之士,其未之识者众矣。远而朝廷四方,久而二万七千八百四十有八旬之事,其未闻与未知者亦不少矣。事苟有所略,人苟有所遗,盖孤陋寡闻之罪,非敢去取乎其间也。嗣有所得,屡书不一书而后已,可乎哉?'既以告人,遂笔其辞于编首。嘉泰二年(1202)冬十月晦,秀岩野人李心传伯微甫序。"(李心传著,徐规点校《建炎以来朝野杂记》,第3页)

又按:《建炎以来朝野杂记·乙集序》写道:"朝野杂记既成之三年,复为书,号续记。既抵乙丑之冬矣,顾视前集所书,往往缺略未备,而所忆中兴以来旧闻遗事,尚或有之,欲补缀成编,未暇也。客有谓心传曰:'自昔权臣用事,必禁野史,故孙盛作晋春秋,而桓温谓其诸子,言'此史若行,自是关卿门户事'。近世李庄简作小史,秦丞相闻之,为兴大狱,李公一家,尽就流窜,此往事之明戒也,子其虑哉!'心传瞿然而止。未几,权臣殂死,始欲次比其书,会有旨给札,上心传所著《高庙系年》,铅椠纷然,事遂中辍。既而自念曰:'此非为己之学也。'乃取旧编束之高阁,而熟复乎圣经贤传之书。又念前所未录者尚数百条,不忍弃也,萃而次之,谓之乙集。昔安陆郑尚书尝献言于寿皇,指近岁史官纪载疏缪,谓当质诸衣冠故老之传闻,与夫山林处士之纪录,庶几善恶是非不至差误。寿皇嘉纳,报下如章,实录所书,可覆视也。间者,滕宗卿又举以为言,圣上亦既从其请矣。然则是编也,或可以备汗青之采摭乎?若夫择焉而不精,语焉而不详,则单见浅闻无所逃罪,后之览者亦尚恕之哉!嘉定九年(1216)岁次丙子七月哉生明,秀岩野人李心传序。"(《建炎以来朝野杂记》,第481页)

再按:张钧衡《建炎以来朝野杂记跋》:"建炎以来朝野杂记四十卷,宋李心传微之撰。微之,井研人,官至礼部侍郎,自号秀岩野人,见《宋史·儒林传》。是书取建炎南渡以后事迹,分门编类,甲集二十卷,分上德、郊庙、典礼、制作、朝事、时事、故事、杂事、官制、取士、财赋、兵马、边防十三门。乙集二十卷,少郊庙一门,而末卷别出边事,亦十三门。每门各分子目。甲集二十卷,成于嘉泰二年(1202)。乙集二十卷,成于嘉定九年(1216)。各有自序。礼乐刑政,年经月纬,各具大端,故《通考》称为南渡以来野史之最详备者。在宋有成都辛氏刊本,暨《宣取系年指挥》。今日流传惟有钞本。而乙集自西夏以下,各本皆阙。丙申青羌之变,庚子五部落之变,庚子沈黎西兵之变,辛丑沈黎土兵之变,丁未三开乙卯曳失索之变,丙寅沙平之变,戊辰畜卜之变,辛未利店之变,癸酉虚恨之变,左须夷人出没,龙州蕃部寇边十一段,馆臣据《大典》本补足。《函海》刻本最不足据。武英聚珍板是完本,而讹脱亦多,改易祓为杨枝,几与壮月改牡丹之笑柄相似,今以吴任臣藏明钞本校改,聚珍本脱五段亦附于后,庶可冠各本乎。陆存斋《群书校补》有此书,殊不足据。岁在阏逢摄提格,吴兴张钧衡跋。"(《建炎以来朝野杂记》,第907页)

洪迈卒。

按:洪迈(1123—1202),"字景卢,皓(洪皓)季子也。幼读书日数千言,一过目辄不忘,博极载籍,虽稗官虞初,释老傍行,靡不涉猎。从二兄试博学宏词科,迈独被黜。绍兴十五年(1145)始中第,授两浙转运司干办公事,入为敕令所删定官"(《宋史》第11570页)。"以端明殿学士致仕,是岁卒,年八十。赠光禄大夫,谥文敏。迈兄弟皆以文章取盛名,跻贵显,迈尤以博洽受知孝宗,谓其文备众体。迈考阅典故,渔猎经史,极鬼神事物之变,手书《资治通鉴》凡三。有《容斋五笔》《夷坚志》行于世,其他著述尤多。所修《钦宗纪》多本之孙觌,附耿南仲,恶李纲,所纪多失实,故朱熹举王允之论,言佞臣不可使执笔,以为不当取觌所纪云"(《宋史》第11574页)。事迹见《宋史》卷三七三。

王庭筠卒。

按:王庭筠(1151—1202),"字子端,辽东人。生未期,视书识十七字。七岁学诗,十一岁赋全题。稍长,涿郡王翛一见,期以国士。登大定十六年(1176)进士第","泰和元年(1201),复为翰林修撰,扈从秋山,应制赋诗三十余首,上甚嘉之。明年(1202),卒,年四十有七。上素知其贫,诏有司赙钱八十万以给丧事,求生平诗文藏之秘阁"。"庭筠仪观秀伟,善谈笑,外若简贵,人初不敢与接。既见,和气溢于颜间,殷勤慰藉如恐不及,少有可取极口称道,他日虽百负不恨也。从游者如韩温甫、路元亨、张进卿、李公度,其荐引者如赵秉文、冯璧、李纯甫,皆一时名士,世以知人许之。为文能道所欲言,暮年诗律深严,七言长篇尤工险韵。有《藂辨》十卷,文集四十卷。书法学米元章,与赵沨、赵秉文俱以名家,庭筠尤善山水墨竹云"(《金史》卷一二六,第2731页)。事迹见于《金史》卷一二六本传。

又按:《金史·王庭筠传》载:"明昌元年(1190)三月,章宗谕旨学士院曰:'王庭筠所试文,句太长,朕不喜此,亦恐四方傚之。'又谓平章张汝霖曰:'王庭筠文艺颇佳,然语句不健,其人才高,亦不难改也。'""五年八月,上顾谓宰执曰:'应奉王庭筠,朕欲以诏诰委之,其人才亦岂易得。近党怀英作长白山册文,殊不工。闻文士多妒庭筠者,不论其文顾以行止为訾。大抵读书人多口颊,或相党。昔东汉之士与宦官分朋,固无足怪。如唐牛僧孺、李德裕,宋司马光、王安石,均为儒者,而互相排毁何耶。'遂迁庭筠为翰林修撰。"(《金史》卷一二六,第2731页)

宋嘉泰三年　金泰和三年　夏天庆十年　西辽天禧二十六年　癸亥 1203年

铁木真灭克烈部。

按:克烈部,辽、金时代,蒙古高原的强大部族。居地在土拉河、鄂尔浑河上游一带。或译作克列夷、怯烈、怯里亦、客列亦惕、凯烈等。《辽史》称为"阻卜"或"北阻卜",亦作"达旦"。

又按:《元史》载:"时汪罕形势盛强,帝微弱,胜败未可知,众颇危惧。凡与饮河水者,谓之饮浑水,言其曾同艰难也。汪罕兵至,帝与战于哈阑真沙陀之地,汪罕大败。其臣按弹、火察儿、札木合等谋弑汪罕,弗克,往奔乃蛮。答力台、把怜等部稽颡来降。帝移军斡难河源,谋攻汪罕,复遣二使往汪罕,伪为哈撒儿之言曰:'我兄太子今既不知所在,我之妻孥又在王所,纵我欲往,将安所之耶? 王傥弃我前愆,念我旧好,即束手来归矣。'汪罕信之,因遣人随二使来,以皮囊盛血与之盟。及至,即以二使为向导,令军士衔枚夜趋折折运都山,出其不意,袭汪罕,败之。尽降克烈部众。汪罕与亦剌合挺身遁去。汪罕叹曰:'我为吾儿所误,今日之祸悔将何及!'汪罕出走,路逢乃蛮部将,遂为其所杀。"(《元史》卷一《太祖本纪一》,第1册,第11页)

刘处玄卒。

按:刘处玄(1147—1203),"字通妙,号长生子,东莱人。素有学道之志,不娶。师重阳子,后筑庵于武官,玄风大振,四方受教者日众。明昌初,驸马都尉镇莱州,以其惑众,追捕下狱,俄顷,人见之于市,及观狱中,方熟睡,因出之。成安二年,召赴阙问道,明年乞还山。泰和三年化。年五十七"(胡震亨《读书杂录》卷下,清康熙刻本)。著有《黄帝阴符经注》1卷、《黄庭内景玉经注》1卷、《仙乐集》《无为清静真人至真语录》5卷等,均收入于《正统道藏》。事迹见《长生真人刘宗师行碑》(《甘水仙源录》卷二)

宋嘉泰四年　金泰和四年　夏天庆十一年　西辽天禧二十七年　甲子 1204 年

铁木真败乃蛮部。

按:《元史》载:"岁甲子(1204),帝大会于帖麦该川,议伐乃蛮。群臣以方春马瘦,宜俟秋高为言。皇弟斡赤斤曰:'事所当为,断之在早,何可以马瘦为辞?'别里古台亦曰:'乃蛮欲夺我弧矢,是小我也,我辈义当同死。彼恃其国大而言夸,苟乘其不备而攻之,功当可成也。'帝悦,曰:'以此众战,何忧不胜。'遂进兵伐乃蛮,驻兵于建忒该山,先遣虎必来、哲别二人为前锋。太阳罕至自按台,营于沆海山,与篾里乞部长脱脱、克烈部长阿怜太石、猥剌部长忽都花别吉,暨秃鲁班、塔塔儿、哈答斤、散只兀诸部合,兵势颇盛。时我队中赢马有惊入乃蛮营中者,太阳罕见之,与众谋曰:'蒙古之马瘦弱如此,今当诱其深入,然后战而擒之。'其将火力速八赤对曰:'先王战伐,勇进不回,马尾人背,不使敌人见。今为此迁延之计,得非心中有所惧乎?苟惧之,何不令后妃来统军也。'太阳罕怒,即跃马索战。帝以哈撒儿主中军。时札木合从太阳罕来,见帝军容整肃,谓左右曰:'乃蛮初举兵,视蒙古军若杀羅羔儿,意谓蹄皮亦不留。今吾观其气势,殆非往时矣。'遂引所部兵遁去。是日,帝与乃蛮军大战至晡,禽杀太阳罕。诸部军一时皆溃,夜走绝险,坠崖死者不可胜计。明日,余众悉降。"(《元史》卷一《太祖本纪》,第1册,第12—13页)

《文苑英华》刊刻。

按:周必大作《文苑英华序》,述其著述刊刻原委云:"臣伏睹太宗皇帝丁时太平,以文明化成天下。既得诸国图籍,聚名士于朝,诏修三大书:曰《太平御览》,曰《册府元龟》,曰《文苑英华》,各一千卷。今二书闽、蜀已刻,惟《文苑英华》士大夫家绝无而仅有,盖所集止唐文章,如南北朝间存一二。是时印本绝少,虽韩、柳、元、白之文尚未甚传,其他如陈子昂、张说、九龄、李翱等诸名士文集世尤罕见,故修书官于宗元、居易、权德舆、李商隐、顾云、罗隐辈或全卷取入。当真宗朝,姚铉铨择十一,号《唐文粹》,由简故精,所以盛行。近岁唐文摹印浸多,不假《英华》而传,况卷帙浩繁,人力难及,其不行于世则宜。臣事孝宗皇帝,间闻圣谕欲刻江钿《文海》。臣奏其去敢差谬不足观,帝乃诏馆职裒集《皇朝文鉴》。臣因及《英华》虽秘阁有本,然舛误不可读。俄闻传旨取入,遂经乙览。时御前置校正书籍一二十员,皆书生稍习文墨者,月给餐钱,满数岁补进武校尉。既得此为课程,往往妄加涂注,缮写装饰,付之秘阁,后世将遂为定本。臣过计有三不可:国初文集虽写本,然雠校颇精,后来浅学改易,浸失本旨。今乃尽以印本易旧书,是非相乱,一也。凡庙讳未祧之前当阙笔,而校正者于赋中以商易殷,以洪易弘,或值押韵,全韵随之,至于唐讳及本朝讳存改不定,二也。原缺一句或数句,或颇用古语,乃以不知为知,擅自增损,使前代遗文幸存者转增疵颣,三也。顷尝属荆帅范仲艺、均倅丁介稍加校正;晚幸退休,遍求别本,与士友详议,疑则阙之。凡经、史、子、集、传注、《通典》《通鉴》及《艺文类聚》《初学记》,下至乐府、释老、小说之类,无不参用。惟是原修书时历年颇多,非出一手,业脞重复,首尾衡决,一诗或析为二,二诗或合为一,姓氏差误,先后颠倒,不可胜计。其间赋多用'员来',非读《秦誓》正义,安知今之云字乃员之省文? 以尧韭对舜英,非《本草注》,安知其为菖蒲? 又如切磋之磋,驱驰之驱,挂帆之帆,仙装之装,《广韵》各有侧声,而流俗改切磋为效课,以驻易驱,以席易帆,以仗易装,今皆正之,详注逐篇之下,不复遍举。始雕于嘉泰改元春,至四年秋讫工,盖欲流传斯世,广熙陵右文之盛,彰阜陵好善之优,成老臣发端之志。深惧来者莫知其由,故列兴国至雍熙成书岁月,而述证误本末如此。阙疑尚多,谨俟来哲。七月七日,具位臣周某谨记。"(《全宋文》第 230 册,第 183—184 页)

陈亮《龙川文集》编成。

　　按:叶适《龙川文集序》云:"同甫文字行于世者,《酌古论》《陈子课稿》《上皇帝四书》,最著者也。子沆,聚他作为若干卷以授余。初,天子得同甫所上书,惊异累日,以为绝出,使执政召问当从何处下手,将由布衣径唯诺殿上以定大事,何其盛也! 然而诋讪交起,竟用空言罗织成罪,再入大理狱几死,又何酷也! 使同甫晚不登进士第,则世终以为狂疾人矣。呜呼,悲夫! 同甫其果有罪于世乎? 天乎! 余知其无罪也。同甫其果无罪于世乎? 世之好恶未有不以情者,彼于同甫何独异哉! 虽然,同甫为德不为怨,自厚而薄责人,则疑若以为有罪焉可矣。同甫既修皇帝王霸之学,上下二千余年,考其合散,发其秘藏,见圣贤之精微常流行于事物,儒者失其指,故不足以开物成务,其说皆今人所未讲,朱公元晦意有不与,而不能夺也。吕公伯恭退居金华,同甫间往视之,极论至夜分,吕公叹曰:‘未可以世为不能用,虎帅以听,谁敢犯子!’同甫亦颇慰意焉。余最鄙且钝,同甫微言,十不能解一二,犹以为可教者。病眊十年,耗忘尽矣。今其遗文,大抵班班具焉,览者详之而已。”(曾枣庄编《宋代序跋全编》第 1159 页)

宋宁宗开禧元年 金泰和五年 夏天庆十二年 西辽天禧二十八年 乙丑 1205 年

袁枢卒。

按:袁枢(1131—1205),“字机仲,建之建安人。幼力学,尝以修身为弓赋试国子监,周必大、刘珙皆期以远器。试礼部,词赋第一人”,“枢常喜诵司马光《资治通鉴》,苦其浩博,乃区别其事而贯通之,号《通鉴纪事本末》。参知政事龚茂良得其书,奏于上,孝宗读而嘉叹,以赐东宫及分赐江上诸帅,且令熟读,曰:‘治道尽在是矣。’”(《宋史》卷三八九,第 11934、11936 页)。著有《易传解义》《易辨异》《易童子问》《易学索隐》等。事迹见《宋史》卷三八九。

又按:袁枢《通鉴纪事本末》开“纪事本末体”之先河。《文史通义》载:“司马《通鉴》病纪传之分,而合之以编年。袁枢《纪事本末》又病《通鉴》之合,而分之以事类。按本末之为体也,因事命篇,不为常格;非深知古今大体,天下经纶,不能网罗隐括,无遗无滥。文省于纪传,事豁于编年,决断去取,体圆用神,斯真《尚书》之遗也。在袁氏初无其意,且其学亦未足与此,书亦不尽合于所称。故历代著录诸家,次其书于杂史。自属纂录之家,便观览耳。但即其成法,沉思冥索,加以神明变化,则古史之原,隐然可见。书有作者甚浅,而观者甚深,此类是也。故曰:神奇化臭

腐,而臭腐复化为神奇,本一理耳。"(章学诚著,叶瑛校注《文史通义校注》卷一《内篇一·书教下》,第51—52页)

蒙古成吉思汗元年　宋开禧二年　金泰和六年　夏李安全应天元年 西辽天禧二十九年　丙寅　1206年

蒙古铁木真统一蒙古各部,称成吉思汗。

按:《元史》载:"帝既灭汪罕,大猎于帖麦该川,宣布号令,振凯而归。"(《元史》卷一,第1册,第12页)

又按:《新元史》载:"丙寅,帝大会部众于斡难河之源,建九斿白纛,即皇帝位。群臣共上尊号曰成吉思合罕。先是,有巫者阔阔出,蒙力克之子也,自诡闻神语,畀帖木真以天下,其号曰成吉思。群臣以札木合僭号古儿罕,旋败,乃废古儿罕不称,而从阔阔出之言,尊帝为成吉思合罕。国语'成'为气力强固,'吉思'为多数也。帝大封功臣,以博尔术为右翼万户,木华黎为左翼万户,纳牙阿为中军万户。豁儿赤以言符命,亦封为万户,以博尔忽为第一千户。功臣封万户、千户者,共八十五人。以忽都虎为札儿忽,译言断事官也。以也客捏兀邻领宿卫千人,也孙帖额领箭筒士千人,斡哥连、不合、阿勒赤歹、朵歹、朵豁勒忽、察乃、阿忽台、阿儿孩分领护卫散班八千人,分番入直,是为四怯薛。"(《新元史》卷三《太祖本纪下》,第1册,第20页)

韩侂胄指挥宋军北伐,史称"开禧北伐"。

按:"开禧二年(1206),下诏北伐"(《宋史·毕再遇传》,第12184页),"以薛叔似为京湖宣谕使;邓友龙为两淮宣谕使;程松为四川宣抚使,吴曦副之。……时镇江武锋军统制陈孝庆复泗州及虹县,江州统制许进复新息县,光州孙成复襄信县。捷书闻,侂胄乃议降诏趣诸将进兵。未几,皇甫斌兵败于唐州;秦世辅至城固军溃;郭倬、李汝翼败于宿州,敌追围倬,倬执统制田俊迈以遗敌,乃获免。事闻,邓友龙罢,以丘崈代为宣抚使……已而金人渡淮,攻庐、和、真、扬,取安丰、濠,又攻襄阳,至枣阳,乃以丘崈金书枢密院事,督视江、淮军马。侂胄输家财二十万以助军,而谕丘崈募人持书币赴敌营,谓用兵乃苏师旦、邓友龙、皇甫斌所为,非朝廷意。金人答书辞甚倨,且多所要索,谓侂胄无意用兵,师旦等安得专。崈又遣书许还淮北流民及今年岁币，金人乃有许意。会招抚使郭倪与金人战，败于六合；金人攻蜀，吴曦叛，受金命称蜀王。密乞移书敌营伸前议，且谓金人指太师平章为首谋，宜免系衔。侂胄忿，密坐罢。曦反状闻，举朝震骇。侂胄亟遗曦书，许以茅土之封，书未达而安丙、杨巨源已率义士诛曦矣。侂胄连遣方信孺使北请和，以林拱辰为通谢使。金人欲责正隆以前礼赂，以侵疆为界，且索犒军银凡数千万，而缚送首议用兵之臣。信孺归，白事朝堂，不敢斥言，侂胄穷其说，乃微及之。侂胄大怒，和议遂辍。起辛弃疾为枢密都承旨。会弃疾死，乃以殿前副都指挥使赵淳为江、淮制置使，复锐意用兵。自兵兴以来，蜀口、汉、淮之民死于兵戈者，不可胜计，公私之力大屈，而侂胄意犹未已，中外忧惧。礼部侍郎史弥远，时兼资善堂翊善，谋诛侂胄。"（《宋史·韩侂胄传》，第 13775—13777 页）

杨万里卒。

按：杨万里（1127—1206），"字廷秀，吉州吉水人。中绍兴二十四年进士第，为赣州司户，调永州零陵丞。时张浚谪永，杜门谢客，万里三往不得见，以书力请始见之。浚勉以正心诚意之学，万里服其教终身，乃名读书之室曰诚斋"。"东宫讲官阙，帝亲擢万里为侍读。宫僚以得端人相贺"，"他日读《陆宣公奏议》等书，皆随事规警，太子深敬之。王淮为相，一日问曰：'宰相先务者何事？'曰：'人才。'又问：'孰为才？'即疏朱熹、袁枢以下六十人以献，淮次第擢用之。历枢密院检详，守右司郎中，迁左司郎中"，"光宗即位，召为秘书监"，"绍熙元年，借焕章阁学士为接伴金国贺正旦使兼实录院检讨官"，"宁宗嗣位，召赴行在，辞。升焕章阁待制、提举兴国宫。引年乞休致，进宝文阁待制，致仕。嘉泰三年，诏进宝谟阁直学士，给赐衣带。开禧元年召，复辞。明年，升宝谟阁学士。卒，年八十三，赠光禄大夫"。"万里为人刚而褊。孝宗始爱其才，以问周必大，必大无善语，由此不见用。韩侂胄用事，欲网罗四方知名士相羽翼，尝筑南园，属万里为之记，许以掖垣。万里曰：'官可弃，记不可作也。'侂胄恚，改命他人。卧家十五年，皆其柄国之日也。侂胄专僭日益甚，万里忧愤，怏怏成疾。家人知其忧国也，凡邸吏之报时政者皆不以告。忽族子自外至，遽言侂胄用兵事。万里恸哭失声，亟呼纸书曰：'韩侂胄奸臣，专权无上，动兵残民，谋危社稷。吾头颅如许，报国无路，惟有孤愤！'又书十四言别妻子,笔落而逝。万里精于诗,尝著《易传》行于世。光宗尝为书'诚斋'二字,学者称诚斋先生,赐谥文节。"(《宋史》卷四三三《儒林传三》,第12863—12870页)事迹见《宋史·儒林传》。

刘过卒。

按:刘过(1154—1206),字改之,号龙洲道人,吉州太和(一作庐陵)人,著有《龙洲词》1卷、《龙洲集》14卷。事迹见吕大中《宋诗人刘君墓碑》(《吴下冢墓遗文》续集卷一)、杨维祯《宋龙洲先生刘公墓表》(《吴都文粹续集》卷四四)。

又按:杨维祯作《宋龙洲先生刘公墓表》载:"先生名过,字改之,庐陵人。宋南渡后,以诗侠名湖海间,陈亮、陆游、辛弃疾,世称人豪,皆折气岸与之交。丞相周必大闻其人,欲客之门下,不就。故人潘友文宰昆山县,延致先生。先生雅志欲航海,因抵县,留宿焉。先生卒,县主簿赵希槑以友文所赙钱三十万缗,买地马鞍山以葬,遂立祠东斋。久而墓与祠俱废。更一百四十余年,为至正十三年(1353),州人顾瑛、秦约、卢熊等闻之州,州下其事,征诸图籍,正其厉域,表大石其上,题曰'宋龙洲先生刘公之墓'。越六年,寺僧立塔其所。今知州费侯复初令下,僧迁塔,复其墓,且表树焉。遣客殷奎谒予,求表墓辞。予昔往来娄间,屡询其遗墓,弗得。今幸墓复,予何辞于言。或谓:公一穷诗流,且其诗又局于季宋陋习,仅如五季罗昭谏尔,何以表树后人哉!予曰:不然。取人以词,不若以节裁。公尝抗疏光宗,请过宫;屡与时宰陈恢复方略;勇请甲兵,谓中原可一战而取,奈不用去。正类昭谏力劝钱尚父以《春秋》讨贼之义,义士为之激立,可以辞客少之乎?吾以是复奎,使归告费侯,刻石为表。大元至正廿一年冬十月五日,奉训大夫、江西等处儒学提举杨维祯撰,将仕郎、杭州路海宁州判官褚奂书。"(《杨维祯全集校笺》卷一○五,《铁崖佚文编之四传志碑铭》,第9册,第3685—3686页)

蒙古成吉思汗二年　宋开禧三年　金泰和七年　夏应天二年　西辽天禧三十年　丁卯　1207年

金朝陈大任主修《辽史》成。

按:金大定二十九年(1189),"(党怀英)与凤翔府治中郝俣充《辽史》

刊修官,应奉翰林文字移刺益、赵沨等七人为编修官。凡民间辽时碑铭墓志及诸家文集,或记忆辽旧事,悉上送官"。"泰和元年(1201),增修《辽史》编修官三员,诏分纪、志、列传刊修官,有改除者以书自随。久之,致仕。大安三年卒,年七十八,谥文献。怀英致仕后,章宗诏直学士陈大任继成《辽史》云。"(《金史·党怀英传》,第 2727 页)"(萧贡)迁国子祭酒,兼太常少卿,与陈大任刊修《辽史》"(《金史·萧贡传》,第 2320 页),(泰和六年,1206 年七月)丁亥,敕翰林直学士陈大任妨本职专修《辽史》(《金史·章宗本纪四》,第 277 页),"(泰和七年,1207 年)十二月壬寅朔,《辽史》成"(《金史·章宗本纪四》,第 282 页)。

徐梦莘卒。

按:徐梦莘(1126—1207),字商老,临江军清江人。绍兴二十四年进士。历任南安军教授、知湘阴县、广西转运司主管文字、知宾州,官至直秘阁。"恬于荣进,每念生于靖康之乱,四岁而江西阻讧,母襁负亡去,得免。思究见颠末,乃网罗旧闻,会稡同异,为《三朝北盟会编》二百五十卷,自政和七年海上之盟,讫绍兴三十一年完颜亮之毙,上下四十五年,凡曰敕、曰制、诰、诏、国书、书疏、奏议、记序、碑志,登载靡遗。帝闻而嘉之,擢直秘阁。梦莘平生多所著,有《集补》,有《会录》,有《读书记志》,有《集医录》,有《集仙录》,皆以'儒荣'冠之。其嗜学博文,盖孜孜焉死而后已者。开禧元年秋八月卒,年八十二。"(《宋史》卷四三八,第 12982—12983 页)所著尚有《北盟集补》50 卷、《会录》《读书记志》《集医录》《集仙后录》等。事迹见《宋史》卷四三八本传、楼钥《直秘阁徐公墓志铭》(《攻媿集》卷一〇八)。

辛弃疾卒。

按:辛弃疾(1140—1207),"字幼安,齐之历城人。少师蔡伯坚,与党怀英同学,号辛、党。始筮仕,决以蓍,怀英遇坎,因留事金,弃疾得离,遂决意南归","弃疾豪爽尚气节,识拔英俊,所交多海内知名士","弃疾尝同朱熹游武夷山,赋《九曲棹歌》,熹书'克己复礼'、'夙兴夜寐',题其二斋室。熹殁,伪学禁方严,门生故旧至无送葬者。弃疾为文往哭之曰:'所不朽者,垂万世名。孰谓公死,凛凛犹生!'弃疾雅善长短句,悲壮激烈,有《稼轩集》行世。绍定六年,赠光禄大夫。咸淳间,史馆校勘谢枋得过弃疾墓旁僧舍,有疾声大呼于堂上,若鸣其不平,自昏暮至三鼓不绝声。枋得秉烛作文,旦且祭之,文成而声始息。德祐初,枋得请于朝,加赠少师,谥忠敏。"(《宋史》卷四〇一,第12161—12166)事迹《宋史》卷四〇一本传。

韩侂胄卒。

按:韩侂胄(1152—1207),字节夫,河南相州安阳(今河南安阳)人。"魏忠献王琦(韩琦)曾孙也。父诚,娶高宗宪圣慈烈皇后女弟,仕至宝宁军承宣使。侂胄以父任入官,历阁门祇候、宣赞舍人、带御器械。"(《宋史·韩侂胄传》,第13771页)韩侂胄拜保宁军节度使、提举佑神观之际,发动"庆元党禁"(又称"伪学逆党之禁",庆元元年至庆元六年,1195—1200)。"侂胄用事十四年,威行宫省,权震寓内。尝凿山为园,下瞰宗庙。出入宫闱无度。孝宗晬昔思政之所,偃然居之,老宫人见之往往垂涕。"(《宋史·韩侂胄传》,第13777页)"侂胄死,宁宗谕大臣曰:'恢复岂非美事,但不量力尔。'"(《宋史·韩侂胄传》第13777页)事迹见《宋史》卷四七四《奸臣四·韩侂胄传》。

张万公卒。

按:张万公(?—1207),"字良辅,东平东阿人也。幼聪悟,喜读书。父弥学,梦至一室,榜曰'张万相公读书堂',已而万公生,因以名焉。登正隆二年进士第"。"补尚书省令史,擢河北西路转运司都勾判官,改大理评事,就升司直,四迁侍御史、尚书右司员外郎","迁刑部侍郎","章宗即位,初置九路提刑司,选为南京路提刑使。以治最,迁御史中丞。""明昌二年,知大兴府事,拜参知政事。""泰和七年,薨。命依宰臣故事,烧饭,赙葬。赠仪同三司,谥曰文贞","万公素沉厚深谨,务安静少事以为治,与同列议多不合,然颇嫌畏,不敢犯颜强谏,须帝有问,然后审画利害而质言之,帝虽从而弗行也","万公淳厚刚正,门无杂宾,典章文物,多所裁正"(《金史》卷九五,第2102—2102页)。

蒙古成吉思汗三年　宋嘉定元年　金泰和八年　夏应天三年　西辽天禧三十一年　戊辰　1208年

蒙古灭蔑里乞部。

按:《元史》载:"三年戊辰春,帝至自西夏。夏,避暑龙庭。冬,再征脱脱及屈出律罕。时斡亦刺部等遇我前锋,不战而降,因用为向导。至也儿的石河,讨蔑里乞部,灭之,脱脱中流矢死,屈出律奔契丹。"(《元史》卷一《太祖本纪》,第 1 册,第 14 页)

又按:蔑里乞又译灭里吉、默而吉、迈礼吉等,复数作蔑儿乞惕。部落名。游牧于色楞格河,少数种植田禾,有兀都夷、麦古丹、脱脱邻、兀花思、察浑等部,是十世纪至十三世纪在今大约西伯利亚的一个民族,属蒙古的四大兀鲁思之一,活动的地方是鄂尔浑河流域与色楞格河(北邻吉利吉斯、秃马惕等部,南接克烈部,东连蒙古部,西抵乃蛮部)。又称兀都亦兀惕,旧译蔑里乞、灭里吉、袜劫子,在辽朝被称梅里急、密儿纪。陶宗仪把他们归属蒙古七十二种。

蒙古成吉思汗四年　　宋嘉定二年　　金卫绍王大安元年　　夏应天四年 西辽天禧三十二年　　己巳　　1209 年

春,畏吾儿国来归。

按:《元史》载:"四年己巳春,畏吾儿国来归。"(《元史》卷一《太祖本纪》,第 1 册,第 14 页)《新元史》载:"四年己巳春畏兀儿部亦都护来降。先是,托黑托阿死,其子忽都等将奔畏兀儿,亦都护不纳,与忽都等战于真河,败之,以蔑儿乞为帝世仇,遣使来告战事。帝命阿惕乞剌黑、答儿伯前后再使其国,且征贡献。亦都护遂遣使贡方物,帝悦,赐大红衣、金带以宠之。"(《新元史》卷三《太祖本纪下》,第 1 册,第 21 页)

又按:《元史》载:"亦都护者,高昌国主号也。先世居畏兀儿之地,有和林山,二水出焉,曰秃忽剌,曰薛灵哥。一夕,有神光降于树,在两河之间,人即其所而候之,树乃生瘿,若怀妊状,自是光常见。越九月又十日而树瘿裂,得婴儿者五,土人收养之。其最稚者曰古可罕。既壮,遂能有其民人土田,而为之君长。传三十余君,是为玉伦的斤,数与唐人相攻战,久之议和亲,以息民罢兵。于是唐以金莲公主妻的斤之子葛励的斤,居和林别力跛力答,言妇所居山也。又有山曰天哥里于答哈,言天灵山也。南有石山曰胡力答哈,言福山也。唐使与相地者至其国,曰:'和林之盛强,以有此山也。盍坏其山,以弱其国。'乃告诸的斤曰:'既为婚姻,将有求于尔,其与之乎? 福山之石,于上国无所用,而唐人愿见。'的斤遂与之石,大不能动,唐人以烈火焚之,沃以醲醋,其石碎,乃辇而去。国中鸟兽为之悲号。后七日,玉伦的斤卒,灾异屡见,民弗安居,传位者又数亡,乃迁于交州。交州即火州也。统别失八里之地,北至阿术河,南接酒泉,东至兀敦、甲石哈,西临西蕃。居是者凡百七十余载,而至巴而术阿而忒的斤,臣于契丹。岁己巳,闻太祖兴朔方,遂杀契丹所置监国等官,欲来附。未行,帝遣使使其国。亦都护大喜,即遣使入奏曰:'臣闻皇帝威德,即弃契丹旧好,方将通诚,不自意天使降临下国,自今而后,愿率部众为臣仆。'是时帝征大阳可汗,射其子脱脱杀之。脱脱之子火都、赤剌温、马札儿、秃薛干四人,以不能归全尸,遂取其头涉也儿的石河,将奔亦都护,先遣使往,亦都护杀之。四人者至,与大战于檐河。亦都护遣其国相来报,帝复遣使还谕亦都护,遂以金宝入贡。辛未,朝帝于怯绿连河,奏曰:'陛下若恩顾臣,使臣得与陛下四子之末,庶几竭其犬马之力。'帝感其言,使尚公主也立安敦,且得序于诸子。与者必那演征罕勉力、锁潭回回诸国,将部曲万人以先。纪律严明,所向克捷。又从帝征你沙卜里,征河西,皆有大功。"(《元史》卷一二二《巴而术阿而忒的斤传》,第 10 册,第 2999—3000 页)

蔡沈著《书集传》6 卷成。

按:蔡沈《九峰蔡先生书集传序》载:"庆元己未冬,先生文公令沈作书集传。明年,先生殁。又十年,始克成编,总若干万言。呜呼!书岂易言哉!二帝三王治天下之大经大法皆载此书,而浅见薄识,岂足以尽发蕴奥。且生于数千载之下,而欲讲明于数千载之前,亦已难矣。然二帝三王之治,本于道;二帝三王之道,本于心。得其心,则道与治固可得而言矣。何者?精一执中,尧、舜、禹相授之心法也。建中、建极,商汤、周武相传之心法也。曰德、曰仁、曰敬、曰诚,言虽殊而理则一,无非所以明此心之妙也。至于言天,则严其心之所自出;言民,则谨其心之所由施。礼乐教化,心之发也;典章文物,心之著也;家齐国治而天下平,心之推也。心之德其盛矣乎。二帝三王,存此心者也;夏桀、商受,亡此心者也;太甲、成王,困而存此心者也。存则治,亡则乱。治乱之分,顾其心之存不存如何耳。后世人主有志于二帝三王之治,不可不求其道;有志于二帝三王之道,不可不求心。求心之要,舍是书何以哉!沈自受读以来,沉潜其义,参考众说,融会贯通,乃敢折衷微辞奥旨,多述旧闻。二典、禹谟,先生盖尝是正,手泽尚新,呜呼,惜哉! 先生改本已附文集中,其闲亦有经承先生口授指画,而未及尽改者,今悉更定见本篇。集传本先生所命,故凡引用师说,不复识别。四代之书,分为六卷。文以时异,治以道同。圣人之心见于书,犹化工之妙著于物,非精深不能识也。是传也,于尧、舜、禹、汤、文、武、周公之心,虽未必能造其微;于尧、舜、禹、汤、文、武、周公之书,因是训诂,亦可得其指意之大略矣。嘉定己巳三月既望武夷蔡沈序。"(朱杰人、严佐之、刘永翔主编《朱子全书外编》,第 1—2 页)《宋元学案》载:"黄东发日钞曰:'经解惟《书》最多,至蔡九峰参合诸儒要说,尝经朱文公订正,其释文义既视汉、唐为精,其发指趣又视诸家为的,书经至是而大明,如揭日月矣。'"(《宋元学案》,第 3 册,第 2211 页)

蒙古成吉思汗五年　宋嘉定三年　金大安二年　夏皇建元年　西辽天禧三十三年　庚午　1210 年

张从祖纂辑《国朝会要》588 卷进。

按:王应麟《玉海艺文校证》"嘉定国朝会要"条载:"淳熙七年十月九日,秘书少监汝愚言:'《国朝会要》、《续会要》、《中兴会要》、《今上会要》分为四书,去取不同,详略各异。请合而为一,俾辞简事备,势顺文贯。'从之。将作少监张从祖类辑《会要》自国初至孝庙为一书,凡二百二十三册,五百八十八卷。嘉定元年四月十六日,诏秘省写进。三年六月十六日,上之。"(王应麟著,武秀成、赵庶洋校证《玉海艺文校证》卷一七,第832 页)《南宋馆阁续录》载:"嘉定三年六月十六日,秘书省誊写张从祖纂辑《国朝会要》五百八十八卷、目录二卷投进。"(佚名撰,张富祥点校《南宋馆阁续录》卷四,第 203 页)

陆游卒。

按:陆游(1125—1210),"字务观,越州山阴人。年十二能诗文,荫补登仕郎。锁厅荐送第一,秦桧孙埙适居其次,桧怒,至罪主司。明年,试礼部,主司复置游前列,桧显黜之,由是为所嫉。桧死,始赴福州宁德簿,以荐者除敕令所删定官","孝宗即位,迁枢密院编修官兼编类圣政所检讨官。史浩、黄祖舜荐游善词章,谙典故,召见,上曰:'游力学有闻,言论剀切。'遂赐进士出身"。"范成大帅蜀,游为参议官,以文字交,不拘礼法,人讥其颓放,因自号放翁。""绍熙元年,迁礼部郎中兼实录院检讨官。嘉泰二年(1202),以孝宗、光宗《两朝实录》及《三朝史》未就,诏游权同修国史、实录院同修撰,免奉朝请,寻兼秘书监。三年,书成;遂升宝章阁待制,致仕。""游才气超逸,尤长于诗。晚年再出,为韩侂胄撰《南园阅古泉记》,见讥清议。朱熹尝言:'其能太高,迹太近,恐为有力者所牵挽,不得全其晚节。'盖有先见之明焉。嘉定二年卒,年八十五。"(《宋史》卷三九五《陆游传》,第12057—12059页)著有《剑南诗稿》《渭南文集》《南唐书》《老学庵笔记》《家世旧闻》《入蜀记》等。

蒙古成吉思汗六年　宋嘉定四年　金大安三年　夏李遵顼光定元年西辽天禧三十四年　辛未　1211年

徐天麟进《西汉会要》于朝廷。

按:王应麟《玉海艺文校证》载:"嘉定四年九月,徐天麟表进所编《西汉会要》七十卷,目录二卷。总为十五门,分三百六十有七事。十一月丁卯,有旨藏秘阁。三馆看详,谓详于西汉而略于东都,犹为缺典。宝庆三年六月,天麟为武学博士,表进《东汉会要》四十卷,目录一卷。"(《玉海艺文校证》卷一七,第821—822页)

又按:戴溪《西汉会要序》载:"汉高帝即位之明年,尊太公为太上皇。越四年,令郡国立太上皇庙。终汉之世,止称太上皇。高帝有天下,而祖庙不立,博士、诸生无能言者。其他庶事草创,何足怪也。司马迁作《史记》,具载帝王世系,至《高帝纪》,言太公而不言其名,言刘媪而不言其氏。班固从而因之,刘氏世系无传焉。固实为汉史,而大事率略如此,汉家制度岂能广记备言耶?徐君仲祥,甲科名士,采汉故事汇聚成书,目曰《西汉会要》,汉礼乐庶事大略可睹,视迁、固二史有功多矣。余少不揆,尝论次汉事,补汉《百官》《兵制》及续《食货志》,藏之箧司,不知何人持去,至今往来于心也。仲祥更因是书,稍加润色,成一家言,庶几汉事得失有所是正,二书并行,益善矣。仲祥既上其书于朝,大参楼公为之序。属余书其后,顾余何敢,而仲祥请益勤,姑以平生所怀附诸卷末云。嘉定四年嘉平月,永嘉戴溪书。"(曾枣庄《宋代序跋全编》卷四三,第1148—1149页)

党怀英卒。

按:党怀英(1134—1211),"字世杰,故宋太尉进十一代孙,冯翊人"。"大定十年,中进士第,调莒州军事判官,累除汝阴县令、国史院编修官、应奉翰林文字、翰林待制、兼同修国史。怀英能属文,工篆籀,当时称为第一,学者宗之。""明昌元年(1190),怀英再迁国子祭酒。二年,迁侍讲学士。明年,议开边防濠堑,怀英等十六人请罢其役,诏从之。迁翰林学士。七年,有事于南郊,摄中书侍郎读祝册","承安二年乞致仕,改泰宁军节度使。明年,召为翰林学士承旨。大安三年卒,年七十八,谥文献"(《金史》卷一二五《文艺传·上》"党怀英",第2726—2727页)。著有《竹溪集》10卷。

蒙古成吉思汗七年　宋嘉定五年　金卫绍王崇庆元年　夏光定二年 壬申　1212 年

张季悦辑《象山遗文》成。

按:傅子云《象山先生遗文序》云:"先生生于孟子没千有七百余年之后,当浮伪杂揉、朱紫淆乱之时,乃能独信实理,而不夺于浮伪,精别古书,而不惑于近似,深穷力践,天德著明,推以觉人,不加毫末。故一时趋隅以听者,莫不油然悟良知良能、至明至近之实,灼然知自下升高、积小以大之端,跃然兴尧舜可为、不自弃自暴之志,回视曩之蔽于支离浮伪之说者,又不啻若夷犹于九轨之路,而灼见夫在荆棘泥淖者之为陷溺也。盖先生长于启迪,使人蔽解疑亡,明所止于片言之下,有得于天而非偶然者。先生亦自以孟子既没,斯道之任在己,病浮伪之害正渝实,救焚拯溺,如己隐忧,扑焰障流,厥功弥大。故民彝帝则之实,孔子、孟子之传,赖以复阐于世。"(曾枣庄《宋代序跋全编》卷四六,第1245—1246页)

袁燮刊行《象山先生全集》。

按:袁燮《嘉定仓司本象山先生文集序》云:"天有北辰而众星拱焉,地有泰岳而众山宗焉,人有师表而后学归焉。象山先生,其学者之北辰、泰岳与? 自始知学,讲求大道,弗得弗措,久而浸明,又久而大明,此心此理,贯通融会,美在其中,不劳外索。揭诸当世曰:'学问之要,得其本心而已。心之本真,未尝不善,有不善者,非其初然也。'孟子尝言之矣:向为身死而不受,今为宫室之美、妻妾之奉、所识穷乏得我而为之,此之谓失其本心。其言昭晰如是,而学者不能深信,谓道为隐而不知其著,谓道为邈而不知其近,求之愈过而愈湮郁。至先生始大发之,如指迷涂,如药久病,迷者晤,病者愈,不越于日用之间,而本心在是矣。学者亲承师训,向也跂望圣贤若千万之隔,今乃知与我同本,培之溉之,皆足以敷荣茂遂,岂不深可庆哉?呜呼!先生之惠后学弘矣。先生之言悉由此出,上而启沃君心,下而切磨同志,又下而开晓黎庶,及其他杂然著述,皆此心也。儒释之所以分,义利之所由别,剖析至精,如辨白黑。遏俗学之横流,援天下于既溺,吾道之统盟,不在兹乎?燮识先生于行都,亲博约者屡矣,或竟日以至夜分,未尝见其少有昏怠之色,表里清明,神采照映,得诸观感,鄙吝已消,矧复警策之言字字切己与。先生之殁,余二十年,遗言炳炳,精神犹在,敬而观之,心形俱肃,若亲炙然。临汝尝刊行矣,尚多缺略,先生之子持之伯微衷而益之,合三十二卷今为刊于仓司。流布浸广,书满天下,而精神亦无不徧。言近而指远,虽使古人复生,莫之能易。呜呼!兹其所以为后学之师表也与。先生讳九渊,字子静,抚州金溪人,尝讲学于贵溪象山,学者尊为象山先生云。嘉定五年九月戊申,门人四明袁燮书。"(祝尚书《宋集序跋汇编》卷三五,第 1658—1659 页)

又按:王阳明《象山文集序(庚辰)》云:"圣人之学,心学也。尧、舜、禹之相授受,曰:'人心惟危,道心惟微,惟精惟一,允执厥中。'此心学之源也。中也者,道心之谓也;道心精一之谓仁,所谓中也。孔孟之学,惟务求仁,盖精一之传也。而当时之弊,固已有外求之者,故子贡致疑于多学而识,而以博施济众为仁。夫子告之以一贯,而教以能近取譬,盖使之求诸其心也。迫于孟氏之时,墨氏之言仁,至于摩顶放踵,而告子之徒又有'仁内义外'之说,心学大坏。孟子辟义外之说,而曰:'仁,人心也。学问之道无他,求其放心而已矣。'又曰:'仁义礼智,非由外铄我也,我固有之,弗思耳矣。'盖王道息而伯术行,功利之徒,外假天理之近似以济其私,而以欺于人,曰:天理固如是。不知既无其心矣,而尚何有所谓天理者乎?自是而后,析心与理而为二,而精一之学亡。世儒之支离,外索于刑名器数之末,以求明其所谓物理者,而不知吾心即物理,初无假于外也。佛、老之空虚,遗弃其人伦事物之常,以求明其所谓吾心者,而不知物理即吾心,不可得而遗也。至宋周、程二子,始复追寻孔、颜之宗,而有'无极而太极''定之以仁义中正而主静'之说。动亦定,静亦定,无内外,无将迎之论,庶几精一之旨矣。自是而后,有象山陆氏,虽其纯粹和平若不逮于二子,而简易直截,真有以接孟子之传。其议论开辟时有异者,乃其气质意见之殊,而要其学之必求诸心,则一而已。故吾尝断以陆氏之学,孟氏之学也,而世之议者以其尝与晦翁之有同异,而遂诋以为禅。夫禅之说,弃人伦,遗物理,而要其归极,不可以为天下国家。苟陆氏之学而果若是也,乃所以为禅也。今禅之说与陆氏之说,其书具存,学者苟取而观之,其是非同异,当有不待于辩说者。而顾一倡群和,剿说雷同,如矮人之观场,莫知悲笑之所自,岂非贵耳贱目,不得于言而勿求诸心者之过欤!夫是非同异,每起于人持胜心,便旧习而是己见。故胜心旧习之为患,贤者不免焉。抚守李茂元氏将重刊象山之文集,而请一言为之序,予何所容言哉?惟读先生之文者务求诸心,而无以旧习己见先焉,则糠秕精凿之美恶,入口而知之矣。"(王守仁著,王晓昕、赵平略点校《王文成公全书》卷七,第 296—298 页)

郝大通卒。

按:郝大通(1140—1212),初讳升,字太古,山东宁海人(今山东牟平),号广宁子。"家故饶财,为州首户。""少孤,事母孝,禀赋颖异,识度夷旷,萧然有出尘之资。读书喜《易》,研精尤甚,因通晓阴阳律历之术,不乐仕进。""大定七年(1167),重阳真君王祖师自关西宁海游行于市,见师言动不凡,仙质可度,思所以感发之者,遂背肆而坐。师曰:'请先生回头。'真君应声曰:'君何为不回头耶?'师悚然异之。真君出,师闭肆从之,及于馆所,而请教焉。真君授以二词,师大悟,不觉下拜,自是日往亲炙。以有老母,未即入道。明年母捐馆,师乃弃家入昆嵛山,礼真君于烟霞洞,求为弟子。真君纳之,赐名璘,号恬然子。""春秋七十有三,以崇庆元年腊月晦日,仙蜕于州之先天观。""平生制作,有《三教入易论》一卷,《示教直言》一卷,《心经解》一卷,《救苦经解》一卷,《周易参同契简要释义》、诗赋、杂文、乐府及所作《易》图,号《太古集》,凡十五卷,行于世。"(徐琰《广宁通玄太古真人郝宗师道行碑》,《全元文》卷三五九,第 10 册,第 626—628 页)

蒙古成吉思汗八年　宋嘉定六年　金崇庆二年　至宁元年　宣宗贞祐元年　夏光定三年　癸酉　1213年

楼钥卒。

　　按：楼钥（1137—1213），"字大防，明州鄞县人。隆兴元年，试南宫，有司伟其辞艺，欲以冠多士，策偶犯旧讳，知贡举洪遵奏，得旨以冠末等。投贽谢诸公，考官胡铨称之曰：'此翰林才也'"。"位两府者五年，累疏求去，除资政殿学士、知太平州，辞，进大学士，提举万寿观"，"嘉定六年薨，年七十七，赠少师，谥宣献"，"钥文辞精博，自号攻媿主人，有集一百二十卷"（《宋史》卷三九五，第12047—12048页）。事迹见《宋史》本传。

　　又按：真德秀《攻媿集序》云："郧山参政楼公《攻媿先生文集》一百十二卷，建安真德秀伏读而叹曰：'呜呼！此可以观公立朝事君之大节矣。'盖公之文如三辰五星，森丽天汉，昭昭乎可观而不可穷；如泰、华乔岳，蓄泄云雨，岩岩乎莫测其巅际；如九江百川，波澜荡潏，渊渊乎不见其涯涘。人徒睹英华发外之盛，而不知其本有在也。庆元初，韩侂胄除知阁门事，忠肃彭公力谏，诏改侂胄内祠，彭公予郡。公在琐闼，极论之云：'去者不复侍左右，留者召见无时，终不能远。'时侂胄之恶未著也。既而窃弄国柄，以党论尽锢天下贤士，挑衅弃盟，中外骚然，天下始服公先见。朱文公侍经筵，内批予祠，公持其命不下，曰：'当今人望儒宗，无出熹之右者。'奏虽寝，然当邪说充塞之时，首倡学者共尊朱公，后卒赖其言，而学禁遂开，道统有续。然则观公平生大节，而后可以读公之文矣。公生于故家，接中朝文雅，博极群书，识古文奇字。文备众体，非如他人窘狭僻涩，以一长名家。而又发之以忠孝，本之以仁义，其大典册、大议论，则世道之消长，学术之废兴，善类之离合系焉。方淳、绍间，鸿硕满朝，每以奏篇出，其援据该洽、义理条达者，学士大夫读之，必曰'楼公之文也'。一诏令下，其词气雄浑、笔力雅健者，亦必曰'楼公之文也'。呜呼！所谓有本者如是，非耶？公既蹙侂胄之锋，退居却扫者十有四年。嘉定初，起为内相，俄辅大政。向来侪辈凋丧略尽，而公岿然独存，遂为一代文宗。德秀尝窃论南渡以来词人固多，其力量气魄可与全盛时先贤并驱，惟巨野李公汉老、龙溪汪公彦章及公三人而已。念昔校艺南宫，自事东府，或清言竟日，或极论达旦，德秀退而书绅，终身诵之。其所以犹为当世善人君子所与，而不遂为涂人之归者,公之教也。公季子治以集序见命,德秀何敢辞?建安真德秀谨序。"(祝尚书《宋代序跋汇编》卷三四,第 1625—1626 页)

蒙古成吉思汗九年　宋嘉定七年　金贞祐二年　夏光定四年　甲戌 1214 年

五月,金宣宗南迁。

按:《元史》载:"夏五月,金主迁汴,以完颜福兴及参政抹捻尽忠辅其太子守忠,留守中都。六月,金纥军斫答等杀其主帅,率众来降。诏三摸合、石抹明安与斫答等围中都。帝避暑鱼儿泺。"(《元史》卷一《太祖本纪》,第 1 册,第 17—18 页)。

又按:《金史》载:"贞祐二年,宣宗南迁,庙社诸祀并委中都,自抹捻尽忠弃城南奔,时谒之礼尽废。"(《金史》卷三〇《礼志三》,第 729 页)

又按:《新元史》载:"夏五月,金主迁于南京,留其太子守忠守中都。帝闻之,怒曰:'既和而复迁,是有疑心,特以和议款我耳。'遣阿剌浅往诘责之。会金纠军扈金主南迁,至良乡。金主命输铠仗人入官,纠军怒,杀其帅详衮,推斫答、比涉耳、札剌儿三人为帅,来请降。时帝避暑于鱼儿泺。遣石抹明安、撒木合入古北口,与斫答等围中都。"(《新元史》卷三《太祖本纪下》,第 1 册,第 26 页)

蒙古成吉思汗十年　宋嘉定八年　金贞祐三年　夏光定五年　乙亥 1215 年

蒲鲜万奴据东京叛金,建立东夏国,国号大真。

按:蒲鲜万奴(?—1233)金朝大将,女真族。原任金辽东宣抚使。1214 年,受金宣宗命,攻伐耶律留哥,战败,逃往东京。发动反金叛乱,占领咸平、东京、沈州等地,进攻婆速府路(今辽宁东南部,治所在今丹东)、上京城等。十月,自立为天王,国号大真,建年号天泰。1216 年十月,蒙古木华黎陷锦州后,归降蒙古。蒙古军退后,又叛蒙古自立,东徙曷懒路(今我国吉林省与朝鲜交界处),称"东夏国王"。东夏建都南京(今吉林省延吉市城子山古城),辖南京、恤品和开元三路,割据辽东东部,控制东至海(今日本海),北抵松花江,西与留哥领地接壤的大片领土。金天兴二年(1233),蒙古大汗窝阔台命皇子贵由及诸王按赤带率左翼军讨蒲鲜万奴,蒲鲜万奴兵败被杀,东夏国亡。立国共十九年。

蒙古成吉思汗十一年　宋嘉定九年　金贞祐四年　夏光定六年　丙子 1216年

蒙古成吉思汗十二年　宋嘉定十年　金贞祐五年　兴定元年　夏光定七年　丁丑　1217年

蒙古成吉思汗十三年　宋嘉定十一年　金兴定二年　夏光定八年　戊寅　1218年

蒙古灭西辽。

按:西辽(1124—1218),共94年。1124年,耶律大石称王,到达可敦城(今蒙古国布尔干省青托罗盖古回鹘城)建立根据地。1132年,耶律大石在叶密立城登基称帝,号"菊儿汗",群臣又尊汉号为"天祐皇帝",建元延庆,西辽正式建立。在1141年的卡特万之战,击败塞尔柱帝国联军后称霸中亚,突厥语和西方史籍称之为哈剌契丹(Qara-Khitay)或喀喇契丹。高昌回鹘、西喀喇汗国、东喀喇汗国及花剌子模先后臣服于强盛期的西辽。耶律大石死后,历经萧塔不烟、耶律夷列、耶律普速完三代君主后,到耶律直鲁古时期,被屈出律篡国。蒙古帝国崛起后,于1218年西辽被大蒙古国所灭。屈出律卒。

按:屈出律(? —1218),西辽乃蛮部太阳汗之子,又译曲出律、曲书律。1204年成吉思汗攻灭乃蛮,太阳汗败死。太阳罕以甲子岁为元太祖所杀。丙寅,元兵复征乃蛮,擒太阳罕之兄卜鲁欲罕,而屈出律出奔也儿的石河上。戊辰冬,元再征屈出律,屈出律奔契丹。契丹即西辽。西辽帝直鲁古以女妻之(钱大昕《十驾斋养新录》卷八《西辽纪年》)。其改信佛教,1211年篡直鲁古位。1218年,哲别率蒙古军征西辽,他在可失哈耳(今新疆喀什)闻讯西逃,后被俘杀。

蒙古成吉思汗十四年　宋嘉定十二年　金兴定三年　夏光定九年　己

卯　1219 年

蒙古成吉思汗十五年　宋嘉定十三年　金兴定四年　夏光定十年　庚辰　1220 年

蒙古成吉思汗十六年　宋嘉定十四年　金兴定五年　夏光定十一年　辛巳　1221 年

黄榦卒。

　　按：黄榦（1152—1221），字直卿，福州闽县人。"榦往见清江刘清之，清之奇之，曰：'子乃远器，时学非所以处子也。'因命受业朱熹。榦家法严重，乃以白母，即日行。时大雪，既至而熹它出，榦因留客邸，卧起一榻，不解衣者二月，而熹始归。榦自见熹，夜不设榻，不解带，少倦则微坐，一倚或至达曙。熹语人曰：'直卿志坚思苦，与之处甚有益。'尝诣东莱吕祖谦，以所闻于熹者相质正。及广汉张栻亡，熹与榦书曰：'吾道益孤矣，所望于贤者不轻。'后遂以其子妻榦。""初，榦入荆湖幕府，奔走诸关，与江、淮豪杰游，而豪杰往往愿依榦。及倅安丰、武定，诸将皆归心焉。后倅建康，守汉阳，声闻益著。诸豪又深知榦倜傥有谋，及来安庆，且兼制幕，长淮军民之心，翕然相向。此声既出，在位者益忌，且虑榦入见必直言边事，以悟上意，至是群起挤之。榦遂归里，弟子日盛，巴蜀、江、湖之士皆来，编礼著书，日不暇给，夜与之讲论经理，亹亹不倦，借邻寺以处之，朝夕往来，质疑请益如熹时。俄命知潮州，辞不行，差主管亳州明道宫，逾月遂乞致仕，诏许之，特授承议郎。既没后数年，以门人请谥，又特赠朝奉郎，与一子下州文学，谥文肃。有经解、文集行于世。"（《宋史》卷四三〇《道学四》，第 12777、12782 页）著有《仪礼经传通解续编》《勉斋集》。事迹见《宋史·道学传四》。

蒙古成吉思汗十七年　宋嘉定十五年　金兴定六年　元光元年　夏光定十二年　壬午 1222 年

丘处机及弟子一行四月到达成吉思汗行宫。

　　按：李志常《长春真人西游记》云："四日得达行在，上遣大臣喝剌播得来迎。时四月五日也。馆舍定，即入见。上劳之曰：'他国征聘皆不应，今远逾万里而来,朕甚嘉焉。'对曰:'山野奉诏而赴者,天也。'上悦,赐坐。食次,问真人:'远来有何长生之药以资朕乎?'师曰:'有卫生之道而无长生之药。'上嘉其诚实,设二帐于御幄之东以居焉",1222 年 4 月受到成吉思汗的接待与嘉勉。八月再度应诏西行,九月抵达成吉思汗设于阿姆河南岸军营,多次与其长谈。次年三月方始东返。丘处机东返之前,成吉思汗问通事阿里鲜曰:"'汉地神仙弟子多少?'对曰:'甚众。神仙来时,德兴府龙阳观中尝见官司催督差发。'上谓曰:'应于门下人悉令蠲免。'仍赐圣旨文字一通,且用御宝。"至此后全真教在蒙古人统治的北方区域大盛。(党宝海校注《长春真人西游记》第 70、87 页)

蒙古成吉思汗十八年　宋嘉定十六年　金元光二年　夏光定十三年 癸未　1223 年

木华黎卒。

　　按:木华黎(Muqali,1170—1223),又作木合黎、模合里,蒙古札剌亦儿部人,世居阿难水(即斡难河,今蒙古国鄂嫩河)以东。"身长七尺,虎首虬须黑面,多谋略,雄勇冠一时,与博尔术、博尔忽、赤老温俱以忠勇佐太祖,时号为掇里班曲律,犹言四杰也。""岁丙寅,太祖即皇帝位,是岁宋开禧二年(1206)、金泰和六年也。上既即位,从容谓王及博尔术曰:'今国内平定,多汝等之力。我之与汝,犹车之辕,犹身之臂,汝等宜体此意,勿替初心。'乃立王及博尔术为左右万户,各以其属翊卫宸极,仪位一如诸侯王。""癸未(1223)春三月,王至闻喜县,疾笃,召弟带孙谓之曰:'我为国家助成大业,事干戈垂四十年,东征西讨,无复遗恨。所恨者,汴京未下耳!汝等勉之。'言讫薨。庚寅(1230)冬,帝亲攻凤翔,对诸将数王之功,因曰:'使木华黎在,不令朕至此也!'"(苏天爵《太师鲁国忠武王》,《元朝名臣事略》卷一,第 1、2、8 页)

蒙古成吉思汗十九年　宋嘉定十七年　金哀宗正大元年　夏干定二年 甲申　1224 年

是年,蒙古第一次西征结束。

　　按:蒙古第一次西征(1219—1224),又称蒙古征服花剌子模战争,它是蒙古与中古大波斯外交和贸易失败的结果,也是"蒙古西征"的开始。蒙军长驱直入中亚后,于 1220 年攻占了花剌子模的都城撒马尔干(Samarkand),其国王西逃,成吉思汗令速不台、哲别等穷追之。因此蒙军便西越里海、黑海间的高加索,深入俄罗斯(Russ),于 1223 年大败钦察(Kipchak)和俄罗斯的联军。另成吉思汗又挥军追击花剌子模的太子札兰丁,在印度河流域打败之。1225 年,成吉思汗凯旋东归,将本土及新征服所得的西域土地分封给四个儿子。蒙古军队的第一次西征使蒙古势力深入到中亚东欧等地,为后来的钦察汗国和伊利汗国的建立奠定了基础。

蒙古成吉思汗二十年　宋理宗宝庆元年　金正大二年　夏干定三年 乙酉　1225 年

颁布"大札撒"。

按:《元史》载:"颁大札撒。华言大法令也"(《元史》卷二《太宗本纪》,第 1 册,第 29 页)1225 年,成吉思汗将历来的训令、札撒和习惯都加以汇总,下令颁布了《大札撒》,内容主要是保护游牧经济和社会秩序。

又按:大蒙古国建立之初没有法典,蒙古汗国"窃盗奸通之事甚多。子不从父教弟不从兄教。夫疑其妻,妻忤其夫。富不济贫,下不敬上,而盗贼无罚"。所以成吉思汗认为,统一民族后,"首先着手之事,则在使之有秩序和正义"。这就需要有法制来管理国家、治理军队、约束民众、维持社会安定,而之前尽管有约孙来调整,但鉴于各部落各自为政,习惯法互相矛盾、极不统一,与整个大蒙古国不相协调。于是,成吉思汗委任他的义弟失吉忽秃为古儿、札尔忽赤(总断事官)。(李鸣《中国民族法制史纲》,第 172 页)

赵汝适《诸藩志》完成。

按:《诸蕃志》,南宋赵汝适(1170—1231)撰写,成书于宝庆元年(1225)。主要以海外国家和地区为记述对象,对中国国内的记载很少(琉球除外),载各国的地理、交通、物产、风俗、国际贸易等,基本反映了宋代海上丝绸之路的盛况,是一部纯粹的异域志书。全志前有自序,后有附录,下两卷。《诸藩志》所记海外情况与海外交通贸易。《诸蕃志》是我国首部系统记述海上丝绸之路的志书,它翔实记载了当时所知海外国家和地区的地理、交通、物产、风俗、国际贸易等,是宋人了解海外情况与从事海外贸易的重要参考,是今人研究古代中外关系与海上丝绸之路的重要文献。19 世纪末,《诸蕃志》受到西方学者的关注。1911 年 9 月,夏德、柔克义合注的英译本,由俄国圣彼得堡皇家科学院印刷所刊行,题名 ChauJu-Kua:/His work and Arab Trade in the Twelfth and Thirteenth Centuries, Entitled Chu-fan-chi(《赵汝适:他关于十二和十三世纪中国和阿拉伯贸易的著作,名为〈诸蕃志〉》)。在译注中,夏德、柔克义共征引西文文献 263 种、中文文献 57 种。中国有冯承钧《诸蕃志校注》、韩振华的《诸蕃志注补》、杨博文的《诸蕃志校释》等著。(莫艳梅:《诸蕃志》:中西文化交流与海上丝绸之路的志书,《中国地方志》2017 年第 5 期)

　　又按:赵汝适《诸藩志序》云:"《禹贡》载:'岛夷卉服,厥篚织贝',蛮夷通货于中国古矣。繇汉而后,贡珍不绝。至唐,市舶有使,招徕懋迁之道,自是益广。国朝列圣相传,以仁俭为宝,声教所暨,累译奉琛。于是置官于泉、广,以司互市,盖欲宽民力而助国朝,其与贵异物、穷侈心者,乌可同日而语!汝适被命此来,暇日阅诸蕃图,有所谓石床、长沙之险,交洋、竺屿之限,问其志,则无有焉。乃询诸贾胡,俾列其国名,道其风土,与夫道里之联属,山泽之蓄产。译以华言,删其秽渫,存其事实,名曰《诸蕃志》。海外环水而国者以万数,南金、象、犀、珠、香、瑇瑁、珍异之产,市于中国者,大略见于此矣。噫!山海有经,博物有志,一物不知,君子所耻。是志之作,良有以夫。宝庆元年(1225)九月日朝散大夫提举福建路市舶赵汝适序。"(刘幼生编校《香学汇典》,第 152 页)

　　再按:《诸藩志》上卷《志国》,设 46 个,分别介绍 57 个海外国家和地区的地理、交通、物产、风俗、国际贸易等。国家和地区分别是交趾国、占城国、宾瞳龙国、真腊国、登流眉国、蒲甘国、三佛齐国、单马令国、凌牙斯加国、佛啰安国、新拖国、监篦国、兰无里国、细兰国、阇婆国、苏吉丹、南毗国、故临国、胡茶辣国、麻啰华国、注辇国、鹏茄啰国、南尼华啰国、大秦国、天竺国、大食国、麻嘉国、层拔国、弼琶啰国、勿拔国、中理国、瓮蛮国、记施国、白达国、弼斯啰国、吉慈尼国、勿厮离国、芦眉国、木兰皮国、勿斯里国、遏根陀国、晏陀蛮国、昆仑曾期国、沙华公国、女人国、波斯国、茶弼沙国、斯加里野国、默伽猎国、渤泥国、麻逸国、三屿、蒲哩噜、流求国、毗舍耶、新罗国、倭国;下卷《志物》,设 48 个目,分别介绍从各国贸易至中国泉州的大宗商品近 50 种,附记海岛之地理与物货,即脑子、乳香、没药、血碣、金颜香、笃耨香、苏合香油、安息香、栀子花、蔷薇水、沉香、笺香、速暂香、黄熟香、生香、檀香、丁香、肉豆蔻、降真香、麝香木、菠萝蜜、槟榔、椰子、没石子、吉贝、乌楠木、苏木、吉贝、椰心簟、木香、白豆蔻、胡椒、荜澄茄、阿魏、芦荟、珊瑚树、琉璃、猫儿晴、珠子、砗磲、象牙、犀角、腽肭脐、翠毛、鹦鹉、龙涎、玳瑁、黄蜡等。

蒙古成吉思汗二十一年　宋宝庆二年　金正大三年　夏乾定四年　宝义元年　丙戌　1226 年

徐天麟著《东汉会要》40 卷成。

　　按:徐天麟《东汉会要序》载:"臣顷于嘉定四年九月,表进臣所编《西汉会要》七十卷。际遇宁宗仁文哲武恭孝皇帝稽古右文,日新圣学,既尘蜎溇之览,乃十一月丁卯有旨付尚书省,藏之秘阁。窃自惟念臣猥以庸愚,妄傚前贤纂辑,遭逢圣明,不弃荜菲,俾得晋联广内之储,岂意书生有此荣遇!当时三馆之士,被命看详,间谓臣言:两汉治效,上轨殷、周,制度文物,炳耀青史;今详于西刘,而略于东都,岂不犹为缺典?臣退而自忖,所幸精力未疲,乃因公退之暇,翻阅《范史》,旁贯诸书,复加裒次,成《东汉会要》四十卷。窃惟炎运中兴,礼乐庶事,视西都为加详,建官置兵,以节约而乡简。虽建武改制,事归台阁,中世失权,政移戚宦,然犹足以绵延二百年之祚,比隆于高、文、武、宣者,以纲纪法度犹有可以凭借扶持者也。自蔡邕作十意,补续《前志》,其文既已湮没。范氏亦欲遍作诸志,依准《前书》,然徒怀著述,莫究偏功。范又尝以十《志》托于谢俨,搜撰垂毕,值范倾败,委弃弗存。其后刘昭因范遗绪以注补之。今八《志》所述,纲目粗备,然食货、兵、刑、学校、选举之类皆缺弗著,学者病焉。臣不量疏谬,复兹编缀,以补一朝之典。睿圣当极,酌古御今,庶有裨于乙览之万分。凡八《志》已详者,今特撮其纲要,《志》所未备者,则详著本末,又间以己见,为之论述,使议礼者参两汉之沿革,以求三代之遗范,则是非得失,粲然在目,孰为可法,孰为可鉴,于是考而证诸,其于世教讵云无补乎?宝庆二年(1226)六月二十二日,奉议郎、武学博士臣徐天麟序。"(曾枣庄编《宋代序跋全编》卷四七,第 1273—1274 页)

蒙古成吉思汗二十二年　宋宝庆三年　金正大四年　夏宝义二年　丁亥　1227 年

成吉思汗卒。

按:成吉思汗(1162—1227),南宋人赵珙《蒙鞑备录》说:"成吉思者,乃译语'天赐'两字也。"(《蒙鞑备录》,中华书局 1985 年,第 2 页)伯希和认为:"成吉思(ingiz)"为突厥—畏兀儿语 tengiz 的鄂音化的读法,意为海,与蒙古语 dalai(海)意义相同。故"成吉思汗"意为"大海汗"。《蒙古秘史》第 280 节所载窝阔台(元太宗)的称号为"大海汗"(dalai-inqaan),1246 年贵由(元定宗)致教皇英诺森四世的国书中自称为"大海汗"(dalai-inqaan),十四世纪居庸关八思巴字石刻称蒙古皇帝为"大海君主、国之合罕"(talay-ineenulus-unqaan)。自成吉思汗以下,蒙古皇帝常有"大海汗"的尊号。故成吉思汗应即"大海汗"之意(余大钧《蒙古秘史译注》,第 1 页)。

又按:《元史》载:"秋七月壬午,不豫。己丑,崩于萨里川哈老徒之行宫。临崩谓左右曰:'金精兵在潼关,南据连山,北限大河,难以遽破。若假道于宋,宋、金世仇,必能许我,则下兵唐、邓,直捣大梁。金急,必征兵潼关。然以数万之众,千里赴援,人马疲弊,虽至弗能战,破之必矣。'言讫而崩,寿六十六,葬起辇谷。至元三年(1266)冬十月,追谥圣武皇帝。至大二年(1309)冬十一月庚辰,加谥法天启运圣武皇帝,庙号太祖。在位二十二年。帝深沉有大略,用兵如神,故能灭国四十,遂平西夏。其奇勋伟迹甚众,惜乎当时史官不备,或多失于纪载云。"(《元史》卷一"太祖本纪",第 1 册,第 25 页)

再按:《新元史》载:"二十一年丙戌(1226)春,帝驻跸汪古答兰呼图克之地,感恶梦,时诸孙在侧者惟亦孙哥。遣使召窝阔台、拖雷至。次日,帝屏诸将及从官,谓窝阔台、拖雷曰:'我殆将死矣。我为汝等创业,无论东、西、南、北,皆有一岁程。我遗命无他,汝等欲御敌广土众民,必合众心为一,方能永享国祚。我死,奉窝阔台为主。'又曰:'我享此大名,死无所憾,我愿归于故土。察合台虽不在侧,当不至背我遗命。'言毕,麾二子出。'"诸皇子奉梓官还漠北,至萨里川哈老徒之行宫,乃发丧,葬起辇谷。先是,帝道过起辇谷,见一大树,爱之,盘桓树下良久,谓从者曰:'异日必葬我于此。至是有述前命者,遂葬树下焉。'至元三年(1266)冬十月。追谥圣武皇帝,庙号太祖。至大二年(1309)冬十一月,加谥法天启运圣武皇帝。史臣曰:'天下之势,由分而合,虽阻山限海、异类殊俗,终归于统一。太祖龙兴朔漠,践夏戡金,荡平西域,师行万里,犹出入户闼之内,三代而后未尝有也。天将大九州而一中外,使太祖抉其藩、躏其途,以穷其兵力之所及,虽谓华、夷之大同肇于博尔济锦氏可也。'"(《新元史》卷三《太祖本纪下》,第1册,第38—39页)

西夏亡。

按:《新元史》载:"是月,西夏主上表乞降,贡黄金佛及童男女、驼马、金银器,备九九之礼。帝允之,赐西夏主名失都儿忽,译言正直也。西夏主乞展期一月后入朝。帝遣脱仑扎而必慰谕之。是时,帝已不豫,密谕左右:'我死,勿发丧,俟西夏主来,即杀之。'""西夏主来朝,托言帝有疾,不能见,令于帐外行礼。越三日,诸将遵遗命杀之。西夏亡。"(《新元史》卷三《太祖本纪下》,第1册,第38页)

西夏(约982—1227),五代十国时期,不管中原是何人当政,李氏(拓跋氏)皆"俯首称臣",换来该地的统治地位和大量的赏赐。在这段时期,西夏十分谨慎地处理着与后唐、后晋、后汉等沙陀政权,与耶律阿保机建立的辽,以及与宋朝之间的错综复杂的外交关系。夏州政权被北宋并吞后,李继迁开始独立抗宋。采取联辽抗宋的策略。经过李继迁和李德明两代的经营,陆续占领河西走廊地区,奠定了帝业基础。1038年,李元昊称帝建国,即夏景宗,西夏正式建国。自称邦泥定国或白高大夏国、西朝。因其在西方,宋人称之为西夏。西夏(约982—1227年)统治鼎盛时期,疆域囊括了鄂尔多斯和甘肃走廊地区。在东北部,沿黄河与金朝相邻;在西方,延伸到了敦煌玉门关以外的地区;在北方,到达了戈壁南缘的额济纳(黑城);在南方,抵达了青海湖畔的西宁与兰州,首都即位于黄河沿岸的贺兰山脚下。史家戴锡章《西夏纪》曾言:"夫西夏声明文物,诚不能与宋相匹,然观其制国书、厘官制、定新律、兴汉学、立养贤务、置博士弟子员。尊孔子为文宣帝,彬彬乎质有其文,固未尝不可与辽金比烈!(《西夏纪》,车吉心主编《中华野史·辽夏金元卷》,第161页)

丘处机卒。

按:丘处机(1148—1227),"字通密,道号长春子,祖居登州之栖霞。

宿禀仙姿,聪敏博达,神襟逸迈,识度不凡。未弱冠之一年,颖然顿悟,弃累投玄而参访焉。大定丁亥春正月,重阳自陕右而来,访求知友,始及崑崙。真人闻而往观之,目击神会,遂师事焉。亲炙左右,重玄理窟,日以发明,继而同志偕来,谓丹阳子马公,长真子谭公,长生子刘公,玉阳子王公,广宁子郝公。数子同师,遂结方外之心交,泛全真之法海,师资授受,皆能服膺,而各得所传。居无几,重阳惟挈马、谭、刘、丘而行,声传四海"。"大定戊申春二月,世宗遣使征赴阙庭,掌行万春醮事,特旨住全真堂。屡承接见,问保安之道,真人谕以抑情寡欲,养气颐神,发明道德之宗,剖析天人之理,上大悦而益敬之。""己卯冬十月,上遣便宜刘仲禄率轻骑数十,挽枪开道,迄及海滨,奉召征师。真人以天意所存,不辞而发轫,侍行者一十八人,皆丛林之杰出者。指程西北,跋涉艰虞,万里龙沙,继及行在。上嘉来远之诚,重慰劳之。一日,问以长生之药,真人曰:'有卫生之经,无长生之药。'上嘉其诚,每召就坐,即劝以少杀戮,减嗜欲及慈孝之说,命史录之。癸未(1223)春,特旨复燕,敕建长春宫,主盟玄教,天下之冠裳者咸隶焉。仍赐金符,其徒乘传往还奏对,敕蠲门下赋役。自是玄风大振,道日重明,营建者棋布星罗,参谒者云骈雾集,教门弘阐,古所未闻。""丁亥(1227)六月,天大雷雨,太液池岸崩而水竭,北口山壁摧而声震,师闻之曰:'山之摧,池之枯,吾将与之俱乎!'秋七月朔后九日,果示寂焉,享年八十有一,葬灵骨于白云观之处顺堂。"(姬志真《长春真人成道碑》,《全元文》卷五二,第2册,第107—109页)著有《大丹直指》2卷、《摄身消息记》1卷、《鸣道集》《磻溪集》6卷等。事迹见姬志真《长春真人成道碑》、秦志安《长春丘真人》(《金莲正宗记》卷四)《新元史》卷二四三本传。

又按:姬志真《长春真人成道碑》云:"曩者国朝初兴,天兵暂试,血流川谷,肉厌丘原,黄钺一麾,伏尸万里,马蹄之所及无余地,兵刃之所临无遗民,玉石俱焚,金汤蘁粉。幸我真人应召行在,微言再奏,天意方回,许顺命者不诛,指降城而获免,谕将帅以愍物,勉豪杰以济人。在急者拯以多方,遇俘者出以赀购。婢仆之亡,从道者皆恕;卑贱之役,进善则放良。救人于涂炭之中,夺命于锋镝之下。使悛恶而从善,皆道化之弘敷也。天下之受庇者多矣,亦有不知其然者。虽利天下,不言所利,真人有之。"(姬志真《长春真人成道碑》,《全元文》卷五二,第2册,第108—109页)

蒙古拖雷监国　宋理宗绍定元年　金正大五年　戊子　1228 年

李志常著《长春真人西游记》2 卷成书。

按:是书又称《长春子西游记》《丘真人西游记》《长春子游记》《西游记》。记载蒙古成吉思汗十五年(1220)至明年(1221)丘处机西行见成吉思汗始末,不仅是一部著名的游记地理著作,而且是重要的中西交通文献。孙锡的《序》作于本年,但书中所记事迹则至 1230 年长春之葬,故对本书的成书年代有不同意见。

又按:孙锡 1228 年为《长春真人西游记》作序云:"长春真人盖有道之士。中年以来,意此老人固已飞升变化,侣云将而友洪濛久矣,恨其不可得而见也。己卯之冬,流闻师在海上,被安车之征。明年春,果次于燕,驻车玉虚观。始得一识其面,尸居而柴立,雷动而风行,真异人也。与之言,又知博物洽闻,于书无所不读,由是日益敬。闻其风而愿执弟子礼者,不可胜计。自二、三遗老且乐与之游,其余可知也。居无何,有龙阳之行。及使者再至,始启途而西。将别道众,请还期,语以三载。时辛巳夹钟之月也。迨甲申孟陬,师至自西域,果如其旨,识者叹异之。自是月七日入居燕京大天长观,从疏请也。噫,今人将事行役,出门彷徨有离别可怜之色。师之是行也,崎岖数万里之远,际版图之所不载,雨露之所弗霑。虽其所以礼遇之者不为不厚,然劳愈亦甚矣。所至辄徜徉容与,以乐山水之胜。赋诗谈笑,视死生若寒暑。于其胸中曾不蒂芥,非有道者能如是乎?门人李志常,从行者也。掇其所历,而为之记。凡山川、道里之险易,水土、风气之差殊,与夫衣服、饮食,百果、草木、禽虫之别,粲然靡不毕载。目之曰《西游》,而征序于仆。夫以四海之大,万物之广,耳目未接,虽大智犹不能遍知而尽识也,况四海之外者乎?所可考者传记而已。仆谓是集之行,不独新好事者之闻见,又以见至人之出处,无可无不可,随时之义云。戊子秋后二日,西溪居士孙锡序。"(党宝海译注《长春真人西游记》第 1 页)

蒙古窝阔台汗元年　宋绍定二年　金正大六年　己丑　1229 年

八月,蒙古贵族遵成吉思汗遗嘱,拥其第三子窝阔台为大汗,即元太宗。

按:《元史》载:"秋八月己未,诸王百官大会于怯绿连河曲雕阿兰之地,以太祖遗诏即皇帝位于库铁乌阿剌里。始立朝仪,皇族尊属皆拜。"

（《元史》卷二《太宗本纪》，第 1 册，第 29 页）

又按：《新元史》载："秋八月己未，诸王百官会于怯绿连河阔迭额阿剌勒，请帝遵太祖遗诏即位，共上尊号曰木亦坚合罕。皇兄察合台持帝右手，皇叔斡赤斤持帝左手，皇弟拖雷以金杯进酒赞。帝东向拜日，察合台率皇族及群臣拜于帐下。"（《新元史》卷四《太宗本纪》，第 1 册，第 40 页）

第六次十字军东征。

按：第六次十字军东征（1228—1229），神圣罗马帝国皇帝腓特烈二世为耶路撒冷第二王国取得耶路撒冷、伯利恒和通往地中海的走廊。但此次不是战争的直接结果，而是埃及的苏丹与腓特烈二世缔结了十年和约并把耶路撒冷、伯利恒和通往地中海的走廊相赠。1229 年 3 月 18 日，腓特烈二世成为耶路撒冷的国王。到 1244 年，花剌子模沙王朝在埃及支持下重新占领耶路撒冷。

西域伊思八剌纳城酋长来降。

按：《元史》载"西域伊思八剌纳城酋长来降"（《元史》卷二《太宗本纪》，第 1 册，第 30 页）。

又按：据刘迎胜的考察，"伊思八剌纳/亦思八剌纳原名应为 Isfarāyin［笔者按，此前布莱特施奈德（Bretschneider）、伯希和、王国维等人将其视作"亦思法杭"（Isfahān）］，此城在宽定吉思海［突厥语 Kül-tengisi，今里海（Caspian Sea）］以南，位于《世界征服者史》作者志费尼（Juwayni）的家乡术外因（Juwayn）以北不远处。中世纪穆斯林地理学家有关此地的描述，见 G. Le Strange, The Lands of the Eastern Caliphate—— Mesopotamia, Persia and Central Asia from the Moslem conquest to the time of Temur, Cambridge（斯特朗日《东大食国地志——伊斯兰征服至帖木儿时代的美索不达米亚、波斯与中亚》，剑桥大学出版社 1930 年，页 381、391—393），此地在成吉思汗西征，命速不台、哲别追击花剌子模国主时为蒙古国控制［《世界征服者史》，何高济汉译本，页 171。其遗址位于比里吉思市（Šahr-i Bilqīs），见同书页 175，注 14。书中译作"亦思法剌因"］。据志费尼记载，当绰儿马罕至西域时，蒙古国镇守西域的大臣真帖木儿（čin Temür）命属下怯勒字剌（Kül Bolad）带几位降蒙呼罗珊异密入朝，其中包括居于亦思法剌因以北的宝合丁（Bahā al-Dīn）。他们是阿母河以西诸国首次入朝者,受到太宗的欢迎。宝合丁被命治理呼罗珊,包括亦思法剌因、术外因等地(见何高济汉译本,第580、581页)"。(刘迎胜《〈元史·太宗本纪〉太宗元年记事笺证》,《西北民族研究》2013年第3期,第116页)

耶律楚材著《西游录》1卷成书。

按:耶律楚材《西游录序》云:"古君子南逾大岭,西出阳关,虽壮夫志士,不无销黯。予奉诏西行数万里,确乎不动心者,无他术焉,盖汪洋法海涵养之效也。故述《辨邪论》以斥糠藜,少答佛恩。戊子,驰传来京,里人问异域事,虑烦应对,遂著《西游录》以见予志。其间颇涉三圣人教正邪之辨。有讥予之好辨者,予应之曰:《鲁语》有云:'必也正名乎!'又云:'思无邪。'是正邪之辨不可废也。夫杨朱、墨翟、田骈、许行之术,孔氏之邪也。西域九十六种,此方毗卢、糠、瓢、白莲、香会之徒,释氏之邪也。全真、大道、混元、太乙、三张左道之术,老氏之邪也。至于黄白金丹导引服饵之属,是皆方技之异端,亦非伯阳之正道。畴昔禁断,明著典常。第以国家创业,崇尚宽仁,是致伪妄滋彰,未及辨正耳。古者嬴秦燔经坑儒,唐之韩氏排斥释老,辨之邪也;孟子辟杨、墨,予之黜糠、丘,辨之正也。予将刊行,虽三圣人复生,必不易此说矣。己丑(1229)元日,湛然居士漆水耶律楚材晋卿序。"(向达校注《西游录》,第1页)

蒙古窝阔台汗二年　宋绍定三年　金正大七年　庚寅　1230年

蒙古窝阔台汗三年　宋绍定四年　金正大八年　辛卯　1231年

赵汝适卒。

按:赵汝适(1170—1231),字伯可,宋太宗八世孙。南渡后,寓居临海(今浙江台州)。绍熙元年(1190),赵汝适以祖上遗泽,补将仕郎,二年(1191),授迪功郎、临安府余杭县主簿。庆元三年(1197),赐进士及第,授修职郎。历仕从政郎、文林郎、湘潭县丞、绍兴府观察判官、宣教郎、武义知县、奉议郎、承议郎、朝奉郎、临安府通判、朝散郎、朝请郎等。嘉定十六年(1223),知南剑州。次年转朝奉大夫、朝散大夫、提举福建路市舶司。宝庆元年(1225)七月兼权泉州市舶使,十一月又兼知南外宗正事。宝庆三年(1227)除知安吉州,示赴任,又改知饶州。绍定元年(1228),转朝请大夫。三年（1230），兼权江东提刑，旋主管华州云台观。四年（1231），转朝议大夫；终官告院主管。著有《诸蕃志》2 卷。

蒙古窝阔台汗四年　宋绍定五年　金开兴元年　天兴元年　壬辰 1232 年

拖雷卒。

按：拖雷（1193—1232），"太祖第四子也。甫能言，太祖为泰亦赤兀入所虏，额诃伦太后及家人皆谓不能免；拖雷独曰：'我父乘栗色马归矣'，咸以为妄语。翼日，太祖果至。乘锁儿罕失剌所赠之栗色马，众始奇之。稍长，英武有干略。太祖亲征，常携以自随，呼为那阔儿，译言伴当也。太祖七年（1212），攻金德兴府，不克。使拖雷与驸马赤苦帅师再往。先登，毁其楼橹，拔之。八年（1213），从太祖攻雄、霸、莫、河间、沧、献、深、祁、蠡、冀、恩、濮、开、滑、博、济、泰安、济南、滨、棣、益都、淄、潍、登、莱、沂诸州路，皆望风款服"。"二十年（1225），太祖分封诸子，拖雷分斡难河上源及合剌和林之地，太祖四大斡儿朵所在也。其后皇孙阔出等来求赏，太祖曰：'吾产业已尽与拖雷，彼家主也，可向拖雷索之。'国俗，少子守父遗产，故太祖独以旧居之地与拖雷云。二十二年（1227），太祖崩于灵州，诸皇子奉梓宫北还，葬毕，各归本部。拖雷监国以待立君。又明年（1228）春，召集忽里勒塔，译言大会议也。国俗，承大位者必经忽里勒塔之议定。太宗虽有太祖之前命，犹遵国俗，召诸王驸马及诸大将会议。众议多拥戴拖雷，太宗亦固辞，于是犹豫不决者四十余日。已而斡赤斤与察合台决计遵太祖前命，乃扶太宗即位。拖雷进酒，诸王、驸马、诸大将脱帽九顿首，称'可汗万岁'者三"。"（太宗四年，1232）夏四月，扈驾北还，避暑官山。五月，太宗不豫，暴喑。六月，疾甚。师巫言：'金国山川神，以我杀戮过多，为祟，非牺牲所能禳，惟子弟可以代之。'拖雷乃祷于天，请以身代，取衅祓之水而自饮焉。数日，太宗疾果瘳。拖雷从还漠北，行至阿剌合的思而卒，年四十。宪宗即位，追上尊号，谥曰英武皇帝，庙号睿宗。至元二年（1265），改谥景襄皇帝。至大二年（1309），加谥仁圣景襄皇帝。子十一人：长宪宗，次忽都秃、世祖、旭烈兀、阿里不哥、不者克、末哥、岁哥都、雪别台，二子失名。"（《新元史》卷一〇八，第 6 册，第 2542、2543、2546 页）

又按:《新元史》曰:"周公金縢之事,三代以后能继之者,惟拖雷一人。太宗愈,而拖雷竟卒,或为事之适然,然孝弟之至,可以感动鬼神无疑也。世俗浅薄者,乃疑其诬妄,过矣!"(《新元史》卷一〇八,第6册,第2546页)

赵秉文卒。

按:赵秉文(1159—1232),字周臣,号闲闲老人,河北磁州滏阳人。金大定二十五年(1185)进士。生平精研《易》《中庸》《论语》《孟子》诸经,提倡孔学,自称韩愈第二。"正大间,同杨云翼作《龟鉴万年录》上之。又因进讲,与云翼共集自古治术,号《君臣政要》为一编以进焉。秉文自幼至老未尝一日废书,著《易丛说》十卷,《中庸说》一卷,《扬子发微》一卷,《太玄笺赞》六卷,《文中子类说》一卷,《南华略释》一卷,《列子补注》一卷,删集《论语》《孟子解》各一十卷,《资眼录》一十五卷,所著文章号《滏水集》者三十卷。""秉文之文长于辨析,极所欲言而止,不以绳墨自拘。七言长诗笔势纵放,不拘一律,律诗壮丽,小诗精绝,多以近体为之,至五言古诗则沉郁顿挫。字画则草书尤遒劲。朝使至自河、湟者,多言夏人问秉文及王庭筠起居状,其为四方所重如此。""杨云翼尝与秉文代掌文柄,时人号'杨赵'","杨云翼、赵秉文,金士巨擘,其文墨论议以及政事皆有足传"(《金史》本传)。事迹见《金史》卷一一〇本传。

蒙古窝阔台汗五年　宋绍定六年　金天兴二年　癸巳　1233 年

元好问致书蒙古中书令耶律楚材,力求请保护并任用所荐54位金源文士。

按:元好问《癸巳岁寄中书耶律公书》正文:"四月二十有二日,门下士太原元某,谨斋沐献书中书相公阁下。《易》有之,'天造草昧','君子以经纶'。伏惟阁下辅佐王室,奄有四方,当天造草昧之时,极君子经纶之道。凡所以经造功业、考定制度者,本末次第宜有成策,非门下贱士所敢与闻。独有一事系斯文为甚重,故不得不为阁下言之。自汉、唐以来,言良相者,在汉则有萧、曹、丙、魏,在唐则有房、杜、姚、宋。数公者固有致太平之功,而当时百执事之人,毗助赞益者,亦不为多。传记具在,盖可考也。夫天下大器,非一人之力可举;而国家所以成就人材者,亦非一日之事也。从古以来,士之有立于世,必藉学校教育、父兄渊源、师友讲习,三者备而后可。喻如修明堂,总章必得梗楠豫章,节目磥砢,万牛挽致之材,豫为储畜数十年之间,乃能备一旦之用。非若起寻丈之屋,槫栌椳楔、楹杙蔱桷,杂出于榆柳槐柏,可以朝求而暮足也。窃见南中大夫士归于河朔者,在所有之。圣者之后如衍圣孔公,耆旧如冯内翰叔献、梁都运斗南、高户部唐卿、王延州从之;时辈如平阳王状元纲、东明王状元鹗、滨人王贲、临淄人李浩、秦人张徽、杨焕然、李庭训、河中李献卿、武安乐夔、固安李天翼、沛县刘汝翼、齐人谢良弼、郑人吕大鹏、山西魏璠、泽人李恒简、李禹翼、燕人张圣俞、太原张纬、李谦、冀致君、张耀卿、高鸣、孟津李蔚、真定李治(冶)、相人胡德圭、易州敬铉、云中李微、中山杨果、东平李彦、西华徐世隆、济阳张辅之、燕人曹居一、王铸、浑源刘祁及其弟郁、李同、平定贾庭扬、杨恕、济南杜仁杰、洺水张仲经、虞乡麻革、东明商挺、渔阳赵著、平阳赵维道、汝南杨鸿、河中张肃、河南勾龙瀛、东胜程思温及其从弟思忠。凡此诸人,虽其学业操行参差不齐,要之皆天民之秀,有用于世者也。百年以来,教育讲习非不至,而其所成就者无几。丧乱以来,三四十人而止矣。夫生之难,成之又难,乃今不死于兵,不死于寒饿,造物者挈而授之维新之朝,其亦有意乎? 无意乎? 诚以阁下之力,使脱指使之辱,息奔走之役;聚养之、分处之。学馆之奉不必尽具,饘粥足以糊口,布絮足以蔽体,无甚大费。然施之诸家,固已骨而肉之矣。他日阁下求百执事之人,随左右而取之:衣冠礼乐、纪纲文章,尽在于是。将不能少助阁下萧、曹、丙、魏、房、杜、姚、宋之功乎? 假而不为世用,此诸人者,可以立言,可以立节,不能泯泯默默以与草木同腐。其所以报阁下终始生成之赐者,宜如何哉? 阁下主盟吾道,且乐得贤才而教育之。一言之利,一引手之劳,宜不为诸生惜也。冒渎台严,不胜惶恐之至。某再拜。"(元好问著,周烈孙、王斌校注《元遗山文集校补》卷三九,第1307—1309页)

蒙古窝阔台汗六年　宋理宗端平元年　金天兴三年　甲午　1234年

正月,金亡。

　　按:正月初九日,金哀宗传位于完颜承麟,次日即位,是为末帝。典礼未毕,宋、蒙两军即破城而入。哀宗自杀,末帝死于乱军中。金亡,共九帝,一百二十年。

按:《金史》载:"(正月)戊申,夜,上集百官,传位于东面元帅承麟,承麟固让。诏曰:'朕所以付卿者岂得已哉。以肌体肥重,不便鞍马驰突。卿平日矫捷有将略,万一得免,祚胤不绝,此朕志也。'己酉,承麟即皇帝位。百官称贺,礼毕亟出捍敌,而南面已立帜。俄顷,四面呼声震天地。南面守者弃门,大军入,与城中军巷战,城中军不能御。帝自缢于幽兰轩。末帝退保子城,闻帝崩,率群臣入哭,谥曰哀宗。哭奠未毕,城溃,诸禁近举火焚之。奉御绛山收哀宗骨瘗之汝水上。末帝为乱兵所害,金亡。"(《金史》卷一八《哀宗本纪下》),第 402 页)《元史·太宗本纪》载:"六年甲午春正月,金主传位于宗室子承麟,遂自经而焚。城拔,获承麟,杀之。宋兵取金主余骨以归,金亡。"(《元史》卷二,第 33 页)

又按:金朝(1115—1234),"金之先,出靺鞨氏。靺鞨本号勿吉。勿吉,古肃慎地也。元魏时,勿吉有七部:曰粟末部、曰伯咄部、曰安车骨部、曰拂涅部、曰号室部、曰黑水部、曰白山部"(《金史》卷一《世纪》,第 1 页)。《进金史表》云:"维此金源,起于海裔,以满万之众,横行天下;不十年之久,专制域中。其用兵也如纵燎而乘风,其得国也若置邮而传令。及熠兴于礼乐,乃焕有乎声明。尝循初而迄终,因考功而论德。非武元之英略,不足以开九帝之业,非大定之仁政,不足以固百年之基。天会有吞四海之势,而未有一四海之规;明昌能成一代之制,而亦能坏一代之法。海陵无道,自取覆败;宣宗轻动,曷济中兴。迨夫浚郊多垒之秋,汝水飞烟之日,天人属望,久有在矣;君臣守义,盖足取焉。"(《金史》附录,第 2899 页)"金之初兴,天下莫强焉。太祖、太宗威制中国,大概欲效辽初故事,立楚、立齐,委而去之,宋人不竞,遂失故物。熙宗、海陵济以虐政,中原觖望,金事几去。天厌南北之兵,挺生世宗,以仁易暴,休息斯民。是故金祚百有余年,由大定之政有以固结人心,乃克尔也。章宗志存润色,而秕政日多,诛求无艺,民力浸竭,明昌、承安盛极衰始。至于卫绍,纪纲大坏,亡征已见。宣宗南度,弃厥本根,外狃余威,连兵宋、夏,内致困惫,自速土崩。哀宗之世无足为者。皇元功德日盛,天人属心,日出爝息,理势必然。区区生聚,图存于亡,力尽乃毙,可哀也矣。虽然,在《礼》'国君死社稷',哀宗无愧焉。"(《金史》卷一八《哀宗本纪下》,第 403 页)"金之壤地封疆,东极吉里迷兀的改诸野人之境,北自蒲与路之北三千余里,火鲁火疃谋克地为边,右旋入泰州婆卢火所浚界壕而西,经临潢、金山,跨庆、桓、抚、昌、净州之北,出天山外,包东胜,接西夏,逾黄河,复西历葭州及米脂寨,出临洮府,会州、积石之外,与生羌地相错。复自积石诸山之南左折而东,逾洮州,越盐川堡,循渭至大散关北,并山入京兆,络商州,南以唐邓西南皆四十里,取淮之中流为界,而与宋为表里。"(《金史》卷二四《地理志上》,第 549 页)

元太宗窝阔台汗七年　宋理宗端平二年　乙未　1235 年

杨惟中、姚枢在南征过程中,尽力搜罗人才、书籍。

　　按:金乙未年(1235),阔出受命南征,杨惟中受任随军行中书省事,与姚枢一方面尽力搜罗被征略之地儒、道、释、医、卜、酒工、乐人,另一方面,极力寻访各种典籍著作尤其是伊、洛理学经书,得名儒数十人,并搜集伊洛诸书 8000 余卷,带回北方,北方程朱理学之兴由此而起。

元太宗窝阔台汗八年　宋理宗端平三年　丙申　1236 年

蒙古朝廷实施"丙申分封"和"画境之制"。

　　按:蒙古窝阔台汗在这一年所实施的"丙申分封"和"画境之制"是蒙古在完成对黄河以北区域的军事征服之后的重大行动。"丙申分封"即在成吉思汗各支后裔间分配他们对华北人口的领属权;"画境之制",王磐《蔡国公神道碑》云:"丙申岁(1236),析天下为十道,沿金旧制画界"(《畿辅通志》卷一○七),旨在对犬牙交错的汉地世侯辖区,按照金朝路州旧制划界,目的在于调整和加强对全部华北人口进行掌控和治理的行政划分体系。这两大行动给予蒙元统治体系的影响,无论怎样估计都不过分。(姚大力《蒙古帝国分封制的原型与元王朝的国家构建》,《历史地理》第二十七辑,另又参考李治安、薛磊《中国行政区划史·元代卷》)

　　又按:"丙申分封"是一个政治分水岭标志,它直接催生出草原分封制与汉地中央集权制间的碰撞问题。"1236 年,当时窝阔台决定大量增加王公们在中国北方的封地","在宗王自治的支持者和帝国中央集权的坚定拥护者之间发生的斗争,其转折点是 1236 和 1237 年"。蒙古分封与中原地区汉人世侯形成的割据状况,势必会交错一起,生发出一系列地方行政建置混乱无序的问题;而也正是这些问题,纠结了蒙元长达三四十年的时间,直至忽必烈统治初年。(温海清《画境中州——金元之际华北行政建置考》"导论",第 28 页)

再按:"画境之制"对于安定中原政局,恢复各地生产及社会秩序方面,具有十分重要的意义。"画疆既定,官府粗立,且无战攻之事,光祖给使左右,特见保任,公(严实)以儿子畜之"(元好问《五翼都总领豪士信公之碑》),"画境之后,创罢之人,新去汤火,独恃公为司命。公为之辟田野,完保聚,所至延见父老,训饬子弟,教以农里之言,而勉之孝弟之本。恳切至到,如家人父子,初不以侯牧自居。"(元好问《东平行台严公祠堂碑铭有序》)(温海清《画境中州——金元之际华北行政建置考》第一章:"十道"的变迁,第 50—51 页)

八月,姚枢救获赵复,并带其回北方,程朱理学以此遂行于北方。

按:姚枢于德安得名儒赵复,带往燕京,程朱理学以此行于北方。清代皮锡瑞《经学历史》云:"朱学统一,惟南方最早。金、元时,程学盛于南,苏学盛于北。北人虽知有朱夫子,未能尽见其书。元兵下江、汉,得赵复,朱子之书始传于北。姚枢、许衡、窦默、刘因辈翕然从之。"《宋元学案》卷九〇"鲁斋学案序录"云:"百家谨案:自石晋燕、云十六州之割,北方之为异域也久矣,虽有宋诸儒叠出,声教不通。自赵江汉以南冠之因,吾道入北,而姚枢、窦默、许衡、刘因之徒,得闻程、朱之学以广其传,由是北方之学郁起,如吴澄之经学,姚燧之文学,指不胜屈,皆彬彬郁郁矣。"(《宋元学案》第 4 册,第 2995 页)

元太宗窝阔台汗九年　宋理宗嘉熙元年　丁酉　1237 年

春,蒙哥破钦察部。

按:《元史》载:"(九年丁酉春),蒙哥征钦察部,破之,擒其酋八赤蛮。"(《元史》卷二,第 1 册,第 35 页)

又按:《新元史》载:"太宗七年,从拔都讨奇卜察克、斡罗思诸部。九年,入奇卜察克,其别部酋八赤蛮败遁,匿于浮而嘎(伏尔加)河林中。帝入林搜捕,见空营一病妪在焉。讯之,则八赤蛮已遁于宽田吉思(今哈萨克斯坦、土库曼斯坦西之里海)海岛。时北风大作,海之北岸水浅,遂渡水,出其不意擒之。帝命之跪,八赤蛮曰:'我一国之主,岂图苟活。且我非驼,何以跪为?'帝囚之。八赤蛮谓守者曰:"我窜于海岛,与鱼何异。然卒见擒,天也!今水回期将至,汝等宜早还。"守者白于帝,即日班师,而水已至,后军有浮渡者。八赤蛮请受刃于帝,帝命皇弟拨绰斩之。与拔都等进攻斡罗斯之勒治赞城,帝躬自搏战,克之。十一年春,又与定宗攻拔阿速之蔑怯思城。十二年,围斡罗斯计掖甫城。帝遣使谕降,城人杀使者,帝怒,昼夜力攻,克之,尽屠其众。"(《新元史》卷六《宪宗本纪》,第 1 册,第 63 页)

又按:《中国历史大事编年》载"蒙古主以钦察部长八赤蛮负固而守,于是命皇侄蒙哥、诸王拔都征伐。命速不台为先锋,进战屡胜,携八赤蛮妻子宽田吉思海。八赤蛮逃入海岛。适浪退水浅,蒙哥遂进攻,俘八赤蛮。后,蒙哥率军进攻俄罗斯,围蔑怯思城,并破此城。"(张习孔、田珏主编《中国历史大事编年》,第 638 页)

八月,蒙古国用耶律楚材议,始以经义、词赋、论三科试中原士子。

按:此为蒙古科举的最初尝试,它为儒学在蒙古族中的传播铺垫了基础。而元代儒户制度的确立大体发轫于此。由于考试是在次年进行,故史称"戊戌试"或"戊戌选"(《元代文化史》第 25 页)。

又按:当时颁布的通过考试选拔儒生的诏令是:"自来精业儒人,二十年间学问方成。古昔张置学校,官为廪给,养育人才。今来名儒凋丧,文风不振。所据民间应有儒士,都收拾见数。若高业儒人,转相教授,攻习儒业,务要教育人材。其中选儒士,若有种田者,输纳地税;买卖者,出纳商税;开张门面营运者,依行例供出差发,除外,其余差发并行蠲免。此上委令断事官蒙格德依与山西东路征收课程所长官刘中,遍诸路一同监试,仍将论及经义、词赋分为三科,作三日程试,专治一科为一经,或有能兼者,但不失文义者为中选。其中选儒人,与各住处达鲁噶齐、管民官一同商量公事勾当者。随后照依先降条理,开辟举场,精选入仕,续听朝命。"(《庙学典礼》卷一)

元太宗窝阔台汗十年　宋理宗嘉熙二年　戊戌　1238 年

杨惟中与姚枢在燕京建太极书院,程朱理学北传。

按:郝经《太极书院记》云:"初,孔子赞《易》,以为《易》有太极。一再传至于孟子,后之人不得其传焉。至宋濂溪周子,创图立说,以为道学宗师,而传之河南二程子及横渠张子,继之以龟山杨氏、广平游氏,以至于晦庵朱氏。中间虽为京、桧、侂胄诸人梗踣,而其学益盛,江、淮之间,粲然洙、泗之风矣。金源氏之衰,其书浸淫而北,赵承旨秉文、麻征君九畴始闻而知之,于是自称为道学门弟子。及金源氏之亡,淮、汉、巴、蜀相继破没,学士大夫与其书遍于中土,于是北方学者始得见而知之。然皆弗得其传,未免临深以为高也。庚子、辛丑间,中令杨公当国,议所以传继道学之绪。必求人而为之师,聚书以求其学,如岳麓、白鹿建为书院,以为天下标准,使学者归往,相与讲明,庶乎其可。乃于燕都筑院,贮江淮书,立周子祠,刻《太极图》及《通书》《西铭》等于壁,请云梦赵复为师儒,右北平王粹佐之,选俊秀之有识度者为道学生。推本谨始,以太极为名,于是伊洛之学遍天下矣。呜呼! 公之心,一太极也,而复建一太极。学者之心,各一太极,而复会于极。画前之画,先天之《易》,尽在是矣。使不传之绪,不独续于江、淮,又续于河、朔者,岂不在于是乎! 是公之心也,学者之责也。"(《全元文》第 4 册,第 339—340 页)

元太宗窝阔台汗十一年　宋理宗嘉熙三年　己亥　1239 年

阔端从凉州(武威)派大将多达那波率军攻入西藏,进驻热振、澎波地区。

按:1239 年秋,多达那波率一支蒙古军途经青康多堆、多迈和索曲卡,进入前藏。其时,藏区热振寺、杰拉康寺及达隆寺最有名。蒙古军在藏北遭到武装僧人的反抗,遂烧毁西藏佛教噶当派的寺院热振寺、杰拉康寺,数百名僧俗群众被杀,而位于热振寺和杰拉康寺之间的达隆寺以当时大雾环绕,未被发现,才免遭一劫。战斗平息之后,多达那波供施了许多布施,修复了被毁寺院和佛殿,重塑了释迦牟尼金身佛像,并作了开光法事等,得到了当地僧俗群众的广泛支持。蒙古军留驻西藏两年有余,多达那波在调查其宗教、军事、经济等诸方情况后,写成调查报告《请示迎谁为宜的祥禀》。报告云,现在卫藏地区,以噶当派的寺院最多,达垅噶举派的法王最有德行;止贡噶举派的京俄大师最有法力,而兴起于后藏的萨迦派萨班大师,声誉、影响最高,学问最好。最后,多达那波建议,迎请萨班。接受《祥禀》的建议,阔端遂信邀寺主萨迦·班智达来凉州晤面,商谈西藏归属问题之事。

元太宗窝阔台汗十二年　宋理宗嘉熙四年　庚子　1240 年

《蒙古秘史》约于此年成书。

按:蒙古文为忙豁仑纽察脱卜察安(mongghol-unNi'uaTobiyan)。本书实为蒙元宫廷官修史书《脱卜赤颜(Tobiyan)》的成吉思汗纪、窝阔台汗纪部分。蒙古,原为东胡系鲜卑同族室韦诸部中的一个小部落,唐时代时住在今额尔古纳河下游南峻岭丛林中的蒙兀室韦(《旧唐书北狄传》)。五代辽宋金时,译作鞑劫子、梅古悉、谟葛失、毛割石、毛揭室、萌古子、蒙国斯、蒙古斯、蒙古里、盲骨子、朦骨等名。元代译作蒙古。拉施特《史集》释"蒙古"一词意为"孱弱、淳朴",这一含义正与最初僻处深山老林里的原始部落蒙古部的弱小、淳朴的状况相符合。《蒙古秘史》原文作"忙豁勒"。蒙元时并无《蒙古秘史》这个书名。《蒙古秘史》这个蒙古文书名及其汉译书名《元朝秘史》均系明翰林译员于明初所加。《蒙古秘史》以编年史的体裁,传记文学的手法,韵散结合的形式,记述了蒙古族的起源和成吉思汗、窝阔台时期的历史事迹。具体记载了十二、十三世纪的多次战争,为研究者提供了以成吉思汗为主要研究对象的游牧狩猎人作战的战略、战术和战斗方式的丰富资料,也提供了研究当时的军事组织、军事制度、军令军法、武器装备、军事后勤供应等丰富资料。同时,《秘史》也记叙了十二、十三世纪蒙古地区游牧狩猎人的生产生活方式、风俗习惯,保存了当时蒙古地区的许多口头传说、故事、韵文、谚语,因此《秘史》还具有民俗学价值。

又按:《蒙古秘史》原书为畏兀儿蒙古文,是十三世纪蒙古语的典范文献,保存了大量古蒙古语语词,以及古蒙古语特有的语法。今已佚失。十四世纪末、明洪武年间就完成了《秘史》的汉字音写、旁译、总译本,即《元朝秘史》,并刻印问世。清、近代以来,我国学者的《秘史》研究颇为兴盛,对《秘史》的注释笺证、史地考证、版本源流研究、成书年代等研究著作不断问世,还出版过多种现代汉语译本及文言文译本。《秘史》从十九世纪起就已流传到国外。二十世纪时,蒙古、日本、法国、德国、苏联、英国、美国、匈牙利、波兰、捷克、芬兰、土耳其、澳大利亚等许多国家都有研究《秘史》的学者,《秘史》已有日文、俄文、德文、匈牙利文、英文、法文、斯拉夫体新蒙古文、土耳其文、捷克文等多种文字的译本,日本、法国、德国、苏联、匈牙利等国还出版过拉丁字母音写复原本。到 1978 年时,日本学者原山煌在其所编的《〈元朝秘史〉有关文献目录》中所收录的中国及世界各国研究《秘史》的各方面论著(包括译本、音写复原本、书评)已达 360 余种。《秘史》的研究,已发展为一门国际性的学问,即发展为一门单独的国际性学术领域"蒙古秘史学"。(余大钧《蒙古秘史》序)

元太宗窝阔台汗十三年　宋理宗淳祐元年　辛丑　1241 年

窝阔台汗卒。

又按:孛儿只斤·窝阔台(1186—1241),史称"窝阔台汗",元太祖成吉思汗的第三子,母为弘吉剌氏。"太祖伐金、定西域,帝攻城略地之功居多","(十一月)辛卯迟明,帝崩于行殿。在位十三年,寿五十有六。葬起辇谷。追谥英文皇帝,庙号太宗。帝有宽弘之量,忠恕之心,量时度力,举无过事,华夏富庶,羊马成群,旅不赍粮,时称治平。壬寅年春,六皇后乃马真氏始称制"(《元史》卷二《太宗本纪》,第 1 册,第 29、37 页)。《新元史》:"太宗宽平仁恕,有人君之量。常谓即位之后,有四功、四过:'灭金,立站赤,设诸路探马赤,无水处使百姓凿井,朕之四功;饮酒,括叔父斡赤斤部女子,筑围墙妨兄弟之射猎,以私憾杀功臣朵豁勒,朕之四过也。'然信任奥都拉合蛮,始终不悟其奸,尤为帝知人之累云。"(《新元史》卷四《太宗本纪》,第 1 册,第 57 页)

奈撒维写成《札兰丁传》。

按:《札兰丁传》(Sirat al-Sultan Jalal d-Din Mangubirti)作者奈撒维(Shihab al-Din Muhammad al-Nasawi),是呼罗珊之奈撒人,与花剌子模高官有交往,因能熟知其国事,且目睹蒙古之入侵。1223 年蒙古军班师东还后,花剌子模算端札兰丁从逃亡地印度返回波斯,复兴破败之故国,奈撒维被任为书记,自此追随札兰丁直到他败亡(1231)。此书著于 1241

年,从花剌子模算端摩诃末在位后期写到札兰丁之死,所载多亲身见闻,尤详于呼罗珊地区情况,是记述蒙古攻灭花剌子模的主要史料。(陈得芝《蒙元史研究导论》,第94—95页)

乃马真皇后称制元年　宋理宗淳祐二年　壬寅　1242年

蒙古第二次西征结束。

　　按:蒙古第二次西征(1235—1242)又名长子西征。此次西征以成吉思汗之孙拔都任统帅,诸王子贵由、蒙哥等从征,因为各支宗室均以长子统率军队,万户以下各级那颜也派长子率军从征,所以被称为"长子西征"或"诸子西征"。

　　又按:此前,速不台、哲别的第一次西征钦察、斡罗思,绰儿马罕的西征花剌子模、波斯,为蒙古军便捷了信息传递,积累了战斗经验,熟悉了地形地貌,为蒙古第二次西征打下坚实基础。而蒙古大军实际指挥掌握在前军主将速不台手中,由此蒙古大军兵锋主要指向钦察和斡罗思等地。1236年秋,灭不里阿耳。1237年春,灭钦察;秋,进兵斡罗思,攻取也烈赞(梁赞)城。次年,分兵四出,连破莫斯科、罗斯托夫等十余城,合兵围攻弗拉基米尔大公国首府,陷之。1239年灭高加索山北麓之阿速国,攻入斡罗思南境。1240年,拔都亲统大军围困乞瓦,蒙古军攻陷乞瓦后,继续西进,攻占伽里赤,其王逃入马札儿(匈牙利)。1241年春,拔都分兵两路,一路由诸王拜答儿、大将兀良合台率领,攻孛烈儿;一路由拔都、速不台率领攻入马札儿。蒙古军获胜后,又攻入莫剌维亚,南下与拔都军会合。拔都军在撒岳河(当即《元史》所载郭宁河)畔击溃马札儿军,进拔佩斯城(当即《元史》所载马茶城),分兵四出抄掠。有一支进至维也纳附近的诺依施达。冬,拔都大军渡过秃纳河(多瑙河),攻陷格兰城。1242年初,遣诸王合丹率一军追击马札儿王别剌四世。不久,窝阔台死讯传来,拔都率军东还,1243年初,到达伏尔加河下游的营地。从此拔都就在这里立国,建萨莱城(今阿斯特拉罕附近)为国都。统有东起也儿的石河,西至斡罗思的辽阔地域,史称钦察汗国(因以原钦察部地为中心而得名)。

乃马真皇后称制二年　宋理宗淳祐三年　癸卯　1243 年

王若虚卒。

按：王若虚（1174—1243），字从之，号慵夫、滹南遗老，真定藁城人。金承安二年经义进士。"用荐入为国史院编修官，迁应奉翰林文字。奉使夏国，还授同知泗州军州事，留为著作佐郎。正大初，《宣宗实录》成，迁平凉府判官。未几，召为左司谏，后转延州刺史，入为直学士。""金亡，微服北归镇阳，与浑源刘郁东游泰山，至黄岘峰，憩萃美亭，顾谓同游曰：'汩没尘土中一生，不意晚年乃造仙府，诚得终老此山，志愿毕矣。'乃令子忠先归，遣子恕前行视夷险，因垂足坐大石上，良久瞑目而逝，年七十。"（《金史》卷一二六，第 2737、2738 页）著有经论《五经辨惑》《论语辨惑》《孟子辨惑》《史记辨惑》《谬误杂辨》等十余种，《滹南遗老集》45 卷、《滹南诗话》。事迹见《金史》卷一二六本传。

又按：《金史》载："元兴元年，哀宗走归德。明年春，崔立变。群小附和，请为立建功德碑，翟奕以尚书省命召若虚为文。时奕辈恃势作威，人或少忤，则谗构立见屠灭。若虚自分必死，私谓左右司员外郎元好问曰：'今召我作碑，不从则死。作之则名节扫地，不若死之为愈。虽然，我姑以理谕之。'乃谓奕辈曰：'丞相功德碑当指何事为言？'奕辈怒曰：'丞相以京城降，活生灵百万，非功德乎？'曰：'学士代王言，功德碑谓之代王言可乎？且丞相既以城降，则朝官皆出其门，自古岂有门下人为主帅诵功德而可信乎后世哉？'奕辈不能夺，乃召太学生刘祁、麻革辈赴省，好问、张信之喻以立碑事，曰：'众议属二君，且已白郑王矣，二君其无让。'祁等固辞而别。数日，促迫不已，祁即为草定，以付好问，好问意未惬，乃自为之。既成，以示若虚，乃共删定数字，然止直叙其事而已。后兵入城，不果立也。"（《金史》卷一二六，第 2738 页）

乃马真后称制三年　宋理宗淳祐四年　甲辰　1244 年

小阿美尼亚（西里西亚）王海屯一世遣使归附蒙古国。

按：1243 年，蒙古人在耶尔森卡河畔奇曼卡图卡村附近打败伊科尼亚算端的军队，刚刚来到奇里乞亚边界的时候，亚美尼亚统治者便立即派出使者谒见蒙古大军统帅拜柱那颜，同蒙古大军结盟。谈判是在凯萨里亚举行的。奇里乞亚方面参加谈判的是(最高主教)大公康斯坦丁及其子斯姆巴特·斯帕拉佩特。结果达成如下协议:奇里乞亚之亚美尼亚国将向蒙古军队提供军需品,并在必要时将派出足够数量的士兵参加出征。蒙古大军统帅则保证维护这个国家的主权,并在这个国家遭到邻国的进攻时给予武力支援。国王海屯一世"派其弟亚美尼亚将领斯姆巴特去见拜柱,向拜柱表示归顺之意",拜柱那颜"很高兴,发誓遵守和约,并派斯姆巴特大将前去谒见大汗",1246—1247 年间,"斯姆巴特·斯帕拉佩特受命携带礼物贡品前去谒见贵由汗"。后来,1253 年海屯一世国王与蒙哥大汗在哈剌和林缔约之后,奇里乞亚与蒙古的关系又得到了进一步的加强。对于这种同盟关系感兴趣的不仅有奇里乞亚之亚美尼亚国,而且还有蒙古诸汗。当时,奇里乞亚之亚美尼亚国处于伊斯兰国家的包围之中,后者战胜十字军之后正寻找合适时机消灭奇里乞亚之亚美尼亚国。蒙古诸汗则认为,继续征服西方是不可能的,因为与他们抗衡的不仅有强大的伊科尼亚算端国,而且还有打败十字军、拥有大量军队并随时准备抗击蒙古征服者的埃及。亚美尼亚统帅康斯坦丁大公及其子斯姆巴特·斯帕拉佩特在外交谈判中发挥了特殊的才干。[(苏)А·Г·加尔斯特扬撰,陈弘法译《论有关蒙古人的亚美尼亚文史料》,《蒙古学资料与情报》1986 年第 1 期,第 20 页。]

《大元玄都宝藏》7800 卷校刻刊成。

　　按:全真教以一教之力,校刻成书。早在金朝时期,全真教曾修《大金玄都宝藏》6455 卷,经版藏于燕京天长观,泰和二年,天长观遭火灾,经版毁于火。丘处机有意重修,遂将此事交付弟子宋德方。宋德方于窝阔台汗九年(1237)开始筹备。先向蒙古统治者申言宝藏经文"具系历代帝王安镇国祚,保天长存者也",奏请"合于诸路置局雕印《玄都宝藏》三洞四辅真经",获得支持,遂于山西、陕西、河南等地成立专门机构,共设 27 局,负责收集、校勘、整理经文工作。以平阳玄都观为总局,宋德方弟子秦志安为具体负责者,以管州所藏《大金玄都宝藏》为底本,再从各地搜集遗经,加以补缺、校勘、编辑而成,共计 7800 余卷,"役功者无虑三千人"。修纂工作结束之后,宋德方"又厘为六局,以为印造之所",首次刊印 30 部,以后各地附印者又陆续有百余家。(《济源十方龙祥万寿宫记》)

又按:商挺《玄都至道崇文明化真人道行之碑》载:"……是时风行汾晋,所至车马填咽。□真人绎念长春之语,道缘其在此乎,慨然以兴复藏室为任。丞相胡公奉白金三十笏为助。乃购求遗经,首于中阳晋绛置四局以事刊镂。东宫合西觰奖其勤劬,令侍臣齐公赐真人以披云之号。继于秦中为九局,太原七、潞泽二、怀洛五,总为二十七局。局置通□之士,典其雠校,俾高弟秦志安总督之。役功者无虑三千人,衣粮日用,皆取给于真人之身,首尾凡六载乃毕。又厘为六局,以为印造之所。真人首制三十藏,藏之名山洞府。既而诸方附印者有百余家。虽楮札自备,其工墨装题,真人仍给之。于是三洞三十六部之玄文,四辅一十二义之奥典,浩浩乎与天地流通,日星并耀矣。储宫阔端闻厥功告成,又加以玄都至道之称。"(《全元文》卷七三,第 2 册,第 512—513 页)

耶律楚材卒。

按:耶律楚材(1190—1244),"字晋卿,辽东丹王突欲八世孙。父履,以学行事金世宗,特见亲任,终尚书右丞。楚材生三岁而孤,母杨氏教之学。及长,博极群书,旁通天文、地理、律历、术数及释老、医卜之说,下笔为文,若宿构者","太祖定燕,闻其名,召见之。楚材身长八尺,美髯宏声。帝伟之,曰:'辽、金世仇,朕为汝雪之。'对曰:'臣父祖尝委质事之,既为之臣,敢仇君耶!'帝重其言,处之左右,遂呼楚材曰吾图撒合里而不名,吾图撒合里,盖国语长髯人也"(《元史》卷一四六,第 11 册,第 3455—3456 页),"甲辰(1244)夏五月,薨于位,年五十五。皇后哀悼,赙赠甚厚。后有谮楚材者,言其在相位日久,天下贡赋,半入其家。后命近臣麻里扎覆视之,唯琴阮十余,及古今书画、金石、遗文数千卷。至顺元年(1330),赠经国议制寅亮佐运功臣、太师、上柱国,追封广宁王,谥文正"(《元史》卷一四六,第 11 册,第 3464 页)。著有《庚午元历》《皇极经世义》《五星秘语》《先知大数》《湛然居士集》。事迹见宋子贞《中书令耶律公神道碑》(《国朝文类》卷五七)、《元史》卷一四六本传。王国维编有《耶律文正公年谱》、张相文编有《湛然居士年谱》。

又按:《元史·耶律楚材传》载:"楚材尝与诸王宴,醉卧车中,帝(窝阔台汗)临平野见之,直幸其营,登车,手撼之。楚材熟睡未醒,方怒其扰己,忽开目视,始知帝至,惊起谢,帝曰:'有酒独醉,不与朕同乐耶?'笑而

去。楚材不及冠带,驰诣行宫,帝为置酒,极欢而罢。"(《元史》卷一四六,第 11 册,第 3463 页)

乃马真皇后称制四年　宋理宗淳祐五年　乙巳　1245 年
乃马真皇后称制五年　元定宗贵由汗元年　宋理宗淳祐六年　丙午 1246 年

僧万松行秀卒。

按:行秀(1166—1246),俗姓蔡,河中府解川解县(今山西运城西南)人。金、蒙古帝国时期佛教曹洞宗代表人物。行秀对诸子百家之学无不会通,于《华严经》用功最多。行秀精通曹洞宗的禅说,又长于机辩,深受金章宗器重,赐居燕京(今北京)西郊的栖隐寺。世人尊称为万松老人。耶律楚材曾拜在他门下学佛三年,行秀"以儒治国,以佛治心"的思想对耶律楚材影响很大。行秀著述甚丰,"编《祖灯录》六十二卷,又《净土》《仰山》《洪济》《万寿》《从容》(《评唱天童觉和尚颂古从容庵录》)、《请益》等录,及文集、偈、颂、《释氏新闻》《药师金轮》《观音道场》三本,《鸣道集辩》《(宗)说心经》《风鸣》《禅悦》《法喜集》并行于世",其中《从容录》《碧严录》为文字禅典范之作。事迹见于《万松舍利塔铭》(《(嘉庆)邢台县志》卷七)。

元定宗贵由汗二年　宋理宗淳祐七年　丁未　1247 年

阔端与萨迦·班智达晤会后达成"凉州会盟"。

按:1244 年秋,受多达那波藏区调查报告《请示迎谁为宜的祥裹》影响,阔端授多达那波为"金字使者"偕同部将杰曼率兵带着邀请诏书和丰厚礼品深入后藏萨迦寺,迎请寺主萨迦·班智达。萨班先遣侄子八思巴和恰那多吉等直赴凉州,其本人则先至前藏拉萨,与拉萨僧俗各界上层人士商议归附蒙古事宜。1246 年 8 月,萨班途经青海及甘肃天祝县到达凉州。以阔端正在蒙古和林参加其长兄贵由继承大汗汗位的王公大会,直至 1247 年返回凉州,以此 1247 年阔端方与萨班举行具有历史重要意义的"凉州会盟"。

加宾尼(柏朗嘉宾)此年后完成《蒙古史》。

按:1245 年 4 月,加宾尼受教皇英诺森四世(Innocentius Ⅳ,1243—1254 在位)派遣,前往出使蒙古汗廷,从里昂出发,"首先来到波西米亚国王那里"——"通过波兰和斡罗思前往"——"到达连恩锡"——"我在答尼隆(Danilone)"——"到乞瓦(Kiev,按,基辅)"——"来到了处于鞑靼人直接统治下称为坎尼洼(Kaniev)的市镇"——"到达阔连察那里"——"穿越库蛮人的整个领土"——"拔都的斡耳朵"——"穿越库蛮尼亚"——"进入康里人的领土"——"木速蛮(Bisermins)的国家[看到无数残破了的城市,如养吉干(Iankinc)、巴耳赤邢、斡儿八儿(Orpar)]"——"进入黑契丹人的领土"——"称为的兀勒惕[Divult,按,叶密立、叶密里,'叶密里城,乃定宗(贵由汗)潜邸汤沐之邑也'(《元史》卷一八〇《耶律希亮传》,第 4160 页)]的城市"——"皇帝的第一座斡耳朵(按,皇帝指窝阔台汗,斡耳朵在霍博)"——"进入乃蛮人的国土"——"进入蒙古人(我们称他们为鞑靼人)的国土"——"穿越这个国家,花了三个星期时间"——"到达贵由的驻地"(《出使蒙古记》,第 49—71 页)

元定宗贵由汗三年　宋理宗淳祐八年　戊申　1248 年

贵由汗卒。

按:库裕克·孛儿只斤·贵由(1206—1248),蒙古帝国第三任大汗,史称"贵由汗"。

《元史》载,"定宗简平皇帝,讳贵由,太宗(窝阔台汗)长子也。母曰六皇后,乃马真氏,以丙寅年生帝。太宗尝命诸王按只带伐金,帝以皇子从,虏其亲王而归。又从诸王拔都西征,次阿速境,攻围木栅山寨,以三十余人与战,帝及宪宗与焉。太宗尝有旨以皇孙失烈门为嗣。太宗崩,皇后临朝,会诸王百官于答兰答八思之地,遂议立帝","秋七月,即皇帝位于汪吉宿灭秃里之地。帝虽御极,而朝政犹出于六皇后云"(《元史》卷二"定宗本纪",第 1 册,第 38—39 页)。

又按:《元史》载:"三年戊申春三月,帝崩于横相乙儿之地。在位三年,寿四十有三。葬起辇谷。追谥简平皇帝,庙号定宗。是岁大旱,河水尽涸,野草自焚,牛马十死八九,人不聊生。诸王及各部又遣使于燕京迤南诸郡,征求货财、弓矢、鞍辔之物,或于西域回鹘索取珠玑,或于海东楼取鹰鹘,驲骑络绎,昼夜不绝,民力益困。然自壬寅以来,法度不一,内外离心,而太宗之政衰矣。"(《元史》卷二"定宗本纪",第 1 册,第 39—40 页)

又按:《新元史》云,"帝严重有威,在位未久,不及设拖。昭慈皇后称制时,君权下替。帝既立,政柄复归于上。然好酒色,手足有拘挛疾,尝以疾不视事,委镇海、喀达克二人裁决焉"。"定宗诛奥部拉合蛮,用镇海、耶律铸,赏罚之明,非太宗所及。又乃马真皇后之弊政,皆为帝所铲革。旧史不详考其事,谓前人之业自帝而衰,诬莫其矣。"(《新元史》卷五"定宗本纪",第 1 册,第 61、62 页)

蒙古国与西欧基督教国家交往。

按:是年,应该说是西欧国家与蒙古帝国交往史上一个极其重要的年份。西亚的蒙古军统帅宴只吉带和法国国王路易九世之间开始了真正的政治交往,双方积极寻求建立联盟,以对付宿敌穆斯林世界。据法国著名汉学家伯希和研究,1248 年 5 月 15 日至 24 日之间,驻军木干草原的蒙古军统帅、信仰景教的宴只吉带获悉法王路易九世发动第七次十字军东征,遣使大卫和马克晋见驻踔塞浦路斯岛并正统率十字军东征的路易九世。宴知吉带以极其诚恳和毫无傲慢的语气致函法王,"要求法国出兵埃及,配合蒙古军进攻巴格达的计划,双方协同对穆斯林作战"(何芳川、万明《古代中西文化交流史话》,第 98 页)。作为回复,路易九世派出多明我会修士龙主麦、安德鲁等人出使蒙古汗廷([法]伯希和著,冯承钧译《蒙古与教廷》,第 168 页)。(徐良利《伊儿汗国与西欧国家外交关系论析》,《北方论丛》2012 年第 5 期,第 79 页)

张德辉作《岭北纪行》。

按:据张德辉文章记载,"丁未(1247)夏六月初吉,赴召北上,发自镇阳","游于王庭者凡十阅月","戊申(1248)夏六月望日太原"完成此纪。《岭北纪行》所详细叙录的从燕京到达和林的路线,是元代有名的"帖里干道",联结中原与漠北的"兀鲁思两道"之一。"帖里干道"是蒙古语"车"的音译,"兀鲁思"在蒙古语中原意为"国家"、"人民","兀鲁思两道"是两条"官道"之一,该书是 13 世纪岭北、和林非常有价值的文献资料。(《元代文化史》第 146 页)

李冶数学著作《测海圆镜》成书。

　　按:《测海圆镜》又名《测圆海镜》,主要论述勾股容圆问题,同时在论述中系统地总结和介绍了当时的最新数学成就天元术。之所以命名为《测圆海镜》,如李冶自云:"盖取夫天临海镜之义也。"如李冶所预知的那样,他的书流入西域,又转而还入中原,中法、西法互相发明,不仅代表着元代数学的重要成就,且对后世数学的发展影响深远。

　　又按:李冶《测圆海镜序》载:"数本难穷,吾欲以力强穷之。彼其数不惟不能得其凡,而吾之力且惫矣。然则,数果不可以穷耶? 既已名之数矣,则又何为而不可穷也? 故谓数为难穷斯可,谓数为不可穷斯不可。何则? 彼其冥冥之中,固有昭昭者存。夫昭昭者,其自然之数也,非自然之数,其自然之理也。数一出于自然,吾欲以力强穷之,使隶首复生,亦未如之何也已。苟能推自然之理,以明自然之数,则虽远而干端坤倪,幽而神情鬼状,未有不合者矣。予自幼喜算数,恒病夫考圆之术,例出于牵强,殊乖于自然。如古率、徽率、密率之不同,截弧、截矢、截背之互见,内外诸角,析会两条,莫不各自名家,与世作法,及反覆研究,率卒无以当吾心焉。老大以来,得洞渊九容之说,日夕玩绎,而向之病我者,使爆然落去而无遗余。山中多暇,客有从余求其说者,于是乎又为之衍之,遂累一百七十问,既成编,客复目之《测圆海镜》,盖取夫天临海镜之义也。昔半山老人集唐百家诗选,自谓废日力于此良可惜。明道先生以上蔡谢君记诵为玩物丧志,夫文史尚矣,犹之为不足贵,况九九贱技能乎? 嗜好酸咸,平生每痛自戒敕,竟莫能已。类有物凭之者,吾亦不知其然而然也。故尝私为之解曰:'由技兼于事者言之,夷之礼夔之乐,亦不免为一技;由技进乎道者言之,石之斤,扁之轮,庸非圣人之所予乎?'览吾之编,察吾苦心,其悯我者当百数,其笑我者当千数。乃若吾之所得,则自得焉耳,宁复为人悯笑计哉? 时戊申(1248)秋九月晦日。栾城李冶序。"(《全元文》卷四七,第 2 册,第 18—19 页)

海迷失皇后称制元年　宋理宗淳祐九年　己酉　1249 年

元好问《中州集》成书。

　　按:元好问《中州集序》云:"商右司平叔衡,尝手钞《国朝百家诗略》,

云是魏邢州元道道明所集,平叔为附益之者。然独其家有之,而世未之知也。岁壬辰(1232),予掾东曹。冯内翰子骏延登、刘邓州光甫祖谦,约予为此集。时京师方受围,危急存亡之际,不暇及也。明年(1233)滞留聊城,杜门深居,颇以翰墨为事。冯、刘之言,日往来于心。亦念百余年以来,诗人为多,苦心之士,积日力之久,故其诗往往可传。兵火散亡,计所存者才什一耳,不撮萃之则将遂湮灭而无闻,为可惜也。乃记忆前辈及交游诸人之诗,随即录之。会平叔之子孟卿,携其先公手钞本来东平,因得合予所录者为一编,目曰《中州集》。嗣有所得,当以甲乙次第之。十月二十有二日,河东人元好问裕之引。"(《元好问全集》(增订本)卷三七,上册,第787—788页)

又按:元好问作《自题中州集后五首》写道:

邺下曹刘气尽豪,江东诸谢韵尤高。若从华实评诗品,未便吴侬得锦袍。

陶谢风流到百家,半山老眼净无花。北人不拾江西唾,未要曾郎借齿牙。

万古骚人呕肺肝,乾坤清气得来难。诗家亦有长沙帖,莫作宣和阁本看。

文章得失寸心知,千古朱弦属子期。爱杀溪南辛老子,相从何止十年迟。

平世何曾有稗官,乱来史笔亦烧残。百年遗稿天留在,抱向空山掩泪看。

(《元好问全集》(增订本)卷一三,上册,第321页)

再按:家铉翁《题中州诗集后》写道:"世之治也,三光五岳之气,钟而为一代人物。其生平中原,奋乎齐鲁汴洛之间者,固中州人物也。亦有生于四方,奋于遐外,而道学文章为世所宗,功化德业被于海内,虽谓之中州人物可也。盖天为斯世而生斯人,气化之全,光岳之英,实萃于是,一方岂得而私其有哉?迨夫宇县中分,南北异壤,而论道统之所自来,必曰宗于某;言文脉之所从出,必曰派于某。又莫非盛时人物范模宪度之所流衍。故壤地有南北,而人物无南北,道统文脉无南北。虽在万里外,皆中州也,况于在中州者乎?余尝有见于此。自燕徙而河间,稍得与儒冠缙绅游。

暇日观遗山元子所裒《中州集》者,百年而上,南北名人节士、钜儒达官所为诗,与其平生出处,大致皆采录不遗。而宋建炎以后,衔命见留,与留而得归者,其所为诗,与其大节始终,亦复见纪。凡十卷,总而名之曰《中州集》。盛矣哉! 元子之为此名也,广矣哉! 元子之用心也。夫生于中原,而视九州四海之人物,犹吾同国之人;生于数十百年后,而视十百年前人物,犹吾生并世之人。片言一善,残编佚诗,搜访惟恐其不能尽,余于是知元子胸怀卓荦,过人远甚。彼小智自私者,同室藩篱,一家尔汝,视元子之宏度伟识,溟涬下风矣。呜呼! 若元子者,可谓天下士矣。数百载之下,必有谓予言为然者。"(《全元文》卷四〇七,第 11 册,第 744—745 页)

海迷失皇后称制二年　宋理宗淳祐十年　庚戌　1250 年

刘祁卒。

　　按:刘祁(1203—1250),字京叔,号神川遁士,应州浑源人。举进士不第,益折节读书。为太学生,有文名。天兴元年,陷围城中,被迫为崔立撰颂德碑。金亡北归乡,筑归潜堂。戊戌(蒙古太宗十年、一二三八年)岁,应试魁西京,选充山西东路考试官。后应征南行台之邀至相下,七年而殁,年四十八。著有《归潜志》14 卷及《神川遁士集》等。

　　又按:王恽《追挽归潜刘先生》:"我自髫髦屡拜公,执经亲为发颛蒙。道从伊洛传心学,文擅韩欧振古风。四海南山青未了,一丘洹水出无穷。泫然不为山阳笛,老屋吟看落月空。"(《王恽全集江校》卷一六,第 2 册,第 734 页)

　　再按:鲍廷博《归潜志跋》云:"(刘祁)幼颖异,有文名。侍祖父游宦,得从名士大夫问学。及举进士不第,益折节读书,务穷远大,文章议论粹然一出于正,金源一代儒者也。遭乱北归,追述平昔交游谈论与夫兴亡治乱之迹,著为一书,因其堂名,目曰归潜志,与同时元好问《壬辰杂编》并行于世,金末文献之征于是乎在。"(崔文印校点《归潜志》第 190 页)

元宪宗蒙哥汗元年　宋理宗淳祐十一年　辛亥　1251 年

尹志平卒。

　　按:尹志平(1169—1251),字大和,号清和子,世称清和真人,山东莱州人。先后师事马钰、丘处机、郝大通，兼有数人之长，继丘处机主全真教，为全真教第六代宗师。掌教期间，令宋德方等修《道藏》，以示全真教继道教之正统。著有《葆光集》3卷、《北游语录》4卷。事迹见弋毂《清和妙道广化真人尹宗师碑铭》（李道谦《甘水仙源录》卷三）。

萨班智达·贡噶坚赞卒。

　　按：萨班智达·贡噶坚赞（1181—1251），原名贝丹顿珠，意为"吉祥义成"，昆氏家族贝钦活布之长子，藏传佛教萨迦派第四代祖师。幼年从其三伯父萨迦派大师扎巴坚赞学法，从受近事戒，改名贡噶坚赞（庆喜幢）。25岁之际，又拜1204年入藏的印度那烂陀寺寺主释迦室利为师，习佛教经论，受比丘戒，通达大、小五明，被称为萨迦"班智达"（大学者）。懂梵文、祝夏语（唐代勃律），在佛学方面，除精通萨迦教法，其他教派如噶当派、希解派的教法亦有较深的理解。1216年，任萨迦寺寺主。1247年与阔端会面，议定西藏各地方势力归顺蒙古政权的条件，为西藏宗教领袖与蒙古王室建立政治联系之第一人，对西藏归附蒙古政权，促进统一全国大业作出过贡献。藏历第四饶回阴金猪年（1251）圆寂于凉州幻化寺，生前将法螺、衣钵授与八思巴。著有《三律仪论》《正理藏论》《智者入门》《萨迦格言》等众多名著。

阔端卒。

　　按：孛儿只斤·阔端（1206—1251），又作扩端、库腾，成吉思汗孙，元太宗孛儿只斤·窝阔台次子。1235年蒙古分兵攻宋，他领西路军克沔州（今陕西略阳）。次年（1236）入川，占领成都。其后，以二太子身份镇守河西及秦陇，其分地在西夏故地，遂建斡耳朵于凉州府（治今甘肃武威）之西。1246年，召吐蕃乌斯藏萨迦派首领萨迦班智达至凉州，使致书西藏僧俗首领降附蒙古。据《蒙古源流》载，卒于蒙哥汗元年（1251），享年四十六岁，其后裔居于永昌一隅。

元宪宗蒙哥汗二年　　宋理宗淳祐十二年　　壬子　　1252年

蒙哥称汗后，清理对手，发动第三次西征。

　　按：《元史》载："元年辛亥夏六月，西方诸王别儿哥、脱哈帖木儿，东方王也古、脱忽、亦孙哥、按只带、塔察儿、别里古带，西方诸大将班里赤

等,东方诸大将也速不花等,复大会于阔帖兀阿阑之地,共推帝即皇帝位
于斡难河。失烈门及诸弟脑忽等心不能平,有后言。帝遣诸王旭烈与忙
可撒儿帅兵觇之。诸王也速忙可、不里、火者等后期不至,遣不怜
吉觪率兵备之。遂改更庶政:命皇弟忽必烈领治蒙古、汉地民户;遣塔儿、
斡鲁不、察乞剌、赛典赤、赵璧等诣燕京,抚谕军民;以忙哥撒儿为断事官;
以孛鲁合掌宣发号令、朝觐贡献及内外闻奏诸事;以晃兀儿留守和林宫
阙、帑藏,阿蓝答儿副之;以牙剌瓦赤、不只儿、斡鲁不、觊答儿等充燕京等
处行尚书省事,赛典赤、匿笞马丁佐之;以讷怀、塔剌海、麻速忽等充别失
八里等处行尚书省事,暗都剌兀尊、阿合马、也的沙佐之;以阿儿浑充阿母
河等处行尚书省事,法合鲁丁、匿只马丁佐之;以茶寒、叶乞干统两淮等处
蒙古、汉军,以带答儿统四川等处蒙古、汉军,以和里觪统土蕃等处蒙古、
汉军,皆仍前征进;以僧海云掌释教事,以道士李真常掌道教事。叶孙脱、
按只觪、畅吉、爪难、合答曲怜、阿里出及刚疙疸、阿散、忽都鲁等,务持两
端,坐诱诸王为乱,并伏诛。遂颁便益事宜于国中:凡朝廷及诸王滥发牌
印、诏旨、宣命,尽收之;诸王驰驿,许乘三马,远行亦不过四;诸王不得擅
招民户;诸官属不得以朝觐为名赋敛民财;民粮远输者,许于近仓输之。
罢筑和林城役千五百人。冬,以宴只吉带违命,遣合丹诛之,仍籍其家。
二年壬子春正月,幸失灰之地,遣乞都不花攻未来吉儿都怯寨。皇太后
崩。夏,驻跸和林。分迁诸王于各所:斡丹于别石八里地,薎里于叶儿的
石河,海都于海押立地,别儿哥于曲儿只地,脱脱于叶密立地,蒙哥都及太
宗皇后乞里吉忽帖尼于扩端所居地之西。仍以太宗诸后妃家赀分赐亲
王。定宗后及失烈门母以厌禳事觉,并赐死,谪失烈门、也速、孛里等于没
脱赤之地,禁锢和只、纳忽、也孙脱等于军营。秋七月,命忽必烈征大理,
诸王秃儿花、撒立征身毒,怯的不花征没里奚,旭烈征西域素丹诸国。诏
谕宋荆南、襄阳、樊城、均州诸守将,使求附。八月,忽必烈次临洮,命总帅
汪田哥以城利州闻,欲为取蜀之计。冬十月,命诸王也古征高丽。帝驻跸
月帖古忽阑之地。"(《元史》卷三《宪宗本纪》,第 1 册,第 44—46 页)

弘明虚照卒。

　　按:弘明虚照(1195—1252),俗姓申,法名弘明(亦称"宏明"),自号
虚照,辽州榆社县人(今山西榆社县)。曹洞宗第十五世传人。"嗣法门

人子颜、子淇等,二十有八人,皆坚苦特立之士。洞上一宗,斯为盛焉。"事迹见陈庭实《大元顺德路大天宁禅寺虚照禅师明公塔铭》。

元宪宗蒙哥汗三年　宋理宗宝祐元年　癸丑　1253 年

姚枢随蒙古军进入六盘山、大理,大军一路奉行不杀之旨。

按:这年夏,忽必烈军队祃牙(古时出兵行祭旗之礼)六盘,姚枢随之大张教条,忽必烈令姚枢以王府尚书身至京兆,置宣抚司,"旬月之间,民大和浃,道不拾遗"。师行之际,忽必烈留太子真金在后,谓曰:"姚公茂吾不能离,恐废汝学。今遣窦汉卿(窦默)教汝。"在攻打大理一带,忽必烈先派三名使者入大理谕招,许不杀掠。大理军民不信,杀三使,而忽必烈大军布列于大理城下,忽必烈令姚枢等"尽裂橐帛为帜,书止杀之令,分号街陌。军队",最终攻打大理城之际,"民父子完保,军士无一人敢取一钱直者。惟急求三使之首",忽必烈军队此次攻战再次履行姚枢的不杀之教。(姚燧《中书左丞姚文献公神道碑》,《姚燧集·牧庵集》卷一五,第218—219 页)

元宪宗蒙哥汗四年　宋理宗宝祐二年　甲寅　1254 年

七月,蒙古兀良合台进至押赤城,擒大理国主段兴智,大理国亡。

按:大理国,即唐南诏国,大理国君段兴智被任命为大理世袭总管。

又按:《元史》载:"世祖以皇弟总兵讨西南夷乌蛮、白蛮、鬼蛮诸国,以兀良合台总督军事。其鬼蛮,即赤秃哥国也。癸丑(1253)秋,大军自旦当岭入云南境。摩些二部酋长唆火脱因、塔裹马来迎降,遂至金沙江。兀良合台分兵入察罕章,盖白蛮也,所在寨栅,以次攻下之。独阿塔剌所居半空和寨,依山枕江,牢不可拔。使人觇之,言当先绝其汲道。兀良合台率精锐立炮攻之。阿塔剌遣人来拒,兀良合台遣其子阿术迎击之,寨兵退走。遂并其弟阿叔城俱拔之。进师取龙首关,翊世祖入大理国城。甲寅秋,复分兵取附都善阐,转攻合剌章水城,屠之。合剌章。盖乌蛮也。前次罗部府,大酋高升集诸部兵拒战,大破之于滇可浪山下,遂进至乌蛮所都押赤城。城际滇池,三面皆水,既险且坚,选骁勇以炮摧其北门,纵火攻之,皆不克。乃大震鼓钲,进而作,作而止,使不知所为,如是者七日,伺其困乏，夜五鼓，遣其子阿术潜师跃入，乱斫之，遂大溃。至昆泽，擒其国王段兴智及其渠帅马合剌昔以献。余众依阻山谷者，分命裨将也里、脱伯、押真掩其右，合台护尉掩其左，约三日卷而内向。及围合，与阿术引善射者二百骑，期以三日，四面进击。兀良合台陷阵鏖战，又攻纤寨，拔之。至乾德哥城，兀良合台病，委军事于阿术。环城立炮，以草填堑，众军始集，阿术已率所部搏战城上，城遂破。乙卯，攻不花合因、阿合阿因等城，阿术先登，取其三城。又攻赤秃哥山寨，阿术缘岭而战，遂拔之。乘胜击破鲁厮国塔浑城，又取忽兰城。鲁鲁厮国大惧，请降。阿伯国有兵四万，不降。阿术攻之，入其城，举国请降。复攻阿鲁山寨，进攻阿鲁城，克之。乃搜捕未降者，遇赤秃哥军于合打台山，追赴临崖，尽杀之。自出师至此，凡二年，平大理五城八府四郡，泊乌、白等蛮三十七部。兵威所加，无不款附。丙辰，征白蛮国、波丽国，阿术生擒其骁将，献俘阙下。"（《元史》卷一二一《兀良合台传》，第 10 册，第 2978—2980 页）

蒙古征高丽，掳众 20 余万，多被迁入中国。

　　按：据虞集记载：高丽之于蒙元王朝，"有甥舅之好，是以王国得建官，拟于天朝，他属国莫之敢也"。而高丽亦由此与元王朝往来频繁，涌现一大批与元朝士大夫往来唱酬的高层文士。（虞集《送宪部张乐明大夫使还海东诗序》，《全元文》第 26 册第 161 页）

　　又按：虞集《送宪部张乐明大夫使还海东诗序》："高丽于国家有甥舅之好，是以王国得建官，拟于天朝，他属国莫之敢也。乐明为宪部，盖秋官之长也。考诸故实，周有大司寇，鲁亦有司寇，夫何慊乎？乐明以其君之命，请善医于尚方，使事之间，乃从士君子问文学以为乐，不亦善乎？于其还也，歌诗以送之，而仆题其卷首云。昔箕子以洪范告武王也，其畴九而政居其一焉。政之为目八，而司寇居其一焉。范之所陈，凡开物成务之故、天人之际、事理之通，盖无不备焉。刑也者，有国家之所至慎重者也，而仅及司寇之名者，岂无说乎？吾闻之矣：彝伦叙则九畴锡，彝伦斁则天不畀之矣，彝伦叙矣，则刑复何用哉？虽然徼夫有位，则亦有言矣。若曰：'惟辟作福作威，玉食。臣无有，作福作威，玉食'臣而有，凶害随之。刑之措不措，良系于此乎？东方之国，有箕子之遗教在焉，而乐明又任其司寇之事，故予得以为说而序之。"（《虞集全集·道园类稿》卷二〇，上册，

第 531 页）

元宪宗蒙哥汗五年　宋理宗宝祐三年　乙卯　1255 年

杨奂卒。

　　按：杨奂（1186—1255），字焕然，陕西奉天人。学者称紫阳先生。元太宗十年（1238），参与戊戌选试，赋论第一，由耶律楚材荐，为河南路征收课税所长官兼廉访使。留心经学，时有"关西夫子"之称，乃金、元时期重要理学家。卒谥文宪。著有《还山前集》81 卷、《还山后集》20 卷、《天兴近鉴》30 卷、《韩子》10 卷、《概言》25 篇、《砚纂》8 卷、《北见记》3 卷、《正统书》60 卷。事迹见元好问《杨府君（杨振）墓碑铭》、《杨公（杨奂）神道碑》、赵复《程夫人墓碑》（三者均见《还山遗稿》附录）、《元史》卷一五三本传、宋廷佐《杨文宪公考岁略》（《还山遗稿》卷首）、《宋元学案》列其入《鲁斋学案》、《元诗选》二集、《还山遗稿》等。

元宪宗蒙哥汗六年　宋理宗宝祐四年　丙辰　1256 年

李志常卒。

　　按：李志常（1193—1256），字浩然，号真常子、真常道人，观城人。元太宗十年（1238 年），代尹志平主持全真道，为全真道教第七代掌教者。著有《又玄集》20 卷、《长春真人西游记》2 卷。事迹见王鹗《玄门掌教大宗师真常真人道行碑铭》（李道谦《甘水仙源录》卷三）。

杨惟中卒。

　　按：杨惟中（1205—1256），字彦诚，弘州人。金末，以孤童子事元太宗。元太宗七年，皇子阔出攻宋，命于军前行中书省事。征战行军中，收伊洛诸书送燕都，建太极书院，延儒士赵复等讲授其间。事迹见郝经所撰神道碑（《陵川集》卷三五）、苏天爵《中书杨忠肃公》（《元朝名臣事略》卷五）、《元史》卷一四六本传、《元诗选癸集》乙集。

元宪宗蒙哥汗七年　宋理宗宝祐五年　丁巳　1257 年

元好问卒。

　　按：元好问（1190—1257），字裕之，号遗山，山西秀容人。金宣宗兴定五年进士。金亡不仕。兵后,故老皆尽,好问蔚为一代宗工,四方碑板铭志,尽趋其门。晚年尤以著作自任,以金源氏有天下,典章法度几及汉、唐,国亡史作,已所当任。时金国实录在顺天张万户家,乃言于张,愿为撰述,既而为乐夔所沮而止。好问曰:"不可令一代之迹泯而不传",乃构亭于家,著述其上,因名曰"野史"。凡金源君臣遗言往行,采摭所闻,有所得辄以寸纸细字为记录,至百余万言。著有《遗山先生集》四十卷、《遗山乐府》五卷,编有金代诗词集《中州集》十卷、《中州乐府》一卷。另有《杜诗学》一卷、《东坡诗雅》三卷、《锦机》一卷、《诗文自警》十卷、《南冠录》《壬辰杂编》《金源君臣言行录》等。事迹见郝经《遗山先生墓志铭》(《元好问集》卷五三附录一)、《金史》卷一二六本传。清李光廷编有《广元遗山年谱》、翁方纲《元遗山年谱》,今人缪钺《元遗山年谱汇集》。

又按:郝经《获鹿新居哭元遗山》:"残山绕荒城,惨淡带余雪。我来问新居,欲语还哽噎。摇摇识风旌,掩掩泪隐睫。额地升中堂,痛激肝胆裂。鼻若闻阊阖风,幽冥忽穿彻。空床一束书,不见文章伯。愁马喑不鸣,老仆顿欲绝。娇儿背面啼,高弟展转说。有书未绝笔,有传未卒业。灵辁已西州,壮心空北阙。缅思从公游,灏汗飞玉屑。振笔青云开,炳朗寒电掣。鲸吹涛山回,隼厉霜锋挈。蕴情入软语,婉蔼幽更切。莺啼柳阴深,百啭春不歇。方张大庭乐,谁意成永别。徙倚扳庭柯,窗户转寥寂。乾坤入凋丧,衣冠少颜色。魂来暮山青,魂去暮山黑。城头老毕逋,底事悲破月。中肠元易感,使我心欲折。"(《全元诗》第 4 册第 181 页)

又按:王恽《追挽元遗山先生》:"文奎腾彩忆光临,孺子何知喜嗣音。(予年廿许,以时文贽于先生,公喜甚,亲为删诲,且有'文笔重于相权','泰山微尘'之说。即欲挈之西行,以所传畀余。以事不克,至今有遗恨云。)党赵正传公固在,阳秋当笔我奚任。天机翻锦余官样,月户量工更苦心。野史亭空遗事坠,荒烟埋恨九原深。"(《王恽全集汇校》卷一七,第 3 册,第 756 页)

僧印简卒。

按:印简(1202—1257),俗姓宋,号海云,岚谷宁远人,临济宗第十六代祖师。金宣宗赐号通玄广惠大师。元太祖九年(1214),海云见成吉思汗于宁远。太祖十四年(1219),史天泽将海云推荐给木华黎,蒙古赐号

"寂照英悟大师",成吉思汗称小长老。累号佑圣安国大禅师,历主永庆、庆寿等寺,一生历仕太祖、太宗、宪宗、世祖,为天下禅门之首。著有语录体《杂毒海》。事迹见王万庆《海云禅师碑》、程钜夫《海云印简和尚塔铭》(《雪楼集》卷六)。

元宪宗蒙哥汗八年　宋理宗宝祐六年　戊午　1258年

蒙古在高丽东北部设立双城总管府。

　　按:双城总管府乃蒙哥汗八年(1258)蒙古在高丽东北部设立的统治机构,直至至正十五年(1355)高丽以武力攻取双城总管府,其统治才告结束。双城总管府的设立不仅改变了元朝与高丽的东部边界,而且对元丽政治关系产生深远影响。《高丽史》载"(1258年)蒙古散吉大王、普只官人等领兵来屯(高丽)古和州之地。(高丽)龙津县人赵晖、定州人卓青以和州迤北附蒙古。蒙古置双城总管府于和州(今朝鲜咸境南道永兴),以晖为总管,青为千户。"(《高丽史》卷二四《高宗世家三》高宗四十五年十二月,卷一三〇《赵晖传》)(李治安、薛磊《中国行政区划通史·元代卷》第104、105页)

元宪宗蒙哥汗九年　宋理宗开庆元年　己未　1259年

蒙哥汗卒。

　　按:蒙哥汗(1209—1259),名孛儿只斤·蒙哥,"蒙哥,译义长生也。太宗在潜邸,养以为子,使昂灰二皇后抚之。睿宗卒,始命帝归藩","元年辛亥春,诸王、大将再会于阔帖兀阿兰之地。太宗、定宗诸子及察合台子也速蒙哥皆不至。拔部遣使者劝之。仍不纳。于是伯勒克等请于拔都,拔都遣乃申令于众,有梗议者以国法从事。西方诸王别儿哥、脱哈帖木儿,东方诸王也古、脱忽、也孙格、按只带、塔察儿、也速不花暨西方大将班里赤等皆至,乃诹日奉帝即位焉。夏六月,帝即位于斡难河、克鲁伦河之间。追尊皇考拖雷为帝,尊客烈亦氏为皇太后"。"(三年)六月,命兀良合台从皇弟忽必烈征大理,皇弟旭烈兀征报达。又命撒里等征印度斯单、克什米尔,受旭烈兀节度。""(九年,七月)癸亥,帝崩于钓鱼山,年五十有二。史天泽等奉梓宫北还,葬起辇谷。庙号宪宗,追谥桓肃皇帝。"

（《新元史》卷六《宪宗本纪》，第 1 册，第 75—76 页）至元三年（1266）十月，太庙建成，制尊谥庙号，元世祖忽必烈追尊蒙哥庙号为宪宗，谥号桓肃皇帝。事迹见《元史》卷三《宪宗本纪》，《新元史》卷六《宪宗本纪》。

又按：《元史》云"帝刚明雄毅，沉断而寡言，不乐燕饮，不好侈靡，虽后妃不许之过制。初，太宗朝，群臣擅权，政出多门。至是，凡有诏旨，帝必亲起草，更易数四，然后行之。御群臣甚严，尝谕旨曰：'尔辈若得朕奖谕之言，即志气骄逸，志气骄逸，而灾祸有不随至者乎？尔辈其戒之。'性喜畋猎，自谓遵祖宗之法，不蹈袭他国所为。然酷信巫觋卜筮之术，凡行事必谨叩之，殆无虚日，终不自厌也。"（《元史》卷三《宪宗本纪》，第 1 册，第 54 页）事迹见《元史》卷三《宪宗本纪》。

又按：《新元史》云："宪宗聪明果毅，内修政事，外辟土地，亲总六师，壁于坚城之下，虽天未厌宋，赍志而殂，抑亦不世之英主矣。然帝天资凉薄，猜嫌骨肉，失烈门诸王既宥之而复诛之。拉施特有言：'蒙古之内乱，自此而萌，隳成吉思汗睦族固本之训。'呜呼，知言哉！"（《新元史》卷六《宪宗本纪》，第 1 册，第 76 页）

再按：拉施都丁《史集》第二卷《忽必烈合罕纪》："蒙哥合罕染病去世。忽必烈在淮河岸上获得他的死讯。他（忽必烈）与札剌亦儿部人安童那颜的父亲、木华黎国王的侄子霸都鲁那颜进行了商议，（宣告道）：'我们率领了（多得）像蚂蚁和蝗虫般的（大）军来到这里，怎能因为谣传便无所作为地回去呢。'于是他进兵南家思境内，突然袭击了他们的军队，捕获了（他们的）哨望者。（随后），他用树皮和榆树皮合在一起做成了（木筏），渡过了宽达一程、流动如海的长江，围攻了大城鄂州。"（汉译本《史集》，上册，第 289 页）

蒙古第三次西征结束。

按：蒙古第三次西征（1252—1259），又称旭烈兀西征。1251 年，蒙哥继承帝位后，为了扩展领土，遵照成吉思汗拓展疆土，开藩建汗的遗愿，展开第三次西征。因蒙哥集中征服南宋，因而由旭烈兀进行第三次西征征战中东。而且当时位于伊朗的木剌夷国不肯对蒙古称臣和朝贡，因此蒙古藉此发起第三次西征。1256 年征服木剌夷国，1258 年征服阿拔斯王朝，1259 年征服阿尤布王朝。

又按:旭烈兀在西征过程中于 1256 年建立伊利汗国(1256—1335),又译伊儿汗国或伊尔汗国,疆域包括阿富汗斯坦的卡尔提德王朝,克尔曼的后西辽,土耳其的罗姆苏丹国及格鲁吉亚。蒙古第三次西征结束后,蒙古国分裂为元朝与金帐汗国、察合台汗国、窝阔台汗国、伊利儿汗国等国。

元世祖中统元年　宋理宗景定元年　庚申　1260 年

忽必烈在开平即位,发布即位诏。

按:《元史·世祖本纪》载:"春三月戊辰朔,车驾至开平。亲王合丹、阿只吉率西道诸王,塔察儿、也先哥、忽剌忽儿、爪都率东道诸王,皆来会,与诸大臣劝进。帝三让,诸王大臣固请。辛卯,帝即皇帝位。"(《元史》卷四《世祖本纪一》,第 1 册,第 63 页)

又按:四月辛丑(4 月 6 日),忽必烈发布即位诏,内容云:"朕惟祖宗肇造区宇,奄有四方,武功叠兴,文治多阙,五十余年于此矣。盖时有先后,事有缓急,天下大业,非一圣一朝所能兼备也。先皇帝即位之初,风飞雷厉,将大有为。忧国爱民之心虽切于己,尊贤使能之道未得其人。方董夔门之师,遽遗鼎湖之泣。岂期余恨,竟弗克终。肆予冲人,渡江之后,盖将深入焉。乃闻国中重以金军之扰,黎庶惊骇,若不能一朝居者。予为此惧,驿骑驰归。目前之急虽纾,境外之兵未戢。乃会群议,以集良规。不意宗盟辄先推戴。左右万里,名王臣僚,不召而来者有之,不谋而同者皆是。咸谓国家之大统不可久旷,神人之重寄不可暂虚。今日,太祖嫡孙之中,先皇母弟之列,以贤以长,止予一人。虽在征伐之间,每存仁爱之念,博施济众,实可为天下主。天道助顺,人谟与能。祖训传国大典,于是乎在,孰敢不遵。朕峻辞固让,至于再三,祈恳益坚,誓以死请。于是俯循舆情,勉登大宝。自惟寡昧,属时多艰,若涉渊冰,罔知攸济。爰当临御之始,宜新宏远之规。祖述变通,正在今日。务于实德,不尚虚文。虽承平未易遽臻,而饥渴所当先务。略举其切实便民者,条列于后。于戏! 历数攸归,钦应上天之命;勋亲斯托,敢忘列祖之规? 建极体元,与民更始。朕所不逮,更赖我远近宗族、中外文武,同心协力,献可替否之助也。诞告多方,体予至意。故兹诏示,想宜知悉。"(《全元文》卷九三,第 3 册,第 263—264 页)

又按：这是蒙古大汗第一次依汉制发表即位诏。忽必烈在诏书里宣布："祖述变通，正在今日"，此后十多年里，新政权大规模参用中原王朝的传统体制以改变"文治多缺"的局面。（姚大力《"天马"南牧——元朝的社会与文化》第 14 页）蒙古从此不再由贵族会议推举嗣君。忽必烈在刘秉忠等人的主持起草下，颁发此道即位诏书，该诏书的意义在于，它向汉地士民尤其是士大夫表明，他不再仅是蒙古大汗，也是中国新王朝的皇帝。对于蒙元王朝而言，这道诏书的颁发标志着蒙古政权的国家本位和统治政策的重大变化，草原本位的大蒙古国开始转变为汉地本位的元王朝。（《元代文化史》第 152、153 页）

志费尼约于此年后完成《世界征服者史》。

按：《世界征服者史》乃波斯散文和史书中的重要典籍。该著从 1252 年 5 月至 1253 年 9 月于蒙古国都城哈剌和林（今蒙古哈尔和林）开始撰写，至 1260 年还在继续，成书于 13 世纪 60 年代，是有关成吉思汗及其子孙远征国外的历史著作。该书共分三卷：第一卷记述成吉思汗、窝阔台汗和贵由汗时期的事迹，第一卷还包括了成吉思汗征服中亚的历史，如对畏吾儿地的征服，布哈拉、撒马尔罕、巴尔喀等城市的攻陷等。之后书的第一卷继续讲述成吉思汗向东回师，传位于其子窝阔台汗，也描述了新合罕的都城哈拉和，合罕子嗣和言行录，及其对契丹的征服。第二卷是中亚和波斯史，记录了被蒙古征服的花剌子模王朝的起源和其王朝的主要人物。第三卷内容庞杂，自拖雷开始，着重叙述蒙哥汗登基及其统治初期的历史。第三卷写于志费尼供职于蒙古王朝的时期，记录了旭烈兀汗出征西方诸国的历史，作者志费尼记录了在阿剌模忒诸堡的异端——亦思马因人的宗教教义、生活习俗及其兴亡，据传志费尼在被焚毁之前有机会阅读亦思马因人的书籍，这部分内容也因此具有独一无二的价值。《世界征服者史》一书结束于报达（巴格达）的陷落一部分。

元世祖中统二年　宋理宗景定二年　辛酉　1261 年

七月癸亥，初设翰林国史院，王鹗请修辽、金二史。

按：王鹗建言曰："唐太宗始定天下，置弘文馆学士十八人，宋太宗承太祖开创之后，设内外学士院，史册烂然，号称文治。堂堂国朝，岂无英才如唐、宋者乎!"皆从之,始立翰林学士院,鹗遂荐李冶、李昶、王磐、徐世隆、高鸣为学士。翰林国史院成立后,王鹗奏言:"自古帝王得失兴废,班班可考者,以有史在。我国家以威武定四方,天戈所临,罔不臣属,皆太祖庙谟雄断所致。若不乘时纪录,窃恐岁久渐至遗忘。《金实录》尚存,善政颇多;辽史散逸,尤为未备。宁可亡人之国,不可亡人之史。若史馆不立,后世亦不知有今日。"忽必烈颇重此话,遂命修国史,附修辽、金二史。(《元史》,第 12 册,第 3757 页)王鹗又建言,请以右丞相史天泽监修国史,左丞相耶律铸、平章政事王文统监修辽、金史,仍采访遗事。世祖从其请。(苏天爵《元名臣事略·内翰王文康公》)此为蒙古承汉制以宰相监修史书之始。

陈庚卒。

按:陈庚(1193—1261),字子京,洛阳人。与陈定、刘缙、张澄同学,号为四秀,又与兄陈赓、弟陈腐被元好问谓号为三凤,又号三凤陈氏。河东平,居洛西。应平阳高雄飞之招,署郡教授。耶律铸奏置经籍所平阳,令陈庚校雠,领所事。后世祖征至六盘山,与语,大悦。中统初,以宣抚张德辉荐,授平阳路提举学校官。著有《经史要论》三十卷、《三代治本》五卷、《唐编年》二十卷、《潏轩文集》三十卷,《春秋解》(未成)。事迹见程钜夫《故平阳路提举学校官陈先生墓碑》(《雪楼集》卷二一)。

元世祖中统三年　宋理宗景定三年　壬戌　1262 年

元好问《遗山先生文集》刊刻。

按:严忠杰,东平路行台严忠济的弟弟,搜得元好问全集加以刊刻,请李冶作序,此外还有徐世隆、杜仁杰序。

又按:李冶《元遗山集序》写道:"唐开、天间,李邕、李白皆以文章鸣世。邕之所至,阡陌聚观,以为异人,衣冠寻访,门巷填溢;白则王公趋风,列岳结轨,群贤禽习,如鸟归凤。是岂悬市相夸、沽声索价而后得之哉!要必有以渐渍其骨髓,动荡其血气,藻绘其襟灵,故天下之人为之咨嗟淫液,鼓舞踊跃,景附响合,而不能自已也。吾友元君遗山,其二李后身乎?始龀能诗,甫冠时,名已大振。寻登进士上第。兴定、正大中,殆与杨、赵齐驱。壬辰北还,老手浑成,又脱去前日畦畛矣。君尝言:人品实居才学气识之上。吾因君言,亦尝谓天下之事皆有品,绘事、围棋,技之末也,或一笔之奇,一著之妙,固有终身北面而不能寸进者,彼非志之不笃,习之不专也,直其品不同耳。如君之品,今代几人?方希刷羽天池,扬光紫薇,不幸遘疾而殁。其遗文数百千篇,藏于家,虽有副墨,而洛诵者,率不过得什一二,其所谓大全者,曾莫见焉。是以天下之大夫、士,歉焉若怀宿负而未之偿也。东平严侯弟忠杰,有文如《淇澳》,好善如《干旄》,独能求得其全编,将锓之梓,且西走书数百里,命余序引。余谓遗山之文之名,有目争睹,有耳咸耸,庸何序为?惟君有盖棺之恨,此其可言者,得以论述之。主上爰居藩邸,挹君盛誉,一见遽以处之太史氏。不数岁,神圣御天,文治猗兴,稽古建官,百度修举。其于玉堂、东观、金华、延阁之选,尤所注意者,曷尝不设燎以待之,而侧席以求之哉?向使遗山不死,则登銮坡、掌纶诰、称内相久矣。奈何遇千载而心违,际昌辰而身往!此非君遗恨也邪?尚赖柳如京之贤,有慰韩吏部之志。文工命拙,虽抱憾于九原;人亡书存,足腾芳于百世。顾余朴学,未暇题评,言念旧游,聊为扬攉云尔。中统三年(1262)阳月,封龙山人李冶序。"(《全元文》卷四七,第2册,第20—21页)

又按:徐世隆《元遗山集序》载:"文之为物,何物也?造物者实靳之,不轻畀人,何哉?盖天地间灵明英秀之气,萃聚之多,蕴蓄之久,挺而为人,则必富于才,敏于学,精于语言。能吐天地万物之情,极其变而归之雅。故为诗、为歌、为赋、为颂、为传记、为志铭、为杂言、为乐府,兼诸家之长,成一代之典。使斯文正派,如洪河大江,滔滔不断,以接夫千百世之传,为造物者岂得而轻畀之哉!窃尝评金百年以来,得文派之正,而主盟一时者,大定、明昌则承旨党公;贞祐、正大则礼部赵公;北渡则遗山先生一人而已。自中州殄丧,文气奄奄几绝,起衰救坏,时望在遗山。遗山虽无位柄,亦自知天之所以畀付者为不轻,故力以斯文为己任。周流乎齐、鲁、燕、赵、晋、魏之间,几三十年。其迹益穷,其文益富,其声名益大以肆。且性乐易,好奖进后学,春风和气,隐然眉睫间,未尝以行辈自尊。故所在士子从之如市。然号为泛爱,至于品题人物,商订古今,则丝毫不少贷,必归之公是而后已。是以学者知所指归,作为诗文,皆有法度可观。文体粹然为之一变。大较遗山诗祖李、杜,律切精深,而有豪放迈往之气;文宗韩、欧，正大明达而无奇纤晦涩之语；乐府则清雄顿挫，闲婉浏亮，体制最备，又能用俗为雅，变故作新，得前辈不传之妙，东坡、稼轩而下不论也。呜呼！遗山今已矣！灵明英秀之气，散在天壤间，不知几年几时，复聚而为斯人乎？东平严侯弟忠杰，喜与士人游，雅敬遗山，求其完集，刊之以大其传云。陈郡徐世隆序。"（《全元文》卷六六，第 2 册，第 388 页）

又按：杜仁杰《遗山先生文集后序》载："自有书契以来，以文字名世得其全者几人耳。六经诸子，在所勿论。姑以两汉而下，至六朝，及隋唐、前宋诸人论之，上下数千载间，何物不品题过，何事不论量了。大都几许不重复？文字凡经几手，左持右扯，横安竖置，搓揉亦熟烂尽矣。惟其不相蹈袭，自成一家者为得耳。噫！后之秉笔者，亦切乎其言哉。今观遗山文集，又别是一副天生炉鞴，比古人转身处，更觉省力。不使奇字，新之又新；不用晦事，深之又深。但见其巧，不见其拙；但见其易，不见其难。如梓匠轮舆，各输技能，可谓极天下之工；如肥浓甘脆，叠为饾饤，可谓并天下之味。从此家跳出，便知籍、湜之汗流者多矣。必欲努力追配，当复积学数世，然后再议。曩在河南时，辛敬之先生尝为余言，吾读元子诗，正如佛说法云：'吾言如蜜，中边皆甜'，此论颇近之矣。虽倡优驵侩，牛童马走闻之，莫不以为此皆吾心上言也。若夫文之所以为文，亦安用艰辛奇涩为哉？敢以东坡之后，请元子继，其可乎？不识今之作者，以为如何？或者曰：'五百年后，当有扬子云复出，子何必喋喋乃尔？'济南杜仁杰序。"（《全元文》卷六五，第 2 册，第 369—370 页）

元世祖中统四年　宋理宗景定四年　癸亥　1263 年

徐之纲卒。

按：徐之纲（1188—1263），字汉臣，山东单州人，后徙济州。太宗窝阔台戊戌岁（1238 年）选试，以明经选益都。"金以词赋举进士，君为词赋，大有能名。会金将亡，不得试，作《赋说》以示学者。穷幽阐微，合金宋体，指摘昔人钜作，截然不少让。上论隋唐，曲尽幽眇。久而曰：'是果为学邪？'益探道理，以河南二程、江南朱张胡蔡为根柢，穷《春秋》《易》二经。其言《春秋》失始三传，《左氏》诬为甚，常事不书，圣人之旨也。《易》更三圣，《麻衣》诚伪书，夫子《十翼》，功并日月。其言与朱文公合。当是时,南北盖未混也,意识卓绝,尚友于千载。其言论金士疑之,宋号以儒立国,论亦如君言。其所为书,《东斋默志》三卷,皆经说也;《通融赋说》三卷,举子学也;《麟台杂著》七卷,其所为诗文也。"事迹见袁桷《滕县尉徐君墓志铭》(《清容居士集》卷二九)。

元世祖中统五年　至元元年　宋理宗景定五年　甲子　1264 年

"汉人世侯"制结束。

　　按:李璮兵变在中统三年(1262)初,是年十二月,忽必烈朝即诏"诸路管民官理民事,管军官掌兵戎,各有所司,不相统摄"(《元史》卷五《世祖本纪二》),至元元年(1264)十二月,"罢各地管民官世袭,立迁转法,收世侯符节,易地为官;死后,其子孙按荫叙法授官而不再承袭父职"(《中国通史》第八卷《中古时代·元时期(上)》第 412 页)。朝廷宣称"务裁诸侯权以保全之"(《元史》卷一四八《董文用传》),"至是,言者或谓李璮之变,由诸侯权太重。天泽遂奏:'兵民之权,不可并于一门,行之请自臣家始。'于是史氏子侄,即日解兵符者十七人"(《元史》卷一五五《史天泽传》)。李璮之乱后,朝廷制度官员俸禄,颁职分田;确定官吏员数、官职品从;省并州县,减缩地方建制二百余处。李璮之乱反而成为元廷推行地方行政制度改革的一个重要的促进因素。(姚大力《"天马"南牧——元朝的社会与文化》第 16 页)李璮之乱作为重大政治事件,在元代的政治书写中地位特出,凡经历过那段历史的人们,在元人的神道碑、墓志、行状等个人传记资料里,都会被有意识地提及。(温海清《画境中州——金元之际华北行政建置考》"导论",第 28 页)

十月,初定太庙七室之制。

　　按:《元史·祭祀志·宗庙》载:"至元元年(1264)冬十月,奉安神主于太庙,初定太庙七室之制。皇祖、皇祖姚第一室,皇伯考、伯姚第二室,皇考、皇姚第三室,皇伯考、伯姚第四室,皇伯考、伯姚第五室,皇兄、皇后第六室,皇兄、皇后第七室。凡室以西为上,以次而东。二年(1265)九月,初命涤养牺牲,取大乐工于东平,习礼仪。冬十月己卯,享于太庙,尊皇祖为太祖。三年秋九月,始作八室神主,设袷室。冬十月,太庙成。丞相安童、伯颜言:'祖宗世数、尊谥庙号、配享功臣、增祀四世、各庙神主、七祀神位、法服祭器等事,皆宜以时定。'乃命平章政事赵璧等集议,制尊谥庙号,定为八室。烈祖神元皇帝、皇曾祖妣宣懿皇后第一室,太祖圣武皇帝、皇祖妣光献皇后第二室,太宗英文皇帝、皇伯妣昭慈皇后第三室,皇伯术赤、皇伯妣别土出迷失第四室,皇伯考察合带、皇伯妣也速伦第五室,皇考睿宗景襄皇帝、皇妣庄圣皇后第六室,定宗简平皇帝、钦淑皇后第七室,宪宗桓肃皇帝、贞节皇后第八室。"(《元史》卷七四《祭祀志三》,第6册,第1831—1832页)

定制以开平为上都。

按:《元史·世祖本纪》载:"(五月)戊子,升开平府为上都,其达鲁花赤兀良吉为上都路达鲁花赤,总管董铨为上都路总管兼开平府尹。"(《元史》卷五《世祖本纪三》,第1册,第92页)

又按:《元史·刘秉忠传》载:"初,帝命秉忠相地于桓州东滦水北,建城郭于龙冈,三年而毕,名曰开平。继升为上都,而以燕为中都。四年,又命秉忠筑中都城,始建宗庙宫室。八年,奏建国号曰大元,而以中都为大都。"(《元史》卷一五七,第12册,第3693—3694页)。汪辉祖《元史本证》认为:中统四年(1263),升开平为上都。(姚景安点校《元史本证》,第68页)

又按:《元史·地理志》载:"上都路,唐为奚、契丹地。金平契丹,置桓州。元初为札剌儿部、兀鲁郡王营幕地。宪宗五年,命世祖居其地,为巨镇。明年,世祖命刘秉忠相宅于桓州东、滦水北之龙冈。中统元年(1260),为开平府。五年,以阙庭所在,加号上都,岁一幸焉。至元二年(1265),置留守司。五年,升上都路总管府。十八年,升上都留守司,兼行本路总管府事。户四万一千六十二,口一十一万八千一百九十一。领院一、县一、府一、州四。州领三县。府领三县、二州,州领六县。"(《元史》卷五八,第5册,第1349页)

再按:虞集《题大安阁》载:"世祖皇帝在藩,以开平为分地,即为城郭、宫室,取故宋熙春阁材于汴,稍损益之,以为此阁,名曰'大安'。既登大宝,以开平为上都,宫城之内不作正衙,此阁巍然,遂为前殿矣。规制尊稳秀杰,后世诚无以加也。"(《虞集全集·道园类稿》卷三二,上册,第406页)

元世祖至元二年　宋度宗咸淳元年　乙丑　1265 年

二月癸亥，并六部为吏礼部、户部、兵刑部和工部。

　　按：《元史》载："（二月）甲子，又以蒙古人充各路达鲁花赤，汉人充总管，回回人充同知，永为定制。"（《元史》卷六《世祖本纪三》，第 1 册，第 106 页）

元世祖至元三年　宋度宗咸淳二年　丙寅　1266 年

宋子贞卒。

　　按：宋子贞（1185—1266），字周臣，山西潞州长子人。"资敏悟，学如夙习。弱冠，工文赋，随荐书试礼部，同族兄知柔补太学生，齐名一时，有大、小宋之名。""国初为东平行台幕官，中统元年（1260）拜益都宣抚使，召为右三部尚书。王师围济南，参议行中书省事。至元二年（1265），拜翰林学士，参议中书省事。未几，拜平章政事。三年，以年老辞位，诏中书大事即其家议之。五年，薨，年八十。"（《平章宋公》《元朝名臣事略》卷一〇，第 200，199 页）。著有《鸠水野人集》，《元诗选》中保存其少量诗作，事迹见于元好问《鸠水集引》（《遗山集》卷三六）、苏天爵《平章宋公》（《元朝名臣事略》卷一〇）、《元史》一九五本传、《元诗选癸集》乙集。

　　又按：《平章宋公》载："贞祐板荡，公避地河南，居无何，复还乡里。潞州乱，东走赵、魏间。宋将彭义斌据大名，召为安抚司计议。义斌殁，偕众归国朝，东平行台严鲁公闻其名，招置幕府，为详议官，兼提举学校。""及士之流寓者，悉引见行台，周惠尤厚，荐名儒张特立、刘肃、李昶辈十余人，皆自羁旅拔之同行，与参谋议。四方闻义而来依者，馆无虚日，故东平人物视他镇为多。""行台薨，子忠济袭爵，以公耆德宿望，表于朝，授参议东平路事，兼提举太常礼乐。公倡新庙学，敦命前进士康晔、王磐为教官，自先圣、颜、孟子孙至生徒几百人，咸继庖廪，俾肄艺业。春秋释奠，随季程试，必亲临之。齐鲁儒风，为之一变。"（《元朝名臣事略》卷一〇，第 200、201 页）

元世祖至元四年　宋度宗咸淳三年　丁卯　1267 年

札马鲁丁任职司天台，进《万年历》，颁行全国。

　　按：同年，札马鲁丁在大都设观象台，并创制浑天仪等 7 种天文仪器，用来观测天象昼夜时刻,确定季节。他制造的地球仪,早德国地理学家马丁·贝海姆 225 年。

元世祖至元五年　宋度宗咸淳四年　戊辰　1268 年

张柔卒。

　　按:张柔(1190—1268),字德刚,河北涿州定兴(今保定市定兴县)人。"盖自板荡以来,我公为吾州披荆棘、立城市、完保聚、辟田野、复官府、举典制、摧伏强梗,拊存单弱,使暴骸之场重为乐国","公置行幕荒秽中,日以营建为事。得计议官毛居节,共为经度。民居、官府,截然一新。遂引鸡距、一亩二泉,穴城而入。为亭榭、为池台。方山阳,则无蒸郁之酷;比历下,则无卑湿之患。此州遂为燕南一大都会,无复塞垣之旧矣"(《顺天万户张公勋德第二碑》,《元好问文编年校注》第 1191 页)。事迹见元好问《顺天万户张公勋德第二碑》(《遗山先生文集》卷二六)、王磐《蔡国公神道碑》(《全元文》卷六二,第 2 册第 267 页)、苏天爵《万户张忠武王》(《元朝名臣事略》卷六)、《元史》卷一四七本传。

元世祖至元六年　宋度宗咸淳五年　己巳　1269 年

赵良弼出使日本。

　　按:《元史》载:"至元七年(1270),以良弼为经略使,领高丽屯田。良弼言屯田不便,固辞,遂以良弼奉使日本。先是,至元初,数遣使通日本,卒不得要领,于是良弼请行。帝悯其老,不许,良弼固请,乃授秘书监以行。良弼奏:'臣父兄四人,死事于金,乞命翰林臣文其碑,臣虽死绝域,无憾矣。'帝从其请。给兵三千以从,良弼辞,独与书状官二十四人俱。舟至金津岛,其国人望见使舟,欲举刃来攻,良弼舍舟登岸喻旨。金津守延入板屋,以兵环之,灭烛大噪,良弼凝然自若。天明,其国太宰府官陈兵四山,问使者来状。良弼数其不恭罪,仍喻以礼意。太宰官愧服,求国书。良弼曰:'必见汝国王,始授之。'越数日,复来求书,且曰:'我国自太宰府以东,上古使臣,未有至者,今大朝遣使至此,而不以国书见授,何以示信!'良弼曰:'隋文帝遣裴清来,王郊迎成礼,唐太宗、高宗时,遣使皆得见王,王何独不见大朝使臣乎?'复索书不已,诘难往复数四,至以兵胁良弼。良弼终不与,但颇录本示之。后又声言,大将军以兵十万来求书。良弼曰:'不见汝国王,宁持我首去,书不可得也。'日本知不可屈,遣使介十二人入觐,仍遣人送良弼至对马岛。十年五月,良弼至自日本,入见,帝询知其故,曰:'卿可谓不辱君命矣。'后帝将讨日本,三问,良弼言:'臣居日本岁余,睹其民俗,狠勇嗜杀,不知有父子之亲、上下之礼。其地多山水,无耕桑之利,得其人不可役,得其地不加富。况舟师渡海,海风无期,祸害莫测。是谓以有用之民力,填无穷之巨壑也,臣谓勿击便。'帝从之。"(《元史》第 12 册,3745—3746 页)

杨果卒。

按:杨果(1195—1269),字正卿,号西庵,河北祁州蒲阴人。金哀宗正大元年(1224)进士,"金亡,岁己丑(1229),杨奂征河南课税,起果为经历。未几,史天泽经略河南,果为参议。时兵革之余,法度草创,果随宜赞画,民赖以安。世祖中统元年(1260),设十道宣抚使,命果为北京宣抚使。明年(1261),拜参知政事。及例罢,犹诏与左丞姚枢等日赴省议事。至元六年(1269),出为怀孟路总管,大修学庙"(《元史》卷一六四本传,第13 册,第 3854 页)。著有《西庵集》。事迹见苏天爵《参政杨文献公》(《元朝名臣事略》卷一〇)、《元史》卷一六四本传、《大明一统志》卷二、《元诗选》二集"西庵集"、《元诗纪事》卷三。

元世祖至元七年　宋度宗咸淳六年　庚午　1270 年

八思巴奉旨制蒙古新字。

按:八思巴字创制之前,蒙古通用塔塔统阿所创行的畏兀儿蒙古文。据王磐《帝师发思八行状》载:"庚午,师年三十二,时至元七年(1270),诏制大元国字。师独运摸画,作成称旨,即颁行朝省郡县遵用,迄为一代典章。"(《全元文》卷六一,第 2 册,第 260 页)

又按:八思巴字,"其字仅千余,其母凡四十有一。其相关纽而成字者,则有韵关之法;其以二合三合四合而成字者,则有语韵之法;而大要则以谐声为宗也"(《元史》卷二〇二,第 15 册,第 4518 页)。八思巴字是一种自上而下、自左至右竖写的音节文字,其字母有 56 个,字母表包括的音位很广,做到了一字一音,每个字母都有固定的形体,在词中除了几个元音字母之外,所有辅音字母均无字形变化。八思巴字以藏文字母为基础,结合了汉文、蒙古文、维吾尔文的书写习惯,并考虑了汉语、蒙古语、维吾尔语的特点,因此在创制后基本达到了译写各族文字的目的。忽必烈多次以行政命令推行,并称八思巴字为"国字"。1270年,"十月癸酉,敕宗庙祝文书以国字"(陈楠、任小波主编《藏族史纲要》,第154—156页)。

又按:据《元典章·诏令》卷一"行蒙古字"条载:"至元六年(1269)二月十三日,钦奉诏书:朕惟字以书言,言以纪事,此古今之通制。我国家肇基朔方,俗尚简古,未遑制作。凡施用文字,因取模楷及卫兀字,以达本朝之言。考诸辽、金以及遐方诸国,例各有字。今文治浸兴,而字书方阙,其于一代制度,实为未备。故特命国师八思马创为蒙古新字,译写一切文字,期于顺言达事而已。自今已往,凡有玺书颁降,并用蒙古新字,仍以其国字副之,所有公式文书,咸遵其旧。"(《元典章》第1册,第7页)

威廉·鲁不鲁乞卒。

按:威廉·鲁不鲁乞(William of Rubruck, Rubruquis, 约1215—1270),出生于法国佛兰德斯(Flanders),法国圣方济各会士。1248年,鲁不鲁乞偕同一教士自地中海东岸出发,经由黑海以达伏尔加河流域,谒见拔都父子。后更东行,到达喀拉和林附近,次年曾谒见蒙哥汗,并随大汗至喀拉和林。1253年,旋携大汗致路易九世书仍由陆路西归,过伏尔加河流域及里海西岸,1254年返抵地中海东岸,以行记寄呈路易九世复命。其行记《东游记》乃研究13世纪东、西交通及蒙古历史之重要史料。

元世祖至元八年　宋度宗咸淳七年　辛未　1271年

制订朝仪。

按:《元史·礼乐志》载:"元之有国,肇兴朔漠,朝会燕飨之礼,多从本俗。太祖元年,大会诸侯王于阿难河,即皇帝位,始建九斿白旗。世祖至元八年(1271),命刘秉忠、许衡始制朝仪。自是,皇帝即位、元正、天寿节,及诸王、外国来朝,册立皇后、皇太子,群臣上尊号,进太皇太后、皇太后册宝,暨郊庙礼成、群臣朝贺,皆如朝会之仪。而大飨宗亲、锡宴大臣,犹用本俗之礼为多。"(《元史》卷六七《礼乐志一》,第6册,第1664)就是说,世祖至元八年以后,元朝开始实行双轨礼制,朝会用刘秉忠、许衡等所制的汉式朝仪,而燕飨等活动则仍用蒙古礼仪。

三月,回回人入户籍。

按:《元典章·户部》【户口条画】载:"至元八年(1271)三月,钦奉皇帝圣旨,据尚书省奏:'乙未年(1235)元钦奉合罕皇帝圣旨,抄数到民户,诸王、公主、驸马、各投下官员,分拨已定。壬子年(1252)钦奉先帝圣旨,从新再行抄数。当时行尚书省,不曾子细分拣,至今二十年间,争理户计,往复取勘,不能裁决,深不便当。今次取到逐项诸色人户,检会到累降圣旨,钦依分间定夺各各户计,拟到逐款体例。所据取勘到合当差发户数,依已降圣旨,再行添额,并令协济额内当差人户'事,准奏。仰随路府州司县达鲁花赤、管民官吏、管军官及不以是何投下诸色人等,照依尚书省所奏条画事理施行"。(《元典章》卷一七,第2册,第580—581页)

又按:"元代以前,迁居中国的回回尽管已经成为事实上的移民,但在法律上仍是侨寓者,不向王朝纳赋当差。元代以后,由于回回人数众多,在农业、商业、手工业等领域具有举足轻重的地位,事实上已成为元代政府财政的主要来源之一,因此,将回回编入户籍,就成为蒙元政府户籍登记管理的重要目标。早在1252年'壬子籍户'时就承认了回回户的存在,在世祖至元八年(1271)颁布的《户口条画》中,也继续将这种基于种族和职业差别的户籍登记办法保留下来,回回户与畏兀儿户、迷里威失户等并列成为当时的户籍类型之一。回回入籍对于回族历史发展具有重大意义,它标志着唐代以来迁居中国的中亚、西亚各族在伊斯兰教的旗帜下开始了新的民族整合过程,从而为明代回族共同体的最后形成奠定了基础。"(范玉春著《移民与中国文化》,第138—139页)

十一月,忽必烈朝廷建汉语国号"大元"。

按:《元史·世祖本纪》载:"建国号曰大元,诏曰:诞膺景命,奄四海以宅尊;必有美名,绍百王而纪统。肇从隆古,匪独我家。且唐之为言荡也,尧以之而著称;虞之为言乐也,舜因之而作号。驯至禹兴而汤造,互名夏大以殷中。世降以还,事殊非古。虽乘时而有国,不以利而制称。为秦为汉者,著从初起之地名;曰隋曰唐者,因即所封之爵邑。是皆徇百姓见闻之狃习,要一时经制之权宜,概以至公,不无少贬。我太祖圣武皇帝,握乾符而起朔土,以神武而膺帝图,四震天声,大恢土宇,舆图之广,历古所无。顷者,耆宿诣庭,奏章申请,谓既成于大业,宜早定于鸿名。在古制以当然,于朕心乎何有。可建国号曰大元,盖取《易经》'乾元'之义。兹大冶流形于庶品,孰名资始之功;予一人底宁于万邦,尤切体仁之要。事从因革,道协天人。於戏!称义而名,固匪为之溢美;孚休惟永,尚不负于投艰。嘉与敷天,共隆大号。"(《元史》卷七《世祖本纪四》,第 1 册,第 138—139 页)

又按:《元史·刘秉忠传》载:"八年(1271),奏建国号曰大元,而以中都为大都。他如颁章服,举朝仪,给俸禄,定官制,皆自秉忠发之,为一代成宪。"(《元史》卷一五七,第 12 册,第 3694 页)

又按:在建立汉语国号"大元"以后,元政权并没有放弃它原先的"大蒙古国"的蒙语国号。与汉、蒙国号并行使用一样,元代纪年方式也是汉、蒙两种形式并用。元代历帝的尊号,亦有汉、蒙两种名号。元帝的即位仪式,也需要依汉法和蒙古法的方式分别履行。在元时期,皇帝担当着两种角色:对汉族臣民,为皇帝;对蒙古民众,则为大汗。作为开创者,忽必烈为他的后代所奠定的统治体系,是一个在蒙古人、汉人、回回(蒙古统治者主要用回回人理财)之间保持着适当张力和微妙平衡的制度及政策体系。他的汉族谋士们反复向他宣传的"用汉法治中国,则为中国之主",不过是他们一厢情愿的臆想而已。(姚大力《"天马"南牧——元朝的社会与文化》第 17 页)

元世祖至元九年　宋度宗咸淳八年　壬申　1272 年

元大都建成,改中都为大都。

按:1260 年,金中都被毁弃 45 年后,忽必烈即位登基,成为元朝的建立者。1264 年,鉴于元上都地处偏远,对于控制中原不利,故此忽必烈决定迁都燕京。同年(1264)八月,忽必烈下诏改燕京为中都,定为陪都。1272 年,改中都为大都,这就是马可·波罗告诉西方世界的"汗八里"。元大都作为元的都城第一次被世界所认识。元大都并未在金中都城的旧址上重建,而是在其东北以近代离宫琼华岛为中心兴建了大都城。至元四年(1267)开始动工,历时二十余年,完成宫城、宫殿、皇城、都城、王府等工程的建造,形成新一代帝都。元大都城的整体规划设计模式严格遵循《周礼·考工记》中规定的制度，但营建规模则突破了"方九里"的规定。据考古勘察，大都城的平面呈长方形，周长 28.6 千米，面积约 50 平方千米。城墙四周辟门十一座，即正南三门——文明门（今东单南）、丽正门（天安门南）、顺承门（西单南）；北面二门——安贞门（安定门外小关）、健德门（德胜门外小关）；东面三门，由北向南依次为光熙门（和平里东）、崇仁门（东直门）、齐化门（朝阳门），西面三门，自北向南依次为肃清门（学院路西端）、和义门（西直门）、平则门（阜成门）。元大都道路规划整齐、经纬分明。考古发掘证实，大都中轴线上的大街宽度为 37—38 米，其他主要街道宽度为 25 米，小街宽度为大街的一半，火巷（胡同）宽度大致是小街的一半。城墙用土夯筑而成，外表覆以苇帘。由于城市轮廓方整，街道砥直规则，使城市格局显得格外壮观。"中轴突出，两翼对称"，是《周礼·考工记》"营国制度"所提出猷"惟王建国，辨方正位，面南为尊"原则在北京城规划建设中的具体体现。整个北京城的规划布局，都是围绕着皇宫这个中心展开的。（张妙弟主编《中国国家地理百科全书》，第 102—103 页）

又按：1272 年将燕京改为大都，从此大都升为元朝的首都，上都成为元朝的陪都。燕京从殷周时代开始就是北方的都城，在秦汉时期发展成为北方的重镇，到辽金时期成为北方的政治中心，发展到元朝时期已经成为我国的政治、军事和经济中心。

又按：由刘秉忠主持修建的元大都是在平地上建立起来的一座恢弘大城，从 1267 年开始动工到 1276 年建成，堪称是当时世界上非常出色的建筑。新城建立不久著名旅行家马可·波罗来到元大都，感叹道这是世界上的布置最为精美的建筑，简直无法用语言来描述。刘秉忠对新城的地址做了非常精密的测量，不仅利用了新城的自然条件而且还巧妙地利用了该地区内部的太液池、积水潭和高粱河等天然水系。他对都城的布局主要分为以下三重：新城的核心是大内也就是帝王的宫殿所在，帝王的宫殿作为中心，然后以这个中心作为中轴线第二层是皇城、万岁山、太液池、隆福宫等。最外层的是大城，总体上呈长方形，不仅在北面开了两个城门而且在东西南三个方向各开了三个大城门。宫城的最南面是朝衙，宫城的北面是商业区域也就是闹市区，宫城的东面是太庙，宫城的西面是社稷坛。居民区被划为五十个坊,南北、东西向的大街、胡同纵横交错其间,全城布局十分规整。当时的史书记载新城总体呈长方形周长大约为28600米,面积50多平方公里。城内的设计主要参考了中国古代都城的设计格局,主要参考了九经九纬的规定,设计了九条南北大街和九条东西大街,各条大街笔直宽阔。各个大街还与胡同和小巷相连,这个城市的分布十分合理。城中的大街一般宽约25米,小巷和胡同的宽度一般在6—7米之间,整个布局非常像一个大棋盘。整个新城总体上又可以分为50个坊,每个坊上都刻有坊名。在城的中轴线的中心阁西面约50步左右的地方修建了一座中心台,而且用非常的石碑标明中心之台,作为整个大都的中心标志。……刘秉忠对大都城门的设计可谓是匠心独运,使其充满了神秘色彩。大都的外城共有11座城门,其中南面有三个大门即丽正门、文明门、顺承门;东边三门分别是齐化门、崇仁门、光照门;西边三门是平则门、和义门、肃清门;北边有两门分别是安贞门和健德门。(蒋玉、苏波《刘秉忠——元大都的设计者》,《兰台世界》2014年第3期)

元世祖至元十年　　宋度宗咸淳九年　　癸酉　　1273年

王鹗卒。

　　按:王鹗(1190—1273),字百一,山东曹州东明人。"正大初,中进士第,累擢尚书省右司员外郎。金亡,居保定。岁甲辰,召居王邸。中统元年(1260),拜翰林学士承旨,奏立翰林国史院,诏从其请。至元五年(1268),致仕。十年,卒,年八十四。""幼颖悟,读书日记千余言,终身不忘。长工词赋,有声场屋。年十九,由东平贡礼部,再荐科名,会河朔乱,举家南渡。流离顿挫中,身愈困而学愈力,故其成就有过人者。正大甲申(1224),登词赋第一甲第一人第。释褐赐绯,授奉直大夫、应奉翰林文字、同知制诰兼国史院编修官。""蔡陷,万户张柔素闻公名,辇之北渡,馆于保州者余十年,深自韬晦,若将终身焉。""岁甲辰(1244),遣故平章政事赵璧、今礼部尚书许国祯首聘公于保州,从人望也。公自以亡国累臣,义不可再仕,辞疾者久之,已而就道。既至,上一见喜甚,赐之坐,呼状元而不名。朝夕接见,问对非一,凡圣经所谓修身齐家、治国平天下之道,无不陈于前,上为耸动。尝谕公曰:'我今虽未能即行,安知它日不能行之耶!'""公岂弟乐易,无城府崖岸。爱交游,喜施舍,家酿法酒,客至辄留饮,谈笑终日,气不少衰。在翰林十余年,凡大诰命大典册皆出公手,以文章魁海内,而未尝谈文章。尝谓门人曰:'分章析句,乃经生举子之业,求之于致知格物之理,则懵如也。为己之学,当以穷理为先。'故一时学者翕然咸师尊之,如中书左丞涧涧子清、右三部尚书柴祯辈,皆出公门。"(《内翰王康公》,《元朝名臣事略》卷一二,第 237—240 页)著有《论语集议》《应物集》四十卷、《汝南遗事》。事迹见苏天爵《内翰王文康公》(《元朝名臣事略》卷一二)、《元史》卷一六〇本传、《元诗选·癸集》乙集小传。

徒单公履卒。

按:徒单公履(?—?),字云甫,号颐轩,河南获嘉人。金末登经义进士第,《元史·世祖纪五》,"(至元十年四月癸未朔,1273 年)时将相大臣皆以声罪南伐为请,驿召姚枢、许衡、徒单公履等问计,公履对曰:'乘破竹之势,席卷三吴,此其时矣。'帝然之"。

又按:《全元诗》从《国朝文类》中辑录其七绝一首,题为《春日杂咏》:"东风帘幕半尘埃,歌舞台空昼不开。试问双飞新燕子,今年社日为谁来。"(第 3 册第 3 页)王恽曾先后两次写诗祝贺徒单公履诞辰:"汉苑称多士,青云早致身。纵横苏氏学,英特贾生伦。盛德应如此,文章故有神。"(王恽《寿徒单颐轩》,《王恽全集汇校》卷一二,第 2 册,第 474 页)"论交最厚先君契,提诲终深贱子身。"(王恽《寿徒单待制》,《王恽全集汇校》卷一六,第 2 册,第 740 页)徒单公履逝后,王恽写有《过颐轩先生林墓》《祭待制徒单衍文》等作。

元世祖至元十一年　宋度宗咸淳十年　甲戌　1274 年

文永之役发生。

按:文永之役,即第一次元、日战争,发生于日本文永十一年、元朝至元十一年(1274),当时日本后宇多天皇的年号为"文永",称"文永之役",此役,以元军的失败、日本的惨胜而告终。

又按:文永十一年(1274),忽必烈在朝鲜建立征东行省,征发高丽船工、民夫三万五千人,建造了九百艘大战舰。当年十月,他以忻都为都元帅,洪茶丘、刘复亨为左右元帅,率领大军三万,从朝鲜的合浦出发远征日本。

至元十一年十月十九日,元军登陆博多湾(今福冈附近),进逼今津,此带地形不利于大部队展开,距大宰府有一日行程,元军于当晚又撤回到船上。二十日晨(11 月 26 日),元军分二路在博多湾登陆。日本幕府聚集少贰景资、大友赖泰、菊池武房、岛津久经、竹崎季长等的九州诸国部队总数约十万大军。元军西路军在百道原登陆,藤原经资率 5000 骑前来迎战元军,东路军在博多湾东部的博多箱崎成功登陆,击败守军,占领岸边松林,从背后突袭在百道原同元军作战的日军。日军腹背受敌,死伤惨重,余部向太宰府水城(前代建筑的一座巨大水坝)方向撤退。此时天色已晚,副帅刘复亨中箭受伤,元军停止进攻。当晚,元军召开军事会议,由于后援不足,多数将领主张撤退。于是忻都下令撤退,撤退当晚竟遭到台风侵袭,"会夜大风雨,战舰触岩崖多败",二十一日晨海面上只剩下一些破碎的木片,元军损失 1.3 万余人,大多死于这场风暴。最后辗转回到中国的只剩下 13500 人。(《元史》卷二〇八《外夷一·日本》,第 15 册,第 4625—4629 页)

元世祖至元十二年　宋恭帝德祐元年　乙亥　1275 年

张德辉卒。

　　按:张德辉(1195—1275),字耀卿,号颐斋,山西冀宁交城人。"金亡,北渡,史天泽开府真定,辟为经历官。岁乙未(1235),从天泽南征,筹画调发,多出德辉","岁丁未(1247),世祖在潜邸,召见","世祖即位,起德辉为河东南北路宣抚使","德辉天资刚直,博学有经济器,毅然不可犯,望之知为端人,然性不喜嬉笑。与元裕、李冶游封龙山,时人号为龙山三老。"(《元史》卷一六三,第 13 册,第 3823—3826 页)著有《岭北纪行》《塞北纪行》《边堠纪行》《元遗山诗笺注》14 卷。事迹见苏天爵《宣慰张公》(《元朝名臣事略》卷一〇)、《元史》卷一六三本传。

史天泽卒。

　　按:史天泽(1202—1275),字润甫,河北燕京永清人。"公乃缮城隍,立楼橹,为不可犯之计。招集流散,存恤困穷,披荆棘,拾瓦砾,官府民居,日益完葺。岁荒食艰,捐甘攻苦,与众共之。由是数年之间,民生完实,而兵力富强,胜于他郡。"(王磐《中书右丞相史公神道碑》)"己丑(1229),太宗即位,议立三万户,分统汉兵。天泽适入觐,命为真定、河间、大名、东平、济南五路万户","壬子(1252),入觐,宪宗赐卫州五城为分邑。世祖时在藩邸,极知汉地不治,河南尤甚,请以天泽为经略使"(《元史》卷一五五本传,第 12 册,第 3658、3660 页)。"自太祖、太宗、睿宗、宪宗四朝,每有征伐之事,未尝不在军中,身经百战,伟绩丰功,不可胜纪。逮今上御极,置之相府,授以政柄,即从容闲暇,不动声色,而纪纲法度,粲然一新。"(王磐《中书右丞相史公神道碑》)事迹见王磐《中书右丞相史公神道碑》(《全元文》卷六二,第 2 册,第 273 页)、《元史》卷一五五本传。

刘秉忠卒。

按:刘秉忠(1216—1275),"字仲晦,初名侃,因从释氏,又名子聪,拜官后始更今名。其先瑞州人也,世仕辽,为官族。曾大父仕金,为邢州节度副使,因家焉,故自大父泽而下,遂为邢人。庚辰岁(1220),木华黎取邢州,立都元帅府,以其父润为都统。事定,改署州录事,历巨鹿、内丘两县提领,所至皆有惠爱。秉忠生而风骨秀异,志气英爽不羁。八岁入学,日诵数百言。年十三,为质子于帅府。十七,为邢台节度使府令史,以养其亲。居常郁郁不乐,一日,投笔叹曰:'吾家累世衣冠,乃汩没为刀笔吏乎!丈夫不遇于世,当隐居以求志耳。'即弃去,隐武安山中。久之,天宁虚照禅师遣徒招致为僧,以其能文词,使掌书记。后游云中,留居南堂寺。世祖在潜邸,海云禅师被召,过云中,闻其博学多材艺,邀与俱行。既入见,应对称旨,屡承顾问"。"癸丑(1253),从世祖征大理。明年,征云南。每赞以天地之好生,王者之神武不杀,故克城之日,不妄戮一人。己未(1259),从伐宋,复以云南所言力赞于上,所至全活不可胜计。""中统元年(1260),世祖即位,问以治天下之大经、养民之良法,秉忠采祖宗旧典,参以古制之宜于今者,条列以闻。于是下诏建元纪岁,立中书省、宣抚司。朝廷旧臣、山林遗逸之士,咸见录用,文物粲然一新。""十一年(1274),扈从至上都,其地有南屏山,尝筑精舍居之。秋八月,秉忠无疾端坐而卒,年五十九。帝闻惊悼,谓群臣曰:'秉忠事朕三十余年,小心慎密,不避艰险,言无隐情。其阴阳术数之精,占事知来,若合符契,惟朕知之,他人莫得闻也。'出内府钱具棺敛,遣礼部侍郎赵秉温护其丧还葬大都。十二年(1275),赠太傅,封赵国公,谥文贞。成宗时,赠太师,谥文正。仁宗时,又进封常山王。"(《元史》卷一五七,第 12 册,第 3687—3694 页)事迹见张文谦《故光禄大夫太保赠太傅仪同三司谥文贞刘公行状》、王磐《刘太保碑铭并序》、《元史》卷一五七本传。

元世祖至元十三年　宋恭帝德祐二年　端宗景炎元年　丙子 1276 年

正月,伯颜受宋主国玺及降表。

按:《元史》载:"宋主遣其(宗室)保康军承宣使尹甫、和州防御使吉甫等,赍传国玉玺及降表诣军前。其辞曰:'大宋国主㬎,谨百拜奉表于大元仁明神武皇帝陛下:臣昨尝遣侍郎柳岳、正言洪雷震捧表驰诣阙庭,敬伸卑悃,伏计已彻圣听。臣眇焉幼冲,遭家多难,权奸似道,背盟误国,臣不及知,至于兴师问罪,宗社阽危,生灵可念。臣与太皇日夕忧惧,非不欲迁辟以求两全,实以百万生民之命寄臣之身,今天命有归,臣将焉往?惟是世传之镇宝,不敢爱惜,谨奉太皇命戒,痛自贬损,削帝号,以两浙、福建、江东西、湖南北、二广、四川见在州郡,谨悉奉上圣朝,为宗社生灵祈哀请命。欲望圣慈垂哀,祖母太后耄及,卧病数载,臣茕茕在疚,情有足矜,不忍臣祖宗三百年宗社遽至殒绝,曲赐裁处,特与存全,大元皇帝再生之德,则赵氏子孙世世有赖,不敢弭忘。臣无任感天望圣,激切屏营之至。'伯颜既受降表、玉玺,复遣囊加带以赵尹甫、贾余庆等还临安,召宰相出议降事。"(《元史》卷九《世祖本纪六》,第 1 册,第 176—177 页)

又按:《元史》载:"(至元十三年正月,1276 年)癸卯,谢后命吴坚、贾余庆、谢堂、家铉翁、刘岊与文天祥,并为祈请使,杨应奎、赵若秀为奉表押玺官,赴阙请命。伯颜拜表称贺曰:'臣伯颜言:国家之业大一统,海岳必明主之归;帝王之兵出万全,蛮夷敢天威之抗。始干戈之爱及,迄文轨之会同。区宇一清,普天均庆。臣伯颜等诚欢诚忭,顿首顿首,恭惟皇帝陛下,道光五叶,统接千龄。梯航日出之邦,冠带月支之域;际丹崖而述职,奄瀚海而为家。独此岛夷,弗遵声教,谓江湖可以保逆命,舟楫可以敌王师。连兵负固,逾四十年,背德食言,难一二计。当圣主飞渡江南之日,遣行人乞为城下之盟。逮凯奏之言旋,辄诈谋之复肆。拘囚我信使,忘乾坤再造之恩;招纳我叛臣,盗涟海三城之地。我是以有六载襄樊之讨,彼居然无一介行李之来。祸既出于自求,怒致闻于斯赫。臣伯颜等,肃将禁旅,恭行天诛。爰从襄汉之上流,复出武昌之故渡。藩屏一空于江表,烽烟直接于钱塘。尚无度德量力之心,荐有杀使毁书之事。属庙谟之亲廑,谓根本之宜先。乃命阿剌罕取道于独松,董文炳进师于海渚,臣与阿塔海忝司中闑,直指伪都。掎角之势既成,水陆之师并进。常州已下,列郡传檄而悉平;临安为期,诸将连营而毕会。彼知穷蹙,迭致哀鸣。始则有为侄纳币之祈,次则有称藩奉玺之请。顾甘言何益于实事,率锐卒直抵于近郊。召来用事之大臣,放散思归之卫士。崛强心在,四郊之横草都无;飞走计穷,一片之降旛始竖。其宋国主已于二月初五日,望阙拜伏归附讫。所有仓廪府库,封籍待命外,臣奉扬宽大,抚戢吏民,九衢之市肆不移,一代之繁华如故。兹惟睿算,卓冠前王,视万里如目前,运天下于掌上。致令臣等,获对明时,歌《七德》以告成,深切龙庭之想,上万年而为寿,敬陈虎拜之词。臣伯颜等,无任瞻天望圣激切屏营之至,谨奉表称贺以闻。'"(《元史》卷一二七《伯颜传》,第 10 册,第 3110—3112 页)

又按:《元史》载:"(三月)丁丑,阿塔海、阿剌罕、董文炳诣宋主宫,趣宋主㬎同太后入觐。郎中孟祺奉诏宣读,至'免系颈牵羊'之语,太后全氏闻之泣,谓宋主㬎曰:'荷天子圣慈活汝,当望阙拜谢。'宋主㬎拜毕,子母皆肩舆出宫,唯太皇太后谢氏以疾留。"(《元史》卷九《世祖本纪六》,第 1 册,第 180 页)伯颜将宋恭帝等押送到大都,后宋恭帝被元世祖废为瀛国公。汪元量有诗叙及瀛国公、全太后事。

再按:汪元量《湖州歌》其一:"僧道恩荣已受封,上庠儒者亦恩隆。福王又拜平原郡,幼主新封瀛国公";《瀛国公入西域为僧号木波讲师》写道:"木老西天去,袈裟说梵文。生前从此别,去后不相闻。忍听北方雁,愁看西域云。永怀心未已,梁月白纷纷";《全太后为尼》写道:"南国旧王母,西方新世尊。头颅归妙相,富贵悟空门。传法优婆域,诵经孤独园。夜阑清磬罢,跏坐雪花繁。"(《全元诗》第 12 册第 46、32、32 页)

是年,伯颜平定江南,命张瑄、朱清等,以宋库藏图籍,自崇明州从海道载入京师。

按:袁桷《翰林学士承旨赠大司徒鲁国王文肃公墓志铭》载:"始天兵平宋,诏征贤能,李学士槃同受旨。公(王构)至杭,首言宋三馆图籍、太常天章礼器舆仗仪注,当悉辇归于朝,董赵公文炳从其言。今宋实录、正史藏史院,由公以完。"(李军等点校《袁桷集》,第 470 页)王恽《书画目录序》载:"圣天子御极十有八年,当至元丙子(1276)春正月,江左平。冬十二月,图书礼器并送京师,敕平章太原张公兼领监事,仍以故左丞相忠武史公子杠为之贰。寻诏许京朝士假观。予适调官都下,日饱食无事,遂与左山商台符叩阁披阅者竟日,凡得二百余幅(书字一百四十七幅,画八十一幅)。"(《王恽全集汇校》卷四一,第 5 册,第 1979 页)"腹里"区域逐渐形成。

按:《经世大典序录·都邑》记载道:"惟我太祖皇帝开创中土,而大业既定。世祖皇帝削平江南,而大统始一。舆地之广,古所未有。遂分天下为十一省,以山东西河北之地为腹里,隶都省。余则行中书省治之,下则以宣慰司辖路,路辖府,州若县,星罗棋布,粲然有条。"(《元文类》卷四〇《杂著》)

又按:所谓腹里,被称作"在内的兀鲁思"(蒙古语:qol-un ulus),由元中书省直接管辖,包括河北、山西、山东之地,特称"腹里",亦被称作"内地"。它既是古老的华夏文明的中心地带,又是空间上距蒙古本土较近和部分接壤的区域,还是蒙古贵族最早用兵征服和占领,并由此出发进一步征服和统一全国的"基地"。尤其是元世祖忽必烈将国都由和林迁至漠南,设置上都、大都之后,"腹里"成为蒙元帝国的政治中心区域,相对于十行省管辖的边地,"腹里"成为内地,其重要性自然超出十个行省。与蒙元初期的内地概念比,"太祖皇帝肇定区夏,视居庸以北为内地"与历代汉地王朝的"三辅"、"京畿"和"直隶"等京师直辖区相比,"腹里"地区的幅员范围要大得多,它曾经是金朝统治的中心地域,又是大批蒙古人及色目人南下定居、留驻、屯戍之处。元代"腹里"政区不可避免地保留着相当多的金朝遗制,又受到了来自统治民族蒙古人的诸多影响。(李治安、薛磊《中国行政区划通史·元代卷》,第 17—18 页)

又按:"内地"一词,蒙元不同时期所指不同。蒙元初期"太祖皇帝肇定区夏,视居庸以北为内地"(袁桷《华严寺碑》,《清容居士集》卷二五《袁桷集》下卷,第 395 页),漠北本部就是当时的"内地"。前四汗时期是以草原本位为主而保持草原游牧国家政治体制的原有形态,外围地区的中原汉地、突厥斯坦与河中、祃梫答儿、呼罗珊以及以西地区,它们都只是蒙古帝国的一隅。忽必烈建元以后，蒙元朝廷逐渐将华北"内地化"，它所反映的是蒙古草原本位的传统逐渐让位于中原传统汉制。在元朝人的意识中已逐渐出现"中州内地"、"河洛、山东，据为腹心"等观念，和林、云南、回回、畏吾、河西、辽东、扬州之类则为边徼之地["中州内地，耳目所及，朝廷政令之所先焉，而犹选贤任官以治其民，矧荒边异域，山区海聚之间，北去京师万里之远，民物雕瘵，居有文移召发之警，行有战伐馈饷之劳，而怀柔抚绥之责，赞协画诺之宜，苟不慎择其人，何以敷宣天子之德服远人乎？"（苏天爵《察君白赴广西帅府经历序》，《滋溪文稿》卷五）]南宋亡后，"江南"在元人的意识中则常被叙述成"内附"的对象。（温海清《画境中州——金元之际华北行政建置考》，第 99—102 页）

赵璧卒。

按：赵璧（1220—1276），字宝臣，云中怀仁人（今山西省朔州市）。"世祖为亲王，闻其名，召见，呼秀才而不名，赐三僮，给薪水，命后亲制衣赐之，视其试服不称，辄为损益，宠遇无与为比。命驰驿四方，聘名士王鹗等。又令蒙古生十人从璧受儒书。敕璧习国语，译《大学衍义》，时从马上听璧陈说，辞旨明贯，世祖嘉之。""壬子（1252），为河南经略使"，"己未（1259），伐宋，为江淮荆湖经略使"，"三年（1262），李璮反益都，从亲王合必赤讨之。璮已据济南，诸军乏食，璧从济河得粟及羊豕以馈军，军复大振"。"至元元年（1264），官制行，加荣禄大夫。帝欲作文檄宋，执笔者数人，不称旨，乃召璧为之。文成，帝大喜曰：'惟秀才曲尽我意。'改枢密副使。""十年（1273），复拜平章政事。十三年（1276），卒，年五十七。大德三年（1299），赠大司徒，谥忠亮。"（《元史》卷一五九《赵璧传》，第 13 册，第 3747—3749 页）事迹见《元史》卷一五九本传。

郝经卒。

按：郝经（1224—1276），字伯常，"（山西）泽州陵川人。召居潜邸，岁己未（1259）扈从济江，授江淮宣慰司副使。中统元年（1260），拜翰林侍读学士，充国信使，奉使于宋。宋人留于真州，凡十六年始得归。卒，年五十三"（《国信使郝文忠公》，《元朝名臣事略》卷一五，第 294 页）。"经为人尚气节，为学务有用。及被留，思托言垂后，撰《续后汉书》《易春秋外传》《太极演》《原古录》《通鉴书法》《玉衡贞观》等书及文集，凡数百卷。

其文丰蔚豪宕,善议论。诗多奇崛。拘宋十六年,从者皆通于学。"(《元史》卷一五七《郝经传》,第 12 册,第 3709 页)著有《易春秋外传》《原古录》,《续后汉书》90 卷、《陵川集》39 卷等。事迹见阎复《元故翰林侍读学士国信使郝公墓志铭》(《郝文忠公陵川文集》附)、苏天爵《国信使郝文忠公》(《国朝名臣事略》卷一五)、《元史》卷一五七本传、《元诗选》初集"陵川集"、《元诗纪事》卷四。

又按:王恽《哭郝内翰奉使》:"大河东汇杞连城,之子南来气宇盈。义契重于平昔友,斯文公与后来盟。苦心问学唐韩愈,全节归来汉子卿。十六年间成底事,长编惟见使华名。"(《王恽全集汇校》卷一五,第 2 册,第 666 页)

元世祖至元十四年　宋端宗景炎二年　丁丑　1277 年

元廷设立江西行省。

按:江西行省乃元代江南三行省之一,"为路一十八、州九,属州十三,属县七十八。本省马站八十五处,水站六十九处"(《元史·地理志二》卷六二,第 5 册,第 1507 页),所辖区实乃宋江南西路与广南东路的南北合并。元军对江西的经略从至元十二年(1275)蒙古军攻取江西开始。正式创立江西行省在至元十四年(1277),《元史·世祖本纪六》载:"置行中书省于江西,以参知政事、行江西宣慰使塔出为右丞,参知政事、行江西宣慰使麦术丁为左丞,淮东宣慰使彻里帖木儿、江东宣慰使张荣实、江西宣慰使李恒、招讨使也的迷失、万户昔里门、荆湖路宣抚使程鹏飞、闽广大都督兵马招讨使蒲寿庚并参知政事,行江西省事。"(《元史》卷九,第 1 册,第 191—192 页)虞集云:"江西之为省,东接闽、浙,西连荆、蜀,北逾淮、汴,以达于京师。据岭海之会,斥交、广之境,蛮服内向,岛夷毕朝,提封数千里,固东南一都会之奥区,而龙兴则其治所也。昔在至元,始置省事。"(虞集《江西行省平章政事伯撒里公惠政碑》,《虞集全集·道园类稿》卷三九,下册,第 1035 页)江西行省所辖十八路、九州,路州数比江浙、湖广二行省略少,作为原南宋统治中心区域之一,蒙古宗王贵戚功臣投下食邑封户较多,散在龙兴路、吉安路、瑞州路、袁州路、临江路、抚州路、江州路、南康路、赣州路、建昌路、南安路、广州路、韶州路、肇庆路等十四路,以及梅州、南恩州、桂阳州、连州、南丰州五州。涉及江西行省所辖路州的70%，封户合计909982户，这个数目相当于江浙行省封户的2.47倍，在江南三省中应该是最多的。从辖区幅员和范围图形看，南北狭长，南端到北端近二千里；东西较窄，两端距离五百里到一千里不到，南北和东西的距离比例，大约是二比一。与宋江南西路的北部辖区比较，元江西行省的变化主要是割出兴国路而划入江州路。这样，江西行省北部以长江与河南行省为界，与河南行省南、北隔江分治的格局十分明显。而江州路划属江西行省，对进一步沟通长江与鄱阳湖水系及赣江流域的水陆交通都是大有裨益的。然而，这种疆域格局，有利于湖广行省从长江上游及西北陆地掣肘控制江西行省，而江西行省从长江南岸上游可以更便于掣肘控制江浙行省。（李治安、薛磊《中国行政区划通史·元代卷》第244—248页）

元廷设立湖广行省。

按：湖广行省是在平定南宋过程中筹建和发展起来的，与阿里海牙等的规取、经略荆湖南北等活动连在一起。至元十一年十二月，伯颜军战略南宋的鄂州之后，"留右丞阿里海牙等，以兵四万，分省于鄂，规取荆湖"（《元史·伯颜传》卷一二七，第11册，第3103页），此即"荆湖等路行中书省"的缘起。而阿里海牙"鼓其孤军，留戍所余，不能倍万，名城通都，身至力取，利尽海表，图地籍民，半宋疆理。其时将相虽瞠后尘，犹不可望公少见。最所下州，荆之南十四，淮西四，湖南九，江之西二，广西二十有一，广东、河南各四，凡五十八。自余洞夷山獠，荷毡被毳，大主小酋，棋错辐裂，连数千里，受廪听令者，犹不与存。其依日月之末光，张雷霆之余威，以会其成功者，亦一世之雄哉"（姚燧《湖广行省左丞相神道碑》，《姚燧集·牧庵集》卷一三，第192页），阿里海牙的规取从辖区范围、安抚降民、羁縻洞蛮、赋税制度、军事镇戍、委任官吏等方面初步奠定湖广行省的基本规模。然阿里海牙创建湖广行省之际，"托俘虏之籍，私孥其人万家"（虞集《户部尚书马公墓碑》，《虞集全集·道园类稿》卷四四，下册，第870页），"掌兵民之权，子侄姻党，分列权要，官吏出其门者，十之七八"（《元史·崔彧传》卷一七三，第13册，第4040页），从而致使阿里海牙在至元二十三年（1286）湖广行省受朝廷钩考之际被逼自杀。湖广行省"控滇、蜀，山海阻深，猺獠之所蟠穴，边报沓至，独以兵称，戍将视他省为多"

（许有壬《故通奉大夫湖广等处行中书省参知政事郑公神道碑铭并序》，《至正集》卷五二，《全元文》卷一一九七，第 38 册，第 380 页），"为路三十、州十三、府三、安抚司十五、军三，属府三，属州十七，属县一百五十，管番民总管一。本省陆站一百处，水站七十三处"（《元史·地理志六》卷六三，第 5 册，第 1523 页），"湖广地方数千里，南包岭海，西控庸蜀"（许有壬《送苏伯修赴湖广参政序》，《至正集》卷三四，《全元文》卷一一八五，第 38 册，第 77 页），在元廷居江南三行省之一，控制鄂、湘、桂、琼、黔等原南宋辖地及中南少数民族，所辖面积是江南三行省中最大的，相当于今湖北、湖南、广西、海南、贵州五省的大部分地区，北部在长江中游及孝感、江陵、峡州一线与河南行省交界，西北部在巫峡、永顺安抚司、重庆路、泸州一线与四川行省交界，西南部在乌撒路、普定路、富州一线与云南行省交界，东部在幕阜山、萍乡州、封州一线与江西行省交界，南部一直到海南岛南端的吉阳军，是云南、四川之外负有抚治西南少数民族使命的行省。（李治安、薛磊《中国行政区划通史·元代卷》第 270—275 页）

是年，于泉州设市舶司。

按：泉州乃元朝设立的第一个市舶司，《元史》载："元自世祖定江南，凡邻海诸郡与蕃国往还互易舶货者，其货以十分取一，粗者十五分取一，以市舶官主之。其发舶回帆，必著其所至之地，验其所易之物，给以公文，为之期日，大抵皆因宋旧制而为之法焉。于是至元十四年（1277），立市舶司一于泉州，令忙古䚟领之。立市舶司三于庆元、上海、澉浦，令福建安抚使杨发督之。每岁招集舶商，于蕃邦博易珠翠香货等物。及次年回帆，依例抽解，然后听其货卖。"（《元史》卷九四"食货志·市舶"，第 8 册，第 2401 页）之后又在广州、温州、杭州三处增设，共七处市舶司。

又按：泉州作为元朝第一个市舶司，其海上丝绸之路的出口意义极其明显，"泉，七闽之都会也。蕃货远物、异宝珍玩之所渊薮，殊方别域富商巨贾之所窟宅，号天下最"（吴澄《送姜曼卿赴泉州路录事序》《全元文》卷四七八，第 14 册，第 155 页），到至正九年（1349）与泉州进行海上贸易的国家和地区已经达到 99 个。宋元时期，泉州海外交通的航线主要有：泉州至占城；泉州至三佛齐、阇婆、渤泥等国；泉州至印度蓝无里、故临及阿拉伯半岛；泉州至西亚丁湾和东非沿岸的弼琶罗、层拔；泉州至菲律宾等航线,其中尤其是泉州至印度及阿拉伯半岛航线最为繁荣。(巫大健《海上丝绸之路时期泉州多宗教文化共存现象的原因及特征探析》,新疆师范大学 2013 年硕士论文)

王应麟《通鉴地理通释》14 卷成书。

按:是书有感于宋濒亡而作,是一部系统论述我国历代疆域政区沿革与军事地理的专著。又按:王应麟《通鉴地理通释自序》云:"太极肇分,天先成而地后定。天依形,地附气,地圜于天者也。而言地理者,难于言天,何为其难也?日月星辰之度终古而不易,郡国山川之名屡变而无穷,是故图以经之,书以纬之,仰观俯察,其用一也。虞书九共,先儒以为九丘,其篇轶焉。传于今者,禹贡、职方而止耳。若山海经、周书王会、尔雅之释地、管氏之地员、吕览之有始、鸿烈之墜形,亦好古爱奇者所不废。然诸儒之传注异,历代之区寓殊。禹之九河,班志仅得其三。商之八迁,孔疏未闻其四。汉水东西之分,积石大小之辨,荆山之于荆、豫,梁、岐之于冀、雍,潜在荆者未见,蔡在圻内者未详,三江、九江、五邦、三亳,则书之说异焉。还之为营,祢之为坻,以著为齐地,以韩城为涿郡,自土之为自杜,倭迟之为郁夷,邹虞之为梁邹,二南之为南郡、南阳,则诗之说异焉。扬纡在冀,而尔雅以为秦;卢水在济北,而康成读为雷;漳水之为潞,吴山之为岳,五湖混于具区,颍、湛列于荆浸,此职方之疑也。豫章在江南,而江北之地未知;中牟在河南,而河北之地难考;许田,鲁地而非近许;鄢,郑邑而非鄢陵;谷、小谷之有别,父城、城父之不同,此春秋之疑也。二地而一名者,若王城、葵丘、酒泉、贝丘、钟离之类。一地而二名者,若白羽、夹谷、夷、垂葭、发阳之类。方城、细柳、丹水之有三,涂山、历山、东阳、武城之有四。'瞻彼洛矣'与东都之洛异,'导洛自熊耳'与宜阳之熊耳殊。首阳、空桐、新城、石门、石城、丹阳、白沙、硖石之属,其地非一。毕万之魏,为河中之永乐,而以元城为大名,失矣。自庐振廪,为襄阳之中庐,而以合肥为庐国,失矣。潘岳赋西征,不知成师之曲沃在河东。韩皋论广陵散,不知魏之扬州治寿春。韩文公,南阳人,在河内之修武,而误曰邓州。史记郿关,在汉中之长利,而误曰洵阳。杜子美诗三奇戍,在彭州之导江,而误改曰三城。荀卿兰陵,非常州也;孔明渡泸,非泸州也;公琰屯涪,非涪州也;公瑾赤壁,非黄也;元规南楼,非鄂也。郢都白雪,误于郓州;东海二疏,误于海州。以涂山为会稽，以啮桑为采桑，以大别为安丰，以东陵为庐江，以楚丘为成武，以街亭为南郑，袭讹踵缪，不可殚纪。汉、沔一也，而或二之。吴会二也，而或一之。江统误酂于沛郡，皇甫谧误商丘于濮阳，颜师古误邛都于邛州、青衣于嘉州、南陵于宣州。注文选不知夷庚，注本草不知沙苑，博见强志者，犹或失之。旧迹湮没，如济绝于荥，碣石沦于海，昆明凿而镐京为池，隋城立而汉都为苑。南北侨置，如青有太原，豫有广陵，六合之为秦郡，项城之为秣陵，玉门之为会稽，寻阳在蕲而移柴桑，当涂在濠而寓姑孰。郡名非古，如云之云中，平之北平，蓟之渔阳；县名非古，如京兆之武功，丰州之九原，皆非秦汉之旧。或若异而同，或似是而非，不可谓博识为玩物而不之考也。余闲居，观通鉴，将笺释其地名，举纲提要，首以州域，次以都邑，推表山川，参以乐毅、王朴之崇论宏议。稽左氏、国语、史记、战国策、通典所叙历代形势，以为兴替成败之鉴。大易设险守国，春秋书下阳、彭城、虎牢之义也。河、湟复而唐衰，燕、代割而辽炽，述其事终焉。若昔对白题羊肠、帝丘，内黄问松亭、柳河者，以该洽见称，今岂无其人乎？孤陋寡闻，未免阙误，以俟博雅君子。山河不改，陵谷屡迁，亦以发揽古之一慨云。上章执徐岁橘壮之月，子王子书《通释》后。"（傅林祥校点《通鉴地理通释》，第1页）

元世祖至元十五年　宋端宗景炎三年　祥兴元年　戊寅　1278年

八月壬子朔，"追毁宋故官所受告身"。（《元史·世祖本纪七》）

　　按："告身者，唐授官之符也，犹如后世之委任状。《通典》卷一五《历代制大唐》云：'各给以符，而印其上，谓之告身。其文曰：尚书吏部告身之印。自出身之人至于公卿皆给之，武官则受于兵部。'告身一般终身持有，唯除、免、官当须追毁告身。"（刘俊文《唐律疏议笺解》卷第二"名例"，中华书局1996年，第166页）《潜确类书》："唐时文武官皆给告身，以符而印其上，谓之告身。其文曰尚书吏部告身之印。武官则受之于兵部，宰相告身用金花五色绫。至宋则用织成花绫，以品次有差。宋敕俱草书，后用三省长官金押尚书印，然后御宝，当时每授官则有之。至明朝考最始给与，唯御宝加于年月之上。"（郝懿行著，安作璋主编《郝懿行集》证俗文·第八"书契"，第2427页）元廷此举致使南宋治下区域地方官大量缺员，

"朝廷更化,急于用人"(张之翰《送鲜于都事赴任杭州序》,《张之翰集》卷一四,第 174 页),以此,北人官员大量南下任职。

何荣祖卒。

按:何荣祖(1270—约 1278),字继先,其先太原人,徙居广平。累迁中书省掾,擢御史台都事。官至参知政事。卒追封赵国公,谥文宪。著有《学易记》《载道集》《大畜十集》等。事迹见《元史》卷一六八本传。

又按:虞集有《中书平章政事何荣祖议》综合评述何荣祖德行与历史意义道:"议曰:尝闻善相天下者,盖必本忠厚之心,廓容受之量,明理事之识,周经营之材,极久远之虑,躬负荷之责者,而后可庶几焉。是故待事有先机,应变有余智,持久有定力,处物有成谋,其功业始可得而论矣。若夫以狭薄之资,险忍为术,污陋为习,巧佞为伎,命与时遇,位以幸致者,充位之辱,欺世之祸,彼且无逃于天地之间,生民何赖焉?观于至元、大德之间,以大臣赞国论,不为近利细故所动摇,本之以祖宗之旧典,定之以礼律之微意,以成天下之务者,平章政事何公荣祖,何可少耶?公为御史中丞时,权臣用事,数为所危陷,公守职不为之变,终以是去位。天下之望,固已在公矣。成宗皇帝在位,完泽公之威重沈毅,答剌罕公之仁明正大,实相左右,朝多正人君子。而公独以耆老精练,弥缝条理于其间,岂漫焉尝试者哉?卒能成太平之盛,非偶然也。然于是时,好功兴利之徒间出其间,侦国家财用之急,积虑密谋,将有所作为。议数上,公必正坐堂上,奋仁者之勇,明目张胆,论民命国体之所以然,发言折其谋,使不得行。耕田凿井之民,晏然无所顾虑,以遂其生理。于当时者,公存心之最著者也。扬历台、省数十年,皆要官重任,然衣服饮食之奉,俭约不异于儒素。身死之日,赐金给用之外,略无余赀。此其立志,非常人所及,宜其所成就如此。谨按谥法:廉方公正曰忠,执心决断曰肃。请易公名,不亦宜乎?"(《虞集全集·道园类稿》卷一四,上册,第 373—374 页)

元世祖至元十六年(1279)　宋祥兴二年　己卯　1279 年

正月,南宋亡。

按:《元史·世祖本纪六》载:"(是年六月)戊寅,诏作《平金》《平宋录》,及诸国臣服传记,仍命平章军国重事耶律铸监修国史。"(《元史》卷

九,第 1 册,第 183 页)

  又按:王磐《江南平告太庙祝文》写道:"践柞守文,虽奉已成之业;继志述事,敢忘未集之勋。眷靖康亡灭之余,擅吴会膏腴之壤。依凭江险,壅隔皇风,累兴问罪之师,犹守执迷之意。逮戈船飞渡,列戍土崩,始悟前非,方图改过,遂称臣而奉表,愿纳地以归朝。宋王㬎已于某日月来至阙下,其江南郡县人民已委官抚治了当。朔雪炎风,尽书轨混同之地,商孙夏裔,皆烝尝助祭之臣。顾冲眇以何功,实祖宗之余荫。尚祈昭监,永锡休嘉。"(《全元文》卷六二,第 2 册,第 308 页)

  又按:黄溍《平宋录序》载:"《平宋录》者,纪淮安忠武王平宋之功也。王庙在杭城,毁于灾,监察御史言:王宣劳戮力,弼成正统,功莫大焉,宜令有司复其祠宇,仰副国家崇报之意。御史台上于中书省以闻已,被旨可其奏。而江浙行中书省亦以为言,乃命中顺大夫、本投下诸色总管府达鲁花赤普化乘传而南,与行省官同莅其役。庙之告成也,行省既请胙王以大国,锡铭于石章,且俾儒司刻《平宋录》于杭学,以侈其传。按录之旧文,与敕赐王庙碑、开国元勋佐命大臣碑、皇朝《经世大典》所序五战,间有不能尽同,二碑、大典,皆史家承诏撰著,今悉取正焉。他书有可证据则增入,有当参订则附注,余无所考者,并存其旧以俟史官之裁。择王世胄之懿、官伐之隆、德器之宏、勋烈之茂,则有制词及碑文在。谨以冠予篇端,兹不敢贤述也。(《黄溍全集·金华黄先生文集》卷一九,上册,第 270 页)

李冶卒。

  按:李冶(1192—1279),字仁卿,号敬斋,河北栾城人。登金正大七年(1230)进士。"壬辰(1232)城溃,冶微服北渡,流落忻、崞间,聚书环堵,人所不堪,冶处之裕如也。世祖在潜邸,闻其贤,遣使召之且曰:'素闻仁卿学优才赡,潜德不耀,久欲一见,其勿他辞。'"(《元史》卷一六〇本传)晚年买田封龙山下,与元好问、张德辉并称封龙山三老。著有《敬斋文集》40 卷、《壁书丛削》12 卷、《泛说》40 卷、《敬斋古今注》(原 40 卷,原书久佚,《四库全书》从《永乐大典》中辑出 8 卷)、《古今难》40 卷、《测圆镜海》12 卷、《益古演段》3 卷、《益故衍疑》30 卷等。事迹见苏天爵《内翰李文正公》(《元朝名臣事略》卷一三)、《元史》卷一六〇本传、《元诗选癸集》乙集、《元诗纪事》卷三、《新元史》卷一七一本传。

关汉卿卒。

　　按：关汉卿(1229—约1279)，号已斋叟，大都人。宋亡后卒。元杂剧奠基人。与马致远、郑光祖、白朴并称"杂剧四大家"。其所创杂剧据《录鬼簿》记载约六十余种，今存《窦娥冤》《拜月亭》《救风尘》《调风月》《望江亭》《玉镜台》《金线池》《谢天香》《绯衣梦》《西蜀梦》《哭存孝》《单刀会》《蝴蝶梦》等十三种。其中《鲁斋郎》《陈母教子》《五侯宴》《裴度还带》《单鞭夺槊》《西厢记》(第五本)六种尚有疑问。关汉卿另有散曲套数十余套、小令五十余首。

元世祖至元十七年　宋祥兴三年　庚辰　1280 年

郭守敬等著《授时历》2 卷成。

　　按：至元初，刘秉忠言《大明历》自辽、金承用二百余年，浸以后天，宜在所立改，未及用其议，而秉忠没。至十三年(1276)，江南略平，天下混一，上思其言，遂议改修新历，立局以庀事。诏郭守敬与王恂率南北日官分掌测验，而张文谦、张易领其事，前中书左丞许衡亦参预焉。(《元史纪事本末》卷三)

　　又按：李谦至元十七年(1280)六月撰《颁授时历诏》云："自古有国，牧民之君，必以钦天授时为立治之本。黄帝尧舜以至三代，莫不皆然。为日官者，皆世守其业，随时考验，以与天合。故历法无数更之弊。及秦灭先圣之术，每置闰于岁终，古法盖殚废矣。由两汉而下，立积年日法，以为推步之准，因仍沿袭，以迄于今。夫天运流行不息，而欲以一定之法拘之，未有久而不差之理。差而必改，其势有不得不然者。今命太史院作灵台、制仪象，日测月验，以考其度数之真，积年日法，皆所不取，庶几吻合天运，而永终无弊。乃者新历告成，赐名曰《授时历》。自至元十八年(1281)正月一日颁行，布告遐迩，咸使闻知。"(《全元文》卷二八六，第 9 册，第 62 页)

　　再按：《授时历》乃当时最先进的历法，以 365.2425 日为一岁，距近代观测值 365.2422 仅差 26 秒，精度与现通用之公历即《格列高里历》相当，但却早了 300 多年。元世祖忽必烈取古语"敬授民时"之意，定名为《授时历》。新历法推算之精确，较过去为准确，为当时之最，施行达四百年之久,乃明末西方先进天文历法知识传入前最优秀之历法。

窦默卒。

按:窦默(1196—1280),字子声,初名杰,字汉卿,河北广平肥乡人。从名医李浩学铜人针法。"适中书杨惟中奉旨招集儒、道、释之士,默乃北归,隐于大名,与姚枢、许衡朝暮讲习,至忘寝食。继还肥乡,以经术教授,由是知名","世祖在潜邸,遣召之","默与王磐等请分置翰林院,专掌蒙古文字,以翰林学士承旨撒的迷底里主之;其翰林兼国史院,仍旧纂修国史,典制诰,备顾问,以翰林学士承旨兼修起居注和礼霍孙主之"(《元史》卷一五八,第12册,第3730、3732页)。"上尝谓侍臣曰'朕访求贤士几三十年,惟得李状元、窦汉卿二人'。又曰'如窦汉卿之心,姚公茂之才,合而为一,始成完人矣'。"至元十七年(1280),拜昭文馆大学士,是年卒,年八十五。(《元朝名臣事略》卷八,第154、151页)。著有《疮疡经验全书》12卷、《针经指南》《标幽赋》2卷、《流注指要赋》及《六十六穴流注秘诀》。事迹见苏天爵《内翰窦文正公》(《元朝名臣事略》卷八)、《元史》卷一五八本传、《宋元学案》卷九〇等。

姚枢卒。

按:姚枢(1203—1280),字公茂,号敬斋,又号雪斋,河南柳城人,徙洛阳。"岁乙未,南伐,诏枢从惟中即军中求儒、道、释、医、卜者","拔德安,得名儒赵复,始得程颐、朱熹之书","辛丑,赐金符,为燕京行台郎中。时牙鲁瓦赤行台,惟事货赂,以枢幕长,分及之。枢一切拒绝,因弃官去。携家来辉州,作家庙,别为室奉孔子及宋儒周敦颐等像,刊诸经,惠学者","世祖在潜邸,遣赵璧召枢至,大喜,待以客礼","壬子(1252)夏,从世祖征大理,至曲先脑儿之地。夜宴,枢陈宋太祖遣曹彬取南唐不杀一人、市不易肆事。明日,世祖据鞍呼曰:'汝昨夕言曹彬不杀者,吾能为之,吾能为之!'枢马上贺曰:'圣人之心,仁明如此,生民之幸,有国之福也。'明年,师及大理城,饬枢裂帛为旗,书止杀之令,分号街陌,由是民得相完保。"(《元史》卷一五八,第12册,第3711—3713页)"有志卓卓,倡道苏门,上溯泗沂,下探关洛。"(宋濂《名臣颂》,《宋濂全集》卷一,第1册,第22页)事迹见姚燧《中书左丞姚文献公神道碑》(《牧庵集》卷一五)、《元史》卷一五八本传、《宋元学案》卷九〇、《新元史》卷七、卷一五。

廉希宪卒。

按：廉希宪（1231—1280），字善用，布鲁海牙子也。畏吾儿人。"世祖为皇弟，希宪年十九，得入侍"，"宪宗崩，讣音至，希宪启曰：'殿下太祖嫡孙，先皇母弟，前征云南，克期抚定，及今南伐，率先渡江，天道可知。且殿下收召才杰，悉从人望，子惠黎庶，率土归心。今先皇奄弃万国，神器无主，愿速还京，正大位以安天下。'世祖然之，且命希宪先行，审察事变"。"希宪笃好经史，手不释卷。一日，方读《孟子》，闻召，急怀以进。世祖问其说，遂以性善义利仁暴之旨为对，世祖嘉之，目曰廉孟子，由是知名。"（《元史》卷一二六，第 10 册，第 3085、3086、3085 页）事迹见苏天爵《平章廉文正公》（《元朝名臣事略》卷七）、《元史》卷一二六本传。

又按：姚燧《平章廉公挽章》载："呜呼平章公，懿质天所性。气钟三光粹，量包九泽净。加以资学问，寸晷如与竞。不有斯人徒，孰佐天子圣。山立当轩陛，侃侃言议正。搜贤及耕钓，岩薮沾币聘。十年泰阶平，四海弓不櫜。奇才管萧匹，余子非季孟。事随乃来毁，辇毂奉朝请。名园平泉比，花石不可姓。门前施行马，外物轩冕盛。相过尽词伯，闻至倒屣迎。清风佳月夕，剧谈杂觞咏。绝口温室树，肯干兰省政。屡典千金裘，好客远慕郑。焉如灵台上，忧世常炳炳。天下尚可为，惜哉司马病。何期龙蛇岁，寿仅满知命。忆昨讣下初，远近声泪并。胡禾陋巷仁，反福东陵横。巫阳不可作，百载生不更。岂其黔赢游，默运元化柄。其栖景星凤，出为斯世庆。将遂为神明，山川主雩荣。苍苍高在上，此理幽莫镜。优孟效叔敖，犹足楚人敬。况公自有子，毓德宜尔令。不见提刑君，气岸殊豪劲。秋风鹰隼厉，肝胆裂枭獍。他日霜澜平，动业未可竟。一门周司徒，竹帛看辉映。"（《姚燧集·牧庵集》卷三二，第 494—495 页）

再按：滕安上《中相廉公挽章二首》写道："噩噩诗书府，岩岩柱石姿。苍生仰威凤，清庙失元龟。事业今千古，风流彼一时。旋闻林甫败，惜不九龄知。翊赞真王运，贤闻贞观初。胸中九云梦，身后五车书。往事遽如此，斯人今有诸。惟天不容伪，子舍尽金鱼。"（《全元诗》第 11 册第 18 页）

释八思巴卒。

按：八思巴（1238—1280 年），吐蕃萨斯伽人，族款氏也。八思巴（又译八合思巴、发思巴），意为"圣者"，是尊称，萨斯迦班智达弟桑察索南坚赞之子，本名罗追坚赞，"萨斯迦五祖"中的五祖。"过目成诵，七岁演法，辨博纵横，犹不自足。复遍咨名宿，钩玄索隐，尽通三藏"。"戊午（1258），师年二十岁，释道订正《化胡经》，宪宗皇帝诏师剖析是非，道不能答，自弃其学，上大悦。庚申，师年二十二岁，世祖皇帝登极，建元中统，尊为国师，授以玉印，任中原法主，统天下教门，辞帝西归。未期月，召还。庚午，师年三十一岁，时至元七年（1270），诏制大元国字"，以此"升号帝师大宝法王，更赐玉印，统领诸国释教。旋又西归。甲戌，师年三十六时，至元十六年（1279），皇上专使召之，岁抄抵京"，"天兵飞渡，长江竟成一统，虽主圣臣贤所致，亦师阴相之力也"，"庚辰，师年四十二岁，时至元十七年（1280）十一月二十二日示寂"（王磐《帝师发思巴行状》，《全元文》卷六一，第2册，第260页）。事迹见王磐《帝师发（八）思八（巴）行状》《元史》卷二〇二"释老传"、《新元史》卷二四三本传、《西藏王臣记》。

张弘范卒。

按：张弘范（1238—1280），字仲畴，汉地世侯张柔第九子，河北易州定兴人。善马槊，"尝从学郝经，颇留心儒术"（《钦定四库全书总目·淮阳集》），善为歌诗。"十六年（1279）正月庚戌，由潮阳港发舶入海，至甲子门，获宋斥候将刘青、顾凯，乃知广王所在。辛酉，次崖山。宋军千余艘碇海中，建楼橹其上，隐然坚壁也，弘范引舟师赴之。崖山东西对峙，其北水浅，舟胶，非潮来不可进，乃由山之东转南入大洋，始得逼其舟。又出奇兵断其汲路，烧其宫室。世杰有甥在弘范军中，三使招之，世杰不从。甲戌，李恒自广州至，授以战舰二，使守北面。二月癸未，将战，或请先用炮。弘范曰：'火起则舟散，不如战也。'明日，四分其军，军其东南北三面，弘范自将一军相去里余，下令曰：'宋舟潮至必东遁，急攻之，勿令得去，闻吾乐作乃战，违令者斩！'先麾北面一军乘潮而战，不克，李恒等顺潮而退。乐作，宋将以为且宴，少懈，弘范舟师犯其前，众继之。豫构战楼于舟尾，以布幕障之，命将士负盾而伏，令之曰：'闻金声起战，先金而妄动者死！'飞矢集如猬，伏盾者不动。舟将接，鸣金撤障，弓弩火石交作，顷刻并破七舟，宋师大溃。宋臣抱其主昺赴水死。获其符玺印章。世杰先遁，李恒追至大洋不及。世杰走交趾，风坏舟，死海陵港。其余将吏皆降。岭海悉平,磨崖山之阳,勒石纪功而还。"(《元史》卷一五六,第 12 册,第 3683 页)著有《淮阳集》《淮阳乐府》。事迹见苏天爵《元帅张献武王》(《元朝名臣事略》卷六)、《元史》卷一五六本传、《新元史》卷一三九、《元诗选·二集》小传。

元世祖至元十八年　宋祥兴四年　辛巳　1281 年

元、日"弘安之役"发生。

按:弘安之役也即元日第二次战争,以北九州为主要战场。当时元朝舰队是世界史上最大规模的舰队。但由于种种原因以元军惨败告终。

又按:至元十八年(1281),忽必烈再次发兵两路,一路由忻都、洪茶丘率领四万作战部队,战船九百艘,从朝鲜出发;一路由范文虎率领十万江南屯田部队,战船三千五百艘,从庆元(今浙江省宁波市)出发。总计蒙古人 4.5 万,高丽人 5 万,汉人约 10 万。两军约定于 6 月会合,作战部队主管作战,屯田部队在被占领区屯田,生产米粮,以为长久之计。忻都统蒙古军,洪茶丘统志愿军 3000 人,高丽将军金方庆为征东都元帅,统高丽军 1 万人,水手 1.5 万人,战舰 900 艘,军粮 10 万石。八月七日上午,日军便按照先前的战略部署展开行动。日军在人数上占据压倒性优势,元军在岛上的各个防御工事相继失守。剩下的元军终被压缩到栋原、中川原一片狭小区域内从事最后抵抗,直至被完全消灭。当日的战斗结果是,十万元军全部被歼灭,而日军也遭受巨大数量的人员损失。被俘的元军士卒共有三万余人,日军将俘虏中的蒙古人,色目人,女真人,高丽人全部处死,南方汉人免死,而是被日本人奴役。

三月,禁一切左道惑众之书。

按:《大元圣政国朝典章》卷三二载,(三月)"中书省咨:刑部呈:'奉省判:"御史台呈:行台咨:都昌县贼首杜万一等,指白莲会为名作乱。照得江南见有白莲会等名目,《五公符》《推背图》《血盆》及应合禁断天文图(画)(书),一切左道乱正之术,拟合钦依禁断。仰与秘书监一同拟议连呈"事。奉此。移准秘书监关:"议得:拟合照依圣旨禁断拘收。"外据前项图(画)(书)封记发来事,本部议得:若依秘书监所拟,将《五公符》《推背图》等天文图书,并左道乱正之术,依上禁断,拘收到官封记,发下秘书

监收顿相应。'都省天下禁断拘收,发来施行"。(《元典章》第 2 册,第
1123 页)

又按:《元史·世祖本纪》载:(十月)"己酉,张易等言:'参校道书,惟
《道德经》系老子亲著,余皆后人伪撰,宜悉焚毁。'从之,仍诏谕天下。"
(《元史》卷一一《世祖本纪八》,第 1 册,第 234 页)

再按:是年,平阳府永乐镇东祖庭所藏 7800 余帙藏经遭焚禁。先是
披云子、宋真子收索藏经 7800 余帙,锓梓于平阳府永乐镇东祖庭藏之。
世祖信佛排道,令销毁道藏经板,《玄都宝藏》付之一炬。

《许文正公遗书》14 卷编成。

按:许文正公乃许衡。许衡平生宗旨颇赖此编以存。该书既为许氏
著作合集,亦为反映元代理学状况之要著。《四库全书》"鲁斋遗书"提要
云:"初,衡七世孙婿郝亚卿辑其遗文,未竟,河内教谕宰廷俊继成之,何瑭
为之序。嘉靖乙酉,山阴萧鸣凤校刊于汴,自为之序。序后复有题识云:
'鸣凤方校是书,乃重编如左,续得《内法》及《大学中庸直解》俱以增入旧
本,名《鲁斋全书》,窃谓先生之书尚多散佚,未敢谓之全也,故更名《遗
书》',盖此本为应良所重编,而鸣凤更名者也。首二卷为《语录》;第三卷
为《小学大义直说》《大学要略》《大学直解》;第四卷分上、下,上为《中庸
直解》,下为《读易私言》《读文献公撰著说》及《阴阳消长》一篇;第五卷
为奏疏;第六卷亦分上、下,上为杂著,下为书状;第七第八卷为诗、乐府;
附录二卷则像赞、诰、敕之类及后人题识之文。其书为后人所裒辑,无所
别择,如《大学中庸直解》皆课蒙之书,词求通俗,无所发明,其编年歌括
尤不宜列之集内,一概刊行,非衡本意。然衡平生议论宗旨亦颇赖此编以
存,弃其芜杂,取其精英,在读者别择之耳。其文章无意修词,而自然明白
醇正,诸体诗亦具有风格,尤讲学家所难得也。"(钦定《四库全书总目》卷
一六六,下册,第 2213 页)

许衡卒。

按:许衡(1209—1281),字仲平,号鲁斋,河南怀州河内人。学者称鲁
斋先生。"从柳城姚枢得伊洛程氏及新安朱氏书,益大有得。寻居苏门,
与枢及窦默相讲习。凡经传、子史、礼乐、名物、兵刑、食货、水利之类,无
所不讲,而慨然以道为己任。尝语人曰:'纲常不可一日而亡于天下,苟在

上者无以任之,则在下之任也。'凡丧祭娶嫁,必征于礼,以倡其乡人,学者浸盛。""甲寅(1254),世祖出王秦中,以姚枢为劝农使,教民耕植。又思所以化秦人,乃召衡为京兆提学。秦人新脱于兵,欲学无师,闻衡来,人人莫不喜幸来学。郡县皆建学校,民大化之。""八年(1271),以为集贤大学士,兼国子祭酒,亲为择蒙古弟子俾教之。衡闻命,喜曰:'此吾事也。国人子大朴未散,视听专一,若置之善类中涵养数年,将必为国用。'乃请征其弟子王梓、刘季伟、韩思永、耶律有尚、吕端善、姚燧、高凝、白栋、苏郁、姚敦、孙安、刘安中十二人为伴读。诏驿召之来京师,分处各斋,以为斋长。时所选弟子皆幼稚,衡待之如成人,爱之如子,出入进退,其严若君臣。其为教,因觉以明善,因明以开蔽,相其动息以为张弛。课诵少暇,即习礼,或习书算。少者则令习拜跪、揖让、进退、应对,或射,或投壶,负者罚读书若干遍。久之,诸生人人自得,尊师敬业,下至童子,亦知三纲五常为生人之道。""至大二年(1309),加正学垂宪佐运功臣、太傅、开府仪同三司,封魏国公。皇庆二年(1313),诏从祀孔子庙廷。延祐初,又诏立书院京兆以祀衡,给田奉祠事,名鲁斋书院。"(《元史》卷一五八,第 12 册,第 3717、3727—3728、3729—3730 页)著有《大学鲁斋直解》1 卷、《鲁斋许先生直说大学要略》1 卷、《小学大义》《读易私言》《孝经直说》1 卷、《孟子标题》《四箴说》《中庸说》《语录》《鲁斋心法》等合为《鲁斋遗书》8 卷、附录 2 卷、《撰著说》1 卷、《阴阳消长论》《鲁斋词》1 卷。事迹见耶律有尚(字伯强)《公考岁略续》、苏天爵《左丞许文正公》(《元朝名臣事略》卷八)、欧阳玄《元中书左丞集贤大学士国子祭酒赠正学垂宪佐理功臣太傅开府仪同三司上柱国追封魏国公谥文正许先生神道碑》(《圭斋文集》卷九)、《元史》卷一五八本传、《宋元学案》卷九〇、冯从吾《元儒考略》。另外,清郑士范编有《许鲁斋先生年谱》等。

又按:苏天爵《左丞许文正公》载:"自关、洛大儒倡绝学于数千载之后,门人诵传之,未能遍江左也。伊川殁二十余年而文公生焉,继程氏之学,集厥大成,未能遍中州也。文公殁十年而鲁斋先生生焉,圣朝道学一脉,乃自先生发之。至今学术正,人心一,不为邪论曲学所胜,先生力也。所以继往圣开来学,功不在文公下。"(《国朝名臣事略》卷八,第 179 页)

董文忠卒。

按：董文忠（1231—1281），字彦诚，藁城人。董俊第八子。"岁壬子，入侍世祖潜邸"，次年从征云南。1259 年，从忽必烈伐宋，渡长江，围鄂州。1260 年忽必烈即位后，置符宝局，董文忠受命为郎，自此随事献纳，备受亲信。忽必烈称他为董八而不呼其名。"十八年，升典瑞局为监，郎为卿，仍以文忠为之。授正议大夫，俄授资德大夫、佥书枢密院事，卿如故。车驾行幸，诏文忠毋扈从，留居大都，凡宫苑、城门、直舍、徼道、环卫、营屯、禁兵、太府、少府、军器、尚乘诸监，皆领焉。兵马司旧隶中书，并付文忠。时权臣累请夺还中书，不报。是冬十月二十有五日，鸡鸣，将入朝，忽病仆，帝遣中使持药投救，不及，遂卒，甚悼惜之，赙钱数十万。后制赠光禄大夫、司徒，封寿国公，谥忠贞。"（《元史》卷一四八，第 12 册，第 3501—3502、3504—3505 页）。事迹见姚燧《佥书枢密院事董公神道碑》（《牧庵集》卷一五）、苏天爵《枢密董正献公》（《元朝名臣事略》卷一四）、《藁城董氏家传》《元史》卷一四八。

王恂卒。

按：王恂（1235—1281），字敬甫，中山唐县人。"性颖悟，生三岁，家人示以书帙，辄识风、丁二字。母刘氏，授以《千字文》，再过目，即成诵。六岁就学，十三学九数，辄造其极。岁己酉，太保刘秉忠北上，途经中山，见而奇之，及南还，从秉忠学于磁之紫金山。""癸丑（1253），秉忠荐之世祖，召见于六盘山，命辅导裕宗，为太子伴读。中统二年（1261），擢太子赞善，时年二十八。三年（1262），裕宗封燕王，守中书令，兼判枢密院事，敕两府大臣：凡有咨禀，必令王恂与闻。初，中书左丞许衡集唐、虞以来嘉言善政，为书以进。世祖尝令恂讲解，且命太子受业焉。又诏恂于太子起居饮食，慎为调护，非所宜接之人，勿令得侍左右。恂言：'太子天下本，付托至重，当延名德与之居处。况兼领中书、枢密之政，诏条所当遍览，庶务亦当屡省，官吏以罪免者毋使更进，军官害人，改用之际，尤不可非其人。民至愚而神，变乱之余，吾不之疑，则反覆化为忠厚。'帝深然之。"（《元史》卷一六四，第 13 册，第 3843 页）至元十六年（1279），授太史令，与郭守敬、许衡等修订历法。王恂任太史令之际，分掌天文观测和推算方面的工作，遍考历书四十余家。卒谥文肃。事迹见《元史》卷一六四。

元世祖至元十九年　宋祥兴五年　壬午　1282 年

元廷首开海运。

按:《元史》载:"至元十九年(1282),伯颜追忆海道载宋图籍之事,以为海运可行,于是请于朝廷,命上海总管罗璧、朱清、张瑄等,造平底海船六十艘,运粮四万六千余石,从海道至京师。"(《元史》卷九三《食货志一·海运》,第 2364 页)

又按:《元史》载:"元都于燕,去江南极远,而百司庶府之繁,卫士编民之众,无不仰给于江南。自丞相伯颜献海运之言,而江南之粮分为春夏二运。盖至于京师者一岁多至三百万余石,民无挽输之劳,国有储蓄之富,岂非一代之良法欤。初,伯颜平江南时,尝命张瑄、朱清等,以宋库藏图籍,自崇明州从海道载入京师。而运粮则自浙西涉江入淮,由黄河逆水至中滦旱站,陆运至淇门,入御河,以达于京。后又开济州泗河,自淮至新开河,由大清河至利津,河入海,因海口沙壅,又从东阿旱站运至临清,入御河。又开胶、莱河道通海,劳费不赀,卒无成效。"(《元史》卷九三《食货志一·海运》,第 2364 页)。

杜仁杰卒。

按:杜仁杰(约 1201—1282),原名之元,又名征,字仲梁,号善夫("夫"也作"甫"),又号止轩。山东济南长清人。"金正大中,尝偕麻革、张澄隐内乡山中,以诗倡和,名声相埒。"(《元遗山诗集笺注》卷三"半山亭招仲梁饮"条笺注)"往时杜先生善甫以道游齐鲁,客武惠公之门。时中原甫定,公方握重权为外屏。先生从容其间,切磋磨琢之德,善谲不虐之道,卫人所以美武公者,武惠公有焉,则先生善甫之行其道也。"(任士林《东平杜氏种德堂记》,《松乡集》卷二,《全元文》卷五八三,第 18 册,第423 页)"元至元间,屡征不起。子元素仕元,任福建闽海道廉访使,仁杰以子贵,赠翰林承旨资善大夫,谥文穆。仲梁性善谲,才宏学博,气锐而笔健,业专而心精,平生与李献能、冀禹锡最为友善。"(《元遗山诗集笺注》卷三"半山亭招仲梁饮"条笺注)著有《善夫集》。参考门岿《一代名士杜善夫》,《山东师大学报》1988 年第 3 期。

张文谦卒。

按:张文谦(1215—1282),字仲谦,顺德沙河人。"公幼聪敏,读书善记诵。自入小学,与太保刘公秉忠同研席,年相若、志相得。其后太保祝髮为僧,先侍世祖于潜邸,荐公才可用,岁丁未,驿召北上,入见,占对称旨,擢置侍从之列,命司王府教令、笺奏,日见信任。"(李谦《中书左丞张公神道碑》,《全元文》卷二八七,第9册,第101页)。事迹见李谦《中书左丞张公神道碑》、苏天爵《左丞张忠宣公》(《元朝名臣事略》卷七)、《元史》卷一五七。

又按:苏天爵《左丞张忠宣公》载:"自孔子、孟子没,豪杰各以其资奋,而内圣外王之学,千余百年无能道之者,生民况得披其泽乎。宋儒始有以远接其端绪,而朱子为能集其书之大成,然犹以是取怪时人,身几不免。自其学者诵而习之,亦或莫究其旨。许文正公衡生平戎马抢攘之间,学于文献散逸之后,一旦得其书而尊信之,凡所以处己致君者,无一不取于此,而朱子之书遂衣披海内,其功讵可量哉。夫孰知先后扶持,时其进退久速,使其安身乎朝廷之上,而言立道行者,公实始终之也。呜呼! 微朱子,圣贤之言不明于后世,微许公,朱子之书不著于天下,微公,则许公之说将不得见进于当时矣,庸非天乎。中统建元以来,政术与时高下,独成均之教彝伦,大农之兴稼穑,历象之授人时,凡出公之所为者,皆隐然而有不可变者。诗云'乐只君子','邦家之基',其公之谓乎!"(《元朝名臣事略》卷七,第147—148页)

阿合马卒。

按:阿合马(أحمد فناكتى、*Ahmad Fanākatī*)(? —1282),回回,出生于费纳喀忒(今乌兹别克斯坦境内),早年事迹不详,仅知其为察必皇后之父按陈那颜的陪嫁奴隶。中统二年(1261),任上都同知,三年领中书左右部,兼都转运使。至元元年(1264),升至中书平章政事,主政十余年。阿合马在位期间主要掌理财政,他以清理户口、推行专卖制度、发行钞票(时称交钞)等方式来增加收入。南宋一统后,又在江南实行发钞和药材限制专卖政策,使元初的财政收入大为增加。其种种财政措施引起其他大臣不满,至元十九年(1282)三月,益都千户王著与僧人高和尚合谋将其刺杀。有子25人,名姓可考者4人,分别为忽辛、抹速忽、阿散、忻都,侄子别都鲁丁(撒都鲁丁或纳速剌丁)、苫思丁、宰奴丁等。事迹见《元史》卷二〇五本传,《新元史》卷二二三等。

又按:《元史·世祖本纪七》载:"帝谕昂吉儿曰:'宰相明天道、察地理、尽人事,能兼此三者,乃为称职。尔纵有功,宰相非可觊者。回回人中阿合马才任宰相,阿里年少亦精敏,南人如吕文焕、范文虎率众来归,或可以相位处之。'"(《元史》卷一〇《世祖本纪七》,第1册,第202页)

又按:《元史》本传载:"(至元)七年正月,立尚书省,罢制国用使司,又以阿合马平章尚书省事。阿合马为人多智巧言,以功利成效自负,众咸称其能。世祖急于富国,试以行事,颇有成绩。又见其与丞相线真、史天泽等争辨,屡有以诎之,由是奇其才,授以政柄,言无不从,而不知其专慆益甚矣。"(《元史》卷二〇五《奸臣传》,第15册,第4559页)

再按:《新元史》云:"司马迁以利为害之源,然懋迁有无,肇于有虞,管仲、范蠡用货殖伯齐、越二国,无他,利天下则为利,反是则为害也。世祖才阿合马,擢为宰相。阿合马死,卢世荣继之。世荣死,桑哥继之。三凶嬗兴,病国厉民,厕酷吏以重位,陷正人以刑纲,视汉、唐聚敛之臣,其毒尤甚焉。呜乎!蒙古有中原五六十年,政无纪纲,遗黎殆尽。世祖践阼,思大有为于天下,黔首喁喁,正延颈归命之时,乃用贪狠匹夫,钻膏剔髓,以剿民命,迫穷奸稔恶,始婴显戮,而苍生之祸已烈矣。司马迁之言,岂不信欤!"(《新元史》卷二二三《桑哥传》,第9册,第4302—4303页)

张易卒。

按:张易(?—1282),字仲一,太原交城,一作忻州人。侍世祖于潜邸。中统初,拜燕京行中书省参知政事。至元三年(1266),授同知制国用使司事。至元七年(1270)立尚书省,罢制国用使司,改同平章尚书省事。至元九年(1272),并尚书省入中书省,迁中书平章政事,进枢密副使。至元十年(1273)知秘书监事。至元十三年(1276),总更造新历事。至元十八年(1281),兼领太史院司天台事。至元十九年(1282)三月,元世祖赴上都,太子从驾,丞相阿合马留守。益都千户王著与高和尚合谋杀阿合马,矫太子令使张易发兵会东宫,张易不察,遽以兵往。乱平,王著、高和尚与张易皆弃市。事迹见王恽《中堂事记》(《秋涧集》卷八〇、八一)、《元诗选癸集》乙集。

元世祖至元二十年　癸未　1283 年

五月,下诏暂停征日准备。

　　按:对于忽必烈发动的两次征伐日本战争,郑思肖还有一个更加简明而犀利的评价,出自他的《元贼谋取日本二绝》:"涉险应难得命还,倭中风土素蛮顽。纵饶航海数百万,不直龙王一怒间。　海外东夷数万程,无仇于鞑亦生嗔。此番去者皆衔怨,试看他时秦灭秦。"(周思成《大汗之怒——元朝征伐日本小史》第 214 页)

孛罗与爱薛被遣出使伊利汗国。

　　按:据程钜夫《拂林忠献王神道碑》记载,四月,"择可使西北诸王所者",以爱薛曾多次出使绝域,遂"介丞相孛罗以行"。在归来途中,"遇乱,使介相失"。最终,孛罗留在当地,而爱薛"冒矢石,出死地,两岁始达京师,以阿鲁浑王所赠宝装、束带进见"。世祖令爱薛"陈往复状",听后"大悦,顾廷臣叹曰:'孛罗生吾土,食吾禄,而安于彼;爱薛生于彼,家于彼,而忠于我,相去何远耶?'"欲拜爱薛为平章政事,爱薛固辞。(《程钜夫集》第 58 页)

郭松年约在 1280—1283 年间著成《大理行记》。

　　按:郭松年,号方斋,缙云(今浙江缙云)人。至元十七年至二十年(1280—1283)以西台御史身份巡视云南,著《大理行记》,记述其至元间由昆明至大理的见闻,涉及其时社会经济、山川、风物等情形,乃研究西南丝路的重要参考文献。

元世祖至元二十一年　甲申　1284 年

十二月三十日,命翰林承旨撒里蛮、翰林集贤大学士许国桢,集诸路医学教授增修《本草》。

　　按:许有壬《大元本草序》云:"淳朴散而后人始疾,医药盛而后疾始炽。医药罪乎?非也,不明者之罪也。医必方,方必药,而良恶之异性,风土之异宜,真赝之异用,必本草而后知。和、扁神艺,药非精良,疾不能已,然则药有《本草》,犹辨貌有鉴,出师有律,其医书之近而尤切者乎?自一日七十毒后,究心遗经三卷者,梁之陶,唐之苏、李,蜀之韩,宋之开宝、嘉祐诸贤,增三百六十种至一千八十二种,可谓详矣。然梁限于江,蜀局于西南,宋画于白沟,唐虽一天下,其矕朔(翔)漠,一时怀柔,不能一家也,则异方物产,有不得而悉者已。开辟以来,幅员之广,莫若我朝,东极三韩,南尽交趾,药贡不虚岁。西逾于阗,北逾阴山,不知各几万里,驿传往来,不异内地,非与前代虚名羁縻,而异方物产邈不可知者比。西北之药,治疾皆良;而西域医术号精,药产实繁,朝廷为设官司之,广惠司是也。然则欲广《本草》以尽异方之产,莫若今日也。闻诸故老,至元间尝议及是,而后不果。明阳朱辕仲侔述《大元本草》,求序其首。书有三纲九目,其明部属,谓旧本始玉石,人部居草木后为失次。万物人最灵,乃始人部,余各有次,而终以鬼□。人部首列内外,景图详疏,其下举元命之秘,生死之关,昭揭诸世,盖欲使人人自知有此,反而求之,则养生得其本,外邪何由而入,扎瘥何由而至? 医可不用矣。其不能也,则医不得不用,药不得不饵,而吾之《本草》不得不明焉。始则教之以不病之要,终则示之以必效之药,其用心可谓仁矣。昔人穷一经且皓首,此尤难焉。诗人多识鸟兽草木之名,其性若味,未必能识也。唐、宋修书必集众,乃仲侔自少至老,独力攻此,可谓勤矣。又有外部、余部,以其多产异方,商贾所不售,知识者少,但录其名物治证,而不暇有所考核,此则予之切切者也。仲侔将奉此书上之朝廷,窃意大医使因是成书,衰异方之产,前代之未闻者,萃为一书,则可以轶宋、唐而信后世矣。是之谓《大元本草》。"(《至正集》卷三一,《全元文》卷一一八六,第 38 册第 101 页)

是年,诏翰林院遣学士王磐等撰《焚毁伪道藏经碑》,记两次焚经始末,颁布诸路刻石。

　　按:这场僧道之争持续近三十年,全真教惨败。直至至元二十八(1291 年)后,朝廷对道教口径渐变,而此后,全真教则更强调三教归一、三教一家,以期缓和三教矛盾,提高本教地位。

　　又按:《焚毁伪道藏经碑》载:"十八年九月,都功德使司脱因小演赤奏言:'往年所焚道家伪经板本化图,多隐匿未毁。其《道藏》诸书类,皆诋毁释教剽窃佛语,宜皆甄别。'于是上命枢密副使与前中书左丞文谦、秘书监友直、释教总统合台萨哩太常卿忽都于思、中书省客省使都鲁、在京僧录司教禅诸僧及臣等,诣长春宫无极殿,偕正一天师张宗演、全真掌教祁志诚、大道掌教李德和、杜福春暨诸道流,考证真伪,翻阅兼旬。虽卷帙数千,究其本末,惟《道》《德》二篇为老子所著,余悉汉张道陵、后魏寇谦之、唐吴筠、杜光庭、宋王钦若辈,撰造演说,凿空架虚,罔有根据。诋毁释教,以罔自尊崇。爱慕其言,而窃为己有。假阴阳术数以示其奥,裒诸子医药以夸其博,往往改易名号,传注讹舛,失其本真。又所载符咒,妄谓佩之令人:商贾倍利,子嗣蕃息,伉俪谐和,如鸳鸯之有偶,将以媒淫乱而规财,赇至有教人非望。佩符在臂,则男为君相,女为后妃,入水不溺,入火不焚,刀剑不能伤害之语,其伪妄驳杂如此。留之徒以诳惑愚俗,自道德经外,宜悉焚去。臣等同辞以闻。'上曰:'道家经文传讹踵谬非一日矣,若遽焚之,其徒之未必心服。彼言水火不能焚溺,可姑以是端试之,俟其不验,焚之未晚也。'遂命枢密副使孛罗、守司徒和礼霍孙等,谕张宗演、祁志诚、李德和、杜福春等,俾各推择一人,佩符入火,自试其术。四人者奏言:'此皆诞妄之说,臣等入火必为灰烬,实不敢试。但乞焚去《道藏》,庶几澡雪臣等。'上可其奏。遂诏谕天下:道家诸经可留《道》《德》二篇,其余文字及板本化图,一切焚毁,隐匿者罪之。民间刊布诸子医药等书,不在禁限。今后道家者流,其一遵老子之法。如嗜佛者削发为僧,不愿为僧者听其为民。乃以十月壬子集百官于悯忠寺,焚《道藏》伪经杂书。遣使诸路俾遵行之。"(僧念常《佛祖通载》卷二一)

又按:唐方《圣旨焚毁诸路伪道藏经之碑》载:"至元二十一年(1284)三月日,诏遣资德大夫总制院使兼领都功德使司事相哥谕翰林院:戊午年(1258)僧道持论,及至元十八年(1281)十月二十日焚毁道藏伪经始末,可书其事于后。臣磐等谨按释教总统合台萨哩所录事迹:昔在宪宗皇帝朝,道家者流出一书曰《老君化胡成佛经》及《八十一化图》,镂板本传四方。其言浅陋诞妄,意在轻蔑释教而自重其教。罽宾大师、兰麻总统、少林福裕以其事奏闻。时上居潜邸,宪宗有旨,令僧道二家诣上所辩析。二家自约,道胜则僧冠首而为道,僧胜则道削发而为僧。僧问道曰:'汝书谓《化胡成佛经》,则佛是何义?'道对曰:'佛者觉也,觉天觉地,觉阴觉阳,觉仁觉义之谓也。'僧曰:'是殆不然,所谓觉者,自觉觉他,觉行圆满,三觉圆明,故号佛陀。岂特觉天地、阴阳、仁义而已哉?'上谓侍臣曰:'吾亦心知仁义乃孔子之语,谓佛觉仁觉义,其说非也。'道者又持史记诸书以进,欲以多说侥幸取胜。帝师辩的达拔合思曰:'此谓何书?'曰:'前代帝王之书.'上曰:'今持论教法,何用攀援前代帝王?'帝师曰:'我天竺亦有史记,汝闻之乎?'对曰未也。帝师曰:'我为汝说。天竺频婆娑罗王赞佛功德有曰:天上天下无如佛,十方世界亦无比。世间所有我尽见,一切无有如佛者。当其说是语时,老子安在?'道不能对。帝师又问:'汝史记有化胡之说否?'曰无。'然则老子所传何经?'曰《道德经》。'此外更有何经?'曰无。帝师曰:'《道德经》中有化胡事否?'曰无。帝师曰:'史记中既无,《道德经》中又不载,其为伪妄明矣。'道者辞屈。尚书姚枢曰:'道者负矣!'上命如约行罚,遣使臣脱懂将者樊志应等十有七人,诣龙光寺削发为僧,焚伪经四十五部,天下佛寺为道流所据者二百三十七区,至是悉命归之。道教提点甘志泉所居吉祥院,其一也,据而不与。至元十七年(1280)夏四月,僧人复为征理。长春道流谋害僧录广渊,聚徒持捉,殴击僧众,自焚廪舍,诬广渊遣僧人纵火,且声言焚米三千九百余石,他物称是。事达中书省辩其诬,甘志泉、王志真款伏。诏遣枢密副使孛罗及诸大臣覆按无异辞,志泉、志真就诛,剺刖流窜者凡十人,仍征所声言米物,如其数归之僧众。今有道家伪经尚存为言者,闻诸皇太子。十八年九月,都功德司脱因小演赤奏言:'往年所焚道家伪经板本化图,多隐匿未毁。其道藏诸书,类皆诋毁释教,剽窃佛语,宜加甄别。'于是命枢密副使与前中书左丞文谦、秘书监友直、释教总统合台萨哩、太常卿忽都于思、中书省客省使都鲁、在京僧录司教禅诸僧及臣等,诣长春宫无极殿阶正一天师张宗演、全真掌教祁志诚、大道掌教李德和、杜福春暨诸道流,考证真伪。翻阅兼旬,虽卷帙数千,究其本末,惟道德二篇为老子所著,余悉汉张道陵、后魏寇谦之、唐吴筠、杜光庭、宋王钦若辈撰造演说,凿空架虚,罔有根据。诋毁释教以妄自尊崇,复爱慕其言而窃为己有。假阴阳术数以示其奥,哀诸子医药以夸其博,往往改易名号,传注讹舛,失其本真。又所载符咒,妄谓佩之令人商贾倍利,子嗣蕃息,伉俪和如鸳鸯之有偶,将以媒淫辞而规财贿。至有教人非妄,佩符在臂,则男为君相,女为后妃,入水不溺,入火不焚,刀剑不能伤害之语。其伪妄驳杂如此。留之徒以诳惑愚俗,自《道德经》外,宜悉焚去。臣等同辞以闻。上曰:'道家经文,传讹踵谬,非一日矣。若遽焚之,其徒未必心服。彼言水火不能焚溺,可姑以是端试之。俟其不验,焚之未晚也。'遂命枢密副使孛罗、守司徒和礼霍孙等谕张宗演、祁志诚、李德和、杜福春等，俾各推择一人，佩符入火，自试其术。四人者奏言：此皆诞妄之说，臣等入火，必为灰烬，实不敢试。但乞焚去道藏，庶几澡雪臣等。上可其奏，遂诏谕天下，道家诸经，可留道德二篇，其余文字及板本化图，一切焚毁，隐匿者罪之。民间刊布诸子、医药等书，不在焚限。今后道家者流，其一遵老子之法。如嗜佛者，削发为僧。不愿为僧道者，听其为民。乃以十月壬子集百官于悯忠寺，尽焚道藏伪经杂书。遣使诸路，俾遵行之。臣磐等闻老氏之为道也，以清净为宗，无为为本。谦冲以处己，损抑以下人，非有贪欲好胜之事。厥后枝分派列，徒属浸盛，袭讹成伪，夸诞百出。清净一变而为污秽，无为一变无所不为。如汉之文成五利，致身求仙，恍惚诞幻，帛书饭牛之诈，黄金可成之妄，一旦败露，为武帝所诛。三张之徒，以鬼道惑众，倡乱天下，为皇甫嵩、曹魏所灭。宋王仔昔居上清宝箓宫，与女冠为奸。林灵素自称神霄紫府仙卿，禳大水不验，并为徽宗诛窜而死。迨今末年，复有麻被先生、铁笠李二人，以奸谋秘计，出入时贵之门，肆为淫污之行，咸受显戮。历代以来，若此之类，不可胜数。追惟祸乱之源，奸宄之本，率皆假符箓以神其教，托伪经以警其俗，横肆巧诬，倡为诡状，诋毁圣教，寇攘内典，固已悖老氏不争不盗之禁矣。及陷刑辟，皆孽子自内作惪，将谁咎哉？且夫释氏之教，宏阔胜大，非他教所拟伦。历百千世，圣帝明王，莫不尊崇。东冒扶桑，西极昧谷，冰天桂海，山河大地，昆虫草木，胎卵湿化，有情无情，百千万类，皆依佛荫，生息动止于天地之间。故天上天下，惟佛为尊，超出乎有生之表，归极乎无碍之真，智周三界，神妙诸方，泽及大千，功用不宰，其大有如此者。慈航所至，无溺不援，法雨所霑，有生皆润。悯世人之沉沦幻海，颠覆迷津，展转多生，流连累劫，将使之脱凡企圣，蠲弊崇真。故神光破沉晦之门，大觉指无生之路，其仁有如此。何意狂谋，辄形媢忌，虽积毁销骨，众煦漂山，法体圆成，初无小玷。譬如盲人之毁日月，何伤日月之明，井蛙之小河海，奚损河海之大，多见其不知量也。钦惟圣天子识超四谛，道慕三乘，参无象之真空，传法王之心印，所以尊崇之礼，归向之诚，矫百伪以从真，黜群邪而归正，有不容不严者焉。况乎笔墨劝淫，妖术误世，恣为欺诳，鼓荡群愚，若不大为改革，则邪说肆行，枉道惑众，其如天下后世何？凡天下之理，有善有恶，有正有邪，有真有伪，常混然而同处，杂然而并行。自非禀上圣之资，诞生知之性,智出庶物,明照群情,则红紫之乱朱,洼淫之变雅,是孰得而辩明之哉? 由是言之,圣天子匡济真图,翼扶大法之功至矣! 概诸圣不可有加矣! 于以凿含灵之耳目,开正途之荒秽,使般若之光,永乎无际,劫遍满恒河沙界,延洪圣寿于无疆,衍绵储君之福利,鼎祚于亿万年之久者,庸有既乎? 是可述也。臣磐等敬为之书,以贻后人,俾为老氏之学者有所警焉。至元二十一年(1284)三月 日。"(《全元文》卷六一一,第19册,第596—600页)

王积翁卒。

　　按:王积翁(1229—1284),字良存,一字良臣,福建福宁县(今霞浦)人。至元十四年(1277),元兵至福州,王积翁以城降。十九年(1282),"王积翁奏请征亡宋雅乐器至京师,置于八作司"。至元二十年(1283),朝廷欲复征日本。淮西宣慰使昂吉儿上言民劳,乞寝兵。二十一年(1284),又以其俗尚佛,遣王积翁与补陀僧如智往使。舟中有不愿行者,共谋杀积翁。皇庆元年(1312)三月,仁宗加赠为荣禄大夫、平章政事、上柱国,追封闽国公,改谥"忠愍"。福州府名宦祠将其与唐常衮、宋蔡襄、元董文炳等共21人并祀。著有《平心录》4卷。事迹散见《元史》。

元世祖至元二十二年　乙酉　1285 年

江淮行省改称江浙行省。

　　按:《元史·百官志七》载:"江浙等处行中书省。至元十三年(1276),初置江淮行省,治扬州。二十一年(1284),以地理民事非便,迁于杭州。二十二年(1285),割江北诸郡隶河南,改曰江浙行省,统有三十路、一府。"(《元史》卷九一《百官志七》,第8册,第2306)。江浙行省辖区基本是宋代两浙东路、两浙西路、江南东路、福建路等拼合汇聚,版图疆域南北较长,南端到北端直线距离约1500里;东西较窄,东端到西端距离约420—700里。省治杭州路地处北部,距本省北界300里左右,与南部边界直线距离在1000里以上。这颇能体现出蒙元统治者以北制南国策的深层次原因。元朝北方的粮食供给主要来自江浙地区,所以在元代诸行省中,江浙行省具有十分重要的政治经济地位。江浙行省是伴随着元朝对南宋的征伐与统治而逐步建立起来的。在元代,江浙行省区划变迁大体分三个阶段：至元十三年（1276）到大德三年（1299），大德三年（1299）到至正十六年（1356），至正十六年到二十七（1367）。江浙行省范围内浙东、浙西、江东、福建四道一直存在。作为最富庶的原南宋统治中心区域，江浙行省存在着一定数量的蒙古宗王贵戚功臣投下食邑封户。元代封户散在湖州、庆元、婺州、台州、饶州、集庆、信州、福州、建宁、泉州、邵武、汀州十二路及铅山州，涉及江浙行省路州数近一半，封户合计368147户。（李治安、薛磊《中国行政区划通史·元代卷》第211—213页）

胡三省《资治通鉴音注》完成。

　　按：胡三省宝祐四年（1256）着手《资治通鉴音注》的撰述，至至元二十三（1285）完成，首尾30年。

　　又按：胡三省《资治通鉴音注序》云："古者国各有史，以纪年书事。《晋乘》《楚梼杌》虽不可复见，《春秋》经圣人笔削，周辙既东，二百四十二年事，昭如日星。秦灭诸侯，燔天下书，以国各有史，刺讥其先，疾之尤甚。《诗》《书》所以复见者，诸儒能藏之屋壁。诸国史记，各藏诸其国，国灭而史从之。至汉时，独有《秦记》。太史公因《春秋》以为《十二诸侯年表》，因《秦记》以为《六国年表》。三代则为《世表》。当其时，黄帝以来谍记犹存，具有年数。子长稽其历谱牒终始，五德之传，咸与古文乖异。且谓孔子序《书》，略无年月，虽颇有，然多阙。夫子之弗论次，盖其慎也。子长述夫子之意，故其表三代也，以世不以年。《汲冢纪年》，出于晋太康初，编年相次，起自夏殷周，止魏哀王之二十年。此魏国史记，脱秦火之厄，而晋得之，子长不及见也。子长之史，虽为纪表书传世家，自班孟坚以下，不能易。虽以纪纪年，而书事略甚。盖其事分见志传，纪宜略也。自荀悦《汉纪》以下，纪年书事，世有其人，独梁武帝《通史》至六百卷。侯景之乱，王僧辩平建业，与文德殿书七万卷俱西。江陵之陷，其书烬焉。唐四库书，编年四十一家，九百四十七卷，而王仲淹《元经》十五卷，萧颖士依《春秋义类》作传百卷，逸矣。今四十一家书，存者复无几。乙部书以迁固等书为正史，编年类次之。盖纪传表志之书行，编年之书特以备乙库之藏耳。宋英宗皇帝命司马光论次历代君臣事迹，为编年一书。神宗皇帝以鉴于往事，有资于治道，赐名曰《资治通鉴》，且为序其造端立意之由。

温公之意，专取关国家盛衰，系生民休戚，善可为法，恶可为戒者，以为是书。治平、熙宁间，公与诸人议国事相是非之日也。萧曹画一之辩，不足以胜变法者之口。分司西京，不豫国论，专以史局为事，其忠愤感慨，不能自已于言者，则智伯才德之论，樊英名实之说，唐太宗君臣之议乐，李德裕、牛僧孺争维州事之类是也。至黄幡绰、石野猪俳谐之语，犹书与局官，欲存之以示警。此其微意，后人不能尽知也。编年岂徒哉！世之论者，率曰：'经以载道，史以记事，史与经不可同日语也'，夫道无不在，散于事为之间，因事之得失成败，可以知道之万世亡弊。史可少欤？为人君而不知《通鉴》，则欲治而不知自治之源，恶乱而不知防乱之术；为人臣而不知《通鉴》，则上无以事君，下无以治民；为人子而不知《通鉴》，则谋身必至于辱先，作事不足以垂后。乃如用兵行师，创法立制，而不知迹古人之所以得，鉴古人之所以失，则求胜而败，图利而害，此必然者也。孔子序《书》，断自唐虞，讫文侯之命，而系之秦。《鲁春秋》则始于平王之四十九年。左邱明传《春秋》，止哀之二十七年。赵襄子慭智伯事，《通鉴》则书赵兴智灭以先事，以此见孔子定《书》而作《春秋》。《通鉴》之作，实接《春秋》、左氏后也。温公遍阅旧史，旁采小说，抉摘幽隐，荟萃为书，劳矣。而修书分属，汉则刘攽，三国讫于南北朝则刘恕，唐则范祖禹，各因其所长属之，皆天下选也。历十九年而成，则合十六代一千三百六十二年行事为一书，岂一人心思耳目之力哉！公自言：'修《通鉴》成，惟王胜之借一读，他人读未尽一纸，已欠伸思睡。'是正文二百九十四卷，有未能遍观者矣。若考异三十卷，所以参订群书之异同，俾归于一。目录三十卷，年经国纬，不特使诸国事杂然并录者，粲然有别而已，前代历法之更造，天文之失行，实著于目录上方，是可以凡书目录观耶？先君笃史学，淳祐癸卯，始患鼻衄，读史不暂置。洒血积书，遗迹故在。每谓三省曰：'史汉自服虔、应劭至三刘，注解多矣。章怀注范史、裴松之注陈寿史，虽间有音释，其实广异闻、补未尽，以示博洽。《晋书》之杨正衡，《唐书》之窦苹、董冲，吾无取焉。徐无党注《五代史》，粗言欧公书法、义例，他未之及也。《通鉴》先有刘安世《音义》十卷，而世不传。释文本出于蜀史炤，冯时行为之序。今海陵板本，又有温公之子康释文，与炤本大同而小异。公休于书局，为检阅官，是其得温公辟呼之教诏，刘、范诸公，群居之讲明，不应乖剌乃尔。意海陵释文非公休为之,若能刊正乎?'三省捧手对曰:'愿学焉。'乙已,先君卒。尽瘁家蛊,又从事科举业,史学不敢废也。宝祐丙辰,出身进士科,始得大肆其力于是书。游宦远外,率携以自随,有异书异人,必就而正焉。依陆德明《经典释文》,厘为《广注》九十七卷,著《论》十篇,自周讫五代,略叙兴亡大致。咸淳庚午(1270),从淮蠕归杭都,延平廖公见而韪之,礼致诸家,俾雠校《通鉴》以授其子弟,为著《雠校通鉴凡例》。廖转荐之贾相国。德裕乙亥(1275),从军江上,言辄不用。既而军溃,间道归乡里。丙子(1276),浙东始骚,辟地越之新昌,师从之,以孥免,失其书。乱定反室,复购得他本,为之注,始以考异及所注者,散入《通鉴》各文之下。历法天文则随目录所书而附注焉。讫乙酉(1285)冬,乃克彻编。凡纪事之本末、地名之同异、州县之建置离合,制度之沿革损益,悉疏其所以然。若释文之舛谬,悉改而正之。著《辩误》十二卷。呜呼!注班书者多矣,晋灼集服、应之义,而辩其当否。臣瓒总诸家之说,而驳以己见。至小颜新注,则又讥服、应之疏紊尚多,苏晋之剖断盖尠,訾臣瓒以差爽,诋蔡谟以牴牾,自谓穷波讨源,构会甄释,无复遗恨。而刘氏兄弟之所以议颜者,犹颜之议前人也。人苦不自觉,前注之失,吾知之;吾注之失,吾不能知也。又古人注书,文约而义见。今吾所注,博则博矣,反之于约,有未能焉。世运推迁,文公儒师,从而凋谢,吾无从取正。或勉以北学于中国,嘻,有志焉!然吾衰矣。旃蒙作噩冬十有一月乙酉日长至,天台胡三省身之书。"(《全元文》卷二五七,第8册,第262—265页)

徐世隆卒。

按:徐世隆(1206—1285),字威卿,河南陈州西华人。金哀宗正大四年(1227)进士。"国初,为东平行台幕官。中统元年(1260),拜燕京宣抚使。三年(1262),除太常卿。至元元年(1264),迁翰林侍讲学士,兼太常卿,又兼户部侍郎。七年(1270),拜吏部尚书。出为东昌路总管。擢山东道提刑按察使。十五年(1278),移江北淮东道。十七年(1280),召为翰林学士,又召为集贤学士,皆以疾辞不行。二十二年(1285),卒,年八十。"(苏天爵《太常徐公》,《元朝名臣事略》卷一二,第249页)以铨选无可守之法,为撰《选曹八议》,又著有《瀛洲集》百卷、文集若干卷。事迹见苏天爵《太常徐公》《元史》卷一六〇本传、《元诗选》二集"威卿集"。

又按：苏天爵《太常徐公》载："中原版荡之后，郓学久废，严侯修复，以养生徒，公从臾之力居多。又岁署题考试，等其甲乙，屡中高选者，擢用之。时自入学，亲为诸生讲说，其课试之文，有不中程者，辄自拟作，与为楷式。一时后进，业精而行成，人才辈出，如翰林学士阎复、太子谕德李谦、浙东按察使孟祺、礼部侍郎张孔孙、太子赞善夹谷之奇等是也。""公仪观魁梧，襟度宏博，慈祥乐易，人忤之，无忮心与愠色。与人交，一以诚，藩篱廓达，洞见肺腑。喜宾客，乐施与，及好奖进士类，人有片善，称之惟恐不至。然和而不流，群而不党，清而能容，仁而能断。时论推之，以为有公辅器。""公之奏议典赡详悉，无迂疏之累。古文纯正明白，无奇涩之偏。歌诗则坦夷浏亮，无雕琢晦深之病。四六则骈俪亲切，无牵就支离之弊。虽然，在公悉为余事，惟爱君忧国之心，坚如金石，不以仕宦为污，不以辞退为高，亦不以衰老疾病为急。苟闻时政有所可否，论思献纳，恒若言责之在己，惓惓不替，至死乃已，合于古人畎亩不忘君之义也。"（《元朝名臣事略》卷一二，第 251、254 页）

耶律铸卒。

按：耶律铸（1221—1285），字成仲，号双溪，宜州弘政（今辽宁义县）人，契丹族。父耶律楚材，由金入元。"幼聪敏，善属文，尤工骑射。楚材薨，嗣领中书省事，时年二十三。""戊午（1258），宪宗征蜀，诏铸领侍卫骁果以从，屡出奇计，攻下城邑，赐以尚方金锁甲及内厩骢马。""乙未，宪宗崩，阿里不哥叛，铸弃妻子，挺身自朔方来归。""中统二年，拜中书左丞相"，"至元元年（1264），加光禄大夫"。"二年（1265），行省山东。未几征还。""初，清庙雅乐，止有登歌，诏铸制宫悬八佾之舞。四年春三月，乐舞成，表上之，仍请赐名《大成》，制曰'可'。六月，改荣禄大夫、平章政事。五年，复拜光禄大夫、中书左丞相。十年，迁平章军国重事。十三年，诏监修国史。朝廷有大事，必咨访焉。十九年，复拜中书左丞相。二十年冬十月，坐不纳职印、妄奏东平人聚谋为逆、间谍幕僚及党罪囚阿里沙，遂罢免，仍没其家赀之半，徙居山后。二十二年卒，年六十五。"（《元史》卷一四六，第 11 册，第 3464—3465 页）著有《双溪小稿》《双溪醉隐集》，另有散曲集《双溪醉隐乐府》《双溪醉隐诗余》1 卷。事迹见《元史》卷一四六、《新元史》卷一二七、《蒙兀儿史记》卷四八、《元诗纪事》卷三。

元世祖至元二十三年　丙戌　1286 年

赵良弼卒。

按:赵良弼(1216—1286),字辅之,赵州(今河北赞皇)人。元代女真族,本姓术要甲,音讹为赵家,因以赵为氏。初举进士,教授赵州。世祖时,任邢州安抚司幕长、陕西等路宣抚使、江淮安抚使、经略使、少中大夫秘书监等职。事迹见《元史》卷一五九本传。

又按:王恽《同签赵公挽辞》[讳良弼,字辅之,辽东人,至元二十三年(1286)南游京洛卒。明年正月二十四日夜见于梦,托予合易其名讳,情意甚切,不然目将不瞑矣。遂作是诗以记其意]:"识远几沉任独劳,不将虚誉冠时髦。使华光动扶桑日,枢府谋深尚父韬。四海樊川遗隐在,九原精爽与秋高。分明梦里来相托,抵掌犹能似叔敖。"(《王恽全集汇校》卷一九,第 3 册,第 925 页)

元世祖至元二十四年　丁亥　1287 年

立国子学。

按:虞集《国子监(学)题名序》载:"世祖皇帝至元二十四年(1287),置国子监学,以孔子之道教近侍、国人子弟,公卿、大夫士之子俊秀之士。其书,《易》《诗》《春秋》《礼记》《论语》《大学》《中庸》《孟子》;其说,则周、程、张、朱氏之传也。监有祭酒一人,比立监,先置此官,许文正公衡首为之。司业二人,监丞一人,后又置典簿一人,治文书、金谷。学有博士二人,助教二人,后增置六人。其下,设正二人,录二人,司乐一人,典籍二人,管勾一人,以高第弟子充,秩满,则官之。弟子员,今五百六十人。天历二年(1329),始克追考祭酒至助教姓名、岁月(刻石),来者尚继之,禅后有所征。三月甲子序。"(《虞集全集·道园类稿》卷一九,上册,第 522—523 页)

始立行泉府司,专掌海运,增置万户府二,总为四府。

按:行泉府司之意,如吴澄记沙福丁之责:"……桑葛(桑哥)及其党皆抵罪。时相独庇江淮省平章沙福丁,复立行泉府司,俾之典领,以征舶商之输。谓国家出财资舶商往海南贸易宝货,赢亿万数。若沙福丁黜,商舶必多逃匿,恐亏国用。"(吴澄《元荣禄大夫平章政事赵国董忠宣公神道

碑》,《全元文》卷五一一,第 15 册,第 384 页)

元景教徒列马·扫马为伊利汗阿鲁浑所遣出使欧洲。

按:列马·扫马先后拜访法、英国王及教皇尼古拉四世。其成功出使致使罗马教廷及西欧君主更为相信元廷信奉基督教,故纷纷遣教士及使节来华,促进了中西之文化交流。

刘秉忠《藏春集》刊刻。

按:《藏春集》是刘秉忠的诗文集,刘秉忠自号藏春散人,每以吟咏自适。一生著述甚丰,有《藏春集》六卷、《藏春词》一卷、《诗集》二十二卷、《文集》十卷、《平沙玉尺》四卷、《玉尺新镜》二卷等。据阎复序言介绍,在刘秉忠死后十四年才刊行于世,刘秉忠卒于至元十一年(1274),故阎复之序作于集子刊行当年。

又按:阎复《刘太傅藏春集序》载:"《易》曰:'观乎天文以察时变,观乎人文以化成天下',大哉文乎! 在天为日月之著明,云汉之昭回,星辰之错综;在人为三纲五常之道,礼乐刑政之方,典章法度之美。文乎,文乎,章句云乎哉。太傅文贞公,学参天人,思周变通;早慕空寂,脱弃世务。一旦遭际圣主,运应风云,契同鱼水,有若留侯规画以兴汉业,召公相宅以营都邑,叔孙奉常绵蕞以定朝仪,陆贾诗书之语,贾生仁义之说,当云霾草昧之世,天开地辟,赞成文明之治。其谥曰文,不亦宜乎。至于裁云镂月之章,阳春白雪之曲,在公乃为余事。公殁后十有四年,是集始行于世。夫人窦氏,暨其子璋,介翰林待制王之纲,求为叙引。晚生愚陋,诚不足知公万一,姑以时论所同然者,附诸编末云。至元丁亥(1287)四月初吉,翰林学士、太中大夫、知制诰、同修国史阎复序。"(《全元文》卷二九四,第 9 册,第 237 页)

元世祖至元二十五年　戊子　1288 年

十一月,改释教总制院为宣政院。

按:《元史·百官三》:"宣政院,秩从一品。掌释教僧徒及吐蕃之境而隶治之。遇吐蕃有事,则为分院往镇,亦别有印。如大征伐,则会枢府议。其用人则自为选。其为选则军民通摄,僧俗并用。至元初,立总制院,而领以国师。二十五年(1288),因唐制吐蕃来朝见于宣政殿之故,更名宣政院。置院使二员、同知二员、副使二员、参议二员、经历二员、都事四员、管勾一员、照磨一员。二十六年，置断事官四员。二十八年，增佥院、同佥各一员。元贞元年（1295），增院判一员。大德四年（1300），罢断事官。至大初，省院使一员。至治三年（1323），置院使六员。天历二年（1329），罢功德使司归宣政，定置院使一十员，从一品；同知二员，正二品；副使二员，从二品；佥院二员，正三品；同佥三员，正四品；院判三员，正五品；参议二员，正五品；经历二员，从五品；都事三员，从七品；照磨一员，管勾一员，并正八品；掾史十五人，蒙古必阇赤二人，回回掾史二人，怯里马赤四人，知印二人，宣使十五人，典吏有差。"（《元史》卷八七，第7册，第2193—2194页）《元史·释老》云："元起朔方，固已崇尚释教。及得西域，世祖以其地广而险远，民犷而好斗，思有以因其俗而柔其人，乃郡县土番之地，设官分职，而领之于帝师。乃立宣政院，其为使位居第二者，必以僧为之，出帝师所辟举，而总其政于内外者，帅臣以下，亦必僧俗并用，而军民通摄。于是帝师之命，与诏敕并行于西土。百年之间，朝廷所以敬礼而尊信之者，无所不用其至。虽帝后妃主，皆因受戒而为之膜拜。正衙朝会，百官班列，而帝师亦或专席于坐隅。且每帝即位之始，降诏褒护，必敕章佩监络珠为字以赐，盖其重之如此。其未至而迎之，则中书大臣驰驿累百骑以往，所过供亿送迎。比至京师，则敕大府假法驾半仗，以为前导，诏省、台、院官以及百司庶府，并服银鼠质孙。"（《元史》卷二〇二《释老传》，第15册，第4520—4521页）

李道谦撰成《甘水仙源录》。

按：李氏《甘水仙源录》又称《甘泉仙源录》。据传，王重阳遇真仙于终南山甘河镇，自断尘缘，开创全真道派。全书收录王重阳以下全真派著名道士行迹碑铭，故称"仙源录"。《甘水仙源录》所载金石碑文，不少出自名家之手，如元好问、姚燧、王鹗等。该书记载全真道派传承历史，向为研究全真道历史之要籍。

又按：李道谦《甘水仙源录序》载："夫道家之学，以祖述黄老而宪章庄列者也。后之学者，去圣逾远，所谓微妙玄通，大本大宗，闳衍博大之理，枝分派别，莫得其传，盖已数千余岁于今矣。道不终否，待时而行。我重阳祖师，挺天人之姿，奋乎百世之下。乃于金正隆己卯夏，遇真仙于终南山甘河镇，饮之神水，付以真诀，自是尽断诸缘，同尘万有，即养浩于刘蒋南时等处者三年，故得心符至道。东游海滨，度高弟弟子丹阳、长真、长生、长春、玉阳、太古诸君，递相阐化。于是高人达士应运而出，大则京都，小而郡邑，建立名宫杰观，比比皆是。遂使贞风退布于世间，圣泽丕敷于海内。开辟以来而道门弘阐，未有如斯时之盛。呜呼！其重阳祖师暨门下诸君，有功于玄教者为不浅矣。道谦爰从弱冠，寓迹于终南刘蒋之祖庭，迄今甫五十载。每因教事，历览多方，所在福地名山，仙宫道观，竖立各师真之道行及建作胜缘之碑铭者，往往多鸿儒钜笔。所作之文，虽荆金赵璧，未易轻比。道谦既经所见，随即纪录，集为一书，目之曰《甘水仙源录》，锓梓以传。如他日嗣有所得，继之斯后，庶使向上诸师，仙功道行，不离几席之上，得以观览者焉，亦可谓玄教盛事之一端也。至元戊子岁重九日，夷门天乐道人李道谦序。"（《全元文》卷一一六，第3册，第466页）

商挺卒。

按：商挺（1209—1288），字孟卿，号左山，山东曹州济阴人。"挺年二十四，汴京破，北走，依冠氏赵天锡，与元好问、杨奂游。东平严实聘为诸子师。实卒，子忠济嗣，辟挺为经历，出为曹州判官。未几，复为经历，赞忠济兴学养士。癸丑（1253），世祖在潜邸，受京兆分地，闻挺名，遣使征至盐州。入对称旨，字而不名"（《元史》卷一五九本传，第12册，第3738页），"左山公自号左山老人，著诗千余篇，尤善隶书，时人铭其先世者，以不得公书为未孝"（《元朝名臣事略》引曹有阜言曰）。事迹见元明善《参政商文定公墓碑》（《全元文》第24册第378页）、苏天爵《参政商文定公》（《元朝名臣事略》卷一一）、《元史》卷一五九、《元诗选·癸集》乙集小传。

王博文卒。

按：王博文（1223—1288），字子冕（子勉），号西溪，东鲁人，徙居彰德，少与王恽、王旭齐名，人称"三王"。至元十八年（1281）历官燕南按察使，任礼部尚书、大名路总管，至元二十三年（1286）迁南御史台中丞。赠鲁国公，谥文定。王博文对至元间文学政事影响均大，主持南台期间，颇得江南文人好评。事迹见《天下同文集》卷二九、《江南通志》卷六九、《元明事类钞》卷一六。

元世祖至元二十六年　己丑　1289年

释庆吉祥等编纂《至元法宝勘同总录》完成。

按:庆吉祥等纂《至元法宝勘同总录》,简称《至元录》。该书收录上起东汉永平十一年(68),迄至元二十二年(1285),凡1200余年间、194人所译、著佛典1644部(姚名达称为1440部5586卷),并附有各新录所载之新译著,改变各录汇编之笼统作法。是一部综括唐代至元代之藏经对勘目录。

又按:释净伏《至元法宝勘同总录序》载:"夫佛法由汉唐以迄于今,揭日月于齐明,致乾坤于泰定,弘济群迷,出生众有,不可得而云喻。大元天子,佛身现世间,佛心治天下。万机暇余,讨论教典,与帝师语,诏诸讲主,以西蕃大教目录,对勘东土经藏部帙之有无、卷轴之多寡,然文词少异,而义理攸同。大矣哉!会万物为己者,其唯圣人乎?于是宣授江淮都总统永福大师,见之叹曰:'虽前古兴崇谛信,未有盛于此者。可谓是法遍在一切处,一切处无不是法,一切处无不具足。'遂乃开大藏金经,损者完之,无者书之。修大宝塔而放光,造诸梵刹而增新。塑诸佛像而现瑞,复诸田土而赡众。放生禽鱼而翔泳,抚治僧尼而安居。行诸方便,靡有不至,如春在物。不言其功,不言其德,助扬国化,用报皇恩。历尘劫而不泯,廓太虚而常存。敬入梓,以便披阅,庶广流传。非惟利己利他,抑亦为龟为鉴。至元二十六年(1289)三月日,杭州灵隐禅寺住持沙门净伏谨序。"(《全元文》卷七五一,第24册,第161页)

李昶卒。

按:李昶(1202—1289),字士都,东平须城人。"兴定二年,父子廷试,昶果以《春秋》中第二甲第二人,世弼第三甲第三人","国兵下河南,奉亲还乡里。行台严实,辟授都事,改行军万户府知事。实卒,子忠济嗣,升昶为经历","昶尝集《春秋》诸家之说折中之,曰《春秋左氏遗意》二十卷;早年读《语》《孟》,见先儒之失,考订成编,及得朱氏、张氏解,往往吻合,其书遂不复出。独取《孟子》旧说新说矛盾者,参考归一,附以己见,为《孟子权衡遗说》五卷。"(《元史》卷一六〇本传,第12册,第3761、3763页)事迹见《元史》卷一六〇本传、《宋元学案》卷二《泰山学案》。

砚弥坚卒。

按:砚弥坚(1210—1289),字伯固,湖北应城人。"国初,岁在乙未,王师徇北汉上,公与江汉先生赵公复,俱以名士为大将招致而北,久之,周流河朔,不获宁居。岁戊戌,诏试儒士,公试西京,中选。岁壬子,诏实户口,公家真定,著儒籍,自是专以授徒为业。"(苏天爵《元故国子司业砚公墓碑并序》,《滋溪文稿》第 107 页)著有《郚城集》10 卷。事迹见苏天爵撰《元故国子司业砚公墓碑并序》(《滋溪文稿》卷七)。

又按:张之翰《挽砚司业三首》云:"白头若若复叠叠,满眼金珠病亦稀。国子先生贫到骨,一丘黄壤却先归。 萧萧宰树已秋声,恨满东垣尚未平。休道不蒙稽古力,紫袍中有几书生。 春风不扫鬓边霜,黄卷青灯梦一场。国学传衣高第在,我知名德未曾亡。"(《张之翰集》卷一○,第 135 页)

夹谷之奇卒。

按:夹谷之奇(? —1289),字士常,号书隐,女真加古(夹谷)部人,居滕州(山东滕县)。早年到东平,受业于康晔,初授济宁教授,辟中书省掾。从蒙古攻宋,授行省都事,除浙江宪佥,移淮东。至元十九年(1282)入为吏部郎中,迁左赞善大夫,历翰林直学士、吏部侍郎,拜侍御史、吏部尚书。夹谷之奇为随伯颜大军南下"北人",宋亡后,长期任职江南,在江南文坛有名,诗文受推许,然不传。事迹见《元史》卷一七四、《大明一统志》卷二三、《元诗选·癸集》小传。

又按:王恽《夹谷尚书哀挽(名之奇,字士常,终吏部尚书)》:"品汇流形万不同,铨量平允尽清通。恩非出已知谁怨,天不遗贤见道穷。三复苦辞归汶上,一官催老掩曹东。茫湛大块升沉里,重为清朝惜至公。"(《王恽全集汇校》卷一九,第 3 册,第 914 页)

元世祖至元二十七年　庚寅　1290 年

蒲寿庚卒。

按:蒲寿庚(1205—1290),又称蒲受耕,号海云,蒲开宗之子。蒲家先辈系 10 世纪之前定居占城(越南)的西域(阿拉伯)海商。约 11 世纪移居广州,经营商舶,初为宋代官员,《元史》载蒲寿庚事云,至元十三年(1276),元军攻宋,伯颜遣不伯、周青招降泉州蒲寿庚、寿晟兄弟,而董文炳曾向忽必烈建议重用蒲寿庚云:"昔者泉州蒲寿庚以城降,寿庚素主市舶,谓宜重其事权,使为我扞海寇,诱诸蛮臣服,因解所佩金虎符佩寿庚矣,惟陛下恕其专擅之罪。"(《元史·董文炳传》卷一五五,第 12 册,第 3673 页)忽必烈大为嘉赞,至元十四年(1277)"进(蒲寿庚)昭勇大将军,闽广都提举福建广东市舶事,改镇国上将军,参知政事。并行江西省事"。至元十五年(1278),令诏蒙古带、唆都、蒲寿庚行中书省事于福州,镇抚濒海诸郡。至元二十一年(1284)任江淮等处行省中书左丞兼泉州分省平章政事。寿庚乃宋元时期"蕃客回回"代表人物,其以泉州城降元,既使泉州港免遭战火毁灭,更使其时海外贸易得以继续发展,并为泉州港在元代成为世界最大的商港之一奠定了基础,也为泉州伊斯兰教黄金时代的到来创造了有利条件,是为宋元之际穆斯林海商、政治家、军事家。事迹见《元史》《泉州人名录·蒲开宗》。

元世祖至元二十八年　辛卯　1291 年

元廷增设河南江北行省。

按:《元史·百官志七》载:"二十八年,以河南、江北系要冲之地,又新入版图,宜于汴梁立省以控治之,遂署其地,统有河南十二路、七府。"(《元史》卷九一,第 8 册,第 2306 页)。所谓"新入版图",是指黄河以南和长江以北均系灭金平宋的新政府区域,刚刚入元帝国版图。许有壬《河南省检校官持平堂记》云:"河南省南控江淮,西掎崤函,东掖海岱,以辅承京师,中土大方面也。地重事剧,铅椠胶葛,酬酢坌沓,虽有敏者,不能必其无庚焉。"(《至正集》卷四三,《全元文》卷一一九二,第 38 册,第 261—262 页)河南行省特别重要之处在于,辖区大,从西向东,将黄河中下游和长江中下游之间的广阔区域全部囊括在内,其中包含了徐州、扬州、安庆、襄阳、江陵(古荆州)等许多兵家必争之地。它北扼黄河,南控长江,兼有中原腹地和长江门户,使黄河、长江两大天险据于其中,地理上的战略意义很大,加强对"濒河而南,大江以北"的治理,借以控制江南及川陕诸省,是增设河南行省的基本政治目的。(李治安、薛磊《中国行政区划通史·元代卷》第 114 页)

僧祥迈奉敕著《至元辩伪录》成。

按:该书全称《至元辩伪录》,辩或作辨。《辩伪录》为元代佛道斗争史实叙录,在中国佛教护法类著述中,其辑存史料之多仅次于唐法琳《辩正论》,是研究元代佛道斗争之重要史料。张伯淳至元间奉旨撰写《至元辩伪录序》。

又按:张伯淳《辩伪录序》载:"天无私覆,地无私载,日月无私照。《辨伪录》之所云,良有以也。洪惟圣朝继天立极,论道经邦,以佛心子育万方,以正法泽被四海。至元辛卯之岁孟春,大云峰长老迈吉祥钦奉皇帝明命,撰述《至元辩伪录》,奏对天颜,睿览颁行,入藏流通。原其所自,乙卯间道士丘处机、李志常等,毁西京天城夫子庙为文城观,毁灭释迦佛像、白玉观音、舍利宝塔,谋占梵刹四百八十二所,传袭王浮伪语《老子八十一化图》,惑乱臣佐。时少林裕长老率师德诣阙陈奏,先朝蒙哥皇帝玉音宣谕,登殿辩对'化胡'真伪,圣躬临朝亲证,李志常等义堕词屈。奉旨焚伪经,罢道为僧者十七人,还佛寺三十七所。党占余寺,流弊益甚。丁巳(1257)秋,少林复奏,续奉纶旨,伪经再焚,僧复其业者二百三十七所。由乙卯而辛酉凡九春,而其徒窜匿未悛,邪说韜行,屏处犹妄,惊渎圣情。由是,至元十八年(1281)冬,钦奉玉音颁降天下,除《道德经》外,其余说谎经文尽行烧毁。道士爱佛经者为僧,不为僧者娶妻为民。当是时也,江南释教都总统永福杨大师琏真珈大弘圣化,自至元二十二(1285)春至二十四(1287)春凡三载,恢复佛寺三十余所,如四圣观者,昔孤山寺也,道士胡提点等舍邪归正、罢道为僧者,奚啻七八百人。挂冠于上永福帝师殿之梁栱间,故典如南岳山之券,为事伪者戒。试尝考之,自大教西来,汉明帝迎摩腾、竺法兰二师于洛阳,五岳道士褚善信等上表讥毁佛法,当时筑坛以佛道二经焚之,道经悉为灰烬,佛经放光无损。尊者踊身作十八变,有'狐非狮子类,灯非日月明'之至言。道士为僧者不可胜数。如寇谦之矫妄,崔浩惑魏太武,而崔浩卒以族诛;昙谟最之挫屈姜斌,斌流于马邑;齐昙显之愧陆修静。唐总章元年,法明辨化胡之伪,敕搜聚天下《化胡经》,抑尝火其书矣。由古而今,历代帝王之制,斯可忽诸? 盖世尊等视三界众生犹如一子,弃背大觉,是子背其父也。子背其父,是自昧其所天也。且师老子者道德二篇,以清虚澹泊、绝世弃智立其宗,隐居以求其志,翛然无为尔。今盗名之徒,丛啸党援,假立冠褐,峻侈宫观,苟世利养,岂老氏之用心哉! 况老氏谓:大辩若讷,大巧若拙。辩者不善,善者不辩。勿矜勿伐,抱一为天下式。而占毁佛寺,窃经扇化胡之伪,是若拙若讷软? 是善者不辩欤？师老子而违其术，亦复违其自宗矣。若嫡师于老子者则弗为也，过归末流尔。虽然，麒麟至于走兽，凤凰至于飞鸟，兰蕙至于熏莸，旃檀至于秽壤，则世未有舍凤凰麒麟之瑞，兰蕙旃檀之馨而惬走兽飞鸟之常、熏莸秽壤之垢者，人心天理爱恶之所同也。奈何菽麦未析而甘事于伪妄不实之教，复矜诞其浮辞，侮慢大觉，讪毁至圣，而弗惮三途之沦溺乎？斯《辩伪录》之正名教，造理渊奥，排难精明，凛乎抗凌云之劲操，坦然履王道之正途，而堤备后世之溺于巨浸者，其为言也至矣。盖有伪则辩，无伪则无辩，岂好辩哉！弘四无碍之辩者，迈公之德欤。言之者无罪，闻之者足以戒。故我皇金言喻辞曰：'譬如五指皆从掌出。佛门如掌，余皆如指。'信乎王言如丝，其出如纶，明逾日月，坚逾金石，为万世之龟鉴。则斯录岂小补哉！"（《全元文》卷三七八，第 11 册，第 199—201 页）

元世祖至元二十九年　壬辰　1292 年

魏初卒。

　　按：魏初（1232—1292），字太初，号青崖，弘州顺圣人。魏璠从孙，璠无子，以初为后嗣。中统元年（1260）辟为中书省掾史，兼掌书记。后辞官隐居乡里教授子弟。后荐授国史院编修官，拜监察御史。后又任陕西四川按察司金事，历陕西河东按察副使，入为治书侍御史，又以侍御史于扬州行南御史台事。升江西按察使。行御史台移建康，以魏初为中丞。卒于官，皇庆元年（1312），魏初卒后二十年，仁宗封赠魏初为通奉大夫、河南行中书省参知政事，追封钜鹿郡公，谥忠肃。魏初早年受教于元好问，长于《春秋》之学，为文简约有法。明人著录有《青崖集》10 卷（或 7 册），亡佚不存，今《青崖集》5 卷，乃《四库全书》从《永乐大典》中辑出。《全元散曲》录其小令一首。事迹见《元史》卷一六四、《新元史》卷一九一、《宋元学案补遗》卷一四、《（至正）金陵新志》卷六、王恽《中堂事记》（《秋涧大全集》卷八〇）

元世祖至元三十年　癸巳　1293 年

王磐卒。

　　按：王磐（1202—1293），字文柄，号鹿庵，广平永年人，徙汝州鲁山。

早年师从金学者麻九畴,金正大四年进士。"大肆力于经史百氏,文辞宏放,浩无涯涘","及河南被兵,磐避难,转入淮、襄间。宋荆湖制置司素知其名,辟为议事官。丙申,襄阳兵变,乃北归,至洛西,会杨惟中被旨招集儒士,得磐,深礼遇之,遂寓河内。东平总管严实兴学养士,迎磐为师,受业者常数百人,后多为名士。中统元年(1260),即拜益都等路宣抚副使,居顷之,以疾免。李璮素重磐,以礼延致之,磐亦乐青州风土,乃买田淜河之上,题其居曰鹿庵,有终焉之意。及璮谋不轨,磐觉之,脱身至济南,得驿马驰去,入京师,因侍臣以闻。世祖即日召见,嘉其诚节,抚劳甚厚。璮据济南,大军讨之,帝命磐参议行省事。璮平,遂挈妻子至东平。召拜翰林直学士,同修国史"(《元史》卷一六〇本传,第 12 册,第 3751—3752页)。著有《王文忠公集》。事迹见苏天爵《内翰王文康公》(《元朝名臣事略》卷一二)、《元史》卷一六〇本传、《元诗选·二集》小传。

又按:苏天爵《内翰王文忠公》云:"公性刚方,凡议国政,必正言不讳,虽上前奏对,未始将顺苟容。上尝以古直称之。夙有重名,持文柄主盟吾道,余二十年,天下学士大夫,想望风采,得被容接者,终身为荣。言论清简,义理精谙,世之号辨博者,方其辞语纵横,援引征据宜莫可屈,公徐开一言,即语塞不得出声。为文冲粹典雅,得体裁之正,不取尖新以为奇,不取隐僻以为高。诗则述事遣情,闲逸豪迈,不拘一律。程、朱理学之书,日夕玩味,手不释卷,老而弥笃。燕居则瞑目端坐,以义理养其心,世俗纷华,略不寓目。惟善嗜书,晚年益造精妙,笔意简远,神气超迈,自名一家,持缣素求书者,继踵于门,应之不少拒,世得遗墨,争宝藏之。"(《元朝名臣事略》卷一二《内翰王文忠公》,第 246—247 页)

刘因卒。

按:刘因(1249—1293),初名骃,字梦骥,后改名因,字梦吉,爱诸葛亮"静以修身"之语,故号静修,保定容城人。元时曾被荐为德郎右赞善大夫,未几辞归。后以集贤学士、嘉议大夫征,固辞不起。延祐中赠翰林学士谥文靖。主调和朱陆两派,尤为推崇邵雍、朱熹,与许衡同有"北方两大儒"之称。诗歌风格豪放,多兴亡之感。从《皇元风雅》开始,元诗选本即以刘因作为元诗第一家。著有《易系辞说》《椟著记》1 卷、《四书集义精要》28 卷、《四书语录》《小学语录》《樵庵词》1 卷、《静修集》30 卷。事迹见《元史》卷一七一、《新元史》卷一七〇、苏天爵《静修先生刘公墓表》（《滋溪文稿》卷八）、《宋元学案》卷九一等。另外，苏天爵有《刘文靖公遗事》1卷，《元史·刘因本传》多采用苏氏资料。

又按：《元史》本传载："（刘因）及得周（敦颐）、程（颢、颐）、张（载）、邵（雍）、朱（熹）、吕（祖谦）之书，一见能发其微，曰：'我固谓当有是也。'及评其学之所长，而曰：'邵，至大也；周，至精也；程，至正也；朱子，极其大，尽其精，而贯之以正也。'其高见远识率类此。"（《元史》卷一七〇，第13册，第4008页）

严忠济卒。

按：严忠济（？—1293），一名忠翰。字紫芝，山东长清人。严实第二子。"辛丑，从其父入见太宗，命佩虎符，袭东平路行军万户、管民长官，开府布政，一法其父"，"忠济统理方郡凡十一年，爵人命官，生杀予夺，皆自己出。及谢去大权，贵而能贫，安于义命，世以是多之。后谥庄孝"（《元史》卷一四八《严实传》，第12册，第3507、3508页），擅作散曲，现存小令《落梅风》《天净沙》等。事迹见《元史》卷一四八本传。

安藏卒。

按：安藏（？—1293），字国宝，畏兀儿人，世家别石八里，自号龙宫老人。九岁始从师。力学，一目十行俱下，日记万言，十三能默诵《俱舍论》三十卷，十五孔释之书，皆贯穿矣。世祖即位，遂译《尚书·无逸篇》《贞观政要》《申鉴》各一通以献。阿里不哥反，世祖始以骨肉之情劝，而安藏以"任贤勿贰，去邪勿疑"，"与治同道罔不兴，与乱同事罔不亡"，"有言逆于汝志，必求诸道；有言逊于汝志，必求诸非道"等儒家训典，敷绎详暇以谏，世祖大悦，特授安藏翰林学士、嘉议大夫，知制诰、同修国史。后不久，又商议中书省事，并奉诏译《尚书》《资治通鉴》《难经》《本草》，事成，进翰林承旨，加正奉大夫，领集贤院、会同馆、道教事。至元三十一年（1294）五月二十二日丁丑时卒，延祐二年（1315），赠推忠赞翊协德钦臣、太师、开府仪同三司，追封秦国公，谥文靖。延祐三年（1316）以集贤大学士臣陈颢请，刻石表墓，程钜夫作碑文。著有歌、诗、偈、赞、颂、杂文数十卷。事迹见程钜夫《秦国文靖公神道碑》（《雪楼集》卷九）程钜夫认为，"孔释之道为教虽异，而欲安上治民，崇善闭邪则同。后世之士各尊所学，更訾迭诟,莫归其极"。自安藏"始以佛法见知天子,至于忠言谠议,敷宏治化者,孳孳焉、悃悃焉,悉本乎孔氏,孔释之道克协于一"。(《程钜夫集》第 94 页)

元世祖至元三十一年　甲午　1294 年

元世祖忽必烈卒。

按:忽必烈(1215—1294),名孛儿只斤·忽必烈,成吉思汗之孙,监国拖雷第四子,元宪宗蒙哥弟。《元史》"世祖本纪十四"载,甲午年正月癸酉(二十二日),元世祖忽必烈病逝,乙亥,葬于起辇谷。五月戊午,"遣摄太尉臣兀都带奉册上尊谥曰圣德神功文武皇帝,庙号世祖,国语尊称曰薛禅皇帝"。《元史》评价忽必烈认为,"世祖度量弘广,知人善任使,信用儒术,用能以夏变夷,立经陈纪,所以为一代之制者,规模宏远矣"(《元史·世祖本纪十四》卷一七,第 2 册,第 376—377 页)。《新元史》史臣曰:"唐太宗承隋季之乱,魏徵劝以行王道、敦教化。封德彝驳之曰:'书生不知时务,听其虚论,必误国家。'大宗黜德彝而用徵,卒致贞观之治。蒙古之兴,无异于匈奴、突厥。至世祖独崇儒向学,召姚枢、许衡、窦默等敷陈仁义道德之说,岂非所谓书生之虚论者哉?然践阼之后,混一南北,纪纲法度灿然明备,致治之隆,庶几贞观。由此言之,时无今古,治无夷夏,未有舍先王之道,而能保世长民者也。至于日本之役,弃师十万,犹图再举;阿合马已败,复用桑哥。以世祖之仁明,而吝于改过如此,不能不为之叹息焉。"(《新元史》卷一二,第 1 册,第 176 页)

又按:王恽《大行皇帝挽辞八首》:"至元三十一年(1294)岁次甲午正月廿二日癸酉夜亥刻,帝崩于大内紫檀殿。既殓,殡于萧墙之帐殿,从国礼也。越三日乙亥寅刻,灵驾发引,由建德门出,次近郊北苑。有顷,祖奠毕,百官长号而退。臣恽职在词馆,追思不已,作挽辞八章,庶几鼎湖攀髯之意。其辞曰:溁水龙飞日,长杨羽猎时。天颜凡五见,雨泪遽双垂。化日中天赫,阴灵万国驰。何由知帝力,耕凿乐雍熙。　晏驾才经宿,辒车出建门。千官纷雨泪,六御迅龙奔。云气苍梧远,天山禹穴昏。依光瞻日月,颂德象乾坤。　威破群雄胆,恩藏四海心。声明三五盛,垂拱九重深。国论多儒断,天机入睿临。小臣劈面血,无路洒松林。　圣神由广运,纂述到无加。禹甸逾输广，殷邦极靖嘉。尊临三纪久，遽陟九天遐。白首金銮旧，长号自倍嗟。　端月辰临酉，渊衷弗瘳兴。紫垣逢彗孛，杞国骇天崩。法从嗟何及，朝臣痛不胜。圣灵知在上，春草认封陵。　去岁回銮辂，旌旄拥万灵。今春辞画翣，弓剑闷泉扃。黼扆虚琼岛，云龙惨帝庭。（是夜殿庭有光，焕烂若灯烛然，良久方散。）词臣思补报，泪湿简编青。

　　论治方尧禹，求贤到钓耕。民区无二上，庙算有奇兵。万宇风烟静，中天日月明。小臣思颂德，终了是强名。　帝系三宗上，麟经一统尊。火盘承正据，虎落入雄吞。穷蹴南交兽，奔腾北海鲲。不教擒一索，遗恨付皇孙。"（《王恽全集汇校》卷一三，第 2 册，第 571—573 页）

七月，诏中外崇奉孔子。

　　按：《崇奉孔祀教养儒生》："至元三十一年（1294）七月日，皇帝圣旨谕中外百司官吏人等：孔子之道，垂宪万世，有国家者，所当崇奉。曲阜林庙，上都、大都、诸路府、州、县邑应设庙学、书院，照依世祖皇帝圣旨，禁约诸官员、使臣、军马，毋得于内安下，或聚集理问词讼、亵渎饮宴、工役造作、收贮官物。其赡学地土产业及贡士庄田，外人毋得侵夺。所出钱粮，以供春秋二丁朔望祭祀及师生廪膳。贫寒老病之士、为众所尊敬者，月支米粮，优恤养赡，庙宇损坏，随即修完。作养后进，严加训诲。讲习道艺，务要成材。若德行文学超出时辈者，有司举保，肃政廉访司体覆相同，以备选用。本路总管府、提举儒学、肃政廉访司宣明教化，勉励学校。凡庙学公事诸人，毋得沮扰，据合行儒人事理，照依已降圣旨施行。彼或恃此，非理妄行，国有常宪，宁不知惧？钦此。"（王珽校点《庙学典礼》卷四，第85—86 页）

　　又按：《元史》载："太宗始定中原，即议建学，设科取士。世祖中统二年（1261），始命置诸路学校官，凡诸生进修者，严加训诲，务使成材，以备选用。至元十九年（1282）夏四月，命云南诸路皆建学以祀先圣。二十三年（1286）二月，帝御德兴府行宫，诏江南学校旧有学田，复给之以养士。二十八年（1291），令江南诸路学及各县学内，设立小学，选老成之士教之，或自愿招师，或自受家学于父兄者，亦从其便。其它先儒过化之地，名贤经行之所，与好事之家出钱粟赡学者，并立为书院。凡师儒之命于朝廷者，曰教授，路府上中州置之。命于礼部及行省及宣慰司者，曰学正、山长、学录、教谕,路州县及书院置之。路设教授、学正、学录各一员,散府上中州设教授一员,下州设学正一员,县设教谕一员,书院设山长一员。中原州县学正、山长、学录、教谕,并授礼部付身。各省所属州县学正、山长、学录、教谕,并受行省及宣慰司札付。凡路府州书院,设直学以掌钱谷,从郡守及宪府官试补。直学考满,又试所业十篇,升为学录、教谕。凡正、长、谕录、教谕,或由集贤院及宪台等官举充之。谕、录历两考,升正、长。正、长一考,升散府上中州教授。上中州教授又历一考,升路教授。教授之上,各省设提举二员,正提举从五品,副提举从七品,提举凡学校之事。后改直学考满为州吏,例以下第举人充正、长,备榜举人充谕、录,有荐举者,亦参用之。自京学及州县学以及书院,凡生徒之肄业于是者,守令举荐之,或用为教官,台宪考核之,或取为吏属,往往人材辈出矣。"(《元史》卷八一《选举志一·学校》,第 7 册,第 2032—2033 页)

意大利教士孟特·戈维诺来中国。

按:孟特·戈维诺为意大利圣方济各会会士,是罗马教廷派驻元朝的第一任大主教。是年抵达大都后,留居大都至逝世。他先后在大都兴建教堂二所,在泉州建立分教区,曾用鞑靼文字翻译《新约全书》和《旧约》诗篇。大德十一年(1307)升为大都大主教。

列班·扫马卒。

按:列马·扫马(1220—1294),全称列班·巴·扫马(Rabban Bar Sauma),出生于大都信奉基督教聂思脱里派的突厥族富家。列班(Rabban),叙利亚语"教师"之意,聂思脱里派教士的称号;扫马(Sauma),父昔班,任教会视察员。约 1275 年,与汪古人马儿可思同赴耶路撒冷朝圣,跟随商队,沿丝绸之路至伊儿汗国,历访西亚诸多地方。1287 年受伊儿汗国汗王派遣,经君士坦丁堡至罗马,又西抵巴黎谒见法王腓力四世(Philip IV),复南至波尔多谒见英王爱德华一世(Edward I),次年(1288),于罗马谒见新教皇。遂启天主教东传之始。事迹见 1887 年发现的叙利亚文《教长马儿·雅八·阿罗诃和巡视总监列班·扫马传》(作者不明)。

杨恭懿卒。

按:杨恭懿(1225—1294),字符甫,号潜斋,奉元高陵人。"力学强记,日数千言,虽从亲逃乱,未尝废业","尤深于《易》《礼》《春秋》","后得朱熹集注《四书》,叹曰:'人伦日用之常,天道性命之妙,皆萃此书矣'"。"至元七年(1270),与许衡俱被召,恭懿不至。衡拜中书左丞,日于右相安童前称誉恭懿之贤,丞相以闻。十年,诏遣使召之,以疾不起。十一年,太子下教中书,俾如汉惠聘四皓者以聘恭懿,丞相遣郎中张元智为书致命,乃至京师。"(《元史》卷一六四,第13册,第3841页)后授集贤学士,兼太史院事。追谥文康。纂《授时历》,著有《合朔议》《潜斋遗稿》。事迹见姚燧《领太史院事杨公神道碑》(《牧庵集》卷一八)、苏天爵《太史杨文康公》(《元名臣事略》卷一三)、《元史》卷一六四。

元成宗元贞元年　乙未　1295年

三月,翰林院颁布加强蒙古字学诏令。

　　按:《通制条格》"蒙古字学"载:"羊儿年三月,钦奉圣旨:翰林院官人每奏,'在先薛禅皇帝,"蒙古文字,不拣那里文字根底为上交宽行者,各路分官人每,与按察司官人每一处提调者,好生的交学者。各路里教授、各衙门里必阇赤委付呵,翰林院官人每委付者"。么道圣旨交行有来。如今提调的官人每不好生的提调上头,学的人每不谨慎有。各衙门里蒙古必阇赤每委付呵,俺根底也不商量了委付有。更汉儿文字教的州里也交教去有,蒙古学教的州里也不曾教去来交去的。'那般奏来。如今依在先圣旨体例里,翰林院官人每根底不商量了,蒙古必阇赤休委付者,州里也依那体例委付学正去者,提调的路分里,廉访司官人每好生的提调者,交学者好生的学呵,依着薛禅皇帝交行来的圣旨体例里,提调来的,则依着那个体例里提调者,文字好生的教学者,教授、学正、必阇赤则依著那般体例里委付着,学文书的其间里不拣谁休入来者,道来。这般道了呵,不好生的提调呵,文字其间里入去的人每,不怕那甚么。"(郭成伟点校《通制条格》卷五,第81—82页)

　　又按:此诏既表明统治者欲推行蒙古字学的强硬态度,亦反映出其坚持文治的态度。诏令强调,欢迎各民族、各出身的人学习蒙古文字;各地官府须切实过问蒙古字学的情况,各学校教官要负责起教学责任;地方官府有失职处,可上报朝廷。(王建军《元代国子监研究》,第84页)

赵孟頫作《鹊华秋色图卷》赠周密。

按:《鹊华秋色图卷》所绘乃济南的鹊山和华不注山。张雨有记,曰:"吴兴公自叙云:'公谨父,齐人也。余通守齐州,罢官来归。为公谨说齐之山川,独华不注最知名,见于《左氏》。而其状又峻峭特立,有足奇者。其东则鹊山也,乃为作《鹊华秋色图》。张雨赋诗于左:弁阳老人公谨父,周之孙子犹怀土。南来寄食弁山阳,梦作齐东野人语。济南别驾平原君,为貌家山入囊楮。鹊华秋色翠可食(有作"餐"),耕稼陶渔在其下。吴侬白头不归去,不如掩卷听春雨。"(张雨《鹊华秋色图有序》,顾瑛辑录,杨镰、祁学明、张颐青整理《草堂雅集》中册,中华书局第 623—624 页)

胡祗遹卒。

按:胡祗遹(1227—1295),字绍开,号紫山,又号少凯,磁州武安人。王恽称之"诚经济之良材,时务之俊杰"。中统初辟为员外郎。至元元年(1264)授应奉翰林文字,兼太常博士。后出为河东山西道提刑按察副使。宋亡后,转任湖北道宣慰副使。至元十九年(1282)任济宁路总管,后升任山东东西道提刑按察使,治绩显著。后召拜翰林学士,未赴,改任江南浙西按察使,不久以疾辞归。祗遹学出宋儒,著述较丰,著有诗文集《紫山大全集》67 卷,今存 26 卷本。卷八有《黄氏诗卷序》《优伶赵文益诗序》《朱氏诗卷序》等文,为研究元曲之珍贵资料。明代朱权《太和正音谱》评其词"如秋潭孤月"。卒赠礼部尚书,谥文靖。著有《紫山大全集》。有曲见于杨朝英所辑《乐府新编阳春白雪》中。《全元散曲》存其小令十一首。事迹见《元史》卷一七〇、《元史类编》卷二七、《元诗选·癸集》乙集小传、王恽《举明宣慰胡祗遹事状》《秋涧集》卷九一)。

又按:程钜夫《胡紫山挽词三首》云:"一尊淮海话相逢,抵掌扬眉四海空。落日远山依旧紫,眼前回首但霜风。 召节曾趋供奉班,许教孤鹤缀鹓鸾。鹓鸾不肯寻常出,孤鹤无端自往还。 太息何人似此公,未输天下颂中庸。何时絮酒平生足,蒿里三章一梦通。"(《程钜夫集》卷二八,第 395 页)

伯颜卒。

按:伯颜(1236—1295),蒙古八邻部人。伯颜长于伊利汗国,"至元初,旭烈兀遣入奏事,世祖见其貌伟,听其言厉,曰:'非诸侯王臣也,其留事朕'"。"二年七月,拜光禄大夫、中书左丞相。诸曹白事,有难决者,徐以一二语决之。众服曰:'真宰辅也。'"于至元十一年(1274),统兵伐南宋,至元十三年(1276),陷临安,俘宋恭帝、谢太后等北还。南宋灭亡后,又出镇和林,屡次讨平诸王叛乱。忽必烈驾崩后,受顾命拥戴元成宗铁穆耳即位,拜太傅、录军国重事。至元三十一年十二月(1295年1月)。"伯颜深略善断,将二十万众伐宋,若将一人,诸帅仰之若神明。毕事还朝,归装惟衣被而已,未尝言功也。大德八年(1304),特赠宣忠佐命开济功臣、太师、开府仪同三司,追封淮安王,谥忠武。至正四年,加赠宣忠佐命开济翊戴功臣,进封淮王,余如故。"(《元史》卷一二七,第10册,第3099、3116页)事迹见《元史》卷一二七本传、《新元史》卷一五九本传等。

又按:《元史》载:"三十年冬十二月,驿召至自大同,世祖不豫。明年正月,世祖崩,伯颜总百官以听。兵马司请日出鸣晨钟,日入鸣昏钟,以防变故,伯颜呵之曰:'汝将为贼邪!其一如平日。'适有盗内府银者,宰执以其幸赦而盗,欲诛之,伯颜曰:'何时无盗,今以谁命而诛之?'人皆服其有识。成宗即位于上都之大安阁,亲王有违言,伯颜握剑立殿陛,陈祖宗宝训,宣扬顾命,述所以立成宗之意,辞色俱厉,诸王股栗,趋殿下拜。"(《元史》卷一二七,第10册,第3115页)

又按:汪元量《醉歌》(第六到十):"衣冠不改只如先,关会通行满市廛。北客南人成买卖,京师依旧使铜钱。 北师要讨撒花银,官府行移逼市民。丞相伯颜犹有语,学中要拣秀才人。 涌金门外雨晴初,多少红船上下趋。龙管凤笙无韵调,却挝战鼓下西湖。 南苑西宫棘露牙,万年枝上乱啼鸦。北人环立阑干曲,手指红梅作杏花。 伯颜丞相吕将军,收了江南不杀人。昨日太皇请茶饭,满朝朱紫尽降臣。"(汪元量著,孔凡礼辑校《增订湖山类稿》卷一,第15—16页)

元成宗元贞二年　丙申　1296 年

李道谦卒。

按:李道谦(1219—1296),字和甫,自号天乐道人,河南夷门人。七岁时,以经童贡礼部。24岁时,拜全真道士于志道为师,于志道乃全真七子马钰弟子。李道谦先后任提点领重阳宫事,京兆道门提点,提点陕西五路西蜀四川道教兼领重阳万寿宫事,居终南山重阳宫达五十余年,赐号"玄明文靖天乐真人"。著有《终南山祖庭仙真内传》3 卷、《七真年谱》7 卷、《甘水仙源录》10 卷。事迹见宋渤《玄明文靖天乐真人李公道行铭并序》（陈垣《道家金石略》）。

王应麟卒。

按：王应麟（1223—1296），字伯厚，号深宁居士，浙江庆元人。理宗淳祐元年（1241）进士，调西安主簿。宝祐四年（1256）中博学宏词科，累迁太常寺主簿。景定元年（1260）召为太常博士，迁著作佐郎。度宗咸淳元年（1265）兼礼部郎官、兼直学士院，恭宗德祐元年（1275），授中书舍人兼直学士院。官至礼部尚书兼给事中。精于经史、地理，善长考证，著作极多。著有《深宁集》100 卷、《玉堂类稿》23 卷、《掖垣类稿》《词学指南》4 卷、《词学题苑》40 卷、《笔海》40 卷、《姓氏急就篇》6 卷、《汉制考》4 卷、《六经天文篇》6 卷、《困学纪闻》20 卷、《玉海》200 卷、《汉艺文志考证》10 卷、《诗考》5 卷、《诗地理考》5 卷、《通鉴地理考》100 卷、《通鉴地理通释》16 卷、《蒙训》70 卷、《通鉴答问》4 卷、《小学绀珠》10 卷、《小学讽咏》4 卷等二十余种，约 600 卷。事迹见《宋史》卷四三八、《宋元学案》、谢山《宋王尚书画像记》（《宋元学案》卷八五）钱大昕《深宁先生年谱》等。

又按：全祖望《宋元学案》曰："四明之学多陆氏，深宁之父亦师史独善以接陆学。而深宁绍其家训，又从王子文以接朱氏，从楼迂斋以接吕氏。又尝与汤东润游，东润亦兼治朱、吕、陆之学者也。和斋斟酌，不名一师。《宋史》但夸其辞业之盛，予之微嫌于深宁者，正以其辞科习气未尽耳！若区区以其《玉海》之少作为足尽其底蕴，陋矣。述深宁学案。"黄百家谨案，"清江贝琼言，'自厚斋尚书倡学者以考亭朱子之说，一时从之而变，故今粹然皆出于正，无陆氏偏驳之弊。然则，四明之学以朱而变陆者，同时凡三人矣：史果斋也，黄东发也，王伯厚也。三人学术既同归矣，而其倡和之言不可得闻，何也？厚斋著书之法，则在西山真为肖子矣。"谢山《同谷三先生书院记》曰："王尚书深宁独得吕学之大宗。或曰：'深宁之学得之王氏野、徐氏凤。王、徐得之西山真氏，实自詹公元善之门，而又颇疑吕学未免和光同尘之失，则子之推为吕氏世嫡也，何欤？'曰：'深宁论学，盖亦兼取诸家，然其综罗文献，实师法东莱，况深宁少师迂斋，则固明招之传也。'"（《宋元学案》卷八五，第 4 册，第 2856、2858 页）

张之翰卒。

　　按：张之翰（1243—1296），字周卿，号西岩，邯郸人。至元十三年
（1276）除真定路知事，以行台监察御史按临福建，因病侨居高邮，专一读
书、教授学生。后又任户部郎中、翰林侍讲学士。以《镜灯诗》流传广泛，
被称为"张镜灯"。著有《西岩集》20 卷（按《西岩集》原本 30 卷，已不传，
《四库全书》从《永乐大典》中辑出 20 卷）。事迹见《大明一统志》卷九、
《元诗选·癸集》乙集小传、《江南通志》卷九〇、《南畿志》卷一八。

元成宗元贞三年（大德元年）　丁酉　1297 年

周达观著《真腊风土记》1 卷成。

　　按：《真腊风土记》总叙云："真腊国或称占腊，其国自称曰甘孛智。
今圣朝按西番经名其国曰澉浦只，盖亦甘孛智之近音也。自温州开洋，行
丁未针，历闽广海外诸州港口，过七洲洋，经交趾洋，到占城。又自占城顺
风可半月到真蒲，乃其境也。又自真蒲行坤申针，过昆仑洋入港，港凡数
十，惟第四港可入，其余悉以沙浅，故不通巨舟。然而弥望皆修藤古木、黄
沙白苇，仓卒未易辨认，故舟人以寻港为难事。自港口北行，顺水可半月
抵其地曰查南，乃其属郡也。又自查南换小舟，顺水可十余日，过半路村、
佛村，渡淡洋，可抵其地曰干傍取，城五十里。按诸番志称其地广七千里，
其国北抵占城半月路，西南距暹罗半月程，南距番禺十日程，其东则大海
也。旧为通商来往之国。圣朝诞膺天命，奄有四海，索多元帅之置省占城
也，尝遣一虎符百户、一金牌千户同到本国，竟为拘执不返。元贞之乙未
六月，圣天子遣使招谕，俾余从行。以次年丙申二月离明州，二十日自温
州港口开洋，三月十五日抵占城，中途逆风不利，秋七月始至，遂得臣服。
至大德丁酉六月回舟，八月十二日抵四明泊岸，其风土国事之详虽不能尽
知，然其大略亦可见矣。"（夏鼐《真腊风土记校注》，中华书局 1981 年，第
15—16 页）

　　又按：吾丘衍《周达可随奉使过真腊国作书纪风俗因赠三首》云："裸
壤无霜雪，西南极目天。岂知云海外，不到斗牛边。异域闻周化，奇观及
壮年。扬雄好风俗，一一问张骞。　绝域通南舶，炎方接海涛。神仙比徐
市，使者得王敖。异俗书能记，夷音孰解操。相看十年外，回首兴滔滔。

汉界瑜铜柱,蛮邦近越裳。远行随使节,蹈海及殊方。鴃舌劳重译,龙波极大荒。异书君已著,未许剑埋光。"(《全元诗》第 22 册,第 193 页)

董文用卒。

按:董文用(1223—1297),字彦才,董俊第三子。"生十岁,父死,长兄文炳教诸弟有法。文用学问早成,弱冠试词赋中选。时以真定藁城奉庄圣太后汤沐,庚戌,太后命择邑中子弟来上,文用始从文炳谒太后于和林城。世祖在潜藩,命文用主文书,讲说帐中,常见许重。""癸丑(1253),世祖受命宪宗自河西征云南大理。文用与弟文忠从军,督粮械,赞军务。丁巳,世祖令授皇子经,是为北平王、云南王也。又命召遗老窦默、姚枢、李俊民、李治、魏璠于四方。己未(1259),伐宋,文用发沿边蒙古、汉人诸军,理军需。"中统元年(1260),"中书左丞张文谦宣抚大名等路,奏文用为左右司郎中。二年(1261)八月,以兵部郎中参议都元帅府事。三年(1262),李璮叛据济南,从元帅阔阔带统兵诛之"。"至元改元(1264),召为西夏中兴等路行省郎中","八年(1271),立司农司,授山东东西道巡行劝农使","十二年(1275),丞相安童奏文用为工部侍郎","十三年(1276),出文用为卫辉路总管,佩金虎符","十九年(1282),朝廷选用旧臣,召文用为兵部尚书","转礼部尚书,迁翰林、集贤二院学士,知秘书监","二十二年(1285),拜江淮行中书省参知政事","二十五年(1288),拜御史中丞。文用曰:'中丞不当理细务,吾当先举贤才。'乃举胡祗遹、王恽、雷膺、荆幼纪、许楫、孔从道十余人为按察使,徐琰、魏初为行台中丞,当时以为极选"。"文用于祖宗世系功德、近戚将相家世勋绩,皆记忆贯穿,史馆有所考究质问,文用应之无遗失。"大德元年(1297)六月戊寅,以疾卒,年七十有四,"赠银青荣禄大夫、少保、赵国公,谥忠穆"(《元史》,第 12 册,第 3495—3501 页)。事迹见王磐《赵国忠穆公神道碑》《元史》卷一四八《董俊传附传》。

雷膺卒。

按:雷膺(1225—1297),字彦正,号苦斋,山西浑源人。"太宗时,诏郡国设科选试,凡占儒籍者复其家,膺年甫弱冠,得与其选,愈自砥砺,遂以文学称。丞相史天泽镇真定,辟为万户府掌书记。世祖即位,初置十路宣抚司,诏选旧使副子弟为僚属,授膺大名路宣抚司员外郎。中统二年

（1261），翰林承旨王鹗、王磐荐膺为翰林修撰、同知制诰，兼国史院编修官。"至元二十三年（1286），"授中议大夫、江南浙西道提刑按察使"，"二十九年（1292），征拜集贤学士"。"大德元年（1297）夏六月，以疾卒于京师，年七十三。赠通奉大夫、河南江北等处行中书省参知政事、护军，追封冯翊郡公，谥文穆。"（《元史》本传，第 13 册，第 3991 页）事迹见《元史》卷一七〇本传。

元成宗大德二年　戊戌　1298 年

赵孟頫《松雪斋集》成，请戴表元作序。

　　按：戴表元《赵子昂诗文集序》云："吴兴赵子昂，与余友十五年，凡五见，必有诗文相振激。子昂才极高，气极爽，余跂之不能及，然而未尝不为余尽也。最后又见于杭，始大出其平生之作，曰《松雪斋集》者若干卷，属余评之。余惟人之各以其才自致于世，必能相及也而后相知，必相知也而后能相为言。余于子昂不相及，而何以知、何以言乎？子昂曰：'虽然，必言之。'余曰：'必言之，则就吾二人之今所历者，请以杭喻。'浙东西之山水，莫美于杭。虽儿童妇女未尝至杭者，知其美也。使之言杭，亦不敢不以为美也，而不如吾二人之能言。何者？吾二人身历而知之，而彼未尝至故也。他日试以其说问居杭之人，则言之不能以皆一，彼所取于杭者异也。今人之于诗、之于文，未尝身历而知之，而欲言者皆是也。幸尝历而知之，而言之同者，亦未之有也。子昂未弱冠时，出语已惊其里中儒先。稍长大，而四方万里重购以求其文。车马所至，填门倾郭，得片纸只字，人人心惬意满而去。此非可以声色致也，而子昂岂谓其皆知我哉？故古之相知必若韩孟、欧梅，同声一迹，绸缪倾吐而后为遇。而后世乃欲望此于道途邂逅之间，则又过矣。余评子昂，古赋凌历顿迅，在楚汉之间；古诗沈潜鲍谢，自余诸作，犹傲睨高适、李颀云。子昂自知之，以为何如。大德戊戌仲春既望。"（《戴表元集·剡源集》卷七，第 97—98 页）

冯福京、郭荐等纂《大德昌国州图志》7 卷成。

　　按：冯福京《昌国州图志前序》载："史所以传信，传而不信，不如亡史。故作史者必擅三者之长，曰学，曰识，曰才，而后能传信于天下。盖非学无以通古今之世变，非识无以明事理之精微，非才无以措褒贬之笔削。

三者缺一,不敢登此职焉。然而有天子之史,有诸侯之史。晋之乘,楚之梼杌,鲁之春秋,是诸侯之史也。后世因之,郡各有志,所以备天子史官之采录,亦岂可易为哉?若昔素王刑赏二百四十二年列国之君,臣游、夏且不能赞一辞。司马氏以良史才而作《史记》,议者犹谓十二诸侯年表为殽乱于圣经。然则侯邦之志,亦以记事纂言也,而可易为哉?往宋末运,人主好谀,宰相导谀,士大夫习谀,内外遂以成风。操史笔者,多患得患失之夫,希合愿望,不惟泯其实以诬公朝之是非;抑且驾其虚以骋私意之向背。故光、宁、理三朝之史,皆权臣党与之芜辞;而郡县间一时之志,亦侯牧夸张之诞笔。今宋史既与国偕亡,惟志书之见于郡县间者,版籍所计,或以寡为多;风土所宜,或以亡为有;形势所在,或以险为夷;贡赋所出,或以俭为泰。评人物则多过情之誉,陈民风则少退抑之辞。妆饰富丽,竞为美观,详核核其实,百无一二。苟上之人按其图,数其贡,流毒贻害,可胜言哉!昔萧何入关,收秦图籍文书,具知虚实险要,用以相汉,厥功茂焉。籍使今世,或有踵萧何之智,信往宋所存之记载,责其实于天下郡国,岂不败乃公事?余益以悲世变之至,宋独图籍文书一事,凿空驾伪,顾不如秦之犹为务实,而且贻祸于来世苍生也。昌国中海而处,由县升州,而州志不作,此固仆厮史不知稽古之务,而为士者亦有罪焉。余来,首访图经,徒起文献不足之叹。越岁余,始于里民购得其籍,大率浮夸如前所云。议欲刊削,且书混一以来之沿革。既以授州之文学士,属余往吴中,此书中辍。今瓜戍已蹦,滞留卧疾,岂其机乎?乃趣学官,捃摭旧载,芟其芜,黜其不实,定为传信之书。使州之缺文著于所补,以俟掌建邦之六典者采焉。故序作史之大略,与异时文胜其质之流弊,俾二三子知所抉择,而复有以告之孔子,曰'吾犹及史之缺文也'。呜呼!史缺则纪纲将版荡而无稽矣。是岂斯民之幸,圣人犹幸缺文之及见者,盖逆知他日,诸侯恶其籍之害己,而去之也。今余于旧志,得之既难,本复无二,二三子不亟图之,余幸而受代,则是籍之存于有司者几矣。呜呼!犹欲及于缺文,得乎?大德戊戌七月朔日,潼川冯福京序。"(《全元文》卷一〇二八,第 32 册,第 277—278 页)

马可·波罗著《马可波罗游记》成。

　　按:是书为马可·波罗与其同一牢狱者、小说家鲁思梯切共同完成,以中古法—意混合语写就。之后成为 1375 年编绘的喀塔兰大地图中亚与东亚之主要依据。后世欧洲航海家、探险家皆受此书影响,该书涉及中世纪亚洲尤其元代中国地理、动物、植物、民族、民俗、社会、经济、政治、宗教和文化诸方面资料。

周密卒。

按:周密(1232—1298),字公谨,号草窗、苹州、萧斋、四水潜夫、弁阳萧翁,济南籍,家居吴兴。人称草窗先生,宋亡不仕,隐居湖州。其家三世藏书,累积 42000 余卷,金石 1500 余种,日事校雠。其藏书处为书种堂、志雅堂,其藏书约于宋末元初散失殆尽。著有《志雅堂杂钞》2 卷、《草窗韵语》6 卷、《草窗词》《蜡屐集》《苹州渔笛谱》2 卷、《云烟过眼录》2 卷、《澄怀录》2 卷、《武林旧事》10 卷、《癸辛杂识》6 卷、《齐东野语》20 卷、《浩然斋雅谈》3 卷,又选编南宋词一百三十二家为《绝妙好词》。事迹见《宋诗纪事》卷八〇。

申屠致远卒。

按:申屠致远(? —1298),字大用,山东东平寿张人。“致远肄业府学,与李谦、孟祺等齐名。世祖南征,驻兵小濮,荆湖经略使乞寔力台,荐为经略司知事,军中机务,多所谋画”,“西僧杨琏真加,作浮图于宋故宫,欲取高宗所书《九经》石刻以筑基,致远力拒之,乃止。”“二十年(1283),拜江南行台监察御史”,“元贞元年(1295),纂修《世祖实录》,召为翰林待制,不赴。大德二年(1298),佥淮西江北道肃政廉访司事,行部至和州,得疾卒”。以忍名斋,人称忍斋先生。“耻事权贵,聚书万卷,名曰墨庄。家无余产,教诸子如师友。所著《忍斋行稿》四十卷,《释奠通礼》三卷,《杜诗纂例》十卷,《集验方》十二卷,《集古印章》三卷。”(《元史》卷一七〇,第 13 册,第 3998—990)事迹见《元史》卷一七〇、《万姓统考》卷一二八。

张立道卒。

按:张立道(? —1298),字显卿,大名人。“父善,登金进士第。岁壬辰,国兵下河南,善以策干太弟拖雷,命为必阇赤。立道年十七,以父任备宿卫。世祖即位,立道从北征,未尝去左右。至元四年(1267),命立道使西夏,给所部军储,以干敏称。”后为云南王忽哥赤王府文学,“劝王务农以厚民",迁劝农官。"八年,复使安南,宣建国号诏。立道并黑水,跨云南,以至其国,岁贡之礼遂定。十年三月,领大司农事,中书以立道熟于云南,奏授大理等处巡行劝农使,佩金符。"十五年,除中庆路总管,建孔庙,置学舍,劝士人子弟以学,"择蜀士之贤者,迎以为弟子师,岁时率诸生行释菜礼,人习礼让,风俗稍变矣"。"二十八年,遣立道奉使按行两浙,寻以为四川南道宣慰使,迁陕西汉中道肃政廉访使。三十年,皇曾孙松山封梁王,出镇云南。大德二年(1298),廷议求旧臣可为梁王辅行者,立道遂以陕西行台侍御史拜云南行省参政。视事期月,卒于官。""立道凡三使安南,官云南最久,颇得土人之心,为之立祠于鄯善城西。立道所著诗文,有《效古集》《平蜀总论》《安南录》《云南风土记》《六诏通说》若干卷。"(《元史》卷一六七,第 13 册,第 3915—3919)事迹见《元史》卷一六七、《元史纪事本末》卷一、《滇考》卷下、《钦定续通志》卷四八一。

元成宗大德三年　己亥　1299 年

陈义高卒。

按:陈义高(1255—1299),字宜甫,号秋岩,闽人。玄教道士。元世祖至元间,两次随驾北行,至元二十五年(1288)提点洪州玉隆宫。曾住龙虎山道院。工诗,多与姚燧、卢挚、赵孟頫、程钜夫、留梦炎等倡和。其诗大抵源出元稹、白居易,在元前期道教诗人中占一席地位。著有《沙漠稿》《秋岩稿》《西游稿》《朔方稿》。四库全书著录有《陈秋岩诗集》2 卷。事迹见四库全书总目"秋岩诗集提要"、《崇正灵悟凝和法师提点文学秋岩先生陈尊师墓志铭》(《养蒙文集》卷四)。

元成宗大德四年　庚子　1300 年

元军征缅。

按:大德四年(1300)五月,征缅。初,缅人僧哥伦作乱,缅王执其兄阿散哥也,寻释之。阿散哥也乃率其党囚王于豖牢,因弑之。王次子奔愬京师,诏遣薛超兀儿等率行省兵二千人讨之。八月,缅阿散、吉牙等昆弟赴阙,自言弑主之罪,罢征缅兵。师还,为金齿诸蛮所遮,诏兀儿并征之,受贿引师还,卒无功。(云南省人民政府参事室、云南省文史研究馆编

《滇考校注》,第 204 页)

又按:公元 13 世纪后半叶,元朝与缅甸之间发生过三次较大的战争:第一次是在 1277 年,第二次是在 1283 年至 1287 年,第三次则是在 1300 年。战后,中缅两国官方的联系逐渐增多,据统计,整个元代,缅甸至少有 13 次遣使入元,而元朝也曾派人 6 次出使缅甸。政治上联系的加强,很自然地促进了两国间的经济文化交流。(张明、于井尧编著《中外文化交流史》,第 108 页)

李承休卒。

按:李承休(1224—1300),字休休,号动安居士,后以号行,高丽京山府嘉利县人。高丽高宗朝登第。他曾从顺安公王惊入元,参见世祖忽必烈。贺册皇后、太子,两府荐承休为书状官。后事忠烈王,累官至密直副使、监察大夫、词林学士承旨。忠烈王六年(至元十六年,1279 年),上疏极论时政得失,忤王意,罢归乡,闲居十年。后被起用,升至同金资政院事高职,以年老坚辞,遂致仕。著有《宾王录》(收入其《动安居士集·动安居士行录》卷四)、《动安居士集》《帝王韵纪》等。事迹见《高丽史》卷一〇六《李承休传,附衍宗》。

不忽木卒。

按:不忽木(1255—1300),一名时用,字用臣,号静得,康里氏。忽必烈侍从燕真仲子。"资禀英特,进止详雅,世祖奇之,命给事裕宗东宫,师事太子赞善王恂。恂从北征,乃受学于国子祭酒许衡。日记数千言,衡每称之,以为有公辅器。""十四年授利用少监,十五年出为燕南河北道提刑按察副使","十九年升提刑按察使","二十一年召参议中书省事","二十三年改工部尚书,九月迁刑部河东按察使","二十七年拜翰林学士承旨,知制诰兼修国史。""成宗躬揽庶政,听断明果,廷议大事,多采不忽木之言。太后亦以不忽木先朝旧臣,礼貌甚至。"官至昭文馆大学士、平章军国事,行御史中丞,领侍仪司事。"平居服儒,素不尚华饰,禄赐有余,即散施亲旧。明于知人,多所荐拔。丞相哈喇哈孙达尔罕亦其所荐也。其学,先躬行而后文艺。居则简默,及帝前论事,吐辞洪畅,引义正大,以天下之重自任,知无不言",天下视其身进退为朝堂重轻。卒后十年,武宗追念其忠,赠纯诚佐理功臣、开府仪同三司、太傅、上柱国,追封鲁国公,卒谥文贞

(《元史》卷一三〇本传，第 10 册，第 3164、3166、3167、3168、3171、3172 页）。其套曲[仙吕·点绛唇]《辞朝》为元曲名篇。其子回回、巙巙在元中期文坛影响颇大。事迹见赵孟頫所撰碑《故昭文馆大学士荣禄大夫平章军国事行御史中丞领侍仪司事赠纯诚佐理功臣太傅开府仪同三司上柱国追封鲁国公谥文贞喀喇公碑》(《松雪斋集》卷七)、《元名臣事略》卷四、《元史》卷一三〇"不忽木传"、《蒙兀儿史记》卷一一四。

元成宗大德五年　辛丑　1301 年

李京著《云南志略》四卷成。

　　按:李京(1251—?)，字景山，号鸠巢，河间(今河北河间)人。大德五年(1301)任云南乌撒乌蒙里道宣慰副使，兼管军万户，足迹遍历云南各地，著《云南志》，乃元代建立云南行省后最早一部云南省志。

　　又按:虞集《云南志序》云:"京师西南，行万里为云南。云南之地方广盖万里。在宪宗时，世祖帅师伐而取之，守者弗能定。既即位，莫海内，使省臣赛典赤往抚以威惠。沿其俗而导之善利，填以亲王贵人者四十年。方是时，治平日臻，士大夫多材能，乐事朝廷，不乐外宦。天子闵远人之失牧也，常简法增秩，优以命吏。而为吏者，多徼幸器名亡治术，亡惠安遐荒之心。禽兽其人，而渔食之。亡以宣布德泽称旨意，甚者启事造衅，以毒害贼杀。其人故暴悍，素不知教，冤愤窃发，势则使然。不然舍生乐死，夫岂其情也哉? 嗟乎! 昔者箪壶迎倏之民，日以老死且尽。生者格于贪吏虐卒，以自远于恩化。其吏士之见知者，亡所建白，而驭于中者，又不识察其情状。一隅之地，常以为中国忧，而论治卒未究其故，不亦悲乎! 河间李侯景山，由枢庭宣慰乌蛮。乌蛮，云南一部也。始下车，未及有所施，会群蛮不靖，巡行调发，馈给填抚。周履云南，悉其见闻，为志略四卷，因报政上之。集尝按而读之，考其生产、风气、服食之宜，人物、材力愚智、勇怯，山川、形势之阨塞、要害。而世祖皇帝之神威圣略，概可想见，未尝不俯伏而感叹也。其志曰:张乔斩奸猾长吏九十余人，而三十六部尽降。诸葛孔明用其豪杰，而财赋足以给军国。史万岁贪掠，随服随叛。梁毗一金不取，酋长感悦。李知古以重赋僇尸，张虔陀以淫虐致乱，死者至二十余万，中国卒不能有之。此于事至较著明白者也，其术不甚简易乎? 有志之

士，尚有所览观焉。至读其纪行诸诗，必有悲其立志者矣。"（《虞集全集·道园类稿》卷一七，上册，第 482—483 页）

周之翰纂《朝仪备录》成。

按：周之翰，据钱大昕《元史艺文志》注：字申甫，华亭人。还著有《易象管见》《易四图赞》《朝仪祀原》3 卷等书。王恽《朝仪备录叙》云："至元辛未岁，大内肇建，始议讲行朝会礼仪，盖所以尊严宸极，辨上下而示等威也。然事出草创，不过会集故老，参考典故，审其可行者而用之。其后遇有大典礼，准例为式，祗取严办。一时执事者各司品节，其礼之全体，亦不能究其详而通贯焉。逮侍仪舍人周之翰供职，乃纂述物色仪制之品，班次度数之则，曰朝贺、曰策立、曰开读，皆具已行而可验。复图注以致其详，皇仪缛典，粲然明白，目之曰《朝仪备录》。携示秋涧翁，求考辨焉，乃告之曰：汝外祖文康公羽仪先朝，粉饰皇猷，号礼文称首。汝父松壑侍仪，初事绵蕝，获预选习。今汝从事于兹又复有年，其见闻之久，讲习之熟，可谓专门学矣。况礼之大经本乎天理之自然，节文仪则出人情而折衷，不容强知妄拟，措私意于其间。虽圣人不过祖述既往，随时去取，故孔子曰：'周因于殷，礼所损益，可知也。'其所以行之者，极乎敬慎而已。故曰：'其在宗庙朝廷便便，言唯谨尔。'则是书纂述，非惟备豫考按，即事可行，若有集国礼而编会要者，亦将有所取焉。大德辛丑岁立春前五日，秋涧退叟题。"（《秋涧集》卷四三，《王恽全集汇校》，第 2064—2065 页）

房祺编纂《河汾诸老诗集》8 卷成。

按：所谓"河汾诸老"乃金遗民诗人群体。是集收麻革、张宇、陈赓、陈庚、房皞、段克己、段成己、曹之谦八人之诗，皆金之遗民。亦旧从元好问游者也。房祺作序云："近代诗人，遗山元先生为之冠。先生，太原人。太原境与平阳接，河山胜概，地土所宜，习俗所尚，古今人物不殊。至如师友渊源，文章正脉，略与之等，故河汾间诸老与天下人材无让。麻贻溪与元老，诗学无慊，古文出其右，公言也。张石泉、房白云与元老游从南北者。子飏、子京、二陈昆仲与元老或诗或文，数相赠遗者。遁菴、菊轩有'稷亭二段'之目，与元老相次登第者。曹兑斋与元老同为省掾，日以文诗讲议者。或曰：'兑斋，云中应人也，吾子列河汾之间，得无附会欤？'不然。兑斋之先，诚应人，自客汴梁，北渡居平阳者三十余年，发明道学，为文楷式,指授后进,桃李光辉,盈溢其门。或教授乡里,或宦达四方,有二子叔举、季行,文笔亦盛传,而况状元王公,赵城人,曹之外父也。兑斋生而隐德,光辉汾晋,没而邱垅在焉,岂非吾乡先生欤? 夫诸老之诗,有渊深冲澹如陶、柳者;有豪放如李翰林、刘宾客者;有轻俗近雅如元、白者;有对属切当如许浑者;有骚雅奥义、古风大章浸入于杜草堂之域者。往年吾友杨君仲德议成此集,不幸早世。仲德有云:'不观遗山之诗,无以知河汾之学;不观河汾之诗,无以知遗山之大;不观遗山、河汾之作,不知唐人诸作者之妙;不观唐人之作,不知三百篇六义之深意。'予今纂录,自贻溪至兑斋,凡八人,得古律诗二百一首,号曰《河汾诸老诗集》,皞皞郝先生序文于前,甚备。不肖继言于后,才识浅陋,不能尽其蕴。虽然,吾乡学者如林,有能慕河汾之派,观是集者,知所兴起云。大德辛丑岁二月望日,横汾隐者房祺序。"(《河汾诸老诗集》后序,房恒贵、房明毓《清河房氏源流》,华南理工大学出版社 2016 年,第 267 页) 房祺,临汾人。历河中、大同两府教授,以潞州判官致仕。

海都卒。

按:海都(Qaidu,1234—1301),窝阔台之孙,合失之子,蒙古孛儿只斤氏。蒙哥即位后,窝阔台系宗王失势,1256 年,海都被改迁于海押立(今巴尔喀什湖和伊犁河之间),遂与朝廷结怨。元世祖时,被西北窝阔台系诸王推为盟主,建立了窝阔台汗国、察合台汗国联盟,对抗元世祖。忽必烈派在中原的察合台曾孙八剌回本汗国夺取汗位,牵制海都。海都连年侵扰北起吉利吉思、金山(今阿尔泰山),南至畏兀儿地、斡端(今新疆和田)的元朝统治区。至元七年(1270),忽必烈派太子真金驻兵称海(今蒙古科布多东南);派万户伯八、断事官刘好礼镇治吉利吉思、谦谦州等处,又派大车迎击,败海都军于别失八里。十一年,元军大举伐宋,海都乘虚进袭。二十四年,海都又串通东部斡赤斤后王乃颜,哈撒儿后王势都儿,合赤温后王胜剌哈、合丹等叛乱,声势浩大。忽必烈亲征,平定叛乱。二十六年,海都领兵攻和林(今蒙古哈尔和林)。忽必烈亲统大军北上征讨,率军逃遁。忽必烈先后派伯颜、玉昔帖木儿等主持西北军事,海都势力被驱除。元成宗即位后,任命海山总领漠北诸军继续征剿海都。大德三年(1299)元成宗下诏改组漠北元军指挥系统,命海山出镇漠北。大德四年(1300),元出动大军西击海都。8月,海山"与海都军战于阔别列之地,败之",元军乘胜西进。12月,"军至按台山"。大德五年(1301),海都约都哇会攻驻营于按台山的元军,双方于帖坚古山一带发生激战。帖坚古山会战是元朝对海都、都哇进行的一场决定性大战。海都被晋王甘麻剌和海山军击败,身受重伤,死于退军途中。(参见白寿彝主编《中国通史·元代卷》下册,第三章第三节,李德义、于汝波主编《中国将师名录·五代至清代卷》,第559页)

徐琰卒。

按:徐琰(?—1301),字子方,号容斋,又号养斋,又自号汶叟,东平人。少为元好问所识拔。与阎复、李谦、孟祺四人号称"四杰"。至元、大德间,此四人又并称"四大老"。至元初,因王磐荐,为陕西行省郎中,累官至翰林承旨。琰有文学重望,东南文人学士,翕然宗之,与姚燧、侯克中、王恽等交游。著有《爱兰轩诗集》。《全元散曲》存其小令十二首。事迹见《(至正)金陵新志》卷六、《元诗选·癸集》乙集小传。

元成宗大德六年 壬寅 1302 年

燕公楠卒。

按:燕公楠(1240—1302),字国材,号芝庵,南康人之建昌人。宋时"以连帅辟五迁至赣州通判","至元十三年(1276),皇有江南,帅府授同知本州事。明年,下广南有功,授同知吉州路总管府事"。"二十二年夏,召至上都,奏对称旨,赐名赛音曩嘉岱,命参大政,辞,乞补外,佥江浙行中书省事。俄移江淮置尚书省,复佥江淮行尚书省事。""欲易政府大臣,以问公。公荐伯颜帖哥、不忽木、阇里、阔里吉思、史弼、徐琰、赵琪、陈天祥等十余人。又问:孰可为首相?对曰:天下人望所属,莫若安童。问其次,曰:伯颜可。又问其次,曰完泽可。明日,拜完泽为丞相,以公及不忽木为平章政事,公固辞,改江浙行省参知政事,赐弓刀及卫士十人。""世祖数欲置公左右,辄以疏远辞。一荐完泽,天下享和平清静之乐余十五年,此则人之所难也。公每谓余曰:'可与慷慨论天下事,惟君与仆耳然。'"(程钜夫《资德大夫湖广等处行中书省右丞燕公神道碑铭》,《程钜夫集》第253—254页)深通音律,著有《唱论》(《阳春白雪》卷一)、《五峰集》15

卷。事迹见程钜夫所撰《资德大夫湖广等处行中书省右丞燕公神道碑铭》(《雪楼集》卷二一)、《元史》卷一七三本传、《元诗选·癸集》乙集小传。

鲜于枢卒。

按:鲜于枢(1246—1302),字伯机,号困学民、又号西溪子、直寄老人、虎林隐吏,渔阳人,后徙汴梁。能诗文,工书法,善行草悬腕作书。笔力清劲遒健,姿态横生,与赵孟頫齐名。著有《困学斋诗集》2 卷、《困学斋杂录》1 卷、《相学斋杂钞》1 卷,存世书法有《渔父词》等。事迹见《新元史》卷二三七、《两浙名贤录》卷五四、《元诗选·初集》小传。

又按:赵孟頫《哀鲜于伯机》载:"生别有再逢,死别终古隔。君死已五年,追痛犹一日。我生大江南,君长淮水北。忆昨闻令名,官舍始相识。我方二十余,君发黑如漆。契合无间言,一见同宿昔。春游每挐舟,夜坐常促席。气豪声若钟,意愤髯屡戟。谈谐杂叫啸,议论造精核。巍煌商鼎制,驵骏汉马式。奇文既同赏,疑义或共析。锦囊装玉轴,妙绝晋唐迹。粲然极炫曜,观者咸辟易。非君有精鉴,畴能萃奇物。最后得玉钩,雕琢螭盘屈。握手传玩余,欢喜见颜色。刻意学古书,池水欲尽黑。书记往来间,彼此各有得。我时学锺法,写君先墓石。江南君所乐,地气苦下湿。安知从事衫,竟卒奉常职。至今屏障间,不忍睹遗墨。凄凉方井路,松竹荫真宅。乾坤清气少,人物世罕觌。绯袍俨画像,对之泪沾臆。宇宙一何悠,悲酸岂终极。"(《赵孟頫集》卷三,第 46 页)

元成宗大德七年　癸卯　1303 年

三月,岳铉、卜兰禧(孛兰肹)等进《大元一统志》。

按:全书分两阶段进行,大德七年(1303),书成,前后共计 18 年,计 1300 卷,600 册。其规模之巨、卷帙之繁、内容之详,为我国总志之首。

又按:许有壬《大元大一统志序》云:"至元二十三岁(1286)丙戌,江南平而四海一者十年矣。集贤大学士、中奉大夫、行秘书监事扎马剌丁言:'方今尺地一民,尽入版籍,宜为书以明一统。'世皇嘉纳,命扎马剌丁暨奉直大夫、秘书少监虞应龙等搜集为志。二十八年(1291)辛卯,书成,凡七百五十五卷,名曰《大一统志》,藏之秘府。应龙谓比前代地理书似为详备,然得失是非,安敢自断,尚欲网罗遗逸,证其同异焉。至正六年(1346)岁又丙戌,十二月二十一日,中书右丞相别儿怯不花率省臣奏,是书国用尤切,恐久湮失,请刻印以永于世。制'可'。明年(1347)丁亥二月十七日,皇上御兴圣便殿,中书平章政事铁木耳达实传旨,命臣有壬序其首。臣闻《春秋》所以大一统者,六合同风,九州共贯也。然三代而下,统之一者可考焉。汉拓地虽远,而攻取有正谲,叛服有通塞,况师异道,人异论,百家殊方,指意不同,无以持一统,议者病之。唐腹心之地为异域而不能一者,动数十年。若夫宋之画于白沟,金之局于中土,又无以议为也。我元四级之远,载籍之所未闻,振古之所未属者,莫不涣其群而混于一。则是古之一统,皆名浮于实,而我则实协于名矣。且统之为言,昉见于《易》乾之象,曰'大哉乾元,万物资始,乃统天'。说者谓:'天也者,形也;统也者,用形者也。'象曰'天行健,君子以自强不息',则又示人以体乾之道。盖天为万物之祖,君为万邦之宗,乾以至健而为物始,乃能统理于天。皇上体乾行健,以统理万邦,所谓一统,万类可以执一御,而六合同风,九州共贯之机栝系焉。九州之志谓之九邱,《周官》,'小史掌邦国之志,外史掌四方之志',志之由来尚矣,况一统之盛,跨秩汉、唐者乎?是书之行,非以资口耳博洽也。垂之万世,知祖宗创业之艰难;播之臣庶,知生长一统之世,邦有道谷,各尽其职。于变时雍,各尽其力。上下相维,以持一统,我国家无疆之休,岂特万世而已哉!统天而与天悠久矣。"(《全元文》卷一一八七,第 38 册,第 124—125 页)

金履祥卒。

按:金履祥(1232—1303),字吉甫,浙江婺之兰溪人。"履祥幼而敏睿,父兄稍授之书,即能记诵。比长,益自策励,凡天文、地形、礼乐、田乘、兵谋、阴阳、律历之书,靡不毕究。及壮,知向濂、洛之学,事同郡王柏,从登何基之门。基则学于黄榦,而榦亲承朱熹之传者也。自是讲贯益密,造诣益邃。"(《元史》卷一八九《儒学传一》,第 14 册,第 4316 页)宋德祐初以史馆编修召,未及任用而宋亡。入元不仕,隐居著书,晚年讲学于丽泽书院,因旧居仁山之下,学者多称其仁山先生。著有《尚书表注》4 卷、《尚书注》12 卷、《尚书杂论》1 卷、《深衣小传》1 卷、《大学章句疏义》1 卷、《大学指义》1 卷、《论语集注考证》10 卷、《孟子集注考证》7 卷、《中庸标注》《通鉴前编》18 卷举要 3 卷、《仁山文集》6 卷、又纂有《濂洛风雅》6 卷。事迹具见柳贯《故宋迪功郎史馆编校仁山先生金公行状》（《待制集》卷二〇）、《元史》卷一八九、《宋元学案》"北山四先生学案"。

张伯淳卒。

　　按：张伯淳（1243—1303），字师道，嘉兴崇德人。宋末应童子科，中选，不久又举进士，仕为太学录。至元二十三年（1286）以荐授杭州路儒学教授，迁浙东道按察司知事，后擢福建廉访司知事。后授翰林直学士，大德五年（1301）扈从上都，卒。谥文穆。与赵孟頫、邓文原交往密切，与程钜夫、鲜于枢亦为文友，为元前期颇有影响的江南文士。著有《养蒙文集》10 卷、《养蒙先生词》1 卷。事迹见《延祐四明志》卷二、《元诗选·二集》小传、程钜夫撰《翰林侍讲学士张公墓志铭》（《雪楼集》卷一七）。

元成宗大德八年　　甲辰　　1304 年

是年，元政府对也里可温在江南传教作限制。

　　按：《元典章·禁也里可温挽先祝赞》曰："大德八年（1304），江浙行省准中书省咨：礼部呈：'奉省判："集贤院呈：江南诸路道教所呈：温州路有也里可温创立掌教司衙门，招收民户充本教户计，及行将法箓先生诱化侵夺管领，及于祝圣处、祈祷去处，必欲班立于先生之上，动致争竞，将先生人等殴打，深为不便。申乞转呈上司禁约事。得此，照得江南自前至今，止有僧、道二教，各令管领，别无也里可温教门。近年以来，因随路有一等规避差役之人，投充本教户计，遂于各处再设衙门，又将道教法箓先生侵夺管领，实为不应，呈迄照验。得此。奉都堂钧旨：送礼部照拟。"议得：即目随庆贺班次，和尚、先生祝赞之后，方至也里可温人等，拟合依例照会。外据擅自招收户计并挽管法箓先生事理，移咨本道行省，严加禁治相应。具呈照详。'得此。都省咨请照验，依上禁治施行外，行移合属并僧道录司、也里可温掌教司，依上施行。"（《元典章》卷三三《礼部》六，第 2 册，第 1143—1144 页）

云南树忽必烈平云南碑。

　　按：大德八年（1304），以云南平章政事也速答儿建言，忽必烈平云南事迹由程钜夫撰文,并以刻碑。

又按:程钜夫《平云南碑》:"国家继天立极,日月所照,罔有内外。云南,秦汉郡县也,负险弗庭。乃宪庙践阼之二年,岁在壬子(1252),我世祖圣德神功文武皇帝以介弟亲王之重,授钺专征。秋九月出师,冬十二月济河,明年(1253)春历盐夏。夏四月,出萧关,驻六盘。八月,绝洮,逾吐蕃,分军为三道。禁杀、掠、焚、庐舍,先遣使大理招之,道阻而还。十月,过大渡河。上率劲骑,由中道先进,十一月,渡泸,所过望风款附。再使招之,至其国遇害。十二月,傅其都城。城倚点苍山、西洱河为固。国王段兴智及其柄臣高泰祥背城出战,大败。又使招之,三返,弗听,下令攻之。东、西道兵亦至,乃登点苍,临视城中。城中宵溃,兴智奔善阐。追及泰祥于姚州,俘,斩以徇。分兵略地,所向皆下,惟善阐未附。明年春(1254),留大将兀良合䚟经略之,上振旅而还。未几,拔善阐,得兴智以献,释不杀。进军,平乌蛮部落三十七。攻交趾,破其都。收特磨溪洞三十六。金齿、白衣、罗鬼缅中诸蛮相继纳款,云南平,列为郡县,凡总府三十七、散府八、州六十、县五十、甸部寨六十一,见户百二十八万七千七百五十三,分隶诸道,立行中书省于中庆以统之。大德八年(1304),平章政事也速答儿建言,所领云南地居徼外,历世所不能臣。先皇帝天戈一麾,悉归王化。今其民衣被皇朝,同于方夏,幼长少老,怡怡熙熙,皆自忘其往陋。非神武不杀之恩,不及此。惟点苍之山尝驻跸焉,若纪圣功,刻石其上,使臣民永永瞻仰,于事为宜。中书以闻,制曰:'可。'以命词臣。臣某再拜稽首而言曰:'世祖皇帝之德大矣,譬如天地之无不持载,无不覆帱,而生生之意恒寓于雪霜风雨、寒暑变化之中。物之蒙者薰然而温,洒然而濯,翕然而同,靡然而顺,有不自知其然而然者。故其功烈之崇、基业之广,贯三灵而轶千古。夫以大理之昏迷,旅拒虐我使人。若奋其武怒,俾无遗育可也,而招徕绥缉,终释其主弗诛。呜呼!微天地之德,孰能与于此乎!今陛下建中和之政,凡以绳祖武,厚民生,无所不用其极。中外钦承,无远弗届。是以藩方大臣于钱谷甲兵之外,惓惓以光昭令德为请,其知为政之本也已。汉世宗从事西南夷,天下为之骚动。蜀民咨怨,喻之谆谆。邛池莋习,再驾而后取之。其视今也孰愈?穆王周行寓县,必皆有车辙马迹焉,初非疆理天下也,而世犹诵之至今。其视跋履山川,洒濯其民而纳于礼义之域孰多？彼碧鸡金马与夫点苍，皆其山之望者也。汉使祭之，唐季盟之，夫各有所畏焉耳。今也，镌未始磨之崖，纪无能名之绩，桓桓烨烨，与世无极，岂惟足以震百蛮，荣千古，其余光所被，山川鬼神与嘉赖之。呜呼，盛矣哉！臣事先皇帝，早受眷知，今复待罪禁林，发扬蹈厉，职也。不敢以荒落辞，谨再拜稽首，而系之诗曰：于皇维元，载地统天。大噫小嘘，曰寒以暄。粤西南陬，水驶山嶭，风霆流形，气交神州。跂息蠕蠕，勾萌鲜鲜。谷饮巢居，燕及跕鸢。繄谁之恩？圣祖神孙。武烈文谟，渐被生存。既有典常，被之服章。我吏我民，我工我商。万国一家，孰为要荒。点苍苍苍，禹迹尧墙。井钺参旗，终夜有光。威不违颜，作善降祥。嗟尔耄倪，视此勿忘。"(《程钜夫集》第56—57页)

辛文房著《唐才子传》8卷成。

按：《唐才子传》原本10卷，所载三百九十七人，久已散佚，尚存二百七十八人，釐为8卷。辛文房，字良史，西域人，入居中原后占籍豫章。早年求学江南，到大都后与王伯益、杨载交往密切。皇庆、延祐间，为翰林编修。泰定元年(1324)前后任省郎。著有诗集《披沙集》。

又按：辛文房《唐才子传序》载："魏帝著论，称'文章经国之大业，不朽之盛事，年寿有时而尽，未若文章之无穷'。诗，文而音者也。唐兴尚文，衣冠兼化，无虑不可胜计。擅美于诗，当复千家。岁月荏苒，迁逝沦落，亦且多矣。况乃浮沉畏途，黾勉卑官，存没相半，不亦难乎？崇事奕叶，苦思积年，心神游穹厚之倪，耳目及晏旷之际，幸成著述，更或凋零，兵火相仍，名逮于此，谈何容易哉！夫诗所以动天地，感鬼神，厚人伦，移风俗也。发乎其情，止乎礼义，非苟尚辞而已。溯寻其来，《国风》《雅》《颂》开其端，《离骚》《招魂》放厥辞，苏、李之高妙足以定律，建安之道壮粲尔成家，烂熳于江左，滥觞于齐、梁，皆袭祖沿流，坦然明白。铿锵愧金石，炳焕却丹青。理穷必通，因时为变，勿讶于枳橘非土所宜，谁别于渭、泾投胶自定，盖系乎得失之运也。唐几三百年，鼎钟挟雅道，中间大体三变。故章句有焦心之人，声律至穿杨之妙，于法而能备，于言无所假。及其逸度高标，余波遗韵，临高能赋，闲暇微吟，旧格、近体、古风、乐府之类，芳沃当代，响起陈人，淡寂无枯悴之嫌，繁藻无淫妖之忌，犹金碧助彩，宫商自协，端足以仰绪先尘，俯谢来世，清庙之瑟，薰风之琴，未或简其沈郁，两晋风流不相下于秋毫也。余遐想高情,身服斯道,穷其梗概行藏,散见错出,使览于述作,尚昧音容,洽彼姓名,未辨机轴,尝切病之。项以端居多暇,害事都捐,游目简编,宅心史集,或求详累帙,因备先传,撰拟成篇,班班有据,以悉全时之盛,用成一家之言,各冠以时,定为先后,远陪公议,谁得而诬也!如方外高格,逃名散人,上汉仙侣,幽闺绮思,虽多微考实,故别总论之。天下英奇,所见略似,人心相去,苦亦不多。至若触事兴怀,随附篇末,异方之士,弱冠斐然,狃于见闻,岂所能尽。感倡斯盟,尚赖同志相与广焉。庶乎作九京于长梦,咏一代之清风,后来奋飞可畏,相激百世之下,犹期赏音也。传成,凡二百七十八篇,因而附录不泯者又一百二十家,厘为十卷,名以《唐才子传》云。有元大德甲辰春引。"(周绍良笺证《唐才子传笺证》,第 1 页)

周南瑞编辑《天下同文集》成。

按:是集乃古文选集。刘将孙序言云:"唐刘梦得叙柳子厚之集曰:'文章与时高下,政庞而土裂,三光五岳之气分,太音不完,故必混一而后振',作者概以为知言。予独尝谓梦得之辞,则高矣、美矣,以其时考之,则未也。唐之盛时,在贞观、开元间,其时称欧、虞、褚、薛,最后称燕许大手笔,今其文可睹也。及贞元、元和来,以韩、柳著,比至德为盛,而去混一之初,则有间矣。才未必皆福,福亦何必其才。因使人思《易》,所谓吉人辞寡者,其福未易量也,此则所谓时也。吾取以叙周南瑞所刻《天下同文集》甚宜。呜呼!文章岂独可以观气运,亦可以论人物。予每读汉初论议,盛唐词章,及东京诸老文字,三千年间,混一盛时,仅此耳。彼乍合暂聚者,其萎弱散碎,固不得与于斯也!然此盛时作者,如浑河厚岳,不假风月为状;如偃松曲柏,不与花卉争妍。风气开而文采盛,文采极而光景消。梦得之言之也,不自知盛者已及于极也。方今文治方张,混一之盛,又开辟所未尝有,唐盖不足为盛,缙绅先生创自为家,述各为体,功德编摩,与《诗》《书》相表里,下逮衢谣,亦各有烝民立极之学问。南瑞此编,又得之钜公大笔,选精刻妙,则观于此者,岂可以寻行数墨之心胸耳目为足以领此哉!自《文选》来,唐称《文粹》、宋称《文鉴》,皆类萃成书,他日考一代文章者,当于此取焉。时大德甲辰第一甲子日叙,庐陵刘将孙撰。"(《天下同文集》卷首,《全元文》卷六二〇,第 20 册,第 148 页)

又按：朱思本有《敬修集天下同文以寿诸梓用前韵赋诗一章求贽于予次韵》："英雄昔未遇，爨桂炊白玉。终然位卿相，德望岂不淑。抱道复何求，公宁厌茅屋。蹇驴与破帽，步月待朝旭。知音苟无人，燕石迷结绿。倾盖方论交，新凉累篇牍。嗟予守祠官，短褐异华縠。愧非原结施，安得孟宗幅。大哉同文集，搜括遍山谷。训诂杂风雅，窥观必熏沐。藻丽敷春云，幽芳散秋菊。铜镂事铢积，异好匪奇服。象罔求元珠，桓荣致翔鹄。幽寻到真馆，已候夜鸣鹿。勿言天外事，且饮杯中醁。富贵非公谁，荣迁定乔木。他年玉堂仙，烜赫金莲烛。"（《全元诗》第 27 册第 72 页）

陈大震、吕桂孙所纂《南海志》成书。

按：《南海志》乃陈大震、吕桂孙共同编撰而成，因其成书于元成宗大德八年（1304），故今又名《大德南海志》。此书综记元广州路所属七县事，举凡历史之沿革，山川之广袤，户口之登耗，田畴之芜治，物产之丰盛，舶货之品类，诸蕃之国名，社稷之变迁，以及税课，书院，科第，学租，兵防等。是较早同时提及东、西洋的一部重要古籍，书中记有东洋、大东洋、小东洋、西洋、小西洋等名。对研究中外交通史具有很大参考价值。尤其对当代南中国海争端，中国寻找法理历史依据的考证，具有很高的参考价值。（潘宗周《宝礼堂宋本书录·原书录·跋》）陈大震，字希声，晚年号麓觉，番禺（今广东广州）人。理宗宝祐元年（1253）进士，授博罗簿。历知长乐县、广济县。度宗咸淳七年（1271）权知雷州，转知全州。元兵陷城，自劾罢。元世祖至元十八年（1281），授广东儒学提举，以疾力辞。卒年八十。清雍正《广东通志》卷四四有传。吕桂孙，生卒不详。

王恽卒。

按：王恽（1226—1304），字仲谋，别号秋涧，河南卫州汲县人。元好问弟子，与东鲁王博文、渤海王旭齐名，并称三王。擅长文学，有史才。卒后追封太原郡公，谥文定。著有《相鉴》50 卷、《汲郡志》15 卷、《承华事略》2 卷、《中堂事纪》3 卷、《守成事鉴》15 篇、《博古要览》《乌台笔补》10 卷、《书画目录》1 卷、《玉堂嘉话》8 卷，并杂著诗文合为《秋涧先生大全集》100 卷。事迹见王秉彝《大元故翰林学士中奉大夫知制诰同修国史赠学士承旨资善大夫追封太原郡公谥文定王公神道碑铭》（《秋涧先生大全集》卷首)、《元史》卷一六七、《新元史》卷一八八。

又按:陈俨《故翰林学士秋涧王公哀挽诗序》载:"内翰秋涧公谢事之明年,终命于家,春秋七十八,实大德甲辰六月辛丑也。俨闻之,悼心失图弥日。曩自幼挹公盛名,知卫有三王,与吾鲁有四杰并。尝求其所为文讽诵之,爱其气格雄拔,不窘近世绳尺,每以不获抠衣趋隅一问津焉为畴昔恨。既而公提宪山东,按部过郓,始遂一拜履絇,辄辱折行辈以待。听其论说古今文字,渊渊浩浩,有源有委,如法家议狱,丝发不少贷,一归公是而止,使人胸中之滓都尽,向来瓣香,于是为赠。尔后参商相望,瞻拜弗获,徒有'江空岁年晚'之叹。壬辰,同被召,诣公车入见世祖皇帝于上林苑。癸巳,又同拜北扉之命。甲午,抑又同在史局,纂修《世祖皇帝实录》。幸哉!日得聆听声欬,备雍诺,惠教弘多。寻俨移病归,及再入奉常,公已登七秩矣。乃出诸名胜贺章见示,且命追补前作,为赋七言长句,公过为激赏。辛丑,拜章引年甚力,朝议以公三朝耆宿,特命进秩二品,且授子公孺乡郡府推以便养,仍官孙笒秘书郎,以宠其归,恩至渥也。比哀问至京师,缙绅之流皆失声,相谓曰:'玉堂东观,宁复有此翁邪?'往往见诸哀诔,是则哀生文邪?文生哀邪?词之有七哀八哀,岂容已邪?一日,公孺走书,需予引篇首。俨以公宏才硕学,扬历清华,殆四十年,其事业显显,著人耳目之表,庸何俟赘言哉!惟公嗜古力学,凡所未见书,访求百至,必手为誊写,老大尤笃,视盛孝章为无让。平生诗文几四千篇,杂志总八十卷。方易簀,始停笔,其勤可谓至矣!其振耀来世,宜矣!呜呼!俨从大人先生游能几时,乙未紫山胡公卒,丙申苦斋雷公卒,祗惟公一个焉,今又卒。嗟!后生小子,于何考德问业焉?少陵所谓'长啸宇宙间,高才日凌替',岂不重可哀邪!乃拟楚骚之乱,以抒余哀。其词曰:曰太行壁天兮,横亘坤维。笃生伟人兮,企其齐而。鞭赤龙兮驾白霓,凌倒景兮灭没其可追。疏决云汉兮,黼黻明时。浑浑灏灏兮,孰窥端倪。雄咮一鸣兮喑万雌。溘尘埃野马之一瞬兮,浩江河之独驰。嗟形蜕而神往兮,逝者如斯。与造物者为徒兮,万万古犹一期。大冠如箕兮,珮玉陆离。耿音容之在目兮,眇一去而不复来。顾四方上下安所止兮,虽巫阳九招竟奚为。谅冥冥或昭昭兮,知邪弗知。哀铎有词兮,尚以声吾悲。"(《全元文》卷九〇八,第28册,第89—90页)

元成宗大德九年　乙巳　1305 年
元成宗大德十年　丙午　1306 年

西夏文《大藏经》施印完成。

　　按：大德六年（1302），奉敕于江南浙西道杭州路大万寿寺刊印三十余部河西（西夏）字大藏经及华严大经、梁皇宝忏、华严道场忏仪各百余部，散施于甘肃地方诸寺院。又以西蕃（西藏）字之乾陀、般若、白伞盖等三十余种经咒各千余部，散施西藏地区。大德十年，补刻碛砂藏一千余卷，其间，将直北教藏（大都弘法寺板）与江南闽浙之诸教藏板相互比对，发现诸教藏板短缺秘密经律论数百卷，即于杭州路成立印经局，依弘法寺板刊雕补足之。大德六年（1302）至大德十年（1306）年间，广福大师管主八先后在江苏碛砂延圣寺和杭州路大万寿寺雕印和流通了大量的汉文、西夏文和藏文佛经。该经为元世祖下令由江南浙西道杭州路大万寿寺雕印，共三千六百二十余卷。现存宋版《碛砂藏》大藏经中收录有他施刊佛经的两篇愿文。"管主巴"，藏文 bkav-vgyur-pa，为"三藏法师"之意。元人又尊称其为广福大师。由此可知，管主巴乃为称号，而非其真实姓名。有考其为西夏人，亦有学者认为其为萨迦派大德。

　　又按：管主八愿文之一："上师三宝加持之德，皇帝太子福荫之恩，管主八累年发心，印施汉本、河西字大藏经八十余藏，华严诸经忏、佛图等西蕃字三十余件经文外，近见平江路碛砂延圣寺大藏经版未完，施中统钞贰佰锭及募缘雕刊，未及一年已满千有余卷，再发心于大都弘法寺取秘密经律论数百余卷，施财叁佰锭，仍募缘于杭州路，刊雕完备。续天下藏经悉令圆满，集于（是）功德，回向西方导师阿弥陀佛、观音、势至、海众菩萨；祝延皇帝万岁，太子诸王福寿千春，佛日增辉，法轮常转者。大德十年（1306）丙午腊八日，宣授松江府（路）僧录广福大师管主八谨题。"

　　又按：管主八在大德十年（1306）所撰、愿文之二："上师三宝佛法加持之德，皇帝、太子、诸王复护之恩，管主八誓报四恩，流通正教，累年发心，印施汉本大藏经五十余藏，四大部经三十余部，华严大经一千余部，经、律、论、疏钞五百余部，华严道场忏仪百余部，焰口施食仪轨三千余部，梁皇宝忏、藏经目录、诸杂经典不计其数。金银字书写大华严、法华等经，共计百卷。装严佛像金彩供仪，刊施佛像图本，斋供十万余僧，开建传法讲席,日逐自诵大华严经一百部,心愿未周,钦睹圣旨:'于江南浙西道杭州路大万寿寺雕刊河西字大藏经三千六百二十余卷、华严诸经忏板。'至大德六年(1302)完备。管主八钦此胜缘,印造三十余藏,及华严大经、梁皇宝忏、华严道场忏仪各百余部,焰口施食仪轨千有余部,施于宁夏、永昌等路寺院,永远流通。装印西蕃字乾陀、般若、白伞盖三十余件、经咒各千余部,散施土蕃等处,流通读诵。近见平江路碛砂延圣寺大藏经板未完,遂于大德十年(1306)闰正月为始,施财募缘,节续雕刊,已及一千余卷。又见江南闽浙教藏经板,较直北教藏缺少秘密经律论数百卷,管主八发心,敬于大都弘法寺取到经本,就于杭州路立局,命工刊雕圆备,装印补足。直北、腹里、关西、四川大藏教典,悉令圆满。集斯片善,广大无为,回向真如实际、装严无上佛果菩提,西方教主无量寿佛、观音菩萨、势至菩萨、清净海众菩萨。祝延皇帝万岁,圣后齐年,太子诸王福寿千春,帝师法王福基巩固。时清道泰,三光明而品物享;子孝臣忠,五谷熟而人民育。上穷有顶,下及无边,法界怀生,齐成佛道者。大德十年(1306)丙午腊月成道日,宣授松江府僧录管主八谨愿。"(段玉泉《管主八施印〈河西字大藏经〉新探》,《西夏学》2006年第1辑,第99—100页;熊文彬《元代皇室成员施刊的藏文佛经》,《中国藏学》2009年第3期)

赵复卒。

按:赵复(约1215—1306),字仁甫,宋荆湖北路德安府人。南宋乡贡进士。"复家江汉之上,以江汉自号,学者称之曰江汉先生。""太宗乙未岁(1235),命太子阔出帅师伐宋,德安以尝逆战,其民数十万,皆俘戮无遗。时杨惟中行中书省军前,姚枢奉诏即军中求儒、道、释、医、卜士,凡儒生挂俘籍者,辄脱之以归,复在其中。"赵复"以九族俱残,不欲北",终以姚枢相救,礼送至燕京。"先是,南北道绝,载籍不相通;至是,复以所记程、朱所著诸经传注,尽录以付枢。自复至燕,学子从者百余人。世祖在潜邸,尝召见,问曰:'我欲取宋,卿可导之乎?'对曰:'宋,吾父母国也,未有引他人以伐吾父母者。'世祖悦,因不强之仕。惟中闻复论议,始嗜其学,乃与枢谋建太极书院,立周子祠,以二程、张、杨、游、朱六君子配食,选取遗书八千余卷,请复讲授其中。""复以周、程而后,其书广博,学者未能贯通,乃原羲、农、尧、舜所以继天立极,孔子、颜、孟所以垂世立教,周、程、张、朱氏所以发明绍续者,作《传道图》,而以书目条列于后;别著《伊洛发挥》,以标其宗旨。朱子门人,散在四方,则以见诸登载与得诸传闻者,共五十有三人,作《师友图》,以寓私淑之志。又取伊尹、颜渊言行,作《希贤录》,使学者知所向慕,然后求端用力之方备矣。枢既退隐苏门,乃即复传其学,由是许衡、郝经、刘因,皆得其书而尊信之。北方知有程、朱之学,自复始。"(《元史》卷一八九,《儒学一》,第 14 册,第 4314、4315 页)事迹见《元史》卷一八九。

又按:《宋元学案》"鲁斋学案序录"云:"自石晋燕、云十六州之割,北方之为异域也久矣,虽有宋儒迭出,声教不通。自赵江汉以南冠之囚,吾道入北,而姚枢、窦默、许衡、刘因之徒得闻程朱之学以广其传,由是北方之学郁起。"(《宋元学案》卷九〇,第 4 册,第 2995 页)孙奇逢《元儒赵江汉太极书院考》曰:"北人知有学,则枢得复之力也。呜呼! 江汉之学不独有造于姚、许,而开北方之草昧。"(《夏峰先生集》卷九,第 291—292 页)

方回卒。

按:方回(1227—1306),字万里,号虚谷,别号紫阳山人,安徽歙县人。景定三年(1262 年)进士,知建德府。元兵至建德,出降,改授建德路总管兼府尹,为郡人所耻。以诗游食元新贵间二十余年,也与宋遗民往还,长期寓居钱塘。方回诗初学张耒,晚慕陈师道、黄庭坚,鄙弃晚唐,自比陆游,是江西诗派最后一位重要代表作家,主张"一祖三承继宗"说。既江西诗派理论,又发展之,当时及以后皆有影响。著有《读易析疑》《鹿鸣》22 篇、《乐歌考》1 篇、《彤□考》1 篇、《仪礼考》《先觉年谱》《宋季杂传》《历代经世详说》6 卷、《附录》1 卷、《建德府节要图经》《虚谷闲抄》1 卷、《文选颜鲍谢诗评》10 卷、《桐江集》《桐江续集》《续古今考》37 卷、《虚谷集》等,并编选唐、宋以来律诗为《瀛奎律髓》。事迹见本集有关诗文,明弘治《徽州府志》卷七有传。

元成宗大德十一年　丁未　1307 年

正月八日,元成宗崩于玉德殿。

按:元成宗(1265—1307),名铁穆耳,世祖之孙,裕宗真金第三子也。母曰徽仁裕圣皇后,弘吉烈氏。至元二年(1265)九月庚子生。"十一年春正月丙寅朔,帝大渐,免朝贺。癸酉,崩于玉德殿,在位十有三年,寿四十有二。乙亥,灵驾发引,葬起辇谷,从诸帝陵。是年九月乙丑,谥曰钦明广孝皇帝,庙号成宗,国语曰完泽笃皇帝。成宗承天下混一之后,垂拱而治,可谓善于守成者矣。惟其末年,连岁寝疾,凡国家政事,内则决于宫壸,外则委于宰臣;然其不致于废坠者,则以去世祖为未远,成宪具在故也。"(《元史》卷二一《成宗本纪四》,第2册,第472页)《新元史》云:"史臣曰:'成宗席前人之业,因其成法而损益之,析薪克荷,帝无使焉。晚年寝疾,不早决大计,传位武宗,使易世之后,亲贵相夷,祸延母后。悲夫!以天子之尊,而不能保其妃匹,岂非后世之殷鉴哉。'"(《新元史》卷一四,第1册,第204页)

贺仁杰卒。

按:贺仁杰(1233—1307),字宽甫,京兆人。自父亲贺贲开始追随忽必烈,而贺仁杰更是征战南北,深得忽必烈欣赏、信重。大德十一年(1307),成宗去世,武宗即将即位,贺仁杰承命由上都赶往大都,中途得病,武宗遂以贺仁杰之子贺胜由参知政事、上都留守,进拜平章政事为庆,贺仁杰"抚膺感极而薨"。贺氏家族历任上都留守,承担元廷贵族宗王每年一度的上都巡幸事宜,事无巨细,妥贴备至,并无差错,以此,姚燧曰:"然计始入臣,以及丐老,实五十四年,掌留钥者居半,仓廪府库,一俟启闭,卫士衣食,亦仰均赋。乘舆岁至,比其南也,少乃数月,顿舍宴享,诸生百司,送往劳来,细而米盐、灯烛,大内之中,奔走征呼,一日数至。其所受委,不怠不忘,克当圣心,未尝取其逆怒。以故资身百备,皆出赐予,最其多者,楮缗五万,玉带、珠衣、宴服、貂裘、华饰,可等国人贵臣,他珍玩不计。人则置之曰:'不过受也。'斯其君臣之际,交孚然也。"(《姚燧集·牧庵集》卷一七,第271页)事迹见姚燧《光禄大夫平章政事商议陕西等处行中书省事赠恭勤竭力功臣仪同三司太保封雍国公谥忠贞贺公神道碑》(《牧庵集》卷一七)。

阿鲁浑萨理卒。

按:阿鲁浑萨理(1244—1307),"回鹘北庭人,今所谓畏兀儿(辉和尔)也。以父字为全氏"。"从国师八思巴学浮屠法,不数月尽通其书,旁达诸国及汉语。世祖知其材,俾习汉文书,顷之遂通诸经史百家,若阴阳、历数、图纬、方技之说，靡不精诣。会国师西还，携与俱。岁余乞归省，师送之曰：'以汝之学，非为我佛弟子者，我敢受汝拜耶？勉事圣君。'相泣而别。比至阙，师已上书荐之裕宗，得召入宿卫，日以笔札侍左右。"阿鲁浑萨理历仕世祖、成宗两朝，历任集贤大学士、资德大夫、尚书右丞、太史院事、荣禄大夫、平章政事等职，对元廷设置集贤院、国子监建议甚多，为元朝实施儒治立下不小功绩。死后被追封为赵国公，谥文定。事迹见于赵孟頫《大元敕赐故荣禄大夫中书平章政事守司徒集贤院使领太史院事赠推忠佐理翊亮功臣太师开府仪同三司上柱国追封赵国公谥文定全公神道碑铭》（《松雪斋集》卷七，《赵孟頫集》，第 195 页）、《元史》卷一三〇"阿鲁浑萨理传"。

又按：据赵孟頫神道碑记载阿鲁浑萨理为人，"公开明廓深，喜怒不形于色，仁足以立政，智足以周物，明时务，识大体。初为世祖所知，而劝以治天下必用儒术，江南诸老臣及山林薮泽有道艺之士，皆宜招纳，以备选录。于是置集贤院，下求贤之诏，遣使天下。天下闻风而起，至者悉命公馆之，礼意周洽，皆喜过望。其有不称旨者，亦请厚费而遣之，以劝来者。而集贤长贰，极一时名流，尽公所荐用。又请置国子监学官，增博士弟子员，优其廪，既学者益众"。"公历事两朝余，二十年通夕未尝安寝，或一夕至再三召。日居禁中，经纶天下之务，虽妻子未尝闻其所言。每一政出，一令下，莫能知其自公也。"（《赵孟頫集》第 196—197 页）

又按：赵孟頫曰："太祖皇帝既受天命，略定西北诸国，回鹘最强，最先附，遂诏其主亦都护第五子，与诸皇子约为兄弟，宠异冠诸国。自是有一材一艺者，毕效于朝。至元、大德间，在位之臣非有攻城野战之功，斩将搴旗之勇，而道包儒释，学际天人，寄天子之腹心，系生民之休戚者，惟赵国文定而已"。（《赵孟頫集》第 194—195 页）

元武宗至大元年　戊申　1308 年

释普度进献《莲宗宝鉴》。

按：《莲宗宝鉴》又名《庐山莲宗宝鉴》《庐山莲宗宝鉴念佛正因》《念佛宝鉴》10 卷，乃阐述宋元净土宗支派白莲宗正统思想之著作。是叙述白莲宗宗义最详尽的资料，亦为研究宋元净土宗思想之重要资料。普度

《莲宗宝鉴序》云:"《莲宗宝鉴》一部,发明佛祖念佛三昧,已蒙诸尊善知识题跋印证。来诣大都,礼拜屬宾国公班的答师父主盟佛法。得奉法旨,教般若室利长老贤耶那、室利阇罗罗司丞,于至大元年十月十一日至隆福宫今上皇帝潜龙时分月海怯薛。第一日,亲捧《莲宗宝鉴》,启奉令旨,教刊板印行者,敬此。即于大都明理不花丞相施到无量寿法王寺内镂板,已遂毕工。所集洪因,端为祝延皇帝圣寿万安,皇太后、皇后齐年,太子、诸王千秋,文武官僚高增禄位,皇图永固,佛日光辉!凡日见闻,同成佛道。"(《全元文》卷一一一四,第35册,第76页)

爱薛卒。

按:爱薛(1227—1308)。爱薛生于叙利亚,景教徒。1246年抵达蒙古。通晓西域诸部语言,擅长星历医药。"公起家为定宗近侍,中统间掌西域星历、医药二司事。至元戊辰(1268),兼广惠司。丁亥,拜秘书监。己丑领崇福使。甲午加翰林学士承旨兼修国史。大德丁酉,遥授平章政事。丁未封秦国。"卒后赠官"推诚协力赞治功臣太师开府仪同三司上柱国",并追封拂林王,谥号忠献(程钜夫《故金紫光禄大夫平章政事翰林学士承旨秘书监领崇福司事秦国公爱薛赠推诚协力赞治臣太师开府仪同三司上柱国追封拂林王谥忠献制》)。据程钜夫神道碑记载,爱薛"刚明忠信,能自致身立节。于西域诸国语、星历、医药无不研习"(《程钜夫集》第57页),为中国传播回回星历、医药起过重要作用。事迹见程钜夫《拂林忠献王神道碑》(《雪楼集》卷五)、《万姓统谱》卷九九。

哈剌哈孙卒。

按:哈剌哈孙(1246—1308)。斡剌纳儿氏,父囊加台,从宪宗伐蜀,卒于军。至元九年(1272),袭号答剌罕。威重,不妄言笑,善骑射,工国书,又雅重儒术。为政斥言利之徒,一以节用爱民为务。有大政事,必引儒臣杂议。京师庙学以哈剌哈孙奏建而成。卒追赠推诚履政佐运功臣、太师、开府仪同三司、上柱国,追封顺德王,谥忠献。事见《元史》卷一三六。

又按:《剑桥中国辽西夏金元史》云:"海山是内亚之战中的英雄并且依然指挥着帝国最强大的军队。在另一方面,他的弟弟爱育黎拔力八达有好儒的名声,在汉人中颇得人心。但是,没有哈剌哈孙的支持,他们不可能夺得帝位;哈剌哈孙不仅控制着中枢机构,还在铁穆耳患病以后掌握着帝国卫军。作为右丞相,他能用暗中拖延的办法拒绝副署卜鲁罕皇后发出的诏旨,并且拒不让卜鲁罕一派使用所有的印信和动用国库款项;同时,他派出使者催促海山和爱育黎拔力八达尽快赶回京城。爱育黎拔力八达赶到大都后,于 4 月 4 日率领哈剌哈孙交给他的军队突袭宫廷,杀死阿忽台,囚禁了宗王阿难答和皇后卜鲁罕。反对势力就这样被消灭了,但是两兄弟间面临困难的选择。虽然爱育黎拔力八达因为控制了京城而居于有利地位,但海山不仅是年长者,还握有超过弟弟实力的军事力量。在他们的母亲答己(死于 1322 年)仲裁之下,兄弟二人达成协议,爱育黎拔力八达取消宫廷政变后的摄政举动。作为回报,海山在即位后封他的弟弟为皇太子。海山随即带领 3 万士兵从蒙古本土赶来,1307 年 6 月 21 日他在上都的即位是以忽邻勒台的方式举行的。但是,很清楚,1307 年的继承危机没有就此解决。此外,是在京城的以哈剌哈孙为首的大都官员的支持及海山本人控制的强大军队使他夺取了帝位。忽邻勒台不过是海山一派在以武力夺取帝位的事变后为取得必要的合法权威举行的一次仪式而已。"(〔德〕傅海波,〔英〕崔瑞德编,史卫民等译《剑桥中国辽西夏金元史》第 514 页)

元武宗至大二年　己酉　1309 年

陈孚卒。

按:陈孚(1259—1309),字刚中,号勿斋,临海人。曾以布衣献《大一统赋》。赋署为上蔡书院山长。调翰林国史院编修官,摄礼部郎中副梁。出使安南,迄不辱命,归来除翰林待制。卒后追封海陵郡公,谥文惠。《元史》称他,"天才过人,性任侠不羁,其为诗文,大抵任意即成,不事雕琢"(《元史》卷一九〇《儒学传二》,第 14 册,第 4339 页)。著有《观光稿》《交州稿》《玉堂稿》《天游稿》《桐江稿》《柯山稿》各 1 卷。事迹见《元史·儒学传》《台州府志》《临海县志》。

元武宗至大三年　庚戌　1310 年

拉施特丁《史集》于 14 世纪初完成。

按:《史集》又名《集史》,是 14 世纪初伊利汗国拉施特奉伊利汗合赞和合儿班答之命,主持编撰的一部世界通史著作,历时十年编纂而成。在波斯伊利汗国建立后将近半个世纪时,第七代伊利汗合赞为了让以成吉思汗家族为首的蒙古统治者的历史传诸后世,于伊斯兰教历700年(1300年9月—1301年9月)下诏让他的宰相拉施特编纂一部详细的蒙古史。在拉施特编完这部蒙古史之前,合赞汗于1304年去世。同年7月嗣位的其弟完者都汗,在举行了即位庆典后,询及此书的编纂情况,他披览了已编写出的草稿和一部分誊清稿后,下诏让拉施特将此书进行修改,继续编完。《蒙古史》编成后,于伊斯兰教历706年进呈完者都汗。完者都披览后,下诏将这部《蒙古史》题献于其兄合赞,定名为《合赞汗御修史》;接着,他又命令拉施特编写以世界各民族史,尤其是信仰伊斯兰教的各民族史为内容的第二部书——《世界史》,以及以世界各地区地理情况为内容的第三部书——《世界地志》。包括这三部书的全书定名为《史集》。伊斯兰教历710年(公元1310年),《史集》全部编成,进呈完者都汗御览。

又按:《史集》全书原分为三部:第一部为《蒙古史》,第二部为《世界史》,第三部为《世界地志》。但留传至今的只有前两部和一个残缺不全的附编:《阿拉伯、犹太、蒙古、拂郎、中华五民族世系谱》。第一部《蒙古史》包括第一至三卷,分别记述了乌古思及起源于乌古思亲属、后裔的各部落、民族,札剌亦儿、塔塔儿等十九个部落,克烈、乃蛮、汪古、唐兀、畏兀儿、吉利吉思等九个大部族,自古以来就称为蒙古的诸部落。成吉思汗先祖纪和1155—1227年的成吉思汗纪及同时代的亚洲、北非各国君主传,成吉思汗编年大事记、成吉思汗训言、军队编制,波斯伊利汗以外的成吉思汗后裔史以及旭烈兀至合赞诸伊利汗史。《蒙古史》完成期间,孛罗在伊利汗,提供大量资料。第二部为《世界史》,包括第四至七卷,分别记述了波斯古代诸帝王史迄萨珊王朝之衰亡,以及先知穆罕默德传,阿布·伯克尔以迄穆斯塔辛诸哈里发史,波斯后期伊斯兰教诸王朝史,包括哥疾宁、塞尔柱、花剌子模、撒勒噶尔、亦思马因派等王朝史,突厥、中华、犹太、拂郎、印度等民族的历史。

高克恭卒。

按:高克恭(1243—1310),讳克恭,字彦敬。其先西域人,后占籍大同。"公早习父训,于经籍奥义,靡不口诵心研,务极源委,识悟弘深。至元十二年,由京师贡补工部令史。江南归附,选充行台掾,复迁内台掾,复擢山东西道按察司经历。自工部为经历,率间岁一迁。""当时文法吏每多希旨,务从刻深,而公一用平恕。浙右风物繁会,众亦莫能浼以私。""至大三年(1310)春二月,还京师,客城南。将入觐,得寒疾,久不愈,至九月初四日卒,即以是月二十九日葬在佐山化山之原,从嘉甫先生之兆。公生于戊申十一月□日,享年六十有三。积官至大中大夫。"(邓文原《故大中大夫刑部尚书高公行状》,《全元文》卷六四九,第 21 册,第 96—97 页)工画山水,也善画竹,初学米芾,晚年师法董源、巨然,有作品《云横秀岭图》《墨竹坡石图》等存世。著有诗集《房山集》。事迹见《元诗纪事》卷一〇、《元诗选·二集》小传、邓文原撰《故大中大夫刑部尚书高公行状》(《巴西集》卷下)

又按:邓文原《故大中大夫刑部尚书高公行状》载:"公性极坦易,然与世落落寡合,遇知己则倾肝膈与交,终身亦不复疑贰。在杭,爱其山水清丽,公退即命僮挈樏杖屡适山中,世虑冰释,竟日忘归。好作墨竹,妙处不减文湖州。画山水,初学米氏父子,后乃用李成、董元、巨然法,造诣精绝。公卒后,购公遗墨者,一纸率百千缗。为诗不尚钩棘,自得天趣。尝见公作画,时虽贵交在侧,或不暇顾。有指谓公简傲者,久乃识其真。浙江所在多豪门右族,或飞语污公,公亦不为辨。暨北归,行李无长物,贷于人而后具舟费。"(《全元文》卷六四九,第 21 册,第 99—100 页)

戴表元卒。

按:戴表元(1244—1310),字帅初,一字曾伯,浙江奉化人。南宋末中进士,授建康府教授,以兵乱归剡。元大德八年(1304),被人推荐为信州教授,再调婺州,因病辞职。戴表元曾从王应麟、舒岳祥等游。著有《剡源集》30 卷。事迹见袁桷《戴先生墓志铭》(《清容居士集》卷二八)、《元史》卷一九〇、《新元史》卷二三七、《宋元学案》卷八五、近人孙莿侯有《戴剡源年谱》。

又按:《元史》载:"初,表元闵宋季文章气萎苶而辞骩骳,疲弊已甚,慨然以振起斯文为己任。时四明王应麟、天台舒岳祥并以文学师表一代,表元皆从而受业焉。故其学博而肆,其文清深雅洁,化陈腐为神奇,蓄而始发,间事摹画,而隅角不露,施于人者多,尤自秘重,不妄许与。至元、大德间,东南以文章大家名重一时者,唯表元而已。""其门人最知名者曰袁桷。袁桷之文,其体裁议论一取法于表元者也。"(《元史》卷一九〇《儒学传二》,第14册,第4336—4337页)

再按:张雨《读戴帅初集》云:"剡源诗卷落吾手,便似移家太白峰。学道昔惭山世远,知人今愧郭林宗。空山乐书有遗谱,白日天马无留踪。太息斯人不可见,厌将两耳闻寒蛩。"(《全元诗》第31册,第367页)

元武宗至大四年　辛亥　1311年

正月,元武宗海山卒。

按:元武宗孛儿只斤·海山(1281—1311),元朝第三位皇帝,蒙古帝国第七任大汗。他是元世祖忽必烈的曾孙、裕宗真金之孙、顺宗答剌麻八剌之子、成宗铁穆耳之侄。母亲是昭献元圣皇后答己,弟弟是仁宗爱育黎拔力八达。海山在位期间,"溥从宽大",大范围地封官赏赐,在中书省外另立尚书省,兴建元中都,推行理财政策,发行"至大银钞"和"至大通宝",强化海运、增课赋税。文化上,在崇信藏传佛教的同时延续宗教自由政策,并加封孔子为"大成至圣文宣王"。《元史》载:"四年春正月癸酉朔,帝不豫,免朝贺,大赦天下。庚辰,帝崩于玉德殿,在位五年,寿三十一。壬午,灵驾发引,葬起辇谷,从诸帝陵。夏五月乙未,文武百官也先铁木儿等上尊谥曰仁惠宣孝皇帝,庙号武宗。国语曰曲律皇帝。是日,请谥南郊。闰七月丙午,祔于太庙。武宗当富有之大业,慨然欲创治改法而有为,故其封爵太盛,而遥授之官众,锡赉太隆,而泛赏之恩溥,至元、大德之政,于是稍有变更云。"(《元史》卷二三《武帝本纪》,第2册,第530—531页)

安熙卒。

按:安熙(1270—1311),字敬仲,号默庵,藁城人。早年慕刘因之名,欲从之学,不果。乃从其门人,不屑仕进,家居教授弟子近数十年,著名者有苏天爵。教授必尊朱氏,人以为得刘因真传。著有《诗传精要》《春秋左氏纲目》《四书精(类)要考异》《续皇极经世书》《默庵集》5卷。事迹见《元史》卷一八九、苏天爵撰《默菴先生安君行状》(《滋溪文稿》卷二二)。

又按:虞集《安敬仲文集序》云:"《默庵集》者,诗文凡若干篇,藁城安君敬仲之所作,其门人赵郡苏天爵之所缉录者也。既缮写,乃来告曰:'昔容城刘静修先生得朱子之书于江南，因以之遡乎周、程、吕、张之传，以求达夫《论语》《大学》《中庸》《孟子》之说，古所谓闻而知之者，此其人欤？闻其风而慕焉者，敬仲也。与静修之居，间数百里耳，然而未尝见焉，徒因其门人乌叔备承问其说以为学，则是敬仲之于静修，盖亦闻而知之者乎？愿序而传焉。'嗟乎！知之为知，有未易一概言者。圣贤之道大矣，世多豪杰，能因其才识之所至，而知其所及者，其人岂易得哉？昔者天下方一，朔南会同，缙绅先生固有得朱子之书，而尊信表章之者。今其言衣被四海，家藏而人道之，其功固不细矣。而静修之言曰：'老氏者，以术欺世而自免者也。阴用其说者，莫不以一身之利害，而节量天下之休戚，其终必至于误国而害民。然而特立于万物之表，而不受其责焉，而自以孔孟之时义、程朱之名理自居，而人莫之夺也。'观其考察于异端，几微之辨，其精如此，则其下视一世之苟且污浊者，不啻螘蝼之细、犬豕之秽，岂不信然！敬仲氏终身师慕之，则其所见，何可量哉？然静修门人尝有与予同为国学官者，从问其师说，不予告也。退而求诸其书，见其告先圣文曰：'早因躁狂，若将有志。中实脆屈，未立已颓。揉厥无成，实由贪懦。时驰意去，凛不自容。顾念初心，恍焉如失。'观乎此言，则静修道德之所至可见矣。噫！吾道之大，岂委靡不振、卤莽依托者所可窃假于斯哉？其必有振世之豪杰而后可也。以予观于国朝混一之初，北方之学者，高明坚勇，孰有过于静修者哉？诚使天假之年，逊志以优入，不然，使得亲炙朱子，以极其变化充扩之妙，则所以发挥斯文者，当不止是哉！又尝求敬仲于其书矣，其告先圣文曰：'追忆旧闻，卒究前业。洒扫应对，谨行信言。余力学文，穷理尽性。循循有序，发轫圣途。以存诸心，以行诸己。以及于物，以化于乡。'然则敬仲得于朱子之端绪，平实切密，何可及也！诚使得见静修，廓之以高明，厉之以奋发，则刘氏之学，不既昌大于时矣乎？惜乎！静修既不见朱子，而敬仲又不获亲于静修。二君子者，皆未中寿而卒，岂非天乎？予与敬仲，年相若也。少则持未成之学以出，及粗闻用力之要，而气向衰，凛然有不及之叹。视敬仲之蚤有誉于当世，宁无慨然者乎？若苏生之拳拳于其师之遗书如此，益可见其取友之端矣。是皆予之所敬畏而感发者，故题以为序。泰定三年岁在丙寅五月九日，奉训大夫、秘书少监蜀郡虞集序。"（《虞集全集·道园类稿》卷一七，上册，第491—492页）。

吾丘衍卒。

按:吾丘衍(1272—1311),一作吾衍,字子行,号竹素、竹房、贞白,别署贞白居士、布衣道士,浙江衢州人,侨寓杭州。投身金石学,对推动印学发展颇有贡献,力矫唐宋六文八体失真之弊,以玉筋篆入印,精六书,工篆、隶书,他比赵孟頫小 18 岁,为密友,篆印与赵齐名。吾丘衍提倡"学古",崇尚汉印"平正"、"浑厚"之风,乃元代最早站在印学高峰上倡导汉印印风的大家之一。且古书读得多,通晓经史百家,熟懂音律,写得一手好篆书和隶书,能篆印,时人誉之"小篆精妙,当代独步","不止秦唐二李(指李斯、李阳冰)间"(虞集《书吾子行小篆卷后》,《虞集全集·道园类稿》卷三二,上册,第 404 页)。著有《重正卦气》《尚书要略》《春秋说》《十二月乐午谱》《说文续解》2 卷、《竹素山房诗集》3 卷、《续古篆韵》6 卷、《闲居录》1 卷、《极元造化集》《闲中漫稿》2 卷、《周秦刻石释音》1 卷、《钟鼎韵》1 卷、《石鼓诅楚文音释》1 卷、《学古编》1 卷、《晋文春秋》1 卷(又作《晋史乘》)、《楚史梼杌》1 卷《学古编续笺》1 卷、《古印式》2 卷(又作《古印文》)、《山中新语》等。事迹见《万历杭州府志》卷六六,《两浙名贤录》卷四四、宋濂撰《吾衍传》(《宋文宪公全集》卷四〇)。

元仁宗皇庆元年　壬子　1312 年

正月,升国史院秩从一品。

按:《元史·仁宗本纪》载:"壬戌,升翰林国史院秩从一品。帝谕省臣曰:"翰林、集贤儒臣,朕自选用,汝等毋辄拟进。人言御史台任重,朕谓国史院尤重;御史台是一时公论,国史院实万世公论。"(《元史》卷二四,第 2 册,第 549 页)

又按:程钜夫《翰林院升从一品谢表》:"天开文运,治载睹于熙朝。地切禁林,恩比崇于极品。具僚胥庆,斯道增华。(中谢)钦惟皇帝陛下德与日新,圣由天纵。遇儒臣而特异,相古所无。进院秩以示优,自今而始。亲授银章之重,益为玉署之荣。臣等学愧前修,位隆往代。典谟训诰,敢忘黼黻之勤。元首股,肱愿效赓歌之盛。"(《程钜夫集》第 54 页)

吴澄辞国子司业职,南归。

按:此事实由南北学者争端、吴澄教改失败,愤而离职所致。监学命属吏及诸生类十人追至通州河上,恳留,不从。朝廷特遣使请,终去。《元史》即此事评曰:"皇庆元年,吴澄升司业,用程纯公《学校奏疏》、胡文定公《六学教法》、朱文公《学校贡举私议》,约之为教法四条:一曰经学,二曰行实,三曰文艺,四曰治事,未及行。"吴澄"又尝为学者言,朱子于'道问学'之功居多,而陆子静以'尊德性'为主。问学不本于德性,则其弊必偏于言语训释之末,故学必以德性为本,庶几得之",此说遭致许多非议,"议者遂以澄为陆氏之学,非许氏尊信朱子本意,然亦莫知朱、陆之为何如也",吴澄莫辩,只得"一夕谢去","诸生有不谒告而从之南者"(《元史》卷一七一本传,第 13 册,第 4012 页)。此事始末,虞集《送李扩序》多有所载。

又按:虞集《送李扩序》载:"国家之置学校,肇自许文正公。文正以笃实之资,得朱子数书于南北未通之日,读而领会,起敬起畏。及被遇世祖皇帝,纯乎儒者之道,诸公所不及也。世祖皇帝圣明天纵,深知儒术之大,思有以变化其人而用之。以为学成于下,而后进于上,或疏远未即自达,莫若先取侍御贵近之特异者,使受教焉,则效用立见。故文正,自中书罢政为之师。是时风气浑厚,人材朴茂。文正故表章朱子小学一书以先之,勤之以洒扫、应对,以折其外,严之以出入、游息而养其中。掇忠孝之大纲,以立其本,发礼法之微权,以通其用。于是数十年彬彬然,号称名卿、材大夫者,皆其门人矣。呜呼!使国人知有圣贤之学,而朱子之书得行于斯世者,文正之功甚大也。文正殁,国子监始立。官府刻印章如典故,其为之者,大抵踵袭文正之成迹而已。然予尝观其遗书,文正之于圣贤之道,五经之学,盖所志甚重远焉。其门人之得于文正者,犹未足以尽文正之心也。子夏曰:'君子之道,孰先传焉?孰后倦焉?'程子曰:'圣贤教人有序,非是先传以近者、小者,而不教之以远者、大者也。'夫天下之理无穷,而学亦无穷也。今日如此,明日又如此,止而不进,非学也,天下之理无由而可穷也。故使文正复生于今日,必有以发理义、道德之蕴,而大启夫人心之精微,天理之极致,未必止如前日之法也。而后之随声附影者,谓修词申义为玩物,而从事于文章,谓辩疑答问为躐等,而始困其师长,谓无所献为为涵养德性,谓深衷厚貌为变化气质,是皆假美言以深护其短,外以聋瞽天下之耳目,内以蛊晦学者之心思。此上负国家,下负天下之大者也,而谓文正之学,果出于此乎? 近者吴先生之来为监官也,见圣世休明,而人才之多美也,慨然思有以作新其人,而学者翕然归之,大小如一。于是先生之为教也,辩传注之得失,而达群经之会同;通儒先之户牖,以极先圣之阃奥。推鬼神之用,以穷物理之变;察天人之际,以知经纶之本。礼乐制作之具,政刑因革之文,考据援引,博极古今,各得其当,而非夸多以穿凿。灵明通变,不滞于物,而未尝析事理以为二。使学者得有所据依,以为日用常行之地,得有所标指,以为归宿造诣之极。噫!近世以来,未能或之先也。惜夫在官未久,而竟以病归。呜呼!文正与先生学之所至,非所敢知所敢言也,然而皆圣贤之道,则一也。时与位不同,而立教有先后者,势当然也。至若用世之久速,及人之浅深,致效之远近小大,天也,非人之所能为也。仆之为学官,与先生先后而至。学者天资通塞不齐,闻先生言,或略解,或不能尽解,或暂解而旋失之,或解而推去渐远。退而论辩于仆,仆皆得因其才而达先生之说焉。先生虽归,祭酒刘公以端重正大临其上,监丞齐君严条约以身先之,故仆得以致其力焉。未几,二公有他除,近臣以先生荐于上,而议者曰:'吴幼清,陆氏之学也,非朱子之学也。不合于许氏之学,不得为国子师。是将率天下而为陆子静矣。'遂罢其事。呜呼!陆子岂易言哉?彼又安知朱、陆异同之所以然?直妄言以欺世拒人耳。是时仆亦孤立不可留,未数月,移病自免去。邓文原善之以司业召至,会科诏行,善之请改学法。其言曰:'今皇上责成成均至切也,而因循度日,不惟疲庸者无所劝,而英俊者摧败,无以见成效。'议不合,亦投劾去。于是纷然言吴先生不可,邓司业去而投劾为矫激,而仆之谤尤甚。悲哉!归德李扩,事吴先生最久,先生之书,皆得授而读之。先生又尝使来授古文,故于仆尤亲近。去年,以国子生举。今年,有司用科举法,依条试之,中选,将命以官,间来谒曰:"比得官犹岁月间,且归故乡治田亩,益得温其旧学,请一言以自警。"会仆将归江南,故略叙所见以授之。使时观之,亦足以有所感而兴起矣。"(《虞集全集·道园类稿》卷二〇,上册,第539—540页)

元仁宗皇庆二年 癸丑 1313年

贯云石为杨朝英所编《阳春白雪》作序。

按:《阳春白雪》乃杨朝英选辑元人小令、套数编成,杨氏另又编《太平乐府》,人称《杨氏二选》,元人散曲多赖此二书保存和流传。《阳春白雪》前后集共十卷,前集五卷为小令,后集五卷为套数。共选七十余家散曲。

又按:贯云石《阳春白雪序》云:"盖士尝云:'东坡之后,便到稼轩',兹评甚矣。然而比来徐子芳滑雅,杨西菴平熟,已有知者。近代疏斋媚妩,如仙女寻春,自然笑傲;冯海粟豪辣灏烂,不断古今,心事天与;疏翁不可同舌共谈;关汉卿、庾吉甫造语妖娇,却如小女临杯,使人不忍对殢。仆幼学词,辄知深度如此。年来职史稍稍退顿,不能追前数士,愧已!澹斋杨朝英选词百家,谓《阳春白雪》,征仆为之引。吁,阳春白雪久亡音响,评中数士之词,岂非阳春白雪也耶? 客有审仆曰:'适先生所评,未尽选中。谓他士何?'仆曰:'西山朝来有爽气。'客笑。澹斋亦笑。酸斋贯云石序。"(隋树森《新校九卷本阳春白雪》,中华书局 1957 年,第 3 页)

姚燧卒。

按:姚燧(1238—1313),字端甫,号牧庵,原籍柳城,徙武昌,姚枢侄,历任陕西汉中道提刑按察司副使,大司农丞,中宪大夫、江东廉访使,中奉大夫、江西行省参知政事,翰林学士承旨。"燧生三岁而孤,育于伯父枢。枢隐居苏门,谓燧蒙暗,教督之甚急,燧不能堪。杨奂驰书止之曰:'燧,令器也,长自有成尔,何以急为!'且许醮以女。年十三,见许衡于苏门。十八,始受学于长安。视流辈所作,惟见其不如古人,则心弗是也。二十四,始读韩退之文,试习为之,人谓有作者风。稍就正于衡,衡亦赏其辞,且戒之曰:'弓矢为物,以待盗也;使盗得之,亦将待人。文章固发闻士子之利器,然先有能一世之名,将何以应人之见役者哉! 非其人而与之,与非其人而拒之,钧罪也,非周身斯世之道也。'""至元七年(1270),衡以国子祭酒教贵胄,奏召旧弟子十二人,燧自太原驿致馆下","元贞元年(1295),以翰林学士召修《世祖实录》",至大二年(1309),"授荣禄大夫、翰林学士承旨、知制诰兼修国史。四年(1311),得告南归,中书以承旨召;明年(1312),复召。燧以病,俱不赴。卒于家,年七十六"。"燧先在苏门山时,读《通鉴纲目》,尝病国统散于逐年,不能一览而得其离合之概,至告病江东,著《国统离合表》若干卷","燧之学,有得于许衡,由穷理致知,反躬实践,为世名儒。为文闳肆该洽,豪而不宕,刚而不厉,春容盛大,有西汉风,宋末弊习,为之一变。盖自延祐以前,文章大匠,莫能先之"(《元史》卷一七四,第 13 册,第 4057、4058 页)。其文集久已散佚,著有《国史离合志》。清人纂有《牧庵集》36 卷(《元史》记为五十卷)、《牧庵词》2卷。事迹见《元史》卷一七四本传、《元儒考略》卷一、《宋元学案》卷九〇、《新元史》卷一五七、柳贯撰《姚燧谥文》(《待制集》卷八)、刘致编有《牧庵年谱》(《牧庵集》附录)。

孛罗卒。

按:孛罗(Bolod,蒙古语意为钢,1246—1313),蒙古朵儿边部人。少时起即为忽必烈之怯薛成员,元廷重臣。至元二十年(1283)四月,奉旨与爱薛等出使伊利汗国,1285 年抵达,后留居伊利汗,成为呼罗珊地区指挥官。他支持海合都,后来成为蒙古宫廷文化顾问,之后与阿八哈的妃子结婚。至元三十一年(1294),伊利汗海合都依孛罗陈述,行钞法于波斯。合赞汗在 1295 年即位,令孛罗为万夫长,伊利汗国宰相拉施特主编《史集》,蒙古史部分多据孛罗口述蒙古史事录入。元仁宗时封泽国公、永丰郡王。

郝天挺卒。

按:郝天挺(1247—1313),字继先,号新斋,出于朵鲁别族,自曾祖而上,居安肃州。"英爽刚直,有志略,受业于遗山元好问",以勋臣子,世祖召见,执掌文字,累官至中书左丞,后又拜河南行省平章政事。"皇庆二年(1313)卒,年六十七。赠光禄大夫、中书平章政事、柱国,追封冀国公,谥文定。天挺尝修《云南实录》五卷,又注唐人《鼓吹集》一十卷,行于世。"(《元史》卷一七四,第 13 册,第 4065—4066 页)事迹见《元史》卷一七四、《大明一统志》卷二、《元诗选·癸集》乙集小传。

元仁宗延祐元年　甲寅　1314 年

邓文原约于是年为贯云石文集作序。

按:邓文原《翰林侍读学士贯公文集序》写道:"余往在词林,职司撰著,获事翰林,承旨姚先生于当世文学士少许可,然每称贯公妙龄,才气英迈,宜居代言之选。予私窃幸,愿倘得从公言语文字间。先生之取人也,必信。未几,公入拜翰林侍读学士,而余适外补,莫偿所愿。越二年,余以国子司业征,日聚群弟子从呫哔,每休沐,或牵以他事,又不得一接颜面,如昔人所谓倾盖而论交者。虽俗士之款吾门日千百,而其乐终不以此易彼也。亡何而公与余相继南还。别之一年,公来游钱塘,过余,相见若平生欢。示所著诗若文,予读之尽编,而知公之才气英迈,信如先生所言者,宜其词章驰骋上下,如天骥摆脱羁羁,一踔千里,而王良、造父犹为之愕眙郤顾。吁!亦奇矣。儒先有言:古之名将,必出于奇,然后能胜;然非审于为计者不能奇,奇在速,速在果。此天下伟男子所为,非拘牵常格之士所知也。公之先大父丞相长沙王统师南伐,功在旗常。公袭其休泽,尝为万夫长,韬略固其素谙,词章变化,岂亦有得于此乎?汉李广、程不识俱称善将,广行无部曲行阵,不击刁斗自卫,幕府省文书,其事甚疏略,然声名常在不识右。如予者,自少好为文,董董守绳尺自程,终亦不能奇也,视公能不有愧哉?尝观古今能文之士,多出于羁愁草野,今公生长贵富,不为燕酣绮靡是尚,而与布衣韦布角其技,自以为乐,此诚世所不能者。夫名者,天下之公器也,公亦慎勿多取也夫!"(《全元文》卷六四七,第 21 册,第 32—33 页)

吕端善卒。

按:吕端善(1236—1314),字伯充,河内人。"廉希宪宣抚京兆,聘许衡教授生徒",伯充从许衡学。许衡为国子祭酒,举伯充为伴读,辅成教养,伯充之功为多(《元史》卷一六七本传)。仕至翰林侍读学士。"公退居于里,日与韩公择、萧公斠、同公恕讲论道义,从容函丈,而关、陕学徒从者益盛。由是士知自重而不苟进,尚经学而后文艺,皆文正启之,诸公有以成之也""笃信好学。既从许文正公游,专事践履,居家律身,养生送死,造次弗违于礼。盖关中土厚俗敦,太史杨文康公恭懿家世为儒,冠昏丧祭,一遵礼书。公之考府君乱定来归,念亲丧未葬,不御酒肉者数年,遇忌日辄悲泣。巫觋怪神,一无所信。将终遗命,勿用二氏。公之治丧,稽司马氏《书仪》,朱子《家礼》及杨文康公已行故实,使古人送终之正复见于世,故关中丧葬多合乎礼者,由公等一二儒家为之倡也"(苏天爵《元故翰林侍读学士赠陕西行省参政知事吕文穆公神道碑铭(奉敕撰)》,《滋溪文稿》卷七,第 95 页)。事迹见苏天爵《元故翰林侍读学士赠陕西行省参政知事吕文穆公神道碑铭(奉敕撰)》(《滋溪文稿》卷七),《元史》卷一六七本传。

卢挚约卒于此年。

　　按:卢挚(1235—约1314),字处道,又字莘老,号疏斋,又号嵩翁,涿郡人。累迁河南路总管。大德初,授集贤学士,持宪湖南,迁江东道廉访使。复入京为翰林学士,迁承旨,贰宪燕南河北道,晚年客寓宣城。文章与姚燧齐名,世称"姚卢",诗与刘因齐名,世称"刘卢",散曲则名在徐子方、鲜于枢之上。著有《疏斋集》,已佚。《全元散曲》存其小令一百二十首。事迹见《新元史》卷二三七、《元诗选·三集》小传。

　　又按:卢挚有诗文集《江东稿》,程钜夫《卢疏斋江东稿引》云:"疏翁意尚清拔,深造绝诣,莘莘不羁,故其匠旨辑辞往往隔千载,与古人相见。向者遣教余以其诗文一编曰《江东薰》,挹其风味,如在疏斋时也。余携以自随,泛舟江汉,相与卧起。噫!孰使余欣然于风波之上者?非此薰也耶?诗不古久矣,自非情其情而味其味,则东篱南山,众家物色,森戟凝香,寻常富贵,于陶韦乎何取?疏翁于此殊不疏,今又弭节骚国,抑尚有起予者乎?稿还因以讯之。"(《程钜夫集》第157页)

冯子振约卒于此年。

　　按:冯子振(1257—1314?),字海粟,号瀛州客,又号怪怪道人,湖南攸州人。与陈孚友善。所作散曲风格豪放潇洒,著有《梅花百咏》1卷。诗有《海粟诗集》,尝作《居庸赋》,首尾几五千言。《全元散曲》存其小令四十四首,以《鹦鹉曲》为最著。事迹见《元史·儒学二》《新元史》卷二三七、《元史类编》卷三五、《沅湘耆旧集》《元诗选·三集》小传。

元仁宗延祐二年　乙卯　1315年

首开科举,史称"延祐首科"。

　　按:皇庆元年(1312),初议行贡举之事。皇庆二年(1313)十月己卯,敕中书省议行科举。十一月甲辰,诏"以皇庆三年八月,郡县兴其贤者、能者,充贡有司,次年二月会试京师"(程钜夫《科举诏》,《雪楼集》卷一,《程钜夫集》第3页),"其程试之法,表章《六经》。至于《论语》《大学》《中庸》《孟子》,专以周、程、朱子之说为主,定为国是"(苏天爵《伊洛渊源录序》,《滋溪文稿》卷五,第74页)。"科场,每三岁一次开试。举人从本贯官司于诸色户内推举,年及二十五以上,乡党称其孝悌,朋友服其信义,经明行修之士,结罪保举,以礼敦遣,资诸路府。"(《元史》卷八一《选举志一》,第 2018 页)延祐二年(1315),二月己卯,会试进士。三月己卯,廷试进士,"知贡举乃读卷平章政事臣李孟,读卷参知政事臣赵世延,集贤学士臣赵孟頫皆坐"(许有壬《跋首科贴黄》,《至正集》卷七二,《全元文》卷一一八八,第 38 册,第 161 页)进士分为两榜,蒙古人、色目人为右,汉人、南人为左,第一名从六品,第二名以下及第二甲皆七品,第三为正八品。

延祐首科共录 56 人,所录取者:右榜(计 7 人,存疑 1 人):护都答儿(右榜第一),马祖常(会试右榜第一,廷试第二)、马祖孝、偰哲笃、哈八石、张翔、护都;左榜:汉人(计 11 人):张起岩、王沂、许有壬、梁宜、郭孝基、焦鼎、王士元、王弁、李武毅、文礼恺、邹惟新(一作邹维新);南人(计 28 人,存疑 1 人):赵篔翁、杨宗瑞、杨载、干文传、黄溍、曹敏中、欧阳玄、张士元、彭幼元、萧立夫、杨景行、罗曾、李路、许晋孙、刘彭寿、陈奎、李朝端、孙以忠、杨晋孙、李政茂、朱嵘、陈泰、张仲彬、尹安陆、马之骥(存疑)、李希贤、鲁伯昭、邹焕同。存疑(计 16 人):韩涣、司库、忻都、张泽、黄鸿荐、许云翰、易之序、蒋博、李芳斋、阎完、洪茂初、钟国光、廖应用、孙士敏、张仲铭、苑汝励。(余来明《元代科举与文学》)

胡祗通《紫山大全集》刊刻。

按:胡祗通《紫山大全集》乃其子太常博士胡持所编,门生刘赓有序。

又按:刘赓《紫山大全集序》云:"文章以气为主。其为气也,至大至刚,以直养而无害,则塞乎天地之间,赓读紫山胡公文集见之矣。紫山,公自号也。讳祗通,字绍开,磁之武安人。大父嵩,泰和名臣,考德珪,正大四年进士,儒林郎,主耀州富平簿。北渡后,公未及冠,便能从诸生习为程文,非所好也。潜心伊洛之学,慨然以斯文为己任,一时名卿士大夫,咸器重之。中统龙飞,锐于求治,张左丞文谦宣抚大名,辟公员外郎,入为中书省详定官。至元改元,诏立学士院,以应奉翰林文字被召,俄兼太常博士。百年坠典,一朝而复,天下翕然称之,以为礼乐文物,尽在是矣。中书以公优于为政,辍充户部员外郎,寻转省左右司。直言正色,无所顾忌,重忤相臣意,出为太原治中。外示优容,内实中伤之。会改河东提刑副大使而罢省幕,同僚有骤至执政者,终衔之,江南下,调荆南宣抚副使。十九年,权奸事败,庶政一新,抡选牧守。授济宁总管,考课为天下最,擢山东宪使,齐鲁风俗,为之一变。就拜翰林学士,不赴。又明年,提按浙西平江税司。逻卒恐吓市民赃露,公决遣之,行省颇有违言。即轻舟还相下,筑'读易堂'以居,若将终身焉。二十九年,制诏以耆儒硕德征,凡十人,公在第一,辞以疾不起,时年甫耳顺矣。卒年六十又七。书法妙一世,脱去翰墨蹊径,自成一家,唯鹿庵、紫山两公而已。平生著述《易解》三卷、《老子解》一卷,诗文号《紫山集》者六十七卷。公薨二十年,赓以事道过彰德,其子太常博士持将锓梓以寿其传,恳以序引为请。赓以不敏辞,迨四三年,而请益坚。呜呼,赓尝师事鹿庵先生,得告还东平,前诸生谓公曰:'敢以是数后进累吾绍开',且命之罗拜,公避之。鹿庵良久曰:'以师友之间待乎'公遂诺焉。赓才力谫薄,获与缙绅之列,残膏剩馥,得公沾丐者多矣,此意岂可忘哉。公之出处行己大方,有野斋、秋涧所撰神道碑祠堂记在,感念畴昔,非敢以为序也。姑述其梗概云尔。延祐二年(1315)重九日,翰林学士承旨、荣禄大夫、知制诰兼修国史门生刘赓序。"(《全元文》卷四六一,第 13 册,第 300—301 页)

李溥光诗集刊刻。

按:李溥光,一作普光,字玄晖,号雪庵,大同人。元代大头陀教著名宗师。至元、大德年间以楷书大字名世。以赵孟頫之荐,奉诏蓄发,元世祖特封他为昭文馆大学士、赐玄悟大师。大头陀教,糠禅,乃金元两代佛教一支"异端"教派。耶律楚材在《西游录序》中说金代中原传统佛教之外的教派时说:"西域九十六种,此方毗卢、糠、瓢、白莲、香会之徒,释氏之邪也。"(《全元文》卷一一,第 1 册 219 页)糠禅为刘纸衣金天会年间创设,反对禅宗专尚禅语的行径,主修头陀苦行,清净寡欲,严守戒律。蒙古入主中原时,以燕京而论,"市井工商之徒信糠者,十居四五"(耶律楚材《糠蘖教民十无益论序》,《全元文》第 1 册,第 227 页)。大头陀教在溥光时期,臻至极盛,扩展江南地区。(陈高华等《元代文化史》第 71—72 页)

又按:程钜夫《李雪庵诗序》云:"古今诗僧,至齐己、无本之流,非不工,而超然特见,高出物表,径与道合,未有若寒山子之诗,云顶敷之颂。得其旨者,惟昭文馆大学士、雪菴大宗师乎?师以澹泊为宗,虚空为友,以坚苦之行,为头陀之首,盖数十年矣。适然遇会,濡毫伸纸,发而为诗,有寒山、云顶之高,无齐己、无本之靡,不假徽轸,宫商自谐,得之目前,深入理趣,谓不足以流芳声于四海,振遗响于千禩,可乎?樵夫织妇,邂逅一语,犹万世不可跂及,况衣道食德,退观旷览若大宗师者耶?世欲知师之道,此固特其糠粃,然求其至,亦不外乎此也。诗云乎哉?诗云乎哉?平章政事张间公、右丞曹公、参政李公,得本于十二代宗师焦空庵,将刻诸梓,而俾予序之。延祐二年(1315)夏六月既望,广平程某序。"(《程钜夫集》第 181 页)

潘昂霄作《河源志》。

按:至元十七年(1280)十月,忽必烈派遣都实等人求黄河源,既还,图其形势,履其发源之地,纪其分流伏脉甚详。潘昂霄《河源志》乃据时任翰林学士承旨的阔阔出讲述写成。阔阔出是都实之弟,曾亲随兄长"抵西国,穷河源"。

又按:潘昂霄《河源志》载:"延祐乙卯春,圣天子以四海万国之广,轸念庶民艰虞罔控告也,分使诸外郡诸道,布扬德心,戚休兴替之,清污扬激之。畿甸密迩,独不得均其泽。越五月,诏前翰林学士承旨臣阔阔出,翰林侍读臣昂霄,奉使宣抚京畿西道。臣昂霄承命,惊悸罔措,唯务罄竭忠赤,尽民瘝后已。阔公一日语昂霄曰:'余尝从余兄荣禄公都实,抵西国,穷河源。'闻之,不觉瞿然以骇:'有是乎哉,请毕其语。'公曰:'世祖皇帝至元十七年(1280),岁在庚辰,钦承圣谕,"黄河之入中国,夏后氏导之,始自积石矣。汉唐所不能悉其源。今为吾地,朕欲极其源之所出,营一城,俾蕃贾互市,规置航传。凡物贡水行达京师,古无有也,朕为之,以永后来无穷利益。盖难其人,都实,汝旧人,且习读国语,往图汝谐"。授招讨使,佩金虎符以行。是岁四月,至河州。州东六十里,有宁河驿。驿西南五六十里,山曰捉马关,林麓穷险,译言泰石答班,启足寝高,一日程至岭,西迈愈高。四阅月,约四五千里,始抵河源。冬还,图城传位置以闻。上悦,往营之,授吐蕃等处都元帅,佩金虎符,置察案督工,工师悉资内地。造航为艘六十。城传措土物完,阔阔出驿闻,适相哥征昆哥臧不回力沮,遂止。翼岁,兄都实旋都。'河源在吐蕃朵甘思西鄙,有泉百余泓,或泉或潦,水沮洳散涣,方可七八十里,且泥淖弱,不胜人迹,逼观弗克。旁履高山,下视灿若列星,以故名火敦恼儿(今星宿海)。火敦,译言星宿也。群流奔凑,近五七里,汇二巨泽,名阿剌恼儿(即今鄂陵湖、扎陵湖)。自西徂东,连属吞噬,广轮马行一日程,迤逦东骛成川,号赤宾河。二三日程,水西南来,名亦里出,合赤宾。三四日程南来,名忽兰。又水东南来,名也里术,合流入赤宾。其流寖大,始名黄河。然水清,人可涉。又一二日,岐裂八九股,名也孙斡轮,译言九渡。通广六七里,马亦可度。又四五日程,水浑浊,土人抱革囊乘骑过之,民聚落纠木斡象舟傅毛革以济,仅容两人。继是,两山峡束,广可一里二里或半里,深巨测矣。朵甘思东北鄙,有大雪山,名亦而麻不莫剌,其山最高,译言腾乞里塔,即昆仑也。山腹至顶皆雪,冬夏不消。土人言,远年成冰时,六月见之。自八九股水至昆仑,行二十日程。河行昆仑南半日程地。又四五日程,至地名阔即及阔提,二地相属。又三日程,地名哈喇别里赤儿,四达之衢也,多寇盗,有官兵镇防。昆仑迤西,人简少,多处山南。山皆不穹峻,水亦散漫。兽有髦牛、野马、狼狍、羱羊之类。其东山益高,地亦渐下,岸狭隘,有狐可一跃越之者。行五六日程,有水西南来,名纳琳哈剌,译言细黄河也。又两日程,水南来,名乞儿马出,二水合流入河。河北行,转西,至昆仑北,二日程地,水过之北流,少东又北流。约行半月程,至贵德州,地名必赤里,始有州治官府。州隶河州置司土番等处宣慰司所辖。又四五日程,至积石州,即禹贡积石。五日程,至河州安乡关。一日程,至打罗坑。东北行,一日程,洮河水南来入河。又一日程,至兰州。其下过北卜渡,至鸣沙州。过应吉里州,正东行,至宁夏府。东南行,即东胜州,隶西京大同路地面。自发源至汉地,南北涧溪,细流傍贯,莫知纪极。山皆草山石山,至积石,方林木畅茂。世言河九折,彼地有二折,盖乞儿马出及贵德州必赤里也。汉张骞使绝域,羁联拘执,艰厄百罹,历大宛、月氏数国,其傍大国五六,皆称传闻,以为穷河源,乌能睹所谓河源哉。史称河有两源,一出于阗,一出葱岭。于阗水北行,合葱岭河,注蒲类海,不流,沈至临洮出焉。今洮水自南来,非蒲类明矣。询知土人,言于阗、葱岭水,其下流散之沙碛。又有言河与天河,通寻源得织女支机石以归,亦妄也。昆仑去嵩高五万里,阆风玄圃积石瑶华盖仙人所居,又何耶。《唐史·吐蕃传》:"河上流由洪济梁南二千里,水益狭,春可涉,秋夏乃胜舟。其南三百里,三山中高而四下,曰紫山,古所谓昆仑。"其言颇类,然止称河源其间云。国家敞天威,亘天所覆焘,无间海内外,冠带万国,罔非臣妾,视汉唐为不足诋,故穷河源,去万里,若步闺闼。嘻,盛典也,不可不志,因志之。都实族女真蒲察氏,统乌斯藏路,暨招讨都元帅,凡三至吐蕃。阔阔出,今除甘肃行省参知政事。是岁八月初吉,翰林侍读学士中奉大夫知制诰同修国史臣潘昂霄谨述。(《全元文》卷九一七,第 28 册,第 294—296 页)

杨奂卒。

按:杨奂(1245—1315),字焕然,乾州奉天人。"奂博览强记,作文务去陈言,以蹈袭古人为耻。朝廷诸老,皆折行辈与之交。关中虽号多士,名未有出奂右者。奂不治生产,家无十金之业,而喜周人之急,虽力不赡,犹勉强为之。人有片善,则委曲称奖,唯恐其名不闻;或小过失,必尽言劝止,不计其怨也。所著有《还山集》六十卷、《天兴近鉴》三卷、《正统书》六十卷,行于世。"(《元史》卷一五三,第 12 册,第 3622 页)著有《概言》10卷、《天兴近鉴》3 卷、《正统八例序》《东游阙里记》1 卷、《汴故宫记》1 卷、《紫阳东游记》1 卷。事迹见《元史》卷一五三、《钦定续通志》卷四五九、《元儒考略》卷一。

元仁宗延祐三年　丙辰　1316 年

亦黑迷失布施巨资于全国立一百座大寺院。

按:亦黑迷失于延祐三年(1316)为仁宗祈福,特施舍全国佛寺,并立《一百大寺看经记》。

又按:《一百大寺看经碑》载:"钦奉圣旨立碑,伏念亦黑迷失自幼年钦奉世祖薛禅皇帝,宣唤历朝,委用至今。圣恩莫报,特发诚心,谨施净财,广宣梵典,上……世祖薛禅皇帝、完者都皇帝、曲律皇帝圣恩,端为祝延。今上皇帝圣寿万安,皇太后、皇后齐年,太子千秋,诸王文武官僚同增禄位。风调雨顺,国泰民安,佛日增辉,法轮常转。敬就都城、西京、汴梁、真定、河南府、汝州、邢州、顺德府、明州补陀山、朝里宁夏路、西凉府、甘州、两淮、江浙、福建诸路一百大寺,各施中统钞一百锭,年收息钞,轮月看转三乘圣教一藏。其余寺院庵堂、接待,或施田施钞,看念四大部、《华严》《法华》等经,及点照供佛长明灯。谨写西天银字经一藏进上,当今皇帝回赐大都普庆寺看读。仍就都城新吉祥法王寺一区,赐寺地一顷,果园一所,印经一藏,施钞两百锭。又以中统钞一百锭就嘉兴路崇德州置苗田一百二十五亩,岁收租米一百石舍入杭州灵芝寺。续施钞两百锭与泉州承天、开元二寺。以上置田出息为岁念藏经费。又将原买兴化路仙游县租田二千余石,散施泉州、兴化各处寺院,递年看转藏经。其斋以岁收子粒多寡为率。然则财法无尽,因果俱彰。施心口于虚空,本无住向,惠性通于历劫,普导含灵。极真际以庄严,尽刹尘而回向。仍为祖祢宗亲,同超佛地;次冀亦黑迷失偕室中夫人茶茶身宫康泰、寿命延长、福禄荣迁、子孙昌盛。万行功圆之日,百年服满之时,普与法界众生,同证萨婆苦海。"(吴幼雄《泉州史迹研究》,厦门大学出版社1998年,第164页;陈丽华《元代畏吾儿航海家亦黑迷失与泉州港——以三方碑刻为中心》,《海文史研究》2017年第1期,第132—133页)

郭守敬卒。

　　按:郭守敬(1231—1316),字若思,河北顺德邢台人。曾设计开凿通惠河以通漕运,并修治其他河渠多处。至元十三年(1276),奉命参加创制了简仪、高表、候极仪、浑天象、玲珑仪、仰仪等十三件精巧仪器。提出"三次内插公式"及"球面直角三角形解法"。著有《授时历经》3卷、《授时历推步》7卷、《立成》2卷、《历议拟稿》3卷、《转神》1卷(又名《转神选择》2卷、《上中下三历注式》12卷、《时候笺注》2卷、《修改源流》1卷、《仪象法式》2卷、《二至晷影考》20卷(钱大昕《元史艺文志》注曰:齐履谦传二卷)、《五星细行考》5卷、《古今交食考》1卷、《新测二十八舍杂座入宿法极》1卷、《新测无名诸星》1卷、《月离考》1卷、《授时历法提要一》。事迹见齐履谦《知太史院郭公行状》(《国朝文类》卷五〇)、苏天爵《太史郭公》(《国朝名臣事略》卷九)。

元仁宗延祐四年　丁巳　1317年

僧一山一宁卒。

　　按:一宁(约1250—1317),本姓胡,号一山,浙江台州人。精通释典诸部、僧道百家、稗官小说,善于书法,相传为日本朱子学传播通释典诸部、僧道百家、稗官小说,善于书法,相传为日本朱子学传播者,又为日本五山文学创造者。日本后宇多天皇笃信佛教,最尊信他,卒赠国师。宇多曾亲题像赞曰:"宋地万人杰,本朝一国师。"著作今存《语录》2 卷,其高徒雪村友梅于其圆寂后入中国,留住 22 年之久,后成为日本五山文学的创始人。事迹见虎关师炼《一山国师妙慈弘济大师行记》《中国佛教百科全书》。

畅师文卒。

按:畅师文(1247—1317),字纯甫,号泊然,南阳人,徙襄阳。"幼警悟,家贫无书,手录口诵,过目辄不忘。弱冠,谒许衡,与衡门人姚燧、高凝皆相友善","至元五年(1268),陈时政十六策,丞相安童奇其才,辟为右三部令史。十二年,丞相伯颜攻宋,选为掾属,从定江南,及归,舟中惟载书籍而已"。十三年,编《平宋事迹》上之。二十三年,拜监察御史,上所纂《农桑辑要》书。大德十年(1306),改太常少卿,转翰林侍读学士、朝请大夫、知制诰同修国史。至大元年(1308),修《成宗实录》,时制作多出其手。延祐元年(1314),征拜翰林学士、资德大夫,四年(1317)秋八月,考河南乡试归,次襄县,卒于传舍,年七十一,葬襄阳岘山。泰定二年(1325),赠资政大夫、河南江北等处行中书省左丞、上护军,追封魏郡公,谥文肃。后至元八年(1341),加赠推忠守正亮节功臣(《元史》卷一七〇本传,第 13 册,第 3995—3998 页)。事迹见许有壬《大元故翰林学士资善大夫知制诰同修国史赐推忠守正亮节功臣资政大夫河南江北等处行中书省左丞上护军追封魏郡公谥文肃畅公神道碑铭》(《圭塘小稿》卷九)、《元史》卷一七〇本传、《元诗选·癸集》小传。

元仁宗延祐五年　戊午　1318 年

萧㪺卒。

按:萧㪺(1241—1318),字维斗,奉元咸宁人。儒学学者。读书终南山下,三十年屡征不应。卒谥贞敏。㪺致行甚高,践履笃实,关辅之士,翕然从之。《元史》称他,"博极群书,天文、地理、律历、算术,靡不研究"(《元史》卷一八九,第 14 册,第 4325 页),著有《勤斋集》8 卷及《三礼说》《三礼记》4 卷、《小学标题驳论》《九州志》等。事迹见苏天爵《元故集贤学士国子祭酒太子右谕德萧贞敏公墓志铭》(《滋溪文稿》卷八)、《元史》卷一八九、《元诗选·癸集》乙集小传。

刘敏中卒。

按:刘敏中(1243—1318),字端甫,号中庵,济南章丘人。至元十一年(1274),任监察御史,大德七年(1303),为宣抚使巡行诸道,大德九年(1305),召为集贤学士,曾针对混乱的朝政,向皇帝上10条疏,力图变法革新。卒赠光禄大夫、柱国,追封齐国公,谥"文简"。善文辞,"理备辞明",著有《中庵集》20卷、《平宋录》。事迹见曹元用《敕赐故翰林学士承旨赠光禄大夫柱国追封齐国公刘文简公神道碑铭并序》(元统间刻本《中庵集》卷首)、《元史》卷一七八、《大明一统志》卷二二、《元诗选·癸集》丙集小传。

拉施特丁卒。

按:拉施特丁(Rashid al-Din,1247—1318),起初担任伊利汗国的御医,后于1297年受合赞汗赏识任伊利汗国丞相。合赞汗过世以后,拉施特丁继续奉职继任可汗完者都汗。拉施特丁的政敌、另一宰相阿里沙进谗于不赛因汗,拉施特丁被罢免,阿米尔楚邦统治期间,拉施特丁曾重获职务,但最终仍获罪被处以腰斩。拉施特丁起初信奉犹太教,后来改宗伊斯兰教。拉施特丁一生著作丰富,尤其是《史集》影响深远。

程钜夫卒。

按:程钜夫(1249—1318),名文海,避武宗讳,以字行,号雪楼,又号远斋,江西建昌南城人。"长从族祖徽安先生若庸学,与今集贤直学士吴公澄为同门。徽庵乃饶双峰先生门人也",岁乙亥,建昌内附,至元十三年(1276),"随叔父入觐,遂留宿卫",十六年,"授应奉翰林文字、朝列大夫",十七年,"升中顺大夫、秘书少监,寻升集贤直学士、中议大夫,兼秘书少监。条陈五事:一曰会江南仕籍。二曰通南北之选。三曰置考功历。四曰置贪赃籍。五曰给江南官吏俸禄。皆采而行之"。二十年,"加翰林集贤直学士,同领会同馆事",二十三年,"改集贤直学士,进阶少中大夫",建议朝廷选官宜"内而省、院与监,外而行省、行院、宣慰司、路府、州县并皆参用南人",遂"以本官特拜嘉议大夫、侍御史,行御史台事,仍诏搜贤江南。初,诏令皆用国字,至是,上特命以汉字书之"。三十年,授正议大夫、福建闽海道肃政廉访使。大德四年(1300),"迁江南湖北道肃政廉访使",八年,"召为翰林学士、知制诰、同修国史。明年,加商议中书省事"。武宗即位,加正奉大夫。至大三年(1310),复授山南江北道肃政廉访使。仁宗即位,授浙东海右道肃政廉访使,寻留为翰林学士承旨、资善大夫、知制诰、兼修国史。皇庆元年(1312),"进荣禄大夫。上议行贡举之法,公即建白:'朱文公《贡举私议》为可损益而行。'且曰:'当今设科,宜优蒙古、色目人,以劝其趣学。然取士必以经学、行义为本,唐宋词章之弊不可袭也。'上是其言,即命公草诏行之"。延祐三年(1316),得旨南还。"五年(1318)七月十八日,薨于正寝。""所为文章雄浑典雅,混一以来,文归于厚者,实自公发之。累朝实录、诏制、典册纪之金石、垂之竹帛者,多公所定撰。"(揭傒斯《元故翰林学士承旨程公行状》,《程钜夫集》第471—474 页)"公在朝,以平易正大之学振文风,作士气,词章议论为海内所宗尚者四十年。"(危素《大元敕赐故翰林学士承旨光禄大夫知制诰兼修国史赠光禄大夫大司徒上柱国追封楚国公谥文宪程公神道碑铭》,《程钜夫集》第 477 页)。卒赠大司徒,追封楚国公,谥文宪。著《雪楼集》30卷。事迹见揭傒斯《元故翰林学士承旨程公行状》、危素《大元敕赐故翰林学士承旨光禄大夫知制诰兼修国史赠光禄大夫大司徒上柱国追封楚国公谥文宪程公神道碑铭》、元史本传等。

元仁宗延祐六年　己未　1319 年

张可久散曲集《今乐府》编成。

按:贯云石作《今乐府序》写道:"丝竹叶以宫征,视作诗尤为不易。予寓武林,小山以乐府示余。临风清玩,击节而不自知,何其神也!择矢弩于断枪朽戟之中,拣奇璧于颇物乱石之场。抽青配白,奴苏隶黄;文丽而醇,音和而平,治世之音也。谓之《今乐府》,宜哉!小山以儒家读书万卷,四十犹未遇。昔饶州布衣姜夔,献《铙歌鼓吹曲》,赐免解出身。尝谓史邦卿为句如此,可以骄人矣。小山肯来京师,必遇赏音,不至老于海东,重为天下后世惜。延祐己未春,北庭贯云石序。"(《全元文》卷一一四四,第 36 册第 192 页)

尚野卒。

按:尚野(1244—1319),字文蔚。祖籍保定,迁居满城。至元十八(1281 年)以处士征为国史编修,至元二十年(1283)兼兴文署丞。大德六年(1302)迁国子助教,进博士,至大元年(1308)除国子司业。任职博士期间,"(国子监)未备,野密请御史台,乞出帑藏所积,大建学舍以广教育"(《元史》卷一六四《尚野传》,第13册,第3861页),对元代国子学的发展至为有功。至大四年(1311)迁翰林直学士,皇庆元年(1312)升翰林直学士、延祐元年(1314)改集贤侍讲学士。卒谥文懿,为文讲究章法,与姚燧齐名。事迹见《元史》卷一六四。

察罕卒。

按:察罕(?—1319),西域板勒纥城人。初名益德,自号白云,人称白云老人。博涉经史,才德过人,初为忠宣公跃鲁赤所知,拔置幕下,后累迁为湖广行省理问,再改行枢密院经历。之后,弃官读书白云山,不久又起为武昌治中、河南行省郎中。入金詹事院事,进昭文馆大学士、太子府正,拜参知政事。不久以平章政事议中书事。察罕"廉慎广厚,所至称贤"。《元史》称其"魁伟颖悟,博览强记,通诸国字书"(《元史》卷一三七,《察罕传》,第11册,第3309页)。著有《历代帝王纪年纂要》等。事迹见程钜夫《大元河东郡公伯德公神道碑铭》《河东郡公伯德公夫人李氏墓碑》、(《雪楼集》卷一八、二〇)、《元史》卷一三七。

又按:程钜夫《白云平章画像赞》:温温其恭,廓廓其容。堂堂乎拔俗之标,犖犖乎学古之胸。宜夫致功则隆,致位则丰。身居庙堂之上,神游丘壑之中。匪青山与白云,孰与吾心而可同。(《程钜夫集》第282页)

元仁宗延祐七年　庚申　1320年

正月,仁宗崩于光天宫。

按:仁宗(1285—1320),孛儿只斤·爱育黎拔力八达,元世祖曾孙,太子真金次子答剌麻八剌次子,元武宗之弟,在位十年,寿三十有六。大德九年(1305年),出居怀州,后助其兄海山登基。元武宗即位后封他为皇太子,相约兄终弟及,叔侄相传。于武宗死时嗣位,年号皇庆和延祐。延祐七年(1320)五月乙未,群臣上谥曰圣文钦孝皇帝,庙号仁宗,国语曰普颜笃皇帝。《元史》评价仁宗认为:"天性慈孝,聪明恭俭,通达儒术,妙悟释典,尝曰:'明心见性,佛教为深;修身治国,儒道为切。'又曰:'儒者可尚,以能维持三纲五常之道也。'平居服御质素,澹然无欲,不事游畋,不喜征伐,不崇货利。事皇太后,终身不违颜色;待宗戚勋旧,始终以礼。大臣亲老,时加恩赉;太官进膳,必分赐贵近。有司奏大辟,每惨恻移时。其孜孜为治,一遵世祖之成宪云。"(《元史·仁宗本纪三》卷二六,第 2 册,第 594 页)

十二月,举行卤簿仪式。

　　按:《元史·英宗本纪》载:"辛未,拜住进《卤簿图》,帝以唐制用万二千三百人耗财,乃定大驾为三千二百人,法驾二千五百人。"(《元史》卷二七,第 609 页)据虞集记载:"七年(1320),英宗皇帝大驾自上都还,即亲祠太室,始服衮冕。大驾之至庙也,有司仓卒,凡旗幢伞盖之属,就以立仗行,皆重大,率数人持一物,天子制通天冠、绛纱袍服之,而辂弗素具,遂易常服御马而往,弗称上意。丞相拜住、太常八昔吉思奏取秘书所藏巽初(曾巽初)图书,而卤簿太兴矣。于是,改作太庙,凡川蜀江南大木之美,悉致之。凡旗帜之绣绘者,作于闽浙人,马铠甲被采饰者,作于江西。庀事严速,务极华好。方是时,治平既久,生息繁阜,一时民力毕用于此,郁乎文物之盛。"(《曾巽初墓志铭》,《全元文》卷八九五,第 27 册第 567 页)时任秘书监著作郎的袁桷作为拜住信重的文臣,竭尽才力创作《卤簿诗》,共五十韵、六百言,曲尽当时仪仗铺张之妙,可令未曾亲览者"如身在辇毂之下,而睹熙朝之弥文"。(黄溍《跋袁翰林卤簿诗》,《黄溍全集·金华黄先生文集》卷二一,上册,第 178 页)

王恽《秋涧先生大全文集》刊行。

　　按:王恽一生"三入翰林,遇事论列,随时记载",死后留下遗稿一百卷,在他去世十五年后,其全集被朝廷令浙江行省以公帑刊行。

　　又按:其子、翰林待制王公孺《秋涧先生大全文集后序》写道:"先考文定公,人品高古,才气英迈,勤学好问,敏于制作,下笔便欲追配古人,腾芳百代,务去陈言,辞必己出,以自得有用为主,精粹醇正非他人所可拟。自其弱冠,已尝请教于紫阳、遗山、鹿庵、神川诸名公,爱其不凡,提诲指授,所得为多。及壮,周旋于徒单侍讲、曹南湖、高吏部、郝陵川、王西溪、胡紫山之间,天资既异,师问讲习者又至,继之以勤苦不辍,致博学能文之誉闻于远近。其后,五任风宪,三入翰林,遇事论列,随时记载,未尝一日停笔。平生底蕴虽略施设,然素抱经纶,心存致泽,桑榆景迫,有志未遂,一留意于文字间,义理辞语愈通贯精熟矣,故学者以正传各家推尊之。既捐馆,公孺编类遗稿为一百卷,字几百万,咸谓学有余而不尽其用者,则其言必大传于后,奈家贫无力,不能刊播,言之尽伤,若茕茕在疚,恐一旦溘先朝露,目为不瞑矣。延祐已未岁冬,季孙苛方任刑曹郎官,走书于家,取其遗文,云朝廷公议先祖资善府君,平生著述,光明正大,关系政教,尝蒙乙览,致有弘益,堂移江浙行省给公帑刊行,以副中外愿见之心。公孺闻之,不胜欣跃。因念韩文公为唐大儒,学者仰之如山斗,其文集自唐至宋,历二百年之久,赖柳如京之贤,方刻板本流传于世。先君去世,今才十五寒暑,特蒙朝廷发扬如是,实为希阔之遇。于以见圣朝崇儒右文之美,光贲千古矣。延祐七年(1320)庚申正月哉生明,男王公孺百拜叙书于后。"(《全元文》卷四五八,第 13 册,第 252 页)

袁桷著《延祐四明志》成。

按:袁桷《延祐四明志序》载:"成周疆理之制,审于王畿,首合同姓以夹辅,至于四履则必假异姓焉以控遏之。先后疏附,曲尽其制,何周且详也!四方之志,犹惧其不能以悉知也,则必以外史掌之。社亡入秦,而书具在,区区刀笔吏,独能收其书、据要汉中,夫岂偶然也哉?世祖皇帝圣德神武,混平寰宇,首命秘书监儒臣辑《大一统志》,沉几远略,与昔圣人意旨吻合。然而郡志缺落,其遗轶未备焉者,不复以彻于上。马侯泽润之固尝为中秘官,知之矣。暨守四明,乃曰:'明旧有志,今为帅大府,浙东七州,推明为首,陀塞户版,物产地利,是宜究察以待问。清风旧德,与昔之高闶巨阀,属于宅里者,犹可考也。'谓桷久为史官,宜有述。桷尝闻之,洙泗遗俗,稽之以久远者,道德之泽也。诧锱铢之利以害于吾民,昔人之所不道。空虚设增,农日益困,甚者纪其山林屋室之盛,奉书诣庭,若执符契,争莫能已。是殆昔之无知者根其祸也。管夷吾作书训,子弟良厚,而内政以渔盐为急,儒者诟之。维明负山横江,岁厄于水旱,河渠是先,牧民之本。推其沿革,览其山川,知昔时得人之盛,宫室户口之无恒,释道遗文之盛衰,是皆足以增其永叹焉者矣。乃为十二考以志其事,遂不敢以荒落而有辞焉。马侯为政,恺悌恻隐,以宜于民,民以不病。郡博士吴君某,勤恪承令,询索州县之所宜闻者良备,因是得以成书焉。"(《袁桷集·清容居士集》卷二一,下卷,第 350 页)。

元英宗至治元年　辛酉　1321 年

贍思著《河防通议》2 卷成。

　　按：《河防通议》又名《重订河防通议》。《河防通议》原著者沈立，在宋庆历八年（1048），搜集治河史迹，古今利弊，撰著《河防通议》。原书久失传。而贍思《河防通议》根据当时流传的所谓"汴本"，其中包括沈立原著和宋建炎二年（1128）周俊所编《河事集》，以及金代都水监所编另一《河防通议》即所谓"监本"，加以整理删节改编而成，又被称作"重订河防通议"。

　　又按：贍思《河防通议序》记载道："水功有书尚矣，《禹贡》垂统于上，而《河渠书》《沟洫志》缵绪于下。后世间亦有述，逮宋、金而河徙加数，为害尤剧，故设备益盛，而立法愈密，其疏导则践禹迹而未臻，其壅塞则拟宣房而过之矣。金时都水监有书详载其事，目曰《河防通议》，凡十五门，其体制类今簿领之书，不著作者名氏，殆胥吏之记录也，今都水监亦存而用之。愚少尝学算数于真定，壕寨官张祥瑞之授以是书，且曰：'此监本也，得之于太史若思。'后十五年复得汴本，其中全列宋丞司点检周俊河事集，视监本为小异，虽无门类，而援引经史，措辞稍文，论事略备。其条目纤悉，则弗若之矣。署云：'朝奉郎尚书、屯田员外郎、骑都尉沈立撰。'愚患二本之得失互见，其丛杂纷纠，难于讨寻，因暇日摘而合之为一，削去冗长，考订舛讹，省其门，析其类，使粗有条贯，以便观览，而资实用云。至治初元岁在辛酉四月吉日，真定沙克什（贍思）序。"（《全元文》卷一〇二六，第 32 册，第 236 页）

张留孙卒。

　　按：张留孙（1245—1321），字师汉，信州贵溪人。少时入龙虎山学道，宋亡，从张宗演入觐，至元十五（1278）年受玄教宗师，大德中加号大宗师，武宗立升大真人，知集贤院事。至治元年（1321）十二月壬子卒于京师，"事闻，上震悼，遣使赙赠以礼。兴圣宫、中宫，使者继至，倾朝虚市来会哭，莫不悲恸。及出国门，送者填拥，接于郊畛。亭午霾雾翳日，冷风肃然，林木野草，人为须髯，车盖衣帽，簌簌成冰花，缟素如一。自京师至其乡，水陆数千里，所过郡县，迎送设奠，不约而集。比葬，四方吊问之使交至，自王公以下，治丧致客，未有若此盛者"（虞集《张宗师墓志铭》，《虞集全集·道园学古录》卷五〇,下册,第976—977页),袁桷作《有元开府仪同三司上卿辅成赞化保运玄教大宗师张公家传》(《清容居士集》卷三四),袁桷《祭张宗师》(《清容居士集》卷四三),《元史》卷二〇二有传。

董士选卒。

按:董士选(1252—1321),字舜卿,董文炳次子。"幼从文炳居兵间,昼治武事,夜读书不辍","宋降,从文炳入宋宫,取宋主降表及收其文书图籍,静重识大体,秋毫无所取,军中称之。宋平,班师,诏置侍卫亲军诸卫,以士选为前卫指挥使,号令明正,得士大夫心"。"世祖尝呼文炳曰董大哥,故帝以二哥呼士选。久之出为江浙行省右丞,迁汴梁行省平章政事,又迁陕西。""士选平生以忠义自许,尤号廉介,自门生部曲,无敢持一毫献者。治家甚严,而孝弟尤笃。时言世家有礼法者,必归之董氏。其礼敬贤士尤至。在江西,以属掾元明善为宾友,既又得吴澄而师之,延虞汲于家塾以教其子。诸老儒及西蜀遗士,皆以书院之禄起之,使以所学教授。迁南行台,又招汲子集与俱,后又得范梈等数人,皆以文学大显于时。故世称求贤荐士,亦必以董氏为首。晚年好读《易》,淡然终其身。每一之官,必卖先业田庐为行赀,故老而益贫,子孙不异布衣之士,仕者往往称廉吏云。"(《元史》卷一五六,第12册,第3676—3679页)事迹见吴澄《元荣禄大夫平章政事赵国董忠宣公神道碑》(《吴文正集》卷六四、《元史》卷一五六等)。

又按:吴澄《元荣禄大夫平章政事赵国董忠宣公神道碑》载:"公少而就傅,渐渍诗书,闲练礼法,坦明易直,沉毅雄伟。南征北讨,大小数千战,临难勇赴,应变奇捷。义死不以为慑,幸生不以为荣。既解军柄,请还虎符,世祖不许,曰:'虽位至宰辅,犹佩之,以旌伐也。'处大事、决大议,色和而语壮,必断之以经术,惟以国之利病、民之休戚为心。它有弗便,弗顾也。异己者虽甚忌公,然私窃心服,曰'正人也'。里人为不善,畏公之知,族人诣公辨曲直,望门辄止。受累朝宠锡,归必分赉宗党之贫者。军中所俘获,遗命命诸子悉纵为民。家徒四壁,立意豁如也。比其终,廪无遗粟,库无遗财。呜呼!真古所谓大丈夫哉!"(吴澄《元荣禄大夫平章政事赵国董忠宣公神道碑》,《全元文》卷五一一,第15册,第387页)。

李孟卒。

按：李孟（1255—1321），字道复，滁州上党（今山西长治）人，徙居汉中。博学，开门授徒，远近争从，一时名人如商挺、王博文，皆折行辈与交。元成宗去世，爱育黎拔力八达迎其兄海山（元武宗）入都，李孟主其事。武宗即位，李孟隐居许昌陉山。仁宗即位，拜中书平章，赐爵秦国公，延祐二年（1315）改封韩国公，又任翰林承旨。卒谥文忠。著有《秋谷集》。事迹见黄溍《元故翰林学士承旨中书平章政事赠旧学同德翊戴辅治功臣太保仪同三司上柱国追封魏国公谥文忠李公行状》（《文献集》卷三）、《元史》卷一七五、《元诗选·二集》小传。

又按：黄溍《元故翰林学士承旨中书平章政事赠旧学同德翊戴辅治功臣太保仪同三司上柱国追封魏国公谥文忠李公行状》云："公宇量闳廓，材略过人。三入中书，事关休戚，知无不言。援古证今，务归于至当。苟有益于国家，虽违众，而行无所惮。四方之士为时所推许者，甄拔无遗。汲引后进，未始有吝骄之色。品题所及，后多知名。公退，一室萧然。留连觞咏，言笑竟日，无异布衣时。其为文跌宕有奇气，要其归，一主于理。诗尤清壮丽逸，人争传诵之。盖公之历官、行事及平生大略可见者，若是而止。中朝大谋议，既非外间所得闻，它所奏陈，亦皆自削其稿，莫得而详也。公已定谥于奉常，而国史之传未立。许昌有公祠堂，翰林学士欧阳玄为之记。公诗文有《秋谷集》，御史中丞许有壬为之序。溍幸辱从两人之后，滥厕公门生之列。公嗣子献命溍为之状，以俟太史氏之采择。"（《黄溍全集·金华黄先生文集》卷三二，上册，第 421 页）

又按：许有壬《秋谷文集序》："相国李韩公秋谷先生薨之廿七年，子献由参议中书省事拜治书侍御史，进侍御史。有壬实中丞。一日，出先生文集俾序其端。昔苏子瞻恨不及一见范文正公，与其季子德孺同官于徐，序文正遗稿，以挂名文字中，自托门下士之末为幸。而有壬之擢第也，先生实座主。接余光，亲诲益不少，视子瞻之于范公，则有壬之幸多矣。序其敢辞！先生以雄邃之学为帝者师，功勋在王室，声名满天下，自九重以至于里巷，皆以字称。才气跌宕，落笔纵横，歌诗流播，荒陬下邑，传邮逆旅，往往大书于壁。然世知歌诗而不知其文，知其文而墓碑未出，不知其功勋之大之详也。国初因仍，吏治日就媮窳，士气奄奄仅属。先生在潜邸，日夕启沃，谓儒者可与守成，一旦当国，即行贡举。盖倡于草昧，条于至元，议于大德，沮尼百端，而始成于延祐，亦戛戛乎其艰哉！三十年来，得人之列于庶位者，可枚指也。士风之隆替，治化之枢纽在焉。大德之末，丁国势危疑，神器杌捏之会，犹操舟滟滪三峡，遇排山倒海之风，而能力赞秘策，卒底平济，非社稷之臣乎！若夫名爵扫地，而削其尤锡，予空帑而复其旧。太官恃不钩检而核其滥，宿卫依凭城社而汰其冗，贵近世臣，莫敢议及，乃挺身任之，灼知将来之危而不恤也。国家用儒者为政，至元而后炳炳有立者，先生一人而已。有壬因襧其概，使读是集者知有德有言，且以见功勋之出有原柢也。皇上追念勋德，赠旧学同德翊戴辅治功臣、太保、仪同三司、上柱国，追封魏国公，谥文忠。献字伯征，世济其美，讵可量也哉！"（《全元文》卷一一八七，第 38 册，第 129 页）

贺胜卒。

按：贺胜（？—1321），字贞卿，亦字举安，小字伯颜，以小字行。陕西鄠（今户县）人，贺仁杰之子。"尝从许衡学，通经传大义。年十六，入宿卫，凝重寡言，世祖甚器重之。"至元二十四年（1287），乃颜叛乱，"乃颜既败，帝还都，乘舆夜行，足苦寒，胜解衣，以身温之。帝一日猎还，胜参乘，伶人蒙采毳作狮子舞以迎驾，舆象惊，奔逸不可制，胜投身当象前，后至者断靮纵象，乘舆乃安。胜退，创甚，帝亲抚之，遣尚医、尚食视护。拜集贤学士，领太史院事，诏赐一品服。卢世荣、桑哥秉政，势焰熏灼，胜父仁杰留守上都，不肯为之下，桑哥欲阴中之，累数十奏，帝皆不听"。元成宗大德九年（1305），贺胜之父贺仁杰辞上都留守职，贺胜接任"兼本路都总管、开平府尹、虎贲亲军都指挥使。既至，通商贾，抑豪纵，出纳有法，裁量有度，供亿不匮，民赖以安"（《元史》卷一七九，第 14 册，第 4149、4150 页），元武宗至大三年（1310），贺胜官阶晋为光禄大夫、中书左丞相，仍行上都留守职，兼上都路总管府达鲁花赤达。随后，又被加授开府仪同三司、上柱国。仁宗时期，与太后宠臣铁木迭儿形成罅隙，铁木迭儿被仁宗罢宰相职。英宗时期，铁木迭儿担任丞相，诬陷贺胜乘坐仁宗皇帝赐小车迎英宗诏书是对英宗不敬，加罪将其杀害。泰定元年（1324），贺胜被平反，追赠为"推忠宣力保德功臣"、太傅、开府仪同三司、上柱国，封"秦国公"。元顺帝至正三年（1343），加赠"推忠亮节同德翊戴功臣"、太师，改封"泾阳王"。事迹见虞集《贺忠愍公神道碑（铭）》（《道园类稿》卷四〇),《元史》卷一七九本传。

元英宗至治二年　壬戌　1322 年

颁行"大元圣政国朝典章",即"元典章"。

　　按:是年建阳书坊始刊 60 卷本《大元圣政国朝典章》。全书分诏令、圣政、朝纲、台纲、吏部、户部、礼部、兵部、刑部、工部十大类,共六十卷,记事至延祐七年(1320)为止。又增附《新集至治条例》,分国典、朝纲以及吏户礼兵刑工六部共八大类,不分卷,记事至至治二年(1322)止。各大类之下又有门、目,目下列举条格事例,全书共有八十一门、四百六十七目、二千三百九十一条。《元典章》是研究元代历史不可缺少的重要文献之一,全部内容都由元代的原始文牍资料组成。元代政治、经济、文化等社会生活的各个侧面在书中都有具体生动的反映。

赵孟頫卒。

　　按:赵孟頫(1254—1322),字子昂,号松雪道人、水精宫道人,宋太祖子秦王德芳之后,世祖崇宪靖王伯圭。高宗无子,立子偁之子,是为孝宗。伯圭其兄也,赐第于湖州,故孟頫为湖州人。"皇元混一后,闲居里中。丘夫人语公曰:'圣朝必收江南才能之士而用之,汝非多读书,何以异于常人。'公益自力于学,时从老儒敖继公质问疑义,声闻涌溢,达于朝廷。吏部尚书夹谷公奇之,举翰林国史院编修官,辞。至元丙戌十一月,行台治书侍御史程公钜夫,奉诏搜访江南遗逸,得廿余人,公居首选。"(杨载《大元故翰林学士承旨荣禄大夫知制诰兼修国史赵公行状》,《全元文》卷八一二,第 25 册,第 579—580 页)"帝初欲大用孟頫,议者难之。二十四年六月,授兵部郎中","二十七年,迁集贤直学士"。"孟頫自念,久在上侧,必为人所忌,力请补外。二十九年(1292),出同知济南路总管府事。时总管阙,孟頫独署府事,官事清简。""会修《世祖实录》,召孟頫还京师","有旨书金字《藏经》,既成,除集贤直学士、江浙等处儒学提举,迁泰州尹,未上"。"至大三年(1310),召至京师,以翰林侍读学士,与他学士撰定祀南郊祝文,及拟进殿名,议不合,谒告去。""仁宗在东宫,素知其名,及即位,召除集贤侍讲学士、中奉大夫。延祐元年(1314),改翰林侍讲学士,迁集贤侍讲学士、资德大夫。三年,拜翰林学士承旨、荣禄大夫。帝眷之甚厚,以字呼之而不名。帝尝与侍臣论文学之士,以孟頫比唐李白、宋苏子瞻。又尝称孟頫操履纯正,博学多闻,书画绝伦,旁通佛、老之旨,皆人所不及。""六年(1319),得请南归","至治元年(1321),英宗遣使即其家俾书《孝经》"。二年(1322)六月卒,年六十九,"追封魏国公,谥文敏"。孟頫所著,有《尚书注》,有《琴原》《乐原》,得律吕不传之妙。诗文清邃奇逸,读之,使人有飘飘出尘之想。篆、籀、分、隶、真、行、草书,无不冠绝古今,遂以书名天下。天竺有僧,数万里来求其书归,国中宝之。其画山水、木石、花竹、人马,尤精致。前史官杨载称:"孟頫之才颇为书画所掩,知其书画者,不知其文章,知其文章者,不知其经济之学。人以为知言云。"(《元史》本传,卷一七二,第 13 册,第 4018—4023 页)"所著词章曰《松雪斋文集》。"著有《书今古文集注》(有作《尚书注》,已佚)、《洪范图》1 卷,已佚、《祭祀(礼)图》20 册、《琴原》1 篇、《律略》1 篇、《乐原》《禽经》1 卷、《印史》2 卷、《吴兴赋》。存世画有《重江叠嶂》《水村》《红衣罗汉》《秋郊饮马》《中峰行状》《胆巴碑》等;书迹有《洛神赋》《玄妙观重修三门记》《四体千字文》等;诗文有《松雪斋集》10 卷,外集 1 卷。事迹见杨载《大元故翰林学士承旨荣禄大夫知制诰兼修国史赵公行状》(《松雪斋集附录》)、欧阳玄《元翰林学士承旨荣禄大夫知制诰兼修国史赠江浙等处行中书省平章政事魏国公赵文敏公神道碑》(《圭斋文集》卷九)、《元史》卷一七二、《新元史》卷一九〇、《两浙名贤录》卷四六。

元明善卒。

按:元明善(1269—1322),字复初,大名清河人。工古文,与姚燧并称。尝参与修撰《成宗实录》,为仁宗译《尚书》节要,每讲一篇,仁宗必称善,又与修《武宗实录》,与修《仁宗实录》,颇受宠信。卒谥文敏。著有《大学中庸日录》《清河集》《龙虎山志》3 卷、《续修龙虎山志》6 卷。事迹见张养浩《故翰林学士资善大夫知制诰同修国史赠某官谥文敏元公神道碑铭》(《归田类稿》卷一〇)、马祖常《翰林学士元文敏公神道碑》(《石田文集》卷一一)、吴澄《元赠中奉大夫吏部尚书护军清河郡元孝靖公神道碑》(《吴文正集》卷六四)、《元史》卷一八一、《嘉靖清和县志》卷四。

又按:张养浩认为:"夫古文自唐韩、柳后,继者无闻焉。至宋欧阳公出,始起其衰而振之,曾、苏诸公相与左右,然距韩、柳犹有间。金源氏以来，则荡然无复古意矣。天开皇元，由无科举，士多专心古文，而牧庵姚公倡之，骎骎乎与韩、柳抗衡矣。其踵牧庵而奋者，惟君一人。盖其天分既高，又济以经学，凡有所著，若不经人道，然字字皆有根据，阵列而戈矛森，乐悬而金石具，山拔而形势峭，斗揭而光芒寒。"而元明善也以才高而傲世，"视他人所作，断断不以许。用是谤议逢午，盖由才高不肯少自谦晦所致，初无甚恶于人也"。（张养浩《故翰林学士资善大夫知制诰同修国史赠某官谥文敏元公神道碑铭》，《张养浩集》第 172 页）

再按：张养浩《挽元复初》云："韩孟云龙上下从，岂期神物去无踪。知君本自雄才刃，顾我安能直箭锋。一死一生空世隔，三薰三沐为谁容。平生碑版天留在，不朽何须藉景锺。"（《张养浩集》卷七，第 65 页）

元英宗至治三年　癸亥　1323 年

二月，颁行《大元通制》。

按：拜住患法制不一，有司无所守，请详定旧典以为通制。于是命枢密副使完颜纳坦、集贤学士侍御史曹伯启纂集累朝格例而损益之。凡二千五百三十九条，名曰《大元通制》。孛术鲁翀《大元通制序》云："仁庙皇帝御极之初，中书奏允，则耆旧之贤、明练之士，时则若中书右丞相杭、平章政事商议中书刘正等，由开创以来，政制法程可著为令者，类集折衷，以示所司。其宏纲有三：曰'制诏'，曰'条格'，曰'断例'。经纬平格、例之间。非外远职守所急，亦汇辑之，名曰'别类'。延祐三年（1316）夏五月，书成。敕枢密、御史、翰林、国史、集贤之臣相与正是。凡经八年，事未克果。今年春正月辛酉，上御棕殿。丞相援据本末，奏宜如仁庙制，制可。于是枢密副使完颜纳丹、侍御史曹伯启、判宗正府普颜、集贤学士钦察、翰林直学士曹元用以二月朔奉旨，会集中书平章政事张珪暨议政元老，率其属众共审定。时上幸柳林之地。辛巳，丞相以其事奏，仍以延祐二年（1315）及今所未类者，请如故事。制若曰：'此善令也，其行之。'由是，堂议题其书曰《大元通制》，命翀序之。"（《全元文》卷一〇二九，第 32 册，第 293 页）

八月二日，"南坡之变"发生，英宗被弑。

按：初，铁木儿既夺爵籍产，御史大夫铁失等以奸党不安，遂图谋立晋王也孙铁木儿为帝。是月癸亥，英宗自上都南还，驻跸南坡，铁失直入禁幄，手弑帝于卧所。遂立显宗子晋王也孙铁木儿为帝，是为南坡之变。帝死，年二十一，从葬诸帝陵。泰定元年（1324）二月，上尊谥曰睿圣文孝皇帝，庙号英宗。四月，上国语庙号曰格坚。

　　又按：元英宗（1303—1323），孛儿只斤·硕德八剌，蒙古族，元朝第五位皇帝，蒙古帝国第九位大汗。元仁宗嫡子。延祐七年（1320）三月即位，时年17岁，次年改元"至治"。《元史》引事例评价英宗写道："英宗性刚明，尝以地震减膳、彻乐、避正殿，有近臣称觞以贺，问：'何为贺？朕方修德不暇，汝为大臣，不能匡辅，反为谄耶？'斥出之。拜住进曰：'地震乃臣等失职，宜求贤以代。'曰：'毋多逊，此朕之过也。'尝戒群臣曰：'卿等居高位，食厚禄，当勉力图报。苟或贫乏，朕不惜赐汝；若为不法，则必刑无赦。'八思吉思下狱，谓左右曰：'法者，祖宗所制，非朕所得私。八思吉思虽事朕日久，今其有罪，当论如法。'尝御鹿顶殿，谓拜住曰：'朕以幼冲，嗣承大业，锦衣玉食，何求不得。惟我祖宗栉风沐雨，戡定万方，曾有此乐邪？卿元勋之裔，当体朕至怀，毋忝尔祖。'拜住顿首对曰：'创业惟艰，守成不易，陛下睿思及此，亿兆之福也。'又谓大臣曰：'中书选人署事未旬日，御史台即改除之。台除者，中书亦然。今山林之下，遗逸良多，卿等不能尽心求访，惟以亲戚故旧更相引用邪？'其明断如此。然以果于刑戮，奸党畏诛，遂构大变云。"（《元史》卷二八《英宗本纪二》，第 3 册，第633 页）

杨载卒。

　　按：杨载（1270—1323），字仲弘，其先居福建之浦城，后迁往杭州，遂为杭州人。"仲弘少孤，事母季氏尽孝而有礼。年几四十不仕。田理问用之得其文，荐之行中书，举茂材异等，不行。周御史景远强之至京师，俄以母丧去。贾户部国英数言其材能于朝，遂以布衣召入，擢翰林国史院编修官，与修《武宗实录》。书成，褒赐甚厚。居亡何，调管领系官海船万户府照磨，兼提控案牍。于是仁宗在御，方以科目取天下士。仲弘首应诏，登延祐二年（1315）进士乙科。用有官恩例视第一人，授承务郎、饶州路同知浮梁州事。秩满，迁儒林郎、宁国路总管府推官。未上，以至治三年（1323）八月十五日卒，得年五十有三。"（黄溍《杨仲弘墓志铭》，《黄溍全集·金华黄先生文集》卷三三,下册,第 475—476 页)与虞集、范梈、揭傒斯齐名,时中州人称虞集诗如"汉廷老吏"、杨诗如"百战健儿"、范诗如"唐临晋帖"、揭诗如"三日新妇"。著有《杨仲弘诗集》8 卷。事迹见黄溍撰《杨仲弘墓志铭》(《文献集》卷八上)、《元史》卷一九〇、《新元史》卷二三七、《元诗选》初集、《蒙兀儿史记》卷一二〇、《元诗纪事》卷一三。

又按:黄溍云:"仲弘平居,性和易,然于论议臧否,未尝有所假借。其游从皆当世伟人,吴兴赵公在翰林,尤爱重之,亟称其所为文,由是仲弘名益闻诸公间。盖仲弘于书无所不读,而其文,益以气为主,毫端靁靁,纵横钜细,无不如其意之所欲出。譬如长风怒帆,一瞬千里,至于畸岸之萦折,舷敧柂侧,亦未始有所留碍也。凡所撰著,未及诠次以行,而人多传诵之。溍尝评其文博而敏、直而不肆,仲弘亦谓溍曰:子之文,气有未充也,然已密矣。溍每叹服其言,今已矣,无与共论斯事矣。"(《杨仲弘墓志铭》,《黄溍全集·金华黄先生文集》卷三三,下册,第 476 页)

元泰定帝元年　甲子　1324 年

印度僧人指空入朝讲法,皇帝听讲。

按:指空(约 1255—1363),本名提纳薄陀(Dhyanabhadra),提纳(Dhyna),亦译为"禅",而"薄陀"(Bhadra)则为"跋陀罗"(为十六罗汉之一),"提纳薄陀"意即"禅罗汉",指空是法号。"师自言:吾曾祖讳师子胁,吾祖讳斛饭,皆王迦毗罗国。吾父讳满,王摩竭提国;吾母香至国公主。吾二兄悉利迦罗婆、悉利摩尼。""八岁备三衣,送那兰陀寺。讲师律贤所剃染五戒,学大般若。若有得,问诸佛众生虚空三境界。师云:'非有非无,是真般若,可往南印度楞迦国吉祥山普明所,研究奥旨。'时年十九。""吾之行化于中国也,遇北印度摩诃班特达于西番,偕至燕京。居未久,西游安西王府,与王傅可提相见。"(〔高丽〕李穑《西天提纳薄陀尊者浮屠铭》)"皇元泰定初,中印土王舍城刹底里孙曰指空师,见晋王于开平,论佛法称旨,命有司岁给衣粮。师曰:'吾不为是也。'因东游高句骊,礼金刚山法,起菩萨道场。"(危素《文殊师利菩萨无生戒经序》,《全元文》卷一四七一,第 48 册,第 237 页)

又按:"迦毗罗"(Kapilavastu)也译迦维罗卫、迦维罗竭、劫比罗伐堵等,为古印度邦国,故地在今尼泊尔南境巴达利亚地区。约在公元前6世纪左右,迦毗罗国为拘萨罗国(Kosala)所灭。丁福保《佛学大辞典》:"斛饭,梵名途卢檀那,Dron·odana,或作 Dotodana,又译谷净,师子颊王之子、净饭王之弟、释尊之叔父也。""摩竭提"(Mag adha)亦译摩揭陀,为一古印度王国,兴起于公元前7世纪,势力强盛时几乎辖有印度全境,12世纪末为穆斯林征服。"那兰陀寺"(Nland)意译施无厌,位于摩揭陀国王舍城外,是印度古代最著名的佛教寺庙,其故址在今比哈尔邦巴特那县境内腊季吉尔(Rjgir)西北的巴尔贡村。"指空曾游历中国西南地区和长江中下游地区,其路线是自陕西西安,经甘肃、四川、云南、贵州、湖南、湖北、江西、安徽至江苏扬州。泰定年间(1324—1327)至上都(滦京)见元帝。高丽忠肃王十三年(1326)去高丽,在金刚山作"法起道场",游历高丽著名佛教圣地,在韩国京畿道杨州天宝山倡建桧岩寺,至今仍为韩国禅教曹溪宗最重要的道场。指空对韩国佛教影响尤其巨大,其地位,相当于鸠摩罗什、达摩之于中国。高丽最末一代王师、曹溪宗大禅师懒翁受法于指空,因而他被尊崇为"师之师"。他雠校和翻译《观自在菩萨广大圆满无碍大悲心大陀罗尼》《观世音菩萨施食》等经典。参见段玉明《指空行实发微》(《云南社会科学》1999年第3期,第79—87页);祁庆富、杨玉著《民族文化杂俎》,第51—52页。

又按:危素《文殊师利菩萨无生戒经序》载:"梁武帝时,菩萨达摩至于金陵,问答不契,提芦渡江,留《楞伽经》曰:'此可传佛心宗。震旦之人有为佛氏学者,敬信而诵习之。'因是而开悟者未易悉数。盖天竺距中国十万余里,言语不通,文字亦异,则其书之未及翻译者尚多有之,不独《楞伽》而已。皇元泰定初,中印土王舍城刹底里孙曰指空师,见晋王于开平,论佛法称旨,命有司岁给衣粮。师曰:'吾不为是也。'因东游高句骊,礼金刚山法,起菩萨道场。国王众诸臣僚合辞劝请少留,师乃出文殊师利菩萨《无生戒经》三卷,欲使众生有情无情,有形无形,咸受此戒。闻者欢喜谛听。血食是邦者曰三岳神,亦闻此戒,却杀生之祭,愈增敬畏。师之言曰:'直指人心,见性成佛,我道则然。'说法放戒,老婆心切。故是经因事证理,反复详明。读者若《楞伽》之初至,叹息希有。呜呼!五浊恶世,其人之迷谬已甚,不有以警动开谕之,终无以入道之基矣。师之学得于南印度吉祥山普明尊者。天历皇帝诏与诸僧讲法禁中,而有媢嫉之者,窘辱不遗余力,师能安常处顺,湛然自晦。居无何,诸僧陷于罪罟,师之名震暴外中,四方信向弥笃。今皇帝眷遇有加。资政院使姜金刚既施财,命工刻是经以传,门人达蕴请予为序。"(《全元文》卷一四七一,第48册,第237—238页)

二月,肇开经筵。

按:《元史》亦载,泰定帝"甲戌,江浙行省左丞赵简,请开经筵及择师傅,令太子及诸王大臣子孙受学,遂命平章政事张珪,翰林学士承旨忽都鲁都儿迷失、学士吴澄、集贤直学士邓文原,以《帝范》《资治通鉴》《大学衍义》《贞观政要》等书进讲"。(《元史》卷二九《泰定帝本纪一》,第3册,第644页)

又按:虞集《书赵学士简经筵奏议后》载:"泰定元年(1324)春,皇帝始御经筵,皆以国语译所说书,两进读,左丞相独领之。凡再进讲,而驾幸上都,次北口,以讲臣多高年,召王结及集执经从行。至察罕行宫,又以讲事亟召中书平章张公珪,遂皆给传,与李家奴、燕赤等俱行。是秋,将还,皆拜金纹对衣之赐,独遣人就赐赵公简于浙省,加白金焉,赏言功也。四年之间,以宰执与者,张公珪之后,则中书右丞许公师敬与今赵公世延也;御史台则中丞撒忒迷失;而任润译讲读之事者,翰林则承旨野仙帖木儿、忽鲁而迷失;学士吴澄幼清、阿鲁威叔重、曹元用子贞、撒撒干伯瞻、燕赤信臣、马祖常伯庸及集,待制彭寅亮允道、吴律伯仪,应奉许维则孝思也;集贤则大学士赵简敬甫,学士王结仪伯,邓文原善之也;李家奴德源、买闾仲璋皆礼部尚书;吴忽都不花彦弘中书参议,张起岩梦臣中书右司郎中也。或先或后,或去或留,或从或否,或久或暂,而集与燕赤则四岁皆在行者也。今大丞相自援立后,每讲必与左丞相同侍,而张公既归老,犹带知经筵事,皆盛事也。今年春,赵集贤始以建议召入侍讲。一日,既进书,待命殿庐,赵集贤慨然叹曰:于是四年矣,未闻一政事之行,一议论之出,显有取于经筵者,将无虚文乎?集乃言曰:乡者公奏荧惑退舍事,玉音若曰:讲官去岁尝及此,又欲方册便观览。命西域工人捣楮为帙,刻皮镂金以护之,凡二十枚,专属燕赤,缮录前后所进书。以此观之,简在上心明矣。诚使少留渊衷,则见于德业者,何可得而名哉?且先儒有言:政不足适,人不与间,其要格心而已。然则所虑者,言不足以达圣贤之旨,诚不足以感神明之通,吾积吾诚云耳,他不敢知也。然而集贤恳恳切至,于孟子之所谓恭敬者,盖可见焉。故并书于奏议稿后而归之。(召而不至者,不及一一书。入筵前后除擢,亦不备载。)四年十二月朔旦书。"(《虞集全集·道园类稿》卷三三,上册,第423—424页)

马端临《文献通考》刊成。

按:李谨思《通考序》称全书著成于丁未之岁,即元成宗大德十一年(1307),仁宗延祐五年(1318),道士王寿衍访得,次年奏之于朝。至治二年(1322)官家为之刊行,至泰定元年(1324)刊成。

又按:王寿衍《进文献通考表》曰:"臣寿衍言,臣于延祐四年七月,恭奉圣旨,给赐驿传,令臣寿衍寻访道行之士者。臣窃谓:野有遗贤,非弓旌而莫致,朝能信道,必简册之是稽。爰竭愚衷,用干圣听。钦惟皇帝陛下,励精图治,虚己待人。一视同仁,若神尧之御下;九功惟叙,体大禹之协中。阴阳顺而风雨时,礼乐兴而刑罚中。是皆陛下本乎清净,臻兹太平,下至飞潜动植之微,均被鼓舞甄陶之化。使指所及,虽刍荛之言必询;人才之难,由杞梓之朽弗弃。是以采儒流之著述,庶几益圣主之谋猷。臣伏睹饶州路乐平州儒人马端临,乃故宋丞相廷鸾之子,尝著述《文献通考》三百四十八卷,总二十四类。其书与唐杜佑《通典》相为出入。杜书肇自隆古,以至唐之天宝,今马氏所著,天宝以前者视杜氏加详焉,天宝以后至宋宁宗者,又足以补杜氏之阙。其二十四类类各有考,一曰田赋,二曰钱币,三曰户口,四曰职役,五曰征榷,六曰市籴,七曰土贡,八曰国用,九曰选举,十曰学校,十一曰职官,十二曰郊社,十三曰宗庙,十四曰王礼,十五曰乐,十六曰兵,十七曰刑,十八曰经籍,十九曰帝系,二十曰封建,二十一曰象纬,二十二曰物异,二十三曰舆地,二十四曰四裔。其议论则本诸经史而可据,其制度则会之典礼而可行。思惟所作之勤劳,恐致斯文之隐没,谨誊书于楮墨,远进达于蓬莱;幸垂乙夜之观,快睹五星之聚。臣寿衍冒犯天威,无任战兢惶惧屏营之至。臣寿衍诚惶诚恐,顿首顿首谨言。延祐六年(1319)四月　日,弘文辅道粹德真人臣王寿衍上表。"(《全元文》卷九三三,第28册,第560—561页)

周德清《中原音韵》完成。

按:周德清《中原音韵自序》云:"乐府之盛,之备,之难,莫如今时。

其盛,则自搢绅及闾阎歌咏者众。其备,则自关、郑、白、马一新制作,韵共守自然之音,字能通天下之语,字畅语俊,韵促音调;观其所述,曰忠、曰孝,有补于世。其难,则有六字三韵,'忽听、一声、猛惊'是也。诸公已矣,后学莫及!何也?盖其不悟声分平仄,字别阴阳故也。"(《历代曲话汇编·唐宋元编》,第 229 页)

又按:虞集《中原音韵序》:"乐府作而声律盛,自汉以来然矣。魏晋、隋唐体制不一,音调亦异,往往于文虽上,于律则弊,宋代作者如苏子瞻,变化不测之才,犹不免制词如诗之诮。若周邦彦、姜尧章辈,自制谱曲,稍称通律,而词气又不无卑弱之憾。辛幼安自北而南,元裕之在金末国初,虽词多慷慨,而音节则为中州之正,学者取之。我朝混一以来,朔南暨声教士大夫,歌咏必求正声,凡所制作皆足以鸣国家气化之盛,自是北乐府出,一洗东南习俗之陋。大抵雅乐之不作,声音之学不传也久矣,五方言语又复不类。吴楚伤于轻浮,燕冀失于重浊,秦陇去声为入,梁益平声似去,河北河东取韵尤远,吴人呼饶为尧,读武为姥,说如近鱼,切珍为丁心之类,正音岂不误哉?高安周德清工乐府、善音律,自制《中原音韵》一帙,分若干部,以为正语之本,变雅之端。其法以声之清浊定字为阴阳,如高声从阳,低声从阴,使用字者随声高下措字,为词各有攸当,则清浊得宜而无凌犯之患矣。以声之上下分韵为平仄,如入声直促难谐,音调成韵之入声,悉派三声志以黑白,使用韵者随字阴阳置韵成文,各有所协,则上下中律而无拘拗之病矣。是书既行于乐府之士,岂无补哉?又自制乐府若干,调随时体制不失法度,属律必严,比事必切,审律必当,择字必精,是以和于工商,合于节奏而无宿昔声律之弊矣。余昔在朝,以文字为职,乐律之事每与闻之,尝恨世之儒者薄其事而不究心,俗工执其艺而不知理,由是文律二者不能兼美。每朝会大合乐,乐署必以其谱来翰苑请乐章,唯吴兴赵公承旨时以属官所撰不协,自撰以进,并言其故,为延祐天子嘉赏焉。及余备员,亦稍为檃括,终为乐工所哂,不能如吴兴时也。当是时,苟得德清之为人,引之禁林,相与讨论斯事,岂无一日起予之助乎?惜哉,余还山中,眊且废矣,德清留滞江南又无有赏其音者,方今天下治平,朝廷将必有大制作兴乐府以协律如汉武宣之世然,则颂清庙歌郊祀撼和平正大之音,以揄扬今日之盛者,其不在于诸君子乎?德清勉

之。前奎章阁侍书学士虞集书。"(《中原音韵》卷首,《历代曲话汇编·唐宋元编》第227—228页)

又按:欧阳玄《中原音韵序》写道:"高安周德清,通声音之学,工乐章之词,尝自制声韵若干部,乐府若干篇,皆审音以达词,成章以协律,所谓'词律兼优'者。青原好事君子,有绣梓以广其传,且征予序。予谓:孙吴时有周公瑾者,善音律,故时人有'曲有误,周郎顾'之语;宋季有周清真者,善乐府,故时人有'美成继妙词'之称;今德清兼二者之能,而皆本于家学如此,予故表诸其端云。翰林学士欧阳玄序。"(《欧阳玄全集·圭斋文集补编》卷八,下册,第589—590页)

又按:琐非复初《中原音韵序》云:"余勋业相门,貂蝉满座,列伶女之国色,歌名公之俊词,备尝见闻矣。如《大德天寿贺词·普天乐》云:'凤凰朝,麒麟儿。明君天下,大德元年。万乘尊,诸王宴,四海安然。朝金殿,五云楼瑞霭祥烟。群臣顿首,山呼万岁,洪福齐天。'音亮语熟,浑厚宫样,黄钟、大吕之音也,迹之江南,无一二焉。吾友高安挺斋周德清,以出类拔萃通济之才,为移宫换羽制作之具,所编《中原音韵》并诸起例,平分二义,入派三声,能使四方出语不偏,作词有法,皆发前人之所未尝发者,所作乐府、回文、集句、连环、简梅、雪花诸体,皆作今人之所不能作者。略举回文'画家名有数家,嗅人门闭却时来问',皆往复二意;《夏日》词'蝉自洁其身,萤不照他人',有古乐府之风;《红指甲》词'朱颜如退却,白首恐成空',有言外意;俊语有'合掌王莲花为开,笑靥破香腮',切对有'残梅千片雪,爆竹一声雷。雪非雪,雷非雷',佳作也。长篇短章,悉可为人作词之定格。赠人黄钟云:'篇篇句句灵芝,字字与人为样子',其亦自道也。以余观京师之目,闻雅乐之耳,而公议曰:'德清之韵,不独中原,乃天下之正音也;德清之词,不惟江南,实当时之独步也。'然德清不欲衒名于世。青原友人罗宗信能以具眼识之,求锓诸梓,噫,后辈学词之福耳! 西域拙斋琐非复初序。"(《全元文》卷一八○八,第59册,第356—357页)

又按:李祁《周德清乐府韵序》:"天地有自然之音,非安排布置之可为也。以安排布置者为人也非天也。天地既判,而人与之并立焉。草木生焉,禽兽居焉,凡具形色笑貌于天地之间者,莫不有声焉。有声则音随之矣,清浊高下,抑扬疾徐,何莫而非自然之音哉? 声音具而歌咏兴,虞廷载赓《三百篇》之权舆也。商《颂》周《雅》，汉魏以来，乐府之根柢也。当是时，韵书未作，而作者之音调谐婉，俯仰畅达，随其所取，自中节奏，亦何莫而非自然之音哉？韵书作而拘忌多，拘忌多而作者始不如古矣。古之诗，未有律也，而律诗自唐始。精于律者，固已有之，至杜工部而雄杰浑厚，掩绝古今。然以比之汉魏诸作，则意气风格盖亦有不然者矣。古之赋未有律也，而律赋自唐始，朝廷以此取士，乡老以此训子，兢兢焉较一字于毫忽之间，以为进退予夺之机。组织虽工，排偶虽切而牵制局促，碟裂以尽人之才。故自律赋既作，迨今六七百年之间，而曾无一篇可传于后世，曾无一字可益于世教。凡若此者，皆韵书之贻患也。嗟乎！韵书之作也，果何人哉？使其果圣人也，则吾不得而议也；使其非圣也则亦安得而尽信之哉？孟子之于武城，取其二三策，而言曰："尽信书，不如无书。"夫以圣人之书，孟子犹未之尽信，而况于后世之书乎况若沈氏之书者乎？今且直以一方之音，而欲行之于天下，以一人之见，而欲行之于万世，偏仄固陋，遂为成书。使后之人遵而用之，如众工之守绳墨，小吏之持法令，断断乎不敢少有迁移吁！亦可叹也已。予自初入学学诗恒怪夫东冬之不相通也，清青之不相用也。则执以问诸师，师曰：'此有清浊，非尔所知。'及长，而益疑，则又以质诸乡之先辈，则乡之先辈亦有疑之者矣。疑之而著而为书者，有之矣。恨世变，莫之所存，亦莫能臆究其说常往来于怀。高安周德清通音律，善乐府，举沈氏之书，而洗空之，考其原流，指其疵谬，特出己见。以阴阳定平声之上下，而向之东、冬、钟、江等韵，皆属下平。以中原之音，正四方之音，而向之混、猿、范、犯等字皆归去声。此其最明白而易见者，他亦未暇悉论也。盖德清之所以能此以其能精通中原之音，善北方乐府，故能审声以知音，审音以类字，而其说则皆本于自然，非有所安排布置而为之也。使是书行四方，则必将使遐邦僻峤之士，咸知中原之音为正，而自觉其侏离鴃舌之为可愧矣。又推而施之朝廷，则必能形诸歌咏，播诸金石，近之则可追汉代之遗风，远之可以希商周之雅颂，而虞廷赓歌之意，亦将可以闻其仿佛矣，不亦盛哉。"（王毅点校《云阳集》卷二，第73—75 页）

苗太素主编、王志道编辑《玄教大公案》成。

　　按：是书承李道纯三教合一说，祖述道教金丹派之性命双修，持朱熹

"禅自道家起"之论称"三家一贯",实为南北宗合流后道教禅代表作之一。柯道冲作《玄教大公案序》曰:"道统之传,其来久矣。始太上混元老祖以象先之妙,强名曰道,而立言以德辅翼之,而五千言著其中。然存言外之旨,微妙玄通,有不可得而言者,深不可识,亦强为形容焉。自道德受关令尹子,其十子各得其妙。如列、庄诸子至安期生、李仙卿、葛仙翁,众真更相授受,各有经典,然枝分派列于洞天福地,亦代不乏人。自周汉以来,惟尹子嗣祖位金阙帝君,继道统授东华帝君。帝君传正阳钟离仙君,钟传纯阳吕仙君,吕传海蟾刘仙君。刘南传张紫阳,五紫北传王重阳。七真道统一脉,自此分而为二。惟清庵李君得玉蟾白真人弟子王金蟾真人授受为玄门宗匠,继道统正传以袭真明,亦多典集,见行于世。实庵苗太素师事之,心印其要,盖青出于蓝而青于蓝者也。实庵抱负此道,以列祖道统心法模范学人,采撼诸经枢妙,升堂入室,举其纲要,于列祖言外著一转语,复颂象之,以《易》数为六十四,则又入室三级,则门弟子王诚庵辈集成编,名曰《玄教大公案》。言言明本,句句归宗,体用一真,圆混三教。使人于羲皇画外,纵横玄圣,象先游泳,至哉!华阳真逸唐公捐金绣梓,以广其传,义亦宏矣。诚有决烈汉向此《大公案》外,具无极眼睛,觑得七穿八透,豁然四达六通,则道统明明相继而无息,岂不美欤。金陵渊嘿道人柯道冲敬序。"(明正统《道藏》本《玄教大公案》卷首)王志道是年作《玄教大公案序》曰:"……吾师实庵仙翁,道隆方外,教阐环中,发明太上心玄,剖判羲皇骨髓。掀翻三教,融混一元,扫荡邪宗,豁开正道。斫削后学,造大本宗,烹炼高明,达先天境。是以良朋霞友云集,明公贤相风从。虚而往,实而归,诚不言而信;近者悦,远者来,咸无为而成。乃知言未尝言,弘众妙迥出思议之表;道非常道;备万德独立象帝之先。非极高明而通至化者,其孰能与于此?仆日侍玄堂,幸沾法雨。录集升堂之珠玉,缉熙入室之宝珍。然义适多方,理归一极。历代圣仙未结绝案款,吾师一一决断明白,目之曰《玄教大公案》。列成六十四则,以象《周易》六十四卦。入室三极,则以象三极。诚有决烈汉直下承当煅炼,向中默会力行,泯声色,渊识情,莹天心,开道眼,顿超生灭,耀彻古今。大用大机,咸备于斯,其真乐奚可胜计哉!诚能如是,庶不负吾师谆谆之教,亦乃千载一时之遇也。虽然,仆亦驾渡舟一夫云耳。泰定甲子,门弟子诚庵王志道顿首敬

序。"(明正统《道藏》本《玄教大公案》卷上)

牟应龙卒。

按:牟应龙(1247—1324),字伯成,吴兴人。宋咸淳进士。贾似道欲见之,将处以高第。应龙拒而不见,对策痛言时弊。以文章大家称于东南,于诸经皆有成说。学者称隆山先生。入元为溧阳教授,官至上元县主簿致仕。"应龙为文,长于叙事,时人求其文者,车辙交于门,以文章大家称于东南,人拟之为眉山苏氏父子,而学者因应龙所自号,称之曰隆山先生。"(《元史》卷一九〇,第 14 册,第 4338 页)著有《五经音考》《隆山杂记》。事迹见虞集《牟伯成先生墓碑铭》《元史》卷一九〇、《儒学传二》《大明一统志》卷六。

马可·波罗卒。

按:马可·波罗(Marco Polo,又译马可·孛罗、马哥·波罗,1254-1324),1254 年 9 月 15 日在意大利威尼斯出生。曾随父亲和叔叔经径丝绸之路来到中国。自称识蒙古语,汉语。1295 年回到威尼斯之后,1298 年在一次威尼斯和热那亚之间的海战中被俘,马可·波罗在狱中口述其东方见闻,由鲁斯蒂谦(Rustichello da Pisa)写成《东方见闻录》(又名《马可·波罗游记》))。1324 年 1 月 8 日,马可·波罗去世,葬于威尼斯的圣·多雷兹教堂。

贯云石卒。

按:贯云石(1286—1324),号酸斋,又号芦花道人,畏吾儿人。本名小云石海涯。元功臣阿里海涯之孙,因父名贯只哥,遂以贯为姓。初袭父官为两淮万户府达鲁花赤,后弃官从姚燧学。仁宗时任翰林侍读学士,知制诰,同修国史,后称疾辞官,归隐江南,卖药于钱塘市。于科举事多所建明。卒赠集贤学士,追封京兆郡公,谥文靖。著有《新刊全像成斋孝经直解》1 卷、《酸斋集》,作品风格豪放,清逸兼具,与徐再思(号甜斋)齐名,后人合辑其作为《酸甜乐府》。《全元散曲》录村其小令七十九首,套数八套。事迹见欧阳玄《元故翰林学士中奉大夫知制诰同修国史贯公神道碑》(《圭斋文集》卷九)、《元史》卷一四三、《新元史》卷一六〇、《两浙名贤录》卷五四。

又按:据欧阳玄神道碑载:贯云石"神采迥异,年十二三,膂力绝人,善骑射，工马槊。尝使壮士驱三恶马疾驰，公持稍前立而逆之，马至，腾上之，越二跨三，运稍风生，观者辟易。或挽强射生，逐猛兽，上下峻阪如飞，诸将咸服其矫捷。稍长，折节读书，目五行下。吐辞为文，不蹈袭故常，其旨皆出人意表。初袭父爵为两淮万户府达鲁花赤，镇永州。在军气候分明，赏罚必信。初，忠惠公宽仁，麾下玩之。公至严令，行伍肃然。军务整暇，雅歌投壶，意欲自适，不为形势禁格。然其超擢尘外之志，凤定于斯时。一日，呼弟忽都海涯语之曰：'吾生宦情素薄，然祖父之爵不敢不袭，今已数年，法当让汝。'即日以书告于忠惠公，署公牒移有司，解所绾黄金虎符，欣然授之。退与文士徜徉佳山水处，倡和终日，浩然忘归"。欧阳玄又在神道碑中赞叹贯云石道："公武有戡定之策，文有经济之才，以武易文，职掌帝制，固为斯世难得。然承平之代，世禄之家，势宜有之。至如铢视轩冕，高蹈物表，居之弗疑，行之若素，泊然以终身，此山林之士所难能。斯其人品之高，岂可浅近量哉！有碑铭、记叙、杂著、诗词若干卷，及所进《孝经》行于世。铭曰：呜呼贯公！麒麟凤凰。其往不可诘，其来不可期者乎！呜呼贯公！神龙天马。其变不可测，其常不可窥者乎！抑宇宙英气，合祛为云，流布为霆，感物神化，文武动静，无施而不宜者乎！将飞仙应真，出入机用，涉世为戏，一旦解悟，倏然而聚散，焘然而合离者乎！死生幽明之际，焉知公之所甚乐，乃世之所为悲者乎！呜呼噫嘻！事有可知，有不可知。所可知者，燕茔之藏，体魄在兹。我为铭诗，讵能为公之轻重？姑以慰公后人之思。"（《欧阳玄全集·圭斋文集》卷九，第211—212、214页）

元泰定帝二年　乙丑　1325 年

王应麟《困学纪闻》刊行。

　　按：袁桷《困学纪闻序》写道："世之为学，非止于辞章而已也。不明乎理，曷能以穷夫道德性命之蕴？理至而辞不达，兹其为害也大矣！是故先儒有忧之。且夫子之言有曰：'兴于诗，立于礼，成于乐。'其品节备具，见于《礼》之经解。夫事不烛不足以尽天下之智，物不穷不足以推天下之用。考于史册，求其精粗得失之要，非卓然有识者不能也。若是，其殆得之矣！在《易》之居业，则曰修辞立诚；而畜德懿德，必在夫闻见之广，旁曲通譬。是则经史之外,立凡举例,屈指不能以遽尽也。扬雄氏作《法言》,其意亦有取夫是。后千余年,礼部尚书王先生出,知濂洛之学淑于吾徒之功至溥,然简便日趋,偷薄固陋,瞠目拱手,面墙背芒,滔滔相承,恬不以为耻。于是为《困学纪闻》二十卷,具训以警,原其旨要,扬雄氏之志也。先生年未五十,诸经皆有说,晚岁悉焚弃而独成是书。其语渊奥精实,非绅绎玩味不能解。下世三十年,肃政司副使马速忽公、佥事孙公楫济川分治庆元,振起儒学,始命入梓。楢游公门最久,官翰苑时,欲悉以其所著书进于朝廷,因循不果。今也二公谓楢知先生事为详,俾首为序。庸书作书之本旨,亦以励夫后之学者。先生讳应麟,字伯厚,自号深宁居士。泰定二年(1325)冬十月门人具官袁楢序。"(《袁楢集·清客居士集》卷二一,下卷,第 346 页)

元泰定帝三年　丙寅　1326 年

仇远约卒于此年。

　　按:仇远(?—1326?),字仁近、仁父,号山村民。宋末即以诗名,与白珽齐名,称仇白。入元,为溧阳儒学教授,旋罢归,优游湖山以终。工诗文,著有《稗史》1 卷、《金渊集》6 卷、《无弦琴谱》2 卷、《山村遗集》。事迹见《元史》卷八九、《宋元学案补》卷九三、《至顺镇江志》卷一七、《仇教授远》(《元诗选》二集卷一)、《御选历代诗余》卷一〇九。

元泰定帝四年　丁卯　1327 年

任仁发卒。

　　按:任仁发(1254—1327),一作元发、霆发,字子明,号月山,上海松江清龙镇人。元画家。入元后为都水监,善治水利,曾疏通黄河。又善绘事,画与赵孟𫖯齐名。工画马和人物。著有《浙西水利议答录》10 卷。画作有《出圉图》卷(1280 年)、《二马图》卷、《张果见明皇图》卷,此三幅现藏故宫博物院;《秋水凫鹥图》轴,现藏上海博物馆;《饮中八仙图》《贡马图》《横琴高士图》《秋林诗友图》,现藏台北"故宫博物院";《神骏图》《三骏图》《九马图》,现在美国;《饲马图》,现在英国;《文会图》《牵马图》等现在日本。事迹见《大明一统志》卷九、《弘治上海志》卷八、《正德松江府志》卷二八、《万姓统谱》卷六五。

袁桷卒。

按：袁桷(1266—1327)，字伯长，浙江庆元人。袁桷师事王应麟，熟习掌故，长于考据。所作文以制诰碑铭为多。诗格清隽，著有《易说》《郊祀十议》1卷(佚)、《春秋说》《澄怀录》1卷、《清容居士集》50卷及《延祐四明志》等。事迹见苏天爵《元故翰林侍讲学士知制诰同修国史赠江浙行中书省参知政事袁文清公墓志铭》(《滋溪文稿》卷九)、虞集《祭袁学士文》(《道园学古录》卷二〇)、《祭袁侍讲文》(《柳待制文集》卷二〇)、《元史》卷一七二、《新元史》卷一八九、《宋元学案》卷八五、《甬上先贤传》卷一三、《两浙名贤录》。

又按：苏天爵所作墓志铭载："公生富贵，为学清苦，读书每至达旦。长从尚书王公应麟，讲求典故制度之学，又从天台舒岳祥习词章，既又接见中原文献之渊懿，故其学问核实而精深，非专事记览哗众取宠者所可拟也。""仁宗皇帝自居潜宫，深厌吏弊。及其即位，乃出独断，设进士科以取士。贡举旧法时人无能知者，有司率咨于公而后行。及廷试，公为读卷官二，会试考官一，乡试考官二，取文务求实学，士论咸服。公在词林几三十年，扈从上京凡五，朝廷制册、勋臣碑版多出其手。尝奉诏修成宗、武宗、仁宗三朝大典。至治中，郓王柏柱(拜住)独秉国钧，作新宪度，号令宣布，公有力焉。诏绘王像，命公作赞赐之。公述君臣交修之义以励王。王尤重公学识，锐欲撰述辽、宋、金史，责成于公。公亦奋然自任，条具凡例及所当用典册陈之，是皆本诸故家之所闻见，习于师友之所讨论，非牵合剽袭漫焉以趋时好而已。未几，国有大故，事不果行。""公喜荐士，士有所长，极口称道。公之南归，会史馆将修《英皇实录》，今中书左丞吕思诚、翰林直学士宋褧、河南行省参政王守诚，皆新擢第，公荐其才堪论撰，天爵与焉。公于近代礼乐之因革，官阀之迁次，朝士大夫之族系，九流诸子之略录，悉能推本源委而言其归趣。袁氏自越公喜藏书，至公收览益富，尝曰：'余少读书有五失：泛观而无择，其失博而寡要；好古人言行，意常退缩不敢望，其失懦而无立；纂录故实，一未终而屡更端，其失劳而无成；闻人之长，将疾趋从之，辄出其后，其失欲速而好高；喜学为文，未能蓄其本，其失又甚者也。'公之斯言，深中学者贪多苟且之弊。公为文辞，奥雅奇严,日与虞公集、马公祖常、王公士熙作为古文论议,迭相师友,间为歌诗倡酬,遂以文章名海内,士咸以为师法,文体为之一变。"(《滋溪文稿》卷九,第 134、135、136—137 页)

又按:虞集《祭袁学士文》云:"昔在故国,寓都海邦。乃眷鄞越,视汉河阳。王公近臣,专邑列府。卿士以还,民或莫数。公生其间,不靡不矜。师友是求,问学是承。先宋既亡,文献沦坠。遗老或懋,力接渊懿。家藏多书,侔昔石渠。下至琴奕,亦最其胲。博学洽闻,瑰伟精莹。人无间言,公亦自信。我从草茅,或援起之。公以赏延,后先京师。于时同朝,多士济济。公独我友,尚论其世。制作讨论,必我与闻。或辩或同,有定无喧。公泰而舒,我謇蹇跋。三十余年,亦多契阔。公在禁林,益跻华阶。人曰孔宜,公曰足哉。归而寄书,勖我慰我。亦喜优游。自诧其果。曰易、春秋。曾与子谈,将卒成书。恐老弗堪,老不废学。唯予与尔,终订无忌。庶其在子,言犹在耳,俄以讣来。噫! 天生公,乃止斯哉? 儒林木萎,璧府星陨。伊邦之瘁,伊道之闵。区区深悲,莫致之思。托公乡人,致此哀辞。公闻之乎? 不闻之乎? 呜呼,哀哉! 尚飨。"(《虞集全集·道园类稿》卷五〇,第 302—303 页)

再按:范梈《闻袁侍讲亡》:"由闽将泛浙,未到忽传悲。便欲云中觅,终成地下知。天光虚剑匣,海气飒书帷。旧事交游辈,谁当写墓词。"(《全元诗》第 26 册,第 463 页)胡助《挽袁伯长学士二首》:"鲸吸朱提盏,龙吟绿绮琴。著书稽古学,掌制擅词林。气宇青天杳,渊源碧海深。斯人宁复见,凄断越山阴。　孤舟归镜水,无复梦金銮。古器云雷富,高怀星斗寒。东南丧文献,朝野哭衣冠。十载坐中客,惊呼涕泪酸。"(《全元诗》第 29 册,第 49 页)

元泰定帝五年　致和元年　元文宗天历元年　戊辰　1328 年

七月十日,泰定帝也孙铁木儿卒。

按:泰定帝(1292—1328),讳也孙铁木儿,裕宗之孙,显宗甘麻剌长子也。泰定在位五年,寿三十六。这一年纪年颇为纷繁。泰定五年(1328)二月,改年号为致和。致和元年七月,泰定帝死,八月,武宗次子怀王(即元文宗)图帖睦尔在燕铁木儿等人拥立下即位大都,改元天历。九月,泰定时期权臣倒剌沙拥立皇太子阿速吉八,改元天顺。十月,倒剌沙又为燕铁木儿势力击败,国家年号仍用天历。《元史》云:"泰定之世,灾异数见,君臣之间,亦未见其引咎责躬之实。然能知守祖宗之法以行,天下无事,号称治平,兹其所以为足称也。"(《元史》卷三〇《泰定本纪二》,第3册,第687页)

元文宗即位。

按:虞集《天历元年,即位改元诏》云:"洪惟我太祖皇帝肇造区夏,世祖皇帝混一海宇,爰立定制,以一统绪。宗亲各授分地,勿敢妄生觊觎。此不易之成规,万世所共守者也。世祖皇帝之后,成宗皇帝、武宗皇帝、仁宗皇帝、英宗皇帝,以公天下之心,以次相传,宗王贵戚,咸遵祖训。至于晋邸,具有盟书,愿守藩服,而与贼臣帖失、也先帖木儿等潜通阴谋,冒干宝位,使英皇不幸罹于大故。朕兄弟播越南北,备历艰险,临御之事,岂获与闻?朕以叔父之故,顺承惟谨,于今六年,灾异迭见。权臣倒剌沙、乌伯都剌等专擅自用,疏远勋旧,废弃忠良,变乱祖宗法度,空府库以私其党类。大行上宾,利于立幼,显握国柄,用成其奸。宗王大臣,以宗社之重,统绪之正,协谋推戴,属于眇躬。朕以菲德,宜俟大兄,固让再三。宗戚将相,百僚耆老,以为神器不可以久虚,天下不可以无主。周王辽隔朔漠,民庶惶惶,已及三月,诚恳迫切。朕姑从其请,谨俟大兄之至,以遂朕固让之心。已于致和元年九月十三日,即皇帝位于大明殿。其以致和元年为天历元年,可大赦天下。於戏!朕岂有意于天下哉?重念祖宗开创之艰,恐隳大业,是以勉徇舆情,尚赖尔中外文武臣僚协心相予,辑宁亿兆,以成治功。"(《虞集全集·元文类》卷九,上册,第375页)

杨载文集刊刻。

按:范梈《杨仲宏集原序》云:"大德间,余始得浦城杨君仲弘诗读之,恨不识其为人。及至京师,与余定交,商论雅道,则未尝不与抵掌而说也。皇庆初,仲弘与余同为史官,会时有纂述事。每同舍下直,已而犹相与回翔留署,或至见月,月尽继烛相语。刻苦澹泊,寒暑不易者,唯余一二人耳。故其后,余以御史府用筦南宪架阁,适海上。仲弘复登乙卯进士第,为浮梁别驾。余迁江西,仲弘亦改宣城理官。相违十数年,相距数千里,迹虽如是,而心固犹数晨夕也。而仲弘竟未任宣城以卒。乌乎恸哉!余尝观于风骚以降,汉魏下至六朝,弊矣。唐初,陈子昂辈乘一时元气之会,卓然起而振之。开元、大历之音,由是丕变,至晚宋又极矣。今天下同文,而治平盛大之音,称者绝少于斯际也。方有望于仲弘也,天又不年假之,岂非命耶?盖仲弘之天禀旷达,气象宏朗,开口论议,直视千古。每大众广席,占纸命辞,敖睨横放,尽意所止。众方拘拘,己独坦坦。众方纡余,己独驰骏马之长坂而无留行。故当时好之者虽多,而知之者绝少,要一代之杰作也。仲弘有子尚幼,其残稿流落,未有能为辑次者。友人杜君伯原自武夷命仆曰:'将就其平生所得诗,刻诸山中。'此诚知仲弘者。而杜君猥谓馨仲弘海内之交相好,又莫余若也。俾为序之,用掇其梗概,著于篇端。致和元年六月一日,临江范梈序。"(《全元文》卷八一三,第25册,第590—591页)

《瓦萨甫史》约成书于此年。

按:《瓦萨甫史》乃瓦萨甫所著《地域之分割与岁月之推移》一书的简称,该书是最早的伊利汗国波斯历史文献之一。瓦萨甫曾任伊利汗国官员与宫廷诗人,在伊利汗合赞汗和完者都汗统治期间担任伊利汗国税务官,获得了"御前赞颂人"的称号,瓦萨甫也是伊利汗国宰相拉施德丁的门客。瓦萨甫自1298—1299年左右开始撰写《地域之分割与岁月之推移》(《瓦萨甫史》),期望续写志费尼的《世界征服者史》。第一卷完成后,1303年,瓦萨甫将其献于合赞汗,第三卷献于完者都汗。《瓦萨甫史》第一版成书于1327—1328年左右。该书记述了1257年至1328年间从蒙哥汗至不塞因汗(伊利汗国最后一位实权君主)治下的伊利汗国重要事件。

又按:全书共五卷,包括三部分内容,第一部分述从蒙哥之死至完者都汗时代史事,瓦萨甫于1312年觐见完者都汗并呈现此部分书目。第二部分述伊利汗国法儿思、起儿漫等地方史。书自第四卷起为伊利汗国背景介绍,并简介了成吉思汗和旭烈兀,第五卷述完者都汗统治,及察合台入侵等在呼罗珊发生的历史事件。《瓦萨甫史》不仅记述了伊利汗国朝大事,也记录了中亚蒙古人的活动,涵盖了海都汗统治下察合台和窝阔台之间疆域、察合台汗国政治、统治权继承、领土扩张等内容,为察合台汗国研究提供了丰富的资料。

孟高维诺卒。

按：孟高维诺（1247—1328），又译作孟特·戈维诺，意大利方济各会士。1289 年，罗马教宗尼古拉四世特命在亚美尼亚和波斯传教的孟高维诺作为教廷使节来中国。孟高维诺经亚美尼亚、波斯、印度东来，1293 年在中国的泉州登陆，1294 年抵达元大都。这一年忽必烈驾崩，孟高维诺拜见了元帝成宗，递交了教宗的书信，获准在元大都进行传教活动。1307 年，罗马教宗闻孟氏传教成绩优异，特设汗八里即北京总主教区，委孟氏为总主教，统辖契丹（指中国北部）及蛮子（指中国南部）各处主教。此后，应孟高维诺的请求，罗马教宗克雷芒五世（Clement V，1260—1314），派来 7 名教士到中国协助孟高维诺主教办理教务。其中 4 人客死印度，只有格拉德（Gerard）、裴莱格林（Peregrine）、安德鲁（Andrew）三人于 1313 年抵达大都，先后被孟高维诺任命为泉州第一、二、三任主教。经过孟高维诺十多年的努力，于 1305 年，先后在元大都建成两座教堂。

又按：陈垣在《基督教入华史》中说，据孟高维诺著作，"中国当时有 6 万多天主教教徒"。由宗可光神父讲授、田炜帅整理的《中国天主教简史》载，"元朝教友发展到了 5 万多人，并建立了修道院"。不管是 6 万多，还是 5 万多，元代天主教信众总体不少。《基督教简史》称，"真正在元朝传教和建立教会的是孟高维诺"。孟高维诺"有三封很有历史价值的信，一（封）在印度发的，二（封）在北京发的，所述皆关于教务上的事"。孟高维诺写给罗马教廷的信札三件称"孟氏三函"，为中国传教史上的重要文献。（任继远著《河北天主教史》，第 24—26 页）

刘赓卒。

按：刘赓（1248—1328），字熙载，号唯斋，洺水人。幼有文名，师事王磐，又为胡祗遹门生。至元十三年（1276），授将仕郎、国史院编修官。十六年，升从仕郎、应奉翰林文字。二十年，调承务郎、同知德州事。二十四年，除太庙署丞。明年，拜承直郎、太常博士。元贞元年（1295），拜奉训大夫、监察御史。大德二年（1298），除翰林直学士、朝列大夫、知制诰、同修国史。六年，加少中大夫，以学士奉使宣抚陕西。八年，升中大夫，为侍讲。十六年，以太中大夫落侍讲为学士。至大二年（1309），拜正议大夫、礼部尚书，仍兼翰林学士。明年，拜中奉大夫、侍御史。岁中，拜翰林学士

承旨、资善大夫、知制诰、兼修国史。四年,除资政大夫、国子祭酒。皇庆
元年(1312),除集贤大学士、荣禄大夫、兼国子祭酒。延祐改元,复入翰
林为承旨。六年,立东宫,拜太子宾客。七年,复入集贤为大学士。是年
四月,复入翰林为承旨。至治元年(1321),丁外艰。泰定二年(1325),加
光禄大夫。致和元年三月,薨于位。"公持文衡,先质行而后文,时人化
之。其在成均也,晨入坐堂上,以身率先,神色端重,若不可犯,而辞气循
循然,足以厌服学者之心志。"(虞集《翰林学士承旨刘公神道碑》,《虞集
全集·道园类稿》卷四一,下册,第 1070 页)事迹见虞集《翰林学士承旨
刘公神道碑》(《道园类稿》卷四一)。

白珽卒。

　　按:白珽(1248—1328),字廷玉,钱塘人。晚年,归老钱塘之栖霞,自
号栖霞山人。工诗文,善书法,方回、刘辰翁称他"诗通陶、韦,书、画通颜、
柳"。宋咸淳间,与仇远同以诗名。伯颜平宋后,程钜夫、刘伯宣曾先后交
荐白珽,不出。与鲜于枢、李衎、邓文原等人相友善。著有《经史类训》20
卷、《湛渊静语》2 卷、《湛渊遗稿》3 卷。事迹见宋濂撰《元故湛渊先生白
公墓铭》《新元史》卷二三七、《两浙名贤录》卷四六、《(万历)杭州府志》
卷七五、《(乾隆)浙江通志》卷一一六及一七八、《元诗选·二集》小传、
《湛渊静语》自序。

邓文原卒。

　　按:邓文原(1258—1328),字善之,号匪石,四川绵州人,徙钱塘,人
称素履先生。博学工古文,辟署本路学正,调崇德州学教授,入为翰林
应奉,进修撰,除江浙儒学提举,升国子司业,历浙西、江东二道宪佥,拜
集贤直学士,兼国子祭酒,以疾归,擢湖南廉访使,不赴,致和元年卒,年
七十。谥文肃。著有《巴西文集》一卷。《元史》卷一七二有传,吴澄
《文正集》卷六四有神道碑,黄溍《金华黄先生文集》卷二六有《谥文肃
邓公神道碑铭》。

元文宗天历二年　己巳　1329 年

三月,置奎章阁学士院,秩正三品。

　　按:杨瑀《山居新话》载:"天历初,建奎章阁于西宫兴圣殿西廊,择高

明者三间为之。南间以为藏物之所;中间学士诸官候直之地;北间南向,中设御座,两侧陈设秘玩之物,命群玉内司掌之。阁官署衔,初名奎章阁学士,阶正三品,隶东官属官。后文宗复位,乃升为奎章阁学士院,阶正二品。置大学士五员,并知经筵事;侍书学士二员,承制学士二员,供奉学士二员,并兼经筵官;幕职置参书二员,典签二员,并兼经筵参赞官;照磨一员,内掾四名,内二名兼检讨;宣使四名,知印二名,译史二名,典书四名。属官则有群玉内司,阶正三品,置监群玉内司一员,司尉一员,亚尉二员,佥司二员,典簿一员,令史二名,典吏二名,司钥二名,司膳四名,给使八名,专掌秘玩古物;艺文监,阶正三品,置太监兼检校书籍事二员,少监同检校书籍事二员,监丞参检校书籍事二员,或有兼经筵官者,典簿一员,照磨一员,令史二名,典吏二名,司钥二名,司膳四名,给使八名,专掌秘玩古物;艺文监,阶正三品,置太监兼检校书籍事二员,少监同检校书籍事二员,监丞参检校书籍事二员,或有兼经筵官者,典簿一员,照磨一员,令史四名,典吏二名,专掌书籍;鉴书博士司,阶正五品,置博士兼经筵参赞官二员,书吏一名,专一鉴辨书画;授经郎,阶正七品,置授经郎兼经筵译文官二员,专一训教怯薛官、大臣子孙;艺林库,阶从六品,置提点一员,大使一员,副使一员,司吏二名,库子一名,专一收贮书籍;广成局,阶从七品,置大使一员,副使一员,直长二员,司吏二名,专一印书籍。已上书籍,乃皇朝祖宗圣训及番译御史箴、大元通制等书。特恩创制牙牌五十,于上金书奎章阁三字,一面篆字,一面蒙古字、畏吾儿字,令各官悬佩,出入无禁。学士院凡与诸司往复,惟札书参书厅行移。又命侍书学士虞集撰奎章阁记,文宗御书刻石禁中。先时燕帖木儿太平王为丞相,系衔署奎章阁大学士、领学士院事。后伯颜秦王为丞相,系衔亦如之。"(余大钧点校《山居新语》卷二,第214—215页)

又按:虞集《开奎章阁奏疏》曰:"臣某等言,特奉圣恩,肇开书阁。将释万机而就佚,游六艺以无为,此独断于睿思,而昭代之盛典也。乃俾臣等,并备阁职。感兹荣幸,辄布愚忱。钦惟皇帝陛下,以聪明不世出之资,行古今所难能之事。以言乎涉历,则衡虑困心艰劳之日久;以言乎戡定,则拨乱反正文治之业隆。然而功成不居,位定不有。谦逊有光于尧、舜,优游方拟于羲、黄。集群玉于道山,植众芳于灵囿。委怀澹泊,造道精微。

若稽在昔之传闻,孰比于今之善美。而臣等躬逢盛事,学愧前修。虽既竭于论思,惧无堪于裨补。然敢不咏歌《雅》《颂》,极裹赞之形容;探赜《图》《书》,玩盈虚之来往。冀心神之融会,成德性之纯熙。揆微志而匪能,诚至愿其如此。仰祈天日,俯察刍尧,臣某等不胜惓惓之至!"(《虞集全集·道园类稿》卷一四,上册,第 390 页)

苏天爵著《国朝名臣事略》成。

按:《国朝名臣事略》所收传记传主皆为元朝开国功臣、文臣、武将、学者,共四十七人,其中前四卷收蒙古、色目十二人,后十一卷收汉人三十五人,共计十五卷。

又按:欧阳玄天历二年(1329)四月作《国朝名臣事略序》曰:"应奉翰林文字赵郡苏伯修,年弱冠,即有志著书。初为胄子,时科目未行,馆下士誊言词章,讲诵既有余暇,且笔札又富,君独博取中朝钜公文集而日录之。凡而元臣世卿墓表家传,往往见诸编帙中。及夫闲居,纪录师友诵说,于国初以来,文献有足征者,汇而粹之。始疏其人若干,属以其事,中更校雠,柝去而导存,抉隐而蒐逸,久而成书,命曰《国朝名臣事略》。他日,余与伯修同预史属,从借读之,作而叹曰:壮哉! 元之有国也,无竟由人乎! 若太师鲁国、淮安、河南、楚国诸王公之勋伐,中书令丞相耶律、杨、史之器业,宋、商、姚、张之谋猷,保定、藁城、东平、巩昌之方略,二王、杨、徐之词章,刘、李、贾、赵之政事,兴元、顺德之有古良相风,廉恒山、康军国之有士君子操,其他台府忠荩之臣,帷幄文武之士,内之枢机,外之藩翰,班班可纪也。太保、少师、三太史天人之学,陵川、容城名节之特,异代岂多见哉! 至于司徒文正公尊主庇民之术,所谓九京可作,'我则随武子乎!'嗟乎! 乾坤如许大,人才当辈出。伯修是编,未渠央也,姑志余所见如是云。天历己巳四月乙卯,翰林待制冀郡欧阳玄谨序。"(《欧阳玄全集·圭斋文集》卷七,上册,第 135—136 页)

又按:王守诚天历二年(1329)二月作《国朝名臣事略跋》写道:"右《国朝名臣事略》,赵郡苏君伯修所编也,为书凡十五卷,四十又七人。惟我国家起于朔方也,则有国人族姓服其勤劳。及定中土也,则有才臣硕辅任其经画。凡百有为,天实相之,然犹列圣相承,历时既久,而大统始集。故世祖之用人,不以异域之臣为疑,亡国之俘为贱,拔于卒伍,聘于韦布,皆能佐一王之业,辅万世之基。致治之规,上轶隆古,何其宏远哉!概兹在录,其从太祖之肇基王迹,事世祖之受天明命,历成宗、武宗、仁宗之继体守文,其时有后先,故人人事功,或有异焉。然使昭代之典焕乎可述,得人之际于斯为盛,凡家传碑志之所载者,此得以摭其略,详则具于国史。苏君博学而材周,器弘而识远,今为应奉翰林文字、同知制诰、兼国史院编修官。天历二年(1329)二月朔旦,太常博士王守诚书。"(《全元文》卷一二三七,第39册,第397—398页)

又按:王理至顺二年(1331)《国朝名臣事略序》载:"自古帝王有天下,或受于人,或起而取之,尧、舜禅让,汤、武吊伐,厥时义大矣!《书》纪唐、虞之际,《易》称汤、武革命,应天顺人,皆有辅佐,同心一德,后世可述焉。《孟子》曰:'五百年必有王者兴,其间必有名世者。'《传》曰:'有立德、立功、立言,是谓不朽',诚哉,是言也!三代而降,其盛者曰汉、曰唐、曰宋。夫子言'革之时',盖谓必有不得其义者矣,彼近代是也。皇元起朔方,绍帝运,接天统,资始于天,不因于人,遂大作明命,训咸宇内。一启而金人既南,辽海和辑;再启而西域率服,遂拓坤隅;三启而靖河北,秦晋戢集,河南是同,分宗子以方社,胙功臣之土;四启而庸蜀是柔;五启而江汉奄从,赵氏为臣。陆道西北见角端,慄海无际,舶乃旋舻。凡有血气者,莫不尊亲,而崇极配天矣。厥初受命,南北割裂,天气不通,二氏不享,天实丑之,乃眷北顾,俾我圣人作神民主。完颜璟割虐下民,赵鑅爽盟背约,自伐丧其国家。大哉贞矣,其允时义也。《易》曰:'田有禽,利执言。'此之谓也。其始,桓毅讨伐,虔刘戢定之;其暨肃恭恪勤,棐围辑柔就绪之;其暨,劝相富厚之,定之以上下,道之以名分,淑之以庠序,秩之以礼乐,庆之以官赏,董之以威罚,而天下成矣。列圣运于上,贤臣赞于下,穆穆明明,相须以成,相济以宁。是故舜有臣五人而天下治,武王有乱臣十人,非虚言也。故论本朝辅亮之臣,其佐命垂统,或鹰扬于外,或运筹于内,有同肇迹之艰难者矣。其辅翼成化,或规模弘远,或论思密勿,有登治道之鸿熙者矣。翰林修撰赵郡苏君天爵,始为成均诸生,好访当今之故,放失遗迹,构百家行状、碑志、传赞、叙述及他文该载者,见其本末。既而仕为典籍、应奉,凡三为史氏,在职八年,遂徵以所知,无所乖舛。于是,纪述其故,自国初至于延祐之际,自太师国王以下,或周、召懿亲,或岐、丰旧姓,或秉义效顺，或降附后见，或策杖上谒，或征起草野，功格皇天，保乂国家，所谓名世者夫。德器优远，悉心尽职，不顾己私，所谓不朽者夫。历代以来，善始善终，未有若今日之懿者也。昔汉高之臣，皆战国之余，非南面而王之，不能毕其功，全莫我若也。光武之臣，皆生西汉，多经术之士，功定天下，不过封侯，赏莫我若也。使高、光易世而居，亦不能相反，何哉？其人异也。天生圣贤，共成大业，岂汉敢望哉！书成，凡十五卷，号《名臣事略》。其事之所载，尽标作者姓氏，示不相掩也。其名位显者，功在帝室，求未得者，续为后录。苏君尝闵宋氏以来，史官不得尽其职，载笔之士，多乖故实。宋人详而不端，曲文以比时。辽、金简而径，事多湮昧。于是著其故，辑其阙漏，别为《辽金纪年》。皇道之成，于三代同风，身为史氏，顾己职业，绎而明之，君子哉其用心也。苏氏，自唐宰相味道以文章显，宋太师、文忠公轼父子兄弟，称栾城焉，所从来远矣。继之者，修撰君也。泰定初，故侍讲会稽袁公，荐君亮达前代文献，今侍讲蜀郡虞公，举君该洽，文辞尔雅，由是迁修撰云。至顺辛未六月辛亥（七日），赐进士出身、文林郎、翰林国史院编修官南郑王理谨叙。"（《国朝名臣事略》卷首，第3—5页）

再按：许有壬《国朝名臣事略序》写道："圣元基朔方立人极，世祖皇帝混破裂而一之，广轮疆理，古职方所未半。其天地之再初乎？浑沦所钟，命世卓绝之才，实辈出辅成之。故盛德大业之所著，自颢穹生民未之有也。然而百余年来，元勋伟迹，世未尽白，故知老者，湮没无几，家乘志铭，不能家至而遍知也。仁皇御极，敕太史传功臣，而玉堂秘奥，世莫得而见焉。监察御史赵郡苏天爵伯修辑《国朝名臣事略》十五卷，湖北宪刻诸梓，征叙其端。有壬在京师，早知伯修之才，而未知其有是编也。惟其培学上庠，历史属久，故考之也详，择之也审。其类例仿朱子《言行录》，条有征据，略而悉，丰而核，其四方之争先快睹者乎！窃惟国朝真才云集，是编才四十七人，有齐民知名而未录者，盖朱子例，嗣有所得，当续书之也。若是，则四方之快睹者不一，伯修之学其益昌矣。又不知今士大夫，用心如伯修者几人，世所望于太史氏，出于《事略》之外者，其将有所属乎！宪长笃礼质班，幕府李縠、王大有，职风纪，育人材，俾观者率作，是亦韩子所谓'牵联得书'者也。至顺壬申良月中议大夫、前参议中书省事相台许有

壬叙。"(《元朝名臣事略》卷首,第1页)

《太常集礼》成书。

按:李好文《太常集礼稿序》载:"《太常集礼稿》为编秩者,郊祀九,社稷三,宗庙二十有一,舆服二,乐七,诸神祀三,诸臣请谥及官制因革典籍录六,合五十一卷。事核文直,汇杂出而易见,盖太常之实录也。太常典三礼,主群祀,凡礼乐之事皆自出焉。国家论议制作之原,郊社宗庙缘祀之制,山川百神秩序之典,诸臣节惠易名之实,不知其故可乎?洪惟圣朝天造之始,金革方载,文德未遑。我太宗皇帝戡金五年,岁在戊戌,时中原甫定,则已命孔子之孙元措,访求前代礼乐,将以文万世太平之治。宪宗皇帝二年壬子,时则有日月之祀。伏观当时群臣奏对之际,上问礼乐自何始,左右对以尧、舜,则其立神基,肇人极,丕谟睿略,固已宏远矣。世祖皇帝中统之初,建宗庙,立太常,讨论述作,度越古昔,至元之治,遂光前烈。成宗皇帝肇立郊丘。武宗皇帝躬行祼享。英宗皇帝广太室,定昭穆,御衮冕卤簿,修四时之祀。列圣相承,岁增月辑,典章文物,焕然毕备矣。百年以来,事皆属之有司,寄诸简牍,岁月既久,不无散逸。故由之者或不知其本,论之者或失于其初,阔略戾舛,颇违于旧。泰定丁卯秋,好文备员博士,深慨其故,既而金太常礼仪院事字尤鲁公继至,从而倡率之,遂暨一二同志,搜罗比校,访残脱,究讹略,其不敢遽易者,亦皆论疏其下。事虽不能无遗,以耳目所及,顾已获其七八。越二岁书成,名之曰《大元太常集礼稿》。呜呼!一代之治,必有一代之文,纲常典则、天秩人纪,岂易言哉?然事不可以无述,言不可以无统。与其具于临时,孰若求之载籍?与其习而不察,孰若信而有征?此哀集之有编而不敢后者也。曰稿者,固将有所待焉。他日鸿儒硕笔,承诏讨论,成一代之大典,则亦未必无取。天历二年(1329)秋七月丙辰朔,承务郎、太常博士李好文序。"(《全元文》一四五九,第47册,第424页)

《傅与砺诗集》刊成。

按:范梈《傅与砺诗集序》曰:"孔子曰:'诗,可以兴,可以观,可以群,可以怨。'朱氏释曰:兴者感发志意,观者考见得失,群者和而不流,怨者怨而不怒。四者之事不同,而其序宜有先后,盖见他日论《诗》《礼》《乐》,则首曰兴于《诗》。诗者,志之所之,以其志感人之志者,孰不足以有所感发哉。然则兴者,岂非吾先乎?感人之道莫尚乎声音,人焉寂然泯然,忽而歈起,震奋动荡,沦浃入之深而化之敏者,斯其效曷从而至哉!古人云:'声音之道,与政通。'夫声者,合天地之大气,轧乎物而生焉。人声之为言,又其妙者,则其因于一时盛衰之运,发乎情性之正,而形见乎辞者可瞻已。故曰:'治世之音安以乐,其政和;乱世之音怨以怒,其政乖;亡国之音哀以思,其民困。'正得失,动天地,感鬼神,莫近于诗。夫诗道岂不博大哉?要其归,主于咏歌感动而已。斯义也,司马太史尝闻之矣。其言曰:'《三百篇》,孔子皆弦歌之,以合《韶》《武》《雅》《颂》之音。'夫既合之,则当时存什一而去千百,必其不合者也。深矣哉!声音之于政也,圣人盖取之矣。新喻傅汝砺,妙年工诗,自古今体、五七言,皆靡靡焉力追古人,有唯恐不及意。间示余以所著编曰《牛铎音》者,读之连日不厌。闻其音而乐焉,以为诚识所尚者,因揭孔子之言《诗》,征以师说,遂演绎以告之。天历二年(1329)四月一日,范梈书于百丈山房。"(《全元文》卷八一三,第25 册,第 592 页)

齐履谦卒。

　　按:齐履谦(1263—1329),字伯恒,大名人。修新历,改制都域刻漏,增置更鼓,仁宗时,擢为国子监丞,改司业,立升斋积分等法,激励学士。追封汝南郡公,卒谥文懿。"寡言笑,不妄交游,仪貌奇伟,望之俨然。为学坚苦,家贫借书读之。及在太史,会朝廷辇宋三馆图籍置院中,公昼夜诵读,精思深究,故其学博洽而精通,自《六经》、诸史、天文、地理、礼乐、律历,下至阴阳、五行、医药、卜筮,无所不能,而于经术为尤邃。立言垂训,简易明白,不蹈故常以徇人,不求新奇以惊世,其于圣贤旨意盖多有所发焉。"苏天爵评价认为:"世祖皇帝既奠天位,定百官之仪,新一代之制,治历以授民时,建学以教胄子。其谋猷师表之重,乃以属诸中书左丞许文正公。文正既没,继者遵守其旧。若夫见而知之,卓有学识,通制作之本原,酌时宜之损益,则惟太史齐公其人哉。"(《滋溪文稿》第 129—130页)。著有《周易本说》4 卷、《系辞旨略》2 卷、《蔡氏书传祥说》1 卷、《中庸章句续解》1 卷、《大学四传小注》1 卷、《春秋诸国统纪》6 卷"目录"1卷、《论语言仁通旨》2 卷、《皇极经世书入式》1 卷、《外篇微旨》4 卷、《授时历经串演撰八法》1 卷、《二至晷景考》2 卷等。事迹见苏天爵《元故太史院使赠翰林学士齐文懿公神道碑铭》(《滋溪文稿》卷九)、《元史》卷一七二。

张珪卒。

按:张珪(1264—1329),字公瑞,尝自号澹庵,河北易州定兴人。淮阳献武王张弘范之子,汉地世侯张柔之孙。"至元十六年(1279),弘范平广海,宋礼部侍郎邓光荐将赴水死,弘范救而礼之,命珪受学。"大德三年(1299)拜江南行台御史中丞,元武宗即位,召拜中丞,皇庆元年(1312)任枢密副使,延祐二年(1315)拜中书平章。泰定初(1324)"帝始开经筵,令左丞相与珪领之,珪进翰林学士吴澄等,以备顾问"(《元史》卷一七五本传,第13册,第4071、4083页)。泰定初封蔡国公。有诗才,《元诗选》二集有诗7首,附于张弘范《淮阳集》后。事迹见虞集《中书平章政事蔡国张公墓志铭》(《道园学古录》卷一八)、《元史》卷一七五、《元诗选·二集》小传。

贡奎卒。

按:贡奎(1269—1329),字仲章,安徽宣城人。及冠,邃于经术,博贯群史。初为池州路齐山书院山长。大德六年(1302),授太常奉礼郎兼翰林院检讨,九年(1305),迁翰林国史院编修。武宗至大元年(1308),转应奉翰林文字。仁宗延祐元年(1314)起除江西儒学提举;五年(1318),迁翰林待制。英宗至治元年(1321),辞归。泰定四年(1327),复起为翰林待制,拜集贤直学士。文宗天历元年(1328),奉命祀北岳、南镇及淮、济。次年十月卒。顺帝元统元年(1333),赠翰林直学士,追封广陵郡侯,谥文靖。"公年十岁,辄能属文,已有闻于人。及壮,读书并日夜,忘寝食。于经、子、史、传无所不治,于其章义辞句,类数名制,委曲纤妙,无不究诣。于文章辩议,宏放隽傀,不狃卑近,必以古为归。故出而名振江之南";"公有智识度量,人不见其崖涘。凡再与乡试文衡,一为廷对读卷官,所取士多知名于时,其所第甲乙,人咸服其平允";"公一时之与交者,若清河元明善、东平王士熙、四明袁桷、巴西邓文原、长沙文矩,悉当世豪杰声名之士。若臣者,亦公之所厚,故于公之碑得以尽臣之言焉,而非私也";"其所著曰《云林小稿》,曰《听雪斋》,曰《青山漫吟》,曰《倦游集》,曰《豫章稿》,曰《上元新录》,曰《南州纪行》,凡百有廿卷。晚年粹撷诸礼书为一家言,未就而卒。今师谦、师泰皆孝弟,纯笃缉学,以世其家。加之以磨砻灌养之功,而不止其所至方未艾也。"(马祖常《皇元敕赐集贤直学士贡公文靖公神道碑铭》,《贡氏三家集、贡奎集附录二》,第 136、137 页)今仅存《云林集》6 卷及附录 1 卷。事迹见李黼《故集贤直学士奉训大夫贡公行状》、马祖常《皇元敕赐故集贤直学士赠翰林直学士太中大夫文靖贡公神道碑铭》《元史》卷一八七、《新元史》卷二一一、《蒙兀儿史记》卷一二〇、《宋元学案》卷九二、《(万历)宁国府志》卷一七。

又按:吴师道《贡仲章学士挽诗》写道:"邓来相继厌人间,公又云亡我涕潸。文采顿消南国士,仪形空想北门班。百年乡梦应先觉,万里祠官竟不还。怅望箫笳动哀曲,湖风吹浪雪埋山。"(《吴师道集》卷七,第137 页)

张养浩卒。

按:张养浩(1270—1329),字希孟,号云庄,济南历城人。至大初为监察御史,后累迁礼部尚书,又被派为参议中书省事。后以父老多病为由,弃官归养。又尝起为陕西行台御史中丞。卒谥文忠。为学务实用,一语一默之细,绝不苟且。元散曲家。工散曲及诗,多写闲适生活,间有反映现实之作。著有《归田类稿》22 卷、《云庄休居自适小乐府》《云庄类稿》《三事忠告》4 卷。《金元散曲》录存其小令一百六十二首,套数二套。事迹见张起岩《大元敕赐故西台御史中丞赠摅诚宣惠功臣荣禄大夫陕西等处行中书省平章政事柱国追封滨国公谥文忠张公神道碑铭》、黄溍《故陕西诸道行御史台御史中丞赠据诚宣惠功臣荣禄大夫陕西等处行中书省平章政事柱国追封滨国公谥文忠张公祠堂碑》、危素《张文忠公年谱》(《说学斋稿》卷二)、《元史》卷一七五"本传"、《新元史》卷二〇二。

又按:张起岩所撰神道碑云:"公正大刚方,磊落有大节。早有能诗声,每一诗出,人传诵之。好学不倦,自幼至老,未尝一日废书,祁寒暑雨不辍也。诗文浑厚雅正,气盛而辞达,善周折,能道人所欲言。其家居,四方求铭文序记者踵至,贽献一不受也。读书务施实用于时,恒以古人自期,深居简出,不屑细务,所与往还,皆名公钜卿。泊于世味,不汲汲于进,故掾礼曹者五年。掾东曹日,不挟艺炫能,若不事事者,而其中凛然不可以干以私。及为政,以力行所学自任,勇于为义,嫉恶如仇,不铲刮根蘗不止也。在官三十年,心未尝不林壑,其自号曰'齐东野人',别号'顺庵',晚号'云庄老人',可见其素志已。一日思亲,即弃官以归。与人语及闲适之乐,喜色津津见于颜间。好引接后学,称其善如己出。晚生后进,经公指授者,作文皆有法云。"(张起岩《大元敕赐故西台御史中丞赠摅诚宣惠功臣荣禄大夫陕西等处行中书省平章政事柱国追封滨国公谥文忠张公神道碑铭》,《张养浩集》第 257 页)

曹元用卒。

按:曹元用(? —1329),字贡贞,世居阿城,后徙汶上。始为镇江路儒学正,后荐为翰林国史院编修官。累拜中奉大夫、翰林侍讲学士,兼经筵官。曾预修仁宗、英宗两朝实录。又奉旨纂集甲令为《通制》,译唐《贞观政要》为蒙古文。凡大制诰,率元用所草。在中书省,与元明善、张养浩号为"三俊"。卒追封东平郡公,谥文献。著有《超然集》、南戏《百花亭》,仅存残曲。事迹见《元史》卷一七二。

元文宗天历三年　至顺元年　庚午　1330 年

十月,元文宗复百年旷典,亲祀南郊。

按:从世祖忽必烈开始至此元朝已历七世,而南郊亲祀之礼至此才真正完成。其时,马祖常充读祝册官,参定典仪。虞集作《亲祀南郊敕》,又作《郊祀庆成颂,并序》。中书省、国子监有祝亲祀礼成贺表。大礼完成之后,文宗"大赉四海,侍祠官赐金及币,致仕官一品月给全俸,二品半之,三品及九品赐币有差,民年八十以上者表号高年耆德,并免其家徭役"。(苏天爵《元故资德大夫御史中丞赠摅忠宣宪协正功臣魏郡马文贞公墓志铭》,《滋溪文稿》卷九,第 142 页)

是年,颁行"十福经教正典",俗称"十善福经白史"。

按:文宗时,帝师必兰纳识里,自幼熟习畏兀儿和印度梵文,皇庆(1312—1313 年)年间受命翻译诸梵文经典。至顺元年(1330),必兰纳识里对《十善福经白史》进行了两次修改,以畏兀儿体蒙文定稿成册。《十善福经白史》从内容上看是宣传政教两道并行的一部蒙古史著作。书中提出用"教权之律"、"皇权之法"治天下,既为反映元朝佛教盛行之珍贵资料,又乃研究元朝法律之珍贵记录。《十福经教正典》是《元典章》之外另一部重要法律文献,是 14 世纪忽必烈时所制定的有关政教并行的规章、制度、法律的汇编,也是元世祖关于建立政教并行国家体制的根本大法。元亡,北元之际,土默特部阿勒坦汗晚年效法忽必烈,走政教并行的发展模式,而该法典对于其政教发展模式的推行意义颇大。(见《蒙古族通史》第五章)

姚燧《牧庵集》刊成。

按:牧庵乃姚燧自号。《牧庵集》是姚燧的门人刘致收集,下属吴善董工,由江浙儒学主持刊印。

又按:吴善《牧庵集序》写道:"文章有一代之宗工。其出也,秉山川之灵,关天地之运,所谓百年几见者也。汉四百年,惟司马迁父子、扬雄、班固四人;两晋、魏、隋之间,则无闻矣;唐三百年,惟韩愈、柳宗元二人;宋三百年,惟欧阳修、苏轼二人。当是时,非无作者杂出其间,与三四君子相与度长而挈大,并驾而齐驱焉,然皆掇拾剽窃,不能成一家之言,负当代宗工之任。此山川之气、天地之运,诚有时而或息。即我朝国初,最号多贤,而文章众称一代之宗工者,惟牧庵姚公一人耳。公,营州柳城人。营州之族,好驰马、试剑、游畋为乐;公独嗜学绩文,早负奇气,非所谓秉山川之灵、关天地之运者乎?至大戊申,公为翰林承旨,予忝末属,始拜公于翰林。是年冬,诏修《成宗皇帝实录》,日侍公笔砚间,遂得手钞公文数十篇玩诵,日夜不置。其后,《实录》成,进,方将求公全帙编次,而公谒告南来矣。曩得宁国所刊本,读之既非全帙,讹舛尤多,每为怅然也。至顺壬申,公之门人、翰林侍卫刘公时中,始以公之全集,自中书移命江浙,以郡县赡学余钱,命工骎木,大惠后学。予时承乏提学江浙儒学,因获董领其事,私窃欣幸。乃与钱塘学者叶景修重加校雠,分门别类,得古赋三篇,诗二百二十二篇,序三十八篇,记五十三篇,碑铭墓志一百四十篇,制诰五十八篇,传二篇,赞十五篇,说十一篇,祝册十篇,杂著十三篇,乐府百二十四篇,总六百八十九篇,凡五十卷。窃惟公之文,雄深雅赡,世罕有知焉。譬如太羹玄酒,食而无味,然足以享天。呜呼!草《玄》者之有望于后世之子云也,宜哉。至顺昭阳作噩之岁,季春之闰,儒林郎、江浙等处儒学提举、鄱阳吴善序。"(《姚燧集》附录二,第 655—656 页)

又按:张养浩《牧庵姚文公文集序》载:"皇元宅天下百许年,倡明古文,才姚公牧庵一人而已。盖常人之文,多剽陈袭故,窘趣弗克振拔,惟公才驱气驾,纵横开阖,纪律惟意。其大略如古劲将率市人战,彼虽素不我习,一号令之,则鼓行六合,所向风从,无敌不北。虽路绝海岳,亦莫不迎锐而开,犹度平衍。视彼选兵而阵,择地而途,才一再敌、辄衰焉且老者相万矣。走年二十四见公于京师,时公直学士院,每有所述,于燕酣后岸然瞑坐,词致砰隐,书者或不能供。章成,则雄刚古邃,读者或不能句。尤能约要于繁,出奇于腐。江海驶而蛟龙拏,风霆薄而元气溢。森乎其芒寒,熇乎其辉煜,一时名胜靡不鳃鳃焉,自闷所有,伏避其峰。而将相鼎族,辇金篚币,托铭先世勋德者,路谒门趋,如水赴壑。厥问之崇,学者仰之山斗矣。每往来江湖间,赆饯宴劳,月无虚朝。二千石趋翼下风,吟啸自若,巷陌观者谓君神仙人。尝谓唐三百年,其文为世所珍者,李邕、韩愈二人,或所鬻若市,或酬金物门,最其凡论之,公盖兼有。至其外荣达,喜施与,宏逸高朗,中表惟一,年愈艾而气节愈隆,顾有前人所未备者。然则公之奇侅瑰异者,独文乎哉?公没之十一年,当泰定改元,江西省臣求所述于家,凡如干篇,将板行世。郎中贾焕华甫走书济南,以文序请。窃惟韩昌黎文,李汉氏序;欧阳公文,苏轼氏序,公与二子代虽不同,要皆间气所钟,斯文宗匠,振古之人豪也。走何人,敢于焉置喙?辞不获,因纪平昔所尝得诸心目者,姑副所恳。公讳燧,字端甫,仕至翰林学士承旨、荣禄大夫、集贤大学士、太子宾客,牧庵其自号云。济南张养浩撰。"(《姚燧集》附录二,第654—655页)

钟嗣成著《录鬼簿》2卷成,并撰自序。

按:《录鬼簿》约成书于至顺元年(1330),记录了自金代末年到元朝中期的杂剧、散曲艺人等80余人。全书上卷记前辈才士,有杂剧者略记姓字爵里及剧目,下卷记并世才士,各作一小传,记其剧目,又作《凌波曲》吊之。全书涉及作家152人(其中贾仲明续71人),作品名目400余种。钟嗣成(1279?—1360?),字继先,号丑斋,大梁人,寄居杭州。曾寄学邓文原、曹鉴。以貌丑,科场屡试不第,遂专力从事戏曲,纂有《录鬼簿》2卷,载元代杂剧作家小传和作品目录,为研究杂剧重要资料。所作杂剧今知有《章台柳》《钱神论》等七种,均不传。事迹见《录鬼簿》《录鬼簿续编》《太和正音谱》《全元散曲》。

又按:钟嗣成《录鬼簿序》载:"贤愚寿夭,死生祸福之理,固兼乎气数而言,圣贤未尝不论也。盖阴阳之诎伸,即人鬼之生死。人而知夫生死之道,顺受其正,又岂有岩墙桎梏之厄哉?虽然,人之生斯世也,但以已死者为鬼,而不知未死者亦鬼也。酒罂饭囊,或醉或梦,块然泥土者,则其人与已死之鬼何异?此固未暇论也。其或稍知义理,口发善言,而于学问之道,甘于暴弃,临终之后,漠然无闻,则又不若块然之鬼为愈也。予尝见未死之鬼吊已死之鬼,未之思也,特一间耳。独不知天地开辟,亘古及今,自有不死之鬼在,何则?圣贤之君臣,忠孝之士子,小善大功,著在方册者,日月炳焕,山川流峙,及乎千万劫无穷已,是则虽鬼而不鬼者也。余因暇日,缅怀故人,门第卑微,职位不振,高才博识,俱有可录。岁月弥久,湮没无闻,遂传其本末,吊以乐章。复以前乎此者,叙其姓名,述其所作,冀乎初学之士,刻意词章,使冰寒于水,青胜于蓝,则亦幸矣。名之曰《录鬼簿》。嗟乎!余亦鬼也。使已死未死之鬼作不死之鬼,得以传远,余又何幸焉!若夫高尚之士,性理之学,以为得罪于圣门者,吾党且啮蛤蜊,别与知味者道。至顺元年(1330)龙集庚午月建甲申二十二日辛未,古汴钟嗣成序。"(《全元文》卷九九一,第 31 册,第 110 页)

再按:朱凯至顺元年(1330)作《录鬼簿后序》载:"文以纪传,曲以吊古,使往者复生,来者力学,鬼簿之作非无用之事也。大梁钟君名嗣成,字继先,号丑斋,善之邓祭酒、克明曹尚书之高弟,累试于有司,命不克遇,从吏则有司不能辟,亦不屑就,故其胸中耿耿者借此为喻,实为己而发也。乐府小曲、大篇长什传之于人,每不遗稿,故未能就编焉,如《冯谖收券》《诈游云梦》《钱神论》《斩陈馀》《章台柳》《郑庄公》《蟠桃会》等,皆在他处按行,故近者不知,人皆易之。君之德业辉光,文行沾润,后辈之士奚能及焉?噫!后之视今亦犹今之视昔也,日居月诸,可不勉旃。至顺元年(1330)九月吉日朱士凯序。"(《全元文》卷一五五六,第 51 册,第 39 页)朱凯,字士凯。至正时为浙江省掾。著有杂剧《昊天塔》《黄鹤楼》及散曲作品,编有《升平乐府》,又辑世传隐语《包罗天地》(朱凯著)、《揆叙万类》《迷韵》等集。

鲁明善撰成《农桑衣食撮要》。

按:父迦鲁纳答思,为元代翻译。鲁明善,父字鲁为氏,名铁柱,以字行,高昌畏吾儿人(今新疆吐鲁番)。《农桑衣食撮要》共二卷,11000 余字,所记除气象、水利、农耕、畜牧、园艺、蚕桑、竹木等,还有栽种葡萄,种植棉花,酿造酥酒,晾晒干酪等及苜蓿、芝麻、石榴、胡桃、胡豆、胡菜、胡葱、胡萝卜、红花等丰富的果菜,及西域新疆草药栽培和亡虫防病知识。(中国医学百科全书编辑委员会编《维吾尔医学》,第 11 页)

又按:鲁明善《农桑衣食撮要自序》云:"农桑,衣食之本。务农桑,则衣食足,衣食足,则民可教以礼义,民可教以礼义,则家国天下可久安长治也。虞夏殷周之兴,罔不由此。秦汉而降,知恤鲜哉!我世祖皇帝中统建元之初,首诏有司,岁时劝课,以厚民生,立大司农司,以专其任。列圣相承,式遵祖训,凡我臣子,孰敢不虔。乃者叨蒙宪纪之任,因思衣食之本,取所藏《农桑撮要》,刊之学官,所以钦承上意,而教民务本也。凡天时地利之宜,种植敛藏之法,纤悉无遗,具在是书。苟为民者,人习其业,则生财足食之道,仰事俯育之资,将随取而随足。庶乎教可行而民安于下矣,固久安长治之策也,其可以农圃细事而忽之哉!虽然游末是趋,舍是书而不务,以自取贫困,固吾民之罪。而夺其时以落其事,使是书为徒设,则有司之咎也。於戏,时和岁丰,家给人足,与吾民相忘于谣衢击壤之域,顾不美欤!谨题其篇端,以告来者,庶牧民者知所劝也。至顺元年(1330)六月甲申谨叙。"(《全元文》卷一六四四,第 53 册,第 595—596 页)

忽思慧《饮膳正要》成书。

按:忽思慧自延祐中任钦膳太医,是年编成《饮膳正要》。全书共三卷。卷一讲诸般禁忌,聚珍品撰;卷二讲诸般汤煎,食疗诸病及食物相反中毒等;卷三讲米谷品、兽品、禽品、鱼品、果菜品和料物等。该书对饮食卫生、育婴妊娠、食品营养、疾病治疗、植物品种等很有研究,如饮食卫生方面,他主张"先饥而食,食勿令饱;先渴而饮,饮勿令过;食欲数而少,不欲顿而多。盖饱中饥,饥中饱;饱则伤肺,饥则伤气;若食饱不得便卧,即生百病"。是很符合科学道理的。食品营养方面也很讲究,他吸收了汉、蒙古、回回、女真等族人民的饮食经验,总结出了许多菜谱。书中还介绍了许多植物品种,对于我们了解元代植物栽培情况和来自中亚、西域的植物品种在中国传布情况很有帮助,如香料"马思答吉"(乳香)在中国书本上还是第一次提到。所以,《饮膳正要》对于研究中国

古代的植物学、营养学、饮食史，是一本很有价值的书。(韩儒林主编《元朝史》，第 761—762 页)

又按：虞集《饮膳正要序》载："臣闻古之君子善修其身者，动息节宣以养生，饮食衣服以养体，威仪行义以养德。是故周公之制礼也，天子之起居、衣服、饮食，各有其官，皆统于冢宰，盖慎之至也。今上皇帝天纵圣明，文思深远，御延阁、阅图书，旦莫有恒。则尊养德性，以酬酢万，几得内圣外王之道焉。于是，臣赵国公孛兰奚以所领膳医臣忽思慧所撰《饮膳正要》以进。其言曰：'昔世祖皇帝食饮必稽于本草，动静必准乎法度。是以身跻上寿，贻子孙无疆之福焉。是书也，是时尚医之论著者云。噫！进书者，可谓能执其艺事，以致其忠爱者矣。而圣心溥博，又将推以及人。于是，中宫命留守臣金界奴厖工刻梓摹印，以遍赐臣下。於呼！推一己之安，使天下之人举安；推一己之寿，使天下之人举寿。圣天子以天地之心为心，而为生立命者盖如此。天历三年(1330)月日谨序。'"(《虞集全集·道园类稿》卷一六，上册，第 469 页)

李泽民《声教广被图》约绘于此年。

按：这幅地图涵盖的范围包括欧洲、阿拉伯半岛和非洲，非洲的轮廓已经非常完整，好望角的形状也很明确(陈煜撰《大朝盛衰图说元代》，商务印书馆 2016 年，第 130 页)。李泽民的《声教广被图》至少在亚洲部分超过了同时代的欧洲、阿拉伯地图。即使他的地图是在受到了阿拉伯地理学的影响下绘制的，它也弥补了一些阿拉伯地理学著作和地图的缺佚与空白。这是一幅全国总图，可惜今都已散佚。目前可以从 1402 年高丽人李荟绘制、权近修订增补的《混一疆理历代国都之图》和罗洪先《广舆图》中个别篇幅，可见其端倪。(丁海斌《中国古代科技文献史》，第 327 页)

又按：乌斯道《刻舆地图序》："地理有图尚矣，本朝李汝霖《声教被化图》，最晚出。自谓考订诸家，惟《广轮图》近理，惜乎山不指处，水不究源，玉门、阳关之西，婆娑鸭绿之东，传记之古迹，道途之险隘，漫不之载。及考李图，增加虽广而繁碎，疆界不分而混殽。今依李图格眼，重加参考，如江、河、淮、济，本各异流，其后河水湮于青、兖，而并于淮、济；水起于王屋，以与河流为一，而微存故迹。兹图，水依《禹贡》所导次第，而审其流塞；山从一行《南北两界》，而别其断续，定州郡所属之远近，指帝王所居之故都，详之于各省，略之于退荒，广求远索，获成此图。庶可以知王化之所及，考职方之所载，究道里之险夷，亦儒者急务也。所虑，缪戾尚多，俟博雅君子正焉。"（《春草斋集·文集》卷三，徐永明点校《乌斯道集》卷八，第 187 页）李汝霖，即李泽民，所绘《声教被化图》即《声教广被图》。

范梈卒。

按：范梈（1272—1330），字亨父，一字德机，"家贫早孤，母熊守义，长而教之。天资颖敏，所读诵辄记忆""年三十六，始客京师，勋旧故家延致教其子。艺能操趣，绷中彪外，流光浸浸，以达中朝。荐举充翰林编修官。官满，部注建昌路照磨。宪台有闻名者，改擢将仕佐郎、海南海北道廉访司知事""仍其所职迁江西湖东，宪长严明，于僚属中独异目视，选充翰林应奉，宪台又改擢福建闽海道知事。""天历二年（1329），授湖南岭北道肃政廉访司经历，以养亲辞不赴。其秋，自湖广行省校文而还，逾月有母丧，明年十月以疾终，年五十九。""持身廉正，莅官不可干以私。疏食水饮，泊如也。为文雄健，追慕先汉。古近体诗尤工，蔼然忠臣孝子之情，如杜子美。又善大小篆、汉晋隶书。金溪士危素慕其风，数从游处。未终前两月，往哭其母。时疾已剧，尫羸骨立，谓素曰：'世道之卑、士气之陋甚矣，子其勉诸！吾殆将死'，已而果然。"（吴澄《故承务郎湖南岭北道肃政廉访司经历范亨父墓志铭》，《全元文》卷五二〇，第 15 册，第 638—639 页）。事迹见吴澄《故承务郎湖南岭北道肃政廉访司经历范亨父墓志铭》（《吴文正集》卷八五）、揭傒斯《范先生诗序》（《揭文安公全集》卷八）、刘岳申《祭范德机文》（《申斋集》卷一二）、《元史》卷一八一、《新元史》卷二三七、《蒙兀儿史记》卷一二〇。

又按：张雨《题范德机编修东坡稿后》："一编上有东坡字，惭愧诗中见大巫。直想瘦生如饭颗，竟从痒处得麻姑。咸池水浅孤黄鹄，空谷天寒病白驹。拟共风流接尊酒，只愁尘土没双凫。"（《全元诗》第 31 册，第 335 页）

再按：柳贯《闻临江范德机以母丧哀毁而卒》：其一："才名朝士右，行义古人中。正想招旌起，何嗟掩袂穷。山川还寂寞，台阁谩穹崇。此世丹青笔，吾今属望空。其二：服斩谁非子，摧形不有身。使能穿圹入，果胜阙泉亲。突兀留文冢,凄凉卷钓缗。夜台开幕府,还借笔如神。其三:遽矣音容逝,凄其翰墨存。徒闻春罢相,安用哭招魂。世已无耆哲,吾犹忝弟昆。生刍虽易具,终愧玉人温。"柳贯《太朴自临川致书深悼德机之死于是复土一周星矣》:"江右缄书昨寄将,范家坟草又新霜。即今已远人间世,微尔谁宜地下郎。只有清诗传警策,更无真字发飘扬。天乎幸使山儿慧,穗莠犹能卜岁穰(德机一子山儿,尚幼)。"(《柳贯集》上册,第95、139页)

丁文苑卒。

按:丁文苑(1284—1330),本名哈八石,"取父字姓丁,字文苑,于阗人",入中原后定居大都宛平(今北京),延祐首科进士,历仕左司掾、礼部主事,至治二年(1322)任秘书监著作郎,拜监察御史,改扈部员外郎、浙西佥宪,能适用汉语写诗文,与马祖常、宋褧、王沂等唱和往还。歌行豪宕如其人,古诗清淬,皆可传世。事迹见王沂《挽丁文苑》(《伊滨集》卷九)、许有壬《哈八石哀辞并序》(《至正集》卷六六)。

又按:许有壬《哈八石哀辞并序》:"哈八石取父字姓丁,字文苑,于阗人。与予同登乙卯进士第,倅固安州,掾左司,除礼部主事,予佐吏部,故游从为多。改秘书著作,拜监察御史,又与予同官。南坡之变,枭獍党与,列据津要,文苑、康里子山暨予实同论列。迁户部员外郎,予在左司,计事率相见。俄佥浙西道廉访司事,遂间南北。予居武昌,适移湖北。新制,宪官各色止用一人。长宪者同出西域,即日引退,台报不允,文苑曰:'无例且退,持疑文冒进可乎?'坚卧不起。予跧居,绝人事,独相往来。鹤山楚观之绝顶,梵宫琳宇之僻地,荒城废垒,村居野池,靡不至焉;时绝江登大别,宿郎官湖,赋诗谈论无虚日。一日,把酒相属曰:'人生离合有数,君闲我退,机适相投,但恐造物见妒,不终遂此。先子监祁阳县,有惠政,潜德未彰,子盍铭之。'予不获辞焉。未及,予除两淮转运使,文苑移山北,邸报同日至。山北置大宁,古白霫地,去京师东北尚八百里,陆不可輂家,水萦纡余五千里,扶病拥幼,殆不能为谋。予官扬州,崎岖来过,曰:'我非渎于进也,主上新政,不敢不行。而老幼累我,且都而杭,杭而鄂,鄂又山北,有力且疲,况贫乎?鄂不可留,扬米贵亦不可居,杭,吾乐之,谷又差贱,且其人德我,吾谋定矣。'乃命诸子买舟而东,独挈一小仆乘传而北。予留之饮,三昼夜而后去。酒中尝曰:'我作事素勇,今殊犹豫,何也?'予戏之曰：'人改常不佳，君岂厌世邪？'乃大笑曰：'昔温公记宋子才暴谑，其言偶验，我不信也。'因出臂示其坚实曰：'斧吾击亦不死也。'于虖，今乃真死矣。盖时方大疫，暑行至东平，主仆皆病。归抵淮安，卒于舟中，至顺元年（1330）六月念三日也。郡大夫率其国人敛之。予既为位哭，遣人省其墓，告其家。子木屑迎柩归，舣舟饯别之地，哭为之恸。监县公葬祁阳，远不能袝。予欲蜀冈买地处之，木屑曰：'杭西山，先人所爱，因可守也。'遂谋葬焉。母子力不能举，漕司暨他官府若尝往来共赙之，得楮币中统余万缗，既襄事，余可经理其家。淮东宪长答里麻尝同官，闵其贫，请赙于朝，不报。初，文苑为固安，隶京号难治。民刘奉益横甚，赛祈烹五十羊，聚群不逞，震动里闾，执而发其椎埋焚剽数十事，度不解，逸去，反肆诬构，诏大官杂问禁中，辨析明直，刘置于法。筑堤堰三百里，河以不害。两道凛然，折强暴如拉朽。蜀兵未戢，按郡直要冲，布置施为若老于用兵者，统兵省臣荐其有将帅才，可治边事云。内外持宪，知无不言，制吏辈嗫不得出一语。平居论事，慷慨历落，一座尽倾。遇则奋发，勇往无前。长于观人，某邪某诈，默以相告，后辄多验。作歌行，豪宕如其人，古诗清粹，皆可传也。延祐初，朝廷始以科举取士，天下之大，才五十六人。出官四方，或懦于施，或污于贿，历历在人。得免诟议如文苑者无几，而天复中道画之，于虖惜哉！予昔铭监县公，谓其多善未报，当在文苑。今文苑寿才四十有七，赍志以没，此又何邪？岂天又厄其身而大其后邪？天道是邪，非邪？予益感矣。尝独坐阅同年录，十六年间，为鬼录者十七人矣，尚忍以区区声利置胸中乎！或者视为四海九州之人，恝然无情，予不忍也。木屑将状其行实，求予为铭。而其状不至，为之辞以发其概，且以写予哀云。天之生才兮，亦孔之艰。前不知其几世兮，后复几年。何林林之百万兮，独靳于贤？器方适用兮，陶复不坚。云未雨而扫荡兮，华未实而摧残。岂缯缴之在天兮，恶有翼之高骞！冥冥之中兮，孰司其权？昔君之北兮，歌乎水壖。今君之来兮，丹旐翩翩。药膳匪良兮，道路迤遭。妻子暌隔兮，良友弃捐。我哀曷志兮，我言曷殚！西山苍苍兮，惟所便安。玉树森立兮，泽流有源。冀伸于后兮，以报其前。破不可完兮，逝不可旋。惟生无愧兮，虽没犹存。修短有数兮，吾其舍旃。马革脽下兮，非蚁则鸢。九原有知兮，其然不然。"（《全元文》卷一二〇二，第 38 册，第 498—501 页）

王沂《挽丁文苑》:"北阙收科日,东州半刺翔。吴钩利锋锷,西玉美琳琅。攻苦甘餐藜,摧枯快击强。诗书名已著,霄汉路应长。兰省初腾价,仪曹转耀铓。欲兴周礼乐,要补舜衣裳。羽卫惊传警,槐枪怒益张。从来身满胆,那惜皂为囊。力挽千钧弩,精闻百炼钢。忠言昭日月,真气摄豺狼。岂特销氛祲,居然振纪纲。周官严掌计,汉署贵含香。持节分吴会,鸣珂出帝乡。锄奸到根节,遗爱洽耕桑。三翼江流白,千峰木叶黄。弄兵封剑阁,燃燧照清湘。韬略知无敌,威怀各有方。浮云开斥堠,飞鸟避风霜。宇宙归辽鹤,波涛怒楚艎。一时悲耿耿,千古冈堂堂。故箧遗文在,新阡宿草荒。素风知不坠,能世有诸郎。"(《全元诗》第 33 册,第 103 页)

元文宗至顺二年　辛未　1331 年

高丽向元廷奏请刷还流民。

按:《高丽史》载:"(至顺二年,四月)庚寅,以五道人民流入双城、女真、辽阳、沈阳等处,表请刷还……钦蒙世祖皇帝,元降圣旨,自己未年二月已后,被掳逃来人等,凡有司刷会,见数悉今归国,至至元二十一年(1284),又降圣旨如前。本国以此累次差官前去辽阳、沈阳等处,欲行分拣。所在官司,滥称军户或称农氓,沮遏不刷者久矣。而又比年闲,本国州县当役人民并官寺私奴婢人口,逃往辽阳、沈阳、双城、女真等处,影避差役,散漫住坐。虽或差人前去,将欲推刷,所辖官司并头目人,擅自挟带,当栏不与,甚为未便。"(郑麟趾《高丽史》"世家"卷三六)1331 年(至顺二年、忠惠王元年)高丽向元朝奏请刷还流入双城、女真、辽阳、沈阳等处的"五道人民",并诉说累次差官前往上述地区刷还高丽流民之难。这些高丽人都是高丽"州县当役人民,并官寺私奴婢人口",他们到双城等处"影避差役,散漫住坐",却累刷不还。[刘子敏、姜龙范、崔永哲著《东北亚"金三角"沿革开发史及其研究》(古代篇),第 374 页]

又按:十三世纪后半期到十四世纪中叶,高丽人民(流民)大规模迁入元朝各地。人口流失带来的是经济和国力上的损失,因此,高丽政府不仅在国内反复进行"田民辩正"(查清"田民"的所有者,纠正非法占有的部分)、"安辑"(将农民束缚于原地)等工作;而且经元统治者同意,对元朝各地也曾多次进行"推刷"（调查高丽流民迁入元朝领域的情况，并请元政府把他们还回高丽）工作。据《高丽史》统计，高丽政府自1274年至1347年的七十四年间所进行的"推刷"次数共达二十八次之多（不包括对元朝驻高丽军队进行的推刷）。高丽朝廷多次上书元朝廷，要求遣还辽阳的高丽人口。元廷同意了高丽的请求，但是当地政府多不配合，最终遣还的人口十分有限。（参见汪高鑫、程仁桃著《东亚三国古代关系史》，第124页；朴真奭著《中朝经济文化交流史研究》，第61—62页）

《经世大典》成书。

按：五月一日，奎章阁学士院赵世延、虞集等撰修《皇朝经世大典》成。虞集作《经世大典序》，至顺三年（1332）三月，欧阳玄呈《进经世大典表》。《经世大典》是大型政书，仿《唐六典》和《唐会要》体例，共880卷，另有目录12卷，公牍1卷，纂修通议1卷，分帝号、帝训、帝制、帝系、治典、赋典、礼典、政典、宪典、工典等10门，其中六典各系子目。

又按：虞集《经世大典序》云："钦惟钦天统圣至德诚功大文孝皇帝，以上圣之资，纂承大统，聪明睿知，度越古今，至让之诚，格于上下。重登大宝，天命以凝。于是，辟延阁以端居，守中心之至正。慨念祖宗之基业，旁观载籍之传闻，思辑典章之大成，以示治平之永则。乃天历二年（1329）冬，有旨命奎章阁学士院、翰林国史院，参酌唐、宋会要之体，荟萃国朝故实之文，作为成书，赐名《皇朝经世大典》。明年二月，以国史自有著述，命阁学士专率其属而为之。太师、丞相、答剌罕，太平王臣燕帖木儿，总监其事。翰林学士承旨、大司徒臣阿璘帖木儿，奎章（阁）大学士臣忽都鲁笃尔弥实，奎章阁大学士中书右丞臣撒迪，奎章阁大学士、太禧宗禋使臣阿荣，奎章阁承制学士、金枢密院事臣朵来，并以耆旧近臣习于国典任提调焉。中书左丞臣张友谅，御史中丞臣赵世安等，以省、台之重，表率百官，简牍具来，供给无匮。至于执笔纂修，则命奎章阁大学士、中书平章政事臣赵世延，而贰以臣虞集，与学士院、艺文监官属，分局修撰。又命礼部尚书臣巎巎，择文学儒士三十人，给以笔札而缮写之，出内府之钞以充用。是年四月十六日开局，仿六典之制，分天、地、春、夏、秋、冬之别，用国史之例，别置蒙古局于其上，尊国事也。其书悉取诸有司之掌故，而修饰润色也。通国语于尔雅，去吏牍之繁词，上送者无不备书，遗亡者不敢擅补。于是,定其篇目凡十篇,曰:君事四,臣事六。君临天下,名号最重,作《帝号》第一。祖宗勋业,具在史策,心之精微,用言以宣,询诸故老,求诸纪载,得其一二于千万,作《帝训》第二。风动天下,莫大于制诰,作《帝制》第三。大宗其本也,藩服其支也,作《帝系》第四。皆君事也,蒙古局治之。设官用人,共理天下,治其事者,宣录其成,故作《治典》第五。疆理广袤,古昔未有,人民贡赋,国用系焉,作《赋典》第六。安上治民,莫重于礼,朝廷郊庙,损益可知,作《礼典》第七。肇基建业,至于混一,告成有绩,垂远有规,作《政典》第八。行政之设,以辅礼乐,仁厚为本,明慎为要,作《宪典》第九。六官之职,工居一焉,国财民力,不可不慎,作《工典》第十。皆臣事也。以至顺二年(1331)五月一日,草具成书,缮写呈上。臣集等皆以空疏之学,谬叨委属之隆,才识既凡,见闻非广,或疏远不知于避忌,或草茅不识于忧虞,谅其具稿之诚,实欲更求是正,疏略之罪,所不敢逃。窃观《唐会要》,始于苏冕,续于崔铉,至宋王溥而后成书。《宋会要》始于王洙,续于王珪,至汪大猷、虞允文,二百年间,三修三进。窃惟祖宗之事业,岂唐、宋所可比方?而国家万万年之基,方源源而未已。今之所述,粗立其纲,乃若国初之旧文,以至四方之续报,更加搜访,以待增修。重推纂述之初献,实出圣明之独断。假之以岁月,丰之以廪饩,给之以官府之书,劳之以诸司之宴,礼意优渥,圣谟孔彰。而纂修臣寮,贪冒恩私,不称旨意,不胜兢惧之至,惟陛下矜而恕之。谨序。"(《虞集全集·道园类稿》卷一六,上册,第470—471页)

又按:欧阳玄《进经世大典表》曰:"尧舜之道,载诸典谟;文武之政,布在方策。道虽形于上下,政无间于精粗,特于纪录之间,足见弥纶之具。是以秦、汉有掌故之职,唐、宋有会要之书,于以著当代之设施,于以备将来之考索。我国家受命龙朔,缵休鸿基,发政施仁,《行苇》之忠厚世积;制礼作乐,《关雎》之风化日兴。纪纲具举于朝廷,统会未归于简牍。钦惟钦天统圣至德诚功大文孝皇帝陛下,总揽群策,躬亲万机,思祖宗创业之艰难,与天地同功于经纬。必有铺张以揭皦日,必有术作以藏名山。爰命文臣,体《会要》之遗意;遍敕官寺,发掌故之旧章。仿《周礼》之六官,作皇朝之《大典》。臣某叨承旨喻,俾综纂修。物有象而事有源,质为本而文为辅。百数十年之治迹,固大略之仅存;千万亿世之宏规,在鸿儒之继作。谨缮写《皇朝经世大典》八百八十卷,《目录》十二卷,《公牍》一卷,《纂修通议》一卷,装潢成帙,随表以闻,伏取裁旨。"(《欧阳玄全集·圭斋文集》卷一三,第368—369页)

再按:萨都剌《奎章阁观进皇朝经世大典》:"文章天子大一统,馆阁词臣日纂修。万丈奎光悬秘阁,九重春色满龙楼。门开玉钥芸香动,帘卷金钩砚影浮。圣览日长万几暇,墨花流出凤池头。"(《全元诗》第30册第203页)

盛熙明著《法书考》8卷成。

按:虞集《法书考序》云:"伏羲始画八卦,而文字兴焉,六书之象形,此其端也。中古简牍之事,则史氏掌之。后世有天下者,盖有以书名世者矣。曲鲜盛熙明,得备宿卫,有以知皇上之天纵多能,留心书学,手辑书史之旧闻,参以国朝之成法,作《法书考》八卷上之,燕门之暇多有取焉。昔唐柳公权尝进言于其君曰:'心正则笔正',天下后世谓之笔谏。晸哉,熙明无俾公权专美前世! 史臣虞集序。"(《虞集全集》,上册,第596页)

又按:揭傒斯《法书考序》云:"法书肇伏羲氏,愈变而愈降,遂与世道相隆污,能考之古犹难,况复之乎? 至顺二年(1331),盛君熙明作《法书考》,稿未竟,已有言之文皇帝者,有旨趣上进。以修《皇朝经世大典》事严,未及录上,而文皇帝崩。四年四月五日,今上在延春阁,遂因奎章承制学士沙剌班以书进。上方留神法书,览之彻卷,亲问八法旨要,命藏之禁中,以备亲览。当是时,上新入自岭南,圣心所向,已传播中外。及即位,开经筵,下崇儒之诏,天下颙颙然翘首跂足,思见圣人之治。法书之复,其在兹乎? 然天下之期复于古者,不止法书也。而于是乎观也,则盛氏之书,其复古之兆乎? 惟盛氏之先曲鲜人,今家豫章。而熙明清修谨饬,笃学多材,有文章,工书,能通诸国书,而未尝自贤,或为一时名公卿所知。是书之作,虞奎章既为之序,余特著其进书始末如此。元统二年(1334)十月望,文林郎艺文监丞参检书籍事揭傒斯序。"(《揭傒斯全集·文集》卷三,第497—498页)

再按:欧阳玄《法书考序》载:"小学废,书学几绝,声音之道尤泯如也。周、秦而下,体制迭盛;西晋以来,华梵兼隆。唐人以书取士,宋人临拓价逾千金,刻之秘阁,法书兴矣。然而循流道源,士有憾焉。此龟兹盛熙明《法书考》之所由作欤？熙明刻意工书,而能研究宗源,作为是书。至于运笔之妙,评书之精,则甘苦疾徐之度,非老于斫轮者,畴克如是耶！书成,近臣荐达,以彻上览。清问再三,又能悉所学以对,因获叹赏。给事中兼起居注亦思刺瓦性吉时中,出资锓梓,以广其传,庶俾世之学者有所模楷,其用心可谓公且仁矣。熙明以书入官,今为夏官属,盖亦不忘其本者云。翰林学士、资善大夫、知制诰同修国史庐陵欧阳玄序。"(《欧阳玄全集·圭斋文集补编》卷八,下册,第588—589页)

同恕卒。

按:同恕(1254—1331),字宽夫(甫),其先太原人,后徙奉先。年十三,以《书经》魁乡校。家有藏书万卷。《元史》称他"由程、朱上溯孔、孟,务贯浃事理,以利于行"。卒谥文贞。著有《榘庵集》15卷。事迹见字尤鲁钏《元故太子左赞善赠翰林直学士亚中大夫同文贞公神道碑铭并序》、贾仁《元故奉议大夫太子左赞善榘庵先生同公行状》《元史》卷一八九。

阿布尔非达卒。

按:阿布尔非达(Abulfeda)(1273—1331),阿拉伯王子,出生于叙利亚大马士革。曾服役于埃及马穆鲁克王朝苏丹纳昔儿,被人称为伊玛德丁、大学者、地理学家,擅长写诗,尤其善于二重韵诗。他精通多门知识,撰写了多部著作。阿拉伯地区的图书馆保留其著作12部,其中最著名者为《地理书》。俄罗斯学者科拉梯绪·可夫斯克曾说:在阿拉伯人的心中只有两本书的重要性超过阿布·菲达的《地理书》,他们是《古兰经》和《一千零一夜》。

又按:《地理书》是中世纪一部重要地理书籍,作者游历了大半个中国,"所记中国,如言西界沙漠,南界海,东界东海,而于中国之北界则不甚明了;又混广州、广府(Khanfu)、杭州(Khansa)及澉浦为一;所记杭州有西湖(Sikhu),云周围有半日程,则为以前阿拉伯游历家所不及,惟误谓在杭州城北。称泉州(Shanju,Shinju),今又称刺桐(Zaitun),广府为中国最大商港;似亦知有新罗(Sila),但误为东海一岛。[方豪著《中西交通史》(下),第452页],阿布·菲达的《地理书》一共描写了8个城市,分别为杭州、扬州、泉州、广州、新罗、札姆库忒、喀州以及肃州。虽然他提到广州是最大、最重要的贸易港口城市,但在他的描写中,杭州排在第一个和第二个,称之为"中国都城",而且是"诸门户之冠"。(郭筠《宋朝杭州与阿拉伯国家交往特点与意义——以阿布·菲达的〈地理书〉为例》,《中国民族博览》2016 年第 4 期,第 108—110 页)

杨枢卒。

按:杨枢(1283—1331),字伯机,杨春之曾孙。"练达于世故,绝圭角、破崖岸,因自号默默道人。"仕至松江、嘉定等处海运千户,卒赠中宪大夫、松江府知府、上骑都尉,追封弘农郡伯。"杨氏之先世,有显人。宋之盛时,有自闽而越、自越而吴、居漱浦者,累世以材武取贵仕。入国朝,仕益显,最号钜族,今以占籍为嘉兴人。""幼警敏,长而喜学,一不以他嗜好接于心目,刮摩豪习,谨厚自将,未尝有绮纨子弟态。其处家,虽米盐细务,皆有法,仆隶辈无敢以其年少而易之。""大德五年(1301),君年甫十九致用院,俾以官本船浮海至西洋,遇亲王合赞(伊利尔汗)所遣使臣那怀等如京师,遂载之来。那怀等朝贡事毕,请仍以君护送西还,丞相哈剌哈孙答剌罕如其请,奏授君忠显校尉海运副千户、佩金符,与俱行。以八年发京师,十一年乃至,其登陆处曰忽鲁模思(即霍尔木兹,又译和尔木斯,在今伊朗东南米纳布附近)。云是役也,君往来长风巨浪中,历五星霜,凡舟楫、糇粮、物器之须,一出于君,不以烦有司。既又用私钱市其土物,白马、黑犬、琥珀、蒲萄酒、蕃盐之属以进,平章政事察那等引见宸庆殿而退,方议旌擢以酬其劳。""而君以前在海上感瘴毒,疾作而归,至大二年(1309)也。阅七寒暑疾乃间。寻,丁陆夫人忧,家食者二十载。""泰定四年(1327),始用荐者,起家为昭信校尉,常熟、江阴等处海运副千户",(天历二年,1329 年)"升松江嘉定等处海运千户,命下君已卒。至顺二年(1331)八月十四日,其卒之日也。享年四十有九"。(黄溍《松江嘉定等处海运千户杨君墓志铭》,《黄溍全集·金华黄先生文集》卷三五,下册,第 513 页)事迹见黄溍《松江嘉定等处海运千户杨君墓志铭》等。

又按:《元史·食货志二》载"元自世祖定江南,凡邻海诸郡与蕃国往还互易舶货者,其货以十分取一,粗者十五分取一,以市舶官主之。其发舶回帆,必著其所至之地,验其所易之物,给以公文,为之期日,大抵皆因宋旧制而为之法焉。于是至元十四年(1277),立市舶司一于泉州,令忙古觻领之。立市舶司三于庆元、上海、漱浦,令福建安抚使杨发督之。每岁招集舶商,于蕃邦博易珠翠香货等物。及次年回帆,依例抽解,然后听其货卖","二十一年(1284),设市舶都转运司于杭、泉二州。官自具船给本,选人入蕃贸易诸货,其所获之息,以十分为率,官取其七,所易人得其三。凡权势之家,皆不得用己钱入蕃为贾。犯者罪之,仍籍其家产之半","延祐元年(1314),复立市舶提举司,仍禁人下蕃,官自发船贸易,回帆之日,细物十分抽二,粗物十五分抽二。七年(1320),以下蕃之人将丝银细物易于外国,又并提举司罢之"。(《元史》卷九四,第 8 册,第 2401、2402、2403 页)

鄂多立克卒。

按:鄂多立克(1286—1331),意大利方济各会会士,其影响仅次于马可·波罗。他于 1318 年开始东游,1321 年抵达印度,1322 至 1328 年在中国旅行,后返回意大利,1331 年去世。著有《鄂多立克东游录》。鄂多立克与马可·波罗、伊本·白图泰、尼可罗·康提一同被称为中世纪四大旅行家。

又按:鄂多立克约于元延祐三年(1316)从威尼斯起航东行。先后到过锡兰、苏门答腊、爪哇、占城等国,最后到达中国,元至治二年(1322),在广州登岸。由此东行至泉州、福州,北上经仙霞岭至杭州和南京,再从扬州沿运河北上,最后到达元大都(今北京)。他在大都大约住了三年多。致和元年(1328),鄂多立克离开大都,启程回国。行经天德、山西,抵西藏拉萨,再经中亚、波斯,于至顺元年(1330)抵达意大利。回国后,鄂多立克向同会会士索拉尼(Gulielmus de Solagna)口述了旅行的所见所闻及传教经历,著成《鄂多立克东游录》(亦译《鄂多立克游记》)。游记对大都的宫廷建筑、元朝的驿站及其功用、元廷的规章礼仪、元帝的狩猎和宴会等均有记述。

元文宗至顺三年　壬申　1332 年

四月,命奎章阁学士院以国字(蒙古字)译《贞观政要》,并印赐百官。

按:《元史·文宗本纪五》载:"戊午,命奎章阁学士院以国字译《贞观政要》,镂板模印,以赐百官。"(《元史》卷三六,第 3 册,第 803 页)

又按:虞集《贞观政要集论序》曰:"集侍讲筵,诸公以唐太宗《政要》为切近事情,讲经以后,辄以此次进。集于是时,每于心术之微、情伪之辩、治乱淳杂之故，必致意焉。天历天子尝命译以国语，俾近戚国人皆得学焉，久未成书，又以属集。盖租庸调、府兵等法，今人多不尽晓，而李百药赞道赋等又引用迂晦，遽不可了了。集为口授出处，令笔吏检寻，穷日乃得一赋。所引几成一编，而译者始克讫事以进。今阁下有刻本也。及见戈直所注，恨不得早见之，然未晚也。昔范氏著《唐鉴》，程子阅之，曰：‘不意淳夫相信如此。’直所论多得吴学士公讲明意，故为不徒作云。”（《虞集全集·道园类稿》卷一七，上册，第492页）

再按：吴澄《贞观政要集论序》载：“史臣吴兢类辑朝廷之设施、君臣之问对、忠贤之诤议，萃成十卷，曰《贞观政要》。事核辞质，读者易晓。唐之子孙奉为祖训，圣世亦重其书，澄备位经筵时，尝以是进讲焉。夫过唐者，汉孝文之恭俭爱民可镜也；超汉者，夏大禹之好善言、恶旨酒可规也；继夏者商，成汤之不迩声色、不殖货利可师法也。周监二代，郁郁乎文文武之德，旦奭之猷，具载二南、二雅，《周颂》之诗，《召诰》、《立政》、《无逸》之书，义理昭融，教戒深切。率而由之，其不上跻泰和景运之隆乎？然譬之行远必自迩，譬之登高必自卑，则《贞观政要》之书何可无也？抚士戈直考订音释，附以诸儒论说，又足开广将来进讲此书者之视听，其所裨益岂少哉？”（《吴文正公集》卷一二，《全元文》卷四八五，第14册，第345页）

八月十二日，元文宗图帖睦尔去世。

按：元文宗（1304—1332）图帖睦尔死后，明宗之子妥欢帖木儿即位，起初上其庙号为文宗，之后，顺帝帝位巩固之后，又认为文宗致明宗于不测，将文宗之牌位除出祖庙。《元史》载，元统二年（1334）正月己酉，“太师右丞相伯颜率文武百官等议，上尊谥曰圣明元孝皇帝，庙号文宗，国言谥号曰札牙笃皇帝，请谥于南郊。三月己酉，祔于太庙。后至元六年（1340年）六月，以帝谋为不轨，使明宗饮恨而崩，诏除其庙主。放燕帖古思于高丽，未至，月阔察儿害之于中道。（《元史》卷三六《文宗本纪五》，第3册，第806页）其略曰：昔我皇祖武宗皇帝升遐之后，祖母太皇太后惑于憸憝，俾皇考明宗皇帝出封云南。英宗遇害，正统浸偏，我皇考以武宗之嫡，逃居朔漠，宗王大臣同心翊戴，肇启大事，于时以地近，先迎文宗，暂总机务。继知天理人伦之攸当，假让位之名，以宝玺来上，皇考推诚不疑，即授以皇太子宝。文宗稔恶不悛,当躬迓之际,乃与其臣月鲁不花、也里牙、明里董阿等谋为不轨,使我皇考饮恨上宾。归而再御宸极,思欲自解于天下,乃谓夫何数日之间,宫车弗驾。海内闻之,靡不切齿。又私图传子,乃构邪言,嫁祸于八不沙皇后,谓朕非明宗之子,遂俾出居退邸。祖宗大业,几于不继。内怀愧慊,则杀也里牙以杜口。上天不祐,随降殒罚。叔婶不答失里,怙其势焰,不立明考之嗣,而立孺稚之弟懿璘质班,奄复不年,诸王大臣以贤以长,扶朕践位。国之大政,属不自遂者,讵能枚举。每念治必本于尽孝,事莫先于正身,赖天之灵,权奸屏黜,尽孝正名,不容复缓,永惟鞠育罔极之恩,忍忘不共戴天之义。既往之罪,不可胜诛,其命太常彻去脱脱木儿在庙之主。不答失里本朕之婶,乃阴构奸臣,弗体朕意,僭膺太皇太后之号,迹其闺门之祸,离间骨肉,罪恶尤重,揆之大义,削去鸿名,徙东安州安置。燕帖古思昔虽幼冲,理难同处,朕终不陷于覆辙,专务残酷,惟放诸高丽,当时贼臣月鲁不花、也里牙已死,其以明里董阿等明正典刑。"(《元史》卷四〇《顺帝本纪三》,第 3 册,第 856 页)

又按:萨都剌《宣政同知燕京间报国哀时文皇晏驾》:"雨倾盆,风掷瓦,白髯使者能骑马。相逢官长马不下,马上云云泪盈把。天柱倾,天不晴,白髯使者东南行。东南山水失颜色,一夕秋风来上京。"(《全元诗》第 30 册第 218—219 页)萨都剌《夜宿池阳石墨驿纳凉溪桥文皇南幸江陵驻跸所也徘徊久之赋诗未就忽雷电晦冥风雨大作急趋驿舍秉烛写东壁时至顺壬申五月》:"圣明天子南巡日,尚想溪桥洗马时。雷电神光犹警跸,草茅贱士敢言诗。山河夜黑鬼神护,雨露春深草木知。松柏如龙入霄汉,行人谓是万年枝。"(《全元诗》第 30 册第 166 页)萨都剌《鼎湖哀》:"荆门一日雷电飞,平地竖起天王旗。翠华遥遥照江汉,八表响应风云随。千乘万骑到关下,京师复睹龙凤姿。三军卯破古北口,一箭血洗潼关尸。五年晏然草不动,百谷穰穗风雨时。修文偃武法古道,天阁万丈奎光垂。年年北狩循典礼,所在雨露天恩施。官官留守扫禁阙,日望照夜回金羁。西风忽涌鼎湖浪,天下草木生号悲。吾皇骑龙上天去,地下赤子将焉依?吾皇想亦有遗诏,国有社稷燕太师。太师既有生死托,始终肝胆天地知。汉家一线系九鼎,安肯半路生狐疑。孤儿寡妇前日事,况复先生亲见之。"(《全元诗》第 30 册第 219 页)

高丽向元廷进献佛画。

按:《高丽史》载:"(至大三年,1310 年 12 月)甲寅,赞成事裴挺以王旨如元献画佛",(至顺三年,1332 年)夏四月戊午,王遣三司右尹金永煦如元,献画佛"(《高丽史》卷三六)。

又按:高丽绘画传入元朝者以佛画为大宗。高丽佛画艺术发达,制作的画像、绣像、织金像都很精美,传世的作品非常之多,堪称高丽美术作品中最精彩的部分。高丽佛画创作的繁荣与历代佛教兴盛,寺院经济强大,从而可以长期维持一支人数较多的画工队伍专工其事有很大关系。蒙元统治者崇信佛教,自然也喜欢高丽佛画。元、丽两国佛教的民间交流至为繁密,高丽佛画通过交易或馈赠的方式输入中国寺院或士人手中。其工致纤丽的画风引起了汤厚和夏文彦这些绘画史家的注意,汤厚即云:"高丽画观音像甚工,其原出唐尉迟乙僧笔意,流而至于纤丽。"(汤厚《画鉴·外国画》,夏文彦《图绘宝鉴》卷五《外国》)(张言梦《试论元代中国与朝鲜的美术交流》,美苑 2005 年第 3 期,第 59 页)

吴澄著《礼记纂言》成。

按:书稿一俟完成,吴尚志即请刊刻。据吴尚志《礼记纂言后序》载:"先生《礼记纂言》凡数易稿,多所发明,而《月令》《檀弓》,尤为精密。若《月令》言五行之祭,所先不同,天子所居,每月各异。《檀弓》申生之死,延陵季子之哭,子曾子之易箦,子思之母死于卫,子上之母死而不丧数节,是皆诸说纷纭,不合礼意。先生研精覃思,证之以经,裁之以礼。于经无据,于理不合者,则阙之。稿成,尚志请锓木。得命,遂与先生之甥周濂,集同门之士,相与成之。先生手自点校,未及毕而先生捐馆矣。先生之孙当,对门考订于至顺癸酉之春,毕于元统甲戌之夏。"(《全元文》卷一六一二,第 52 册第 476—477 页)。

吴澄《礼记纂言原序》云:"《小戴记》三十六篇,澄所序次。汉兴,得先儒所记《礼书》二百余篇,大戴氏删合为八十五,小戴氏又损益为四十三,《曲礼》《檀弓》《杂记》分上下,马氏增以《月令》《明堂位》《乐记》,郑氏从而为之注,总四十九篇,精粗杂记,靡所不有。秦火之余,区区掇拾所存什一于千百,虽不能以皆醇,然先王之遗制,圣贤之格言,往往赖之而存。第其诸篇出于先儒著作之全书者无几,多是记者旁搜博采、剿取残篇断简荟萃成书,无复铨次,读者每病其杂乱而无章。唐魏郑公为是作《类礼》二十篇,不知其书果何如也? 而不可得见。朱子尝与东莱先生吕氏商订三礼篇次,欲取《戴记》中有关于仪礼者附之经,其不系于仪礼者,仍别为记。吕氏既不及答,而朱子亦不及为,幸其大纲存于文集,犹可考也。晚年编校《仪礼经传》,则其条例与前所商订又不同矣。其间所附《戴记》数篇,或削本篇之文而补以他篇之文,今则不敢,故止就其本篇之中,科分栉剔,以类相从,俾其上下章文义联属章之大旨,标识于左,庶读者开卷了然。若其篇第,则《大学》《中庸》《程子》《朱子》既表章之,《论语》《孟子》并而为《四书》,固不容复,厕之礼篇。而《投壶奔丧》实为《礼》之正经,亦不可以杂之于《记》,其《冠义》《昏义》《乡饮酒义》《射义》《燕聘义》六篇,正释仪礼,别辑为传,以附经后矣。此外犹三十六篇:曰《通礼》九,《曲礼》《内则》《少仪》《玉藻》《通记》《小大仪文》而深衣附焉;《月令王制》专记国家制度,而《文王》《世子》《明堂位》附焉;曰《丧礼》者十有一,《丧大记》《杂记》《丧服》《小记服》《问檀弓》《曾子问》六篇既丧,而《大传》《闲传》《问丧三年》《问丧服》《四制》五篇,则丧之义也;曰《祭礼》者四,《祭法》一篇,既祭而郊,《特牲》《祭义》《祭统》三篇,则祭之义也;曰《通论》者十有二,《礼运》《礼器》《经解》一类;《哀公问仲尼》《燕居》《孔子闲居》一类,《坊记》《表记》《缁衣》一类;《儒行》自为一类;《学记》《乐记》,其文雅驯非诸篇比,则以为是书之终。呜呼! 由汉以来,此书千有余岁矣,而其颠倒纠纷,至朱子欲为之是正而未及竟,岂无所望于后之人欤? 用敢窃取其意修而成之,篇章文句秩然有伦,先后始终颇为精审,将来学礼之君子,于此考信或者其有取乎,非但戴氏之忠臣而已也。"(《礼记纂言》卷首)

诺外利卒。

按:诺外利(al-Nuwayri, 1279—1332),埃及马木鲁克王朝(1250—1517)史家。著有《适应文学各科之成绩》(俗称《诺外利书》)。该书分五部,适应文学之各科,每部又分为门、为篇、为章。第一部言天体、气象,时季、地球与七种气候之区分。第二部言与同类关系中之形体之人与精神之人,并言政治学。第三部言动物界。第四部言植物界。第五部言教俗之历史。始阿当,终 14 世纪初年,著者享盛名之时。(冯承钧《成吉思汗

传》上册,第 146 页)

又按:埃及的马木鲁克王朝(1250—1517)于 1259 年击败旭烈兀西征军,从蒙古人手里夺取了叙利亚;其后,又多次与伊利汗国发生冲突和战争,并力图和钦察汗国建立联盟以对抗伊利汗国。马木鲁克王朝与波斯、钦察蒙古王朝频繁的敌对和友好关系,使这个时期的埃及历史家对蒙古有相当多直接或间接的了解,并载入他们的著作。当然,这些著作对我们的主要价值在于记载了蒙古与埃及的关系。其中重要的有:诺外利所著《应用于文学各门之成果》(Nihayat al-Arab fi Funun al-Adab),为马木鲁克朝三大百科全书之一。分五部,第五部为教俗历史,始于亚当传说,迄于 14 世纪初。其蒙古史部分取材于《札兰丁传》《全史》,价值不高,而所载埃及与伊利汗国关系史事,则系其亲身见闻,翔实可信。(《中国通史》第 13 册第 8 卷,《中古时代元时期》(上),第 62 页)

必兰纳识里卒。

按:必兰纳识里(? —1332),初名只剌瓦弥的理,祖籍别失八里。历世祖、成宗、仁宗三朝。精通汉语、梵语、藏语、畏吾儿语等多种语言文字,贯通三藏。他是一位博学多才的佛经翻译家。所译佛经,汉文有《楞严经》,民族文字则有《大乘庄严宝度经》等。(马克章著《西域汉语通行史》,第 244 页)

又按:《元史·释老传》载:"必兰纳识里者,初名只剌瓦弥的理,北庭感木鲁国人。幼熟畏兀儿及西天书,长能贯通三藏暨诸国语。大德六年(1302),奉旨从帝师(八思巴)授戒于广寒殿,代帝出家,更赐今名。皇庆中,命翻译诸梵经典。延祐间,特赐银印,授光禄大夫。是时诸番朝贡,表笺文字无能识者,皆令必兰纳识理译进。尝有以金刻字为表进者,帝遣视之,廷中愕眙,观所以对。必兰纳识理随取案上墨汁涂金叶,审其字,命左右执笔,口授表中语及使人名氏,与贡物之数,书而上之。明日,有司阅其物色,与所赍重译之书无少差者。众无不服其博识,而竟莫测其何所从授,或者以为神悟云。授开府仪同三司,仍赐三台银印,兼领功德使司事,厚其廪饩,俾得以养母焉。至治三年(1323),改赐金印,特授沙律爱护持,且命为诸国引进使。至顺二年(1331),又赐玉印,加号普觉圆明广照弘辩三藏国师。三年,与安西王子月鲁帖木儿等谋为不轨,坐诛。其所译经,汉字则有《楞严经》,西天字则有《大乘庄严宝度经》《干陀般若经》《大涅槃经》《称赞大乘功德经》,西番字则有《不思议禅观经》,通若干卷。"(《元史》卷二〇二,第 15 册,第 4519—4520 页)

元惠宗元统元年　癸酉　1333 年

顺帝即位,暹国遣使至元庆贺。

按:《暹国回使歌》序言写道:"暹,赤眉遗种,天历初尝遣使入贡,今天子嗣位,继进金字宝章、九尾龟一、孔雀、鹦鹉各二,朝廷以马十匹赐其国主,授使者武略将军、顺昌州知州。"

又按:王尚志《暹国回使歌》并序写道:暹,赤眉遗种,天历初尝遣使入贡,今天子嗣位,继进金字宝章、九尾龟一、孔雀、鹦鹉各二,朝廷以马十匹赐其国主,授使者武略将军、顺昌州知州。使者,钱塘人。江东罗徼作歌,仆和之。

江东先生远叩门,口诵暹罗回使歌。高秋夜静客不寐,歌辞激烈声滂沱。

东南岛夷三百六,大者只数暹与倭。暹人云是赤眉种,自昔奔窜来海阿。

先皇在位历五载,风清孤屿无扬波。方今圣人沾德化,继进壤贡朝鸾和。

紫金为泥写凤表,灵龟驯象悬鸣珂。彤庭怀远向所赐,黄骊白骆兼青驼。

卉裳使者钱塘客,能以朔译通南讹。遥授将军领州牧,拜舞两颊生微涡。

楼船归指西洋路,向国夜夜瞻星河。金鸡喁听火龙出,三山宫阙光嵯峨。

鄱阳驿使亲为说,今年回使重经过。先生作歌既有以,却念黎獠频惊讹。

田横乘传嗟已矣,徐福求仙胡尔诧。岂知暹国效忠义,勋名万世同不磨。(孙存吾编《元风雅》卷一〇,陈永正编注《中国古代海上丝绸之路诗选》,广东旅游出版社 2001 年,第 115 页)

再按:《新元史》载:"暹与罗斛,古之扶南国也。暹国,北与云南徼外八百媳妇接壤,东界安南,西北距缅国。罗斛在暹之南,滨大海。暹土瘠,不宜稼穑。罗斛地平衍,种多获,暹人仰给焉。有大河自暹达于罗斛,东南入海。每夏有黄水自海港涨入内河,农民乘时擢舟播种,苗随水以渐而长,水尺苗亦尺,水退苗熟,有播植无耕耘,故谷丰而贱。《晋书》'扶南国,西去林邑三千余里,在海大湾中。其境广袤三千里,人以耕种为务。一岁种,三岁获'是也。历晋、宋、齐、梁、隋、唐,屡通贡献。后分为暹、罗斛二国。世祖至元二十六年(1289),罗斛遣使入贡。成宗元贞初,暹国进金叶表。暹人与麻里予儿旧相仇杀,至是皆归顺。英宗至治三年(1323),暹国来入贡。惠宗至正间,暹始降于罗斛,因合为暹罗国。暹罗南境,斗入大海中,形如箕舌,延袤约三千里,远出占城、真腊之西南,隔海相望,成一大湾云。"(《新元史》卷二五二,第10册,第4780页)

黎崱《安南志略》约在此年完成。

按:据黎崱自序云,"内附圣朝,至是五十余年矣",至元二十一年(1284)元师入安南,明年(1285)(陈)键率黎崱等出降,所以《安南志略》完成的时间约在此年。黎崱自序外,察罕、程钜夫、元明善、赵砾、刘必大、许善胜、许有壬、龙仁夫、高宋、欧阳玄、夏镇等馆臣纷纷为《安南志略》作序。

又按:黎崱《安南志略自序》云:"仆生长南越,窃禄仕途,十载间奔走半国中,稍识山川地理。内附圣朝,至是五十余年矣。自愧朴愚,旧学芜落,垂老嗜书,卒恨晚,于古今文籍不能遍览。聊乘暇日,缀葺纪闻,同采摭历代国史、交趾图经,杂及方今混一典故,作《安南志略》二十卷,以《叙事》附于卷末。庸表天朝德化所被,统一无外,而南越其有惓惓向慕朝廷之心,亦可概见于此者。昔人有言,夫道一而已矣。今则同处覆载之内,君君臣臣,父父子子,而不均此性,岂具此理哉!况南交唐虞,声教所暨,以迄于今,三千余年,是宜声名文物所尚,近乎中国。虽曰风土之异,而事之可为纪述不可泯也。然稽诸家博载,抵牾为多;是书之作,虽本之见闻,征之纪载,岂无讹焉?君子见其疏略,尚考而正诸。元统初元乙卯春清明节,古爱黎崱序。"(李文凤《越峤书》卷十七,明蓝格钞本)

潘昂霄《河源志》刊行,柯九思作序。

按:至顺间,《河源志》作者潘昂霄之子潘诩同知嘉定时,预刊行父亲遗著,请柯九思此年作序。

又按:柯九思《河源志序》载:"河源有志,自本朝始。前乎此,曷为未有? 志河源者,道路辽阻,所传闻异辞,莫能究河之源也。《山经》曰:'敦薨之水西流,注于泑泽,出于昆仑之东北陬,实惟河源。'而《水经》载:'河出昆仑,经十余国乃至泑泽。'《山经》又称:'阳纡之山,河出其中。''凌门之山,河出其中。'《穆天子传》亦云:'阳纡之山,河北冯夷所居,是惟河宗。'考释氏《西域志》称:'阿耨达大山上有大渊水',即昆仑山也。《地里志》亦称'昆仑山在临羌西',而《汉书》载:'河出两源。'或称有,或称无,河源所著异同,况世殊代易,名地亦异,终莫能有究之者。我太祖皇帝二十有一年春正月,征西夏。夏,取甘肃等城。秋,取西凉府。遂过沙陀,至黄河九渡。按昆仑当九渡下流,则昆仑固已归我职方氏矣。宪宗皇帝二年,命皇太弟旭烈帅诸部军征西域,凡六年,辟封疆四万里。于是,河源及所注枝出者尽在封域之内。当时在行,有能记其说,皆得于目击,非妄也。逮世祖皇帝功成治定,天下殷富,遂命臣都实置郡河源,故翰林侍读学士潘公得究其详实,搜源析派,而作斯志。乃知更昆仑行一月,始穷河源。於戏! 当四海混一之盛,闻广见核,致数千载莫能究者,俾后世有考而传信焉,岂斯文之光,实邦家无疆之休也。公之子诩能不坠其先业,增光而润色之。至顺间,以同知嘉定州事来吴,将刊是书行于世,属九思叙其说于篇端。元统元年(1333)冬十有一月日南至,奎章阁学士院鉴书博士、文林郎柯九思序。"(《全元文》卷一五七二,第 51 册,第 379—380 页)

吴澄卒。

按:吴澄(1249—1333),字幼清,号草庐,崇仁人。尝举进士不第。曾主修《英宗实录》并以此诏加资善大夫。卒赠江西行省左丞,追封临川郡公,谥文正。著有《易纂言》10 卷、《易纂言外翼》8 卷、《易叙录》12 篇、《书纂言》4 卷、《诗》《周官叙录》6 篇(佚)、《周礼经传》10 卷(佚)、《批点考工记》2 卷、《仪礼逸经》1 卷《传》1 卷、《仪礼考证》17 卷、《仪礼逸篇》8 篇《传》10 篇、《礼记纂言》36 卷、《序次小戴记》8 卷、《月令七十二候集解》1 卷、《三礼考注》64 卷《序录》1 卷《纲领》1 卷、《春秋纂言》12 卷《总例》7 卷,校定《皇极经世书》2 卷、《诗经》《春秋》、又校正《孝经定本》1 卷、《草庐校定古今文孝经》1 卷、《孝经章句》《校定乐律》《琴言》10 则、

《通鉴纪事本末》10卷、《道德真经注》4卷、《庄子》《南华内篇订正》2卷、《太玄经》,及《八阵图》《郭璞葬书》《草庐精语》等,合为《吴文正集》100卷。事迹见虞集《故翰林学士资善大夫知制诰同修国史临川先生吴公行状》(《道园学古录》卷四四)、揭傒斯《大元敕赐故翰林学士资善大夫知制诰同修国史赠江西等处行中书省左丞上护军追封临川郡公谥文正吴公神道碑》、危素所撰年谱、刘岳申《祭草庐先生吴公文》(《申斋文集》卷一二)、《元史》卷一七一、《新元史》卷一七〇、《元儒考略》卷三、《宋元学案》卷九二、《(嘉靖)抚州府志》卷一〇、《历代名儒传》。

又按:揭傒斯奉诏撰澄碑文曰:"皇元受命,天降真儒;北有许衡,南有吴澄;所以恢宏至道,润色鸿业,有以知斯文未丧,景运方兴也。然金亡四十三年,宋始随之。许公居王畿之内,一时用事,皆金遗老,得早以圣贤之学佐圣天子开万世无穷之基,故其用也弘。吴公僻在江南,居阽危之中,及天下既定,又二十六年,始以大臣荐,强起而用之,则年已五十余矣。虽事上之日晚,而得以圣贤之学为四方学者之依归,为圣天子致明道敷教之实,故其及也深。"(《揭傒斯集·辑遗》,第538页)《元史》卷一七一《吴澄传》曰:"(澄)于《易》《春秋》《礼记》,各有纂言,尽破传注穿凿,以发其蕴,条归纪叙,精明简洁,卓然成一家言。"(第13册,第4014页)《宋元学案·草庐学案》曰:"考朱子门人多习成说,深通经术者甚少,草庐《五经纂言》,有功经术,接武建阳,非北溪诸人可及也。"《宋元学案·双峰学案》曰:"黄勉斋干得朱子之正统,其门人一传于金华何北山基,以递传于王鲁斋柏、金仁山履祥、许白云谦,又于江右传饶双峰鲁,其后遂有吴草庐澄,上接朱子之经学,可谓盛矣。"(《宋元学案》卷九二、八三,第4册,第3037、2812页)

王约卒。

按:王约(1251—1333),字彦博,"其先汴人,祖通,北徙真定。约性颖悟,风格不凡。从中丞魏初游,博览经史,工文辞,务达国体,时好不以动其心。至元十三年(1276),翰林学士王磐荐为从事,承旨火鲁火孙以司徒开府,奏授从仕郎、翰林国史院编修官,兼司徒府掾。既而辟掾中书,除礼部主事"。"尝奉诏与中书省官及他旧臣,条定国初以来律令,名曰《大元通制》,颁行天下。朝廷议罢征东省,立三韩省,制式如他省,诏下中书杂议,约对曰:'高丽去京师四千里,地瘠民贫,夷俗杂尚,非中原比,万一梗化,疲力治之,非幸事也,不如守祖宗旧制。'丞相称善,奏罢议不行。高丽人闻之,图公像归,祠而事之,曰:'不绝国祀者,王公也。'泰定元年(1324),奉诏廷策天下士,第八剌、张益等八十五人,始增乙科员额至一十五人。""至顺四年(1333)二月己酉卒,年八十二,皇太后闻之嗟悼,以尚酝二尊,遣徽政院臣临吊致奠,敕中书省以下赙赠有差。是月庚申,葬城西冈子原。约平生著作,有《史论》三十卷、《高丽志》四卷、《潜丘稿》三十卷,行于世。子思诚,奉议大夫、秘书监著作郎。"(《元史》卷一七八,第 14 册,第 4137、4142、4143 页)。事迹见《元史》卷一七八本传。

朱思本卒。

按:朱思本(1273—1333),字本初,号贞一,江西临川人。龙虎山道士,从玄教大宗师吴全节至大都,奉召代祀名山大川,考察地理,积十年之功,绘成《舆地图》两卷,已佚。明罗洪先《广舆图》据此图填补而成,但学者仍称之"朱思本图",并著有诗文《贞一斋诗文稿》2 卷(《文稿》1 卷、诗稿 1 卷)、《九域志》80 卷。

又按:朱思本作《舆地图自序》云:"予幼读书,知九州山川。及观史,司马氏周游天下,慨然慕焉。后登会稽、泛洞庭,纵游荆襄,流览淮泗,历韩、魏、齐、鲁之郊,结辙燕、赵,而京都实在焉。由是奉天子命,祠嵩高,南至于桐柏,又南至于祝融,至于海。往往讯遗黎,寻故迹;考郡邑之因革,核山河之名实,验诸滏阳、安陆石刻《禹迹图》,樵川《混一六合郡邑图》,乃知前人所作殊为乖谬,思构为图以正之。阅魏郦道元注《水经》,唐《通典》《元和郡县志》,宋《元丰九域志》《皇天一统志》,参考古今,量校远近,既得其说而未敢自是也。中朝夫士使于四方,冠盖相望,则每嘱以质诸藩府,博采群言,随地为图,乃合而为一。自至大辛亥,迄延祐庚申而功始成。其间河山绣错,城连径属,旁通正出,布置曲折,靡不精到。至若涨海之东南,沙漠之西北,诸番异域,虽朝贡时至,而辽绝罕稽。言之者既不能详,详者又未必可信,故于斯类姑用阙如。嗟夫!予自总角志于四方,及今二毛,讨论殆遍,兹其平生之志,而十年之力也。后之览者,庶知其非苟云。是岁南至,临川朱思本初父自叙。"(《全元文》卷一〇〇六,第 31 册第 381—382 页)

又按：《舆地图》绘制费时十年（1311—1320），图幅纵横各七尺，曾刻石于江西贵溪上清宫之三华院。是一幅元代疆域及其周边国家的地图。图与图碑均失传。但从明代罗洪先在《广舆图》的记述中可见《舆地图》的概貌：第一，具有一定的实地勘测基础。朱思本是元代著名地理学家和制图学家，身为道教法师的朱思本经常奉诏代祀名山大川，周历半个中国，实地考察地理，订正历代图籍所记。他"登会稽，泛洞庭，纵游荆襄，流览淮泗，历韩魏齐鲁之郊，结辙燕赵，而京都实在焉。繇是奉天子之命，祠嵩山，南至于桐柏，又南至于祝融，至于海"。根据考察，他研究考证了《禹迹图》《建安混一六合郡邑图》、唐《通典》《元和郡县志》、郦道元的《水经注》《元丰九城志》《大元大一统志》等。对于域外地理，他"质诸藩府，博采群言，随地为图，乃合而为一"。但对于边远缺乏地图资料的地区在绘图时宁缺勿滥，他说"涨海（南海）之东南，沙漠之西北，诸蕃异域，虽朝贡时至，而辽绝罕稽，言之者既不能详，详者又未可信，故于斯类，姑用阙如"。可见朱思本一丝不苟的精神。第二，采用了计里画方的方法。明代罗洪先说："访求三年，偶得元人朱思本图。其图有计里画方之法，而形实自是可据。"唐锡仁、杨文衡在《中国科学技术史》中指出："朱思本的《舆地图》用计里画方之法绘制而成，从而使濒临衰竭的古代地图重要的绘制方法，又由他得以继承下来，并由明代罗洪先'据画方易以编简'，将《舆地图》予以缩绘、增补为书本式的《广舆图》大量刊行后，朱图及计里画方之法，才在社会上产生较大影响。"可见，朱思本是继裴秀、贾耽之后的中国传统制图方法的继承者。第三，在内容与表示方法上有新意。绘图时，设计并使用了20多个几何图形符号，用来表示地理要素，并在图的左下方显示用文字表述的图例，开中国古代制图学史上系统使用地图符号的先河。并且采用先绘各种分幅小图，然后合并成大图的制作工艺。在《舆地图》上绘出了黄河源头的星宿海，引用了元代都实到河源实地勘测的资料和藏文《河源志》的资料，是正确描绘河源的最早地图。（王树连编著《中国古代军事测绘史》，第391页）《元史·地理志六》载："元有天下，薄海内外，人迹所及，皆置驿传，使驿往来，如行国中。至元十七年（1280），命都实为招讨使，佩金虎符，往求河源。都实既受命，是岁至河州。州之东六十里，有宁河驿。驿西南六十里，有山曰杀马关，林麓穹隘，举足浸高,行一日至巅。西去愈高,四阅月,始抵河源。是冬还报,并图其城传位置以闻。其后翰林学士潘昂霄从都实之弟阔阔出得其说,撰为《河源志》。临川朱思本又从八里吉思家得帝师所藏梵字图书,而以华文译之,与昂霄所志,互有详略。"(《元史》卷六三,第 1563—1564 页)

燕铁木儿卒。

按:燕铁木儿(?—1333),钦察氏,床兀儿之孙。少年时期随武宗镇守漠北。泰定五年(1328)七月初四,泰定帝在上都去世,帝位空虚,燕铁木儿作为大都留守,得到消息,"以八月四日甲午,率勇士十七人,兵皆露刃,建大义于禁中,乃誓于众曰:'武宗皇帝有圣子二人,孝恭仁文,天下大统当归。今尔一二臣,敢紊邦纪有不顺者斩!'",力举武宗之子即位,直到十月廿二日,期间,燕铁木儿与泰定帝余党倒剌沙势力展开残酷战争,而燕铁木儿与其弟撒敦、其子唐其世在战争中亲冒失石,身先士卒。文宗在居庸关一战中,曾"大驾出宫,亲督将士",燕铁木儿立即奏事曰:"凡军事一以付臣,愿陛下班师抚安黎庶",让文宗回宫。而文宗对于燕铁木儿的勇猛曾谕旨曰:"丞相每与敌战,亲冒矢石,脱不虞,奈宗社何?以大将旗鼓督战可也。"而燕铁木儿则曰:"凡战,臣先之。敢后者,臣论以军法。"(马祖常《太师太平王定策元勋之碑》,《石田先生文集》第251—254 页)由于燕铁木儿的翊戴之功,文宗即位后,"凡号令、刑名、选法、钱粮、造作,一切中书政务,悉听总裁。诸王、公主、驸马、近侍人员,大小诸衙门官员人等,敢有隔越闻奏,以违制论",封之为开府仪同三司、上柱国、太师、太平王、答剌罕、中书右丞相、禄军国重事、监修国史、提调燕王宫相府事、大都督、领龙翊亲军都指挥使司事。(《元史》卷一三八《燕铁木儿传》,第 11 册,第 3332 页)

又按:宋本《绝句》序言云:"至顺四年(1333),闰三月二十九日赋。是日,太平王燕铁木儿卒。"诗云:

"楼头红粉哭千场,楼下仓头酹百觞。却怪满城春相杵,歌声更比夜来长。

颜回盗跖自彭殇,举世无人问彼苍。为国横身终遇贼,千年同时靖恭坊。

十年甲第合污潴,又作元勋上相居。玉碗金杯同一死,吞舟刚漏网中鱼。

弯弓射日是心期，捶碎天东若木枝。空尽朝堂亡国老，五龙行可濯咸池。

不畏中天九庙神，倒悬谁解万方民。陈平未是安刘者，冯道真成妄语人。

熏风避暑借明光，丝络传餐出上方。列第房帷半妃主，门阑部曲亦丞郎。

刑部鞭笞困凤鸾，宣徽鸡肋厌尊拳。庙堂木偶韩忠献，正笏垂绅只俨然。

南城北城千官谒，十日九日大燕开。六诏干戈非我事，四方水旱是天灾。

积金至斗不然脐，一旦星辰动紫微。日午酒垆瓶尽倒，家家扶得醉人归。

道途相目两眉攒，带剑垂绅汉百官。从此长宵背贴席，夜来鬼录载曹瞒。

明年多稼满王畿，壮士耕耘妇子嬉。更有余波霑动植，驾鹅春淀饱凫茨。

半岁无君四海忙，尚谈功业叙旂常。玺书未下恒温死，辜负中朝一字王。

五年相业自多多，擢发其如未了何。欲使文章少遗憾，南山增竹海增波。

云台勋业绝郡伦，就第封侯老此身。政事枢机付台阁，向来光武爱功臣。"（《全元诗》第31册第92—93页）

再按：萨都剌《如梦曲哀燕将军》写道：

"芙蓉花，为谁好，洞房昨夜将军老。将军老去空铁衣，漆灯照室人不归。

宫锦袍，毡帐高，将军夜酌凉蒲萄。蒲萄力重醉不醒，美人犹在珊瑚枕。

海子头，谁家楼，绣帘半卷风悠悠。行人谓是将军府，将军不来罢歌舞。

将军容,丹砂红,威风凛凛盖世雄。出门千骑塞行路,今日萧萧去何处。

平村曲,春水绿,将军猎回曾此宿。将军一去成荒丘,依旧平村春水流。

皂雕鹰,紫骝马,将军围猎平沙野。朔风萧萧吹野寒,将军战马游不还。

将军功,世莫比,皇都甲第连云起。将军一去空锁门,上马台边无一人。

皓齿歌,细腰舞,绿窗朱户将军府。将军老去无少年,为野草兮为荒田。

如花人,樱桃唇,傍人近前丞相嗔。繁华日日笙歌动,世事悠悠总如梦。

朝作乐,暮作乐,朝暮杯盘金错落。日出欲尽东方明,欢乐未已悲哀生。"(《全元诗》第 30 册,第 213 页)

元惠宗元统二年　甲戌　1334 年

苏天爵纂《国朝文类》成。

按:《国朝文类》在元朝之后皆被称作《元文类》。《国朝文类》乃苏天爵从延祐时间开始编撰,此年完成,至元二年(1336)由西湖书院初次印行。至元四年(1338)西湖书院推出初刊之后,被发现在刻板时出现了严重失误,第四十一卷中少刻了下半卷,脱去十八板九千三百九十多字,遂命儒士叶森负责重新校勘,在至正二年(1342)由西湖书院推出新版。《国朝文类》附有刊行公文,王理元统二年(1334)序、陈旅元统二年(1334)序、王守诚元统三年(1335)跋。

又按:西湖书院刊刻《国朝文类》文书记载:"皇帝圣旨里,江浙等处儒学提举司,至元二年(1336)十二月初六日,承奉江浙等处行中书省掾史崔适承行札付准中书省咨礼部呈,奉省判翰林国史院呈,据待制谢端、修撰王文煜、应奉黄清老、编修吕思诚、王沂、杨俊民等呈:窃惟一代之兴,斯有一代之制作。然文字虽出于众手,而纂述当备于一家,故秦汉魏晋之文,则有《文选》拔其萃,而李唐、赵宋之作,则有《文粹》《文鉴》掇其英。

矧在国朝,文章尤盛,宜有纂述以传于时,于以敷宣政治之弘休,辅翼史官之放失,其于典册不为无补。伏睹奎章阁授经郎苏天爵,自为国子诸生,历官翰林僚属,前后搜辑,殆二十年,今已成书为七十卷,凡歌、诗、赋、颂、铭、赞、序、记、奏议、杂著、书、说、议、论、铭、志、碑、传,其文各以类分,号曰《国朝文类》。虽文字固富于网罗,而去取多关于政治,若于江南学校钱粮内刊板印行,岂惟四方之士广其见闻,实使一代之文焕然可述矣。具呈照详。得此。本院看详,授经郎苏天爵所纂《文类》,去取精详,有裨治道,如准所言,移咨江南行省,于赡学钱粮内锓梓印行,相应具呈照详,奉此。本部议得,翰林待制谢端等官建言:一代之兴,斯有一代之制作。参详上项《国朝文类》七十卷,以一人之力,搜访固甚久,而天下之广,著述方无穷,虽非大成,可为张本。若准所言锓梓刊行以广其传,不唯黼黻太平有裨于昭代,抑亦铅椠相继可望于后人。如蒙准呈,宜从都省移咨江浙行省,于钱粮众多学校内委官提调,刊勒流布,相应具呈照详。得此。都省今将《文类》检草令收官赍咨,顺带前去,咨请依上施行。准此。省府今将上项《文类》随此发去,合下仰照验依准都省咨文内事理施行。奉此。及申奉江南浙西道肃政廉访司书吏冯谅承行旨挥看详,上项《文类》记录著述实关治体,既已委自西湖书院山长计料工物价钱,所需赡学钱,遵依省准明文,已行分派各处,除已移牒福建、江东两道廉访司催促疾早支拨起发外,其于刊雕誊写之时,若有差讹,恐误文献之考,宪司合下仰照验,委自本司副提举陈登仕,不妨本职,校勘缮写施行。奉此。又奉省府札付,仰委自本司副提举陈登仕,不妨本职,校勘缮写,监督刊雕,疾早印造完备,更为催取各各工物价钞,就便从实销用,具实用过数目开申。奉此。至元四年(1338)八月十八日承奉江浙等处行中书省札付,准中书省咨礼部及太常礼仪院,书籍损缺,差太祝陈承事赍咨到来,于江南行省所辖学校、书院有版籍去处印造装褙起解,以备检寻,无复缺文之意,数内坐到《国朝文类》二部,仰依上施行。奉此。照得近据西湖书院申交札到《国朝文类》书板,于本院安顿,点视得内有补嵌板,而虑恐日后板木干燥脱落,卒难修理,有妨印造。况中间文字刊写差讹,如蒙规划刊修,可以传久,不误观览,申乞施行。续奉省府札付照勘到,西湖书院典故书籍数内《国朝文类》见行修补,拟合委令师儒之官校勘明白,事为便益。奉此。

除已委令本院山长方员同儒士叶森将刊写差讹字样比对校勘明白、修理完备、印造起解外,至元元年(1335)十一月二十二日准本司提举黄奉政关,伏见今中书省苏参议,昨任奎章阁授经郎,编集《国朝文类》,一部,已蒙中书省移咨江浙等处行中书省,札付本司刊板印行。当职近在大都,于苏参议家获睹元编集,检草校正,得所刊板本第四十一卷内缺少下半卷,计一十八板九千三百九十余字不曾刊雕,又于目录及各卷内辑正,得中间九十三板脱漏差误,计一百三十余字,盖是当时校正之际,失于鲁莽,以致如此。宜从本司刊补改正,庶成完书。今将缺少板数、漏误字样录连在前,关请施行。准此。儒司今将上项《文类》板本刊补改正,一切完备,随此发去,合下仰照验收管施行。须至指挥右下杭州路西湖书院。准此。至正二年(1342)二月日施行。"[元刊元印本卷首,张金吾撰,柳向春整理,吴恪审定《爱日精庐藏书志》(下),上海古籍出版社 2014 年,第 728—730 页]

又按:王理《国朝文类序》写道:"庀文统事,太史之职也,史官放失,而文学之士得以备其辞焉。古者自策书简牍下及星历卜祝之事属于太史,故三坟、五典、八索、九丘在焉,《书》与《易》皆是也,而《春秋》出焉。教于国都州里者,《诗》《礼》《乐》而已矣。观民风者,采诗谣以知俗,观礼乐以知政,亦集于太史。后之学者考六艺之辞,发而为文章,是故文章称西汉,记事宗左氏、司马子长,与世为变,其间必有名者出焉。国初,学士大夫祖述金人、江左于风,车书大同,风气为一。至元、大德之间,庠序兴,礼乐成,迄于延祐,极盛矣。大凡《国朝文类》,合金人、江左以考国初之作,述至元、大德以观其成,定延祐以来以彰其盛。斯著矣,网罗放失,采拾名家,最以载事为首,文章次之,华习又次之,表事称辞者则读而知之者存焉。伯修于是亦勤矣哉!固忠厚之道也,文章之体备矣。因类物以知好尚,本敷丽以知情性,辞赋第一;备六体,兼百代,荟粹其言,乐章古今,诗第二;本誓命,绅训诰,申重其辞,以宪式天下,万世则之,诏册制命第三;人臣告猷,日月献纳,有奏有谏,有庆有谢,奏议表笺第四;物有体,体以生义,以寓劝戒褒述,箴铭颂赞第五;圣贤之生,必有功德事业立于天下,后世法象之,古今圣哲碑第六;核诸实,显诸华,合斯二者,不诞不俚,记序第七;衷蕴之发,油然恢彻,其辨不动者鲜矣,书启第八;物触则感,感则思,思则郁,郁则不可遏,有裨于道,杂说题跋第九;有事,有训,有言,有假,有类,不名一体,杂著第十;朝廷以群造士,先生以导学者,征诸古,策问第十一;尔雅其言,烨烨然归其辞,其事宣焉,诸杂文第十二;累其行事,不愁遗之,意真辞恳,哀辞谥议第十三;其为人也,没而不存矣,备述之,始终之,行状第十四;其为人也,没而不存矣,志其大者、远者,将相大臣有彝鼎之铭,大夫、士、庶人及妇人女子亦得以没而不朽者,因其可褒而褒焉,以为戒劝焉,墓志碑碣丧传第十五。总七十卷,出入名家,总若干人。是则史官之职也夫,必有取于是也夫。自孔子删定六艺,《书》与《春秋》守在儒者。自史官不世其业,而一代之载往往散于人间。士之生有幸不幸,其学有传不传,日迁月化,简礼堙没,是可叹也。伯修三为史氏而官守格限,遂以私力为之。苏君天爵,伯修,其字也,世为真定人。先世咸以儒名。威如先生尤邃历学,著《大明历算法篇》以稽其缪失焉。郎中府君以材显,至伯修而益启之。伯修博学而文,于书无所不读,讨求国朝故实及近代逸事最详定。著《名臣事略》若干卷,《辽金纪年》若干卷,并为是书,书非有补益于世道者不为也。自翰林修撰为南行台御史,今为监察御史。元统二年(1334)夏四月戊午朔,文林郎、江南诸道行御史台监察御史南郑王理序。"(《全元文》卷一六四六,第 54 册,第 5—7 页)

又按:陈旅《国朝文类序》写道:"元气流行乎宇宙之间,其精华之在人,有不能不著者,发而为文章焉。然则文章者,固元气之为也。徒审前人制作之工拙,而不知其出于天地气运之盛衰,岂知言者哉?盖尝考之,三代以降,惟汉、唐、宋之文为特盛。就其世而论之,其特盛者又何其不能多也?千数百年之久,天地气运难盛而易衰乃若此,斯人之荣悴概可知矣。先民有言曰:'三光五岳之气分,大音不完,必混一而后大振。'美哉乎,其言之也。昔者北南断裂之余,非无能言之人驰骋于一时,顾往往囿于是气之衰,其言荒粗萎冗,无足起发人意。其中有若干不为是气所囿者,则振古之豪杰,非可以世论也。我国家奄有六合,自古称混一者,未有如今日之无所不一,则天地气运之盛,无有盛于今日者矣。建国以来,列圣继作,以忠厚之泽涵育万物,鸿生俊髦,出于其间,作为文章,庞蔚光壮,前世陋靡之风,于是乎尽变矣。孰谓斯文之兴,不有关于天地国家者乎?监察御史镇阳苏天爵伯修慨然有志于此,以为秦、汉、魏、晋之文则收于

《文选》,唐、宋之文则载于《文粹》《文鉴》。以国家文章之盛,不采而汇之,将遂散轶沉泯,赫然休光弗耀于将来,非当务之大缺者钦?乃搜撷国初至今名人所作,若歌诗赋颂,铭赞序记,奏议杂著,书说议论,铭志碑传,皆类而聚之。积二十年,凡得若干首,为七十卷,名曰《国朝文类》,百年文物之英尽在是矣。然所取者必其有系于政治,有补于世教,或取其雅制之足以范俗,或取其论述之足以辅翼史氏,凡非此者,虽好弗取也。夫人莫不有所为于世,顾其用心何如耳。彼为身谋者,穷昼夜所为,将无一事出于其私心之外。至有为人子孙,于其先世所可传者漠然曾不加意,遑及它人之文与天下之事哉?览是编者,不惟有以见斯文之所以盛,亦足以见伯修平日之用心矣。伯修学深而识正,自为成均诸生,以至历官翰苑,凡前言往行与当世之所可述者,无不笔之简册,有《国朝名臣事略》,与是编并著。廷论以《文类》犹未流布于四方也,移文江浙行省,锓诸梓。伯修使旅书所以纂辑之意于编端,庶几同志之士,尚相与博采而嗣录之。元统二年(1334)五月五日将仕佐郎国子助教陈旅序。"(《全元文》卷一一六九,第 37 册,第 247—248 页)

再按:王守诚《国朝文类跋》:"右国朝以来诗文七十卷,右司都事赵郡苏伯修父所类也。守诚在胄馆时,见伯修手抄近世诸名公及当代闻人逸士述作,日无倦容,积以岁年,今始克就编。不以微而远者,遂泯其实;不以显而崇者,辄襮其善,用心之公溥也如是。夫古者以言名家,则有集传,其别而叙之于史传者,非发明乎学术之说,则关系乎世道之文也,不然君子无取焉。是则伯修岂无意而为之者乎!伯修方以政事响用,所集《名臣事略》及是书皆将刊布天下,天下之士得揽焉者,孰不美国朝文物之盛,嘉伯修会萃之勤矣。伯修名天爵,以国子高等生试贡入官,力学善文,多知辽、金故事,亦有论著,他书无所不窥。予之敬交也,故题《文类》后。元统三年(1335)三月三日,太原王守诚书。"(《全元文》卷一二三七,第 39 册,第 397—398 页)

刘敏中《中庵集》刊行。

按:吴善《中庵集序》写道:"至顺天子在位,遴选风纪旧臣,出掌东南财府,时河东宪使魏公由中书户部尚书出为江淮财赋都总管,以中庵先生刘公遗文自随,属府事清暇,择属吏之有文者刘灏、郑镇孙,共编次之,钱塘叶森景修为之校正，碑铭、墓志、序赞、记传、辞赋、古诗，凡若干篇，离为几卷。府之官佐争欲捐金镂梓，公曰：'吾终不可以私事渎公议也。'已而左辖耿公文叔、参政王公叔能、宪副吾实吉泰公闻而嘉其事，下其书江浙儒司，以赡学羡钱成之。载惟我朝文武大臣，莫盛于国初。淮安忠武王最为功崇业广，仁皇继绪，赐王庙食于杭，仍诏词臣为撰碑勒石，纪载功德。皇帝若曰：其以命翰林学士丞旨臣某为宜。又若皇庆立后玉册文、赠太师忠献王达剌罕神道碑，时政奏议，皆与国史相表里，其庸有不传也乎？昔者尧、舜、禹、汤、文、武、周公，非有典谟训诰誓命之书，则圣人之道，不几乎熄矣？圣人之道熄，则后世何述为？孔子亦曰：'夏礼吾能言之，杞不足征也；殷礼吾能言之，宋不足征也。文献不足故也。'惟我世皇恭恭巍巍，与天同大，时虽草创，文献班班，前王莫有尚焉，后王莫有加焉。擅一时之制作，如典、谟、训、诰、誓、命之书，著尧、舜、禹、汤、文、武、周公之道，垂休光于无穷者，是不在公之遗文也乎？予故曰：公文与国史相表里。公济南人，讳敏中，字端甫，又号中閤。魏公者，公女之夫也。名谊，字谊夫，尤赡文学。予待罪翰林，时公为国子祭酒，尝为先大父文康公赋晚香堂，今公之书，予又获董成之，故掫其实以为序，览者庶知予之非僭也。元统二年（1334）春，儒林郎、江浙等处儒学提举番吴善书于虎林堂。"（《刘敏中集》附录二，第468—469页）

又按：韩性序言写道："声音与政通，而文词者，声之寓也。不观夫大化之流行哉！一元所运，众汇有德色，激者为霆，散者为风，寒者，植者，舒者，吸者，柔且缦者，若金奏，若比竹，若万鼓，振而余乌乌，声万不同，其生物一也。春出而发之，三时奉而成之，岁功以植，元化以行，然其机之发，矢跃轮运，目不得瞬，尚可抟而执之哉！于是智者度律均钟。则其自然而寓之数，赞阳出滞，修潔万物，昭乎宇宙之间，而乐祖之名因之而不泯。可谓盛矣。昔者创业之君，体元出治，千载之下，洋洋乎如倡而复、叹之不足，非有寓于文辞哉！国家肇造区夏，世祖皇帝丕显人文，若岁之阳，协风自应。当是时，操觚简奏技仗内者，皆天下之士，所为文词，皆足以答钧天之球而谱云和之奏，后世叹息瞻仰，以为不可及。其乘风云而流声实者，固已众矣。翰林承旨刘公以文学受简知，致身通显，朝廷典册，钜公铭诔，所著为多，而集藏于家，学者愿见而弗得。总管魏公，公子婿也，莅官于杭,将刊梓以传于代。性观公之文辞,不藻绘而华,不琢镂而工,不屈折条干而扶疏茂好,门枢户钥,庭旅陛列,进乎古人之作矣。其所纪载,足以裨太史之阙,传之后学,披诵玩绎,得以审中和之声,而窥圣人政化之盛,教思无穷,非其他别集所可拟也。魏公俾性为之叙,辞不获,谨诵所闻,附于篇端。元统二年(1334)甲戌春,安阳韩性序。"(《刘敏中集》附录二,第469—470 页)

宋本文集刊刻,许有壬作序。

按:宋本诗文作品,今已大量散佚,但由许有壬序言看来,宋本文集在元朝曾由其弟宋褧整理并官刻刊出,原名《千树粟》,后更为《至治集》。

又按:许有壬《宋诚夫文集序》写道:"延祐己未,赠翰林直学士谥正献宋公诚夫偕其弟显夫始入京,过予陋巷,一见如平生,出所著曰《千树粟》者视予,曰:'京师吾乡,田庐尽废,江湖二十年储蓄,归为恒产独此尔。'阅其帙,知其学已充,文已成,谓之曰:'君之产不但与千户侯等,将与万户侯等。'承乏山北宪幕,岁辛酉(1321),当大比,时语同官'第一人必在诚夫',已而果然。为御史,为左司都事,皆与予同事。当大廷议论,不顾忌,绝去儒生拘迂懦讷气习,若老于吏牍者。仕至国子祭酒而病,寻卒于位。既葬,显夫出所为诗文,监察御史上之台。台檄山南宪下所部刻之梓,而俾予叙其端。夫士之生世,生有闻于时,没有垂于后,是不死矣。而士之垂世者,未可必其必传,而不与草木俱腐也。至于诚夫之文,则吾知其必传焉。待罪中书,每馆阁论材,未尝不为诚夫嘘唏,使天昌以年,则其长翰林、集贤,亦犹昔之意其魁天下也。不幸用之未尝尽其材,而幸得显夫为之弟,使其文著于世,传于后。又类所删文若乐府为别集,片言只字,无所遗逸,显夫可谓能弟,诚夫可谓不死矣。诚夫自选其文,更《千树粟》曰《至治集》,其传不待予叙也。独列其守官梗概,使读其文者知其政事之长,而信其见之文者,非空言也。显夫今监察御史,文如其兄,二宋之名,于是益著矣!"(《全元文》卷一一八六,第38 册,第92—93 页)

瓦萨甫卒。

按:瓦萨甫(Shihab al-Din ' Abd Allah Sharaf Shirazi,1264—1334),泄剌失人(即失罗子,亦作失剌思、泄剌失,今伊朗法尔斯省府设拉子)。1312 年,以宰相拉施都丁之荐,谒见伊利汗国王完者都汗于新都孙丹尼牙,呈献其所著《地域之分割与岁月之推移》(Kitab tajziyat al-Amsar wa tazjiyat al-A'sar)并献颂辞,由此获得"御前赞颂人"(wassaf-i Hadrat)的赐号,此后即以号行。著有《瓦萨甫史》。

程端学卒。

按:程端学(1278—1334),字时叔,号积斋,鄞县人,程端礼之弟。通春秋。泰定元年(1324)进士,授仙居县丞,改国子助教,后迁翰林编修,出为瑞州路经历,授太常博士,未受命而卒。著有《春秋本义》30卷、《春秋或问》10卷、《春秋三传辨疑》20卷、《积斋集》5卷。事迹见欧阳玄《积斋程君端学墓志铭》(《新安文献志》卷七一)、《两浙名贤录》卷四、《甬上先贤传》卷四六、《至正四明续志》卷二。

又按:欧阳玄在《积斋程君端学墓志铭》中叙述程氏兄弟学术渊源及程端学学术成就云:"宋乾、淳间,朱、陆之学并出,四明学者多宗陆氏,唯黄氏震、史氏蒙卿独宗朱氏。君与伯氏端礼敬叔师史先生,尽得朱子明体达用之指。于是二难自为师友,平居一举动必合礼法。时人以其方严刚正,以二程目之。敬叔发明朱子之法,有《读书工程》若干卷,国子监取其书颁示四方,郡县教官以式学者,后中书以闻,复申饬之。君先与里中同志孙君友仁慨念《春秋》在诸经中独未有归一之说,遍索前代说《春秋》者,凡百三十家,折衷异同,续作《春秋记》。由是沉潜绅绎二十余年,乃作《春秋本义》三十卷,《三传辨疑》二十卷,《或问》十卷,以经筵官申请有司,取其书锓梓传世。君早岁不屑为举子业,朋友力劝就试,及再战再捷,素习者不能过之。会试经义策冠场,试官为惊叹,白于宰相曰:'此卷非三十年学问不能成。使举子得挟书入场屋,寸晷之下,未必能作,请置通榜第一。'后格于旧制,以冠南士,置第二名。"(《欧阳玄全集·圭斋文集补编》卷一四,下册,第751—752页)

刘致卒。

按:刘致(1280—1334),字时中,号逋斋,石州宁乡人,后流寓长沙。曾就学于姚燧,官至江浙行省都事。著有《复古纠缪编》《遂昌山樵杂录》《牧庵年谱》1卷。《全元散曲》存其小令七十四首,套数四篇。事迹见《山西通志》卷一六一、《书史会要》卷七。

宋本卒。

按：宋本（1281—1334），字诚夫，大都人。早年师事理学家王奎文，明性命义理之学，至治元年（1321）廷试录取为左榜状元，授翰林修撰，元统二年（1334）转集贤学士兼国子祭酒，卒，追封范阳郡侯，谥正献。为文辞必己出，峻洁刻厉，务以高古。与其弟宋褧先后登入馆阁，时称"大小宋"。著有《至治集》40 卷。事迹见宋褧《故集贤直学士大中大夫经筵官兼国子祭酒宋公行状》（《燕石集》卷一五），《元史》卷一八二、《新元史》卷二〇八、《元书》卷七五、《元诗选·二集》小传。

又按：胡助《挽宋献公诚甫二首》："至治龙头选，端为天下奇。东曹持正议，西掖擅雄词。吾道诚无间，同年匪独私。新阡封马鬣，挥泪读铭碑。

苦学修清节，逢时道亦行。朝端仪典礼，海内仰声名。宗伯方推毂，成均遽奠楹。易名虞祭毕，稽古极哀荣。"（《全元诗》第 29 册第 50 页）

答儿麻失里卒。

按：答儿麻失里（？—1334），察合台汗国可汗。怯别弟。1331—1334 年在位。其名 Tarmashirin，来自梵文，意为法吉祥。答儿麻失里的名称虽然取自梵语，但他却是第一个公开宣布屏弃佛教，接受伊斯兰教，并推广伊斯兰教的汗。据乌马里说："只是在最近时期，约回历 750 年（1349，按乌马里所给出的察合台汗国统治者改宗伊斯兰教的年代回历 750 年，显然不是指答儿麻失里统治时代，此时答儿麻失里早已死去。这个年代当与脱忽鲁帖木儿皈依回回教有关），察合台汗国的统治者才接受伊斯兰教，第一位是答儿麻失里。"乌马里说，答儿麻失里真诚地崇敬安拉，"信仰坚如磐石，命令其阿米儿、士兵同样地皈依［正教］。他们中许多人在他之前已成为穆斯林，而现在其他人响应他的呼唤，皈依伊斯兰。伊斯兰在他们中间传播，它的旗帜高高升起，以至于不到十年，从上层到底层，都已包裹在他的外罩之中"。答儿麻失里的这一行动，是蒙古贵族顺应被征服人民文化传统的重大步骤，受到阿母河以北地区回回上层人士的欢迎，"博学的亦马目和畏惧安拉的长老们，都在各自的土地上支持这变化"。乌马里还说，"当王位传至答儿麻失里时——正如前面已经说过的那样，他接受了伊斯兰教，并从上到下地在全国推而广之"。据乌马里说，一直至答儿麻失里时代之前，察合台汗国，对密昔儿和苦国的商品来说，通往其他之途是封闭的,在上述国度没有旅行者愿穿行察合台汗国。但在他即位后,他把伊斯兰的有关法典作为自己商业贸易的法律,并尊敬地对待从四面八方到他这里来的商人和旅行者。答儿麻失里皈依伊斯兰教的行为有力地促进了中亚与西亚之间的商业往来。"商人们大量涌来,并满载他的赞誉而归,于是他的国家对他来说变成了一条通衢和频繁往来的大道,贾客撒都剌·巴忒而丁·哈散·亦思亦而底(-Sadr Badr ad-Din Hasan al -Is írdì)告诉我,答儿麻失里对他表示了多么大的尊敬,给以种种方便和施舍,以一切可能性赢得了他的心。"[参考邱树森《中国历代人名辞典(增订本)》,第714页;刘迎胜著《察合台汗国史研究》,第424—430页]

元惠宗元统三年　　至元元年　乙亥　1335年

科举停试。

按:虞集《送乡贡进士孔元用序》载:"岁庚午殿试后,集与阁学士阿荣存初候见直庐,存初慨叹相语曰:'更一科,后科当辍。辍两科而复,复则人材彬彬大出矣。'又叹曰:'荣不复得见,公犹见之。'应之曰:'得士之多,诚愿如存初言。方今文治兴隆,未必有辍贡理。存初国家世臣,妙于文学,在上左右,华年方殷,斯文属望。集老且衰,见亦何补邪?'又叹曰:'数当然尔!'问何以知之,弗答也。后三年,集归田,而存初有玉楼之召。乙亥,果停贡。今岁圣天子科诏兴贤,一一如存初言。"(《虞集全集·道园类稿》卷二一,上册第552页)

又按:《元史》载:"至元元年(1335),(彻里帖木儿)拜中书平章政事。首议罢科举,又欲损太庙四祭为一祭。监察御史吕思诚等列其罪状劾之,帝不允,诏彻里帖木儿仍出署事。时罢科举诏已书而未用宝,参政许有壬入争之。太师伯颜怒曰:'汝风台臣言彻里帖木儿邪?'有壬曰:'太师以彻里帖木儿宣力之故,擢置中书。御史三十人不畏太师而听有壬,岂有壬权重于太师耶?'伯颜意解。有壬乃曰:'科举若罢,天下人才绝望。'伯颜曰:'举子多以赃败,又有假蒙古、色目名者。'有壬曰:'科举未行之先,台中赃罚无算,岂尽出于举子?举子不可谓无过,较之于彼则少矣。'伯颜因曰:'举子中可任用者唯参政耳。'有壬曰:'若张梦臣、马伯庸、丁文苑辈皆可任大事。又如欧阳元功之文章,岂易及邪?'伯颜曰:'科举虽罢,士之欲求美衣美食者,皆能自向学,岂有不至大官者邪?'有壬曰:'所谓士者,初不以衣食为事,其事在治国平天下耳。'伯颜又曰:'今科举取人,实妨选法。'有壬曰:'古人有言,立贤无方。科举取士,岂不愈于通事、知印等出身者。今通事等天下凡三千三百二十五名,岁余四百五十六人。玉典赤、太医、控鹤,皆入流品。又路吏及任子其途非一。今岁自四月至九月,白身补官受宣者七十二人,而科举一岁仅三十余人。太师试思之,科举于选法果相妨邪?'伯颜心然其言,然其议已定不可中辍……初,彻里帖木儿之在江浙也,会行科举,驿请考官,供张甚盛,心颇不平,故其入中书以罢科举为第一。"(《元史》卷一四二,第 11 册,第 3404—3406 页)。

僧德辉编《敕修百丈清规》成。

按:《百丈清规》曾由德辉于元统三年(1335)奉旨重修编定,公哥儿监藏班藏卜作为国师作法旨要求执行。其法旨云:"皇帝圣旨里,帝师公哥儿监藏班藏卜法旨。行中书省、行御史台、行宣政院官人每根底,军官每根底,军人每根底,城子里达鲁花赤官人每根底,往来使臣每根底,本地面官人每根底,百姓每根底,众和尚每根底省谕的法旨:扎牙笃皇帝盖大龙翔集庆寺的时分,教依著《百丈清规》体例行了,圣旨有来。这清规是百丈大智觉照禅师五百年前立来的。如今上位加与弘宗妙行师号,更为各寺里近年来将那清规增减不一,教百丈山得辉长老重新编了。教龙翔寺笑隐长老校正归一定体行的,执把圣旨与了也。皇帝为教门的上头,教依著这校正归一的清规体例定体行者,么道。是要天下众和尚每得济的一般。您众和尚每体著皇帝圣心,兴隆三宝,好生遵守清规,修行办道,专与上位祈福祝寿,报答圣恩,弘扬佛法者。不拣是谁,休别了了。法旨别了的人每,不怕那甚么。法旨。鼠儿年四月十一日,大都大寺里有时分写来。"(见《元代白话碑集录》,《全元文》卷一六四九,第 54 册,第 94 页)

又按:德辉《百丈清规序》云:"百丈清规行于世,尚矣。由唐迄今,历代沿革不同,礼因时而损益,有不免焉。往往诸本杂出,罔知适从,学者惑之。异时,一山万禅师致书先云翁,约先师共删修刊正,以立一代典章。无何,三翁先后皆化去,区区窃欲继其志而未能也。后偶承乏百丈,会行省为祖师请加谥,未报,遂诣阙以闻。御史中丞撒迪公引见圣上,得面奏清规所以然，因被旨重编，令笑隐校正，仍赐玺书颁行。受命以来，旁求初本不及见，惟宋崇宁真定頥公、咸淳金华勉公，逮国朝至大中，东林咸公所集者为可采，于是会稡参同而诠次之。繁者芟，讹者正，缺者补，互有得失者两存之，间以小注折衷，一不以己见妄有去取也。稍集，笑隐凡定为九章，章冠以小序，明夫一章之大意，厘为二卷，使阅而行者条而不紊，庶几吾祖垂法之遗意得以遵承。而辉惧夫学识荒陋，何能上副宸衷，作新轨范，不过人成事幸，毕先志，期学者无惑而已。若曰立一代典章，非愚所敢知也。或曰：子汲汲于是书，若有意于宗教？方今国家通制，昭布森列，奉行犹或未至，而欲清规之行乎？迂哉！因语之。然亦未尝废其书，顾柄法者力行之，何如耳？佛祖制律创规，相须为用，使比丘等外格非内弘道，虽千百群居，同堂合席，齐一寝食，翕然成伦，不混世仪，不挠国宪，阴翊王度，通制之行，尼于彼，达于此，又何迂？或者谢而退，故并识于兹，以告吾徒，益自勉焉。宋杨文公作古规序，与夫三公所集自序，悉附著云。至元后戊寅春三月，东阳比丘德辉谨书。（释德辉《敕修百丈清规》卷八，大正新修大藏经本）

又按：欧阳玄《敕修百丈清规叙》："天历、至顺间，文宗皇帝建大龙翔集庆寺于金陵。寺成，以十方僧居之，有旨行《百丈清规》。元统三年（1335）乙亥秋七月，今上皇帝申前朝之命，若曰：'近年丛林清规，往往增损不一。'于是特敕百丈山大智寿圣禅寺住持德辉重辑其为书，仍敕大龙翔集庆寺住持大䜣，选有学业沙门共校正之，期于归一，使遵行为常法。德辉等奉命唯谨，书将成，属玄为叙。玄尝闻诸师曰：'天地间无一事无礼乐，安其所居之位为礼，乐其日用之常为乐。'程明道先生一日过定寺，偶见斋堂仪，喟然叹曰：'三代礼乐，尽在是矣！'岂非清规纲纪之力乎？曰服行之熟，故能然乎？循其当然之则，而自然之妙，行乎其中，斯则不知者以为事理之障，而知之者则以为安乐法门，固在是也。然使是书庞然，杂而不伦，则有序而和之意，久而微矣。故校雠之功，有益于是书甚大，而两朝嘉惠学人之旨，相为无穷焉。宋《清规》行，杨文公亿为叙本末，条目具详，兹不重出云。至元二年（1336）丙子春三月上浣，翰林直学士、中大夫、知制诰、同修国史、国子祭酒庐陵欧阳玄叙。"（《欧阳玄全集·圭斋文集补编》卷八，下册，第586—587页）

陈栎卒。

按：陈栎（1252—1335），字寿翁，安徽休宁人。自号定宇，晚号东阜老人，学者称定宇先生。延祐元年（1314）乡试中选，不赴礼部试，著书授徒于家。著有《中庸口义》1 卷、《论语训蒙口义》《论孟训蒙口义书解》《四书发明》28 卷、《四书考异》10 卷、《深衣说》1 卷、《东埠老人百一易略》1卷、《读易编》《尚书蔡氏集传纂疏》6 卷、《书解折衷》《礼记集义详解》10卷、《诗经句解》《诗大旨》《读诗记》《六典撮要》《尔雅翼节本》《字训注释》《增广历代通略》4 卷、《尔雅节本》《小学训注》（与程蒙斋合著）、《三传节注》《历代蒙求》1 卷、《姓氏源流》1 卷、《希姓略》1 卷、《感应经》1卷、《勤有堂随录》1 卷、《定宇集》16 卷，包括文 15 卷、诗词 1 卷，另有《别集》1 卷，纂有《新安大族志》2 卷。事迹见揭傒斯《定宇陈先生栎墓志铭》（《定宇集》卷一七）、汪炎昶《定宇先生行状》（《定宇集》卷一七）、《元史》一八九、《新元史》卷二三五、《明史》卷九六、《宋元学案》卷七〇、《云萍小录》、清陈嘉基编有《定宇先生年表》等。

又按：揭傒斯《定宇陈先生栎墓志铭》评价陈栎对于元代经学的意义云："圣人之学至于新安朱子，广大悉备。朱子既没，天下学士群起著书，一得一失，各立门户，争奇取异，附会缴绕，使朱子之说翳然以昏。然朱子没五十有三年，而陈先生栎生于新安。生三岁，祖母吴夫人口授《孝经》《论语》，闻辄成诵。五岁入小学，即涉猎经史。七岁通进士业，十五为人师，二十三而宋亡，科举废。慨然发愤圣人之学，涵濡玩索，废寝忘食，贯穿古今，网罗上下。以有功于圣人，莫盛于朱子，惧诸家之说乱朱子本真，乃著《四书发明》《书传纂疏》《礼记集义》等书余数十万言。其畔朱子者刊而去之，其微辞隐义引而伸之，其所未备补而益之，于是朱子之学焕然以明。方是时，惟江西吴先生澄以经学自任，善著书，独称陈先生有功朱子。凡江东人来受学者，尽送而归之陈先生。然吴先生多居通都大邑，又数登用于朝，天下学者四面而归之，故其学远而彰、尊而明。陈先生居万山间，与木石为伍，不出门户，动数十年，故其学必待其书之行天下乃能知之。及其行也，亦莫之御。先生可谓豪杰之士矣！"（《揭傒斯全集·辑遗》，第 555—556 页）

元惠宗至元二年　丙子　1336年

是年,丞相伯颜当国,禁戏文、杂剧、评话等。

　　按:《农田余话》载"后至元丙子,丞相伯颜当国,禁江南农家用铁禾叉,犯者杖一百七十,以防南人造反之意。民间止用木叉挑取禾稻。古人所谓食肉者,其智如此。又禁戏文、杂剧、评话等"。(邵亨贞《农田余话》卷上)

蒲道源卒。

　　按:蒲道源(1260—1336),字得之,号顺斋,兴元人。初为郡学正,后罢归闲居。皇庆中,应征为国史院编修官,进国子博士。居岁余,复自引去。后十年,有诏起复为陕西儒学提举,讫不就。其学问文章务自博以入约,由体以达用,真知实践,不事矫饰。其于名物度数,下至阴阳医药,无不究其精微。其教人具有师法,大抵以行检为先而穷经则,使之存心静定而参透于言语文字之外。其平生以闲居为多,故其子蒲机编辑遗文,题名为《闲居丛稿》,共26卷。事迹见蒲机《顺斋先生墓志文》、蒲道诠《顺斋先生蒲公诔》(此两篇见《闲居丛稿》附录)、《新元史》卷二三八、《元史类编》卷三六、《元诗选·初集》小传。

赵世延卒。

　　按:赵世延(1261—1336),字子敬。其先雍古歹人,居云中北边。祖按竺迩,幼孤育于外氏,因姓舅姓,转而为赵。为蒙古汗军征行大元帅,镇蜀,因家成都。世延天资秀发,喜读书,究心儒者体用之学。弱冠,世祖召见,俾入枢密院御史台肄习官政,历事凡九朝,扬历省台五十余年,官至中书平章政事,秩至光禄大夫,爵至鲁国公,卒谥文忠。世延文章波澜浩瀚,一根于理。至顺元年(1330)奉诏与虞集等纂修《皇朝经世大典》,又尝较定律令,汇次《风宪宏纲》。为华化程度颇高的元史名臣,也是为数极少收入《宋元学案》的西域人。事迹见《元史》卷一八〇、《宋元学案》卷九五、《元诗选·癸集》丙集小传。

　　又按:虞集《鲁国赵公世延哀词》云:"西北声名世节旄,簪绅特起擅时髦。百年忧患神明相,世务频烦志虑劳。春雨归舟江水定,秋天遗剑雪山高。东瞻松柏分茅重,盛德终闻有显褒。　早岁江东接令仪,中朝晚得近论思。永怀王母传经训,直保孤忠结主知。经济尚多遗策在,勤劳空复

大名垂。每翻翰墨神交远,惆怅西川鼓角悲。"(《虞集全集·道园类稿》卷八,上册,第 151—152 页)

王结卒。

按:王结(1275—1336),字仪伯,定兴人。至治二年(1322)参议中书省事,天历元年拜陕西行省参知政事,天历二年(1329)拜中书参政,元统间拜中书左丞,后至元元年(1335)诏复入翰林,以病未能赴职。卒,追封太原郡公,谥文忠。人称其"非圣贤之书不读,非仁义之言不谈"。著有《王文忠集》6 卷,《王文忠诗余》1 卷,亦邃于《易》,著《易说》10 卷。事迹见苏天爵《元故资政大夫中书左丞知经筵事王公行状》(《滋溪文稿》卷二三)、《元史》卷一八七。

元惠宗至元三年 丁丑 1337 年

四月,诏:"省、院、台、部、宣慰司、廉访司及部府幕官之长,并用蒙古、色目人。禁汉人、南人不得习学蒙古、色目文字。"

(《元史》卷三九《顺帝本纪二》,第 3 册,第 839 页)

张起岩为曹伯启诗文集作序。

按:曹伯启诗文集由其子曹复亨、曹履亨整理编辑完成,共 10 卷,还有后录 1 卷。

又按:张起岩《汉泉漫稿序》载:"学优则仕,仕优则学,人知诵其言,而践行者尠,如汉泉中丞曹君,则真知而实践者也。汉泉早岁游郓痒,从野斋李先生学,清苦勤励,见称时辈。擢邑文学掾,授徒习业,益自力文。定马公子卿知单州,以茂材荐授儒学正教授,皆不赴,盖方笃志于学也。除江阴总府经历,材干著闻,犹循资格,再调辟掾南台浙省,未尝一日废学。既登清显,扬历中外,年耆曼矣,诵读述作,犹前日也。朝论以君宣劳陈力之久,自山北廉使召为集贤侍读学士,俄拜侍御史,使浙西,引年谢事,归于家。起使淮东,超西台中丞,以疾坚辞不起,而益以文笔自娱。其笃学如此,可谓难能也已。君既没,子台掾复亨,汇集平昔所著《汉泉漫稿》若干卷,求余叙其端。余向在胄监史馆,君折行辈与余游,时复亨暨其季履亨在监学诸生列,余盖素知君者。君端雅缜栗,谟画有方,为世推重。宜乎发为词章敷腴条达,其于意之蕴而言之宣者,周旋曲折,壹能道之，又可见有德者之有言也。夫古之名人胜士，只字片语，人犹宝之，况其粲然成编者如此者，则后之人传玩珍惜，宜何如哉！大抵士之为学，将以致用也。学未优而仕者多矣，仕优位崇，老而益勉于学，如中丞者，盖不多见也。然则《汉泉漫稿》之可尚，其在兹欤！其在兹欤！汉泉讳伯启，字士开，赠资政大夫、河南行中书省左丞、上护军，追封鲁郡公，谥文贞。汉泉，其自号云。至元三年（1337）后丙子中元日癸丑，通奉大夫、江南诸道行御史台侍御史张起岩序。"（《全元文》卷一一四〇，第 36 册，第 74—75 页）

又按：虞集有序言两篇，其一《曹文贞公汉泉漫稿序》载："我国家龙兴朔方，金源氏将就亡绝，干戈蜂起，生民涂炭。中州豪杰起于齐、鲁、燕、赵之间，据要害以御侮，立保障以生聚，以北向于王师。方是时，士大夫各趋所依以自存。若夫礼乐之器，文艺之学，人才所归，未有过于东鲁者矣。世祖皇帝建元启祚，政事文学之科，彬彬然为朝廷出者，东鲁之人居多焉。典诰之施于朝廷，文檄之行乎军旅，故实之讲乎郊庙，赫然有耀于邦家，至元、大德之间，布在台阁，发言盈朝，所谓如珪如璋，令闻令望，而颙颙昂昂者焉。集束书游京师，犹获望前辈之一二。而三四十年以来，求文献于当时，邈乎远哉！今其所存者，其言语文章之可见者乎？故鲁郡曹文贞公起于汉泉，受业于埜斋李公，受知于信斋马公。起自儒学，宦游东南，扬历台省，声誉籍甚。每其来至京师，集尝得与清河元公复初、汶上曹公子贞诸人有往来之好焉，未尝不叹其意气之宏达、议论之慷慨，而文物之雍容也。当文宗起故老于休致之余，托文儒以风纪之重，集时执笔史馆而叹慕焉。归田以来，岁月逾迈，近得中台所命刻文贞诸诗。既而，其子南行台管勾复亨、复贻以见示，俾识其言焉。读其墓碑、谥议，慨然千古之隔；观乎张、欧、苏之序言，又感乎一代之盛衰。退不敏，其何能赞一辞于其间哉？虽然穷乡陋邦之远，闻天下之伟人而莫之见也。千载百年之后，闻前代之伟人而莫之及也。独得其咏歌之绪余，以观其性情之所在，观其扬历之所至，而知其行事之所著。传曰：诵其诗，读其书，不知其人，可乎？后之君子，将有征于圣朝文章任务之故，其必于此而取之也夫。"（《虞集全集·道园类稿》卷一八，上册，第 496—497 页）

又按：虞集序言之二《曹上开汉泉漫稿序》载："某早岁游京师，得见朝廷文学之士,大抵皆东鲁大儒君子也。气象舒徐而俨雅,文章丰博而蔓衍,从而咏之,不足以知其深广,极其所至,不足以究其津涯,此岂非龟、蒙、徂徕之间,元气之充硕,以发挥一代斯文之盛者乎?老而退伏于山林,想见其风采,听闻其声咳,漠然其不可得者久矣。曹君复亨,以其先中丞文贞公诗文刻本所谓《汉泉漫稿》并《续稿》见示。鲁无君子,斯焉取?斯能无百世之感乎?近者又使其客危观以书相示,曰:是稿也,御史府请诸朝廷,而刻诸学宫者也。民间未易多得,请约其篇目小为字,而刻诸家塾,以遗子孙而传诸同志。嗟夫!为人子弟,拳拳先世之书,自非知为孝之道者不能也。前集之序有之,公之平生诗文,当不止此,门生故吏尚博采而附益之,盖名言也。且夫千江之波,其水同原也;千枝之秀,其木同本也。即一波一叶,可以求水木之本原,凡水凡叶衍沃敷腴者,皆此原此本之所发挥不可选也,岂得有所去取于其间哉?是以有书以来,旬日徬徨而不能对,然而初得漫稿、续稿时,有从游临川李本伯宗者,借读而三叹焉,以为三百篇中,夫子独取秉彝好德之章,以为知道,盖非学问,则不足以得其性情之正,未可以言诗也。其次则如唐杜子美之诗,或谓之诗史者,盖可以观时政而论治道也。流连光景,云乎哉!于是辑其学问之所陈、政事之所系别录之,盖得百数十篇,取而观之,非无意于斯文者,辄录其目以为记。其为说,盍亦在所取乎?姑叙其说如此云耳。至正元年(1341)辛巳四月十五日,虞某叙。"(《虞集全集·道园学古录》卷三三,上册,第497—498页)

元惠宗至元四年　戊寅　1338 年

元顺帝遣使出访教皇。

　　按:约翰·孟高维诺既卒,而新总主教尼古拉斯久不至北京。是年,在中国之阿兰人,皆为基督信徒,乃上书于罗马教皇请主教。元顺帝同时亦颁给教皇谕旨一道。使者共十六人,以法兰克人安德鲁(Andrew the Frank)及日耳曼那梭人威廉(William of Nassio or Nassau),契丹国阿兰人拖该(Thogay, an Alan of Cathay)为领袖。由陆道西行,于 1338 年(顺帝至元四年)抵意大利阿维南城。(江文汉《中国古代基督教及开封犹太人》,第138—139页)

　　又按：顺帝致教皇书云："长生天气力里，皇帝之皇帝圣旨。咨尔西方日没处，七海之外，法兰克国（Frankland）基督教徒主人，罗马教皇。朕遣法兰克人安德鲁及从者十五人于尔教皇之廷，设法修好，俾以后时得通聘。仰尔教皇赐福于朕，每日祈祷时，不忘朕之名也。朕之侍人阿兰人，皆基督之孝子顺孙。朕今介绍之于尔教皇。朕使人归时，仰尔教皇，为朕购求西方良马，及日没处之珍宝，不可空回也。准此。鼠儿年（即顺帝至元二年）六月三日，书自汗八里城。"（见亨利玉尔《古代中国闻见录》第三卷第177—183页）阿兰人致罗马教皇本笃十二世书云："敬祷上帝，赐福吾主皇帝大汗，万寿无疆。福定·琼斯（Futim Joens）、香山·董琪（Chyansam Tungii）、者燕不花·爱文奇（Gemboga Evenzi）、嘉珲·俞乔（Joannes Yuchoy）、鲁比士·平则奴斯（Rubeus Pinzanus）等谨泥首上书于圣父教皇法座曰……下走福定等自昔受法座使者约翰·孟高维诺之教诲养育，崇奉天主教，于是举止有方，心神藉慰。约翰大师才学高超，德行逾俗。出言为重于当世，行措为则于后人。不幸八年前，竟离下走等而仙逝。下走等生者居世无教师，死者魂魄无抚慰。下走等久闻法座已遣主教东来，然至今尚未抵此也。下走等敬请法座早日任命聪明才能，道学高超使人，来东以慰下走等之望也，并请催使人速即束装就道。盖下走等居此，犹之群羊而无牧人，无教诲无抚慰也。……法座使者来至皇帝大汗之廷，盖不下三四次矣。皆蒙待遇优渥，赏赉有加。使者皆交口应承，回西之后，携来法座之书。然至今杳如黄鹤，未闻有尊使者至也。今此之役，敬乞法座注意，报聘之书，不可不答，通好之使，不可不遣也。此间基督信徒，屡告他人，法座之使不久即至。若终无专使，岂不遗羞他人，使之讥基督教徒播布谎言耶？故下走福定等待法座使者之来，不胜其翘首西望也。鼠儿年六月三日，谨上自汗八里城。"（张星烺编注，朱杰勤校订《中西交通史料汇编》第一册，中华书局1977年，第239—241页）

马祖常卒。

　　按：马祖常（1279—1338），"字伯庸，世本雍古部，族居静州之天山。四世祖锡里吉思，金季为凤翔兵马判官，死节，赠恒州刺史，祀褒忠庙。官名有马，子孙因以立氏"。"公幼有异禀，年六七岁即知读书，岁时拜贺长者以钱赐之，他日行过市中悉以买书"，"蜀儒张公须讲学仪真，公时未冠,质以经史疑义数十,张公奇之。公少慕古学,非三代、两汉之书弗好也"。"延祐元年(1314),诏开贡举,网罗贤才。公偕其弟祖孝俱荐于乡,公擢第一。明年(1315)会试礼部,又俱中选,公仍第一。廷试则以国人居其首,公居第二甲第一人,隐然名动京师。授应奉翰林文字、承事郎、同知制诰,兼国史院编修官,日与会稽袁公桷、东平王公士熙,以文章相淬砺。三年(1316)冬,擢拜监察御史。""公建白剀切,故多见于施行。五年(1318)改宣政院经历,月余辞归。起为社稷署令,被命罢杂事于泉南。七年(1320)正月,仁宗宾天,铁木迭儿复居相位,睚眦必报。屡欲害公未得,左迁公开平县尹。""泰定元年(1324)三月,诏建储官。寻开经筵,公拜典宝少监,阶奉直大夫。四月,天子清暑上京,以讲官多老臣,乃命集贤侍读王公结、秘书少监虞公集及公执经从行。明年(1325)拜太子左赞善,寻迁翰林直学士,仍兼赞善。""三年(1326),考试大都乡贡进士,明年(1327)同知礼部贡举,取士八十五人,又充廷试读卷官。""天历二年(1329),文宗凡两遣使召之,方起。至顺初元(1330),知礼部贡举,复取士九十七人。改燕王内尉,又拜礼部阶大中大夫。公择士务求实学,空言浮词悉弃不取,中选者多知名于时。拜参议中书省事。是岁(1330)十月,文宗举百年旷典,亲祀南郊,公充读祝册官,参定典仪。""复拜南台中丞、阶资德大夫。又迁西台,疾,不赴。薨年六十。"(苏天爵《元故资德大夫御史中丞赠据忠宣宪协正功臣魏郡马文贞公墓志铭》,《滋溪文稿》卷九,第138—143页)事迹见苏天爵《元故资德大夫御史中丞赠据忠宣宪协正功臣魏郡马文贞公墓志铭》(《滋溪文稿》卷九)、《元史》卷一三四、《新元史》卷一四九。

又按:苏天爵《元故资德大夫御史中丞赠据忠宣宪协正功臣魏郡马文贞公墓志铭》载:"公自先世皆事华学,号称衣冠闻族,至公位益光显,文学政术为时名臣。尤笃友义,昆季子孙及宗族孤寒者,悉收而教养之,举进士释褐上庠者,凡数十人。公上言:'本朝及诸国人,既肄业国学,讲诵孔、孟遗书,当革易故俗,敬事诸母,以厚彝伦。'天下高其议。公自少至老好学弥笃,虽在扈从手亦未尝释卷。喜为歌诗,每叹魏晋以降,文气卑弱,故修辞立言,追古作者。其为训诰,富丽典雅。既出词林迁他官,而勋阀贵胄,褒赠父祖,犹请公为之辞。文宗最喜公文,尝拟稿进,上曰:'孰谓中原无硕儒乎?'文宗北幸,还驻龙虎台,公奏事幄殿,敕近侍给笔札,命公榻前赋诗。卒章言两京巡幸,非以游豫,盖为民尔,因诗以寓规谏,上览之甚悦。""公有文集若干卷,奉诏修《英庙实录》,译润《皇图大训》《承华事略》,编集《列后金鉴》《千秋记略》共若干卷。"(《滋溪文稿》卷九,第143—144)

孛术鲁翀卒。

按:孛术鲁翀(1279—1338),字子翚,女真氏,其先隆安人,属望广平,徙居河南邓州顺阳。"父居谦……初,居谦辟掾江西,以家自随,生翀赣江舟中","从新喻萧克翁学。克翁,宋参政燧之四世孙也"(《元史》本传,第14册,第4219页),"……徙居于邓,贞隐李先生,邓名士也。公从学诗赋,同门莫及。郡公卒,家益贫窭,进修愈力。翰林阎宏曰:'观子之才,后必名世,曷远游以广见闻?'公往江西谒克斋萧君某。萧君故宋大家","复走京兆,拜集贤萧贞敏公。贞敏隐终南,为学精勤,夜以继昼。公寓其旁僧舍,攻苦食淡,人不能堪,公裕如也。归复游汉上,从翰林姚文公学古文,公奇之。以书抵贞隐曰:'子翚谈论锋出,其践履一以仁义为准,文章不待师传而能,后进无是伦比。'于是贞隐以女妻公"(苏天爵《孛术鲁公神道碑铭》,《滋溪文稿》卷八,第122—123页)。"大德十一年(1307),用荐者,授襄阳县儒学教谕,升汴梁路儒学正。会修《世皇实录》,燧首以翀荐。至大四年(1311),授翰林国史院编修官","升右司员外郎,奉旨预修《大元通制》,书成,翀为之序。泰定元年(1324),迁国子司业","又纂修《太常集礼》,书成而未上,有旨命翀兼经筵官"。"文宗之入也,大臣问以典故,翀所建白近汉文故事,众皆是之。文宗尝字呼子翚而不名。命翀与平章政事温迪罕等十人,商论大事,日夕备顾问,宿直东庑下。文宗虚大位以俟明宗,翀极言:'兄远在朔漠,北兵有阻,神器不可久虚,宜摄位以俟其至。'文宗纳其言。及文宗亲祀天地、社稷、宗庙,翀为礼仪使,详记行礼节文于笏,遇至尊不敢直书,必识以两圈,帝偶取笏视,曰:'此为皇帝字乎?'因大笑,以笏还翀。竣事,上《天历大庆诗》三章,帝命藏之奎章阁。""文宗崩,皇太后听政,命别不花、塔失海牙、阿儿思兰、马祖常、史显夫及翀六人,商论国政。""元统二年(1334),除江浙行省参知政事。逾年,以迁葬故归乡里。明年,召为翰林侍讲学士,以疾辞,不上。至元四年

（1338）卒，年六十。赠通奉大夫、陕西行省参知政事、护军，追封南阳郡公，谥文靖。"　"翀状貌魁梧，不妄言笑。其为学一本于性命道德，而记问宏博，异言僻语，无不淹贯。文章简奥典雅，深合古法。用是天下学者，仰为表仪。其居国学者久，论者谓自许衡之后，能以师道自任者，惟耶律有尚及翀而已。"（《元史》本传，第 14 册，第 4219—4222 页）著有《菊潭集》60 卷，集久佚，清缪荃孙辑为 4 卷，与同僚合作为《太常集礼》75 卷。事迹见苏天爵《元故中奉大夫江浙行中书省参知政事追封南阳郡公谥文靖孛术鲁公神道碑铭》（《滋溪文稿》卷八）、《元史》卷一八三、《元诗选·二集》小传。

元惠宗至元五年　己卯　1339 年

可疾维尼《心之喜》成书。

　　按：《心之喜》（Nuzhat al-Qulub），是身为伊利汗王朝的财务官员可疾维尼记录自己知晓的整个世界的地理著作，是蒙古时代的波斯地理志，详载各州行政区划、地理位置（经纬度）、城乡情况及税额、道里等，非常有用。[白寿彝总主编，陈得芝主编《中国通史（13）（第八卷）中古时代元时期上册》，上海人民出社 2015 年，第 58 页。本田实信认为此书是"用波斯语书写的第一部成体系的地理书"，见〔日〕羽田正著，刘丽娇、朱莉丽译《"伊斯兰世界"概念的形成》，第 25 页]

清拙正澄卒。

　　按：清拙正澄（1274—1339），也称正澄和尚，福建福州人，俗姓刘氏。十五岁出家，受戒于福州开元寺。曾向福州鼓山寺平楚耸禅师，杭州净慈寺愚极慧禅师参学佛法。而后游方各地，历参虎岩寺、东岩寺、月庭寺等。泰定三年（1326），受日本北条高时之邀请，与其学生永镇、日本名僧元隐元晦等 6 人东渡赴日，先任建长寺住寺，不久移任净智寺、圆觉寺住持。元弘三年（1333）奉后醍醐天皇之敕到京都任建长寺、南禅寺住持。多教化武士，并作《大鉴清规》，整顿日本禅林规矩。1339 年正月十日示疾，十七日沐浴更衣，呵呵大笑云："今日乃是百丈祖忌，吾可行脚。"索笔作偈云："昆岚卷空海水立，三十三天星斗湿；地神怒把铁牛鞭，石火电光追不及。"溘然而逝，世寿六十六岁。著有《禅居集》2 卷等。

元惠宗至元六年　庚辰　1340 年

僧念常编《佛祖历代通载》成。

按：《佛祖历代通载》乃关于中国及印度佛教传播的编年体佛教史。自七佛偈、宇宙初始、盘古、三皇等事叙述起，迄元顺帝元统元年（1333）为止。依各朝代帝王纪元之年月记事。所含史事甚多，因此卷帙亦大。书中，实属念常所纂者仅卷 18 至卷 22 宋元部分。是书补充许多散见于碑铭、文集、传状、诏制以及正史诸方面宋际史料，至于元代史料，以时代较近，取材较新，故学术价值尤为重大。《佛祖历代通载》有至正元年（1341）虞集序和至正四年（1344）僧觉岸序，两序相互补充了该书内容、主旨以及成书过程。念常（1282—？），号梅屋，华亭人，俗姓黄。晦机元熙弟子，临济宗杨岐派大惠宗杲系僧人。

又按：虞集《佛祖历代通载序》载："浮图氏之论世，动以大劫小劫为言。中国文字未通，盖不可知也。摩腾、竺法兰至汉，而后释迦佛之生灭，可以逆推其岁年。自是中国之人，得以华言记之。自天竺及旁近诸国东来者，莫盛于西晋。至于姚、秦、石、赵等国，其人则鸠摩罗什、佛图澄、那连、耶舍、昙无识诸师，而东土卓绝奇伟之士生、肇、融、叡等，相为羽翼，翻译经义，尽为华言。而佛理之精，无不洞究；先觉之士，至有逆知其至理之未者矣。佛学之行，莫博于此时矣。弥天、道安，至于远公，辟地东南，佛陀、耶舍，远相从游。而辟世君子，相依于离乱之世，乃若宝公、双林诸公，起而说法，而佛学大盛于东南矣。若夫智者弘《法华》于天台，三藏开《般若》于唐初，清凉广《华严》于五台，密公说《圆觉》于草堂，宣公严律教于南山，《金刚》启秘密于天宝，大小三乘、唯识等论，专门名家，毫分缕析，汗牛充栋，学者千百，有皓首而不能穷极者焉。达磨之来，则有五传其衣，五宗斯立，同源异派，自梁历宋，谓之传法正宗。我国朝秘密之兴，义学之广，亦前代之所未有，此其大略也。记载之书，昔有《宝林》等传，世久失传。而《传灯》之录，僧宝之史，仅及禅宗。若夫经论之师，各传于其教。宰臣外护，因事而见录，岂无遗阙？近世有为《佛祖统纪》者，拟诸史记，书事无法，识者病焉。时则有若嘉兴祥符禅寺住持华亭念常，得临济之旨于晦机之室，禅悦之外，博及群书。乃取佛祖住世之本末，说法之因缘，译经弘教之师，衣法嫡传之裔，正流旁出，散圣异僧，时君世主之所尊尚，王臣将相之所护持,论驳异同,参考讹正。二十余年,始克成编,谓之《佛祖历代通载》,凡二十二卷。其首卷则言彰所知、论器、世界情、世界道、果无为五论。则我世祖皇帝时,发思八帝师对御之所陈说,是以冠诸篇首。其下则以天元甲子,纪世主之年,因时君之年,纪教门之事。去其繁杂谬妄,存其证信不诬。而佛道、世道污隆盛衰,可并见于此矣。嗟夫!十世古今,不离当念。尘影起灭,何足记哉?尝见沩山有问于仰山,仰山每有年代深远之对,则亦悯先觉之无闻者乎?而《法华》一经,前劫后劫,十号无二。又曰:'观彼久远,犹若今日。'则此书宜在所取乎?至正元年(1341)六月十一日,微笑庵道人虞集序。"(《佛祖历代通载》卷首,《虞集全集》上册,第595—596页)

再按:觉岸《华亭梅屋常禅师本传通载序》载:"夫语言文字,载道之器,传远之用。历千古,微简牍,何以纪事考实耶?大成至圣,《春秋》作而贼乱惧;大觉世尊,经律集而贤哲兴。其五经六艺、诸子百家,立言垂训,后之来学明今酌古,游心仁义,非编册之益乎?《佛祖历代通载》,梅屋禅师之所作也。其文博,其理明,叙事且实,出入经典,考正宗传,殊有补于名教。至正辛巳,翰林道园虞公序冠其首,益尊题之。禅师世居华亭,黄姓。父文祐,母杨氏。初祈嗣于观世音,忽一夕,梦僧庞眉雪发,称大长老,托宿焉,因而娠。至元壬午三月十有二日诞于夜,神光烛室,异香袭人,逾日不散。既长,喜焚香孤坐,风骨秀异,气宇英爽。年十二,恳父母求出家。母钟爱之,诱以世务,终莫夺其志。遂舍之。依平江圆明院体志,习经书,尚倜傥,疏财慕义,栖心律典。元贞乙未,江淮总统所授以文凭,剃发受具。弱冠游江浙大丛林,博究群经,宿师硕德以礼为罗延之,皆执谦弗就。至大戊申,佛智晦机和尚自江西百丈迁杭之净慈,禅师往参,承值上堂。佛智举太原孚上座,闻角声因缘,颂云:'琴生入沧海,太史游名山。从此扬州城外路,令严不许早开关。'有省于言下,投丈室呈所解。佛智领之,遂俾掌记室。嘱之曰:'真吾教伟器,外护文苑之奇材也。'服勤七年,延祐乙卯,佛智迁径山,禅师职后版表率。明年,朝廷差官理治教门,承遴选瑞世嘉兴祥符。至治癸亥夏,五乘驿赴京,缮写黄金佛经。暇日,得以观光三都,游览胜概,礼五台曼殊室利,披燕金遗墟之迹。由以动司马撰书之志,出入翰相之门,讨论坟典,升诸名师堂奥,讲解经章。如司徒云麓洪公、别峰印公，皆尊爱之。帝师命坐授食，闻大喜乐密乘之要。自京而回姑苏，万寿主席分半座以延说法，众服其有德。自非宿有灵姿，禀慧多生，曷以臻其明敏，著述祖祢，彰显正教，致公卿大人笃敬也耶？至大间，愚执侍佛智，获奉教于禅师，知梗概而序之。禅师讳念常，梅屋其号焉。至正四年（1344）三月，松江余山昭庆住持比丘觉岸谨序。"（《全元文》卷一一五二，第 36 册，第 384—385 页）

裴哥罗梯《通商指南》约于此年成书。

按：裴哥罗梯（Francesco Balducci Pegolotti），意大利人。"尝充佛罗伦斯市（Florence）巴尔底公司（Company of the Bardi）之经理。一三一五年（元仁宗延祐二年）至一三一七年（延祐四年）间，充驻比利时安忒维泊港（Antwerp）该公司之经理。后调伦敦。一三二四（元泰定帝元年）五月起，至一三二七年（泰定帝四年）八月止，又充该公司驻锡勃洛斯岛（Cyprus）之经理。裴歌罗梯之书约于一三四〇年时著成。其东方之记事，则闻之他人。德人李透（Ritter）著《地理学》（Erdkunde, II. P. 404）谓裴尝亲至契丹，实全无根据（见亨利玉尔《古代中国闻见录》第三卷第 138—140 页）。裴哥罗梯之《通商指南》最可证明当时中欧通商之盛。氏虽未亲至东方，然确闻诸曾至东方商人。吾人读其书，可悉当时欧亚二洲陆道通商所经之道途及情况若何也。"（张星烺编注，朱杰勤校订《中国交通史料汇编》第 1 册，第 310—311 页）

元惠宗至元七年　至正元年　辛巳　1341 年

虞集《道园学古录》50 卷于此年前后编成。

按：李本《道园学古录跋》载："至正元年（1341）十有一月，闽宪斡公使文公之五世孙炘来求记屏山书院，并征先生文稿以刻诸梓。本与先生之幼子翁归及同门之友编辑之，得《在朝稿》二十卷，《应制录》六卷，《归田稿》一十八卷，《方外稿》六卷。盖先生在朝时，为文多不存稿，固已十遗六七；归田之稿，间亦放轶。今特就其所有者而录之，所谓泰山一毫芒也。先生前代世家，以道德文学，由成均颂台史馆经筵，洊历清要，皆承平之日。其所著述，则国家之典故，功臣贤士之遗迹在焉。归侨临川，尘虑消歇，日与四方之宾客门人子弟，讲明道义，敷畅详恩，以其绪余发而为言，深欲阐明儒先之微,以救末流之失。先生之学,庶或于此而可见与?是年十有二月门人李本谨识。"(《全元文》卷一七六八,第 58 册,第 157 页)

王都中卒。

按:王都中(1279—1341),字符俞,一字邦翰,号本斋,福建福宁州人,王积翁之子。"公生三岁即以恩授从仕郎南剑路顺昌县尹",十七岁授"少中大夫、平江路总管府治中",仕至江浙行省参知政事。历仕四十余年,政绩卓著,当时南人以政事之名闻天下,而位登省宪者,惟王都中而已。"公髫乱时留京师,闻鲁斋许公以道学淑后进,即知敬慕,故中年尤致力于根本之学,扁其宴息之室曰本斋云。所为诗清醇,而不事纤丽,有《小山堂稿》三卷藏于家。"(黄溍《正奉大夫江浙等处行中书省参知政事王公墓志铭》,《黄溍全集·金华黄先生文集》卷三一,下册,第 442、446 页)著有《本斋集》3 卷。事迹见黄溍《正奉大夫江浙等处行中书省参知政事王公墓志铭》(《金华黄先生文集》卷三一)、《元史》卷一八四本传。

元惠宗至正二年 壬午 1342 年

恢复科举。

按:元统三年(1335),伯颜罢科举,许有壬曾力争,事寝。至此,伯颜已死,重开科考,从延祐乙卯(1315)首科至此是元代第八次科考。许有任主持贡举,有诗《早起观诸公考卷》云:"闭门如井底,春事近如何。柳色寒犹浅,禽声晓渐多。三场严献纳,千卷困研磨。有幸逢今日,天开第八科。"(《全元诗》第 34 册,第 300 页)

马黎诺里随教皇使团到达上都。

按:佛罗伦萨人马黎诺里在 1338 年随教皇使团出发,1342 年夏到达大都,1346 年南下泉州从海路回国。"1353 年抵达阿维尼翁城,呈献元顺帝致教皇克莱孟六世的国书。国书上说,蒙古大汗尊重基督教,并要求继续派遣教士到中国传教。马黎诺里后来受德皇查理四世之命写了《波希米亚史》,书中追忆他出使中国的见闻,指出中国的大都、泉州等地,已是当时世界各大宗教荟萃,各国商旅云集的国际都市。他是元代到过中国并留有详细记录的最后一个欧洲使节和传教士。"(黄利平等著《足迹从丝路延伸:中国古代对外文化交流》,人民日报出版社 1995 年,第 35—36 页)

又按：后至元二年（1336），元顺帝妥欢贴睦尔遣拂朗人（Frank，元人对欧洲人的称呼）安德烈及其他十五人出使欧洲，致书罗马教皇；元朝阿速族显贵、知枢密院事福定和左阿速卫都指挥使香山等人也代表教徒上书教皇，报告大主教孟高维诺已去世八年，请求速派才高德隆的继任者前来主持教务。至元四年（1338），使团抵教皇驻地阿维尼翁（在法国南部，罗马教皇于 1308 年迁驻于此地）。教皇本笃十二世优厚款待元朝使者，使游历欧洲各地，并决定派遣马黎诺里等率领数十人的庞大使团出使元朝和蒙古诸汗国。至元四年（1338）年底，马黎诺里一行从阿维尼翁启程，会齐元朝来使，先至钦察汗国都城萨莱（今俄罗斯伏尔加格勒附近）谒见月即别汗；继续沿商路东行，经察合台汗国都城阿力麻里，于至正二年（1342）七月抵达上都，谒见元顺帝，进呈教皇复信并献骏马一匹。马长一丈一尺三寸，高六尺四寸，昂高八尺三寸，色漆黑，仅两后蹄纯白，曲项昂首，神俊超逸，被誉为"天马"。元至正六年（1346）使团由泉州启程从海道回到欧洲，使团应顺帝要求，进献欧洲良马一，时人称之为"天马"，轰动元廷。

又按：元顺帝于七月十八日得佛朗国所送天马，大喜，令周朗作画，周朗奉敕七月二十三日作成《天马图》（清嘉庆年间此画尚藏于内府）进，翰林承旨康里巙巙传旨命揭傒斯作赞，成《天马赞》，此外欧阳玄作成《天马颂》、周伯琦作《天马行》、许有壬作《天马歌》以记其事。在廷文人多应制写诗作序，时人叹为盛事，"拂朗国进天马"成为轰动一时的大事，民间文人诸如丁鹤年、陆仁、张昱、郭翼也有诗文表述此事。

陈旅卒。

按：陈旅（1288—1342），字众仲，福建兴化莆田人。"幼孤，资禀颖异"，"不以生业为务，惟笃志于学，于书无所不读。稍长，负笈至温陵，从乡先生傅古直游，声名日著。用荐者为闽海儒学官，适御史中丞马雍古祖常使泉南，一见奇之，谓旅曰：'子，馆阁器也，胡为留滞于此！'因相勉游京师。既至，翰林侍讲学士虞集见其所为文，慨然叹曰：'此所谓我老将休，付子斯文者矣。'即延至馆中，朝夕以道义学问相讲习，自谓得旅之助为多。与祖常交口游誉于诸公间，咸以为旅博学多闻，宜居师范之选，中书平章政事赵世延又力荐之，除国子助教。居三年，考满，诸生不忍其去，请于朝,再任焉。元统二年(1334),出为江浙儒学副提举。至元四年(1338),入为应奉翰林文字。至正元年(1341),迁国子监丞,阶文林郎。又二年卒,年五十有六"。"旅于文,自先秦以来,至唐、宋诸大家,无所不究,故其文典雅峻洁,必求合于古作者,不徒以徇世好而已。"(《元史》卷一九〇《儒学传二》,第 14 册,第 4347—4348 页)著有《安雅堂集》13 卷。事迹见吴师道《监学祭陈众仲监丞文》(《吴正传文集》卷二〇)、《元史》卷一九〇、《新元史》卷二三七、《元儒考略》卷三、《宋元学案》卷九二、《闽中理学渊源考》卷三六、《元诗选·初集》小传。

又按:张翥《安雅堂集原序》载:"陈君众仲为国子丞,而予助教于学,且居官舍相迩也,其日从论议者殆逾年,求君文者履常接户外,君虽卧疾,犹操笔呻吟不少置。其卒也,予哭之悲焉。风雅寥阔,追念故人,欲一如畴昔,坐谈千古,以发诸识趣之表,既不可得,又窃虑其遗编散失无以暴白于后也。今年冬出使闽南,询其子吁,得家藏全稿曰《安雅堂集》凡十三卷。呜呼!文章至季世,其敝甚矣。元兴以来,光岳之气既浑,变雕琢碟裂之习而反诸淳古,故其制作完然一代之雄盛,文人学士直视史汉魏晋以下盖不论也。方天历、至顺间,学士蜀郡虞公以其文擅四方,学者仰之,其许予君特厚,君亦得与相薰濡,而法度加密焉。故其所铺张,若揖让坛坫,色庄气肃而辞不泛也;其所援据,若检校书府,理详事核而序不紊也。其思绵丽藻拔而杼机内综也,其势飞骞盼睐而精神外溢也。此君之所自得,而予常以是观之。今其已矣,讵意夫履君之乡,叙君之文,而寓其不已之心乎?炳焉其若存,的焉其遂传,中山之序柳州、白傅之序江夏,友义之重,古今所同。因吁之请,乃书而冠诸集首。至正九年(1349)龙集己丑季冬望日,翰林修撰河东张翥序。"(《安雅堂集》卷首,《金元文》卷一四八三,第 48 册,第 583 页)

傅若金卒。

按:傅若金卒(1303—1342),字与砺,一字汝砺,江西新喻人。"至顺三年(1332),新喻傅君与砺,挟其所作歌诗来游京师,不数月,公卿大夫皆知其名,交口荐誉之。蜀郡虞公、广阳宋公方以斯文为任,以异材荐之。会今天子即位,诏遣使者,颁正朔于安南,以君才学为之参佐。""明年(1334),安南陪臣执礼物来贡阙下,君以功授广州路儒学教授。湖南及广西帅阃争欲辟君为掾，皆辞不就。于是缮完广之儒宫，复学若干亩。未几遇暴疾，卒至正二年(1342)三月某日也。"(《元故广州路儒学教授傅君墓志铭》，《滋溪文稿》卷一三，第213—214页)事迹见苏天爵《元故广州路儒学教授傅君墓志铭》(《滋溪文稿》卷一三)、《新元史》卷二三八、《元诗选·初集》小传、《(嘉靖)临江府志》卷七。

元惠宗至正三年　癸未　1343年

柯九思卒。

　　按：柯九思(1290—1343)，字敬仲，号丹丘生、五云阁吏，浙江仙居人。"以荫补华亭尉，不就。文宗知之于潜邸，及即位，擢典瑞院都事。帝置奎章阁，特授奎章阁学士参书，阶文林郎。迁鉴书博士，赐牙章，得通籍禁署。以谦善教子，锡碑名训忠，敕虞集为文旌之，宠顾日隆。九思乘间请曰：'臣以文艺遭逢圣明，孤危见忌，乞补外以自效。'帝曰：'朕在，汝复何忧？'未几，御史希宰相意劾九思，遂罢归，寓平江以卒。九思善写竹石，始得笔法于文同，自谓写干用篆法，枝用草书法，叶用八分法。又善鉴识鼎彝古器，有《任斋诗》四卷。"(《新元史》卷二二九，第9册，第4382页)精于金石之学，与虞集、赵孟頫为友，书法学欧阳询，画墨竹学文同一派。存世作品有《清閟阁墨竹图》，著有《丹丘生集》《墨竹谱》等；亦工诗，有《任斋诗集》，虞集、陈旅为之序。《元诗选》三集有《丹丘生稿》1卷。事迹见《元史》卷三五、《新元史》卷二二九、徐显《稗史集传》《南村辍耕录》卷一四、《书史会要》卷七、《(正德)姑苏志》卷五七、《吴中人物志》卷一〇、《元诗选·三集》小传。

元惠宗至正四年　甲申　1344年

三月，《辽史》116卷修成，欧阳玄代右丞相脱脱撰《进辽史表》。

　　按：关于《辽史》的修撰，早在辽寿隆六年(1100)，为回报北宋史所作"贬訾"，曾由耶律俨撰成"以赵氏初起事迹，详附国史"之《辽史》。而元代《辽史》之修撰始于至正三年(1343)四月，至正四年(1344)二月即告修完，修撰时间不及一年。欧阳玄代右丞相脱脱作《进辽史表》。

　　又按：欧阳玄《进辽史表》写道："开府仪同三司、上柱国、录军国重事、中书右丞相、监修国史、领经筵事臣脱脱言：窃惟天文莫验于机衡，人文莫证于简策。人主鉴天象之休咎，则必察乎机衡之精；鉴人事之得失，则必考乎简策之信。是以二者所掌，俱有太史之称。然而天道幽而难知，人情显而易见。动静者吉凶之兆，敬怠者兴亡之机。史臣虽述前代之设施，大意有助时君之鉴戒。辽自唐季，基于朔方。造邦本席于干戈，致治能资于黼黻。敬天尊祖，而出入必祭；亲仁善邻，而和战以宜。南府治民，北府治兵。春狩省耕，秋狩省敛。吏课每严于刍牧，岁饥屡赐乎田租。至若观市赦罪，则吻合六典之规；临轩策士，则恪遵三岁之制。君慕汉高之为帝，托耶律于刘宗；相拟酂侯之为臣，更述律以萧姓。享国二百一十有九载，政刑日举，品式备具，盖有足尚者焉。迨夫子孙失御，上下离心。骄盈盛而衅隙生，残贼兴而根本蹙。变强为弱，易于反掌。吁，可畏哉！天祚自绝，大石苟延。国既丘墟，史亦芜菲。耶律俨语多避忌，陈大任辞乏精详。《五代史》系之终篇，宋旧史埒诸载记。予夺各徇其主，传闻况失其真。我世祖皇帝一视同仁，深加悯恻；尝敕词臣撰次三史，首及于辽。六十余年，岁月因循，造物有待。臣脱脱诚欢诚悃，顿首顿首。钦惟皇帝陛下，如尧稽古，而简宽容众；若舜好问，而濬哲冠伦。讲经兼诵乎祖谟，访治旁求于往牒。兹修史事，断自宸衷。睿旨下而征聘行，朝士贺而遗逸起。于是命臣脱脱以右揆领都总裁，中书平章政事臣铁睦尔达识、中书右丞今平章政事臣贺惟一、御史中丞今翰林学士承旨臣张起岩、翰林学士承旨臣欧阳玄、翰林侍讲学士臣揭傒斯、侍御史今集贤侍讲学士兼国子祭酒臣吕思诚奉命为总裁官。中书遴选儒臣崇文太监今兵部尚书臣廉惠山凯雅、翰林直学士臣王沂、秘书著作佐郎臣徐昺、翰林监修臣陈绎曾为修史官，分撰《辽史》。起至正三年（1343）四月，迄四年三月。发故府之椟藏，辑遐方之瓯献，搜罗剔抉，删润研磨。纪、志、表、传，备成一代之书；臧否是非，不迷千载之实。臣脱脱等叨承隆奇，幸睹成功。载宣日月之光华，愿效涓埃之补报。我朝之论议归正，气之直则辞之昌；辽国之君臣有知，善者喜而恶者惧。所撰《本纪》三十卷，《志》三十二卷，《表》若八卷，《列传》四十五卷。各著论赞，具存体式，随表以闻。上尘天览，下情无任激切屏营之至。臣脱脱诚惶诚惧，顿首顿首。谨言。至正四年（1344）三月日，开府仪同三司、上柱国、录军国重事、中书右丞相、监修国史、领经筵事

臣脱脱上表。"(《欧阳玄全集·圭斋文集》卷一三,上册,第354—356页)
十一月,《金史》135卷修成,欧阳玄代丞相阿鲁图撰《进金史表》。

按:元中统元年(1260)即已议论编纂《金史》,以"义例"问题而一再搁置。未久,金正大元年状元、元翰林学士承旨王鹗利用任职之便,撰成《金史》,未及付梓。同时,元好问采摭金代君臣遗言往事,撰成《野史》百余万言。而基于金代实录及王鹗、元好问及其他人之著述,《金史》历来被认为是元代所修三史中最佳者。《四库全书总目提要》评曰:"元人之于此书,经营已久,与《宋史》《辽史》取辨仓促者不同,故其首尾完密,条例整齐,约而不疏,赡而不芜,在三史之中,独为最善。"赵翼称是书叙事详核,文笔老洁,迥出《宋史》《辽史》之上。

又按:欧阳玄《进金史表》写道:"开府仪同三司、上柱国、录军国重事、中书右丞相、监修国史、领经筵事、提调太医院广惠司臣阿鲁图言:窃惟汉高帝入关,任萧何而收秦籍;唐太宗即祚,命魏征以作《隋书》。盖历数归真主之朝,而简编载前代之事。国可灭,史不可灭;善吾师,恶亦吾师。矧夫典故之源流,章程之沿革,弗披往牒,曷蓄前闻?惟此金源,起于海裔。以满万之众,横行天下;不十年之久,专制域中。其用兵也,如纵燎而乘风;其立国也,若置邮而传命。及熠兴于礼乐,乃焕有乎名声。尝循初而迄终,因考功而论德。非武元之英略,不足以开九帝之业;非大定之仁政,不足以固百年之基。天会有吞四海之志,而未有一四海之规;明昌能成一代之制,而亦能坏一代之法。海陵无道,自取覆败;宣宗轻动,曷济中兴?迨夫浚郊多垒之秋,汝水飞烟之日。天人属望,久有在矣;君臣守义,盖足取焉。我太祖法天启运圣武皇帝,以有名之师,而释奕世之忾;以无敌之仁,而收兆民之心。劲兵捣居庸关,北拊其背;大军出紫荆口,南扼其吭。指顾可成于俊功,操纵莫窥于庙算。惩彼取辽之暴,容其涉河以迁。太宗英文皇帝席卷河朔,而徇地并营;囊括赵代,而传檄齐鲁。灭夏国而蹴秦巩,通宋人以逼河淮。睿宗仁圣景襄皇帝冒万死,出饶风,长驱平陆;战三峰,乘大雪,遂定中原。太阳出而爝火熄,正音作而众乐废。及我世祖圣德神功文武皇帝,恢宏至化,劳徕遗黎。燕地定都,彻武灵之旧趾;辽阳建省,抚肃慎之故墟。于时张柔归《金史》于其先,王鹗集金事于其后。是以纂修之事,见诸敷遗之谋。延祐申举而未遑,天历推行而弗竟。臣阿鲁图诚惶诚惧,顿首顿首,恭惟皇帝陛下,缉熙圣学,绍述先猷。当邦家闲暇之时,治经史讨论之务。念彼泰和以来之事迹,接我圣代初兴之岁年。太祖受帝号于丙寅,先五载而朱凤应;世祖毓圣质于乙亥,才一岁而黄河清。若此真符,昭然成命。第以变故多旧史阙,耆艾没而新说伪。弗折衷于大朝,恐失真于他日。于是圣心独断,盛事力行。申命臣阿鲁图以中书右丞相、臣别儿怯不花以中书左丞相领三史事,臣脱脱以前中书右丞相仍都总裁,臣御史大夫帖睦尔达世、臣中书平章政事贺惟一、臣翰林学士承旨张起岩、臣翰林学士欧阳玄、臣治书侍御史李好文、臣礼部尚书王沂、臣崇文太监杨宗瑞为总裁官,臣江西湖东道肃政廉访使沙剌班、臣江西湖东道肃政廉访副使王理、臣翰林待制伯颜、臣国子博士费著、臣秘书监著作郎赵时敏、臣太常博士商企翁为史官,集体众技以责成书,伫奏篇以览近鉴。臣等仰承隆委,俯竭微劳。绅石室之书,诚乏司马迁之作;献金镜之录,愿摅张相国之忠。谨撰述《本纪》十九卷,《志》三十九卷,《表》四卷,《列传》七十三卷,《目录》二卷,装潢成一百三十七帙,随表以闻。上尘天览,无任惭愧战汗屏营之至。臣阿鲁图诚惶诚惧,顿首顿首。谨言。至正四年(1344)十一月 日,开府仪同三司、上柱国、录军国重事、中书右丞相、监修国史、领经筵事、提调太医院广惠司事臣阿鲁图上表。"(《欧阳玄全集·圭斋文集》卷一三,上册,第359—361页)

沙剌班《学斋吟稿》完成。

按:沙剌班汉名刘伯温。据虞集序言称,沙剌班修《金史》于著庭,据载《金史》是年修完。虞集序又云,"伯温之持宪江右",而虞集《兴学颂》中交代,沙剌班持宪江右乃"至正四年(1344)十有二月,太中大夫、肃政廉访使张掖刘公沙剌班上任之三日",故将虞集为沙剌班作序时间定于此年。

又按:虞集《刘公伯温学斋吟稿序》载:"大夫君子学问之纯粹,思虑之深造,才识之超迈,经济之精微,尽见于行事。则托诸登览吟咏之际者,可以见其所存矣。大小雅之作,多国家朝廷、燕享会同、受厘述德、劝劳陈戒之辞,其人从而化之者,则风之义也。传曰:见其礼而知其政,闻其乐而知其德。善观于世者,不亦微哉?然则诗之所系者大矣。张掖刘公伯温,以高志清行,博通今古,成能于天子之学,达才于耳目之寄。其居乡也,本诸彝伦,正其道义,以化其乡人。乡人从之,至以为仪表,盖得闻其所未闻者也。佐外宰相于吴越,叹其茧丝之无穷,悯民生之憔悴而莫之救也。其修《金史》于著庭,见前代禁令,概非先王之遗意,流毒未已而莫之革也。心声之发,岂适一人、间一政之谓哉?伯温之持宪江右,集以斯文之旧见焉,示以诗三十余篇。发感慨于情性之正,存忧患于敦厚之言,是为不可及者。若其体制音韵,无愧盛唐,则又时人之所共知者矣。学者及门,多请传诵,自学校之近,至山林之远,皆愿见焉。倪子翁归摹刻其副,以与同志共之,故为书其后如此。"(《虞集全集·道园类稿》卷一九,上册,第513页)

揭傒斯卒。

按:揭傒斯(1274—1344)字曼硕,龙兴富州人。"生而颖悟。年十二三读书属文,即知古人蹊径。家贫,不能具束脩从学,惟早莫刻苦,父子兄弟自为师友。稍长,豁然贯通,日有增益。未弱冠,里大家延之授业,诸生年或相等,皆以师道严惮之。二十馀,负俊誉游江汉间,司徒程楚公为湖北宪使,奇其才,妻以从妹。皇庆初,程公入朝,公馆其门。时国初诸老尚存,闻程公有佳客,咸愿识之,及与之言,荐恐后。延祐元年(1314),用荐为翰林国史院编修官。三年,升应奉翰林文字、同知制诰。四年,迁国子助教,学士承旨复奏留之。五年,谒告归。泰定元年(1324),复授应奉翰林文字,丁内艰去职。天历二年(1329)秋,文宗开奎章阁,置授经郎,教勋旧大臣子孙于宫中,公首被选。至顺元年(1330),预修《经世大典》,三年书成,超授艺文监丞、参检校书籍事。元统三年(1335),迁翰林待制。后至元四年(1338),擢集贤直学士。五年(1339),奉旨代祀北岳、北海、济渎、南镇,竣事,引疾,便道由浙左归豫章。六年,以奎章供奉学士召,未至改授翰林直学士、知制诰、同修国史。至正改元兼经筵官。二年,升翰林侍讲学士,且命同知经筵事。三年,年及七十请致仕……夏四月,诏修《辽》《金》《宋》三史,命右丞相为都总裁,中书平章政事铁睦尔达识以下凡六人为总裁官,公预其选,遂不得辞。明年,《辽史》既进,《金史》垂成,公薨,寿七十有一。"(欧阳玄撰《元翰林侍讲学士中奉大夫知制诰同修国史同知经筵事豫章揭公墓志铭》,《欧阳玄全集·圭斋文集》卷一○,上册,第298页)著有《太平政要》《重修揭氏族谱》,《文安集》14卷,其中诗

5 卷,文 9 卷。事迹见黄溍《翰林侍讲学士中奉揭大夫知制诰同修国史同知经筵事追封豫章郡公谥文安揭公神道碑》、欧阳玄撰《元翰林侍讲学士中奉大夫知制诰同修国史同知经筵事豫章揭公墓志铭》《元史》卷一八一、《蒙兀儿史记》卷一二〇、《新元史》卷二〇六。

又按:据黄溍揭傒斯神道碑记载,他"生而颖悟,年十二三,读书已能窥见古人为学大意。家贫,不能负笈远游,父子自为师友";"年二十余,稍出游湘、汉间。湖南帅赵文惠公淇,素号知人,一见辄惊异曰:'他日,翰苑名流也。'程楚公钜夫、涿郡卢公挚,前后持湖北使者节。程公奇其才,妻以从妹";"卢公尤爱其文,亟表荐之。方是时,东南文章钜工,若邓文肃公文原、袁文清公桷、蜀郡虞公集,咸萃于挚下。公与临江范梈、浦城杨载继至,以文墨议论与相颉颃,而公名最为暴著";"受知中书李韩公孟、集贤王文定公约、翰林赵文敏公孟頫、元文敏公明善,而全平章岳柱礼遇尤至,相为推挽,不遗余力";"公为文叙事,严整而精核,持论一主于理,语简而洁。诗长于古乐府、选体,清婉丽密,而不失乎情性之正,律诗伟然有盛唐风。善楷书,而尤工于行草。国家大典册及元勋茂德当得铭者,必以命公;人子欲显其亲者,莫不假公文以为重";"公薨于至正四年(1344)秋七月戊戌,享年七十有一。以六年秋九月甲子,葬富州富城乡富陂之原。制赠护军,追封豫章郡公,谥文安。"(黄溍《翰林侍讲学士中奉揭大夫知制诰同修国史同知经筵事追封豫章郡公谥文安揭公神道碑》,《黄溍全集·文献集》卷一〇上,下册,第 682-683 页、第 685 页)

吴师道卒。

按:吴师道(1283—1344),字正传,浙江婺州兰溪人。"登至治元年(1321)进士第,授高邮县丞,明达文法,吏不敢欺","中书左丞吕思诚、侍御史孔思立列荐之,召为国子助教,寻升博士。其为教,一本朱熹之旨,而遵许衡之成法,六馆诸生,人人自以为得师"(《元史》卷一九〇《儒学传二》,第 14 册,第 4344 页)。至正四年(1344)秋朝廷授奉议大夫、礼部郎中,命下已卒,年六十二。世因以吴礼部呼之。与许谦同师金履祥,与黄溍、柳贯、吴莱等往来唱和。著有《兰阴山房类稿》(即今所传《吴礼部集》)二十卷、《春秋胡传附辨》《春秋胡传补说》《三经杂说》(《易诗书杂说》《书经杂说》《诗杂说》)8 卷、《战国策校注》10 卷,宋鲍彪校注吴师道补正、《敬乡录》14 卷、《吴礼部诗话》1 卷,附录 1 卷、《绛守居园池记校注》1 卷、《吴正传文集》20 卷。事迹见张枢《元故礼部郎中吴君墓表》(《礼部集》附录)、杜本《吴君墓志铭》(《礼部集》)附录)、宋濂《吴先生碑》(《文宪集》卷一六)、《元史》卷一九〇、《新元史》卷二三五、《宋元学案》卷八二、《金华贤达传》卷一〇、《金华先民传》卷二。

释大䜣卒。

按:大䜣(1284—1344),字笑隐,南昌人,俗姓陈。从释元熙学,初主湖州乌回寺,迁杭州报国寺,移中天竺。天历元年(1328),诏以元文宗金陵潜邸为大龙翔集庆寺,特选大䜣住持,为元代诗僧中著名的"三隐"(笑隐、觉隐、天隐)之一,与柯九思、萨都剌、虞集、马臻、张翥、薛昂夫、李孝光等往还唱和。《四库全书总目提要》评其诗曰:"五言古诗实足揖让于士大夫间,余体亦不含蔬笋之气,在僧诗中犹属雅音。"著有《蒲室集》15 卷。事迹见虞集《大元广智全悟大禅师太中大夫住大龙翔集庆寺释教宗主兼领五山寺笑隐䜣公行道碑》、黄溍《龙翔集庆寺笑隐禅师塔铭》(《金华黄先生文集》卷二五)《元诗选·初集》小传、《历代画史汇传》卷六四等。

又按:丁复《挽䜣笑隐》:"对亲先皇讲法筵,人间独住十三年。将同鸣凤瑞下世,恰道飞龙招上天。长立宝阶瞻宝树,亦知金像捧金莲。梵王此日生欢喜,黑雨翻空浴九泉。"(《全元诗》第 27 册,第 414 页)

元惠宗至正五年 乙酉 1345 年

十一月,《至正条格》成,诏于明年四月颁行天下,欧阳玄作《至正条格序》。

按:《至正条格》之所以必须修撰,是以其时所使用的《大元通制》乃延祐乙卯(1315)所修,至治癸亥(1323)颁行,通行二十余年,与现实生活、形势有所不符。于是根据新旧条格,重新制定,并命名为《至正条格》,共有制诏 150 条,条格 1700 条,断例 1519 条。

又按:欧阳玄《至正条格序》写道:"至元四年(1338)戊寅三月二十六日,中书省臣言:'《大元通制》为书,缵集于延祐之乙卯,颁行于至治之癸亥,距今二十余年。朝廷续降诏条,法司续议格例,岁月既久,简牍滋繁。

因革靡常,前后衡决,有司无所质正,往复稽留,奸吏舞文,台臣屡以为言。请择老成者旧、文学法理之臣,重新删定为宜。'上乃敕中书专官典治其事,遴选枢府、宪台、大宗正、翰林、集贤等官明章程、习典故者,遍阅故府所藏新旧条格,杂议而圜听之,参酌比校,增损去存,务当其可。书成,为制诏百有五十,条格千有七百,断例千五十有九。至正五年(1345)冬十一月十有四日,右丞相阿鲁图,左丞相别里怯不花,平章政事铁木儿达识、巩卜班、纳麟、伯颜,右丞相搠思监,参知政事朵尔直班等入奏,请赐其名曰《至正条格》。上曰:'可。'既而群臣复议曰:'制诏,国之典常,尊而阁之,礼也。昔者,周官正月之吉始和,太宰而下,各以政教治刑之法,悬之象魏,挟日而敛之,示不敢亵也。条格、断例,有司奉行之事也。《甫刑》云"明启刑书胥占",其所从来远矣。我元以忠质治天下,宽厚得民心,简易定国政,临事制宜,晋叔向所谓"古人议事以制"之意,斯谓得之。请以制诏三本,一置宣文阁,以备圣览;一留中书;一藏国史院。条格、断例,申命锓梓,示万方。'上是其议。于是属玄叙其首篇。玄乃拜手稽首扬言曰:人君制法,奉天而行。臣知事君,即知事天。敬君敬天,敢不敬法?《书》曰:'天命有德,五服五章哉!天讨有罪,五刑五用哉!'《易》曰:'雷电,噬嗑。先王以明罚敕法。'又曰:'雷电皆至,丰。君子以折狱致刑。'二卦之象,为电为雷,所以明天威也。继自今,司平之官,执法之士,当官莅政,有征是书,毋渎国宪,毋干天常。刑期无刑,实自此始,亦曰懋敬之哉!"(《欧阳玄全集·圭斋文集》卷七,第 141—143 页)

十月,《宋史》修成,欧阳玄代丞相阿鲁图撰《进宋史表》。

　　按:《宋史》为二十四史中卷帙最多的一部书,共 496 卷,始撰于顺帝至正三年(1343),由中书右丞相脱脱、阿鲁图等先后领衔编写,历时二年半完成,为纪传体宋代史。依据宋代史馆已有之国史旧稿,上起于后唐天成二年(927)宋太祖出生,下迄南宋祥兴二年(1279),历时 319 年。全书具有体例完备、材料真实、志书详细、列传丰富、分类合理的特点。首创《道学传》,以道学为判断是非的标准。《宋史》详于北宋,略于南宋,理宗、度宗以来尤多缺漏,故明、清以来对其进行改作、补充者颇多。

　　又按:欧阳玄《进宋史表》写道:"开府仪同三司、上柱国、录军国重事、中书右丞相、监修国史、领经筵事、提调宣政院太医院广惠司事臣阿鲁图等言:窃惟周公念先业之艰难,《七月》之诗是作;孔子论前王之文献,二代之礼可言。故观赵氏隆替之由,足见皇元混一之绩。钦惟世祖圣德神功文武皇帝,初由宗邸,亲总大军。龙旃出指于离方,羽葆归登于干驭。栉风沐雨,讵辞跋履之劳;略地攻城,咸遵禀授之算。扬舲而平江汉,卷甲而克襄樊。恭行吊伐之师,昭受宠绥之寄。及夫收图书于胜国,辑譜牒于神京。拔宋臣而列政涂,载宋史而归秘府。然后告成郊庙,锡庆臣民。推大赉以惟均,视一统之无外。枢庭偃武,既编戡定之勋;翰苑摛文,寻奉纂修之旨。事几有待,岁月易迁。累朝每切于继承,多务未遑于制作。臣阿鲁图等诚惶诚恐,稽首顿首。钦惟皇帝陛下,恢宏至道,绍述丕谟。往行前言,乐讨论于古训;祖宗功德,思扬厉于耿光。惟我朝大启基图,彼吴会后归版籍。视金源其未远,绌石室以具存。及兹累洽之时,成此弥文之典。命臣阿鲁图、左丞相臣别尔怯不华领史事,前右丞相臣脱脱为都总裁,平章政事臣帖睦尔达识、御史大夫臣惟一、翰林学士承旨臣起岩、臣玄、治书侍御史臣好文、礼部尚书臣沂、崇文太监臣宗瑞为总裁官,平章政事臣纳麟、臣伯颜、翰林学士承旨臣达实帖木尔、左丞臣守简、参议臣岳柱、臣拜住、臣陈思谦、郎中臣斡栾、臣孔思立等协恭董治,史官工部侍郎臣斡玉伦徒、秘书卿臣泰不华、太常签院臣杜秉彝、翰林直学士臣宋褧、国子司业臣王思诚、臣汪泽民、集贤待制臣干文传、翰林待制臣张瑾、臣贡师道、宣文阁鉴书博士臣麦文贵、监察御史臣余阙、太常博士臣李齐、翰林修撰臣刘闻、太医院都事臣贾鲁、国子助教臣冯福可、太庙署令臣陈祖仁、西台御史臣赵中、翰林应奉臣王仪、臣余贞、秘书著作佐郎臣谭慥、翰林编修臣张翥、国子助教臣吴当、经筵检讨臣危素编劘分局,汇萃为书。起自东都,迄于南渡。纪载余三百载,始终才一再期。考夫建隆、淳化之经营,景定、咸淳之润色。庆历、皇祐,以忠厚美风化;元丰、熙宁以聪明紊宪章。驯致绍圣纷纭,崇宁荒乱。治忽昭陈于方册,操存实本于官庭。若乃建炎、绍兴之图回,乾道、淳熙之保乂。正直用,则人存政举;邪佞进,则臣辱主忧。光、宁之朝,仅守宗社;理、度之世,日蹙封疆。顾乃拘信使以渝盟,纳畔主而侵境。由权奸之擅命,启事衅以召兵。厥后瀛国归朝,吉王航海。齐亡而谤,王蠋乃存秉节之臣;楚灭而谕鲁公,堪矜守礼之国。载惟贞元之会合,属当泰道之熙明。众言淆乱于当时,大义昭宣于今日。矧先儒性命之说,资圣代表章之功,先理致而后文辞,崇道德而黜功利。书法以之而矜式,彝伦赖是以匡扶。虽微董狐直笔之可称,庶逃司马寡识而轻信。至若论其有弊,亦惟断以至公,大概声容盛而实德衰,论建多而成效少。且辞之烦简以事,而文之古今以时。旧史之传述既多,杂记之搜罗又广。于是参是非而去取,权丰约以损增。事严敢计于疾徐,日积亦虞于玩愒。臣阿鲁图等忝司当撰,实预提纲。周询在局之言,靡不究心乃职。第述作之才有限,而报效之志无穷。倘垂清燕之观,尚助缉熙之益。曰若帝尧,曰若帝舜,惟圣心稽古之功;监于有夏,监于有殷,乃臣子告君之道。谨撰述《本纪》四十七卷,《志》一百六十二卷,《表》三十二卷,《列传》《世家》二百五十五卷,装潢四百九十二帙,随表尘献以闻。下情无任惭惧战汗屏营之至。臣阿鲁图等诚惶诚惧,顿首顿首。谨言。至正五年(1345)十月二十一日,开府仪同三司、上柱国、录军国重事、中书右丞相、监修国史、领经筵事、提调宣政院太医院广惠司事臣阿鲁图等上表。"(《欧阳玄集·圭斋文集》卷一三,上册,第363—366页)

周伯琦《近光集》完成。

按:《近光集》是周伯琦从后至元六年(1340)到至正五年(1345),凡五年之诗。

又按:周伯琦《近光集自序》写道:"今天子在位之八年,当至元庚辰之岁,斥大奸、进群才,一新治化。时伯琦由国史院编修官选擢翰林修撰、同知制诰,扈从大驾上京,两视草大廷,遂以非才简知主上。既而诏奉香酒,以仲秋上丁代祀曲阜宣圣庙。还,上命篆追上明宗皇帝尊号玉宝书祝版,陪礼太室,三赐衣币。是年十有一月三日,建宣文阁,又诏篆题阁牓及阁宝。明年,改元至正,正月廿日,特命为授经郎。复置经筵,又命兼经筵译文官。先是,授经郎学舍在宫门外,隘陋弗称。于是有旨,以玉德宫之西殿为学,上亲选宿卫官及勋戚子弟年二十以下者三十人为弟子员,受业阁下。大官具膳,留守供帐,皆出上命。是年,复科举取士,制中书檄,考试上都。还,进讲,赐金织对衣及青貂裘。又明年,廷试,选为帘内官。上御宣文阁试弟子员,称旨,面赐中统钞五千贯,弟子员各绣衣材一袭,入则通籍,出则给传。又二年,升监书博士,仍兼经筵,两颁玺书,以示其异。寻又命摄授经郎,以教官学。是后日侍讲读,岁两有衣币之赐。今年秋七月八日,进讲《洪范》,上御慈仁殿,特命改崇文监丞、参检校书籍事。旬日,又命兼经筵参赞官,赐卮酒,两颁玺书,如前制。中台以宪府重选,宜用近臣,乃奏拜广东宪佥。陛辞之日,上犹眷眷,大臣以便养为言,乃允官给上驷,驿行而南。中途少暇,遂及文墨。窃念先臣昔为仁、英两朝说书,历官清华,尝有撰著。后二十年,而伯琦又幸际今上,世守其职。盖叨禄于朝者一纪,而在馆阁者十年,侍内廷班讲席者五阅寒暑。自惟积诚不至、烛理不明,不能有所感动裨益。然观圣上议礼考文,任贤使能,日偲偲然,与尧舜同德、汤武同心。职在论思,千载一逢,非假文辞,何以示久!故自入侍至今,凡拜恩崇,陪典礼,奉制敕,承顾问,侍游从,则有纪述歌咏,所以揄扬上德,抒达下情,庶几诗人天保之意,辞体俚近,取以适时,固不敢拟于前代作者。然当兹礼乐大兴之日,躬侍九重,挹清光,其可以芜鄙自少,而使朝廷之盛美有阙,先臣之遗业无传乎?于是,次其岁月,汇为一编,题之曰《近光集》,置诸箧中,时而观之。身虽江湖,举头见日,天子之光咫尺也。抑著出入之迹,而犬马之情,思有以自效云。至正五年(1345)岁乙酉九月廿四日,朝散大夫、佥海北、广东道肃政廉访司事鄱阳周伯琦伯温自序。"(《全元文》卷一三八七,第 44 册,第 524—525 页)

又按:虞集《近光集序》写道:"士君子生乎盛时,有文学才艺,以结知于明主,词章洋溢于馆阁,议论敷赐于朝廷,所谓昭代伟人、盛福全美者也。'凤凰鸣矣,于彼高冈;梧桐生矣,于彼朝阳;菶菶萋萋,雝雝喈喈。'吾尝于故老大臣《卷阿》之诗诵之,噫,古之圣贤,屯艰险难者多矣,千载一时之遇,所以为难得者哉!集在延祐间,与故集贤学士鄱阳周公有同朝之好,道义相激昂,忠厚相敦尚,非一日之契也。今观其嗣子伯温《近光集》,备述至元、至正所以蒙被恩遇之盛,司宪南海,录以为书,万里之外,一食不敢忘君。於戏,盛哉!惜乎吾集贤公教忠之勤,培德之远,而不得以乔年耆德,观其碧梧翠竹之耸壑昂霄也。虽然,岁时燕享,俎豆彝鼎,神明来歆,则亦有以大慰其心者矣!集逾七望八,颓然山林,亦岂不欣言故人之有子,而用世之有人也。昔集贤公执帝王遗书,以奉仁皇帝之清燕,不尽其用,以待其子发明家学,事圣孙弥文熙洽之朝,盖三十年于兹矣,风云会合,岂偶然哉!呜呼,世笃忠孝,以承国家之福泽于无疆,此老叟所望于契家人门者也。雍虞集伯生甫书。"(《近光集》卷首,《虞集全集》上册,

第591—592页）

康里巎巎卒。

按：康里巎巎（1295—1345），字子山，号正斋，号恕叟，西域康里人。"巎巎幼肄业国学，博通群书，其正心修身之要得诸许衡及父兄家传。长袭宿卫，风神凝远，制行峻洁，望而知其为贵介公子。其遇事英发，掀髯论辨，法家拂士不能过之。始授承直郎、集贤待制，迁兵部郎中，转秘书监丞。奉命往核泉舶，芥视珠犀，不少留目。""先是，文宗励精图治，巎巎尝以圣贤格言讲诵帝侧，裨益良多。顺帝即位之后，剪除权奸，思更治化。巎巎侍经筵，日劝帝务学，帝辄就之习授，欲宠以师礼，巎巎力辞不可。凡《四书》《六经》所载治道，为帝绅绎而言，必使辞达感动帝衷敷畅旨意而后已。若柳宗元《梓人传》、张商英《七臣论》，尤喜诵说。尝于经筵力陈商英所言七臣之状，左右错愕，有嫉之之色，然素知其贤，不复肆愠。""以重望居高位，而雅爱儒士甚于饥渴，以故四方士大夫翕然宗之，萃于其门。达官有怙势者，言曰：'儒有何好，君酷爱之。'巎巎曰：'世祖以儒足以致治，命裕宗学于赞善王恂。今秘书所藏裕宗仿书，当时御笔于学生之下亲署御名习书谨呈，其敬慎若此。世祖尝暮召我先人坐寝榻下，陈说《四书》及古史治乱，至丙夜不寐。世祖喜曰："朕所以令卿从许仲平学，正欲卿以嘉言入告朕耳，卿益加懋敬以副朕志。"今汝言不爱儒，宁不念圣祖神宗笃好之意乎？且儒者之道，从之则君仁、臣忠、父慈、子孝，人伦咸得，国家咸治；违之则人伦咸失，家国咸乱。汝欲乱而家，吾弗能御，汝慎勿以斯言乱我国也。儒者或身若不胜衣，言若不出口，然腹中贮储有过人者，何可易视也。'达官色惭。""巎巎善真行草书，识者谓得晋人笔意，单牍片纸人争宝之，不翅金玉。谥文忠。"（《元史》卷一四三，第11册，第3413—3416页）官至翰林学士承旨，知制诰，兼修国史。明代解缙说："子山书如雄剑倚天，长虹驾海。"（马宗霍《书林藻鉴》第155页）卒谥文忠。存世书法有《谪龙说》，著作《述笔法》等。

元惠宗至正六年　丙戌　1346年

宋褧《燕石集》编成。

按：按宋褧这年三月去世，其文集由宋本之子宋骥编辑完成，请许有壬作序。此前至正元年（1341），欧阳玄曾见不完整的《燕石集》，并作序。危素于次年（1347年）七月《燕石集》作后序，至正八年（1348）江浙省本路儒学刊行宋褧《燕石集》15卷。

又按：许有壬《宋显夫文集序》载："予卧病田庐，有禁近之擢。迫命就道，惶汗无措，而复窃自喜，幸故人宋君显夫实直学士，协恭侍从，自公论文，亦一乐也。比予入京前十五日，而显夫卒矣。予病亟归，不得省其孤。承诏复来，显夫已赠国子祭酒，谥文清。思而不可见，惜哉！孤吁奉《燕石集》拜且泣曰：'此先子所遗，兄彧编次者也。世父《至治集》公既序之，敢援例以请。'予序诚夫文不一纪，又序其弟，人之生世其可悲也夫！昔显夫兄弟入京，首与予游，尽视予所著。暌离，有作必寄，故知其长蚤且悉也。及阅显夫稿，则未相识时，歌诗已尝及予，重以三十年分谊之笃，序可辞乎！国家设贡举，陶天下以经术，余三十年。文当日益昌，而名能著见者，何其指之不多屈也？储积之不厚也，造诣之不远也。取而随竭，发而自桅，拘拘规仿，而怅怅乎所适者，欲昌得乎？惟其有所本也，有所参也，该洽沉潜，心有所得，济以定力而熟之，则于辞也，决渊渟而灌沟浍，策坚良而走康庄，庶乎其达矣。显夫登甲子科，考其作，未有贡举前已泪泪矣。视诱利禄而重失得，忽于播而急于获者，不有间乎！人知其才而不究其积储造诣之有素也，不竭不桅而又有进焉。故予序其集而原其得，俾后之观者有激焉。集凡若干卷，文若诗乐府若干首，自名《燕石》，然世皆信其为玉也。彧由奉礼郎为丞相东曹掾，汇从父之文，不使遗逸，不愧显夫之于诚夫矣。吁甫襄事，即谋刻父文，宋之后其益昌矣哉！"（《全元文》卷一一八七，第38册，第125—126页）

又按：欧阳玄《宋翰林燕石集序》云："汉初，《诗》学方兴，燕人韩婴作《外传》数万言，史称其言与齐、鲁殊，又言婴尝传《易》，燕、赵间人喜《诗》，故《诗》传而《易》微。余读是，有以知燕之为《诗》，盖千有余年于此。《外传》言奇诡卓荦，而《诗》之为教，本乎山川之风气、人物之性情者也。燕东并辽海，通蓬莱，西北控并塞。自昭王好神仙，往往招致畸人方士于其国。至若豪侠，则易水之歌，渐离之筑。楚汉间，安期生、蒯通两人者，则又尝合二者之奇为一矣。其风声气习，岁月之郁湮，世故之感发，不激为变宫变徵之流，则溢出为骚雅歌行之盛，一气机之宣流耳。翰林蓟门宋君显夫视予诗若干首,余读尽卷,求一言之陈,无有也。虽《大堤》之谣,《出塞》之曲,时或驰骋乎江文通、刘越石诸贤之间,而燕人凌云不羁之气,慷慨赴节之音,一转而为清新秀伟之作,吾知齐鲁老生之不能及是也。奈何犹以《燕石》自名其集耶?显夫年强仕,所作当日富,所造诣未易窥,姑序余所睹记如是云。至正元年(1341)三月丙子,奉政大夫、艺文少监长沙欧阳玄序。"(《欧阳玄全集·圭斋文集补编》卷九,下册,第605—606 页)

雪村友梅卒。

　　按:雪村友梅(1290—1346),名友梅,字雪村,自号幻空,越后(今日本新潟县)人。临济宗禅僧。早岁师从渡日元僧一山一宁禅师,"友梅"之名即为一山师所取。德治二年(1307,元大德十一年)十八岁渡元,参谒名宿,师事叔平隆和尚,与赵孟頫交友。元日关系恶化,下湖州(今浙江吴兴)狱,叔平隆和尚亦受牵连死于狱中,此后流放西蜀达十年之久。元泰定三年(1326)赦还,寓居长安。文宗即位(1328),赐宝觉真空禅师称号,诏董京兆翠微寺。元天历二年(1329 年,日元德元年)归国。归国后为金华山法云寺开山,又受室町幕府初代将军足利尊氏之请董京都万寿寺、建仁寺。雪村深于儒学,精通老庄。其诗秀拔,与别源圆旨及江户时期著名歌人良宽(1758 — 1831)并称"北越三诗僧"。所著今存《岷峨集》二卷、《语录》二卷。(参见马歌东著《日本五山禅僧汉诗研究》)

宋褧卒。

　　按:宋褧(1292—1346),字显夫,大都人。宋本之弟。"皇庆初,贡举诏下,始习经义策问。延祐六年(1319),挟其所作歌诗,从正献来京师。清河元公明善、济南张公养浩、东平蔡公文渊、王公士熙方以文学显于朝,见公伯仲,惊叹以谓异人,争尉荐之。会蔡公、王公试大都乡贡士,正献名冠第一,公文亦在选中,以解额不足而止。又三年,汉阳曹公元用、蜀郡虞公集、南阳孛术鲁公翀为考官,公遂擢第,除秘书监校书郎。安南使者朝贡而归,选公充馆伴使。""元统初,迁翰林修撰,与修天历实录。""至正之初,改陕西行台都事。月余,召拜翰林待制,迁国子司业。敕修辽、金宋史,公分纂《宋高宗纪》及《选举志》,书成,超拜翰林直学士,赐白金五十两,织金又绮四端。寻文命兼经筵,讲说明白,屡承恩赐,搢绅以为荣。公学务博,尤喜为诗,自少敏悟,出语惊人。尝曰:'造语引事,皆当出唐以前,不然则非唐矣。'有文号《燕石集》若干卷,集选本朝歌诗曰《妙品上上》,曰《名家》,曰《赏音》,曰《情境超诣》,曰《才情》等集,又若干卷。齐、鲁号称多士,公两被命考其乡贡,又尝为廷试读卷官,选择精详,士论推服。其在风纪,荐士尤众。"卒官翰林直学士,亚中大夫、知制诰、同修国史兼经筵官,葬宛平县香山乡槭山原(苏天爵《元故翰林直学士赠国子祭酒范阳郡侯谥文清宋公墓志铭并序》,《滋溪文稿》卷一三,第204—206页)。著有《燕石集》15卷,《全元散曲》录存其小令二首。事迹见苏天爵《元故翰林直学士赠国子祭酒范阳郡侯谥文清宋公墓志铭并序》(《滋溪文稿》卷一三)、《元史》卷一八二、《新元史》卷二○八、《元诗选·二集》小传、邹树荣《宋文清公年谱》(《一粟园丛书》本)。

又按:张翥《挽宋显夫》:"永念贤昆弟,巍科接武初。联飞阿阁凤,继化北溟鱼。挺特俱人杰,沦亡逐鬼墟。官同三品贵,年亦五旬余。二老深知我,平生每过誉。叨陪国子教,复篑史臣除。公既当词笔,时兼纂宋书。文章古南董,献纳汉严徐。鹄立亲经幄,龙光映直庐。勋名宜远大,身世竟空虚。鳌禁春华断,鸰原宿草疏。故人今已矣,诸子喜森如。墓有碑堪述,家无业可居。招魂空怅望,回首重唏嘘。往事嗟何及,孤怀黯莫摅。几番梁月梦,惊起泪沾裾。"(《全元诗》第34册,第160页)

元惠宗至正七年　丁亥　1347年

黑死病1347—1352年间在欧洲蔓延。

按:1347—1352年间,黑死病爆发。这场瘟疫夺去了欧洲1/3人口的生命,是欧洲历史上最大的人口灾难。黑死病于14世纪30年代起源于中亚,然后沿着陆地的商路向西传播到黑海,接着又从这里经海上商路由热那亚商人传到欧洲。在短短4年的时间里,黑死病就传播到欧洲大陆的各个角落,夺走了200多万人(按:此处数据恐有误,当为2500多万)的性命。在某些城市,死亡的人数是如此之多,正如当时的一位编年史家所述:"活下来的人数甚至不足以用来埋葬死者。""黑死病的病症主要有三种,每一种都是让人恐惧和致命的。一种是腹股沟淋巴结炎,它由患病者传播,给人体的淋巴结带来感染。患者在脖子、腋窝和腹股沟处会出现黑色的肿块。腹股沟淋巴结炎的死亡率是 75%，大多数患病者在一个星期内就会死亡。一种是败血病，它主要是血液感染。再有一种就是肺炎，主要通过空气传播，给人的肺部带来致命伤害，超过 90% 的患病者在三天之内就会死亡。"黑死病的病因直到 500 年后才由科学家最终查明，它是一种由老鼠身上的跳蚤在人群中传播的菌血症。但在 14 世纪，学者们将这种疾病的病因归结为地震所释放出来的肮脏气体，或多个天体同时出现所带来的不祥后果，等等。（霍更斯著《极简全球史》，第 136—137 页）

元惠宗至正八年　戊子　1348 年

王沂文集约刊刻于此年。

　　按：据刘基《王师鲁尚书文集序》云："尚书王公师鲁文集二十有八卷，公卒之四年，浙西廉访司佥事王君宗礼、经历王公威可访而辑之，版行于世，浙江行省参政赵郡苏公命刘基为之序。"王沂卒年不详，而据考苏天爵任浙江行省参政，并与刘基有工作关系的时间在至正七年（1347）至至正九年（1349），则刘基所云王沂去世时间当在 1343 至 1345 年间，其文集约刊刻于此年前后。

　　又按：刘基《王师鲁尚书文集序》载："尚书王公师鲁文集二十有八卷，公卒之四年，浙西廉访司佥事王君宗礼、经历王公威可访而辑之，版行于世，浙江行省参政赵郡苏公命刘基为之序。序曰：'言生于心而发于气，气之盛衰系乎时，譬之于木，由根本而有华实也。木之于气也，得其盛则叶茂而华实蕃，得其衰则叶萎而华实少。至于连林之木，系于一山谷之盛衰，观其木，可以知其山之气。文之于时，犹是也。三代之文，浑浑灝灝，当是时也，王泽一施于天下，仁厚之气，钟于人而发为言，安得不硕大而宏博也哉？三代而降，君天下之久者莫如汉。汉之政令，南通夜郎、邛僰，西被宛、夏，东尽玄菟、乐浪，北至阴山，涵泳四百余年，至今称文之雄者莫如汉，其气之盛使然哉。汉之后，惟唐为仿佛，则亦以其正朔之所及者广也。宋之文，盛于元丰、元祐，时天下犹未分也。南渡以来，朱、胡数公以理学倡群士，其气之所钟，乃在草野，而不能不见排于朝廷，其他萎弱纤靡，与晋、宋、齐、梁无大相远，观其文，可以知其气之衰矣。有元世祖皇帝至元之初，天下犹未一也，时则有许、刘诸公以黄钟大吕之音振而起之。天将昌其运,其气必先至焉,理固然矣。混一以来,七十余年,际天所覆,罔不同风,中和之气,流动无间,得之而发为言,安得而不雄且伟哉? 公生至元间,自幼好学为文。仁宗皇帝首开科举,公即以其年登第。其涵濡渐渍,非一日矣,故其为文有中和正大之音,无纤巧萎靡之习。春容而纡余,衍迤而宏肆,不极于理不止,粹乎其为言也! 后之览者,得以考其时焉。公之历官行事,自见国史,故不著。"(《诚意伯文集》卷六,《刘基集》上册,第125—126页)

虞集卒。

按:虞集(1272—1348),字伯生,号道园,又号邵庵,人称邵庵先生,谥文靖。崇仁人,祖籍四川仁寿,生于湖南衡州,侨居江西临川崇仁。宋丞相虞允文五世孙,前代世家以道德文学知名。"父汲,黄冈尉。宋亡,侨居临川崇仁,与吴澄为友,澄称其文清而醇。尝再至京师,赎族人被俘者十余口以归,由是家益贫。晚稍起家,教授于诸生中,得字尤鲁翀、欧阳玄而称许之,以翰林院编修官致仕。娶杨氏,国子祭酒文仲女。""集三岁即知读书,岁乙亥,汲挈家趋岭外,干戈中无书册可携,杨氏口授《论语》《孟子》《左氏传》、欧苏文,闻辄成诵","出则以契家子从吴澄游,授受具有源委"。"大德初,始至京师。以大臣荐,授大都路儒学教授。"至治、天历间,宗庙朝廷之典册、公卿大夫之碑板多出其手。与赵世延等修《经世大典》,凡八百帙。虞集遵奉程朱,但无门户之见。建言皆有益于时政,虽多未采行,识者称之。"集学虽博洽,而究极本原,研精探微,心解神契,其经纬弥纶之妙,一寓诸文,蔼然庆历乾淳风烈。"(《元史》卷一八一《虞集传》,第14册,第4174—4182页)著有《古字便览》1卷、《道园学古录》50卷、《道园遗稿》6卷、《新编翰林珠玉》6卷等。事迹见赵汸《邵庵先生虞公行状》(《东山存稿》卷六)、欧阳玄《元故奎章阁侍书学士翰林侍讲学士通奉大夫虞雍公神道碑》(《圭斋文集》卷九)、《元史》卷一八一等。

又按:欧阳玄《元故奎章阁侍书学士翰林侍讲学士通奉大夫虞雍公神道碑》云:"皇元混一天下三十余年,虞雍公赫然以文鸣于朝著之间,天下之士翕然谓公之文,当代之巨擘也,而不知公之立言,无一不本于道也。""生平知己,大臣藁城董宣公、保定张蔡公、陇西赵鲁公,皆国元老。赵之复相,尝面请召。柳城姚公、涿郡卢公、广平程公、吴兴赵公,每与公论文,辄以方来文柄属之。当世文士,尝经论荐,后皆知名。诸公受业,为所推许,今多公辅之器,不可悉数。公之为学,非托空言,每言先王建事立功,必本于天理民情之实。故教学者,务欲贯事理于一致,同雅俗于至情,以是为图治之本。其于经则曰:‘《易》之为书,首尾完具,于三圣人之手。生乎千载之下,所观千载之上,以凡下之资而欲窥见天与圣人之道,不可下此而他求也。’得江东谢君直之说,以先天八卦图为《河图》,九数而九位者为《洛书》,十数而五位者为《五位相得之图》,心雅善之。或请著说,则辞曰:‘《易》道广大,苟得其自然之数,何往不合?先儒有成言焉,存以俟知者。’于《礼》则曰:‘学知先务,莫切是经。惟二戴杂以后人所记,变礼不可尽信。其余则二帝三王之遗文,天子诸侯大夫士之成制,粲然可考,不可以浅近言也。’屡欲通古今为一书,以为后来考《礼》之助,以宦业不克就。濂、洛、新安诸君子之书,就其所存以极其至,而慨夫吾党之士知之者微矣。于吴氏书亦然。二氏之学,往往穷其指归,即其徒叩其负挟,有所见则为之太息,曰:‘学者不能潜心圣人之微言,以明下学上达之要,而欲切究性命之源、死生之说,其能不引而归之者难矣!’其为文,自其外而观之,汪洋淡泊,不见涯涘;刺乎其中,深靓简洁,廉刿俱泯,造乎混成。与四明袁公伯长、清河元公复初友厚,二人有著作,必即公论之。元(复)初谓:‘公文无雷霆之震惊,鬼神之灵异,将何以称于世?’公谢曰:‘诚不能也。’晚乃大服其言。至大、延祐以来,昭告册文、四方碑板,多出乎手。其撰次论建,与其陶冶性情、黼藻庶品之作,杂之古名贤之编,卓然自成一家言。客未尝见其学书,篆、隶、行、楷、题榜,下笔便觉超诣,以书名于世者惮之。少读邵子书,领悟其妙,题其室曰邵庵,学者因号之曰邵庵先生。然廷陛都俞,朝野称谓,率多以字行。其存稿自题曰《道园学古录》,门人汇而锓之,得《应制》十二卷,《在朝》二十四卷,《归田》三十六卷,《方外》八卷,其散逸尚多。闲居虽久,归美报上之心,仁民泽物之志,未尝一日忘之。邑有平籴仓,田沦于方外,力言于当道复之。邑大夫陈有容率同志作邵庵书院,迎公讲道其中,以惠学子。公欣然诺之,落成而公薨。在法,公当进爵赐谥,既葬而命未下。玄于公有奕世之契,最先受知参政公,博士之召,公实荐之朝。同朝十年,奖借非一,故于是铭,虽重于作而不敢辞。

铭曰:吁嗟先生,衡山之高,岷江之长,磅礴深广,何可量也。山英川灵,合为天章,变化倏忽,何可常也。君子用世,斯文耿光,凤凰鸣矣,于朝阳也。善人云亡,士气弗昌,鹧鸪先鸣,百草为之不芳也。王良善御,骐骥上骧,孰能置之周行也?范冠蝉绥,蚕绩蟹筐,孰能措之范防也?载彼营魄,返乎混茫,朱鸟之舍,离明之乡也。于粲遗文,布濩四方,琬琰之刻,名山之藏也。吁嗟先生!古有先哲兮,知德知言。知德不易,知言尤艰。先生继作兮,谁谓九京?九京可作兮,百世弗谖。大化幽默兮,孰控孰搏?芝草三秀,醴泉有源。天将以斯文兮,厚公之子孙。"(《欧阳玄全集·圭斋文集》卷九,上册,第216、226—227)

元惠宗至正九年　己丑　1349年

汪大渊《岛夷志略》成书。

按:《岛夷志略》成书于"至正己丑(1349)冬",其时汪大渊过泉州,适值泉州路达鲁花赤偰玉立莅任。偰以《清源前志》(泉州在五代后曾置清源军节度,宋代加清源郡号,故又称清源)散失,《后志》仅至南宋淳祐十年(1250)为止,乃命吴鉴编修《清源续志》。吴鉴以泉州为对外贸易的大港,船舶司的所在地,诸蕃幅辏之所,不能没有海道诸岛屿及诸国地理情况的记载,于是请两次亲历海外,熟悉海道地理情况的汪大渊撰写《岛夷志》,附于《清源续志》之后。这一是为增加商人、文人的见识,二是宣扬元朝的威德远大。从吴鉴为《岛夷志》作"序"在"至正己丑冬十有二月"看出,汪大渊最后成书的时间不会晚于这年十一月。不久,大渊回到故乡南昌,复将《岛夷志》刊印成单行本,以广其传。至正十年(1350),又请翰林修撰张翥为之作"序",正式发行于世。据《岛夷志略》载,全书记载了"彭湖、琉球、三岛、麻逸、无枝拔、龙诞屿、交趾、占城、民多朗、实童龙、真腊、丹马令、日丽、麻里鲁、遐来勿、彭坑、吉兰丹、丁家卢、戎、罗卫、罗斛、东冲古剌、苏洛鬲、针路、八都马、淡邈、尖山、八节那间、三佛齐、啸喷、浡泥、明家罗、暹、爪哇、重迦罗、都督岸、文诞、苏禄、龙牙犀角、苏门傍、香港、龙牙菩提、毗舍耶、班卒、蒲奔、假里马打、文老古、古里地闷、龙牙门、昆仑、灵山、东西竺、急水湾、花面、淡洋、须文答剌、僧加剌、勾栏山、特番里、班达里、曼陀郎、喃巫哩、北溜、下里、高郎步、沙里八丹、金塔、东淡邈、大八丹、加里那、土塔、第三港、华罗、麻那里、加将门里、波斯离、挞吉那、千里马、大佛山、须文那、万里石塘、小唄喃、古里佛、朋加刺、巴南巴西、放拜、大乌爹、万年港、马八儿屿、阿思里、哩伽塔、天堂、天竺、层摇罗、马鲁涧、甘埋里、麻呵斯离、罗婆斯、乌爹"（汪大渊著、苏继庼校释《岛夷志略校释》目录，中华书局 1981 年）等 99 个国家和地方，提及地名达 220 个，远胜此前周去非《岭外代答》、赵汝适《诸藩志》及此后马欢《瀛涯胜览》、黄信《星槎胜览》诸书。故而，《岛夷志略》为我国中古时期关于太平洋西岸、印度洋北岸区域地理著作之最杰出者。

又按：汪大渊《岛夷志后序》载："皇元混一声教，无远弗届，区宇之广，旷古所未闻。海外岛夷无虑数千国，莫不执玉贡琛，以修民职；梯山航海，以通互市。中国之往复商贩于殊庭异域之中者，如东西州焉。大渊少年尝附舶以浮于海，所过之地，窃尝赋诗以记其山川、土俗、风景、物产之诡异，与夫可怪可愕可鄙可笑之事，皆身所游览，耳目所亲见。传说之事，则不载焉。至正己丑冬，大渊过泉南，适监郡偰侯命三山吴鉴明之续《清源郡志》，顾以清源舶司所在，诸番辐辏之所，宜记录不鄙。谓余方知外事，属《岛夷志》附于郡志之后，非徒以广士大夫之异闻，盖以表国朝威德如是之大且远也。"（汪大渊著、苏继庼校释《岛夷志略校释》，中华书局 1981 年，第 385 页）

再按：张翥《岛夷志略原序》载："九海环大瀛海，而中国曰'赤县神州'，其外为州者复九，有裨海环之人民禽兽莫能相通如一区中者，乃为一州。此驺氏之言也，人多疑其荒唐诞夸，况当时外徼未通于中国，将何以征验其言哉？汉唐而后，于诸岛夷，力所可到，利所可到，班班史传，固有其名矣。然考于见闻，多袭旧书，未有身游目识而能详记其实者，犹未尽征之也。西江汪君焕章当冠年，尝两附舶东西洋，所遇辄采录其山川风土物产之诡异，居室饮食衣服之好尚，与夫贸易费用之所宜，非其亲见不书，则信乎其可征也与？又言海中自多巨鱼，若蛟龙鲸鲵之属，群出游，鼓涛距风，莫可名数，舟人燔鸡毛以触之，则远游而没。一岛屿间，或广袤数千里，岛人浩穰，其君长所居，多明珠丽玉、犀角象牙，香木为饰桥梁，或甃以金银，若珊瑚琅玕玟瑁，人不以为奇也。所言由有可观，则驺衍皆不诞。焉知是志之外，焕章之所未历，不有瑰怪广大又逾此为国者欤？大抵一元之气,充溢乎天地,其所能融结,为人为物,惟中国文明,则得其正气,环海于外,气遍于物,而寒燠殊候,材质异赋,固其理也。今乃以耳目弗迩,而尽疑之,可乎?庄周有言,六合之外,圣人存而不论,然博古君子,求之异书,亦所不废也。泉修郡乘,既以是志刊入之,焕章将归,复刊诸西江,以广其传,故予序之。至正十年(1350)龙集庚寅二月朔日,翰林修撰河东张翥叙。"(《岛夷志略》卷首,《全元文》卷一四八三,第584页)

王守诚卒。

按:王守诚(1296—1349),字君实,山西太原阳曲人。"气宇和粹,性好学,从邓文原、虞集游,文辞日进。泰定元年(1324),试礼部第一,廷对赐同进士出身,授秘书郎。迁太常博士,续编《太常集礼》若干卷以进。转艺林库使,与著《经世大典》。拜陕西行台监察御史。除奎章阁鉴书博士。拜监察御史。佥山东廉访司事。改户部员外郎、中书右司郎中。拜礼部尚书。与修辽、金、宋三史,书成,擢参议中书省事。调燕南廉访使。""至正五年(1345),帝遣使宣抚四方,除守诚河南行省参知政事,与大都留守答尔麻失里使四川,首荐云南都元帅述律铎尔直有文武材。""进资政大夫、河南行省左丞。未上,母刘氏殁于京师,闻丧亟归,遂遘疾,以至正九年(1349)正月卒,年五十有四。帝赐钞万缗,谥文昭。"(《元史》卷一八三,第14册,第4209—4210页)著有《续编太常集礼》31册、《王守诚文集》。事迹见《元史》卷一八三、《大明一统志》卷一九、《元诗选·癸集》小传。

元惠宗至正十年　庚寅　1350年

宋濂编纂《柳待制文集》成。

按:是集有苏天爵序、余阙序、危素序、宋濂至正十一年(1351)跋。

又按:苏天爵《柳待制文集叙》曰:"翰林待制柳公既卒,子卣藏其文若干篇。至正庚寅(1350),浙东佥宪余公按行所部,以浦江监县廉君清慎有为,爱民重士,乃命刻其文传焉。昔宋南渡,树都钱唐,浙东为股肱郡,衣冠大家接武于廷,名公硕士相继而起,汪洋博洽之学,辩论宏杰之文,人自为书,家有其说。呜呼,盛矣哉!至元中,海内为一,故国遗老尚有存者,师友讲授,渊源不绝,大抵皆以殚见洽闻为主。天爵窃禄于朝三十余年,其于浙东钜儒,犹或及识故翰林侍讲学士袁文清公及公而已。间尝接其论议,诵其文章,奇词奥语,层见迭出,信知非因陋就寡之士所能及哉!尝考南渡之初,一二大贤既以其学作新其徒,吕成公在婺,学者亦盛,同时有声者,有若薛、郑之深淳,陈、蔡之富赡,叶正则之好奇,陈同父之尚气,亦各能自名家,皆有文以表见于世。其为文也,本诸圣贤之经,考求汉唐之史,凡天文、地理、井田、兵制,郊庙之礼乐,朝廷之官仪,下至族姓、方技,莫不稽其沿袭,究其异同,参谬误以质诸文,观会通以措诸用,读公之文者,庶犹见其兆欤!故公施教训于成均,则胄子服其学;司议论于奉常,则礼官推其博。天子方召入禁林,而公年已老矣,惜乎文之不大显于世也,其制作规模之盛,则于乡之先正有足征焉。嗟夫!水贵有原,文贵有本,儒者之学,贵乎多闻之为尚也。然而择之必欲其精,语焉宜乎中度,非夸门靡以为能也。孟子曰:'博学而详说之,将以反说约也。'胡氏曰:'学欲博不欲杂,欲约不欲陋。'旨哉言乎!廉君名阿年八哈,字景渊,为至元名相文正王诸孙,家世清白,故治县有声。其于赋役,推考均一,可行永久,民深德之。文集二十卷,别集又二十卷,皆公门生宋濂、戴良所汇次云。通奉大夫、前江浙等处行中书省参知政事苏天爵叙。"(《柳贯集》上册,第3—4页)

又按:余阙是年八月作《柳待制文集序》云:"天地之化物,类人事之理,久则敝,敝则革,革则章。非敝无革,非革无章。吾何以知其然也?在《易》之'革'。'革'之卦,贞离而兑悔。离,文也,时至于革,则其敝也久矣。夫兑,离所胜者也,物敝当革,虽所胜者熄之,故兑革离。夫惟革其故而后新可取,故革其文者,乃所以成其文也。近取诸物,若虎豹之文,非不彪然炳也。及久而敝,则黯昧庞杂,曾不若狌狸之革而章者哉?四,离之终,而革之时也。五与上,革之功也,故五为虎变,而上为豹变。以其世考之,成周之文,唐虞以降之所未有也,至孔子之时乃大敝矣。周公,圣人也,曷不为是勿敝之道,以贻其子孙,以传之天下后世,使之守而无变哉?盖物久而敝,理也。理之必至,圣人以未如之何也。孔子之作《春秋》,或者以为黜周之文、崇商之质,夫岂尽然?以其告颜子四代之制与夫后进礼乐者观之,则其所损益者可知也。由周而来,亦可概见。汉之盛也,则有董子、贾傅、太史公之文。东都而下,则敝而不足观也。唐之盛也,则有文中子、韩子之文,中叶而下,则敝而不足观也。宋之盛也,则有周子、二程子、张子、欧、曾之文,南迁而下,则敝而不足观也。夫何以异于虎豹之文彪然炳也,及久而敝,则黯昧庬杂,曾不如狴狸之革而章者哉?文之敝,至宋亡而极矣,故我朝以质承之,涂彩以为素,琢雕以为朴。当是时,士大夫之习尚,论学则尊道德而卑文艺,论文则崇本实而去浮华。盖久而至于至大、延祐之间,文运方启,士大夫始稍稍切磨为辞章,此革之四而趋功之时也。浦江柳先生,挟其所业北游京师,石田马公时为御史,一见称之。已而果以文显,由国子助教四转而为翰林待制兼国史院编修官。盖先生蚤从仁山金先生学,其讲之有原,而淬砺之也有素,故其为文缜而不繁、工而不镂,粹然粉米之章,而无少山林不则之态,惜其未显而已。老欲用之,而已没也。余在秋官时始识先生,尝一再与之论文甚欢。比以公事过其家,问其子孙,得其遗文凡若干篇。因使先生弟子宋濂、戴良汇次之,将畀监县廉君刻之浦江学官。世有欲征我朝方新之文者,此其一家之言也,必有取焉,因题其卷首以俟。至正十年(1350)八月丁祀日,武威余阙序。"(《柳贯集》上册,第4—6页)

又按:危素《金华柳先生文集序》写道:"天之生才,所以资一世之用。使之尽其才者,天子宰相之事也。千寻之木,产生乎高崖深谷、人迹所罕至之地,匠石之营宫室者犹必仰而取焉,况于人才之足以为邦家立太平之基者乎?《诗》曰:'蔼蔼王多吉士,惟君子使。'善治其天下国家者,宜于此乎留意焉可也。方仁宗皇帝在位,崇尚儒术,盖朝廷极盛之时,于是浙水之东有柳先生道传出。执政有知之者,用之于成均,又用之于颂台,焯有誉闻。及出提举江西儒学,秩满而还家食者复一纪。至正初,今皇帝召还为翰林院待制,将进用之,而先生以疾卒于官。方先生为国子助教,监察御史马雍古公伯庸荐先生可任风纪,御史大夫帖实不从。江西之还,在朝之人有忌嫉之者,扼而不用。及公论既明,将置馆阁,而先生老矣。故其所学,百不一见于功业,所以传示来世者,独赖文章之存而已。先生少历游前代遗老之门,该综百氏,根极壸奥,故其文雄浑严整,长于议论,而无一语蹈陈袭故,盖杰然于当时者也。先生既没,门人戴良、宋濂类辑为二十卷,而属素序之。先生官豫章,素以诸生见焉,训诱奖励,久而弥笃。知先生之得于天者不可谓薄,顾阨于人者往往若是,是故读其文而惜其才

之不尽用也。临川诸生、应奉翰林文字、文林郎、同知制诰兼国史院编修官危素序。"(《柳贯集》,上册,第1—2页)

蒲道源《顺斋先生闲居丛稿》编成。

按:黄溍《顺斋文集序》载:"故赠秘书少监顺斋先生蒲公既没,仲子御史君机哀辑遗文曰《闲居丛稿》者,为二十又六卷,以授溍,俾序之。孟子曰:颂其诗,读其书,不知其人,可乎?是以论其世也。按公行状,公生而岐嶷,早岁就学,强记过人,未成童,已通经大义。弱冠,文声籍甚,诸老多折行辈与之交。逮乎立年,濂洛诸儒之说,倡于汉中,而汉中之士知有道德性命之学,盖公之求端用力,务自博以入约,由体以达用,真知实践,不事矫饰。而于名物度数,下至阴阳、医药,无不究其精微。教人具有师法,大抵以行检为先。而穷经则使之存心静定,而参透于言语文字之外。郡县长吏,或有所取正,亦必引以当道而使之行其所无事。临终,却药弗御,饮酒赋诗,夷然而逝。由是观之,则公之为人可知也。粤自国家统壹宇内,治化休明,士俗醇美,一时鸿生硕儒,为文皆雄深浑厚,而无靡丽之习。承平滋久,流风未坠,皇庆、延祐间,公入通朝籍,以性理之学施于台阁之文。而其文益粹,譬如良金美玉,不俟锻炼雕琢,而光辉发越,自有不可掩者矣。时上新即位,方向用儒术,设科目以网罗四方之贤俊。而御史君以公在班列之日,策名于昕陛,士大夫咸以为荣。论其世则太平极盛之际也。溍,浮湛州县,白首登籫,忝以非才,承乏胄监,实在公去官十有五年之后。无从接闻绪论,兹幸获以疵贱之氏名,自附于公,是用忘其衰朽荒落,而序其梗概如右。后之览者,论其世而知其人,则于公之文思过半矣。公讳道源,字得之,系出汉蒲将军,至晋安西大将军,遂避乱入蜀,而宋资政殿学士、赠太师、楚国公宗孟,居眉之青神。公之皇考,赠礼部郎中讳政午,又以国初徙兴元。公尝为郡学正,终更,绝口不言仕进。晚以遗逸征诣京师,编摩史馆,供奉词林,寻以博士教国子。居岁余,辄自引去,诏起公提举陕西儒学,讫不就。后用御史君贵,以有今赠。其年寿,卒葬与言行之详,圹有志、神道有碑。兹不赘述焉。至正十年(1350)冬十月二十四日前史官金华黄溍序。"(《黄溍全集·金华黄先生文集》卷一八,上册,第256—257页)

元惠宗至正十一年　辛卯　1351 年

迺贤《金台集》编成。

按:迺贤《金台集》前有欧阳玄、李好文、贡师泰三序,作于至正壬辰;
又有黄溍题词,作于至正庚寅;末有至正乙酉揭傒斯跋、至正辛卯程文跋、
至正乙未杨彝跋、至正己丑泰不华题字、至正戊子张起岩题诗;复有虞集
诗一首及危素一跋,均不著年月。

又按:危素《迺易之金台后稿序》写道:"易之《金台前稿》,余既序之
矣。及再至京师,又得《后稿》一卷,为之论曰:昔在成周之世,采诗以观
民风。其大小之国,千有八百,西方之国,豳得七篇,秦得十卷而止。夫以
雍州之域实在王畿,自豳、秦而西未见有诗,岂其风气未开,习俗不能以相
通也欤? 易之,葛逻禄氏也,彼其国在北庭西北,金山之西,去中国远甚。
太祖皇帝取天下,其名王与回纥最先来附,至今已百余年。其人之散居四
方者往往业诗书而工文章。易之伯氏既登进士第,易之乃泊然无意于仕
进,退藏句章山水之间。其所为诗清丽而粹密,学士大夫多传诵之。然则
葛逻禄氏之能诗者自易之始,此足以见我朝文化之洽,无远弗至,虽成周
之盛,未之有也。昔余客鄞,为文送易之北来,以为祖宗取天下,丰功大
业,宜制乐歌荐诸郊庙,易之之才足以为之。圣君贤相制礼作乐,岂终舍
吾易之者哉?"(《全元文》卷一四七一,第48册,第229页)

赡思卒。

按:赡思(1278—1351),"字得之,其先大食国人。国既内附,大父鲁
坤,乃东迁丰州"。"赡思生九岁,日记古经传至千言。比弱冠,以所业就
正于翰林学士承旨王思廉之门,由是博极群籍,汪洋茂衍,见诸践履,皆笃
实之学,故其年虽少,已为乡邦所推重。延祐初,诏以科第取士,有劝其就
试者,赡思笑而不应。既而侍御史郭思贞、翰林学士承旨刘赓、参知政事
王士熙交章论荐之。泰定三年(1326),诏以遗逸征至上都,见帝于龙虎
台,眷遇优渥。时倒剌沙柄国,西域人多附焉,赡思独不往见。倒剌沙屡
使人招致之,即以养亲辞归。""天历三年(1330),召入为应奉翰林文字,
赐对奎章阁,文宗问曰:'卿有所著述否?'明日,进所著《帝王心法》,文宗
称善。诏预修《经世大典》,以论议不合求去,命奎章阁侍书学士虞集谕
留之,赡思坚以母老辞,遂赐币遣之。复命集传旨曰:'卿且暂还,行召卿

矣。'至顺四年（1333），除国子博士，丁内艰，不赴。后至元三年（1337），
拜陕西行台监察御史，三年（1343），除佥浙西肃政廉访司事。""至正四年
（1344），除江东肃政廉访副使。十年（1350），召为秘书少监，议治河事，
皆辞疾不赴。十一年（1351），卒于家，年七十有四。""赡思邃于经，而
《易》学尤深，至于天文、地理、钟律、算数、水利，旁及外国之书，皆究极
之。家贫，饘粥或不继，其考订经传，常自乐也。所著述有《四书阙疑》
《五经思问》《奇偶阴阳消息图》《老庄精诣》《镇阳风土记》《续东阳志》
《重订河防通议》《西国图经》《西域异人传》《金哀宗记》《正大诸臣列传》
《审听要诀》，及文集三十卷，藏于家。"（《元史》卷一九〇"儒学二"，第14
册，第4351—4352页）事迹见《元史》卷一九〇。

李穀卒。

按：李穀（1298—1351）"字中父，初名芸白，韩山郡吏自成子也。自
髫龀，举止异常□。长知读书，亹亹忘倦"。李穀曾六次入元，并在元朝为
官居留长达十多年，历任福州司录参军、艺文检阅、翰林国史院检阅官、典
仪副令、征东行中书省左右司员外郎、判典校寺事、中瑞司典簿、政堂文
学、奉议大夫、征东行中书省左右司郎中、密直使、赞成事等职。（杨昭全
著《中国—朝鲜韩国文化交流史I》，第189—190页）"忠肃四年，中举子
科，研穷经史，一时学者多就正焉。七年登第，调福州司录参军。忠惠元
年，迁艺文检阅。忠肃后元年，中征东省乡试第一名，遂擢制科。前此本
国人虽中制科，率居下列，穀所对策，大为读卷官所赏，置第二甲。宰相奏
授翰林国史院检阅官，穀与中朝文士交游讲劇，所造益深。为文章，操笔
立成，辞严义奥，典雅高古，不敢以外国人视也。奉兴学诏还国，寻复如
元。本国授典仪副令，元授徽政院管勾，转征东省行中书省左右司员外
郎。元屡求童女于本国，穀言于御史台，请罢之代作疏……本国除判典校
寺事，忠惠后二年，奉表如元，因留居凡六年，元授中瑞司典簿……顺帝幸
上都，穀扈从本国拜密直副使，累升知司事，进政堂文学，封韩山君，以颁
朔还国，与李齐贤等增修闵渍所撰《编年纲目》，又修忠烈、忠宣、忠肃三
朝实录。与阳川君许伯掌试取金仁琯等。""卒年五十四，谥文孝。性端
严刚直，人皆敬之。所著《稼亭集》二十卷行于世。"（《高丽史》卷一〇九
本传）。

又按：元顺帝诏天下兴学校。李穀奉制书东还高丽（征东行省）。在京的馆阁之士与同年们，纷纷以所作为李穀送行。这些诗文，都编入李谷《稼亭集》的"杂集"。"杂录"一卷，收录了元朝人陈旅、揭傒斯等多人所作"送李中父使征东行省序"及"送诗（十一首）"、程谦及郭嘉所作"送诗"，崔瀣、李齐贤、权汉功、安震、安轴、闵子夷、郑天濡、李达尊、白文宝、郑誧、安辅等人所作"送奉使李中父还朝序"及"诗"十余篇首，王沂撰"稼亭记"，谢端撰"稼亭词"，黄溍、王思诚、宋褧、苏天爵、刘闻、刘闳、程益、余阙、王士点、成遵等所作"奉稼亭"诗文十余篇首，周璇、张起岩、林希光、方道睿等所作"送李中父使征东序"及诗九篇首。（杨镰著《元代文学编年史》，第382—383页；黄纯艳著《高丽史史籍概要》，第130页）"李穀上承其师李齐贤、下传其子李穑，作为高丽末期承前启后、继往开来的一位重要的朱子学者，他不但成为元朝与高丽文化交流的重要使者，而且也为朱子学在高丽的传播和发展做出了重要贡献。"（刘刚《试论李穀对朱子学在高丽传播和发展的贡献》，《延边大学学报》2015年第1期，第72—74页）

元惠宗至正十二年　壬辰　1352年

周伯琦作《扈从集》前、后序。

按："扈从前集"是周伯琦扈从元顺帝前往上都经历的诗文集，由大都前往上都的路线有三条，而周伯琦作为顺帝信从的南人官员，第一次跟随顺帝由黑谷辇路到达上都，经历尤其令人稀罕。在周伯琦的序言中，详细交代了扈从时间、历程、行走路线、行止驿站以及道途所见风景、风俗、气候等，是后代研究上都路线及上都风土人情的重要文献。

又按：周伯琦《扈从集前序》曰："至正十二年，岁次壬辰，四月，予由翰林直学士、兵部侍郎拜监察御史。视事之第三日，实四月二十六日，大驾北巡上京，例当扈从。是日启行，至大口，留信宿。历皇后店、皂角，至龙虎台，皆巴纳也。国语曰巴纳者，犹汉言宿顿所也。龙虎台在昌平县境，又名新店，距京师仅百里。五月一日，过居庸关而北，遂自东路至瓮山。明日至鸡坊，在缙山县之东。缙山，轩辕缙云氏山，山下地沃衍宜粟，粒甚大，岁供内膳。今名龙庆州者，仁庙降诞其地故也。州前有涧，名苧水,风物可爱。又明日入黑谷,过色珍岭,其山高峻,曲折而上凡十八盘而即平地。遂历龙门及黑石头,过黄土岭,至程子头。又过穆尔岭,至颉家营,历拜达勒,至沙岭。自车坊、黑谷至此,凡三百一十里,皆山路崎岖,两岸悬崖峭壁,深林复谷,中则乱石荦确,涧水合流,淙淙终日。关有桥,浅处马涉颇艰。人烟并村坞僻处,二三十家,各成聚落,种蓻自养。山路将尽,两山尤奇,耸高出云表,如洞门然。林木茂郁,多巨材。近沙岭则土山连亘,堆阜连络,惟青草而已。地皆白沙,深没马足,故岭以是名。过此则朔漠,平川如掌,天气陡凉,风物大不同矣。遂历哈扎尔至什巴尔台,其地多泥淖,以国语名,又名牛群头。其地有驿,有邮亭,有巡检司,阛阓甚盛,居者三千余家。驿路至此相合而北,皆刍牧之地,无树木,遍生地椒、野茴香、葱、韭,芳气袭人。草多异花五色,有名金莲者,绝似荷花,而黄尤异。至察罕诺尔,云然者,犹汉言白海也。其地有水泺,汪洋而深不可测,下有灵物,气皆白雾。其地有行在宫,曰亨嘉殿,阙廷如上京而杀焉。置云需总管府,秩三品,以掌之。沙井水甚甘洁,酿酒以供上用。居人可二百余家。又作土屋养鹰,名鹰房,云需府官多鹰人也。驻跸于是,秋必猎校焉。此去巴纳曰郑谷店,曰明安驿泥河儿,曰李陵台驿双庙儿,遂至桓州,曰六十里店,桓州即乌丸地也。前至南坡店,去上京止一舍耳。以是月十九日抵上京,历巴纳凡十有八,为里七百五十有奇,为日二十四。大抵两都相望,不满千里,往来者有四道焉:曰驿路,曰中路二,曰西路。东路二者,一由黑谷,一由古北口。古北口路东道御史按行处也。予往年职馆阁,虽屡分署上京,但由驿路而已,黑谷辇路未之前行也。因忝法曹,肃清毂下,遂得乘驿,行所未行,见所未见,每岁扈从,皆国族、大臣,及环卫有执事者。若文臣,仕至白首,或终身不能至其地也,实为旷遇。所至赋诗,以纪风物,得二十四首。惜笔力拙弱,不能尽述也。虽然,观此亦大略可知矣。鄱阳周伯琦自叙。"(《近光集·扈从集》卷首,《全元文》卷一三八七,第44 册,第 530—531 页)

又按:周伯琦《扈从集后序》曰:"车驾既幸上都,以是年六月十四日大宴宗亲、世臣、环卫官于西内棕殿,凡三日。七月九日,望祭园陵。竣事,属车辕皆南向,彝典也。遂以二十二日发上都而南。是日,宿六十里店巴纳。明日,过桓州,至李陵台驿双庙儿。又明日,至明安驿泥河儿。

翼旦,至察汗诺尔,由此转西,至辉图诺尔,犹汉言后海也。曰平陀儿,曰石顶河儿,土人名为鸳鸯泺。其地南北皆水泺,势如湖海,水禽集育其中。以其两水,故名曰鸳鸯。或云水禽惟鸳鸯最多。国语名其地曰哲呼哈喇巴纳,犹汉言远望则黑也。两水之间,壤土隆阜,广袤百余里。居者三百余家,区脱相比,诸部与汉人杂处,颇类市井,因商而致富者甚多,有市酒家赀至巨万而连姻贵戚者,地气厚完可见也。俗亦饲牛力穑,粟、麦不外求而赡。凡一饲五牛,名曰一日,耕地五六顷,收粟可二百斛。问其农事多少,则曰牛几具。察汗诺尔至此百余里,皆云需府境也。界是而西,则属兴和路矣。巴纳曰苦水河儿,曰回回柴,国语名和尔图,汉言有水泺也,隶属州保昌。曰呼察图,犹汉言有山羊处也。地饶水草,野兔最多,鹰人善捕,岁资为食。又西二十里,则兴和路者,世皇所创置也。岁北巡,东出西还,故置有司为供亿之所。城郭周完,阛阓丛伙,可三千家。市中佛阁颇雄伟,盖河东宪司所按部也。西抵太原千余里,郡多太原人。郊圻地陂陀窊隘,便种菽。路置二监一守,余同他上郡。东界则宣德府境,上都属郡也。府之西南名新城,武宗筑行宫其地,故又名曰中都。栋宇今多颓圮,盖大驾久不临矣。由兴和行三十里,过野狐岭,岭上为巴纳,地甚高,风寒凛栗不可留。山石荦确,中央深涧,夏秋多水。东南盘折而下平地,则天气即暄,至此无不减衣者。前至得胜口,宣德宣平县境也。地宜树木,园林连属,宛然燕南。有御花园,杂植诸果,中置行宫。果有名平坡者,似来禽而大,红如朱砂,甘酸。又有名呼喇巴者,比平坡又大,味甘松。相传种自西域来,故又名之曰回回果,皆殊品也。得胜口南至宣平县十四里,小邑也。去邑三十里,有山出玛瑙石,可器。至沙岭,沙深,车马涉者甚艰。又五十里至顺宁府,本宣德府也,往年因地震改今名。原地沃衍,多农民,植宜蓝淀草,颇有业染者,亦善地也。南过鄂勒岭,路多乱石,下临深涧,险阻可畏。涧黄流浩汗,东南数百里,穿居庸关,流至京城南卢沟,合众水,势甚大,名为浑河。每岁都水监专其事,否则为患不小。岭路参互四十里,至鸡鸣山,叠嶂排空,绵亘二十余里。有小寺在山巅,旁有榷木,泉所经也,望之如在半天边,山隘迫尤甚。又南二十里乃平地,曰雷家驿。之西北十里,巴纳曰丰乐。丰乐二十里,阻车巴纳。又二十里,至统幕,则与中路驿程相合,而南历狼居西山,至怀来县。县,唐所置也,山水环抱流注,市有长桥,水名妫川,郡有碑可考。县南二里,巴纳也,凡官署留京师者,皆盛具牲酒果核,于此候迎大驾,仍张大宴,庆北还也。南则榆林驿,即汉史《卫青传》所谓榆溪旧塞者。自怀来行五十五里,至妫头。又十里,至居庸关。关南至昌平龙虎台,又南则皇后店、皂角、大口焉。遂以八月十三日至京师。凡历巴纳二十有四,为里一千九十又五,此辇路西还之所经也。北自上都至白海,南自居庸至大口,已见前序,故得而略,独详其所未经者耳。国制,凡官署之幕职椽曹当扈从者,东西出还,甲乙番次,多不能兼,惟监察御史扈从,与国人、世臣、环卫者同,东西之行,得兼历而悉览焉。昔司马迁游齐、鲁、吴、越、梁、楚之间,周遍山川,遂奋发于文章,焜耀后世。今予所历,又在上谷、渔阳、重关大漠之北千余里,皆古时骑置之所不至,辙迹之罕及者。非我元统一之大,治平之久,则吾党逢掖章甫之流,安得传轺建节,拥侍乘舆,优游上下于其间哉!既赋五言古诗十,以纪其实,复为后序以著其概,不惟使观者得以扩闻见,抑以志吾生之多幸也欤!鄱阳周伯琦述。"(《全元文》卷一三八七,第44册,第532—534页)

又按:欧阳玄《扈从集序》载:"夫惟天子时巡,治古今之令典;儒臣扈从,弥文之盛观。是故卤有簿以纪侍卫之名,路有史以载见闻之实,其来盖已远矣。惟兹玄黓执徐之岁,朱明仲吕之月,当宁面南南服,辟四方之路,以尽多士之才;执法侍上上京,持数寸之筦,以申三尺之令。于时鄱阳周君伯温,褎然炎虚之秀,膺是崇台之除。乘鸾羽之洁清,从翠华之密勿。身历乎山川之美固,目睹乎星月之推迁。进而载驰载驱,退而爰咨爰度。抒思辄形诸清咏,回辕遂积乎多篇。汇以示余,属之叙引。观其憧憧行李之役,汲汲倾葵之诚。螭坳旧传载笔,载笔其有述乎;解廌必用识丁,识丁况能赋者!率尔卷端之弁,诒诸柱后之冠云。翰林学士承旨、光禄大夫、知制诰兼修国史冀郡欧阳玄书于视草堂。"(《欧阳玄全集·圭斋文集补编》卷九,下册,第623—624页)

苏天爵卒。

按:苏天爵(1294—1352),字伯修,号滋溪,河北真定人。父志道,历官岭北行中书省左右司郎中,和林大饥,救荒有惠政,时称能吏。天爵由国子学生公试,名在第一,释褐,授从仕郎、大都路蓟州判官。丁内外艰,服除，调功德使司照磨。泰定元年（1324），改翰林国史院典籍官，升应奉翰林文字。至顺元年（1330），预修《武宗实录》。二年，升修撰，擢江南行台监察御史。"入为监察御史，道改奎章阁授经郎。元统元年（1333），复拜监察御史"，"明年，预修《文宗实录》，迁翰林待制，寻除中书右司都事，兼经筵参赞官。后至元二年（1336），由刑部郎中改御史台都事。三年，迁礼部侍郎。五年，出为淮东道肃政廉访使"，"入为枢密院判官"，"明年，改吏部尚书，拜陕西行台治书侍御史，复为吏部尚书，升参议中书省事"，"至正二年（1342），拜湖广行省参知政事，迁陕西行台侍御史。四年，召为集贤侍讲学士，兼国子祭酒"，"明年，出为山东道肃政廉访使，寻召还集贤，充京畿奉使宣抚"，"七年，天子察其诬，乃复起为湖北道宣慰使、浙东道廉访使，俱未行。拜江浙行省参知政事"，"十二年，妖寇自淮右蔓延及江东，诏仍江浙行省参知政事，总兵于饶、信，所克复者，一路六县"，"然以忧深病积，遂卒于军中。年五十九"。（《元史》卷一八三《苏天爵传》，第 14 册，第 4224—4227 页）"公世儒家，自其早岁即从同郡安敬仲先生受刘公之学，既入胄监，又得吴公、虞公、齐公先后为之师，故其清修笃志足以潜心大业而不惑于他歧，深识博文足以折衷于百氏而非同于玩物。至于德已盛而闲之愈严，行已尊而节之愈密，出入中外三十余年，嘉谟伟绩著于天下，而一诚对越，中立无朋，屹然颓波之砥柱矣。其文明洁而粹温，谨严而敷畅，若珠璧之为辉，菽粟之为味。自国朝治乱之原，名公卿大夫士德言功烈，与夫先儒述作闽奥，莫不在焉，而浩然删修之志未有止也。初官朝著，即为四明袁公伯长、浚都马公伯庸、中山王公仪伯所深知。袁公归老，犹手疏荐公馆阁，马公谓公当擅文章之柄于十年后，而王公遂相与为忘年友，夫岂一日之积哉。"（赵汸《滋溪文稿序》，《滋溪文稿》第 1—2 页）。"尝著《国朝名臣事略》十五卷、《文类》七十卷。其为文，长于序事，平易温厚，成一家言，而诗尤得古法，有诗稿七卷、文稿三十卷。于是中原前辈，凋谢殆尽，天爵独身任一代文献之寄，讨论讲辩，虽老不倦。晚岁，复以释经为己任。学者因其所居，称之为滋溪先生。其所著文，有《松厅章疏》五卷、《春风亭笔记》二卷；《辽金纪年》《黄河原委》未及脱稿云。"（《元史》卷一八三《苏天爵传》）"《滋溪文稿》三十卷，江浙行中书省参知政事赵郡苏公之文，前进士永嘉高明、临川葛元哲为属掾时所

类次也"(赵汸《滋溪文稿序》,《滋溪文稿》第 1 页)。事迹见《元史》卷一八三、《新元史》卷二一一、《宋元学案》卷九一

元惠宗至正十三年　癸巳　1353 年

干文传卒。

按:干文传(1276—1353),字寿道,号仁里、止斋,平江人。"公少嗜学,十岁,能属文,年未弱冠,而声誉籍甚。用举者为吴及金坛两县学教谕、饶之慈湖书院山长","首以江浙乡贡会试京师,登延祐二年(1315)乙科,被旨赐进士出身"。官至集贤待制、礼部尚书。预修《宋史》。江浙、江西乡闱,文传主其文衡三次,所取士后多有名。为文务雅正、不事浮藻。"至正十三年(1353)九月己巳,嘉议大夫、礼部尚书致仕干公终于平江里第,享年七十有八。以其年十月丁酉,葬吴县至德乡洞泾雁荡之原。"(黄溍《嘉议大夫礼部尚书致仕干公神道碑》,《黄溍全集·金华黄先生文集》卷二七,下册,第 695—696 页)著有《仁里漫稿》若干卷。事迹见黄溍《嘉议大夫礼部尚书致仕干公神道碑》《元史》卷一八五、《元书》卷九〇、《元史类编》卷二七、《元诗选·三集》小传等。

又按:黄氏"神道碑"云:"公气貌充伟,识度凝远,遇事皆不苟。平居衣服无华饰,食无珍味,而于亲庭之养、家庙之祭,必致其丰腆,无他玩好。而独耽于书,手自校雠,至老不倦。喜接引后进,来者必与均礼,而谆谆诱掖之。江浙、江西乡闱,聘公同考试者三,主其文衡者四,所取士后多知名。为文务雅正,不事浮藻。有来谒者,亦不厌于应酬。公以仁里自号,暮年又自号止斋。有《仁里漫稿》若干卷,藏于家。"(黄溍《嘉议大夫礼部尚书致仕干公神道碑》,《黄溍全集·金华黄先生文集》卷二七,下册,第 696—697 页)

张起岩卒。

按:张起岩(1285—1353),字梦臣,禹城人。"中延祐乙卯进士,首选,除同知登州事,特旨改集贤修撰,转国子博士,升国子监丞,进翰林待制,兼国史院编修官","诏修辽、金、宋三史,复命入翰林为承旨,充总裁官,积阶至荣禄大夫。起岩熟于金源典故,宋儒道学源委,尤多究心,史官有露才自是者,每立言未当,起岩据理窜定,深厚醇雅,理致自足。史成,

年始六十有五,遂上疏乞骸骨以归,后四年卒。谥曰文穆"。"起岩面如紫琼,美髯方颐,而眉目清扬可观,望而知为雅量君子。及其临政决议,意所背向,屹若泰山,不可回夺。或时面折人,面颈发赤,不少恕,庙堂惮之。识者谓其外和中刚,不受人笼络,如欧阳修,名闻四裔。"(《元史》卷一八二,第 14 册,第 4193—4195 页)著有《金陵集》《华峰漫稿》《华峰类稿》等。事迹见《元史》卷一八二、《书史会要》卷七、《宋元学案补遗》卷四、《宋元学案补遗别附》卷三、《元诗选·三集》小传。

贾鲁卒。

按:贾鲁(1297—1353),字友恒,河东高平人。元水利家。两中乡试,泰定初授东平路学教授,累迁潞城县尹。至治初与修《宋史》,历中书检校、监察御史、工部郎中,调都漕运使。至正八年(1348),主管行都水监,拟定治河方案,一为修筑北堤,以制横溃;一为疏、塞并举,使黄河恢复故道。事迹见《元史》卷一八七。

元惠宗至正十四年　甲午　1354 年

高丽学者李穑获第二甲第二名,被元廷任为翰林文学承仕郎。

按:李穑回高丽后,传播程朱理学。李穑有诗《纪事》曰:"衣钵谁知海外传,圭斋一语尚琅然。迩来物价皆翔贵,独我文章不值钱。"即李穑传至高丽之理学,以欧阳玄(号圭斋)为宗师。

程钜夫《雪楼集》刊刻。

按:《雪楼集》乃程钜夫次子程大本所辑录,共四十五卷,程钜夫所著杂文、诗歌乐府等都辑录其中。

又按:欧阳玄《楚国文宪公雪楼程先生文集序》:"自古帝王之兴,必有弘毅任重之士应时而出,以纲维正论、扶植善类为己事,由是人才以多,国是以定,而治具张矣。我世祖皇帝混一天下,于时,大司徒程文宪公初至京师,以重臣荐,召见便殿,敷对称旨。上给笔札,使之条陈,公一挥数千言,言皆切当。上大悦,即擢置词垣,寻俾以风纪之任。公感知遇,知无不言,排击大奸,靡悼后患。立朝三十余年,立胄监教条,征南中遗逸,颁贡举程式,凡国家斯文之事,奚自公倡议焉。非弘毅任重之士,岂能及于是哉?公之为文,以气为主,至于代播告之言,伟然国初气象,见于辞令之间,故读公之文者,可以知公之事业也。夫气寓于无形,其有迹可见,政事、文章二者而已。其间涵蓄之深,培养之厚,以之为政而刚明,以之为文而浑灏,惟程公有焉。公之子著作郎大本编辑公文,将毕而卒。孙少府世京继乃父之志,始克成之,属予为叙。余诵公之文,知公之行有过人而不可及者,诚非腐儒俗士之所能也。为卷四十五,其制诰、诏谕、册文,终诗、乐府云。至正丙戌夏四月下澣日,翰林学士承旨、荣禄大夫、知制诰、兼修国史后学庐陵欧阳玄序。"(《欧阳玄全集·圭斋文集补编》卷九,上册,第619—620页)

又按:李好文《雪楼程先生文集序》载:"声音与政通,文章与时高下。原其始则理与气合,道与时合;要其归则亦泯然而无间。三代而上,醇乎醇者也。汉犹近古,其文则雄伟浑厚,由其气质未漓,故其发为声音者似之。魏晋以降,剥剖分裂,作者庞乎不淳,岂风气乖而习弗善欤?至唐,韩、柳氏出,起弊扶弱,划垢易新,遂为后世作者之宗匠。宋盛于前而靡于后,金则无以议为也。我国家以泰初混庞之气,开辟宇宙,世祖皇帝合南北为一家。于斯之时,人物之生辟犹春阳始达,生意奋发,甲者毕坼,勾者毕出,挺英扬蕤,骈荣竞秀,条达畅茂,滋息雨露而收其实者也。公生于宋淳祐己酉,当我宪宗嗣服前之二岁。至至元丙子,江南始平,遂以侍子入见。寻命入翰林,年方壮也,自始识学,至于有立。其所以储精畜思,藏器待时,郁而未施者,固天所以遗圣明之世,膺作兴之运,以恢弘大业黼黻太平者也。公之文悉本于仁义,辅之以六经,陈之为轨范,措之为事业,滔滔汨汨,如有源之水,流而不穷,曲折变化,合自然之度,愈出愈伟,诚可谓一代之作者矣。初,世皇之在潜邸也,已喜儒士,凡天下之鸿才硕德,靡不延访,招致左右。爰暨即位,乃考文章,明制度,兴礼制乐,为天下法。一时名士汇征并进,文采炳蔚,度越前代。如王文康公鹗、王文忠公磐、李文正公冶、太常徐公世隆、内翰徒单公履之侪,多前金遗逸,皆为我用。惟公南来,际遇隆渥,逮事四朝四十余年。虽出入显要,而居侍从之列者有半。仕履之久,一人而已,故其谟谋献纳,输忠尽职,一寓之文。古所谓立德立言而不朽者,公其有焉。今其存者,内、外制词及诸杂文若干篇,诗若干首,乐府若干首,总四十五卷,仲子大本之所录也。呜呼,盛哉!公讳文海,字钜夫,后避武宗御名以字行,雪楼其号云。至正十有四年,岁在甲午

四月生明前一日,翰林学士、资善大夫、知制诰、同修国史兼太子谕德、端本堂事后学李好文谨序。"(《程钜夫集》第509页)

贡师泰《友迁轩集》编成。

按:友迁轩乃贡师泰自题,该集由贡师泰门生豫章涂贞所编,有诗文若干卷。

又按:陈基《友迁轩文集序》云:"国家承平百年,公卿大夫以文章政事起成均者,盖彬彬焉。今都水庸田使宣城贡公之为博士弟子员也,即学古工文词,同舍诸生皆自以为不及。方是时,先集贤文靖公与中朝学士先生,并以老成魁宿待诏词垣,言道术则本周公、孔子、孟轲,言文学则由贾谊、董仲舒、刘向、司马迁、班固、韩愈、欧阳修之伦。一时作者,祖述《诗》《书》,宪章《礼》《乐》,为声诗则荐之郊庙,为典策则施之朝廷,皆博综古今,成一家言。盖三光五岳混一之气,至是而极盛矣。公以缙绅佳子弟出入诸老先生间,折节以纂言修业为务。及释褐授官,遂供奉翰林。累迁为翰林待制、国子司业,间以理官出谳绍兴路狱,三年,政称平允。延祐以来,诸老先生称有后者惟文靖,而公遂以文章政事名天下矣。及皇上虚心儒学,锐意中统、至元之治,宰相以公学问足以经纬人文,政事足以羽翼王化,乃擢公为吏部郎中。寻拜监察御史,又由小宗伯转兵部侍郎,风猷气望,蔚然为儒林之冠。而成均得人,殆不徒以文章鸣国家之盛,所谓文靖之后有人,至是而益信矣。且自古能言之士,如贾谊之论治道,董仲舒之究天人,刘向之明经术,司马迁、班固之述史,韩愈之《原道》,皆奥衍宏深,为一王法。然皆不得久居朝署,见诸事业。惟其所传者,独空言而已。惟欧阳氏以文章显,其词令褒贬,既敷之于训诰,申之于典谟,导扬讽谕,复著之于雅诵,奏之于神明,而其声光位势,又得与韩、范、富诸公并称为人杰。今公以文章政事骎骎向用,致位通显。其言婉者宜颂,穆如清风之中人也;直者宜静,凛乎箴贬之切体也。叙理乱则明白而朗畅,陈道义则委折而冲融。大者可以著词令,述褒贬;小者可以广导扬,形讽谕。盖将益使声光焜燿,位势隆重。而文靖有后之言,不独信于今,传之后世,亦且足以取征矣。公之为都水使者至吴也,基获睹豫章涂贞叔良所编《友迁轩集》若干卷。因论次所知为序,以质之于当世知言君子。公名师泰,字泰甫,友迁轩,其自号也。至正十四年(1354)十月庚子序。"(《陈基集·夷

白斋稿》卷一八,第 168 页)

虞集《道园遗稿》6 卷刊行。

按:虞集一生诗文创作极丰,曾编撰作品集为《道园学古录》,之后,建安刘氏家塾、临川郡学又刻《道园类稿》,两者增损各异。而虞集从孙虞堪又访求两本之外的作品,得《道园遗稿》6 卷,有诗章七百余首。

又按:虞堪序云:"先叔祖学士虞公诗文有《道园学古录》《翰林珠玉》等编,已行于世。然窃读之,每虑其有所遗落。凡南北士夫间,辄为搜猎求之,累年始得诗章七百余首,皆章章在人耳目,及得之亲笔者,盖惧其以伪乱真,故不敢不为之审择也。惟先叔祖鸿文巨笔,著在天下,家传人诵,其大篇大什诸编,盖已得其八九,此盖拾遗补缺,庶免有湮没之叹。方类聚成编以便观览,而吾友金伯祥乃必用寿诸梓以广其传,命其子镂书以入刻,伯祥之施不其永耶!外有杂文诸赋,尚有俟于他日云。至正十四年(1354)五月甲子,从孙堪百拜谨识。"(《虞集全集》第 1277 页)

又按:黄溍作《道园遗稿序》写道:"自昔文章家著述之盛,其集有内外、前后、续别之分,盖由其体制有同异,岁月有早暮,故其编纂、汇次之法,各有所存。然其文之可传者,虽片言半简,皆不得而弃置,又复有所谓拾遗者焉。国朝一代文章家,莫盛于阁学蜀郡虞公。公之诗文曰《道园学古录》者,其类目皆公手所编定,天下学者既已家传而户诵之矣。然其散逸遗落者,犹不可胜计也。其从孙堪,乃为博加讨访,积累之久,得古、律诗七百四十一篇,而吴郡金君伯祥为镂诸梓。是编之传,其殆所谓拾遗者乎?予尝获执笔从公之后,而窃诵公之诗,以为国朝之宗工硕生,后先林立,其于诗尤长者,如公及临江范公,盖不可一二数也。学者读乎是编,则知其残膏剩馥,所以沾丐后人者多矣。今公已不可复作,予是以三复是编,而为之永慨也。抑公平生所为文,无虑万余篇,今《道园录》中所载不当十之三四而已,然则并加讨访,而使之尽传焉,岂非堪之志而予之所深望者乎!是故昌黎之集成于门人,河东之集托于朋友,惟庐陵欧阳公之集,其嗣人能致其力焉。若堪之汲汲于此,其亦可以无愧于欧阳氏矣。堪字克用,一字胜伯,好学有文,能世其家。而公之行能、官伐,已具于欧阳内翰所为碑铭,兹不著。至正二十年(1360)正月十日金华黄溍序。"(《黄溍全集》上册,第 276 页)

又按：危素《道园遗稿序》云："太史蜀郡虞公之文曰《道园学古录》。建安刘氏刻于家塾，曰《道园类稿》，临川郡学复刻焉。公自编集皆五十卷，而增损各异。从孙堪复访求其未传者又若干卷，俾素叙之。公唐、宋文献之家，幼从亲徙居临川，天性精敏，而家训甚严。方壮而出游，所交多当世之俊杰，丽泽之益，月旦不同。及扬历馆阁，遂擅大名于海内。其文章之出，莫不争先而快睹，得之盖足以为终身之荣。暮年归休江南，又十有六年，求为著述者填咽于门，往往曲随所愿而泛应之。然豪家厚赍金币，临之以势，竟不可得也。公贯通经史，而博涉于百氏，故犁然各尽其蕴而无所偏滞。深知公之所造者，殊未数数然耳，固未始以文人自居。或问作文，公语甲曰：'言其所当言，不可言者不言。'语乙则曰：'观《近思录》。'语丙则曰：'读《论语》。'又曰：'天之风雨雷霆，斯至文也。'其卒能默识心通于公意言之表者，果谁乎？素早事翰林学士吴先生于华盖山中，至于论文，则必以公为称首。公之南归，始获从容奉教。观其文，神奇变化，诚不可窥测以蠡管也。真定苏参政伯修与素约曰：'吾二人辱虞公之知，盍各求其遗文，他日合为全书，庶几不至散轶，可以谊吾党之责。'伯修既物故，素亦未遑有所铨次，堪之为是，甚喜其承家继后之异乎他人也。公讳集，字伯生，仕至奎章院侍书学士、翰林侍讲学士、监察御史。请加褒谥，赠江西行省参知政事，追封仁寿郡公，谥文靖。"（《全元文》卷一四七一，第48册，第243—244页）

马黎诺里编修《波西米亚编年史》。

按：据张星烺记载："一三五四年（至正十四年）日耳曼皇帝察里四世（Charls IV）至罗马城，行加冕礼时，得遇马黎诺里。至是闻马尝奉使远东，故招之，遂随归日耳曼，命著《波西米亚史》。其书古代士人见之者甚鲜，束藏字拉格市（Prague）教堂内四百余年，无人顾问。一七八六年（清乾隆三十三年）宣教师多不内（Reverend Gelasius Dobner）著《波西米亚通史》始将马黎诺里之作取出，列之于其书内。世界学者方得读其书。然多不内之功，不过将抄写本变作刻印本而已。一八二〇年（清嘉庆二十五年）德国人梅诺股（J. G. Meinert）始将多不内《通史》中《马黎诺里游记》提出，依其原文，重行清理，加以注解，刊之于《波希米亚科学会报告》中，题为《教皇专使小级僧约翰马黎诺里奉使东方录》，于是世人始得知有马黎诺里之书,并当时中国朝廷与罗马教皇通聘之事迹。一八五六年(清咸丰六年)德国孔斯曼(F. Kunstmann)著《第十四世纪印度中国基督教传布状况》一书,其第五卷为《马黎诺里游记》(Der Reisebericht des Johannes Marignolla),并有注释。英国亨利玉尔据此二书,译成英文,另加注解,列之于其所著《古代中国闻见录》第二卷中。余今之译,则又据玉尔英文译本而成者也。"(张星烺编注、朱杰勤校订《中西交通史料汇编》,第 1 册,第 244—245 页)

元惠宗至正十五年　乙未　1355 年

黄溍《金华黄先生文集》刊刻。

　　按:黄溍作品的整理,据贡师泰序言交代,总共 43 卷,初稿 3 卷,乃黄溍中举前所作,由危素编次,后 40 卷是黄溍中举后所作,由黄溍门人王祎、宋濂整理。贡师泰这年五月到兰溪,于王祎处得危素所编《金华黄先生文集》,作《黄学士文集序》。

　　又按:贡师泰《黄学士文集序》写道:"翰林侍讲学士《金华黄先生文集》,总四十三卷。其《初稿》三卷,则未第时作,监察御史临川危素所编次;《续稿》四十卷,则皆登第后作,门人王祎、宋濂所编次也。先生之文章,刮劘澡雪,如明珠白璧藉之缫绮,读者但见其光莹而含蓄,华缛而粹温,令人爱玩叹息之不已,而不知其致力用心之苦也。故其见诸朝廷简册之纪载,山林泉石之咏歌,无不各得其体而极其趣,以自成一家言。余尝论之:文章与世运同为盛衰,或百年、或数十年辄一见。先生当科目久废之余,文治复兴之日,得大肆力于学,以擅名于海内。虽其超见卓识有以异于人,其亦值世运之盛也。譬诸山川之风气,草木之花实,息者必复,悴者必荣,盖亦理势之必然,夫岂偶然而已哉! 先生领延祐甲寅乡荐,先文靖公实为考官,于师泰有契家之好。其后同居史馆,又同侍经筵,交谊尤笃。比廉问闽南,过金华,得先生之集于王祎,故叙而授之三山学官,俾刻梓以惠来学。先生登进士第,授将仕郎、台州宁海县丞,历石堰场监运、诸暨州判官,浮沉州县几二十年,始入翰林应奉文字。寻丁外艰。服除,改国子博士。居六年,以太夫人春秋高,乞外补,遂提举江浙儒学。年六十有四,竟辞禄归养,以中顺大夫、秘书少监致仕。及复召入翰林,侍经筵,

数告老,不许,久乃得谢去。今年七十有九,犹康强善饮啖,援笔驰骋如壮岁云。"(《贡氏三家集·贡师泰集》卷六,第283页)

又按:宋濂《金华先生黄文献公文集序》写道:"天地之气日新而无穷,文辞亦与之无穷,盖其升降、翕张、俯仰、变化,皆一神之所为。神也者,形之而弗竭,用之而弥章。气之枢,文之所圉也。三代而上,六艺兴焉,《礼》不同乎《春秋》,《春秋》不同乎《诗》,《诗》不同乎《书》,《书》不同乎《易》。三代以下,诸家言虽不能经,亦各以学鸣,龙门则异于河汾,河汾则异于昌黎,昌黎则异于庐陵,庐陵则异于伊洛。夫岂欲骋异哉?文与气资神以生,其势则然也。宝庆之后,文弊滋极,惟陈腐之言是袭,前人未发者则不能启一喙。精魄沦亡,气局荒靡,蘸焉如弱卉之泛绪风,文果何在乎?至元大德以来,群士叠出,刊华而践朴,革伪以趋真,烂然五色之文照耀于天下,沿至先生,号为极盛。先生之所学,推其本根则师群经,扬其波澜则友迁、固,沉浸之久,犁然有会于心。尝自诵曰:'文辞各载夫学术者也,吾敢苟同乎?无悖先圣人斯可已。'故其形诸撰述,委蛇曲折,必罄所欲言。出用于时,则由进士第教成均、典儒台、直禁林,侍讲经帏,以文字为职业者殆三十年。精明俊朗,雄盖一代,可谓大雅不群者矣。今之论者徒知先生之文清圆切密,动中法度,如孙、吴用兵,神出鬼没,不可正规,而部位整然不乱,至先生之独得者,又焉能察其端倪哉?於戏!蹄涔之水,其流不能寻尺;通江绝海,则涵浴日月,一朝而千变。土鼓之声,其闻不及百武;迅风惊霆,则震撼万物,衡纵高库,无幽而不被。此无它,神与不神也。文辞之出,与天地之气相为无穷,奈何不河海风霆之若,而睨睨蹄涔、土鼓间,果谁之过也?上而六艺,下而诸家言,所倡虽有大小之殊,其生色之融液,至今犹津津然,是诚何道哉?学者尚以是而求先生也。先生薨后之五年,家藏《日损斋稿》共二十五卷,县大夫恐其埋殁,亟取锲梓以传。谓濂尝从先生学,俾为之序。濂也不敏,何足以知先生?追念畴昔侍几杖华川之上,先生酒微酡,历论文辞,原乎学术,每至数百言。自顾于道无闻,溺志汗漫无根之域,不足上承明训,方将克厉剔去陈腐,以振华英,而九京不可作矣。俯仰今古,能无感乎?姑诵所闻,以冠篇端。若先生所以擅一代之盛者,则不待序而后见也。先生讳溍,字晋卿,姓黄氏,婺之义乌人。其官簿行业,具见临川危公所撰神道碑铭,兹不著。门人同郡

宋濂谨序。"(《宋濂全集》卷三二,第 2 册,第 704—705 页)

黄溍为贡奎诗文集作序。

按:黄溍以贡奎之子贡师泰而见其文集,遂慨然为序。

又按:黄溍《贡侍郎文集序》写道:"延祐初,故内翰贡文靖公较艺江浙乡闱,溍以非才,误蒙荐送,忝缀末科。公既入居文学侍从之列,而溍随牒远方,浮湛州县,晚乃登畿。将以门生礼见,则公捐馆舍已久。犹幸与公仲子侍郎公托契家之好,而缔文字交。侍郎由供奉翰林外补,而复以元官召,累升次对。溍适自退休,备员劝讲,同官为寮,日相款洽。属有史事,罔敢不亲其职业,辰入酉出,无须臾间。于侍郎之高文大册、长篇短章,虽时获窥豹一斑、尝鼎一脔,终未能尽大观而无憾也。溍以老得谢归卧林麓,侍郎方峻跻台、省,出驾使车,相望日益以远。诸生有辱侍郎谓之进而旅于门下之士者,汇次其文集为若干卷,持以示溍,始遂其快睹,而厌饫其隽永之味焉。昔之论文者,盖曰:文之体有二:有山林草野之文,有朝廷台阁之文。夫立言者,或据理,或指事,或缘情,无非发于本。实有是实,斯有是文。其所处之地不同,则其为言不得不异,乌有一定之体乎?侍郎早从文靖公至京师,而与英俊并游于成均。逮释褐授官,而践扬中外,在朝廷台阁之日常多。故其蕴蓄之素,施于诏令,则务深醇谨重,以导宣德意,而孚众听;施于史传,则务详赡精核,以推叙功伐,而尊国执;施于论奏,则务坦易质直,以别白是非邪正、利病得失,而不过为矫激。他歌诗、杂著、赞颂、碑铭、记序之属,非有其实,不苟饰空言,以曲狥时人之求。至于宦辙所经名区胜地、大山长溪、穹林邃壑、风岚泉石、幽遐奇绝之概,有以动其逸兴,而形于赋咏,与畸人静者互为倡答,率皆清虚简远可喜,亦非穷乡下士、草野寒生危苦之词可同日而语也。盖其为文,初不胶于一定之体,安知其孰为台阁,孰为山林也耶? 东坡先生曰:'吾文如万斛泉源,不择地皆可出。在平地,虽一日千里无难,及与石山曲折、随物赋形,不可知也。所可知者,常行于所当行,常止于不可不止,如是而已。'欲知侍郎之文,请以先生之言观之。至正十又五年秋八月甲子,黄溍序。"(《贡侍郎文集序》,《黄溍全集·金华黄先生文集》卷一九,上册,第 272 页)

宋濂《潜溪集》刊刻。

按:宋濂《潜溪集》10 卷,附录 2 卷,郑涛编辑,由郑氏义门刊行,正月刊行。

又按:欧阳玄《潜溪后集序》曰:"经筵检讨郑君涛,以金华宋濂先生所著文集征予序。予为之言曰:三代而下,文章唯西京为盛。逮及东都,其气寖衰。至李唐复盛,盛极又衰。宋有天下百年,始渐复于古。南渡以还,为士者以泛焉无根之学,而荒思于科试间,有稍自振拔者,亦多诞幻卑冗,不足以名家,其衰又益甚矣。我元龙兴,以浑厚之气变之,而至文生焉。中统、至元之文庞以蔚,元贞、大德之文畅而腴,至大、延祐之文丽而贞,泰定、天历之文赡以雄。涵育既久,日富月繁,上而日星之昭晰,下而山川之流峙,皆归诸粲然之文,意将超宋、唐而至西京矣。宋君虽近出,其天分至高,极天下之书,无不尽读,大江以南,最号博学者也。以其所蕴,大肆厥辞,其气韵沉雄,如淮阴出师,百战百胜,志不少慑;其神思飘逸,如列子御风,翩然褰举,不沾尘土;其辞调尔雅,如殷鼎周彝,龙纹漫灭,古意独存;其态度多变,如晴跻终南,众皱前阵,应接不暇。非才具众长,识迈千古,安能与于斯?杂于古人篇章中,盖甚难辨。唯真知文者,始信予言之弗谬。予在翰林也久,海内之文无不得寓目焉,求如宋君,何其鲜也!苟置之承明、奉常之署,使掌制作,岂不能黼黻一代乎?先民有言曰:知言,圣贤之能事;立言,学问之极功。不学知言,不能明理;不学立言,不能成文。有若宋君,其殆理明而文成者欤!因书以为序。宋君字景濂,濂其名也。尝著《人物记》二卷,余为序之,郑君谓其可拟《五代史记》,亦云论云。翰林学士承旨、荣禄大夫、知制诰、兼修国史庐陵欧阳玄序。"(《欧阳玄全集·圭斋文集》卷七,上册,第148—149页)

又按:郑涣至正十六年(1356)十月又增刻《潜溪集》,郑涣在书的卷末题识交代曰:"《潜溪集》一编,总六万有字,皆金华宋先生所著之文也。先生自以为文章乃无用空言。凡所酬应,鲜存其稿,出于涣兄仲舒编者,仅若是。仲父都事公取以镂梓,涣谨以先生近作益之,复用故国子监丞陈公昔所为序,冠于篇端。其文多系杂著,弗复分类。诗赋别见《萝山稿》,不在集中。群公所述纪传赞辞及尺牍之属,有系于先生者,摘为二卷,附于其末。惟先生奥学雄文,有非区区小子所敢知,姑用识其刊刻本末于此。嗣是而有所作者,当为后集以传。至正十六年(1356),岁次丙申,冬十月十三日,浦阳郑涣谨识。"(《宋濂全集》附录二,第5册,第

2723 页)

脱脱卒。

按:脱脱(1314—1355),"字大用,生而岐嶷,异于常儿"。"稍长,膂力过人,能挽弓一石。年十五,为皇太子怯怜口怯薛官。天历元年(1328),袭授成制提举司达鲁花赤。二年(1329),入觐,文宗见之悦,曰:'此子后必可大用。'迁内宰司丞,兼前职。五月,命为府正司丞。至顺二年(1331),授虎符、忠翊侍卫亲军都指挥使。元统二年(1334),同知宣政院事,兼前职。五月,迁中政使。六月,迁同知枢密院事。""至元元年(1335),唐其势阴谋不轨,事觉伏诛,其党答里及剌剌等称兵外应。脱脱选精锐与之战,尽禽以献。历太禧宗禋院使,拜御史中丞、虎符亲军都指挥使,提调左阿速卫。四年,进御史大夫,仍提调前职,大振纲纪,中外肃然。""是时,其伯父伯颜为中书右丞相,既诛唐其势,益无所忌,擅爵人,赦死罪,任邪佞,杀无辜,诸卫精兵收为己用,府库钱帛听其出纳。""授金紫光禄大夫,兼绍熙宣抚使。"六年定策逐权臣伯颜,"至正元年(1341),遂命脱脱为中书右丞相、录军国重事,诏天下。脱脱乃悉更伯颜旧政,复科举取士法,复行太庙四时祭,雪郯王彻彻秃之冤,召还宣让、威顺二王,使居旧藩,以阿鲁图正亲王之位,开马禁,减盐额,蠲负逋,又开经筵,遴选儒臣以劝讲,而脱脱实领经筵事。中外翕然称为贤相""三年,诏修辽、金、宋三史,命脱脱为都总裁官。又请修《至正条格》颁天下。""十五年三月,台臣犹以谪轻,列疏其兄弟之罪,于是诏流脱脱于云南大理宣慰司镇西路","十二月己未,哈麻矫诏遣使鸩之,死,年四十二。讣闻,中书遣尚舍卿七十六至其地,易棺衣以殓"。(《元史》卷一三八《脱脱传》,第 11 册,第 3341—3349 页)著有《宋史岳飞传》1 卷、《岳武庙名贤诗》1 卷、《宋史道学传》4 卷、纂《宋史艺文志》(与人合纂)。事迹见《元史》本传。

又按:《元史》云:"脱脱仪状雄伟,顾然出于千百人中,而器宏识远,莫测其蕴。功施社稷而不伐,位极人臣而不骄,轻货财,远声色,好贤礼士,皆出于天性。至于事君之际,始终不失臣节,虽古之有道大臣,何以过之。惟其惑于群小,急复私仇,君子讥焉。"至正二十二年(1362),"监察御史张冲等上章雪其冤,于是诏复脱脱官爵,并给复其家产。……二十六年(1366),监察御史圣奴、也先、撒都失里等复言:'奸邪构害大臣,以致临敌易将,我国家兵机不振从此始,钱粮之耗从此始,盗贼纵横从此始,生民之涂炭从此始。设使脱脱不死,安得天下有今日之乱哉! 乞封一字王爵,定谥及加功臣之号。'朝廷皆是其言。然以国家多故,未及报而国亡。"(《元史》卷一三八《脱脱传》,第 11 册,第 3348—3349 页)

元惠宗至正十六年　丙申　1356 年

三月癸巳,张士诚建都隆平。

　　按:隆平府,即今苏州市,张士诚将元朝平江路改为隆平府,并以此为都。"诚王自高邮来隆平(江苏),服御器用,皆假乘舆,官于承天寺万岁阁,改历曰明。时设学士员,开弘文馆,以阴阳术人李行素为丞相;弟士德为平章,提调各郡军马;蒋辉为右丞,居内省理庶务;潘元明为左丞,镇吴兴;史文炳为枢密院同知,镇松江。"(《秘阁元龟政要》《辍耕录》,见《吴王张士诚载记》卷二,第 55—56 页)

元惠宗至正十七年　丁酉　1357 年

黄溍卒。

　　按:黄溍(1277—1357),字晋卿,婺州义乌人。延祐二年(1315)赐同进士出身,授将仕郎、台州路宁海县丞。寻升从事郎、绍兴路诸暨州判官。官至翰林直学士、知制诰、同修国史、同知经筵事,进阶中奉大夫。其学博及天下之书,工文,善真草书。卒谥文献。著有《日损斋稿》33 卷、《尚书标说》6 卷、《春秋世变图》2 卷、《春秋授受谱》1 卷、《古职方录》8 卷、《孟子弟子列传》2 卷、《义乌志》7 卷、《义乌黄氏族谱图》《日损斋笔记》2 卷、《临池拾遗记》《黄文献集》10 卷等。事迹见杨维桢《故翰林侍讲学士金华黄先生墓志铭》(《东维子文集》卷二四)、危素撰《大元故翰林侍讲学士中奉大夫知制诰同修国史同知经筵事赠中奉大夫江西等处行中书省参知政事护军追封江夏郡公谥文献黄公神道碑》(《文献集》卷七下附录)、宋濂撰《故翰林侍讲学士中奉大夫知制诰同修国史同知经筵事金华黄先生行状》(《文宪集》卷二五)、《元史》卷一八一、《新元史》卷二〇六、《宋元学案》卷七〇、《蒙兀儿史记》卷一二〇、《义乌人物记》下、《元儒考略》卷

四、《两浙名贤录》卷二、光绪《奉化县志》卷三二。

欧阳玄卒。

按：欧阳玄（1283—1357），字原功，号圭斋，又号平心老人。本为庐陵人，至曾祖父始迁浏阳，故为浏阳人。弱冠下帷苦读，潜研经史百家，于伊洛诸儒源委尤为淹贯。延祐二年（1315），赐进士及第，授承事郎、岳州路同知平江州事。后拜翰林学士、资善大夫、知制诰同修国史。曾参与修撰《皇朝经世大典》、为《辽》《金》《宋》三史总裁官。为文力主师法其先欧阳修，以廉静深醇、舒徐和易为法。一生著作颇丰。明洪武十三年（1380年），族孙佑持（欧阳佑持）收录玄生前最后七年于燕京所作及碑志等文，辑成《欧阳公文集》24 卷，宋濂为之作序。二书都毁于兵火。明成化六年（1470 年），五世孙俊质收集散佚，并由其子铭、镛增补，辑成《圭斋文集》15 卷、《圭斋文集附录》1 卷，浙江督学宪副刘伐和（釪）校正，七年付梓（简称成化本），得以流传至今。清四库全书本及诸刊本、钞本均源于此。事迹见张起岩《元敕赐翰林直学士亚中大夫轻车都尉追封渤海郡侯欧阳公神道碑铭有序》（《圭斋文集》卷一六·附录）、危素撰《大元故翰林学士承旨光禄大夫知制诰兼修国史圭斋先生欧阳公行状》（《圭斋集》附录）、《元史》卷一八二、《新元史》卷二〇六、《宋元学案》卷八二、《蒙兀儿史记》卷一二〇。

又按：宋濂《欧阳公文集原序》云："文辞与政化相为流通，上而朝廷，下而臣庶，皆资之以达务。是故祭飨郊庙则有祠祝，播告寰宇则有诏令，胙土分茅则有册命，陈师鞠旅则有誓戒，谏诤陈情则有章疏，纪功耀德则有铭颂，吟咏鼓舞则有诗骚，所以著其典章之懿，叙其声名之实，制其事为之变，发其性情之正，阐辟化原，推拓政本，盖有不疾而速，不行而至者矣。然必生于光岳气完之时，通乎天人精微之蕴，索乎历代盛衰之故，洞乎万物荣悴之情，核乎鬼神幽明之赜，贯乎方域离合之由。举其大也，极乎天地；语其小也，则入夫芒秒。而后聚其精魄，形诸篇翰，沨沨乎、泱泱乎，诚不可尚已。世有与于斯者，其惟大司徒楚国欧阳文公乎？公讳玄，字原功，潭之浏阳人。其先家庐陵，与文忠公修同出于安福令万之后。公幼岐嶷，十岁能属文，逮弱冠，下帷数年，人莫见其面。经史百家靡不研究，伊洛诸儒源委尤为淹贯，遂擢延祐乙卯进士第。历官四十余年。在朝之日殂四之三。三任成均而两为祭酒，六入翰林而三拜承旨。盖当四海混一之时，文物方盛，纂修实录、大典、三史，皆大制作。两知贡举及读卷官，凡宗庙朝廷雄文大册，颁示万方制诏，多出公手，金缯上尊之赐，几无虚月。海内名山大川，释老之宫，王公墓隧之碑，得公文辞以为荣；片言只字，流传人间，咸知宝爱。文学德行卓然名世，羽仪斯文，黼黻治具，公之功为最多。君子评公之文，意雄而辞赡，如黑云四兴，雷电恍惚，而雨雹飒然交下，可怖可愕；及其云散雨止，长空万里，一碧如洗，可谓奇伟不凡者矣。非见道笃而择理精，其能致然乎？呜呼！自宋迄元三四百年之间，文忠公以斯道倡之于其先，天下学士翕然而宗之。今我文公复倡之于其后，天下学士复翕然而宗之。双璧相望，照耀两间，何欧阳氏一宗之多贤也？不亦盛哉！初，虞文靖公集助教成均，其父井斋先生汲方教授于潭，见公文大惊，手封一帙寄文靖，谓公他日必与之并驾齐驱。由是文靖荐公升朝，声誉赫赫然相埒，卒符于井斋之言。文靖之文已盛行，公薨二十四年，其孙佑持持公集二十四卷来谓濂曰：'先文公之文，自擢第以来，多至一百余册，藏于浏阳里第，皆毁于兵。此则在燕所录，自辛卯以至丁酉七年之作耳，间有见于金石者，随附入之。子幸为文序之以传。'濂也不敏，自总角时即知诵公之文，屡欲裹粮相从而不可得。公尝见濂所著《潜溪集》，不我鄙夷，辄冠以雄文，所以期待者甚至。第以志念荒落，学术迂疏，不足副公之望，况敢冒昧而序其文乎？虽然公文之在霄壤中，上则为德星、为庆云，下则为朱草、为醴泉，光景常新而精神无亏，亘万古犹一日。序之与否，尚何暇论哉？佑字公辅，问学精该，论议英发，无愧于家学者也。金华宋濂撰。"（《宋濂全集》卷三〇，第 2 册，第 685—686 页）

王思诚卒。

　　按：王思诚（1291—1357），字致道，山东兖州嵫阳人，从汶阳曹元用游，学大进。至治元年（1321）进士，"授管州判官，召为国子助教，改翰林国史院编修官。寻升应奉翰林文字，再转为待制。至正元年（1341），迁奉议大夫、国子司业"。"召修辽、金、宋三史，调秘书监丞。会国子监诸生相率为哄，复命为司业。思诚召诸生立堂下，黜其首为哄者五人，罚而降斋者七十人，勤者升，惰者黜，于是更相勉励。超升兵部侍郎"，丁内忧后，起为"太中大夫、河间路总管"，"召拜礼部尚书"，"十二年，帝以四方民颇失业,命名臣巡行劝课。思诚至河间及山东诸路","召还,迁国子祭酒,俄复为礼部尚书,知贡举,升集贤侍讲学士,兼国子祭酒","寻出为陕西行台治书侍御史","十七年,召拜通议大夫、国子祭酒,时卧疾,闻命即起,至朝邑,疾复作。十月,卒于旅舍,年六十有七。谥献肃"(《元史》卷一八三《王思诚传》,第 14 册,第 4211—4215 页)。事迹见《元史》卷一八三本传。

吕思诚卒。

按:吕思诚(1293—1357),字仲实,山西平定州人。"擢泰定元年(1324)进士第,授同知辽州事,未赴。丁内艰。改景州蓚县尹","擢翰林国史院检阅官,俄升编修。文宗在奎章阁,有旨取国史阅之,左右异匦以往,院长贰无敢言。思诚在末僚,独跪阁下争曰:'国史纪当代人君善恶,自古天子无观阅之者。'事遂寝。寻擢国子监丞,升司业,拜监察御史。与斡玉伦徒等劾中书平章政事彻里帖木儿变乱朝政,章上,留中不下,思诚纳印绶殿前,遂出佥广西廉访司事","复召为国子司业,迁中书左司员外郎……起为右司郎中,拜刑部尚书","科举复行,与佥书枢密院事韩镛为御试读卷官。改礼部尚书,御史台奏为治书侍御史,总裁辽、金、宋三史,升侍御史,枢密院奏为副使,御史台留为侍御史","未几,召为集贤侍讲学士,兼国子祭酒,出为湖广行省参知政事,诸生抗疏留之,不可。道中授湖北廉访使,入拜中书参知政事,升左丞,转御史中丞。劾奏清道官不尽职,罢之。再任左丞、知经筵事,提调国子监,兼翰林学士承旨、知制诰兼修国史,加荣禄大夫,总裁后妃、功臣传,会粹《六条政类》,帝赐玉带,眷顾弥笃。又为枢密副使,仍知经筵事,复为中书左丞","拜集贤学士,仍兼国子祭酒"。以至正十七年(1357)三月十七日卒,年六十有五。思诚"气宇凝定,素以劲拔闻,不为势利所屈。三为祭酒,一法许衡之旧,诸生从化,后多为名士。尝病古注疏太繁,魏了翁删之太简,将约其中以成书,不果。有文集若干卷、《两汉通纪》若干卷。谥忠肃。"(《元史》卷一八五《吕思诚传》,第 14 册,第 4247—4251 页)著有《两汉通纪》、顾嗣立辑其遗诗为 1 卷曰《仲实集》。事迹见《元史》卷一八五本传。

元惠宗至正十八年 戊戌 1358 年

郑玉卒。

按:郑玉(1298—1358),字子美,号师山,徽州歙县人。尤精《春秋》,教授于乡,门人甚众,称师山先生,并于其地造师山书院。至正间,征拜翰林待制、奉议大夫,辞病不起,以著述为业。明兵至,自缢死。著有《周易大传附注》《程朱易契》《春秋经传阙疑》45 卷、《郑氏石谱》《师山文集》8卷遗文 5 卷。事迹见汪克宽《师山先生郑公行状》(《环谷集》卷八)、《元史》卷一九六、《新元史》卷二三一、《宋元学案》卷九四、朱升《祭郑师山先生文》(《新安文献志》卷四六)、汪仲鲁《师山郑先生哀辞》(《明文衡》卷九五)。

又按:全祖望曰:"继草庐而和会朱陆之学者,郑师山也。草庐多右陆,而师山则右朱,斯其所以不同。"郑玉尝曰:"近时学者,未知本领所在,先立异同,宗朱则毁陆,党陆则非朱。此等皆是学术风俗之坏,殊非好气象也。陆子静高明不及明道,缜密不及晦庵,然其简易光明之说,亦未始为无见之言也,故其徒传之久远,施于政事,卓然可观,而无颓堕不振之习。但其教尽是略下工夫,而无先后之序,而其所见,又不免有知者过之之失,故以之自修虽有余,而学之者有弊。学者自当学朱子之学,然亦不必谤象山也。"(《宋元学案》卷九四《师山学案》,第 3125、3127 页)

余阙卒。

按:余阙(1303—1358),字廷心,一字天心,安徽庐州人。先世为唐兀人(元时色目人中之一种)。从学张恒(按,恒乃吴澄门人)。元统元年(1333)进士,累官监察御史。至正间,任都元帅、淮南行省右丞,忠于元朝,与陈友谅军顽抗,城破身死。阙为政严明,治军与兵士同甘苦,有古良吏风。明初,追谥忠宣。阙留意经术,五经皆有传注,文章气魄深厚,篆隶亦古雅。著有《易说》50 卷、《五经纂注》《青阳文集》9 卷。事迹见《元史》卷一四三、宋濂《余左丞传》(《文宪集》卷一一)。

又按:李祁《余青阳文集序》载:"颓龄无几,朋旧凋落已尽,呻吟疾痛中,忽得同年余君廷心诗文一帙,读之辄泣然流涕而叹曰:'呜呼!世安有吾廷心者哉?廷心学问、文章、政事、名节,虽古之人有不得而兼者,而廷心悉兼之。世岂复有斯人哉?'元统初元,余与廷心皆试艺京师,是科第一甲置三名,皆得进士及第。而廷心得右榜第二,余忝左榜亦然,唱名亦然。谢恩,余二人同一班列锡宴,则接肘同席而席,同锡绯服,同受七品官。当是时,余与廷心无甚相远者。其后余以应奉翰林,需次丁父与祖父、母三丧,乞奉母就养江南,沉没下僚,学殖日益荒秽。而廷心方游四州,入翰林为应奉、为台、为省。声光赫著,如干将发硎,莫敢触其锋;文章学问,与日俱进,如水涌山积,莫能窥其突。于是余之去廷心始相远。又其后,遭遇时变,余以母忧窜伏乡里,尝恨不得乘一障以效死。而廷心以羸卒数千守孤城,屹然为江淮砥柱者五六年。援绝城陷,竟秉节仗义,与妻子皆死。生为名臣,没有美谥。于是余之去廷心又大相远矣。呜呼!廷心已矣,世安得复有廷心者哉?或者以为廷心之死,乃天之将丧斯文。余以廷心虽死,而斯文固未丧也。廷心之孤忠大节,足以照耀千古,奕然为斯文之光,而何丧之有焉?使皆为世之贪生畏死、甘就屈辱,而犹腼然以面目视人者,则斯文之丧益扫地尽矣,岂非廷心之罪人哉?廷心诗尚古雅,其文温厚有典,则出入经传疏义,援引百家,旨趣精深,而论议宏达,固可使家传而人诵之,凿凿其不可易也。惜其稿煨烬无遗,独赖门人郭奎掇拾于学者记录之余,得数十篇以传。而或者犹以不见全稿为恨。夫以一草一木之微,已足以观造化发育之妙,则凡世之欲知廷心者,又奚以多为尚哉?昔太史司马公述屈原《离骚》之旨,谓推其志可与日月争光。呜呼!屈原不可尚矣。千载而下,知廷心者,其无司马乎?廷心尝读书青阳山中,及仕,而得禄多聚书以惠来学。学者称为'青阳先生'。故是集亦以《青阳》为名云。"(王毅点校《云阳集》,第 53 页)

元惠宗至正十九年　己亥　1359 年

贡师泰《玩斋集》编成。

　　按:贡师泰《玩斋集》由其弟子谢肃、刘中及朱燧等人编撰完成,有余阙、程文等馆臣及当时文坛名流杨维桢、王祎、沈性、谢肃、李国凤等人作序。

　　又按:杨维桢《贡尚书玩斋诗集序》写道:"先辈论诗,谓必穷者而后工,盖本韩子语,以穷者有专攻之伎、精治之力,其极诸思虑者,不工不止,如老杜所谓'癖耽佳句,语必惊人'者是也。然《三百篇》岂皆得于穷者哉？当时公卿大夫士，下及闾夫鄙隶，发言成诗，不待雕琢而大工出焉者，何也？情性之天至，世教之积习，风谣音裁之自然也。然则以穷论诗，道之去古也远矣。我朝古文，殊未迈韩、柳、欧、曾、苏、王，而诗则过之。郝、元初变，未拔于宋。范、杨再变，未几于唐。至延祐、泰定之际，虞、揭、马、宋诸公者作，然后极其所挚，下顾大历与元祐，上逾六朝而薄风雅。吁，亦盛矣。继马、宋而起者，世惟称陈、李、二张。而宛陵贡公则又驰骋虞、揭、马、宋诸公之间，未知孰轩而孰轾也。公以余为通家弟兄，每令评其所著，如'东南有佳人'、'嶰谷有美竹'，深得比兴。'日入柳风息'，'芙蓉生绿水'，远诣选体。厚伦理如《风树》《春晖》，树风操如《葛烈女》《段节妇》《李贞母》《陈尧妻》，感古如《苍梧》《滕阁》，纪变如《河决》《苏台》，论人物如《耕莘》《蹈海》，游方之外如《子虚道人》。《杨白花》《吴中曲》，有古乐府遗音，《国字》《黄河》，可补本朝缺制。其他所作，固未可一二数，此岂效世之畸人穷士，专攻精治而后得哉！盖自其先公文靖侯，以古文鼓吹延祐间。公由胄学出省台，其风仪色泽雍容暇豫，不异古之公卿大夫游于盛明，故其诗也，得于自然，有不待雕琢而大工出焉者此也。公年尚未莫，气尚未衰，而尤嗜问学不止。今为天子出使万里外，他日纪录，为风为骚；入为朝廷道盛德，告成功，为雅为颂，又当有待于公者，岂止今日所见而已？编是集者，为其高弟子谢肃、刘中及朱燧也，别又为公《年谱》云。公字泰父，号玩斋，学者称为玩斋先生。至正十九年（1359）秋九月九日会稽杨维桢序。"（《杨维桢全集校笺》卷一〇三《铁崖佚文编之二序》，第9册，第3555—3556页）

薛昂夫卒。

　　按：薛昂夫（1267—1359），约生于元初至元年间。原名薛超吾儿，以第一字为姓。其氏族为回鹘人，先世内迁，居怀孟路（治所在今河南沁阳）。祖、父皆封覃国公。汉姓为马，又字九皋，故亦称马昂夫、马九皋。他曾执弟子礼于刘辰翁门下，历官江西省令史，金典瑞院事、太平路总管、衢州路总管等职。薛昂夫善篆书，有诗名，诗集已佚。诗作存于《皇元风雅后集》《元诗选》等集中。《南曲九宫正始序》称其"词句潇洒，自命千古一人，深忧斯道不传，乃广求继己业者。至祷祀天地，遍历百郡，卒不可得"。

又按:赵孟頫《薛昂夫诗集序》:"嗟乎! 吾观昂夫之诗,信学问之可以变化气质也。昂夫西戎贵种,服旃裘,食湩酪,居逐水草,驰骋猎射,饱肉勇决,其风俗固然也。而昂夫乃事笔砚,读书属文,学为儒生,发而为诗、乐府,皆激越慷慨,流丽闲婉,或累世为儒者有所不及,斯亦奇矣。盖昂夫尝执弟子礼于须溪先生之门,其有得于须溪者,当不止于是,而余所见者词章耳。夫词章之于世,不为无所益,今之诗犹古之诗也。苟为无补,则圣人何取焉? 由是可以观民风、可以观世道、可以知人、可以多识草木鸟兽之名,其博如此。嗟乎! 吾读昂夫之诗,知问学之变化气质为不诬矣。他日昂夫为学日深,德日进,道义之味,渊乎见于词章之间,则余爱之、敬之,又岂止于是哉!"(《赵孟頫集》卷六,第 174 页)

高明卒。

按:高明(约 1305—1359),字则诚,温州瑞安人。至正五年(1345)进士,朱元璋据金陵,广收俊彦,征高明,以疾辞。高明工诗善曲,词章斐然,学博而深,才高而瞻。著杂剧《琵琶记》。事迹见《南词叙录》、陆时化《吴越所见书画录》卷一、《元诗选·三集》小传、《全元散曲》。

元惠宗至正二十年　庚子　1360 年

五月,张士诚海运粮食十一万石至京师,缓其荒急。

按:元朝自中原战乱,江南漕运久不通,京师屡苦饥。"二十年五月,张太尉海运粮十一万石至京师。二十一年五月如之。是年九月,元又遣兵部尚书彻彻不花、侍郎韩梅来征海运粮。二十二年五月,海运粮至京师。二十三年亦如之。岁以十一万石为率。张太尉既输粮,元廷益倚重,于是方面之权悉归张氏。丞相达识尽拥虚位而已。"(《元史·顺帝纪》《元史·达识帖睦迩传》,见《吴王张士诚载记》卷二"正编",第 72 页)

杨瑀著《山居新语》4 卷成。

按:杨维祯《山居新话序》载:"经、史之外有诸子,亦羽翼世教者,而或议之'说铃',以不要诸六经之道也。汉有陆生贾尝著书十二篇,号《新语》,至今传之者,亦以善著古今存亡之征。继新语者,有《说苑》《世说》,他如《笔语》《艾说》《夷坚》《侯鲭》《杂俎》《丛话》《桯史》《墨客》《夜话》《野语》等书,虽精粗泛约之不同,亦可备稽古之万一。若《幽冥》《青琐》,袄诡娙佚,君子不道之已。吾宗老山居太史归田后著书,名《山居新语》,凡若干首。其备古训,类《说苑》;掇国史之阙文,类《笔语》;其史断诗评,绳前人之愆;天菑人妖,垂世俗之警。视袄诡姪佚败世教者远矣,其得以说铃议之乎!好事者梓行其书,征予首引,予故为之书。至正庚子夏四月十有六日,李黼榜第二甲进士、今奉训大夫、江西等处儒学提举会稽杨维祯叙。"(《杨维祯全集校笺》卷一〇三《铁崖佚文编之二序》,第 9 册,第 3558 页)

许有壬《圭塘小稿》编成。

按:《圭塘小稿》正文 13 卷,别集 2 卷,续集 1 卷,附录 1 卷成。张翥《圭塘小稿序》云:"昔人论文章,贵有馆阁之气。所谓馆阁,非必掞藻于青琐石渠之上,挥翰于高文大册之间,在于尔雅深厚、金浑玉润,俨若声色之不动,而薰然以和,油然以长,视夫滞涩怪僻、枯寒褊迫,至于刻画而细、放逸而豪,以为能事者,径庭殊矣。故识者往往以是概观其人之所到,有足征焉。本朝自至元、大德以讫于今,诸公辈出,文体一变,扫除俪偶,迂腐之语,不复置舌端,作者非简古不措笔,学者非简古不取法,读者非简古不属目,此其风声气习,岂特起前代之衰?而国纪世教维持悠久以化成天下者,实有系乎此也。集贤大学士兼太子左谕德安阳许公,自进士高等,接武而上,历侍从、膺藩宣,典内制,佐政府,出入中外四十有余年,其牢笼万象,漱涤芳润,总揽山川之胜,与夫推之经济当世者,何莫非学?其所取数多,其用物弘,故其所发笔力,有莫窥其倪,而逦迤曲折且不它蹈,则夫冠冕佩玉之气象信得而征之矣。公《大全集》凡若干卷,简而出之,为诗文乐府若干,公题曰《圭塘小稿》。圭塘,安阳别业也,公之所休逸也,花竹泉石超然林壑,故以命编云。契生翰林学士承旨、荣禄大夫、知制诰兼修国史张翥书。"(《全元文》卷一四八三,第 48 册,第 586 页)

金哈剌撰《南游寓兴集》1 卷成。

按:金哈剌,字元素,号葵阳,雍古(或谓为茀林、康里)人,乃祖有功于国,赐姓金氏,世居燕山。早岁登进士第,授钟离县达鲁花赤,历廉访佥事,累升江浙行省左丞,拜枢密院使,从顺帝北去。所著《南游寓兴集》,刊行于至正二十年(1360);在国内早已失传,仅《元诗选癸集》录有其诗。金哈剌《南游寓兴诗集》卷首有二序,其一题《南游寓兴诗集序》,署"至正二十年(1360)庚子腊月朔日奉训大夫江浙等处行枢密院判官天台刘仁本序"。其二无题,署"庚子四月朔国子进士福建等处行中书省左□司孝事浚仪赵由元直谨识"。

元惠宗至正二十一年　辛丑　1361 年

杨瑀卒。

按:杨瑀(1285—1361),字元诚,号山居,钱塘人。曾任中瑞司典簿、奎章阁广成局副使,后超擢奉议大夫、太史院判官。后改建德路总管,进阶中奉大夫,浙东道宣慰使,都元帅。著有《山居新语》1 卷。事迹见杨维桢《元故中奉大夫浙东慰杨公神道碑》(《东维子集》卷二四)、《元诗选·癸集》小传。

吴当卒。

按:吴当(1297—1361),字伯尚,崇仁人,吴澄孙。用荐为国子助教,预修《辽》《金》《宋》三史,书成,除翰林修撰,累迁国子司业,历礼部郎中、翰林直学士,出为江西廉访使。陈友谅陷江西,辟之,不出,送江州拘留一年,终不屈。著有《周礼纂言》《学言诗稿》6 卷。事迹见《元史》卷一八七、《宋元学案》卷九二、《元史新编》卷四六、《元书》卷八八、《元史类编》卷三二、《元诗选·初集》小传。

元惠宗至正二十二年　壬寅　1362 年

张士信出官钱补刊西湖书院旧有经史书版。

按:这年七月,时任浙江行省左右司员外郎的陈基建白平章张士信,说西湖书院旧有经史书版,兵后零落,请出官钱进行宋监本的大规模板片修补刊订工作。此项工作自至正二十一年(1361)十月始,至次年七月毕工。

又按:陈基《西湖书院书目序》载:"杭西湖书院,宋季太学故阯也。宋渡江时,典章文物悉袭汴京之旧。既已裒辑经史百氏为库,聚之于学,又设官掌之,今书库板帙是也。德祐内附,学废,今为肃政廉访司治所。至元二十八年(1291),故翰林学士承旨东平徐公持浙西行部使者节,即治所西偏为书院,祀先圣宣师及唐白居易、宋苏轼、林逋为三贤。后为讲堂,旁设东西序,为斋以处师弟子员。又后为尊经阁,阁之北为书库,实始收拾宋学旧板,设司书者掌之。宋御书石经、孔门七十二子画像石刻咸在焉。书院有田,岁收其入以供二丁廪膳及书库之用。事达中书,畀以今额,且署山长、司存,与他学官埒。于是西湖之有书院,书院之有书库,实昉自徐公,此其大较也。由至元迄今,嗣持部使者节于此者,春秋朔望,述徐公故事,未之或改也。独书库岁久,屋弊板阙,或有所未暇。杭民好事者,间以私力补治之,而事寻中止。至正十七年(1357)九月间,尊经阁坏,书库亦倾圮。今江浙行中书平章政事兼同知行枢密院事吴陵张公尝力而新之,顾书板散失埋没,所得瓦砾中者,往往刓毁蠹剥。至正二十一年,公命厘补之,俾左右司员外郎陈基、钱用壬率其事。庀工于是年十月一日。所重刊经史子集欠缺,以板计者七千八百九十有三,以字计者三百四十三万六千三百五十有二。所缮补各书损裂漫灭,以板计者一千六百七十有一,以字计者二十万一千一百六十有二。用粟以石计者一千三百有奇,木以株计者九百三十,书手、刊工以人计者九十有二。对读校正,则余姚州判官宇文桂,山长沈裕,广德路学正马盛,绍兴路兰亭书院山长凌云翰,布衣张庸,斋长宋良、陈景贤也。明年七月二十三日讫工。饬司书秋德桂、杭府史周羽以次编类,庋之经阁、书库,秩如也。先是,库屋洎书架皆朽败,至有取而为薪者,今悉告完。既竣事,公俾为《书目》,且序其首,并刻之库中。夫经史所载,皆历古圣贤建中立极、修己治人之迹,后之为天下国家者,必于是乎取法焉。《传》曰:'文武之道,布在方册',不可诬也。下至百氏所述,必有裨世教,然后与圣经贤传并存不朽。秦、汉而降,迄唐至于五季,上下千数百年,治道有得失,享国有短长,君子皆以为系乎书籍之存亡,岂欺也哉?宋三百年,大儒彬彬辈出,务因先王之迹推而明之,其道大著。中更靖康之变,凡《诗》《书》《礼》《乐》百王相沿以为轨范者,随宋播越,留落东南。国初,收拾散亡,仅存十一于千百,斯文之绪,不绝如线。西湖书院板库,其一也。承平以来,士大夫家诵而人习之,非朝夕矣。海内兵兴,四方骚动,天下简册所在,或存或亡,盖未可知也。杭以崎岖百战之余,而宋学旧板卒赖公不亡,基等不佞,亦辱与执事者手订而目雠之惟谨,可谓幸矣!嗟乎,徐公收拾于北南宁一之时,今公缮完于兵革抢攘之际,天之未丧斯文也,或尚在兹乎?序而传之,以告来者,不敢让也。至正二十二年(1362)八月丙子序。"(《陈基集·夷白斋稿》卷二

一,第 194—195 页)

胡助卒。

　　按:胡助(1278—1362),字履信,一字古愚,自号纯白道人,东阳人。举茂才为教官,除建康路学录,调美化书院山长,入为翰林编修,至顺初上京,久之调右都威卫儒学教授,再任翰林编修,迁太常博士。诗文皆平易近人,无深湛奇警之思。著有《纯白斋类稿》20 卷,《纯白斋类稿附录》2 卷。事迹见《纯白先生自传》(《纯白斋类稿》卷一八)。

贡师泰卒。

　　按:贡师泰(1298—1362),字泰甫,宣城人。贡奎之子,以国子生中江浙乡试,除泰和州判官,荐充应奉翰林文字,预修《后妃功臣列传》。累官礼部尚书,参知政事,户部尚书等职。曾从吴澄受业,复与虞集、揭傒斯等游。著有《诗补注》20 卷(佚)、《友于集》10 卷、《玩斋集》3 卷、《蟆窍集》2 卷、《阁南集》3 卷。入明,多散逸,天顺七年(1463),沈性补辑为《贡礼部玩斋集》10 卷、《拾遗》1 卷。凡出《玩斋集》者,以明嘉靖十四年(1535)徐万璧重修本为底本。事迹见揭汯《有元故礼部尚书秘书卿贡公神道碑铭》(《贡礼部玩斋集》卷首)、朱鐩撰《玩斋先生纪年录》《元史》卷一八七、《新元史》卷二一一、《宋元学案》卷九二、《蒙兀儿史记》卷一二〇、《两浙名贤录》卷五四。

　　又按:揭汯《有元故礼部尚书秘书卿贡公神道碑铭》曰:"延祐之际,仁皇隆尚儒术,而清河元文敏公、四明袁文清公、蜀郡虞文靖公、巴西邓文肃公、宣城贡文靖公、先文安公相继登用,文明之盛焕然有光于前。能继先业而以文章政事称者,独贡靖公之子,是为秘卿公。"(《贡礼部玩斋集》卷首《贡氏三家集·贡师泰集》附录二,第 464)

元惠宗至正二十三年　癸卯　1363 年

刘仁本为廼贤《河朔访古记》作序。

　　按:《河朔访古记》是中国元代记录和考订古代遗迹、碑刻的著作。刘仁本序言写道:"今翰林国史院编修官果啰啰氏纳新易之,自其先世徙居鄞越,则既为南方之学者矣。而其远游壮志常落落于怀,将以驰骋也。乃至正五年(1345),挈行李出浙度淮,遡大河而济,历齐鲁、陈蔡、晋魏、燕赵之墟,吊古山川城郭、丘陵宫室、王霸人物、衣冠文献、陈迹故事,暨近代金宋战争疆场更变者,或得于图经地志,或闻诸故老旧家,流风遗俗,一皆考订,夜还旅邸,笔之于书。又以其感触兴怀,慷慨激烈,成诗歌者继之,总而名曰《河朔访古记》,凡一十六卷。其博雅哉!征序于搢绅先生,若许安阳、黄金华、危临川、余武威诸公者论说尽矣,复以示余。余南产也,于河朔古今巨迹曾未之见,间有所闻,而又未为之得,不敢妄有指摘。然独爱其于京都国家之典礼,宫署城池,庙庭祭享,朝班卤簿,圣德臣功,文武士庶,一代威仪制作,尤加详备,非惟后日可应史氏采摭,将百世损益,殆有所据焉。於戏!吾谂其游览之时,乃归之日,黄河南北已有贾鲁畚锸之扰,而民俗稍为骚动矣。然其所载,则皆追述盛时之事,不以少变而废也。昔太史公周游天下,历览名山大川,绅金匮石室之藏,故其文章雄深奇伟。今观易之之作,庶几有焉。其应馆阁之召而为史官也,不亦宜乎?至正二十有三禩,昭阳单阏之岁,蕤宾节日,奉直大夫、温州路总管管内劝农防御事天台刘仁本序。"(《全元文》卷一八三八,第60册第293页)

又按:王祎《河朔访古记序》写道:"《河朔访古记》二卷,合鲁君易之所纂,予为之序曰:合鲁实葛逻禄,本西域名国,而易之之先由南阳迁浙东,已三世。易之少力学,工为文辞。既壮,肆志远游。乃绝淮入颍,经陈、蔡以抵南阳,由南阳浮临汝,而西至于洛阳。由洛阳过龙门,还许昌,而至于大梁,历郑、卫、赵、魏、中山之郊,而北达于幽、燕。于是大河南北,古今帝王之都邑,足迹几遍。凡河山城郭,宫室塔庙、陵墓残碣,断碑、故基,遗迹所至,必低徊访问,或按诸图牒,或讯诸父老,考其盛衰兴废之故,而见之于纪载。至于抚时触物,悲喜感慨之意,则一皆形之于咏歌。既乃裒其所纪载及咏歌之什,以成此书。夫古之言地理者,有图必有志,图以著山川形势所在,而志则以验言语土俗,博古久远之事。古之言《诗》者,有雅颂,复有风。雅颂以道政事,美盛德,而风则以验风俗政治之得失。故成周之制,职方氏既掌天下之图,而邦国四方之志,则小史、外史实领之。太师既掌六诗,而列国之风,则观风之使实采之。所以然者,盖志之所见,王道存焉;风之所形,王化系焉。故设以官守,达诸朝廷,所以考一代之政教,岂徒取为虚文也哉。然则易之此书,其所纪载,犹古之志,其所咏歌,犹古之风欤?惜乎今日小史、外史之职阙,而观风之使不行,此书不得达于朝廷之上,以备纂录,广而传之,徒以资学士大夫之泛览而已。抑予闻之,古之志,领之固有其职,古之风,采之固有其官,而其为之者,类皆博闻多识、怀道秉德之士,故曰:'诵其诗,读其书,不知其人,可乎?'然则学士大夫观乎此书,其亦可以知吾易之之为人矣。易之名迺贤,其北游岁月,具见篇中,兹不著。"(《王祎集·王忠文公文集》卷五,上册,第135—136页)

元惠宗至正二十四年 甲辰 1364年

许有壬卒。

按:许有壬(1287—1364),字可用,汤阴人。"年二十,畅师文荐入翰林,不报,授开宁路学正,升教授,未上,辟山北廉访司书吏。擢延祐二年(1315)进士第。""有壬历事七朝,垂五十年,遇国家大事,无不尽言,皆一根至理,而曲尽人情。当权臣恣睢之时,稍忤意,辄诛窜随之,有壬绝不为巧避计,事有不便,明辨力争,不知有死生利害,君子多之。有壬善笔札,工辞章,欧阳玄序其文,谓其雄浑闳隽,涌如层澜,迫而求之,则渊靓深实,盖深许之也。"(《元史》卷一八二,第14册,第4199、4203页)谥文忠。著有《至正集》81卷。其弟别辑其诗为《圭塘小稿》13卷、《别集》2卷、《续集》1卷。事迹见《元史》一八二、《新元史》卷二○八、《(至正)金陵新志》卷六。

郑元祐卒。

按:郑元祐(1292—1364),字明德,四川遂昌人,徙居钱塘。工书法,各体都能。因病右臂脱骱,改以左手写楷书,自号尚左生。诗清峻苍古,五、七言古诗沉郁雄浑,与顾瑛关系密切,为玉山草堂的座上客。著有《遂昌山樵杂录》1卷、《侨吴集》12卷。《元诗选·初集》庚集存其诗。事迹见于《元书》卷八九、《新元史》二三八、《吴中人物志》卷一○、苏大年《遂昌先生郑君墓志铭》(《侨吴集》附录)、《故遂昌先生郑提学挽辞》(《梧溪集》卷四)。

别源圆旨卒。

按:别源圆旨(1294—1364),俗姓平氏,名圆旨,字别源,号纵性。越前(今日本福井县)人,京都建仁寺(临济宗)僧人,五山时期诗僧。七岁入镰仓圆觉寺东明和尚之门。元应元年(1319,元延佑六年)入元,曾拜高僧中峰明本为师,与赵孟頫有同门之谊。至顺元年(1330,日元德二年)归国,为弘祥、善应、吉祥诸寺开山。正平十二年(1357),董真如寺,翌年因病归越前。十九年(1364),应室町幕府第二代将军足利义诠之请,徙建仁寺。圆旨诗集,在元所作名曰《南游集》,归国后所作名曰《东归集》,其诗超诣清旷。参见李寅生、宇野直人编《中日历代名诗选·东瀛篇》,马歌东《日本五山禅僧汉诗研究》)。

又按:别源圆旨对江南印象尤深,有诗《送僧之江南》云:"闻兄昨日江南来,珣弟今朝江南去。故人又是江南多,况我曾在江南住。江南一别已三年,相忆江南在寐寤。十里湖边苏公堤,翠柳青烟杂细雨。高峰南北法王家,朱楼白塔出云雾。雪屋银山钱塘潮,百万人家回首顾。南音北语惊叹奇,吴越帆飞西兴渡。我欲重游是何年?送人只得空追慕。"(朴钟锦著《中国诗赋外交的起源与发展》,第147—148页)还有《江上晚望》:孤舟短棹去飘然,人语萧萧落日边。江北江南杨柳岸,风翻酒旆影连天。(王晓平著《中外文学交流史 中国—日本卷》,第246页)

元惠宗至正二十五年 乙巳 1365 年

危素作《临川吴文正公年谱序》。

按:此序对吴澄平生志向、学行评价历来为研究者所倾重,其于年谱编撰始末、体例亦叙述甚确,颇具文献价值。序言写道:"《临川吴文正公年谱》一卷,门人危素所纂次。初,公既捐馆,其长孙当尝草定其次序,又以请谥来京师,以荫补官。朝廷知其能世家学,驯致清显,数诏素刊订公书,以传于世。素以及公之门者,在朝在野,犹有其人,故屡致辞让。当以江西肃政廉访使奉诏招捕盗贼,十年不返,而最后及公之门者亦皆相继物故,素于是不敢缓也。会由禁林调官岭北,暇日取其稿,颇加绅绎。凡公自制之文见于集中者可以互见,宜不必载;其与人论辨胜负一时之言亦复删去;祭文、挽诗、行状、谥议、神道碑并附见焉。呜呼!方宋周元公倡圣贤之绝学,关洛之大儒继出。迁国江南,斯道之传尤盛于闽境。已而当国者不明,重加禁绝。嘉定以来,国是既章,而东南之学者靡然从之。其设科取士亦必以是为宗。其流之弊往往驰逐于空言,而汩乱于实学,以致国随以亡而莫之悟。公生于淳祐,长于咸淳,而斯何时也? 乃毅然有志,拔乎流俗,以径造高明之域。宋既内附,隐居山林者三十年,研经籍之微,玩天人之妙。朝廷历聘起,或不久而即退,或拜命而不行,要之无意为世之用。著书立言,以示后学,盖粲然存乎简编。方成之英彦,亦可以潜心于此,而无负公之所属望,岂非善学者哉? 素几弱冠,以亲命执经座下,侵寻衰暮,无能发明师训,夙夜畏惕,莫知所云,年谱之成,君子有以悲其志矣。至正二十五年(1365)正月既望,门人、荣禄大夫、岭北等处行中书省危素撰。"(《全元文》卷一四七一,第 48 册,第 242 页)

戴良诗文集编成。

　　按:揭汯《九灵山房集原序》曰:"《九灵山房集》者,浦江戴九灵先生所作之诗文也。先生以聪敏之资,笃诚之志,而学文于柳待制先生、黄文献公,又学诗于余忠宣公阙。故其文叙事有法,议论有原,不为刻深之辞,而亦无浅露之态;不为纤秾之体,而亦无矫亢之气。盖其典实严整则得之于柳先生者也,缜密明洁则得之于黄文献公者也,而又加之以春荣丰润,故意无不达,味无不足。其诗则词深兴远,而有锵然之音,悠然之趣,清逸则类灵运、明远,沉蔚则类嗣宗、太冲,虽忠宣公发之,而自得者尤多。夫诗文之法具于六经,而得之者鲜,盖其说固在于方册,而口传心授之要实又在于师承也。不得其要,不惟自误,而又以误人,所以必就有道而正焉者此也。先生游于三先生之门,朝论夕讲,日探月索,故能得其得、有其有,而发之于外,纵横上下,无适而不合,可以黼黻,可以弦歌,安有如是而不传者乎? 先生名良,字叔能。浦江有九灵山,戴氏世居其下,故以名其集云。至正二十五年十月朔日,中顺大夫、秘书少监揭汯序。"(《全元文》卷一五九二,第 52 册,第 76—77 页)

朱德润卒。

　　按:朱德润(1294—1365),字泽民,江苏睢阳人,流寓吴中,自号睢阳散人。工画山水,学郭熙,笔墨苍润,善写溪山平远、林木清森之景。存世作品有《秀野轩》《林下鸣琴》。著有《存复斋文集》10 卷(续集不分卷)、《古玉图》2 卷、《集古考图》1 卷、《朱氏族谱传》。事迹见《新元史》卷二三七、《(洪武)苏州府志》卷三八、《昆山人物志》卷一〇、《姑苏志》卷五一、《元诗选·初集》小传。

元惠宗至正二十六年　丙午　1366 年

朱元璋对苏州张士诚部下诏降书。

　　按：朱元璋诏书曰："余闻帝王之治世，其初也，乘天下之扰攘，不得已而起兵。及其甚也，忧天下之未一，亦不得已而用兵。自有元失御，中原鼎沸，四海瓜分。予时为民于淮上，进不能上达，退不能自安。是以，不得已而起兵。至于抚有江东，土地渐广，民物渐多；而四面皆敌，国民无一日安，不得已而用兵。如是，西平陈汉，跨有蜀川，南定百粤，北有荆襄，以及徐泗。惟浙西张氏，与我壤地相接，屡扰我边境，诱纳我逋逃，故兴问罪之师。淮东郡邑，首先归定，旅拒者，加之以刑；来降者，宠之以爵。遂命大将军左相国徐达、副将军平章常遇春，总兵东入太湖。是以，湖州旧馆守援之将李司徒、吕左丞等百有余名，精兵七万余众，节次归附。复命浙东省右丞朱文忠，统兵东北，破桐庐，克富阳，驻兵浙右。杭州守臣平章潘元明差官送款，以全城听命，可谓识天时人事之俊杰，有合予吊民伐罪之初意。已敕征行将士，凡府州城郭乡村军民之家，秋毫无犯；官府仓库，旧的有主，封籍以待；敢有侵渔，以律论罪。其潘平章等大小官员，即我藩辅，各安其职。故兹令谕中外知悉。"（《平吴录》，《吴王张士诚载记》卷二"正编"，第 100 页）

李至刚撰《耽罗志略》三卷成。

　　按：耽罗是朝鲜半岛南部海域之济州岛的古称，它隔济州海峡与朝鲜半岛相望，距朝鲜半岛最南端约 85 公里，东面与日本的对马岛及长崎县隔海相对，西面与中国的上海隔海相离，此岛"幅员四百余里"，是韩国最大的岛屿，"北枕巨海，南对崇岳"。山川秀美，号称形胜，且盛产柑橘和马匹，所谓"家家桔柚，处处骅骝"。是今天韩国济州特别自治道的所在地。至正二十五年（1365）李至刚作为枢密院掾曹跟随特穆尔布哈前往耽罗，次年回京后，将出使所见山川地势、民风土产记录成文，题为《耽罗志略》，共三卷。

　　又按：贝琼《耽罗志略后序》载："耽罗距中国万里而不载于史，盖以荒远略之也。至正二十五年（1365），枢密院掾曹永嘉李至刚从副使帖木儿卜花公往守其地，明年奉诏还京师。至刚以疾不得俱，乃留松江，因记所历山川形势、民风土产，编而成集，厘为三卷，题曰《耽罗志略》。将镂梓,铁崖杨公既为叙其端矣,复求余说。余伏而读之,因抚卷叹曰:'炎汉之兴,张骞以郎应募出陇西,留匈奴中十年,后亡至大宛,为发导驿,抵康居,传月氏,从月氏至大夏,竟不得其要领。岁余归汉,为天子言之,未能有如耽罗之为详也。司马相如之通西南夷,至用兵而克之,邛筰冉駹斯榆之君,虽请内属而长老且言其不为用者。由是观之,国朝受命百年,四方万国,咸在天光日华之下,虽退陬僻壤,穷山绝岛,亦不得而外焉。故至刚得与大臣涉海万里而镇抚其民,未始顿一兵、遗一镞,为国家病,则视历代之盛,实有过之者。而是编尤足补纪录之缺,使列之舆地,中国之士,不待身经目识,而已悉海内之境,若过鸭绿窥扶桑也。于是乎书。"(《全元文》卷一三七六,第 44 册,第 286—287 页)

丁鹤年《鹤年吟稿》完成。

按:戴良《鹤年吟稿序》载:"昔者成周之兴,肇自西北,而西北之诗,见之于《国风》者,仅自《豳》《秦》而止。《豳》《秦》之外,王化之所不及,民俗之所不通,固不得系之列国,以与《邶》《鄘》《曹》《桧》等矣。我元受命,亦由西北而兴。而西北诸国如克烈、乃蛮、也里可温、回回、西蕃、天竺之属,往往率先臣顺,奉职称蕃。其沐浴休光,沾被宠泽,与京国内臣无少异。积之既久,文轨日同,而子若孙,皆舍弓马而事诗书。至其以诗名世,则马公伯庸、萨公天锡、余公廷心其人也。论者谓,马公之诗似商隐,萨公之诗似长吉,而余公之诗,则与阴铿、何逊齐驱而并驾。此三公者,皆居西北之远国,其去豳、秦盖不知其几万里。而其为诗,乃有中国古作者之遗风,亦足以见我朝王化之大行,民俗之丕变,虽成周之盛莫及也。鹤年亦西北人,其视三公差后起。家世以勋业著。而鹤年兄弟俱业儒,伯氏之登进士第者三人。鹤年乃泊然无意于仕进,凡幽忧愤闷、悲哀愉悦之情,一于诗焉发之。观其古体歌行诸作,要皆雄浑清丽可喜,而注意之深,用工之苦,尤在于七言律。但一篇之作,一语之出,皆所以寓夫忧国爱君之心,闵乱思治之意。读之使人感愤激烈,不知涕泗之横流也。盖其音节格调,绝类杜子美,而措辞命意,则又兼得我朝诸阁老之所长。故其入人之深,感人之妙,有非他诗人之所可及。呜呼!若鹤年者,岂向所谓三公之流亚欤!然三公之在当时,皆达而在上者也,世之士子,孰不脍炙其言辞。鹤年遭夫气运之适衰,方独退处海隅,为此辛苦无聊之语以自慰。其能知夫注意之深、用工之苦者,几何人哉? 知与不知,在鹤年未足轻重,第以祖宗涵煦百年之久,致使遐方绝域之诗,亦得系之天子之国,而所以著明王化民俗之盛者,将遂泯泯无闻矣,不亦重可悲乎! 予故取其《吟稿》若干卷,序而传之,以俟世之知鹤年者,相与讽咏焉耳。鹤年之清节峻行,已具载之《高士传》中,兹不复论也。"(《戴良集·九灵山房集》卷二一《鄮游稿》卷七,第238页)

月鲁不花卒。

　　按:月鲁不花(1308—1366),"字彦明,蒙古逊都思氏。生而容貌魁伟,咸以令器期之。未冠,父脱帖穆耳以千户职戍越,因受业于韩性先生,为文下笔立就,粲然成章。就试江浙乡闱,中其选,居右榜第一。方揭晓,试官梦月中有花象,已而果符其名,人以为异。遂登元统元年(1333)进士第,授将仕郎、台州路录事司达鲁花赤。县未有学,乃首建孔子庙,既又延儒士为之师,以教后进"。"月鲁不花乃由海道趋绍兴,为政宽猛不颇。诏进阶一品为荣禄大夫。既而除浙西肃政廉访使。会张士诚据浙西,僭王号,度弗可与并处,谓侄同寿曰:'吾家世受国恩,恨不能刺贼以报国,矧乃与贼同处邪!'令同寿具舟载妻子,而匿身木柜中,蔽以藁秸,脱走,至庆元。士诚部下察知之,遣铁骑百余追至曹娥江,不及而返。""俄改山南道廉访使,浮海北而往,道阻,还抵铁山,遇倭贼船甚众,乃挟同舟人力战拒之,倭贼绐言投降,弗纳。于是贼即登舟攫月鲁不花令拜伏,月鲁不花骂曰:'吾朝廷重臣,宁为贼拜邪!'遂遇害。当遇害时,麾家奴那海刺杀首贼。次子枢密院判官老安、侄百家奴捍敌,亦死之。同舟死事者八十余人。事闻,朝廷赠摅忠宣武正宪徇义功臣、银青荣禄大夫、辽阳等处行中书省平章政事、上柱国,谥忠肃。"(《元史》卷一四五,第11册,第3448—3451页)。事迹见《元史》卷一四五、《元史类编》卷三八、《元史新编》卷四九、《元书》卷三一、《元诗选·三集》小传。

元惠宗至正二十七年　丁未　1367年

李齐贤卒。

　　按:李齐贤(1287—1367),字仲思,号益斋,又号栎翁,高丽庆州人。"检校政丞瑱之子。自幼嶷然如成人,为文已有作者气。忠烈二十七年,年十五,魁成均试。又中丙科,曰:'此小技耳。'讨论经籍益勤,淹贯精研","三十四年,选入艺文春秋馆。忠宣元年,擢纠正,累迁成均乐正"。"十六年卒,年八十一,谥文忠。"(《高丽史》卷一一〇《李齐贤传》)事迹见《高丽史》本传、《朝鲜史略》卷一一、《御选宋金元明四朝诗·御选元诗》"姓名爵里"二等。

又按:"忠宣佐仁宗定内乱,迎立武宗,宠遇无对。遂请传国于忠肃,以大尉留燕邸,构'万卷堂',书史自娱。因曰:'京师文学之士,皆天下之选,吾府中未有其人,是吾羞也!'召齐贤至都。时姚燧、阎复、元明善、赵孟頫等咸游王门,齐贤相从,学益进。燧等称叹不置。迁成均祭酒,奉使西蜀,所至题咏,脍炙人口。骤升选部典书。忠宣之降香江南也,齐贤与权汉功从之。王每遇楼台佳致,寄兴遣怀,曰:'此闲不可无李生也!'""与安轴、李穀、安震、李仁复,增修闵渍所撰《编年纲目》。又修忠烈、忠宣、忠肃三朝实录。""天资厚重,辅以学问,其发于议论、措诸事业者,俱有可观","自少侪辈,不敢斥名,必称益斋。及为宰相,人无贵贱,皆称益斋,其见重于世如此。然不乐性理之学,无定力,空谈孔孟,心术不端,作事未甚合理,为识者所短。后配享恭愍庙庭。所著《乱藁》十卷行于世。齐贤尝病国史不备,与白文宝、李达忠作纪年、传、志。齐贤起太祖至肃宗,文宝、达忠撰睿宗以下。文宝仅草睿、仁二朝;达忠未就稿,南迁时皆散逸。唯齐贤《太祖纪年》在"。(《高丽史》卷一一〇《李齐贤传》)

李士瞻卒。

按:李士瞻(1313—1367),"字彦闻,南阳新野人,后徙汉阳。幼英敏好学,至正初以布衣游京师,平章政事悟良合台、右丞乌古孙良桢,皆以王佐许之。寻用度支监卿柳嘉荐为知印,复以大都籍登至正十一年(1351)进士第。知印历,十九月考满,迁库知事,中书辟充右司掾","累迁刑部主事员外郎、枢密院经历、佥山南江北道事。改吏部侍郎,又改户部侍郎,行永平路总管,擢户部尚书,出督福建海漕"。"十二年,拜枢密副使","拜翰林学士承旨、进封楚国公。二十七年以疾卒,年五十五"(《新元史》卷二一六《李士瞻传》)。有经济之才,襟度弘远,为元末政界颇有影响者。著有《经济文集》6卷。事迹见陈祖仁《翰林学士承旨荣禄大夫知制诰兼修国史王时题盖翰林承旨楚国李公行状》(《经济文集》卷六)、李守成等《楚国李公圹志》《新元史》卷二一六、《元诗选·初集》小传、《万姓族谱》卷七三。

陈高卒。

按：陈高(1315—1367)，"字子上，世为永嘉平阳著姓"。"幼读书，日记千言，所请问，即出人意表。擢至正十四年(1354)进士第，授庆元路录事。明敏刚决，吏不能易，民不敢欺，声名赫赫。""再授慈溪县尹，亦不起。方明善与平阳周宗道构兵，尝一出，而解两家之难。平阳陷，弃妻子，往来闽浙间，盖欲人不知其所在。二十六年冬，东、西浙陷。明年春，先生浮海过山东，夏谒河南王、太傅、中书右丞相于怀庆，论江南之虚实，陈天下之安危，当何以弭已至之祸，何以消未来之忧。适关陕多故，未之用。""以八月十八日卒于邸，以是月二十日葬于怀庆城南。""先生生于乙卯十一月某日，享年五十有三。""先生为文，上本迁、固，下猎诸子；先生为诗，上溯汉、魏，而齐梁以下勿论也。先生为行，洁己而不同于俗，抗节而不屈于物。意所与，惓惓焉不能舍，赴其急，水火不避也；所不与，欲其一语一字不可得。所至合则留，不合则去，自号不系舟渔者。铭曰：志非不在于用世，才非不足于匡时，是何节之苦而遁之肥，果人之为耶？抑天之为耶？"(《陈子上先生墓志铭》，《全元文》卷一五九二，第52册，第80—81)著有《不系舟渔集》15卷(附录1卷)、《子上存稿》。事迹见揭汯《陈子上先生墓志铭》(《不系舟渔集》卷一六附录)、《元书》卷九二、《宋元学案补遗》卷九〇、《元诗选·初集》小传。

张士诚卒。

按：张士诚(1321—1367)，小字九四，泰之白驹场亭民，以操舟运盐为业。少有膂力，《元史》载："(至正十三年，1353年五月)乙未，泰州白驹场亭民张士诚及其弟士德、士信为乱，陷泰州及兴化县，遂陷高邮，据之，僭国号大周，自称诚王，建元天祐"，"(1366年)十一月甲申，大明兵取湖州路。丙申，大明兵取杭州路及绍兴路。辛丑，大明兵取嘉兴路。时湖州、杭州、绍兴、嘉兴、松江、平江诸路及无锡州皆张士诚所据"。"(1367年九月)辛巳，大明兵取平江路，执张士诚。"(《元史》卷四七，第3册，第909、977、981页)自缢死，年四十又七。国亡。

元惠宗至正二十八年　明洪武元年　戊申　1368 年

元朝亡。

按：《元史》载："（七月）丙寅，帝御清宁殿，集三宫后妃、皇太子、皇太子妃，同议避兵北行。失列门及知枢密院事黑厮、宦者赵伯颜不花等谏，以为不可行，不听。伯颜不花恸哭谏曰：'天下者，世祖之天下，陛下当以死守，奈何弃之！臣等愿率军民及诸怯薛歹出城拒战，愿陛下固守京城'，卒不听。至夜半，开健德门北奔"，"八月庚午，大明兵入京城，国亡。后一年，帝驻于应昌府，又一年，四月丙戌，帝因痢疾殂于应昌，寿五十一，在位三十六年。太尉完者、院使观音奴奉梓宫北葬。五月癸卯，大明兵袭应昌府，皇孙买的里八刺及后妃并宝玉皆被获，皇太子爱猷识礼达腊从十数骑遁。大明皇帝以帝知顺天命，退避而去，特加其号曰顺帝，而封买的里八刺为崇礼侯。"（《元史》卷四七，第 3 册，第 986 页）。

王祯卒。

按：王祯（1271—1368），字伯善，东平（今山东东平）人。元贞元年（1295）至大德四年（1300）曾任宣州旌德（今安徽旌德）及信州永丰（今江西广丰）县令。大德二年（1298）制造 3 万余木活字，排印《旌德县志》100部。大约在元成宗大德四年（1300）左右著成《王祯农书》或《农书》。其《农书》末并附撰《造活字印书法》，记述其木活字版印刷术。

张翥卒。

按：张翥（1287—1368），字仲举，晋宁人。"其父为吏，从征江南，调饶州安仁县典史，又为杭州钞库副使。翥少时，负其才隽，豪放不羁，好蹴鞠，喜音乐，不以家业屑其意，其父以为忧。翥一旦翻然改曰：'大人勿忧，今请易业矣。'乃谢客，闭门读书，昼夜不暂辍，因受业于李存先生。存家安仁，江东大儒也，其学传于陆九渊氏，翥从之游，道德性命之说，多所研究。未几，留杭，又从仇远先生学。远于诗最高，翥学之，尽得其音律之奥，于是翥遂以诗文知名一时。""至元末，同郡傅岩起居中书，荐翥隐逸。至正初，召为国子助教，分教上都生。寻退居淮东。会朝廷修辽、金、宋三史，起为翰林国史院编修官。史成，历应奉、修撰，迁太常博士，升礼仪院判官，又迁翰林，历直学士、侍讲学士，乃以侍读兼祭酒。""翥为河南行省平章政事，仍翰林学士承旨致仕，给全俸终其身。二十八年三月卒，年八十二。""翥长于诗，其近体、长短句尤工。文不如诗,而每以文自负。常语人曰:'吾于文已化矣,盖吾未尝构思,特任意属笔而已。'它日,翰林学士沙剌班示以所为文,请易置数字,苦思者移时,终不就。沙剌班曰:'先生于文,岂犹未化耶,何思之苦也?'薵因相视大笑。盖薵平日善谐谑,出谈吐语,辄令人失笑,一座尽倾,入其室,蔼然春风中也。所为诗文甚多。无丈夫子。及死,国遂亡,以故其遗稿不传。其传者,有律诗、乐府,仅三卷。薵尝集兵兴以来死节死事之人为书,曰《忠义录》,识者韪之。"(《元史》卷一八六《张薵传》,第 14 册,第 4284—4285 页)著有《蜕庵集》5 卷、《蜕岩集》《至正庚子国子监贡士题名记》1 卷、《忠义录》3 卷。事迹见《元史》卷一八六、《新元史》卷二一一、《两浙名贤录》卷四六、《宋元学案》卷九三。

迺贤卒。

按:迺贤(1310—1368),字易之,西域葛逻禄人,汉姓马,以字行,名为马易之;又曾以族为姓,叫葛逻禄易之,合鲁易之,或简称为葛易之。其先由南阳迁浙东,至迺贤已有三世,居鄞县。"既从兄宦游江浙间。吾乡郑以道(郑觉民)先生师法甚严,乃赍粮从游门下,得传其学,遂卜居于鄞。已复与会稽韩与玉、金华王子充同至京师,与玉能书,子充善古文,易之以诗名,时称为江南三绝,而易之诗名尤重。每作一篇即传诵士大夫间。"(《甬上耆旧诗》卷三《编修马易之》)半生布衣,后官翰林编修。著有《金台集》2 卷、《河朔访古记》。事迹见《澹游集》卷上、《元诗选·初集》小传、《元诗纪事》卷一八、《元西域人华化考》卷三、四。

参考文献

一、传世文献

史部

达仓宗巴·班觉桑布著,陈庆英译《汉藏史集》,青海人民出版社 2017 年。

房玄龄等撰《晋书》,中华书局 1974 年。

谷应泰撰《明史纪事本末》,中华书局 1977 年。

顾祖禹著,贺次君、施和金点校《读史方舆纪要》,中华书局 2005 年。

郭成伟点校《通制条格》,法律出版社 2000 年。

黄宗羲著,全祖望补修,陈金生、梁运华点校《宋元学案》,中华书局 2013 年。

纪昀、陆锡熊、孙士毅等著,四库全书研究所整理《钦定四库全书总目(整理本)》,中华书局 1997 年。

柯劭忞著《新元史》,吉林人民出版社 1995 年。

李慈铭著《越缦堂读书记》,中华书局 1963 年版,2012 重印。

李廷宝纂修《(嘉靖)清苑县志》,明嘉靖刻本。

李心传著,徐规点校《建炎以来朝野杂记》,中华书局 2000 年。

李志常著,党宝海译注《长春真人西游记》,河北人民出版社 2001 年。

林世田等编校《全真七子传记》,宗教文化出版社 1999 年。

刘一清著,蒋光煦校补,周膺、吴晶点校《钱塘遗事校补》,当代中国出版社 2014 年。

孟元老著《东京梦华录》,中州古籍出版社 2010 年。

孟元老等著《东京梦华录 都城纪胜 西湖老人繁胜录 梦粱录 武林旧事》,中国商业出版社 1982 年。

彭大雅著，王国维笺证《黑鞑事略》，《内蒙古史志资料选编》第三辑，内蒙古地
　方志编纂委员会 1985 年。

钱大昕著，陈文和、孙显军校点《十驾斋养新录》，江苏古籍出版社 2000 年。

权衡著，任崇岳笺证《庚申外史笺证》，中州古籍出版社 1991 年。

宋濂等撰《元史》，中华书局 1976 年。

苏天爵辑撰，姚景安点校《元朝名臣事略》，中华书局 1996 年。

脱脱等撰《金史》，中华书局 1975 年。

脱脱等撰《辽史》，中华书局 1974 年。

脱脱等撰《宋史》，中华书局 1977 年。

汪辉祖著，姚景安点校《元史本证》，中华书局 2004 年。

王士点、商企翁著，高荣盛点校《秘书监志》，浙江古籍出版社 1992 年。

王应麟著，傅林祥校点《通鉴地理通释》，中华书局 2013 年。

危素编《临川吴文正公年谱》，《北京图书馆藏珍本年谱丛刊》，北京图书馆出
　版社 1999 年。

无名氏撰，余大钧译注《蒙古秘史译注》，河北人民出版社 2001 年。

辛文房著，周绍良笺证《唐才子传笺证》，中华书局 2010 年。

徐梦莘《三朝北盟会编》，上海古籍出版社 1987 年。

杨建新《古西行记》，宁夏人民出版社 1987 年。

耶律楚材著，向达校注《西游录》，中华书局 2000 年。

佚名撰，张富祥点校《南宋馆阁续录》，中华书局 1988 年。

云南省人民政府参事室、云南省文史研究馆编《滇考校注》，云南民族出版社
　2002 年。

章学诚著，叶瑛校注《文史通义校注》，中华书局 1985 年。

张星烺编著，朱杰勤校订《中西交通史料汇编》，中华书局 2003 年。

赵翼著，王树民校证《廿二史札记》，中华书局 1984 年。

赵珙著，王国维笺证《蒙鞑备录》，《内蒙古史志资料选编》第三辑，内蒙古地方
　志编纂委员会 1985 年。

〔波斯〕拉施特著，余大钧、周建奇译《史集》，商务印书馆 1983 年。

〔英〕道森撰，吕浦译《出使蒙古记》，中国社会科学出版社 1983 年。

〔伊朗〕志费尼著,J. A. 波伊勒英译,何高济译《世界征服者史》,商务印书馆
　2007 年。

〔意大利〕马可波罗口述,鲁斯蒂谦诺笔录,余前帆译注《马可·波罗游记》(中
　英对照),中国书籍出版社 2009 年。

子部

蒋光煦著《东湖丛记》,辽宁教育出版社 2001 年。

蒋一葵著《长安客话》,北京古籍出版社 1994 年。

刘祁著,崔文印点校《归潜志》,中华书局 1983 年。

刘幼生编校《香学汇典》,三晋出版社 2014 年。

丘濬著,林冠群、周济夫校点《大学衍义补》,京华出版社 1999 年。

陶宗仪著,武克忠、尹贵友校点《南村辍耕录》,齐鲁书社 2007 年。

王珽点校《庙学典礼》,浙江古籍出版社 1992 年。

杨瑀著,余大钧点校《山居新语》,中华书局 2006 年。

张丑著,徐德明校点《清河书画舫》,上海古籍出版社 2011 年。

朱杰人、严佐之、刘永翔主编《朱子全书外编》,华东师范大学出版社 2010 年。

庄绰撰,萧鲁阳点校《鸡肋编》,中华书局 1983 年。

集部

白朴著,徐凌云校注《天籁集编年校注》,安徽大学出版社 2005 年。

贝琼著,李鸣校点《贝琼集》,吉林文史出版社 2010 年。

蔡毅著《中国古典戏曲序跋汇编》,齐鲁书社 1989 年。

陈亮著,邓广铭点校《陈亮集》,中华书局 1987 年。

陈永正编注《中国古代海上丝绸之路诗选》,广东旅游出版社 2001 年。

范成大著,富寿荪点校《范石湖集》,上海古籍出版社 2006 年。

顾嗣立编《元诗选》,中华书局 1987 年。

黄溍著,王颋点校《黄溍全集》,天津古籍出版社 2008 年。

揭傒斯著,李梦生标校《揭傒斯全集》,上海古籍出版社 2012 年。

李东阳著《麓堂诗话》,中华书局 1985 年。

李祁著,王毅点校《云阳集》,岳麓书社 2006 年。

李修生主编《全元文》，凤凰出版社 2004 年。

李寅生、宇野直人编《中日历代名诗选·东瀛篇》，上海古籍出版社 2016 年。

柳贯著，魏崇武、钟彦飞点校《柳贯集》，浙江古籍出版社 2014 年。

马祖常著，王媛校点《马祖常集》，吉林文史出版社 2010 年。

欧阳玄著，汤锐点校《欧阳玄全集》，四川大学出版社 2010 年。

钱谦益著，钱曾笺注，钱仲联标校《钱牧斋全集》，上海古籍出版社 2003 年。

瞿佑著《归田诗话》，中华书局 1985 年。

萨都剌著，殷孟伦、朱广祁整理《雁门集》，上海古籍出版社 1982 年。

宋濂著，黄灵庚编辑校点《宋濂全集》，人民文学出版社 2014 年。

苏天爵著，陈高华、孟繁清点校《滋溪文稿》，中华书局 2007 年。

隋树森编《全元散曲》，中华书局 2018 年。

孙奇逢著《夏峰先生集》，中华书局 1985 年。

唐圭璋编《全金元词》，中华书局 1979 年。

汪元量著，孔凡礼辑校《增订湖山类稿》，中华书局 1984 年。

王祎著，颜庆余点校《王祎集》，浙江古籍出版社 2016 年。

王季思主编《全元戏曲》，人民文学出版社 1999 年。

王骥德著，陈多、叶长海注译《曲律》，湖南人民出版社 1983 年。

王士禛著，袁世硕主编《王士禛全集》，齐鲁书社 2007 年。

王守仁著，王晓昕、赵平略点校《王文成公全书》，中华书局 2015 年。

王应麟著，武秀成、赵庶洋校证《玉海艺文校证》，凤凰出版社 2013 年。

王恽著，杨亮点校《王恽全集汇校》，中华书局 2013 年。

乌斯道著，徐永明点校《乌斯道集》，浙江古籍出版社 2012 年。

夏庭芝著，孙崇涛、徐宏图笺注《青楼集》，中国戏剧出版社 1990 年。

徐一夔著，徐永恩校注《始丰稿》，浙江古籍出版社 2008 年。

许衡著，毛瑞方、谢辉、周少川校点《许衡集》，吉林文史出版社 2010 年。

阎凤梧、康金声主编《全辽金诗》，山西古籍出版社 2002 年。

杨镰主编《全元诗》，中华书局 2013 年。

杨维桢著，孙小力校笺《杨维桢全集校笺》，上海古籍出版社 2019 年。

姚燧著，查洪德编辑校点《姚燧集》，人民文学出版社 2011 年。

叶适著，刘公纯、王孝鱼、李哲夫点校《叶适集》，中华书局 1961 年版，2013 年重印。

虞集著,王颋校注《虞集全集》,天津古籍出版社 2007 年。

俞为民、孙蓉蓉主编《历代曲话汇编——新编中国古典戏曲论著集成·唐宋元编》,黄山书社 2006 年。

元好问编《中州集》,中华书局 1959 年。

元好问著,周烈孙、王斌校注《元遗山文集校补》,巴蜀书社 2013 年。

元好问著,姚奠中主编,李正民增订《元好问全集》(增订本),山西古籍出版社 2005 年。

袁桷著,李军、施贤明、张欣校点《袁桷集》,吉林文史出版社 2012 年。

张可久著,吕薇芬、杨镰校注《张可久集校注》,浙江古籍出版社 2012 年。

张养浩著,李鸣、马振奎校点《张养浩集》,吉林文史出版社 2008 年。

张羽著,汤志波点校《张羽集》,浙江古籍出版社 2018 年。

张之翰著,邓瑞全、孟祥静校点《张之翰集》,吉林文史出版社 2009 年。

赵孟頫著,黄天美点校《松雪斋集》,西泠印社出版社 2012 年。

赵孟頫著,钱伟疆点校《赵孟頫集》,浙江古籍出版社 2012 年。

赵翼《瓯北诗话》,凤凰出版社 2009 年。

曾枣庄,刘琳主编《全宋文》,上海辞书出版社、安徽教育出版社 2006 年。

曾枣庄《宋代序跋全编》,齐鲁书社 2015 年。

中国戏曲研究院《中国古典戏曲论著集成》,中国戏曲出版社 1959 年。

祝尚书《宋集序跋汇编》,中华书局 2010 年。

二、当代著作

蔡美彪主编《中国历史大辞典·辽夏金元史》,上海辞书出版社 1986 年。

曾向吾著《中国经营西域史》,商务印书馆 1936 年。

查洪德著《元代诗学通论》,北京大学出版社 2014 年。

车吉心主编《中华野史·辽夏金元卷》,泰山出版社 2000 年。

陈传席著《中国山水画史》,江苏美术出版社 1988 年。

陈得芝主编《中国通史》第八卷"中古时代·元时期",上海人民出版社,1997 年。

陈得芝著《蒙元史研究导论》,南京大学出版社 2012 年。

陈高华、史卫民著《中国政治制度通史》第八卷·元代，人民出版社 1996 年。

陈高华、张帆等著《元代文化史》，广州教育出版社 2009 年。

陈高华著《元代画家史料汇编》，杭州出版社 2004 年。

陈楠、任小波主编《藏族史纲要》，中央民族大学出版社 2014 年。

陈庆英著《元朝帝师八思巴》，中国藏学出版社 1992 年。

陈垣著《元西域人华化考》，上海古籍出版社 2000 年。

慈波著《黄溍评传》，上海人民出版社 2015 年。

邓绍基、杨镰主编《中国文学家大辞典·辽金元卷》，中华书局 2006 年。

丁海斌著《中国古代科技文献史》，上海交通大学出版社 2015 年。

范玉春著《移民与中国文化》，广西师范大学出版社 2005 年。

方豪著《中西交通史》，上海人民出版社 2015 年。

冯承钧著《成吉思汗传》，中国戏剧出版社 2015 年。

复旦大学文史研究院编《世界史中的东亚海域》，中华书局 2011 年。

谷志科、宋文主编《邢州学派》，中国文联出版社 2008 年。

顾颉刚、史念海著《中国疆域沿革史》，商务印书馆 2000 年。

桂栖鹏著《元代进士研究》，兰州大学出版社 2001 年。

韩儒林主编《元朝史》，人民出版社 2008 年。

郝懿行著，安作璋主编《郝懿行集》，齐鲁书社 2010 年。

何芳川、万明著《古代中西文化交流史话》，商务印书馆 1998 年。

黄纯艳著《高丽史史籍概要》，甘肃人民出版社 2007 年。

黄利平等著《足迹从丝路延伸：中国古代对外文化交流》，人民日报出版社 1995 年。

霍更斯著《极简全球史》，华侨出版社 2017 年。

季国平《元杂剧发展史》，河北教育出版社 2005 年。

江文汉著《中国古代基督教及开封犹太人》，知识出版社 1982 年。

李德义、于汝波主编《中国将师名录》，解放军出版社 2007 年。

李鸣飞著《横跨欧亚——中世纪旅行者眼中的世界》，兰州大学出版社 2014 年。

李鸣著《中国民族法制史纲》，民族出版社 2016 年。

李生信著《西北回族话研究》，社会科学文献出版社 2016 年。

李思纯著《元史学》,上海书店出版社 1974 年。

李修生著《元杂剧史》,江苏古籍出版社 1996 年。

李治安、薛磊著,周振鹤主编《中国行政区划通史·元代卷》,复旦大学出版社 2009 年。

林梅村著《大朝春秋——蒙元考古与艺术》,故宫出版社 2014 年。

林正秋著《浙江历史文化研究》,中国文史出版社 2006 年。

刘宏英著《元代上京纪行诗研究》,中国经济出版社 2016 年。

刘晓著《耶律楚材评传》,南京大学出版社 2001 年。

刘迎胜著《察合台汗国史研究》,上海古籍出版社 2006 年。

刘迎胜著《回回馆杂字与回回馆译语研究》,中国人民大学出版社 2008 年。

刘迎胜著《蒙元帝国与 13-15 世纪的世界》,生活·读书·新知三联书店 2013 年。

刘子敏、姜龙范、崔永哲著《东北亚"金三角"沿革开发史及其研究》(古代篇), 黑龙江朝鲜民族出版社 2000 年。

陆林著《元代戏剧学研究》,安徽文艺出版社 1999 年。

罗新著《从大都到上都:在古道上重新发现中国》,新星出版社 2018 年。

马歌东著《日本五山禅僧汉诗研究》,商务印书馆 2011 年增订版。

马建春著《元代东迁西域人及其文化研究》,民族出版社 2003 年。

马克章著《西域汉语通行史》,甘肃教育出版社 2016 年。

马祖毅著《中国翻译史》,湖北教育出版社 1999 年。

门岿编《二十六史精要辞典》,人民日报出版社 1993 年。

庞朴主编《20 世纪儒学通志》,浙江大学出版社 2012 年。

朴真奭著《中朝经济文化交流史研究》,辽宁人民出版社 1984 年。

朴钟锦著《中国诗赋外交的起源与发展》,知识产权出版社 2014 年。

祁庆富、杨玉著《民族文化杂俎》,中央民族大学出版社 2014 年。

邱江宁著《元代馆阁文人活动系年》,人民出版社 2015 年。

邱江宁著《奎章阁文人群体与元代中期文学研究》,人民出版社 2013 年。

邱江宁著《元代奎章阁学士院与元代文坛》,中国社会科学出版社 2013 年。

邱树森编《中国历代人名辞典(增订本)》,江西教育出版社 1989 年。

任红敏著《忽必烈潜邸儒士与元代文学发展》,中国社会科学出版社 2016 年。

任继愈著《中国道教史》，中国社会科学出版社 2001 年。

任继远著《河北天主教史》，宗教文化出版社 2016 年。

杉山正明著，孙越译《蒙古帝国的兴亡》，社会科学文献出版社 2015 年。

尚衍斌著《元史及西域史丛考》，中央民族大学出版社 2013 年。

史仲文著《中国元代军事史》，人民出版社 1994 年。

舒大刚著《中华大典·元文学部》，江苏古籍出版社 1999 年。

汪高鑫、程仁桃著《东亚三国古代关系史》，北京工业大学出版社 2006 年。

王福利《辽金元三史乐志研究》，上海音乐学院出版社 2005 年。

王国维著《宋元戏曲史》，江苏文艺出版社 2007 年。

王建军著《元代国子监研究》，澳亚周刊出版有限公司 2003 年。

王树连编著《中国古代军事测绘史》，解放军出版社 2007 年。

王晓平著《中外文学交流史·中国-日本卷》，山东教育出版社 2015 年。

温海清著《画境中州——金元之际华北行政建置考》，上海古籍出版社 2012 年。

吴洪泽著《中华大典·宋文学部四》，江苏古籍出版社 1999 年。

吴梅著《顾曲麈谈》，《中国戏曲概论》，江苏文艺出版社 2008 年。

吴梅著《辽金元文学史》，上海书店出版社 1996 年。

徐永明著《元代至明初婺州作家群研究》，中国社会科学出版社 2005 年。

薛兆瑞著《金代艺文叙录》，中华书局 2014 年。

杨光辉著《萨都剌生平及著作实证研究》，高等教育出版社 2005 年。

杨镰、石晓奇、栾睿著《元曲家薛昂夫》，新疆人民出版社 1992 年。

杨镰著《元代文学编年史》，山西教育出版社 2005 年。

杨镰著《元诗史》，人民文学出版社 2003 年。

杨镰著《元西域作家群体研究》，新疆人民出版社 1998 年。

杨昭全著《中国-朝鲜韩国文化交流史Ⅰ》，昆仑出版社 2004 年。

姚大力、刘迎胜主编《清华元史》第一辑，商务印书馆 2011 年。

姚大力著《"天马"南牧——元朝的社会与文化》，长春出版社 2005 年。

余来明著《元代科举与文学》，武汉大学出版社 2013 年。

张晶主编《中国诗歌通史·辽金元卷》，人民文学出版社 2012 年。

张妙弟主编《中国国家地理百科全书》，北京联合出版公司 2016 年。

张明、于井尧编著《中外文化交流史》，吉林文史出版社 2006 年。

张习孔、田珏主编《中国历史大事编年》，北京出版社 1987 年。

支伟成、任志远辑录，韩国钧审定，杨镰、张颐青整理《吴王张士诚载记》，中华书局 2013 年。

中国国家博物馆编《文物宋元史》，中华书局 2009 年。

中国医学百科全书编辑委员会编《维吾尔医学》，上海科学技术出版社 2005 年。

钟焓著《重释内亚史——以研究方法论的检视为中心》，社会科学文献出版社 2017 年。

周良霄、顾菊英《元代史》，上海人民出版社 1998 年。

周一良、吴于廑著《世界通史·中古部分》，人民出版社 1972 年。

朱耀廷著《正说元朝十五帝》，中华书局 2006 年。

朱有燉著，赵晓红整理《朱有燉集·元宫词》，齐鲁书社 2014 年。

竺可桢著《竺可桢文集》，科学出版社 1979 年。

〔德〕傅海波，〔英〕崔瑞德编，史卫民等译《剑桥中国辽西夏金元史（907—1368）》，中国社会科学出版社 2007 年。

〔法〕伯希和著，冯承钧译《蒙古与教廷》，中华书局 1994 年。

〔美〕梅天穆著，马晓林、求芝蓉译《世界历史上的蒙古征服》，民主与建设出版社 2017 年。

〔日〕羽田正著，刘丽娇、朱莉丽译《"伊斯兰世界"概念的形成》，上海古籍出版社 2012 年。

三、论文

阿依达尔·米尔卡马力《安藏与回鹘文〈华严经〉》，《西域研究》2013 年第 3 期。

奥林胡《成吉思汗时期的驿站交通探析》，《内蒙古社会科学》2013 年第 4 期。

班布日《哈剌哈孙与元代中后期政治》，内蒙古社科院历史所编《朔方论丛》第五辑，内蒙古大学出版社 2016 年。

薄树人《回族先民札马鲁丁的科学贡献》，《科学杂志》1986 年第 4 期。

宝连《蒙汉文文献所载的元顺帝研究——以〈庚申外史〉等汉文私人著述和蒙

古编年史为主》,内蒙古大学 2012 年硕士学位论文。

曾晓娟《元大都形象初探——论中西方文化视角下的元大都》,上海师范大学
　2008 年硕士学位论文。

查洪德《姚门文章家群的人格与文品》,《华南师范大学学报》2016 年第 5 期。

查洪德《元代文人的赏曲之风》,《武汉大学学报》2016 年第 3 期。

常大群《元初东平府学的兴盛及其原因》,《齐鲁学刊》2000 年第 6 期。

陈宝良《蒙元遗俗与明人日常生活——兼论民族间物质与精神文化的双向交
　融》,《安徽史学》2016 年第 1 期。

陈波《12 至 13 世纪的蒙古人及其政权》,《蒙古学信息》2004 年第 4 期。

陈定謇《诗成花覆帽 酒列锦成围:薛昂夫和衢州元统雅集》,《渤海学刊》1992
　年第 2 期。

陈高华《元朝宫廷乐舞简论》,《学术探索》2005 年第 6 期。

陈高华《灾害与政治:元朝应灾议(谏)政初探》,《北京联合大学学报》2010 年
　第 4 期。

陈开林《〈全元文〉编纂考索》,华中师范大学 2015 年博士学位论文。

陈丽华《存在与想象:泉州元代涉海墓志碑刻的历史书写》,《元史及民族与边
　疆研究集刊》第三十辑。

陈琳琳《元代文人与歌妓交往述论——以夏庭芝〈青楼集〉为中心》,《北京社
　会科学》2017 年第 2 期。

陈少丰《宋代海外诸国朝贡使团入华之研究》,福建师范大学 2013 年博士学位
　论文。

陈书龙《论元好问的"丧乱诗"》,《中南民族学院学报》1984 年第 4 期。

陈志刚《再现元代江西文学之盛——评李超〈元代江西文人群体研究〉》,《曲
　靖师范学院学报》2017 年第 4 期。

慈波《地域、学派与士人网络:论黄溍的师友渊源》,《史学集刊》2013 年第
　6 期。

邸允峰《好一碗惹祸的羹——从"羊肚儿汤"看元杂剧中的羊肉食俗描写》,
　《学语文》2015 年第 5 期。

董云飞《八十年代以来汉军万户研究述评》,《鸡西大学学报》2012 年第 11 期。

杜改俊《跨文化视角下忽必烈幕僚群体形成研究》,北京外国语大学 2014 年博

士学位论文。

杜瑶瑶《"元曲四大家"题目史》,河北师范大学 2014 年硕士学位论文。

段海蓉《元代色目士人研究综述》,《中国史研究动态》2009 年第 7 期。

段金龙《元杂剧"黄金时代"论说——从董每戡〈说元剧的"黄金时代"〉说开去》,《福建艺术》2017 年第 2 期。

方万鹏《〈析津志〉所见元大都人与自然关系述论——兼议环境史研究中的地方史志资料利用》,《鄱阳湖学刊》2016 年第 6 期。

冯尔才、李飞《9-10 世纪阿拉伯商人视角下的中国唐代林业——以〈中国印度见闻录〉为依据》,《北京林业大学学报》2015 年第 1 期。

高栋梁《鲁明善的家世及其生平事迹考述》,《新疆大学学报》2008 年第 3 期。

高晴宇《地域文化视野下的元代杭州散曲创作研究》,陕西师范大学 2015 年硕士学位论文。

葛薇《高罗佩〈铁钉案〉及其中译本研究》,山西大学 2011 年硕士学位论文。

杨波《元代少数民族散曲家研究》,兰州大学 2010 年硕士学位论文。

葛兆光《金代史学与王若虚》,《扬州师院学报》1988 年第 4 期。

葛兆光《谜一样的古地图》,《南方周末》2008 年 7 月 30 日。

耿光华《元代父子曲家史天泽与他的九公子》,《河北北方学院学报》2008 年第 5 期。

耿占军《元代人口迁徙和流动浅议》,《唐都学刊》1994 年第 2 期。

顾寅森《试论元代皇家佛寺与藏传佛教的关系——以大护国仁王寺为中心》,《宗教学研究》2014 年第 1 期。

郭军《元末"至正更化"探究》,西北师范大学 2012 年硕士学位论文。

郭筠《宋朝杭州与阿拉伯国家交往特点与意义——以阿布·菲达的〈地理书〉为例》,《中国民族博览》2016 年第 4 期。

郭筠《中世纪阿拉伯地理学研究》,上海外国语大学 2014 年博士学位论文。

郭筠《中世纪阿拉伯伊斯兰地理学发展及其特点初探》,《宁夏社会科学》2014 年第 2 期。

郭磊《元太宗丁酉、戊戌科举选试辨析》,《晋中学院学报》2013 年第 2 期。

洪丽珠《危机即转机:金蒙之际华北新家族史的建构》,《元史及民族与边疆研究集刊》第三十五辑。

洪学东、陈得芝《〈元史〉卷四〈世祖本纪〉会注考证（部分）》，《元史及民族与边疆研究集刊》第二十九辑。

胡青、桑志军《危素学术思想探析》，《江西教育学院学报》1998 年第 5 期。

胡雪冈《史九敬先和〈董秀英花月东墙记〉小考》，《浙江学刊》1987 年第 3 期。

黄慧《公元 7-10 世纪中阿贸易交流考略》，《生产力研究》2010 年第 2 期。

黄二宁《元代南人北游述论》，《内蒙古大学学报》2013 年第 5 期。

黄仕忠《〈琵琶记〉与中国伦理社会》，《文学遗产》1996 年第 3 期。

姬茜《贯云石散曲研究》，河北师范大学 2012 年硕士学位论文。

贾宝维、张龙海《蒙古帝国的崛起对亚欧政治格局的影响》，《前沿》2012 年第 3 期。

蒋寅《顾嗣立的元诗研究》，《中国文化研究》2008 年夏之卷。

金传道《丘处机西游途中文学活动系年考略》，《内蒙古大学学报》2014 年第 3 期。

兰江《长子西征及其胜利原因探究》，《四川大学学报》2004 年增刊。

李超《危素文章"太音元酒"论》，《东华理工大学学报》2010 年第 3 期。

李洁《理财二十载 功过后人说——论阿合马理财》，兰州大学 2009 年硕士学位论文。

李军《"诈马"考》，《历史研究》2005 年第 5 期。

李鸣飞《〈庚申外史〉作者再考》，《中国典籍与文化》2012 年第 2 期。

李鸣飞《13-14 世纪中西文化差异对文献记载的影响——〈马可·波罗游记〉所载忽必烈纪年小考》，《清华大学学报》2018 年第 1 期。

李茜茜《元末明初吴中文人群体研究》，复旦大学 2014 年博士学位论文。

李巧茹《13-14 世纪西亚蒙古人与元朝的文化交流初探》，《内蒙古农业大学学报（社会科学版）》2011 年第 4 期。

李圣华《"元季之虎"危素——兼谈《儒林外史》对危素的讽刺》，《古典文学知识》2012 年第 6 期。

李闻《金代全真教道士词研究》，山东师范大学 2003 年硕士学位论文。

李献芳《元好问的文艺思想与金元之际的文坛》，《中国文学研究》2003 年第 3 期。

李潇《程钜夫的生平与著述》，《宋史研究论丛》2016 年第 1 期。

李修生《元代杂剧南移寻踪》,《浙江艺术职业学院学报》2004 年第 1 期。

李耀丽《汉族"春节"与回族"古尔邦节"中祭祀仪式的文化解读》,《文化学刊》2017 年第 11 期。

李毅《唐诗、元曲中陶渊明形象的书写》,《南昌教育学院学报》2011 年第 3 期。

李云泉《蒙古治下时期驿站的设立与中西陆路交通的发展》,《兰州大学学报》1993 年第 3 期。

梁家满、彭玉平《马致远剧、曲对应研究》,《东南学术》2014 年第 4 期。

梁建功 2016 年发表《元初北方理学传布——以元代苏门山的文化地理为中心》,《河南科技学院学报》2016 年第 5 期。

廖奔《汴京杂剧兴衰录》,《河南大学学报》1987 年第 2 期。

林宪亮《〈窦娥冤〉中"张驴儿"的名字问题琐议》,《江海学刊》2018 年第 6 期。

刘达科《海内名士 文章钜公——金末元初文章家麻革考论》,《忻州师范学院学报》2003 年第 1 期。

刘方园、赵望秦《元代散曲家刘时中生平仕历新考》,《西南石油大学学报》2016 年第 4 期。

刘刚《试论李谷对朱子学在高丽传播和发展的贡献》,《延边大学学报》2015 年第 1 期。

刘嘉伟《元代莆林诗人金哈剌刍议》,《文学遗产》2016 年第 3 期。

刘建虎《丘处机及其随侍十八士的西游文学创作》,《殷都学刊》2014 年第 2 期。

刘君若《饶介与元末吴中文坛》,《兰州学刊》2018 年第 12 期。

刘迎胜《〈元史·太宗本纪〉太宗元年记事笺证》,《西北民族研究》2013 年第 3 期。

刘迎胜《波斯语在东亚的黄金时代的开启及终结》,《新疆师范大学学报》2013 年第 1 期。

罗海燕《契丹石抹家族在元代的变迁》,《黑龙江民族丛刊》2011 年第 3 期。

罗海燕《新中国成立以来的元代少数民族散曲研究》,《大连民族大学学报》2016 年第 6 期。

马建春《元代东传之回回地理学——兼论札马剌丁对中国地理学的历史贡献》,《西北史地》1998 年第 2 期。

马建春《元代西域散曲家辑述》,《西北民族研究》1997 年第 2 期。

马娟《元代伊斯兰教与佛道之关系初探——以回回诗人与僧道之关系为例》,《世界宗教研究》2015 年第 4 期。

马磊磊《元代西域工匠研究》,暨南大学 2018 年硕士学位论文。

马明达《元代回回画家高克恭丛考》,《回族研究》2005 年第 2 期。

么书仪《元杂剧中的"神仙道化"戏》,《文学遗产》1980 年第 3 期。

孟繁峰《谈新发现的史氏残谱及史氏元代墓群(续)》,《文物春秋》1990 年第 4 期。

聂晓灵《蒙哥汗的即位与蒙元帝国》,《内蒙古民族大学学报(社会科学版)》2015 年第 1 期。

牛汝辰《自秦至元中国地图测绘的辉煌及其遗憾》,《测绘科学》2007 年第 6 期。

欧阳琛《〈元史·王文统传〉书后——略论元初统治集团关于"采用汉法"的斗争》,《江西师院学报》1980 年第 2 期。

庞伟连《论蒙古帝国第二次西征》,湖南师范大学 2017 年硕士学位论文。

彭恒礼《伞头秧歌考——兼论〈元史〉记载中的金门大社问题》,《民间文化论坛》2018 年第 6 期。

彭万隆、张永红《卢挚生平几个疑难问题再考辨》,《浙江工业大学学报》2015 年第 2 期。

彭万隆、张永红《元代文学家滕宾生平稽考——兼考徐琰》,《浙江工业大学学报》2015 年第 4 期。

漆宝祥《河汾诸诗老合谱》,《文献》1997 年第 2 期。

乔晓瑜《元好问南渡与其文学观念形成之研究》,山西大学 2012 年硕士学位论文。

〔乔治·兰恩〕《关于元代的杭州凤凰寺》,姚大力、刘迎胜主编《清华元史》第一辑,商务印书馆 2011 年。

邱江宁《程钜夫与元代文坛的南北融合》,《文学遗产》2013 年第 6 期。

邱江宁《海、陆丝绸之路的拓通与蒙古治下时期的异域书写》,《文艺研究》2017 年第 8 期。

邱江宁《海陆"丝路"的贯通与元代诗文的独特风貌》,《文学评论》2017 年第

6 期。

邱江宁《元代上京纪行诗论》,《文学评论》2011 年第 3 期。

邱江宁《元代文坛:多元格局形成与地方力量推助——以江西乡贯为中心》,
    《上海大学学报》2017 年第 4 期。

邱江宁《浙东文人群与明前期文坛走向——从"元正统论"视角观照》,《苏州
    大学学报》2017 年第 5 期。

邱树森《论妥欢帖睦尔》,《西北民族学院学报》1990 年第 4 期。

邱树森《元初伊斯兰教在中国北方和西北的传播》,《回族研究》2001 年第
    1 期。

尚衍斌《沙剌班与〈金史〉编修》,《史学史研究》2011 年第 3 期。

石坚军《忽必烈征大理路线新考》,《中国历史地理论丛》2009 年第 1 期。

史铁良《元末诗人杨允孚及其〈滦京杂咏〉》,《古籍研究》2005 年卷下。

孙冬虎《论元代大都地区的环境保护》,《北京社会科学》2010 年第 2 期。

孙冬虎《元清两代北京万柳堂园林的变迁》,《中国历史地理论丛》2006 年第
    2 辑。

孙建平《赵复和太极书院对元代理学发展的促进》,《湖南大学学报》2005 年第
    3 期。

孙勐《北京出土耶律铸墓志及其世系、家族成员考略》,《中国国家博物馆馆
    刊》2012 年第 3 期。

陶然《论金元之际庙学碑记文的文化内涵》,《浙江大学学报》2004 年第 5 期。

田同旭《论元好问对元散曲的开创之功》,《山西大学学报》1999 年第 2 期。

王红梅《元代畏兀儿翻译家安藏考》,《敦煌学辑刊》2008 年第 4 期。

王进《世俗与清流——论元末文人雅集中的书画交游》,《美术观察》2016 年第
    8 期。

王连起《程文海徐琰致义斋二札考》,《故宫博物院院刊》2015 年第 6 期。

王平《对"角端"与成吉思汗西征退兵的探讨》,《黑龙江史志》2015 年第 3 期。

王树林《元代贡氏三家诗文集考略》,《南通大学学报》2014 年第 2 期。

王水涣《元朝前中期族群政治与南北儒士道统争议析论》,《西北民族论丛》
    2018 年第 4 期。

王文《元宫词研究》,山西大学 2007 年硕士学位学位论文。

王毅《元杂剧中反掠夺婚姻的思潮——兼及〈西厢记〉的"寺警"与"争换"》,《江汉论坛》1988 年第 2 期。

卫欣《西域画家高克恭民族问题研究》,《新西部》2006 年第 24 期。

魏崇武《封龙、苏门二山学者与蒙元初期的学术和政治》,《中国典籍与文化》2004 年第 2 期。

魏训田《元代政书〈经世大典〉的史料来源》,《史学史研究》2010 年第 1 期。

温世亮《危素文学思想与创作实践平议》,《山西师大学报》2015 年第 1 期。

乌云高娃《元代多语文合璧书写形式及其对明清的影响》,《中国史研究动态》2018 年第 5 期。

吴昌林、李琦《由〈大都赋〉看元代京都赋宗汉与新变》,《内蒙古民族大学》2018 年第 3 期。

向海求《试论王恽散曲》,《延安职业技术学院学报》2010 年第 4 期。

萧启庆《赓续钱大昕的未竟之业:谈元代进士录的重构》,《科举学论丛》2009 年。

萧启庆《元代多族士人网络中的师生关系》,《历史研究》2005 年第 1 期。

谢咏梅《蒙古札剌亦儿部与东平路沿革》,《内蒙古师范大学学报》2005 年第 4 期。

辛一江《高文秀及其杂剧创作》,《湖北大学学报》1999 年第 4 期。

徐良利《伊儿汗国与西欧国家外交关系论析》,《北方论丛》2012 年第 5 期。

徐蔷、邓建《忠孝节义的理想化和内在矛盾——论〈琵琶记〉中的封建道德观》,《南方论刊》2018 年第 3 期。

徐艳丽、赵义山《姚燧散曲创作初论》,《文化艺术研究》2009 年第 4 期。

徐永明、黄鹏程《〈全元文〉作者地理分布的可视化呈现》,《复旦大学学报》2017 年第 2 期。

许风云《元朝末年大都服饰"高丽风"形成的原因》,《齐齐哈尔大学学报》(哲学社会科学版),2015 年第 5 期。

薛磊《元代山北辽东道肃政廉访司述论》,《北方文物》2009 年第 2 期。

晏选军《严实父子与金元之交的东平文化》,《殷都学刊》2001 年第 6 期。

杨斌《〈至正条格〉编纂背景分析及若干条例考释》,中央民族大学中国古代史 2010 年硕士学位论文。

杨匡和《元代玉山雅集诗序探微》,《南昌航空大学学报(社科版)》,2014 年第 4 期。

杨镰《双语诗人答禄与权新证》,《许昌学院学报》2012 年第 6 期。

杨镰《元代江浙双语文学家族研究》,《江苏大学学报》2009 年第 3 期。

杨镰《元代蒙古色目双语诗人新探》,《民族文学研究》2004 年第 2 期。

杨文炯、张嵘《伊斯兰教与中世纪阿拉伯翻译运动的兴起》,《西北民族学院学报》1993 年第 4 期。

杨晓春《元代回回人分布补考》,《北方民族大学学报》2013 年第 1 期。

杨志玖《回回人的东来和分布》,《回族研究》1993 年第 1 期。

叶建华《论元代史学的两股思潮》,《内蒙古社会科学》1991 年第 2 期。

殷小平《元代崇福使爱薛史事补说》,《西域研究》2014 年第 3 期。

张帆《〈退斋记〉与许衡刘因的出处进退——元代儒士境遇心态之一斑》,《历史研究》2005 年第 3 期。

张帆《论蒙元王朝的"家天下"政治特征》,《北大史学》,北京大学出版社 2001 年。

张丽红《元代平阳杂剧研究》,华东师范大学 2005 年硕士学位论文。

张良《元大都廉园的地望与变迁——兼辨其与万柳堂之关系》,《中国史研究》2019 年第 1 期。

张倩《烽火衰世中的文人雅集:戴进〈南屏雅集图〉卷考析》,《东方博物》2018 年第 2 期。

张儒婷、王春林《外国史籍中有关金末蒙初历史的记述》,《城市地理》2015 年第 1 期。

张艳《元初文臣胡祗遹通行年考》,《古籍整理研究学刊》2013 年第 1 期。

张义生《多向互动视野下的金元全真道研究新成果——评钟海连博士学位新著〈金元之际全真道兴盛研究——以丘处机为中心〉》,《世界宗教研究》2019 年第 1 期。

赵梅春《王鹗〈汝南遗事〉成书年代辨》,《郑州大学学报》2013 年第 5 期。

赵梅春《王鹗与元代〈金史〉撰述》,《史学集刊》2011 年第 6 期。

周春健《元代科举之罢与蒙汉观念之"冲突"》,《安徽大学学报》2016 年第 6 期。

周礼丹《周德清和杨朝英关系探微》,《文教资料》2016 年第 35 期。

周清澍《论少林福裕和佛道之争》,姚大力、刘迎胜主编《清华元史》第一辑,商务印书馆 2011 年。

周思成《"看不见的手":元朝征服江南前后阿合马集团之动向探赜》,"色目(回回)人与元代多元社会国际学术研讨会暨二〇一九年中国元史研究会年会"论文集。

周思成《13-14 世纪蒙古人使用鸣镝之俗小考》,《北大史学》2015 年第 1 辑。

周松芳《论刘基的遗民心态》,《学术研究》2005 年第 4 期。

庄芳《伊本·白图泰和马可·波罗眼中的中国形象比较研究》,上海外国语大学 2018 年硕士学位论文。

庄明《倪瓒在元末至正年间的活动研究》,中国美术学院 2016 年硕士学位学位论文。

图书在版编目（CIP）数据

元代文人群体的地理分布与文学格局/邱江宁著. —北京:中华书局,2021.5
（国家哲学社会科学成果文库）
ISBN 978-7-101-15105-3

Ⅰ.元… Ⅱ.邱… Ⅲ.①文人-人物研究-中国-元代②中国文学-古代文学史-文学史研究-元代 Ⅳ.①K825.4②I209.47

中国版本图书馆 CIP 数据核字（2021）第 040546 号

书　　　名	元代文人群体的地理分布与文学格局（全二册）
著　　　者	邱江宁
丛 书 名	国家哲学社会科学成果文库
责任编辑	陈　乔
出版发行	中华书局
	（北京市丰台区太平桥西里 38 号　100073）
	http://www.zhbc.com.cn
	E-mail:zhbc@zhbc.com.cn
印　　　刷	北京瑞古冠中印刷厂
版　　　次	2021 年 5 月北京第 1 版
	2021 年 5 月北京第 1 次印刷
规　　　格	开本/710×1000 毫米　1/16
	印张 69½　插页 5　字数 1050 千字
国际书号	ISBN 978-7-101-15105-3
定　　　价	398.00 元